U0448352

二十世纪人文译丛

塔西佗
上 册

〔英〕罗纳德·塞姆 著
吕厚量 译

商务印书馆
The Commercial Press

RONALD SYME

TACITUS

© Oxford University Press, 1958

Tacitus was originally published in English in 1958. This translation is published by arrangement with Oxford University Press. The Commercial Press Ltd. is solely responsible for this translation from the original work and Oxford University Press shall have no liability for any errors, omissions or inaccuracies or ambiguities in such translation or for any losses caused by reliance thereon.

《塔西佗》于1958年以英文形式出版。本翻译作品经牛津大学出版社组织出版。商务印书馆独自承担原作的翻译工作。牛津大学出版社对翻译作品中的错误、遗漏、误读、模糊不承担责任，亦不承担由上述原因造成的任何损失。

"二十世纪人文译丛"
编辑委员会

* 陈　恒（上海师范大学）
　陈　淳（复旦大学）
　陈　新（上海师范大学）
　陈众议（中国社会科学院）
　董少新（复旦大学）
　洪庆明（上海师范大学）
　黄艳红（上海师范大学）
　刘津瑜（美国德堡大学）
　　　　（上海师范大学）
　刘文明（首都师范大学）
　刘耀春（四川大学）
　刘永华（北京大学）
　陆　扬（北京大学）
　孟钟捷（华东师范大学）
　彭　刚（清华大学）
　渠敬东（北京大学）
　宋立宏（南京大学）
　孙向晨（复旦大学）
　杨明天（上海外国语大学）
　岳秀坤（首都师范大学）
　张广翔（吉林大学）

* 执行主编

〔英〕罗纳德·塞姆

作者简介

罗纳德·塞姆（Ronald Syme，1903—1989），新西兰裔英国古典学家，20世纪英语世界最优秀的古罗马史研究者之一，牛津大学教授，主要从事古罗马政治与文化史研究。代表作有《罗马革命》《塔西佗》《撒路斯特》《奥古斯都时代的贵族政治》《罗马史论文集》等。

译者简介

吕厚量，古典学博士，中国社会科学院世界历史研究所研究员。主要研究领域为古希腊罗马史，有专著《古希腊史学中帝国形象的演变研究》（中国社会科学出版社，2021年）、译著罗纳德·塞姆《罗马革命》（商务印书馆，2016年）等。

总　序

"人文"是人类普遍的自我关怀，表现为对教化、德行、情操的关切，对人的尊严、价值、命运的维护，对理想人格的塑造，对崇高境界的追慕。人文关注人类自身的精神层面，审视自我，认识自我。人之所以是万物之灵，就在于其有人文，有自己特有的智慧风貌。

"时代"孕育"人文"，"人文"引领"时代"。

古希腊的德尔斐神谕"认识你自己"揭示了人文的核心内涵。一部浩瀚无穷的人类发展史，就是一部人类不断"认识自己"的人文史。不同的时代散发着不同的人文气息。古代以降，人文在同自然与神道的相生相克中，留下了不同的历史发展印痕，并把高蹈而超迈的一面引向二十世纪。

二十世纪是科技昌明的时代，科技是"立世之基"，而人文为"处世之本"，两者互动互补，相协相生，共同推动着人类文明的发展。科技在实证的基础上，通过计算、测量来研究整个自然界。它揭示一切现象与过程的实质及规律，为人类利用和改造自然（包括人的自然生命）提供工具理性。人文则立足于"人"的视角，思考人无法被工具理性所规范的生命体验和精神超越。它引导人在面对无孔不入的科技时审视内心，保持自身的主体地位，防止科技被滥用，确保精神世界不被侵蚀与物化。

回首二十世纪，战争与革命、和平与发展这两对时代主题深刻地影响了人文领域的发展。两次工业革命所积累的矛盾以两次世界大战的惨烈方式得以缓解。空前的灾难促使西方学者严肃而痛苦地反思工业文明。受第三次科技革命的刺激，科学技术飞速发展，科技与人文之互相渗透也走向了全新的高度，伴随着高速和高效发展而来的，既有欣喜和振奋，也有担忧和悲伤；而这种审视也考问着所有人的心灵，日益尖锐的全球性问题成了人文研究领域的共同课题。在此大背景下，西方学界在人文领域取得了举世瞩目的成就，并以其特有的方式影响和干预了这一时代，进而为新世纪的到来奠定了极具启发性、开创性的契机。

为使读者系统、方便地感受和探究其中的杰出成果，我们精心遴选汇编了这套"二十世纪人文译丛"。如同西方学术界因工业革命、政治革命、帝国主义所带来的巨大影响而提出的"漫长的十八世纪""漫长的十九世纪"等概念，此处所说的"二十世纪"也是一个"漫长的二十世纪"，包含了从十九世纪晚期到二十一世纪早期的漫长岁月。希望以这套丛书为契机，通过借鉴"漫长的二十世纪"的优秀人文学科著作，帮助读者更深刻地理解"人文"本身，并为当今的中国社会注入更多人文气息、滋养更多人文关怀、传扬更多"仁以为己任"的人文精神。

本丛书拟涵盖人文各学科、各领域的理论探讨与实证研究，既注重学术性与专业性，又强调普适性和可读性，意在尽可能多地展现人文领域的多彩魅力。我们的理想是把现代知识人的专业知识和社会责任感紧密结合，不仅为高校师生、社会大众提供深入了解人文的通道，也为人文交流提供重要平台，成为传承人文精神的工具，从而为推动建设一个高度文明与和谐的社会贡献自己的一份力量。因此，我们殷切希望有志于此项事业的学界同行参与其中，同时也希望读者们不吝指正，让我们携手共同努力把这套丛书做好。

"二十世纪人文译丛"编委会
2015年6月26日于光启编译馆

目 录

序　言 / 1
楔　子 / 3

第一部分　政治背景 / 9

第一章　涅尔瓦的元首制 / 11
第二章　拥立图拉真 / 23
第三章　尤利乌斯·阿古利可拉 / 35
第四章　新元首 / 50
第五章　理国之才 / 69

第二部分　塔西佗与小普林尼 / 89

第六章　塔西佗的履历 / 91
第七章　小普林尼的生涯 / 112
第八章　图拉真统治时期的文学 / 127
第九章　《关于演说家的对话》/ 146
第十章　从演说术到史学 / 161
第十一章　作为史学家迈出的第一步 / 173

第三部分　《历史》/ 189

第十二章　罗马的史学创作 / 191

第十三章　塔西佗和他的榜样们 / 207

第十四章　军事史（一）/ 223

第十五章　军事史（二）/ 234

第十六章　史料渊源 / 248

第十七章　《历史》一书的质量 / 268

第十八章　偏见与公允 / 285

第四部分　图拉真与哈德良 / 303

第十九章　图拉真的统治 / 305

第二十章　元首哈德良 / 329

第五部分　《编年史》/ 351

第二十一章　《编年史》的结构 / 353

第二十二章　史料来源（一）/ 375

第二十三章　史料来源（二）/ 396

第二十四章　塔西佗的写作技巧 / 418

第二十五章　《编年史》中的罗马演说术 / 442

第二十六章　《编年史》的风格 / 465

第二十七章　文风的类型与变化 / 483

第六部分　作为史学著作的《编年史》/ 499

第二十八章　《编年史》的主题 / 501

第二十九章　塔西佗的记述准确性 / 519

第三十章　善于怀疑的历史学家 / 545

第三十一章　元首制 / 560

第三十二章　塔西佗与提比略 / 575

第三十三章　诸元首与行省 / 594

第三十四章　塔西佗与高卢 / 614

第七部分　创作年代 / 631

第三十五章　《编年史》的写作时代 / 633

第三十六章　哈德良的登基 / 653

第三十七章　塔西佗与哈德良 / 667

第三十八章　塔西佗与希腊作家们 / 683

第八部分　作者 / 705

第三十九章　塔西佗的立场 / 707

第四十章　塔西佗的人格 / 725

第四十一章　政治信条与政体观 / 742

第四十二章　新　人 / 766

第九部分　新罗马人 / 791

第四十三章　行省居民的崛起 / 793

第四十四章　元首们的祖先 / 810

第四十五章　科奈里乌斯·塔西佗的家世 / 827

附　录 / 845

附录清单 / 847

A. 公元97年 / 852

B. 执政官与行省总督 / 870

C. 元老和演说家 / 900

D. 《历史》/ 941

E. 《编年史》的史料来源 / 965

F. 风格和字句 / 1004

G.《编年史》的主题 / 1067

H. 创作年代 / 1104

I. 来自行省的罗马人 / 1129

J. 塔西佗的出身与朋友们 / 1155

缩略语 / 1177

参考书目 / 1179

索　引 / 1201

塔西佗作品段落索引 / 1269

序　言

塔西佗的文风与布局谋篇能力从来不乏赞美之词；他作为历史学家的水准则是另外一回事。近年来的教学和研究导向对他十分不利，提出了针对其史学工作的许多严厉指责。现在是对这位作家和他身处的时代进行深入研究并做出更为公正的评价的时候了。塔西佗是一位伟大的演说家，遵循着典雅的写作传统。但塔西佗并非只有一支生花妙笔，他还是一位罗马元老、执政官和亚细亚（Asia）行省的总督。

没有当过议员的人是无法把握和吃透政治史的。同样，我们也无法孤立地理解一位政治史学家。我们必须了解相关事件、同时代的人以及他们的生平履历与活动。处理这种题材需要宏大的视野和丰富的细节知识。其中大量材料从未被整合到一起过——更谈不上得到合理的解读。

寡头制是罗马史上极其重要、永不过时的核心话题。它将革命年代两头的贵族共和国与诸元首实行的君主制联系在一起；并且统治集团在奥古斯都（Augustus）与图拉真（Trajan）之间的1个世纪里继续经历着变化。在本书语境下，科奈里乌斯·塔西佗（Cornelius Tacitus）是这一历程的记述者——但他又是该事件的参与者和一部活的文献。作者要顺便在此承认：本书的最后一部分"新罗马人"（第四十三到四十五章）的研究成果部分取自一本多年之前开始动笔、旋即因故中断、迄今尚未完成的著作——《罗马城里的外省人》(The Provincial at Rome)。

勤勉与准确（据说如此）乃是一位史学家有权自诩的仅有的两项优点。

其中前一项优点并不能确保另一项的同时存在——参考的资料越多，犯错误的几率也就越大。此外，在揭示史学家粗心大意的同时，时间与钻研也会暴露他的错误观念。由于本书的相关史料只是一些断简残篇，许多当事人几乎只留下了名字，并且一些至关重要的交往活动已湮没在历史的尘封之中，因而复原历史的尝试必然要承担巨大风险。但推断猜想又是不可避免的；否则历史就将不值一读——因为离开了推测的历史叙述根本无法读懂。最严重的危险则是塔西佗本人文风的统治力——他笔锋的雄健、优雅和统领一切。我们或许会发现，后人对塔西佗形象的描绘有些过于正面——钻之弥坚（*lungo studio*）并不妨碍仰之弥高（*grande amore*）。[1]

这本书的写作过程漫长而吃力（尽管表面上单调乏味的工作也可以带给人纯粹的快乐）。各式各样的耽搁与烦恼阻碍着我的写作进程。并且即便在整理文稿准备出版和编撰浩瀚索引的过程中，我也未能获得来自任何学术团体或旨在促进史学、文学研究的资助与基金会为减轻作者负担而提供的帮助。因此，我要向在整理文稿和终审清样过程的不同阶段里提供过帮助（包括文风、实质性内容和细节准确性等方面）的戴文夫人（D. M. Davin）、伯利先生（E. Birley）和齐尔弗先生（G. E. F. Chilver）表示衷心感谢。

塔西佗始终确信人事是变幻无常的（ludibria rerum mortalium cunctis in negotiis）。能够在多年里陪伴这样一位知晓人间的穷凶极恶、几乎找不到自我安慰或保持信念的理由，却仍旧信仰人的尊严与言论自由的历史学家，着实是我的荣幸与偏得。

罗纳德·塞姆
1957年9月26日于牛津

---

[1] 意大利文。典故出自但丁（Dante）《神曲·地狱篇》（*Inferno*）1.83对罗马诗人维吉尔（Virgil）的赞美。原文及下一行为"vagliami 'l lungo studio e 'l grande amore/che m'ha fatto cercar lo tuo volume（愿我重拾曾促使我钻研你的作品的勤勉不懈和强烈的爱）"。——译注

楔　子

　　元首制原本就起源于对权力的篡夺。如果张三能够攫取权力的话，那么李四也未尝不可以。出身高贵、精力超群、顺风顺水或吉星高照之人均有可能宣称自己是整个罗马世界的统治者。亚克兴（Actium）海战100年后，奥古斯都的王朝世系在一场灾难中走到了尽头。尼禄（Nero）的疯狂和一连串意外导致了王朝的覆灭。

　　尼禄害怕武将。颇具讽刺意味的是，最早起事的恰恰是一位手中没有常规军队的行省总督。尤利乌斯·文德克斯（Julius Vindex）在日耳曼部族中挑起了叛乱，但他却遭遇了灭顶之灾。驻扎在莱茵河畔的几个罗马军团正巴不得能有机会跟土生土长的日耳曼人干上一仗。指挥上日耳曼地区（Upper Germany）军队的维吉尼乌斯·鲁孚斯（Verginius Rufus）大获全胜。如果尼禄保持理智与镇定的话，维吉尼乌斯原本是可以挽救帝国的——但尽管已有一支为自己效劳的大军在意大利北部集结（并且当时没有任何迹象表明维吉尼乌斯怀有谋反意图），尼禄还是过早地陷入了绝望之中。种种流言蜚语搅得他手足无措、心慌意乱。于是阴谋诡计完成了接下来的篡权任务——尼禄已无法保证禁卫军（the Praetorian Guard）继续对自己效忠。

　　挑起反叛尼禄暴乱的行省是高卢（Gaul）；但夺取其宝座的人却来自西班牙——那是一位许多人早已忘却的老人。在文德克斯的怂恿下，苏尔庇奇乌斯·伽尔巴（Sulpicius Galba）参与了这场叛乱，并打出了自己的旗号。结果，尽管伽尔巴的处境在其盟友战败后似乎已毫无希望，他最终却当上了元首——虽然并非所有地方的人都对他心悦诚服。莱茵河流域的各军团犹豫着不愿意放弃对尼禄的效忠。维吉尼乌斯·鲁弗斯则并未对伽尔巴表现出任何明确好感，但他自己又不想接管帝国权力——士兵们曾对他们的这位常胜将军进行过劝进，但遭到了拒绝。维吉尼乌斯声称，只有罗马和元老院才有资格授予元首权力。维吉尼乌斯坚守了这条原则，并令自己万古流芳。

之前令维吉尼乌斯效忠于尼禄的那些原因在尼禄死后仍旧有效。作为第一个进入帝国统治集团的本家族成员，维吉尼乌斯·鲁弗斯缺乏声望与同盟。攫取最高权力的奢望对他而言是遥不可及的。

伽尔巴似乎才是这个人选。伽尔巴拥有古老的家世出身，并且深得奥古斯都以降的一切元首宠幸；他在其生涯中几度担任过军事将领职务；通过多次化险为夷，他还赢得了智者的名声。此外，星象也早已透露了苏尔庇奇乌斯·伽尔巴的帝王宿命。一位精通占星术的高人早就预言过这一点——这位高人正是元首提比略（Tiberius Caesar）。

因此，仿佛是命中注定一般，伽尔巴在垂垂老矣之际登上了帝国宝座。在恐惧或一个老糊涂的狂妄野心驱使下，他在几次三番用冠冕堂皇的借口推脱拒绝后最终接受了人们献给他的至高权力。伽尔巴的血统、官职和崇高声望使他成为众望所归的元首人选。但伽尔巴辜负了世人的期望——"所有人都会确信他有能力统治，如果不是他真的统治过的话（omnium consensus capax imperii, nisi imperasset）"。

尼禄死后的7个月已足够漫长。连反应迟钝的伽尔巴都看出了自己的危险处境。他试图任命一位共治者，并通过过继使之成为自己的继承人，借此来避免大祸临头。他最终选定了一位贵族，但这一决定其实是拙劣而草率的。披索·李锡尼亚努斯（Piso Licinianus）是个举止谨慎检点的年轻人，他的唯一突出特点是厄运连连——他的父母和两个兄弟均被元首们处决，他本人也长期过着流放生涯。披索对帝国宫廷、统治手段和如何控制军队一无所知。在确定这一人选时，伽尔巴看重的只是门第和一些成事不足、败事有余的美德，从而彰显了自己的不称职。一些人说伽尔巴是个骗子，这种说法未免用词不当；另一些人称赞他的谨慎，但这种所谓的谨慎不过是敷衍了事而已。

这次收养于事无补，只不过是一种绝望之举。它的效果仅仅是激怒了禁卫军，并加速了最终取代伽尔巴的萨尔维乌斯·奥索（Salvius Otho）将其阴谋付诸实践。事实上，无论伽尔巴选择的是披索还是别的什么人，这次努力都为时已晚。驻扎在莱茵河流域的几个军团已经推举出了自己的元首。愤怒促使他们铤而走险——他们仍因仅仅拥有一个军团的西班牙夺取了自己的胜利果实、霸占了元首人选而愤愤不平。在公元69年的第一天里，驻扎在墨根提亚库姆（Moguntiacum）的部队拒绝向现任元首宣誓效忠，并推倒了伽尔巴的雕像。这场暴动迅速从上日耳曼波及下日耳曼；于是维特利乌斯（Vitellius）在下日耳曼被拥立为元首，并获得了"日耳曼尼库斯（Germanicus）"的名号。

伽尔巴已在罗马遇害；禁卫军拥立的新元首不得不面对大举入侵的维特利乌斯麾下将领们制造的大屠杀。奥索御驾亲征，试图在意大利北部抵挡来犯之敌；结果他在距克雷莫纳（Cremona）不远处战败。但维特利乌斯享受至高权力的日子并不长久。几个月后，支持另一位在东方崭露头角的元首竞争者的多瑙河流域军团也加入了这场争夺战。阴谋与充满热望的党徒们开始兴风作浪。行动迅捷的纵队率先翻越朱利安阿尔卑斯山（the Julian Alps），军团主力随后杀到。克雷莫纳郊区又迎来了一场恶战。

在为争夺元首紫袍进行的真刀真枪的争夺中，仰仗祖先家世的竞争者们迅速陨落。起源于罗马之外的奥索家族在占据统治地位的奥古斯都家族庇护下崛起并繁荣昌盛。维特利乌斯的家世也属于同一等级与类型，但其父亲的成功是无与伦比的——此人三度出任执政官，是元首克劳狄乌斯手下的首要官员。奥索则是一名廷臣和追求时髦的人。他在成为元首之前从未领兵打仗过。维特利乌斯之前也没有打过仗；但伽尔巴恰恰因为这个原因而冒失地信任他，任命他为下日耳曼的副将——在此之前，维特利乌斯从未见过兵营长什么样子。

如果奥索与维特利乌斯之流都有担任元首的资格，那么武将们碰碰自己运气的时候也该到来了。尼禄的谋臣们在任命维吉尼乌斯·鲁孚斯时做出了明智的选择；但他们同样认为派遣李锡尼乌斯·穆奇亚努斯（Licinius Mucianus）去治理叙利亚，派弗拉维乌斯·韦伯芗（Flavius Vespasianus）去镇压犹太起义没有什么危险。这些人都很了解行省情况与军队；但同维吉尼乌斯一样，他们都缺乏出身优势与显赫名望。这两个人都无法起兵反抗尼禄；但事态的发展使他们得以崛起。具备多种才干的穆奇亚努斯虽然野心勃勃，却满足于手中无须承担风险的权力，他宣称自己准备放弃对元首地位的追求，并支持一位有亲生儿子、可以建立王朝的竞争者。这样一来，这个对手变成了盟友；该转机促使韦伯芗接受了命运赐予的赠礼。

在短短一年之内，继承尼禄地位的3名元首相继倒下。韦伯芗的政权从无政府状态中建立了秩序，让罗马和地中海世界内各族群看到了在帝国第二个百年之内维系稳定统治的希望。但命中注定的是，韦伯芗无法依靠自己的子孙或在不冒任何风险的情况下完成这一使命。他的王朝延续的时间很短：韦伯芗本人统治了10年，提图斯（Titus）统治了2年，图密善（Domitian）在位15年。

图密善的统治开局不错，其内政措施无可指摘。这位元首不久后前往高卢，远征至莱茵河流域，击溃了查提人（Chatti）——最骁勇的西日耳曼部落。然而，多瑙河流域的局势日益令人感到不安。麻烦始于达契亚人（the Dacians）的入侵。其他族裔——如萨尔玛提亚人（Sarmatians）和日耳曼人——随后也开始同罗马为敌。

在经历了一连串灾难之后，罗马人终于在达契亚（Dacia）境内赢得了一场胜利。但在这场战争结束之前，图密善便遇到了武装叛乱和一位争夺王位者。上日耳曼地区的副将安东尼·萨图尔尼努斯（Antonius Saturninus）于公元89年1月1日宣布自己为元首。一场内战随即展开。但这场暴乱被及时遏制住了：另一支军队的将领在莱茵河畔打败了安东尼。

这一变故成了图密善统治的转折点。恐惧与多疑将图密善推上了专制暴政之路。他终于在公元93年同元老院公开决裂。斗争始于一次大逆罪的裁决，并导致许多人死于非命。最先遭殃的是一批刚直不阿的高傲者（他们构成了一个群体，几乎可以说成了一个党派）。高贵出身和雄心勃勃也会成为罪名。其他人在沉默与恐惧中等待着自己的命运——大多数人如今关心的只有个人身家性命和仕途晋升。

公元96年9月18日，图密善在宫中遇刺身亡。宫廷内务总管策划并指挥了这次行动。弗拉维王朝如今已步尤利乌斯-克劳狄乌斯王朝的覆亡后尘。历史接下来呈现的场景与性质会与之前有几分相似呢？人们即将目睹的是权力的和平交接还是一连串战火与元首拥立的过眼云烟呢？

第一部分

政治背景[1]

---

[1] 本文中的塔西佗作品中文译文分别参考了〔古罗马〕塔西佗:《阿古利可拉传·日耳曼尼亚志》,马雍、傅正元译,北京:商务印书馆1959年5月第1版;〔古罗马〕塔西佗:《历史》,王以铸、崔妙因译,北京:商务印书馆1981年6月第1版;〔古罗马〕塔西佗:《编年史》,王以铸、崔妙因译,北京:商务印书馆1981年4月第1版等译本,并结合近年来国内世界史学术界的古希腊罗马人名、地名与制度名称译名习惯,译者对拉丁文原文的理解和塞姆分析、强调的侧重点而有所改动。——译注

第一章　涅尔瓦的元首制

罗马人找到并拥立了一位新元首——玛库斯·科切乌斯·涅尔瓦（M. Cocceius Nerva）。他最初并不是首选：人们在紧迫的时间里还接触过其他人选。但政变者和他们在宫廷中的党羽并非饥不择食——他们最终选定的这个人拥有崇高的社会地位，并且没有仇敌。

科切乌斯家族（Cocceii）在共和国时代还默默无闻。它发迹于革命时代，其祖先为玛库斯·安东尼（Marcus Antonius）麾下的将领之一。如今已是亚克兴海战过后的第四代人光景，后三头时代乃至奥古斯都时代执政官的后代都已如同凤毛麟角。共和国时代的名门望族很少能坚持到尼禄统治时代之后；而尼禄本人也是多米提乌斯家族（Domitii）中的最后一人和尤利乌斯-克劳狄乌斯家族中的最后一位元首。涅尔瓦与这个家族多少有点儿沾亲带故——但不是血亲，只是远亲而已：具体而言是通过他一位舅舅的婚姻建立起来的姻亲关系。[1]

在元首们统治下的罗马城里，跟王室家族、历史名人或任何令人瞩目的天才人物之间的联系都有可能招致危险。于是，涅尔瓦的举止总是小心翼翼——同情他的人会说他"为人低调（quies）"；批评他的人则称之为"碌碌无为（inertia）"或"懒散懈怠（segnitia）"。尽管自己的祖父、元首提比略的亲密朋友是当时数一数二的法学家，而自己的父亲也继承了祖父的衣

1　关于涅尔瓦的家世，见本书附录1。

钵，涅尔瓦却认为学习法律的投入与回报不成比例。他的名字注定将与罗马帝国法学智慧的光荣榜无缘；就连现存涅尔瓦统治时期唯一留存下来的那篇敕令也是有气无力、冗长拖沓的。[1]

涅尔瓦之前从未见识过行省或军队是怎么一回事；并且他也不是公共演说家。但他对于艺术和优雅的事物颇有心得。涅尔瓦写过一些风格轻快的诗歌，并借此得到了尼禄的赏识——后者称赞涅尔瓦是那个时代的提布鲁斯（Tibullus）。[2] 这位廷臣或许还凭借自己对元首主子的忠心耿耿赢得过某个别的头衔。在发觉并挫败了一场政变之后，元首曾慷慨地向自己的朋友、仆从和谋士们发放过胜利赏赐。涅尔瓦尽管当时还没有当上大法官（praetor），却赫然出现在受赏者的前列。他获得的犒赏至少包括崇高的军事荣誉"凯旋将军待遇（ornamenta triumphalia）"[3]、帕拉丁山上的一座雕像和罗马广场内的一座雕像——后者还身着凯旋礼服。[4] 除涅尔瓦外，尼禄朋友中唯一一位获得建雕像殊荣的是禁卫军队长奥弗尼乌斯·提格利努斯（Ofonius Tigellinus）。但现存史料并未告诉我们，涅尔瓦究竟立下了什么能与提格利努斯相提并论的汗马功劳。

一丝不苟地记述了这些事件的历史学家塔西佗无须再去补充关于涅尔瓦的评论与绰号。他只要记录这名文官获得的种种军事荣誉，以及他的名字科切乌斯·涅尔瓦就够了。他没有必要再画蛇添足，声称自己在思索古今之变时，会将涅尔瓦视为在反映造化弄人方面无出其右的绝佳例子。谣言、猜想和公众的赞誉本有可能让任何人披上紫袍；但最不可能的恰恰是那个被命运之神藏在幕后的未来统治者。[5]

---

1 引自 Pliny, *Epp.* 10.58.7 ff.。相反，他对臣下的一篇简明答复（ib. 10）使用的却是标准公文风格。
2 Martial 8.70.7，参见9.26.9 f.。
3 罗马帝国时代的高级军事荣誉，即对立有大功的非王室成员授予凯旋礼服与相应特权，但并不在罗马城内真正举行凯旋仪式的奖赏方式。——译注
4 Tacitus, *Ann.* 15.72.1. 一则铭文中提到了凯旋将军待遇，但没有提及其他荣誉（*ILS* 273）。
5 *Ann.* 3.18.4: "mihi quanto plura recentium seu veterum revolvo, tanto magis ludibria rerum mortalium cunctis in negotiis obversantur. Quippe fama, spe, veneratione potius omnes destinabantur imperio quam

（转下页注）

在最后的政变中，我们没有在尼禄的拥护者（无论是否出自真心实意）中发现涅尔瓦；并且他也没有在公元69年的一系列事件中留下任何线索。对任何当权者既忠诚又提防的态度确保了涅尔瓦能够生存下来，并很快凭借不如尼禄的赏赐丰厚但更传统的荣誉巩固了自己的地位。韦伯芗迅速指定他为公元71年自己的执政官同僚，一道庆祝和平时代的到来。他又在公元90年再度同元首共享束棒护身（fasces）的威严。涅尔瓦还曾数次担任过祭司。

这位图密善继任统治者的才能与性格便是稳重可靠、沉默寡言。涅尔瓦还有另外一个优点：60岁的他已经上了年纪，并且看起来比实际上更加老态龙钟——而且他没有子女。[1]

无儿无女的元首可以满足元老院不时抛出来的某些偏颇要求。将罗马视为某个家族私产的行为是不可容忍的（他们声称如此）。那是一个最为冠冕堂皇的借口——也是发动政变和阴谋的神奇动力。元首没有子嗣的局面意味着，争夺科切乌斯·涅尔瓦继承者身份的斗争现在就可以开始了。

在暴君被杀、王朝被推翻的场合下，政变取得的成果往往是低于某些人的预期的。在最初的奔走相告、欢庆刚刚赢得的自由过后，举目四望的人们会发现，旧的体系（以及大部分体系中的人）还在那里。独裁官凯撒倒下时的情况即是如此；并且类似的场景还将在罗马帝国史上多次出现。那么，玛库斯·科切乌斯·涅尔瓦是如何同旧王朝的朋友和秘密权力的操纵者相处的呢？

他曾被图密善放逐的事情完全出自虚构；他的性命曾受到暴君威胁的说法也是一种骗人的杜撰。[2] 鉴于此人从前的表现，政变的谋划者们在事成之

（接上页注）

quem futurum principem fortuna in occulto tenebat（对于我来说，我越是思考晚近的或遥远的事情，就越能体会到人间的事务有多么富于讽刺意味。论声誉、民意和受尊敬程度的话，所有人都比命运在冥冥之中所指定的那位元首更适合执掌大权)."他指的是克劳狄乌斯、元首提比略被人遗忘的侄子。

1　涅尔瓦的"缄默（quies）"是出了名的（Martial 5.28.4; 8.70.1）——并且他还在敕令里进行过自我标榜："我的缄默（quietis meae）"（Epp. 10.58.7）。关于他的出生时间，见附录17。

2　关于这次放逐的记载来自一段十分可疑的材料（Philostratus, Vita Apollonii 7.8; 11）。根据玛提阿尔（Martial）的记载，他在公元93年还很平安快乐（8.70），在公元94或95年也是如此（9.26）。

前肯定是不敢放心大胆地同他接触的。[1] 他肯于接受元首头衔这件事已足够出人意料。涅尔瓦更习惯于在宫廷里当差，而不是担任某个群体或党派的领袖。他的亲戚很少。尽管血统高贵，他的亲戚们都已丧失了社会地位与影响力——有几位或许还成了危险人物。[2] 涅尔瓦跟在行省拥兵自重的执政官副将们也没有什么血缘或姻亲关系。

如果这位新元首不打算培植自己的派系的话，那么这个老人政权确实面临着一些风险。为了显示自己的除旧布新并赢得支持，涅尔瓦点名提拔了几位元老——他们之前似乎没有得到与自身才干相应的重视。受人尊敬的维吉尼乌斯·鲁孚斯带着关于上一代人战争与动荡的记忆活了下来。83岁的他告别退休状态重新出山，被说服于公元97年作为元首的同僚第三次出任执政官。其他没有维吉尼乌斯那么年长的老人们也回归了政治舞台。和蔼可亲的阿里乌斯·安东尼（Arrius Antoninus）第二次出任执政官。[3] 20年前的不列颠行省总督尤利乌斯·弗伦提努斯（Julius Frontinus）负责管理罗马的水渠工程。[4] 弗伦提努斯很快就将第二次担任执政官；身体健康、强壮的老年贵族维斯特里奇乌斯·斯普利纳（Vestricius Spurinna）也是如此。[5] 科雷利乌斯·鲁孚斯（Corellius Rufus）尽管健康状况欠佳，仍然被重新起用，负责主持农业方面的事务；但他不久之后便决定用绝食自杀的办法来终结自己肉体的病痛。支撑他坚持活到那个时候的只是要亲眼看到图密善（"那个土匪"）死去那一天的执拗意志。[6]

宣扬自己要对已经覆亡的前朝反其道而行之乃是一种政治策略。涅尔

---

[1] 关于阴谋的史实并非总能被公开或得到验证。苏维托尼乌斯（他并未提及涅尔瓦）在叙述此事时劈头便写道："de insidiarum caedisque genere haec fere divulgata sunt（关于阴谋与杀戮的策划与执行众说纷纭）."（Dom. 17.1）狄奥在记载禁卫军队长与王后多米提娅·隆吉娜（Domitia Longina）已获悉阴谋时，加上了"据说（ὥς γε καὶ λέγονται）"的字样（67.15.2）。此外，在知会了其他人后，密谋者们才去找涅尔瓦，后者在生命受到威胁的情况下同意了行刺的做法（ib. 5）。

[2] 见附录1。

[3] 见附录10。

[4] Frontinus, De aquis 1.1.

[5] 关于公元98年的执政官人选，见附录11。

[6] Pliny, Epp. 1.12.8.

瓦的求助对象是自己的同代人，也就是在大约25年前担任过执政官的那一批人。他发现，其中的一些人是跟自己趣味相投的。诚然，身体羸弱的涅尔瓦无法参与老当益壮的斯普利纳热衷的那些体育运动——后者对乡间漫步和球类运动乐此不疲。但斯普利纳又是一个活泼快乐的人。他喜欢随手写一点拉丁文与希腊文的诗歌；并且自身无可指摘的人格还能让他那些优美的宴饮、情爱诗篇读起来别有一番味道。[1]

受到新元首提拔的其他人都是人格完满、拥有崇高声望与社会地位的人物，其中一位还是罗马城的市长。[2]但我们很难对这些涅尔瓦的追随者进行更深入的研究，并且也无法断定，上述5位执政官在涅尔瓦即位之前是否就已经同他建立了深厚交情。这5个人有一个共同点——他们都没有得到图密善的特别宠幸。可涅尔瓦的再度出任执政官则要拜那位元首所赐。

并非所有为帝国政权效劳过的人都能幸运地保住自己的名节。元首们麾下的臣子必须敏锐机智，并承担多种风险。他必须能够摸清独裁者的心思，并用恭维话对他加以引导；他需要保护独裁者免遭仇敌暗算，并约束后者的暴怒、异想天开等种种不谨慎的行为——一言以蔽之，廷臣的职责是教导、取悦并保护地中海世界的主人。宫廷政治或许会促使元首的朋友去消弭王朝内部的不和，调解元首与侍从之间的矛盾，或对为王室效劳的官员们施加积极影响。而他的一项明确责任乃是在彼此争风吃醋的各集团之间维持平衡，并光明磊落地（他不能有丑闻，也不能过分贪婪）统筹全局。在所有这些任务中，绝大部分都是可以暗箱操作的。但口才也是不可或缺的——为的是将元首的意志委婉地传递给元老院，并通过展示自己的顺从来引发元老们的共

1　3.1.7. 关于一位跟斯普利纳有联系的诗人和阿里乌斯·安东尼的挚友，见4.27.5；关于阿里乌斯本人的诗歌，见4.3.3 f.; 18.1。维吉尼乌斯·鲁孚斯也写过轻浮的诗篇（5.3.5）。
2　关于罗马市长（praefecti urbi）的任职者情况，见附录13。新统治者的登基有时意味着罗马市长也注定要换人。提图斯·奥勒留·福尔伍斯（T. Aurelius Fulvus, 公元70年递补执政官[？]，公元85年第二次出任执政官[名年]）可能在公元97年担任着那一职务，如果他当时还活着的话（见附录87）。关于所谓格涅乌斯·多米提乌斯·图鲁斯（Cn. Domitius Tullus, 约公元79年担任递补执政官）和卢奇乌斯·尤利乌斯·乌尔苏斯（公元84年执政官[？]）于公元98年二度出任执政官一事，见附录7和11。

鸣。而在某些场合下，平息责难和揭露潜藏的不满情绪同样是必要的。

演说术曾让许多恶人获得了财富与声望。以野心勃勃和甘当统治者走狗闻名的这批人是令人生畏和声名狼藉的。其中有些人（如埃普里乌斯·马塞卢斯 [Eprius Marcellus]）脾气暴躁易怒，但也有像维比乌斯·克里斯普斯（Vibius Crispus）那样态度温和、谈吐优雅风趣的人物。[1] 埃普里乌斯的生涯以悲剧收场；维比乌斯则平步青云，在图密善治下登上了第三度出任执政官的事业之巅。维比乌斯·克里斯普斯已在不久前去世。但所有这些人中最精明的一个活了下来——那是在出人头地方面不逊前贤、值得大书一笔的法布里奇乌斯·维恩托（Fabricius Veiento）：竖立在罗马广场上的雕像及一篇评价恰如其分的铭文是对其赤胆忠心的褒奖。[2]

造化弄人或某位历史学家的邪恶让维恩托在尼禄统治时期以一种轻描淡写、丢人现眼的方式进入了我们的视野。他因双重罪名——创作诽谤性作品和倒卖庇护权——而遭到流放。[3] 于尼禄死后（或之前）返回罗马的维恩托受到了弗拉维王朝的厚爱，分别在韦伯芗、提图斯（埃普里乌斯·马塞卢斯遇祸前后）和图密善治下相当紧凑地三度出任执政官。[4] 维恩托的讽刺文章嘲弄了元老与祭司们。这位三度出任执政官、位极人臣的伟大老人享受着巨大成功所带来的各种荣誉，其中包括曾四度担任祭司职务的殊荣。[5] 维恩托由一个转手微不足道的庇护权的小贩起家，到头来成了一位经营各种荣誉的大商人。

秘密政治从一开始便是元首制不可或缺的一部分。通过禁止对国家大事进行公开辩论，罗马元首们建立的统治宣告了内阁政治时代的来临。因此，斯塔提乌斯（Statius，该作家并非经常因敢于秉笔直书或作品富于原创性而

1　见原书第101页（即指本书中译本边码第101页。下同，不再一一注明。——译注）。
2　跟对卢奇乌斯·维特利乌斯（L. Vitellius, 公元47年第三次出任执政官）的褒奖相仿——"对元首不可动摇的忠诚（pietatis immobilis erga principem）"（Suetonius, *Vit.* 3.1）。
3　*Ann*, 14.50。
4　见附录5。
5　*ILS* 1010（墨根提亚库姆）。

受到赞扬）描写图密善时代议事场景的大胆诗歌尤为引人注目。这首诗让他有机会赞美元首，同时展示那些帝国政治与社会领域的风云人物（无论他们是元老还是骑士）。在他的笔下，法布里奇乌斯·维恩托和维比乌斯·克里斯普斯构成了被放在一起描述的一对名人。[1]

另一位讽刺诗作家也看到了这一主题的大有可为。他写了一篇恶搞式的作品。[2] 具体场景是在阿尔巴·龙伽（Alba Longa）的图密善庄园里，面色苍白、战战兢兢的显要们在接到紧急召唤令后集合在一起。这只是一种嘲讽而已。召集他们的目的是要讨论应如何处理已献给元首的一条大鱼。罗马市长率先进门，维比乌斯·克里斯普斯紧随其后。跟在后头的还有另外6人，其中一个是臭名昭著的告密者——他的纤细声音等于宣判了别人的死刑。禁卫军队长随后走了进来；位于队伍末端的则是足智多谋的维恩托和遭人唾弃的卡图卢斯·麦萨利努斯（Catullus Messallinus）。

对于这个连讽刺诗都无法歪曲的事实，一则逸事又予以了确认。[3] 人们在涅尔瓦举办的一场小型宴会上发现了维恩托。他靠在元首身边，几乎就在后者的怀里。客人们当时碰巧正在谈论卡图卢斯·麦萨利努斯，就此人的邪恶品质评头论足。于是涅尔瓦问道："如果这个人还活着的话，他会怎么样呢？"在场的尤尼乌斯·毛里库斯（Junius Mauricus）不假思索地答道："他会跟我们一起在这里吃吃喝喝。"这个直白的故事本意在于反映毛里库斯的勇敢；但出现这种事情的真正原因或许并非出于毛里库斯的无畏或涅尔瓦的幼稚，而是因为比某些在场的人更为心细的元首不动声色地设置了一个陷

1　斯塔提乌斯《日耳曼战纪》（*De bello Germanico*）唯一保存下来的残篇（见瓦拉［Valla］对 Juvenal 4.94的注疏）写道："lumina, Nestorei mitis prudentia Crispi | et Fabius Veiento (potentem signat utrumque | purpura), ter memores implerunt nomine fastos | et proper Caesareae confinis Acilius aulae (……光芒，审慎如温和的老涅斯托尔与身披象征权力的紫袍的贵边·维恩托，后者三度留下了束棒护身的美名；还有出入于元首宫廷的阿奇利乌斯）。"诗人描述的时间点是公元83年，即图密善远征查提人前夕。前一行佚失句子里提到的人物——他被比喻为"光芒（lumina）"——必然是失明的卡图卢斯·麦萨利努斯（Juvenal 4.113 f.）。

2　Juvenal 4.37 ff. 他描述的应该也是相同的时间点。

3　*Epp.* 4.22.4 ff.

阱，套出了自己想要的答案，从而终结了一个他从前时常听人谈起的话题。

要求为独裁政权效劳的臣子在声望和影响力方面不受任何损害的说法或许只是一些流言蜚语而已。任何多少了解一点罗马帝国政府运转方式的人对此都不会感到惊讶。诚然，如今出现在公众视野里的5位年老的前执政官确实因他们众所周知的完满人格和远扬美名而受到赞美；但他们其实已远离掌管实际事务的舞台好多年了。如果还想让罗马的行政体系继续运转的话，前任元首宠幸的那些臣子就是不可或缺的——他们要在让全世界蒙在鼓里的情况下处理国家机密事务。简言之，他们都是跟法布里奇乌斯·维恩托一样的人。那位老人为自己的睿智感到骄傲与欣慰，自诩为新时代里的涅斯托尔（Nestor）或费边（Fabius）。[1] 但现存史料中并无证据表明他是一位出色的演说家。

元首将维恩托视为知己——此人融社交场合的典雅风范与文学创作中的才思泉涌于一身，堪称昔日尼禄时代的活化石。更重要的是，他还是一位机智的谋臣。作为一名始终为罗马政权效劳，并从图密善时代平稳过渡到涅尔瓦时代的人物，圆滑的维恩托身上承载着上层政策惯常的延续性——并且如果政局再度突生变故的话，他肯定也能机敏地确保自己从涅尔瓦时代平安过渡到其继任者的治下。

玛库斯·科切乌斯·涅尔瓦本人无疑也会从自己在宫廷中漫长的、左右逢源的生涯中有所收获。跟法布里奇乌斯·维恩托一样，涅尔瓦也生存了下来，并且没有公开爆出过丑闻。他像维比乌斯·克里斯普斯一样甘于随波逐流，并不打算为了正义而牺牲自己。[2] 没有任何证据能够否定涅尔瓦作为一名

---

[1] 维恩托在元老院里引用过《伊利亚特》第8卷第102行（*Epp.* 9.13.20）；斯塔提乌斯（原书第5页）称呼他"费边"。

[2] Juvenal 4.89 ff.: "ille igitur numquam derexit bracchia contra | torrentem, nec civis erat qui libera posset | verba animi proferre et vitam inpendere vero. | sic multas hiemes atque octogensima vidit | solstitia, his armis illa quoque tutus in aula（那个家伙从来不会张开双臂阻挡洪流；他不是那种自由表达思想、为真理不惜生命的公民。他就是这样混过了许多冬天，直到自己已年逾八旬。他在宫廷里也靠这件武器保护了自己）."但朱文纳尔在讲述这类人时没有提到过涅尔瓦。

手腕柔和、巧妙的外交家的才华。既然之前就能够凭借技巧和影响力引导帝国政策,那么涅尔瓦在亲自领导多事之秋中的帝国政权方面自然也是无出其右的。[1]

自由业已得到重建,罗马获得了再生。如我们所料,"公共的自由(Libertas publica)"和"重生的罗马(Roma renascens)"已在铸币上出现。[2] 迄今为止,"自由(libertas)"与"元首制(principatus)"始终是无法兼容的。但人们声称新的统治者调和了二者,并即将开启一个幸福的新时代。[3] 事实上,如果说这个标签似乎给人们带来了希望的话,那么这两个字眼的混用却是危险的,很可能会造成混乱。通晓这些术语来历的、深思熟虑的人们观望与等待着,思忖着麻烦临头时该如何应对。该口号已流传至境外,并维系着"军队的团结一心(concordia exercituum)"。[4] 这个断言不仅下得过早,还带有邪恶的暗示意味。事实上,各军团还没有表过态——元首并不一定要在罗马产生早就是世人心知肚明的事情了。[5]

新政权最初的岁月是幸福而喧嚣的,充斥着欢乐、荣耀与报复。欢呼雀

---

1 可比较《奥古斯都后诸凯撒传》(*Historia Augusta*)中对一位晚期统治者的描述:"blandus magis quam benignus nec umquam creditus simplex(其演讲绵软无力而非温文尔雅,从未让人相信那是本真性情的流露)。"(*Pertinax* 12.1)关于涅尔瓦的形象问题,见 H. Götze, *Mitt. des d. arch. Inst.* I (1948), 139 ff.。

2 *BMC, R. Emp.* III (1936), 3 ff.; 15 ff. 如果这些图案和铭文在尼禄垮台后再度出现的话,那并不令人惊讶,参见 A. Merlin, *Les Revers monétaires de l'empereur Nerva* (1906), 14 ff.。相关铭文如"LIBERTAS(自由)""LIBERTAS PVBLICA(公共自由)""SALVS PVBLICA(公共安全)""FORTUNA P.R.(罗马人民的福祉)"。具有讽刺意味的是,更接近于《阿古利可拉传》第3章第1节中"幸福时代(felicitas temporum)"与"公共安全(securitas publica)"的"FELICITAS PVBLICA(公共幸福)""SECVRITAS P.R.(罗马人民的安全)"反而来自伽尔巴时代,而非涅尔瓦时代的钱币。但涅尔瓦的敕令中倒是提及了"这个时代的幸福(ipsa felicitas temporum)"和"所有人的安全(securitas omnium)"。(*Epp.* 10.58.7)

3 Tacitus, *Agr.* 3.1: "nunc demum redit animus; et quamquam primo statim beatissimi saeculi ortu Nerva Caesar res olim dissociabiles miscuerit, principatum ac libertatem(如今我们终于恢复了信心;从这个幸福时代伊始,元首涅尔瓦破天荒地将从前无法调和的两样东西——元首制与自由——融合在了一起)。"

4 *BMC, R. Emp.* III, 1 ff. 该口号在公元68—69年间也十分常见。

5 *Hist.* 1.4.2: "evulgato imperii arcano posse principem alibi quam Romae fieri(帝国的秘密已被揭示:元首可以在罗马以外的地方产生)。"

跃的元老们目送着图密善的雕像或辉煌的凯旋门被推倒在尘土里。亟待伸张的正义让那些告发主人的奴隶与释奴得到了报应；旧政权安插的眼线被人揪出来处死；当然，私人恩怨也会在这些借口的掩护下大做文章。被放逐者们很快就会返回罗马。

而在为昔日暴政效劳的臣子中，丢掉性命的只有那些低级官吏或出身低微之人。身居要职的人们则凭借财富、影响力和居安思危之际留好的后路保住了性命。元老院也因为这波反攻倒算而在其他阶层中非常不得人心。一位有先见之明的执政官就提出了抗议。他声称无政府状态要比暴政更加糟糕。[1]

与"自由"一道在硬币上得到宣扬的还有元首的"公正（iustitia）"与"公平（aequitas）"。[2] 在性情与施政风格方面，涅尔瓦有些过于平易随和，并不适合驾驭整个帝国。他的朋友阿里乌斯·安东尼确实有理由对元首报以同情。[3] 当政权遇到麻烦的时候，温和可能会成为一种弱点。几个月后，到了公元97年的春季或夏初，帝国财政开始捉襟见肘。为了开辟财源，元老院组建了一个前执政官委员会，其成员包括尤利乌斯·弗伦提努斯和维斯特里奇乌斯·斯普利纳。[4]

声称财政状况紧张的说法并非总能得到罗马人民的信任。但这一次的短缺可能是真的。按照约定俗成的习惯，新政权要向平民与军队赏赐大量钱财。而当国家采取了在罗马、意大利和各行省加大公共支出的政策，以便笼络民心并取代弗拉维王朝的地位时，之前在图密善精心管理下十分充实的国库当然就会感受到压力。当那个严厉的监督者不复存在之后，诱人的机遇便在意大利境内外引发了一系列贪污腐败的行为：行省总督们当然会兴高采烈

---

[1] Dio 68.1.3 (提比略·卡提乌斯·弗隆托 [Ti. Catius Fronto] 是位颇有造诣的演说家，参见附录27)。
[2] *BMC, R. Emp*. III, 1 f.
[3] Victo, *Epit*. 12.3.
[4] Pliny, *Pan*. 62.2，参见61.6; *Epp*. 2.1.9。维吉尼乌斯·鲁孚斯曾被提名，但遭到了拒绝。关于此事及相关问题，见附录2。

地利用他们新获得的默许。[1]并且在内战似乎一触即发的情况下,把自己掌管行省的收入囤积起来总归是个好主意。

与此同时,元老和元老集团也在为了争夺官职和影响力而组建着阴谋网络。一些总督从行省返回罗马,另一些则动身离开——并且某些前执政官获得的兵权难免要让人指指点点、浮想联翩。如果说统治者的更替断了某些野心家的念想的话,那么它激发的欲望还要更多。韦伯芗时代的第一份执政官名单就显得十分冗长——它可能是在图密善对公元97年的执政官任命基础上进行了增补。[2]下一年的执政官头衔赏赐同样慷慨;如果政府为年老的支持者们预留了几个再度出任执政官的名额的话,那么竞争无疑还会变得更加激烈。

在某位元老的举止看似无懈可击的情况下,敌人们可以通过损害其名誉或阻碍其晋升的办法来对付他。但这种博弈存在着风险;老成的政治家们会把更多的精力放在建言献策方面,而不是拉仇恨或鲁莽行事。小普林尼(Pliny the Younger)对一个名叫普布里奇乌斯·凯尔图斯(Publicius Certus)的反复告发引起了一场激烈争论,迫使维恩托出面息事宁人。其中还包含着一些个人的斡旋举动。一位前执政官不动声色地提出了警告:小普林尼的做法带有挑衅性质,将令某位未来的元首怀恨在心。另一个人的劝说更加具体。他描述了普布里奇乌斯的权势和影响力,罗列了他的朋友和同盟,其中还提及了叙利亚行省总督——其麾下军力的数量与名声如日中天,其态度足以引发种种耸人听闻的谣言。[3]

---

1 Suetonius, *Dom.* 8.2: "magistratibus quoque urbicis provinciarumque praesidibus coercendis tantum curae adhibuit, ut neque modestiores umquam neque iustiore extiterint; e quibus plerosque post illum reos omnium criminum vidimus (他是如此纵容罗马城内的官吏和治理行省的人,以至于他们从未变得更加低调或公正;而在他的统治后,我们目睹了其中许多人的种种罪行)." 值得注意的如阿非利加和南西班牙的行省总督们(原书第70、78页)。
2 见原书第70页与附录10。
3 *Epp.* 9.13.11: "nominat quendam, qui tunc ad orientem amplissimum¹ exercitum non sine magnis dubiisque rumoribus obtinebat (他提到了当时在东方指挥一支庞大兵力的某人,关于那个人流传着许多言之凿凿但充满疑点的流言)." 该事件或许发生于公元97年春,但具体时间无法确定。当时叙利亚副将的身份也无从判断。更多信息见附录3。

人们已为寻找这位暗弱君主（何况身体健康状况也欠佳）的替代人选酝酿多时，其中假公济私与狼子野心的成分远多于深思熟虑和对公共福祉的权衡。有人甚至探讨过发动政变的可能性。因继承了古时权贵的名字而家世显赫的卡尔普尼乌斯·克拉苏（Calpurnius Crassus）同自己的追随者一并遭到告发。[1]涅尔瓦当然不可能对此事坐视不管。他邀请这些人来到自己面前，把宝剑交给他们并观察其反应，以表明元首是置个人安危于不顾的。元首涅尔瓦可能还对这些人进行了一段道德训诫，并用一个可悲的事实点醒了他们：显赫出身如今已经没什么用了。

涅尔瓦声称，身为元首的他并未死死抓住权力不放，而是乐得卸下重任去享受安宁的个人生活。[2]他之所以继续担任着元首，只是因为自己根本没有进行自由选择的权利。世人无须占星术士的预言也能猜到，继承涅尔瓦的元首将会是出身行伍的武人。唯一的悬念在于：究竟是他登基于一场内战之后，还是他的即位将避免一场内战的爆发？

事实证明，风暴并未在当年秋季之前刮起。尽管各种记载含混不清，但我们可以确认的是：身在叙利亚的副将并未有所动作，并且驻守北部边疆的大军也没有构成明显威胁。真正的麻烦倒是源自罗马城内。

---

1 Dio 68.3.2; Victor, *Epit.* 12.6. 后世学者认为他就是盖约·卡尔普尼乌斯·克拉苏·弗鲁吉·李锡尼亚努斯（C. Calpurnius Crassus Frugi Licinianus）（*PIR*², C259），公元87年递补执政官，或许是被伽尔巴过继的披索·李锡尼亚努斯的侄子；见 *PIR*², vol. II, p. 54对页的家族谱系表。这些取名披索的人物是李锡尼乌斯·克拉苏家族（Licinii Crassi）的后裔——他们身上也有伟人庞培的血脉（通过斯克里波尼乌斯家族［Scribonii］）。更多信息见原书第385页。
2 Dio 68.3.1. 关于对涅尔瓦及其统治的争议评价，见附录2。

第二章　拥立图拉真

禁卫军开始兴风作浪。士兵们怒气冲冲地包围了宫廷，叫嚷着要为遇刺的图密善复仇。涅尔瓦做出了让步。禁卫军队长卡斯佩里乌斯·埃利安（Casperius Aelianus）是暴乱者的同谋和他们发动政变过程中的领袖。卡斯佩里乌斯迫使元首公开向士兵们庄严地表示感谢。

记载帝国时代的各种编年史一直存在着指责禁卫军惹是生非、贪得无厌的倾向。这些责难并不总是公平的。图密善的突然遇刺令禁卫军甚至在吵嚷着要将死去的元首封神的时候仍处于群龙无首的状态。[1] 相传当时在任的两名禁卫军队长佩特罗尼乌斯·塞昆杜斯（Petronius Secundus）和诺巴努斯（Norbanus）都参与了阴谋。[2] 如果说他们起初没有参与的话，两人也很快被政变者争取了过来，安抚住了军队，并在一年多的时间里与政变者相安无事。诺巴努斯从此淡出了历史记述者们的视野。而到了公元97年10月，新任禁卫军队长卡斯佩里乌斯·埃利安趁乱（如果他不是始作俑者的话）消灭了佩特罗尼乌斯·塞昆杜斯和图密善的刺杀者们。卡斯佩里乌斯从前就曾在图密善统治末期担任过禁卫军队长。[3] 但我们手头没有关于此人出身、家世或盟

1　Suetonius, *Dom*. 23.1.
2　Dio 67.15.2. 值得注意的是攸特罗皮乌斯（Eutropius）关于佩特罗尼乌斯在涅尔瓦登基过程中作用的说法（8.1.1），但该言论的可靠性无法得到证实。
3　Dio 68.3.3，参见67.14.4（两位队长在公元95年受到图密善的审讯）；Philostratus, *Vita Apollonii* 7.16 ff.。

友情况的确切信息。[1]

埃利乌斯·塞亚努斯（Aelius Seianus）和尼姆菲狄乌斯·萨比努斯（Nymphidius Sabinus）从前的经历已经表明，禁卫军队长通过计谋或暴力能够掀起多么大的风浪。塞亚努斯的举动是偷偷摸摸地进行的——他的目标不是推翻元首提比略的统治，而是控制元首与政权。尼姆菲狄乌斯则抛弃了尼禄，转而扶植提格利努斯，从而使自己在新元首远在西班牙、许多军队态度未明的情况下居于有利的位置。他尝试过自己出任元首，并且还得到了元老院中一些盟友的帮助。

从前的历史还向世人表明，行省的各支军队不会轻易认可一位首都的元首头衔竞争者。图密善死后，对军权的争夺激化了元老院里的派系对立——这些竞争者的举止不堪惹恼了政府。安排老将带兵应该是安全的（多疑的元首们通常也会这样想），但他们不一定管束得了手下的部队或副将；而青年统帅的虎虎生气则往往是跟狼子野心联系在一起的。

当禁卫军控制了罗马后，帝国政权似乎面临着要在倒霉的元首眼前走向灰飞烟灭的灾难。涅尔瓦已经丧失了所有权威。如果涅尔瓦认可的话，那么他还有挽回全局的最后一着。现存史料并未揭示（或哪怕暗示）宫廷小圈子内部秘密会议的情况，以及谁的主张最后占了上风。如果说禁卫军队长可能一度抛弃了元首的话，那么他身边还有别的权贵与谋臣。他们敦促涅尔瓦当机立断。[2]

元首不可能逃离罗马，前往外地军团那里寻求庇护——因为驻扎在外地的士兵们根本不认识这个人。但他可以通过向将领们示好或投靠的方式而对叛乱者先发制人。潘诺尼亚（Pannonia）行省驻军在多瑙河畔取得一场小胜的捷报来得正是时候。涅尔瓦借这个机会登上卡庇托林山（Capitol），站在

1　相关猜测见原书第35页。
2　关于该事件质量最高的（几乎也是唯一的）叙述版本来自公元100年9月执政官小普林尼的"礼赞（actio gratiarum）"，也就是他发表的《颂词》（*Panegyricus*）。小普林尼声称涅尔瓦的做法受到了神明的启示。

至高神朱庇特（Juppiter Optimus Maximus）的祭坛前，当众宣布自己从将领中过继了一人作为养子和帝国的共治者。[1] 但他选定的并非指挥潘诺尼亚军团的副将，而是上日耳曼军团的统帅玛库斯·乌尔皮乌斯·图拉真（M. Ulpius Traianus）。[2] 其他走形式的手续迅速一一完成。风暴的威胁终于平息，种种骚动马上戛然而止。

涅尔瓦在乱世中的谨慎是出了名的和受人称赞的。他无法胜任执掌帝国朝纲；但涅尔瓦毕竟完成了自我救赎——无论是出于恐惧、智慧、谋臣的高招还是可能玉石俱焚的巨大压力。涅尔瓦本可以选择自己的亲戚，或共和时代贵族的后裔作为继承人。这样的人选当然已经不多：他们当中没有人身居要职，也没有人跟所谓的政变者（此人的家世不仅可以追溯到卡尔普尼乌斯·披索家族 [Calpurnii Pisones]，还能一直上溯到庞培与克拉苏的时代）有什么联系。来自革命年代或奥古斯都时代执政官家族的候选人数目要多一些。但涅尔瓦把他们全部抛在一边。无论他自己的偏好是什么，涅尔瓦都必须选择图拉真，从而表明自己重视一个人的"美德（virtus）"超过其"家世（patria）"。[3]

做出这一选择的涅尔瓦是幸运的。两位元首分享最高统治权已不完全是痴人说梦。这种情况是有可能出现的；并且进行职能分工——一位文职元首留在罗马管理元老院和国家政务，另一位军事元首领导设有驻军的各行省——或许也是不无裨益的。但这样的安排也潜藏着风险，除非它是顺理成章的，并通过习俗与家族纽带，通过两位元首的齐心协力与克制忍耐而得到了巩固。心生妒忌和党派纷争很可能会对该体制造成致命打击。倘若涅尔瓦

---

1 Pliny, *Pan.* 8.2: "Adlata erat ex Pannonia laurea, id agentibus dis ut invicti imperatoris exortum victoriae insigne decoraret（尊奉神明的意旨，人们从潘诺尼亚带来花环，以此纪念那位不败统帅的胜利）." *ILS* 2720提到了在"苏伊布战争中（bello Suebic[o]）"得到涅尔瓦嘉奖的辅军第1军团（I Adiutrix）军团长。涅尔瓦和他过继儿子的家姓"日耳曼尼库斯（Germanicus）"也来自此。
2 图拉真拥有上日耳曼兵权的依据为 *HA, Hadr.* 2.5 f.。
3 Dio 68.4.2: "τὴν γὰρ ἀρετὴν ἀλλ᾽ οὐ τὴν πατρίδα τινος ἐξετάζειν δεῖν ᾤετο（他认为应当更重视美德，而非家世）."

活得更长久些的话，他很可能会被永久流放到某个荒岛上了却余生。好在仁慈的死神三个月后就将他及时带走了。[1]

对于身为元老、历史学家与讽刺作家的塔西佗而言，这次元首更替意味着罗马的专制高压有所缓和。尽管他仍然不得不赞美在任的元首（或保持沉默），塔西佗毕竟在很多场合下可以自由地评说图拉真的前任——尽管那位前任已被罗马元老院封神。尽管图拉真继承了涅尔瓦的名字并对后者尽了分内的礼数，我们却找不到任何迹象表明，他对涅尔瓦抱有任何特别的尊敬或感激之心。新元首首先按照义子的本分为涅尔瓦哭泣（此事是有据可查的），随后下令建造了一座纪念涅尔瓦的庙宇。[2] 如果说哭泣只是例行公事的话，那么修建庙宇总还可以算作是有所表示——尽管没有任何作家描写过那座建筑。但图拉真从未发行过纪念这次收养的硬币；并且刻有"神圣的涅尔瓦（Divus Nerva）"字样的钱币迟至10年后才得以发行。[3]

涅尔瓦并未留给后人愉快的回忆。一位赞美图拉真的颂词作者对当时危机的严重程度直言不讳。图拉真（他自己也承认这一点）接手的不是一个和平的帝国，而是一个危机四伏的国家。他是从一个对答应执掌朝纲懊悔不已的元首手中接过权杖的。这个国家正在土崩瓦解。收养图拉真无异于涅尔瓦宣布自己退位——分享权力其实是为了放弃权力。[4]

弗拉维王朝的终结和涅尔瓦的即位看似标志着一个新时代的降临，并享受着人们的欢呼与纪念。但从历史的长时段看来，涅尔瓦和他所带来的"自由"仅仅是过眼云烟而已。强大顽固的发展趋势依旧势不可当。尽管涅尔瓦最终保住了自己的颜面和受人尊敬的地位，但他的"元首制"和图拉真的

1　Victor, *Epit.* 12.9. 图拉真的"登基之日（dies imperii）"是1月28日；参见*Feriale Duranum*, col. i, l. 15中的证据（*Yale Classical Studies* VII [1940], 41，参见77 ff.）。
2　*Pan.* 2.1. 公元99年的一则献祭铭文赞美了图拉真的"虔诚（pietas）"（*ILS* 283）。
3　*BMC, R. Emp.* III (1936), 144. 该字样随后又同"图拉真神圣的父亲（Divus pater Traianus）"的头衔一道在公元113年出现（ib. 100）。
4　*Pan.* 7.3: "suscepisti imperium postquam alium suscepti paenitebat（您只是在那位元首放弃权力后才接受了它）"; 6.3: "ruens imperium super imperatorem（同元首一道没落的帝国）"; 8.4: "nam quantulum refert, deponas an partiaris imperium（除了放弃与分享权力外，他还有什么选择呢）?"

"帝国权威（imperium）"之间其实存在着一条鸿沟。"自由"已经退居幕后，其相应的各种标签也遭到了抛弃。一批新人开始在历史舞台上涌现。[1]

就这样，争夺奖品与犒赏、职位与权力的斗争在图密善遇刺13个月后达到了高潮，并同争夺元首继承权的活动交织在一起。尽管我们无法确定具体的时间、人物与地点并将之联系在一起，这场危机的性质和主导局势的集团并不是无从猜测的。屠戮图密善暗杀者的卡斯佩里乌斯和禁卫军草草完成了复仇；但胜利果实被其他人夺得。这一结果看似偶然，但也可能有过私下策划的利益交换。在某些人物的幕后支持下，军事寡头集团采用了既坚决又巧妙的手段。他们将国家从短暂的"自由"插曲中解救出来，让它重回统治正轨。他们罢黜了一位无法胜任其职责的统治者（他们的做法事实上起到了罢黜的效果），从本阶层中选定了一位元首。[2]

这是一个一直被后人追问的问题——尽管它显得放肆且富于颠覆性。后人是否肯于相信，那位指挥一支强大、忠诚的大军的将领居然不是被那支军队拥立为元首的？赐予此人绰号"日耳曼尼库斯"的不是日耳曼，而是罗马？[3]

莱茵河流域的各个军团早已荣誉等身，承载着早年战争与拥立元首的记忆。罗马受制于它们的力量；它们取得的胜利拓展了帝国的版图，并且一些元首的头衔也是通过它们所取得的。[4] 在回想起不久之前的历史后，世人将交织着希冀与恐惧的目光投向莱茵河与翻越阿尔卑斯山进入意大利北部的近路。那段历史其实并不遥远——高卢的叛乱和一场大战，尼禄的灭亡，桀骜不驯、怒火中烧的部队哗变与随之而来的内战，意大利境内的兵戎相见和攻

---

1 图拉真统治前期的硬币铭文很能说明问题，并且与文献证据相矛盾。参见P. L. Strack, *Untersuchungen zur r. Reichsprägung des zweiten Jahrhunderts* I (1931), 43 f.; H. Mattingly, *BMC. R. Emp.* III (1936), lxix.
2 更多信息见原书第35页。
3 *Pan.* 9.2.
4 *Ann.* 1.31.5: "sua in manu sitam rem Romanam, suis victoriis augeri rem publicam, in suum cognomentum adscisci imperatores（罗马的命运掌握在他们手中，共和国的版图凭借他们的胜利而得到拓展，元首们使用的也是他们的家姓）."

占罗马。日耳曼于公元89年发动的兵变同样可怕,尽管副将对图密善的那次反叛以失败告终。

图密善一直关注着他的部队——他曾四度走上沙场,并用增加薪饷的办法来巩固将士们的忠心。如果说图密善遇刺的消息在某些行省驻军中引发了一些骚动的话,那么这些骚动并未演化成什么严重麻烦。[1] 但我们不能想当然地认为,他们在面对一位因宫廷阴谋而上台、由宫廷内务总管帕特尼乌斯(Parthenius)指定的、毫无军事履历的统治者时还能安分守己。某位注意到部队情绪、受到野心勃勃的副手怂恿或罗马友人来信鼓励的将领有可能会参与元首大位的角逐。一次原本微不足道的意外或局部哗变就能提供这样的机遇。

图拉真驻扎在墨根提亚库姆——上日耳曼行省的兵家要地。他可能是在那里等待罗马政权进一步受到削弱,也可能是准备好了要在没有受到征召的情况下向罗马进军。图拉真并不是被士兵们拥立的[2];但在日耳曼的指挥权在很大程度上可以解释他为何能够平步青云。为他从涅尔瓦那里争取到这一军事任命的朋友和盟友们并非没有这个远见。

在争夺元首紫袍的斗争展开之际,只有前执政官们才有机会胜出。10位符合该条件的副将掌控着帝国的主要军权。罗马帝国的军队如今由28个军团构成[3],其中有24个都位于那10位前执政官管理的行省。[4]

曾经不可一世的西班牙驻军早已萎缩至只剩下1个军团;而图密善对多瑙河以北部族发动的战争则将来自不列颠、莱茵河流域和达尔马提亚(Dalmatia)的许多军团聚集到了一起。[5] 到了图密善统治末期,不列颠和上

---

1 史料告诉我们,普鲁萨的狄奥(Dio of Prusa)的演说平息了多瑙河畔军营里处于萌芽阶段的暴动(Philostratus, *Vit. Soph.* 1.7.2)。我们没有看到其他报道或流言。
2 但事实也许与此相去不远,见附录4。
3 具体细节见 E. Ritterling, P-W XII, 1569; 1789 f.; R. Syme, *JRS* XVIII (1928), 41 ff.。
4 例外如下:努米底亚(1个军团),犹太(1个军团),埃及(2个军团)。
5 确凿证据或推断表明,辅军第2军团被从不列颠调来;从莱茵河流域陆续赶到的有辅军第1军团、第21军团"劫掠"(XXI Rapax,于公元92年被歼灭)和第14军团"双胞胎"(XIV Gemina)。在图密善统治前期,第1军团"密涅瓦"(I Minervia)对莱茵河流域进行了增援;现已没有军团驻扎的达尔马提亚行省仍是前执政官级别的(见附录15)。

下日耳曼的驻军数量都从4个军团降为3个；不列颠境内的征服战火烧到了北方；对莱茵河对岸时缓时急的军事干涉则为日耳曼南部赢得了安全稳定的边疆环境。相反，莱茵河流域的兵力却得到了加强：兵力增加到4个军团的潘诺尼亚如今拥有了帝国境内实力最强的一份兵权；而莱茵河下游的两个默西亚（Moesia）还拥有另外5个军团。[1]

在帝国西部，西班牙、不列颠和莱茵河流域共计拥有10个军团；与之大体保持平衡的是驻扎在从北海到幼发拉底河的多瑙河一线帝国中部边疆的9个军团。而指挥面对着亚美尼亚（Armenia）和两河流域（Mesopotamia）的东方防线的是两位前执政官，其中一位在卡帕多西亚（Cappadocia）手握2个军团，另一位在叙利亚统领着3个军团。

军团编制当然为我们提供了一种便利的兵力统计方式；但罗马军事史上也有大量战事是由辅助部队承担的。在部队单元与招募兵力总数方面，西部地区占据着压倒性的优势。为了准确地评估莱茵河流域的兵力，我们必须将其腹地——3个高卢行省——的资源也考虑进去；多瑙河流域的驻军则可以从潘诺尼亚、达尔马提亚和色雷斯的大量人口众多、骁勇善战的部族中补充有生力量。

尽管边疆地区的兵力重心最近已从莱茵河流域转移到了多瑙河流域，世人却并未习惯于接受这一事实。潘诺尼亚与默西亚的军团们也还没有准备好动用自己的实力。由于彼此相隔很远，它们缺少共同的传统与在紧急状况下展开协调行动的联络手段。并且它们在战争上展示出来的实力也参差不齐——有时遭到惨败，有时取得不无瑕疵的胜利。日耳曼驻军的声望则是完美无缺、令人胆寒的：墨根提亚库姆和科洛尼亚·克劳狄亚（Colonia Claudia）[2]是不可能向当时还默默无闻的卡努图姆（Carnuntum）、维米纳奇乌姆（Viminacium）或辛吉杜努姆（Singidunum）拱手让出自己在帝国内赢得的赫赫威名的。

1　参见R. Syme, o.c. 47; 50; *CAH* XI (1936), 186 f.。
2　字面含义为"克劳狄乌斯建立的殖民地"，日后德国科隆市（Köln）的前身。——译注

距离墨根提亚库姆最近的驻军来自下日耳曼、不列颠和潘诺尼亚。[1]在真刀真枪的战争中锤炼出来的不列颠诸军团以军纪严明而著称。并且跟从前一样,不列颠驻军的习惯是要么坐视国内事态发展,要么效法莱茵河流域军团的榜样。一切都取决于下日耳曼的动向。在公元97年10月,那里的副将(似乎如此)要么是图拉真的可靠盟友,要么已做好了投靠图拉真并交出兵权的准备。[2]一旦这两支军队联起手来,它们会迅速采取行动,并让整个帝国感受到它们的力量。一旦内战爆发,它们将采取的第一步行动是入侵意大利北部,对多瑙河军队的先头部队先发制人或迎头阻击。

负责镇守从意大利和西部诸行省通往默西亚军队驻地与拜占庭(Byzantium)的潘诺尼亚大军居于攻守两利的位置。穿越朱利安阿尔卑斯山的近路使得这支军队可以比莱茵河军团更快地入侵意大利——如果不想这样做的话,指挥潘诺尼亚的副将也可以选择守住山路隘口,或撤退并同默西亚境内的驻军兵合一处。如果多瑙河地区的军团们没有推举出自己的领导人的话,他们可能会通过支持来自东方的元首头衔竞争者来对斗争局势发挥决定性作用。这种事情已经发生过一次;并且世人也担心它将再度上演。在这场危机期间,潘诺尼亚可能掌握在图拉真的朋友手中;并且我们也没有听说过来自遥远的默西亚的任何威胁。[3]何况当年晚些时候对图拉真的收养也很可能阻止了某些地区的军事行动,从而为谈判争取了时间——如果有些必要的协议还没有达成一致的话。

收养举动平息了所有骚动,也(至少相关史料是这么说的)消弭了各种剑拔弩张的态势。一些人原本预测,在叙利亚统领3个军团的副将可能会参与帝位角逐。[4]但尽管将领本人的声望十分崇高且源远流长,他麾下的部队却

1　关于公元96—98年间前执政官级别副将的名单,见本书第五章与附录14。
2　具体是谁我们并不清楚。他可能并不是维斯特里乔乌斯·斯普利纳(*Epp.* 2.7.1 f.),参见附录6。
3　一份标注日期为公元98年2月20日的文件(*CIL* XVI, 42)证明了格涅乌斯·庞培·隆吉努斯(Cn. Pompeius Longinus,公元90年递补执政官)曾在潘诺尼亚任职;我们不知道他的前任是谁。他之前(公元93年)担任过上默西亚行省副将(*CIL* XVI, 39)。关于默西亚的情况,见原书第51页。
4　*Epp.* 9.13.11.

并不被人看好——那些士兵终日养尊处优，很少经受战火或操练的洗礼。即便他能争取到卡帕多西亚、埃及和犹太的支持，从而再为自己增添5个军团的兵力，东方联合起来的这支军队还是无法同北部边疆驻军的强大实力（莱茵河一线的6个军团和多瑙河流域诸行省的9个军团）相抗衡。犹太由一位大法官级别的元老统治，驻有1个军团。驻守卡帕多西亚的前执政官副将是图拉真的朋友。[1]

埃及的影响力与其兵力（2个军团）完全不成比例。一旦罗马世界面临着战争威胁，埃及省长（Prefect of Egypt）是可以让首都陷入饥馑的。[2]但事实表明，东方的各个行省都风平浪静。无论人们传播过关于叙利亚的哪些流言，当地的那位莫测高深的前执政官还是主动离开了行省，或被除掉了；他在各军团里安插的一些军团长或许也被搞定了。[3]相关记载语焉不详、支离破碎，不足以为我们揭示那些丑陋的史实。文献记录甚至从未暗示过任何行省总督在图拉真攫取权力过程中受辱或被处决的情况。但当时肯定发生了一些事情。可以肯定的是，当时在叙利亚并没有执政官级别的副将。诚然，当地的气候与行省总督们的虚弱（被任命的经常是老人）使得官员们的死亡率很高。但如果行省总督死亡或离职的话，也会由行省里的一位军团长接替他的职务，这个人通常是大法官级别的人物。但此时叙利亚的领导人是一张新面孔，一个名叫拉尔奇乌斯·普利斯库斯（Larcius Priscus）的年轻人（他曾担任过亚细亚行省的财务官）来到了叙利亚。拉尔奇乌斯的头衔是第4军团"斯基泰"（IV Scythica）的军团长和代理行省总督。这种非常措施意味着某种紧急状态的存在。不久之后，下一位前执政官接过了指挥权——或许是个老人，并且肯定是一个可以放心的人。[4]

图拉真并不急于在元老院和罗马人民——帝国权威表面上的合法来

---

[1] 提图斯·庞普尼乌斯·巴苏斯（T. Pomponius Bassus，公元94年递补执政官），参见原书第51页。
[2] 玛库斯·尤尼乌斯·鲁孚斯（M. Junius Rufus），纸草材料告诉我们他在公元98年2月2日至6月21日期间的情况。参见A. Stein, *Die Präfekten von Ägypten* (1950), 47 f.。
[3] 见附录3。
[4] *ILS* 1055; *AE* 1908, 237（塔姆伽狄[Thamugadi]）。

源——面前展示自己。罗马人民或许渴望看一眼他们这位行伍出身的元首。[1]但他们还得再等等。而在元老院里，仇恨、嫉妒与失望情绪已被对和平与秩序的感激之情取而代之——或至少是被一系列响亮的、四处发布的公告压制下去了。为了恰如其分地表达对新元首的感情，元老院火速派出了一个代表团。唇枪舌剑无疑只能被限制在讨论阶段：他们要决定哪些元老可以成为这个最高议事机构的代表，哪些人因为曾效劳于图密善而必须被排除在外。[2]为了不辱这次使命，美德与公共名望的标准要求元老院必须选择像弗伦提努斯、斯普利纳这样的代表，而不是法布里奇乌斯·维恩托这样的阴谋家老油条。[3]何况，即便维恩托长期以来一直拥有巨大的影响力，他的辉煌如今毕竟已经日薄西山。[4]他在高层政治家中间的优势地位很快被尤利乌斯·弗伦提努斯所取代——这或许不无道理。在公元97年的权力交接中，维恩托可能被弗伦提努斯的坚定不移或斯普利纳的老谋深算（貌似忠良的背后也有可能潜藏着诡计多端）挫败了。图拉真欠这些尽职尽责的臣下一个人情（如果不是还有其他原因的话），便用最高的公共荣誉褒奖了他们。[5]

禁卫军队长并不在前往北方的那批快乐使者之列。图拉真日后召见了他。他在动身前往时可能还期待着元首的感谢或原谅；但他被处决了。[6]图拉真选择跟自己的军团们待在一起，那才是其权力的真正来源。与此同时，他确认或安排了自己党羽的各种职权。元首本人以执政官和涅尔瓦同僚的身份

1　Martial 10.6.
2　可与公元69年底的情况相比较（*Hist.* 4.6 f.）。
3　维恩托和他的妻子阿提卡（Attica）在墨根提亚库姆进行了献祭（*ILS* 1010）。但那一次也可能是公元83年跟随图密善进行的献祭——甚至可能是在公元89年。斯普利纳没有参加公元97年使团的依据见 *Epp.* 2.7.3，参见附录6。
4　维恩托或许在公元100年9月已经去世（参见 *Pan.* 58.1）。
5　参见小普林尼公元100年第三次出任执政官时的情况。*Pan.* 60.5 f.: "bellorum istud sociis olim, periculorum consortibus, parce tamen tribuebatur, quod tu singularibus viris ac de te quidem bene ac fortiter sed in toga meritis praestitisti. Utriusque cura utriusque vigilantia obstrictus es（从前该荣誉是赏赐给战争中的盟友和危难中的同伴的；而你却把它赏赐给了两个鹤立鸡群的人物：他们在文职工作中完成了出色、英勇的业绩。在这两个例子中，您都考虑到了对同僚的关怀与重视）."
6　Dio 68.5.4.

迎来了公元98年，并为庆祝帝国的和谐局面和新的历史转折点而开列了一长串候补执政官名单（consules suffecti）。当涅尔瓦逝世的消息传来时，图拉真正在莱茵河下游的中心城市科洛尼亚·克劳狄亚。[1] 为了交接他在上日耳曼行省的军事指挥权，他召来了自己的朋友、忠心耿耿的尤利乌斯·塞尔维亚努斯（Julius Servianus）。[2]

如果有人想要在日耳曼地区发动征战的话，那么他们的期待恐怕要落空了。那里没有发动战争的必要或借口。图拉真在莱茵河畔逗留了一段时间，随后在一些元老的陪同下动身前往潘诺尼亚视察多瑙河边疆一线的军队。[3] 与此同时，莱茵河地区的军权被管理得十分妥善[4]；并且尤利乌斯·塞尔维亚努斯在短暂管理上日耳曼行省军权不久后又接过了潘诺尼亚行省的兵权——但并无证据表明，他在潘诺尼亚行省的前任曾有过不忠或失职行为。[5] 并且新元首也没有在潘诺尼亚逗留很久，尽管那里的部队前一年还在多瑙河对岸参加过军事行动。图拉真随后前往默西亚。[6] 他在那里同达契亚人遥遥相对的某个驻军营地（维米纳奇乌姆或辛吉杜努姆）过了冬——那里是帝国的战略中心，位于北海与幼发拉底河的中点，并且也在连接意大利和帝国西部同东部诸行省驿道的交通线上（或交通线旁）。

簇拥在图拉真身边，或许还在七嘴八舌的是一批"武人（viri militares）"。他们曾参加过图密善时代的历次战争，或经历过野心遭到挫败、力气派不上

1　Eutropius 8.2.1，参见 *HA, Hadr*. 2.6。
2　*Epp*. 8.23.5，参见 *HA, Hadr*. 2.5 f.。关于此人的情况，见附录7。
3　一则铭文残篇提及了陪同元首的一位著名元老："[dum] exercitus suos circumit（巡视他的部队）。"（*ILS* 1019）
4　卢奇乌斯·李锡尼乌斯·苏尔拉（L. Licinius Sura，公元97年递补执政官）在下日耳曼行省（*AE* 1923, 33）的任期可能是在公元98—100/101年之间。
5　塞尔维亚努斯（*Epp*. 8.23.5）接替了格涅乌斯·庞培·隆吉努斯（Cn. Pompeius Longinus）（*CIL* XVI, 42），自己很快又被昆图斯·格利提乌斯·阿古利可拉（Q. Glitius Agricola）（*ILS* 1021a）所取代。
6　值得注意的是"日耳曼战争（bello Germanico）"中受到图拉真嘉奖的辅军第1军团分队长（*primus pilus*）（*I. l. de Tunisie* 778 f.）——那也许是对涅尔瓦嘉奖该军团的补充（*ILS* 2720），因为在公元98年不大可能发生过大规模战事。

用场的时代。但主战派的期望又一次落空了。在巡视了一圈并在多瑙河流域的各行省任命了一批新总督后,图拉真返回了罗马。公元99年的名年执政官(*consules ordinarii*)是他的两位年轻朋友[1],这两个注定将会执掌重要军权。在他的提议下,下一年的名年执政官将是他本人和第三次出任执政官的尤利乌斯·弗伦提努斯。两条大河(莱茵河与多瑙河)的北边风平浪静,不需要罗马元首长期逗留在边疆地区。真正的危险是内部的和政治性的。"军队的团结一心(concordia exercituum)"是涅尔瓦提出的口号;但实现这一目标的则是图拉真。

---

[1] 昆图斯·索希乌斯·塞内奇奥(Q. Socius Senecio)和奥鲁斯·科奈里乌斯·帕尔玛(A. Cornelius Palma)。

第三章　尤利乌斯·阿古利可拉

　　涅尔瓦的统治与事实上的退位成就了一位罗马历史学家。当年事已高的维吉尼乌斯·鲁孚斯于公元97年被长期病痛压倒后，元老院投票通过了举行国葬的决议。悼词的宣读者是当时身为执政官的一位声名远扬的卓越演说家——科奈里乌斯·塔西佗。[1]几个月后，塔西佗又找到了创作的冲动与主题，写了一篇纪念4年前去世的岳父尤利乌斯·阿古利可拉（Julius Agricola）的作品。这位擅长辞令的前执政官在《阿古利可拉传》（*Agricola*）中宣布，他将要继续撰写一部关于自己所处时代的历史，作为从前的奴役与当前的幸福生活的见证。[2]

　　这部小书本身也多少谈到了一点关于新元首的情况。在《阿古利可拉传》的第3章中，塔西佗宣称现今这个时代是幸福的，因为元首涅尔瓦将"自由"与"元首制"结合在一起，而涅尔瓦·图拉真则每天都在促进"这个时代的繁荣（felicitas temporum）"。[3]塔西佗的措辞意味着涅尔瓦当时还在人世。但《阿古利可拉传》在结尾处又将图拉真称为"元首（princeps）"。[4]

1　Pliny, *Epp.* 2.1.6.
2　*Agr.* 3.3: "non tamen pigebit vel incondita ac rudi voce memoriam prioris servitutis ac testimonium praesentium bonorum composuisse. hic interim liber honori Agricolae soceri mei destinatus, professione pietatis aut laudatus erit aut excusatus (但我不会后悔承担这项记录从前的奴役、作为今日之幸福见证的使命，即便我的文笔是稚嫩的和粗糙的。此外，由于这本书是为了纪念我的岳父阿古利可拉而写的，它的虔诚目的也会赞许，或至少原谅我的做法)."
3　3.1.
4　44.5.

我们应该如何解释这一点呢？这本书的出版时间点是在涅尔瓦去世（公元98年1月28日）之前还是之后？或许它是在涅尔瓦去世前写就，并在之后出版的？[1] 但这个问题其实无关紧要。"元首涅尔瓦"的称谓在涅尔瓦被奉为"神圣（divus）"后出现在作品中并无任何不妥之处；何况真正重要的事实并非涅尔瓦的去世，而是涅尔瓦过继了图拉真。

图拉真的名字只在《阿古利可拉传》中出现过2次。但那部作品并不仅仅是对作者岳父姗姗来迟的一曲颂歌——它跟元首本人经受过的历练和人生履历，以及他的性格与品德关系密切。

比阿古利可拉出身更好的外省居民通常会选择留在自己的故乡。本地的荣誉与尊重、血缘很近的邻居与父辈的照应都可以确保这样的人享受高雅的、无可指摘的闲适——"光荣的缄默（honesta quies）"。[2] 大城市提供的则是生活享受与欢乐，以及亲身经历重大事件的激动人心。但危险与腐化堕落也潜藏在大城市中；那是在那里生活必须承担的相应代价。而意大利北部与西部的外省有产者们则以俭朴和勤劳闻名于世，并因在促进农学发展方面的贡献而饱受赞誉。

一些人对出去闯世界的诱惑抱着坚决抵制的态度。另一些人则因为求学、施展才华的抱负与出人头地的愿望而选择了离开。离开者中最卓越的一位是卢奇乌斯·尤利乌斯·格雷奇努斯（L. Julius Graecinus），此人来自纳旁（Narbonensis）行省的尤利乌斯广场镇（Forum Julii）殖民地。[3] 他在提比

1　参见弗伦提努斯的文本——"ab Nerva Augusto（自元首涅尔瓦时起）"（*De aquis* 1.1）和"imperatoris piisimi Nervae（至诚的元首涅尔瓦）"（88.1）。但涅尔瓦有两次被称呼为"神圣"（102.4和118.3），并且作者将涅尔瓦的继任者称为"元首涅尔瓦·图拉真（Imperatorem Caesarem Nervam Traianum Augustum）"（93.4）。

2　*Epp.* 1.14.5——说的是布瑞克西亚的米尼奇乌斯·玛克里努斯（Minicius Macrinus of Brixia），"equestria ordinia princeps, quia nihil Altius voluit（骑士阶层中的翘楚，身外之物一无所求）"；参见3.2.4（阿尔提努姆的阿里安·玛图鲁斯［Arrianus Maturus of Altinum］）。

3　*Agr.* 4.1，参见 PIR^2 J 231和来自罗马城的铭文："[L.] Iulio L. f. Ani. / Graecino tr. pl. pr. / M. Iulius L. f. Ani. / Graecinus quaestor f.（卢奇乌斯之子、代理平民保民官卢奇乌斯·尤利乌斯·阿尼乌斯·格雷奇努斯，和卢奇乌斯之子、财务官玛库斯·尤利乌斯·阿尼乌斯·格雷奇努斯）."（*AE* 1946, 94）大儿子玛库斯不见于之前的史料。

略统治时期进入了元老院，后来当上了大法官。格雷奇努斯在许多方面都取得了成就——他用优雅、精确的笔触写过一篇研究种植葡萄的论文；他作为公共演说家取得过一定声望；他还在与哲学家们的交谈中自得其乐。他做人的坚定原则在大事小事上均有所体现。两位贵族本已准备好了要去支付他就任大法官期间组织的竞技活动费用。但格雷奇努斯断然拒绝——因为这两个人是声名狼藉的家伙。[1] 卡里古拉（Caligula）授意他对他人提出指控，他也不肯这样做。卡里古拉由此对他怀恨在心。由于这件事或别的什么原因，格雷奇努斯最后被处死了。[2]

他的儿子格涅乌斯·尤利乌斯·阿古利可拉生于公元40年。[3] 他在马赛利亚（Massilia）接受了高等教育——那座城市在当时有幸集外省城市的清心寡欲和希腊文化的光辉壮丽于一身。这位年轻人在那里遇到的唯一危险便是哲学。他后来经常说，自己当初对哲学研究的热情超出了身为罗马人和元老所能容许的范围。[4] 但明智的母亲进行了干预。阿古利可拉的审慎与日俱增，因为他从自己接受的教育中学会了举止有度——那是很少有人能在求学过程中领会到的。[5]

阿古利可拉获得的报酬是为国效力的机会。身为军团长的他在苏维托尼乌斯·保利努斯（Suetonius Paullinus）担任总督期间来到了不列颠。[6] 当时的许多青年人在担任军职时都有些心不在焉，仅仅把它当作离开罗马放松一下的机会，并在任职期间一无所获。阿古利可拉则以了解这个行省为己任，

---

1 Seneca, *De ben*, 2.21.5 f. (保卢斯·费边·佩尔希库斯［Paullus Fabius Persicus］和盖约·卡尼尼乌斯·雷比鲁斯［C. Caninius Rebilus］，相关情况见原书第571页).

2 *Agr*. 4.1: "namque M. Silanum accusare iussus et, quia abnuerat, interfectus est (他被命令指控玛库斯·希拉努斯，在拒绝后被杀害)." 但他并非马上被杀，因为希拉努斯死于公元38年初（信息来自 *CIL* VI, 2028 C, l. 35）.

3 44.1. 关于相关年代的更多情况见附录17（关于元老人选的变迁）。

4 4.4: "acrius, ultra quam concessum Romano ac senatori, hausisse (他啜饮［哲学知识］的热情超过了对于罗马人和元老的许可限度)."

5 4.5.

6 5.1. 布狄卡起义的公元60年（不是 *Ann*. 14.29.1所记的公元61年，参见附录69）。阿古利可拉可能跟其他人一样服役了两年之久，参见 E. Birley, *Proc. Brit. Ac*. XXXIX (1953), 200.

抓住机会在各个方面磨砺自己，并留心避免他人对自己行为张扬的指摘和胆小怯懦的怀疑。他也亲身经历了战斗，并有机会展示自己的勇武——尤其是在不列颠的土著女王布狄卡（Boudicca）起兵谋反之际。这次军事行动点燃了阿古利可拉步入戎马生涯的热望，尽管这种想法其实不合时宜——当时的一切卓越表现都会受到元首猜疑，出人头地就跟声名狼藉一样危险。[1]

为了能够平步青云，进入仕途者需要得到支持与庇护。阿古利可拉迎娶了一位有些名望的纳旁元老多米提乌斯·德奇狄乌斯（Domitius Decidius）的女儿。[2]这门亲事为他的晋升提供了有力支持。阿古利可拉如今已有资格以财务官的身份去面见行省总督。他负责的是充满诱惑的亚细亚行省，那里的总督则是萨尔维乌斯·提提亚努斯（Salvius Titianus）——这个家伙路人皆知的贪得无厌可以为财务官的徇私舞弊提供纵容与掩护。但亚细亚行省及其总督都无法腐蚀阿古利可拉。[3]

罗马则比亚细亚行省还要危险得多。返回罗马后，阿古利可拉在接受下一项职务前的一年里举止极其谨慎。他经受住了时间的考验——"无为（inertia）"才是"大智慧（sapientia）"。[4]那正是针对尼禄的巨大阴谋被揭发的那一年。罪犯和牺牲品（这两个字眼指的并不完全是同一批人）中便有一批行省官吏；他们是在年龄和社会等级方面与阿古利可拉相仿的人物。[5]

公元66年里还进行过其他的处决与合法谋杀。出身、才华和独往独来都可以成为尼禄盛怒之下的怀疑对象。侍奉尼禄左右的是一批心狠手辣的讼棍

1　5.4: "nec minus periculum ex magna fama quam ex mala（伟大名声的危险并不比恶名更小）。"
2　6.1，参见 ILS 966。
3　6.2. 他是奥索的兄弟（作者无须在此补充）。下一任行省总督（公元64年夏天至公元65年夏天）是极其正直的卢奇乌斯·安提斯提乌斯·维图斯（L. Antistius Vetus，公元55年执政官），于公元65年底前被处决。后人一般相信阿古利可拉的财务官任期与维图斯的行省总督任期重合，但事实并不一定如此。
4　6.3: "gnarus sub Nerone temporum quibus inertia pro sapientia fuit（尼禄统治时代的精明人会表现得碌碌无为，而非彰显其智慧）。"
5　如玛库斯·阿奈乌斯·卢坎（M. Annaeus Lucanus），他生于公元39年，此时刚当上财务官不久。

和俯首帖耳的元老们。野心勃勃的人有机会获得立竿见影的回报；但这并不是一个适合光明磊落、疾恶如仇的青年成长的时代。时任平民保民官的阿古利可拉平安避开了所有风险。[1] 他在担任大法官的时候也以谨慎著称——那是尼禄在位的最后一年；伽尔巴随后给了他一项需要人品无可指摘、做事准确无误的职务任命。[2] 阿古利可拉并未参与下一年里的战斗，却不失时机地站到了弗拉维王朝一边，并很快得到了新的任命：他被派往意大利征兵，随后获得了不列颠第20军团的指挥权。[3]

尽管从名称和等级的角度看，元老生涯的起步阶段是在担任军职。但这些职务的任期通常很短，而且往往只是走过场而已。如果说保民官对于有可能在罗马这座大都市担任文职官员的青年人而言是最宝贵的头衔之一的话，那么军团长一职对于"武人（vir militaris）"而言就显得至关重要。阿古利可拉早在十年前最初的仕途中便展示了这方面的潜力——他渴望上阵杀敌。但时任不列颠副将的维提乌斯·波拉努斯（Vettius Bolanus）是一个安分守己的人——对于这样一个战事频仍的行省而言未免显得有些碌碌无为。[4] 按照自己早已牢记于心的、服从权威的处世原则，阿古利可拉一直压抑着自己的不满情绪。他终于在佩提利乌斯·克瑞亚利斯（Petillius Cerialis）取代波拉努斯后得到了回报。新任行省总督很快向岛上最强大的部族——布里根特人（Brigantes）发动了进攻。他拨给阿古利可拉一部分军队，以便考验他的才干。但阿古利可拉也知道自己几斤几两，小心翼翼地确保着统帅能够揽得全部功劳。于是谨慎保护了阿古利可拉，并让他分享到了一部分荣誉。[5]

与军团指挥权联系在一起的是崇高的社会地位；前往行省任职则为担任

---

1 另一位保民官尤尼乌斯·鲁斯提库斯（Junius Rusticus）已准备好了要铤而走险（*Ann.* 16.26.4）。
2 6.5: "ad dona templorum recognoscenda（调查神庙祭品的去向）."
3 7.5. 塔西佗没有在《历史》现存文本中提及阿古利可拉一事引起了后人的惊讶。见 E. Paratore, *Tacito* (1951), 59 f.; 471 ff, 这种大惊小怪其实是毫无必要的。
4 8.1.
5 8.3.

执政官扫清了道路。韦伯芗让阿古利可拉成为贵族阶层的一员，任命他掌管作为高卢3个行省之一的阿奎塔尼（Aquitania）。[1] 当时的舆论普遍认为（至少塔西佗是这样说的），武将是缺乏技巧与细腻的。[2] 但阿古利可拉颠覆了人们的这一观念。尽管声望有利于塑造美德之名，阿古利可拉却拒绝采用露骨或迂回的方式去追逐声名。他留心着不去冒犯管理其他行省的副将，或卷入同中央政府派来的财务官员们的冲突之中。[3]

不到3年的光景，阿古利可拉便返回罗马担任了执政官（公元77年）。[4] 韦伯芗很快又任命他接替尤利乌斯·弗伦提努斯担任不列颠行省总督。凭借前执政官的头衔，阿古利可拉得以跻身新贵的行列。何况一个人在就任执政官前后往往还能顺便获得某些神职荣誉——阿古利可拉如今当上了大祭司长（pontifex）。[5]

尤利乌斯·阿古利可拉在不列颠的军事行动（公元78—84年）与本书主题的关系不大。[6] 他的女婿记述、赞美并夸大了这些功业。在最后一场战役中，卡勒多尼亚土著居民（native Caledonians）的疯狂——他们选择兵合一处进行阵地战，而非分散开来坚持游击战——让阿古利可拉赢得了一场似乎具有决定性意义的胜利。如果阿古利可拉坚持认为不列颠由此已被平定了的话，那么他对别人接替自己职务的任命也就没有什么可以抱怨的了。

1　9.1: "deinde provinciae Aquitaniae praeposuit, splendidae inprimis dignitatis administratione ac spe consulatus, cui destinarat（[韦伯芗]把阿奎塔尼行省交给了他，该行省的长官既拥有举足轻重的行政权力，又拥有担任执政官的希望。[韦伯芗]通过这种方式拔擢了此人）."关于该行省的类型（及其长官的政治生涯），见附录15 f.和18。认为阿古利可拉担任执政官过晚、晋升过慢并心灰意冷的看法（E. Paratore, o.c. 89 ff.）并无坚实依据。
2　9.2.
3　9.5.
4　9.6. 这个年代无法直接确定。阿古利可拉最初抵达不列颠的时间肯定是公元78年（依据罗马年历而论），因为他在第七年里收获了一场大胜，该事件发生在公元83年底（参见R.Syme, *CAH* XI [1936], 164），对民众的赏赐是在公元84年（*FO* XIII 3 = *Inscr. It.* XIII, I, p. 102）。
5　9.7: "statim Britanniae praepositus est, adiecto pontificatus sacerdotio（他随后不久被任命为不列颠行省总督，同时还担任了大祭司长）."关于在担任执政官前后就任祭司的例子，参见 *ILS* 1005; 1036; 1055; 8971。
6　见本书第十一章。

刚刚为自己对查提人的胜利举行过凯旋式的图密善给予了这位将领"凯旋将军待遇",并对他许诺了一些关于叙利亚行省的事情。[1]返回罗马后,这位不列颠的征服者小心翼翼地进了城,并低调地过起了普通人的生活。他如今只有44岁,离退休还远——但退隐成了他之前平步青云,年纪轻轻就当上执政官,并取得较塞里亚利斯与弗伦提努斯多出一倍时间的军事指挥权的代价。而这位"凯旋将军(vir triumphalis)"还能指望自己获得什么荣誉呢?在元首治下做一名老臣是件华而不实的、空洞无物的事情,除非这个人拥有演说天赋或得到了宫廷中某派势力的支持。但阿古利可拉并非演说家或阴谋家——何况最有利的那些位置已经被别人占了。

他有希望在适当的时机第二次出任执政官;因为弗拉维王朝的元首们此前还从未忘恩负义过。[2]并且随着年龄日增,阿古利可拉也将有机会出任亚细亚或阿非利加行省的总督。但一切将到此为止。我们再也没有听说过关于叙利亚行省任命的事情。图密善及其谋臣或许在讨论后认为,在不列颠的超长任期已足够补偿不能再度出任行省总督的损失了。

而当多瑙河畔战火重燃、将领们的冒失或无能导致了罗马军队的一系列失败的时候,阿古利可拉也没有获得军事指挥权。[3]根据塔西佗的说法,阿古利可拉当时在民众间的呼声很高——所有人都拿他的精力充沛、果敢决断和经验丰富同其他将领的犹疑不决和胆小怕事进行对比。我们有理由怀疑,这些在其他场合下曾因邪恶轻佻、只在乎食品价格而遭到历史学家塔西佗抨击的民众是否真有那么关心边疆军务。[4]倘若果真有人在谈论阿古利可拉的优点,那也只会是在某些习惯了用抨击政府来打发时间的俱乐部或小圈子里——国家的不幸只是为个人的邪恶提供了用武之地而已。当阿古利可拉远在不列颠

1　40.1.
2　有几位恰好在公元85年获此荣誉(见附录12)。
3　41.2: "tot exercitus in Moesia Daciaque et Germania et Pannonia temeritate aut per ignaviam ducum amissi(由于将领们的轻率或无能,许多军队在默西亚、达契亚、日耳曼和潘诺尼亚折损了)."
4　*Hist.* 1.4.3: "plebs sordida et circo ac theatris sueta(卑贱的、整天泡在竞技场和剧场里的平民们)"; 4.38.2: "vulgus cui una ex re publica annonae cura(贱民们除谷物供应外不关心任何国事)."

之际，其他前执政官和其他集团建立起了自身的优势地位。禁卫军队长、脾气火爆的科奈里乌斯·福斯库斯（Cornelius Fuscus）接受元首的任命，组织了对达契亚的入侵（但以失败告终）；[1] 而庇护关系的运作者们也扶植好了两个在多瑙河畔手握重兵的代理人——其中一位将领对于领兵打仗来说或许已经太老；另外一位却拥有在巴尔干地区作战的丰富经验，曾在达契亚人势力范围以内的塔佩（Tapae）取得过一场大捷。[2]

权臣们在任命行省总督的事情上也欺骗了阿古利可拉。能够看穿元首心思的那些人圆滑地接触了阿古利可拉，询问了他的意向，向他吹嘘闲居在家的生活有多好，并许诺在他谢绝行省总督任命的情况下提供外交官职作为补偿。勒索的基础上还有赤裸裸的威胁。这些充满善意的人领着阿古利可拉来到图密善面前。后者赞赏了臣下的恳请，并大度地接受了臣子的感谢。[3]

在从返回罗马到去世（公元93年8月23日）之间的9年里，阿古利可拉违心的、单调乏味的无所事事一直被树为楷模。[4] 当一位手握重权的武将带着颐指气使的习惯返回罗马后，他很可能会成为上流社会的负担和厌恶对象。但阿古利可拉是一个平易近人、谦逊有礼、和蔼可亲的人。大多数只看外表光环的人在见到阿古利可拉时都会感到手足无措。那么，阿古利可拉究竟是不是一位伟人呢？[5]

1　关于福斯库斯，见附录33。
2　卢奇乌斯·福尼苏拉努斯·维托尼亚努斯（L. Funisulanus Vettonianus，公元78年递补执政官[?]）于公元85/86年从潘诺尼亚调任到新设立的上默西亚行省（Moesia Superior）（ILS 1005，参见CIL XVI, 30 f.），卢奇乌斯·特提乌斯·朱利安（L. Tettius Julianus，公元83年递补执政官）是公元88年在塔佩的战胜者（Dio 67.10.1，参见Statius, Silvae 3.3.115 ff.）。朱利安曾在公元69年担任过第7军团"克劳狄亚"（VII Claudia）副将（以财务官身份，Hist. 1.79.5; 4.40.2）。关于两位将领之间的联系，我们需要注意到福尼苏拉娜·维图拉（Funisulana Vettulla）嫁给了埃及省长、翁布里亚人（参见CIL XI, 5382）盖约·特提乌斯·阿非利加努斯（C. Tettius Africanus）（ILS 8759c）。
3　42.1 ff. 这件事情可能发生于公元90年初，依据是公元90/91年的行省总督任命。威胁阿古利可拉的是公元88/89年亚细亚行省总督的厄运，"奇维卡最近被处决（occiso Civica nuper）"（参见ILS 1374）。
4　44.1。
5　40.4。

名将与充满妒意的元首之间的平衡关系是非常脆弱的，经常会导致敌意、羞辱与处决。图密善曾冤枉过阿古利可拉，并因此而痛恨阿古利可拉。那位元首暴躁易怒、睚眦必报；但阿古利可拉对此等虐待却并未流露出任何怨念。对权威的蔑视和故意做出的争取"自由"本有可能让他在灭亡的同时万古流芳。但他选择了谨慎行事并躲过了祸害。[1]

阿古利可拉的举止远远谈不上英雄主义。那些塔西佗笔下"推崇谬误"的人物很有可能会在阿古利可拉生前误解他；而他们在此人去世后无疑是那么做的。

塔西佗进行了尖锐的回应。他写道："我要告诉他们，即便在坏元首治下也能产生一些伟大的人物。因为倘若负责、谨慎的态度同充满活力的性格和积极进取的生涯结合在一起的话，一个人也是可以取得与铤而走险和哗众取宠的牺牲同等的荣誉的——而后者对于国家社稷来说毫无意义可言。"[2]

这段宣泄中蕴含的愤怒情绪与尖酸刻薄掩盖了那位罗马人与元老通常情况下所表现出的老成持重。他的义愤不无理由。图密善遇刺后，遭受放逐与处决者的亲戚朋友们叫嚣着要求复仇——并且其中叫嚣得最凶的许多人其实跟受害者没有什么联系，也缺乏这样做的理由。然而，建立有序统治的必要总要为复仇行为设置界限。这一点很快就变得显而易见；于是明智的元老们转而提倡温和的处理方案。尽管真正的首恶们已及时获得了庇护，尽管坚持原则的和追求仕途的人在复仇与晋升方面并未如愿以偿，他们还是没有停止叫嚷；其中一些人日后还为了证明自己情绪的正当性和追求文坛美名而撰写

1　42.4: "non contumacia neque inani iactatione libertatis famam fatumque provocabat (没有通过争强好胜或特立独行为自己带来声誉与祸患)."
2　ib.5: "sciant, quibus moris est inlicita mirari, posse etiam sub malis principibus magnos viros esse, obsequiumque ac modestiam, si industria ac vigor adsint, eo laudis excedere, quo plerique per abrupta sed in nullum rei publicae usum <enisi> ambitiosa morte inclaruerunt (那些只崇拜叛逆举动的人应当明白，即便在坏元首治下也有伟大的人物。尽管他们是顺从、谦逊的，但只要他们保持勤勉与活力，他们应受的赞誉也会超过那些选择铤而走险、以故意张扬的牺牲来赢得名誉但对共和国毫无裨益的人物)."

了纪念那些名人之死的小册子。[1]

塔西佗谴责了死去暴君们的无畏对手和为英雄、烈士们高声抗辩的律师们。因为他们的矛头并非仅仅指向恶人与对暴政俯首帖耳的走狗们，而是走得更远。元首们的统治所依赖的并非只有指手画脚的政客与利欲熏心的告密者。它还得到了行政官吏们的支持与整个元老阶层的默许。塔西佗一反常态地用激烈的言辞承认了集体犯下的错误："是我们亲手把赫尔维狄乌斯（Helvidius）拖进了监狱；我们会在看到毛里库斯（Mauricus）和鲁斯提库斯（Rusticus）时露出羞赧的表情；我们的身体溅上了塞尼奇奥（Senecio）无辜的鲜血。"[2]

塔西佗提及了公元93年秋突然发生的一系列迫害事件。[3]阿古利可拉在这些变故发生的时候已经与世长辞，并且塔西佗本人当时或许也还不在罗马。[4]但没有关系，因为塔西佗本人身处目睹并忍受过最可怕暴政的大部分人中间。但这并不意味着塔西佗会在他人指摘阿古利可拉或他本人的怯懦与唯命是从时默认这一罪名。

通过攻击那些过分推崇烈士的人物，塔西佗为他的岳父进行了辩护——同时也是为自己在图密善暴政期间的行为辩解。塔西佗可能在元老院里发过言，谴责过严重的党派倾轧与疯狂行为。而当时机成熟的时候，塔西佗便会表明，自己已多么完美地诠释了那个说法——"仿效布鲁图斯（Brutus）与伽图（Cato）的坚忍固然很好；但他只是一名元老，并且全体元老只是聚在一起的一群奴隶"[5]。

塔西佗并非只在为阿古利可拉或自己辩护。《阿古利可拉传》诠释的是新贵族阶层的道德与政治理想。该理想虽未得到系统阐述，却通过个人形象和一位元老生涯的各个阶段逐渐浮现于读者眼前。

1　原书第92页。
2　45.1.
3　关于这些事件的年代顺序，见第七章和附录19。
4　45.5.
5　*Hist.* 4.8.3 (埃普里乌斯·马塞卢斯的演说).

《阿古利可拉传》与其他作品所描述的行省贵族形象酷似曾入侵过罗马的那批前辈——来自意大利各城镇的那些家道殷实、声名显赫的人物。相关道德品质的范畴划分是一以贯之的；相应描述所使用的标签是约定俗成的；其呈现的总体形象则是过分美化的。[1]

我们先来看看财富及其投放去向。一些行省居民的财富相当可观。阿古利可拉的家道非常殷实。[2] 外来者通常是些勤劳的农民和渴望发家致富的人。由于具备理财的本领，他们往往会担任帝国政府的税吏（procurator）；并且他们也需要钱财来让自己的下一代步入体面的生涯。即便是那些富足的家庭也保持着精打细算的习惯；这种习惯与其他古老美德一道在诸行省和意大利相对偏远的地区（勤俭节约的风俗早已从首都罗马转移到了那里）占据着主导地位。[3] 那里的妇女不得追求时髦；尽管其中有些人接受了一部分高等教育。而天生的长远目光和家庭的压力则约束着年轻人对"高雅艺术（bonae artes）"的过度追求，保护着他们远离危险的思想。

诸元首们在意大利与外省都需要忠诚、干练的仆人。行省官员们保持着警觉与待命状态[4]，不受仇恨情绪与理想主义的掣肘。其中许多人抱有边疆地区特有的强烈爱国情怀，并热烈崇拜着罗马的光辉历史；但他们是不会受名目的迷惑而忽略实质的。担任城市行政职务的他们会不显山不露水地、日复一日地忠实完成其本职工作；他们坚定不移地选择悭吝与奢靡的中间道路；并且这些有志于取得官场至高荣誉的人们还会小心翼翼地展示出对上级的尊重。他们重视军事训练，但并不一定会长期沉浸其中；并且军旅生涯也未必总会让元老处理文职事务的才华为之荒废。由于不喜张扬和你争我夺，这样的人是通过服从命令听指挥来赢得自己晋升的权利的。

这些优秀品质的总和仍然远远达不到英雄主义或举世瞩目的程度。它

1　参见R. Syme, *Rom. Rev.* (1939), 81 ff; 359 ff.; 449 ff.。
2　44.4.
3　*Ann.* 16.5.1, 参见 *Epp.* 1.14.4。
4　见第四十三章。

让人想到的是帮助从前的罗马人取得意大利霸权并统治万民的那些朴素美德——如果我们接受了元首奥古斯都治下那些散文、韵文作家们所信奉或鼓吹的那些说法的话。

罗马人的思维具有恪守传统的特征。如果某个人、某种品质或某件事物可以被冠以"古老的（antiquus）"或"老派的（priscus）"的称呼的话，那就万事大吉。行省精英们往往胸怀重视简朴品质与农夫美德的古老观念；其中一些人还孜孜不倦地向世人宣传这些情怀。当罗马人的评判标准受到新贵们——他们往往并不保守，而是充满创新精神；并且他们还集勤俭朴素与富可敌国于一身——的冲击时，它便会被自身最珍视的一些信念掣肘并解除武装。

从前的将领与帝国奠基者们已成为传说中的完美形象。但作为有血有肉的人，显贵们（nobiles）的地位却截然不同——因为世人还能通过身边或不久前的例子认识他们。在共和时代末年，对荣誉的追逐和对权力的贪欲缔造了帝国时代的贵族，他们成了共和国的掘墓人。"自由"乃是统治阶层的标志与发明。在最大限度地追求特权的过程中，贵族们乐此不疲地进行着无情竞争。惹是生非被视为出类拔萃的象征；桀骜不驯则成了光荣的美德。如果说我们可以从宏观意义上将埋葬旧秩序的一系列斗争视为共和制同君主制之间的交锋的话，那么我们同时也应牢记，其中的主要竞争者其实属于同一个社会等级——他们接受的是同样的贵族阶层理想，只不过在具体解读方面存在着分歧：他们推崇的都是"尊荣（dignitas）"与"大度（magnitudo animi）"。

如果说伽图和布鲁图斯失败了的话，那么凯撒与安东尼也是失败者。尽管元首奥古斯都恢复了显贵们的荣耀，他同时也将他们置于帝制的桎梏之下：显贵们如今必须与人分享荣耀，并压抑他们的野心。真正的胜利者是那些新人和抽身于政治斗争之外的阶层。[1] 尤利乌斯－克劳狄乌斯王朝刻意保

1　R. Syme, o.c. 513 ff.

留的共和国外壳、元首提比略的贵族情怀和高贵家族们的盛极一时暂时营造了旧日荣耀与尊严仍在人间的假象。但属于伟人与高贵美德的时代已经一去不复返了。为了取得成功（或哪怕只是为了生存），谦恭与谨慎已变得不可或缺；从前作为骑士阶层标志的"缄默（quies）"已成为元老的美德。[1] 贵族们最珍视的美德——"自由"——已经退出历史舞台，让位于"顺从（obsequium）"。

共和国的灭亡表明，自由与帝国是水火不容的。如今显而易见的是，帝国的维系需要以统治阶级内部成员们的俯首帖耳为前提。对于罗马贵族的独立精神而言，妥协是可耻的。但在古时候（如果我们选择相信历史记载的话），在阶级斗争乃至贵族阶层内部的纷争中，人们都会为了保持稳定而选择妥协，为了共和国的利益而了却私怨。如果说共和国只剩下一个空洞名号的话，那么帝国可是实实在在存在着的。为了保持帝国的完整，元首与元老院之间必须达成妥协。对于罗马而言，无政府状态是跟暴政一样不可容忍的。坚持中间道路的观念——即维护没有合法地位的自由与并非暴政的秩序——是元首制从一开始就具备的特征。早在任何一位演说家或理论家做出归纳之前，已经有人理解了这一设想并身体力行：他们或许是有可能在公共生活的诱惑与种种危险之间找到一条安全道路的。[2]

随着罗马选定了帝国的命运，随着权力日益集中到统治者手中，秩序与服从已变得越来越重要。"顺从"的观念清晰地反映在塔西佗对阿古利可拉一生的描述中。[3] 这个字眼指的是对权威的理性服从——譬如军官必须服从统帅、元老必须服从元老院、元首必须服从罗马帝国所敬奉的诸位神明。[4]

1　ib. 13 f.; 517. 我们需要注意共和国与元首制之间的对比——"本身足以引发妒意的光荣（ipsa inimicitiarum gloria）"（Tacitus, *Dial.* 40.1）和"缄默的光荣（quietis gloria）"（Pliny, *Pan.* 86.2）。
2　*Ann.* 4.20.3（玛库斯·雷必达）。
3　42.5（前引文）。可与他担任军团副将时的举动相比较："高度的顺从（peritus obsequi）"（8.1）和"顺从的美德（virtute in obsequendo）"（8.3）。
4　小普林尼作品中这些关于"顺从"的例子是很能说明问题的：*Epp.* 8.23.5; 10.3a.3; 100; *Pan.* 9.3 and 5; 78.1。

在元首与元老院调整彼此关系的过程中,两场恶战是在所难免的。首先,旧有的统治阶级,也就是那些宣称自己来自"共和国(res publica)"的家族被驯服、拆解并几乎赶尽杀绝。其次,妨碍尼禄与图密善独裁的那些要人身上固有的畅所欲言、自由批评的"自由"精神将被恭顺所取代。共和国是死而不僵的;伽图在图拉真登基之前一直阴魂不散。

如果说自由时代的荣光已经远去的话,那么元首制初年使用的伪装与遮羞布也是如此。倘若尊严与执拗已无容身之地,政治智慧却还能大行其道。在他们为罗马效劳的理想中,后起贵族自身是可以理直气壮地占据一席之地的。此时威胁帝国的已不再是外敌入侵,而是她内部的虚弱——邪恶的统治者与不负责任的反抗。只有坚忍与智慧才能将整个体系捏合在一起。

在浪漫的或多愁善感的人眼里,一个可怕的时代已经降临人间,它仇视贤能、残害名士。伟大的人物只属于古老的史诗时代。他们是真正的"伟人(ingentes viri)"。[1]但头脑冷静的人们会意识到,那些英雄对于如今的"共和国"而言过于伟岸,他们的美德会跟其他人的罪恶一样推着自己走向毁灭。他们只是用来崇拜的偶像,不是可以效法的榜样。新时代的罗马人则有自己的答案——它并非来自书本和罗马城,而是来自现实生活与帝国。即便在昏君治下,他们仍能成为伟大的人物。

帝国时代的政治作品(尤其是出自科奈里乌斯·塔西佗的相关文字)的一个特征便是不能只看其字面意思。[2]《阿古利可拉传》自称是赞美塔西佗的岳父的。尽管如此,它同时也是一篇抨击图密善的文字。其中的激烈言辞表明,它还攻击了其他一些人——那些政治上的极端派别。[3]我们还可以找到别的暗示——它是为来自诸行省的新人所写的一篇辩护词,通过树立他们的正

---

[1] Pan. 69.5.
[2] 蒙森(Mommsen)在否认帝国时代的罗马城里有过政治文学时未免考虑欠妥(*Reden u. Aufsätze* [1905], 149)。
[3] 《阿古利可拉传》中这方面的政治因素是得到普遍公认的。参见安德森(Anderson)在其塔西佗作品校勘本(Oxford, 1922, XXXVIII ff.)中的阐释。但他几乎抹杀了作者的辩护意味。关于这篇作品的文学体裁、真诚度和准确性,见本书第十一章。

面形象来抨击那些衰朽不堪的老牌贵族和目光狭隘的意大利人。

塔西佗还巧妙地构建了阿古利可拉与图拉真之间的联系。由于去世的时机恰到好处,阿古利可拉幸运地免于目睹种种动乱。但令他遗憾的则是未能活到那个幸福的时刻——图拉真登基之时。那本是他之前盼望并预言过的事情。[1]

---

[1] 44.5: "quod augurio votisque apud nostras aures ominabatur (那是我们亲耳听过的、他发出的祈求和预言)."

第四章　新元首

图拉真所在的家族来自西班牙境内的边远地区——位于南西班牙（Baetica）行省的意大利加（Italica）。那里曾是西庇阿·阿非利加努斯（Scipio Africanus）在第二次布匿战争期间安置部队退伍老兵的地方。意大利加位于一片富庶的地区，与加的斯（Gades）和科尔多瓦（Corduba）的距离大致相同。我们有理由推测，这个乌尔皮乌斯家族（Ulpii）因财富、尊贵地位和同盟而在本行省的贵族中间享有崇高的声望。[1]

进入史书记载视野的第一位该家族成员是玛库斯·乌尔皮乌斯·图拉真（M. Ulpius Traianus），此人曾在犹太战争（the Jewish War）中指挥过韦伯芗麾下的第10军团"海峡"（X Fretensis）。在平定了约旦河（the Jordan）以东地区后，他于公元68年春同韦伯芗在耶利哥城（Jericho）会师。由于高卢与西班牙突发变故的消息已经传来，犹太战争的节奏相应地有所放缓——人们开始猜测和策划阴谋。到了下一年的七月，东方的军队拥立了一位元首。由于我们没有在向耶路撒冷发动总攻之前参加军事会议的军团副将名单中看到图拉真的名字，他很可能是陪着新统治者从巴勒斯坦（Palestine）去了埃及。这样一位值得信赖的追随者的名字当然会出现在弗拉维王朝早期的执政官名单里。[2] 为了对他进行表彰，韦伯芗还让图拉真跻身贵族之列。

1　见第四十四章。
2　可能是在公元70年，参见R. Syme, *JRS* XLIII (1953), 154。我们还应补充莫里斯（J. Morris, ib. 79 f.）的看法，后者解读了 *FO* 残篇XI中"[us Tr]"的含义：它对应的可能是这一年，而非公元72年（*Inscr. It.* XIII, I, p. 190）。

更能表明他深受元首信任的是叙利亚行省的指挥权。那是图拉真在公元73或74年取得的；他掌握该权力至少达3年之久。[1] 此后，他又顺风顺水地走上了元老生涯的巅峰，当上了亚细亚行省的总督。[2] 在图拉真担任叙利亚副将期间，帕提亚人（the Parthians）的国王对罗马政府产生了敌意——那或许是因为两大帝国未能就共同利益达成一致意见，或许则是因为罗马方面进行了一些小规模的、偷偷摸摸的扩张。但图拉真及时采取的措施消除了战争的威胁（如果真有那么严重的话）。[3] 送往首都的"帕提亚桂冠"宣告了罗马取得的外交胜利（罗马的居民们从前也见到过类似的桂冠）；图拉真则获得了凯旋将军待遇——那在帝国从前取得的不流血胜利中同样不乏先例。[4] 或许是出于溜须拍马的需要，或许是喜欢记载流言蜚语，罗马帝国的编年史往往会记载一些无关痛痒、微不足道的琐事，忽略或有意埋没至关重要的大事件。在组织从亚美尼亚山区到阿拉伯沙漠防线的事务中，图拉真或许是韦伯芗最重要的助手。[5]

我们对他儿子的早年生涯所知有限。仅有的信息来自执政官小普林尼于公元100年9月发表的一篇演说。如果我们相信小普林尼的说法的话，那么青年时代的图拉真担任过叙利亚驻军中的军团长，并极大地拓展了从父亲那里继承来的名望。在其漫长的军团长生涯中，图拉真游历过十分遥远的地方，在从莱茵河到幼发拉底河之间的广大区域里留下了对其武德的赞美。小普林尼提供的数字是"长达10年的军团长生涯"（但这个时间段显然太长了）。[6]

1　*ILS* 8970. 叙利亚行省总督的任期并非始于公元75年（*AE* 1933, 205），而是始于公元73/74年，参见罗伯特（L. Robert）在 *CRAI* 1951, 255中记录的安条克铭文。
2　*ILS* 8797，等等。时间为公元79/80年（*IGR* IV, 845）。
3　Victor, *Epit*. 9.12；*De Caes*. 9.10. 参见 *CAH* XI (1936), 143。
4　Pliny, *Pan*. 14.1.
5　与将"叙利亚行省（provinciae Syriae）"前面的残篇释读为"延期大法官（[pro pra]et）"（*ILS* 8970）的做法不同，德扫（Dessau）在 *Milet* 1.5.53 (1919) 中认为应当读作"]et"——也就是意味着他之前治理过某个元首直接管辖的行省。我们需要注意的是，这则铭文来自6块小型残片的拼接（见图24 f.）。图拉真可能在前往叙利亚之前治理过新设立的卡帕多西亚-伽拉提亚（Cappadocia-Galatia）行省。
6　15.3: "cognovisti per stipendia decem mores gentium regionum situs（您在10年的服役期里了解了各族群的风俗和各区域的位置）"，等等。

在不列颠的短暂体验已足够点燃阿古利可拉对戎马生涯的热情。而10年军团长履历所积累的抱负与经验则是我们无从想象的。因为这样的情况没有可参照的案例，并且我们也无从对这样的记载加以解读。[1]演讲者很可能是借用了某种古老而神圣的表述方式（"10年"）来指代从成人到初次担任官职期间的那段时间[2]；并且我们也无法确定图拉真在军中任职的起止时间点。他可能在莱茵河、多瑙河与幼发拉底河流域的多个军团中服过役；他也有可能参加过战场上的一些平淡无奇的小规模军事行动——韦伯艿认为这样的行动已足够保卫罗马帝国边疆的安全，让周边蛮族敬畏罗马的赫赫威名。

图拉真在接下来的10年中淡出了我们的视线。他大概是在公元78年前后当上了财务官，随后出任了大法官。[3]他错过了（似乎如此）始于公元85年的一系列达契亚战役。[4]卸任大法官数年后，我们才再度听到了图拉真的名字——他担任了近西班牙行省（Hispania Tarraconensis）的军团长。我们必须从那位御用演说家令人眼花缭乱的颂词和并不完整的陈述中剥离出具体事实——小普林尼向我们讲述了图密善如何征召图拉真，将他视为在日耳曼进行的历次战争中最可靠的助手；以及图拉真如何带领着各军团神速前进。[5]但

---

[1] 某些身穿元老长袍的军团长（tribuni laticlavii）肯定在军团里任职了1年以上；但服役2年的就属于例外，服役3年的例子只有两个，分别是哈德良（P. Aelius Hadrianus）（HA, Hadr. 2.2 ff.；ILS 308）和大致服役于公元115—117年的卢奇乌斯·米尼奇乌斯·纳塔利斯（L. Minicius Natalis，公元106年递补执政官）之子（ILS 1061，参见1029）。

[2] 字面上的"十年保民官生涯（decem stipendia）"曾经指一个人在可以进入元老院之前必须等待的时间（Polybius 6.19.2; Plutarch, C. Gracchus 2）。对于图拉真而言，该时间段对应的是从穿上少年长袍（toga virilis，15岁）到担任财务官的时间（公元68［?］—78年）。他正式穿上元老长袍的年龄大约是19或20岁，但可能更低（甚至可能是16岁，参见Statius, Silvae 5.2.8 ff.）。

[3] 图拉真的生日是9月18日（Pan. 92.4; Epp. 10.17.2），年代则存在分歧（参见PIR[1], V575）。如果我们接受他生于公元53年的说法，那么他担任财务官的时间就是公元78年：值得注意的是（否则一切都无法解释），图拉真在公元101年选择了昆图斯·阿提库勒乌斯·佩图斯（Q. Articuleius Paetus，公元78年递补执政官之子）作为自己的执政官同僚。他的前一任同僚是尤利乌斯·弗伦提努斯（公元100年第三次出任执政官），后一任同僚则是玛尼乌斯·拉贝里乌斯·马克西穆斯（M'. Laberius Maximus，公元103年第二次出任执政官）：他担任大法官的时间应该是公元84年左右。

[4] 由于他的军事履历非常突出，这一情况确实令人费解。具体的研究无从入手。

[5] 14.3: "cum legiones duceres seu potius (tanta velocitas erat) raperes （带着各军团［以最快的速度］

（转下页注）

全西班牙境内当时只有1个军团，并且那场战争也只是一次内战而已。

安东尼·萨图尔尼努斯于公元89年1月1日在墨根提亚库姆自立为元首。这一消息传播得很快。图密善的行动足够迅速——行动迟缓与犹疑不决曾经毁掉过尼禄。他带着禁卫军于1月12日离开罗马向北进发，并命令部下迎接自己。但到了1月25日，人们已在罗马获悉并庆祝着胜利。下日耳曼的副将拉皮乌斯·马克西穆斯（Lappius Maximus）仍忠于图密善，在莱茵河畔的一场壕沟战中击败了僭位者。[1]

图密善继续前进到日耳曼边境，惩罚了萨图尔尼努斯的共谋，并为将来的安全采取了预防措施。他于当年春季从莱茵河畔来到了多瑙河流域，并对波西米亚（Bohemia）境内的苏伊布（Suebic）日耳曼人——玛柯曼尼人（Marcomanni）与奎迪人（Quadi）——发动了惩罚性远征，因为他们曾无视和约协定，没在达契亚战争期间向罗马人提供支援。随后，图密善主持完成了对达契亚人的最终安置（特提乌斯·朱利安［Tettius Julianus］已在一年前战胜了达契亚人），并返回罗马庆祝自己的胜利。[2]

我们已无从得知，图拉真是否奉元首之命一直来到了莱茵河畔（并陪同图密善前往多瑙河流域军中），或是在公布胜利喜讯之际率领那个军团返回了西班牙。在主人公戎马生涯的这个高峰与重要节点上，颂词的作者却吞吞吐吐地退缩了——他在从西班牙出发的征程之后仅仅笼统地提及了"其他远征"。[3]

（接上页注）

全力推进）"，等等。有人认为，Martial 7.52.3 f. 所提到的"凯勒尔（Celer）"是当时的近西班牙行省总督，即卢奇乌斯·庞培·沃皮斯库斯·盖约·阿伦提乌斯·卡特利乌斯·凯勒尔（L. Pompeius Vopiscus C. Arruntius Catellius Celer）（PIR^2, P 501），可能是公元77年递补执政官；那位昆图斯·格利提乌斯·阿古利可拉（Q. Glitius Agricola，公元97年递补执政官）是一名审判官（*iuridicus*）（*ILS* 1021）。

1 参见瑞特灵（E. Ritterling）对相关文本的重构，其依据为《丰产祭司团法令》（*Acta Fratrum Arvalium*）（*CIL* VI, 2066）所提供的日期；后续研究见 *CAH* XI (1936), 172 ff.。

2 关于图密善达契亚战争的时间表，见 R. Syme, *CAH* XI, 168; A. Stein, *Die Legaten von Moesien* (1940), 34 ff.。

3 14.5: "cum aliis super alias expeditionibus itinere illo dignus invenireris（那次征程过后，您被发现是适合进行一次又一次远征的）。"

到了公元89年，图密善的统治在同元老阶层的关系方面发生了决定性的转折与恶化。军队里的一名将领发动了叛乱，据说此人还试图获得境外日耳曼人的援助。他在其他军队中可能还有同党，或是在西部或东部行省以及罗马心怀不满的现政权反对者中间有些党羽。差不多同时，东部行省里还出现了一名冒牌的尼禄[1]；还有一位亚细亚的行省总督被处决了。[2]

如果说等待着犯上作乱者的是严厉惩罚的话，那么忠于王朝与帝国的人们获得的则是犒赏与荣誉。军团长们期待的报酬是显而易见、心照不宣的——执政官头衔，但该荣誉不会在他们卸任后立刻降临。即便在这批人走得最快的仕途案例中，军团长在卸任后总还是先要治理一个大法官级别的行省（任期通常为3年）作为过渡。[3]但在公元89年1月还只是军团长的图拉真两年后就当上了名年执政官（consul ordinarius）；他的同僚是身为共和时代显贵后人的活化石——一位阿奇利乌斯·格拉布里奥（Acilius Glabrio）。此公并无个人才华，却因时运不济而注定要走向身败名裂。

作为一个跻身贵族之列的前执政官和"凯旋将军"的儿子，图拉真生来便拥有了高贵的身份。担任执政官的神速为我们证实了他的社会地位。无论他走的是文官还是武将的路子，祭司头衔对于如此尊贵的人物而言都是恰如其分的。但小普林尼的演说中并未提及图拉真卸任执政官后乃至他一生中获得的任何神职荣誉。[4]小普林尼的沉默十分可疑；并且他也没有交代图拉真卸任执政官后获得的任何军事指挥权。

多瑙河流域在公元92年再度陷入混乱。罗马人这次面对的敌人不再是达契亚人，而是萨尔玛提亚人。德克巴鲁斯（Decebalus）领导下的附庸王国仍旧忠于罗马，并证明了自己作为帝国屏障的价值——将匈牙利平原上的部族雅祖格人（Jazyges）同他们居住在多瑙河河口的亲戚罗科索拉尼人

1　Suetonius, *Nero* 57.2.
2　*Agr.* 42.1，参见 *ILS* 1374。
3　见附录15（及以下）和18。
4　他的父亲是弗拉明祭司团和十五人祭司团成员（*ILS* 8970）——或许未能第二次出任执政官的原因只是自己的英年早逝。

（Rhoxolani）分隔开来。雅祖格人涌入了潘诺尼亚行省。一个军团与他们相遇并被打得溃不成军。这场灾难迫使图密善前往潘诺尼亚行省。他在那里打了一仗，并在离开8个月后，于公元93年1月重返罗马。[1]

小普林尼并未提及公元89年之后图拉真在图密善治下生涯履历中的任何一个细节。他在这些沉默不语和镇压迫害的年头里究竟经历了什么呢？小普林尼宣称："您经历了我们的生活，以及我们的危难与恐惧。"[2]但尽管存在着这些危难与恐惧，尽管告发之风甚嚣尘上、惩处迫害变本加厉，国家的行政机器却仍在照常运转。元老们继续担任官职、治理行省，并在脱颖而出后为国效劳。其中一些人是靠流氓手段飞黄腾达的；另外一些人则过着表里如一、谦逊低调、无可指摘的生活。到了后来，这些事情都需要得到澄清。演说家们使用的是传统的辩护方式，听众们则通过与政治敏锐性如影随形的宽容与尊敬态度表示了自己的认可。演说家可以指出，此人事实上并非前任元首的朋友，而是他的敌人。此人的生命安全已然受到威胁；如果前元首活得再久些的话，这个人一定会惨遭毒手。并且此人的仕途已由于暴君充满妒意的恶毒而被耽搁了。并且尽管此人通过"最言而无信的元首（insidiosissimus princepes）"在暴露自己本性之前的提拔而获得了好处，他却自愿在图密善对所有正人君子暴露敌意之际悬崖勒马。[3]

那么，图拉真是否真的遭遇了失宠或危险呢？情况当然不会是那样的。他必然会获得神力的保护。图密善是无法伤害他的，就像涅尔瓦不可能不给予他恩宠一样。[4]

这段陈述中左右逢源的意味是很明显的。图拉真或许在卸任执政官后从图密善那里得到了任命，或许没有。如果没有的话，那么这种做法对于图拉真的地位与功绩而言是一种冒犯，说明图密善是心怀妒意的。小普林尼并

---

1 关于这次战役（波西米亚的日耳曼人也参与其中），见 *CAH* XI, 175 ff.。
2 *Pan.* 44.1.
3 90.5; 95.3.
4 94.3: "praeteritus est a pessimo principe, qui praeteriri ab optimo non poterat（他躲过了那名极其恶劣的元首的视线，尽管优秀的人物不可能不注意到他）."

不打算对他精心建构的、包含着矛盾与对立的叙述体系进行自圆其说。他只要一想到图拉真生涯中的挫折便会惊恐万分、义愤填膺，并迫使自己保持沉默。

但这种看似左右逢源的把戏或许并没有那么复杂：小普林尼有可能是略去了图拉真治理行省的事迹，一如他省略了对图拉真出任执政官的介绍一样。这位前执政官很可能已在图密善于公元92年前往潘诺尼亚时被任命为元首的"随从（comites）"之一。此外，我们有一定的理由相信（但并无把握），图拉真在图密善统治后期治理过行省——有可能是位于多瑙河流域的某个行省。他在公元96年9月18日可能担任着一支军队的主将。我们偶然获得的一条信息表明，至少有一位图拉真家族成员在图密善统治末期在多瑙河畔担任着前执政官级别的副将。军团长们通常会在他们亲戚指挥的军中任职。图拉真的外甥孙埃利乌斯·哈德良（Aelius Hadrianus）当时相继担任过3个军团的军团长[1]，并且其中前2个军团都驻扎在多瑙河流域。他在第二个军团任职期间奉命前去向图拉真转达下默西亚行省驻军对后者被元首过继所表示的祝贺，随后前往驻扎在墨根提亚库姆的一个上日耳曼军团任职。在墨根提亚库姆仅仅待了几个月后（那里的军团长是他的姐夫尤利乌斯·塞尔维亚努斯），他又跑去向当时已在下日耳曼的图拉真报告了涅尔瓦去世的消息。[2]

图拉真的父亲是韦伯芗的朋友和追随者。元首是他的庇护人，"忠诚（pietas）"则是他的信条。没有任何证据表明，图拉真本人在忠诚方面对韦伯芗的儿子图密善有所亏欠。图拉真始终注意避免同风口浪尖上的人物和心怀不轨之徒结交。他跟现政权的敌人没有姻亲关系或友谊，并且也极少跟他们有什么共同趣味。尽管那些坚持信仰与原则，并在黑暗岁月中依然故我的

---

1 *ILS* 308: "trib. leg. II / Adiutricis p.f. item legionis V Macedonicae item legionis XXII Primigeniae p.f. （辅军第2军团、第5军团"马其顿"和第22军团"新生"），参见 *HA, Hadr.* 2.2 ff.。这些军团中第一个的驻扎位置不详（可能是在上默西亚行省），第二个在下默西亚行省，第三个在上日耳曼行省。

2 *HA, Hadr.* 2.5 f.

人物勇气可嘉，他们的美德却并没有什么用处——这种美德是不能对国家有所裨益的。

我们没有理由设想，图拉真并非弗拉维王朝的忠实拥护者。倘若有人借此在图密善死后攻击过图拉真的话，他们的抗议声在禁卫军兴风作浪、政局变得一团糟之后也就无人理睬了。事实上，图拉真可以轻而易举地回击他们。如果我们选择相信一则相关逸事的话，那么图拉真本人曾有一次指出，尽管图密善是所有元首中最邪恶的一位，他仍然拥有一些光明磊落的朋友。[1]

图拉真的即位得到了涅尔瓦统治时期两位影响力巨大的年长前执政官——尤利乌斯·弗伦提努斯和维斯特里奇乌斯·斯普利纳——的支持，两人或许还在这一过程中发挥过推动作用。至少图拉真日后赐予两人的公共荣誉暗示了这一点。[2] 但这并不足以解释整个权力交易的过程。图拉真还需要私下里搞定其他一些人，知会那些如今已退居幕后，但不久之前还在图密善统治末期掌握官职与兵权的人物。前执政官级别的将领们是拥有话语权的。尤利乌斯·塞尔维亚努斯可能便身在其中；此外还有图拉真的一批朋友，其中很多人是图拉真在罗马的代理人，另一些人则统兵在外。[3] 整个变局可能从一开始就是一场阴谋；它不是为了挽救涅尔瓦，而是为了取而代之。[4]

尽管大量细节晦暗不明，一个在史书记载中十分醒目的名字却是意味深长的，它强烈暗示着历史的真相：图拉真是借助李锡尼乌斯·苏尔拉

1　*HA, Alexander Severus* 65.5.
2　*Pan.* 60.5 f., 参见原书第17页。那或许是图拉真父亲的朋友们，他们的同龄人。另外还应注意迎娶弗伦提努斯女儿的昆图斯·索希乌斯·塞内奇奥（Q. Sosius Senecio, 公元107年第二次出任执政官）所享有的光辉荣誉。
3　如昆图斯·格利提乌斯·阿古利可拉，即将退休的贝尔吉卡副将（*ILS* 1021），或卢奇乌斯·尤利乌斯·乌尔苏斯（L. Julius Ursus）。后者可能于公元98年第二次出任了执政官（参见附录7）。
4　事实上，没有什么证据能够表明，图拉真不是禁卫军队长的候选人。如果费劳斯图斯（Philostratus）的记载可信的话，那么卡斯佩里乌斯·埃利安曾担任过韦伯茹在犹太地区麾下的军团长，并跟随后者去了埃及（*Vita Apollonii* 7.18）；他由此结交了图拉真的父亲。塔西伦特意记载过科布罗麾下东方军团中的一位名叫卡斯佩里乌斯的百夫长（*Ann.* 12.45 f.; 15.5.2）。这个名字非同寻常（Schulze, *LE* 270）。埃利安可能来自本都行省（Pontus）的阿米苏斯（Amisus）（*IGR* III, 98, 参见 *PIR*[2], C 462）。

（Licinius Sura）的帮助而攫取权力的。[1] 由于相关记载语焉不详且支离破碎，我们无法充分发掘其中包含的信息——我们既不清楚苏尔拉是在哪一年担任执政官的，也不知道他在公元97年担任着什么职务。[2] 即便我们弄清楚了这些事实，关于李锡尼乌斯·苏尔拉的许多事情仍是一个谜。蹊跷的材料表明，这位演说家是文人而非军人的朋友；并且我们对其门第与亲属关系的任何研究都无从谈起。[3]

图拉真的盟友们很好地完成了自己的工作——他们的周密布局与天赐良机相得益彰。但人们此后又能在多大程度上透露真相呢？讲真话肯定是不明智的；必要的粉饰最好还是留给那些德高望重的元老们的公开宣言去完成吧。[4]

世人的轻信可以帮上忙。在广大民众（其实往往也包括饱学之士）的信仰中，世界统治者的降临不可能是没有先兆或预言的。种种信条各显神通或彼此竞争。小普林尼在《颂词》中宣称，这位统治者可能是由天神选定的，其脱颖而出并非出于运命或机缘巧合。罗马的元首并非由命运的神秘莫测力量扶植起来，而是在光天化日与万众瞩目下光明磊落地登基的。[5] 小普林尼对命运作用的否认顺理成章，因为他信奉的是领导罗马人民的至高神祇。但最后拍板的其实并不一定是神意。无论朱庇特是否如罗马官方宣传所说的那样左右了涅尔瓦的决定，无论征兆与迹象是否如民众所相信的那样表明了命运的旨意，作为一名对官方定论与流俗看法都嗤之以鼻的罗马元老和懂得"共和国"是怎么一回事的历史学家，塔西佗清楚元首究竟是如何上台的，并能

1　Victor, *Epit.* 13.6: "ob honorem Surae, cuius studio imperium arripuerat, lavacra condidit（为了纪念苏尔拉 [他是凭借此人的努力才获得帝国权力的]，他兴建了一些浴室）。"
2　公元97年很可能就是他担任执政官之年（附录10）。
3　见附录85。
4　禁卫军的哗变恰逢其时，因为它直接促成了图拉真被过继（*Pan.* 5.7 ff.）；他本人什么都没有做，只是服从了命令而已（9.2 f.）；他在"并不在场、一无所知（absens et ignarus）"（9.3）的情况下被指定为元首继承人；并不情愿的他被迫接受了命令（"igitur cogendus fuisti [于是您被迫服从］"）（5.6）。
5　1.4 f.

从纷繁复杂的事件中辨认出某些人物的意志和举动。

由于可以同人们精挑细选出来的几位有德元首相提并论，图拉真的声望是牢不可破的。[1]他在即位不久便被人们称为"出类拔萃的（Optimus）"元首——该称呼最终在图拉真去世后的头衔中占据了一席之地。[2]图拉真的卓越得到了举世公认，堪与奥古斯都的好运相提并论。"比奥古斯都更幸运、比图拉真更杰出（felicior Augusto, melior Traiano）"成了数百年后元老院欢迎被士兵或命运拥立的新元首时约定俗成的美好祝愿用语。[3]事实表明，图拉真拥有奥古斯都的好运、亚历山大的胆识与庞培的仁慈。[4]值得一提的是，世人很快就意识到，涅尔瓦事实上做出了最佳选择。从此以后，谨慎人士们所能祈求的只是新任元首不是最坏的那个而已[5]；倘若统治者的水准居然有所改善，那必定会被视为一个引人注目的特例。[6]

能言善辩的小普林尼赞美这位元首"纯净圣洁、几近神明（castus et sanctus et dis simillimus）"[7]。在向元老院展示其沉思冥想的成果时，这位演说家坦率地表达了自己的震惊。尽管小普林尼苦苦思索过同时统治大地与海

---

1 见卡西乌斯·狄奥的赞美（68.6.2 ff.）。
2 公元114年夏末，参见F.A. Lepper, *Trajan's Parthian War* (1948), 46。关于图拉真的头衔"出类拔萃的"3个形成过程，见杜里（M. Durry）《颂词》（1938）的校勘本，12; 231 f.。这个头衔并不新鲜，曾在一份元老院公告（*senatus consultum*）里用在克劳狄乌斯头上（Pliny, *Epp.* 8.6.13），也曾被用来称呼涅尔瓦（Frontinus, *De aquis* 64.1）。
3 Eutropius 8.5.3——但那是一个事实陈述，而非祝愿。关于该类型的仪式用语，参见*ILS* 451（对象为卡拉卡拉，来自《丰产祭司团法令》）："iuvenis triumphis, senex imp., maior Aug（老元首的新凯旋，胜过奥古斯都）。"那也可以帮助解释《奥古斯都后诸凯撒传》中的怪异说法——"而年迈的图拉真执掌了帝国权力（et Traianus senex ad imperium venit）"（*Tacitus* 5.1）。
4 参见奥古斯都对其继子盖约的祝愿："ἤιτεῖτο παρὰ τῶν θεῶν εὔνοιαν αὐτῷ τὴν Πομπηίου, τόλμαν δὲ τὴν Ἀλεξάνδρου, τύχην δὲ τὴν ἑαυτοῦ παρακολουθῆσαι（愿诸神保佑你仁慈如庞培，英勇如亚历山大，并在幸运方面同他比肩）。"（Plutarch, *Apophth. reg. et imp.* 207e）
5 Pliny, *Pan.* 44.2: "summa votorum melior pessimo princeps（至高的祝愿是新元首胜过之前最坏的那个）。"
6 Tacitus, *Hist.* 1.50.4: "et ambigua de Vespasiano fama, solusque omnium ante se principum in melius mutatus est（韦伯芗的声望模棱两可；与所有前任都不同的是，他是唯一一个即位后名声变得更好的元首）。"
7 1.3.

洋、掌管和平与战争的君王所必备的禀赋，他却从未在想象中构建出一位如图拉真这样的统治者。他接下去说道，对于之前的任何一位元首而言，他们身上的某项美德都会被与之针锋相对的一种缺陷所抵消。一位在战争中意气风发的统治者会在和平年代黯然垮台；另一位因文治而声名远扬的领袖却并无武功。其他方面可以想见的对应关系同样如此。他们的每一项美德都同如影随形的不足相伴——唯一的例外只有集完美与和谐于一身的图拉真。这位颂词作者在用雄辩的语言追述了汇集在图拉真身上的种种高贵、可爱的品质后以元首的强健体魄、早早变成灰色的威严胡须作结。[1]

这些标志性的美德赞美了图拉真对罗马、意大利与诸行省的治理方式。[2]他在同元老院打交道时重视技巧，在即位初期对之态度温和（或许过分纵容）。他在仪式场合充满耐心，对待每位元老的态度温文尔雅、慷慨大度。他的光彩照人与仁慈大方征服了公民们；并且宽容与理性在帝国各地盛行，尽管国家的行政权力正在稳步强化与集中。在同最高议事会打交道的过程中，元首选择的道路业已铺好，并且平坦易行——他要做的只是避免之前让图密善显得令人生厌、难以容忍的那些举措而已。元老阶层此时已经能够以更顺从的态度接受领导，因为它此前已在图密善的暴政下被深入清洗过，并在内战阴云的当头棒喝下清醒过来。小普林尼对他的元首主子说道："您命令我们接受自由，我们也一定会接受自由。"[3]

如果说图密善的行为具备警示意义的话，那么他对帝国的统治则提供了一种模式与挑战。图拉真与比提尼亚（Bithynia）行省总督小普林尼的来往书信反映了那位元首最好的一面和那位元老最糟的一面。[4]图拉真的形象坚定且睿智，而他的下级怯懦且迂腐。图拉真的书信及敕令反映了对正义、平等与健全统治模式的适宜关注；一些研究者曾尝试通过这些文本去解读图拉真

---

1 4.4 ff.
2 参见R. P. Longden, *CAH* XI, 205 ff.。
3 66.4: "iubes esse liberos: erimus."
4 见《与哈德良通信集》（*Epistulae ad Traianum*）（本书中称为《书信集》第10卷）。

其人的性格乃至语言特色。[1] 但我们无法从中得到任何确定性的结论；因为罗马帝国的中央行政体系背后有着一段悠久的历史。尽管罗马人总的来说反感规则与条条框框，但罗马政府还是发展出了某些规范乃至原则。标准的公文风格必须直截了当、简洁明快、朴实无华。早先，当元首的朋友们与来自元首家族的官员们掌管帝国事务时，这些长官与文职人员通常会在元首驾崩后继续保有自己的地位，有时还能继续左右他的继承人。如今，既然这个官僚体系的存在已成为既成事实，并且其体系与人事任命都具备延续性，那些高级文官们并不需要在发号施令者由图密善变成涅尔瓦，再由涅尔瓦变成图拉真后改变自己的工作习惯与文风。[2]

当然，某些变化可能确实存在。那些饱读诗书的文吏们可能会为了减轻元首的负担而精准把握他的语言风格，并惟妙惟肖地模拟他的措辞与用语习惯。因此，想在图拉真写往比提尼亚的信件中发现元首本人的影子或许并非异想天开。他数次称麾下的士兵们为"身披戎装的战友们"，那是元首奥古斯都在内战结束后乐得马上放弃的习惯称呼。[3] 这一字眼也出现在了一封信的附记中。这位名副其实的军队统帅（Imperator）信赖自己情感的感召力，强硬地摆脱了一切法律上的繁文缛节。他宣称，士兵们的遗嘱在任何情况下都应当是有效的。让他们自由地立下遗嘱吧，只要他们能想得到！[4]

图拉真确信应当保护其"战友们（commilitones）"的"坦诚（simplicitas）"。罗马元首与士兵们的关系被视为私交与父子关系。图拉真一方面希望划清

1　A. Hennemann, *Der äussere u. innere Stil in Trajans Briefen* (Diss. Giessen, 1935).
2　如格涅乌斯·屋大维·卡庇托（Cn. Octavius Capito）一直担任着元首代笔秘书（*ab epistulis*）（*ILS* 1448）。
3　*Epp.* 10.53; 101; 103. 参见 Suetonius, *Divus Aug.* 25.1.
4　*Dig.* 29.1.1: "secutus animi mei integritudinem erga optimos fidelissimosque commilitones simplicitati eorum consulendum existimavi, ut quoquomodo testati fuissent, rata esset eorum voluntas. faciant igitur testamenta quo modo volent, faciant quo modo poterint sufficiatque ad bonorum suorum divisionem faciendam nuda voluntas testatoris（基于我对这些极其出色的、忠诚不二的战友们的开放胸怀，我认为应当为他们的质朴有所照顾。无论他们以何种方式立下遗嘱，他们的意愿都会得到认可。因此就让他们按照自己的意思立下遗嘱吧，让他们按照自己能够做到的方式去立遗嘱，并让立遗嘱者的本意决定他们财产的分配方式）."他在后面不得不对此加以澄清（ib. 24）。

"统帅"与"战友"之间的界限,一方面又认识他们的名字,并了解其中每个人的功绩。[1]图拉真讲起话来就像一名士兵;并且他看上去也像一名士兵,甚至在蓄须方式上同样如此——尼禄与图密善则引领过给一绺绺胡须精心打卷的风尚。[2]罗马平民们自然更喜爱朝气蓬勃、举止优雅的元首,厌恶年老体衰、骨瘦如柴、不修边幅的统治者。[3]此外,高大、英武、俊朗的身材乃是感染民众与军队的宝贵资本,并能够令行省居民与异族肃然起敬。[4]元老院之前已因在罗马颁布的其他命令而不得人心;在禁卫军兴风作浪的事件过后,罗马确实需要一位刚毅的军队统帅。统治阶层不吝赞美之词,称颂图拉真为军队古风的重塑者[5];并且他们也确有理由感谢元首对特务与告密者们毫不留情的惩罚。[6]

小普林尼曾描写过敌人在目睹这位浸染着古风、延续着尚武的共和国之胜利传统的罗马人时是如何闻风丧胆。[7]那么,更为儒雅的罗马元老们对图拉真的感情又如何呢?

当渴望在政坛上出人头地的竞争者们在为人赢得法庭上第一次诉讼后继续频繁出没于修辞学学校、聆听教师们的训诫时,图拉真却穿梭于各座军营之间。如果说卡帕多西亚或默西亚的前线要塞并不具备读书学习的条件的话,那么叙利亚境内的各座古城却提供了从贤哲讲演到安条克(Antioch)娱乐场所的各种休闲生活方式。但我们有理由断定,这位青年军官抵制了各

---

1 *Pan.* 15.5,参见19.3。
2 参见J. M. C. Toynbee, *Num. Chron.*[6] VII (1947), 126 ff.。关于图拉真的形象问题,见W. H. Gross, *Bildnisse Traians* (1940)。
3 *Hist.* 1.7.3: "ipsa aetas Galbae inrisui ax fastidio erst (伽尔巴的年龄遭到了嘲讽与鄙视)",等等。
4 如多米提乌斯·科布罗(Domitius Corbulo): "corpore ingens, verbis magnifica (身材高大、谈吐高雅)。"(*Ann.* 13.8.3)
5 *Pan.* 18. 图拉真的继承者也重新整顿了军纪(Dio 69.9.2; *HA, Hadr.* 10.3)。
6 34 f. 一批这样的罪人被交给狂风与海浪去摆布了——"memoranda facies, delatorum animadverterit (令人难忘的景象,舰队遭到摧毁……)",等等(35.1)。
7 12.1: "vident enim Romanum ducem unum ex illis veteribus et priscis (他们看到罗马如同有了一位来自古时的统帅)。"参见13.4: "inter Fabricios et Scipiones et Camillos (比肩法布里奇乌斯、西庇阿和卡米卢斯家族)。"

式伪装之下的种种诱惑。

贵为前执政官与元首的壮年图拉真继续保持着早先的军事操练习惯，同普通士兵们一起摸爬滚打，在作战技巧与坚忍能力方面一较短长。[1] 他的消遣方式同样阳刚且值得称赞——如狩猎与划船，这与那些生于帝王之家或曾追随前任元首左右的统治者们的邪恶与懒散形成了鲜明对比。[2]

从前，凭借能征善战而进入统治阶级的武将们通常会背上鲁莽、粗野、缺乏教养的恶名。这类指责有时不无道理：元首奥古斯都就曾撤过一名总写别字的前执政官级别副将的职。[3] 另一方面，一定程度上厌恶舞文弄墨的性格又恰恰迎合了罗马人民的偏见，让他们回忆起关于农夫纯朴、勇武的古老理想。精明的政治家和强硬的仕途追求者们懂得如何利用这一罗马传统。他们貌似愚钝，并被视为忠良之士。[4]

盖约·马略（C. Marius）便是以一名愚钝的普通士兵的形象起家的；他以粗犷对抗着高贵出身与时髦风尚带给竞争者们的特权。如果说他的狡诈已在当时被戳穿了的话，那么其性格又被充满爱国热情、宣扬伦理道德的文学作品掩盖了。后人只能去崇拜这位人格完整的平民所树立的传统榜样。这类故事反复上演着。韦伯芗是登上宝座的第一位新人（*novus homo*）。邋遢的外表、吝啬的习惯和粗野的幽默感对于这个严守军纪的士兵而言是再合适不过了。世人很快就开始将他同往昔的共和国将领们进行比较。[5] 而韦伯芗也确实具备在元首们麾下取得成功的许多品质。来自宫廷的影响对于他的飞黄腾达起到了决定性作用——相关记载提到了一位皇家释奴，并且尼禄也在巡

40

1　13.1 ff.
2　81 f.
3　Suetonius, *Divus Aug.* 88: "legato eum consulari successorem dedisse ut rudi et indocto, cuius manu 'ixi' pro 'ipsi' scriptum animadverterit（他革除了一位前执政官级别的副将，理由是他粗俗无知；因为他注意到此人把"ipsi"写成了"ixi"）."
4　一位伟大的演说家会假装自己对希腊文化一无所知（Cicero, *De oratore* 2.4）；有些政治家会故意使用乡下人的口音（*Brutus* 137）。其他时代里也有类似的行为与做法。
5　*Hist.* 2.5.1: "prorsus, si avaritia abesset, antiquis ducibus par（如果不是过于吝啬的话，他的表现堪与古代将领相提并论）."

视希腊时选择了他作为随从。[1] 韦伯芗不事声张、令人安心的外表掩盖了他的巧妙心机。

一些元首承认自己参与过文学创作,并通过著书立说来进行自我炫耀。这是最受人痛恨的一批元首。尽管克劳狄乌斯的博古研究招致的只是嘲笑,并非厌恶;尼禄与图密善的审美趣味(前者过于张扬,但后者很有分寸)却被世人同他们的残酷与邪恶相提并论。皇室中女子的境遇并不更好。但罗马人在图拉真身上看到了统治者家庭生活光明磊落、井井有条,配偶堪称模范妻子的新气象。[2] 于是父母们和丈夫们又可以自由呼吸了。

图拉真在文化成就方面没有多少可以炫耀的东西。他把这些事情留给了自己的妻子庞培娅·普罗提娜(Pompeia Plotina);并且他也满足于由朋友李锡尼乌斯·苏尔拉去创作必要的演说词。[3] 小普林尼赞美了元首赐予演说家与哲学家的荣誉:他让各门艺术与科学结束了流放生涯。[4] 而图拉真也没有什么理由要跟学者们过不去。一则逸事很能说明问题。元首让普鲁萨的狄奥(Dio of Prusa)同自己在凯旋马车上并肩而坐,并和蔼地对他说:"我听不懂你讲的那些东西;但我爱你就跟爱我自己一样。"[5]

图拉真或许在声称自己缺乏学养时有些言过其实。智者狄奥宣传的那些东西并不至于超出元首的理解力、考验他的耐心或无法博得他的赞同。狄奥的演说宣传的正是一位因天赋异禀而被天神选中的理想君王:此人在劳苦中度过了勤恳的一生,热爱公民和战士们,并在执政过程中坚持任用正直之士作为助手。[6]

这位军人元首的官方公开形象展示了他更为高贵的一面——坚定、正

---

1 他对卡里古拉十分谄媚(Suetonius, *Divus Vesp.* 2.3);关于纳尔奇苏斯(Narcissus)和军团指挥权,见4.1;关于希腊之行,见4.4。
2 *Pan.* 83.5: "quid enim illa sanctius, quid antiquius(难道她不是树立了与古人相仿的表率了吗)?"
3 Julian, *Caesares* 327b.
4 *Pan.* 47.
5 Philostratus, *Vit. soph.* 1.7.2.
6 尤其是他的两篇演说词《论王政》(Περὶ βασιλείας [I和III])。

直、彬彬有礼。[1]但潜藏在背后的真相难以捉摸，或许与上述描绘并不一致，很难通过字面上的记载加以判断。[2]严守军纪和谦逊低调掩盖了促使图拉真在年轻时投身军旅生涯的、咄咄逼人的野心——他的雄心壮志在挫折中进一步经受磨砺，随后在征服战争中肆意恣放出来。或许一切都会以愤怒、欺诈与执拗告终。为罗马效劳的意义终究比不上对战争的热爱和对荣誉的追求。元首个人生活中做给外人看的勤俭节约并不排斥官方场合的奢华——竞技、角斗表演和盛大庆典，以及效法尼禄与图密善而修建的宏伟建筑。[3]

研究者们深以为然的一点是，贵族承担的一项首要职能是向平民展示自己的豪华、权力与令后者难以望其项背的作恶能力。在罗马，元首取代了从前"首席公民"们的角色，负责满足暴民们的耳目与口腹之欲。他是后者名副其实的"庇护人（patronus）"。凯撒也要承担作为一位伟大演员的明确义务；尼禄在咽气前还高呼自己履行了诺言："多么伟大的一位艺术家将要告别人世了（qualis Artifex pereo）！"[4]

一位元首享受的荣耀与排场是不会受到厌恶与贬损的。那是伟大人物与生俱来的东西。倘若各式零星的流言蜚语拼接起来揭示了人性的种种固有弱点的话，帝国臣民们的强大内心也未必会感到不适。图拉真的生活习惯是在军营里养成的。他爱喝烈酒[5]——并且还沾染上了一种更加严重的罪恶。[6]我们也无法断定，他的所有朋友们在人格上是否都是那么无可指摘。一批光彩

---

1 他的胸像着力于表现"君王的尊严与英雄般的阳刚之美"（G. M. A. Hanfmann, *Observations on Roman Portraiture*. Coll. Latomus XI [1953], 45）。
2 参见 W. Weber, *Rom: Herrschertum u. Reich im zweiten Jahrhundert* (1937), 35。
3 参见弗隆托对图拉真的评价："ut qui sciret populum Romanum duabus praecipue rebus, annona et spectaculis, teneri; imperium non minus ludicris quam seriis probari; maiore damno seria, graviore invidia ludicra neglegi（他知道罗马民众最重视两件事情——谷物供应与观看竞技；娱乐对帝国的意义不在其他严肃事务之下：忽视严肃事务会导致损失，忽视娱乐则会引发严重不满）."（p. 210 N = Haines II, p. 216）
4 Suetonius, *Nero* 49.1.
5 Fronto, p. 226 N = Haines II, p. 8: "potavit satis strenue（他喝酒很凶）." 参见 Dio 68.7.4; *HA, Hadr.* 3.2; Julian, *Caesares* 327c。
6 Dio 68.7.4, 参见 10.2（舞者皮拉德斯［Pylades］）; Julian, *Caesares* 333b; *HA, Hadr.* 2.7; 4.5（宫廷里的小听差）。

照人的文武高管簇拥着元首，将领中不乏品味与教养高人一等的人物——如博学好问、口若悬河的李锡尼乌斯·苏尔拉。除非元首的某个朋友碰巧垮台或受辱，否则我们是不大可能风闻他们道德上的不检点行为的。[1]

权力与特权拥有者们私人生活中的污点可以成为道德论者们的抨击对象，以及庸俗人等恶毒取笑的把柄。作为一名对成说充满怀疑、不屑一顾，并明知善恶之间并非泾渭分明的罗马历史学家，塔西佗饶有兴味地观察着那些在浮华与罪恶中养尊处优，却在治理行省时举止检点、领兵时意气风发的元老形象中显而易见的裂痕。[2]

但在图拉真统治时期，所有这些人所共知或凭空臆测的个人瑕疵都暂时变得不那么重要了。这位应运而生的新元首将会如何面对出身与家世给自己带来的社会压力与挑战呢？

"乌尔皮乌斯"这个名字是最近才进入执政官年表的，而且并不引人注目。此外，与这个名字相联系的还有诸元首中的第一位外省居民。但尽管我们在研究新贵们关于自身家世门第的说法时必须十二分小心，乌尔皮乌斯家族却肯定不是后来获得罗马公民权的西班牙家族，而是古时派出殖民的意大利家族（无论其最初起源是否在意大利境内）。[3] 到了这么晚近的时代，行省贵族家族究竟起源于意大利还是本地这件事已经不太重要了；并且要把来自西方的新罗马公民的血缘谱系一一厘清也并不总是件易于做到的事情。即便如此，第一位身披紫袍的外来移民的出现总还是一件破天荒的大事。乍看上去，小普林尼似乎并未意识到他所处理的主题有多么宏伟——因为他居然放过了诠释罗马帝国命运的良机。事实却并非如此。这位演说家是机警且圆滑

---

1 如埃及省长盖约·维比乌斯·马克西穆斯（C. Vibius Maximus）（*P. Oxy.* 471）。还应注意爱比克泰德（Epictetus）在同舞者斐洛斯托古斯（Philostorgus）对话时对苏尔拉的提及："ἤθελες ἂν σὺ μετὰ Σούρα κοιμᾶσθαι（你愿意跟苏尔拉同住吗）?"（Arrian, *Diss. Epicteti* 3.17.4.）

2 *Ann.* 6.32.4（卢奇乌斯·维特利乌斯）；13.46.3（奥索）；16.18.2（佩特罗尼乌斯）. 与此形成鲜明对照的是对伽尔巴的评价——"magis extra vitis quam cum virtutibus（他只是无过而已，并没有什么德行）"（*Hist.* 1.49.2）。

3 与狄奥的说法不同（68.4.1）。见附录81。

的，呕心沥血、如履薄冰地经营着自己的主题。这是因为，图拉真的登基事实上并不仅仅是一位上天派给罗马以便挽狂澜于既倒的武人的横空出世。它也宣告了行省贵族们的胜利。

至于那位来自西班牙的罗马人对于小普林尼的滔滔不绝以及环视自己面前的随从们时究竟作何感想，那恐怕只有塔西佗这等人物才能猜得到了。塔西佗本人很可能也是透过盛大仪式的表象去描绘元老们的各种情感的。至少在罗马社会上层——幸存下来的显贵和住在意大利各城市近郊的元老们——眼中，图拉真即位这件事是令人震惊的。与各行省的财富与资源相比，意大利如今已显得贫困不堪；但意大利不应完全丧失美德与活力。这些人一定会喃喃自语道："意大利还没有衰败到这步田地（Non adeo aegram Italiam）。"[1] 指望从之前的皇族中选出一位元首的想法早已过时——从前的元首们已经垮台，其家族差不多已经断了香火。但在罗马需要的时候，人们或许还是能够在这块土地上的古老血族中找到一位统治者。他可能来自萨宾（Sabine）地区，至少会是来自北方。尽管其出身与性格都打上了行省的烙印，他还是可以骄傲地、动情地宣称自己来自意大利。

如果说意大利的后人们突然看到的这一事实令他们感到惊讶与愤怒的话，那也只能说是他们自己的问题。为了更早地认清现实，他们其实只需要举目环顾四周，琢磨一下军事寡头集团的构成情况就够了。为了警告那些不识抬举的显贵与自命不凡的首都元老们，政府亟须颁布一份关于帝国的、措辞强硬的公告。如果元首的继承关系突然中断，或是出现了一位并不称职的元首，那么哪些身份与品质将在选择新元首的过程中发挥决定性作用呢？

当人们回顾尼禄统治时代，研究当时的那些古老贵族——他们的灭亡是由那位统治者造成的，但也应归咎于自身的无能——时，他们或许会情不自禁地追问，当时的人们是否已开始过于看重出身与门第，而新兴才俊们的活力与爱国热忱是否已受到了过于长久的压制与忽视。尼禄与图密善治下都

---

[1] 如元首克劳狄乌斯的谋臣们（*Ann.* 11.23.2）。

有一些了不起的人物。当尼禄在罗马从孩童长大成人（不过是从顽劣走向罪恶与凶杀而已）之际，一位配得上罗马共和国征服四方荣耀的将领多米提乌斯·科布罗便率领罗马军团越过幼发拉底河，展示了帝国的威严——同时也挽救了那个王朝。科布罗曾在日耳曼的政府战争中被胆怯嫉妒的元首克劳狄乌斯欺骗。他从尼禄手中则获得了忠心耿耿的报酬——他被元首下令处决。

弗拉维王朝的发展历程与尤利乌斯-克劳狄乌斯家族近似，在一位嗜血成性的尼禄（但比尼禄更糟）统治下变得堕落且令人无法忍受——因为图密善掌控着军队，并且懂得如何统治帝国。尽管推翻他的机会与前景看似渺茫，我们的注意力却不应仅仅停留在史书中的那几个响亮名字上面。我们需要审视的是广义上的整个新兴贵族阶层。

事实上，弗拉维王室又是什么身份呢？他们是来自萨宾乡间雷特（Reate）的一个名不见经传的小家族。韦伯芗的祖父当过兵，他的父亲是一名税吏。[1] 韦伯芗本人起初也是个投机分子，算不得高贵人物。他在担任阿非利加行省总督期间被人用蔬菜袭击的事情可不是什么崇高地位的标志。[2] 他的妻子也不是贵人。[3] 弗拉维家族最值得一提的社会地位是由韦伯芗的母亲提供的——她来自努尔西亚（Nursia）当地的名门望族。[4] 从这层意义上讲，一些行省权贵——古代殖民者的血脉或西部行省土著王公的后裔——的地位已同意大利本土贵族不相上下。[5] 当他们当中的一员攫取权力的时候，一切都显得顺理成章。

1　Suetonius, *Divus Vesp.* 1.2 f.
2　4.3.
3　弗拉维娅·多米提拉（Flavia Domitilla）起初并非完全的罗马公民，只有拉丁公民权——她曾做过来自萨布拉塔（Sabrata）的一位罗马骑士的情妇。当她去世时，韦伯芗正在同安东尼娅的被释放女奴凯妮丝（Caenis）姘居。
4　1.3.
5　见第三十三章。

第五章　理国之才

　　将领们推举出的元首图拉真无法也无意从自己的家族中挑选出一位王朝继承人，尽管他把自己的甥外孙女维比娅·萨比娜（Vibia Sabina）嫁给了埃利乌斯·哈德良。[1] 倘若图拉真早早驾崩的话，那么其继承人的决定权还是会掌握在将领们手里——图拉真本人可能会倾向于选择李锡尼乌斯·苏尔拉（但他并不会一意孤行）。但图拉真并不考虑如何安排身后之事。如果罗马国运昌盛的话，这位元首将享有自奥古斯都以来无可比拟的漫长统治时光。

　　图拉真还很年轻，可以说正当盛年。他在被涅尔瓦过继时还只有44岁。[2] 奥古斯都身后的元首们往往趋于极端——年轻的桀骜不驯、无法管教；年老的悲观颓废，受制于自身的老气横秋或体弱多病。70岁的伽尔巴已经无力学习关于贸易或艺术的知识了；而60岁的涅尔瓦已经老态龙钟。文弱的韦伯芗也是在60岁时被军队拥立为元首的。在图拉真以前，统共只有两位元首是在壮年顺利即位的。但造化弄人使得他们的命运截然相反。提比略在被奥古斯都过继时只有44岁。但他还需等待10年才能即位——之后统治了23年。提图斯在40岁时继承了父亲的元首宝座，整个地中海世界都为之欢呼雀跃。但提图斯在统治了两年零两个月后就去世了，保持着自己尚未充分兑现的美名。罗马人民最爱戴的领袖们纷纷早夭。深孚民望与健康长寿是很难统一在一位

1　*HA, Hadr.* 2.10（公元101年以前）。
2　如果我们接受他生于公元53年的说法的话（见原书第31页）。

元首身上的。

除伽尔巴与韦伯芗外，在提比略以降的历任元首中，只有图拉真走完了元老晋升的正常流程，最终执掌了前执政官级别的兵权。伽尔巴在当上元首时拥有能征善战的美名——那可能是他用廉价收买来的或无知者起哄所带来的名声。韦伯芗的战功似乎是实实在在、无可指摘的。他在征伐不列颠期间以军团长身份参加过真刀真枪的战斗，并完成了平定犹太地区的艰巨任务。韦伯芗从不会在诱惑下追求虚荣或铤而走险。但新即位的这名年轻、精力充沛、接受过军事训练的元首图拉真则似乎决意要调整弗拉维王朝的外交政策，取消那些如履薄冰的推进方式或模棱两可的边界承诺。一场战争似乎已经迫在眉睫；它将宣扬图拉真的荣耀，抹去世人关于禁卫军暴乱与军阀混战威胁的不快记忆。

当塔西佗撰写他的第二部著作——介绍日耳曼风土人情的作品——时，图拉真还在莱茵河畔。他在《日耳曼尼亚志》（*Germania*）中被提及了一次，并且还只是作为一个年代标志（公元98年第二次担任执政官）——至少表面看上去如此。[1] 这部作品本身明显是写给有文化的公众读者的。材料的编撰方式并不费时费力——几乎所有信息都取自文献材料。[2] 尽管如此，在民族志目录的字里行间，文字风格、情感与偏见还是暴露了作者的关注点所在。

莱茵河下游北岸的土著部落布鲁克特里人（Bructeri）被其邻邦的联盟屠戮殆尽。导致这场灾祸的原因是邻人对其傲慢的怨恨或对战利品的贪欲——也可能是诸神对罗马人民的特别眷顾。一支罗马军队关注着这场屠杀。超过60000名布鲁克特里人死于非命——而且并非死在罗马人的刀剑之下。在兴高采烈的罗马人眼中，这更显得妙不可言。[3]

---

1 *Germ.* 37.2.
2 见第十一章。
3 33.1 f.: "nam ne spectaculo quidem proelii invidere. super sexaginta milia non armis telisque Romanis, sed quod magnificentius est, oblectationi oculisque ceciderunt（诸神并不介意让我们目睹战争的景象。6万余人倒下了，但并非被罗马人的长枪或其他武器所杀。更绝妙的是，他们是在我们的欢乐与目光注视中倒下去的）."

这场灾难可能是在公元97年刚刚发生，也可能是最近才在罗马变得尽人皆知。[1] 塔西佗使用的语言是粗犷且欢欣鼓舞的，带有浓重的道德化色彩。紧接其后的段落同样热情洋溢。他发出庄严的祷告：愿这些种族继续彼此仇恨吧，既然它们不可能爱戴罗马。既然命运仍然对罗马残酷无情，那么罗马仇敌们内部的四分五裂便是对她而言再好不过的消息。[2]

这段文本着实晦涩难懂，其解读也引起过广泛争议。在元首图拉真领导之下，罗马及其帝国当时的状况原本不应令人产生恐惧或不祥预感。但这段文本针对的明显是现实状况。此外，文中的用词"迫在眉睫的凶险命运（urgentibus imperii fatis）"显然是确有所指的。它让人想到了北方民族长期以来对罗马的威胁，并且显然模仿了共和时代的伟大历史学家们在向读者描述高卢入侵者占领罗马时使用的腔调和语言。[3]

那场浩劫过后，罗马人走向强大并建立了帝国。当他们最终击败了意大利境内的高卢人后，罗马人已有能力面对任何敌手。[4] 他们随后统治了整个地中海世界。罗马的统治已没有敌手或威胁——除非是内战让战败者卷土重来，让外部族群趁虚而入。

尽管按照奥古斯都时代以来被奉为神圣的观念，罗马帝国在建立起来之后将万古长存；尽管罗马帝国及其统治下的和平应当是"永恒

1　斯普利纳的功绩也许是该插曲的另一方面——他恫吓了布鲁克特里人，迫使他们迎回了自己的国王（Pliny, *Epp.* 2.7.2）。但或许并非如此，参见附录6。

2　G. Andresen, *Wochenschr. für cl. Phil.* 1915, 756; R. Heinze, *Vom Geist des Römertums* (1938), 255 ff.；另见安德森（J. G. C. Anderson）的校勘本（Oxford, 1938）第163页和他关于罗宾逊校订文本（R. P. Robinson, *Am. Phil. Ass., Phil. Monographs* V [1935]）的书评（*JRS* XXVI [1936], 274）。支持亨泽（Heinze）的观点另见V. Pöschl, *Wiener Studien* LXIX (1956), 310 ff.。

3　Livy 5.36.6: "iam urgentibus Romanam urbem fatis (如今罗马城迫在眉睫的凶险命运)."该表述令人回想起另一座城市维爱（Veii）的劫数："postremo iam fato quoque urgente (接下来迫在眉睫的凶险命运)." (ib. 22.8) 另一个动词的使用也强调了命运的意味："deorum monita ingruente fato spreta (伴随着被他们轻视的诸神警告，凶险命运正在降临)." (32.7) 可比较卢坎对亚历山大的评价："perque Asiae populos fatis urgentibus actus (由于他的缘故，亚洲的人民面临着迫在眉睫的凶险命运)." (10.28) ——这里说的是亚洲的劫数。

4　Polybius 1.6.6; 2.20.8 ff.

（aeternitas）"的[1]；反思者的心底还是会掠过一些不祥的念头。从前的历史告诉人们，帝国都是昙花一现的——会被内部不和、活力衰减和充满活力的新对手所灭亡。[2]公元68—69年的内战还令世人记忆犹新——他们目睹了各族群的反叛、卡庇托林山上的熊熊烈火和帝国气数已尽的预言。[3]仅仅几个月以前，又有一场大难险些降临。即便在当时，帝国的安定局面也是危如累卵的。

罗马与日耳曼人之间的冲突从双方初次交手以来已延续了210个年头。塔西佗算出了这个时间，声称"对日耳曼尼亚的征服持续了这么久（Tam diu Germania vincitur）"[4]。他或许盼望这个时代结束。在旷日持久的日耳曼战争期间，罗马人曾遭遇过许多灾难，他们的入侵却未曾征服过任何领土。他们争取到了和平或至少是休战；但日耳曼人又在公元69年进行了干涉，图密善在未曾赢得胜利的情况下举行了凯旋式（据说如此）。[5]对于罗马人而言，日耳曼境内的这些自由族群是比任何一位帕提亚（Parthia）君主都更为可怕的敌人。[6]

前执政官科奈里乌斯·塔西佗还轮不到为精通军事的元首图拉真出谋划策。然而，塔西佗为一个日耳曼部族的灭绝而感谢上苍的背后情感或许正是对于罗马军队无法对日耳曼人进行征伐与复仇的怒火与强烈恨意。在元首奥古斯都统治的年代里，罗马军团还在日耳曼境内一直推进到易北河（Elbe）沿岸。但在塔西佗生活的时代，那条河流对于罗马人而言只是一个遥不可及的地名而已。[7]

1　Virgil, *Aen.* 1.278 f.; Tibullus 2.5.23; Livy 4.3.4; 28.28.10. 可参见（尽管并非坚实证据）Cicero, *Pro C. Rabirio perduellionis reo* 33。关于"永恒（aeternitas）"的观念，见原书第208页。
2　参见Sallust, *Cat.* 2.4 ff.。
3　*Hist.* 4.54.2.
4　*Germ.* 37.2.
5　ib. 6: "triumphati magis quam victi（凯旋而非胜利）."
6　ib. 3: "non Samnis, non Poeni, non Hispaniae Galliaeve, ne Parthi quidem saepius admonuere: quippe regno Arsacis acrior est Germanorum libertas（萨谟奈特人、迦太基人、西班牙人、高卢人或帕提亚人都没有给过我们这么多教训：日耳曼人的自由比阿尔萨斯的君王更难对付）."
7　41.2: "flumen inclutum et notum olim; nunc tantum auditor（那曾经是一条著名的河流，如今只是一个名字而已）."

《日耳曼尼亚志》的作者驳斥了图密善声称日耳曼已被征服的说法。[1]他还暗示了自己的愿望（如果没有明确表达自己的期许的话），即此刻身在莱茵河畔的图拉真能够运用同弗拉维王朝诸元首截然不同的手段解决日耳曼问题。[2]但事实上，多瑙河已成为罗马帝国更重要的边疆，并且图拉真很快就将赶往那里。如果塔西佗是在一年后撰写民族志的话，他可能会尝试（如果不是被迫的话）交代多瑙河对岸的各族群——关于波西米亚的苏伊布人（Suebi）、大平原上萨尔玛提亚的雅祖格人（Sarmatae Jazyges）、特兰西瓦尼亚（Transylvania）的达契亚人的大量信息，以及关于萨尔玛提亚人和罗科索拉尼人更加丰富的知识。那将远非一件容易的工作。塔西佗拥有关于日耳曼的全面、宝贵的材料；但罗马人对于萨尔玛提亚人的知识则或许有些老套过时，并且近期内可能还没有人写过达契亚。

新元首的生平履历与性格、军人理应具备的雄心壮志和之前弗拉维王朝统治者的谨慎政策都让人有理由猜想，图拉真即将发动一场征服战争。但塔西佗关于图拉真的任何预测（无论是他自己做出的还是仅仅报道别人的说法）都不会是模糊或草率的。健全的理智拯救了塔西佗——当然还有他的多疑。

对于一位元老而言，永远避免对帝国的外交、军事政策进行预测乃是更明智的选择。他可能会犯下措辞不够得体或判断失误（也可能二者兼而有之）等差错。似乎当时在莱茵河及其北方已没有什么军事任务。图密善曾在那里组织过大规模军事行动，并顺利达到了预期目标——尽管当时与后世对

1　参见H. Nesselhauf, *Hermes* LXXX (1952), 122 ff.。
2　人们对《日耳曼尼亚志》的"写作目的（purpose）"提出过若干极端看法——认为它是一篇道德化的讽刺作品或一部政治小册子；作为政治小册子，它揭示了日耳曼人的威胁，其意图要么是敦促图拉真尽快采取行动，要么是委婉地建议他不可轻举妄动。对这些观点的睿智评见J. G. C. Anderson, o.c. X ff.；另见佩雷（J. Perret）的校勘本（Budé, 1949），6 ff.。关于这篇文章从属的文学体裁，见第十一章。布鲁克特里人插话（*Germ.* 33）和对罗马人同日耳曼人关系史的整体论述（37）中使用的激烈言辞确实可以被视为研究作者自身情感的线索。另见塔西佗在提及被弗拉维王朝兼并的、"征收什一税的土地（decumates agri）"上的土著居民时的轻蔑态度（29.4）。

他的恶意促使世人谈论着他虚假的凯旋式和反复被提起的荒诞逸事。图密善征服了查提人，迫使后者签订了臣服于己的条约。这样做的结果是查提人聚居区以南和东南方向上的广大地区都获得了保护与安宁。罗马人随后又采取了其他措施（武力或外交性质的），对整个莱茵河边疆进行了组织管理，并把驻扎在那里的两支军队的总兵力由8个军团裁减到6个。[1]

从波西米亚到黑海一线的多瑙河流域则陷入了混乱；达契亚诸部落中间还涌现出了一个代表本族群的王国。他们的统治者德克巴鲁斯在经历过战场上的大悲大喜后赢得了图密善的承认，成了罗马人民的朋友与同盟。那位元首在同日耳曼人和萨尔玛提亚人交手时需要获得来自境外的支援；他还同波西米亚背后德意志中心地带的某些强大族群进行过接触。[2]

同达契亚国王签订条约（将在军事紧急状态下生效）的设计可被视为一种传统做法。据我们所知的情况来看，它也确实行之有效。该王国将不会对罗马帝国的版图构成威胁；与此同时，这个多瑙河流域的稳定中心还可以起到遏制、分隔达契亚两侧游牧部落的作用。此外，或许随着时间的推移和某些机缘巧合，达契亚王国将会经历"其兴也勃焉，其亡也忽焉"的命运。类似的情况之前已经出现过。[3]

美中不足的是，世人很容易指责这种布局有损于帝国人民的尊严，并且极易遭到破坏。图拉真在多瑙河下游待了一个冬天，但什么也没有发生。小普林尼赞美他的元首气宇轩昂地立于多瑙河畔，优雅地拒绝向无心恋战的敌人发起进攻。[4] 对于这位演说家的机智头脑而言，将元首多少有些怯战的心理同一场胜利（图拉真最后当真举行了凯旋式[5]）结合起来并非难事。

1　关于图密善军事行动的目的和成绩，见 *CAH* XI (1936), 162 ff.。
2　Dio 67.5.2 f. (塞莫诺尼人 [Semonones] 和卢吉人 [Lugii])。
3　如达契亚人首领布瑞比斯塔斯（Burebistas）：随着他本人在公元前44年后不久去世，他的帝国也消失了。还有波西米亚的玛罗波杜乌斯（Maroboduus），他在遭到罗马攻击、走投无路的情况下变成了罗马人的盟友，最终被元首提比略所降服。关于为图密善多瑙河边疆政策的辩护，见 *CAH* XI, 176; 185 f.。
4　*Pan.* 16.1 f.
5　16.3–17.4（但有可能是在达契亚战争开始后补办的）。

军事主题在图拉真统治初期的政治宣传中占据着很大比重。[1]这些姿态与发动战争的意愿并不总是会以军事行动告终。我们有理由猜想，图拉真的一些谋臣对多瑙河政策有着清醒认识，并不动声色地贬低了对图密善的一些报道。另外一些人则摩拳擦掌、心浮气躁，其中不乏那些缺乏真刀真枪经验的"武人"。但图拉真本人应当已经见证过各种血流成河、战火纷飞的时代。

只要元首本人意志坚定，事态便不会发展到无可救药的那一步。如果他在声名、传奇与各种谬论的蛊惑下打算在东方冒险的话，那么他可能要面对更大的风险。达契亚便提供了这样的机会，并且对那里用兵根本无须寻找借口。

图拉真至少需要听取几位地位显赫的前执政官的意见——他们通常是过去和如今的元首副将。普通元老们在听到关于和战的指示时是不会提出异议的——他们都在为党争平息和叛国贼遭到惩处而欢天喜地，尽管自己并未因此而重获任何自由。元首前往行省关注军务应该会让他们长舒一口气。尽管图拉真是个通过非常手段登基的元首，但他毕竟是个"文雅（civilis）"的人。他不是暴君而是公民，不是主人而是家长。如小普林尼所说，他将自己视为"我们当中的一员"[2]。位高权重的政治家弗伦提努斯和斯普利纳可能也支持这些决议，那充分反映了他们一以贯之的远见与智慧。

并不影响帝国内部的一团和气、相反还有好处的事实在于，图拉真在其一生中有很长一段时间是不在首都的。无论何时，元首的各个行省都是掌握在40名大法官级别的元老和10名前执政官手里的。[3]因此，一批风华正茂的活跃成员的缺席削弱了这个高级议事会的影响力。而那些事业成功且并不特立

---

[1] 重要的原型或形象如胜利女神（Victoria）、赫拉克勒斯（Hercules）和玛尔斯（Mars），参见 P. L. Strack, *Untersuchungen zur r. Reichsprägung des zweiten Jahrhunderts* I (1931), 67 ff.; H. Mattingly, *BMC, R. Emp. III* (1936), lxvii f.。公元100年的时候甚至还修建了一座凯旋门（Strack, o.c. 92 ff.）。

[2] *Pan.* 2.3; 63.2.

[3] 大法官级别的职务包括各军团副将、3位审判官（*iuridici*）和8位行省总督。治理公共行省的元老数目较少，任期为1年，其人选在等级与含金量上参差不齐（其中只有2位前执政官）。这两类官职总共约有80个名额。

独行的"武人"会在担任两项行省职务后很快成为执政官,并在卸任执政官后先后掌握两项军权;这批人会在30—50岁期间在行省度过大约12年的时光。

元老院由约600人组成。在共和末年,大权与影响力操持在前执政官们的手里。到了帝国时代,执政官的性质与职能已发生变化;一个高高在上的寡头集团随之浮现(尽管其中包含着新的复杂性)——其成员主要为那些统治着元首治下驻军行省的人物。诚然,如今的执政官与大法官人数更多了;但元老院一如既往地容纳着许多事实上无足轻重的人物。

如果说图拉真对于许多普通元老而言还只是一个陌生人的话,军事寡头集团中的头面人物则是了解他的——即便他还没有在真刀真枪的战争中建功立业。从帝国建立伊始便显而易见的一桩事实(有时它还会得到明确承认)是:尽管帝国只需要一位元首,它却不能只靠一人统治。元首奥古斯都拥有值得信赖的盟友和许多得力干将。每个统治者都需要一大批朋友——争取他们乃是元首的首要职责。[1] 图拉真在交友方面具备得天独厚的条件。同大多数元首相比,他还拥有另一个优势。同他的资历旗鼓相当甚至更胜一筹的几位前执政官副将都是他的长辈;这意味着他可以通过这些人的指导而获益。[2]

图拉真的追随者们构成了一个内部小圈子:首先是他和妻子的亲戚们,还有他父亲的和他自己的朋友。[3] 除了跟自己通过血缘或婚姻纽带结合在一起的人之外,图拉真最强大的盟友是那些就任于图密善统治最后10年之内的执政官们。在军事资历方面出类拔萃的人物有望在卸任执政官后的5年内(倘若没有更快的话)掌握一项重要兵权。地位仅次于近期卸任的执政官们的是那些大法官级别的人物——他们在图密善统治后期或公元97年指挥过军团或治理过行省,渴望晋升并将希望寄托于有影响力的前执政官们身上。大批军团长中将有一部分人脱颖而出,担任8个大法官级别的行省总督;他们随后

1　*Pan.* 85.6: "praecipuum est principis opus amicos parare(元首的首要任务是争取朋友)."
2　如塞尔维乌斯·尤利乌斯·塞尔维亚努斯(公元90年递补执政官),出生于公元47年前后(附录7),以及格涅乌斯·庞培·隆吉努斯(公元90年递补执政官)。
3　见第四十四章和附录87。

十之八九会迅速当上执政官,并在合适的时候成为前执政官级别的副将。[1]

只有图密善、涅尔瓦与图拉真统治时期的完整行省总督任命名单才足以反映帝国权力转移过程中的风云变幻与意外迭生。我们能够复原的信息并不理想。其中一些内容含糊不清,但若干名字还是能够为我们提供启示。[2]

在图密善时代的前执政官副将中,有些人已经与世长辞,另一些人则已老去或离群索居。一些人已为新元首提供了猜疑他们的理由。特提乌斯·朱利安在战胜达契亚人后便再无消息。他取得的荣誉的确超乎寻常,但同拉皮乌斯·马克西穆斯相比起来要黯然失色——后者打赢了一场内战,拯救了弗拉维王朝。图密善让拉皮乌斯在公元95年第二次出任执政官——该殊荣在之前的10年里几乎罕见到了不可思议的程度。[3]让这两位将领掌管叙利亚军权都是无法让元首安心的。

如果我们能够获悉,哪些人在图密善多疑的统治末期被派往叙利亚[4],以及哪些前执政官掌管着莱茵河流域的两项军权和多瑙河流域的三项军权的话,那或许将对我们的研究有所帮助。但事实上,我们只能确定图密善去世时3位副将的身份。其中有两人——不列颠与下默西亚(Moesia Inferior)的行省总督们——被替换了,尽管两项任免不是同时进行的。[5]第三位是于公元95年被派至卡帕多西亚的庞普尼乌斯·巴苏斯(Pomponius Bassus)。他此后继续任职达5年之久,随后返回意大利担任文职。[6]

1　见附录15 f.; 18。
2　关于具体细节和人选,见附录14 f.。
3　自公元85年以来,只有涅尔瓦是在公元90年(附录12)。
4　见第二章及附录3。
5　一份颁布于公元98年的公告(*CIL* XVI, 43)表明,提图斯·阿维狄乌斯·奎埃图斯(T. Avidius Quietus)的前任名叫奈波斯(Nepos),有可能是普布利乌斯·麦提利乌斯·奈波斯(P. Metilius Nepos,公元91年递补执政官)。有证据表明,公元97年1月时,卢奇乌斯(?)·尤利乌斯·玛里努斯([?L.] Julius Marinus,公元93年递补执政官[?])在下默西亚行省(*CIL* XVI, 41);接替他的可能是昆图斯·庞普尼乌斯·鲁孚斯(Q. Pomponius Rufus,公元95年递补执政官),公元99年的时候他在那里任职(ib. 44 f.)。
6　关于他任职情况的证据见*PIR*[1], P 530。此后还有关于慈善基金(*alimenta*)问题的指控(*ILS* 6106; 6675)。图拉真的父亲于公元79/80年在亚细亚行省任职期间,他曾是此人手下的副将(*ILS* 8797)。

图拉真上任后马上采取的举措之一是将上日耳曼的军事指挥权授予自己的盟友尤利乌斯·塞尔维亚努斯——此人之前担任的职务已无从考证。[1] 阅历丰富、于公元68年初在潘诺尼亚任职的庞培·隆吉努斯（Pompeius Longinus）或许也在那里任职了一段时间。[2] 元首派往不列颠的新副将是阿维狄乌斯·奎埃图斯（Avidius Quietus），此人以品味高雅闻名于世，并得到了学问渊博的重要人物们的青睐。[3] 阿维狄乌斯在尼禄统治结束之前已经步入成年。[4] 庞普尼乌斯·鲁孚斯（Pomponius Rufus，我们知道他在公元99年待在下默西亚）也早就开始了自己的仕途——他在伽尔巴发起反尼禄暴动之际便被伽尔巴任命为将领，但其日后的生涯经历了停滞不前或倒退反复的命运。[5] 此外，图拉真任命的第一位叙利亚副将可能是雅沃勒努斯·普利斯库斯（Javolenus Priscus），他在后人眼中是一位著名律师。他也不是年轻人。雅沃勒努斯对诸行省的情况了如指掌——他在担任执政官之前曾跟达尔马提亚、努米底亚和不列颠打过交道；图密善还在内战结束后不久起用他治理过上日耳曼。[6]

因此，我们根据史料记载或推测建立起来的图拉真统治初期的副将名单看起来是一锅大杂烩。他们的一个共同点是没有执政官级别的祖先；并且其中只有一人——尤利乌斯·塞尔维亚努斯——从图拉真那里获得了第二次担任执政官的荣誉。当时也有一些崭露头角的新人（凭借自己的功绩或贵人的恩宠起家），其中著名的有李锡尼乌斯·苏尔拉、格利提乌斯·阿古利可及拉贝里乌斯·马克西穆斯（Laberius Maximus）。关于图拉真即位后第一场战争的记载又为我们提供了一大批将领的名单，但就当时的情况而言，图

---

[1] 或许执掌过多瑙河流域的兵权（见原书第34页）。
[2] *CIL* XVI, 42, 参见原书第15页。
[3] *CIL* XVI, 43. 他是特拉西亚·佩图斯（Thrasea Paetus）和普鲁塔克的朋友（*PIR*², A1410）。或许是涅尔瓦而非图拉真任命的。
[4] 证据来自 *Epp.* 6.29.1。他至迟已经在公元82年担任了军团副将（*ILS* 6105）。
[5] *CIL* XVI, 44 f.; *IRT* 537（勒普奇斯［Lepcis］）。
[6] *ILS* 1015，参见 *CIL* XVI, 36。关于叙利亚，见附录3。

拉真及其朋友们尚需假以时日，才能着手对军事寡头集团内的盘根错节关系进行大刀阔斧的调整。

元首并不打算在罗马逗留太久。军团与荣耀正在召唤着他。他在公元101年侵入了达契亚人的疆土——那里有高山和丛林作为屏障，并由视死如归的勇士们守卫。图拉真进行的第一次战役遭遇了挫折，在一场激战中损失惨重。[1] 罗马人如今意识到了这项事业将有多么艰苦。他们在第二年里赢得的胜利也没有换来对达契亚的完全征服。德克巴鲁斯继续以附庸身份保有着王国，仅仅交出了一部分国土作为对自己的惩罚和对未来和平的担保。[2]

通过这场战争来评价最高统帅能力的做法是毫无意义的。图拉真拥有自己的左膀右臂——塞尔维亚努斯和苏尔拉。[3] 他还起用了3个多瑙河流域行省的总督——掌控潘诺尼亚的格利提乌斯·阿古利可拉，以及在默西亚领兵的奇尔尼乌斯·普罗库鲁斯（Cilnius Proculus）和拉贝里乌斯·马克西穆斯。[4] 其中一些将领可能在从前担任军团长时上过战场，另外一些则肯定没有实战经验。[5] 图拉真按部就班地向他们授予了军功：连续4位将领就任执政官的事实告诉世人，元首打赢了一场战争（其中两人走马上任时，战事其实还没有结束）。塞尔维亚努斯和苏尔拉在公元102年担任执政官；另外两人的上任是在和约缔结之后——他们是103年的执政官格利提乌斯·阿古利可拉和拉贝里乌斯·马克西穆斯。

其他军队都被元首牢牢地控制在手里。我们拥有几乎完整的、从不列颠

1　Dio 68.8.2，参见（或许有夸张成分）P. L. Strack, *Untersuchungen zur r. Reichsprägung des zweiten Jahrhunderts* I (1931), 123 ff.。

2　Dio 68.9.5.

3　关于苏尔拉，见Dio 68.9.2。关于塞尔维亚努斯，见Pliny, *Epp.* 3.17.3: "exspectantem in horas timentemque pro capite amicissimo (在需要他的时候与危急关头，他是元首最亲密的朋友)"，但两人当时也不一定都在场。

4　史料证实，其中前两位获得了前执政官级别的褒奖（*dona*）（*ILS* 1021a; *Not. Scav.* 1925, 224）。拉贝里乌斯在公元102年立下了卓越功勋（Dio 68.9.4）。此外，留下来治理新占领的达契亚领土的人或许是格涅乌斯·庞培·隆吉努斯（公元90年递补执政官），参见附录14。

5　如格利提乌斯·阿古利可拉。

到叙利亚的主要将领名单。[1] 其中包含着不少矛盾和一处显而易见的反常。担任叙利亚副将的尤利乌斯·夸德拉图斯（Julius Quadratus）是个从未接受过军事训练的老人。让他获得这一职务的是政治原因和元首的个人恩宠——他是图拉真的朋友。[2]

与此同时，更年轻的一代人也已开始进入我们的视野，他们是公元94—97年间的军团将领们。他们按照约定俗成的时间表当上了执政官——有些还比正常的晋升次序和间隔走得更快。[3] 其中一马当先的是公元99年的两位名年执政官——科奈里乌斯·帕尔玛（Cornelius Parma）和索希乌斯·塞内奇奥（Sosius Senecio）。两人的祖先都没有担任过执政官，但索希乌斯娶了尤利乌斯·弗伦提努斯的女儿。[4] 帕尔玛与索希乌斯很快就获得了前执政官级别的军权。[5]

权力交接有条不紊地进行着。费边·约斯图斯（Fabius Justus）与普布利里乌斯·塞尔苏斯（Publilius Celsus）紧随其后，当上了公元102年的执政官。[6] 与索希乌斯一样，费边也是一位饱学之士和演说家、文人们的朋友。普布利里乌斯的情况则无从考证。[7]

短暂的风平浪静过后，多瑙河畔在公元105年战火重燃。第二年，罗马帝国吞并了达契亚王国，将之变为一个前执政官级别的行省，并设置了一个

1　见附录14 f.
2　即奥鲁斯·尤利乌斯·夸德拉图斯（A. Julius Quadratus，公元94年递补执政官，公元105年名年执政官）。他在公元80年前后在亚细亚行省担任了2年副将（ILS 8881），可能是同图拉真的父亲共事。关于他是图拉真朋友的说法，参见帕伽马（Pergamum）图拉真神庙（Traianeum）附近发现的铭文（双语），其中提到了"朋友众多的朱庇特（Iuppiter amicalis）"（IGR IV, 336）。
3　与图拉真本人的经历相仿（原书第33页）。
4　ILS 1104 f.
5　帕尔玛于公元100年或101年的时候在近西班牙行省（Martial 12.9.1）；索希乌斯在公元103年前后身处某个有驻军的行省（Epp. 4.4.1）。
6　还有德奇姆斯·泰伦斯·斯考里亚努斯（D. Terentius Scaurianus，公元102年或104年递补执政官）和在尼莫苏斯受到尊崇的不知名人物（Ignotus）（CIL XII, 3169）。
7　关于卢奇乌斯·费边·约斯图斯（L. Fabius Justus），见本书第74页；关于卢奇乌斯·普布利里乌斯·塞尔苏斯（L. Publilius Celsus）在图拉真统治期间的情况，我们只知道他在公元113年第二次出任了执政官，并且有人给他立了一座"凯旋雕像（statua triumphalis）"（Dio 68.16.2）。

驻扎着几个军团的要塞。[1] 帝国政府也没有忽视东部边疆。叙利亚副将科奈里乌斯·帕尔玛将纳巴泰亚（Nabataea）的阿拉伯人的领土并入帝国版图。[2] 当帕尔玛离开那里去第二次出任执政官时，接替其职位的是费边·约斯图斯。[3] 据我们推测，索希乌斯·塞内奇奥在征服达契亚的战争中担任了高级将领——于是他在107年到来之际第二次出任执政官，同李锡尼乌斯·苏尔拉一同享受着束棒护身的荣耀，后者则已登上了"三度出任执政官（consul tertio）"的仕途巅峰。

图拉真时代将领中的最后一批人是战争期间的军团长们。其中一些人获得了职位与荣誉，还有一位的晋升速度足够迅速，以至于在就任执政官后不久便率军在达契亚打了胜仗。[4] 我们在这方面拥有充足证据。相关姓名向我们透露了图拉真元首统治时期真正年轻有为的那代人的情况。[5] 当长辈们去世或退隐后，他们的影响力将在10年后有所上升，其中一些人将会渴望参加另一场战争，为自己赢得前执政官级别军权的荣誉。

以上便是图拉真及其盟友所操纵的等级与晋升体系的概况。图拉真的一些友谊纽带不是在罗马，而是在行省建立的——他结交了一批地方权贵与外出任职的元老们。他当时也已开始同骑士阶层中的佼佼者们建立了交情。[6]

罗马元首们从一开始便向骑士阶层的成员们提供着慷慨赏赐。当凯撒任命元老掌管行省后，骑士们接管了那些行省的税收任务。凯撒治下代替国外统治埃及的人物正是骑士阶层出身的埃及省长。其他地方的行政事务也由骑

---

1 可能是3个军团，参见R. Syme, *Laureae Aquincenses* 1 (1938), 267 ff.。第一任副将是德奇姆斯·泰伦斯·斯考里亚努斯，参见*CIL* XVI, 57; 160; 163。
2 应该是在公元105年或106年，参见原书第222页。
3 *AE* 1940, 210 (靠近帕尔米拉 [Palmyra])。
4 如盖约·尤利乌斯·巴苏斯（C. Julius Bassus，公元105年递补执政官），第二次达契亚战争中的将领。参见来自帕伽马的铭文，A. v. Premerstein, *Bayerische S-B*, 1934, Heft 3, 15 f. 另见附录14。
5 较年轻将领们的情况见附录16。
6 我们可以很有把握地断定这一点，尽管小普林尼并不确定世人"在那些骑士并无过渡职务就获得了高级荣誉表彰时（quod equestris ordinis decora honore nominum sine monitore signares）"（*Pan.* 23.1）是否心悦诚服。

士经营（尽管其权力不可与埃及省长同日而语）。在奥古斯都的统治结束之前，罗马城中设置了三个官职，分别管理禁卫军、消防队和食品供应。这为骑士们在王室庇护下通过学识、天才与忠诚出人头地开辟了道路。这一体系继续发展下去。到了尤利乌斯·克劳狄乌斯王朝末期，骑士们逐渐取代了释奴们在宫廷文书机构中的地位。[1]

条条大路通向令人垂涎三尺的"元首行省督办（procurator Augusti）"。除任职者已经具备或借此取得的社会声誉外，该职务在职官体系中的地位也是很高的：对于骑士阶层而言，它的分量大体相当于元老生涯中的执政官身份。[2]

在各种"元首行省督办"官衔中，价值最高的是管理高卢两个富庶行省的职务。其中一个负责管理卢戈杜嫩西斯（Lugdunensis）和阿奎塔尼。另一个则治理着拥有日耳曼军团兵权的贝尔吉卡（Belgica）。这位行省督办负责两支大军（据总人数约80000人）的费用支出。在内战中，他的重要性比担任贝尔吉卡副将的元首高得多；其命运要么九死一生，要么飞黄腾达。[3] 在按部就班的晋升程序下，倘若这位行省督办没有高就首都那些显赫职务的话（那些职务极易被宫廷的宠臣窃取），只要他愿意，他的儿子总能当上元老，甚至有可能成为执政官。

但仅仅当上元老还不足以满足骑士权贵们的野心，或证明他们的举足轻重。那看上去或许更像是一种身份降格。尽管这些人可能出身下层并在军队里担任过百夫长，许多骑士实际上出身于声名显赫的家族，其社会地位同元老们不相上下，甚至本来就与后者沾亲带故。他们享受着肉眼可见的、尽人皆知的高贵地位。定义元老的是公开场合下的"尊贵（dignitas）"地位，而

---

1 关于骑士官职的发展历程，参见H. M. Last, *CAH* XI, 426 ff.; A. N. Sherwin-White, *BSR Papers* XV (1939), 11 ff.; H. G. Pflaum, *Les Procurateurs équestres sous le Haut-Empire romian* (1950).

2 *Agr.* 4.1: "utrumque avum procuratorem Caesarum habuit, quae equestris nobilitas est (他的祖父和外祖父都担任过元首行省督办，那对于骑士来说是很高贵的职务)."

3 公元69年的行省督办就被处决了（*Hist.* 1.58.1）。公元97年的行省督办可能是绥克斯图·阿提乌斯·苏布拉努斯（Sex. Attius Suburanus）（*AE* 1939, 60：赫利奥波利斯［Heliopolis］）。

非社会等级体系中实实在在的差别。[1]

在现实权力世界里，统治埃及或掌管禁卫军的人物早就在权势方面赶上或超过了前执政官级别的副将们。他们的幕后影响不容小觑。图密善的统治时代为我们提供了一些可怕的案例。尤利乌斯·乌尔苏斯（Julius Ursus）曾被提拔为埃及省长与禁卫军队长。一则古怪逸事向我们模糊展示的正是这位乌尔苏斯。当元首与妻子不和，打算将后者处死时，乌尔苏斯运用圆滑的手段重建了宫廷中的和谐。尽管此人不久后惹恼了图密善，他却被提图斯之女尤利娅（Julia）出手搭救，并当上了执政官。我们并不诧异地发现，这位尤利乌斯在公元98年再度享受了束棒护身的殊荣。[2]

图拉真在骑士阶层中拥有不少有用的盟友。在他登基之际，一位名叫尤尼乌斯·鲁孚斯的骑士统治着埃及——图密善任命了他，涅尔瓦也没有将他召回。图拉真让他一直任职到公元98年的夏天。[3] 下一任埃及省长是庞培·普兰塔（Pompeius Planta），一位前任行省督办。[4] 3年后，图拉真派出米尼奇乌斯·伊塔鲁斯（Minicius Italus）接替普兰塔。这位伊塔鲁斯以韦伯芗麾下的骑兵军官身份起家，在担任亚细亚行省督办的时候表现出了对图密善的赤胆忠心：他镇压了一名变节的行省总督，并接管了该行省的统治权。[5] 于公

1　Ann. 2.33.2: "distinctos senatus et equitum census, non quia diversi natura（元老和骑士只是名义上的地位有别，并无本质上的高下之分）." Suetonius, Divus Vesp. 9.2: "utrumque ordinem non tam libertate inter se quam dignitate differre（两个阶层之间的特权差别并不像名分上的尊卑那样差异明显）." 参见Josephus, AJ 19.3。关于两个阶层社会地位的平起平坐问题，见A. Stein, Der r. Ritterstand (1927), 195 ff.。关于共和后期状态的延续，参见R. Syme, Rom. Rev. (1939), 13 f., 81 ff., 357 f., 384 f.。

2　关于这一复杂的（也是充满风险的）史实重构过程，见附录7。他是（我们有理由这样认为）尤利乌斯·塞尔维亚努斯的亲戚和养父。乌尔苏斯的继任者是卢奇乌斯·拉贝里乌斯·马克西穆斯（L. Laberius Maximus），后者被从埃及调任过来，担任科奈里乌斯·福斯库斯的同僚（推断依据为P. Berol. 8334）。

3　具体年代和细节见A. Stein, Die Präfekten von Ägypten (1950), 47 ff.。

4　韦伯芗治下的吕奇亚行省督办（IGR III, 466）。

5　ILS 1374: "proc. provinciae Asiae quam / mandate principis vice defuncti procos. rexit（他在受元首委托担任亚细亚行省督办时解除了一名邪恶的行省总督的武装）." 他指的是于公元88/89年被处决的行省总督盖约·维图勒努斯·奇维卡·克瑞亚利斯（C. Vettulenus Civica Cerialis，公元76年前后递补执政官），参见Agr. 42.1。

元103年接替米尼奇乌斯的是维比乌斯·马克西穆斯（Vibius Maximus），后者的优势在于升迁迅速。[1] 拥有同元老家族的联姻纽带和文学品味的维比乌斯日后因道德上的疑点而遭到了非议。[2] 他的继承者是个从百夫长起家的人。[3]

元首身边最受信任的人是禁卫军队长。[4] 图拉真在任命禁卫军队长时发表了一篇优雅的演说。他将象征该职权的宝剑授予那位队长，命令他用这把剑来护卫元首——或用来对抗元首，如果共和国赋予的责任要求他那样做的话。[5] 这位禁卫军队长是阿提乌斯·苏布拉努斯（Attius Suburanus）。此人在公元68—69年的动乱中首次进入我们的视野，随后很快投靠了两位有影响力的人物（维比乌斯·克里斯普斯和尤利乌斯·乌尔苏斯）。一连串任职履历让他最终当上了高卢行省贝尔吉卡地区的行省督办——他担任该职务的时间（据猜测）是公元97年的危机期间。[6]

图拉真统治前期的另一位禁卫军队长（可能是苏布拉努斯的同僚）很快便主动请辞。元首不情愿地答应了他的要求。在为这位老朋友举行了感人肺腑的告别仪式后，元首亲自来到海边，目送他所搭乘的船只消失在地平线处。[7] 苏布拉努斯统领禁卫军的时间也很短暂：他在被提拔进元老院后于公元101年当上了执政官，并在公元104年再次出任——这次是名年执政官。[8]

通过王朝继位方式上台的元首可以承袭平民与士兵对先主的忠诚；即便

1　两点猜测可以概括他的生涯。首先，他在公元96年12月时担任着罗马城内的某项职务（参见 Martial 11.106），也许是夜巡官（the command of the *vigiles*）；其次，他在公元101年担任着某项职务（Pliny, *Epp.* 3.2.5），如赈粮官（*annona*）一类官职。参见 R. Syme, *Historia* VI (1957), 480 ff.。

2　关于他的元老亲戚（也许存在），见 Statius, *Silvae* 4.7.49 ff.；关于他的文学品味，见 ib. 52 ff.；或许还有 Pliny, *Epp.* 9.1.1；关于他的道德污点，见 *P. Oxy.* 471；参见 H. A. Musurillo, *The Acts of the Pagan Martyrs* (1954), 150 ff.。

3　塞尔维乌斯·苏尔庇奇乌斯·希米利斯（Ser. Sulpicius Similis）（Dio 69.19.1）。

4　Martial 6.76.1: "ille sacri lateris custos（圣者的卫士）."（科奈里乌斯·福斯库斯）

5　*Pan.* 67.8; Dio 68.16.1²; Victor, *De Caes.* 13.9.

6　*AE* 1939, 60（赫利奥波利斯）。

7　*Pan.* 86. 他的身份已无从考证。

8　公元102年跟随图拉真前往达契亚的禁卫军队长是提比略·克劳狄乌斯·里维亚努斯（Ti. Claudius Livianus）（Dio 68.9.2，参见 *PIR*¹, C 913）。

篡位者也有机会做到这一点——只要他准备好了钱财与盛大庆典。在元首制初期，想要赢得元老们的支持也并不困难。真正的考验来自新元首的私人朋友们——他们有各式各样的要求需要得到满足，而且并不总会公开明说。因此，过分臃肿的年度执政官名单、出人意料的提拔和某些荣誉授予难免会遭到尖酸刻薄的非议。

图拉真在管理其随从方面是坚决且富于谋略的。任何统治者都无法杜绝属下的党同伐异——何况在达契亚发动的历次战役很容易引发将领们之间的竞争与不和。如果其中一些人落败失意的话，他们至少可以免去公开的闲言碎语。图拉真最重要的盟友是尤利乌斯·塞尔维亚努斯和李锡尼乌斯·苏尔拉；两人都有充足理由得到元首的感谢。两人起初在享受公共荣誉方面（或许还在受元首重视方面）平起平坐，共同在公元102年第二次出任执政官。但到了公元107年，第三次出任执政官的苏尔拉将塞尔维亚努斯远远甩在了身后。没有任何材料向我们暗示塞尔维亚努斯究竟作何感想。两位大将在表面上依旧一团和气。[1]

在步入自己统治的第10个年头，军功赫赫的元首图拉真的声望已经不可动摇。他的勇武重新赋予了罗马进行征服的使命与习惯。元首奥古斯都在征服伊吕利库姆（Illyricum）后前进到了多瑙河边疆，对行省与军队进行了整合。那是他漫长统治生涯中最重要的一项成就。[2] 图拉真夺取的达契亚则像一座固若金汤的棱堡一样跨过多瑙河，统领着两侧的广阔土地。罗马人也并非没有考虑过再组织一次推进。日耳曼诸部落同时面对着多瑙河与莱茵河；倘若罗马人能够占领波西米亚，那么彻底征服多瑙河流域、确保帝国对中欧的全面控制就会容易得多。罗马人此时已经万事俱备。图拉真新招募了两个兵团，让自己的总兵力达到了30个军团；并且其中至少有12个目前就驻扎在多

---

1 已知的唯一例外（年代不详且无法解释）是玛尼乌斯·拉贝里乌斯·马克西穆斯（公元89年递补执政官，公元103年第二次出任执政官［名年，且作为元首的同僚］）；我们发现他在公元117年被流放到了一座岛屿上（*HA Hadr.* 5.5）。
2 关于这一看法，参见 R. Syme, *CAH* X (1934), 380 f.。

瑙河流域。[1]

　　图拉真是帝国造就并指定的元首。他的统治基础并非自己的西班牙出身或上日耳曼行省的兵权，而是他对诸行省的情况了如指掌，并同元老、骑士与士兵都有交情。图拉真风尘仆仆地赶往各个地方执行不同任务。后人将会讲述他的荣耀，追踪他的足迹。[2] 他像赫拉克勒斯一样拥有强健体魄，并且还有更高的追求：身强力壮本身并没有什么值得夸耀的，除非肉体可以得到心智的统领与指引。[3]

　　对于一位亲自来到西方世界尽头——加的斯一带的元首而言，拿他同赫拉克勒斯进行比较的做法并不仅仅是装点门面或巧妙恭维。[4] 小普林尼在《颂词》中专门强调了图拉真生涯中的任劳任怨与忠心耿耿。图拉真并非主动争取上位：是忠诚让他登上了元首的宝座。[5] 小普林尼使用的字眼是"顺从"。塔西佗一直赞美着阿古利可拉身上的这一品质：尽职尽责与谨慎小心同样可以造就伟大的人物，只要他拥有"活力（vigor）"与"勤勉（industria）"即可。[6]

1　第2军团"勇敢的图拉真的"（II Traiana Fortis）和第30军团"征服者乌尔皮乌斯的"（XXX Ulpia Victrix）可能是在第二次达契亚战争之前或期间被招募的；而从莱茵河抽调的两个军团（第10军团"双胞胎"[X Gemina]和第11军团"克劳狄亚"[XI Claudia]）之后并未返回。这或许意味着多瑙河流域的军团总数增加到了13个；但帝国已兼并阿拉伯（Arabia），因此东方可能需要增加一个军团。参见R. Syme, *Laureae Aquincenses* I (1938), 267 ff.。

2　*Pan.* 15.4（其中"伟大主人"[magnus hospes]的措辞值得玩味）。

3　82.6: "nec vero per se magno opere laudaverim duritiam corporis ac lacertorum（只有身体和肌肉的强健并不真正是那么值得赞美的）."他在下一节提及了赫拉克勒斯——"女神的丈夫们和神明的儿子们（maritos dearum ac deorum liberos）"。

4　一位统治者堪比赫拉克勒斯的说法早已不是新鲜事。关于将图拉真比为赫拉克勒斯的说法，见W. Weber, *Untersuchungen zur Gesch. des Kaisers Hadrianus* (1907), 9 ff.。但最早出现在公元100年铸币上的字样似乎是"加的斯的赫拉克勒斯（Hercules Gaditanus）"，参见P. L. Strack, *Untersuchungen zur r. Reichsprägung des zweiten Jahrhunderts* I (1931), 95 ff.。另见J. Gagé, *Rev. ét. anc.* XLII (1940), 425 ff.; *Rev. hist.* CCV (1951), 189 ff.。

5　*Pan.* 9.3: "ad principatum obsequio pervenisti（您凭借忠诚当上了元首）"; 5: "obsequii gloria（忠诚的荣耀）"。参见图拉真对图密善（他的君王）的顺从，仿佛那个人是"朱庇特的苗裔（ille genitus Iove）"（14.5）。

6　*Agr.* 42.5（原书第24页）。

第五章　理国之才　/　87

图拉真以阿古利可拉为先导，并证明了自己具备"统帅之才（capax imperii）"。尽管塔西佗的《阿古利可拉传》与小普林尼的《颂词》都并未使用这个字眼，两部著作却都暗示了这一点。这一观念至关重要。它在塔西佗的全部史学作品中贯穿始终，并为其对王朝政治与内战的记录赋予了统一性。[1]

---

[1] 他引用了伽尔巴（*Hist.* 1.49.4）和提图斯（2.77.1，参见2.1.2）的话。另见 *Ann.* 1.2.1: "solam divi Augusti mentem tantae molis capacem（只有神圣的奥古斯都的头脑才能承受如此负担）"; 13.2: "capacem sed aspernantem（有才具但遭人厌烦）." 希腊文中的类似例子如 Plutarch, *Galba* 29: "τοὺς μὲν οὐδεὶς ἠξίωσε τῆς ἡγεμονίας, οἱ δ᾿ <οὐδ᾿> ἑαυτοὺς ἠξίωσαν（有些人担任元首的才能不被任何人看好，还有些人连自己都不认可）." 另见 *Otho* 15: "εἰ τῆς Ῥωμαίων ἡγεμονίας ἄξιος γέγονα（如果他配得上担任罗马元首的话）." 类似文本见 Dio 69.17.3（以及波伊塞万[Boissevain]的注释）: "τῆς αὐταρχίας ἄξιον（配得上执掌大权）."（图拉真对尤利乌斯·塞尔维亚努斯的评价）另见对卡里古拉遇刺后事件的评价，Josephus *BJ* 2.205: "κρινεῖν ψήφῳ τὸν ἄξιον τῆς ἡγεμονίας（通过投票决定谁配得上担任元首）."

第二部分

塔西佗与小普林尼

第六章　塔西佗的履历

科奈里乌斯·塔西佗是站在元首与行省罗马人的立场上讲话的。但他对自己的生活与履历却惜墨如金。他没有留下关于自身家世与出生地的任何记载。就连他的首名（*praenomen*）似乎也存在着疑问——他究竟是叫盖约（Gaius）还是普布利乌斯（Publius）呢？[1]

知识匮乏催生了荒诞无稽的传说。《奥古斯都后诸凯撒传》（*Historia Augusta*）的天才作者提供了一段迷人的记载。元首克劳狄乌斯·塔西佗（Claudius Tacitus）奉这位历史学家为自己的祖先（史料记载如此），并通过一项政府公告表明了他的真诚：他要求在所有公共图书馆里竖立科奈里乌斯·塔西佗的雕像，并每年完成10份塔西佗作品的抄本。[2]

我们可以对这一无稽之谈不予理会；因为我们找到了一种研究方法（尽管并非没有风险）。为了补偿这位历史学家对自己生平的沉默寡言，天意让我们拥有了小普林尼的著作——后者总会乐此不疲地谈论自己和他的朋友们。他的书信集让我们对科奈里乌斯·塔西佗身处的社会、文学环境一目了然。但小普林尼的作用还不限于此。关于小普林尼性格与志向的知识也可以帮助我们了解塔西佗——其中不乏对比的方式。小普林尼代表的是那个时代

1　希多尼乌斯·阿波利纳里斯（Sidonius Apollinaris）两次称呼他"盖约（Gaius）"（*Epp.* 4.14.1; 22.2）。但《第一迈狄凯乌斯手稿》（*Codex Mediceus I*）在提及《编年史》第1卷和第3卷时称呼作者为"普布利乌斯·科奈里乌斯（P. Corneli）"。人们倾向于无视首页上方右侧空白处的小字"P. Corneli"，以及用文艺复兴时代字体补充上去的"Taciti"。参见 R. P. Oliver, *TAPA* LXXXII (1951), 234。

2　HA, *Tacitus* 10.3. 但那是后人的杜撰，参见附录88。

将道德关切与轻浮举止毫无违和感地集于一身的博学元老们。塔西佗则另具特色。对其仕途生涯的铭文记录进一步补充了小普林尼对自身活动不厌其烦的叙述。[1] 我们的比较可以从事实与细节开始,看看这两位元老在为国效劳过程中的升迁履历是怎样的。

两家族之间的友谊可追溯到上一个世代。它或许源自其先人在罗马读书或在行省任职期间。小普林尼的舅父认识一位科奈里乌斯·塔西佗——高卢境内贝尔吉卡(Gallia Belgica)的财务官员。[2] 新元老的晋升与成功在很大程度上依赖仍属于骑士阶层的本家族的才能与活力。小普林尼所属的凯奇利乌斯家族(Caecilii)是早期意大利北部(Transpadane)境内科穆姆(Comum)城镇的名门望族。[3] 毋庸置疑的是,该家族的资源是相当可观的。[4] 小普林尼的父亲一生默默无闻。[5] 小普林尼的"尊荣"主要来自他的舅舅——盖约·普林尼·塞昆杜斯(C. Plinius Secundus)。

仅仅临时担任一次保民官的履历对于那样一位著名人物而言有些不太公平。[6] 出生于公元23或24年的他20来岁时便步入了"骑士军旅生涯

1　*ILS* 2927(科穆姆)。

2　*NH* 7.76(讨论的是身体非正常发育的儿童):"psi non pridem vidimus eadem ferme omnia praeter pubertatem in filio Corneli Taciti equitis Romani Belgicae Galliae rationes procurantis(我们不久以前在科奈里乌斯·塔西佗的儿子身上看到了同样的现象[性发育特征除外],科奈里乌斯·塔西佗是一名罗马骑士、高卢境内贝尔吉卡行省的督办)。"上下文的语境表明,那个孩子夭折了。

3　值得注意的是来自科穆姆的那位诗人(Catullus 35)。

4　参见小普林尼对他的一些朋友的评价,*Epp.* 1.14.9: "escio an adiciam esse patri eius amplas facultates(我不知道是否应当补充一句,他的父亲拥有丰富的资源)"; 7.22.2: "natus splendide, abundst facultatibus(出身显赫,资源丰富)。"(布瑞克西亚[Brixia]与贝戈穆姆[Bergomum]的骑士家族)

5　或许是一位本地官吏——盖约之子卢奇乌斯·凯奇利乌斯·塞昆杜斯(L. Caecilius C. f. Secundus)(*CIL, Supp. It.* 745)。另一位官吏——卢奇乌斯之子卢奇乌斯·凯奇利乌斯·奇洛(L. Caecilius L. f. Cilo)(*ILS* 6728)可能是他的亲戚。但这个名字(*nomen*)其实很常见。

6　致巴比乌斯·玛凯尔(Baebius Macer)的信(3.5)记录了他的作品著述年代和他的习惯。奠基式的研究(其中充分探讨了《自然史》中的大量细节)为 F. Münzer, *Bonner Jahrbücher* CIV (1899), 67 ff.。齐格勒最近的文章(K. Ziegler, P-W XXI, 271 ff.)没有补充新的信息。在维特拉(Vetera)驻军营地发现的一块牌匾(*phalera*)上刻有"长官普林尼(Plinio praefec.)"的字样(*CIL* XIII, 10026[II])。来自阿拉杜斯(Aradus)的一则铭文中提到了"]ίνιον Σεκοθν[δον]",他是一名骑士阶层军官和提比略·尤利乌斯·亚历山大在犹太地区的副手(公元69/70年),但这个人不可能是老普林尼(较新的身份确定尝试见 P-W XXI, 277 ff.)。

（militia equestris）"，在接下来12年的大部分时间里担任过3项职务（公元46[？]—58年）。他的任职时光都是在莱茵河流域的军队里度过的。[1] 当时的边境十分平静，拥有大量闲暇；于是这位长官便废寝忘食地沉浸在书海之中。他创作了许多文章，其中包括一本研究骑兵如何使用投枪的小册子和一部关于其友人和赞助者普布利乌斯·庞普尼乌斯·塞昆杜斯的传记——此人不仅是一位著名悲剧诗人，还是上日耳曼行省总督。[2] 老普林尼当时也已开始撰写一部20卷的史学著作，记载了罗马人同日耳曼人之间进行的全部战争。

结束戎马生涯后，这位精力充沛的人物本可以指望自己获得一项文职。但就我们所知的情况来看，老普林尼在公元58年返回意大利之际并未担任任何行省督办的职务。[3] 他仕途上的失意可以让我们生出种种猜想——失去庇护者，在首都社交圈里的某些不检点行为，突然对仕途丧失兴趣或对勤勉与清白之路的凶险有所预见。无论如何，老普林尼很快步入了退隐生涯。尼禄的暴政与披索阴谋案的飞来横祸（大批骑士与元老受到牵连）进一步确定了他的命运（或让他抱定了主意）。元老们有时会拿时运不济当作碌碌无为的理由。但老普林尼是永远不会为懒散寻找借口的。他选择了一项需要细心的任务——撰写一部关于拉丁文语法的著作。

十年过去了，一切以内战告终。碰巧身为韦伯芗盟友的老普林尼光荣得意地重返官场。他连续担任了几次行省督办，最终落脚在高卢境内的贝尔吉卡，掌管着莱茵河流域驻军的钱囊。[4]

---

1 F. Münzer, o.c. 73 ff. 按照闵采尔的分析，他曾在多米提乌斯·科布罗（下日耳曼行省）麾下和庞普尼乌斯·塞昆杜斯（Pomponius Secundus，上日耳曼行省）麾下效力。经过一段间隔后（公元52[？]—55年），他又来到莱茵河下游，在庞培·保利努斯（Pompeius Paullinus）和杜维乌斯·阿维图斯（Duvius Avitus）麾下任职（直到公元57年底或公元58年初）。

2 关于此人的情况，参见C. Cichorius, *Römishche Studien* (1922), 423 ff. 史料表明他于公元50年在那里任职，见 *Ann.* 12.27.2。关于他的全名——"普布利乌斯（？）·卡尔维修斯·萨比努斯·庞普尼乌斯·塞昆杜斯（[?P. Calv]isius Sabinus Pomponius Secundus）"，参见*CIL* XIII, 5201 and 5237; 11515（公元51年）。

3 当然，他是不会一直错过这类职务的。在他担任的行省督办职务中，能够得到证实的（或者说年代能够令人信服地确定的）只有近西班牙行省（约公元73年）。

4 Suetonius (ed. Roth, p. 300): "procurationes quoque splendidissimas et continuas summa integritate

（转下页注）

于公元76年前后离开贝尔吉卡后，老普林尼现身于首都，担任了一项可以每天面见韦伯芗的职务。[1] 史料中没有具体交代他的职务——但管理消防队或谷物供应应当是很符合他的从政习惯的。前者并非不可能；后者的可能性则已被排除——因为已知的3位赈粮官（praefectus annonae）占满了公元76—82年内的任期。3人中有1人此前担任过夜巡官（praefectus vigilum），并且他们此后都担任了埃及省长。[2]

贝尔吉卡的地位固然很高；但如果说在那里的任职经历可以帮助老普林尼做到夜巡官的话，那么它的作用也就到此为止了。老普林尼的下一份职务并不像官衔本身所表明的那样重要与前途无量——他负责指挥驻扎在意大利水域的两支帝国舰队之一。公元79年8月的时候，老普林尼正领兵驻扎在那不勒斯湾的米塞努姆（Misenum）。[3] 维苏威火山爆发后，老普林尼希望能够观察该现象并救助灾民。他在这次行动中不幸牺牲。他的外甥却选择留在了家里，以便阅读李维的著作并编撰节要。[4]

恪尽职守与充满好奇心是贯穿老普林尼一生的两大标签。那个一丝不苟的男孩一旦养成了求知的习惯，此后便很难再抛弃它。在老普林尼眼中，没

（接上页注）

administravit（在担任行省督办期间，他以光明磊落、始终如一的完整人格治理着一方）."闵采尔（Münzer, o.c. 103 ff.）认为他治理过的行省有纳旁、阿非利加、近西班牙和南西班牙。这样的人事任命变动速度未免显得过快。关于纳旁行省的说法看起来是最不可靠的。关于近西班牙行省（可能是在公元73/74年），见 NH 3.28所引用的人口调查数据。前执政官级别的副将是维比乌斯·克里斯普斯（Vibius Crispus）(AE 1939, 60)。参见 R. Syme, Rev. ét. anc. LVIII (1956), 236 ff.。

1 Epp. 3.5.9: "ante lucem ibat ad Vespasianum imperatorem (nam ille quoque noctibus utebatur), inde ad delegatum sibi officium（他每日天亮前就去面见元首韦伯芗［后者也经常占用他晚上的时间］，随后便去恪尽他自己的职责）."

2 3位赈粮官分别是盖约·特提乌斯·阿非利加努斯（C. Tettius Africanus）(CIL XI, 5382)、卢奇乌斯·尤利乌斯·乌尔苏斯（L. Julius Ursus）(AE 1939, 60)和卢奇乌斯·拉贝里乌斯·马克西穆斯（L. Laberius Maximus）(ILS 5049)。特提乌斯之前曾担任过夜巡官。关于他们在埃及的任期，见 A. Stein, Die Präfekten von Ägypten in r. Zeit (1950), 41 ff.; R. Syme JRS XLIV (1954), 116 f.; 关于乌尔苏斯，见附录7。

3 Epp. 6.16.4: "erat Miseni classemque imperio praesens regebat（他当时正身处米塞努姆，指挥着舰队）．""身处（praesens）"也许表明指挥官通常并不常驻那里；那样的话，他在罗马的官职也许就不是我们之前所猜测的夜巡官。

4 6.20.5.

有用来学习的时间都是被浪费掉的。[1] 他吃饭时看书，洗澡时看书，坐轿子的时候也要看书。老普林尼声称，没有一本书是毫无价值的。除了已出版的作品外，老普林尼一生共留下了160册读书笔记——这证实了他阅读兴趣的广泛与阅读习惯的根深蒂固。老普林尼的博学并不是为了逃避现实生活中的烦恼或刻意炫耀。对诸神的传说表示怀疑并对凡人可以不朽的说法不屑一顾的老普林尼宣称，人与人之间的互助代表了真正的神意。[2] 他一直在朝着这个目标努力着。历史当然是有用的。除了《日耳曼战纪》(*Bella Germaniae*)外，他还创作了自己那个时代的编年史。由于一方面顾忌秉笔直书会给自己惹来麻烦，另一方面又不想阿谀奉承统治王朝，老普林尼选择追求更高的荣誉，拒绝公开出版这部史著。[3] 但他没有理由雪藏自己辛勤劳动的最高成就。那是一部囊括全人类知识的百科全书和希腊人或罗马人都没有尝试过的事业——它的题名为《自然史》(*Naturalis Historia*)。

随着世风日下，从希腊人那里继承来的、关于闲暇的贵族理想自然而然地降格为对认真钻研的嫌弃，进而堕落为对雅致文风的吹捧——以此来掩盖治学者的懒散与思想空洞无物。老普林尼的座右铭——劳苦是有益的——则带有典型的罗马风格。[4] 这些骑士级别官员的过人精力、毅力与情感可以解释帝国体制何以能够获得成功：[5] 一位罗马元首并非天生就有兴趣或毅力去承担

---

[1] 3.5.16: "nam perire omne tempus arbitrabatur, quod studiis non impenderetur (他认为所有不用于学习研究的时间都是被浪费掉的)."

[2] *NH* 2.18: "deus est mortali iuvare mortalem, et haec ad aeternam gloriam via: hac proceres iere Romani, hac nunc caelesti passu cum liberis suis vadit maximus omnis aevi rector Vespasianus Augustus fessis rebus subveniens (凡人帮助凡人，那就是神意和通往永恒光荣之路：罗马的精英们选择的正是这条路。如今，一切时代中最伟大的统治者、元首韦伯芗带着他的孩子们，用登天的步伐走上了这条路，挽狂澜于既倒)."

[3] *NH*, praef. 20. 关于他的史学作品，见第十六章和第二十三章。

[4] ib. 18: "profecto enim vita vigilia est (活着就意味着要警醒)." 参见 Seneca, *Epp.* 96.5: "atqui vivere, Lucili, militare est (卢奇乌斯啊，活着就意味着战斗)"; 82.3: "otium sine litteris mors est et hominis vivi sepulture (不读书的无所事事无异于死亡，那是行尸走肉的生活)." 参见老普林尼对世人贪图安逸和敛财，从而导致艺术、科学、发明、发现等事业一蹶不振的抱怨 (*NH* 2.117f.; 14.2 ff.)。

[5] 参见图拉尼乌斯 (Turranius)，他在 "90岁后 (post annum nonagesimum)" 奉命卸任，将之视为死亡的信号，"不许亲友停止哀悼，直至自己官复原职 (nec finivit ante tristitiam quam labor illi suus restitutus est)"。(Seneca, *De brevitate vitae* 20.3)

艰苦的职责；慵懒散漫的酒囊饭袋也无法摇身一变而成为模范行省总督。而当一个家族在几代人的光景里享受了统治阶级的荣华富贵之后，其骑士阶层祖先的朴素本性也并不容易保持下来。

老普林尼是韦伯芗的私交。作为一个每天早起的人，他会在破晓前就去拜访元首，和他商讨与自己在罗马职务相关的事务。[1] 他同提图斯的交情可追溯到后者在莱茵河畔担任军团长的时候；他在公元77年将《自然史》题献给了提图斯。[2] 对于被他过继为儿子的外甥小普林尼而言，紫色宽披风（latus clavus）[3] 与弗拉维王朝治下的元老生涯已经唾手可得了。

科奈里乌斯·塔西佗的祖先世系与普林尼家族高度相似。塔西佗从未专门讲述过自己的父亲。他之所以提到过自己进入元老阶层的事情，只是因为那确实与他要讲的东西相关——这位历史学家要保证尽管自己得到了王朝的恩惠，他还是会保持坦率与诚实。[4] 父母一方或重要亲戚的去世往往会影响青年人的前途。[5] 那位贝尔吉卡的行省督办当时或许已不在人世；但他的社会地位确保了青年塔西佗在步入仕途时占据了一个不错的位置——事实上比许多出身元老阶层的年轻人还要好。[6]

科奈里乌斯·塔西佗大概出生于公元56或57年。韦伯芗赐予了他元老的

1　*Epp.* 3.5.9.

2　*NH*, praef. 3: "et nobis quidem quails in castrensi contubernio（我们军营里多么出色的一位战友）."参见 Suetonius, *Divus Titus* 4.1。

3　帝国早期的元老与骑士官服均配有紫色披风。规定元老使用宽披风，骑士使用窄披风，以示地位高下之别。——译注

4　*Hist.* 1.1.3: "dignitatem nostrum a Vespasiano inchoatam, a Tito auctam, a Domitiano longius provectam non abnuerim: sed incorruptam fidem professis neque amore quisquam et sine odio dicendus est（我无法否认，我们家族的社会地位源自韦伯芗的提携，受到提图斯的提拔，并在图密善的帮助下更进一步。但宣称自己的诚实不可腐蚀的人不能在记述任何人物时掺杂自己的爱憎感情）."

5　参见尤利乌斯·纳索（Julius Naso），塔西佗与小普林尼的朋友（*Epp.* 6.6.4）。

6　行省督办的儿子们中值得关注的有玛尼乌斯·拉贝里乌斯·马克西穆斯（公元89年递补执政官，公元103年第二次出任执政官［名年］）、演说家格涅乌斯（？）·卢凯乌斯·阿尔比努斯（[?Cn.] Lucceius Albinus，公元103年以前就当上了执政官）和盖约·瓦勒里乌斯·保利努斯（C. Valerius Paullinus，公元107年递补执政官）。我们没有理由怀疑，塔西佗是贝尔吉卡行省督办的儿子（当然也有可能是侄子）。参见附录17 f.。

紫色宽披风。从进入青春期到20岁的时间段通常被视作社交生活的适应期。这位渴求荣誉的青年得到了分属4个次要官衔的20个职位之一。他所承担的职责固然微不足道，但这些职务预示着他未来的前景与生涯。[1] 从军前夕的这几年履历会令年轻人印象深刻，有时还会对他们产生深远影响。[2] 塔西佗跟其他比自己大的学习者们一道钻研公共演说术。25年后，在创作一部讨论演说术衰落原因的对话时，塔西佗把场景设置在了韦伯芗统治的第六年（公元75年）。[3] 参与讨论的4个人物为2位演说家（当时最著名的法庭辩护律师）、1位嗜好诗歌的元老和1位25岁左右、家世显赫的年轻人。[4]

那个时代政治演说方面的翘楚是维比乌斯·克里斯普斯与埃普里乌斯·马塞卢斯。另外两位前执政官——尼禄在位末年的两位名年执政官——也在这方面给世人留下了些许记忆：伽勒里乌斯·特拉查鲁斯（Galerius Trachalus）的嗓门与回响无出其右；希利乌斯·意大利库斯（Silius Italicus）则是一位多面手。这个时代本身并非不具备取得文化成就的条件。但在那些略早于塔西佗的先驱中，有一些死于尼禄统治末期（演说家的才华很少能换来良好名声或免于厄运），另一些则在内战中陨落了；其他人此后再度时来运转，很快走上了仕途。在塔西佗的前辈和对手中，得以青史留名的人物寥寥无几。早在就任执政官之前，塔西佗已对前辈们挑战成功；并且他的晚辈们（就我们所知的情况而言）中也无人能够超越塔西佗。[5]

与此同时，对于晋升的次序来说，有一些是由死规矩确定下来的，另外

1　见E. Birley, *Roman Britain and the Roman Army* (1953), 3中的宝贵暗示。更丰富的信息见*Proc. Brit. Ac.* XXXIX (1953), 201 ff.。

2　塔西佗此时"正当青春年少（iuvenis admodum）"（*Dial.* 1.2）。参见赫尔维狄乌斯·普利斯库斯（Helvidius Priscus）——"ingenium inlustre altioribus studiis iuvenis admodum dedit（他以青年少见的高贵才华投入到了高雅学问的钻研之中）"，阿古利可拉在这个年龄段已几乎深陷哲学之中无法自拔（*Agr.* 4.4）。

3　*Dial.* 17.3，参见附录28。

4　玛库斯·阿佩尔（M. Aper）、尤利乌斯·塞昆杜斯（Julius Secundus）、库里亚提乌斯·玛特努斯（Curiatius Maternus）和维普斯塔努斯·麦萨拉（Vipstanus Messalla），参见第九章和附录90（玛特努斯）、91（阿佩尔）。

5　关于比他年长的或同龄的演说家，见附录26 f.。

一些则可以通过出身、庇护关系、个人选择和业已得到证明的才华加以变通。[1]

在贵族统治的罗马，法定年龄（*leges annales*）规定了取得各种地位的年龄限制，以便野心勃勃的荣誉竞争者们不至于颠覆"共和国"。元首及其追随者们重建的寡头制同样需要规则。普通官职和行省总督的任职年龄限制是易于设计与实行的。但帝国官僚体系中晋升次序与等级结构的创建则需要更长时间；而对于前执政官级别的军权而言，军功、恩宠与形势所迫都要求打破按部就班与论资排辈的旧习。尽管如此，在弗拉维王朝各位元首的统治下，法律要求的仍是稳定与一丝不苟地照章办事。

帝国政府可任命的军团长名额共27个。[2] 二十人委员会（vigintivirate）的全体成员可以占满这些名额（包括一些多次任职的情况）。[3] 担任军团长（*tribunus laticlavius*）的最低年龄为20岁左右。[4] 驻军或军团（也许同时包括两者）会由此人所属家族的亲友指挥。婚姻关系可以进一步巩固这些纽带。服完兵役返回罗马后，年轻人可以指望在某个前执政官家族（或蒸蒸日上的家族）中找到一位新娘。塔西佗便赢得了尤利乌斯·阿古利可拉的青睐，于公元77年同他的女儿订婚。[5] 20岁出头的年轻人结婚的情况在当时十分常见，并且还有一个明确理由——法律保护拥有后裔的竞选者的若干特权。

塔西佗于公元81年（或82年）担任了财务官——这一现象发生的概率与去行省任职大致相当。在20名财务官中，有10人将要追随总督们前往元老院管辖的行省（2个执政官级别的行省和8个大法官级别的行省），2人为元首直接效劳，剩下的财务官中要有一些为执政官们效劳——元首钦定财务官（*quaestores Augusti*）的人选则是由出身或特别恩宠所决定的。[6]

---

1 关于3种生涯，见 E. Birley, *Proc. Brit. Ac.* XXXIX (1953), 198 f.。
2 当时似乎共有29个军团——但其中有2个驻扎在埃及，没有由元老担任的职务（*laticlavii*）。
3 但似乎并非所有想要晋升的人都必须担任这一职务（E. Birley, o.c. 200）。
4 参见原书第20页（阿古利可拉）；原书第31页（图拉真）。
5 *Agr.* 9.7.
6 担任该职务的通常是老牌贵族，参见 S. Brassloft, *Hermes* XXXIX (1904), 618。此外，在现存铭
（转下页注）

这些青年会在2—3年后担任平民保民官或营造官。这类职务共计16个；出身名门望族的元老们可以免于经历这一步骤。随后，在经历一小段间隔后，他们将会出任大法官（总数通常为18个）。[1] 科奈里乌斯·塔西佗于公元88年当上了大法官。他在提及当年举行的轮回庆典（Secular Games）时顺便提到了担任该职务的事情：他当时是负责筹办该庆典的十五人祭司团（*quindecimvirii sacris faciundis*）成员之一。[2]

这场盛典很得元首图密善的欢心，相关仪式更是如此。作为国家宗教的首脑，图密善强迫人们一丝不苟地完成了所有传统仪式。几名玩忽职守的维斯塔贞女遭到了惩罚：失职者中年龄最大的一个被按照古老的处罚方式活埋了。[3] 尽管图密善批准了弗拉明大祭司（*flamen Dialis*）同自己的妻子离婚，他提出的条件却是此人必须为此而接受可怕的仪式与咒语。

十五人祭司团负责管理西比尔预言（Sibylline oracles），并监督来自异域的崇拜形式（其中一些非常古老，另一些则是晚近才有的），如受到弗拉维王朝诸元首钟爱的伊西斯与塞拉皮斯崇拜（worship of Isis and Serapis）。祭司团的档案库里收藏着一些十分古老的文件（至少人们确信它们极为古老）。当罗马政府需要让其计划得到超自然力量的批准或悄悄变更一些法定庆典的日期时，祭司团里的专家们就需要利用其渊博学识与出色的理解力去解读那些文献。轮回庆典的重复周期已被修改过不止一次。对图密善有利的理由并非这些修改过程中最不充分的那个；并且我们手头也没有任何证据可

（接上页注）
文能够证实的、公元70年至公元120年之间的元首钦定财务官中，除2人（*ILS* 1000; 1003）外，其他人都当上了执政官。他们当中大部分人出身于老牌贵族，但也有一些后来当上了有驻军行省的将领（如*ILS* 1021; 1040; 1053）。但拥有文学才华的新人时也有机会。

1 *Dig.* 1.2.2.32. 提图斯取消过一个职务，但涅尔瓦又将之重新恢复。
2 *Ann.* 11.11.1: "nam is quoque edidit ludos saecularis iisque intentius adfui sacerdotio quindecimvirali praeditus ac tunc praetor（他也组织过轮回庆典；我当时作为十五人祭司团成员和大法官出席）."
3 Plutarch, *Quaest. Rom.* 50: "οἱ δ' ἱερεῖς παρεγένοντο τῇ τοῦ γάμου διαλύσει, πολλὰ φρικώδη καὶ ἀλλόκοτα καὶ σκυθρωπὰ δρῶντες（那些祭司出现在离婚现场，并举行了许多可怕的、古怪的、阴暗的仪式）."

以表明，这次修改遭到过科奈里乌斯·塔西佗的非议。[1]

各个宗教祭司团在地位与荣誉方面是千差万别的。从共和末期保留到元首制时代的4个祭司团继续享受着崇高地位，它们分别是大祭司团、占卜祭司团、十五人祭司团和祭仪宴饮筹备祭司团（epulones）。任何人最多都只能担任其中的一项职务。地位略低的是那些由元老院任命、负责组织对神圣的奥古斯都进行官方崇拜的祭司们（sodales Augustales）。[2] 在世人心目中地位最低的则是某些被认为早已裁撤但被元首奥古斯都重建的祭司团，如随军祭司团（fetiales）、提提乌斯崇拜祭司团（sodales Titii）和丰产祭司团（fratres arvales）。塔西佗从未将它们同"四大祭司团（quattuor amplissima sacerdotia）"相提并论。[3]

丰产祭司团内逐渐积聚了一帮无足轻重的人物（弗拉维王朝时期的名单相当完整地保留了下来）。他们的活动（除组织宴会外）主要集中在周年庆典和与王朝相关的事务中。[4] 十五人祭司团的成员则是精挑细选出来的——那是一些名噪一时的、在文学才华方面出类拔萃的年轻人，以及若干睿智的年长政治家。[5] 加入那个集体当然会令人兴高采烈并获益良多——有谁无法从法布里奇乌斯·维恩托身上获得教益呢？该身份也预示着此人未来将获得一系列荣誉（此等预期极少落空）。[6] 因此，年纪轻轻的塔西佗加入该祭司团的事

1　这里110年的算法是从公元88年回溯到公元前23年；根据佐西穆斯（Zosimus, 2.4）的说法，图密善继承了奥古斯都的算法。我们有多重理由认为，奥古斯都起初打算在公元前23年或前22年举行轮回庆典，参见O. Hirschfeld, *Kl. Schr.* (1913), 444; M. P. Nilsson, P-W 1A, 1710。然而，当奥古斯都决定延期，并需要确认公元前17年是否合适时，十五人祭司团（*commentarii of the XV viri*）举办了一系列前期庆典（有一定的间隔）（Censorinus, *De die natali* 17.8; 10 f.）。

2　关于他们的地位，见*Ann.* 3.64.3 f.; Dio 58.12.5。

3　关于不同的祭司团，见M. W. Hoffman Lewis, *The Official Priests of Rome under the Julio-Claudians* (1955)。这一时期的丰产祭司团成员大多还是些地位高贵的人物（o.c. 121 ff.）。

4　如*ILS* 5034（公元87年的公告［*Acta*］）。如果将公元78年与公元58—59年的丰产祭司团成员进行比较的话，我们可以看到其社会地位每况愈下的迹象（229 f.）。

5　见公元70—120年期间能够确认的其他15人名单（附录22）。其中包括图拉真的父亲、法布里奇乌斯·维恩托、诗人瓦勒里乌斯·弗拉库斯（Valerius Flaccus）和十分活跃的阿伦提乌斯·斯泰拉（Arruntius Stella）。

6　附录22。

实非同小可，足以表明他是深受庇护自己的上层人物关照的。许多元老都要等到自己担任执政官或之后才能获得这一殊荣。除贵族家族成员外，早早加入祭司团的人物很容易背负上使用歪门邪道或盛名之下其实难副的骂名。[1] 塔西佗可能早已凭借演说家的身份赢得了显赫声名——他的活动舞台不仅是在法庭或修辞学课堂里，还包括元老院。他或许在公元86或87年取得过某次辉煌胜利。[2] 此外，他如今已有资本在钻研演说术的门徒中提拔自己的追随者了。[3]

在《阿古利可拉传》中，塔西佗动用了辩护律师炉火纯青的暗讽技巧，揭露了一名邪恶的元首是如何对不列颠的征服者发泄自己的妒意、愤恨与恐惧的。审慎的头脑与个人的高贵地位保护了塔西佗本人免于身败名裂。他并未向我们暗示，自己的晋升曾受到过岳父遭遇的明显羞辱的连累。并且在阿古利可拉远在不列颠期间与返回之后，塔西佗或许还拥有其他活跃的朋友与庇护者。[4] 现存史料中提到了图密善的一些臣子与谋士。[5] 倘若我们能够更多地了解法布里奇乌斯·维恩托或维比乌斯·克里斯普斯当时的活动，以及罗马市长佩伽苏斯（Pegasus）与禁卫军队长科奈里乌斯·福斯库斯的影响力的话，这幅图景可能会变得更为明朗。[6]

卸任大法官后担任职务的数量、质量与时间长短将最终决定一个人的仕

---

1 参见 *Hist.* 4.42.4（他在那篇演说里谴责了年轻的阿奎利乌斯·雷古鲁斯［Aquillius Regulus］）。关于出身的重要性，参见 *Hist.* 1.77.3——其中提到了"有过任职的老人（honirati iam senes）"和"青年显贵（nobiles adulescentuli）"的祭司头衔。

2 公元87年9月22日表示谢恩的《丰产祭司团公告》（*Acta Fratum Arvalium*），"揭露了亵渎神圣的罪行（ob detecta scelera nefariorum）"（*CIL* VI, 2165, l. 62），说明当时有过揭露阴谋的举动。

3 *Epp.* 7.20.4: "equidem adulescentulus, cum iam tu gloria famaque floreres, te sequi, tibi *longo sed proximus intervallo* et esse et haberi concupiscebam（你已名满天下，我却仍是少年；我渴望追随你的脚步，至今"仍然相差遥远，但比起他人已是最近"）."

4 认为塔西佗完全仰仗阿古利可拉（E. Paratore, *Tacito* [1951], 52, 参见73）的看法是不可接受的。

5 Juvenal 4.75 ff. 参见 G. Highet, *Juvenal the Satirist* (1954), 259 ff.; J. Crook, *Consilium Principis* (1955), 50 f.。我们或许可以加上玛库斯·科切乌斯·涅尔瓦；但是神秘的尤利乌斯·乌尔苏斯当时还没有同科奈里乌斯·福斯库斯一道统领禁卫军（见附录7）。乌尔苏斯的继任者是卢奇乌斯·拉贝里乌斯·马克西穆斯（参见 *P. Berol.* 8334）。

6 佩伽苏斯的情况见附录68、94；福斯库斯的情况见附录33。

途成功与否。担任执政官的正常年龄为43岁,但并非所有人都需要等待那么久。地位极其显赫的老牌罗马贵族子弟有时可以直接跳过大法官级别职务的环节,从而可以在32岁时便担任执政官;其他贵族则可以仰仗自己的出身与特权,几乎毫无阻碍地拿到在行省任职的机会。[1] 才华横溢、锐意进取的人物可以通过为元首效劳而积累荣誉。元老院控制下的行省则没有那么受重视。[2] 大法官们在卸任后很少会前往那些行省,而是耐心地等待着自己以老资格的前执政官身份获得前往亚细亚行省或阿非利加行省任职的资格——那是出类拔萃的"武人"常走的仕途之路。[3]

指挥一个军团不失为一种退而求其次的选择。每年卸任的大法官中会有8人成为任期3年的军团副将。但军团副将们的晋升之路相对狭窄。在一年通常只会产生6个执政官名额的情况下,并非每名军团副将都能实现自己的野心。[4]

在为帝国效劳的仕途中,先指挥过1个军团、随后治理过大法官级别行省的履历可以确保这位官员当上执政官——并且他通常可以在达到执政官平均年龄之前的4—5年就完成该目标;他日后在掌控军权方面的前途将一片光明。[5] 但并非所有"武人"都有这样的好运;其他元老(尤其是骑士的儿子们)必须等到42岁,有时还要等得更久。在此期间,他们会在罗马、意大利或行省担任各种职务。

科奈里乌斯·塔西佗在卸任大法官后不久便前往行省任职。当尤利乌

---

[1] 关于老牌贵族(无论新旧)可以从大法官直接跳到执政官的例子,见 ILS 999; 1044; 1049; AE 1914, 267。

[2] 在公元70—120年间能够确认身份的50名大法官级别行省总督中,只有不超过6人后来治理过有驻军的行省。行省总督副将的职务也没有什么光明前途(亚细亚和阿非利加行省除外)。

[3] 可见对不列颠征服者的建议(Agr. 42.1)并非完全出人意料。另见公元103/4—120/1年间的亚细亚行省总督名单(附录23)。其中只有3位已知的前执政官级别行省副将。相反,附录14中的37位前执政官级别副将中只有5位行省总督。

[4] 3对执政官的组合(公元89、91、94、96年)或元首跟其他6位执政官的搭配(公元87、92、95年)都可被视为"正常"状态。

[5] 关于这种升迁模式,参见阿古利可拉的生涯履历。更多信息见附录18。

斯·阿古利可拉去世时（公元93年8月23日），塔西佗还在外省。他当时已离开罗马达"4年之久（quadrienium）"。[1] 我们只能宽泛地猜测塔西佗职务的性质。有或许我们可以凭借塔西佗史著所反映的、作者对各种事务的熟悉程度来推测他所担任的是文职还是武职；但这样的分析方式永远无法令人信服。例如，前执政官尤利乌斯·弗伦提努斯曾编撰过一部多达数卷的《谋略》（*Strategemata*），其中大部分内容取材于文学与博古著作；因而该书读者是无法猜测到弗伦提努斯曾统治过不列颠行省，并征服过一个桀骜不驯的地区的。[2]

我们有理由猜测，塔西佗可能像姓名出现在《执政官年表》（*Fasti*）上的绝大部分新人那样，曾经指挥过一个军团。[3] 此外，近期的一系列战事加快了军团长们的晋升节奏，从而留下了需要填补的职务空缺。但我们也可以猜想塔西佗担任了某项文职，尽管目前尚无任何把握。弗拉维王朝的元首们在3个前执政官级别的行省（近西班牙[Hispania Citerior]、不列颠与卡帕多西亚）设立了一个新职位——审判官，负责辅佐行省总督。[4] 倘若塔西佗在行省足足待了4年的话，那么他有可能是在最后一年里当上了某个次要行省的总督；但我们也无法排除他在休息一段时间后再去担任行省总督的可能性。某些元老的履历可以提供参照，但我们无法断定塔西佗到底属于哪一种情况。[5]

1　*Agr.* 45.5，参见44.1。
2　书中根本没有提及不列颠——但3次讲到了公元83年图密善在日耳曼的军事行动（*Strat.* 1.1.8; 3.10; 11.11.7）。
3　在公元70—120年期间前执政官们（老牌贵族除外）完整的、详细的履历（*cursus*）中，只有3位没有担任过该职务。见 ILS 8819（奥鲁斯·尤利乌斯·夸德拉图斯[A. Julius Quadratus]）；2927（普林尼[Pliny]）；1024（科努图斯·特尔图鲁斯[Cornutus Tertullus]）。
4　弗拉维王朝至图拉真时代期间相关的铭文例子如下。西班牙：ILS 1021; 1016；不列颠：1011; 1015；卡帕多西亚：8971; 8819; 1017。还可补充拉尔乌斯·李奇努斯（Larcius Licinus）（*PIR*[1], I.54），他于公元73年前后在西班牙任职。审判官的头衔并不属于卡帕多西亚行省的大法官级别副将。
5　如普布利乌斯·图里乌斯·瓦罗（ILS 1102），或盖约·萨尔维乌斯·利贝拉里斯（C. Salvius Liberalis），后者在交出军团兵权后担任了马其顿行省总督（ILS 1011）。

塔西佗此后肯定还有一段生涯要度过——无论他是否又去担任了别的职务。如果没有做出什么惊天动地的业绩的话，大法官们卸任后的12个年头往往会在不经意间悄然流逝。

但各种各样的意外也会起到积极或消极的效果。韦伯芗曾在公元69年和公元73年将一些新人增补进了元老院，其中一些便来自骑士阶层。[1] 竞争态势在10年后变得激烈起来，在15年后已令人无法忍受。不时扩充的执政官名单可以起到缓解作用——其中有一两次扩充发生在图密善统治初期：公元86年诞生了8位执政官，公元90年（内战过后）的那次扩充影响深远。[2] 随后的几年（或许公元93年是个例外）则按部就班、风平浪静。[3]

内战制造了若干职务空缺；4年之后，元老院内的党派倾轧引发了一系列针对叛国罪的迫害活动，许多人遭到处决或流放。此外，这个时代也是很不健康的：一些致命的传染病四处肆虐。这些现象引发了公众对阴谋与罪行的猜疑，导致了某些古怪谣言的流传。[4] 事实上，一个卫生状况欠佳的行省的总督很可能会遭遇正常原因的死亡[5]；而前执政官在50岁出头便撒手人寰的现象也很正常。[6] 无论如何，年轻人和老人都在这一时期凋零殆尽：一批在

---

1 见布莱斯维特（A. W. Braithwaite）在其Suetonius, *Divus Vespasianus* (Oxford, 1927)校勘本中的见解，51 f.。我们或许还可以补充卢奇乌斯·雅沃勒努斯·普利斯库斯（L. Javolenus Priscus）（*ILS* 1015），以及绥克斯图·卢奇利乌斯·巴苏斯（Sex. Lucilius Bassus）（参见*PIR*[1], L 283）。
2 除元首外共有12个名字。
3 关于公元93年的情况（《波滕狄亚执政官年表》[*Fasti Potentini*]上的记载是不完整的），见附录8。
4 见狄奥所记载的怪异故事——恶人们用毒针在罗马城和全世界制造了许多谋杀案。（68.11.6，公元90或91年）
5 如公元60年的盖约·乌米狄乌斯·夸德拉图斯（C. Ummidius Quadratus，叙利亚行省）（*Ann.* 14.26.2）；公元84年的提图斯·阿提利乌斯·鲁孚斯（T. Atilius Rufus，叙利亚行省）（*Agr.* 40.1）；公元93年前后的卢奇乌斯·安提斯提乌斯·鲁斯提库斯（L. Antistius Rusticus，卡帕多西亚行省）（Martial 9.30，参见*AE* 1925, 126：他的履历和在一次饥荒中颁布的法令）。
6 如公元93年的阿古利可拉——以及差不多同时谢世的格涅乌斯·多米提乌斯·卢坎（Cn. Domitius Lucanus，公元79年前后递补执政官），参见Martial 9.51。还有提图斯·奥勒留·福尔伍斯（T. Aurelius Fulvus，公元89年执政官），参见附录87。玛库斯·奥塔奇利乌斯·卡图卢斯（M. Otacilius Catulus，公元88年递补执政官）卒于公元95年或更早时候（参见*Dig.* 31.29 praef.）。关于一位递补执政官在公元93年奄奄一息的情况，见原书第638页。

社交生涯与文学事业等方面前途无量的元老们（他们原本大有希望当上执政官）在壮年之际被夺去了生命。[1]

不过，官场的竞争中从来都不缺乏对手。一批贵族成了年轻人晋升过程中的拦路虎。古老家世让他们掌握了优先权。[2]而最近涌现的前执政官家族成员们也不需要等到标准年龄才能出任执政官。希利乌斯·意大利库斯的儿子当然会走在所有同龄新人前头，来自奈拉提乌斯家族（Neratii）的马塞卢斯（Marcellus）和普利斯库斯（Priscus）也是如此（他们是新贵中得宠的两兄弟）。[3]地位与此截然相反的是一批没有出身优势的大龄政客；其中一些人的晋升节奏十分迟缓，但仍寄希望于庇护者偶尔灵光的影响力、元首想法的反复无常或对忠诚手下的需求。[4]

有希望竞争执政官头衔的那个群体是光怪陆离的。由于年龄、地位与职务的原因，其中一些人的竞争力不言自明。10个任期3年的职务可以直通执政官的高位——其中包括元首治理行省的8位副将，以及负责元老院所管萨图尔努斯财库（aerarium Saturni）的2位同僚。[5]每年平均会有3位执政官从这批官吏中产生。关于公元94—97年间大法官级别副将的史料非常稀少，但已足够让我们否定关于科奈里乌斯·塔西佗曾治理过高卢的贝尔吉卡的假说。[6]贝尔吉卡的副将是格利提乌斯·阿古利可拉，此人于公元97年返回罗马担任执政官。[7]

1　如瓦勒里乌斯·弗拉库斯（Valerius Flaccus）（Quintilian 10.1.90）和希利乌斯·意大利库斯的（小）儿子塞维鲁（Severus）（Martial 8.66，参见9.86; Pliny, Epp. 3.7.2）。
2　见附录24。
3　希利乌斯的儿子（Martial 8.66.4）可能就是卢奇乌斯·希利乌斯·德奇亚努斯（L. Silius Decianus，公元94年递补执政官）。奈拉提乌斯兄弟担任执政官的时间分别是公元95年和97年。
4　如昆图斯·庞普尼乌斯·鲁孚斯（Q. Pomponius Rufus）（IRT 537），公元95年递补执政官；或公元94年的奥鲁斯·尤利乌斯·夸德拉图斯（A. Julius Quadratus）（ILS 8819）。
5　关于该职务，以及公元97年时被图密善任命的两位人选，见原书第78页与附录19。他们的前任之一是卢奇乌斯·奈拉提乌斯·普利斯库斯（ILS 1033 f.），公元97年的递补执政官。
6　自波尔格西（Borghesi, Oeuvres VII [1872], 323）以降，很多学者相信塔西佗曾治理过贝尔吉卡行省，认为那段经历对《日耳曼尼亚志》的写作有所帮助，并以此来解释他为何在公元89—93年间不在罗马城内（Agr. 45.4）。但较年轻的前大法官并无资格去治理贝尔吉卡这等级别的行省。
7　ILS 1021。

塔西佗的执政官任期于是年下半年到来。他是公元97年一长串执政官中的一位。[1]后人有时候会认定，塔西佗已属于大龄执政官[2]；但那个说法并不准确。有人认为他的最高荣誉来自涅尔瓦或涅尔瓦的朋友们；可我们也根本无法证实这件事。因为要回答这个问题，我们必须知道执政官们究竟是在哪一年被指定的。例如，公元69年走马上任的执政官们其实是被尼禄任命的[3]；但尼禄已在前一年的6月9日自杀。因而我们无从判断，科奈里乌斯·塔西佗是否在图密善遇刺前就已经预订了这项殊荣。对于一个对兵权不感兴趣的骑士后裔而言，他之前的履历已经相当出类拔萃了。[4]

关于这位执政官任职期间的活动，我们只知道他发表过一篇葬礼演说词。[5]他再次在公共场合抛头露面便是出现在了马略·普利斯库斯（Marius Priscus）的庭审现场，同他的朋友小普林尼一道担任原告律师。[6]涅尔瓦统治时期的阿非利加行省总督普利斯库斯凭借"那个时代的繁荣局面（felicitas temporum）"赚足了油水；此人贪得无厌、专横残暴，为敛财而不惜草菅人命。经过了若干拖延，该案件于公元100年1月终审。[7]元首本人也亲自来到了元老院主持审判程序。那是他来到罗马后最早承担的责任之一。图拉真集机智与谨慎于一身，对元老们的尊严十分关心，即便那是个臭名昭著的作恶之人。将一名元老定罪的做法可能会激起元老阶层团结一致的示威举动或同仇敌忾的雄辩言论。为普利斯库斯说情的一派要求放此人一马，只让他吐出侵吞的款项了事。指控的一方却坚持自己的立场并占据了上风；结果普利斯库斯遭到了流放。于是，帝国政府的利益与元老院的名誉得到了维护，塔西佗

1　见附录10。
2　见附录17中引述的各位作家。
3　*Hist.* 1.77.2.
4　关于可与之比较的履历，见附录18。
5　*Epp.* 2.1.6.
6　2.11.2 ff. 被告一方也请了优秀的辩护律师，分别是盖约·萨尔维乌斯·利贝拉里乌斯和提比略·卡提乌斯·弗隆托（Ti. Catius Fronto）：他们堪称那个时代的一流律师（参见附录27）。
7　普利斯库斯可能是公元97/98年的执政官。拖延的情况参见公元53/54年行省总督庞培·希尔瓦努斯（Pompeius Silvanus）（*IRT* 338）的例子，他于公元58年遭到起诉（*Ann.* 13.52.2）。

和小普林尼的声望则得到了提升。但阿非利加行省的一些人不太高兴。[1]

对达契亚人的第一次战争爆发于公元101年,其战火延续并终结于下一年。在马略·普利斯库斯的诉讼案结束后的数年内,小普林尼的书信集中都没有再提到过科奈里乌斯·塔西佗。他如今已有资格在罗马、意大利或各行省担任前执政官级别的职务;他的一些同龄人则已经执掌着重要兵权。荣誉感与责任感必然会激发塔西佗的欲望。尽管他此时已放弃演说术而专攻史学,担任公职对严肃学术研究的妨碍总还是比首都生活中的那些琐碎事务——迎来送往、作品朗诵和元老院里的唇枪舌剑——要小得多。[2] 小普林尼写于公元104或105年的一封信对刚刚抵达罗马的塔西佗表示了欢迎[3];可见后者之前可能是在外地为国效劳的。

可供塔西佗选择的职务很多。在罗马有管理诸神庙与其他公共建筑、台伯河或水渠的事务。[4] 在意大利,新设立的慈善基金也要由前执政官级别的人

---

[1] Juvenal 1.49 f.: "exul ab octava Marius bibit et fruitur dis | iratis, at tu victrix, provincia, ploras (放逐生涯中的马略啜饮、品味着诸神的义愤;打赢官司的行省人则痛哭流涕)."

[2] 西塞罗在朋友们勉励他记述历史时讲到了闲暇的重要性。阿提库斯(Atticus)提出了适宜的建议:"legationem aliquam nimirum ista oratio postulat aut eius modi quampiam cessationem liberam atque otiosam(这个主张似乎是让你去担任副将,或是能够享受自由与闲暇的类似职务)。"现代研究者们往往高估了罗马元老们在行政事务上耗费的时间。

[3] Epp. 4.13.1: "salvum in urbem venisse gaudeo(我很高兴您平安抵达罗马城)." 西塞罗书信中此类约定俗成的问候语的例子表明,受问候者应当进行了路途不短的旅行。这封信中提到了小普林尼的科穆姆之行(ib. 3),因此其写作时间不会早于公元104年底(见附录10)。6.9.1也间接提到了塔西佗离开罗马一事:"si te Romae morante ipse afuissem(如果你还在罗马城,而我自己不在的话)."

[4] 关于当时的公共事务管理官吏(curatores operum publicorum),见A. E. Gordon, Univ. of California Pub. in Class. Arch. II, 5 (1952), 279 ff.中开列的名单。直到哈德良统治末期之前,我们没有见到过由两位前执政官搭档担任这些职务的先例。这些人物中在年代上跟塔西佗相距最近的是提比略·尤利乌斯·塞尔苏斯·波勒迈亚努斯(Ti. Julius Celsus Polemaeanus)(ILS 8971)、昆图斯·庞普尼乌斯·鲁弗斯(Q. Pomponius Rufus)(IRT 537)和盖约·尤利乌斯·普罗库鲁斯(C. Julius Proculus)(ILS 1040),他们分别是公元92、95和109年的递补执政官。公元101和103年的台伯河管理委员会负责人是提比略·尤利乌斯·菲罗克斯(Ti. Julius Ferox,公元99年递补执政官[?])(CIL VI, 31549 f.)。管理水渠的官吏(cura aquarum)职位更高。尤利乌斯·弗伦提努斯的继任者(由涅尔瓦任命)是卢奇乌斯·希利乌斯·德奇亚努斯(L. Silius Decianus)(CIL XV, 7302)和卢奇乌斯·奈拉提乌斯·马塞卢斯(L. Neratius Marcellus)(ILS 1032),两人分别是公元94和95年递补执政官。

物管理[1]；前执政官有时还会负责一条重要道路。[2]高卢三行省（Tres Galliae）也设有周期性的监察官职务。[3]

治理元首名下行省的总督们并不总是需要接受过军事训练或适应戎马生涯。指挥军队只是元首副将众多任务中的一项：文官的才具与法律知识同样是必不可少的。并且一些地区的军事重要性正在下降，例如，已被图密善削减过的莱茵河流域驻军如今又拨出两个军团，分给了需要它们的多瑙河流域。没有什么证据能够否定科奈里乌斯·塔西佗在这些年里（公元101—104年）担任过上日耳曼或下日耳曼行省总督的假说。[4]事实上，治理叙利亚的是一个从未见过军队（即便在年轻时担任军团长期间也是如此）的人物。[5]这种情况当然并不常见。但其他副将也并非只是武夫。在他们那里，军事生涯同文学品味或治理成就之间并非不能兼容。[6]

即便在《历史》（Historiae）各卷业已完成并问世，并且肯定将获得不朽声名之际，这位前执政官仍尝试过参与两个元老生涯中的至高荣誉——亚细亚与阿非利加行省总督的抽签。元首奥古斯都起初为担任执政官与这些荣誉之间设定的间隔为5年。但随着越来越多的前执政官具备了这一资格，尽管不时有人努力维持10年或12年的固定间隔，著名元老无缘这些荣誉的现象

---

1 图拉真治下担任该职务的是盖约·科奈里乌斯·伽利卡努斯（C. Cornelius Gallicanus，公元84年递补执政官）（ILS 6675），他的职位在公元102年底之前被提图斯·庞普尼乌斯·巴苏斯（T. Pomponius Bassus，公元94年递补执政官）接替（ILS 6106，参见6675）。
2 如在卸任亚细亚行省总督后管理一条不知名道路的普布利乌斯·卡尔维修斯·卢索（P. Calvisius Ruso，公元79年递补执政官）（AE 1914, 267）。公元104年前后，科努图斯·特尔图鲁斯（Cornutus Tertullus，公元100年递补执政官）被任命管理埃米利乌斯大道（Aemilia）（ILS 1024，参见Epp. 5.14.1），或许同时也负责管理慈善基金。
3 如ILS 1024和1040，参见原书第81页。
4 除非此时前执政官行省的任职名单是全的（参见原书第53页）。我们无法确定当时上日耳曼行省的副将人选。下日耳曼行省之前的总督似乎是昆图斯·阿库提乌斯·涅尔瓦（Q. Acutius Nerva，公元100年递补执政官），参见附录14。还需注意的是，索希乌斯·塞内奇奥（Sosius Senecio，公元99年执政官）在公元103年左右也掌握着兵权（Epp. 4.4.1）。
5 奥鲁斯·尤利乌斯·夸德拉图斯（公元94年递补执政官，公元105年第二次出任执政官［名年］），参见ILS 8819。
6 如李锡尼乌斯·苏尔拉、索希乌斯·塞内奇奥和费边·约斯图斯。

仍会激起轩然大波。该间隔在图拉真治下已变为14—15年，并在元首去世以前达到了17年。铭文显示，科奈里乌斯·塔西佗担任过亚细亚行省的总督。他的任期是在两年的夏季之间，几乎可以肯定是公元112—113年。[1]

到此时为止，科奈里乌斯·塔西佗的仕途信息就是如此。此后的唯一证据便是他本人的《编年史》(*Annales*)。我们不清楚他是从何时开始创作这部作品的，并且其中的大部分内容可能创作于图拉真去世之后。倘若塔西佗来自同图拉真继任者关系密切的家族集团的话，他是有望在不久之后第二次出任执政官的。塔西佗史学作品的质量本身可能尚不足以帮助他实现这一目标，即便它们合乎新元首的口味——何况这个假设本身是存在风险的。

塔西佗担任执政官那年的同僚们的命运展示了声名与生死两方面的兴衰沉浮。这一年，科切乌斯·涅尔瓦和维吉尼乌斯·鲁弗斯触发了另一个矛盾现象——和善的阿里乌斯·安东尼第二次出任执政官（他首次担任执政官是在公元69年）。[2] 名单上的其他执政官对我们而言只是一些名字而已（或差不多如此）。阿尼乌斯·维鲁斯（Annius Verus）在图拉真统治时代默默无闻。他的时来运转出现在图拉真去世之后。[3] 没有什么值得注意的事件能够解释其原因。他在公元97年的同僚是奈拉提乌斯·普利斯库斯（Neratius Priscus）——一位知识渊博的法学家。跟阿尼乌斯一样，奈拉提乌斯将活到图拉真去世之后。[4]

在这份执政官名单中，我们能够掌握其全面、精确履历信息的人物只有格利提乌斯·阿古利可拉。[5] 此人早年的升迁并不迅速。曾担任过默西亚军团军团长，并在韦伯芗去世前已当上财务官的他在卸任大法官后担任过3个行省的职务——远西班牙行省的审判官、叙利亚第6军团"铁甲"（VI Ferrata）

---

1 见附录23。这份铭文（*OGIS* 437）发现于米拉萨（Mylasa）：修补后的版本见R. Meister, *Jahreshefte* XXVII (1932), Beiblatt 242。
2 见附录10。
3 见附录86。纯属偶然得来的证据表明，他在公元105年时是丰产祭司团成员（*CIL* VI, 2075）。
4 关于卢奇乌斯·奈拉提乌斯·普利斯库斯（L. Neratius Priscus）(*ILS* 1033 f.) 的情况，见附录68。
5 *ILS* 1021a.

的总指挥以及高卢境内贝尔吉卡的副将。他在离开贝尔吉卡后直接当上了执政官。格利提乌斯在达契亚战争期间担任着潘诺尼亚行省的总督,拥有各种军事荣誉,并在公元103年再度担任执政官。随后,他又当上了罗马市长。[1]

没有任何一位作家哪怕提及过格利提乌斯·阿古利可拉的名字。关于李锡尼乌斯·苏尔拉的信息更多,但支离破碎且令人费解。没有任何材料能够直接证实他担任执政官的年份[2];并且我们也不清楚他是如何走到这一步并实现军事抱负的。最早的相关史料没有为我们提供任何暗示。约公元85年前后,苏尔拉被诗人玛提阿尔称为演说家和律师;他在公元90年位列重要的文学赞助者之一;并在公元92年染疾且几乎丧命。[3] 玛提阿尔此后几乎再未提到过李锡尼乌斯·苏尔拉——但此人的举动或建议在拥立新元首的过程中发挥了关键作用,致使他在战争与和平年代中的地位很快跃升到仅次于元首的地位。他在公元102年和公元107年第二度和第三度担任了执政官。

如我们所料,苏尔拉出现在了小普林尼的通信者名单里,但并非后者最早的笔友之一。他收到了小普林尼的两封信。这些信件谈论的并不是战争或政治——它们讨论的是自然奇闻与超自然的事物。[4] 小普林尼间接提到了苏尔拉的博学研究,并表示自己的判断是冷静且有所怀疑的。[5]

小普林尼的社交圈子将会获得青史留名的机会。塔西佗的相关信息十分稀少。我们需要了解不同群体与圈子——他父亲的朋友们和通过妻子家庭结交的纳旁盟友,以及他在祭司团里的同僚、法学界的演说家与学者朋友,还有一些出身高贵和前途无量的人物。[6] 我们无法得知塔西佗同涅尔瓦治下的5位年长政治家或图拉真治下前10年那些知名人物的关系究竟如何。

1　*CIL* V, 6980.
2　见附录10。
3　Martial 1.49.40; 6.64.13; 7.47.
4　*Epp.* 4.30(不早于公元104年); 7.27.
5　4.30.11: "scrutare tu causes (potes enim)(你应仔细探究原因[是的,你可以做到])"; 7.27.15: "eruditionem tuam(你的博学)"; 16: "licet etiam utramque in partem, ut soles, disputes(跟以往一样,你可以持争论中任何一方的立场)。"
6　其中一些类型见附录22、24、26、68。

相关分析的努力将永无止境，但毕竟收获甚微。除小普林尼外，我们可以引证的、同塔西佗有过交情的图拉真时代前执政官只有一位费边·约斯图斯——塔西佗将一篇对话形式的文学论文题献给了这位朋友。

公元96年12月的时候，费边身在罗马。[1] 不久之后，他前往某个有驻军的行省任职。[2] 于公元102年之初担任执政官的事实证明他取得了实实在在的功绩——当李锡尼乌斯·苏尔拉很快卸任后，接替他的正是费边·约斯图斯。费边于公元106年再度执掌军权——可能是负责治理多瑙河流域的某个行省，也可能是担任第二次达契亚战争中图拉真麾下的一名将领。[3] 两年后，他当上了叙利亚的行省总督，他轰轰烈烈的政治生涯也到此为止。[4]

1　1.5.8.
2　1.11.2: "fac sciam quid agas, quod sine sollicitudine summa nescire non possum（让我知道你的情况；如果不知道的话，我没法不感到忧心忡忡）." 费边担任的职务可能是军团副将。
3　7.2.2: "patiar ergo aestatem inquietam vobis exercitamque transcurrere（我会等待你度过这个纷扰的、充满考验的夏天）."
4　*AE* 1940, 210（靠近帕尔米拉）. 关于他的生平，见 R. Syme, *JRS* XLVII (1957), 131 ff.

第七章 小普林尼的生涯

小普林尼较科奈里乌斯·塔西佗年轻大约6岁。[1]他于公元79年继承了舅父的遗产，担任了某个低级行政职务，随后前往叙利亚担任军团长。他日后描述了一幅关于当时（大约是公元82年）军队状况的、令人痛心的传统图景：才华横溢者饱受猜疑，碌碌无为者反得嘉奖，权威与军纪陷入废弛。[2]在无可救药的腐败状态中，这位低调的年轻军官将自己的才华用在了正经地方。他调查了辅助部队的账目。[3]他也加入了由一批出类拔萃的哲学家组成的圈子——其中没有浮夸卖弄的智者，更没有当街演说的布道者（他们的冷嘲热讽可能会引发城市骚动，并迫使维护治安者采取行动）。在这批人中，留着大胡子、举止高雅的欧弗拉特斯（Euphrates）将神圣性与高贵的社会地位集于一身，同行省内首屈一指的家族保持着联系[4]；德行卓著的阿尔特米多鲁斯（Artemidorus）则赢得了罗马骑士穆索尼乌斯·鲁弗斯（Musonius

---

[1] 小普林尼的出生时间肯定是在公元61或62年（*Epp.* 6.20.5）。他的主要履历见*ILS* 2927。关于他的生平年表，蒙森提供的版本仍然是最有用的，见*Hermes* III (1869), 31 ff. = *Ges. Schr.* IV (1906), 366 ff.，后人进行的尝试总的来说建树不大。关于他担任财务官的履历，见附录17；于他后来的职务，见附录19；关于《书信集》的年代，见附录21。

[2] 8.14.7. 当时的行省总督可能是提图斯·阿提利乌斯·鲁弗斯（公元75年前后递补执政官）：我们知道他公元80年6月13日时在潘诺尼亚行省（*CIL* XVI, 26），公元83年时在叙利亚行省（*AE* 1925, 95），并于次年死在那里（*Agr.* 40.1）。他有可能来自意大利北部：阿提利乌斯这个姓氏在那里很常见。

[3] 7.31.2.

[4] 1.10.2 f. 一位"行省首脑（princeps provinciae）"把女儿嫁给了欧弗拉特斯。关于这位哲学家的情况，见P. Grimal, *Latomus* XIV (1955), 370 ff.。

Rufus）的赏识，从而得以同后者的女儿喜结连理。[1]

早在其短期任职之前，小普林尼已开始在长辈们的榜样和指导下尝试参与法律诉讼。[2] 他很快接手了一个至少并非无足轻重的案子，为当事人抵挡某位朝廷要人甚至元首朋友们（小普林尼宣称如此）的指控。[3] 小普林尼的当事人最终被无罪释放。

担任财务官后，小普林尼收获了宠幸与自信。他是为元首效劳的两位财务官之一，负责宣读统治者同元老院之间的交换意见。他任职的年份可能是公元87、88或89年。[4] 这位元首钦定财务官可能在公元89年被委以某项重任。那一年以安东尼·萨图尔尼努斯的叛乱拉开序幕，并见证了图密善动身前往莱茵河流域、在多瑙河中游鏖战、同达契亚人媾和，并为两场胜利举行盛大凯旋式等一系列历史事件。除边疆危机外，罗马帝国在这一年里还经历了军队叛变与统治集团内部的分裂。

当财务官小普林尼口述元首向悲凉无助、逆来顺受的元老们下达的指令时，罗马元老们正在忍受着对其表示尊重的空洞言辞，以及对他们集体忠诚与爱国情感的虚伪肯定。与此同时，他们听到的另一些话语也表达了发自内心的愤怒、嘲讽与狂喜。小普林尼从未向世人透露过，自己在学习政治生活的技巧与伪善的这段艰难时光里做了些什么。对于一个有望创作并当众朗诵对元首表示谢恩的作品的人而言，这种磨砺并非毫无用处。

小普林尼仕途的下一阶段是担任平民保民官。该职务只是一个空洞的名号和影子而已。固守庄严的虚幻信仰的小普林尼向他的一位年轻朋友陈述了一个重要事实——平民的保护者们是神圣不可侵犯的。为了不致破坏这一原则，小普林尼对自己约束甚严，甚至为此暂时放弃了出庭辩护的事业。[5] 我们

1　3.2.5.
2　5.8.8.
3　1.18.3 f.（他为一个名叫尤尼乌斯·帕斯托尔［Junius Pastor］的人辩护）
4　见附录17。元首钦定财务官通常由出身高贵的人物担任；他们在小普林尼——以及图密善的眼中是非常重要的。
5　1.23（致庞培·法尔科［Pompeius Falco］，他很可能就是公元97年的保民官穆雷纳［Murena］，见9.13.19。如果属实的话，他的身份便是昆图斯·罗斯奇乌斯·科埃利乌斯·穆雷纳·庞培·法尔科［Q. Roscius Coelius Murena Pompeius Falco，公元108年递补执政官］）.

有理由相信，小普林尼在元老院里的表现是审慎小心与光明磊落的。元首的特别恩典让他更快地当上了大法官。

他在公元93年担任了大法官，并被卷入了一场公共迫害运动。在收到一省南西班牙行省对总督贝比乌斯·马萨（Baebius Massa）的弹劾后，元老院组织了一场审讯，并指派小普林尼与赫雷尼乌斯·塞内奇奥（Herennius Senecio）筹备并主持这次审判。[1] 马萨被定了罪。但狡猾的马萨反咬一口，指控赫雷尼乌斯·塞内奇奥犯有大逆罪。被夹在当中、处境微妙的小普林尼展示了自己的勇气与智谋。他反驳道：如果马萨诚实的话，他不应当只点名塞内奇奥，还应检举其他控告者。小普林尼的意见得到了重视与采纳。德高望重的前执政官科切乌斯·涅尔瓦写信向他表示祝贺，认为他在这件事上的做法是合乎罗马古风的。

但小普林尼的干预并无作用。赫雷尼乌斯·塞内奇奥接受了审讯并被定罪。其他判决接踵而至：小赫尔维狄乌斯·普利斯库斯（Helvidius Priscus the Younger）和尤尼乌斯·鲁斯提库斯（Junius Rusticus）都被处死；后者的兄弟尤尼乌斯·毛里库斯和同一圈子里的一些妇女遭到流放。[2] 他们所属的家族向来具有敌视暴政的传统；这些人物继续补充着烈士的名单。行为酷似尼禄的图密善也继续激发着元老们的不满。与此同时，他将同这些人结党的哲学家们放逐出罗马城。阿尔特米多鲁斯搬进了罗马郊区的一间房子。大法官小普林尼前往那里探望了他，并资助了他一些钱。[3]

小普林尼对于自己的勇气——以及自己承受的风险——并不讳言。他的四周遍布雷霆，自己的朋友们被一个个击中。[4] 但沉着冷静的小普林尼安然无恙。事实上，他还走向了飞黄腾达。

我们看到，小普林尼很快获得了一个新职务，成了担任军需官（*aerarium*

1　7.33.4 ff.
2　*Agr.* 45.1，参见附录19。
3　3.11.2.
4　*Pan.* 90.5.

militare）的3位官员之一（但小普林尼在其书信中对此只字未提）。该职务属于大法官级别，任期3年。能够在卸任大法官后有幸立即获得该职务的元老犹如凤毛麟角。在二者中间通常总要经历几个过渡阶段，其中包括领导一个军团。[1]

在图密善统治末年，小普林尼在仕途上高歌猛进。那位暴君的陨落并不一定会妨碍治下官员的仕途，有时反而会为集大胆与谨慎于一身的人物提供极好的机遇。小普林尼策划了对著名律师阿奎利乌斯·雷古鲁斯（Aquillius Regulus）的攻击。后者深知自己已在正直人士中间声名狼藉，意识到自己当前已如履薄冰。[2]我们有理由确信，雷古鲁斯在咄咄逼人的年轻对手面前胆战心惊。他急于摸清小普林尼的意图，接触了两人共同的朋友（其中包括年老的斯普利纳），并促成了与对手的一次并无结果的会谈。小普林尼按兵不动，一直等到（小普林尼承认了这一事实）被流放者中的一位——尤尼乌斯·毛里库斯得以返回。此后什么都没有发生。

想扳倒雷古鲁斯那样人脉甚广的人物绝非易事。[3]此外，雷古鲁斯主要的、公开的诉讼活动都发生在尼禄统治时期——那是一些无情的检举告发，伴随着雷古鲁斯本人令人议论纷纷的平步青云。[4]他此后的行为尽管仍旧引人非议，却未再涉及过对元老院里任何对手的迫害活动。

那些著名的受害者们吵嚷着要求复仇。小普林尼迅速辨认出了一条可以得到赞美的路径：惩罚恶人，昭雪无辜者，并为自己赢得声名。[5]他将目标对

1　在公元70—120年间值得注意的材料如下：*ILS* 8971；1041；*IGR* III, 558；*CIL* VI, 31678+XIV, 4444。此外，提比略·凯皮奥·希斯波（Ti. Caepio Hispo, 公元101年前后递补执政官）可能曾指挥过1个军团（*ILS* 1027的记载具有选择性，并不完整）；*ILS* 1020中提到的那位无名人物（*Ignotus*）可能在卸任财务官后当上了军团副将，那是颇不寻常的。

2　1.5.1 ff.

3　ib. 15: "est enim locuples factiosus, curatur a multis, timetur a pluribus（他是一个财大气粗、人脉甚广的家伙，许多人为他撑腰，不少人都怕他三分）."

4　ib. 3；参见 *Hist.* 4.42.3。

5　9.13.2: "occiso Domitiano statui mecum ac deliberavi, esse magnam pulchramque materiam insectandi nocentes, miseros vindicandi, se proferendi（图密善被杀后，我进行了思考，认为当前是对恶人清算、为受害者申冤、让自己扬名立万的大好时机）."

准了迫害过赫尔维狄乌斯·普利斯库斯的普布里奇乌斯·凯尔图斯。他首先咨询了赫尔维狄乌斯·普利斯库斯的遗孀和同一圈子中的其他妇女,但一直等到几个月后才开始行动。倘若我们能够得知这次拖延(它让凯尔图斯陷入了无力反击的境地)的理由的话,那可能会是很有价值的。小普林尼不是一个举动冒失的人。

小普林尼在行事时从不忘记咨询比自己年长的顾问——科雷利乌斯·鲁孚斯。但他这次没有问过科雷利乌斯。[1] 在同科雷利乌斯的对话中,涅尔瓦曾将小普林尼称为"优秀青年(boni iuvenes)"之一。[2] 但涅尔瓦并不赞同他的这些举动;小普林尼的一些前执政官朋友们也敦促他要小心行事。他们声称,凯尔图斯有些十分强大的盟友。[3] 但小普林尼的做法或许并非那么冒失与不合时宜。他的一封信(写于10年之后)全面、生动地叙述了整个审判过程,包括相关姓名与细节——但未包括在元老院里主持审讯的执政官姓名。[4] 这次主动出击固然没有取得决定性胜利;但小普林尼的干预也并不像看上去那样一败涂地。普布里奇乌斯·凯尔图斯是掌管另一个财库——萨图尔努斯财库的两名官员之一。该官职通常可以直通执政官的高位。在小普林尼的搅局下,凯尔图斯的同僚如愿当上了执政官,凯尔图斯则未能如愿以偿。[5]

而接替二人的两位官员(praefecti)不是别人,恰恰是小普林尼和他的亲密朋友科努图斯·特尔图鲁斯(Cornutus Tertullus)。[6] 他们担任该职务达3年之久。[7] 执政官的宝座如今已触手可及。两人在公元100年的9—10月间拿到

1　9.13.6。
2　4.17.8。
3　9.13.11(如叙利亚行省的副将,见上文原书第8、16页与附录3)。
4　ib. 9。他的手腕十分了得——涅尔瓦没有干预对普布里奇乌斯·凯尔图斯的指控。他提及了参与法庭辩论的9位元老。
5　ib. 23,参见附录19。他的同僚是昆图斯·福尔维乌斯·吉洛·比提乌斯·普罗库鲁斯(Q. Fulvius Gillo Bittius Proculus)(*PIR*[2], F 544),后者或许在公元97年底当上了递补执政官,但更有可能是在公元98年的最后两个月里出任了该职务(参见附录11)。他的配偶是小普林尼最近去世的妻子(第二任)的母亲(ib. 13,参见4)——庞培娅·克勒里娜(Pompeia Celerina)(1.4,等等)。小普林尼没有给此人写过信。
6　10.3a.1,参见8.3;*Pan.* 91.1;参见附录19。
7　*Pan.* 91.1。

了这一荣誉。

与此同时，小普林尼也受元老院之托，通过担任检举人而出尽了风头。他同塔西佗一道对马略·普利斯库斯提出了指控。[1]该案件长期悬而未决。于是小普林尼又承担了另一项任务：指控凯奇利乌斯·克拉西库斯（Caecilius Classicus）——马略·普利斯库斯治理并洗劫阿非利加行省那一年的南西班牙行省总督。[2]

为了让自己的荣誉完美无缺，这位春风得意的前执政官还欠缺一样东西——祭司头衔。向元首递交的一项请愿反映了他的迫切心情。[3]元首的答复未能保存下来。他的朋友们在这方面也不是没有进行过努力。几年前，上了年纪、已经退休的维吉尼乌斯·鲁孚斯曾多次上表，反复提出过这一要求。[4]但他的请求犹如石沉大海。年复一年请求任命小普林尼为祭司的尤利乌斯·弗伦提努斯也未能如愿以偿。[5]弗伦提努斯最终与世长辞。人们指派小普林尼填补了他的空缺（可能是在公元103年）。那是占卜官的职位。能够接替如此著名人物的位置令小普林尼大喜过望。他指出，西塞罗也曾担任过占卜官，并且当时还没有自己如今这样年轻。[6]事实上，为了得到对自己口才与崇高思想的合理报偿，西塞罗确实被迫等待了很久。

迄今为止，小普林尼已通过在元老院里的3次审判——批判诸行省治理的弊病并对有罪的行省总督进行弹劾——而赢得了声名。下一个案件则是为被告辩护。[7]尤利乌斯·巴苏斯（Julius Bassus）是一位年事已高、经历过许多磨难的老人。他在韦伯芗治下受到过指控，但最终被无罪开释。他害怕提图斯，因为自己是提图斯弟弟的朋友。结果却是那个弟弟放逐了他。通过其

1　原书第70页。
2　3.4.2，参见8; 9.1 ff.。
3　10.13.
4　2.1.8.
5　4.8.3.
6　ib.4.
7　4.9.1 ff.（公元102/3年冬）。

他被流放者一道在涅尔瓦治下返回后，巴苏斯恢复了元老地位。但出任比提尼亚行省总督又让他再次陷入危险之中。

为尤利乌斯·巴苏斯辩护需要使用各种深思熟虑后的含糊言辞。这位行省总督确实拿了别人的钱。但这个直率、天真的人并不晓得自己做了错事。行省居民了解并爱戴他——他只是在过生日和节庆场合从他们那里接受过一些微薄的礼物而已。[1] 但法律写得明明白白。这对于律师而言是个两难的处境。他不能否认原告的指控；但承认又等于是毁了自己的当事人。小普林尼采取了一条中间路线，并在长达5个小时的发言中始终坚持这一方向。元老院的情感偏向是毋庸置疑的：尤利乌斯·巴苏斯从前的不幸会引起元老们的同情，进一步巩固他们天然的同盟立场。诉讼的结果是巴苏斯保住了他的社会等级地位，由一个资产评估委员会来确定他应向比提尼亚人支付的罚金数额。

小普林尼在公元104年等到了一个前执政官级别的职务空缺——并且它不在行省，而是负责罗马城及其近郊。小普林尼当上了台伯河的管理委员会会长（president of Curators of the Tiber）。[2] 该官职的责任可以很繁重，也可以很清闲。一切取决于任职者自己。当尤利乌斯·弗伦提努斯负责管理罗马的各处水渠时，他一丝不苟地履行着自己的使命：主持修缮工作，惩处欺上瞒下，并撰写了一部系统讨论该问题的手册。小普林尼没有提及自己在任期间主持过的任何事务。相反，他还用生动、华美的笔触描写了台伯河泛滥之际带来的可怕灾难。[3]

小普林尼于公元104年拜访了科穆姆[4]——他至少已有8年时间没有去过那里了。随后，比提尼亚再度爆出丑闻。对当地行省总督瓦勒努斯·鲁孚斯（Varenus Rufus）的起诉始于公元106年。[5] 身为被告辩护律师之一的小普林

1　ib. 7 f.
2　5.14.2，参见3.6.6；小普林尼并未提及具体的职务头衔。
3　8.17.
4　5.14，参见附录19。
5　5.20.1 ff. 关于具体时间的确定，见附录21。关于其后续进展，见6.5, 13; 7.6, 10。

尼在第一场听证会上发表了演说；但他在案件被拖到下一年、案情日趋复杂后便没有继续扮演什么角色。于公元106年秋季在征服达契亚后返回罗马的图拉真不得不开始过问这个案子。事件的后续进展变得令人匪夷所思。从比提尼亚赶到的使节带来了行省议事会的决议，撤销了这项指控。元首也借此了解了行省居民的真实想法。至于这一切最后究竟是如何了断的，我们如今已无从得知。

小普林尼继续领导了台伯河管理委员会3年左右。该职务并未让他的精力与雄心壮志消磨殆尽。行省的前执政官级别职务完全可以让他拥有大显身手的机会。性格、品味与履历意味着小普林尼并不适宜担任驻军行省的总督。但法学家或演说家也拥有行省总督的一些重要素质。尽管小普林尼远非法学专家，他却是作为一位律师而赢得声名的；并且他的理财能力无出其右。倘若小普林尼没有按部就班地获得一项兵权的话，那么他似乎注定将成为对高卢三行省进行监督的3位前执政官之一。

帝国的行政体系也提供了新的机会。战事如今已经终结。图拉真开始考虑元老院治下行省的福祉问题。他于公元108年派遣特使马克西穆斯（Maximus）视察并规范阿凯亚行省（Achaia）各自治城市的事务。[1]小普林尼用温和的告诫口吻提醒了马克西穆斯，要他知道自己的使命有多么高贵与微妙——希腊乃是艺术、文学与文明生活方式的家园与源头。他必须尊重希腊人的伟大过去，尊重他们的历史与神话，不应侵犯他们的尊严、自由乃至虚荣。他要牢记，自己掌握着对雅典和拉栖第梦（Lacedaemon）的统治权；而破坏古代自由的最后残余的行为乃是极其野蛮的。侮辱他人是一种滥用权力；恐怖统治无法换来尊重，爱才是比畏惧更有效的统治手段。

小普林尼给马克西穆斯的告诫清晰表明，他本人是拥有这些必备的手腕与判断力的。并且这也不仅仅是一条孤立的暗示。大约与此同时（公元107年），卡勒斯特里乌斯·提罗（Calestrius Tiro）出任了南西班牙的行省总

1　8.24.

督。[1] 从前跟卡勒斯特里乌斯没有多少交情的小普林尼（尽管两人早年曾共事过）却对此事非常关注，提供了不少帮助。在那位行省总督动身赴任之前，小普林尼警告他要注意择友，并直言不讳地提及了近期传播着的流言。[2] 这位行省总督的工作则得到了小普林尼的称赞——但他又提出了更多建议和尖锐的批评意见。他应该多跟社会名流交往，避免结交那些地位低下之人。社会等级与身份的差异需要得到维系；世间最不公正者莫过于"平等"二字。[3]

倘若小普林尼本人最终未能获得将其美好治国理念付诸实践的机会的话，那将是一件十分令人遗憾的事情。他在公元108或109年似乎已明确做好了任职准备：只等一切准备停当，他的朋友、来自近西班牙行省一个上流家族的沃科尼乌斯·罗马努斯（Voconius Romanus）就将与他会合并为他效劳。[4]

小普林尼的希望可能落了空，或至少是延期了。真正的征召于公元109或110年到来。或许他一直等到了公元111年。但他出任的并非高卢三行省的行省督办——该任命落在了科努图斯·特尔图鲁斯头上。[5] 小普林尼则将以元首副将的身份前往比提尼亚－本都行省（Bithynia-Pontus），接替那里大法官级别的行省总督。罗马官吏在那里的治理不善显而易见；对他们的弹劾案件表明，那里的各座城市已陷入严重混乱。而小普林尼应当已对比提尼亚的状况有所了解。

在乘船抵达以弗所（Ephesus），并因酷暑和发烧在帕伽马羁留了一段时日后，小普林尼于9月17日踏上了自己负责治理的行省。他在那里度过了一个冬天、一个夏天和另一个冬天。[6] 在其第二年任期结束之前，这位行省

1　7.16, 23, 32 (他的旅程)。

2　6.22.1。

3　9.5.1: "honestissimum quemque complecti atque ita a minoribus amari ut simul a principibus diligare (结交最高贵的人物，既受到下等人的爱戴，又让要人们对你满意)"; 3: "nihil est ipsa aequalitate inaequalius (没有什么比平等本身更不公平的了)."

4　9.28.4，参见附录20。

5　*ILS* 1024，他负责的是阿奎塔尼。他在贝尔吉卡与卢戈杜嫩西斯的同僚无疑是 *ILS* 1020 中提到的无名人物（公元前108年左右递补执政官［？］）与盖约·尤利乌斯·普罗库鲁斯（C. Julius Proculus）（*ILS* 1040），公元109年递补执政官。

6　见附录20。关于他的旅途细节，见U. Wilcken, *Hermes* XLIX (1914), 120 ff.; O. Cuntz, ib. LXI (1926), 19 ff.。

总督同元首之间的通信突然中断了。后人有理由猜测他在那时候突然去世了——小普林尼的身体一直很弱；他在35岁左右就得过重病。何况那个行省的气候即便对于身体健壮的人来说也有可能是致命的。会令这位行省总督的微恙恶化的是，他的重担与烦恼堆积如山、突如其来。它们折磨着小普林尼的良心，大大增加了他的信函数量——行省的财政与公款贪污情况、水渠、消防队和外来宗教等事务都需要向元首禀报。[1]

接替小普林尼担任比提尼亚-本都行省总督的是科努图斯·特尔图鲁斯，后者同样顶着元首副将的头衔。[2] 科努图斯活到了下一任元首上台之时，我们那位伟大的前执政官历史学家也是如此。塔西佗担任亚细亚行省总督的任期可能跟小普林尼在比提尼亚的任期存在一部分交集，并且其经历可以同后者进行比较——因为塔西佗是不肯容忍希腊人在自己城市里的那些欺诈、虚荣与其他冒犯行为的。[3]

小普林尼的仕途在许多方面都是引人注目的。首先是他在从就任大法官到就任执政官这段时期内的晋升神速与事业有成。当一些跟他过从甚密的同龄人（公元90—94年期间的大法官们）前往行省指挥军团或管理意大利境内的次要道路时[4]，小普林尼却很快在首都找到了一个肥缺。偶然保留下来的、反映了军需官长官人选的可靠史料推翻了这位演说家声称自己的仕途曾暂时中断的说法。[5] 同样靠不住的还有小普林尼原本将会遭到弹劾，只是因为天意让暴君遭到暗杀才逃过此劫的说法——尽管他本人提出了发现告密者情报的

1　关于他的活动和政策，特别参见 W. Weber, *Festgabe für K. Müller* (Tübingen, 1922), 24 ff.。
2　*ILS* 1024，其中也提到了他的行省总督履历："亚细亚行省（provinci[ae Asiae]）。"但也有可能是"阿非利加行省（Africae）"（参见附录23）。
3　见第三十五章。
4　见附录25。
5　*Pan.* 95.3 f.: "vos modo favete huic proposito et credite, si cursu quodam provectus ab illo insidiosissimo principe, ante quam profiteretur odium bonorum, postquam professus est substiti, cum viderem quae ad honores compendia paterent longius iter malui（请您支持我的这项工作并信赖我，倘若我的仕途晋升曾在那位极其阴险的元首对正人君子发泄自己的怨恨之前一帆风顺，但在此之后被迫中断；而我虽然看到了通往荣誉的捷径，却主动选择了那条更为漫长的正道的话）"，等等。

证据：人们在图密善的文件里找到了那份材料。[1]

关于小普林尼两位朋友的细节形成了鲜明对比。他跟卡勒斯特里乌斯·提罗一道以军团长身份服过兵役；两人担任财务官和大法官都是同年。[2] 但两人此后的人生轨迹大相径庭。很久以后，当我们再次发现与提罗有关的材料时，他仍然只是大法官级别的人物。14年后，他才当上了南西班牙的行省总督。卡勒斯特里乌斯此生未能再进一步——或许是由于他忽视社会等级差异的可叹缘故。

另一方面，小普林尼则在卸任大法官7年后当上了执政官。科奈里乌斯·塔西佗完成这一过程则花费了9年时间。其他新人（他们并非毫无庇护与家族势力）则需要等待更久。小普林尼的朋友科努图斯·特尔图鲁斯同他一起在公元100年享受了束棒护身的荣耀。小普林尼当时还不到40岁。科努图斯则比他年长20多岁。

已经身为元老的科努图斯·特尔图鲁斯被担任着监察官的韦伯芗提拔为大法官。[3] 此后，在他同小普林尼搭档担任萨图尔努斯财库的长官之前的24年里，科努图斯只担任过两项职务——先是担任一位行省总督的副将，随后自己当上了行省总督。这两个职位的前程都不算远大。在小普林尼眼中，科努图斯是一个有原则的、人格完满的人，罗马古风当之无愧的继承者。[4] 两人

1　7.27.14. "告密者（delator）"是麦提乌斯·卡鲁斯（Mettius Carus），此人曾指控过赫雷尼乌斯·塞内奇奥（7.19.5）。小普林尼的朋友格涅乌斯·屋大维·提提尼乌斯·卡庇托（Cn. Octavius Titinius Capito）是当时的元首代笔秘书（*ILS* 1448）。

2　参见9.5中的强烈暗示。卡勒斯特里乌斯的家乡已不可考。这个非常罕见的姓氏（nomen）来自伊达拉里亚。

3　*ILS* 1024. 铭文透露了他姓名的一部分："C. Iulio P. f. Hor. [...] / Cornuto Tertul[lo /（普布利乌斯之子盖约·尤利乌斯·贺拉斯·[……] 科努图斯·特尔图[鲁斯]）." 他的族名（gentilicium）可能是"普兰奇乌斯（Plancius）"，参见铭文的进献者"盖约·尤利乌斯·普兰奇乌斯·瓦鲁斯·科努图斯（C. Iulius Pla[n]cius Varus Cornutus）"。他的故乡不详，参见E. Groag, P-W X, 571. 但参见帕姆弗利亚（Pamphylia）境内佩格（Perge）的普兰奇乌斯·瓦鲁斯家族（Plancii Vari）（原书第509页注4），那座城市里也有一位盖约·尤利乌斯·科努图斯（*IGR* III, 789）。

4　5.14.3: "Cornuto autem quid melius, quid sanctius, quid in omni genere laudis ad exemplar antiquitatis expressius（还有谁能比科努图斯更优秀，更无懈可击，更在一切方面堪称古风的表率呢）？"

拥有同样的朋友圈子，同样受到过暴君震怒的威胁。[1] 谨慎与良知本会妨碍科努图斯对公共荣誉的追求。当然，我们手头并无证据可以表明，他像写过一部政治传记的赫雷尼乌斯·塞内奇奥一样，都是活跃的、对现政权不满的人物。[2] 然而，在性格多疑的图密善的暴政下，"隐忍蛰伏"同样可以是一种罪过。他为塞内奇奥罗织的大逆罪名中有一条便是此人有意不肯担任高过财务官的职位。[3] 但这个圈子里的另外两位成员——赫尔维狄乌斯·普利斯库斯与尤尼乌斯·鲁斯提库斯——却当上了执政官。[4] 至于科努图斯，图密善或许对他的才具和立场都不大信任。

荣誉和职务完全有理由让小普林尼感到自豪与满足。决定性的发展阶段是从担任大法官到当上执政官之间的这段时期。他的第一项管理财库的职务来自图密善的恩宠；第二项财库管理职务则或多或少是他在攻击普布里奇乌斯·凯尔图斯后为自己争取来的。在小普林尼时代的大法官中有一些并不缺乏高贵出身与才华的人物。我们从中可以辨认出几位演说家，其中不乏来自后起贵族家庭的品味高雅、多才多艺的人物，以及同前执政官建立了裙带关系的著名新人。[5] 但他们中的大多数被小普林尼抢去了风头。公元97年的危机为一些行省的军团长们提供了机遇。但当时正在担任第二项财库职务的小普林尼获得的晋升则与他们不相上下：他通过担任文职取得了跟最受恩宠的"武人"平起平坐的地位。

后来，当图拉真即位之际，小普林尼可能多少有些郁郁不得志。尽管

---

[1] *Pan.* 90.5. 科努图斯是小赫尔维狄乌斯·普利斯库斯女儿的监护人（*Epp.* 9.13.16）。
[2] *Agr.* 2.1.
[3] Dio 67.13.2.
[4] 普利斯库斯在公元87年以前就当上了执政官（尽管他的父亲遭遇过厄运），鲁斯提库斯是公元92年的执政官（他的全名是"昆图斯·阿鲁勒努斯·尤尼乌斯·鲁斯提库斯［Q. Atulenus Iunius Rusticus］"）。还有公元93年执政官提图斯·阿维狄乌斯·奎埃图斯（T. Avidius Quietus）。
[5] 见附录25。特别需要注意的是诗人与诗人赞助者卢奇乌斯·阿伦提乌斯·斯泰拉（L. Arruntius Stella），以及昆体良作品的题献对象玛库斯·维托里乌斯·马塞卢斯（M. Vitorius Marcellus）。（*Inst. or., praef.* 6）

小普林尼位列受到图拉真庇护的几位可敬元老（尤其是那些在涅尔瓦治下颇具影响力的人物）之一，这位精明的年轻演说家却并不能引起所有武将的兴趣。图拉真当然不会拒绝授予小普林尼执政官的荣誉。但这位前执政官一度无法获得祭司头衔；并且他似乎也等了很久才获得行省的统治权。小普林尼试图为朋友们争取晋升机会的努力也没有全部如愿以偿。[1] 其中一些人已丧失雄心壮志，或失去了元首的恩宠。[2]

小普林尼一生的事业主要是城市里的文职工作。当这位相对年长的政治家就行省总督的适宜举止对卡勒斯特里乌斯和马克西穆斯进行谆谆教诲时，敏锐的读者可能会意识到，这些至理名言中蕴含着小普林尼个人的从政经验。事实上，除在一个叙利亚军团里当过几个月军团长外，小普林尼从未去过行省。他告诫了马克西穆斯应如何对待希腊人。但马克西穆斯本人或许就出生在地中海东部的罗马殖民地——特罗亚德（Troad）境内的亚历山大里亚（Alexanderia）。[3]

在后人心目中，执政官小普林尼是一位演说家和文学家。但他在元老院里的声名则主要来自关于财产问题的法律诉讼。百人法庭才是他争取胜利与荣耀的竞技场。[4] 各个陪审团用欢呼表达着对小普林尼的好感；仰慕他的人们

---

1 两个例子或许足以说明问题。帮助沃科尼乌斯·罗马努斯（Voconius Romanus）进入元老院的努力（10.4）以失败告终——并且他没有证据可以表明，他曾在将领普利斯库斯麾下担任过骑兵指挥（2.13）。这些书信强调了他在地方上的显赫地位。从他的全名"盖约·李锡尼乌斯·玛里努斯·沃科尼乌斯·罗马努斯（C. Licinius Marinus Voconius Romanus）"来看，此人来自萨贡图姆（Saguntum）。参见 PIR[1], L 144及其中引用的铭文。此外还有公元100年时小普林尼麾下的财务官、被他极力向图拉真推荐的罗西亚努斯·格米努斯（Rosianus Geminus）（10.26）。此人在公元100年后又过了25年（或许更久）才当上执政官（根据 ILS 1067推断）。
2 如埃鲁奇乌斯·克拉鲁斯（Erucius Clarus）和布鲁提乌斯·普雷森斯（Bruttius Praesens）。（原书第242页）
3 如果他就是绥克斯图·昆克提利乌斯·瓦勒里乌斯·马克西穆斯（Sex. Quictilius Valerius Maximus）的话。后者被涅尔瓦赐予了元老身份，并担任过比提尼亚-本都行省的财务官（ILS 1018）。参见 E. Groag, *Jahreshefte* XXI/XXII (1924), Beiblatt 435 ff.；M. N. Tod, *Anatolian Studies Presented to William Hepburn Buchler* (1939), 333 ff.。但这个身份还不能完全坐实。关于将马克西穆斯描述成"时弊纠正者（διορθωτής）"的逸事，见 Arr, *Diss. Epicteti* 3.7.1 ff.。
4 6.12.2.

蜂拥而至。[1]此外，小普林尼所担任的两项财库职务和在比提尼亚行省的使命表明，他在罗马政府定位中的首要角色也是一名财务官吏。[2]

小普林尼是一位富有的地主。他在意大利北部的科穆姆以及伊达拉里亚与翁布里亚（Umbria）交界处的提费尔努姆·提贝里努姆（Tifernum Tiberinum）都拥有地产。他在首都近郊还拥有4座乡间别墅。[3]小普林尼出手大方，在资助朋友、年老家仆和自己的出生城市等方面毫不吝啬。科穆姆从他那里接受了超过1500000塞斯特斯（sesterce）的资助，其中包括一座图书馆和一笔救济贫困儿童的基金。小普林尼的遗嘱又提供了近200000塞斯特斯，用于修建浴室并维系他的100名释奴的生活。[4]小普林尼继承的产业主要是土地。他不厌其烦地解释道：由于糟糕时节、收成欠佳和令人生厌的佃户的存在[5]，富人的生活并没有那么称心如意；并且对于一个拥有崇高文学抱负的人来说，务农的生活也是可憎并同自己格格不入的。他有时会去农田里溜达一圈，品尝一粒葡萄，再漫不经心地瞥上一眼账目——但仅此而已。[6]但那只是骗人的假象。这个外甥继承了老普林尼的精细与机智。小普林尼第二任妻子的母亲拥有可观的财产。她在深思熟虑后准许小普林尼动用自己的资金，将之投放在任何地方。[7]小普林尼似乎也并没有辜负或滥用丈母娘的信任。

小普林尼的书信集向世人展示了关于作者本人、他的追求与朋友的图景——那是经过精心布局与美化的。这些信件透露给我们的关于小普林尼的信息有时比他想告诉世人的还要多；另外一些辅助性材料则可以修正我们

1　4.16; 6.33.4; 9.23.1。
2　他在其他方面的判断和决策有时确实存在不足。图拉真在答复中也有过一些不耐烦的表示，如 10.38.2; 82.1; 99。
3　除了著名的劳伦图姆（Laurentum）别墅以外，他在图斯库鲁姆（Tusculum）、提布尔（Tibur）和普雷涅斯特（Praeneste）也拥有别墅（5.6.45）。
4　参见 *ILS* 2927中的相关细节。
5　2.4.3; 15.2; 4.6.1; 8.2; 9.37.2 ff。
6　5.14.8; 9.20.2。
7　3.19.8。庞培娅·克勒里娜（Pompeia Celerina）在奥克里库鲁姆（Ocriculum）、纳尔尼亚（Narnia）、卡尔苏勒（Carsulae）和佩鲁西亚（Perusia）都拥有产业（1.4.1）。

的简单直观印象。它们虽然没有提供多少关于科奈里乌斯·塔西佗的直接信息，却有助于我们将他置于那个时代的文人生活环境中进行观察——塔西佗的一生不仅在很多方面与这种常规模式构成了鲜明反差，或许还是在有意反其道而行之。

第八章　图拉真统治时期的文学

小普林尼的交际圈最初仅限于自己所出生的城镇与地区，之后随着他在罗马的学校与法庭、沙龙、元老院里人脉的建立和成熟而不断拓展。尽管对于出生在那里的许多人而言，意大利北部不过是前往首都的大道而已，移居他处的子孙们并不总是会数典忘祖。生在意大利北部的人们可能会背井离乡多年，甚至永不返回；但他们仍旧忠于自己炽烈的乡土情怀。[1]

整个地区并非铁板一块。波河以北的意大利范围相当宽广：从阿尔卑斯山西麓到伊斯特里亚半岛的距离约有300罗马里之遥。根据各城市的名字判断的话，该地区的范围从陶里尼人的奥古斯塔（Augusta Taurinorum）[2]一直延伸至阿奎雷亚（Aquileia）、特尔格斯特（Tergeste）与波拉（Pola）。意大利北部（Italia Transpadana）既具备该地区的一些共同特征，又保留了不少地区多样性——那里的古老族群与部落界限仍旧依稀可辨。麦狄奥拉尼乌姆（Mediolanium）[3]从前是高卢部族因苏布雷人（Insubres）的城镇；帕塔维乌姆（Patavium）则属于维尼提人（Venetic）。小普林尼的故乡是罗马殖

---

[1] *Epp.* 1.14.4: "ex ille nostra Italia（来自我们的意大利）."（指的是一个布瑞克西亚的家族）他的舅舅称卡图卢斯（Catullus）为"我的同乡（conterraneus meus）"（*NH, praef.* 1）。关于意大利北部居民的团结友爱，见G. E. F. Chilver, *Cisalpine Gaul* (1941), 86 ff.。在共和晚期与帝国早期的语境下，这个充满活力的区域指的显然是波河以北的地区。毗邻波河南岸的那部分地区似乎并不重要——至少普拉森提亚、帕尔玛和穆提纳没有涌现出什么知名人物。

[2] 今都灵。——译注

[3] 今意大利的米兰所在地。——译注

民地科穆姆；但那个地方没有什么了不起的分量或荣耀。麦狄奥拉尼乌姆是这一带的枢纽——各条道路交会于此，使之早已成为周边广大地区的首府。小普林尼主要的知交来自因苏布雷人的古老领土，以及毗邻的布瑞克西亚、贝戈穆姆等城镇。他们的势力控制了维尔克雷（Vercellae）与提奇努姆（Ticinum），向东一直延伸到维罗纳（Verona），但在帕塔维乌姆或阿泰斯特（Ateste）并不算强大。[1]

小普林尼可以通过著名前执政官们的友谊与支持获得许多好处。他的监护人维吉尼乌斯·鲁孚斯来自麦狄奥拉尼乌姆。[2]同样来自北方的还有在家族世系方面同小普林尼沾亲带故的科雷利乌斯·鲁孚斯。[3]维斯特里奇乌斯·斯普利纳或许也是如此。[4]反过来，小普林尼也对追求荣誉生涯的年轻朋友们进行了热情洋溢的勉励，并为地位较低的上进者提供了实实在在的帮助——其中一些人需要经济资助才能进入骑士阶层[5]；另一些人则需要引荐才能在军队里谋得职位。[6]

收到过小普林尼来信的人有100多个。这幅图拉真治下的罗马社会图景是否足够完整呢？对他们进行一一罗列或许能够说明一些问题，但也十分枯燥乏味。其中不少人在社会等级与成就方面只不过是庸人而已——他们是小

1　换言之，"普林尼家族的故乡"主要指的是奥古斯都时代意大利分区中的第11区（Regio XI）东部，但也包括第10区（Regio X）中的维罗纳，后者同布瑞克西亚从古至今都保持着联系。参见Catullus 67.34: "Brixia Veronae mater amata meae（我的维罗纳的亲爱母亲布瑞克西亚）."在公元前2世纪十分著名的诺尼乌斯家族（Nonii）似乎同两座城市都有联系，参见P-W XVII, 864 f.; 897 f.。

2　2.1.8，参见 ILS 982。

3　"科雷利乌斯"这个名字非常罕见。CIL V提供了一个例子：昆图斯之子昆图斯·科雷利乌斯·保利努斯（Q. Corellius Q. f. Paulinus），驻守劳斯庞培亚（Laus Pompeia）的十人队长（decurio）。但还应注意阿泰斯特的一名罗马骑士（eques Romanus）（NH 17.122），以及在那里发现的释奴铭文（Not. Scav. 1930, 281）。科雷利乌斯·鲁孚斯娶了一名叫作希斯普拉（Hispulla）的女子（Epp. 1.12.9）；值得注意的同名者是卡尔普尼娅·希斯普拉（Calpurnia Hispulla）（PIR[2], C 329），卡尔普尼乌斯·法巴图斯（Calpurnius Fabatus，小普林尼第三任妻子的祖父）之女。

4　见附录6。

5　1.19。

6　4.4; 6.25.2; 7.22。

普林尼的家仆、校友或地方上的诗人、小城镇里的市侩、高雅艺术的仰慕者或文化竞赛中的炮灰——其中有些落在人后,另一些根本就没有开始创作生涯。然而,如果我们对那些现存史料并不丰富的人物类别进行研究的话,他们提供的间接信息有时是非常宝贵的。

首先进入我们视野的是那些簇拥在图拉真身边的权贵。早在那位元首登基之前,尤利乌斯·塞尔维亚努斯已经算得上小普林尼的知交。[1] 李锡尼乌斯·苏尔拉给小普林尼写过多封信件,索希乌斯·塞内奇奥和费边·约斯图斯也是如此。[2] 但也有若干高级将领没有成为小普林尼的笔友,其中甚至还有一位出生于意大利北部的著名将领——来自陶里尼人的奥古斯塔的格利提乌斯·阿古利可拉。[3] 小普林尼的生涯履历和品味可以解释这些空白。一些年轻的武将也不在他的通信名单里。[4]

如果说小普林尼不可能迅速在整个军事等级体系里打通人脉的话,那么出身高贵的贵族总应该是喜欢舞文弄墨的。我们原本以为,这位审慎的新贵在选择笔友时肯定会不加掩饰地倾向于挑选贵族。然而,我们在小普林尼的通信者名单中没有找到任何一位共和时代显贵(*nobilitas*)或奥古斯都时代前执政官的后人。[5] 东方的高贵人物——国王与领主们的后裔同样不在此列。[6] 而在春风得意的骑士阶层权贵、埃及省长和禁卫军队长中也只有一人成了小普林尼的笔友。此人是维比乌斯·马克西穆斯,一个社会地位与文学造诣都不算低的人物。[7] 这部书信集的题献对象——塞普提奇乌斯·克拉鲁斯

1　10.2.1(公元98年),参见3.17.3。
2　4.30; 7.27(苏尔拉); 1.13; 4.4(塞内奇奥); 1.11; 7.2(约斯图斯)。
3　*ILS* 1021. 其他没有跟小普林尼有过书信往来的人物有玛尼乌斯·拉贝里乌斯·马克西穆斯、奥鲁斯·科奈里乌斯·帕尔玛和卢奇乌斯·普布利里乌斯·塞尔苏斯——这些人都跟格利提乌斯·阿古利可拉一样二度出任过执政官。
4　如德奇姆斯·泰伦斯·斯考里亚努斯(D. Terentius Scaurianus,公元102或104年递补执政官[?])。还有一些更年轻的将领(见附录16),他们在公元105—112年期间担任过执政官。
5　其中一些人物的情况见附录24。
6　见第三十八章。
7　*PIR*, V 389,参见原书第56页。还需补充的一点是他可能来自维罗纳,见 *Epp.* 6.34.1; Martial 1.7(其中提到了"你的卡图卢斯 [tuus Catullus] ")。

（Septicius Clarus）直到许久之后才得以跻身高位。[1]

尽管图拉真甚至毫不掩饰自己对于文学的毫无兴趣，他的妻子却热衷于奖掖文学事业。小普林尼并未斗胆将自己的任何作品题献给元首夫人，但他许诺将西班牙的一个朋友的书信集转呈给她过目。[2] 更值得注意的是，尽管小普林尼习惯于在青年人中拔擢人才或做出许诺，他却没有给埃利乌斯·哈德良写过信，并且在其书信集里也没有关于此人的任何蛛丝马迹。[3] 他对哈德良的某些亲戚与朋友同样保持沉默，尽管他们已经（或在日后）成为王朝家族谱系中举足轻重的人物。[4]

图密善统治后期的文坛由几个圈子构成，尤其是那些同斯塔提乌斯与玛提阿尔的名字联系在一起的人物。这两位诗人尽管谁都不愿屈尊附就去提及对方，却同等殷勤地去赞美元首和争取各位庇护人的支持。其中一些庇护人同小普林尼的年龄与社会地位相仿，或许也具备跟他类似的文学品味。但这些人也几乎从未出现在小普林尼的社交圈子里。就连出身高贵富有，还具备天才、口才与诗才的阿伦提乌斯·斯泰拉（Arruntius Stella）也是如此。[5] 斯泰拉来自帕塔维乌姆。[6] 前几个世代中的意大利北部人有好有坏，好人诸如维

---

1 他于公元119年被任命为禁卫军队长（*HA, Hadr.* 9.4）。他之前可能担任过夜巡官。我们无法确定他的家乡。他是绥克斯图·埃鲁奇乌斯·克拉鲁斯（Sex. Erucius Clarus，公元117年递补执政官）的叔父。
2 4.28.1（来自萨古恩图姆的沃科尼乌斯·罗马努斯 [Voconius Romanus]）。
3 他同佩达尼乌斯·福斯库斯（Pedanius Fuscus）的关系非常亲密（4.36, 40）。他认为那位年轻人前途无量（6.2.1 ff.），并祝贺尤利乌斯·塞尔维亚努斯找到了他这样一位女婿（6.26.1）——塞尔维亚努斯的女儿是尤利娅，哈德良的外甥女。
4 值得注意的有玛库斯·阿尼乌斯·维鲁斯（公元97年递补执政官），以及佩达尼乌斯·福斯库斯的同龄人小提图斯·奥勒留·福尔伍斯（T. Aurelius Fulvus，公元120年执政官）；此外还有格涅乌斯·多米提乌斯·图鲁斯（Cn. Domitius Tullus，公元79年前后递补执政官，公元98年第二次出任执政官）、卢奇乌斯·达苏米乌斯（L. Dasumius，公元93年执政官[?]）和卢奇乌斯·凯奥尼乌斯·康茂德（L. Ceionius Commodus，公元106年执政官）。见附录87。
5 卢奇乌斯·阿伦提乌斯·斯泰拉（公元101年递补执政官[?]）。具体细节见*PIR*[2], A1151。另外一个缺失的重要人物是玛库斯·维托里乌斯·马塞卢斯（M. Vitorius Marcellus，公元105年递补执政官）。这些人的情况见附录25。
6 Martial 1.61.4. 他应该跟一个叫"玛库斯·阿伦提乌斯·[……]（M. Arruntius [）"的人有关，后者或许是玛库斯·阿伦提乌斯·阿奎拉（M. Arruntius Aquila，公元66与77年递补执政官）。玛库斯·阿伦提乌斯·阿奎拉的情况见*ILS* 980（发现于帕塔维乌姆）。

比乌斯·克里斯普斯等。[1] 非所有来自意大利北部的长辈都在小普林尼的朋友之列。著名的希利乌斯·意大利库斯没有收到过小普林尼的来信。[2] 他的儿子们也不是小普林尼的通信对象。[3]

对于新的文学群体和冉冉升起的诗才而言，图拉真时代显然为他们提供了大显身手的理想舞台。因为弗拉维王朝时代的诗人们已经迅速淡出，几乎已没有人留下来参与竞争或妨碍他们。斯塔提乌斯尽管在完成了自己偶尔挥毫写就的精美诗集《丛林》（Silvae）后继续笔耕不辍，发表了一部标准规模的神话史诗并开始着手创作第二部，却在自己能够通过投其所好与得心应手的诈术赢得涅尔瓦与图拉真的恩宠之前撒手人寰。瓦勒里乌斯·弗拉库斯（Valerius Flaccus）则在图密善遇刺前已经逝世，留下一部未完成的《阿尔戈远征记》（Argonautica）。如果说希利乌斯·意大利库斯仍在坚持自己的事业的话，那么他也是为了完成自己之前的使命，而不是为了牺牲闲暇去赞美新政权——抑或得到新政权的赏识。他的政治生涯已成往事——他是尼禄治下的告密者之一，并于公元68年当上了执政官；但此人日后的检点举止挽救了他的声誉，并通过担任亚细亚行省总督而声望日隆。小普林尼的一些书信赞美了意大利库斯，他的艺术品收藏和对西塞罗、维吉尔的崇拜。这位年老的前执政官住在自己位于坎佩尼亚的庄园里，甚至在图拉真前来时都不愿动身去见元首。他工作起来十分刻苦——"勤勉多于才华（maiores cura quam ingenio）"。完成了写就17卷《布匿战争》（Punica）的壮举但仍需忍

---

1 他来自维尔克雷（Dial. 8.1）：小普林尼的舅舅担任行省督办时，他是近西班牙行省的总督，参见原书第61页。
2 他的全名应当是"提比略·卡提乌斯·阿斯科尼乌斯·希利乌斯·意大利库斯（Ti. Catius Asconius Italicus）"，参见来自阿佛洛狄西亚斯（Aphrodisias）的铭文（发表于 CR XLIX [1935], 217）。"阿斯科尼乌斯"这个姓氏无疑来自帕塔维乌姆。学者阿斯科尼乌斯就来自那里；希利乌斯本人提起过他（Pun. 12.212 ff.）。来自麦狄奥拉尼乌姆或提奇努姆的人物也不应被忽略——值得注意的有因苏布雷人、伊壁鸠鲁派哲学家提比略·卡提乌斯（Ti. Catius），科奈里乌斯·奈波斯（Cornelius Nepos）的同乡（Cicero, Ad fam. 15.16.1，参见 Pliny, Epp. 4.28.1）。
3 如卢奇乌斯·希利乌斯·德奇亚努斯（L. Silius Decianus，公元94年递补执政官）；或提比略·卡提乌斯·凯西乌斯·弗隆托（Ti. Catius Caesius Fronto，公元96年递补执政官），此人可能是希利乌斯·意大利库斯的亲戚。弗隆托是一位演说家，参见附录27。

受不可治愈的痼疾时，意大利库斯在75岁之际自愿绝食而死。[1]

整整一批史诗诗人中的最后一位——希利乌斯的与世长辞似乎标志着一个文学时代的终结。大约一年之后，另一位不那么引人注目的诗才也告别了罗马。短诗作家瓦勒里乌斯·玛提阿尔尽管愿意为这个时代的幸福献上短小的颂诗，却很快意识到这个物是人非的环境并非一片大好。与此同时，对故土的思念——他已有30多年没回过那里了——变得日益强烈，进一步增强了他对大城市的厌恶。玛提阿尔返回了西班牙，并于不久之后死在那里。[2]

希利乌斯只能在诗人的殿堂里占据次要位置——他的勤勉多于才华。但瓦勒里乌斯·弗拉库斯则是一个懂得如何用精确的优雅笔触写作、让自己的叙述场景栩栩如生的天才。斯塔提乌斯是一个成就卓著、能够带给读者愉悦的诗人。玛提阿尔则用阿提卡文学的犀利与优雅让拉丁文变得更为鲜活清晰。简言之，这些正是弗拉维王朝的诗人们取得的成就。我们还需补充两位高贵、典雅的散文作家的名字——费边·鲁斯提库斯（Fabius Rusticus，一位作品业已佚失的历史学家）和费边·昆体良（Fabius Quintilianus）。在度过了一段成功的教书生涯后（他获得了罗马第一个有人资助的修辞学教席，随之而来的是滚滚财富和各种官方荣誉），昆体良在退休后写了一部《修辞学教育》（Institutio Oratoria）。这部出版于图密善去世前不久的、面面俱到地讨论教育问题的著作清晰明快、娓娓道来、充满智慧。[3]

罗马政府奖掖文学的做法并非仅仅出自元首本人嗜好诗歌、艺术的个人意愿，它也是一项既定政策。官方赞助并不一定总是对诗歌、教育和博古研究有害；演说术或史学则是另外一回事。一位暴虐多疑的元首会通过眼线、

---

1 关于他的生涯与习惯，参见带有讣告性质的书信3.7（公元101年）。我们还应补充铭文 *CR* XLIX (1935), 217：它记述了此人在担任行省总督时的一项无可指摘的举动——他颁布了一条法令，禁止人们惊扰属于阿弗洛狄忒的神圣鸽子。
2 3.21（可能是公元102年）. 玛提阿尔于公元98年离开罗马，并在"三年"后出版了自己诗集的最后1卷（见第12卷序言）。他提到了阿伦提乌斯·斯泰拉担任执政官一事（12.2.10），该任期始于10月（*ILS* 6106）：很可能是公元101年。参见附录18。
3 参见蒙森在 *The Provinces of the Roman Empire I* (1886), 77里概括罗马治下的西班牙时所表达的坚定、衷心的赞赏。

告密人与焚书等手段来禁止对现实问题畅所欲言（并且这种禁令很快就会波及历史问题）。这种罪行并不新鲜：它几乎是罗马帝国的体制所无法避免的。但暴君们还是一个个在驾崩后被钉在永恒的耻辱柱上——并且其中的一个重要原因恰恰在于他们试图废除元首治下的元老们从共和国的贵族阶层那里继承下来的言论自由传统特权。那么，在图密善遇刺后，在一个"自由"与"元首制"毫无违和感地亲密共存的时代里又将出现何等局面呢？

摆脱暴政后的自由给科奈里乌斯·塔西佗带来了些许慰藉——但冷静地转念一想仍然让人高兴不起来。才华与学识在遭到抑制与摧残后并不容易复苏；起初迫不得已的碌碌无为会变成骨子里的一种性格，甚至演变成一种自鸣得意的怠惰。[1] 塔西佗的挚友不允许他对大好前程表示怀疑。小普林尼断言，高雅文学艺术的研究盛况是前所未有的。[2] 小普林尼声称当前正在经历一场真正的文化复兴，并且他自己的钻研与演说，以及朋友和门生们的多才多艺对此也不无贡献。当前的每个年头里都会涌现出一大批诗人；每个月份都见证着他们日复一日的朗诵表演。[3]

各种文学样式都有人涉足——其中包括抒情诗与戏剧，以及一些很少或从未在拉丁语文学中尝试过的体裁。[4] 草草写就甚至流于低俗的诗作装点着维斯特里奇乌斯·斯普利纳和阿里乌斯·安东尼等前执政官的静好岁月——那是他们在操劳公务后赢得的安闲时光。[5] 年轻人们则勇于迎接挑战，运用十一音步体诗歌追逐着卡图卢斯的声名。其中一些人这样做的理由为自己是诗人卡图卢斯的老乡。留存至今的一个样本出于斯普利纳的亲戚与被保护人之手：它确实成功地模仿了那位维罗纳诗人——但不是他的优雅和精神，而

---

[1] *Agr.* 3.1: "ingenia studiaque oppresseris facilius quam revocaveris: subit quippe etiam ipsius inertiae dulcedo, et invisa primo desidia postremo amatur（精神上的萎靡也比重新振作要来得容易：因为碌碌无为本身是安逸的，并且我们会慢慢爱上起初厌恶的怠惰）。"

[2] 1.10.1; 3.18.5.

[3] 1.13.1.

[4] 一个名叫维吉利乌斯·罗马努斯（Virgilius Romanus）的人甚至尝试过创作"抑扬格诗（mimiambi）"和"旧喜剧（vetus comoedia）"（6.21.2 ff.）。

[5] 见原书第4页。

是他的琐碎和直来直去。[1] 小普林尼的一位来自意大利北部的朋友则并不仅仅满足于用优雅的笔触写就一些信手拈来的诗歌——他才是真正的卡图卢斯再世。他是一位口齿流利、声如洪钟的演说家,熟练掌握各种公共演说的要领;他的关注让历史有了光彩;他还能用博学的复古风格背诵一些书信——那些信件托名他的妻子,但或许是他自己写的。[2]

在彼此批评的有用幌子下,人们进行着不知羞耻的互相吹捧。绝大部分作品在正式出版前都会在作者的崇拜者圈子里传阅,或在沙龙里得到宣传。社交礼仪和投桃报李的需要通常能够为朗诵者赢得一批听众并维持一团和气。但军人、律师或学者们往往是桀骜不驯的。当一个来自翁布里亚境内的阿西修姆(Asisium)、自称为普罗佩提乌斯(Propertius)后裔的诗人开始朗诵几首哀歌体作品时,他请自己的朋友雅沃勒努斯·普利斯库斯下令开始。他说:"普利斯库斯啊,请您下令(Prisce iubes)……"后者当即回答道:"我真的没让你念这个(ego vero non iubeo)。"于是人群中爆发出一阵哄笑。向一位身在远方的笔友报道这件事的小普林尼严重怀疑雅沃勒努斯——一位造诣非凡的法学家——是否头脑正常。[3]

另外一则细节逸事同样值得关注。小普林尼的一位朋友因缺乏自信而遭到了罕见的批评——他不可理喻地拒绝出版自己的作品。[4] 这个特立独行的高贵人物不是诗人或演说家,而是一位渊博的博古学者——苏维托尼乌斯·特

1　4.27.4: "canto carmina versibus minutis / his olim quibus et meus Catullus(我用琐碎的语言写诗,我的卡图卢斯)",等等。

2　1.16(庞培·萨图尔尼努斯[Pompeius Saturninus])。至于沃科尼乌斯·罗马努斯,"他的书信会让人以为缪斯是讲拉丁语的(epistulas quidem scribit, ut Musas ipsas Latine loqui credas)"(2.13.7)。

3　6.15.3: "est omnino Priscus dubiae sanitatis, interest tamen officiis, adhibetur consiliis atque etiam ius civile publice respondet(普利斯库斯的理智确实有些问题。但他关心国事,其进言献策受到重视,并且在民法问题上对答如流)。" 此事发生的时间是公元106年左右。但雅沃勒努斯的头脑其实并无问题,因为他是公元148年执政官普布利乌斯·萨尔维乌斯·朱利安(P. Salvius Julianus)(Dig. 40.2.5)的老师。那名诗人是盖约·帕塞努斯·保卢斯·普罗佩提乌斯·布雷苏斯(C. Passennus Paullus Propertius Blaesus)(ILS 2925:阿西修姆)。

4　5.10.

兰奎鲁斯（Suetonius Tranquillus），一名骑士阶层保民官的儿子。自我怀疑与胡思乱想断送了这个人的仕途。需要参加庭审辩护的他得到了一个梦境的警示：于是他恳请小普林尼出面干涉，将听证会延期。[1] 他随后去服了兵役。通常情况下，迷信是不至于让一个人拒绝加入罗马军队的；但当小普林尼为他争取到了不列颠的一个军团长职位时，他退却了。[2] 文学研究被其他失意者视为避难所与慰藉。苏维托尼乌斯理应知道，拉丁文本批评的大师瓦勒里乌斯·普罗布斯（Valerius Probus）一生连百夫长都没有当上过。[3] 小普林尼舅舅的表现或许也让他心向往之。他将自己的一生奉献给了学术事业。但直到多年以后，当恩宠与庇护的风水轮流转最终帮助自己在宫廷里谋得了一个职位，从而获得了接触国家档案的机会后，苏维托尼乌斯才开始着手撰写《罗马十二帝王传》(Lives of the Caesars)。[4]

  传记提供了接触历史的便捷方式；并且有些历史也只不过是传记而已。王权的建立和王朝的持久对于这种写作形式而言似乎再合适不过了。但构成罗马帝国史上早期主题的不仅仅是那几位元首，还有他们手下的牺牲品。如果说传记这种体裁源自葬礼演说的话，那么它很快就被与死者无关的人物利用起来，发展成为一种介于演说词与史学之间的体裁。一位盖约·法尼乌斯（C. Fannius）尝试撰写过那些被尼禄杀害或流放的人物的传记。[5] 他写了足足3卷。有魔鬼出现并坐在他的床上，一卷卷翻阅完了那些作品，之后扬长而去。法尼乌斯猜想，是命运不允许自己继续写下去了。他不久后便撒手人寰。

  图密善的迫害行动又提供了新的素材；并且世人也对此进行了充分利用。小普林尼曾以此来解释自己对普布里奇乌斯·凯尔图斯的攻击，特别强调自己是在为赫尔维狄乌斯·普利斯库斯复仇。小普林尼经常将那篇演说词

---

1 1.18.1.
2 3.8.1. 指挥官是卢奇乌斯·奈拉提乌斯·马塞卢斯（L. Neratius Marcellus, 参见附录14）。
3 Suetonius, *De gram*. 24.
4 见原书第501页与附录76。
5 5.5.

推荐给有身份和前途的年轻人，供他们在演说术练习中加以模仿。有人认为只有德摩斯梯尼的作品可以与之媲美。[1]

法尼乌斯在选择主题时可能受到过亲友关系的影响[2]；但小普林尼同赫尔维狄乌斯·普利斯库斯所属圈子的关系或许并没有他声称的那样密切和持久。提提尼乌斯·卡庇托（Titinius Capito）撰写名人去世过程的作品则富于启发意义，受到了广泛好评。

提提尼乌斯是一位多面手：他不仅是一位作家，还是一位朋友、庇护者和领袖。[3] 当时的文学处于衰落期；但提提尼乌斯阻止了它的进一步下滑。[4] 他从不错过作品朗诵活动，并慷慨地出借自己的住宅作为此类表演的场地。小普林尼声称，提提尼乌斯是那个时代的亮点。我们关于提提尼乌斯的其他知识进一步强化了他的可爱形象。此人在家中虔诚供奉着伽图、布鲁图斯和卡西乌斯（Cassius）的雕像，足见他对共和时代的这些伟人是何等崇拜。他还请求元首准许为一位被尼禄处决的贵族在罗马广场上竖立雕像。[5]

从未有人怀疑，这种共和主义情怀曾威胁过提提尼乌斯·卡庇托的生命与仕途；并且也没有什么同贵族家族之间的联系可以解释或贬损此人的举止。尽管提提尼乌斯只是一名罗马骑士，而不是贵族（甚至不是元老）；他却是时代的真实写照。对高贵等级与地位的过分推崇将仰慕变成了拙劣模仿，并在无意中暴露了传统信仰与虔诚观念在深层次意义上的荒诞不经。

关于提提尼乌斯生涯的记录也可佐证这一观点。[6] 作为一名参加过某次

1　4.21.3; 7.30.4 f.; 9.13.1，参见1.2.2。

2　他的亲戚中或许包括法妮娅（Fannia）（PIR^2, F 118）——特拉西亚·佩图斯的女儿和老赫尔维狄乌斯·普利斯库斯（Helvidius Priscus）的妻子。

3　8.12，参见5.8。

4　8.12.1: "ipsarum denique litterarum iam senescentium redactor ac reformator（他凭一己之力复兴并革新了衰落中的文学）." 作为文化建设者的先驱，他是斯塔提乌斯的一位保护人——"当然是玛尼利乌斯·沃皮斯库斯，一位极其博学的人士：他是将文学从几乎已经没落的处境中拯救出来的最主要人物（Manilius certe Vopiscus, vir eruditissimus et qui praecipue vindicat a situ litteras iam paene fugientes）" (Silvae 1, praef.)。

5　1.17。

6　ILS 1448。

战役的军官，提提尼乌斯通过合人心意的礼物、优雅的文风或某些忠诚举动引起了图密善的注意。在收获了军事荣誉后，提提尼乌斯被从军队中抽调，当上了元首的心腹秘书。涅尔瓦和图拉真都留下了他，并将之拔擢为夜巡官——该职务同样需要谨慎与忠诚。当元首人选发生变动之际，骑士们往往可以反映官僚体系的稳定性；并且一些地位较高的骑士们往往也是文豪。

这个人物堪称图拉真时代罗马的梅塞纳斯（Maecenas）——他将作家与赞助人的身份集于一身。小普林尼也扮演着这种双重角色——其勤勉令人想起他的舅父，活力无限则是他的个人特征。他尝试过所有文学体裁的创作。从年少时开始追随缪斯的小普林尼早在14岁时就创作过一部希腊文悲剧；当他结束在叙利亚的任职返回意大利时，小普林尼打发旅途耽搁时光的办法便是用拉丁文写诗。[1] 小普林尼日后的作品更加丰富多样。一天，小普林尼在午睡时突然得到了灵感。[2] 他发现自己会写六音步的诗歌了。随后他又毫无困难地掌握了哀歌体诗歌的写法，并尝试了其他体裁。他创作了一系列十一音步体诗歌，并获得了广泛好评。希腊人十分推崇这本薄薄的诗集——它让他们爱上了拉丁文，并为这些诗歌谱写了音乐。小普林尼的一些朋友却无法掩饰他们的悲伤：这些作品不仅有悖于道德标准，并且对于像他这种身份的人物而言也是极不适合的。[3] 小普林尼极力为自己涉足这种古老的消遣方式而辩白：从前那些尊贵、纯粹、无可指摘的人物也曾沉溺于写作轻浮的诗歌——包括各位伟大的演说家和政治家，甚至包括涅尔瓦这样的元首，以及一些古典作家——尽管（小普林尼坦承）他们并不是元老。[4]

罗马的传统并不认为严肃的诗歌创作（如史诗或教谕诗）可以成为元老

1　7.4.2 f.
2　ib.4 ff., 并引用了六音步的诗句。他在7.9.11里也记录了自己写的哀歌体作品。其中有两句值得在此引述——"utque sacri fontes non sola incendia sistunt | saepe etiam flores vernaque prata iuvant（神圣的泉水不仅能浇灭火焰 / 它还总是滋育春花与草原）"。
3　4.14.4 ff.; 5.3.1 ff.
4　5.3.6: "Non quidem hi senatores, sed sanctitas morum non distat ordinibus（这些人并非元老，但道德准则的适用范围是不囿于某一等级的）."

的适宜（或主要）事业，更不相信它们可以带来不朽的声名。只有演说和撰述历史能做到这一点，因为它们都是政治活动的具体形式。从年少时代起，小普林尼便追求着公共演说领域的声名，追随最优秀的教师学艺，并在法庭上崭露头角。对他而言，西塞罗的荣耀几乎已经触手可及。他公开声称自己将取法前贤，从而得到了玛提阿尔的恭维与阿奎利乌斯·雷古鲁斯的讥讽。[1] 关于自己在多方面的创作成就，小普林尼在信件中提到了自己撰写并发表的几篇演说，其中值得注意的有他在捐建图书馆之前向科穆姆城镇议事会发表的演说，以及对普布里奇乌斯·凯尔图斯的控诉。[2]

小普林尼通常习惯于向听众诵读自己的演说词。那是源自罗马的一项创新。并非所有人都喜欢这种做法。小普林尼对此进行了辩护：如果史学作品（追求真实与诚实乃是史学的固有目标）、戏剧和抒情诗都可以诵读的话，演说词为什么就不可以呢？[3]

最让小普林尼引以为豪的是他担任执政官期间的"礼赞"。保存至今的那部《颂词》念下来足足需要3个小时。在政府首脑与社会领袖合二为一的情况下，仪式活动的规范就会变得严格且暗藏杀机。元首们在宴会、宗教仪式或元老院集会上的举止都会受到充满敌意的关注——仇人们在搜寻着关于元首心胸狭隘或漫不经心的各种蛛丝马迹。图拉真凭借着自己完美的威严、礼贤下士和以执政官身份主持元老院会议时的出色幽默感很好地扮演了"市政元首（civilis princeps）"的角色。[4] 无论其本身有多么空洞乏味，外在的这些规矩总还是需要得到尊重的。但即便对于最有耐心的统治者而言，长达3小时之久的猛烈吹捧也是一种不人道的折磨。

事实上，一般情况下的"礼赞"都是简短的和容易忍受的。但高傲的小

1　Martial 10.20.12 ff. (被 *Epp.* 3.21 转引); *Epp.* 1.5.11: "Satrius Rufus, cui non est cum Cicerone aemulatio（萨特里乌斯·鲁孚斯从不模仿西塞罗）。"
2　相关批评见 8.30.4 f.; 9.13.1; 捐建图书馆之前的演说见 1.8.2。
3　7.17.3.
4　*Pan.* 76.

普林尼在自己的《颂词》中扩充了篇幅。[1] 小普林尼不仅在自己的朋友中间分发这篇文稿、供他们欣赏或提出改进意见，还邀请他们前去听自己宣读这篇稿子。这些人只要得空便会风雨无阻地前来聆听，有些还会提出更多的要求。[2]

泼墨如水是小普林尼的天性。在一封长篇书信中，小普林尼表达了对简洁风格的反对意见，并宣称最好的演说词必然也是篇幅最长的。[3] 他援引了从前的演说家们，并回顾了自己担任辩护律师的实践经验，最后用精心设计的比喻来支撑自己的观点。他并不忌惮引述反面的批评意见——如阿奎利乌斯·雷古鲁斯在两人合作为一个案子辩护时对自己的评价。小普林尼在叙述事件时总是无话不讲：雷古鲁斯很快就成了叙述里的中心人物。[4]

此外，主题的性质也要求小普林尼发表一篇长篇大论。对元首的颂词从前是令人反感和口是心非的，如今却因发自肺腑而变得令人愉悦。[5] 小普林尼对自己的任务乐在其中。在弘扬图拉真的美德时，他的意图不仅是赞美元首的性格和举止，还要为万世子孙树立典范，指引未来的统治者们走上恪尽职守与追求荣誉之路。[6] 晚近的历史可以为他们提供警示。为了反衬图拉真的形象、展示他本人的美德，小普林尼用了很长篇幅叙述了图密善的暴政。这些事实本身其实已经足够恶劣。但小普林尼往往还会对它们进一步加以扭曲，以至于我们只能从他的修辞式叙述背后去臆测或发掘事实真相。

御用演说家并不一定总要通过歪曲真相来表现自己的忠诚。在有些情况下，更方便的做法是对一些事情完全略过不提。小普林尼在介绍图拉真的履历时对他担任执政官后的那段经历一带而过；他完全没有提及涅尔瓦统治

1　3.18.1，参见 J. Mesk, *Wiener Studien* XXXII (1910), 239 ff.；以及 M. Durry 的校勘本（Paris, 1938），6 ff.。
2　3.13; 18.
3　1.20.4: "bonus liber melior est quo quisque maior（更优秀的作品篇幅更长）."
4　ib. 14.
5　3.18.7.
6　ib.2 f. 参见 M. Durry, o.c. 21 ff.。

时期其他将领们的所作所为；他还隐瞒了这位新元首的行省出身。这篇《颂词》将奉承最高统治者的技巧运用到了炉火纯青的程度，以至于没有给后来的尝试者留下多少发挥空间。他所效法的榜样则从西塞罗《马塞卢斯辩护词》(Pro Marcello) 对独裁官凯撒的荣耀与仁慈的赞美一直延续到小塞涅卡献给尼禄的《论仁慈》(De clementia)。[1]

小普林尼清楚，自己的主题与小说相去甚远——"nota vulgata dicta sunt omnia (那都是些市井碎语)"[2]。从前也有一些雄辩的执政官与谄媚的艺术家用同样的手段对元首们进行过道德褒贬。小普林尼曾在图密善时代听过元老们的谢恩演说。他还可能帮助在涅尔瓦治下得以第三次出任执政官的维吉尼乌斯·鲁孚斯写过一篇类似的发言稿（那是他分内的虔诚使命）。《颂词》的特别之处在于，作者小普林尼决定将他的"礼赞"发表出来。

我们只有在小普林尼的书信集中才能发现他的原创性——这一点十分古怪，因为这些书信的内容似乎极其保守。用演说词或书信的形式承载各种文学主题是一种非常古老的传统；在经过适宜的编辑后，真实的往来通信有时也可以对外发表。当小塞涅卡业已完成了几部伦理学论文后，他接着在书信体的伪装下写就了一系列短小精悍的道德训诫——所有这些信都是写给同一位朋友的。小塞涅卡的文风已经过时。尽管道德情怀仍需得到正人君子们的声援，尽管哲学追求仍在获得广泛支持，有品味的知识精英们已经开始觉得小塞涅卡有些过于雄辩和乏味无聊了。小普林尼的精心设计则使得道德说教变成了一种高雅的艺术——它通过对人物及其举止的描述而完成，因而毫无违和感。

小普林尼所描述的是一个生活舒适、精致的稳定社会里上流、中层社会成员在日常事务或重大变故面前的行为举止。订婚与结婚、遗嘱与遗赠、朋

---

1 J. Mesk, *Wiener Studien* XXXIII (1911), 71 ff.; 另见 M. Durry 关于"理想及其源头 (les idées et leurs sources)"(o.c. 27 ff.) 和"公共空间 (les lieux communs)"的论述及相关目录 (33 ff.)。关于小普林尼对政府观点的类似话题，参见 M. Hammond, *Harvard Stuies* XLIX (1938), 115 ff.。

2 3.13.2.

友患病或亲人逝世、诗歌或演说天才的初露锋芒、刚刚步入仕途的有志青年、大城市生活中五花八门的营生、著名人物的盛大葬礼——这些都在小普林尼书信体作品的主题之列。罗马城位于舞台的中心；但小普林尼同样描绘了乡村生活的画卷——如他对某处庄园、地产经营状况、地产主人的忧虑、退隐政治家的消遣与通过"光荣的缄默"获得问心无愧的闲暇的那些杰出官吏的生活习惯的详细描述。偶尔被提及的还有法律、政治和行政体系，因为它们跟公共道德与艺术进步不无关系；此外还有个人仕途的兴衰沉浮，尤其是作者本人的经历。小普林尼对元老院事务的记载无一例外都是他本人在其中扮演着领导角色的那些活动。

至于《书信集》中的哪些作品是保留下来并经过精心编辑的真实信件，哪些是为出版而专门撰写的短文，小普林尼的出色写作技巧让我们很难对此加以分辨。[1]但我们注意到了一个引人怀疑的现象：每封信件几乎都毫无例外地聚焦于一个主题。一些琐碎细节会被删除，如寄给一位建筑师的指示。[2]并且当小普林尼给一位前执政官级别的军队统帅写信时，他似乎从来都不点明对方负责的省份或区域。[3]我们需要密切关注小普林尼对通信对象的选择，以及时间先后关系重大的那些信件的排列次序。

在语言风格的优雅工整、体裁与文风的丰富多样以及作品中蕴含的美感与智慧等方面，小普林尼的《书信集》是无出其右的。潜在的风险在于：小普林尼对同时代人物形象的刻画容易招致讥刺与敌意——即便这些描写并非基于人心深处的阴暗想法。小普林尼始终是具备自知之明的。其《书信集》的整体格调是富于亲和感与同情心，并劝人向善。在小普林尼那里，对活人的抨击并不稀奇，因为这位作家关注着社会的倒退，劝诫过一位无视阶层差

---

1 后人对此众说纷纭。关于以文学创作为主的观点，参见 W, Kroll, *Studien zum Verständnis der r. Literatur* (1924), 238 ff.; A.-M. Guillemin, *Pline et la vie littéraire de son temps* (1929), 128 ff.。

2 9.39.

3 2.13（普利斯库斯）; 3.17（尤利乌斯·塞尔维亚努斯）; 4.4（索希乌斯·塞内奇奥）; 4.26（麦提利乌斯·奈波斯）; 7.2（约斯图斯）; 9.2（萨比努斯）; 9.16与9.25（玛米利亚努斯[Mamilianus]）。

异的行省总督，并对青年一代的桀骜不驯表示痛心疾首。[1] 这些批评通常都是不点名的；因而极其罕见的例外尤为引人注目。作者在几封书信中添加了一些贬损阿奎利乌斯·雷古鲁斯当时或从前举止的逸事猛料。[2] 而他对身为前执政官的法学家雅沃勒努斯·普利斯库斯的评价也令人匪夷所思。[3]

玛提阿尔与斯塔提乌斯都会不遗余力地赞美自己的著名赞助者与恩人。玛提阿尔对雷古鲁斯的雄辩、才华与慷慨的赞美同小普林尼对其朋友的盛誉如出一辙；并且小普林尼《颂词》中的若干字句也酷似斯塔提乌斯对图密善的赞美之词。[4] 这种相似性并不仅仅体现在语言风格上，在主题选择方面也有所反映。当斯塔提乌斯描述提布尔的一处庄园，歌咏阿伦提乌斯·斯泰拉的婚礼，吊唁丧亲的克劳狄乌斯·埃特鲁斯库斯（Claudius Etruscus）或祝愿鲁提利乌斯·伽利库斯（Rutilius Gallicus）恢复健康（并详述了这名位高权重的庇护人的生平与履历）时，他其实已经为小普林尼的若干主题开启了先声。[5] 同样，小普林尼的一些文章也可在不大改动或删减的情况下变成韵文，并收录进诗集《丛林》之中。

斯塔提乌斯和玛提阿尔在身后留下了一片空白。而小普林尼继承他们作为社会评论家的衣钵并不稀奇。小普林尼《书信集》卷3便以对玛提阿尔死讯的报道收尾。那封信引用了玛提阿尔赞美其庇护人的诗句，并不失时机地提到了西塞罗。这封信在结尾处赞美了本有希望永垂不朽，但恐怕未能如

---

1 如2.6（不同类型客人们享用的不同饮食）；2.14.2 ff.（百人法庭上"青年们"的恶劣习惯）；8.23.3（青年贵族的自负与危险出身）；9.12（一位过分简朴的父亲）。
2 1.5；2.20；4.2，7；6.2。在这批书信中的最后一封里，雷古鲁斯被称为"故去的"。他可能在其他书信出版之际已经去世——那提供了《书信集》出版年代的线索，参见附录21。
3 6.15，参见原书91页。这封信是写给沃科尼乌斯·罗马努斯的；小普林尼曾向后者推荐过一位名叫普利斯库斯的军官（11.13）——这次推荐或许无果而终。见附录3。
4 参见R. Syme, *JRS* XXVIII (1938), 218；另见M. Durry的小普林尼《颂词》校勘本。
5 Statius, *Silvae* 1.3（玛尼利乌斯·沃皮斯库斯［Manilius Vopiscus］的提布尔庄园）；1.2（为斯泰拉写的新婚歌［epithalamium］）；1.4（鲁提乌斯·伽利库斯）。为著名前执政官写的诗体颂词有了长足发展。斯塔提乌斯也赞美过科布罗副将与不列颠行省总督玛库斯·维提乌斯·波拉努斯（M. Vettius Bolanus）的生涯（5.2）。提普尼乌斯·卡庇托用诗歌叙述了"光辉灿烂的一生（clarissimi cuiusque vitam）"（*Epp.* 1.17.3）。

愿以偿的玛提阿尔的才华与勤勉——"at non erunt aeterna quae scripsit? non erunt fortasse, ille tamen scripsit tamquam essent futura（或许他所写的东西无法不朽？可能它们确实达不到那样的水平；但他的写作是为了让这些作品名垂后世的）"[1]。

同玛提阿尔一样，小普林尼也以优雅的风格和艺术家心无旁骛的执着处理着那些琐碎的主题。[2] 宣称自己的书信集也会像玛提阿尔的短诗那样流传后世的说法未免显得过于狂妄——但谦逊的暗示总还是可以原谅的，并且似乎行之有效。

如果我们能够得知，这位当过执政官的演说家于何时决定通过发表自己的一部分书信来提升自己的名望的话，那将是相当有用的信息。小普林尼的9卷作品包括了写于公元97—108年之间的信件。小普林尼可能迟至公元105年才出版了作品的前2卷（或前3卷）；后续部分则接二连三地迅速问世——它们所讨论的也的确是晚近的事件，最后一部分就是在公元109年出版的。[3] 与人争胜的心态或许敦促着他尽快出版其作品。小普林尼在公元105年听到了关于自己好朋友的《历史》的一些流言（或许并不仅仅是流言而已）。[4]

小普林尼的文章是当时社会生活的一面镜子。但那又不仅仅是一面镜子，还具备鲜明的个人特色。西塞罗的书信集尽管原本并不打算出版，却起到了相同的效果，并于无意中暴露了大量关于个人生平的信息。小普林尼一方面否认这种比较的意义，并声称自己所处理的主题更为狭窄，却并未在前贤面前甘拜下风。[5] 他熟练地运用这些信件记录了自己最私密的一面——当然这些内容是无可指摘且适合放在演说家与政治家的自传之内的。

1　3.21.6。

2　参见A.-M. Guilemin, o.c. 147: "pour Pline le veritable maître dans la composition est Martial（对于小普林尼而言，他在文学创作方面真正的老师是玛提阿尔）"；另见J. Kruuse, *Classicas et Mediaevalia* IV (1941), 248 ff.。

3　见附录21。

4　推断自他致提尼乌斯·卡庇托的书信（5.8），参见原书第117页。

5　9.2.3。

刚刚卸任执政官几年的小普林尼缺乏公开纪念自己生平与贡献的足够资历与成就。并且这种体裁的应用也并不广泛。当然，君主们会书写他们自己的传记，就像他们拥有属于自己的公共纪念碑一样。但很少有资格拥有任何"功业（res gestae）"的元老完全有理由犹豫，自己究竟要不要将这些东西记录下来。低调总要好些——并且更为安全。很少将领在功勋方面能够同多米提乌斯·科布罗相提并论，并且他们也不大可能拥有能跟后者相提并论的回忆。[1]

为了让自己的德行获得美名的犒赏，世人需要等待自己的葬礼赞美词，或图拉真治下那位罗马史学家的作品问世。如果小普林尼自认为出类拔萃的话，那么他肯定无法心平气和地接受这一现实——除非他能未卜先知，洞悉将有一位受人尊敬的同僚科努图斯·特尔图鲁斯活下来主持他自己的葬礼。但科努图斯比小普林尼年长约20岁；并且塔西佗的文采在葬礼场合下带来的至高荣誉也不免要受到各种不利因素的损害。通过出版自己的书信集，小普林尼偷走了一次通过葬礼演说扬名的机会，迅速让自己的性格家喻户晓，赞美了自己的私人生活与仕途成就——那是任何人都不敢奢望能够立在自己墓旁的墓志铭。

那个时代的贤哲们坚信（尽管并非每个派别都是如此），人（至少是品行卓著者的灵魂）在死后仍然存在并拥有其居所。[2]但这种对若有若无的存在方式的依稀信念并不能让传统的罗马统治阶层信服。在他们眼中，为了能够永垂不朽，唯一可靠的途径乃是在世行善，从而在后人心目中留下美名。因此，他们狂热地追求着名誉——那种需求是追切的、执着的和压倒一切的。即便质疑这套观念合理性的哲学家们也无法否认或抵制荣誉的诱惑。[3]实干家

---

[1] 关于科布罗的回忆录，见原书第297页。

[2] *Agr.* 46.1: "si quis piorum manibus locus, si, ut sapientibus placet, non cum corpore extinguuntur magnae animae（倘若如贤哲们所说，虔诚者的灵魂自有其居所；那么伟大的魂魄便不会随着肉体一同灭亡）"，等等。参见 Seneca, *Epp.* 63.16: "si modo vera sapientium fama est recipitque nos locus aliqius（如果贤哲们的说法不谬，还有另一个居所接纳我们的话）"，等等。

[3] *Hist.* 4.6.1（关于赫尔维狄乌斯·普利斯库斯）: "erant quibus adpetentior famae videretur, quando etiam sapientibus cupido gloriae novissima exuitur（在一些人看来，他过分在意名声，即便贤哲也是最难杜绝对荣誉的渴望的）."关于具体的"场合（τόπος）"，见 P. Wendland, *Hermes* LI (1916), 481.

们有时会相对低调（或至少有所保留）。能够活着看到自己青史留名的维吉尼乌斯·鲁弗斯为自己挑选了一条简短但高傲的墓志铭。[1] 尤利乌斯·弗伦提努斯则拒绝接受任何溢美之词：如果他的功德值得永垂不朽的话，它们自然会万古长存下去。[2]

无论如何，人们需要孜孜不倦地追求美名。[3] 但世人掌握的手段是否足以完成这一目标呢？鼎盛时代的帝国在治国与征战方面为他们大显身手留下的空间是否足够？言辞可以成为行动的替代品，为人们提供些许慰藉。但即便就葬礼演说词而言，这种荣耀是否也来得太迟了呢？这些问题长期折磨着小普林尼的一些并非乐天派的朋友们。

1　引述于6.10.4: "hic situs est Rufus, pulso qui Vindice quondam | imperium adseruit, non sibi sed patriae（这里长眠着鲁弗斯；他在击溃文德克斯的叛军时保卫的不是自己的安危，而是祖国的疆土）。"

2　9.19.6: "impensa monumenti supervacua est: memoria nostri durabit si vita meruimus（建造纪念物是一种无用的破费；倘若自己的一生确有价值，关于我们的记忆自然会万古长存）。"这封信显然提到了6.10——后者是写给卢索（Ruso）的，也就是普布利乌斯·卡尔维修斯·卢索·尤利乌斯·弗伦提努斯（P. Calvisius Ruso Julius Frontinus, 公元79年递补执政官）之子普布利乌斯·卡尔维修斯·卢索·图鲁斯（P. Calvisius Ruso Tullus, 公元109年执政官）。他显然是弗伦提努斯的亲戚（参见附录87）。

3　9.14（致塔西佗）: "Posteris an aliqua cura nostri, nescio; nos certe meremur, ut sit aliqua, non dico ingenio (id enim superbum), sed studio et labore et reverentia posterorum（我不知道后世的人们是否还会记得我们；但我们无疑配得上那样的待遇——我指的不是我们的天才［那未免显得有些自吹自擂］，而是我们的勤勉、辛劳和对后人的关怀）。"

第九章 《关于演说家的对话》

　　跟其他所有事物一样，演说术也被元首奥古斯都驯服并立下了规矩[1]——或至少表面看上去如此。国家大事此时已经不再提交罗马公民大会进行讨论了；元老院通常也只是负责听取陈述，而非组织辩论。里应外合、暗箱操作与阴谋诡计取代了公开竞争与自由辩论。这对于演说家而言倒并非完全是一场灾难。远离政治的勤勉与才华可以更好地聚焦于法庭诉讼事务。随着元老院过问国家安全与荣誉事务的特权逐步（但相当迅速地）扩大，一个诱人的前景浮现在演说家面前。对"大逆罪（maiestas，帝国体制下挥之不去的诅咒）"的告发为演说术的发展提供了机遇。

　　一种犀利浮夸、咄咄逼人的新文风随之兴起。相关样本在奥古斯都去世前夕已经相当可观，并很快发展成一种主导时代潮流的风气，制造着自己的英雄与牺牲品。[2]通过告密赢得声名与前途的希望刺激着穷困潦倒、默默无闻的青年们萌动着的野心。为了获得好处与庇护，这些"告密者"欣然将他们的才华贷与帝王家。最终，财富、荣誉和元首的宠幸把他们卷入了纷争与危险，要他们为受害者的万劫不复偿还血债。[3]哪怕一名告密者活得足够长久，让他有机会通过获得成功与富足来改过自新，并被尊奉为一位"公民中的翘

1　*Dial.* 38.2: "et maxima principis disciplina ipsam quoque eloquentiam sicut omnia alia pacaverat（最伟大的元首制度关照了演说术和其他一切事业）."
2　见第二十五章。
3　*Ann.* 1.74.2.

楚（principes civitatis）"，他那暧昧的起家之道仍会在盖棺定论之际困扰着自己。多米提乌斯·阿费尔（Domitius Afer）被一名苛刻的批评家称为克劳狄乌斯与尼禄时代最伟大的演说家。[1]但阿费尔的讣告并不允许他独享尊荣：在那段评论中，他的名望是跟一位才华同自己难分伯仲、声誉方面则更胜一筹的演说家兼历史学家比肩而立的。[2]

接下来的那个时代让我们见证了维比乌斯·克里斯普斯与埃普里乌斯·马塞卢斯这两位内战风云中的熟练弄潮儿——他们安然无恙地经历了一次次改朝换代，并在此后获得了财富和荣誉。在演说感染力和诉讼界成就等方面（但似乎并不在政治影响力方面）仅次于这两个臭名昭著的人物的是玛库斯·阿奎利乌斯·雷古鲁斯。埃普里乌斯或维比乌斯反映的是从出身卑微到名满天下的巨大反差。[3]雷古鲁斯则从血统上来说就是贵族——或许出身于某个古老的显贵家族。[4]但雷古鲁斯跟共和晚期的一些贵族一样，被迫为自己与本家族的"尊荣"而奋斗，像所有新人一样披荆斩棘。妨碍其好运的事件是他的父亲被定罪并遭到放逐。为了夺回自己的荣誉与社会地位，这个年轻人疯狂地奋斗着。3位前执政官级别贵族的不幸见证了雷古鲁斯图财害命的本事——他获得的报酬则是钱财与祭司职务。[5]跟其他同行们一样，雷古鲁斯在尼禄死后的处境也危如累卵。当赫尔维狄乌斯·普利斯库斯在元老院里攻击了埃普里乌斯后，雷古鲁斯似乎已大祸临头。当时曾爆发过激烈争论——但最后无果而终。[6]倘若雷古鲁斯曾面对过威胁的话，那么他最终还是得以全身而退。当下一次机会来临之际，赫尔维狄乌斯又将矛头对准了埃普里乌斯。[7]

---

1 Quintilian 12.11.3，参见10.1.118。
2 *Ann.* 14.19（塞尔维利乌斯·诺尼亚努斯［Servilius Nonianus］）。
3 *Dial.* 8.1: "Capuae aut Vercellis, ubi nati dicuntur（据说他们来自卡普亚或维尔凯雷之类的地方）." 关于埃普里乌斯，见发现于卡普亚附近的献祭铭文（*ILS* 992）。
4 我们没有理由否认他是共和国时代阿奎利乌斯家族（Aquillii）的后裔。
5 *Hist.* 4.42.4，参见Pliny, *Epp.* 1.5.3。
6 *Hist.* 4.6.
7 4.6 ff.; 43（又一次）。

不久以后，雷古鲁斯也不得不面对攻击。[1]埃普里乌斯用辩论技巧和强大的口才干掉了对手。[2]雷古鲁斯则通过年轻的同母异父兄弟、杰出的维普斯塔努斯·麦萨拉（Vipstanus Messalla）的干预而得救。[3]

埃普里乌斯和维比乌斯成了被世人挂在嘴边的一对儿，二者既般配又构成鲜明反差。维比乌斯享受了高寿与富贵，并因其机智与幽默感而声名远扬。[4]埃普里乌斯则在韦伯芗统治末年稀里糊涂地遭受了厄运，被卷入了一场所谓的阴谋而遭到迫害——但他着实冤枉，因为这批人的主要美德便是忠诚不二。他们是元首的朋友，并受到元首的重视。[5]

根据相关说法，埃普里乌斯参与了某个名叫凯奇纳·阿利埃努斯（Caecina Alienus）的人反对弗拉维王朝的密谋。凯奇纳在一个晚上同提图斯欢宴后离开宫廷时被士兵逮捕并杀害。关于他谋逆的书面证据（亲手写给禁卫军队长的一张字条）是后来炮制的。我们并不清楚埃普里乌斯是如何受到牵连的。一反常态的有失谨慎、匪夷所思的密谋或元首提图斯的专断意志毁掉了这个为罗马政府效力的著名仆人。在被元老院传唤并定罪后，埃普里乌斯用一把剃刀割断了自己的喉咙，以跟提格利努斯相同的方式了结了自己的一生。[6]

雷古鲁斯这样的人物是不可能缺乏荣誉的。[7]至于他是否为弗拉维王朝

1　4.42.
2　4.8.
3　雷古鲁斯的母亲已再婚，新丈夫名叫维普斯塔努斯——可能是卢奇乌斯·维普斯塔努斯·波普利可拉·麦萨拉（L. Vipstanus Poplicola Messalla，公元48年执政官），其家姓（cognomina）会令人猜想，他的父亲可能之前迎娶了显赫的瓦勒里乌斯·麦萨拉家族（Valerii Messallae）的一个女儿。
4　关于他的抖机灵本领，见Quintilian 5.13.48; 8.5.15; Suetonius, *Dom.* 3.1; Dio 65.2.3。
5　*Dial.* 8.3: "ab ipso principe cum quadam reverential diliguntur（得到元首本人的宠幸与敬重）."
6　Dio 66.16.3 f.; Suetonius, *Divus Titus* 6.2. 关于提格利努斯之死，见*Hist.* 1.72.3。
7　正如我们从对他的抨击中推测到的那样，见*Hist.* 4.42.5: "invenit aemulos etiam infelix nequitia: quid si floreat vigeatque? et quem adhuc quaestorium offendere non audemus, praetorium et consularem ausuri sumus（这个恶人即便在走背运的时候也不好对付；如果他一帆风顺、趾高气扬的话又会怎样呢？如果我们在这个家伙只是前财务官的时候都不愿冒犯他的话，等此人当上了大法官和执政官后我们还敢动他吗？)" 参见R. Syme, *JRS* XLIII (1953), 161。

做出过什么特殊贡献，或是甚至第二次担任过执政官，现存史料已经无从考证。尽管雷古鲁斯并未在迫害图密善治下的反对派方面出过什么力，他却对已经发生的事件表示了明确支持，出版了一本诋毁尤尼乌斯·鲁斯提库斯生前名誉的小册子——那本书非常不得人心。[1] 与此同时，他也利用各种手段（从收取费用到搜刮遗产）积累财富。关于他如何欺骗富有但无后的男男女女甚至仇敌遗孀的故事可谓罄竹难书。[2] 贪婪与摆阔往往是如影随形的。世人往往会想到伟大的霍腾修斯（Hortensius）——此人在生活作风与演说方面同样讲究排场。霍腾修斯在这些方面所掌握的技巧甚至高超到了足以成为职业演员榜样的程度。如果说霍腾修斯一直操心自己的举手投足与长袍上的褶皱的话，那么雷古鲁斯给自己画脸的做法还是要令他黯然失色。[3]

尽管具有矫揉造作、德行不端等缺陷，雷古鲁斯仍有充分资格成为罗马法庭上的领袖人物。他并不具备被罗马传统奉为理想的渊博文化知识或哲学教育，并且他的其他条件也算不上得天独厚。雷古鲁斯在诸多不利条件——如漏洞百出的行政体制、舆论的七嘴八舌、反应迟钝和记性不好——下奋斗着，并凭借自己的卓越天才超越了其他所有人。[4] 关于他言语攻击的着着致命，最有名的证据来自一个敌人的无奈评论——他引用了雷古鲁斯自己的说法："我当场就看到了枷锁（ego iugulum statim video）。"[5]

雷古鲁斯活到了图拉真统治时期，死于公元105年前后。[6] 他的后继者中是否有人能够取而代之，或已经把他远远地甩在身后了呢？维勒斯（Verres）案审判之后，霍腾修斯不得不让贤于西塞罗。到了公元100年，对行省总督的一起诉讼让人联想起共和时代演说术的古老主题：遭到蹂躏的行省和罗马公民的被杀。塔西佗在其演说中展示了自己的卓越水准与庄严风

---

[1] *Epp*. 1.5.
[2] 1.20.
[3] 6.2.2. 关于霍腾修斯的情况，参见Macrobius 3.13.4。他被戏称作"舞女"（Gellius 1.5.3），并且也有一些职业演员向他学习（Val. Max. 8.10.2）。
[4] 4.7.4.
[5] 1.20.14.
[6] 最早提及他去世一事的是6.2。

格。[1] 就其自身的表现水准而言，小普林尼谦逊地指出，他在审讯中发表的一篇演说长约5个小时。[2] 对马略·普利斯库斯的审判是在元老院里展示口才的绝佳戏剧性场合。这种罕见机遇在图拉真治下是不大可能再度发生的。诚然，图拉真时代也出过另一位行省总督凯奇利乌斯·克拉西库斯犯罪的案子。但克拉西库斯早在庭审能够开始之前就死去了。除了由小普林尼出任被告辩护律师这一条外，其他方面都是跟之前的那次不可同日而语的：尤利乌斯·巴苏斯只是一个微不足道的失足者；而对瓦勒努斯的指控却不容易坐实，它可能源自比提尼亚行省当地的阴谋与纷争。

小普林尼是不会质疑演说术的价值并否定文明存在的基础的。高雅的学术事业理应欣欣向荣，并且那在当时也是显而易见的事情。小普林尼《颂词》引起的反响便是足够有力的证据。当时的听众们不但兴致盎然、乐此不疲，还展示出了非同凡响的鉴别力。[3] 但文学品味和社交能力在当时的律师群体中并未得到很好的体现。小普林尼被迫做出了一个尴尬的表态：他很怀念雷古鲁斯。失去了雷古鲁斯之后，法庭已变成一片死寂的荒漠。如今的庭审律师们已不再陶醉于自己呕心沥血的作品，而是乐得尽快走完过场了事——演说词开始变得越来越短。[4]

在马略·普利斯库斯定罪之后，科奈里乌斯·塔西佗没有再为自己争取更多的荣誉。现存史料中并无他参与元老院内辩论的任何蛛丝马迹。小普林尼在关于此后6年内针对3位前执政官的审讯的介绍中提到过11位前执政官级别的人物。[5] 但科奈里乌斯·塔西佗并未名列其中。

1　2.2.17: "respondit Cornelius Tacitus eloquentissime et, quod eximium orationi eius inest, σεμνῶς（科奈里乌斯·塔西佗给出了雄辩的答复，运用了高贵华美的演说技巧）。"

2　ib. 14.

3　3.18.8 f.

4　6.2.

5　除了风格被小普林尼奉为典范的6位律师外（见附录27），值得注意的例子还有利波·弗鲁吉（Libo Frugi）(3.9.13)、贝比乌斯·玛凯尔（当时是一位"即将上任的执政官[cos. des.]"）和凯皮奥·希斯波（Caepio Hispo）(4.9.16)、科奈里乌斯·普利斯库斯（Cornelius Priscus）(5.20.7)、阿奇利乌斯·鲁弗斯（Acilius Rufus）(5.20.6, 6.13.5)。塔西佗或许在公元101—104年期间离开了罗马城，见原书第71页。

这些人有多优秀呢？精确的证据说明了这方面的情况。昆体良做出了充满信心的预测。他认为，接下来无论是谁来介绍罗马演说术，都将会发现一大批天才——我们已经看到了一批堪与伟大前辈们匹敌的成熟演讲者，以及一长串前途无量的年轻人。[1]昆体良是在图密善统治末年进行写作的。矛盾冲突与诉讼案件进一步刺激了人们的野心——这位教师也对那些通过其指导而获益的人赞不绝口。小普林尼便是其中的一员；并且小普林尼对于各位前执政官级别的演说家们毫不吝惜赞美之词——这位诠释了庄严与激情，那位才思敏捷且活力四射，第三位则聪明伶俐、尖刻犀利，等等。6位前执政官分别获得了各式标签，但塔西佗并不在其列。[2]

塔西佗的声名早在他多年以前担任大法官的时候已经奠定。如今，他不仅在那个时代的同行中名列前茅，或许还堪称他们当中的翘楚——并代表他们发布关于演说术地位的宣言。那是塔西佗的一位朋友请求他这样做的。此人不是小普林尼，也不是闻名于世的任何一位演说家，而是费边·约斯图斯——一个选择了行省与戎马生涯的人物。费边认为（并且塔西佗也赞同他的看法），当前已不再是伟大演说家的时代，只适合庭审律师之流。那么，罗马的雄辩术为何走到了穷途末路呢？[3]

在尝试回答这个问题时，塔西佗选择的场景是韦伯芗统治时期的一场讨论，自己当时还非常年轻。[4]《关于演说家的对话》（*Dialogus*）的舞台在库里

---

[1] Quintilian 10.1.122: "habebunt qui post nos de oratoribus scribent magnam eos qui nunc vigent materiam vere laudandi: sunt enim summa hodie quibus illustratur forum ingenia. Namque et consummati iam patroni veteribus aemulantur et eos iuvenum ad optima tendentium imitatur ac sequitur industria（在我们身后记述这个时代演说家的人们将会拥有关于目前正当盛年的人物的、确实值得赞美的大量素材；因为如今令法庭熠熠生辉的那些人的确是才华横溢的。已经如日中天的律师们堪与前贤媲美；青年一代则竭尽全力效法、追随着他们的脚步）."

[2] 见附录27。就我们所知，其中除最年长的萨尔维乌斯·利贝拉里斯（Salvius Liberalis，公元84年前后递补执政官）外都是公元96—102年间的执政官。萨尔维乌斯·利贝拉里斯的履历信息保存了下来，见*ILS* 1011。

[3] *Dial.* 1.1: "horum autem temporum diserti causidici et advocati et patroni et quidvis potius quam oratores vocantur（我们将这个时代从事该职业的人物称为"讼师""律师"和"案件受理人"和其他一切能找到的字眼，就是不叫他们"演说家"）."

[4] 1.2，参见17.3。很可能是在公元75年，参见附录28。

亚提乌斯·玛特努斯（Curiatius Maternus）家中，情节则起源于玛库斯·阿佩尔（Marcus Aper）和尤利乌斯·塞昆杜斯（Julius Secundus）的来访——那是当时的两位出类拔萃的律师，科奈里乌斯·塔西佗在初出茅庐之际非常推崇这两个人的格言与演说。阿佩尔此时已年过五旬，塞昆杜斯可能有40来岁。他们发现玛特努斯正在浏览自己所著剧本《伽图》（Cato）的手稿。他曾在前一天朗诵过这部剧本，相传得罪了当局并引得全城议论纷纷。[1]

塞昆杜斯询问玛特努斯是否在删改《伽图》，以便编订一个安全一点儿的版本。玛特努斯答复说恰恰相反：如果说《伽图》还没有足够清楚地表达自己的意思的话，那么他的下一部悲剧《图耶斯特斯》（Thyestes）将不会再犯那样的错误。[2] 在得到这位诗人执迷不悟的进一步证据后，阿佩尔突然插话进来。他指责玛特努斯轻视法庭诉讼的事业，而将时间和才华浪费在了无足重轻的诗歌写作之上。[3]

一场辩论随之而来。阿佩尔认为，从实用性和益处来看，对于追求乐趣与不朽声名而言，演说术的价值都应居于诗歌之上。[4] 掌握演说术的人能够保护朋友与门客，震慑自己的仇敌，获取安宁与权力。他在面对威胁时可以全身而退。在法庭上、元老院里和元首面前，口才既可以是一柄利剑，又可以是一面坚盾。埃普里乌斯·马塞卢斯仅仅凭借着言辞便能够同不怀好意的庭审者分庭抗礼，并挫败了强大对手的图谋。

演说术带来的个人声誉同样显而易见。演说家的仰慕者们期待着他的表演；世间最著名的人物也要对他礼让三分并伸出援手。资历、富足与社会地位表达着它们的不满：因为它们做不到的事情却可能被某个地位低下的年轻

---

[1] 2.1: "cum offendisse potentium animos diceretur, tamquam in eo tragoediae argumento sui oblitus tantum Catonem cogitasset, eaque de re per urbem frequens sermo haberetur（当时人们传说他在悲剧中忘我塑造伽图形象一事触怒了权贵，这件事搞得满城风雨）." 对这位新伽图——赫尔维狄乌斯·普利斯库斯——的指控和流放可能（或许必然）是公元74年的事情，参见原书第212页。

[2] 3.3.

[3] 3.4.

[4] 5.3–10.8.

人完成。这种才具并非来自元首的任命，也不是阴谋的产物。比外表上的成功标志更可贵的是内心的满足感——当众展示才华的荣光、确知自己手握权力的自信以及从事创造性劳动的陶醉感。演说家通过个人天才与奋斗所赢得的美名将传至天边。出身默默无闻的埃普里乌斯·马塞卢斯和维比乌斯·克里斯普斯最终坐上了元首朋友列里的头两把交椅。他们无须对韦伯芗感激涕零，因为后者反而欠着他们的情分。财富与影响力、社会名望与令人胆寒只是他们荣耀的一小部分而已。

玛特努斯用一段简短但足以打动人心的发言作为答复。[1]对诗歌艺术的追求让人自得其乐。它不会伤害任何人，并更有把握为钻研者带来美名。维吉尔的诋毁者要比西塞罗少得多。告密者们的演说术是晚近时代的发明，是一个邪恶时代制造的罪孽。它或许是一件有用的武器，但不靠武器生活岂不更好！美德是比雄辩更可靠的盾牌。远离律师、阴谋家们尔虞我诈的诗人可以安详地、问心无愧地告别这个世界。那些叱咤风云的政治家们的命运并不值得羡慕。元首们的臣仆被剥夺了尊严与自由，只能深陷在阿谀奉承与卑躬屈膝的泥潭里无法自拔。他们的处境并不比皇家的释奴们好到哪里去。[2]

一个新角色此时加入了讨论——年轻的元老维普斯塔努斯·麦萨拉，他的家姓（*cognomen*）令人回想起老牌贵族瓦勒里乌斯家族。麦萨拉憎恶当前的风气。他对古典演说家们的明显偏好引起了阿佩尔的激烈抗议，使得这场讨论更深入了一层。

在第二段讲话中，阿佩尔质疑了对老一代和新一代演说家的传统区分。他在回溯历史时指出，奥古斯都时代的演说家们（如麦萨拉·科尔维努斯［Messalla Corvinus］和阿西尼乌斯·波利奥［Asinius Pollio］）其实已算是相对晚近的人物。而在所谓的古人中，演说术并不是千篇一律的。西塞罗也有自己的批评者和竞争对手；并且西塞罗还要跟那些同样遵循传统职业道德的演说家争名夺利。演说术随着时代的变迁而发生着变化：西塞罗晚年的演

1　2.1–13.6.
2　16.4–23.6.

说要比他早年的作品更胜一筹。那些推崇经典演说风格的人把责任都推给了卡西乌斯·塞维鲁（Cassius Severus），指责后者让演说术走上了下坡路。但他们其实无法证明此人品味与判断力的低下——卡西乌斯其实完全清楚那个时代演说术的缺陷所在。

事实上，备受推崇的经典演说家们也有其显著弱点。西塞罗经常空话连篇、行文拖沓；而那些反对西塞罗、倡导平实的阿提卡风格的演说家们有时又无法摆脱文风呆板、表现力不足、作品单调无聊的骂名。那些古人总会在某一方面无法达到活力四射且完美无缺的严苛标准。

麦萨拉没有示弱。[1] 他坚持反对阿佩尔的看法，认为那些经典作家总的来说仍是十分卓越的。他相信，演说术鉴赏品味与艺术成就的整体衰落已成为一个不争的事实，他将其责任归结为对道德古风的轻视，并特别谴责了父母、教师和教学方法等方面的欠缺。雄辩术已堕落为一种修辞学游戏或肮脏龌龊的交易。演说家和辩护律师们对公法知识一窍不通；他们也没有什么哲学训练背景。只有古时的社会条件才能为政治生涯提供适宜的训练。

我们只知道麦萨拉说了这么多：他的演说的结尾部分已经佚失。尤利乌斯·塞昆杜斯可能也在这场对话中做出了些许贡献。我们有理由猜想，佚失的文本是他做出的评论（如果确有的话）。[2] 随后，库里亚提乌斯·玛特努斯接过了话题。[3] 他通过回溯历史调和了争论双方的观点，认为共和时代与当下的雄辩术都是不能脱离各自的时代与国家的客观条件而独立存在的。[4]

玛特努斯承认共和时代的演说家们的确伟大，并指出了他们何以能够成就其伟大——其原因不是文化而是政治，不是教育而是自由。雄辩术就像一

1　25.1-26.9; 28.1-32.7; 33.4-35.5.
2　许多学者认为，佚失的文本中包括塞昆杜斯的一篇演说（在35.5之后），如H. Drexler, *Bursians Jahresberichte* CCXXIV (1929), 283 f.; E. Koestermann, ib. CCLXXXII (1943), 87, 91。但也有人认为无须假定塞昆杜斯演说词的存在，如R. Waltz, *Rev. phil.* LXI (1935), 296 ff.; K. Keyssner, *Würzburger Studien* IX (1936), 94 ff.; K. Barwick, *Sächsische S-B, phil.-hist. Kl.* 101, 4 (1954), 4。
3　36.1. 有人认为40.1之后另有一段空白。不同意见如K. v. Fritz, *Rh. Mus.* LXXXI (1932), 275 ff.; W. den Boer, *Mnemosyne* 3 VII (1939), 193 ff.。
4　36.1-41.5.

把火；它需要燃料和空气，需要动机与激情。雄辩术产生于自由国家中的纷争与苦难——立法与选举、对"头面人物"的攻讦、家族仇怨及无所不在的党同伐异。无休止的争斗最终将共和国撕成了碎片。通过这样一种进程，历史将演说术推向了权力宝座与崇高地位。研习演说术的回报极其丰厚——高官厚禄、对权贵的影响力、元老院里的权威等等。而在首都罗马之外，各城镇乃至全帝国的居民都在争先恐后地向演说家表示效忠，心甘情愿地担任他的门客。

这一切的秘诀在于：在那样一个时代里，没有公共演说支持的人势必寸步难行。无法回避的必要性进一步强化与巩固了沽名钓誉的野心：沉默不仅意味着默默无闻，还意味着孤立无援。轻视演说术成就的贵族们面临着巨大危险——那些权贵和将领们则并不鄙夷演说术，即便伟人庞培（Pompeius Magnus）和玛库斯·克拉苏（M. Crassus）也是如此。

在元老院和罗马人民掌权的时代里，罗马演说术的这种具有毁灭性的荣耀便是如此。玛特努斯在进行道德说教时的要旨与此大同小异：雄辩术是被傻瓜们称为"自由"的原则的产物。它与罗马的内部纷争如影随形；它利用了民众的盲目热情；它不晓得任何规矩与节制；它是急于求成、桀骜不驯和目空一切。秩序良好的国家是不知道演说术为何物的。在斯巴达和克里特岛都没有产生过修辞学。在那些地方，法律是唯一的权威。雅典则是个暴民统治着的地方，因而雅典在雄辩术的发展史上占据着首屈一指的地位。罗马同样是在陷入苦难与无政府状态的时代里孕育了自己的演说家们的。

当和平、秩序与和谐的时代到来之际，公共演说的卓越成就便被连根斩断。作为病态与分裂的象征，演说术是不可能在一个健康的社会里，在举止文明、尊重规则的民众中间发扬光大的。元老院里已无须长篇大论，因为有理智的人能够迅速通过最适宜的决议。高谈阔论、蛊惑人心的演讲也已不复存在，因为掌握朝纲的是最富于智慧的那个人，而非愚昧无知的普罗大众。

共和国和元首制这两个时代各有自己的优缺点。两个世界的鱼与熊掌不可兼得。如果一个人接受了元首们赐予的和平的话，那么他也没有理由为自由国家雄辩术的没落而懊悔不已。[1]

通过公正、巧妙地平衡彼此对立的两派观点，玛特努斯在这个问题上得出的结论具有一种不可抗拒的说服力。他在角色与话语之间营造的绝妙和谐关系同样巧妙。由于文本缺失的缘故，我们无法对尤利乌斯·塞昆杜斯的发言做出有说服力的评价。我们知道，他的讲话风格是清晰雄辩的，但不够犀利。[2] 维普斯塔努斯·麦萨拉的讲话展示出了高贵且富有节制的特征，兼备优雅和理智。[3] 阿佩尔的形象是鲜明并居于主导地位的。为了占据上风，玛库斯·阿佩尔必须努力克服一些显而易见的劣势——他是一位来自高卢的新人，并且来自一个没有什么名望的地区。但他已拿到了大法官的头衔。[4] 他仰仗的主要是与生俱来的聪明才智和后天努力，而非高质量的文化教育；并且他在感情上也对阳春白雪式的文化不屑一顾。[5] 阿佩尔的性格是活力四射甚至咄咄逼人的；他热衷的是行动与世俗意义上的成功。[6] 但他也陶醉于自身演说才华的力量。[7]《关于演说家的对话》中其他谈话者的形象都不如玛库斯·阿佩尔生动或丰满，并且没有人在对话中占据着比阿佩尔更大的篇幅。

在讨论法庭演说及其代表人物的时候，塔西佗时代的任何人都不会忽略玛库斯·雷古鲁斯。《关于演说家的对话》却既没有抨击雷古鲁斯（因为

1　41.5: "nunc quoniam nemo eodem tempore adsequi potest magnam famam et magnam quietem, bono saeculi sui quisque citra obtrectationem alterius utatur（既然没有人能够同时拥有伟大的声誉和无尽的安宁，那么就让我们在不非难其他时代的前提下尽可能地利用当下的优长吧）."

2　2.2，参见 Quintilian 10.1.120 f.; 3.12; 12.10.11。

3　那或许还会让我们联系到昆体良笔下（10.1.113）麦萨拉·科尔维努斯的风格——"优雅且坦诚（nitidus et candidus）"。参见 Dial. 18.2; 塔西佗的朋友可能是那位演说家的后裔。

4　7.1，参见10.2；关于他的出身和姓氏，见附录91。

5　2.2: "Aper omni eruditione imbutus contemnebat potius litteras quam nesciebat, tamquam maiorem industriae et laboris gloriam habiturus si ingenium eius nullis alienarum artium adminiculis inniti videretur（阿佩尔广泛涉猎一切学问。他轻视文学，但并非对其一窍不通。即便世人认为他的天才已无须其他技艺的支持，他还是相信勤奋和辛劳可以增添自己的荣誉）."

6　5.3 ff.

7　6.5: "vulgata dicentium gaudia et imperitorum quoque oculis exposita percenseo: illa secretiora et tantum ipsis orantibus nota maiora sunt（我分析的是演说所带来的世俗乐趣，那是连外行也一望即知的；但演说术本身还有不那么明显的、更丰富的内涵）."

那样做并不公平），也没有对他进行任何赞扬——那将未免显得尴尬，并毫无必要地引发同时代人审美趣味的不满。塔西佗仅在作品中的一处不痛不痒地、不点名地暗示了雷古鲁斯的存在。它出现在对麦萨拉背景的介绍中——雷古鲁斯是他的同母异父兄弟。[1] 对于在演说风格与生活方式等方面反差如此巨大的两兄弟而言，对他们的形象进行生动刻画似乎再好不过。然而，在科奈里乌斯·塔西佗看来，这种做法或许并非纪念维普斯塔努斯·麦萨拉——自己青年时代朋友的最佳方式。

并且那也没有可操作性。在多数情况下，艺术的规范和传统是不允许在虚构作品中引入尚在人世的角色的。当塔西佗动笔撰写《关于演说家的对话》时，文中的所有角色都已去世数年（或许是多年）。早在韦伯芗统治时期，阿佩尔和库里亚提乌斯已经小有成就，证明他们早已步入中年。阿佩尔在元首克劳狄乌斯进攻不列颠期间担任过军官。[2] 根据记载，尤利乌斯·塞昆杜斯在按照世人的预期充分施展才华之前就去世了。[3] 维普斯塔努斯较阿佩尔年少近30岁：他在公元69年担任着军团长。[4] 弗拉维王朝的政治史料或官方文件中都没有提到过维普斯塔努斯·麦萨拉。他可能在公元74年前后担任过财务官。贵族出身理应帮助他在10年之后当上执政官——因而他可能是在盛年之际就与世长辞了。

但雷古鲁斯活了下来。这位叱咤风云的律师在有生之年一直遭到痛恨与诋毁；我们无法确定，后人是否真的能够公正评价他的成就。意外或蓄意歪曲有时会湮没对一位伟大演说家的记忆。[5] 塔西佗也认为雷古鲁斯是个坏人；但塔西佗知道他是以自己的方式处世的一位天才。《关于演说家的对话》向我们表明，塔西佗是一位审慎、公正的研究者。当塔西佗撰写历史时，对

1　15.1: "cum oblitus et tuae et fratris tui eloquentiae neminem hoc tempore oratorem esse contenderes（你一方面对自己和你弟弟的雄辩口才闭口不谈，另一方面却声称这个时代没有演说家）."
2　17.4, 参见附录91。
3　Quintilian 10.1.120. 他是昆体良的朋友和同龄人（10.3.12）。昆体良生于公元33年前后。
4　Hist. 3.9.3.
5　出于对王朝的绝对忠诚，昆体良完全没有提及埃普里乌斯·马塞卢斯。

正义的渴望（以及对保守见解的强烈鄙夷）有时会导致他过分贬损恶人。当埃普里乌斯·马塞卢斯在元老院里遭到政敌攻击时，他的表现是坚定与镇静的。他批驳了对手的疯狂指责，并用一篇充满智慧与强大感染力、承载着中庸与宽容精神的演说赢得了与会者的同情。[1]

但雷古鲁斯也不是完全没有得到塔西佗的重视。在抛开了那些细枝末节、个人憎恶情绪和同时代人先入为主的道德偏见而进入不偏不倚的史学研究后，塔西佗还是对这个人进行了公正评价。他的处理方式是不动声色的和含蓄隐晦的。

一直活到图拉真统治时代的雷古鲁斯成了告密者法庭演说术的突出代表——这种演说术散发着血腥与铜臭的气味。[2] 在《关于演说家的对话》创作时，雷古鲁斯虽然已经去世，但仍不符合"年代久远"的要求。他肯定不适合参与塔西佗朋友们之间谈吐文雅的争论。作为替代品，为了替晚近的演说风格进行辩护，作者引入了一位行为举止无可指摘、值得同情的"雷古鲁斯"——他的名字叫玛库斯·阿佩尔。[3]

当同时代的庸人们将纤弱或冗长误认为古典范例的榜样时，塔西佗也不免成为其中的受害者。塔西佗自己就是一位革新者。他本人的力量与激情、桀骜不驯与崇尚强力中便有一部分融入了玛库斯·阿佩尔的形象之中。[4]

天才在法庭审讯与元老院的辩论中已无用武之地，并且无法找到任何乐趣。玛特努斯喊出了塔西佗最后的心声：他必须挣脱枷锁。[5] 玛特努斯之前已讲过另外一些意味深长的话。伤害、限制演说家的并不仅仅是那个时代的

---

1 *Hist.* 4.8.

2 12.2: "lucrosae huius et sanguinantis eloquentiae（他用来赚钱的、血腥的雄辩本领）。"

3 尽管塔西佗熟谙（并乐于引证）西塞罗的对话，并在此想到了演说家玛库斯·安东尼和昆图斯·霍腾修斯，这一事实却并不会削弱我们的假说。追求实际、充满活力的安东尼厌恶教条，假装自己对希腊作家们一无所知（*De oratore* 2.4，参见 *Dial.* 2.2 中的阿佩尔）；而风格华丽、品味世俗的霍腾修斯也在亲自署名的一篇已佚失作品中讨论了哲学（*De finibus* 1.2.2）。了解雷古鲁斯的人都不会忽略雷古鲁斯与霍腾修斯之间的相似之处。

4 K. Keyssner, *Würzburger Studien* IX (1936), 113. 他声称塔西佗将自己人格中彼此冲突的两部分分别赋予了阿佩尔和玛特努斯（o.c. 108）。

5 11.3: "iam me deiungere a forensi labore constitui（如今我要挣脱法庭诉讼事务的苦役）。"这个比喻十分有力，"挣脱（deiungo）"一词极其罕见。

社会环境。在对律师生涯表示谴责与厌倦时，玛特努斯希望自己能够获得解放，去从事一项更高级的活动——诗歌创作。[1]

在罗马人眼中，史学是一种同诗歌关系密切的文学样式。[2] 他们有时会追本溯源，想到奈维乌斯（Naevius）的《布匿战争》(*Bellum Punicum*)和昆图斯·恩尼乌斯（Q. Ennius）的《年代记》(*Annales*)。[3] 那些作家在早期编年史家们身上留下了深刻印记。此外，罗马史的永恒核心主题——"共和国"——可能至今仍受韵文作品的关注。卢坎选择用史诗来叙述共和国的覆灭。卢坎的主题是"自由"，而非任何一位英雄或领袖——尽管伽图顺理成章地成了贯穿全作主题的英雄。库里亚提乌斯·玛特努斯选择的体裁是悲剧。《伽图》并非他唯一的一部历史剧。他还创作过一部《多米提乌斯》(*Domitius*)，用来纪念一位反抗过暴政的尼禄先人。[4] 那个人或许是凯撒的对手、在法萨利亚（Pharsalia）战死的埃诺巴布斯（Ahenobarbus）。但他更有可能是那个人的儿子、共和国的海军将领——后者在地中海世界的命运于亚克兴海角尘埃落定几天前离开了安东尼，同凯撒的继承人媾和。这个人是伽图的外甥。他曾预见到来自埃及女王的威胁，并徒劳地想将她排除在罗马人的战争之外。[5]

创作罗马史的诱惑是不可抗拒的——但它有时会带来风险。卢坎因为参与盖约·披索的阴谋而遇害。库里亚提乌斯·玛特努斯当然并不缺乏勇气——他曾顶撞过尼禄的一名宠臣，即放肆无礼的瓦提尼乌斯（Vatinius）；并且其悲剧的主题与风格都具有挑衅性。[6]

1　4.2: "sanctior illa augustior eloquentia (那比雄辩术更正统、更高贵)."
2　Cicero, *De oratore*. 1.70; Quintilian 10.1.31.
3　关于诗歌高于史学写作的看法，参见 F. Bömer, *Symbolae Osloenses* XXIX (1952), 34。
4　3.2: "Domitium et Catonem, id est nostras quoque historias et Romana nomina (多米提乌斯和伽图，也就是我们自己的历史和罗马人的名字)."
5　Velleius 2.84.2; Plutarch, *Antonius* 56. 这些内容跟"提图斯与贝利尼茜（Titus and Berenice）"的主题有关。
6　11.2: "improbam et studiorum quoque sacra profanantem Vatinii potentiam fregi (我曾抗拒过瓦提尼乌斯亵渎神圣的权势)." 参见 J. Stroux, *Philologus* LXXXVI (1931), 338 ff.。*Ann.* 15.34.2用轻蔑的口吻勾勒了瓦提尼乌斯的性格。

尽管创作了《伽图》和一部对罪行与暴政的谴责更为露骨的悲剧（《图耶斯特斯》）[1]，玛特努斯仍然希望自己能够善终。他确信美德不会得到恶报，认为自己将无须在元老院里为本人面临的危险发言，而只需替身处险境的他人讲话。[2] 出于这种信念，元首们在罗马获得的支持并不多。倘若玛特努斯并未被独裁政府杀害的话，那么《关于演说家的对话》的作者在这里进行的讽刺性描述似乎是具有迷惑性的，并且毫无道理。[3]

无论库里亚提乌斯·玛特努斯的结局究竟如何，命运很快就开了一个苦涩的玩笑——伟大的埃普里乌斯遇害了，社会等级、财富与影响力都无法帮助他。此人从前是元首的朋友，为他冲锋陷阵、勇猛异常（埃普里乌斯在论战中轻而易举地驳斥并消灭了赫尔维狄乌斯），最后却遭到了出卖——或许还是因为自己的口才而被彻底抛弃的。[4]

业已转向史学创作的科奈里乌斯·塔西佗准备通过对晚近（甚至是同时代）事务的记载来延续诗人的事业。《关于演说家的对话》宣扬并支持了否定演说术的高傲论调。演说术的回报、风险与光环都已属于过去，如今显得毫无用处。[5]

1　这是反对君主专制的文学与箴言的绝佳主题：对比小塞涅卡的《图耶斯特斯》。
2　11.4: "nam statum cuiusque ac securitatem melius innocentia tuetur quam eloquentia; nec vereor ne mihi umquam verba in senatu nisi pro alterius discrimine facienda sint（光明磊落总归是比天花乱坠更好的、保护自身地位与安全的手段；除非是为了他人的安危辩护，我在元老院里发言时从没有惠得惠失过）."
3　Dio (67.12.5, 对公元91年史事的叙述) 报道过图密善处死了一位名叫玛特努斯的哲学家一事。见附录90。
4　Dial. 5.6声称埃普里乌斯的演说术是"好勇斗狠、目中无人（accinctus et minax）"的；Ann. 16.29.1称他"野蛮凶恶、目中无人（torvus et minax）"。但即便成竹在胸的演说家也有马失前蹄的时候，参见Ann. 3.67.2: "proprio in metu qui exerciam quoque eloquentiam debilitat（他在惊慌失措中丧失了自己的口才）."
5　关于塔西佗与玛特努斯的高度相似性，参见K. Barwick, o.c. 101, 4 (1954), 26 ff.。有关《关于演说家的对话》中这位诗人的语言，见附录52。有关《关于演说家的对话》的情景设定年代和出版年代，见附录28。

第十章　从演说术到史学

《关于演说家的对话》的题献对象是卢奇乌斯·费边·约斯图斯，公元102年初的递补执政官。一个人在步入公共生涯之际将作品献给一位朋友或庇护人的做法并不新鲜。倘若《关于演说家的对话》确实问世于那一年的话，那么这个年代具有明显的甚至个人性质的重要意义，并且不只是对于费边·约斯图斯如此。它的问世紧接小普林尼的《颂词》，并且恰逢后者被当众朗诵之际——这篇以如此权威的口吻宣称当代雄辩术已死的作品显然不是对小普林尼的恭维话。

小普林尼《书信集》中有11封信是写给科奈里乌斯·塔西佗的。[1]它们证实了两人的共同品味和在文学创作方面亲密的意见交换。[2]两人在演说术方面互帮互助，彼此之间友好、坦率、忠诚。[3]小普林尼曾洋洋自得地回忆起两人的名字不可避免地同时出现在某位朋友的遗嘱或陌生人的对话里的情况。[4]他一方面承认塔西佗作为演说家比自己出道更早，并大度地表达了自己的崇敬

---

[1] 1.6 and 20; 4.13; 6.9, 16, and 20; 7. 20 and 33; 8.7; 9.10 and 14. 2.11.2 and 17中提到了塔西佗；另见4.15.1; 9.23.2 f.。只有两个人被明确称为双方的共同朋友，分别是阿西尼乌斯·鲁孚斯（Asinius Rufus）(4.15.1)和尤利乌斯·纳索（Julius Naso）(6.9.1)，参见附录92。但我们有理由猜测，其他一些人物也在此列，如费边·约斯图斯。

[2] 8.20.1; 8.7.1.

[3] 8.20.2 f.

[4] 7.20.6; 9.23.3: "Tacitus es an Plinius (您是塔西佗还是普林尼)?" 卢奇乌斯·达苏米乌斯（L. Dasumius）起草于公元108年夏天的遗嘱中并列了两个人的名字"塞昆杜斯、科奈里乌斯 [ ] Secundo, Cornelio [ ]" (CIL VI, 10229, l. 17)。

之意；另一方面又接二连三地表示自己的声名可以同后者平起平坐。通过恭维朋友的成就，小普林尼无可指摘地提升了自己的名望。[1]

小普林尼讨论的是演说术——他的这些信件从未暗示过后者通过撰述历史而赢得的声名——但又不曾提及自己的朋友出版过任何演说词，哪怕是驳斥马略·普利斯库斯的那一篇。事实上，塔西佗本人可能对那场著名官司的结果并不满意。小普林尼是不会允许自己畏缩不前的。他曾向一位朋友论证过当众朗诵本人作品的合理性。[2]我们很难相信，这样的一个人会赞成不向公众发表那篇堪与西塞罗的反维勒斯演说词媲美的现世杰作。

而在塔西佗这边，他寄给小普林尼并请后者评价（或修改）的一部作品被偶然提及了两次。[3]塔西佗在一并寄去的致信中将自己描述为给另一位演说家写信的同行，自己同时既是老师又是学生。[4]因此，他寄去的这部作品要么是一篇演说词，要么就是一篇讨论演说词的论文。

它或许就是为了最后出版而在修订中的《关于演说家的对话》。[5]相关信件被编排在书信集里相对靠后的位置（或许是公元107年的信）。我们有理由怀疑，这位历史学家是否已对那个时代的演说感到厌倦；并且我们也无须设想他当时正在准备纪念维吉尼乌斯·鲁弗斯逝世10周年的演说词。[6]

1　7.20中赞美、恭维的是演说家塔西佗，而非历史学家塔西佗。另见9.23.3: "quod uterque nostrum his etiam ex studiis notus, quibus aliter ignotus（我们凭借自己的作品而为人所知，否则那些人不会认识我们）。"

2　2.19.8. 这篇演说（本身没有名称或题目）被形容为"咄咄逼人、争强好胜的（pugnax atque contentiosa）"。1.2中描述的演说词可能是对普布里奇乌斯·凯图斯的抨击（参见4.21.3; 7.30.4 f.; 9.13.1）。

3　7.20.1; 8.7.1.

4　8.7.1: "neque ut magistro magister neque ut discipulo discipulus (sic enim scribis), sed ut discipulo magister (nam tu magister, ego contra; atque adeo tu in scholam revocas, ego adhuc Saturnalia extendo) librum misisti（我们之间并非老师与老师的关系，也不是学生与学生的关系［像您所写的那样］；在您送给我那本书的时候，我们之间是师生关系［当然您是老师，我是学生；当您把我召回学校时，我正在筹备农神节事宜］）。"

5　参见附录28。

6　小普林尼提到了维吉尼乌斯"去世10年后（post decimum mortis annum）"在阿尔修姆（Alsium）的纪念物受到冷落的情况。

尽管小普林尼和塔西佗之间的友谊毋庸置疑（并且后者乐意同前者共同分享声望），我们还是不免会产生怀疑——在两人的关系中，一方明显比另一方更加热情与执着。小普林尼反对简短风格的书信体论文是题献给塔西佗的。[1] 他声称，尽管自己准备好了要无条件服从年长者的权威，但他更希望获得朋友的中肯评价。没有迹象表明小普林尼收到了任何答复。

小普林尼在追求声名方面是直言不讳和孜孜不倦的。而从其他史料提供的证据看，塔西佗则对自我美化抱有近乎神经质的恐惧。[2] 小普林尼曾温和地安慰过他[3]；并且小普林尼也曾在指责自己虚荣的非难面前进行过自我辩护。[4]

追求声望的人是孜孜以求、充满妒意的，演说家的圈子里尤其如此。[5] 小普林尼提供了这方面的证据——他认为自己在同卢凯乌斯·阿尔比努斯（Lucceius Albinus）合作担任原告律师时的和谐关系是极其罕见的。[6] 除塔西佗外，卢凯乌斯是跟小普林尼有过通信往来的唯一一位前执政官级别的律师。[7]

进一步加剧雄辩术大师之间个人仇怨的是艺术信条方面的分歧。小普林尼的朋友和敌人们都认为他的讲话方式并不合乎自己的口味。显而易见的是，雷古鲁斯会对此提出抗议——要么直言不讳，要么便是狡猾地恭维另一位演说家——例如某个并不认为自己凌驾于"我们这个时代的雄辩术（eloquentia saeculi nostri）"之上的人物。[8] 也有些人物的评判标准十分苛

---

[1] 1.20.

[2] *Ann*. 11.11.1: "quod non iactantia refero（我重提此事可不是为了自我标榜）."（指的是他在公元88年的地位与职权）

[3] 9.14.1: "nec ipse tibi plaudis, et ego nihil magis ex fide quam de te scribe（您不肯称赞自己，而我却在书写关于您的事迹时充满自信）." 那显然是对塔西佗一封来信中某些责备的答复。

[4] 9.23.6: "neque enim vereor ne iactantior videar, cum de me aliorum iudicium non meum profero, praesertim apud te qui nec ullius invides laudibus et faves nostris（我从不担心别人认为我是在过分吹嘘，因为我出示的不仅是自己的，还有其他人的观点，尤其是您的意见——您从不因嫉妒而吝惜对任何人的赞美，并一直赏识我们）." 这封信是写给马克西穆斯的，或许是盖约·维比乌斯·马克西穆斯（C. Vibius Maximus），后者本人也是一位作家（9.1.1 ff.，参见原书第56页）。

[5] *Dial*. 2.2提及了塞昆杜斯与阿佩尔受到的干扰。

[6] 3.9.8.

[7] 6.10.

[8] 1.5.11.

刻——他们的喜好是直白且不加掩饰的。小普林尼在将一部作品寄送给米尼奇乌斯·芬达努斯（Minicius Fundanus）时心下清楚，它可能会被后者视为华而不实的东西。[1] 为了让朋友息怒，他善解人意地插入了一些朴素的内容（小普林尼本人认为那是些单调平庸的东西）。芬达努斯显然是阿提卡学派的追随者。[2] 但他并不是小普林尼笔友中独一无二的那个。在给另一位朋友写信时，小普林尼概括了自己的信条，并解释了自己为何无法完全赞同那个时代的演说家（小普林尼并未点名）：那个人尽管"正直阳刚（rectus et sanus）"，却不够"气势磅礴与文采斐然（grandis et ornatus）"。[3]

科奈里乌斯·塔西佗公共演说的风格是卓越崇高的（如果没有其他特色的话）。小普林尼承认，自己从一开始便选择塔西佗作为宗师与榜样，尽管当时还有其他声名显赫的演说家。正如他提醒塔西佗的那样，并非所有当下的批评家都乐于承认小普林尼的这位朋友和他本人的优势地位。[4]

我们只能通过猜测或推理去复原其中一人的演说风格；另一位则没有那么幸运。小普林尼的《颂词》是西塞罗逝世后一个半世纪里拉丁演说术的唯一样本。它对于宣扬作者的名声或那个时代的品味而言没有什么积极意义。那篇演说是一个古怪的混合体，其中掺杂着大量诗歌元素。尽管作者通常在遣词造句方面十分工稳，并且有时还富于感染力，但永无休止地追求千篇一律的对偶、不厌其烦的煽情和空洞无物的浮夸辞藻很快就拉低了这部作品的档次。[5]

西塞罗仍是雄辩术学者们不可或缺的榜样。那是引领纠正克劳狄乌斯与尼禄时代不良风气的文学潮流的昆体良（但他并非该潮流的发起者）所信奉

1　7.12.
2　参见小普林尼对"您的纤巧风格（tenuitas vestra）"的含蓄提及。关于我们了解一些相关细节情况的盖约·米尼奇乌斯·芬达努斯（公元107年递补执政官），见E. Groag, P-W XV, 1820 ff. 充满警惕而又不失同情心的肖像刻画。
3　9.26. 关于他的"简练风格（sanitas）"，参见 *Dial.* 23.3 ff.; Quintilian 12.10.15。
4　8.20.6: "nec desunt qui utrique nostrum praeferantur（或许当下并不缺少地位高过我们当中任何一位的作家）"。
5　见M. Durry在其校勘本（Paris, 1938）中的详细叙述，40 ff.；更正面的评价见R. T. Bruère, *Class. Phil.* XLIX (1954), 161 ff.，他的情况在塔西佗的作品里有所反映。

的教条。[1]昆体良培养了一批学生，小普林尼便是其中之一。[2]塔西佗可能是（也可能不是）其中的一员。《关于演说家的对话》同《修辞学教育》遥相呼应，并对拉丁文学提出了极其相似的批评意见。但我们也可以从两部作品中找出许多不同意见。[3]

导致分歧的一个理由较其他原因更为深刻。它牵涉到对罗马演说术过去与现在基本地位的认识：它究竟是在衰落还是在复兴；其病症究竟何在，诊断结论又是怎样的。一些批评家认为演说术在西塞罗去世后迅速走向没落，并批评奥古斯都时代罗马的后人懒散、奢靡、纤弱。[4]另外一些人则指责修辞学学校及其传授的毫无价值、空洞无物的雄辩术。[5]

可见，演说风格是会激起各式各样的好恶情感的；永远关注道德失范现象的小塞涅卡曾分析过各种"堕落时代的演说术（corrupti generis oratio）"。[6]或许这些缺陷是临时性并可以改正的。除了其代表作《修辞学教育》外，昆体良还写过一篇题为《论雄辩术败落的原因》（"de causis corruptae eloquentiae"）的论文。[7]我们有理由推断，这位教师认为主要原因在于教育和道德——并且正是塞涅卡风格所代表的新潮流。他解释道，作为一名教师，同那种风格的深远影响与广泛流行进行斗争是自己义不容辞的责任。[8]

昆体良对自己精通的那门艺术感到洋洋自得，并宣称要引领一场复兴运动。[9]《关于演说家的对话》批驳并否定了昆体良。补救与良药是不存在的，因为演说术本身业已过时。塔西佗提供的是政治与历史视角下的诊断结论。[10]

---

1 Quintilian 10.1.112.
2 *Epp.* 2.14.9; 6.3.3.
3 R. Dienel, *Wiener Studien* XXXVII (1915), 239 ff.; H. Bardon, *Rev. ét. lat.* XIX (1941), 113 ff.; R. Güngerich, *Class. Phil.* XLVI (1951), 159 ff. 具有典型意义的是塔西佗对昆体良材料的压缩，如 H. Bardon, *Lotomus* XII (1953), 488 f. 所提到的例子。
4 Seneca, *Controv.* 1, *praef.* 6 ff.（非常雄辩的口吻）.
5 Petronius, *Sat.* 1 ff.
6 Seneca, *Epp.* 114.
7 Quintilian 6, *praef.* 3.
8 10.1.125 ff.
9 ib. 122（见原书第103页引文）.
10 参见 Wilamowitz, *Der Glaube der Hellenen* II (1932), 546。

小普林尼老师中的另一位是士麦那（Smyrna）的尼克特斯·萨凯多斯（Nicetes Sacerdos）。[1] 尼克特斯是《关于演说家的对话》中提及的唯一一个同时代希腊人，并且受到了尖锐批评：如他之流的人物让以弗所或米提利尼（Mytilene）充斥着为他们喝彩的追捧者们的喧嚣。[2] 此外还有法庭演说词。小普林尼是很以自己关于财产法的演说为荣的。[3] 但《关于演说家的对话》不动声色地指出，之前的经典演说家们从来不会在这一领域下多大功夫。[4] 此外，小普林尼将写诗视为适宜知名演说家们的消遣方式。小普林尼在一封信中严肃地罗列了一长串前辈的榜样。[5] 但塔西佗干净利落地评价了所有这些副产品，用一个辛辣的警句否定了它们的价值——西塞罗的拙劣诗篇还为世人所知；其他诗作早已佚失的演说家或许更幸运些。[6]

塔西佗在自己的演说活动中或许带有几分西塞罗的影子。小普林尼或许在声称自己是一名学徒时暗示了这一点。但《关于演说家的对话》没有提供支持这一看法的任何证据。那篇作品的重点似乎在于讨论创新性与原创性。[7] 玛库斯·阿佩尔煞费苦心、乐此不疲地数落了西塞罗的种种错误——并断言模仿者们只是重复了那些错误而已。[8] 这些模仿者中的一位——昆图斯·哈特

1　6.6.3. 还应注意他对素材信手拈来、口若悬河的伊塞乌斯（Isaeus）的推崇（2.3.1 ff.，参见 Juvenal 3.74）。

2　*Dial.* 15.3: "Sacerdos ille Nicetes et si quis alius Ephesum vel Mytilenas concentu scholasticorum et clamoribus quatit（尼克特斯·萨凯多斯那家伙或其他某个让以弗所或米提利尼充满了门徒的赞同声音与欢呼的人物）." 他的风格是 "疯狂的和酒神颂式的（ὑπόβακχος δὲ καὶ διθυραβώδης）"（Philostratus, *Vit. Soph.* 1.19.1）。

3　9.23.1, 等等。

4　*Dial.* 37.6; 38.2.

5　5.3.5 ff.

6　*Dial.* 21.6: "non melius quam Cicero, sed felicius, quia illos fecisse pauciores sciunt（他们的诗篇并不比西塞罗的好到哪里去，只不过更幸运而已——世人更少知道这些作品的存在）."

7　作者从未提及小塞涅卡。提起他可能会导致误解（并削弱作品的说服力）：那并不适合作为支持创新与新风格的论据，因为世人对小塞涅卡的评价不高。

8　22.3 ff.; 23.1 f.: "nam et haec invitus rettuli et plura omisi, quae tamen sola mirantur atque exprimunt ii qui se antiquos oratores vocant. Neminem nominabo, genus hominum significasse contentus（我不愿意老调重弹，并省略了很多内容。但那些自称为恪守古风的演说家的人们赞赏、模仿的不过就是这一套。我不会点他们的名字，指出有这一类人存在就够了）."

里乌斯（Q. Haterius）——是尽人皆知且臭名昭著的；此人在奥古斯都元首时代大红大紫，却并未享有任何持久的声名。[1]

西塞罗宣称，雄辩术是和平与和谐之子。[2]批驳该观念的玛特努斯指出，西塞罗演说术中的大部分内容已不再具备用处与参考价值了：[3]其政治演说的存在依赖于政治自由与极具争论性的主题；而那些私人演说词从未在增添其名望方面发挥过多大作用。[4]

塔西佗参考过西塞罗的文学论文。他曾细心研读过它们。[5]通过效法西塞罗创作《关于演说家的对话》，塔西佗证明西塞罗仍可被视为一位榜样，但值得模仿的是他的随笔文章，不是其演说术。

《关于演说术的对话》的具体创作日期或许并不重要。这部作品也许问世于费边·约斯图斯担任执政官前夕——也可能是最早创作于公元102年，但迟至5年后方才出版。[6]无论如何，这部作品的价值都是一样的。《关于演说家的对话》表明，其作者已经告别了盛行于元老院与法庭中的雄辩术，并已经开始像历史学家那样思考问题。[7]

---

1 塔西佗在后文中谴责了这个华而不实的、西塞罗式的演说家（第二十五章）。
2 *Brutus* 45: "pacis est comes otiique socia et iam bene constitutae civitatis quasi alumna quaedam eloquentia（雄辩术与和平及社会安宁如影随形，可以说它是良好政治秩序的产物）." 参见 *De oratore* 1.30; 2.30。
3 *Dial.* 40.2: "sed est magna illa et notabilis eloquentia alumna licentiae, quam stulti libertatem vocabant, comes seditionum, effrenati populi incitamentum, sine obsequio, sine severitate, contumax, temeraria, adrogans, quae in bene constitutis civitatibus non oritur（但伟大的、闻名的雄辩术其实是放荡不羁的产物，后者被蠢人们称为自由。它是动乱的伴侣、暴民的强心剂。它毫无约束、桀骜不驯；它执拗、鲁莽、傲慢。它并非良好的政治制度所造就）."
4 38.2。
5 关于西塞罗著作主题的罗列，见A. Gudeman (ed. 2, Berlin, 1914), 83 ff.；关于刻意模仿西塞罗辞藻的做法，见第28页。更多信息见F. Leo, *Gött. gel. Anz.* 1898, 169 ff.; R. Helm, *Neue Jahrbücher* XXI (1908), 474 ff.; E. Koestermann, *Hermes* LXV (1930), 396 ff.。塔西佗的深入研究也见于一些微小细节。他对西塞罗的三段现已佚失文本的引用似乎比昆体良更为准确：*Dial.* 32.6 = *Inst. Or.* 12.2.33; 35.1 = 2.4.42; 18.5 = 12.10.2。参见R. Güngerich, *Class. Phil.* XLVI (1951), 159 ff.。
6 如7.20和8.7.1所述，参见附录28。
7 如果一个人要记述（或反思）韦伯芗统治时代的话，他很有可能会在埃普里乌斯·马塞卢斯声名与命运的启示下去思考不同时代演说术的用途与功能。雷古鲁斯也是一个引人注目的形象（*Hist.* 4.42）。

117　　最早透露塔西佗《历史》的材料似乎出现在公元105年，那是一条十分迂回曲折的证据。热心赞助文学的提提尼乌斯·卡庇托建议小普林尼去撰述历史。[1] 他并非唯一一个这样做的人。面对这一看似平常，但或许暗藏危险的诱惑，小普林尼的答复充满了高傲的谦卑。他承认自己十分渴望名誉，并指出史学在当时有多么流行：诗歌和演说术都需要一定的风格；史学则单凭好奇心就可以吸引读者，即便其本身毫无风格可言。[2] 不幸的是，由于存在着迫切需要，小普林尼当时只能专心致志于一项工作——为出版而再次修订完善其演说词。演说术和史学存在许多共同点，但二者之间的差异更为巨大。[3] 小普林尼不愿意将二者杂糅在一起，从而糟蹋两种截然有别的文学样式。最后，他把这个问题抛回给了自己的笔友。小普林尼到底应当选择哪个主题——究竟是前人已经写过的较早时代，还是尚无人涉足过的晚近历史呢？

　　小普林尼承认，这两种历史各有各的缺点——前者已有人写过，因而处理起来较为容易；但比较与平衡不同说法是一个沉重的负担。后者则非但得不到多少感谢，还很容易让作者陷入严重的麻烦之中。[4]

　　这位前执政官级别的演说家似乎是非常渴望从事史学创作的。[5] 但他并未提及其中的一个障碍。最佳选项，即囊括已有人撰写与尚无人涉足的两类编

1　5.8. Mommsen, *Hermes* III (1869), 107 f. = *Ges. Schr.* IV, 441认为此事与塔西佗有关。希多尼乌斯（Sidonius）猜想那封信就是塔西佗写的：他先是劝说小普林尼未果，随后决定自己动笔撰写历史（*Epp.* 4.22.2）。

2　ib.4: "orationi enim et carmini parva gratia, nisi eloquentia est summa: historia quoquo modo scripta delectat（演说术和诗歌只能博得小小的赞誉，除非它们拥有精妙绝伦的文采；而用任何方式写就的历史都能令人愉悦）." 参见 Vitruvius 5, *praef.* 4: "historiae per se tenent lectores（历史本身便足以吸引读者）."

3　ib. 9 f. 小普林尼对史学风格的观点是西塞罗式的——"史学以叙述主题的平易和优美见长（tractu et suavitate atque etiam dulcedine placet）"。

4　ib. 12: "tu tamen iam nunc cogita quae potissimum tempora adgrediar. vetera et scripta aliis? parata inquisitio, sed onerosa collatio. intacta et nova? graves offensae levis gratia（您应该考虑一下我能撰写哪部分历史。是其他人已经写过的古代史吗？材料是现成的，但收集它们的工作量可不小。是无人撰述过的晚近历史吗？那样的话我得不到多少感谢，却要严重冒犯一些人）."

5　注意他对维斯塔贞女科内莉娅（the Vestal Virgin Cornelia）(4.11) 命运富于戏剧性的、高度修辞化的记述。参见H.W. Traub, *TAPA* LXXXVI (1955), 213 ff.。

年史，已经有人在做了。在写给提提尼乌斯的信中，小普林尼除列举了可以帮助自己成为一名罗马历史学家的有利条件外，还提及了国内的一位榜样与前辈——那正是他的舅舅老普林尼。对于贤哲之士而言，继承家族传统是最靠谱的。[1] 事实上，小普林尼曾编订过舅父的《历史》。但提提尼乌斯的勉励来得太晚了些，因为小普林尼已放弃了继承舅舅事业的权利。他舅舅的史著不仅叙述了克劳狄乌斯与尼禄统治时期，还接着记载了尼禄遇弑后一年的情况，并为韦伯芗的统治时期撰写了一篇导言。[2] 科奈里乌斯·塔西佗的《历史》以公元69年1月1日为记述起点。它不仅仅利用了（并取代了）老普林尼的后几卷著作。这些章节完成了对老普林尼著作的续写，将弗拉维王朝的统治历史一直记述到了公元96年9月18日。

我们在公元105年的一篇讨论史学的非正式论文中第一次隐隐约约地发现了《历史》这部书的踪迹[3]，但塔西佗的这本杰作很快就需要搭建基本框架、填充实质性内容。小普林尼在公元106年答复塔西佗的请求时便为后者提供了相关史料。它涉及公元79年发生的那场自然灾害。[4] 小普林尼的舅舅在维苏威火山的喷发中牺牲了。那位老人确实值得纪念——由于上天的恩惠，他既缔造了历史，又撰写了历史。

相关推理是非常清晰的。在《历史》的各卷中，至少有一部分在公元105年时已经为人所知。这些信息可能并不仅仅来自流言蜚语或私下里的手稿传阅。历史跟诗歌一样，也是可以当众朗诵的——尽管（如小普林尼指出的那样）一些古板的人反对那种做法。[5]

后人只知道前4卷和第5卷开头的内容。第1卷描述了伽尔巴遇弑、奥索

---

[1] ib. 5.
[2] *NH, praef.* 20.
[3] 有些研究者认为线索出现得更早：他们在小普林尼的《颂词》（如关于继承问题的评论）中发现了塔西佗《历史》的蛛丝马迹。按照K. Büchner的解释，小普林尼的《颂词》预告了《历史》第3卷的内容（*Rh. Mus.* LXXXVIII [1955], 309）。更多内容见原书第207页。
[4] 6.16 and 20.
[5] 7.17.3. 关于塞尔维利乌斯·诺尼亚努斯当众朗诵其作品，元首克劳狄乌斯也到场聆听的记载，见1.13.3。

夺权，以及维特利乌斯的两支军队从莱茵河流域推进到意大利北部的情况。第2卷的内容包括贝德里亚库姆（Bedriacum）战役、奥索的结局和韦伯芗在东方被拥立等事件。第3卷以弗拉维家族麾下诸将领入侵意大利作为开端，描述了克雷莫纳战役、向罗马的进军、公元69年12月维特利乌斯的退位与死亡。第4卷则详细叙述了尤利乌斯·奇维利斯（Julius Civilis）在莱茵河畔的暴乱。第5卷的现存残篇（共26章）提供了提图斯围攻耶路撒冷的序幕，并接下去继续叙述了奇维利斯事件。我们有理由推测，这一卷应当终结于公元71年夏韦伯芗与提图斯的凯旋。其他历史学家们或许认为那一事件是结束其著述的合理（或必然）终点。小普林尼的舅舅可能就是那样做的。但塔西佗可能会选择将卷5一直推进到和平真正降临的年头——或许一直下延到公元73年。[1]

前2卷似乎共同构成了一个自然单元。第2卷的结尾构成了对那些在弗拉维王朝治下从事写作的作家们的明确警告：他们完全违心地将一桩显而易见的欺诈行为粉饰成对和平的热爱与对国家的关心。[2] 第1卷和第2卷可能是同时出版的。经过一段间隔之后（可能并不太长），第3卷单独问世并终结了内战这一主题。接下来是构成第3部分的4—5章（二者之间存在着联系）或4—6章。[3] 作者在第6卷里可能一直叙述到了公元79年韦伯芗的逝世。[4]

至于塔西佗的这部书究竟写了多久，那是个很难回答的问题。他的寡言少语和朴素低调，以及他对自我标榜的痛恨使得我们有理由做出一些猜测。他只有在做出了实质性贡献（准备就绪且有所保留）的前提下才会尝试出版自己的著作。换言之，如果他已经当众朗诵或出版了第1—2卷的话，那么他应当已经在着手准备第3—4卷了。科奈里乌斯·塔西佗有可能（但也未必）

---

[1] 关于《历史》的分卷和结构，见第十八章和附录35。

[2] *Hist.* 2.101.1: "curam pacis et amorem rei publicae, corruptas in adulationem causas, tradidere（记载了对和平的担忧和对共和国的热爱，以及为了溜须拍马而杜撰的曲笔）。"

[3] 关于《历史》分几部分出版的问题，见 F. Münzer, *Klio* I (1901), 322 ff.，他认为其中存在着一些联系、交叉引用和若干微小的前后矛盾。他还认为（o.c. 329）第1卷问世于雷古鲁斯去世之前，第4卷出版于那一时间点之后——作者态度转变的原因是披索被杀时世人对雷古鲁斯举止的负面评价（4.42.2，表述于一篇演说词中）。但无论如何，塔西佗都是不大可能在第1卷的叙述中记载这一事件的。关于雷古鲁斯的去世时间（公元105年？），见原书第97页。

[4] 第十八章。

早在公元98年就开始进行严肃的研究了。该主题总的来说需要认真细致的研究。其中，图密善统治时期对准确性的要求极高，因为塔西佗似乎并无前辈作家可以借鉴。记载内战的那几卷（其重心在于比较与评价，而非收集材料）难度倒不算太高。塔西佗的行文风格是流畅且充满自信的。我们不妨猜想（但并无十足把握），塔西佗可能是在公元101—104年期间离开罗马去担任某项前执政官级别的职务[1]，那么他便可以获得闲暇与些许自由去大幅推进自己的工作。我们还可以进一步假设，塔西佗在就任地点的经历为他的研究提供了若干地理与背景知识——但真实情况是否如此还很难说。

关于《历史》的下一项事实是跟认为书中的若干卷完成于公元105年之前（哪怕并未全部出版）的假设相一致的。此时距关于《历史》的蛛丝马迹最早出现已过去了一年多光景，并且科奈里乌斯·塔西佗已开始收集元首提图斯统治初年（距其叙述起点相隔10年）的一桩事件的相关材料——那么他很可能已经写完了作品的第1—6卷。

这位历史学家很快就会写到图密善在位的15年。[2] 小普林尼大约写于107年的一封信很能说明问题。他已等不及要做出预言，认为自己朋友的作品将获得不朽的声誉——并确信他本人的美德将得到恰如其分的纪念。[3] 倒不是说这部作品没有实话实说——那将是对史学神圣性的亵渎；但如实直书也完全能够达到预期的效果。[4]《历史》中探讨的那些事件已被公共档案妥善记录；像塔西佗那样的严肃研究者是不可能注意不到那些材料的。[5] 但小普林尼将会

---

1 见原书第71页。
2 有人认为，"您已像历史学家们那样写下了不可胜计的文字（cum historicorum more scribas numerum iniri non potuisse）"（*Epp.* 9.16.1）。这句话暗示了塔西佗对公元86或87年科奈里乌斯·福斯库斯灾难的暗示（参见Orosius 7.10.4，见下引文，原书第215页）。
3 7.33. 可与西塞罗致卢凯乌斯（*Ad fam.* 5.12）的书信相比较。
4 7.33.10: "nam nec historia debet egredi veritatem, et honeste factis veritas sufficit（史学固然不可背离真相，但真相对于光明正大的举动而言已经足够）."
5 ib. 3: "demonstro ergo quamquam diligentiam tuam fugere non possit, cum sit in publicis actis（我要述说的情况不可能逃过您那双勤于观察的眼睛，因为它们都记录在公共文书里）." 这里提到的"文书（acta）"（参见5.13.8; *Ann.* 12.24.2）似乎不同于元老院草案（*acta senatus*）或日常公告（*acta diurna*），参见F. Leo, *Gött. gel. Nachr.* 1896, 200。

自告奋勇对相关问题进行解释。他迫切希望看到自己在公元93年的政治活动（无论是在贝比乌斯·马萨遭到检举之前还是之后）不致遭到歪曲。那次诉讼出人意料地迅速引发了一串可悲的连锁反应，从而导致了一些正直人士遭到杀戮或放逐，并毁掉了赫尔维狄乌斯·普利斯库斯的党派。[1]

小普林尼在公元93年所扮演的角色具有随机性，至少显得无足轻重。在涅尔瓦治下，他曾主动出手，想要针对那一年的暴行进行报复。但这一英雄举动在科奈里乌斯·塔西佗的《历史》中没有占据任何位置。小普林尼对此并不感到沮丧。公元108年，他在教导一位崇拜自己的年轻元老时详细讲述了自己在元老院里攻击普布里奇乌斯·凯尔图斯的著名案件。[2]

到了公元109年底，塔西佗很可能已经完成并出版了自己作品的后半部分。[3]在叙述图密善统治末年的历史时，相关叙述提及了作者本人和他的朋友们参与的交易。在当众朗诵的过程中，《历史》的主题或枝节有时会带来一些令人难堪的时刻——如在暴君的臣子遭到责难及其帮凶受到传讯之际。作者本可以采用谨慎的处理方式，接受某些修改或省略的建议。现存文本中便有一条这样的例子，其中没有留下名字或线索。那位历史学家同意让自己的一段文字语焉不详，但拒绝将它从自己的文本中完全删除。[4]

塔西佗是个大胆的作家。《历史》的结尾直接涉及了同时代的事件。这部作品的开头也是如此，因为伽尔巴的统治让他有机会交代涅尔瓦的情况。

---

[1] 见附录21。
[2] 9.13（致小乌米狄乌斯·夸德拉图斯［Ummidius Quadratus］）。
[3] 他之前可能已经写过关于图密善时期各卷的一部分。
[4] 9.27.1: "recitaverat quidam verissimum librum（他朗诵了那本如实直书的作品）"，等等。

第十一章　作为史学家迈出的第一步

塔西佗已宣布自己将要撰写一部历史。他先以两部专题性著作——《阿古利可拉传》和《日耳曼尼亚志》——作为试笔；但二者并非跟他的计划完全无关。这两部作品所呈现的写作质量与学术前景究竟如何呢？

在为维吉尼乌斯·鲁弗斯撰写悼词的时候，塔西佗当然会预见到，自己也可以用类似的方式去纪念另一位正直的伟人。维吉尼乌斯毕竟从猜忌与仇恨他的诸元首治下生存了下来；尤利乌斯·阿古利可拉则早在真相有可能大白之前就去世了。对于被暴君埋没的美德而言，身后姗姗来迟的演说承载着一项神圣使命。多米提乌斯·科布罗或许就是通过这种方式得到纪念的；充满虔诚热情的提提尼乌斯·卡庇托汇纂的名人死亡录则被恰如其分地比作葬礼演说词。[1]

发现维吉尼乌斯同阿古利可拉的联系并不需要多少洞察力或敏锐眼光。在那封记载自己监护人去世过程的信件中，小普林尼响应并化用了《阿古利可拉传》关于声名及生存的结论。[2]

1　*Epp.* 8.12.4 f.: "scribit exitus inlustrium virorum, in his quorundam mihi carissimorum. videor ergo fungi pio munere, quorumque exsequias celebrare non licuit, horum quasi funebribus laudationibus seris quidem sed tanto magis veris interesse（他记载了名人们的辞世，其中一些是同我非常亲密的。尽管我无法参加他们的葬礼，我还是将创作类似其葬礼颂词作品的任务视作一项神圣使命：尽管动笔略迟，但我的态度是同样真诚的）."

2　2.1.10 f.: "si tamen fas est aut flere aut omnino mortem vocare qua tanti viri mortalitas magis finita quam vita est. vivit enim vivetque semper, atque etiam latius in memoria hominum et sermone versabitur,

（转下页注）

"光辉人物的事迹与风貌（Clarorum virorum facta moresque）。"[1]这部以传统句式开篇的短小作品接下去为传记的撰述者们进行了辩护。这是一种古老而颇有声名的习俗。因为那些造就了卓越的时代懂得应当如何纪念它；现在的人却在没完没了地鸡蛋里挑骨头——"我们这个时代是如此野蛮，如此对美德充满怀疑（tam saeva et infesta virtutibus tempora）"[2]。

然而，《阿古利可拉传》的主题似乎已超出了传记的范畴。这部作品包含着对不列颠历史与地理的研究成果，对7次战役的叙述和将领们的战前演说。这种扩充是否有些过火呢？无论内容有多么庞杂，它毕竟还是跟中心人物有关的；因为不列颠乃是传主展示其"美德"的舞台，也是阿古利可拉作为"武人"自始至终的活动舞台——军团长、军团副将和岛屿的征服者。其他将领分配到的笔墨则很少，并且其中一些还受到了非难，尤其是在他们没有参与战争，或是在血腥征服后才来到不列颠并推行同当地人和解的温和政策的情况下。在布狄卡反叛与弗拉维王朝的再征服之间就任的3位行省总督便是这样的例子。[3]自然而然地，佩提利乌斯·克瑞亚利斯和尤利乌斯·弗伦提努斯的功业（他们打散了布里根特人并征服了威尔士）被轻描淡写地一笔带过。[4]并且也没有克瑞亚利斯与弗伦提努斯的传记保留下来。[5]

（接上页注）
postquam ab oculis recessit（如果我们确实有理由痛哭流涕，并呼喊伟大死者［要知道所有凡人固有一死］的姓名，而不是缅怀他的一生的话。他活着并将永远活下去；在离开我们的视线后，他在我们的记忆与述说中的形象将变得更加醒目）。"参见Agr. 46.1 and 4。有人认为，没有证据表明小普林尼阅读过《阿古利可拉传》或《日耳曼尼亚志》（M. Schuster, *Wiener Studien* XLVI [1928], 234）。关于小普林尼《颂词》中的呼应，见R. T. Bruère, *Class. Phil.* XLIX (1954), 162 ff.。

1 *Agr.* 1.1——这段文本改编了老伽图《起源》（*Origines*）的序言（引自Cicero, *Pro Plancio* 66）："光辉且伟大的人物（clarorum virorum atque magnorum）。"但它也有可能来自老伽图的其他文本（*Tusc. Disp.* 4.3），参见B. Wijkström, *Apophoreta Gotoburgensia Vilelmo Lundström Oblata* (1936), 158 ff.。
2 1.4，参见Cicero, *Orator* 35: "tempora timens inimica virtutis（对这个仇视美德时代的恐惧）。"（凯撒的独裁统治）
3 16.2 ff. (佩特罗尼乌斯·图尔皮利亚努斯[Petronius Turpilianus]、特瑞贝利乌斯·马克西穆斯[Trebellius Maximus]和维提乌斯·波拉努斯[Vettius Bolanus]).
4 17.
5 弗伦提努斯的女婿索希乌斯·塞内奇奥是个富于品味与才华的人物。

作者在记载尤利乌斯·阿古利可拉的部分里同样有意含糊其辞。早在那位副将赶到战场之前,罗马军队就已经向北推进了很远,切断了布里根特人同卡勒多尼亚诸部落之间的联系。[1] 他的前两次战役都是在罗马人熟悉的地点进行的。直到第3场战役,那位将领才进入了陌生领土,其部下一直推进到了塔诺斯湾(Tanaus)。[2] 塔西佗对北方军事行动的叙述很少提及具体名目。他统共只提到了6个名字——1个部落、1处港口、1座山峰和3片港湾。对于其他地方,作者一视同仁地避免提供准确细节——他没有提到不列颠境内的任何城镇或军团驻地。这些省略的真正原因并不见得就一定是作者本人的知识匮乏。[3] 但在另一方面,由于塔西佗声称自己要将关于不列颠岛日益丰富的新知识(超越此前作家们的掌握水平)介绍给读者,他的表现似乎是难以令人满意的。[4]

在不列颠的征服者中,所有人都要在阿古利可拉——35年前那次入侵以来的第11位副将的荣光面前黯然失色。[5] 另一组鲜明反差出现在元首同那名元老之间。潜藏在阿古利可拉的全部业绩背后、将之昭告天下并发扬光大的乃是公共舆论的含沙射影与流言蜚语。我们在诸多场合下见证了图密善病态的妒意——阿古利可拉的伟大胜利令他不悦;关于他派出宫廷释奴执行秘密任务(向阿古利可拉许诺叙利亚行省的统治权)但从未接见阿古利可拉的传

---

1 参见E. Birley, *Roman Britain and the Roman Army* (1953), 10 ff.; 31 ff.。关于布里根特人的分布区域,见I. A. Richmond, *JRS* XLIV (1954), 43 ff.。

2 22.1: "tertius expeditionum annus novas gentes aperuit, vastatis usque ad Taum (aestuario nomen est) nationibus(第3年的远征接触到了新的族群——一直分布到塔诺斯[那是该海湾的名字]的众多族裔)。"塔诺斯河可能(并且应该)就是如今已经几近干涸的泰河(the Tay),如J. G. C. Anderson在他的校勘本(Oxford, 1922)中所指出的那样。到了下一年,阿古利可拉巩固了克罗塔(Clota)与波多特里亚(Bodotria)之间地峡处的防御(23)——那里自然跟他推进到的最northward北地区还有一段距离。

3 参见《编年史》中关于不列颠战事的细节叙述。它们足以证明,塔西佗必然是知道各军团驻扎在哪里的(见原书第395页)。

4 10.1: "ita quae priores nondum comperta eloquentia percoluere, rerum fide tradentur(在之前的作家们绘声绘色地讲述传奇故事的地方,读者们只会读到可靠的事实)。"塔西佗的批评者们自己也不是总能免于犯错,参见附录69。

5 塔西佗记录了他们的姓名和就任次序(14; 16.3-17.3)。

说；以及最后毒杀阿古利可拉的流言。[1]

在那位元首身败名裂之后，世人对事实的歪曲是如此明目张胆，以至于我们在冷静下来思考时不免要怀疑，作为文官武将道德楷模的尤利乌斯·阿古利可拉是否真的有那么卓越与无人能及。[2] 塔西佗承认，阿古利可拉并不引人注目——人们能够看出来他是个好人，并乐于相信他是一位伟人。跟维吉尼乌斯·鲁弗斯一样，阿古利可拉的光辉形象也是需要营造的。史料记述中不厌其烦地反复提及了这位英雄的谨慎小心。对权威的尊敬和总能取悦顶头上司的举止未免会让人产生一些不无恶意的揣测。并且我们也完全不清楚，阿古利可拉在不列颠的行动究竟属于个人的英勇行为、按部就班的常规军事活动还是在执行帝国政府的专门指令。其他行省总督也可能会在选择要塞位置时同样谨慎[3]，在侦察港湾与丛林时同样周全[4]，在鼓励土著居民建设城市、改善生活、学习文学与雄辩术方面同样和蔼与热心。[5]

塔西佗这位道德说教者自始至终也是阿古利可拉的歌功颂德者。他不得不提的是，阿古利可拉在不列颠推广城市生活方式这一值得称赞的行为还有

---

[1] 39.1 ff.; 40.2; 43.2. 在后两段文本中，作者亲自抗议了"五花八门的轻信（credidere plerique）"和"层出不穷的谣言（constans rumor）"。他知道这些观念和谣言对于罗马帝国有何用途。关于行省总督任命未能兑现的情节，见 H. W. Traub, *Class. Phil.* XLIX (1954), 255 f.; K. v. Fritz, ib. LII (1957), 73 ff.。

[2] R. G. Collingwood, *Roman Britain and the English Settlements*[2] (1937), 113 f.; G. Walser, *Rom, das Reich und die fremden Völker in der Geschichtsschreibung der frühen Kaiserzeit* (1951), 28 ff.; E. Paratore, *Tacito* (1951), 73 ff.; F. Grosso, *In Memoriam Achillis Neltrami Miscellanea Philologica* (1954), 97 ff. 关于对此提出的抗议，见 A. G. Woodhead, *The Phoenix* II (1948), 45 ff.。

[3] 22.2.

[4] 20.2: "loca castris ipse capere, aestuaria ac silvas ipse praetemptare（他亲自选择宿营地，身先士卒探测港湾和丛林）." 参见维提乌斯·波拉努斯的先例，见 Statius, *Silvae* 5.2.41 ff.: "Bolanus iter praenosse timendum | Bolanus tutis iuga quaerere commoda castris | metiri Bolanus agros, aperire malignas | torrentum nemorumque moras（波拉努斯勘探出危险的道路，波拉努斯找到安营扎寨万无一失的高地，波拉努斯会观察地形，除去洪流或树林的危险障碍）."

[5] 21.1: "hortari privatim, adiuvare publice, ut templa fora domos extruerent（勉励个人，扶持公众，兴建神庙、广场与住宅）", 等等。参见尼禄任命的一位行省总督的表现（16.4）: "特瑞贝利乌斯缺乏活力，完全没有军事经验，只能依靠怀柔政策治理行省。即便那里的蛮族如今也学会了沉湎于享乐的罪恶（Trebellius segnior et nullis castrorum experimentis, comitate quadam curandi provinciam tenuit. didicere iam barbari quoque ignoscere vitiis blandientibus）."

它的另一面——安逸与考究变成了一种有害的诱惑。[1] 如果作者坚持要过分美化那位将领的品质的话，那么这将成为一个严重问题。有人将会借用克瑞亚利斯与弗伦提努斯的名字，举证某些无法核实的案例。[2] 倘若说阿古利可拉行动迟缓、举止谨慎的话，那样做原本就是无可指摘的——因为本来就没有着急的必要。这一切都否定不了他在组织战役或布置阵线方面所展示的才华。[3]

这场战争以格劳皮乌斯山（Mons Graupius）大捷而告终。塔西佗声称，阿古利可拉征服了整个不列颠岛。[4] 倘若那位将领就是这样向元首报告的话，那么他的乐观估计可能影响了政府或导致了一些误解。帝国的其他地区也有自己的需求。在第6次战役期间，图密善能够从4个军团中依次抽调部队作为自己在日耳曼军事活动的援兵，而不至于妨碍（至少表面看起来如此）对不列颠的征服进程。[5] 那些部队并未马上返回。更严重的则是多瑙河流域危机的死灰复燃。阿古利可拉离开后不久（时间可能极为短暂），对达契亚人进行的战争又迫使帝国政府从不列颠抽调了整整一个军团。[6] 那么，罗马人在卡勒多尼亚人地盘上占领的这些土地的后续命运究竟如何呢？

罗马人已在深入新占领土很远、面对群山的地方建立了一座军营。罗马人在那个注定将成为永久定居点的军营坚守了数年，随后在有条不紊的拆除

---

1 塔西佗情不自禁地要将阿古利可拉的举措道德化（21.3）："不列颠人逐渐陷入了诱人的罪恶，学会了跳舞、泡澡和考究的宴饮。无知的他们将自身所受奴役的一部分元素称之为'高雅'（paulatimque discessum ad delenimenta vitiorum, porticus et balineas et conviviorum elegantiam. idque apud imperitos humanitas vocabatur, cum pars servitutis esset）。"

2 R.G. Collingwood, o.c. 113: "incapable of inspiring enthusiasm like Cerialis or reverence like Frontinus（无法激发对克瑞亚利斯等人的欣赏或对弗伦提努斯等人的尊敬）。"

3 I. A. Richmond, *JRS* XXXIV (1944), 34 ff.

4 10.1: "quis tum primum perdomita est（[不列颠]最早是被他完全征服的）。"

5 *ILS* 1025记录了指挥第9军团"西班牙"（IX Hispana）分队（vexillatio）的、受过元首嘉奖的一名军团长；但根据相关记载，那4个军团（包括驻扎在上日耳曼的各军团）都是由维利乌斯·鲁夫斯（Velius Rufus）（*ILS* 9200）指挥的。更多信息见 *CAH* XI (1936), 163 f.。

6 即辅军第2军团。我们下一次听说该军团的时候，它正驻扎在多瑙河畔，时间是公元92年（*ILS* 2719），如果不是更早的话（*ILS* 9193）。后一则铭文记载了一位"在达契亚战争中得到统帅与元首（ab imp. Caesare Aug. bello Dacico）"嘉奖的百夫长。

工作完成后放弃了那里。[1] 该举措并不意味着（并且也无法证实）罗马人突然放弃了阿古利可拉征服的所有土地。我们有理由猜想，罗马人在图密善统治结束前夕和图拉真统治期间组织了两次撤退行动，将自己的军营与要塞撤到了图拉真的继任者选择的防线与边疆附近。[2]

塔西佗的说法提供不了这方面的佐证——"不列颠先是被彻底征服，随后又被突然放弃（perdomita Britannia et statim missa）"[3]。这便是史学家塔西佗在《历史》序言中评价外交政策方面的记录（他对帝国在东部边疆的政策较为肯定，但批评了她对西部边疆的经略）时所下的定论。这段夸大其词（如果还不至于令人费解的话）的言论已引发过许多讨论。[4] 相关解释应当包含在《历史》现已佚失的若干卷中。[5]

由于《阿古利可拉传》这部书的出现，颂词这种体裁发展成了传记。该体裁曾被视为介于演说词与史学之间。[6] 颂词的风格通常是千篇一律的。它的某些部分是行云流水、华丽做作、富于雄辩术色彩的；另一些内容（尤其是叙事、民族志与地理志部分）则呈现出撒路斯特与李维式的罗马史学范本的传统特征。[7]

当演说家们将自己的才华用于史学创作时，他们会在改变自己的习惯之前就修正自己的文字风格。人们早就诊断出了帝国时代编年史的典型缺

---

1 它位于佩斯（Perth）以北10罗马里处的因赫图提尔（Inchtuthil）。人们在废弃军营的土层中发现了公元87年图密善发行的、1个阿斯（as）的铸币。见M. V. Taylor, *JRS* XLV (1955), 122 f., 其中概述了I. A. Richmond发掘报告的内容；后者的另一份简要概述见*Proc. Brit. Ac.* XLI (1955), 313。
2 参见I. A. Richmond, *JRS* XL (1950), 55。
3 *Hist.* 1.2.1. 关于"放弃（missa）"这个字眼（利普修斯［Lipsius］以来的许多校勘者都选择了"忽视［<o>missa]"的释读方式）所引起的争议，参见E. Norden, *Altgermanien* (1934), 28; E. Löfstedt, *Vermischte Studien* (1936), 126。
4 关于后一个问题冗长的、尚无定论的争鸣，见T. D. Pryce and E. Birley, *JRS* XXVIII (1938), 141 ff.; G. Macdonald, ib. XXIX (1939), 5 ff.。
5 考古发掘也补充了一些相关信息。
6 参见法尼乌斯关于尼禄暴政牺牲品的记载（*Epp.* 5.5.3）；"介于演说词和史学作品之间（inter sermonem historiamque medios）"。
7 p. 198.

陷——它们肆意进行吹捧与诋毁。[1] 评论家们很容易将修辞学视为《阿古利可拉传》中这些特征的来源[2]，尽人皆知的是，传记式的颂词确实享有常规史著所不具备的灵活性。[3] 但真正的根源其实是深层次的。正如我们业已指出的那样，这部作品所关注的远不止于塔西佗岳父的生平及对他的赞颂。那是一部罗马政治文学的样本，也是一篇支持元首图拉真与新兴帝国贵族集团的宣言。[4]

前人曾为确定塔西佗的《阿古利可拉传》在各种散文体裁中的具体地位而进行过各种尝试。但最好的办法还是用原汁原味的、专门描述它的术语加以界定。[5] 乍看上去（最后的结论也与此一致），介绍日耳曼地区及其居民的那篇作品的内容要单纯得多。

《日耳曼尼亚志》是一部独特的作品，但并不具备原创性。拉丁文学中已有这一体裁的先例。撒路斯特、李维等史学家或许早已利用过描述不同国度与族群的、汗牛充栋的插话，以便在恰当的时机点缀与丰富干巴巴的史实叙述，同时也顺便展示自己的博闻强识与见多识广。[6] 这些附记预示了专著的诞生。塞涅卡也写过关于印度与埃及的专题性论著。[7]

民族志主题来源于一种十分悠久的传统。它们是事实与传说、理论与教诲的混合体。从十分久远的时代起，野蛮与开化族群之间的鲜明对比便引起了世人的注意与研究。[8] "平原上的居民总好过斯基泰人（Campestres melius

---

1 *Hist.* 1.1.1: "ita neutris cura posteritas inter infensos vel obnoxious（后世读者被夹在仇恨与谄媚中不知所措）。"
2 参见 G. Walser, o.c. 28 ff.。
3 Polybius 10.21.8，参见 Nepos, *Pelopidas* 1; Plutarch, *Alexander* 1；参见西塞罗对卢奇乌斯·卢凯乌斯（L. Lucceius）的邀请（*Ad fam.* 5.12.3）。
4 见第三章。
5 参见 D. R. Stuart, *Epochs of Greek and Roman Biography* (1928), 253 和 C. Marchesi, *Tacito*[3] (1944), 57（其中抨击了"咬文嚼字的废话［vaniloquio filologico］"）所提出的严正抗议。
6 Sallust, *Jug.* 17-19; *Hist.* 3, fragments 61-80 ("de situ Ponti"《本都之地貌》); Livy, *Per.* CIV: "prima pars libri situm Germaniae moresque continent（本卷第1部分介绍了日耳曼地区的地貌与风俗）。"
7 Servius on *Aen.* 6.154; 9.30. 另见 Pliny, *NH* 6.60 对印度的记载。
8 A. Riese, *Die Idealisirung der Naturvölker des Nordens in der gr. u.r. Literatur* (Prog. Frankfurt, 1875).

Scythae）"是一条金科玉律。对野人（如农夫）的理想化则孕育着对城市生活现状的不满，促使人们相信原始生活状态下充满道德与幸福的虚幻图景，并对此进行添油加醋——并不可避免地伴随着对奢侈腐化、繁文缛节的直白或婉转的谴责。如果说这些主题已老掉牙了的话，那么它们使用的语言同样是一些陈词滥调。起初属于这个土著族群的细节与事迹会被移花接木到那个族群身上，从色雷斯人和斯基泰人那里来到高卢人身上，又在进一步渲染夸张后从高卢人那里跳到了日耳曼人身上——日耳曼人比高卢人更加高大凶猛，头发也更红。[1]

"谁也没有资格嘲笑他们的道德缺陷（Nemo illic vitia ridet）。"[2] 莱茵河以北是一片道德净土；风俗的约束作用比任何立法都更加行之有效。[3] 罗马社会的轻浮令道德论者和政治家忧心忡忡；同样令人警惕的还有它的虚弱：因为它遵循的主要是贵族的统治与治理观念。日耳曼人则强健、自由、人数众多，威胁着罗马的政治体系——后者生活在奴役与腐化之中，用骄奢淫逸讨好着富人，推崇着缺乏活力与美德的文化。

塔西佗记载的究竟是他自己目睹并了解的事情，抑或仅仅是他从书本里读到的东西呢？小塞涅卡曾拜访过埃及，他的姨夫曾作为元首提比略任命的省长治理过那个地方[4]；撒路斯特也曾担任过阿非利加某个行省的总督，尽管其《朱古达战争》（*Bellum Jugurthinum*）里的插话似乎并未受益于此。[5] 地理学被罗马作家们普遍视为一种困难、深奥与难以驾驭的主题。[6] 塔西佗对日

---

1 Strabo 7.290，等等。见K. Trüdinger, *Studien zur Geschichte der griechishch-römischen Ethnographie* (Diss. Basel, 1918); E. Norden, *Die germanische Urgeschichte in Tacitus Germania* (1920, ed. 3, 1923); G. Wissowa, *Neue Jahrbücher* XLVII (1921), 14 ff.。

2 *Germ.* 19.3.

3 19.5: "plusque ibi boni mores valent quam alibi bonae leges（这里的良好风尚比其他地方的良好法律更有价值）。"参见Horace, *Odes* 3.24.35 f.。

4 *Ad Helviam* 19.4. 她是公元16—31年间埃及省长盖约·伽勒里乌斯（C. Galerius）的夫人。

5 *Jug.* 17–19.

6 Mela, *praef.*: "orbis situm dicere aggredior, impeditum opus et facundiae minime capax（我将要述说大地的地理态势；那是一项艰难的工作，但不需要多少文学才华）。"

耳曼或不列颠没什么兴趣。[1] 新鲜的知识主要来自商人和军人。[2] 这些见闻在文史著作中赢得认可需要很久。与文学传统所接受的记载（时间与伟大作家的盛名为它们的可信度提供了担保）相比起来，个人的见闻感受似乎缺乏吸引力与可信度。即便科奈里乌斯·塔西佗真的去过莱茵河流域的话，他也没有在《日耳曼尼亚志》中透露任何迹象。[3] 并且这位元老在提笔之前也没有认真研究过相关目击证据，或引用前执政官级别的行省总督、军团长或财务官员提供的精确证据去驳斥前人著作的观点。[4]

《日耳曼尼亚志》来自对前人文献史料的亦步亦趋。二者之间的相似性不仅体现在对国家、族群与风俗的宏观记述中，连具体的部落名目都是高度近似的。我们有充分理由假设，塔西佗的主要史料来源是老普林尼的《日耳曼战纪》。[5] 那位官员曾在莱茵河流域的部队中服过役[6]；他了解从多瑙河源头到大西洋沿岸的上下日耳曼地区；他还参与过横渡多瑙河深入自由日耳曼人聚居区的数次远征。[7] 老普林尼可谓将旺盛精力、广博趣味与钻研精神集于一身的人物。

我们想象不出比老普林尼更好的史料来源。不过，老普林尼的研究还需要一些补充，因为此时距他写作的时代已过去了40年之久。但塔西佗并没有费那个心思。他在这部作品劈头第一句话中介绍日耳曼地区疆界时所使用的

1　参见 W. Capelle, *Philologus* LXXXIV (1929), 349 ff.; 464 ff.。
2　Pliny, *NH* 6.140 f.（"nostri negotiators [我们的商人们]" 和 "arma Romnana [罗马军队]"）。参见 E. Norden, o.c. 434 ff.。
3　认为他曾在公元89—93年期间担任过高卢境内贝尔吉卡行省副将的看法必须被彻底抛弃（见原书第70页）。
4　公元98年时仍在世的上下日耳曼前执政官级别行省副将有维斯特里奇乌斯·斯普利纳、拉皮乌斯·马克西穆斯和雅沃勒努斯·普利斯库斯；尤利乌斯·弗伦提努斯可能在公元83年陪同图密善去过莱茵河畔（见原书第214页）。
5　F. Münzer, *Bonner Jahrbücher* CIV (1899), 67 ff.; E. Norden, o.c. 207 ff.。
6　原书第60页。
7　老普林尼收集到的珍贵史料涉及多瑙河地区（*NH* 31.25）、莱茵河口附近（"帝国疆界的最边缘 [extremoque in margine imperii]"）（12.98）、莱茵河对岸的威斯巴登（Aquae Mattiacae）（31.20），以及堕落的考奇人（Chauci）中的情况——他可能在公元47年跟随多米提乌斯·科布罗到过他们中间（16.2）。

语言似乎即便在老普林尼的时代都已经过时，更像是奥古斯都时代的腔调。[1]与此类似的是，他在泛泛提及当地各部落与头领时的口吻好像是罗马人不久前才知道他们的存在一样——但很久以前，奥古斯都元首时代的远征已让罗马军队抵达了易北河畔，并了解了辛布里（Cimbri）海岬的存在。[2]

《日耳曼尼亚志》的其他一些部分反映的乃是弗拉维王朝诸元首将帝国疆域推进到莱茵河与多瑙河以北的上日耳曼、雷提亚（Raetia）边境之前的状况。[3]同样足以说明问题的是塔西佗对生活在多瑙河流域的日耳曼人——玛柯曼尼人和奎迪人——的记述。在塔西佗笔下，这些部族是帝国的忠实附庸；他们获得的通常是金钱支持，很少接受罗马人的军事援助。[4]这个说法十分诡异：正是那些部族在公元89年图密善对抗达契亚人战争中的庸碌无为改变了帝国的整个边疆政策。[5]

即便在自己知道情况已经发生变化的时候，作者也没有在补充新材料方面竭尽全力。在开列的日耳曼部族名单中，塔西佗只有3次明确提及了晚近的事件。其中一次只是泛泛而谈：它出现在对罗马-日耳曼关系的历史回顾中[6]；第二次是关于布鲁克特里人的，作者为该族群的灭亡而欣喜若狂。[7]第

---

1 *Germ.* 1.1: "Germania omnis a Gallis Raetisque et Pannoniis Rheno et Danuvio fluminibus, a Sarmatis Dacisque mutuo metu aut montibus separator（日耳曼全境被莱茵河和多瑙河同高卢、雷提亚和潘诺尼亚隔开，因为彼此恐惧和群山阻隔而与萨尔玛提亚和达契亚老死不相往来）." 参见V. Lundström, *Eranos* XXV (1927), 249 ff.。

2 ib.: "nuper cognitis quibusdam gentibus ac regibus, quos bellum aperuit（向我们最近才认识的一些族群和国王发动了战争）." 这些事件显然发生于奥古斯都时代的入侵期间，而非之后。参见塔西佗对易北河（41.2）和大洋河（Oceanus）（34.2 f.）的描述。

3 塔西佗由此提及了在毫无阻拦的情况下渡过多瑙河、进入雷提亚的赫蒙杜里人（Hermunduri）："他们四处游荡，在无人守卫的地段渡河（passim et sine custode transeunt）."（41.1）此外，在介绍下日耳曼行省时，他对巴塔维亚人（Batavi）（29.2）的描述不大可能符合公元70年之后的状况。

4 42.2: "vis et potentia regibus ex auctoritate Romana. raro armis nostris, saepius pecunia iuvantur（他们的力量与权势来自罗马的权威；他们更多的是得到我们的钱财，而非军队的支持）."

5 原书第32页。

6 37.6: "proximis temporibus triumphati magis quam victi sunt（近年来，他们让我们获得的凯旋式多于实打实的胜利）."

7 33，参见原书第46页。

第十一章　作为史学家迈出的第一步　/　183

三次是对日耳曼南部所谓"征收什一税的土地（decumates agri）"的描述。[1] 上述3处记载中都包含着夸大其词与主观好恶的成分；并且关于"征收什一税的土地"那段文字的问题不仅仅是不够准确而已——它似乎是在未考虑上下文衔接的情况下生硬地插入的。[2]

作者的弱点一望即知。在忠实遵循史源的前提下，他将主要精力都放在打磨、改进文字风格上；他仅仅补充了几条铭文和若干细节，以便让这部作品不致显得过时。[3] 无论从哪个角度看，将《日耳曼尼亚志》视为塔西佗《历史》导言的观点都是肤浅并具有误导性的。[4]《历史》在开篇处详细叙述了尤利乌斯·奇维利斯叛乱期间发生在莱茵河一线的战斗。没有提及从文多尼萨（Vindonissa）到维特拉（Vetera）与诺维奥玛古斯（Noviomagus）一线任何一个兵营（遑论临时性要塞与规模较小的部族）的《日耳曼尼亚志》对于准备这部分内容而言几乎是毫无价值的。[5]

---

[1] 29.4: "non numeraverim inter Germaniae populos, quamquam trans Rhenum Danuviumque consederint, eos qui decumates agros exercent: levissimus quisque Gallorum et inopia audax dubiae possessionis solum occupavere; mox limite acto promotisque praesidiis sinus imperii et pars provinciae habentur（我没有把那些耕种"征收什一税的土地"的部落算作日耳曼部族，尽管他们也定居在莱茵河与多瑙河对岸。高卢人中那些地位极其卑贱的、因一无所有铤而走险的亡命之徒独自占据着这块归属权存在争议的土地。后来，随着我们疆界的变动和防线的推进，这些土地被纳入帝国版图，成了行省的一部分）."

[2] 在这段文字前面讲的是玛提亚奇人（Mattiaci）（29.3)，后面则介绍了查提人，"居住地比他们更靠北的查提人（ultra hoc Chatti）"（30.1）。塔西佗对查提人的界定意味着他们跟玛提亚奇人，而非"征收什一税的土地"上的居民毗邻。因此，该段落（29.4）是后加上去的，参见R. Syme的作品，引自J. G. C. Anderson的校勘本（Oxford, 1938），第151页。

[3] 换言之，这段文本的写作也许十分仓促。有人认为，塔西佗是在图密善治下开始撰写这部作品的。如E. Wolff, *Hermes* LXIX (1934), 155; E. Kornemann, *Tacitus* (Wiesbaden, 1947), 22。关于这部专题作品的格言化和道德化特征，参见A. Gunz, *Die deklamatorische Rhetorik in der Germania des Tacitus* (Diss. Lausanne, 1934)。关于它过于琐碎的问题，见J. Perret, *Rev. ét. anc.* LVI (1954), 98 f.。

[4] 即便将《日耳曼尼亚志》视为《历史》预先准备的、未经压缩的一段插话也属实牵强（E. Paratore, o.c. 287 ff.）。

[5] 阿斯奇布吉乌姆（Asciburgium）恰巧是一座要塞（*Hist.* 4.33.1），但《日耳曼尼亚志》只是为了讲述一个博古传说的缘故才提到它（3.3）。《历史》则展示了作者对莱茵河流域地名的渊博知识，参见原书第174页。

跟撒路斯特的早期短篇作品一样，塔西佗的两部专题著作也预示着他即将取得的伟大成就。但这一类比并不完全贴切。塔西佗还有很长的路要走。他需要完善的不仅仅是自己的文字风格，还有研究的深度与严肃态度。他需要钻研档案材料、询问目击者、审核已有的文字记载，并重构漫长与复杂的信息流传真实过程。诚然，《阿古利可拉传》确实展示了塔西佗作为一位罗马历史学家的优缺点。[1] 尽管如此，我们并不一定要将《阿古利可拉传》视为长篇史著的序言或先导。并非每个传记或民族志手册的作者都有接下来从事更高史学追求的打算——而其中那些宣称自己拥有此类计划的人也并非都能写出书来。同时代发生的一桩事件——图拉真率领大军驻扎在莱茵河上锐意求战（至少看似如此），做好了进行征服的准备——可以解释《日耳曼尼亚志》的若干特征。[2] 事实上，我们并无理由否认或低估塔西佗对北方各族群的浓厚兴趣。[3]

公元97年的政治争论构成了《阿古利可拉传》的背景。但那个多事之秋的后续影响（在《阿古利可拉传》中十分明显）并不仅限于此。它带给世人的体验是更深层次的。它揭示了现实与过去的惊人密切联系，并催生了科奈里乌斯·塔西佗的《历史》。

塔西佗在涅尔瓦治下当上了递补执政官。这一事实对于他放弃演说术、转向史学创作具有决定性意义。有史可考的事情只有一件：塔西佗负责在著名人物维吉尼乌斯·鲁孚斯的葬礼上朗诵其颂词，后者是那一年的名年执政官和元首的同僚。这件事还牵扯到另一个问题。年迈的鲁孚斯在排练其"礼赞"时（那可能要在其任职首日进行，也可能并非如此）滑了一跤，摔断了

---

1 关于早期作品对塔西佗代表作优缺点的预示，参见 H. Bardon, *Mélanges de la Faculté des Lettres de Poitiers* (1946), 195 ff.; J. Perret, *Rev. ét. anc.* LVI (1954), 90 ff.。

2 然而，我们不应将《日耳曼尼亚志》视为一部政治小册子，意在倡导帝国政府采取（或不采取）何种行动。如蒙森提出（*Reden u. Aufsätze* [1905], 149）、诺登（Norden）等人证实的那样，它是一篇民族志的研究成果。

3 E. Wolff, *Hermes* LXIX (1934), 121 ff.; F. Dirlmeier, *Die alten Sprachen* II (1937), 37 ff.; J. Perret的校勘本（Budé, 1949），第41页。我们还应当注意，科奈里乌斯·塔西佗曾担任过贝尔吉卡行省督办，并且这位史学家本人也许就出生于贝尔吉卡或莱茵河畔（原书第614页）。

大腿。[1]随后等待着他的是一段漫长的养病期——然而，那并不让他免除关于自己将被任命某个经济领域差事的忧虑。[2]维吉尼乌斯·鲁孚斯的逝世可能发生在那一年的年终岁尾。

就我们所能掌握的信息而言，塔西佗很可能在具有决定性意义的公元97年10月享受着束棒护身的荣耀。[3]而无论他的执政官任期出现在夏末、秋季抑或冬季，他都有可能以前执政官、现任执政官或候补执政官的身份参加了迫使涅尔瓦过继子嗣兼继承者的那次议事会。[4]

在对维吉尼乌斯的悼词中，一些基本事实是尖锐且明确的——一个王朝的终结、权力的争夺者以及各支军队的反应。无论塔西佗是在哪个月里发表该演说的——在涅尔瓦过继图拉真之前甚或之后——那位上日耳曼行省总督的性格与才干都似乎足以成为罗马当下命运的主导因素。那位将领当时要么是最有力的竞争者，要么就已经被推举为元首。像塔西佗这样一位集崇高与细腻风格于一身的演说家（尽管他或许不得不压抑自己进行尖刻嘲讽的才华）当然不会错过发表一篇宣扬要对"共和国"忠诚的布道词的机会——那是对"理国之才（capax imperii）"这一崇高主题的庄严预告。

维吉尼乌斯·鲁孚斯及其拒绝权力的做法同公元97年的希望与恐惧发生在同时。伽尔巴短暂而不幸的元首任期间的风云变幻更是如此。在延续很久的王朝突然崩塌后脱颖而出的新统治者已失去了对全局的掌控，眼看就要将罗马及其帝国拖入深渊。两次危机的当事人都采用了同样的补救措施。其中一次过继失败了，另一次则取得了成功。没有人能够无视或回避二者之间的相似性：[5]时间才仅仅过了不到30年；许多元老还记得伽尔巴，公元68—69

1　*Epp.* 2.1.5.
2　见附录2。
3　关于公元97年递补执政官的人选见附录10。
4　出席伽尔巴内朝会议的有杜克尼乌斯·格米努斯（Ducenius Geminus，罗马市长[*praefectus urbi*]）、执政官提图斯·维尼乌斯（T. Vinius）和即将上任的执政官马略·塞尔苏斯（Marius Celsus）。（*Hist.* 1.14.1）
5　Pliny, *Pan.* 8.5: "oblitine sumus ut nuper post adoptionem non desierit seditio sed coeperit（上一次过继元首继承人未能阻止反而引发暴乱的事件还为时不远，难道我们都已忘却了吗）?"

年间上任的执政官们此时也还在世。

塔西佗抱着轻蔑或感慨的口吻述说那些创作罗马的编年史却不知"共和国"为何物的人。[1] "共和国"究竟是什么呢？准确地说，它首先是罗马国家的各项制度——"元老院、官吏与法律（senatus magistratus leges）"。但政府制度和指导（或理应指导）其活动的规则只是政治进程的一小部分而已。真正的重点潜藏在幕后或表层之下：权力与影响力的来源——以及操纵它们的人。我们有理由认为，科奈里乌斯·塔西佗掌握着这方面的充足材料。他并不只是一个远在外省或听说禁卫军在罗马街头上吵嚷着要以血还血的局外人。作为涅尔瓦时代的执政官，塔西佗站在帝国政府的内部目睹了它的解体过程。他可能参与了（或至少洞察到了）阴谋或密谋——这些密谋拥立了一位新元首，拯救了整个地中海世界免于生灵涂炭。[2]

通常情况下，撰写历史只是因年事已高或心灰意冷而无法继续做事的政治家们打发时光或聊作慰藉的手段。我们如今有理由追问：促使那位口若悬河的前执政官转向史学创作、追随撒路斯特·克里斯普斯（Sallustius Crispus）和阿西尼乌斯·波利奥等元老事业的动机到底是什么？[3] 这个问题的答案不难找到：那便是他见识过与体会到的束缚。根据他在就任执政官几个月前在《阿古利可拉传》中的表态与记述来看，那涵盖了图密善治下15余年的漫长岁月——"凡人一生中的大把时光（grande mortalis aevi spatium）"——中的被迫沉默与隐忍。[4] 他将《阿古利可拉传》呈现给了公众，但他还表示要着手完成一部足以见证从前的奴役与如今的幸福的叙述性作品。[5]

图密善的暴政并非故事的全部。何况那位元首的统治时期也不是一团漆

1　*Hist.* 1.1.1: "inscitia rei publicae ut alienae（不知共和国为何物，对它感到陌生）."
2　因此，他并未"一言不发、相对安全地苟活于世"（E. A. Thompson, *The Historical Work of Ammianus Marcellinus* [1947], 125）。
3　有人认为塔西佗从事史学创作时年龄已经偏大，如G. Boissier, *Tacite* (1903), 1; E. Kornemann, *Tacitus* (1947), 16, 参见45。一种晚近观念则认为，公元98年时的塔西佗与开始从事史学创作的撒路斯特与波利奥年龄相仿。
4　*Agr.* 3.2.
5　ib. 3（引文见原书第19页）.

黑或万马齐喑。我们手头也拥有一些正面材料（至少是关于其统治前期的信息）。并且在阿古利可拉死后不久的、最为黑暗的时光里（以公元93年秋季为标志），塔西佗可能还没有回到罗马。[1] 就生涯和荣誉而言，他在图密善治下的升迁速度并不算慢。如果他真心指望作为一个整体的元老院（或作为个体的元老们）能够在军人元首的铁腕统治下享有较图密善统治初年更充分的言论或行动自由的话，那么塔西佗无疑严重低估了自己的洞察力。我们不妨暂且接受这种有损于科奈里乌斯·塔西佗声誉的假设，相信他认定一位历史学家在涅尔瓦治下的一年里能够比在图密善统治的15年间获得更多教益。

把这些事情记载下来的想法具有很大的诱惑力。值得记录的不是官方版本，也不是阿谀奉承者的说法，而是从图密善遇刺到图拉真被过继的那段多事之秋里真实发生过的事情。但现在做这件事或许有些操之过急，更不消说可能根本无法做到。塔西佗在《阿古利可拉传》里选择的史学主题似乎是图密善统治时期。过了一段时间后，他似乎并未急于着手完成自己的任务，并最终决定将自己史著的起始年代向后调整。[2] 但塔西佗并未选择尼禄身死之日，而是从3名元首死亡的那一年（"仅仅一年，但十分漫长 [longum et unum annum]"）的第一天讲起[3]；他讲述了弗拉维王朝的全部历史。对于公元69年的事务而言，塔西佗在危机年代里的从政经历让他的相关记载言之有物，并富于洞见和感染力。他写的是帝国时代的历史与相对晚近的主题——但其笔触令人联想到了共和末期和罗马的一流史学家们。

1　原书第68页。
2　纠结于塔西佗当时是否已开始撰写图密善时代编年史的做法或许毫无意义。
3　*Dial.* 17.4.

第三部分

《历史》

第十二章　罗马的史学创作

史学在罗马经历了很长时间才真正摆脱不起眼的、档案汇纂式的草创阶段。较早的编年史家们只是按照时间顺序罗列事实，并未掌握加工、升华史料的技巧。对于一位编年史家而言，如实直书已经足够，简明扼要则是对他最高的赞誉。所有人都了解并承认，史学最基本的原则是准确与诚实。但史学也需要风格与创作技巧。仅仅记录事件是不够的，史家必须借助适宜的布局谋篇与文采，对事件做出解读与评价。塔西佗这位演说家便具备这些必要元素。

以上便是西塞罗在对话体《论演说家》（De oratore）中提出的看法。[1]这位在政坛上的地位与作为不尽如人意的共和国救星想要在文坛上找回面子；于是，他将一些罗马人此前很少（或完全没有）触及过的主题经营到了臻于完美的境地。《论共和国》（De re publica）描述了理想国家的本质——它并非来自苦思冥想或外邦先例，而是来自人生感悟与罗马人民的丰富经历。西庇阿家族时代的罗马为西塞罗提供了慰藉，让他暂时忘却了当下的失败与怒火。一位失望的政治家也可以通过撰述历史来获得安慰。由于这位最富于政治智慧的领袖同时也是散文创作的领军人物，他的才华原本是可以找到用武之地的——如果他能赋予史学以文学的尊严，以此来礼赞那个他在担任执政

---

[1] 2.51 ff. 但那并非故事的全部。我们在此无法详细讨论希腊化时代演说术的理论，以及我们了解更多的演说实践活动（那是一个宏大的主题）。关于该问题的一个方面，见 B. L. Ullman, *TAPA* LXXIII (1942), 25 ff.；关于西塞罗的观点，见 M. Rambaud, *Cicéron et l'histoire romaine* (1953).

官期间拯救并守卫过的共和国的话。

这一动机在《法律篇》(*De legibus*)中已体现得十分明显。那篇对话的场景设置在西塞罗本人生活的时代。西塞罗自己是主要的发言者，次要角色是他的弟弟昆图斯(Quintus)和他的好友庞普尼乌斯·阿提库斯(Pomponius Atticus)。具体场所是非常适合进行历史反思的——交谈地点位于阿尔皮努姆(Arpinum)附近，就在西塞罗为马略写的那首诗中那棵永生的橡树旁边。在对诗人标准与罗马早期传说的评论（作者对那些愚信的人持温和的嘲弄态度）进行了适当介绍后，对话集中讨论了编年史家们的缺点：行文干瘪凌乱、作品平庸乏味且难以卒读。这批人物中最晚近的科奈里乌斯·希塞纳(Cornelius Sisenna)虽然远远胜过自己的前辈们，但仍同西塞罗的演说术或优秀史著必备的水平相去甚远。[1]

"对于一位演说家而言那是最重要的……工作(Opus ... unum hoc oratorium maxime)。"[2] 史著必须按照演说词的方式撰述。只有西塞罗才能胜任这项使命。他该撰述哪个时代的历史呢？昆图斯对晚近的事件感兴趣；阿提库斯则对他表示大力支持。他不愿听罗慕路斯与雷慕斯的故事——他想了解的是庞培的功绩和西塞罗担任执政官期间的表现。

西塞罗承认自己有这个责任，但拒绝接受该任务：因为那需要时间与闲暇，或许得等到他年老时才能完成。岁月如梭，但适合西塞罗撰述历史的时机一直没有到来——尽管他在凯撒独裁期间被迫无所事事。独裁者遇刺后不久，阿提库斯曾鼓励过自己的朋友提笔写史；他在当年较晚的时候（11月）重申了这一建议——那是非常适宜的时机：私家军队正在意大利境内被招募起来，一位年轻的冒险家正在向罗马进军，一场新的内战已迫在眉睫。[3] 阿提库斯的担忧很快就得到了证实。为了消灭安东尼的希望与计划，那位被诱骗

---

1 *De legibus* 1.7: "is tamen neque orator in numero vestro umquam est habitus et in historia puerile quiddam consectatur（那个人从未被视作可以同您相提并论的演说家，而他的史学作品也被认为是非常幼稚的）." 参见 *Brutus* 228。

2 1.5.

3 *Ad Att*. 14.5; 16.13b.2.

而选择支持屋大维野心的年老政治家为了拯救共和国再度出山，并导致了它的毁灭。

罗马史学仍旧处于粗糙、无人关注的凋敝状态。补救这一缺憾并提升罗马史学地位的是一位确实记述了西塞罗与庞培事迹的作家，但其著作的指导精神并不正确——而西塞罗也不喜欢他的写作风格与方式。

盖约·撒路斯特·克里斯普斯的仕途生涯短暂但丰富多彩。他担任平民保民官的那一年见证了普布利乌斯·克罗狄乌斯（P. Clodius）的遇刺、伟人庞培出任独裁官和对阿尼乌斯·米洛（Annius Milo）的审讯；他还通过对米洛及其辩护者西塞罗的猛烈抨击而得到了关注与非议。[1] 两年后，撒路斯特不出意料地被元老院除名。凯撒又把他带回了元老院。他在指挥军队方面没有取得什么瞩目成就，并在一场士兵哗变中费了好大劲才保住了性命——并且他在担任行省总督期间的所作所为还引来了勒索罪名的指控。[2]

倘若撒路斯特失去了凯撒信任的话，那么在独裁者被除掉后，已没有哪个领袖或党派能够吸引他投入星火燎原的斗争中去。如果不能参与缔造历史的话，那么退而求其次的方案便是撰述历史。撒路斯特发现了一种打发时间的合适方式：他可以撰写一些专题史著。追求政治野心对他而言已经太迟；但撒路斯特业已摆脱了年轻时的荒唐与纠纷，并且党派精神也没有损害他的判断力。[3]

完成《喀提林阴谋》（*Bellum Catilinae*）与《朱古达战争》后，撒路斯特没有再去进行专题研究，而是打算撰写一部全面的史著。题材是现成的，起点也十分明确。科奈里乌斯·希塞纳已讲述过第一个革命年代的历史——他从公元前91年同盟者的退出组织讲起，叙述了同盟者战争（Italian War）

1　事实上，那是一群"卑微下贱、无可救药的家伙（abiecti homines ac perditi）"；他们宣称西塞罗是个"强盗和凶手（latro et sicarius）"（*Pro Milone* 47，参见 Asconius 44）。
2　关于阿非利加的行省总督人选，见 Dio 43.9.2。关于他的政治生涯，见 W. Allen, *Studies in Philology* LI (1954), 1 ff.。本书没有引证任何来自撒路斯特的《致老年凯撒书》（*Epistulae ad Caesarem senem*）的材料，因为那篇文本的真实性十分引人怀疑。
3　Sallust, *Cat.* 3.1 ff.

和与此交织在一起的罗马党争，直到苏拉恢复显贵地位为止，可能终结于苏拉放弃独裁官头衔或在一年多以后去世之时。作为一名元老与当时事件的参与者（公元前78年的大法官），希塞纳值得被称为一名历史学家而非编年史家，并享有西塞罗似乎不愿承认的影响力与荣誉。他选择的主题也是十分精彩的。[1]

撒路斯特大致是从希塞纳搁笔的地方讲起，从玛库斯·埃米利乌斯·雷必达（M. Aemilius Lepidus）与昆图斯·卢塔提乌斯·卡图卢斯（Q. Lutatius Catulus）担任执政官之年（公元前78年）开始了自己的《历史》。希塞纳是一名苏拉党徒，其作品的续写者则对苏拉与显贵们抱有敌意。他计划（据推断如此）追溯寡头统治集团在两次内战期间的30年——期间罗马享有名义上的稳定与空洞的和谐——的衰亡历程，从雷必达的崛起一直写到庞培与凯撒之间的兵戎相见。我们还可以推断出他赋予伟人庞培的地位和角色——此人起初是一名苏拉党徒，从雷必达手中拯救了政府，并为它在西班牙征战。随后，他成了权贵们（*Optimates*）的敌人，掌握着在保民官帮助下攫取来的大权，同克拉苏和凯撒联手成为压迫"共和国"的三巨头。最后，当他的统治地位饱受嫉妒，被迫同之前的盟友联手之时，他成了元老贵族寡头集团选择的错误朋友，同后者一道坠入深渊。

在公元前35年去世时，撒路斯特已记述完了12年的史事。他写完的《历史》前5卷仅保留下来了4篇演说词、2封信和若干残篇。然而，如果跟他的两部专题著作结合起来看的话，那么这些材料已足以解释撒路斯特在当时与后世一直得到认可的、被奉为不朽经典的杰出成就。

史学已成为一门艺术，罗马终于能够以其为荣了。西塞罗批评过那些编年史家们，并呼吁他们发展出宏伟、平衡、流畅的风格。[2]但撒路斯特放弃了对平衡与和谐的追求，返回到更早的作家们那里去寻求自己的榜样。撒路斯

---

1 它也获得了元老卢奇乌斯·卢凯乌斯的赞赏，参见Cicero, *Ad fam*. 5.12.2。
2 *De oratore* 2.64: "genus orationis fusum atque tractum, et cum lenitate quadam aequabili profluens（他的演说风格平易流畅，以柔缓、均衡的状态向前推进）."

特采用了他们的古朴风格和诗歌节奏，但加强了其力度与华美色彩，并补充了许多语言上的革新。他的散文变得更为紧凑——使用短句和突兀的结尾，追求快速行文与节奏变化。他还有意利用动词结构不对称现象营造出了不同观念永恒对立的效果。[1]

采用古老的演说风格并不奇怪，因为撰述历史的通常是业已退休的政治家或尖酸刻薄的老者。他们需要通过谴责年轻人的不成体统或时代风尚的腐化堕落，以便反衬昔日美德的厚重与可贵。复古风格在撒路斯特手中成了一件富有迷惑性的武器，以朴素作为幌子，掩盖了其中的微妙之处与恶意。撒路斯特在运用古代道德标准方面着实是最得心应手的一位——他利用该手段对那些充满邪恶、暴力的场景进行了严厉抨击。[2]

同样不出意料的是，撒路斯特刻意地、彻底地破坏了繁复拉丁语长句的韵律、平衡与精巧结构。最近被西塞罗打磨得臻于完善的宏伟演说风格能够令人羡慕地感染、说服听众；它会使用日常语言，信手拈来真理与谬误的鲜明对比，并充满激情地调动普通民众的情绪。罗马史学起源于雄辩术尚不为人所知的时候对简单事实的记录。当罗马史学在饱受政治演说影响与败坏的时代里走向成熟时，它的目标是在不受任何情感左右的情况下获取隐藏在辞藻背后的真相。流畅的文笔引人怀疑，其作者的可信度也会受到损害。朴实无华、生硬突兀、支离破碎的文字风格似乎才是史者不可腐蚀的真实性的严肃保障。

除了本土编年史家中的榜样外，对撒路斯特吸引力最大的前辈乃是修昔底德——他欣赏后者的文风与笔力，欣赏他的庄严高贵与清醒彻悟。这位罗马人已在共和国的风雨飘摇、庞培与凯撒的战争——最坏的乃是凯撒遇刺后重现苏拉独裁的后三头暴政、罗马的公敌宣告运动和遍布意大利的屠杀——

---

1 关于撒路斯特的文风，特别参见 E. Norden, *Die antike Kunstprosa* I (1898), 200 ff.; W. Kroll, *Glotta* XV (1927), 280 ff.; E. Löfstedt, *Syntactica* II (1933), 290 ff.; K. Latte, "Sallust", *Neue Wege zur Antike* II, 4 (1935); E. Skard, "Sallust und seine Vorgänger", *Symbolae Osloenses*, Supp. XV (1956)。

2 K. Latte, o.c. 56 ff.

中看清了世间人事的本质。撒路斯特打磨出来的那种尖刻、愤怒、阴郁的撰史风格非常适合那个时代和那一主题——也合乎他自己的性格。[1]

撒路斯特来自萨宾境内的阿米特努姆（Amiternum）。仅比他晚出生10年的波利奥已属于新一代罗马人——他的祖父曾在意大利为自由和荣誉而战、反叛罗马的暴虐统治时担任过马鲁奇尼人（Marrucini）的领袖。[2] 波利奥在内心深处是一个共和派，在行动上则是凯撒与安东尼的党徒。纵横捭阖的谋略使得他免受伤害，并在公元前40年当上了执政官。不久之后，他放弃了政治生涯，斩断了和各派别千丝万缕的联系，成了最后一场斗争（凯撒的继承人同玛库斯·安东尼争夺地中海世界霸权的战斗）中唯一的中立者。

波利奥不仅是一个目击者，还是许多重大事件的参与者。他领导过军队，治理过行省，安排过政治巨头之间的协商。他勇气过人、脾气执拗。经历、洞见与尖刻文笔使得波利奥有资格撰写革命时代的历史，并且他也刻意采用了平实、粗犷的风格。浅薄之人可能以为内战是在高卢总督入侵意大利时才爆发的。但波利奥依赖于自己的独立判断——并引述了对两位巨头都没什么好感的玛库斯·伽图（M. Cato）的受人尊敬的权威看法。破坏和平、毁掉共和国的并非他们两人之间的争斗：最初的祸根早在多年前麦特鲁斯·凯勒尔（Metellus Celer）和卢奇乌斯·阿弗拉尼乌斯（L. Afranius）担任执政官的公元前60年就种下了。[3] 波利奥选择那一年作为自己叙述的起点，并在此后一直强调其重要性。[4] 他的史著讨论了自由国家的最后10年、庞

---

[1] R. Syme, *Rom. Rev.* (1939), 248 ff.

[2] Livy, *Per.* 73: "Herio Asinio praetore Marrucinorum occiso（故去的赫里乌斯·阿西尼乌斯，马鲁奇尼人的大法官）."

[3] Plutarch, *Caesar* 13; *Pompeius* 47.

[4] Horace, *Odes*, 2.1.1 ff.: "Motum ex Metello consule civicum | bellique causas et vitia et modos | ludumque Fortunae gravisque | principum amicitias et arma | nondum expiatis uncta cruoribus | periculosae plenum opus aleae, | tractas, et incedis per ignis | suppositos cineri doloso（那场始于麦特鲁斯担任执政官期间的内战，它的起因、过失、战事的各阶段、造化弄人、权贵们致命的友谊、沾满未干血迹的武器——那便是你选择的主题，它充满了各种风险。你在骗人的灰烬下方继续燃烧）."

培与凯撒的战争以及此后直至腓力比战役（Battle of Philippi）的一系列变故。在最后那场斗争中，"自由"和显贵们的党争被凯撒党的领袖——玛库斯·安东尼与年轻的屋大维摧毁了。[1]

提图斯·李维同这位将领、外交家和行省总督构成了鲜明对比。这个人从未参与过"共和国"事务的管理，没有通过担任公职而树立威望、加深理解力或增强其作品的可信度。李维起初是一个默默无闻的普通人，在修辞学校里掌握了遣词造句的本领（或许还教授过这项技能），随后步入史学领域，撰写了从建城直到奥古斯都元首统治中期的罗马人民编年史。当李维在亚克兴海战之际（或此后不久）开始这项宏伟事业时，还比较年轻。[2] 没有任何迹象表明，李维曾去过意大利以外的地方；尽管这位史学家与居于统治地位的奥古斯都家族关系友好，却并不经常造访罗马（没有什么趣闻逸事将他跟其他作家或他们的庇护人联系在一起），大部分时间里都住在自己的家乡帕塔维乌姆。[3]

意大利北部居民的认同感来源千差万别，但并非不可调和。在从凯撒手中获得了完全公民权后，意大利北部地区的各城镇反而信奉了共和理想。帕塔维乌姆以物质繁荣与恪守古风而闻名于世。帕塔维乌姆的道德约束是令人生畏和尽人皆知的。该城市在公元前43年站在共和国一方反对安东尼，因而不得不在腓力比战役后阿西尼乌斯·波利奥为安东尼镇守意大利北部期间忍受沉重的财政勒索。[4]

但意大利北部仍可以体面接受，甚至是热烈拥护元首奥古斯都建立的新

---

1 关于波利奥的《历史》及其在后世作品中留下的线索，参见 E. Kornemann, *Jahrbücher für cl. Phil.*, Supp.-Band XXII (1896), 557 ff.; J. André, *La Vie et l'oeuvre d'Asinius Pollion* (1949), 41 ff.; E. Gabba, *Appiano e la Storia delle Guerre Civili* (1956)。

2 Jerome (p. 154 H)认为李维和麦萨拉·科尔维努斯（公元前31年执政官）都生于公元前59年。但那个出生年代对于麦萨拉而言过晚，正如 H. Schulz, *De M. Valerii Messallae aetate* (Prog. Stettin, 1886), 6所指出的那样。更合理的年代是公元前64年。G. M. Hirst, *Collected Classical Papers* (1938), 12 ff.讨论了这一观点变化对我们分析李维情况的影响。

3 V. Lundström, *Eranos* XXVII (1929), 1 ff.

4 Martial 11.16.8; Pliny, *Epp.* 1.14.6; Cicero, *Phil.* 12.10; Macrobius 1.11.22.

秩序。对于罗马贵族而言，共和国是真实可感的事物。它并不仅仅是一种理论或原则，而是将不同人物与家族、元首们的对手或敌人团结在一起的政治立场。在这座意大利自由城市（*municipia*）里，人们仍旧可以在毫无分歧和不忠罪名嫌疑的前提下尊重传统：在元首奥古斯都统治时期，麦狄奥拉尼乌姆仍然竖立着凯撒刺杀者们的雕像。[1]

布鲁图斯和卡西乌斯都曾是政党的领袖。西塞罗却从来不是，也没有作为共和国的烈士而受到过崇拜。对于那些并不重视政治原则，而仅仅信奉情感与道德层面的共和主义的人而言，西塞罗的理想与演说或许还值得被树立为典范。崇拜西塞罗演说术的李维在撰写历史时采用了一种在许多方面带有西塞罗特色的文风。尽管该书的前几卷混杂着一些古朴的、诗歌式的文笔元素，作者在后面还是转而使用了更合乎古典时代标准的文字风格。[2]

李维的目标是为了取代编年史家们。他不应被视为罗马帝国时期的作家，而应当被看作最后一位共和时代的散文作者。[3]李维声称，一部新史著得到认可的标准要么是风格较此前的著作更为卓越，要么就是更加精确。[4]但作者的写作动机可能又是另一回事。人们提笔的动机可能是对时代不满——也可能是对其他人撰写的史著有所不满。

李维不喜欢撒路斯特的写作风格。他表示自己不喜欢偏好古老、陈旧字眼的演说家们：后者追求庄重古朴，结果得到的只是晦涩难懂。他还批评过撒路斯特对一个希腊字眼的改造。[5]李维则肯定会支持并赞赏西塞罗对试图模仿修昔底德者的批评意见。[6]

---

1 Plutarch, *Comp. Dionis et Bruti* 5; Suetonius, *De rhet.* 6.
2 S. G. Stacey, *Archiv für. lat. Lex.* X (1898), 17 ff. 更多内容见原书第359页。
3 E. Norden, o.c. 234; E. Skard, o.c. 8 ff.
4 Livy, praef. 2: "dum novi semper scriptores aut in rebus certius aliquid allaturos se aut scribendi arte rudem vetustatem superaturos credunt（新作者们总是要么相信自己的史著比他人的更加准确，要么确信自己的文采胜过粗糙的旧作)."
5 Seneca, *Controv.* 9.2.26; 1.14.
6 *Orator* 32: "huius tamen nemo neque verborum neque sententiarum gravitatem imitatur, sed cum mutila quaedam et hiantia locuti sunt, quae vel sine magistro facere potuerunt, germanos se putant esse Thucydidas（其中没有人能够成功模仿他高贵的言辞与思想；但当他们无师自通，编造了一些辞藻和支离破碎的警句时，这些人就会自诩跟修昔底德是一个级别的人物)."

如果撒路斯特的文字风格令人厌烦的话,那还不是他最糟糕的一点。作为一名摇身变为道德论者的政治家、自身举止不无非议的萨宾布道者和写作悲观史著时得心应手的作家,撒路斯特是个令人感到别扭的人物。前执政官阿西尼乌斯·波利奥比他也好不到哪里去:那是一个活到了共和国灭亡之后的共和派,在一个他并不认同的政权统治下享受着财富与尊重。并且他还是傲慢、残暴与吹毛求疵的——在多年之后仍旧拼命诋毁对西塞罗的记忆。

李维是很受那些贬低人性的作家排斥的。尽管现实十分阴郁,记载过去的编年史仍在试图证明:历史上没有一个共和国在辉煌与道德水准等方面能同罗马相提并论,没有一个国家能比罗马更长时间地抵制贪婪与腐化的侵蚀。史学应当是有教育意义且有所裨益的,向一位爱国者指明应当遵循和避免什么。[1] 李维或许还会补充说,撒路斯特对人与国家行为的内在规律及与生俱来权力欲望的揭示并没有什么好处。

在叙述古风道德的时候,李维从罗马人民多年以来忍受的苦难中获得了慰藉。[2] 李维心下明白,自己的许多读者急不可耐地想要读到革命时代的历史。[3] 在声明早期罗马更吸引人的同时,他暗示了自己巨著的后半部分可能会不受罗马人和道德论者待见。但当他真正写到这部分时,李维或许发现了情况其实并不是那样。

造化弄人。在整整142卷作品中,只有四分之一的内容是完整的。完整

---

[1] *praef.* 10: "hoc illud est praecipue in cognition rerum salubre ac frugiferum omnis te exempli documenta in inlustri posita monument intueri; inde tibi tuaeque rei publicae quod imitere capias, inde foedum inceptu foedum exitu quod vites (史学研究对所有人有所裨益、让他们收获颇丰的是,你可以从中掌握许多案例的资料,它宛如一座光彩照人的纪念碑;你可以从中择取适合自己和你的国家模仿的东西,避免那些由于观念或结局可耻所造成的耻辱)."

[2] ib. 5: "ut me a conspectu malorum quae nostra tot per annos vidit aetas tantispei certe, dum prisca illa tota mente repeto, avertam (以便我可以让自己的视线远离多年以来充斥于我们这个时代的种种罪恶,集中全部精力去讲述那些古老的岁月)."

[3] ib. 4: "festinantibus ad haec nova, quibus iam pridem praevalentis populi vires se ipsae conficiunt (急于翻阅到关于晚近时代的记述,看看这个从前如日中天的族群是如何自毁长城的)."关于李维《序言》(*Praefatio*)对撒路斯特的含蓄批评,参见 L. Amundsen, *Symbolae Osloenses* XXV (1947), 31 ff.。

保留下来的内容有前10卷，叙述了从建城到公元前293年的历史；还有记载汉尼拔战争的第21—30卷，以及接下来一直讲述到公元前167年的第31—45卷。这些片断或许并不足以让我们对李维作为历史学家的品质做出公正的评价。我们手头并无证据表明，李维比西塞罗更加相信罗马诸王历史的真实性。但他总要讲述这些东西。倘若抛开了这些传说，缺乏分辨事实手段的李维也只能进行杜撰。尽管李维在现存作品的后面部分中拥有更为坚实的史料基础（事实证明，他在叙述汉尼拔战争时也确实得心应手），对政治、军事的无知和缺乏批判性分析原则——尤其是不善通过设计与布局统领其材料——等弱点却又拖了李维的后腿。

或许李维著作中最精华的那一部分业已佚失。动荡不安的两个内战时代占据着李维作品后半部分（第71—142卷）的大部分篇幅。那里有些精彩的，尽管存在着党派偏见的叙述；相关主题也为作者提供了通过调动怜悯、恐惧情绪来展示其叙述、描写技巧的良机。同盟者战争（*Bellum Italicum*）和接下来关于马略、秦那（Cinna）与苏拉的内容构成了李维史著中分量很重的一部分；李维对希塞纳主题的记载则十分精练，使用的两节分别只包含10卷与9卷。[1] 他对十年战争（Ten Years War）的记载包含着一些惊心动魄的插曲：起义将领们的庄重誓言、玛西亚葡萄园间的战役、被困在亚平宁山区（the Appennines）之寒冬中的意大利军队的全军覆没、攻陷罗马城、普雷涅斯特围城战、萨谟奈特人（Samnites）的战败并遭受屠杀以及独裁者卢奇乌斯·苏拉发起的公敌宣告运动。

在追述罗马人民同伍尔西人（Volscian）、伊达拉里亚人和萨谟奈特人的早期斗争时，李维仅仅满足于构建一方的勇武和美德同另一方的背信弃义、残酷或懦弱之间的对比。我们从中看不到作者的学识与同情心。他在描述迦太基人或马其顿人同奉行帝国主义政策的罗马共和国的交往时也并不公正。同盟者战争的情况则截然不同。它本身便酷似一场内战；在"全意大利

---

[1] 如第71—80和81—89卷。

团结起来（tota Italia）"最终成为现实的奥古斯都元首统治时期，它是一定会被解读成一场内战的。帕塔维乌姆从未对罗马开战过。但帕塔维乌姆自身最近的不幸遭遇或许会激发李维对从前意大利境内部族、城镇命运的共鸣与理解；并且这位自治市居民也了解罗马官吏们的傲慢与不公。

在同盟者战争爆发之前的内部冲突中，相当一部分自治市贵族是站在马略一边的。马略享受并滥用着将意大利从北方侵略者手中拯救下来的美名。但最后的盖棺定论只能是谴责性的。李维发布了这一谴责——马略先后凭借计谋与暴力颠覆了共和国。[1] 苏拉为共和国在东方打了许多仗，在科林门战役（Battle of Colline Gate）中从萨谟奈特人手中拯救了罗马，并建立了有序的政府管理模式。但尽管意大利的中产阶级拥护安全与稳定，他们当中却无人赞美独裁官苏拉——即便那些被苏拉再度赋予了尊严与权力，并显著改善了经济地位的显贵们也很少那样做。李维指出，正是苏拉前无古人的残酷性格使得其光荣胜利被屠杀与掠夺所玷污。[2]

对于历史学家而言，更加微妙和充满风险的任务是分析历次内战的后续影响。火山喷发刚刚平息，烈火仍在熔岩壳下熊熊燃烧。[3] 在尝试讲述晚近历史中那些令人不安的真相时，前执政官波利奥依赖的是他从前的成就与社会地位，并利用其声誉处理着棘手难题。李维尽管对新秩序态度友好，却凭借本人的理智避免做出一些具有党派倾向的过火解读——并且他也可以借用关于近期动乱的官方解释。

无论是发自内心还是故作姿态，对于那些在胜利者那里也必须被认可为"正义一方"的政治领袖们，元首奥古斯都都是不会极力诋毁的。历

---

1 *Per.* 80: "vir cuius si examinentur cum virtutibus vitia, haud facile sit dictu utrum bello melior an pace perniciosior fuerit. adeo quam rem p. armatus servavit, eam primo togatus omni genere fraudis postremo armis hostiliter evertit（如果仔细评估这个人［马略］的善与恶的话，我们很难说他在战争中的贡献更大，还是他在和平时代更具毁灭性。作为一名战士，他确曾拯救过共和国；而作为一名文职官员，他先是使用各种欺诈手段、随后以兵戎相见的方式祸害了这同一个国家）."
2 ib. 88: "pulcherrimam victoriam crudelitate, quanta in nullo hominum fuit, inquinavit（他以前无古人的凶残毁掉了一场光辉灿烂的胜利）."
3 参见Horace, *Odes* 2.1.7 f.。

史学家李维赞美了庞培,并未动怒的奥古斯都称他是一名"庞培党徒(Pompeianus)"。[1] 由于关于凯撒的记忆如今已不能再为凯撒的继承人提供多少荣誉,李维便可以自由地讨论其出身究竟是福是祸的问题。[2] 并且他承认小伽图的伟大不是赞誉或指责所能影响的——二者都无法使其有所减色。[3] 在被问及自己对小伽图看法的时候,元首本人回答道:所有不希望改变现有秩序的人都是好人和好公民。[4]

早在年轻的屋大维开始其充满欺诈与暴力的权力生涯之前,小伽图就已经退出了历史舞台。布鲁图斯与卡西乌斯是杀害屋大维养父的凶手,也是他的敌人。尽管如此,历史学家仍然可以在无须完全牺牲自由与尊严的前提下描述腓力比战役。[5] 为了拯救共和国而提拔这个年轻人的西塞罗反被后者背信弃义地宣告为公敌,这是一个难以言说的主题。李维对西塞罗进行了点到为止的赞美,但压抑着自己的激情:西塞罗并非完全无辜,他在仇敌手中的不幸遭遇正是他为后者谋划的灾难。[6]

此外,其他替罪羊也可以帮得上那位历史学家的忙——绥克斯图·庞培(Sex. Pompeius)、雷必达、安东尼和埃及女王。但他不得不逐渐将主要笔墨集中在最后胜利者的美德与命运之上。由最后9章(第134—142章)构成的结尾部分叙述的是和平与秩序业已确立的、公元前28年至公元前9年期间的历史,其内容或许并不是完全令人满意的。[7]

尽管李维在叙述共和时代历史方面取代了所有前辈、消灭了一切竞争(除了撒路斯特的一两部作品),他的著作却并未被举世公认为后三头时代

1　*Ann.* 4.34.3: "Titus Livius, eloquentiae ac fidei praeclarus in primis, Cn. Pompeium tantis laudibus tulit, ut Pompeianum eum Augustus appellaret; neque id amicitiae eorum offecit(在雄辩与坦诚两方面的光辉名声无出其右的提图斯·李维是如此热烈地赞美庞培,以至于奥古斯都称他为庞培党徒;但那并未影响两人之间的友谊)。"

2　Seneca, *NQ* 5.18.4.

3　引自 Jerome, *In Hoseam* 2, *praef.*。

4　Macrobius 2.4.18.

5　*Ann.* 4.34.4(指的是阿西尼乌斯·波利奥和麦萨拉·科尔维努斯)。

6　引自老塞涅卡的 *Suas.* 6.22。

7　更多内容见第二十八章。

与奥古斯都统治时期的经典。[1]罗马元老克瑞穆提乌斯·科尔杜斯（Cremutius Cordus）撰述了相关主题，从而将公敌宣告运动的发起者们钉在了永恒的耻辱柱上。[2]

随着时间的推移，其他史学家们也开始撰写关于诸元首的历史。其中最著名的人物是奥菲狄乌斯·巴苏斯（Aufidius Bassus）和塞尔维利乌斯·诺尼亚努斯（Servilius Nonianus）。由于昆体良在罗列撒路斯特与李维身后可能对修辞学学者有用的4位史学家的简短名单时称赞过两人，他们不可能在文字风格和创作手法等方面一无足取。[3]才华横溢、勇于创新的塞涅卡对于李维和塔西佗之间过渡期的拉丁散文发展的影响也不容忽视。之后还有叙述克劳狄乌斯与尼禄统治时期的史学家们。其中一些人还将撰述的年代断限进一步向后推移。对于塔西佗而言，他们的重要性主要不在于文字风格，而在于他们提供的信息——他们的作品是《历史》的材料来源。[4]

后来的这些历史学家们无一能够撼动撒路斯特与李维的地位——在塞尔维利乌斯·诺尼亚努斯看来，两人风格各异，但地位相当。[5]尽管我们可以很有把握地将撒路斯特和李维称作科奈里乌斯·塔西佗的文学榜样，两人对后者的影响程度却难以衡量。大量结论将只能依赖于推断与猜测。这方面的研究也不能遗漏卢坎的《内战记》（Bellum civile）。平凡直板的古代批评家们声称卢坎不是诗人，而是一位历史学家。[6]而如果对诗歌与历史有更合理的认识的话，就会发现这两个头衔对他而言都是当之无愧的——那也反映了他跟

1　至少卡西乌斯·狄奥在叙述亚克兴战役后的历史时没有遵循李维的叙述体系。

2　Seneca, *Ad Marciam* 1.1 ff.; 26.1; Tacitus, *Ann.* 4.34 f.（参见原书第337、517页）。他的作品或许是阿庇安的史料来源，参见E. Kornemann, *Klio* XVII (1921), 33 ff.。

3　Quintilian 10.1.102 f. 其他人中包括一位还在世的无名历史学家（肯定是费边·鲁斯提库斯）和克瑞穆提乌斯·科尔杜斯（文本中的名字没有保存下来，但明确描述了此人的特征）。更多信息见第二十一到二十二章。值得注意的是，这份名单中并没有前执政官阿西尼乌斯·波利奥和克鲁维乌斯·鲁孚斯（Cluvius Rufus）。

4　原书第十六章。

5　Quintilian 10.1.102: "pares eos magis quam similes（两人地位相当，但并不近似）."

6　Servius on *Aen.* 1.382.

科奈里乌斯·塔西佗的密切联系。

在那部讨论"自由"衰落的史诗中，卢坎将李维作为主要的、几乎是唯一的信息来源。[1] 历史梗概与主要角色都是既定的。卢坎当然不会去篡改这些内容；但他可以进行选择、强调与扩写，添加能够让角色与事件丰满起来的演说词。同样，他还可以杜撰一些细节，只要它们不跟真实的记录存在矛盾。他也会另外虚构一些社会地位较低的角色——士兵、奴隶或异邦人，但不会是罗马元老或骑士。

对于内战的原因，卢坎接受了波利奥的解释模式——传统的前三头结盟说。历史学家们很容易受到前辈叙述中的定式与结构的强烈影响。李维的记述（似乎如此）在科奈里乌斯·希塞纳作品终结的地方告一段落；撒路斯特也正是从那个时间点（雷必达与卡图卢斯任执政官之年）开始记述自己的故事的。尽管李维的下一组"十卷书"并非从麦特鲁斯与阿弗拉尼乌斯担任执政官之年讲起，却仍然承袭了波利奥的观念。[2] 卢坎同样如此。[3] 他对公元前60至前50年历史的概述聚焦于人格与权力，冲突则是凯撒的野心与庞培的嫉妒所导致的——前者不甘居于人下，后者不能容忍有人跟自己平起平坐。[4] 该观念或许最初来自波利奥。此外，这场浩劫总的原因在于罗马政治生活的腐化与动荡。[5]

卢坎用三言两语对凯撒性格的塑造鲜明突兀、结构多变，令人想起撒路斯特的风格。[6] 卢坎也在史学家安排演说词位置、内容的权限范围内充分运用

---

[1] R. Pichon, *Les Source de Lucain* (1912), 51 ff.

[2] Livy, *Per.* 103; Florus 2.13.8 ff.; Velleius 2.44.1.

[3] Lucan 1.84 ff.

[4] 1.125 f.

[5] 1.158 ff.

[6] 1.144 ff.: "sed nescia virtus | stare loco, solusque pudor non vincere bello; | acer et indomitus, quo spes quoque ira vocasset | ferre manum et numquam temerando parcere ferro | successus urguere suos, instare favori | numinis, impellens, quidquid sibi summa petenti | obstaret, gaudensque viam fecisse ruinis (但他的武德不知安闲为何物，他唯一的耻辱是战而未胜；他枕戈待旦、攻无不克；他手持兵器，随时等待着希望与怒火的召唤。他操起兵器从不手软，抓住胜利的机遇，赢得命运的恩宠，消灭通往至高权力之路的一切阻碍，乐于通过毁灭为自己杀出一条血路)."

了这一手法。当凯撒入侵意大利时，一个忧虑过去并洞悉未来的无名老人站出来讲述了上一次内战的情况——马略的屠杀和苏拉的公敌宣告运动。[1] 获悉伟人庞培死讯的小伽图发表了一篇符合史学家性情的短篇演说。[2] 这篇演说既饱含浩然正气，又不失悲悯之心。小伽图是一个共和派。他指出，真正的自由并不是在庞培那里终结的——它在马略与苏拉掌权的时代就结束了。[3] 随后，在勉励自己同胞的时候，小伽图指出，共和国的捍卫者如今可以良心清白、满怀希望地去继续战斗——伟人庞培已死，三巨头中只剩下了一个。[4]

为了拥有感染力与崇高风格，演说术必须向诗人们（尤其是卢坎）学习——这是《关于演说术的对话》中的一位发言者提出的口号。[5] 历史学家塔西佗也使用诗歌的语言。其中大量元素来自他使用散文创作的前辈们。而在其余部分中，塔西佗所效法的榜样几乎从来都不是卢坎，而是两人共同仰慕的维吉尔。[6]

卢坎会不时在其作品中插入某个残酷而悲观的警句，那看上去好像是塔西佗的榜样与源头——例如，诸神对尘世的干预就是为了惩罚人类，而从不出手相助。[7] 然而，这种相似程度还不足以证明塔西佗借用了卢坎的作品。诸如此类的"格言（sententiae）"完全合乎卢坎的风格——并且几乎会由他选择的那个主题得出。因此，劝说埃及国王杀死伟人庞培的宦官波西努斯

---

1 2.45 ff.
2 9.190 ff.
3 9.204 ff.: "olim vera fides Sulla Marioque receptis | libertatis obit: Pompeio rebus adempto | nunc et ficta perit（早在苏拉和马略被罗马城接纳之际，对自由的真诚信仰就已不复存在：如今，当庞培被除掉之际，连虚伪的信仰也已经消亡）."
4 9.265 f.: "unum fortuna reliquit | iam tribus e dominis（在三个主宰当中，命运只留下了一人）."
5 *Dial.* 20.5.
6 参见H. Schmaus, *Tacitus ein Nachahmer Vergils* (Diss. Erlangen, 1884); L. Robbert, *De Tacito Lucani imitatore* (Diss. Göttingen, 1917)。
7 4.808 f.: "si libertatis superis tam cura placeret | quam vindicta placet（如果诸神的意志在乎她［罗马］的自由，就像在意复仇一样）." 参见*Hist.* 1.3.2: "non esse curae deis securitatem nostrum, esse ultionem（诸神关心的不是我们的安全，而是如何向我们报复）."

（Pothinus）用一连串经世格言指出，美德与权力是不可得兼的。[1] 这些感悟就是无数苦难经历的共同遗产，它们在内战、暴政与幻灭中不断积聚，并经过了一代代演说家、作家们的精心提炼。卢坎和塔西佗撰述相似的主题并拥有相同的职业。作为一名当过财务官且被尼禄杀害的元老，卢坎是可以同科奈里乌斯·塔西佗相提并论的（尽管两人的等级地位相差甚远）；并且他也拥有塔西佗的那种阴郁、暴烈而又充满诗意的想象力。

---

[1] 8.489 ff.: "sceptrorum vis tota perit, si pendere iusta | incipit, evertitque arces respectus honesti. | libertas scelerum est, quae regna invisa tuetur, | sublatusque modus gladiis. Facere omnia saeve | non inpune licet, nisi cum facis. Exeat aula, | qui volt esse pius. Virtus et summa potestas | non coeunt; semper metuet, quem saeva pudebunt（当国王们开始考虑公正的事情时，他们的权力将被彻底摧毁；对高贵的尊重将毁掉他们的要塞。肆无忌惮的罪恶和永无休止的屠杀保护着不得人心的君王。如果你已犯下种种罪恶，那就只有继续作恶才能得到赦免。如果谁想当虔诚之人，他就应当离开宫廷。美德无法与最高的权力兼容；羞于作恶的人将永远畏惧别人痛下杀手）。"

第十三章 塔西佗和他的榜样们

诗人卢坎将共和国描述为以法律为主宰、由执政官们名年的时代。[1] 那时，一个自由但富于纪律性的族群每年如期选出两位长官执掌统治权，管理国家的内政外交。"罗马人民的事务（Res populi Romani）"正是当时的编年史采用的标题。随着罗马人民不断开疆拓土、征服列国，随着对外征战与内部动乱相继交织在一起、铁腕党魁相继崛起并妄称自己就是"共和国"，历史事件的复杂性打破了传统史学记录的框架，为历史学家提供了新的手段。

尊重传统的撒路斯特是从一个执政官年（公元前78年），而非苏拉交权或苏拉去世开始撰述历史的。尽管当时的两位执政官玛库斯·雷必达和昆图斯·卡图卢斯从一开始便不和，两人的矛盾却直到举行苏拉葬礼那天才发展成为公开的敌意；到了更晚的时候，雷必达提出了具有颠覆性的议案，开始公开动用暴力。然而，历史学家却大胆地安排执政官雷必达发表了一篇长篇演说，谴责了幸运者苏拉（Sulla Felix）的暴政，号召罗马人民追随自己以赢得自由——而苏拉当时仍在人世。[2] 设计这一情节的意图十分巧妙。雷必达想要推翻苏拉建立的政治体系。以他之名的演说则攻击了苏拉。这使得历史学家笔下的形势更具戏剧性和个人色彩——并让撒路斯特可以腾出更多精力和篇幅来描述苏拉统治时的情况；那些细节并不适宜放在作者扼要概括公元

---

1 Lucan 7.440 f.: "quid tempora legum | egimus aut annos a consule nomen habentes（我们为何怀念那个一切遵循法度、以执政官的姓名名年的时代）?"

2 Sallust, *Hist.* 1.55.（本书将按照莫伦布莱彻［Maurenbrecher］的辑校本来引用撒路斯特《历史》的现存残篇。）

前78年之前事件的史学序言里面。

那篇序言一开始交代了记叙起始之年的执政官姓名，并简要概括了自己的主题。[1] 一些编年史家们会为了博得赞誉或避免责难而患得患失；这位作家则宣称自己的作品将追求真实与简洁，同时摒弃党派偏见。[2] 他间接提到了罗马的早期历史与内部矛盾——那些成见在汉尼拔战争中暂时被搁置起来。但当迦太基灭亡后，和谐局面变得摇摇欲坠，贪婪、野心与党派倾轧甚嚣尘上，各路豪强在捍卫人民或元老院的虚伪借口下争夺着权柄。"好公民"与"坏公民"的头衔跟他们对"共和国"的贡献毫无关系。二者都是一样地腐化堕落，只是那些掌握财富与害人手段的家伙霸占了更动听的名称而已——因为他们代表着既定秩序[3]，或许还可以借此成为"正义"的一方。[4] 历史学家撒路斯特随后梳理了从格拉古兄弟煽动民众到意大利同盟者起义以及马略与苏拉内战等一系列动乱的来龙去脉。[5]

科奈里乌斯·塔西佗也是从某个执政官年的第一天开始自己的记述的。[6] 后人会用种种传统方式来解释这一现象——某位前辈结束其记载的时间点，抑或共和派对元首头衔与王朝时代的反感。[7] 但这些解释其实毫无意义，因

1　1.1: "res populi Romani M. Lepido Q. Catulo consulibus ac deinde militiae et domi gestas composui（我汇纂了自玛库斯·雷必达与昆图斯·卡图卢斯担任执政官之年以降的罗马人民军事与内政的历史）."

2　1.6: "neque me divorsa pars in civilibus armis movit a vero（对内战中某一方的支持并不会使我背离事实）." 撒路斯特对老伽图的评价反映了他对简洁的赞赏，见1.4: "Romani generis disertissimus paucis absolvit（他用简洁明了的方式叙述了罗马人的复杂历史）."

3　1.12.

4　1.18: "et relatus inconditae olim vitae mos, ut omne ius in viribus esset（风尚回归了从前的非文明生活方式，以至于一切权利都取决于蛮力）."

5　1.19–53.

6　*Hist.* 1.1.1: "initium mihi operis Servius Galba iterum Titus Vinius consules erunt（我的作品从塞尔维乌斯·伽尔巴第二次出任执政官、以提图斯·维尼乌斯为同僚之年开始讲起）."

7　塔西佗的决定经常受到后人的批评，如 Mommsen, *Hermes* IV (1870), 228 = *Ges. Schr.* VII (1909), 299; O. Hirschfeld, *Hermes* XXV (1890), 363 = *Kl. Schr.* (1913), 855; O. Seeck, *Rh. Mus.* LVI (1901), 227; E. Courbaud, *Les Procédés d'art de Tacite dans les "Histories"* (1918), 33 ff.。更公允的观点见 F. Münzer, *Klio* I (1901), 300 ff.。蒙森猜想，那是因为克鲁维乌斯·鲁孚斯的史著恰好记载到公元68年底。希克（Seeck）的见解与蒙森类似，但他认为塔西佗接续的史家是贲边·鲁斯提库斯。

为他的作品还能选择什么作为起点呢？如果塔西佗从尼禄之死讲起的话，那么他还必须交代很多尼禄去世之前的事情——文德克斯、维吉尼乌斯以及拥立伽尔巴，还有大量军事、政治方面的纷繁头绪。另一方面，韦伯芗登基的正式日子（公元69年7月1日）也并不理想——那样的话，作者就必须将莱茵河、多瑙河流域军队的事件和对意大利的两次入侵放在同一年里记述。塔西佗一定不会那样做：因为公元69年1月1日是个至关重要的、绕不开的起点。莱茵河畔的军事行动就是从那一天开始的。驻扎在墨根提亚库姆的两个军团拒绝继续服从伽尔巴的权威；这一消息促使后者于1月10日过继了披索·李锡尼亚努斯，一系列后续事件便接踵而来——奥索在罗马的阴谋与活动，伽尔巴与披索在当月15日遇刺，维特利乌斯同时在下日耳曼行省自立为元首并发动新一轮内战：那场战争的矛头指向伽尔巴，但最后却是针对奥索进行的。

为了表示尊重传统，科奈里乌斯·塔西佗也写了一篇介绍自己目的与任务的序言。其中包括对罗马史学的评价：它在共和国时代曾经是自由、尊贵与雄辩的，但在亚克兴海战和元首制建立后因作家们缺乏政治经验和充满党派成见而走向衰落。拍马屁的做法很容易被察觉并受到指责，而恶意抨击的做法更具吸引力且更加隐晦。对于科奈里乌斯·塔西佗个人而言，伽尔巴、奥索和维特利乌斯等元首跟他没有什么关系。他承认弗拉维王朝为自己提供了晋升机会与荣誉，但历史学家必须原原本本地讲述事实，不得偏袒任何人或怨恨哪一方。并且倘若天假以年的话，老年塔西佗还会接着叙述涅尔瓦与图拉真统治时期的历史。

他在随后两章中点明并描述的主题是一个灾难频仍的时代——4位元首死于刀剑之下，帝国经历了3次内战和一系列对外战争。[1] 帝国东部并未受到

---

[1] 1.2.1: "opus adgredior opibus casibus, atrox proeliis, discors seditionibus, ipsa etiam pace saevum（我将撰写的作品中充斥着灾难作品、战争的恐怖甚至和平年代里的凶残）"，等等。大部分校勘本将"作品（opibus）"印成了"丰富的（opimum）"，这种改法无法令人满意。更好的选择是"劫掠（rapidum）"（Madvig）或"各种（varium）"（Koestermann）。

严重影响，但帝国国运在西部则已危如累卵。迫害与谋杀成了罗马城里的主旋律。高贵出身与财富容易成为怀疑对象，美德则必然面临毁灭的命运。没有什么仇敌的人也会被自己的盟友消灭。"告密者"的权力、影响与收益臭名昭著。但道德的力量在这个时代并非一无是处。志同道合的朋友们和家族坚守着自己的信仰，元老们则像古人一样勇敢地挺身赴死。人事的兴衰变迁与自然的异象奇迹相互照应。自然迹象从未如此有力地反映诸神的意愿：不是要让凡人幸福，而是要让他们受苦。

构成塔西佗《历史》序言的3章——它们简洁生动、充满热情——同时堵住了批评者和赞美者的嘴巴。[1]这部作品在形式上非常传统，其中大部分元素明显继承了撒路斯特。如果将它同撒路斯特的残篇结合起来分析的话，那么我们有理由猜想，另一位记述内战史的史学家——阿西尼乌斯·波利奥——大概也写过类似的序言。[2]

塔西佗在苛责撰述奥古斯都时代的史学家们时，并未放过其中最伟大的一位。毋庸置疑的是，他在进行苛责时心里是想着李维的。尊严和谨慎阻止他提及李维或其他任何一位史学家的名字；他也尽量避免提及他本人和己方观点。

如果说塔西佗的序言展示了炉火纯青的技巧的话，那么接下来8章的内容则别具一格。[3]无论一位历史学家选择什么时间作为起点，他都必须交代之前发生的一些事情。但他会希望将那些头绪融合进自己的叙述体系里面，而免去叙述过程与遵循解释规矩的麻烦。撒路斯特便做到了这一点。他采用了两种手段——按年代顺序概述了之前50年的历史，并插入了一篇政治演说。

---

[1] E. Courbaud, o.c. 26. 但法比亚（Ph. Fabia）认为其中缺乏"严肃精神（esprit sérieux）"——"字句的尊严丧失殆尽，暴露了作者内心深处的邪恶。这段文字华而不实，并非上乘之作（le prestige des mots s'évanouit, découvrant les vices du fond. La page est spécieuse, elle n'est pas bonne）"（*Rev. ét. anc.* III [1901], 76）。

[2] 参见R. Syme, *Rom. Rev.* (1939), 9。关于卢坎对塔西佗序言的影响，见E. Courbaud, o.c. 39 ff.; E. Paratore, *Tacito* (1951), 352 ff.。

[3] E. Courbaud, o.c. 49. 具体分析见E. Koestermann, *Historia* V (1956), 213 ff.。

然而，尽管撒路斯特惜墨如金，那段回顾还是显得有些冗长，而雷必达的高谈阔论则显得过于突兀。

首尾年代断限明确、以摘要形式写成的这8章可视为作者的第2篇序言。[1] 塔西佗讲述了罗马城、军队与行省的状况，矛盾的根源和权力的构成，以便读者不仅能够理解事件的进程与结果（那往往具有偶然性），还能把握其中的因果关系。[2] 在描述了罗马社会中的不同阶层是如何看待政府与元首，并着重关注了禁卫军和驻扎在首都的各支部队之后，塔西佗按照自西向东的顺序对诸行省进行了观察。勤勉的汇纂者可能会在这里列举冗长的材料。但在把握主题方面得心应手的塔西佗有意省略了大量事实与名字。他并未记录不列颠与多瑙河流域诸行省的兵力，以及那里的将领姓字名谁。那些的确是重要的事实——但与作者的主题无关：因为它们解释不了当时紧迫危机的原因或影响因素。这些因素将在密谋或军事行动的节骨眼上凸显其重要性。文思泉涌的塔西佗从地中海世界的一端巡视到另一端，随后迅速将视角拉回到罗马城。他对诸行省与军队的巡视并不仅仅是一种巧妙手法而已。它在古代史学中似乎是没有先例或可比性的——由于它关注的不是事件而是权力的来源问题，这段文字马上暴露了塔西佗的政治史家身份。[3]

在干净利落地完成了撰写序言的任务后，这位史学家马上拉开了戏剧的大幕。1月1日过后仅仅几天光景，高卢境内贝尔吉卡行省督办派出的信使带

---

[1] 1.11.1（与1.1.1相呼应）: "hic fuit rerum Romanarum status, cum Servius Galba iterum Titus Vinius consules inchoavere annum sibi ultimum, rei publicae prope supremum（那便是塞尔维乌斯·伽尔巴第二次出任执政官、其同僚为提图斯·维尼乌斯的那一年里罗马国家的状况——那是伽尔巴人生的最后一年，同时也险些成为共和国的末日）."

[2] 1.4.1: "ceterum antequam destinata componam, repetendum videtur qualis status urbis, quae mens exercituum, quis habitus provinciarum, quid in toto terrarum orbe validum, quid aegrum fuerit, ut non modo casus eventusque rerum, qui plerumque fortuiti sunt, sed ratio etiam causaeque noscantur（在我按照既定计划开始写作之前，我认为我们应当回过头来考察罗马城的状况、军队的心态、诸行省的态度，以及整个世界范围内的力量强弱对比。这样一来我们就能明白，影响历史进程的不仅仅是一些偶然事件[它们在很大程度上取决于机缘巧合]，还包括一些固有的道理和原因）."

[3] G. Boissier, *Tacite* (1903), 182.

来了关于墨根提亚库姆局势的消息。[1] 元首的高龄和日趋式微的权威已经引发了不少非议和阴谋;伽尔巴自己也在考虑继承人人选的问题。这件事现在已必须被提上日程。元首马上召开了一次御前会议,交代了自己确定的人选,并发表了一篇澄清演说。[2]

跟撒路斯特一样,塔西佗也在《历史》开篇处插入了一篇关于上层政治的演说。但他创作的演说词技术更为高超——它完全合乎当时的时代背景,并且具备极强的力度、洞见与讽刺意味。伽尔巴的发言间接提及了他自己的登基过程,解释了他目前面临的困境,阐明了帝国体制下政治理论的核心原则:独裁与法治政体的截然对立。

序言、概览与演说词——这一结构堪称无懈可击。历史学家的导言可以具备多种功能。李维在其序言中用很长的篇幅讨论了道德与历史、当下与过去的关系。他等于是专门写了一篇文章——它同后面叙述部分的区别是一望即知的,事实上并无有机联系。[3] 李维对自己的抱负讲得有些过多。尽管十分优雅迷人,他对自己使命的解释实际上却非常低调——如果一位历史学家在书中第一句里不是在叙述事实或表达信心,而是表示了自己的怀疑的话,那其实是一种底气不足的开篇方式。[4] 元老作家们是不会允许自己被对其主题(或文学创作的成功)价值的质疑所困扰的。

在从罗马建城之日开始撰述"罗马人民的历史"之前,李维仅有的作品恐怕只有修辞学校里的习作,充其量也只能加上几篇哲学论文。[5] 尽管李维在创作荡气回肠的演说词、绘声绘色的场景描写和情节叙述等方面令人钦佩,

---

1　12.1: "paucis post kalendas Ianuarias diebus(1月到来后几天内的光景)",等等。
2　1.15 f.(见原书第151页的总结)。
3　因此,各种现代辑校本均为这段文字编排了单独的段落序号。
4　*praef*. 1: "facturusne operae pretium sim(不知我是否能够取得配得上自己付出的成就)",等等。
5　Seneca, *Epp*. 100.9: "scripsit dialogos quos non magis philosophiae adnumerare possis quam historiae, et ex professo philosophiam continentis libros([李维]写了一些对话[它们既属于哲学,又可纳入史学的范畴],以及一些公开探讨哲学的书)。"这些著作有可能创作于他开始撰写历史之后——如(很可能如此)他写给儿子的、赞美德摩斯梯尼和西塞罗的书信(Quintilian 10.1.39)。

他却并未在对史事进行分类并构建其联系方面展示出相应的才华——并且他对于史书结构的把握也缺少灵性。在主题本身足够简明或前辈史家已将相关史实梳理清楚的情况下，李维的处理是足够好的。详细记载汉尼拔战争的"十卷书"便是如此。但这位史家的主题不断拓展，变得越来越复杂且难以驾驭。在写到汉尼拔战争之后那一节的开场白里，李维描述了自己面临的困境——他的面前是一片汪洋大海。[1] 为了描述当时的政治舞台、解释后来的一系列活动（罗马同东方诸王国的交往），史学家必须对地中海世界范围内的各个强国（从马其顿到埃及）进行研究。他本人并不具备那样的能力，最终的结果是一团乱麻。

撒路斯特则通过撰写专题性史著而得到了锻炼，并在《历史》中展示了出色的史料组织才能。[2] 塔西佗同样受益于之前的试笔；其《历史》的序言同撒路斯特相比可谓青出于蓝。塔西佗在作品结构、插曲叙述和人物形象刻画等方面向那位伟大前辈学习了很多东西。[3] 通过使用撒路斯特式的语言，塔西佗坦诚且自豪地宣布了自己所效法的榜样。如果那还不够的话，塔西佗作品所使用的语调和营造的氛围也足以说明这一点。

当内战战火在30年后重燃之时，世人并不需要多少想象力就能意识到，战神玛尔斯广场上挤满了苏拉刀下之鬼的冤魂，可怕的马略又从坟墓里跳出来了。[4] 仍然鲜活的不仅是对往事的记忆，还有一部分当事人和目击者。庞培和凯撒的斗争相对而言没有那么残酷。但凯撒去世后的动荡马上又让苏拉时

1　31.1.5: "iam provideo animo, velut qui proximis litori vadis inducti mare pedibus ingrediuntur, quidquid progredior, in vastiorem me altitudinem ac velut profundum invehi（我在内心深处看到，自己像那些被岸边的浪花吸引的人们一样，信步走进了大海。无论我前进到哪里，面前都只有更加广阔、深不见底的深渊）."

2　K. Bauhofer, *Die Komposition der Historien Sallusts* (Diss. Munich, 1935), 74 ff. 根据 Fronto, p. 114 N = Haines II, p. 48 的说法，他的写作风格"层次分明（structe）"。

3　见第十七章。

4　Lucan 1.580 ff.: "e medio visi consurgere Campo | tristia Sullani cecinere oracula manes, | tollentemque caput gelidas Anienis ad undas | agricolae Marium fracto fugere sepulchro（人们看见苏拉的鬼魂出现在玛尔斯广场，预言着悲伤的祸事；马略也跳出了坟墓，他的脑袋出现在阿尼奥河的冷水旁边，吓得农夫们四散奔逃）."

代的一切变得真实可感——伴随着公敌宣告运动、攻城略地以及军阀及其盟友和对手的勃勃野心。如果说李维都能感受到这一点并对此有所思考的话，它对撒路斯特的影响必定更为剧烈——因为后者直接参与了革命年代里的战争与政治。

在从雷必达与卡图卢斯任执政官之年开始叙述"罗马人民的历史"时，塔西佗找到了描述自己立场乃至生涯的绝佳方式。英勇无畏、活力十足、足智多谋的塞尔托里乌斯（Sertorius）是苏拉与贵族集团的敌人，但在思想或行动上肯定不是罗马的敌人。毋庸置疑的是，现存史料中塞尔托里乌斯的形象遭到过歪曲与重塑[1]；其原因是赤裸裸的党派偏见。他同撒路斯特的关系或许还要更为密切并更深一层——塞尔托里乌斯与撒路斯特都是萨宾人的后裔；他们也都是渴望在罗马树立自己的"美德"，却遭遇了阻挠与种种挫折的"新人"。[2]

撒路斯特安排一位平民保民官发表了一篇演说，以此来抗议权贵们的暴政，激励民众起来捍卫其自由。[3]那位保民官是李锡尼乌斯·玛凯尔（Licinius Macer），也是一位史学家。那篇演说十分华丽，充满热情。撒路斯特从前便是一名立场强硬的保民官。公元前70年的监察官们放逐过一批不受欢迎的人物。撒路斯特的地位可能跟那批人差不多——他们当然有些恶行和贪赃枉法的毛病，并且是显贵们乐于弃置的卑微门客；但对于其中一些人而言，他们唯一得罪贵族的地方便是刚正不阿或忠心耿耿。

对于后三头时代的作家而言，雷必达事件是令人震惊和历历在目的——他的言辞、举动和打交道的对象莫如此。在捍卫共和国和宣扬人道主义的幌子下，执政官雷必达试图确立个人的统治地位。他在担任行省总督时直接诉诸武力。一位年长的前执政官玛尔奇乌斯·菲利普斯（Marcius Philippus）在一篇有力的演说中谴责了雷必达，促使元老院采取行动并通过了保卫共和

---

1 参见 H. Berve, *Hermes* LXIV (1929), 199 ff. 提供的有力说法。
2 详细分析见第四十二章。
3 3.48.

国的紧急法令。[1] 在捍卫法律权威的群体中，有一个人就是年轻的投机分子庞培；他在当年晚些时候被派往西班牙担任行省总督，尽管自己还不是元老。

罗马政府同军阀强权之间的角力、试图拯救"共和国"的伟大演说、私家军队与国家公敌无疑都在公元前44—前43年间出现过。事实本身已足以说明问题。撒路斯特在《历史》中不需要转弯抹角就可以达到一石二鸟的效果——他公开抨击了其中一位后三头的父亲雷必达，并暗中影射了庞培所代表的屋大维，即那个面善心黑的年轻人。[2] 他们的晋升道路是用背叛与暴力铺就的，其最终目标乃是个人独裁的权力。

在去世之前，撒路斯特有幸目睹了后三头之一，即玛库斯·埃米利乌斯·雷必达（M. Aemilius Lepidus）的陨落。他也能预见到凯撒继承人同安东尼之间迫在眉睫的最后决战；涵盖罗马与整个地中海世界的帝国是不能由两位君主式的巨头分享的。

前执政官科奈里乌斯·塔西佗同样受到了晚近历史与不可避免的类比的影响——元首人选的确定、军队的怒火与内战将至的威胁。伽尔巴统治时期的一系列事件还历历在目。当听众聆听塔西佗朗诵《历史》卷1的时候，他会感到其中的情景、人物与事件栩栩如生，令人心惊胆战、不寒而栗。

年逾七旬的元首伽尔巴缺乏决断与精力，无法领导国家甚至约束自己的党羽。[3] 他的属下制造阴谋、暗箱交易，挥霍着公共资金。新的收入来源则难以寻觅。为了填补国库亏空，政府尝试过处罚尼禄的宠臣和他赏赐过的人。但这种办法收不来多少钱——而禁卫军则吵嚷着要求获得赏赐。一旦政府引起了反感，它随后无论怎么做都只会让自己更加不得人心。元首本人成了坊间笑柄，被贬损得连尼禄都不如。

被其党羽们操纵的伽尔巴不仅软弱无力，而且似乎对他们也缺乏提防之心。他最主要的党羽是3个人：释奴伊克鲁斯（Icelus）、提图斯·维尼乌

1　1.77.
2　2.16: "oris probi animo inverecundo（貌似忠良，但灵魂不知羞耻为何物）"; 17: "modestus ad alia omnia nisi ad dominationem（他在其他诱惑面前谨慎节制，面对权力时却并非如此）."
3　1.12 ff.

斯（T. Vinius，当年的执政官）和科奈里乌斯·拉科（Cornelius Laco）。维尼乌斯的早期生涯充满了各种可耻且滑稽的插曲。但此人在治理行省时有过不错的表现。[1] 为了控制禁卫军，元首选择了科奈里乌斯·拉科，一个缺乏军事经验的人物。此人从前只是活动在法庭里的一个地位卑微的小吏，仅仅学到了傲慢与固执来助长自己的无知。[2] 这3个人争夺着决定元首继承者人选的话语权。维尼乌斯力挺奥索；另外两人虽然没有提出心仪人选，但坚决反对选择奥索。流言无疑提及过诸多名字，聚焦的都是著名人物——在世人心目中，或许只有他们才适合继承尤利乌斯与克劳狄乌斯家族的世系。潜在人选中有一位伽尔巴的亲戚，即他的侄孙、拥有老牌贵族血统的科奈里乌斯·多拉贝拉（Cornelius Dolabella）。[3] 没有证据表明有哪位将领在被考虑之列。

快快不乐的元首被迫草草做出抉择。他召来维尼乌斯、拉科和另外两人，告诉他们披索·李锡尼亚努斯将成为继任者，并让他们把那个年轻人带来。[4]

伽尔巴在演说中声称，是诸神与人民的意志赋予自己权力的：对于从前凭借武力争夺的元首宝座，他会让它以和平的方式传承下去。那是元首奥古斯都制订的先例。但奥古斯都是在本家族圈子里寻找继承人，而非整个"共和国"。如果伽尔巴安排披索继承自己的个人地位的话，这一选择可以给两个派系增光添彩，让苏尔庇奇乌斯家族（Sulpicii）和延续着庞培与克拉苏血脉的卢塔提乌斯家族（Lutatii）联合起来。但伽尔巴选择披索的理由其实是他的美德。到当时为止，他的出身与功绩只招来了厄运。福星高照其实是一种更为严酷的考验。披索需要提防各种恭维、马屁与虚情假意的暗算。倘若罗马帝国这个庞然大物不需要维持平衡的统治者也能屹立不倒的话，伽尔

---

1 1.48.4: "sed Vinius proconsulatu Galliam Narbonensem severe integreque rexit（但维尼乌斯治理纳旁高卢是一丝不苟、行为检点的）."
2 根据Suetonius, *Galba* 14.2的记载，那个拉科曾担任过"侍从（assessor）"。但塔西佗的史著中不需要交代这些信息。
3 格涅乌斯·科奈里乌斯·多拉贝拉（Cn. Cornelius Dolabella）（*PIR*[2], C1347）是某些人中意的人选（Plutarch, *Galba* 23，参见Suetonius, *Galba* 12.5）。塔西佗故意没有在此提到多拉贝拉（那可能会冲淡主题），而是选择在后面介绍他的仕途起落与如何遭到处决（1.88.1; 2.63 f.）。
4 1.14.

巴或许能够重建共和国。但事到如今，伽尔巴或披索能为罗马人民做出的最大贡献就是挑选一位优秀的元首。在尤利乌斯-克劳狄乌斯家族统治时期，共和国只是这个家族的封地而已。采用过继制度乃是最接近"自由"的一种方式。过继手段有利于发现最合适的人选。碰到天生的帝王之才是帝国可遇而不可求的好运。王朝血脉传承的荣耀并不能保护尼禄免于自食其行为乖张的恶果。尽管来自军队的威胁确实存在，这种威胁却微不足道，即将在过继完成后烟消云散。过继行为还可以消除伽尔巴作为统治者的唯一弱点——他的年龄。他需要补充的只是发表一项最后声明——罗马并未实行专制独裁。披索治下的人民不能获得自由，但也不会被奴役。[1]

元首的如意算盘就是如此。披索对自己吉星高照的反应是喜怒不形于色。他继续保持着沉默与低调。问题随之而来：这项决议究竟应当在哪里公布——罗马广场上、元老院中还是禁卫军的营帐里？他们决定先告诉禁卫军。伽尔巴发表了讲话。他的发言平实简短，根本不屑于争取禁卫军的同情。他在向元老院介绍披索时的讲话保持了同样的朴素风格。但披索展示了自己的优雅品味与出色技巧，其发言广受好评。

禁卫军仍旧怒火难消；于是奥索来到了他们那里。一听到军营里拥立了新元首的消息，披索就向在宫廷里值勤的卫队发出恳求。[2] 他说自己可以抛弃野心和一切恐惧：因为自己已经受过命运逆境的磨砺。但如果披索今天不得不杀人或被杀的话，那对于伽尔巴、元老院或罗马而言都将是一种悲哀。罗马人已在罗马城不受血光之灾的情况下除掉了尼禄，如今他们正在努力确保权力在伽尔巴身后和平交接。

披索接下来谴责了奥索的邪恶，呼吁部队提防他的贪婪与背信弃义。他们无法从奥索那里分享任何好处，得到的只会是耻辱。如果禁卫军纵容一小撮翻云覆雨的恶人拥立一名新元首的话，那并不符合他们自身的利益。到目前为止，禁卫军一直是效忠于各位元首的，甚至包括尼禄——是尼禄辜负了

1　15 f.
2　29 f.

他们。如果他们树立恶劣的榜样，行省的军队将会仿效，随之而来的就是战争。如果禁卫军要的是赏赐的话，那么他们根本用不着诉诸犯罪与谋杀：忠于职守的他们完全可以获得同样多的好处。

披索的发言尽管义正词严，却是徒劳的。他很快得到了更加精确的信息：士兵们正在逼近自己。民众占据了看热闹的有利地形，就像在剧场或竞技场里一样。他们现在吵嚷着反对奥索，但马上就会转而为他欢呼。这些人的劣根性和在统治者面前的奴性就是如此，无论他们的主子究竟是谁。[1] 伽尔巴在谋臣们彼此相反的意见中间举棋不定，不知是应该在宫廷里筑防困守，还是应该冲出去迎战叛军。他决定采用更加英勇的方式解决问题。这时，外面传来了奥索已经被杀的谣言，一群兴高采烈的人涌进了宫殿——其中有平民、骑士和元老。他们争相表白自己的忠心，抱怨失去了亲手复仇的机会。他们尽管嘴炮打得震天响，事实上却是一群懦夫。[2]

与此同时，奥索正在争取禁卫军的支持。他的态度是谦卑与恭维的——"为了宝座而极尽恭维之能事（omnia serviliter pro dominatione）"；他的呼吁中交织着对伽尔巴的指责和虚情假意的抗议。[3] 军队冲出了营房。罗马军人猛虎下山的劲头原本很适合用来推翻帕提亚帝国的君王。但他们要做的事情是进入广场谋杀元首——一个绝望无助的老头。卡庇托林山、神庙与对过去未来元首人选的考虑在此刻对他们而言都已毫无意义。[4]

---

[1] 32.1: "tradito more quemcumque principem adulandi licentia adclamationum et studiis inanibus（他们以谄媚的欢呼和盲目的狂热恭维着元首；那是世人的传统习惯，无论元首是谁）."

[2] 35.1: "ignavissimus quisque et, ut res docuit, in periculo non ausurus, nimii verbis, linguae feroces（他们都是些胆小鼠辈。正如从前的历史业已证明的那样，他们在危险面前展示不出半点儿勇气，可如今在说大话和爆粗口的时候却肆无忌惮）."

[3] 37 f.

[4] 40.2: "igitur milites Romani, quasi Vologaesum aut Pacorum avito Arsacidarum solio depulsuri ac non imperatorem suum inermem et senem trucidare pergerent, disiecta plebe, proculcato senatu, truces armis, rapidi equis forum inrumpunt. nec illos Capitolii aspectus et imminentium templorum religio et priores et futuri principes terruere（于是罗马士兵们像是要把沃盖苏斯或帕科鲁斯赶下帕提亚王位一样冲锋，但他们并不急于杀害他们自己那位手无寸铁、老迈年高的元首。他们驱赶民众，撞翻元老，挥舞着武器进行杀戮，骑着快马直扑广场。他们已不在乎卡庇托林山的景观、头上的神圣庙宇抑或从前与未来的元首）."

以上便是公元69年1月期间元首及其谋臣、元老院、民众和军队的种种表现。根据塔西佗的说法，伽尔巴的即位将一个巨大的"谋反企图（arcanum imperii）"公之于众。[1] 尼姆菲狄乌斯·萨比努斯的铤而走险则揭示了另一个秘密；它被奥索利用，并且此后也没有被世人忘记。

这段历史同公元97年的事实或恐慌在很多方面存在着惊人的相似之处。如果我们能够对涅尔瓦元首任期内的情况了解得更充分的话，塔西佗作品中的复杂细节与人物应当还会为我们呈现更多的相似之处。值得注意的是元老院在政治危机中的表现——其中充满了各种野心、虚伪与矫饰。即便某些细枝末节的事件或许也能说明问题——竞争元首紫袍的贵族人选、返回罗马的被流放者、假公济私与政治腐败之下的金钱短缺、行省总督的人选、占星术士的影响、禁卫军队长的性格和从禁卫军中除掉可疑军官的做法。

军队同政权的关系乃是重中之重。在塔西佗《历史》卷1记录的4篇演说词中，有3篇都是向禁卫军发表的。[2] 奥索短短3个月统治期内的一起插曲也十分值得研究——那是一场被史学家塔西佗赋予了特殊意义的动乱，他还为强调其重要性而附上了一篇元首发表的演说。

这场突如其来的动乱源于一桩小事，差点儿给罗马城带来灭顶之灾。[3] 有人下达了指令，让罗马城卫队中的一支武装起来准备战斗。这个时间点（当时正是入夜时分）和指令的秘密性质引起了禁卫军的怀疑。他们嗅到了密谋反对奥索的气味——并幻想有人正在给元老的奴隶们分发武器。一时间人声鼎沸。有些人喝得醉醺醺的，有些人开始放手抢劫，多数人则早已对这种混

---

[1] 4.2.

[2] 29 f.; 37 f.; 83 f. 此外，奥索的最后一篇演说词（2.47）也是向禁卫军发表的。

[3] 80.1: "parvo interim initio, unde nihil timebatur orta seditio prope urbi excidio fuit（在此期间，一些起于毫微之末的、原本不值得大惊小怪的事件引发了一场动乱，险些毁掉了罗马城）."塔西佗显然对这起事件进行了加工，参见M. Treu, *Atti Acc. Peloritana* XLVII (1951), 26 ff.。关于这场动乱的真正起源，塔西佗、普鲁塔克（*Otho* 3）与苏维托尼乌斯（*Otho* 8）提供的材料说法不一。关于对相关记载的批判与史实重构，参见E. Hohl, *Klio* XXXII (1939), 307 ff.。第17卫队（*Cohors* XVII）当时似乎正准备在奥斯提亚港（Ostia）登船，见奥索组织的海上远征（参见1.87）。塔西佗并未交代这支卫队为什么会来到罗马城。

乱见怪不怪。他们杀害了一位保民官和几名百夫长,随后前往皇宫。

奥索当时正在宴请一大批元老和他们的夫人。客人们感到惊恐万状。他们不清楚到底发生了什么事——究竟是偶然爆发的骚乱还是元首耍的花招,也不知道自己该怎么办——留下还是离开。为了展示自己的坚定(或许恰恰暴露了内心的不安),众人纷纷将目光转向奥索,后者给众人带来的恐惧更甚于他自己感受到的。随后,元首吩咐他们离开。元老们的逃离相当狼狈——只有少数几位回到了自己的宅邸,大部分都躲到了朋友或被保护人(那样的选择也许更为明智)家里去了。

疯狂的士兵们冲进了皇宫,大喊大叫着威胁长官和元老院。奥索站在一把椅子上,流着眼泪恳求他们,好不容易才说服士兵们返回了自己的营地。第二天,两位禁卫军首领向部下发表了讲话,向他们发放了大量赏赐——每个人5000塞斯特斯。奥索直到那时才敢步入军营。

当时影响着元首的有一系列不同动机。他一方面想要保护罗马城和元老院的安全,却也明白迁就、恭维部队的必要性。他的元首宝座就是凭借罪恶夺来的,突然开始严格复兴古风并不能巩固自己的地位。他精心设计了自己的演说,以便利用士兵们的忠诚,激发他们的顺从感。[1] 他告诫士兵们,纪律和服从是战争胜利的前提条件。奥索以对罗马、共和国与元老院的赞美结束了自己的演说。

奥索已不再使用任何威胁性的语言。他向禁卫军发出恳求,把元老院——帝国的最高议事机构、各行省精英的集合——抛在了一边。即便维特利乌斯的日耳曼盟友也不敢犯下此等大胆罪行。禁卫军是罗马的青年精锐军事力量、意大利的忠诚儿子。维特利乌斯则不过是某些土著部落拼凑的"军队"的首领。罗马元老院是跟奥索站在一起的。一边是"共和国",另一边则是它的敌人们。罗马并不仅仅是用城墙和建筑组成的。一座城市的物质结构可以被毁掉或重建,但帝国的"万古长存"与各族群的和平则依赖于元老

---

[1] 83 f.

院。元老院是罗马城的建立者从一开始就设立好了的机构，经历过王政时代与元首时代的风风雨雨，是永恒不朽的。禁卫军中的士兵可以当上元老，元老则有可能成为元首。[1]

奥索安抚了禁卫军，但罗马城仍处于动荡之中。尽管士兵们不再发动叛乱，他们却依旧危险：士兵们会乔装打扮潜入私人家中，对有身份和财富的人物进行邪恶、细致的盘问。元老们在集会时几乎不知道该怎么表现——沉默不语好像是在表示抗拒；畅所欲言又容易惹来杀身之祸。并且奥索也能看穿他们在拍马屁，因为他自己最近就使用过这等招数。他们的困惑表现为种种迷茫且转弯抹角的表态，吵嚷着将维特利乌斯指斥为杀害亲人的凶手和公敌，并发出一些被众人的口舌或说话者本人的口若悬河所淹没的肆意谩骂。[2]

塔西佗就是这样描述元老们、元首与士兵的心态与举止的。奥索向禁卫军发表的讲话合乎一名军人元首的身份——或许因为克制和宽容而有所保留，但在维持军纪与歌颂罗马城、元首和元老院等方面是毫不含糊的。就我们所知的情况来看，尼禄从未主动去面对禁卫军，将他们从尼姆菲狄乌斯身边争取回来（哪怕是动用一些空头许诺也好）。伽尔巴在过继披索时对禁卫军发表了训示，其讲话风格只在简洁方面合乎"统帅"的风范。他援引的是

---

[1] 他的结束语（1.84.4）十分引人注目："什么？你们认为这座最美丽的城市只是由住宅、建筑和石头堆组成的吗？这些不会说话的、无生命的东西随时可以替换。帝国权力的万古长存、万民的和平安宁和你我的生命安全都是由元老院保障的。元老院由我们的祖先和罗马城的建造者在神意的启示下设立，从王政时代到元首统治的时期绵延不绝、神圣不可侵犯。让我们把从祖先那里继承来的这份遗产完好无损地转交给后代吧。元老来自你们中间，元首则从元老中产生（quid? vos pulcherrimam hanc urbem domibus et tectis et congestu lapidum stare creditis? muta ista et inanima intercidere ac reparari promisca sunt: aeternitas rerum et pax gentium et mea cum vestra salus incolumitate senatus firmatur. hunc auspicato a parente et conditore urbis nostrae institutum et a regibus usque ad principes continuum et immortalem, sicut a maioribus accepimus, sic posteris tradamus; nam ut ex vobis senatores, ita ex senatoribus principes nascuntur）。"

[2] 85.3:"igitur versare sententias et huc atque illuc torquere, hostem et parricidam Vitellium vocantes, providentissimus quisque vulgaribus conviciis, quidam vera probra iacere, in clamore tamen et ubi plurimae voces, aut tumultu verborum sibi ipsi obstrepentes（于是元老们转而提出五花八门的建议。有人直斥维特利乌斯为敌人和叛徒，但更有远见的那些元老只是使用一些空泛的污言秽语。即便在表达自己的真实立场时，他们也故意将自己的发言混杂在许多人共同发出的喊叫声中，或是用胡言乱语来掩饰自己的本意）."

共和时代公民兵部队中的古老制度：一个人选定另一个人来承担一项危险的任务。[1] 他没有补充任何要与士卒们同甘共苦的表态，也没有给他们钱。其实只要花费一点儿小钱，那位一毛不拔的元首原本是有可能争取到禁卫军的支持的。[2] 披索·李锡尼亚努斯也没有选对适宜的腔调和用语。

当吵嚷着要为被刺杀的图密善复仇的禁卫军袭击并围困宫廷里的元首时，身为一位虚弱老年的涅尔瓦是无力制止他们的。而奥索尽管生性邪恶、举止轻佻，却多少敢于展示出自己的尊严和勇气。尽管他在禁卫军破坏其晚宴时不知所措、孤立无援，却仍然能够用口才加贿赂的手段重建军营里的纪律和罗马城的秩序。我们不禁要怀疑，在公元97年秋那个动荡的日子里，玛库斯·科切乌斯·涅尔瓦也应采取奥索当年的发言方式。[3]

如果一位作者不想自欺欺人的话，他在借助当下或晚近的经验撰述历史时必须审慎小心。他不能毫无保留地将被奉为经典的前代史家们视为榜样与先驱——模仿他们也存在着某些风险。

在罗马人那里，史学从来不是一种可以完全脱离利害关系的象牙塔式研究——它摆脱不掉政治与道德的影响。那并非纯然是一种缺点。罗马的骄傲与荣耀在于她的军事成就，那是臣服于其帝国的各族群公开承认的；"罗马人民的历史"中的大部分内容都是关于战争的记录。不幸的是，那些记录并讴歌这个不断开疆拓土的民族的作家们在这方面却并不称职。李维作为战役的叙述者的水平根本不值一提。曾经指挥过军队，并治理过某个阿非利加行省的撒路斯特也在记录战斗时间与地点方面粗心大意。他们的问题不仅仅是在记录时间与地形时不够精确而已，而是对战争抱有无动于衷的、近乎反感的态度——那是罗马史学家们共同表现出的矛盾心态。

1　18.2: "imperatoria brevitate adoptari a se Pisonem exemplo divi Augusti et more militari, quo vir virum legeret, pronuntiat（他宣布自己遵循神圣的奥古斯都的先例过继了披索，那也合乎军队里一名将领任命另一名副将的规矩）."

2　塔西佗在1.18.3中确认了这一事实："毫无疑问，那位吝啬的老人只要使用一点儿小恩小惠就足以收买他们的忠诚（constat potuisse conciliari animos quantulacumque parci senis liberalitate）."

3　奥索与涅尔瓦都是从尼禄宫廷的圈子里成长起来的，两人在年龄和若干方面的品味上都差异不大（见附录2）。

第十四章　军事史（一）

　　后人批评说，科奈里乌斯·塔西佗是历史学家中最不关心军事的一位。[1] 这一指控十分严厉，并且可能是一种误会。关于部队人数与编制的准确知识、大大小小军事活动的细节、战斗发生的时间与舞台都是将领们的报告或带兵打仗的元首们的军事备忘录（*commentarii*）里记载的史实。简言之，它们是史学的材料，但并非其核心内容。即便在因语言纯粹、有力而受到推重，致使世人不敢且难以模仿的情况下，军事备忘录仍然未被罗马人视为一种正式文体。西塞罗十分尊敬凯撒[2]，但那位行省总督所写的战事报道并非他所苦苦寻找（至少到当时为止还没有找到）的理想史学作品。

　　对塔西佗的责难包括两点内容——首先，他在选取史实方面是武断的、有所遗漏的和误导性的；其次，他未能辨认并解释清楚事件背后的战略考虑。军事史（批评者们声称）应当记载的不仅仅是发生过的事件，还要记述作战双方的意图。鉴于《历史》保留下来的大多数内容都是对战争进程的描述，我们有必要审视一下塔西佗的表现究竟如何，从而确定那些指控在多大程度上是真实的（或是跟塔西佗有关的），又有多少是来自偏见和迂腐。为了方便和简洁起见，我们的研究将聚焦于公元69年的主要军事活动——在意

1　Mommsen, *Röm. Gesch.* V (1885), 165 = *The Provinces of the Roman Empire* I (1886), 181.
2　*Brutus* 262: "nudi enim sunt, recti et venusti, omni ornatu orationis tamquam veste detracta（它们宛如裸体的、直立的、可爱的雕像，如同脱去外衣的身体那样不假任何演说技巧的修饰）."

大利北部进行的战斗。[1]

维特利乌斯派出两支军队分道入侵意大利。其中一支在军团长费边·瓦伦斯（Fabius Valens）指挥下从下日耳曼行省出发，选择了一条相对较长的进军路线。[2] 它的计划是先抵达杰尼弗雷山（Mont Genèvre）隘口，再向南穿越高卢腹地抵达卢戈杜努姆（Lugdunum），随后经维也纳穿越阿隆布罗格人（Allobroges）和沃科提亚人（Vocontii）的领土抵达阿尔卑斯山脚下。历史学家详细描述了他们的行军路线，记录了沿途的众多城镇、部落和各种插曲。翻越阿尔卑斯山和下山后进入意大利境内的最初几站（塞古西奥［Segusio］和陶里尼人的奥古斯塔）则被省略了。我们再次听到这支部队的消息时，它已抵达了战斗业已打响的中心舞台附近的提奇努姆。[3]

从上日耳曼行省驻军中拨出的另一支部队由凯奇纳·阿利埃努斯率领，它的第一个目的地是圣伯纳德大山口（Great St. Bernard）。塔西佗用大量笔墨描述了在并未主动进犯但勇气十足的赫尔维提人（Helvetii）中进行的暴动与屠戮场景。[4] 凯奇纳在等待数日后获悉，一支驻扎在波河谷地的骑兵已效忠于维特利乌斯，从而确保了自己原本计划入侵的、该地区最重要的几座城镇的归顺——其中包括埃波瑞狄亚（Eporedia）、维尔克雷和麦狄奥拉尼乌姆。[5] 因此，他派出一些辅助部队作为先导，自己率领各军团紧随其后。我们下次发现凯奇纳的时候，他已进入了意大利。塔西佗描述了凯奇纳的性格与行动，但没有交代他的行军路线（翻越隘口抵达奥古斯塔·普雷托里亚［Augusta Praetoria］，随后沿绵长的河谷下行，先后出现在埃波瑞狄亚和维尔克雷）。他的目标（十分明显）是波河与两个具有战略价值的地点：北岸

---

1 特别参见 B. W. Henderson, *Civil War and Rebellion in the Roman Empire* (1908); E. G. Hardy, *Journ. Phil.* XXXI (1910), 123 ff.; A. Momigliano, *Stud. it. fil. cl.* IX (1931/2), 117 ff.，以及117 ff. 关于史料的附录；A. Passerini, *Studi di antichità classica offeri ... a Emanuele Ciaceri* (1940), 178 ff.。关于若干细节与歧义的讨论，见附录29 ff.。

2 *Hist.* 1.61 ff.

3 2.27.1.

4 1.67 ff.

5 1.70.1，参见2.17。

的克雷莫纳——波斯图米亚大道（Via Postumia，从阿奎雷亚经维罗纳延伸至此地）从那里穿越波河，以及南岸的普拉森提亚（Placentia）——波斯图米亚大道在那里同另一条要道埃米利乌斯大道交会。凯奇纳在距普拉森提亚不远的地方投入了战斗。[1] 史学家塔西佗并未强调维特利乌斯的前哨部队业已夺取此地以东约20罗马里处的克雷莫纳一事。[2]

维特利乌斯麾下将领们执行的作战计划十分简单明确——尽可能多地占领能够守得住的意大利北部地区，插入奥索从罗马派出的兵力与多瑙河流域驻军之间，阻止两军会师。诚然，塔西佗认为凯奇纳曾动过一个念头。他在翻越圣伯纳德大山口前曾犹豫过要不要斜插穿过雷提亚，去对付诺里库姆的行省督办（人们相信此人对奥索忠心耿耿）。[3] 但凯奇纳打消了这个念头——因为他的前哨已翻越了阿尔卑斯山，守住已在维特利乌斯党羽手中的意大利领土可以为他赢得更大的荣耀，诺里库姆则是个次要的、无关痛痒的地区。至于那个一闪而过的微弱念头究竟是来自凯奇纳·阿利埃努斯还是塔西佗，那其实是件无关紧要的事情。现存史料并不能支持下面的假说：凯奇纳会放弃翻越圣伯纳德大山口、巩固业已占领地区并等待同费边·瓦伦斯会师的计划，并一度打算要向东取道布雷纳隘口（Brenner Pass），从而下行至意大利与维罗纳。[4]

奥索的战略也非常简单：他要在凯奇纳业已翻越阿尔卑斯山的情况下控制波河两岸——塔西佗是那么说的。[5] 那位历史学家并未补充一条必然的推论——奥索需要维持同多瑙河行省驻军之间的联系。那是再明显不过的

1　2.20.2.
2　我们只能通过推测得出提奇努姆与克雷莫纳已被夺取的结论。塔西佗的说法仅仅是"一支潘诺尼亚卫队在克雷莫纳被俘，100名骑兵和1000名水手在普拉森提亚和提奇努姆之间遭到截击（capta Pannoniorum cohors apud Cremonam, intercepti centum equites ac mille classici inter Placentiam Ticinumque）"（2.17.2）。关于这些军事行动，见A. Passerini, o.c. 192 f.。
3　1.70.2.
4　B. W. Henderson, o.c. 66 ff. 他们可能需要经历难以忍受的长途跋涉绕道而行。没有道路可以翻越阿尔贝格山口（Arlberg）直达因河谷地（the valley of the Inn）。
5　2.11.2: "ad occupandas Padi ripas（前去占领波河两岸）."

事实。

奥索已经丢失了意大利西边的地盘：西班牙与纳旁高卢已转而效忠于维特利乌斯。但奥索仍控制着海洋。舰队的活动也许能帮得上忙，可以迅速攻击尤利乌斯广场镇的港口（一个具备重要战略价值的地方）。奥索事实上还计划要分兵进击。他派遣舰队在罗马要塞驻军的增援下攻打滨海阿尔卑斯山（Maritime Alps）海岸地区和靠近意大利的纳旁行省领土。但他派出的将领并无名气，取得的成就也微不足道——这些行动并未延缓瓦伦斯对意大利的入侵或严重削弱其兵力。当然，奥索一方毕竟是在同费边·瓦伦斯派来的辅助部队的两场小规模交手中取得了胜利。随后双方便放弃了在那一地区的军事行动，仿佛什么都没有发生过一样。[1]

为了组织意大利北部的战事，奥索选派了3位元老级别的将领：苏维托尼乌斯·保利努斯、马略·塞尔苏斯（Marius Celsus）和阿尼乌斯·伽鲁斯（Annius Gallus）。他派给其中一人——阿尼乌斯·伽鲁斯——的兵力是行省辅军第1军团（不久之前从海军士兵中招募而来）、5支禁卫军分队和2000名角斗士。[2]

阿尼乌斯亲自率领大部分部卒渡过了河。他承担的任务最为重要（这一点毫无疑问，尽管塔西佗没有对此进行任何暗示）——保持东北方向上通往亚得里亚海北端阿奎雷亚的道路畅通，并为预期将从潘诺尼亚、达尔马提亚和默西亚赶来的援军提供一个集结点。塔西佗也没有告诉我们阿尼乌斯·伽鲁斯选择驻扎在哪里，有可能是在霍斯提利亚（Hostilia，波河渡口）以外，面对着曼图亚（Mantua）和维罗纳的方向上。

由于已来不及（或兵力不足以）驻守克雷莫纳，阿尼乌斯·伽鲁斯只得派维斯特里奇乌斯·斯普利纳分出一支部队去保住普拉森提亚。[3] 斯普利纳遇到的第一个麻烦是桀骜不驯的禁卫军士兵们——他们叫嚷着说有人在策划阴

---

[1] 关于这一插曲的更多信息，见附录30。
[2] 2.11（其中也提到了奥索自己的兵力）。
[3] 2.18 f.，参见Plutarch, *Otho*, 5 f.。

谋，并向将领亮出了锋刃，呼喊着要去杀敌。聪慧的斯普利纳迁就了士兵们的脾气，率领他们出城行进了一段距离。[1]当他们准备为过夜而搭建营帐时，长期驻守城市的部队便感到无法承受那样的劳苦。他们明白了事理，于是顺从地回到了普拉森提亚。斯普利纳整肃了军纪，加强了城防。因此，他得以击退凯奇纳于不久后发起的进攻。

获悉普拉森提亚遭到攻击的阿尼乌斯·伽鲁斯率领军团前去支援，但在听说凯奇纳已放弃围攻普拉森提亚并向东推进后在贝德里亚库姆停下了脚步。贝德里亚库姆是位于维罗纳与克雷莫纳中间的一座村庄。从维罗纳延伸过来的主干线波斯图米亚大道同从霍斯提利亚经曼图亚延伸过来的道路在此交会。[2]过了一段时间，苏维托尼乌斯·保利努斯和马略·塞尔苏斯也出现在了贝德里亚库姆。

与此同时，凯奇纳已在克雷莫纳建立了据点。因为急于恢复自己的声望，并在瓦伦斯抵达之前取得一些胜利，他在克雷莫纳以东20罗马里、波斯图米亚大道上一个叫作卡斯托尔门户（Ad Castores）的地点设下埋伏。[3]这一计划被泄露了，奥索一方布置了反埋伏并一举成功。但尽管马略·塞尔苏斯在指挥骑兵方面调度有方，奥索一方仍错过了大获全胜的机会。人们将此归咎于出身老兵的将领苏维托尼乌斯过分谨慎。塔西佗对这场战斗的记载有些令人困惑——那是自然而然的事情。

根据记载，费边·瓦伦斯此时已抵达提奇努姆，很快便同凯奇纳在克雷莫纳会师。此二人不和，并且凯奇纳当时更受将士们拥戴。但两人暂时化解了仇怨，耐心地等待着敌军的下一步动向——他们确信对手会做出某些疯狂举动。

---

1 B. W. Henderson (o.c. 82) 认为，塔西佗的叙述是对史实的拙劣歪曲。可信的重构见 A. Passerini, o.c. 195。

2 关于那里的周边环境，参见 Mommsen, *Hermes* V (1871), 161 ff. = *Ges. Schr.* IV (1906), 354 ff.; A. Passerini, o.c. 179 ff. (非常详细的讨论)。正如一些人指出的那样，波斯图米亚大道穿过的是维罗纳（*ILS* 5806），而非曼图亚。

3 2.24 ff.; Plutarch, *Otho* 7.

奥索一方的将领数目过于庞大——除最初任命的3位将领外，奥索阵中还有禁卫军队长李锡尼乌斯·普罗库鲁斯（Licinius Proculus）；并且元首本人和他的兄弟萨尔维乌斯·提提亚努斯如今也出现在了战场上。

　　凯奇纳和瓦伦斯并非完全无事可做。他们开始着手在波河河畔克雷莫纳下游数罗马里处用船只搭建一座浮桥。按照塔西佗的说法，修建这座桥只是一种佯攻姿态，是为了让部队有事可做而已。[1] 他的说法可能是对的。诚然，这项工作或许是经过深思熟虑的，或在进行过程中变得认真起来——将领总会在头脑里保持几套备选方案。[2] 但更可能的情况是，凯奇纳计划用这座桥拖住敌军驻扎在河流南岸的一部分部队，警告奥索并消磨他的耐心——刺激他采取对自己不利的行动。

　　选择布瑞克塞鲁姆（Brixellum，波河沿岸稍远一点的地方）作为驻地的奥索前往贝德里亚库姆参加军事会议，但随后马上又返回了布瑞克塞鲁姆。在会上，苏维托尼乌斯·保利努斯建议采用拖延战术。[3] 他说，维特利乌斯的大军已经到位。来自莱茵河流域、不列颠或西班牙的援军相对有限。被困在意大利北部角落里的敌人将会遇到补给困难的问题；而如果战斗拖延到夏天的话，他们的日耳曼辅军会受不了炎热的气候。但多瑙河行省和东方、意大利的资源和帝国首都的荣耀，以及元老院和罗马人民都支持奥索。波河是一道强大的屏障，普拉森提亚的战斗则证明了各城市是不可攻克的。更重要的是，要不了几天，闻名遐迩的第14军团就会带着默西亚的兵力赶来了。

　　苏维托尼乌斯·保利努斯得到了马略·塞尔苏斯和阿尼乌斯·伽鲁斯的支持。元首本人则赞同马上开战，他的兄弟和禁卫军队长也随声附和。军队已准备好了要从贝德里亚库姆出征，只得仓促做出决定。[4] 那场战斗便由此得名为贝德里亚库姆战役。

1　34.1. 普鲁塔克（*Otho* 10）的记载虽然更为简短，但似乎更为重视这次架桥行动。另参见A. Momigliano, o.c. 138；反对意见如A. Passerini, o.c. 217。
2　事实上，凯奇纳在战斗当天得知奥索的军队正在向自己进攻时仍在监督这项工作（2.41.1）。
3　参见*Otho* 8。
4　33。

史学家塔西佗在自己提供的版本中提供了苏维托尼乌斯·保利努斯的观点，并恰到好处地让那位将领添油加醋——尤其是他关于援军马上就会来到的说法。我们已无从得知，他的发言究竟与事实相去多远；尽管在场的一些人（如马略·塞尔苏斯）过后可能会撰写报告。[1]并且这个问题也跟我们的研究主题不大相关。

　　评估整体战略形势和开战决定得失的首要困难在于，我们无法确定对面军队的兵力。塔西佗在这方面没有提供什么帮助。我们只能通过演说中的断言、乐观的传言或后来的暗示来收集关于某些部队的一鳞半爪的信息。塔西佗并不总是将军团里的分队和整个军团区分得十分清楚；除军团兵力外，我们也完全无法得知辅助部队的准确数目。

　　我们先来看看维特利乌斯部队的情况。根据塔西佗的说法，瓦伦斯从莱茵河流域出发时带着40000人，凯奇纳则带着30000人；瓦伦斯又在林戈尼人（Lingones）居住地区挑了8个由巴塔维亚人组成的卫队、1个军团（第1军团"意大利"[I Italica]）和卢格杜努姆的1个骑兵队。[2]很难否认的推论是：塔西佗最初提供的人数（依据是一支军队中有4个军团，另一支中有3个）至少要高出实际情况三分之一。认为这两支队伍在克雷莫纳附近会师后多达80000人的说法是难以置信的——并且也会使得奥索一方主动出击的决定显得不合情理。[3]另一方面，我们有理由认为，奥索集结的部队要比人们通常想象中的更加庞大。[4]

　　元首调来或亲自从罗马城带来的部队总数或许相当可观；并且他还能抽调潘诺尼亚、达尔马提亚和默西亚的军队。由于意外的好运，我们可以澄清一件事情——从驻守默西亚的3个军团里调遣来的部队此时距战场还有200罗

---

[1] 关于塞尔苏斯，见附录32。
[2] 1.61; 64.
[3] 约10万人，见G. H. Stevenson in *CAH* X (1934), 819, 参见823；关于7万人对阵不超过3万奥索军队的说法，见A. Momigliano, o.c. 136。
[4] 见附录31。

马里（也可能是300罗马里）。他们还在阿奎雷亚的另一端。[1] 他们在获悉战斗结果后仍继续推进到了那座城市——这削弱了苏维托尼乌斯·保利努斯讲话中一处断言的可信度。

潘诺尼亚和达尔马提亚行省共驻扎着4个军团，但塔西佗没有具体介绍每个行省或兵营里的军力——由于各地到战场之间的距离不等，这些事实原本非常重要。每个军团都派出2000人组成的分队打头阵（大军跟随其后），还有一些辅助部队负责殿后。战斗过程证实，至少有整整一个军团和另一个军团的分遣部队抵达了战场。可能参战的部队还有更多。[2] 如果奥索的部队确实通过这种方式（补充了来自潘诺尼亚和达尔马提亚的军团和辅助部队）得到了壮大的话，那么他的决定就更好理解了，并且双方的兵力也更加匹配。而奥索一方在军事会议召开后几天内有可能获得的援兵数量相应也就没有那么可观了。

奥索渴望开战。那样的话他就必须主动求战：维特利乌斯的部队驻扎在克雷莫纳旁边，贝德里亚库姆距克雷莫纳则有20罗马里（或22罗马里）之遥。[3] 奥索的军队必须前进并在更靠近敌军的地方找到新的驻扎地点，同时也要为重新部署留出一定空间。因此，奥索的军队可能分了两个阶段行军：整支部队可以在第三天上午进入战备状态。[4]

将领们开始调动部队。队伍并未走得太远。它沿着波斯图米亚大道前进了4罗马里，在那里驻扎过夜。[5] 将领们围绕作战计划进行了一些讨论（奥

1　Suetonius, *Divus Vesp.* 6.2: "Moesiaci exercitus bina e tribus legionibus milia missa auxilio Othoni, postquam ingressis iter nuntiatum est victum eum ac vim vitae suae attulisse, nihilo setius Aquileiam usque perseveraverunt, quasi rumori minus crederent（驻扎在默西亚行省的3个军团派出2000人赶来支援奥索。当他们出发后获悉奥索已经战败并自尽时，他们并不太相信这些流言，而是继续前进到了阿奎雷亚境内）." 另参见 *Hist.* 2.85.1。

2　参见附录31。

3　提供前一个数字的是庞培·普兰塔（Pompeius Planta）（引自对 Juvenal 2.99 的古代注疏），后一个数据来自 *Tab. Peut.*。

4　关于部队的既定战略，以及塔西佗（*Hist.* 2.39-44）同普鲁塔克（*Otho* 11 f.）叙述版本之间的关系问题，见附录30。

5　11.39.2: "promoveri ad quartum a Bedriaco castra placuit（他将营地前移到距贝德里亚库姆4个路碑处）."（50斯塔迪昂，即6罗马里）

索派来的使节坚持要求他们不得延误）。部队在第二天重新进军。根据塔西佗的记载，它的目标是再推进16罗马里。[1] 两位将领——保利努斯和塞尔苏斯——开始发言并提出了反对意见。[2] 他们说，让这支疲惫、混乱不堪的部队暴露在仅仅4罗马里外的敌军攻击之下是个糟糕的主意。队伍在继续行进或安营扎寨时都可能会遭到暗算。然而，李锡尼乌斯·普罗库鲁斯和塞尔维乌斯·提提亚努斯驳回了那些反对意见（奥索也派出了紧急特使），命令部队继续前进。

军队进入了维特利乌斯营地的攻击范围之内，它派出一些骑兵充当前哨，随后开始手忙脚乱地进行布置。[3] 1个军团（第13军团"双胞胎"[XIII Gemina]）与另一军团的一部分兵力位于右翼，禁卫军占据着波斯图米亚大道两侧的中路，而左路的辅军第1军团则享受着波斯图米亚大道与波河之间开阔地带所带来的便利。维特利乌斯的部队发动了进攻，经过若干激烈战斗后击退了敌军两翼并突破了中路。敌军左翼的最终溃败应归功于巴塔维亚人卫队，他们顶住了奥索部队从波河另一侧沿岸发动的进攻。[4] 溃败军队的余部一窝蜂地逃往贝德里亚库姆。

这场战役发生的地点是非常明确的。战斗发生在距克雷莫纳只有数罗马里的地方。这场遭遇战在多大程度上是按照奥索的计划，以及其将领对那项计划的执行方案来进行的呢？那是塔西佗全部现存作品中最臭名昭著的败笔。[5] 他声称军队在第二天一早带着全部辎重动身前往16罗马里之外的波河与

1　40.1. 普鲁塔克（*Otho* 11）的说法是不少于12罗马里——"计划向敌人逼近不少于100斯塔迪昂的距离（βουλόμενον προάγειν ἐπὶ τοὺς πολεμίους ὁδὸν οὐκ ἐλάττονα σταδίων ἑκατόν）"。

2　40.1，参见*Otho* 11。

3　41.3: "apud Othonianos pavidi duces, miles ducibus infensus, mixta vehicula et lixae, et praeruptis utrimque fossis via quieto quoque agmini angusta（在奥索阵营这边，将领们慌张失措，士兵们对将领心怀不满，辎重车辆与随军人员乱成一团，由于营地两侧都是很深的壕沟，即便想让部队悄无声息地通过，这样的空间也未免过于狭小了）."

4　43.2，参见普鲁塔克的记述（*Otho* 12），他对辅军第1军团和维特利乌斯麾下第21军团"劫掠"之间的交手，以及巴塔维亚人的战绩描述得更为详细。

5　更多信息见附录30。

164　阿杜亚河（Adua）交汇处。[1]这里肯定存在着某些错误。交汇处位于波河上游6—7罗马里处、克雷莫纳以西的地方。因而交汇处与距离这两个要素是相矛盾的。那么其中哪一个是更可信的呢？一种解决办法是选择前者，那就意味着史学家塔西佗将奥索一方的终极目的与直接目标混为了一谈——他们可能是打算先行进16罗马里并避开从克雷莫纳向北通往布瑞克西亚的道路，随后继续前进到阿杜亚河汇入波河的地点，从而切断维特利乌斯一方同麦狄奥拉尼乌姆和提奇努姆之间的联系。[2]对这一假说进一步加以完善的版本认为奥索的军队计划从侧翼绕过克雷莫纳，而将对维特利乌斯全部兵力进行合围的任务交给一支新加入的生力军——当时驻扎在贝德里亚库姆、正在朝着克雷莫纳西进的多瑙河流域驻军——去完成。[3]

如果我们选择保留行军16罗马里这个数字的话，那么解决方案可以有好几种。[4]有人指出，阿杜亚河本身或许曾经改变过河道。[5]倘若我们能够证明，罗马时代的阿杜亚河汇入波河的地点不是在克雷莫纳上游而是在其下游的话，一切疑团都可以迎刃而解。但相关证据目前还付之阙如。无论如何，我们总不能排除下面这种解释的可能性——史学家塔西佗本人并不熟悉该地区的地形，误以为两条河流的交汇点确实在克雷莫纳下游、距实际战斗地点不远的地方。[6]

因此，塔西佗本人或他所依据的材料中肯定存在着某些严重错误。[7]然而，他的描述总的来说仍是可靠的：奥索未能设计并部署考虑周全的战略行

1　40.1: "non ut ad pugnam sed ad bellandum profecti confluentis Padi et Aduae fluminum, sedecim inde milium spatio distantis, petebant（他们在出发时的状态好像是刚刚加入战事，还没有准备好马上投入战斗。他们的行军目的地是16罗马里外的波河与阿杜亚河交汇处）."

2　Mommsen, *Hermes* V (1871), 161 ff. = *Ges. Schr.* IV (1906), 354 ff.

3　B. W. Henderson, o.c. 100 ff.; 340 ff.

4　见附录30。

5　G. Niccolini, *Rend. Acc. Lincei* XV (1906), 278 ff.

6　但这或许是一种无奈之下的修补方式：塔西佗参考的某种史料来源如何又是为什么提及了阿杜亚河呢？参见附录30。

7　塔西佗或许笨拙地将两份史料拼接在了一起：那16罗马里可能是从贝德里亚库姆而非第一天行军的终点处算起的。见附录30。

军计划；他坚持要采用会战来解决问题——与其说是信心满满，不如说是绝望中的孤注一掷，并且无疑包含着不冷静的焦躁情绪（或许是担心部下叛变或溃逃）。[1] 赌博失败后，他便决定举刀自戕。布瑞克塞鲁姆元首卫队中的禁卫军本是强悍、高调、忠心耿耿的，并且也有人提到过默西亚诸军团助战的可能性。在塔西佗看来，奥索毫无疑问还有机会重整旗鼓，并且并非没有转败为胜的机会。[2] 这个观点是不大可信的。战斗结束后的当天晚上，回到贝德里亚库姆附近营帐里的3位败军之将讨论了下一步该如何是好，结果3人一致同意投降。[3] 第二天，他们就向凯奇纳·阿利埃努斯派出了使节。

贝德里亚库姆之役发生在4月14日，奥索则是在战役结束两天后的早上自杀的。6个月后（10月底），多瑙河流域的军团对莱茵河流域的军队进行了清算。它们也对意大利发动了入侵，在贝德里亚库姆附近赢得胜利并攻陷克雷莫纳。

另一位元首候选人已冉冉升起。先后表态效忠伽尔巴和奥索的帝国东部将领们不肯对维特利乌斯的一时得手善罢甘休。到了7月，帝国东部的各支军队将弗拉维乌斯·韦伯芗拥立为元首。

---

[1] 他在作战议事会上"力主速战速决（pronus ad decertandum）"（2.33.1）。第二天早上，将领们见到了一名信使，他"随身带着奥索的急令，后者厌倦了拖延并对希望感到不耐烦，批评了将领们的无所作为，命令他们采取行动（cum atrocibus mandatis, quibus Otho increpita ducum segnitia rem in discrimen mitti iubebat, aeger mora et spei impatiens）"（2.40.2）。参见尤利乌斯·塞昆杜斯（Julius Secundus）的解释——"急于跃出自己藏身的壕沟，实现自己不幸命运的安排（σπεύδειν ἐγκαλυψάμενος, ὥσπερ ἀπὸ κρημνοῦ, μεθεῖναι τὰ πράγματα πρὸς τὸ συντυχόν.）"（Otho 9）。

[2] 46.3: "nec praetoriani tantum, proprius Othonis miles, sed praemissi e Moesia eandem obstinationem adventantis exercitus, legiones Aquileiam ingressas nuntiabant, ut nemo dubitet potuisse renovari bellum atrox, lugubre, incertum victis et victoribus（鼓励他再战的不仅仅是大法官们和奥索自己的部下。从默西亚省派出的先头部队宣称大军正在有条不紊地出征，各军团已抵达阿奎亚雷。无人怀疑，这场残酷可怕的战争还将重启战端，当前的失败者与胜利者都还前途未卜）."但Suetonius, Divus Vesp. 6.2记载了默西亚军团分队（vexillationes）的真实位置，参见Hist. 2.85.1。塔西佗在记载该情节时有失谨慎。

[3] 44 f. 普鲁塔克提供的版本（Otho 13）强调了马略·塞尔苏斯的突出地位，其记载更完整、清晰，质量也更为出色。参见附录32。

第十五章　军事史（二）

在叙述导致韦伯芗攫取权力的事件时，塔西佗重点关注的是帝国东部的舞台，并记录了叙利亚行省总督李锡尼乌斯·穆奇亚努斯提出建议时的演说。[1] 尼禄遇弑之后，早先意见相左的两位将领通过共同朋友和后来提图斯的努力而化解了仇怨，在先后向3位元首效忠后决定利用东方的全部资源来对付维特利乌斯。他们在密谋与纵横捭阖方面玩得未免有些过火，以至于除起兵外别无他法。正如穆奇亚努斯所分析的那样："避祸的唯一出路便是夺取帝国最高权力（confugiendum est ad imperium）。"[2]

东方的情况便是如此。出于某些原因，塔西佗并未在其作品中突出多瑙河流域军队的地位。根据他的记载，韦伯芗在盘算发动内战的胜算时，是将赌注押在默西亚的第3军团"高卢"（III Gallica）上的——因为它隶属于叙利亚境内的要塞。他也希望伊吕利库姆的各军团能追随自己。[3] 还有其他一些情况——塔西佗直到记述完韦伯芗被拥立为元首以及弗拉维家族制订好作战计划后才将这些事件和盘托出：奥索招募的3个默西亚军团（或其分队）当时已抵达阿奎雷亚，发动了叛乱并做出了反对维特利乌斯的明确举动。他们随后返回了自己的行省与营地。[4]

1　2.76 f.
2　76.3.
3　74.1.
4　85.1，参见 Suetonius, *Divus Vesp.* 6.2。苏维托尼乌斯声称，这些分队事实上在阿奎雷亚宣誓效
（转下页注）

关于这起事件的消息在传到叙利亚后或许（也或许没有）成了左右局势的因素之一。当时也流传着关于在贝德里亚库姆战败或被骗的其他部队的消息（并且其口吻是义愤填膺的）。[1] 韦伯芗及其机智的盟友或许也同默西亚、潘诺尼亚和达尔马提亚等3个行省的总督们进行过协商。[2] 比那些老家伙们（一帮怯懦的墙头草）更有用的是各军团里的军团长们，或一些因为同弗拉维军事集团私交甚笃和长于谋略而受到青睐的人。在这些幕后交易秘史中占有一席之地的人包括奥勒留·福尔伍斯（Aurelius Fulvus），此人在多米提乌斯·科布罗时代统领高卢第3军团，并率领它进驻默西亚行省。[3]

塔西佗似乎没有将阿奎雷亚的插曲同韦伯芗的计划联系起来。[4] 史学家塔西佗如此处理材料的原因其实不难理解——如果过早提及阿奎雷亚事件的话，就无法对在多瑙河流域军营里发起并蔓延的暴动进行紧扣主题的生动描述了：默西亚的军队首先发难并将火种传播到潘诺尼亚。达尔马提亚紧随其后。[5]

伊吕利库姆的归顺决定了战局走向，但并未马上影响弗拉维军事集团的战略方案。韦伯芗前往埃及并组织对意大利的封锁；穆奇亚努斯则率领一支军队进入欧洲。塔西佗声称，穆奇亚努斯在抵达拜占庭后曾犹豫过要不要向杜拉奇乌姆（Dyrrachium）进军。[6] 那个念头可能来自回顾了共和时代历次内战（马其顿和埃格纳提亚大道 [Via Egnatia] 在那些战斗中占据着主导性的

（接上页注）

忠于韦伯芗。Ph. Fabia, *Rev. ét. anc.* V (1903)和W. Weber, *Josephus und Vespasian* (1921), 167均相信这个说法；亨德森（B. W. Henderson）则认为那3个默西亚军团的全部兵力当时均驻扎在阿奎雷亚，并且在获悉韦伯芗在东方被拥立为元首时仍在那里（*Civil War and Rebellion in the Roman Empire* [1908], 137）。

1　74.1.
2　关于这些人和他们此后获得的荣誉，见原书第593—594页。
3　提图斯·奥勒留·福尔伍斯（T. Aurelius Fulvus）（*PIR*², A 1510）于公元64年在亚美尼亚统领着第3军团"高卢"，并于公元68/69年冬来到了多瑙河畔（*Hist.* 1.79.5）。但狄利乌斯·阿波尼亚努斯（Dilius Aponianus）在克雷莫纳率领着1个军团（3.10.1）。福尔伍斯很可能已离开那里去跟韦伯芗会师了。
4　正如Fabia, *Rev. ét. anc.* V (1903), 329–382用很长的篇幅论证的那样。
5　2.85 f.
6　83.2.

战略意义）的史学家本人。但帝国时代增添的新变数则是从巴尔干地区经默西亚、潘诺尼亚进入意大利北部的陆路。

战火比穆奇亚努斯所预料（或希望）之中更快地蔓延到了意大利。主要原因在于潘诺尼亚第7军团的领袖安东尼·普瑞姆斯（Antonius Primus）——此人在贝德里亚库姆战役中并未为奥索效劳。安东尼找到了一个意气相投的盟友——行省督办科奈里乌斯·福斯库斯，一个爱冒险的、莽撞的勇士。福斯库斯在前一年里扮演过活跃党羽的角色，促使其治理地区宣誓效忠于伽尔巴。[1]但那位前执政官级别的副将手中并无多少权力。

当领袖们在波埃托维奥（Poetovio）集会时，安东尼发言主张开始动手，并得到了响应。仅仅带着辅助部队、马匹和步兵（潘诺尼亚其实是以骑兵见长的）的他翻越了朱利安阿尔卑斯山，占领了阿奎雷亚并一直推进到帕塔维乌姆——他在那里等着主力部队（2个军团）前来会师。维罗纳将是下一站和开展军事行动的大本营；来自默西亚的3个军团也已赶到。

安东尼马不停蹄地赶往贝德里亚库姆，在克雷莫纳城外同维特利乌斯的部队交手，并大获全胜。胜利证明了他大胆进军的正确性。如果战败的话，世人对他的评价将是鲁莽冒失——要不是对手无能和哗变的话，安东尼原本是很有可能一败涂地的。

维特利乌斯麾下将领们的战略任务跟6个月前的奥索一方将领们的如出一辙——守住波河一线，同时维持同高卢和莱茵河地区的联系。一支军队已被派往克雷莫纳；凯奇纳·阿利埃努斯率领的大军则在霍斯提利亚波河渡口北边不远处驻扎了下来。凯奇纳并未向弗拉维一方发起进攻，而是坐视他们在维罗纳完成了集结。他反而偷偷跑到拉文纳（Ravenna），与海军将领一道开启了同敌人的谈判。由于他的叛变行为被人发觉，各军团便陷入了没有主将的状态。他们撤军渡过波河，一直逃到克雷莫纳。抵达那里时，他们看到自己的战友们已被安东尼击败。战斗在夜间重新打响，以维特利乌斯一方

---

[1] 86.3. 更多信息见附录33。

失败、克雷莫纳陷落而告终。

塔西佗从弗拉维一方的视角出发，对这场战斗进行了全面叙述。在一个具体的点上，粗心大意或省略细节使他的叙述显得令人费解。他对霍斯提利亚附近的维特利乌斯营地以及附近的桥梁（一座或多座）的描述不够清晰。[1]我们有理由推断出来，那些军团是顺波河沿岸从霍斯提利亚前往克雷莫纳的。

除此之外，《历史》卷3无须多加说明。从弗拉维集团在潘诺尼亚境内波埃托维奥召开军事会议的序幕到决定维特利乌斯命运的最后高潮，塔西佗的叙述惊人地简洁与精彩。

后见之明困扰着一切史学解释；并非所有评论家都会心甘情愿地认可尤利乌斯·凯撒的说法——跟人间万事万物的情况一样，运气或意外在军事事务中也占据着主导地位。[2]然而，当时的人们确实完全无法看出，系统的战略原则如何能在公元69年的几次战役中派上用场。对于大部分参与者而言，那确实是一种全新的、从未见过的战争形式。尽管上日耳曼行省的部队曾在文德克斯战争（War of Vindex）中激战过，但他们当时的对手只是一群乌合之众而已。平息不列颠与部落叛乱是苏维托尼乌斯·保利努斯最近的战斗经验——但在对付训练有素的步兵时派不上多少用场。其他将领曾追随多米提乌斯·科布罗渡过幼发拉底河，进入亚美尼亚的高原与山区[3]——也就是说他们接受过严格训练，体验过长途跋涉，但从未经历过战争。罗马帝国时代的编年史讲到军事篇时只能大张旗鼓地宣扬某位元老对土著部落用兵的赫赫

1　3.9.1; 14，参见K. Wellesley, *CQ* XLIX (1956), 207 ff.。蒙森发现，维特利乌斯麾下各军团在撤退过程中必然要取道波河南岸，见*Ges. Schr.* IV, 363。但他们不一定非要在帕尔马兜一个大圈子，而是可以取道布瑞克塞鲁姆，从那里再次渡过波河，参见L. Valmagii, *Klio* IX (1909), 252 f.。德扫认为他们走的是波河以北的路线，取道曼图亚前往克雷莫纳（*Gesch. der. r. Kaiserzeit* II [1926], 358 f.）：如果是那样的话，他们会迎头遭遇弗拉维家族的兵力。

2　*BC* 3.68.1.

3　如马略·塞尔苏斯（Marius Celsus）（*Ann.* 15.25.3）。我们手头没有阿皮乌斯·阿尼乌斯·伽鲁斯（Ap. Annius Gallus，公元66年前后递补执政官）或提图斯·维斯特里奇乌斯·斯普利纳（T. Vestricius Spurinna，当时还只是大法官级别的人物）之前任何任职情况的证据。

战功、他在和平年代里的日常表现以及他对帝国政权的赤胆忠心。但如今，罗马将领们要在1个世纪以来的第一次内战中面对自己亲手调教出来的部队。

那还不是最糟糕的。尽管各军团长本是王朝家族的被保护人，履职时却更多是因为逆来顺受的习惯，而不是内心的热情。尼禄的垮台意味着竞逐元首宝座的斗争正式开始，从而吊足了军队的胃口——本军团或部队的荣誉感、对其他部队的仇恨或轻蔑以及对自己中意的元首人选的狂热效忠。士卒们开始藐视军纪、顶撞军官。跟从前的战争一样，如今的战事也是由士兵们主导的。他们倔强凶残，嘲笑着将领们的举棋不定。那便是内乱的早期阶段。精心策划的叛变行为和广大士卒的哗变爆发的时机随后才会到来。

跟以往的情况一样，当和平时期铁的纪律最终废弛后，士兵重新获得了公民权利。他们大声争论、选择领袖或自行其是。铁腕高压的管理手段当然行不通，说服他们则需要比维斯特里奇乌斯·斯普利纳更强大的影响与耐心。凯奇纳可以用自己的年轻、活力、英武身材和机智谈吐赢得士兵们的好感。[1]但此时军营里最不可一世的演说家是一名暴徒和蛊惑家——安东尼·普瑞姆斯。此人精力旺盛、出口成章，精于诽谤、制造仇怨与党派纷争，掠夺成性却依旧欲壑难填，是和平年代里的恶人与战争中难得的党徒。[2]

科奈里乌斯·塔西佗恰如其分、淋漓尽致地描写了军团长与禁卫军的骚乱和他们的傲慢、怒火与结党营私。部队的征伐与军事行动并非他关心的重点。为了达到史学家的目的，他自由或故意地进行增删，强调某个事实或演绎某个情节。于是，瓦伦斯与凯奇纳的部队从莱茵河流域进入阿尔卑斯山的行军过程便成了塔西佗用史学方法打造出来的一篇富于启示意义的文献

---

1 1.53.1: "decorus iuventa, corpore ingens, animi immodicus, scito sermone, erecto incessu, studia militum inlexerat (那是一名英俊的青年；他身材高大，野心勃勃，口才出众，仪态高贵，深受士兵们的喜爱)."

2 2.86.2: "strenuus manu, sermone promptus, serendae in alios invidiae artifex, discordiis et seditionibus potens, raptor, largitor, pace pessimus, bello non spernendus (此人手脚勤快，讲起话来滔滔不绝；他能够巧妙地在敌人中间制造纷争，有事挑起不和与动乱。他也擅长劫掠与行贿。此人在和平年代里是个十足的恶棍，在战争中却不容小觑)."

材料。

　　塔西佗并不平均分配篇幅与细节的笔墨。瓦伦斯穿越和平领土的旅程更长更慢些。那并不是唯一的影响因素。我们需要将他的两段叙述同之前的情节密切联系起来——要意识到维特利乌斯是如何和为什么被拥立为元首的。《历史》第2篇序言中的一条简短说明已为此做好了铺垫。[1] 在叙述到此处时，塔西佗又详细介绍了当时的形势——将领和军官们、部队的情绪与高卢的状况；那些局面主要是由上一年的动乱所导致的。[2] 不愿抛弃尼禄并拒绝抛弃伽尔巴的军团长们对文德克斯的党羽怀恨在心，并对自己的实力平添了信心，渴望参战并劫掠沿途的高卢地区；毗邻的各部落也响应了他们。塔西佗生动描绘了费边·瓦伦斯和凯奇纳·阿利埃努斯的勃勃野心、他们令人生厌的性格以及他们在混乱形势中的所作所为：其中一人曾在伽尔巴面前指控过维吉尼乌斯，并充当过谋杀下日耳曼行省军团长的棋子；另一人先是在西班牙为伽尔巴效劳并出尽风头，随后却爆出了侵吞公款的丑闻。[3]

　　在后续的情节发展中，将领和士兵们的表现是合乎预期的。凯奇纳的行为乖张仅仅表现在对赫尔维提人造成的多方面的惨剧中。[4] 关于瓦伦斯的宝贵细节要多得多——如麦狄奥玛特里奇人中的一场悲惨屠杀，那是罗马军队和巴塔维亚辅军之间的矛盾激发的一场兵变。[5] 值得注意的还有拥护现任元首、狂热怀念尼禄的卢戈杜努姆和阿隆布罗格人（曾支持过文德克斯）控制的维也纳之间的矛盾，以及沃科提亚（Vocontia）的一座城镇面临的纵火焚城危险。[6] 维也纳的地位和荣耀最终保全了自身——或不如说献给瓦伦斯的一大笔贿赂发挥了作用：那个毕生贫困卑微的人到老来终于可以在花天酒地的生活

1　1.7.
2　52 ff.
3　1.52.3（瓦伦斯）；53.1（凯奇纳）.
4　67 ff.
5　63 f.
6　65 f.

中恣意挥霍了。[1]这笔款项被摊派在了沃科提亚的地主与市政长官头上。如果现钱无法马上到位的话，他们还可以用另一种示好的办法安抚瓦伦斯。"他就这样进入了阿尔卑斯山区（Sic ad Alpes perventum）。"[2]

负责勾勒这幅画面的史学家可能会情不自禁地或在文学传统的引导下忙着去描述大军在冬季翻越阿尔卑斯山的艰难险阻。塔西佗关注的则是和平屏障被突破后民众与军队的表现。相形之下，部队行军的时间与具体路线并不那么重要。塔西佗可以欣然舍弃那类叙述中的大部分内容，却不至于影响读者对整场战役的理解。

我们没有理由去贬低塔西佗——他叙述军事事务时的精确与诚实都值得称道。错误或许是存在的，如他在介绍叙利亚军务时可能多数了1个军团。[3]他在区分军团与分队时并不总是一丝不苟[4]；他只提及了潘诺尼亚、达尔马提亚与默西亚各军团的1个营地（即波埃托维奥）；并且他也没有告诉我们，那些军队中是否有（或完全没有）哪一部分赶上了贝德里亚库姆战役。[5]但这些疏漏的数量并不多。但在地形学知识上，这位历史学家在确定奥索部队前往克雷莫纳的行军目的地时暴露了自己的无知或错误观念：那是他犯下的第一个严重错误。[6]塔西佗在其他章节里的惜字如金也让他的叙述显得晦涩难懂；并且他有时在描述人物动机时有欠考虑。

1　66.2: "is diu sordidus, repente dives mutationem fortunae male tegebat, accensis egestate longa cupidinibus immoderatus et inopi iuventa senex prodigus（他之前长期贫困，最近突然暴富；因而他很难对自己命运的变化保持沉默。长期的赤贫刺激了他的欲望，让他变得缺乏节制。他从前是个贫苦青年，如今成了个挥金如土的老头）."

2　66.3.

3　10.1; 2.4.4; 6.2; 76.5. 当时在叙利亚驻扎着3个军团（并非4个），在犹太驻扎着3个。此外维特利乌斯从不列颠驻军中抽调的"8000精兵（delecta octo milia）"（2.57.1）或许也是个不大准确的数字，如果塔西佗指的是从4个军团中抽调的分队的话——因为事实上只有3个军团，第14军团"双胞胎"已被尼禄调走（2.11，等等）。然而，塔西佗对自己提及了名称的军团的情况介绍都是准确的。现代学者们有时候还不如他细心。如德扫就误以为第11军团"克劳狄亚"驻扎在默西亚，见*Gesch. der r. Kaiserzeit* II (1926), 338。

4　如2.85.1（驻扎在默西亚的各军团）。

5　见原书第162页和附录31。

6　2.40.1, 参见原书第163—164页及附录30。

我们对很多问题的分析都取决于塔西佗使用的史料来源。我们可以从他的作品中梳理出许多线索和史源。他对罗马街头与广场上情景的生动描述来自目击者的叙述。另一份史源交代了莱茵河畔军事指挥部里发生的事件。他对费边·瓦伦斯行程的记载可能是以某份官方报告为基础的，其中关于高卢和纳旁高卢的内容尤其详细。[1] 赫尔维提人的插话包含了一段具备若干价值的古怪史料[2]；对普拉森提亚 "城镇贱民（municipale vulgus）" 怒气冲冲的猜疑也为我们留下了一个生动的字眼。[3] 布瑞克塞鲁姆的奥索随从中有人能够看穿元首的心思[4]；但塔西佗也能将留在穆提纳（Mutina）的元老们的困惑与分歧娓娓道来。[5]

从斯普利纳守卫普拉森提亚到贝德里亚库姆战役的意大利北部战事几乎完全是从奥索一方的视角进行叙述的。塔西佗对不同将领的处理方式耐人寻味。斯普利纳的军事行动虽然是辅助性的，却被分配了大量笔墨；并且塔西佗对他的描述也是正面的，认为他在管理桀骜不驯的士兵时通情达理又不失原则。[6] 随后，除了一处无关荣辱的情节叙述外，这个人从塔西佗描述的

1　参见 F. Köster, *Der Marsch der Invasionsarmee des Fabius Valens vom Niederrhein nach Italien* (Diss. Münster, 1927)。我们还应注意塔西佗对意大利和纳旁沿海边界处未果的军事行动的详尽叙述（2.12 ff.）。此外还有是年晚些时候对驻守尤利乌斯广场镇的纳旁督办瓦勒里乌斯·保利努斯（Valerius Paullinus）俘获费边·瓦伦斯事迹及其家乡的介绍（3.43.1）。接替此人的下一任督办可能是老普林尼（*NH* 14.43），参见原书第61页。

2　塔西佗称赞了赫尔维提人中一位演说家的表现："使团中有个名叫克劳狄乌斯·科苏斯的人物。他后来成了一位著名的演说家，但当时出于必要的顾虑而隐藏着自己的口才，那反而使他偶一为之的讲话更为有效（Claudius Cossus, unus ex legatis, notae facundiae sed dicendi artem apta trepidatione occultans atque eo validior）。"（1.69）

3　2.21.2: "municipale vulgus, pronum ad suspiciones, fraude inlata ignis alimenta credidit a quibusdam ex vicinis coloniis invidia et aemulatione, quod nulla in Italia moles tam capax foret（生性多疑的城镇暴民们相信有些毗邻殖民地的居民偷偷向竞技场里塞入了引火物；这些人对该竞技场心怀妒意，因为意大利境内没有比它更宏伟的建筑）。"

4　Plutarch, *Otho* 9 提及了尤利乌斯·塞昆杜斯。还应注意陪同普鲁塔克参观战场的他的朋友和庇护人、前执政官卢奇乌斯·麦斯特里乌斯·弗洛鲁斯（L. Mestrius Florus）（*Otho* 14）：作者并未谈论战略、战术或地形方面的情况。

5　2.52 f.

6　18 f.; 20 f.; Plutarch, *Otho* 5 f.

场景中悄悄消失了——那或许是为了保全他的名誉:《历史》在叙述战斗或投降情节时完全没有提供他究竟身在何方的任何暗示。[1] 在主将中,萨尔维乌斯·提提亚努斯和李锡尼乌斯·普罗库鲁斯的表现都很糟糕。他们敦促奥索开战,并在决定命运的那天早上拒绝接受苏维托尼乌斯·保利努斯和马略·塞尔苏斯的建议。[2] 同样,尽管保利努斯拥有更高的社会地位与声望,塞尔苏斯却在塔西佗的叙述体系中占据着更加突出的地位。保利努斯因为过度谨慎而受到了塔西佗的批评[3];但那位史学家留给塞尔苏斯的(直言或暗示)只有对其勇气、智慧与正直品格的赞美。[4]

根据相当可靠的说法,那些贝德里亚库姆战役的亲历者们拒绝在他们撰写的相关报告中担保自己的叙述准确无误。[5] 维特利乌斯一方几乎没有留下关于这次(以及下一次)战役的报道。塔西佗承认自己无法确定他们在克雷莫纳城外的战斗队形是怎样布置的,那并不奇怪。[6] 我们没有听说过维特利乌斯的任何一个活跃党徒撰述过史书或回忆录。

塔西佗对弗拉维军事集团挺进意大利的叙述展示了合乎史学家水准的、对军事事务的深刻理解。它一丝不苟地记录了赶到战场的援军,解释了将领们的计划与动机——并点名交代了自己的史料来源。他只在两处文本中介绍了自己的史源:指挥一个军团的军团长维普斯塔努斯·麦萨拉证实在夜战中发生过一个令人震惊的插曲[7];而在火烧克雷莫纳的事件上,他的说法同老

---

1 我们关于斯普利纳的最后消息是他离开了普拉森提亚,率领麾下大部分部队前往主战场(2.36)。
2 2.33.1; 40.
3 25.2.
4 见附录32。
5 Plutarch, *Otho* 14: "Οὕτω μὲν οἱ πλεῖστοι τῶν παραγενομενων ἀπαγγέλλουσι γενέσθαι τὴν μάχην, οὐδὲ αὐτοὶ σαφῶς ὁμολογοῦντες εἰδέναι τὰ καθ᾽ ἕκαστα διὰ τὴν ἀταξίαν καὶ τὴν ἀνωμαλίαν (这是大部分参与者对这场战斗的叙述,尽管他们自己也承认,由于当时一片混乱以及各支队伍的境遇不尽相同,他们各自的说法并不完全一致)." 但这段叙述并不能证明,普鲁塔克曾使用过多种文字史料。
6 3.22.2: "ordinem agminis disiecti per iram ac tenebras adseverare non ausim (我不敢确定他们的行军次序,因为愤怒和黑夜让他们的阵型乱作一团)."
7 25.2.

普林尼是对立的——后者将责任归在了安东尼·普瑞姆斯头上。[1]

最后，作为罗马帝国一场内战的余波，莱茵河畔的叛乱对整个帝国的体系构成了威胁。尽管叛乱爆发于公元69年，塔西佗却顺理成章地将它留到第4卷加以叙述。这起叛乱的原因或导火线是弗拉维军事集团将领们派出的使节与寄送的信件——他们试图阻止该地区向维特利乌斯的部队提供援助。[2]出于各种理由对罗马人怀恨在心的尤利乌斯·奇维利斯挑起了自己治下民众的不满情绪。心高气傲且好勇斗狠的8个巴塔维亚卫队很快拿起了武器。渴望攻打罗马军团要塞（那里只剩下一些被抛弃的老弱残兵）的莱茵河北岸自由日耳曼部族也加入了进来。随后发生了一些零星战斗，罗马人也进行了反击——组织反击的并非疲惫不堪、能力有限的那位前执政官级别副将（霍德奥尼乌斯·弗拉库斯［Hordeonius Flaccus］），而是一位名叫狄利乌斯·沃库拉（Dillius Vocula）军团将领。在获悉克雷莫纳的局势后，奇维利斯已无法继续伪装成同维特利乌斯军团交战的韦伯芗党徒了。并且此时的局势又变得更为复杂：随着卡庇托林山起火和其他一些罗马统治行将崩塌的迹象、报道的出现，莱茵河流域罗马驻军区内的一些日耳曼部落，尤其是曾支援罗马军团对抗文德克斯的特瑞维利人（Treveri）和林戈尼人正式揭竿而起，试图建立一个独立的"高卢国家（imperium Galliarum）"。

起义的首要倡导者是特瑞维利人中具有王室血统的尤利乌斯·克拉西库斯（Julius Classicus）和声称自己是高卢行省总督凯撒后裔的林戈尼人尤利乌斯·萨比努斯（Julius Sabinus）。[3]罗马军团长们签署了有条件的投降协议，将狄利乌斯·沃库拉交给对方处决，并宣誓效忠高卢。尽管各支起义力量之间并未统一行动步骤与政策，并且高卢领袖们也没有从内高卢得到过多少帮助或鼓励，奇维利斯仍然设法在第一批罗马援军翻越阿尔卑斯山、重新征服莱茵河流域之前夺取了维特拉的罗马军营。

1　28.
2　4.13.2，参见5.26.3。
3　4.55.

作为塔西佗叙事风格的典范样本，《历史》记载巴塔维亚战争的部分是值得称道的，回击了关于作家塔西佗只看重文字风格与修辞色彩的、人云亦云的指控。[1] 我们能够辨认出的、为数不多的军事知识缺陷都是微不足道的，或是后人的自以为是。狄利乌斯·沃库拉解了维特拉之围，但随后又离开了那里，带领要塞里的一部分兵力撤出一段距离，致使奇维利斯有机会卷土重来。[2] 史学家塔西佗为此而遭到了批评：因为他没有费心（或选择）去揣测一位罗马将领的意图，尽管后者的决定被事实证明是错误的[3]；并且他在后面报道对维特拉的新一轮攻势时仍然没有提供相关解释。[4] 无独有偶，当佩提利乌斯·克瑞亚利斯从墨根提亚库姆出发行军3日，在距特瑞维利人的城市不远的瑞戈杜鲁姆（Rigodulum）遭遇并击败高卢军队，塔西佗讲述这场战斗时使用的简洁笔法也并不合乎一些批评家的口味。[5] 但塔西佗其实已将那场遭遇战的战场地形与交手方式讲得足够清楚了。[6]

尽管有时确实带有修辞学色彩（并插入了一些演说词）[7]，塔西佗的叙述其实是非常精确的。它为我们介绍了莱茵河流域的若干城镇或小部落，那些名目从未在拉丁文学的其他地方出现过（除非是老普林尼的《自然史》）。[8]

1　此类批评如A. Stein, P-W X, 550; E. Swoboda, ib. XIX, 1141; G. Walser, *Rom, das Reich und die fremden Völker in der Geschichtsschreibung der frühen Kaiserzeit* (1951), 86 ff.。

2　35.

3　B. W. Henderson, o.c. 276:"这场战争中的一个军事谜团（the one military puzzle of this war）"; G. Walser, o.c. 101.

4　57.1. 瓦尔泽（G. Walser, o.c. 111 f.）进一步夸大了塔西佗的记载疏漏。

5　71.4 f. 萨代（E. Sadée, *Bonner Jahrbücher* CXXXII [1927], 165 ff.）在塔西佗对整体战略布局的叙述中发现了其草率、缺漏和心不在焉之处。

6　K. Schumacher, *Mainzer Zeitschr*. VI (1911), 8 ff.

7　出于诸多原因，狄利乌斯·沃库拉（4.58）和佩提利乌斯·克瑞亚利斯（4.73 f.）的演说词十分引人注目——但更宝贵的是滕克特里人（Tencteri）和科洛尼亚·克劳狄亚公民之间的对话（4.64 f.），参见原书第453页。

8　参见F. Munzer, *Bonner Jahrbücher* CIV (1899), 67 ff. 中高度成熟、不可或缺的研究成果。只有这两份史料提及了贝塔西人（Baetasii）、库格尼人（Cugerni）、玛萨奇人（Marsaci）和苏努奇人（Sunuci）等较小的部落；在其他作家中，只有威利乌斯（Velleius, 2.105.1）区分了卡尼涅法特人（Canninefates）和巴塔维亚人，而威利乌斯曾在莱茵河流域服过役。地名的情况也与此类似。塔西佗记载了格尔杜巴（Gelduba）（4.26.3, 等等；Pliny, *NH* 19.90），而阿斯奇布吉乌姆

（转下页注）

此外，其中日耳曼人的形象远不及科奈里乌斯·塔西佗《日耳曼尼亚志》中的那样正面：作者揭露了他们的伪善、残酷与滥施酷刑。[1] 他们对祭司（尤其是维勒达［Veleda］）的迷信崇拜同《日耳曼尼亚志》中的说法彼此矛盾[2]；读者们还可以了解到日耳曼人储存在圣树丛里并带上战场的动物形象。[3] 塔西佗以专家的眼光叙述了土著部落仪式与习俗中的细节——如在选择战争领袖时会将他用盾牌托起。[4]

仅包含地方习俗的知识或准确的军事报道还是不够的。巴塔维亚起义一方面受到世人的误解，另一方面也确实很有迷惑性——辅军攻打罗马军团，

（接上页注）

（4.33.1）只在《日耳曼尼亚志》（*Germania*, 3.3）中出现过。值得注意的还有宾吉乌姆（Bingium）（4.70.4）、玛科杜鲁姆（Marcodurum）（4.28.2）、托尔比亚库姆（Tolbiacum）（4.79.2）和一连串城镇——阿瑞纳库姆（Arenacum）、巴塔沃杜鲁姆（Batavodurum）、格里尼斯（Grinnes）和瓦达（Vada）。（5.20.1）托勒密碰巧记载过巴塔沃杜鲁姆（2.9.8）；其他地名仅见于铭文、里程记（*Itineraries*）和后世作家的文本——或者不见于任何其他记载。

1. 值得注意的如滕克特里人的伪善（4.64），或相传奇维利让自己的小儿子用俘虏练习射箭的事情（61.1）；塔西佗没有交代"连同其他礼物一并被送给维勒达（inder dona missus Veledae）"的那位军团副将究竟命运如何（61.2）。
2. 61.2: "ea virgo nationis Bructerae late imperitabat, vetere apud Germanos more, quo plerasque feminarum fatidicas et augescente superstitione arbitrantur deas（根据日耳曼人的风俗，这位布鲁克特里部落的少女拥有巨大的权威。日耳曼人认为许多妇女都具有预言的本领；随着迷信的滋长，他们便将这些妇女视为女神）"; *Germ*. 8.3: "vidimus sub divo Vespasiano Veledam diu apud plerosque numinis loco habitam; sed et olim Auriniam et complures alias venerati sunt, non adulatione nec tamquam facerent deas（在神圣的韦伯芗统治时期，我们看到维勒达在很长一段时间内被许多人奉若神明；但他们从前也尊奉奥瑞尼娅和其他妇女——并无谄媚意味，也并未将她们神化）."
3. 22.2: "depromptae silvis lucisque ferarum imagines, ut cuique genti inire proelium mos est（还有来自森林和树丛的野兽偶像——按照风俗，每个部族都要带着他们投入战斗）."
4. 15.2: "impositusque scuto more gentis et sustinentium umeris vibratus dux deligitur（按照本部族的习俗让他站在盾牌上，用肩膀的力量将他举起，宣布他为首领）." 老普林尼很关注土著居民的风俗。例如，他偶然提及日耳曼人表示服从的信物："我知道该风俗迄今仍在日耳曼人中间存在（quem morem etiam nunc durare apud Germanos scio）."（*NH* 22.8）我们有理由接受闵采尔的看法，即塔西佗在记载巴塔维亚战争时使用了老普林尼的材料。另参见 E. Norden, *Die germanische Urgeschichte in Tacitus Germania*³ (1923), 211 ff.。但那并非老普林尼的《日耳曼战纪》，像某些学者冒失地认定的那样，如 G. Walser, o.c. 127; E. Paratore, *Tacito* (1951), 513。并无证据表明，那著作记载了公元47年之后的史事。并且老普林尼也不大可能在公元70—75年间将公元69年和70年的莱茵河畔局势分开介绍。

土著部落进犯罗马的疆域——并随着事态演进而拓展到相当广阔的区域范围之内。那究竟是一场内战还是对外战争？作者的叙述重心应当放在哪里？整个事件中还存在着一些干扰因素。韦伯芗的党徒挑起了莱茵河地区的麻烦。过后寻找替罪羊（或至少开脱、掩饰弗拉维军事集团的一部分责任）的做法是个不错的权宜之计。塔西佗使用的主要史料不免要受到这些因素的干扰。[1] 由于向奇维利斯送去书信的人是安东尼·普瑞姆斯，一些责难可以被转嫁到他的头上。[2] 另一个办法是强调整场变故中的部族暴动色彩，淡化内战的意味。[3]

狄利乌斯·沃库拉是巴塔维亚战争中罗马人的英雄，或许得到了塔西佗的美化。[4] 佩提利乌斯·克瑞亚利斯平定了高卢人与日耳曼人的叛乱。出于若干原因，塔西佗对此人的形象描绘是引人注意的。[5] 克瑞亚利斯是一个英勇无畏、爱出风头的人，并且非常粗心大意。当他第一次在《历史》中出现时（弗拉维军事集团的兵力正在向罗马挺进），他的举动遭到了批评：克瑞亚利斯的行军速度起初过于迟缓，后来却因轻率而导致了一场溃败。[6] 抵达莱茵河流域的克瑞亚利斯是轻浮且喜爱自吹自擂的。[7] 尽管他在瑞戈杜鲁姆打了一场胜仗，并于次日占领了特瑞维利人的城市，罗马人此后不久却几乎大

1　Münzer, o.c. 85 ff. 他认为这份主要史料就是老普林尼的著作；他还指出，塔西佗唐突地在对卡尼列泽特人的介绍中插入了交代巴塔维亚部队情况的文字——"不久以前，他们通过秘密联络争取到了不列颠辅军的支持，以及被派到日耳曼（如前所述）、驻扎在墨根提亚库姆的巴塔维亚卫队（mox occultis nuntiis pellexit Britannica auxilia, Batavorum cohortis missas in Germaniam, ut supra rettulimus, ac tum Mogontiaci agentis.）。"（4.15.1，参见2.69.1）那是修改老普林尼版本的一种尝试。

2　13.2；5.26.3. 参见Münzer, o.c. 101。

3　如Josephus, *BJ* 7.75 ff. 中公开采取的做法那样。但老普林尼似乎并非无可指摘，参见Münzer, o.c. 85 ff.。瓦尔泽严厉地（并不公正）批评了塔西佗完全照搬这套观念的做法（o.c. 127，赞同他的还有E. Paratore, o.c. 519）。

4　Ph. Fabia, *Studi Romani* II (1914), 153 ff.。我们只是通过塔西佗和那个人的妻子赫尔维娅·普罗库拉（Helvia Procula）的铭文（*ILS* 983：罗马）才得知狄利乌斯的存在。

5　参见E. Swoboda, P-W XIX, 1138 ff.。

6　3.78 f.

7　4.71.1: "ipse pugnae avidus et contemnendis quam cavendis hostibus melior（他自己渴望一战；但此人更擅长藐视敌人，而非防备敌人）."

难临头，在清晨时分遭到突然袭击——而那位将领当天晚上并未在营帐里过夜。[1] 在后面的情节中，史学家塔西佗也确认了克瑞亚利斯有一次确实开了小差——他提到了一位名叫克劳狄娅·萨克拉塔（Claudia Sacrata）的女子。[2]

尽管任何段落中的零散孤证都能提供些许线索，但最重要的问题仍未得到解决：作者通篇使用的主要史料来源究竟是什么，他又是如何运用它们的呢？但《历史》卷1—2中叙述的事件则可以容许我们进行更加细致的观察，因为有另一份留存至今的对应文本可供参照。[3]

---

[1] 77.1. 他在这场战斗中的表现"鲁莽但幸运（felici temeritate）"，从而弥补了自己的粗心大意——"险些因为粗心大意而毁掉一切的他凭借其坚韧不拔挽回了局势（ut incuria prope rem adflixit, ita constantia restituit）"（78.2）。参见他在后面的场合里的表现："计划草率，但战果辉煌（subitus consiliis set eventu clarus）。"（5.21.3）

[2] 5.22.3: "Cerialis alibi noctem egerat, ut plerique credidere, ob stuprum Claudiae Sacratae mulieris Ubiae（正如许多人所相信的那样，克瑞亚利斯那天是在别处过夜的，为的是与乌比亚的女子克劳狄娅·萨克拉塔偷情）."克瑞亚利斯是韦伯芗的朋友和亲戚（3.59.2）。他于公元74年第二次出任执政官后，我们再也没有听说过此人了；但他的家族一度声名显赫。值得注意的是该家族最后一个载入史册的成员，即公元83年第二次出任执政官（名年）的昆图斯·佩提利乌斯·鲁孚斯（Q. Petillius Rufus）。

[3] 即普鲁塔克在其《伽尔巴传》与《奥索传》中复述的那位无名编年史家，参见第十六章和附录29。

第十六章　史料渊源

　　塔西佗本人的早年经历或许在他生动描述罗马城众人见证之场景时发挥了一定作用。12或13岁那年，塔西佗可能在某座神庙或宅子里目睹了罗马广场上的骚乱与伽尔巴的被杀；他也可能看见过历任元首和各支军队的你方唱罢我登场，罗马街头或近郊的战斗和卡庇托林山上的火光。然而，将塔西佗设想成罗马城内的目击者只是一种偷懒的办法；它轻视了塔西佗在描述那些事件时所择取史料的质量，并低估了作者的想象力。

　　活下来的目击者人数众多。其中一些人曾身处事件旋涡中心或身居幕后，并肯于讲述事实。[1] 对老年人的尊敬是贵族社会的一种可贵品质；一位年长的元老尽管会因反复进行今昔比较而令人生厌，却总是能够口授一部稀有且真实的、内容丰富的历史（并且附有各种道德说教与趣闻逸事）。睿智的维恩托（那个时代的涅斯托尔）活了下来，在图拉真元老院中当了一两年明星。[2] 希利乌斯·意大利库斯也活了下来：他是公元68年的执政官，曾参与过元首维特利乌斯和韦伯芗的哥哥在阿波罗神庙里的秘密谈判。[3] 阿奎利乌斯·雷古鲁斯和尤尼乌斯·毛里库斯当时都已进入元老院。[4] 更重要的是，小

1　参见 *Hist.* 4.81.3（论韦伯芗在亚历山大里亚的各种奇迹）:"utrumque qui interfuere nunc quoque memorant, postquam nullum mendacio pretium（这两件事都来自目击者的追忆，并且是在相关谎言已无法获得任何赏赐之后）。"
2　他有生之年里最后一次被提及是在公元98年（*Pan.* 58.1），但作为十五人委员会成员之一早已同塔西佗相识。
3　3.65.2.
4　4.42.1（雷古鲁斯）; 40.4（毛里库斯，参见 Plutarch, *Galba* 8，其中交代的是公元68年史事）。

普林尼社交圈里的3位著名前执政官值得注意——公元69年的执政官阿里乌斯·安东尼、公元70年的大法官尤利乌斯·弗伦提努斯和在贝德里亚库姆战役前期为奥索指挥过一支部队的维斯特里奇乌斯·斯普利纳。

至于塔西佗是否曾前往年老的希利乌斯在坎佩尼亚的退隐居所拜访，或是曾与尤利乌斯·弗伦提努斯在塔拉齐纳（Tarracina）或福尔米埃（Formiae）的海滨徜徉，抓紧时间抢救可能会被湮没的历史信息，那就是我们无法回答的问题了。[1] 塔西佗有可能向斯普利纳求教过。他对斯普利纳军事行动的记载不仅比其他现存记录全面、清晰得多，并且还带有为其辩护的性质。[2]

一些地位较低的人物——军团长、军团副将、骑士阶层的军官或行省督办——也有可能提供口头材料（其中一些同样宝贵）。凭借一往无前的勇气而胜过弗拉维军事集团中那些怯懦、懒散的前执政官将领，为韦伯芗赢得了意大利北部战事的安东尼·普瑞姆斯被窃取了公共名誉，被迫退隐。他至少在公元95年仍在人世，身体健壮的他在家乡托洛萨（Tolosa）自得其乐。[3] 但爱吹嘘的安东尼或许并非值得信赖的证人——他的身败名裂也肇始于伪造遗嘱行为的咎由自取。[4] 相反，得到了塔西佗正面描述的、敢打敢拼的科奈里乌斯·福斯库斯却早已在指挥图密善的军队入侵达契亚时牺牲了。[5]

塔西佗的朋友、口若悬河且事业有成的尤利乌斯·塞昆杜斯担任过奥索的秘书，并目击过贝德里亚库姆战役失败后元首的被弑。[6] 不过，塞昆杜斯早在塔西佗打算撰写历史多年以前就去世了。出于古怪的机缘巧合，小普林尼

---

[1] 弗伦提努斯去过塔拉齐纳（Martial 10.58.1）和福尔米埃（Aelian, *Tactica, praef.*，参见 *PIR*[2]. A 128）。弗伦提努斯或许可以提供关于他公元70年在高卢对抗林戈尼人军事行动的一些信息（*Strat.* 4.3.14），当然还有后来的事件。其他活跃于公元68或69年的著名人物还有曾在伽尔巴麾下效力的昆图斯·庞普尼乌斯·鲁弗斯（Q. Pomponius Rufus, 公元95年递补执政官），以及格涅乌斯·庞培·隆吉努斯（Cn. Pompeius Longinus, 公元90年递补执政官）——如果他就是伽尔巴的朋友、禁卫军军官庞培·隆吉努斯（Pompeius Longinus）（*Hist.* 1.31.3）的话。
[2] 见原书第171页。但塔西佗记载的任何部分都不一定直接来自斯普利纳，尽管那位老人在公元105年左右仍在人世（*Epp.* 5.17）。
[3] Martial 10.23.
[4] *Ann.* 14.40.2.
[5] 见附录33。
[6] Plutarch, *Otho* 9.

的一些出身骑士阶层的亲戚享受了异乎寻常的高寿——其中一位经历过尼禄治下的不幸,另一位在弗拉维军事集团的兵力入侵意大利之际担任过军官。[1]

无论塔西佗还需要从活人口中打听哪些信息,他都无须耗费大量心血去打听询问,至少对于公元69年的事件是这样的。一些叙述版本可以信手拈来——其中一些具备很高的价值;另外一些虽然也不乏价值,在使用时却需要小心谨慎。平步青云的骑士庞培·普兰塔撰写过关于贝德里亚库姆战役的作品。[2] 记载克雷莫纳战役的文字则有塔西佗的朋友——诚实的维普斯塔努斯·麦萨拉的回忆录:他当时是一位军团长,曾临时指挥过安东尼·普瑞姆斯麾下的1个军团。[3] 我们还能证实某些相关传记的存在。[4] 关于韦伯芗在东方被拥立为元首之前的各种事件(或阴谋),李锡尼乌斯·穆奇亚努斯提供的证据或许很能说明问题。伟大的穆奇亚努斯并不需要写什么东西来为自己辩护——他的成功和随后两次出任执政官已证明了自己的清白。于是,他汇编了好几卷自然奇闻的节要,并校订了一些古代文献。[5] 韦伯芗本人的《军事备

---

1 如卢奇乌斯·卡尔普尼乌斯·法巴图斯(L. Calpurnius Fabatus)(*Ann.* 16.8.3),小普林尼第三任妻子的祖父(*Epp.* 4.1,等等);以及米尼奇乌斯·约斯图斯(Minicius Justus),第7军团的营帅(*praef. castrorum*)(*Hist.* 3.7.1)——他是某位科蕾莉娅(Corellia)的丈夫(*Epp.* 7.2.4),其名字出现在了卢奇乌斯·达苏米乌斯(L. Dasumius)公元108年的遗嘱中(*CIL* VI, 10229. l. 19)。

2 Schol. on Juvenal 2.99: "horum bellum scripsit Cornelius, scripsit et Pompeius Planta, qui ait Bedriacum vicum esse a Cremona vicesiamo lapide (科奈里乌斯记载了这场战役,庞培·普兰塔也记载了它。后者说贝德里亚库姆村位于克雷莫纳以外第20界石处)." 普兰塔死于公元108年前后,参见小普林尼写给其敌人马克西穆斯(即盖约·维比乌斯·马克西穆斯,也是一位前任埃及省长)、敦促他立刻发表攻击普兰塔的作品的书信(*Epp.* 9.1)。

3 3.9.3: "claris maioribus, egregius ipse et qui solus ad id bellum artis bonas attulisset (他是一个祖上显赫、自身也出类拔萃的人物,只有他一个人为这场战斗做出了些积极贡献)." 塔西佗在3.25和3.28中引述了他的说法。将麦萨拉视为塔西佗关于克雷莫纳战役首要史料来源的假说是讲得通的,参见E. Paratore, *Tacito* (1951), 574 ff.。

4 不仅仅是赫雷尼乌斯·塞内奇奥为赫尔维狄乌斯·普利斯库斯撰写的著名传记。一个名叫提比略·克劳狄乌斯·波利奥(Ti. Claudius Pollio)(*Epp.* 7.31,参见 *ILS* 1418)的人也写过一部关于公元69年第11军团"克劳狄亚"军团副将卢奇乌斯·阿尼乌斯·巴苏斯(L. Annius Bassus)的传记(*Hist.* 3.50.2,其中赞扬了他的举止)。

5 *Dial.* 37.2: "haec vetera quae et in antiquariorum bibliothecis adhuc manent et cum maxime a Muciano contrahuntur, ac iam undecim, ut opinor, Actorum libris et tribus Epistularum composita et edita sunt (那些收藏古书的图书馆里的古代资料,穆奇亚努斯至今还在整理它们。我想迄今已汇纂、编辑出了11卷史事和3卷书信)." 他的《异闻》(*mirabilia*)中有32条保存在了老普林尼的《自然史》中,引自Peter, *HRR* II (1906), 101 ff.。

忘录》（*Commentarii*）当时还在，但其记载下限恐怕只到他在犹太战争中的军事活动记录为止。[1] 一位行省督办还写了一篇介绍犹太人的文章。[2]

对塔西佗史料来源的研究涉及3部小有名气的史著，以及3名在性格、品味和成就高低方面迥异的作家。[3] 前执政官克鲁维乌斯·鲁孚斯（Cluvius Rufus）雄辩且富有；他性情温和，社交广泛。[4] 作为尼禄宫廷里的宠臣，他会在元首在首都或巡视希腊期间登台献唱时负责报幕。[5] 但克鲁维乌斯并未利用自己的影响力去胡作非为。在接受伽尔巴任命去治理近西班牙行省后，他先后顺从地将自己的效忠对象转换到了奥索和维特利乌斯身上。在内战中改换门庭本身并不至于损害一位元老级别史学家的声誉。克鲁维乌斯似乎较其他作家对尼禄更为宽容。[6] 但我们从一则很能说明问题的著名逸事中看到的只是克鲁维乌斯·鲁孚斯的公正批判与裁决，而非他对尼禄的任何偏袒。

克鲁维乌斯曾以史著神圣不可侵犯为由请求维吉尼乌斯·鲁孚斯原谅，希望后者不要因为在其作品中看到他不喜欢的记载而对自己抱有恶意。[7] 维

1　Josephus, *Vita* 342. W. Weber, *Josephus und Vespasian* (1920), 106 ff. 对这些作品进行了长篇讨论。但他坚持认为塔西佗只是通过老普林尼（o.c. 148）才了解到其中内容的。

2　这一结论的前提是玛库斯·安东尼·朱利安（M. Antonius Julianus）（Josephus, *BJ* 6.238）即安东尼·朱利安（Antonius Julianus）（Minucius Felix, *Octavius* 33.4）。E. Norden, *Neue Jahrbücher* XXXI (1913), 664确信两份文献所指的是同一个人。塔西佗关于犹太掌故与历史的资料来源引起过许多讨论，参见A. M. A. Hospers-Jansen, *Tacitus over de Joden* (Diss. Utrecht, 1949)。一些学者声称老普林尼是他的唯一或首要史料来源。但他们的依据之一是无效的，因为我们很难相信老普林尼就是铭文 *OGIS* 586（阿拉杜斯）中的无名者（*Ignotus*）——出现在耶路撒冷围城战中的一名骑士阶层军官；参见F. Münzer, *Bonner Jahrbücher* CIV (1899), 103 ff. 中提出的论断。关于塔西佗本人渊博见闻的证据，见他在介绍塞拉皮斯插话之前的自诩——"我们的作家中还无人全面介绍过该神明的起源（origo dei nondum nostris auctoribus celebrata）"（4.83.1）。

3　即克鲁维乌斯·鲁孚斯、老普林尼和费边；所有这些史料都是关于尼禄统治时期的，参见第二十三章。著作Ph. Fabia, *Les Sources de Tacite dans les Histoires et les Annales* (1893) 内容渊博，但过于教条。更好的指南作品是E. Groag, *Jahrbücher für cl. Phil.*, Supp.-Band XXIII (1897), 711 ff.。附录29扼要讨论了他们和其他学者的观点。

4　1.8.1: "vir facundus et pacis artibus, belli inexpertus（一个精于演说和治国，但毫无战争经验的人物）"。

5　Suetonius, *Nero* 21.2; Dio 63.14.3.

6　见第二十三章。

7　*Epp.* 9.19.5.

吉尼乌斯给他的答复直截了当：他已为了历史学家们能够秉笔直书而竭尽所能。那么克鲁维乌斯顾虑的究竟是什么呢？维吉尼乌斯举止中需要得到辩护或掩饰的是他在文德克斯起事、伽尔巴被拥立和此后一段时间里对尼禄的赤胆忠心。维吉尼乌斯在其墓志铭中坚称自己对罗马忠诚不二。[1] 或许这段话里暗示了若干事实。如果说文德克斯的失败拯救了罗马和帝国的话，那么它也应当能够挽救尼禄的命运。而维吉尼乌斯对得到元老院和罗马人民认可的元首的效忠也包含着对被法律废黜之前的尼禄的效忠。[2] 作为文德克斯的盟友，伽尔巴不大可能会宣扬这个令人尴尬的事实；而维吉尼乌斯的朋友们也不会大张旗鼓地宣传这一点。相反，他们为安定人心而给出的说法是维吉尼乌斯和文德克斯曾在一次秘密磋商中同意协调行动，但渴望站在高卢叛军一边的维吉尼乌斯部下破坏了这个爱国计划。[3] 克鲁维乌斯（我们只是猜测如此）却将维吉尼乌斯的真实立场大白于天下。

克鲁维乌斯的史著可能从卡里古拉讲起，记载了克劳狄乌斯和尼禄的统治，并以尼禄之死或公元68年结束而告终。但他不大可能接下去叙述下一年里伽尔巴、奥索和维特利乌斯统治时期的历史。[4]

尽管克鲁维乌斯尝试过为尼禄和他本人的行为进行某些辩护，另一位史学家费边·鲁斯提库斯却将那名暴君批驳得体无完肤——即便那样做只是为了讴歌自己的保护人小塞涅卡。费边来自西班牙，或许没有当上过元老。[5] 他肯定记载过尼禄统治时期的历史，并且也有可能写过公元69年的史事。[6]

在上述3人中，费边·鲁斯提库斯赢得了最高的赞誉，其出色的散文风格被视为堪与李维比肩——"古时的李维和晚近的费边·鲁斯提库斯都是

1　6.10.4. 见前引文，原书第99页。
2　参见 R. Syme, *AJP* LVIII (1937), 12 f.。
3　Dio 63.24，参见 Plutarch, *Galba* 6。
4　见附录29。
5　*PIR*[2], F 62. 关于西班牙的费边·鲁斯提库斯家族（Fabii Rustici），见 *CIL* II, 1070（阿尔巴［Arva］）; 2015 = *ILS* 1354（辛吉利亚·巴尔巴［Singilia Barba］）; 但该家族并不显赫。
6　法比亚（Fabia, o.c. 211）的相反意见过于乐观——其他一些学者则直接无视了费边·鲁斯提库斯。

文笔最好的作家（Livius veterum, Fabius Rusticus recentium eloquentissimi auctores）"[1]。老普林尼则不具备这类修辞学风格或对叙述内容进行艺术加工的本领。但他在记述精确与笔耕不辍等方面的成就却独树一帜。他的第二部综合性史著是一部长达31卷的编年史，从前辈作家奥菲狄乌斯·巴苏斯搁笔的地方讲起。[2] 对于老普林尼的《历史》而言，一个适宜的终结点是公元71年战胜犹太人后举行的凯旋式和雅努斯（Janus）神庙的关闭。他还可以附上一篇慷慨激昂的结语，评价韦伯芗这位再世奥古斯都、新时代的幸福生活以及由王权和王位继承所象征的和谐与秩序的恢复。

老普林尼在公元77年之前的某个时间点完成了那部著作。[3] 塔西佗肯定使用过它。有人宣称那本书是他在叙述伽尔巴、奥索统治时期和其他地方所运用的、显而易见的主要材料，但我们可以找出很多理由来反对这一假说。[4]

骑士对保护人或王朝的忠诚要比元老更为执着和突出。老普林尼坚决要求自己的史著不能在他有生之年出版，以免有人质疑他是在向弗拉维王室溜须拍马。[5] 老普林尼的顾忌表明，他知道自己存在着偏袒弗拉维家族的问题；显而易见，他对尼禄的记忆是非常负面的。[6] 塔西佗在《历史》卷2末尾处揭露维特利乌斯麾下将领凯奇纳·阿利埃努斯的骗术时指出了站在弗拉维家族一边的作家们的倾向性——他们用虚伪的口吻宣扬着爱国与热爱和平的论

1　*Agr.* 10. 3. 学者们通常认为 Quintilian 10.1.104 提到了费边："当下还活着一位为我们的时代增光添彩的、值得被后世纪念的人物。他有朝一日将被人提起，如今我们都知道他是谁（superest adhuc et exornat aetatis nostrae gloriam vir saeculorum memoria dignus, qui olim nominabitur nunc intellegitur）。"如果此人就是卢奇乌斯·达苏米乌斯遗嘱中提到的那位费边·鲁斯提库斯的话，那么公元108年的时候他仍在人世（*CIL* VI, 10229, 1. 24）。
2　*Epp.* 3.5.6，更多内容参见第二十三章和附录38。
3　参见 *NH, praef.* 20。
4　见附录29。
5　*NH, praef.* 20: "ubi sit ea quaeres? iam pridem peracta sancitur; et alioqui statutum erat heredi mandare, ne quid ambitioni dedisse vita iudicaretur（你恐怕要问，这部作品如今在哪里？它早已写就，并被妥善保管。无论出现什么情况，我都会把它托付给我的继承人，以防有人认为我在有生之年追求过什么野心）。"
6　见原书第292页。

调。[1]这一责难直指老普林尼。尽管老普林尼是一个正直的人和真相的追求者，他却很容易掉进轻信与感情用事的陷阱。而身为罗马元老的塔西佗却对历史人物和他们的动机抱有更加阴郁的看法。

科奈里乌斯·塔西佗在《历史》现存文本中引用过老普林尼1次，引用了维普斯塔努斯·麦萨拉2次——但都是在记述第二场战役的篇幅里。[2]他没有提及其他任何史料来源者的名字。核心史料是存在的——它们也是传记作家普鲁塔克在《伽尔巴传》(Galba)和《奥索传》(Otho)中所采用的史料。普鲁塔克在事件择取、材料编排乃至散见各处的具体用词方面同塔西佗惊人地相似。[3]这一问题曾引发过学者们的长期讨论，但这些探讨很难有所收获。因此，在不急着下定论的状态下进行的、有分寸的分析或许并不是毫无裨益的。

我们可以发掘出那位假想作者的若干信息。[4]他的文字风格是流畅优美的，有时相当华美，并且也不乏犀利与对照鲜明之处。尽管如此，他在收集史实方面却非常用心，并且注意批判性地运用史料（尽管其洞察力不算深刻）。他会受到一些趣闻逸事的吸引，却对罗马元老院的事务不感兴趣，并且似乎也没有当过武将。公元69年1月的时候他身在罗马。他对奥索的侍从比对伽尔巴的侍从更加熟悉（尽管他对奥索的婚事记载有误）[5]，并且能够指出奥索是通过小塞涅卡的影响力才取得了西班牙行省总督头衔的。[6]他知道尤利乌斯·塞昆杜斯[7]，并引用过克鲁维乌斯·鲁弗斯的作品。[8]他还质疑过贝

---

1 2.101.1（见原书第118页）. 关于这些作家的情况，见A. Briessmann, "Tacitus und das flavische Geschichtsbild" (*Hermes*, Einzelschriften 10, 1955).

2 3.28（普林尼和麦萨拉）; 25.2（麦萨拉）.

3 见附录29. 苏维托尼乌斯也使用了这条史料。

4 E. Groag, *Jahrbücher für cl. Phil.*, Supp.-Band XXIII (1897), 771 ff.

5 1.13.3; Plutarch, *Galba* 19; Suetonius, *Otho* 3.1. 塔西佗后来还是不动声色地改正了这个错误（*Ann.* 13.45.4）.

6 Plutarch, *Galba* 20.

7 *Otho* 9: "καὶ τοῦτο μὲν διηγεῖτο Σεκοῦνδος ὁ ῥήτωρ（这是演说家塞昆杜斯的说法）."

8 *Otho* 3: "Κλούβιος δὲ Ῥοῦφος εἰς Ἰβηρίαν φησὶ κομισθῆναι διπλώματα ... τὸ τοῦ Νέρωνος θετὸν ὄνομα προσγεγραμμένον ἔχοντα τῷ τοῦ Ὄθωνος（克鲁维乌斯·鲁弗斯说这些拥有双重署名的雕像被送到了西班牙……尼禄的名字被附在了奥索的名字上）."参见Suetonius, *Otho* 7.1. 关于对这段文本的解读，见附录29.

德里亚库姆战役的目击者们提供的证据。[1]

最后，那位不知名作家的著作不是传记，而是编年体史书。它讲述了尼禄统治时期，并涵盖了维特利乌斯与伽尔巴、奥索时期的史事。[2] 它的创作年代晚于公元79年。最后一条结论的依据是该书描述了凯奇纳·阿利埃努斯身穿蛮族的裤子，趾高气扬、气势汹汹地翻越阿尔卑斯山进入意大利的场景。[3] 凭借卖身投靠而飞黄腾达的凯奇纳取得了新任统治者们的宠幸和友谊——甚至有逸事传说他陪着元首提图斯进行过角斗训练。[4] 但凯奇纳于公元79年卷入了一场蹊跷的阴谋，被指认为埃普里乌斯·马塞卢斯的同伙。在一天晚上同提图斯共进晚餐后，凯奇纳被主人下令秘密处决。[5]

我们无从断定那位无名历史学家的具体身份。[6] 更重要的是积累起来的、足以反映科奈里乌斯·塔西佗治史方法与成就的各种间接证据。希腊传记作家普鲁塔克只满足于对史料来源亦步亦趋——尽管他有时会删减内容，却不会改写史料：那超出普鲁塔克的能力范畴，并且他也志不在此。罗马元老塔西佗却会自由地增删内容，依据其他史料来源和自己的判断力、审美趣味去重新组织、解读史事。普鲁塔克和塔西佗的叙述版本之间存在着若干差异。如果说简单的罗列说明不了问题的话，若干突出的案例总还是帮得上忙的。

普鲁塔克对过继披索事件的叙述是凌乱而不准确的。[7] 当听说莱茵河流域的军队将维特利乌斯拥立为元首后，伽尔巴在未向任何人透露其用意的情况下派人找来披索，把他带到军营里，当着禁卫军的面宣布披索将成为自己的养子和继承人。塔西佗在整理年代次序时是一丝不苟的——高卢行省贝尔吉

1　*Otho* 14.
2　我们有理由认为，普鲁塔克利用其材料创作了自己的《尼禄传》(*Nero*，依据为 *Galba* 2)。对 Tacitus, *Hist.* 3和Suetonius, *Vitellius* 的对勘表明，这份史料不间断地记述到了公元69年底。
3　2.20.1; *Otho* 6.
4　Dio 66.15.2.
5　原书第101页。
6　H. Peter, *HRR* II (1906), clv. 但倘若那个人就是费边·鲁斯提库斯的话，可说的东西就会变得很多。支持这一假说的看法见Groag, o.c. 787 ff.。
7　*Galba* 23. 但 O. Seeck, *Festschrift für O. Hirschfeld* (1903), 45 ff.认为普鲁塔克在这个问题的论述上比塔西佗更可信。

卡地区的行省督办派来的使节报告了1月1日墨根提亚库姆的叛变与骚乱，但与维特利乌斯有关的并非确切消息，只是一些流言而已。[1]此外，伽尔巴还召开了一次元首心腹的议事会（相关史料提及了4位要人）。[2]他将自己的打算和继承者人选和盘托出，并下令带披索进入会场。

如果说塔西佗在这件事上抛弃了普鲁塔克遵循的史料的话，那么我们却看不到相应的迹象。假如真是那样的话，接下来的篇章——老元首发表的演说——理应合乎塔西佗本人的看法和品味。根据塔西佗的记载，伽尔巴的演说最开始讲的是元首制的理论体系——一个政治色彩浓厚的主题。[3]伽尔巴仿佛在用冷静、简洁的口吻代表"共和国"讲话。他以最令人信服的方式为我们呈现了公共演说术和政治家们的特殊辩词的共同特征。[4]但事实戳穿了他的谎言——选择披索·李锡尼亚努斯作为罗马统治者的决定其实是愚蠢的。对伽尔巴去世时的评价也对这位元首的无能下了定论。

那位不知名的编年史家对伽尔巴结局的描述是文采斐然、令人钦佩的。其中的一些字句可能被塔西佗借用了——如其中讲到名望和权力的鲜明对比[5]；以及对伽尔巴力透纸背、犀利生动的描摹：那位老态龙钟、弱不禁风的元首像尼禄一样被自己的臣子和释奴们玩弄于股掌之间。[6]但其中也有些修辞学的传统元素，跟西庇阿、法布里奇乌斯和卡米卢斯演说词的特色是一致的。[7]

1　1.12.1，参见14.1。

2　14.1（提图斯·维尼乌斯和科奈里乌斯·拉科，此外还有即将上任的执政官马略·塞尔苏斯和罗马市长杜克尼乌斯·格米努斯［Ducenius Geminus］）。

3　15 f.（经过塔西佗的解释与压缩，见上文，原书第151—152页）。

4　参见原书第207页。

5　Galba 29: "τῇ δόξῃ μᾶλλον ἢ τῇ δυνάμει καθελεῖν Νέρωνα (他之所以能够推翻尼禄，主要靠的是自己的声望，而非实力)."

6　ib.: "ἄκρατος ἦν καὶ ἀρχαῖος αὐτοκράτωρ, Οὐινίῳ δὲ καὶ Λάκωνι καὶ τοῖς ἀπελευθέροις πάντα τὰ πράγματα πωλοῦσι παρέχων ἑαυτόν, οἷον Νέρων παρεῖχε τοῖς ἀπληστοτάτοις (他是一个严厉的、古板的君主；但他把自己交到了包揽一切大权的维尼乌斯、拉科及其释奴们手中，正如尼禄把自己交给了那些贪得无厌的宠臣们一样)."

7　"ὡς Σκηπίων ἦρχε καὶ Φαβρίκιος καὶ Κάμιλλος (犹如指挥千军万马的西庇阿、法布里奇乌斯和卡米卢斯)." 参见Pliny, Pan. 13.4; Juvenal 2.153 f.。如果塔西佗按照自己的风格去写的话，他应当会使用类似"古代将领（antiqui duces）"一类的措辞，而非堆砌人名。

塔西佗则是一个不落俗套的人。在并未忽视伽尔巴曾做过莱茵河地区官员和阿非利加行省总督等事实的前提下，他用一连串他人无法企及的连珠妙语，将那位"众望所归的理国之才（如果不是他真的统治过的话［capax imperii nisi imperasset]）"的形象描绘得淋漓尽致。[1]

为了过渡叙述主题，讲完伽尔巴结局后的塔西佗在叙述莱茵河流域事务之前插入了一段介绍拥立维特利乌斯为元首这一事件影响的文字。[2] 奥索与维特利乌斯之间的内战已迫在眉睫。世人公开哀叹道，命运指定了人们所能想到的最邪恶之人来毁灭罗马。他们忆起了共和国与毁灭她的那一连串不祥的地名——法萨利亚、腓力比、佩鲁西亚（Perusia）和穆提纳。可尽管角逐最高权力的恶战震动了整个地中海世界，凯撒或奥古斯都的胜利却并未毁灭罗马帝国；倘若当时胜出的是庞培或布鲁图斯，"共和国"仍然会幸存下来。可到了现在，世人还能祈祷哪个竞争者获胜呢？他们能确定的只有一件事："胜利者将是二者中更坏的那个（deteriorem fore qui vicisset）。"有些人已开始关注韦伯芗和驻扎在帝国东部的军队。但韦伯芗当时的口碑同样令人疑虑。

这是纯粹的塔西佗式风格。他也在记述禁卫军哗变时借题进行了发挥。普鲁塔克拥有的史料里头也许并未记录那位元首的演说词。塔西佗则展示了他的看家绝活。如果单从字面上看，这篇演说词似乎塑造了一个全新的、标杆人物式的奥索形象——他已不再是那个腐化堕落、野心勃勃的浪子，而是一位在谈论军队职责时充满智慧，在讲述罗马的伟大、帝国的命运和元老院的荣光时光彩照人、口若悬河的君王。[3]

事实本身已足以说明问题。奥索并非"武人"，不会像苏尔庇奇乌斯·伽尔巴那样支持严格维持军队秩序与纪律的主张。他是一个靠阴谋与暗杀起家、凭借禁卫军的偏爱和暴乱登基的僭位者。当禁卫军闯入其宫廷时，

---

[1] 1.49.4.
[2] 1.50.
[3] 83 f.（原书第154页）.

他只会全身发抖、摇尾乞怜。他随后的表现也并不光彩，"有失元首的尊严（contra decus imperii）"。[1]

奥索将禁卫军视为一批要求进入元老院的示威者——他的那番话可以对军官讲，但不适合讲给行伍里的大老粗们。[2] 他毕恭毕敬地尊称他们为"意大利的儿子和真正的罗马青年（Italiae alumni et Romana vere iuventus）"[3]（这倒与征兵名单上的兵源分布比例并不矛盾）。但他们实际上只是一群暴徒。当禁卫军开始装模作样地守起规矩的时候，影响他们的并非元首的那些恭维话，而是发给他们的真金白银——每人5000塞斯特斯。

在反驳、嘲笑对手维特利乌斯提出的角逐元首宝座的理由时，奥索宣称自己得到了"共和国"和元老院的支持。但这些空洞的名义又有何用呢？元老们已从皇宫的宴席上惊恐万状地四散逃命去了；而当庄严的集会下次召开的时候，他们的表现又是卑下、怯懦和荒唐可笑的。[4]

奥索为指挥北方战事而离开罗马的情节为我们提供了又一个进行观察的好机会。普鲁塔克简短地叙述了奥索的安排：他如何指定维特利乌斯的弟弟做自己路上的随从，确保维特利乌斯的母亲和妻子不会受到伤害，并任命韦伯芗的哥哥弗拉维乌斯·萨比努斯（Flavius Sabinus）为罗马市长。[5] 在相同的背景下，塔西佗只提到了维特利乌斯的弟弟。[6] 他宁愿用更多的篇幅去描述当时的情景与气氛，去审视不同阶层的态度——因年事已高或承平日久而虚弱不堪的元老要人们、业已丧失对战争的兴趣与备战传统的贵族们，以及对军事一窍不通的骑士们。虚张声势的摩拳擦掌仅仅暴露了他们内心的恐惧。

1　82.1.
2　禁卫军里的军官可以很快当上行省督办。这样一来，他们作为"骑士阶层中的贵族（equestris nobilitas）"就有资格进入元老院。普通士兵则很难爬到那么高的位置。但值得注意的是在尼禄治下当上卢斯塔尼亚行省督办的维提乌斯·瓦伦斯（Vettius Valens）（*ILS* 2648：阿瑞米努姆［Ariminum］）。
3　84.3.
4　85.3.
5　*Otho* 5.
6　1.88.1.

一些人带着马匹和铠甲全副武装地踏上征程，另一些人则带着奢靡豪华的装备。对和平与公共福祉的谨慎忧虑与其他琐碎、卑劣动机的背后只有徒劳的希望——人们指望能够从此等险境中获得拯救乃至好处。[1]

追随元首的就是这样一批人。塔西佗又补充了对暴民情绪的勾勒：自奥古斯都建立帝国体系以来，他们第一次被迫感受到了内战带来的不适、匮乏与忧虑。[2]此前的战事一直是在遥远的帝国边疆进行的。阿伦提乌斯·卡米卢斯（Arruntius Camillus）反抗元首克劳狄乌斯的暴动在世人获悉之际已被镇压下去了。推翻尼禄的不是军队，而是谣言。可事到如今，一场动用帝国西部与东部资源的、旷日持久的大战已经迫在眉睫。普鲁塔克的作品中则完全没有这些内容。

在出发当天，元首召集了一次会议并发表讲话，称赞了罗马的伟大和元老院、罗马人民万众一心的忠诚。[3]人们相信那篇演说不是他本人创作的——有人从中辨认出了伽勒里乌斯·特拉查鲁斯的手笔：此人的风格磅礴华丽，是法庭上无人不晓的常青树，并且十分擅长用自己的发言打动民众。[4]而对伽勒里乌斯文风的负面评价当然要补充说，这位史学家同时也是一位演说家，能够不动声色地制造庄严的效果。下面一段话反映了塔西佗对民众的看法。跟往常一样，他们的喝彩是刺耳且虚伪的。他们在狂热与执着方面互不相让，仿佛自己是在追随独裁官凯撒或元首奥古斯都一般，但他们喜欢的只是像家奴那样做奴才。每个人都是在打自己的如意算盘，没有人真正在乎共和国的尊严。

塔西佗为贝德里亚库姆战役所写的导言进一步证实了他在史料运用方面

---

[1] 88.2 f.

[2] 89.

[3] 90.2: "maiestatem urbis et consensum populi ac senatus pro se attollens（赞美罗马城的伟大、人民的热情和代表他们的元老院）。"

[4] ib: "et erant qui genus ipsum orandi noscerent, crebro fori usu celebre et ad implendas populi aures latum et sonans（人们了解他的风格，因为此人以法庭辩护闻名，经常用高谈阔论塞满民众的耳朵）。"参见Quintilian 10.1.119: "et vocis, quantam in nullo cognovi, felicitas et pronuntiatio vel scaenis suffectura（那是我从未听过的甜美声音，可以为舞台增色）。"

的得心应手。一些史料提到了一条奇怪的谣言：阵前对垒的两军拒绝作战，希望达成协议，从将领中选出最理想的元首候选人，或将选择权留给元老院。那是奥索麾下的将领们，尤其是苏维托尼乌斯·保利努斯（塔西佗是这样说的）建议推迟开战的原因——因为他是一位老资格的前执政官，并且已在不列颠的战事中积累了荣誉。在普鲁塔克看来，关于军团长们的这些报道似乎是可信的。他们的先人曾在马略与苏拉、庞培与凯撒的角力中投入战斗并损失惨重。为了奥索或维特利乌斯而去忍受同样的命运，或将帝国的权柄视为浪荡公子或饕餮之徒的玩物，那是他们所不情愿的。那无疑正是那些拥有纯正罗马血统、训练有素且头脑清醒的士兵们的感受。[1]

但身为前执政官的历史学家塔西佗打破并粉碎了这些天真浪漫的幻想。[2]一些人或许在内心深处祈祷过和平与一位有德之君。但设想恶贯满盈的士兵们拥有如此天真无邪的诉求是不合逻辑的。苏维托尼乌斯·保利努斯对此肯定心知肚明。此外，各自为战的军队永远不可能找到精诚合作的途径——大部分贪婪邪恶的军官都希望拥立一位跟自己一样堕落，并乖乖地向自己提供报酬的元首。

塔西佗并不满足于仅仅谴责部队和他们的将领。他将该主题视为讨论"对权力的贪欲"话题的由头，并援引共和时代的历次内战来证明其他史学家的轻信。[3]平民中地位最为低微的马略和显贵中最为凶残的苏拉用暴力摧毁了共和国的自由，建立起暴政取而代之。庞培的野心没有那么不加掩饰，却同样充满邪恶。从此以后，值得争夺的只有最高权力。军团们在法萨利亚或腓力比都没有放下过武器。奥索和维特利乌斯的部队更不可能放弃战斗。跟从前一样，诸神的震怒与凡人疯狂嗜血的野心驱使着他们投入杀戮之中。

诸如此类的演说词和历史评论令人信服地证明了塔西佗的傲然独立与雄

---

[1] Otho 9: "καὶ οὐκ ἀπεικός ἐστι ... ἐπιπίπτειν τοιούτους διαλογισμοὺς <τοῖς> γνησίοις καὶ διαπόνοις καὶ σωφρονοῦσι τῶν στρατιωτῶν（历经磨难、心智成熟的士兵们未必不会……在心里盘算这些事情）."
[2] 2.37.
[3] 38.

浑笔力。[1]他还用来自官方档案的信息补充了自己手头的那份（或多份）史料。由于自身地位的高贵，元老塔西佗本身就是上层历史的一部分；文化传统则要求他站在元老院的立场上去撰述历史。如今掌控国家大政方针的是元首，不是元老院。但元老院仍然扮演着一定角色。尽管这种角色看起来微末且被动，元老院毕竟还是听取并记录政府决策的机构。元老院内的辩论提供了对时事的即时评论，那些言论（尽管并非完全不受拘束）能够说明一些问题。元老院提供了一部司法活动的日历和一部年代清晰的编年史。元老院的档案得到了妥善管理。[2]包含着最初议案记录的草案（它们原本可能会被遗忘，尤其是在付诸实施的情况下）和种种大事只有通过元老院才能获悉。[3]

不久之前，饱学之士们已经发展完善了对公文史料的研究。帕塔维乌姆学者阿斯科尼乌斯（Asconius）最近撰写的著作讲述了共和末期的公文制订流程，那无疑是受过良好教育的元老塔西佗所熟知的。塔西佗对有可能用得上的法令进行过收集。[4]对于撰述图密善统治时期历史而言不可或缺的那些法令可能已被较早的史书利用过，用于填补军事记录的缺失。

为了追求庄严、紧凑的表达效果，身为前执政官的历史学家塔西佗毫不犹豫地舍弃了一些枯燥事实。与此同时，塔西佗利用法令添加了一些额外的细节，并尽可能地将自己的叙述立场与感情色彩限制在元老院。因此，披索在被伽尔巴过继并介绍给军队后，来到元老院里做了发言。塔西佗趁此机会

1　参见Wölfflin, *Bayerische S-B, phil.-hist. Kl.* 1901, 3 ff. 的有力论证。
2　这些草案由一位财务官级别的元老负责，如 *ILS* 1032; 1039; 1040。能够得到证实的最早例子是"奉元首之命记录元老院事务流程（componendis patrum actis delectus a Caesare）"的尤尼乌斯·毛里库斯（Junius Mauricus）（*Ann.* 5.4.1）。
3　正常情况下，元老是可以查阅这些文件的。小普林尼查阅过关于释奴帕拉斯（Pallas）的资料（*Epp.* 8.6.2）。关于一条记录了与小普林尼自己相关事务的"公告（publica acta）"（7.33.3），见原书第120页。
4　特别参见Mommsen, *Ges. Schr.* VII (1909), 253 ff. 中未完成的研究。另见E. Groag. o.c. 711 ff.; A. Stein, *Jahrsberichte der I. deutschen Staats-Realschule in Prag* XLIII (1904), 5 ff. 法比亚认为，塔西佗根本无须参考元老院草案，因为他拥有老普林尼的作品作为指南；但法比亚承认塔西佗在撰述图密善统治时期历史时利用了元老院草案的材料（o.c. 262）。关于《编年史》的情况，见第二十二章。

描述了元老们的种种反应与盘算。[1] 此外，元老院决定向日耳曼地区的驻军派出使节，但随后没有任何动作。[2] 普鲁塔克的叙述版本则完全没有提及这些举动。

奥索即位后，罗马确定了当年的执政官人选，并为年长的元老们或从流放中归来的青年贵族们安排了祭司职位。3位元老恢复了自己的地位。他们曾因在克劳狄乌斯和尼禄统治时期敲诈勒索而被定罪；但仁慈的、并不属实的解释模式将他们描述成了"大逆罪"的牺牲品。[3] 这些姓名显然来自元老院颁布的法令，是史学家为了讽刺的需要而关注、挑选出来的。

后面的一个例子也与此相似。当叙述奥索动身前往北方后的情况时，塔西佗找到了一个虽不起眼但对他而言十分重要的细节。因财富、影响力和口才而引人注目的维比乌斯·克里斯普斯在元老院里检举了一名不起眼的告密者，最终如愿将其定罪——但也影响了自己的名声，因为他本人的做法同样受到了谴责。[4] 维比乌斯·克里斯普斯跟公元69年的种种事件——伽尔巴的败亡、奥索与维特利乌斯之间的战争及维特利乌斯军队的战败——没有多少关系。但维比乌斯·克里斯普斯同政治史的核心主题密切相关，埃普里乌斯·马塞卢斯同样如此。[5]

该主题在《历史》卷4中以一种醒目的方式得到了呈现。塔西佗用了一定的笔墨回顾了公元69年12月底维特利乌斯垮台后的第一次元老院集会。[6] 在

---

[1] "multi voluntate, effusius qui noluerant, medii ac plurimi obvio obsequio, privatas spes agitantes sine publica cura（许多人是发自内心地表示赞同，反对者的赞美声反而更加高亢，占据大多数的骑墙派只是逆来顺受而已；他们只会打自己的小算盘，根本不考虑国家安危）."

[2] "foeda inconstantia nominati, excusati, substituti, ambitu remanendi aut eundi, ut quemque metus vel spes impulerat（对于那些出于自己的恐惧或希望而敦促元首或留守或出战的人，优柔寡断的伽尔巴对他们进行了任命、宽恕或替换）."

[3] 1.77.3: "placuit ignoscentibus verso nomine, quod avaritia fuerat videri maiestatem, cuius tum odio etiam bonae leges peribant（迁就他们的人偷换了名目，把贪污的罪名说成了大逆罪：后者是如此遭人痛恨，即便法律本身良好亦是枉然）."

[4] 2.10.

[5] 2.53——那是另外一个插曲：元老们在穆提纳发生了一场"激烈的争吵（notabile iurgium）"，埃普里乌斯·马塞卢斯也介入其中。

[6] 4.3–10.

这次会议上有许多议案被提交并通过。首先，元老院肯定了新元首的权力，听取了韦伯芗与穆奇亚努斯所派遣使者的汇报，并投票通过了一系列战功荣誉。随后，赫尔维狄乌斯·普利斯库斯表达了自己的观点。此时，塔西佗插入了对其性格的一段描述，那对于接下来的事件进程而言是非常适宜的——他抓住元老们争论如何确定派往韦伯芗那里的使团人选的时机，再度向埃普里乌斯·马塞卢斯发难。他的攻击来势凶猛，但埃普里乌斯为自己和所有曾在坏元首治下为国效劳的人进行了坚定的、不失政治家身份的辩护。赫尔维狄乌斯的计谋被挫败了。他敦促元老院抓紧完成两项紧迫任务（整顿财政和修缮卡庇托林山），不要等将其留给元首处理，却也未获支持。赫尔维狄乌斯的举动被记录并铭记着。最后，穆索尼乌斯·鲁孚斯也掺和了进来。他建议对哲学家埃格纳修斯·凯勒尔（Egnatius Celer）——一位曾在4年前作证控告巴里亚·索拉努斯（Barea Soranus）的虚伪朋友予以严惩。对该提议的表决被延期到下一次集会进行，于是各方的辩论就此收场。

在转而叙述了一些其他事务后，塔西佗又将目光转回到元老院，报道了公元70年1月1日及此后几天里的辩论。[1]他们将埃格纳修斯·凯勒尔定了罪，尽管犬儒学派哲学家德米特里乌斯（Demetrius the Cynic）为此人进行了辩护。尤尼乌斯·毛里库斯建议审查诸元首私人材料的议案被报告给了韦伯芗。一批告密者于是大倒其霉。其中一个死死咬住他的检举者、伟大的维比乌斯·克里斯普斯，恶意状告后者与自己串通。故事的高潮是一个名叫库尔提乌斯·蒙塔努斯（Curtius Montanus）的人物状告阿奎利乌斯·雷古鲁斯时发表的咄咄逼人的演说。尽管未获胜诉，该举动却获得了热烈赞扬，以至于赫尔维狄乌斯敢于再度攻击自己的政敌。态度强硬的埃普里乌斯一度做出了要愤然离开会场的姿态，态度坚决的维比乌斯也微笑着要跟他一起走；但两人的朋友们力劝他们留了下来。这一天余下的时间便在唇枪舌剑中耗尽。

元老院下一次开会时，年轻的王子图密善发言建议实行大赦；穆奇亚努

---

[1] 39-45; 47.

斯也支持他的意见。元老院同意将这次集会的全部议程用于审讯政治犯。但为了保全颜面并消除尼禄时代的所有罪行都可以既往不咎的印象，元老院下达了严厉的命令，将两名元老遣送回他们被流放的岛屿。并且元老们也强调了他们的传统立场，抨击了意大利某城镇对一位元老的大不敬。这次集会以对一名次要行省总督的定罪告终。经过短暂间歇后（因为发生了禁卫军的骚乱），元老院再次召开会议并审核了若干提案，其中一项是关于政府借贷的。[1]

关于这些辩论的叙述显然来源于元老院的官方记录。塔西佗肯定是亲自找到了它们。否认这一点的人肯定是无知或偏执的。相关文字在精确与详尽方面无可指摘。于是，公元70年1月的数次辩论提供了6章内容中的30多个名字。其中一些人物在该时期的历史中曾再次出现过，但那样的例子很少。但塔西佗并不满足于抄写、照搬法令：他在叙述中也插入了本人自由创作的内容。

尽管元老们的讲话未必都会保存在官方记录里，也许只留下了附在"裁决（sententia）"后面的一小段节要；但他们的一些演说词肯定是公开出版过的。[2] 史学家塔西佗也许并不能自由发挥，但他只要在保留基本论点的前提下按照自己的风格和逻辑顺序组织它们就足够了。塔西佗添加的内容来自他本人的经验或洞见；这些内容包括他对元老们情绪的种种评论——如他们是怎样反感穆奇亚努斯来信中的傲慢[3]；如多数人在一场辩论中尚能保持清醒，但少数权贵却固执己见、心怀怨恨。[4] 很能体现塔西佗典型风格的是，他在此

1　47.
2　格罗亚格（Groag, o.c. 711）认为元老们的发言会得到逐字逐句的记录，并引用了弗隆托（Fronto, p. 26 N = Haines 1, p. 110）的说法："以便我的赞美不致被埋没在元老院的卷宗之中（ut laudation mea non in actis senatus abstrusa lateat）。"但 Mommsen, *Ges. Schr.* VII (1909), 254 拒绝接受这种激进的看法。维比乌斯与埃普里乌斯等著名演说家的作品都是要正式出版（或至少是广泛流通）的。
3　4.1: "si privatus esset, cur publice loqueretur（如果那是私事的话，为何又要公开谈论）"，等等。
4　4.43.2: "cum gliceret certamen, hinc multi bonique, inde pauci et validi pertinacibus odiis tenderent, consumptus per discordiam dies（随着争吵愈演愈烈，大部分善良的元老站在这一边，少数满腔怒火的强硬派则支持那一边；这一天就在混乱中浪费掉了）。"

插入了一些惯于谄媚逢迎、早已名声在外的人物事先准备好的演说。[1]这样一来，史学家塔西佗就可以在对赫尔维狄乌斯·普利斯库斯进行性格勾勒时谈论关于赞扬与同情的罕见主题，从而展示自己的才华。[2]无论如何，对这些活动的叙述展示了研究者的良心与评论的公允。

最后，塔西佗也是一位擅长删减史料细节的高手。他借鉴的那位编年史家喜爱记载一些趣闻逸事。塔西佗舍弃了他关于伽尔巴和吹笛手的故事[3]，他也删去了传说中奥索的债务总数。[4]普鲁塔克关于伽尔巴在罗马广场遇害情节的叙述包含着4名士兵的名字。塔西佗的版本里则只有3个。他故意删去了第四个名字，以及与之相关的一桩不雅细节——苏尔庇奇乌斯·伽尔巴的秃头。[5]显而易见的是，那位元老坚持追求着作品风格与主题的庄严崇高。普鲁塔克的《维特利乌斯传》(*Vitellius*) 没有保存下来；但拉丁传记作家可以帮上忙，他们从同一部史料中摘抄了关于那位元首悲惨结局的详细但古怪的记载。[6]最后弃维特利乌斯而去的是他的面包师和厨师。塔西佗则仅仅轻描淡写地将他们称为维特利乌斯家里最卑微的人物。[7]维特利乌斯藏身在门房的屋子

1　4.3: "pauci quibus conspicua dignitas aut ingenium adulatione exercitum compositis orationibus adsentiebantur (少数几个名声显赫或天生擅长溜须拍马的人物发表了正式演说)."

2　4.5.

3　Plutarch, *Galba* 16，参见 Suetonius, *Galba* 12.3。

4　*Galba* 21.

5　1.41.3. 根据普鲁塔克 (27)，士兵费边·法布鲁斯 (Fabius Fabullus) 砍掉了伽尔巴的头，但无法用手抓起来，因为伽尔巴没有头发。苏维托尼乌斯 (*Galba* 20.2) 的记载也与此类似，但没有记载士兵的姓名。关于伽尔巴的秃头和相关笑话，另参见 Plutarch, *Galba* 13。塔西佗却坚持高贵含蓄的风格，参见 1.7.3: "ipsa aetas Galbae inrisui ac fastidio erat adsuetis iuventae Neronis et imperatores forma ac decore corporis, ut est mos vulgi, comparantibus (伽尔巴的年龄引起了一些人的讥笑与非议；他们已习惯了尼禄的青春年少，并且像俗人一样以外表比较元首的高下)." 另参见他对元首提比略光头细节的处理 (*Ann.* 4.57.2)，见下文，原书第343页。我们可以用性情不同来解释塔西佗、普鲁塔克和苏维托尼乌斯对同一史源的利用为何会出现如此显著的差异。但莫米利亚诺 (Momiliano) 认为这件事情"极其古怪 (enorme stranezza)"。他认为普鲁塔克在这里继承了塔西佗的叙述体系——但补充了一则来自其他史源的细节 (*Stud. it. fil. cl.* IX [1931/2], 178)。

6　Suetonius, *Vit.* 16 f.

7　3.84.4: "dilapsis etiam infimis servitiorum aut occursum eius declinantibus (连最卑微的奴隶都已经溜走，或躲起来不让他看见)."

里，前面拴着一条狗，并用床和草垫设了障碍。塔西佗在作品中则没有记录这些细节，只说是"一处丢人现眼的藏身之处"[1]。暴民们向这位死者投掷泥巴和粪团，嘲笑他的红脸和大肚子，并在尸体上乱砍。塔西佗讲得则更为含蓄：暴民们辱骂维特利乌斯时的表现就跟他们在元首生前对他谄媚奉承一样下贱。[2]

塔西佗并非一味回避不堪入目的情节。相反，他也用浓墨重彩描绘了不幸的元首的感受——他只身一人躲在死寂的皇宫中的恐惧心情。[3] 这一幕以一篇文风平正的讣告作为结束。维特利乌斯的等级与显要地位并不取决于他本人的任何功绩，而是来自他的祖上血统。他的追随者们对这个人并不了解。尽管生性懒散怠惰，他还是赢得了军队的好感。他具备某些优秀品质，如坦率和慷慨。但由于缺乏特别的长处，他只能尝试通过贿赂来争取朋友，结果以失败告终。因此，维特利乌斯的倒台对于罗马而言是件好事，但背叛他的那些人并不值得褒奖。[4]

大量证据表明，塔西佗在择取史料与建构叙事体系方面的独立性是极具魄力的。普鲁塔克的《伽尔巴传》和《奥索传》中的内容往往用来佐证观点偏激、说教色彩浓厚的论文，而科奈里乌斯·塔西佗《历史》里的相应记载往往满足于遵循同一份史料。[5] 但二者之间的相似性其实被严重夸大了。事实恰恰相反，塔西佗在处理史料时似乎保持着很高的自由度与出色的洞察力，并能信手拈来地运用各种史学撰述的辅助工具——如演说词、插话和人物性

---

[1] ib.: "pudenda letebra semet occultans."
[2] 85: "et vulgus eadem pravitate insectabatur interfectum qua foverat viventem (暴民们对死去元首的辱骂跟对他活着时的奉承一样恶劣)."
[3] 84.4: "terret solitudo et tacentes loci; temptat clausa, inhorrescit vacuis (死寂的场所令他感到恐惧；他摸索着打开那些关着的房门，战战兢兢地发现里面是空的)."
[4] 86.2: "rei publicae haud dubie interat Vitellium vinci, sed imputare perfidiam non possunt qui Vitellium Vespasiano prodidere, cum a Galba descivissent (维特利乌斯的战败诚然是国家的幸事；但那些将维特利乌斯出卖给韦伯芗的人的背叛之罪却无可开脱，因为他们从前还背叛过伽尔巴)."
[5] 见附录29。

格素描。某位不知名的编年史家的作品是《历史》前2卷的重要史料来源，并且也算得上一份质量上乘的史料——清晰、准确、文采斐然，尽管也有其局限性：作者或许不是一位元老。[1] 可资利用的还有其他叙述版本。塔西佗完全具备鉴别这些史料的能力，即便他并不知道其中大部分作者的名字。塔西佗数次提到过不同史料记载的存在，他在这方面是值得信赖的。[2] 他会按照每份史料的价值去正确使用它们。塔西佗曾向晚近的作家们当面询问过相关信息。[3] 他本人的相关知识可以说是极其丰富的。[4] 他的榜样则是那些记载过共和国历次内战与权力争夺、自由国家的覆灭和帝国建立的被奉为典范的罗马历史学家们。

---

1 Groag, o.c. 772. 公元69年的元老院辩论事实上也没有多少历史价值。
2 2.37.1; 101.1; 3.29.2; 51.1; 4.83.1; 5.2.2 f.; 6.4.
3 对高雅贵族尤尼乌斯·布雷苏斯之死的叙述（3.38 f.）似乎是利用某份补充材料插入的。更重要的情节是对阿非利加行省总督卢奇乌斯·披索（L. Piso）的制裁。这段文字插在了对韦伯芗哥哥的葬礼（4.47）和韦伯芗本人活动（"韦伯芗在克雷莫纳战役后 [at Vespasiano post Cremonensem pugnam]"，等等 [4.51.1]）的叙述中间。塔西佗详细叙述了这个插曲。它牵涉到当时阿非利加的行省督办贝比乌斯·马萨（Baebius Massa）——"此人当时已是正人君子的梦魇，我们后面在介绍种种祸事的原因时还会经常重提这个家伙（iam tunc optimo cuique exitiosus et inter causas malorum quae mox tulimus saepius rediturus）"（4.50.2）。这个被提拔进元老院的马萨于公元93年遭到赫雷尼乌斯·塞内奇奥的指控（Agr. 45.1，参见 Pliny, Epp. 7.33.4 ff.）。
4 塔西佗对科洛尼亚·克劳狄亚女子克劳狄娅·萨克拉塔（相传为佩提利乌斯·克瑞亚利斯的情妇）的提及或许是一条有用的证据，参见原书第175页。值得注意的还有塔西佗对纳旁地区的熟悉（见附录95）。

第十七章 《历史》一书的质量

乍看起来，必须从每一年开头重新讲起的编年体例虽然对于简单的叙事模式而言马马虎虎，甚至不无裨益，在试图描述一个帝国而非一座城市危机的历史学家那里却足以成为一块绊脚石。但塔西佗没有在运用编年体的时候暴露过自己的不适。他驾轻就熟地运用简练笔墨快速勾勒了一幅素描——罗马城和各行省的基本情况，从而确保了历史情节清晰无误地展开，而无须赘述一些拖沓的解释性内容。前一年历史中的若干细节则会在需要时加以呈现。《历史》卷1在布局谋篇方面堪称典范，但它并非作者巧妙手法的孤证。历史学家塔西佗在整合事件、处理单独叙述枝节、情节过渡的多样性与艺术性、在首都与行省的场景间自由来回切换等方面展示了一以贯之的高水准，证明了自己在处理该主题方面是完全得心应手的。

当一位史学家同时也是一名演说家，并用精心挑选出来的演说词装点自己的历史叙述时（尤其是在相关历史人物不大可能会讲出那些话的情况下），后人不免要产生怀疑，并指斥那位历史学家在滥用修辞手法。人们从中找到修辞学教师们的训诫并予以谴责，认为它们无非是些传统的修辞学学校训练主题和雄辩术的表述工具而已。[1] 这种看法并非全无道理。塔西佗确实乐于展示自己的杰出才华，那是在法庭上和元老院里打磨完善出来的精湛

---

[1] 持此类看法的有 E. Courbaud, *Les Procédés d'art de Tacite dans les "Histoires"* (1918), 82; 217。关于针对塔西佗史著的修辞性（以及过度道德化）指责的辩护，见 R. Pichon, *Journal des Savants* 1919, 183 ff.; E. Paratore, *Tacito* (1951), 421。

技巧。那是一种技艺、天才和令人眼花缭乱的雄辩术。或许他运用的有些过火——不仅仅在讨论演说术的那本小册子里（那倒是可以原谅的），也体现在史学叙述中的技巧展示里——其中很多内容并不总能同当时的人和事彼此吻合。元首伽尔巴发表了一篇赞美"共和国"的长篇大论[1]；但那并不合乎当时的形势，也同伽尔巴沉默寡言、不善交际的性格相抵触。披索也向禁卫军发表了讲话[2]，但那些字句被记录下来的概率极低。奥索在禁卫军营帐里的发言洋洋洒洒、荡气回肠[3]，另一位史家却宣称奥索当时几乎没有说什么话。[4]

可见，奥索的那些话几乎全部是塔西佗自己创作出来的。但如果有人想要借此贬低作者的话，他必须证明这些演说词纯粹是为了制造修辞学效果而创作出来的，或者毫无必要。相反，塔西佗作品中演说词的作用是结构性的，甚至可以说不可或缺。并非所有史学家都经得起这样的考验。文笔流畅的李维创作过大量演说词，却不免要经常为此而饱受责难。[5]而撒路斯特早已在他之前将演说词运用得炉火纯青。[6]

一篇演说词可以服务于多种目的。它可以描绘人物性格，或诠释历史情境。两篇对应的演说词可以有效地展示两种彼此对立的政策。于是，史学家撒路斯特创作了一篇雷必达的演说，对应以菲利普斯（Philippus）反驳他的另一篇演说。[7]这种手法的好处是一目了然、紧凑集中。然而，塔西佗不太喜欢使用这种方法——或许他认为那种对照过于简单和死板。他喜欢使用一种更为高妙的技巧——其中对比的不是两篇演说词，而是言论与事实

1　1.15 f.
2　29 f.
3　37 f.
4　Suetonius, *Otho* 6.3: "ad conciliandos militum animos nihil magis pro contione testatus est quam id demum se habiturus quod sibi illi reliquissent（他在会上没有为了鼓舞士兵而做出更多的承诺，只是宣布会拿取他们留给自己的东西）."
5　W. Soltau, *Neue Jahrbücher* V (1902), 20 ff. 李维现存的文本中共有数百篇演说词。
6　H. Schnorr von Carolsfeld, *Über die Reden und Briefe bei Sallust* (1888), 23 ff.
7　Sallust, *Hist.* 1.55; 77.

之间的反差。

在描述五花八门的演说者时，塔西佗重点描述了他们的言辞与行动之间的分歧。披索是头脑清醒、谈吐高雅但天性忧郁的，奥索的高谈阔论中则杂糅着对那些偶尔施行疯狂暴力的暴徒们的摇尾乞怜。[1]诡计多端的外交家李锡尼乌斯·穆奇亚努斯发表了一篇名言警句俯拾皆是的华丽演说。[2]安东尼·普瑞姆斯是个性情暴躁的直肠子，但也会在讲话中使用连珠炮式的反问。[3]埃普里乌斯·马塞卢斯是一名言辞犀利的演讲者（并以此闻名于世）：史学家塔西佗就让他在适宜的场合下放低姿态，用一连串朴实无华的誓言为自己这个小人物进行辩解。[4]

这些演说的虚假性往往一望即知——模棱两可的论点、传统的套话或直接与史实相违背。当向发动骚乱的禁卫军讲话的奥索以一番豪言壮语结束自己的发言时[5]，读者们并不会信以为真。因为他们了解奥索的为人，并将很快意识到奥索的妙语其实来自饱受民众欢迎的职业演说家伽勒里乌斯·特拉查鲁斯。[6]他也不会相信穆奇亚努斯的讲话真有其事，因为他刚读完的《历史》序言中的人物性格勾勒已经提醒了自己。[7]而又有谁不知道埃普里乌斯·马塞卢斯之流根本不会大谈特谈罗马传统与"古风（mos maiorum）"呢？[8]

塔西佗拥有很多明面上或潜藏着的灵感。他可以用一篇演说去表达内心思考多时的主题——如关于罗马政治生活的理论、对罗马行省治理模式的回护或对元老们不得不在专制政府统治下默不作声的辩解。[9]他甚至可以任意摆

---

1 1.37 f.

2 2.76 f.

3 3.2; 20; 24.

4 4.8.

5 1.84.4（引文见原书第155页）.

6 90.2.

7 10.1 f.，另参见2.80.2: "omniumque quae diceret atque ageret arte quadam ostentator（他所说的和所做的一切都不乏点缀）."

8 4.8.1: "nihil evenisse cur antiquitus instituta exolescerent（背离古风是毫无道理的）."

9 1.15 f.（伽尔巴）; 4.73 f.（佩提利乌斯·克瑞亚利斯）; 4.8（埃普里乌斯·马塞卢斯）.

布一些著名的或有名有姓的演讲者，如两个聚落的公民代表便以修昔底德的语言风格进行争论。[1] 塔西佗还进一步拓展了其方法的应用范围，以此来描述世人在多事之秋的反思。[2] 他还虚构了奥索与韦伯芗在生死存亡关头做决断之前的独白。[3]

融合在叙述中的演说或思绪丰富了塔西佗作品的多样性，有时还可以帮助他轻松完成情节的过渡。当穆奇亚努斯公开表态，请韦伯芗来接管权力时，欢欣雀跃的在场者们搬出了预言和星象。韦伯芗是迷信占星术的——如今韦伯芗的思绪又回归到古老迹象和伟大征兆中去了。[4] 在这段插曲后，情节继续愉快地向前发展。这一设计也使得史学家塔西佗可以妥善使用迷信，又不至于让它喧宾夺主。

演说术本身也融入了关于战争与战役的故事之中。安东尼·普瑞姆斯的3篇雄浑有力的演说——分别发表于波埃托维奥的军事议事会上、克雷莫纳城前和夜战之中——便是如此。[5] 每篇的开头都像备好的演讲稿，但每篇都还没等结束就变成了直接而恳切的呼吁。这一技巧十分完美，并且也符合当时的形势。因为那是一场内战，将领本人是一位民众蛊惑家，并且言辞本身就是军事行动的一部分。

叙述是历史学的本质。恰当地叙述一个故事需要简洁明快并富于变化。那些品质是塔西佗的文风与生俱来的。他永远不会让自己的叙事拖沓不前。历史叙述记录并解释了从前发生过的事情——想象力迫使人们看见并分享这些事件。艺术家在描述时拥有充分的自由——他可以选择、添加并虚构各种元素。当对冗长的记述，甚至历史事件本身感到厌烦时，塔西佗会对这些材料予以省略、压缩，或将它们拆解成独立场景。因此，费边·瓦伦斯从莱茵河畔出发、穿越高卢地区抵达阿尔卑斯山的长途跋涉变成了一幅幅展示内战

1　4.64 f. (滕克特里人和科洛尼亚·克劳狄亚的居民们)。
2　1.50 (原书第183页)。
3　1.21; 2.74 f.
4　2.78.2: "recursabant animo vetera omina (他回顾了从前的预兆)"，等等。
5　3.2; 20; 24.

期间部队百态的画卷。但塔西佗对翻越阿尔卑斯山的过程或安东尼·普瑞姆斯奉韦伯芗之命入侵意大利时是如何抵达阿奎雷亚的并不关心。

与此同时，一位罗马元首的退位（尽管未能如愿）却极具戏剧性与画面感。事实上，维特利乌斯至少曾有3次试图退位。[1] 塔西佗将3次事件压缩成了1幕场景，并极尽煽动与暗示之能事。[2] 他扼要勾勒了旁观者的性格——民众高声呼喊着元首的名字，但为时已晚；士兵们则沉默不语。随后，历史学家塔西佗调动起了读者的感情——谁见了这样一位罗马元首都难免要为之深深动容：他不久以前还是全地中海世界的主宰，现在却要从象征自己权力的皇宫走出来宣布退位。塔西佗接下去描述了他们的反应，并援引从前的历史作为参照——独裁官凯撒的命运、卡里古拉的遇刺、尼禄的逃亡、伽尔巴与奥索的遇弑，但它们都无法同这幅场景相提并论。最后是维特利乌斯的言辞、动作和手势——他想将一把匕首交给不愿意接过去的执政官。

暴民们不肯让维特利乌斯按照自己的想法行事，士兵们也很快进行了干涉。韦伯芗的哥哥弗拉维乌斯·萨比努斯本已做好了接过权柄的准备。正当此时，维特利乌斯的部下发动了进攻，迫使他带着一些朋友和党羽躲到了卡庇托林山上。根据塔西佗的描述，他们攻打并摧毁朱庇特神庙的举动是来势汹汹、声势浩大和凶猛异常的。[3] 这一幕浓缩了漫长的罗马历史，从国王老塔克文（Tarquinius Priscus）打下的地基到另一次内战中苏拉攻陷罗马城之前的熊熊火光，再到重建的那座令卢塔提乌斯·卡图卢斯名垂青史的建筑："这就是当时被烧成灰烬的神庙（ea tunc aedes cremabatur）。"[4]

民众很快又目睹了另一场景：弗拉维集团的部队攻入罗马城，遭遇了拼死抵抗并发动了激烈巷战——而他们乐在其中，欢呼着鼓励交手双方继续打下去。[5] 当时正是节庆期间，暴民们很高兴能再添点儿别的乐子——因为其他

---

1 Suetonius, *Vitellius* 15.
2 3.67 f.
3 J. W. Mackail, *Latin Literature* (1895), 218 f. 出色地诠释了这幕场景中的维吉尔式风格。
4 72.3.
5 83.1.

的消遣活动并未中断。罗马城正在举办一场不堪入目的丑陋庆典：士兵们穿梭于小酒馆和妓院间烧杀抢掠。从前，当秦那和苏拉攻陷罗马城的时候，也曾有军队在街头和房舍里混战——但如今的恐怖与可耻则是无出其右的。

　　任何形容词或举例说明都无法充分展示塔西佗在描绘历史情境时的雄浑笔力与卓越才华。一味强调用来支撑其富于画面感的想象力的语言与文风特色的做法是浮浅的。他对民众的描写尤其生动可怕——他们即便在默不作声时也跟发怒、示威或仓皇逃散时一样引人注目。史学家塔西佗曾见识过罗马民众和武装骚乱，并对之深恶痛绝。他也熟悉另一个群体——元老们——的行为举止。塔西佗在描述元老们举止时的恶作剧是无与伦比的——表面乐观和内心忧虑之间的对比，对统治者的肉麻吹捧和内心的厌恶，宣扬公德心时暗藏的阴谋与野心，表面英勇无畏但内心胆小如鼠，其尊严在恐惧面前一泻千里。[1]

　　当史学家专于描写充斥着战争与政治决策、人物角色你方唱罢我登场的紧凑情节时，他势必要动用写作技巧去展示这些人物性格的多样性。如果他想记述暴力、诡计与恶行折射出的、几乎千篇一律的阴暗人性的话，那些技巧就更是不可或缺的。一些人物性格只被他一笔带过，如执拗顽固的科奈里乌斯·拉科（伽尔巴的禁卫军队长）。[2] 至于披索·李锡尼亚努斯，值得记载的也无非只有他的出身、年龄和负面品质。[3] 披索只是一个局外人——是他的家世与社会地位、伽尔巴的心血来潮和奥索的邪恶野心的牺牲品。韦伯芗哥哥的性格同样晦暗不明：他的人格完满无可指摘，但讲起话来没完没了。[4] 塔

1　1.19; 85.3; 2.90 f.; 3.37.

2　1.26.2: "ignarus militarium animorum consiliique quamvis egregii, quod non ipse adferret, inimicus et adversus peritos pervicax（他对士兵的脾气一无所知，并且反对一切不是由自己提出的意见；他还对比自己知识更丰富的人抱有敌意）."

3　14.2; 48.1.

4　3.75.1: "hic exitus viri haud sane spernendi. quinque et triginta stipendia in re publica fecerat, domi militiaeque clarus. Innocentiam iustitiamque eius non argueres; sermonis nimius erat: id unum septem annis quibus Moesiam, duodecim quibus praefecturam urbis obtinuit, calumniatus est rumor（这个不应被忽视的人物就这样去世了。他为国家效劳了35个年头，在内政和军事业绩两方面都是出类拔萃的。他的廉洁与正直毋庸置疑；但他过于夸夸其谈；在他治理默西亚行省的7年和担任罗马市长的12年间，那是流言蜚语足以中伤他的唯一方面）."

西佗用一连串鲜明有力的形容词勾勒了安东尼·普瑞姆斯的性格；这些特征很快就会通过那个人的举止和言辞而得到印证。[1]

《历史》中第一幅全景人物素描的对象是李锡尼乌斯·穆奇亚努斯。[2] 塔西佗用若干琐碎但紧要的细节概括了他前半生的兴衰浮沉——他的雄心壮志、如何触怒元首并几乎遭到流放。作者随后对此人进行了正面描写：他是善与恶的混合体——生活奢侈但工作勤勉，长于社交但性情傲慢。平日里生活骄奢淫逸的穆奇亚努斯却能在必要时展示出伟大的品质。他在公开场合的举止令人称道，但其私生活声名狼藉。穆奇亚努斯通过各种纵横捭阖的手段获得了对朋友、同僚与行省官吏们的影响力；对于这个人而言，为另一个人争取元首宝座要比自己执掌大权容易得多。

穆奇亚努斯的形象高高在上，压制着韦伯芗。这是塔西佗使用的艺术手法，并且也确实合乎史实。在作者下一次提到穆奇亚努斯（他比较了那两位将领的才能）之前，韦伯芗是没有出场机会的。[3] 在公元69年1月里，叙利亚的行省总督似乎是更占优势的元首候选人；他的态度将决定东方军团的拥立人选；并且他的声音将在日后的内政决策中占据主导地位。在《历史》前3卷交代了各自命运的3位元首中，每个人都在其去世之际的讣告中获得了自己应得的荣誉。[4] 然而，塔西佗也在叙事中逐步解释了他们的性格，并用种种手段——插话、演说词、描述性的评论——树立了其形象。[5]

这些或简短或详细的人物性格素描反映了对撒路斯特风格的继承，或至少有一种相似性。在描绘穆奇亚努斯的形象时，塔西佗使用了并列名词、独立语法结构和不用连词的表达方式。[6] 当历史学家们评价人和事时，他们习惯

1　2.86.2 (见前引文，原书第169页).
2　1.10.1 f.
3　2.5.
4　1.49; 2.50; 3.86.
5　配角维特利乌斯没有获得在塔西佗《历史》中发表演说的资格。
6　1.10.1 f., 参见 E. Courbaud, o.c. 173。对伽尔巴（1.49）、安东尼·普瑞姆斯和科奈里乌斯·福斯库斯（2.86）以及赫尔维狄乌斯·普利斯库斯（4.5）的形象刻画也与此类似。

于用格言或结论性的话语来表述古老的智慧或自己的深思熟虑。罗马编年史家有理由指望"共和国"的知识能够让自己的评论更有分量和更加可信:一位已退隐的政治家的写作不是为了消遣娱乐,而是为了教育自己的公民同胞。言简意赅是这种文体与生俱来的特色;但在内战主题的影响下,塔西佗作品的语调变得阴森可怖,并更多地探索了历史人物的举止与动机。跟之前一样,当强权再度成为公理的时候,古人的智慧和所有关于真理、正直与忠诚的良好格言都已在无情的斗争中显得迂腐过时。言辞的本意如今已经变更或被滥用。[1] 历史学家塔西佗在其作品中宣扬的是他从实践经验中学到的东西。那是一些严酷、痛苦的教训,它们将教科书中的道德训诫反其意而用之,将其改写为政治活动的座右铭。元首专制下的生活和优秀修辞学家们的激烈竞争使得这门技术已经臻于完美。

历史学家塔西佗笔下的李锡尼乌斯·穆奇亚努斯不但是一个用撒路斯特的语言恰如其分地勾勒出来的撒路斯特式人物,连他劝诫韦伯芗的发言也合乎同样的风格。[2] 当穆奇亚努斯阐述其要旨——战争比和平更加安全,夺取帝国权柄才是安身立命的唯一出路——时,他用一连串警句支撑了自己的观点:在那串突兀大胆、简洁至极的字句背后隐藏着微妙且邪恶的谬论。[3]

我们不应仅仅将这些对撒路斯特作品的模仿与暗示理解成塔西佗对那位史学先驱的敬意——塔西佗将撒路斯特尊为"罗马史记述者中最出色的作家(rerum Romanarum florentissimus auctor)"[4]。这种相似性还有更深一层的含义。撒路斯特的风格是罗马史学的一种必然归宿——塔西佗懂得这一点,并

---

[1] Thucydides 3.82.3: "καὶ τὴν εἰωθυῖαν ἀξίωσιν τῶν ὀνομάτων ἐς τὰ ἔργα ἀντήλλαξαν τῇ δικαιώσει (人们按照自己认为正当的方式篡改了名实之间的关系)。" 卡西乌斯·狄奥所利用的这一观念(46.34.5,对公元前43年政治的论述)是撒路斯特所熟知的(参见 *Cat.* 52.11; *Hist.* 1.12)——它跟革命时代的语言习惯密切相关,参见 R. Syme, *Rom. Rev.* (1939), 154。

[2] 2.76 f.

[3] 如"元首的宝座是你唯一的避难所(confugiendum est ad imperium)""任何被人畏惧者在畏惧他们的人眼中都是足够光辉的(satis clarus est apud timentem quisquis timetur)""权衡要不要造反的人已经是在造反了(qui deliberant, desciverunt)"。

[4] *Ann.* 3.30.1.

且明白这个道理的也并非只有塔西佗一个人。[1]

撒路斯特已经一劳永逸地证明，完句式风格（periodic sentence）在叙述与描写中都是无法胜任的。完句式风格需要构建平衡、铺陈和从属关系，并且不可避免地需要频繁下结论。它富于说服力，因而也就显得自然流畅，具有欺骗性。历史学的目标是通过陈述事实来还原真相。它不是要建立事件之间的轻重主次关系，而是要把史实一五一十地呈现给读者。历史事件的发生次序必然包含着人生本身的多样性和矛盾性。古代的批评家们早已注意到了撒路斯特文风中有意为之的支离破碎。人们谈论着他的那些貌似被删节了的句子——它们往往会出乎读者意料地突然结束。[2] 塔西佗也使用了制造出人意料效果的技巧，但具体做法通常是把句子拉长，借助一个分词结构或独立夺格（ablative absolute）来补充其他史实或相关评论，以便引申或修正之前的内容——往往包含着讽刺意味。[3]

塔西佗追求的效果显而易见——简洁、明快、鲜明、集中。为了达到那样的目的，任何冗长分析或分门别类的尝试都是行不通的。[4] 在一切可能的情况下，塔西佗都会省略表示"说"或"想"的动词，去除连词，将一系列名词或形容词并列起来。想要生动鲜活的效果时，他使用历史现在时态（historic infinitive），在描述性文本中则使用未完成时态（imperfect tense）。塔西佗通过支离破碎的语法结构、对句式平衡的放弃和主题的频繁切换达到

---

[1] 参见E. Wölfflin, *Philologus* XXVI (1867), 122 ff.; G. Schönfeld, *De Taciti studiis Sallustianis* (Diss. Leipzig, 1884); E. Norden, *Die antike Kunstprosa* I (1898), 335 f.；另见第二十七章和附录53。

[2] Seneca, *Epp.* 114.17: "Sallustio vigente amputatae sententiae et verba ante exspectatum cadentia et obscura brevitas fuere pro cultu (当撒路斯特享有盛名之时，作家们纷纷砍削自己的句子，使用出人意料的语句结尾方式，并将含糊不清的简短当作富于文采的象征)."

[3] E. Courbaud, o.c. 244 ff.

[4] 见第二十六章，其中探讨并论证了成熟时期的塔西佗风格。塔西佗的文风从雄辩转向了凝练有力——简言之，他从效仿李维变成了学习撒路斯特。关于《历史》中的李维式风格，见原书第200—201页和附录34。关于塔西佗日后努力避免的文风，见4.58（狄利乌斯·沃库拉的演说），或3.83.2（占领罗马城）的描写："到处都是肆无忌惮的纵欲和放荡，充斥着一切野蛮征服中最可怕的罪行，以至于世人相信这座城市陷入了疯癫与放纵（quantum in luxurioso otio libidinum, quidquid in acerbissima captivitate scelerum, prorsus ut eandem civitatem et furere crederes et lascivire）。"

了明快、多样的表达效果。在遣词造句方面，主题的崇高要求作者避免使用平庸、乏味的套话。他同意接受旧词新义的既成事实，但宁愿为了避免堆砌术语而转弯抹角。塔西佗偏爱感情色彩强烈、形象鲜明的用词，喜欢毁灭与火灾的比喻。长期以来，史学体裁一直喜爱借用诗性的语言和古朴文风。前者容易导致虚饰浮夸，后者则可能走向迂腐做作。塔西佗在应用这些技巧时保持着克制与警醒。他的一些最出色的篇章应归功于用词的干净利落，其中每一个字都是言之有物、掷地有声的。[1]

要想达到出类拔萃的效果，罗马的作家并不需要对主题或技巧进行过度创新。他写作的起点是传统而非叛逆，在延续、改进前辈作品的同时展示自己的原创性。他在借用前人的主题或用语时并不需要遮遮掩掩，因为那本来就是光明正大的做法。[2]

文学体裁已预先决定了作品的风格。由于《阿古利可拉传》在一定程度上是一篇葬礼演说词（但混杂在其中的史料起到了拓展和强化的作用），它理应在许多方面反映体裁要求的影响。[3]总的来说，它的性质是介于史学和演说术之间的。《阿古利可拉传》在叙事方面以李维和撒路斯特为模板，但在雄辩风格方面借鉴了很多西塞罗的元素。阿古利可拉的结局是幸福的，因为他去世的时间恰到好处，使自己得以免于目睹许多灾祸。[4]塔西佗援引了伟大演说家、政治家卢奇乌斯·李锡尼乌斯·克拉苏（L. Licinius Crassus）的先

---

1 如3.67.2: "voces populi blandae et intempestivae, miles minaci silentio（民众的声音充满了阿谀奉承和桀骜不驯，士兵们保持着不祥的沉默）"; 4.42.6: "diutius durant exempla quam mores（榜样比道德的影响力更加持久）"。

2 Seneca, *Suas.* 3.7: "non subripiendi causa sed palam mutuandi, hoc animo ut vellet agnosci（那并非字句的剽窃，但我们通过作品的精神知道他公开借鉴了［维吉尔］的著作）." 参见 E. Wölfflin, *Archiv für lat. Lex.* XII (1900), 114 ff.; W. Kroll, *Studien zum Verständnis der r. Literatur* (1924), 139 ff.。

3 见安德森的校勘本（J. G. C. Anderson, Oxford, 1922, LXXX ff.）。关于其中对更早作家的回应（并非全然可信），见 C. W. Mendell, *TAPA* LII (1921), 53 ff.。

4 45.3: "tu vero felix, Agricola, non vitae tantum claritate, sed etiam opportunitate mortis（你当真是幸福的，阿古利可拉。那不仅是因为你的一生光彩照人，还因为你的去世恰到好处）", 等等; 45.1: "non vidit Agricola obsessam curiam et clausum armis senatum（阿古利可拉命中注定无须目睹元老院被封锁、元老们被包围的祸事）", 等等。

例——后者死于同盟者战争前夕。[1] 他又用西塞罗式的语言来抒发对死者的悼念之情，借以强化作品中的死亡与丧亲之痛、名誉与永垂不朽等传统主题。[2]

在《日耳曼尼亚志》中，由于这种体裁及其先驱是历史学家关于不同地区、族群的插话式记载，撒路斯特的风格在其中居于主导地位。[3] 与此相似，他的文学论述也遵循着古典风格。塔西佗在《关于演说家的对话》中采用了流畅但并不拖沓的新西塞罗式风格——那无疑会得到昆体良的赞许。[4]

对于《历史》而言，采用撒路斯特的风格是不可避免的。塔西佗用多种方式体现了这一点。例如，他的一大段对贪恋权力欲望的反思或许就是用撒路斯特的方式写就的。[5] 书中人物穆奇亚努斯讲的第一句话便忠实模仿了那位史学前辈一篇演说（以书信形式呈现）的开头。[6] 在其他篇章里，一个短句或许便足以印证二者之间的联系，如一个典型的情节设计或撒路斯特偏爱的某

1　参见 *De oratore* 3.8: "non vidit flagrantem bello Italiam, non ardentem invidia senatum, non sceleris nefarii principes civitatis reos (他没有看到同盟者战争的熊熊火光，没有看到元老们的怒火中烧，没有看到显要公民们受到严重罪名的指控)"，等等。我们还可补充西塞罗对在内战爆发前夕去世的昆图斯·霍腾修斯（Q. Hortensius）的"永恒幸福（perpetua felicitas）"和"恰逢其时的去世（mortis opportunitas）"（*Brutus* 4 f.）。

2　46.1: "si quis piorum minibus locus (如果虔诚之人还有栖身之所的话)"，等等。

3　关于其词汇、句式与风格等方面的特征，见古德曼的校勘本（A. Gudeman, Berlin, 1916, 39 ff.）。F. Leo, *Gött. gel. Anx.* 1898, 183 强调了小塞涅卡的影响。反对意见如 E. Wölffin, *Archiv für lat. Lex.* XII (1900), 114 ff.; R. Reitzenstein, *Gött. gel. Nachr.* 1914, 259 f.。相对持中的看法如 J. Perret, *Rev. ét. anc.* LVI (1954), 97。不应忘记的是，老普林尼也使用过典雅的、充满诗意的语言。见 E. Norden, *Die antike Kunstprosa* I (1898), 314 ff.。

4　参见附录28（文风与年代无关）。关于风格方面的细节，见佩特森的校勘本（W. A. Peterson, Oxford, 1893, XLIII ff.）及 A. Gudeman (ed. 2. Berlin, 1914), 20 ff.；关于塔西佗的作品特色，见 A. Gudeman, ib. 25 ff.; H. Bardon, *Latomus* XII (1953), 485 ff.；关于塔西佗3部篇幅较短作品之间的风格联系，见 J. Perret, *Rev. ét. anc.* LVI (1954), 90 ff.。

5　2.38（见上文的总结，原书第185页），参见 Sallust, *Hist.* 1.7; 12 f.。

6　2.76.1: "omnes qui magnarum rerum consilia suscipiunt, aestimare debent an quod inchoatur rei publicae utile, ipsis gloriosum, promptum effectu aut certe non arduum sit (所有讨论重大事务决策的人都应当权衡他们的目的是否有益于国家、能否促进自己的荣誉，它们是否易于实现，或至少不难执行)." Sallust, *Hist.* 4.69.1: "rex Mithridates regi Arsaci salutem. omnes qui secundis rebus suis ad belli societatem orantur considerare debent, liceatne tum pacem agere, dein quod quaesitur satisne pium, tutum, gloriosum an indecorum sit (国王米特拉达梯向安息国王致意。所有在国泰民安之际收到参战邀请的政治家都应当思考，他们是否应当维持和平局面，以及向他们提出的要求是否足够正当、稳妥与光彩，抑或是可耻的)."

个用词——例如，塔西佗对巴塔维亚人奇维利斯生理畸形的描写便让我们回想起撒路斯特笔下的塞尔托里乌斯。[1] 而他对古老简洁风格的点评可谓是一种现身说法。[2] 最能说明问题的或许是《历史》中的一首短诗：它本身并非直接引自撒路斯特的著作，但被巧妙地改写成了传统格式。

这批构思巧妙、无懈可击的"警句（sententiae）"中有些看似反映了最典型的塔西佗风格。但我们能够发现与此并不相符的事实，并揭示这些妙语的最终来源——如那位被塔西佗使用、被普鲁塔克转抄的无名编年史家。他在描绘宴席上的奥索时写道："奥索一方面怕得要死，一方面也受人畏惧（cum timeret Otho, timebatur）。"[3] 而当奥索和维特利乌斯互相贬损的时候，"两个人都没有说错（neuter falso）"[4]。在西班牙向伽尔巴献策的维尼乌斯已经道出了穆奇亚努斯讲话的结论——"权衡要不要造反的人已经是在造反了（qui deliberant desciverunt）"[5]。

一位著名作家从其史料来源中借用的不仅是史实，甚至还借用了其中的警句——这一结论乍看上去是令人不安的，包含着一项严厉指控：如果这也算得上引述的话，那什么是剽窃呢？但进一步的思考可以让我们得出更加心平气和的论断。我们没有理由断言那位无名编年史家（无论他的成就如何）

---

1 4.13.2: "Sertorium se aut Annibalem ferens simili oris dehonestamento（像塞尔托里乌斯或汉尼拔那样面目全非）"; Sallust, *Hist.* 1.88: "quin ille dehonestamento corporis maxime laetabatur（那个肢体残疾的人却格外快乐）." 塔西佗在描述维特利乌斯喜欢的那些下贱同伴时，使用撒路斯特的一个字眼达到了出色效果，见2.87.2: "quibus ille amicitiarum dehonestamentis mire gaudebat（他从那些不名誉的朋友们那里获得了超绝的快感）." 塔西佗使用"超绝（mire）"（参见Sallust, *Hist.* 1.55.124）一词的其他地方只有 *Ann.* 6.10.3; 13.1.3。

2 1.5.2: "nec enim ad hanc formam cetera errant（其他一切都与该原则格格不入）"; 2.10.1: "inter claros magis quam inter bonos（与其说更优秀，还不如说是更知名）."

3 1.81.1; Plutarch, *Otho* 3: "φοβούμενος γὰρ ὑπὲρ τῶν ἀνδρῶν αὐτὸς ἦν φοβερὸς ἐκείνοις（他一方面被人们畏惧，另一方面自己也畏惧那些人）." 但这个说法背后有着一段漫长的历史，参见Cicero, *De r.p.* 2.45，这段文本得到了F. Münzer, *Hermes* XXXIV (1899), 641的注意。更多信息见E. Wölfflin, *Archiv für lat. Lex.* XII (1900), 345 ff.。

4 1.74.1; Plutarch, *Otho* 4: "οὐ ψευδῶς μέν, ἀνοήτως δὲ καὶ γελοίως（所言不谬，但愚蠢可笑）."

5 2.77.3; Plutarch, *Galba* 4: "τὸ γὰρ ζητεῖν Νέρωνι εἰ πιστοὶ μενοῦμεν, οὐκ ἤδη μενόντων ἐστίν（当我们询问是否应当忠于尼禄时，我们已经背叛了他）."

是那些"警句"的原创者。可能成立的选项还有很多。罗马城的文化生活在当时已达到了相当高度，辞藻与修辞的竞争从学校和沙龙里一直蔓延到元老院。格言隽语已遍布所有文学创作领域。在这方面，我们只要提及小塞涅卡和卢坎就够了：塔西佗风格的、关于上层政治的格言在两位作家的笔下都出现过。对于卢坎而言，这是自然而然的事情，因为他创作的是一部史诗。[1] 对于政治家与道德论者小塞涅卡来说，这种做法同样不足为奇。[2]

塔西佗宣称，内战中的胜利者必然是更坏的那个。[3] 如果小塞涅卡在指责小伽图在内战中选边站队时也用过类似的说法的话[4]，那么我们也没有必要去假设一定是小塞涅卡最早提出了这一观念。警句的发明权属于将它最终打磨好的作家。塔西佗肯定提升了那位无名编年史家的"警句"水准，否则他就没有必要把后者的话借过来。

在浩如烟海的古代作品中，保留至今的可谓凤毛麟角；而在李维承担撰史使命后的130年里，罗马历史学家们没有留下任何文字。因此，要想追踪以塔西佗为集大成者的后期罗马史学风格发展历程并不容易。这种十分保守的体裁中的许多特征甚至早于撒路斯特。[5] 与此同时，尽管撒路斯特是一位具备原创性的伟大史学家（从长远看也是影响最深远的那位），李维的影响力也不可小视。在李维身后的史家中，有一些无疑承袭了他的风格，但不是所有人都选择那样做。前执政官卢奇乌斯·阿伦提乌斯便继承了撒路斯特的风格，并将之推进到了荒谬的极致——至少在措辞上如此。[6] 他的叙述主题是第一次布匿战争。作为一个熟悉西西里并亲自指挥过战舰的人，阿伦提乌斯理

1　见原书第143页。

2　对他的韵文和散文同样适用。见《图耶斯特斯》中讨论罪行与王权的诗句（如205 ff.）。

3　1.50.3: "inter duos, quorum bello solum id scires, deteriorem fore qui vicisset（人们唯一能够确定的是，胜利者将是参战双方中更坏的那个）."

4　Seneca, *Epp.* 14.13: "potest melior vincere, non potest non peior esse qui vicerit（更优秀者可能会赢，但已胜利者必然会被视为更加恶劣的一方）."

5　参见 E. Skard, "Sallust und seine Vorgänger", *Symbolae Osloenses*, Supp. XV (1956), 8 ff.。

6　Seneca, *Epp.* 114.17 ff.（包括例子）。

应意识到，文风问题并非李维作品中唯一的缺陷。[1]

塔西佗的《历史》则不应受到过度追求古朴风格的指控。塔西佗肯定在李维的作品中发现了许多值得钦佩的地方——感情充沛、充满诗意的语言，庄严雄伟的演说、色彩、情节和强烈的戏剧性。李维对塔西佗风格的影响通常（这并不奇怪）被低估了。在格调和细节方面，撒路斯特的影响确实更加醒目。尽管如此，我们还是经常能够辨认出李维的风格和措辞。几个例子可以说明这一点。士兵对马略·塞尔苏斯爱恨交织的态度与李维作品中的情节十分相似。[2] 塔西佗对克雷莫纳和弗拉维集团部队的评论让我们想起了罗马和高卢入侵者。[3] 奥索在禁卫军面前强调军纪重要性的训示来源于埃米利乌斯·保卢斯（Aemilius Paullus）的动员讲话。[4] 此外，塔西佗在描述一支罗马军队在莱茵河畔的投降时采用的技巧直接模仿了李维记述卡夫丁峡谷（Caudine Forks）里的罗马军团的篇章[5]；并且罗马将领狄利乌斯·沃库拉也是带着一篇李维式的演说出场的。[6]

事实上，李维作品中同塔西佗《历史》关系最密切、最适合借鉴的部分已经佚失了——也就是关于从同盟者战争到凯撒继承人同玛库斯·安东尼冲突那60年里的多次内部冲突。李维对佩鲁西亚等意大利城市陷落的记载很可能就是塔西佗《历史》中克雷莫纳战役部分在情景、语言等方面的模板——"外敌毫发未损，公民生灵涂炭（bellis externis intacta, civilibus infelix）"。[7]

---

[1] 通常认为他是公元前22年的执政官（PIR^2, A 1129）。他曾追随绥克斯图·庞培驻守西西里——后来在亚克兴海战中指挥过胜利方的一部分舰队。

[2] 1.71.2: "eandem virtutem admirantes cui irascebantur（令他崇拜的那种美德也触怒了他）"; Livy 5.26.8: "eandem virtutem et oderant et mirabantur（他们痛恨的那种美德也令他们惊叹不已）."

[3] 3.20.2: "noctem et ignotae situm urbis（夜幕和那座城市的偏僻位置）"; Livy 5.39.3: "noctemque veriti et ignotae situm urbis（夜幕和那座城市的险要、偏僻位置）."

[4] 1.84.2: "parendo potius, commilitones, quam imperia ducum sciscitando res militares continentur（打赢战争靠的是服从命令，而非质疑将领的决定）"，等等；参见Livy 44.34.2 ff.。

[5] 4.62; 72, 参见Livy 9.5.11 ff. 的记载。

[6] 4.58, 参见附录34。

[7] 3.34.1.

李维也描述过马略、秦那与苏拉时代里卡庇托林山上的火光，以及罗马城街头的野蛮杀戮。

在讲述克雷莫纳战役中一名士兵杀死亲兄弟的事件时，塔西佗提及了从历史学家科奈里乌斯·希塞纳那里摘引过来的一个案例：那个例子中的士兵选择了自杀。塔西佗明确承认，自己会在适宜的场合下引述这些古老的故事，用它们来提供范例或慰藉。[1] 他并不总是需要专门强调这些引述的存在。这样的比较案例不胜枚举，而塔西佗选择的语言便足以悄无声息地让读者意识到它们来自史学前辈们的作品。

同时代人对塔西佗《历史》的评价并不仅限于他的朋友小普林尼所提供的那些热情洋溢、不可或缺的证据。[2] 一些暗示与线索来自昆体良——一位睿智的文学评论家和一面反映知识精英观点的镜子。昆体良将李维比作希罗多德。他值得赞美的地方包括叙述的迷人与诚实可靠、无与伦比的雄辩演说、合乎人物性格与情境的语言，以及传达微妙情感的特有天赋。[3] 但他大胆地将撒路斯特比作修昔底德。[4] 昆体良没有就此提供任何细节论述。但他头脑中想到的肯定是惜墨如金、雄浑有力和"使作品不朽的简洁明快（immortalis velocitas）"。[5]

昆体良作品中的其他评论补充、确认了他的上述观点。他会将李维的风

---

[1] 51.2: "quotiens res locusque exempla recti aut solacia mali poscet（每当主题与情境要求恰当的例子或对不幸的慰藉时）."

[2] *Epp.* 7.33.1: "auguror, nec me fallit augurium, historias tuas immortales futuras（我预言您的史著将成为不朽，这个预言不会落空）."

[3] Quintilian 10.1.101: "neque indignetur sibi Herodotus aequari Titum Livium, cum in narrando mirae iucunditatis clarissimique candoris, tum in contionibus supra quam enarrari potest eloquentem, ita quae dicuntur omnia cum rebus tum personis accommodata sunt: adfectus quidem, praecipueque eos qui sunt dulciores, ut parcissime dicam, nemo historicorum commendavit magis（希罗多德不会因为自己同提图斯·李维平起平坐而怀恨在心，因为李维的叙事令人惊异的动听、卓然不群的明净，并且他在演说词中的雄辩是难以用语言描述的；他的一切表述都同人与事完美协调；而在较细腻的情感表达方面，我至少可以说，没有哪位历史学家比他做得更好）."

[4] ib.: "nec opponere Thucydidi Sallustium verear（我会毫不犹豫地将撒路斯特同修昔底德相提并论）."

[5] 10.1.32; 102.

格比作遮蔽真相的"厚厚一层糖衣"。[1]此外他还声称，尽管李维的书最适合被学童们拿来作为修辞学入门教材，撒路斯特才是更伟大的历史学家。[2]

将撒路斯特而非李维奉为罗马史学界翘楚的做法似乎并非某个小圈子的信条，也并非一时之兴或复古主义式的倒退。作为一名演说家，昆体良倡导的是西塞罗式的风格。但他知道（并宣称）演说术是跟史学截然不同的。[3]昆体良的说教提供了有力的佐证；撒路斯特的优先地位在诗人玛提阿尔那里已成为不证自明的金科玉律。[4]在这样的情况下，我们已没有必要去进行过多的研究与辩论，去猜想当时的读者们会如何褒贬那位拥有撒路斯特全部优点，并辅之以李维的诗意、华丽与雄辩的新一代史学家塔西佗。[5]

塔西佗对李维不吝赞美之词——"一位雄辩、可靠，在声望方面首屈一指的人物（eloquentiae ac fidei praeclarus in primis）"[6]。李维以风格高超与诚实可靠而闻名于世。他的风格是雄辩、华丽与生动的，非常适合用来重新撰写王政时代的神话或翻新关于共和早期卓越英雄们的道德范例。但这种风格对于记录真实的历史事件而言是否足够硬朗、紧凑呢？对于其他史学家（无论他们是才华横溢的、浪漫的还是谎话连篇的）的不准确记载而言，诚实只

---

[1] 10.1.32: "neque illa Livi lactea ubertas satis docebit eum qui non speciem expositionis sed fidem quaerit（李维那种如牛奶般丰腴的风格也不足以对那些并不关注风格、仅仅在意事实的人有所教益）."

[2] 2.5.19: "Livium a pueris magis quam Sallustium etsi hic historiae maior est auctor, ad quem tamen intellegendum iam profectu opus sit（李维比撒路斯特更适合孩童阅读。后者其实是更伟大的历史作者，但读者需要更多的知识储备才能读懂他）."

[3] 10.1.31: "historia quoque alere oratorem quodam uberi iucundoque suco potest; verum et ipsa sic est legenda ut sciamus plerasque eius virtutes oratori vitandas esse（历史能够以它的丰腴和甜美汁液哺育演说术；但在阅读历史时我们也要知道，历史著作中的许多优点是演说家们必须刻意避免的）."参见Pliny, *Epp.* 5.8.9 f.（具体阐释见Quintilian, 10.1.33的评价）.

[4] 14.191.2: "primus Romana Crispus in historia（克里斯普斯是罗马史学家中的第一人）."

[5] 参见Ph. Fabia, *Rev. phil.* XIX (1895), 1 ff.。即便他如一些人设想的那样，并不具备很强的原创性——"作为一名历史学家，塔西佗的原创性并不存在（en tant qu'historien, l'originalité de Tacite est nulle）"（*Journal des Savants* 1922, 56）。但《历史》中的许多内容是不可能受到欢迎的（原书第229页）.

[6] *Ann.* 4.34.3.

是一把弱不禁风的保护伞。而坦诚、天真和进行道德说教的动机也无法帮助一个人戳穿政客的伪装，认清人性的复杂。[1] 现代或晚近的历史学需要的是撒路斯特的老练、洞察力和不留情面。[2]

---

[1] M. L. W. Laistner, *The Greater Roman Historians* (1947), 139表达了引人争议的、认为李维是比塔西佗更好的历史学家的观念。

[2] 换言之，"帕塔维乌姆风格（Patavinitas）"是不够的。那一缺点被昆体良解读为使用帕塔维乌姆本地的词汇与方言（1.5.56; 8.1.3），但从我们掌握的、关于帕塔维乌姆和评论者（阿西尼乌斯·波利奥）的情况来看，该标签批评的是更严重、更深层次的问题。参见 R. Syme, *Rom. Rev.* (1939), 485 f.。

第十八章　偏见与公允

由于罗马史学的主题是政治，它很难完全摆脱党派成见。被剥夺了继续主持政事的权力但并未远离政坛视线的退隐政治家可以在与世无争的良好伪装下阐发自己的理想，发泄自己的怨气，猛烈抨击自己的政敌，严厉指责下一代人的世风日下。在撰写各自的史书时，撒路斯特为自己的失望找到了慰藉，阿西尼乌斯·波利奥为自己的成功进行了辩护——他们的作品中并非没有怨恨之意。李维不是元老，他在某些方面也确实是共和到帝国时期一系列编年史家中的另类。但李维的作品也是给罗马人民的一曲颂歌和为罗马君临万邦创作的辩护词。

撒路斯特在这方面非常容易受到指摘。他曾是凯撒的党徒；有人声称他的第一部专题史著不过是一本政治小册子而已，是在以一种狡猾的方式开脱凯撒同喀提林阴谋的所有瓜葛。[1] 当然那只是一种极端观点而已。撒路斯特在《喀提林阴谋》中对凯撒的偏袒并不出格。[2] 凯撒与小伽图的针锋相对是开诚布公和令人钦佩的。[3] 或许小伽图还抢了凯撒的风头。何况尽管撒路斯特始终崇拜凯撒，他并非毫无保留地支持凯撒的一切做法。[4]

1　E. Schwartz, *Hermes* XXXII (1897), 554 ff. = *Ges. Schr.* II (1956), 275 ff.
2　参见 H. M. Last, *Mélanges ... J. Marouzeau* (1948), 355 ff. 的观点。
3　*Cat.* 53.6 ff.
4　有人甚至认为小伽图才是真正的英雄，如 E. Skard, *Symbolae Osloenses* IX (1930), 69 ff.; V. Pöschl, *Grundwerte römischer Staatsgesinnung in den Geschichtswerken des Sallust* (1940), 10 ff.; F. Lämmli, *Mus. Helv.* III (1946), 94 ff.。

撒路斯特对西塞罗的处理方式同样存在疑点。通过最终决议的是元老院，作乱者的命运也是由元老院讨论与投票决定的。关于执政官在其中的角色与重要性，不同的人有不同的估量。[1] 撒路斯特对西塞罗的评价并不公允。[2] 撒路斯特肯定是对西塞罗抱有强烈反感情绪的。他用自己的方式——他本人创造的那种怪异精妙的、与西塞罗背道而驰的散文风格——明确宣称了这一点。[3]

《朱古达战争》也因书中对人物、党派的处理方式，以及对显贵们的蓄意贬低而受到非难。[4] 就我们所知的和所能猜想到的情况而言，撒路斯特的《历史》在这方面同样不是无可指摘的。[5] 但撒路斯特的写作技巧与视野却变得更为成熟，揭露了言辞与借口背后的权力斗争，以及民众蛊惑家和保守派别无二致的伪善。

如果说撒路斯特的立场是道德而非政治的话，那么这一点对于一位历史学家而言也并非纯然是一种优点。他容易受到传统的二元对立的影响——善良与邪恶、勤勉与怠惰，以及古时的道德完美与万众一心同共和国最后末日的贪婪、腐败与暴力之间不可避免的对比。在严厉的批评家们看来，撒路斯特的道德论是粗糙的，他的性格勾勒是程式化的；他的两部专题史著的序言都是些陈词滥调的堆砌，只是凭借着简洁明快才得以免受乏味琐碎之讥。[6] 事实上，确实有人声称这些议论跟主题关系不大。[7] 大而化之地讨论伦理话题的写手不用费什么脑子就能随手写出一篇这样的序言，甚至可以堆砌出一部长

1　布鲁图斯的看法令西塞罗十分恼火（*Ad Att.* 12.21.1）。
2　E. Schwartz, o.c. 576 ff. 为撒路斯特辩护的一些人走向了相反的极端，如 W. A. Baehrens, *Neue Wege zur Antike* IV (1926), 35 ff.。
3　G. Boissier, *Journal des Savants* 1903, 66. 但那并非故事的全部。
4　K. v. Fritz, *TAPA* LXXIV (1943), 134 ff.
5　见第十二到十三章，第四十二章。
6　E. Howald, *Vom Geist antiker Geschichtsschreibung* (1944), 146. 更友好的观点见 G. Boissier, *Journal des Savants* 1903, 59 ff.; M. Rambaud, *Rev. ét. lat.* XXIV (1947), 115 ff.; A. D. Leeman, *Mnemosyne*[4] VII (1954), 323 ff.; VIII (1955), 38 ff.。
7　Quintilian 3.8.9.

篇大论。[1] 但撒路斯特肯定不是一味图快的写手。既然他苦心经营的作品是如此厚重典雅，那么其素材肯定不是七拼八凑出来的。对外敌的恐惧有助于罗马人保持美德、纪律与团结的观点既存在于撒路斯特的两部专题性著作中，又在《历史》中再度出现。[2]

撒路斯特式的道德论在任何一部名副其实的拉丁史著中都居于核心地位，但它并不一定能够确保作者可以心平气和地做出论述。每位罗马编年史家都会在作品开头部分里宣称自己将会恪守不偏不倚的原则（这种声明到后来成了一种戏仿）。[3] 在《历史》序言中，塔西佗宣称自己没有什么个人理由要对伽尔巴、奥索与维特利乌斯等3位统治者中的任何一人有所不公。[4] 但那并不意味着他可以避免这样或那样强烈情绪的影响，能够消除一切根深蒂固的成见。

对士兵的厌恶、对"共和国"的尊敬和对世家大族的崇拜或许会促使一位历史学家用同情的笔触去记载苏尔庇奇乌斯·伽尔巴的悲剧。但塔西佗拒绝怜悯。伽尔巴是一个同时代格格不入的人——"早已令我们无法忍受的古板做派和过度严厉毁掉了他（nocuit antiquus rigor et nimia severitas cui iam pares non sumus）"。[5] 貌似威严但庸碌无能的伽尔巴只有在涉及金钱与纪律的问题上才会表现出活力和兴趣。如果说塔西佗似乎有些过于刻薄的话，那么还有苏维托尼乌斯记载的逸事作为佐证。[6] 伽尔巴曾经说过，一个人不应为自

---

1 Cicero, *Ad Att.* 16.6.4: "id evenit ob eam rem quod habeo volume prohoemiorum. ex eo eligere soleo cum aliquod σύγγραμμα institui（那是因为我手头有1卷序言的汇编。我在写作某篇作品时习惯于从中挑选1篇）."

2 *Cat.* 10.1; *Jug.* 41.2 ff.; *Hist.* 1.12. 关于来自波塞冬尼乌斯的这一条和其他观念，参见F. Klingner, *Hermes* LXIII (1928), 165 ff.。

3 Senecas, *Apocol.* 1.1: "nihil nec offensae nec gratiae dabitur（既未受冒犯，也无须感恩）."

4 1.1.3: "mihi Galba Otho Vitellius nec beneficio nec iniuria cogniti（伽尔巴、奥索都不曾对我施加过恩惠或不公）."

5 1.18.3.

6 *Galba* 2（势利）; 9（残忍）; 12（悭吝）; 20（诡诈）; 22（暴饮暴食与鸡奸）. 塔西佗自然会略去其中大部分内容。正如J. Vogt, *Tacitus als Politiker* (Antrittsrede, Tübingen, 1924), 13所指出的那样，他对作为普通人和元首的伽尔巴并不认可。关于伽尔巴肖像的前后矛盾，见E. Koestermann, *Navicula Chiloniensis* (1956), 191 ff.。

己闲暇时间的所作所为承担责任。[1] 那并非西庇阿家族鼎盛的时代里罗马人信奉的准则。[2]

相反，很接地气、能屈能伸、腐化堕落的奥索却属于自己的时代，他是尼禄宫廷腐化风气的产物。当奥索选择自尽的时候，历史学家塔西佗将自己的才华与同情倾注在了他的身上，为他设计了戏剧化的场景、口才卓越的告别演说、劝慰朋友和家人的高贵言辞——而且并未暗示他的部下即将或已经投降。[3] 塔西佗的动机是显而易见的。那不仅是因为他有机会描述戏剧性的自杀场面，从而迎合罗马读者们的品味；还因为奥索的自杀比正人君子因刚直不阿而自取灭亡、未对共和国做出任何贡献的举止更加值得称道。奥索的决绝避免了罗马人在内战中继续流血。相反，其他统治者却未能做到这一点。尼禄没有勇气这样做，也未能在临终之际保持尊严。维特利乌斯在兵败后像一头肥猪一样不知所措。[4] 他任凭无谓的斗争继续下去，甚至连主动退位都无法如愿以偿。塔西佗的构思可谓巧妙绝伦。那并非违心之言，而且同历史学家之前对奥索性格、举止和声誉的描述并不矛盾。塔西佗说得十分清楚。他公开表示，世人对奥索的畏惧与厌恶其实远过于对待维特利乌斯。[5]

内战是最高的恶，甚至比屈从于暴政还要糟糕。下此论断的人并不是什么识时务者或鼓吹君主制的马屁精，而是小伽图与布鲁图斯的朋友法沃尼乌斯（Favonius）。[6] 罗马人也从不相信公民间的刀兵相见会产生什么好的结果。当幸存下来的最后一名党魁胜出并为了巩固自身权力而支持正人君子之时，罗马人也只是被迫接受了君主制，而非心悦诚服。罗马史学家不会识时务地

---

1 ib. 9.1: "quod nemo rationem otii sui reddere cogeretur（没有人需要为自己的闲暇时间负责）."
2 至少对于老伽图而言是这样——"光辉伟大的人物对自己的闲暇与工作时间同等重视（clarorum virorum atque magnorum non minus otii quam negotii rationem exstare oportere）"（引自Cicero, *Pro Plancio* 66）。
3 关于对塔西佗形象刻画的辩护，见F. Klingner, *Sächsische S-B, Phil. hist. Kl.* XCII, I (1940), 1 ff.。
4 3.36.1: "ut ignava animalia, quibus si cibum suggeras, iacent torpentque（就像慵懒的动物一样：只要你给它们吃的，它们就会躺着一动不动）."
5 2.31.1.
6 Plutarch, *Brutus* 12: "χεῖρον εἶναι μοναρχίας παρανόμου πόλεμον ἐμφύλιον（内战比非法独裁更加糟糕）."

去一味认可胜利者。塔西佗则走得更远，断言韦伯芗是所有元首中仅有的一位令局面有所改观的人。[1] 但他仍然谴责了所有帮助韦伯芗夺权的叛徒们的所谓爱国借口。[2]

作为一个厌恶内战、质疑权力与胜利合法性的人，塔西佗在叙述公元69年的罪行与暴力时有一种清醒而残酷的公正性。塔西佗的文风是犀利尖刻的，永远不肯给人留下任何慰藉。言辞与事实的反差、野心与成就的反差以及人事与政权兴替的可悲历史都令他感到绝望。但我们很难说清，这种尖酸刻薄或悲观绝望对于一位历史学家而言是不是一种缺陷。[3]

塔西佗有时也会使用讽刺挖苦或冷笑话。当弗拉维集团的军队兵临罗马城下时，元老院派出了一个使团，但受到了粗暴对待，大法官尤尼乌斯·鲁斯提库斯还受了伤。并非元老的穆索尼乌斯·鲁孚斯也在使团之中。穆索尼乌斯在以"不合时宜的抖机灵方式（intempestiva sapientia）"向士兵们发表关于和平有多么美好的演说时同军队起了冲突："它让许多人哄笑起来，更多的人则感到厌烦（id plerisque ludibrio, pluribus taedio）。"[4] 当韦伯芗在亚历山大里亚时，人们劝说他对病患尝试一下神迹覆手治疗法。于是塔西佗一本正经地引述了医生们用专业术语下的诊断。他们建议元首不妨一试，因为那是上天的意愿——如果治疗成功了，荣耀将归于元首；如果失败的话，那么受到嘲笑的也只会是那些被元首治疗过的可怜残废。[5]

1　1.50.4.

2　2.101.1，参见3.86.2。

3　参见G. Boissier, *Tacite* (1903), 131。相反意见如P. Wuilleumier, *Tacite, l'homme et l'oeuvre* (1949), 102: "le pessimisme ne convient pas à l'historien, qui doit rester impartial, sinon même impassible（历史学家不能陷入悲观主义；因为他需要保持不偏不倚，即便不是毫无同情心的话）." 还应注意法比亚较早的论断："在我们现代人看来，那位历史学家是很平庸的；他的突出功绩是在追求不偏不倚方面做出了令人称道的努力（pour nous, modernes, l'historien est mediocre: son unique mérite est d'avoir fait un louable effort vers l'impartialité）."（*Les Sources de Tacite dans les Histoires et les Annales* [1893], 310）

4　3.81.1.

5　4.81.2: "medici varie disserere: huic non exesam vim luminis et redituram si pellerentur obstantia; illi elapsos in pravum artus, si salubris vis adhibeatur, posse integrari. Id fortasse cordi deis et divino ministerio

（转下页注）

讽刺在塔西佗的作品中无处不在。它不仅体现在细节与评论方面（作者可以用一个短语迅速制造出突兀的效果），也体现在整体的布局谋篇之中。品味高雅的读者会在科奈里乌斯·塔西佗撰写的演说词中寻找卓越与崇高。但他们与此同时也会发现其他的元素——其中一些与卓越崇高很不搭调。

元首伽尔巴在一篇演说中阐述了两个观点：合法政权优于僭政，过继优于血亲继承。[1] 这显然紧扣了塔西佗生活年代的重大事件——涅尔瓦的统治宣称要将"自由"与"元首制"结合起来，并且涅尔瓦要选择最优秀者担任同僚与继承人。[2] 如果我们更进一步的话，就可以认为史学家塔西佗认可这一原则，并极力为之正名。[3]

合法权威同专制权力之间的对立是显而易见的。这种对立早已形成并经常被人提及——但任何拥有健全理解力的人都会对此提出质疑。贴在伽尔巴身上的标签使用的是传统的语言，就像钱币上的铭文一样；而我们也应按照这种文体的性质去评估其可信度。伽尔巴宣称自己的登基"得到了诸神与世人的认可（deorum hominumque consensu）"[4]。事实上，他的登基是靠武力和

（接上页注）

principem electum; denique patrati remedii gloriam penes Caesarem, inriti ludibrium penes miseros fore（医生们对两个病例的看法各不相同：他们认为第一个病人的视力并未完全丧失；如果障碍被消除的话，他就能重见光明。另一个人的关节已经错位，但如果得到有效的治疗，也有可能变得完好如初。那或许正是诸神的意思，要由元首来完成这一神圣使命。无论如何，治愈疾病的荣耀属于元首；而治疗失败只会让那两个可怜虫遭到哂笑）。

1　1.15 f.（重新组织并压缩后的文本见上文，原书第151—152页）。

2　这里与小普林尼在《颂词》中关于过继的说法是一致的。认为小普林尼引用了塔西佗著作的看法如 E. Wölfflin, *Archiv für lat. Lex.* XII (1900), 350; J. Mesk, *Wiener Studien* XXXIII (1911), 71 ff.; N. Terzaghi, *Maia* II (1949), 121 ff.; E. Paratore, *Tacito* (1951), 454; K. Büchner, *Rh. Mus.* XCVIII (1955), 289 ff.; R. Güngerich, *Festschrift Bruno Snell* (1956), 145 ff.。反对意见如 E. Hohl, *Rh. Mus.* LXVIII (1913), 461 ff.。尽管 R. T. Bruère, *Class. Phil.* XLIX (1954), 161 ff. 对此进行了强调，但这种一致性（确实存在着显而易见的相似之处）并不能说明太多问题。

3　后人自然倾向于将伽尔巴的演说（*oratio Galbae*）视为"一座金矿（il filone aureo）"（E. Paratore, *Tacito* [1951], 464）或"一种政治信条（das politische Glaubensbekenntnis）"（E. Kornemann, *Tacitus* [Wiesbaden, 1947], 27）。关于过继问题，见下文原书第233—234页。

4　1.15.1；披索对禁卫军的讲话也提到了"世人的共识（consensus generis humani）"（1.30.2）。对这些措辞的研究见 H. U. Instinsky, *Hermes* LXXV (1940), 265 ff.。还应注意铭文"世人的安宁（SALVS GEN. HVMANI）"（*BMC, R. Emp.* 1, 314 f.）及 Instinsky, *Hamburger Beiträge zur Numismatik* I (1947), 5 ff.。

运气取得的，并且他的政权正在土崩瓦解。

结合伽尔巴当时的困境来看，他的演说呈现出的是另外一种色彩。起兵反叛尼禄的伽尔巴是站在元老院与罗马人民的立场上反抗暴政的。[1]反叛者是别无选择的，或者说找不到其他任何借口。在选择披索·李锡尼亚努斯作为罗马统治者时，伽尔巴声称是在遵循一条原则——"过继手段可以发现最适宜的人选（optimum quemque adoption inveniet）"[2]。过继本身便是绝望之际的举动（"别无选择的解药［remedium unicum］"）。[3] 伽尔巴没有儿子（也没有自己认可或信赖的近亲），无法建立属于自己血脉的王朝，只能采用退而求其次的办法。

即便诚实的披索也不能在其演说中完全讲真话。他在伽尔巴即位时便见识过暴力（以及随后的流血冲突），但后来又呼吁禁卫军不要开创一个恶劣先例——仿佛伽尔巴并非被行省军队拥立为元首一样。[4]

我们应当看到，尽管史学家塔西佗并非真心实意地赞美某种政治原则，但他也会使用类似的权宜之计，安排奥索发表一篇赞美罗马元老院和罗马城及罗马帝国"万古长存"的宏伟演说。[5]

---

1 Suetonius, *Galba* 10.1: "consalutatusque imperator legatum se senatus ac populi R. professus est（被人欢呼为元首时，他声明自己是元老院与罗马人民授权的代表）." 关于硬币铭文的问题见C. M. Kraay, *Num. Chron.*[6] IX (1949), 129 ff.。

2 1.16.1。

3 14.1，参见*Pan.* 8.3（关于涅尔瓦的举动）: "unicum auxilium fessis rebus（多事之秋里的唯一支援）."

4 29 f.（见上文原书第152页的总结）。

5 84.4（引文见上文，原书第155页）."万古长存"的字眼很快就进入了帝国的官方文件。见*ILS* 157（公元32年）: "providentiae Ti. Caesaris Augusti nati ad aeternitatem Romani nominis（奥古斯都之子、神圣的提比略·凯撒令罗马人的声名万古长存）." 图密善统治时代元老院发行的硬币上镌刻有"万古长存的奥古斯都（AETERNITAS AVGVSTI）"的字样（*BMC, R. Emp.* II, 364 f.）。关于罗马城及其统治者们的永恒性，参见F. Cumont, *Rev d'hist. et de litt. rel.* I (1896), 435 ff.; M. Vogelstein, *Kaiser-Idee, Rom-Idee* (1930), 42; M. P. Charlesworth, *Harv. Th. Rev.* XXIX (1936), 107 ff.; H. U. Instinsky, *Hermes* LXXVII (1942), 313 ff.; J. Beaujeu, *La Religion romaine à l'apogée de l'empire* I (1955), 141 ff.。塔西佗不喜欢这个词；在他的其他现存文本中，只有*Agr.* 46.4和《编年史》中的1处（*Ann.* 11.7.1——并且是转述其他人的讲话）使用了它。关于塔西佗与硬币铭文的关系，见下文附录66。

统治者的素质比任何理论或体系都更为重要。在尤利乌斯-克劳狄乌斯王朝终结之际掌权的是伽尔巴；他是老牌贵族苏尔庇奇乌斯家族的后裔，但这个人并不称职。来自后起家族的元首——奥索和维特利乌斯——也是不合格的。塔西佗十分重视接下来数任统治者的人格特征。公元69年的危机更为广泛：它涉及整个统治阶级与统治秩序。塔西佗有能力把握自己所描述的事件吗？[1]

这场危机的原因是多方面的，并且危机也呈现出多种面貌。塔西佗的解释似乎是完全能够站得住脚的。就我们所知道的情况而言，塔西佗的《历史》第一次指出了行省与军队对罗马政权的全面影响。[2]

罗马元首们的统治根基与源头在于其军事实力。保护帝国边疆与控制军团是他们的必要职责。在罗马掌控内政大权的同时，元首们还要为自己构建一座堡垒。为此，约束禁卫军同样是他们的必要职责。

尼禄的倒台引发了一系列灾难。紫袍成了公开的争夺对象，军队化身为出笼猛兽，诸行省的资源开始发挥作用，威胁着帝国体系与既定社会秩序。内战吊起了下层阶级——罗马平民和士兵们——的胃口。[3] 原先臣服于帝国的各族群也参与了进来，早年忧患岁月中的部落叛乱与外敌威胁重新抬头——从前的罗马人正是为了应对那些麻烦才建立了帝国，以便挽救元老阶层并延缓剧变进程。

从前的教训再度浮现：为了维护稳定，罗马人需要强有力的王权。元老院的逐渐衰落还会继续。倘若伽尔巴当真想过要建立一个什么"传统"政权的话，那么他的计划也从未实现过。塔西佗如实报道的史实证明，秘密政治

1　P. Zancan, *La Crisi del principato nell' anno 69 d. C.* (Padova, 1939), 121 ff. 讨论了该问题（以及诸多现代观点）。作者声称塔西佗"将公元69年的危机叙述成了对贵族集团的批判（ha tradotto la crisi del 69 in una critica della nobiltà）"，其视野过于狭窄。罗斯托夫采夫的解读包含着一处严重错误——他以为莱茵河流域诸军团曾起兵反抗过奥索与禁卫军（Rostovtzeff, *Soc. and Ec. Hist. of the R. Empire* [1926], 84 f.）。

2　E. Paratore, o.c. 426.

3　不仅仅是克雷莫纳的陷落（3.33）：见1.85.1; 2.56.1; 4.1。

跟之前一样占据了上风,阴谋集团掌控了权力。[1]在伽尔巴的统治时期,没有任何迹象表明,作为一个政治实体的元老院曾经恢复过自身的权威。

塔西佗也并未承认奥索或维特利乌斯掌权时做过什么实事。[2]自由在维特利乌斯垮台后曾短暂降临,但那是缥缈虚幻的。当人们看到有机会谴责或消灭从前暴政的一些爪牙时,元老院里又爆发了争吵,个人恩怨再起争端。塔西佗对数次辩论进行了鲜明、准确的记述。[3]

个人经验使得塔西佗对那样的场面与情景驾轻就熟。他引入了埃普里乌斯·马塞卢斯这样一个人物,让他用冷静的推理去劝诫赫尔维狄乌斯·普利斯库斯,从而为中立派和相时而动者提供了政治家式的辩护。埃普里乌斯·马塞卢斯使用的语言应当是塔西佗本人听到过(或他亲自用过)的。当时其他方面大大小小的细节也都酷似涅尔瓦统治时期。塔西佗不失时机地拿出了一篇猛烈抨击一名臭名昭著的告密者的演说。[4]

所有这些口舌与努力都无果而终(只有少数次要帮凶被定了罪)。这种结果同样似曾相识。圆滑的穆奇亚努斯呼吁赦免他们并出庭辩护,于是"祖国之父(patres)"们就不再要求什么"自由"了。他们只能满足于谴责一座对某位元老不敬的意大利城镇,从而为自己找回一些面子。

以上便是元老院在韦伯芗统治初期的表现。塔西佗已经清晰勾勒了将在未来的场景中扮演主要角色的人物。李锡尼乌斯·穆奇亚努斯在第1卷靠前部分的性格描绘里已占据显要地位。[5]而在第4卷开篇后不久,赫尔维狄乌斯·普利斯库斯也得到了充分表现的机会。塔西佗用阴郁的语言描述了他同埃普里乌斯·马塞卢斯之间的交锋,并旋即阐述了"残酷的和平(saeva

---

1　1.13.1.
2　但有学者认为奥索的说法确有依据,见G. Manfrè, *La Crisi politica dell' anno 68-69 d. Chr.* (Padova, 1947), 90,参见94;认为维特利乌斯的说法有据可循的如A. Momigliano, *Stud. it. fil. cl.* IX (1931/2), 122 f.。
3　4.3 ff.; 39 ff. (原书第187—188页)。
4　42——库尔提乌斯·蒙塔努斯对玛库斯·阿奎利乌斯·雷古鲁斯的攻击。图拉真时代的读者无疑会对此予以高度赞赏。参见小普林尼"对赫尔维狄乌斯的报复"(原书第94、120页)。
5　1.10 (原书第195页)。

pax）"这一主题。[1]

塔西佗以一种恰当的悲观语调回顾了内战的传统主题。那只是其《历史》的一部分。这本书的大部分内容都是在讲述和平与秩序建立后弗拉维王朝的统治状况：起初充满光明希望，但随后便变为压迫，并以灾难告终。后面几卷将更为严格地考验他的诚实与勤勉。

塔西佗的地位和晋升仰仗于弗拉维王朝——尤其是元首图密善。但他没有让这些因素扭曲自己对韦伯芗与提图斯的记载。如果说塔西佗确实对两人有些过度偏袒的话，那也是由这位历史学家对图密善的看法所造成的。在描绘一名暴君时，作者怎么可能（或是否有必要）做到不偏不倚呢？

在讨论事物的复杂性并表达对传统的程式化评述方式的不满时，塔西佗坚持认为，历史学家应当听取一个问题的两方面意见，并关注一个人性格的不同侧面。如果他笔下的一个人物身上混合着善与恶的不同元素的话，那也是无可指摘的。在塔西佗作品的其他章节里，一个臭名昭著的恶棍会因为治理行省时清正廉洁、表现出过人勇气或英勇牺牲而得到部分的或暂时的宽恕。塔西佗喜欢插入这些突兀细节或颠覆性的评注。他并不仅仅满足于为恶人说几句好话，公正无私（或恶作剧心态）还促使他去揭露正人君子们所做的一些愚蠢无谓、令人生厌或一无所获的事情。

将图密善描绘成一名狡猾暴君，即阿古利可拉正直、爱国美德的对立面并不困难：颂词总归是允许过火与夸张的，并且塔西佗在《阿古利可拉传》中的一些处理方式确实未必值得称赞。历史学家的任务则与此不同。他必须记载一长串复杂事件以及众多元素的互动——还有帝国权力的主题：影响它的不仅仅是统治者的性格，还有掌权寡头集团的秘密政治、意外变故、阴谋或反叛。

图密善的大政方针中其实有许多值得称道的元素，并且他也迫使行省总

---

[1] 4.4.3: "isque praecipuus illi dies magnae offensae initium et magnae gloriae fuit（那是他一生中十分重要的一天，标志着他开始严重冒犯一批人，同时也开始享受巨大荣誉）."

督们必须行为检点。[1] 作为一名勤勉、警觉的暴君，图密善是非常令人生畏和遭人厌烦的。当然，其中一些成绩要归功于他对前代政策的沿袭、精明的谋臣和为帝国效劳的臣子们，而非元首本人；并且世人也有理由怀疑，图密善的一些惩戒、改良措施其实隐含着那位元首忌妒、残酷的本性。伪装矫饰是解释坏君主为何做过好事时的惯用手段。了解图密善的人势必要这样做——历史学家塔西佗当然也抗拒不了这种诱惑。他会追本溯源，讲述这位王子起初如何出色地展示了自己的节制有度和仁慈为怀，又在掌握了堂堂正正的、可以为所欲为的无限权力后逐渐野心膨胀，暴露了自己的真实本性（这一点同之前的众多元首们别无二致）。最后，他在愤怒与恐惧的压力下变成了恶魔："那头硕大无比的怪兽（illa immanissima belua）。"[2]

尝试叙述公元69—96年历史的作家需要面对许多布局谋篇与保持平衡的问题。他的叙述应当在哪里、以何种方式分成前后两部分？并且他该如何分配每6卷的内容——3组2卷还是2组3卷？[3] 此外还有同编年体例之间的冲突：每卷的结尾未必适合安排在一年的年末。[4]

第5卷开篇叙述了罗马人围攻耶路撒冷的准备工作。叙述线索被之前已在莱茵河流域爆发的叛乱和尤利乌斯·奇维利斯同佩提利乌斯·克瑞亚利斯谈判投降事宜的情节打断。[5] 我们无法确定，这一卷究竟是以耶路撒冷的陷落（公元70年9月）、公元71年夏天韦伯芗与提图斯共同参加的凯旋式还是更晚

1　Suetonius, *Dom.* 8.2.

2　*Pan.* 48.3，参见95.3: "ille insidiosissimus princeps（那个极其阴险的元首）。" 关于图密善堕落为残酷、贪婪之人的过程，见Suetonius, *Dom.* 10.1 ff.。

3　《历史》和《编年史》共30卷，参见Jerome, *Comm. ad Zach.* 3.14: "Cornelius Tacitus, qui post Augustum usque ad mortem Domitiani vitas Caesarum triginta voluminibus exaravit（科奈里乌斯·塔西佗，那位用30卷作品记述了从奥古斯都之后到图密善之死期间历任元首生平的作家）。" 我们有理由在此假设《历史》共12卷。更多分析见附录35。

4　关于已佚失各卷的结构与比例，苏维托尼乌斯和卡西乌斯·狄奥无法为我们提供多少线索。传记作家苏维托尼乌斯的方法和材料择取明显（并且是有意为之）与塔西佗不同；而狄奥（现存的相关文本只有缩编或残篇）的处理方式似乎是为弗拉维王朝的3位元首各分配1卷。

5　5.26.

的时间点结束的。[1]

与公元71年征服犹太的凯旋式联系在一起的还有另一场庆典，即宣称全世界的陆地与海洋都已建立了和平。雅努斯神庙被关闭了。[2]并且还有许多工作有待完成。尽管犹太地区和莱茵河流域的秩序已得到重建，但各处边疆与各行省（自推翻尼禄的变乱爆发以来，它们都受到了不同程度的破坏，或至少年久失修）仍需要得到妥善安抚，更不消说首都罗马、元老院和整个社会、政治体系都百废待兴。[3]修缮工作的象征性标志是韦伯芗与提图斯就任监察官。塔西佗拥有足够多的素材将第5卷一直写到公元73年底——这样一来他就可以为下一卷的开篇准备好极富戏剧性的情节。

帝国时代编年史的主题是战争（外战与内战）和元首同元老院的关系。在弗拉维集团兵力占领罗马后的第一次元老院集会上站出来了一个反对派代表——赫尔维狄乌斯·普利斯库斯。最后的冲突发生在数年之后，可能是公元74年。[4]尽管韦伯芗脾气不错，他还是在批评之下有些按捺不住；赫尔维狄乌斯是个不讲策略的人；而朝廷重臣穆奇亚努斯则没完没了地指控哲学家们，认为他们对一切秩序井然的政府构成了威胁。[5]有人声称赫尔维狄乌斯支持着某种恶毒的、颠覆性的信条。[6]他先是遭到流放，随后又在违背元首意愿的情况下（据说如此）被处决了。[7]我们只能猜到陷害赫尔维狄乌斯的一个主要幕后推手——他的政敌、咄咄逼人的演说家埃普里乌斯·马塞卢斯；埃普里乌斯恰好在公元74年第二次出任执政官。我们还能猜到史学家塔西佗采用

---

1 塔西佗确实用较长篇幅叙述了总攻前的准备工作；但允许攻陷耶路撒冷与战胜犹太人的凯旋式占据几乎整整1卷篇幅的处理方式对于历史叙述和作品比例而言是极不适宜的。
2 Orosius 7.3.7; 19.4, 其中引用了塔西佗的作品（= fr. 4 f. in Fisher and Koestermann）。
3 Suetonius, *Divus Vesp.* 8.1: "prope afflictam nutantemque rem p. stabilire primo, deinde et ornare（首先稳固了满目疮痍、风雨飘摇中的国家，随后又装点美化了它）."
4 没有任何现存史料能够清晰反映其年代。关于支持公元74年假说的论据，见库里亚提乌斯·玛特努斯朗诵《伽图》时罗马城的氛围（*Dial.* 2.1）。
5 Dio 66.13.1a.
6 ib. 12.2 f.
7 Suetonius, *Divus Vesp.* 15.

的策略之一——用赫尔维狄乌斯·普利斯库斯的一篇演说来肯定元老的尊严和自由发表言论的权利。[1]

此外，对于塔西佗这样一个懂得选择、求变和补充插话的作家而言，可以用来补充史料不足的素材很多。他应该会记载某些同以往时代联系在一起的著名人物的逝世[2]，以及罗马或外省发生的一些怪异事件。[3]边疆地区的军事行动即便本身微不足道，却仍然可以提升组织它们的将领的地位——他们是军事寡头集团中的弄潮儿，有些早在尼禄治下已经是前执政官，但其他人（大多数）是在晚近的内战中表现活跃或抓住机会的。这些人物包括镇守不列颠的佩提利乌斯·克瑞亚利斯和尤利乌斯·弗伦提努斯，以及通过及时行动化解了帕提亚人威胁的叙利亚行省总督图拉真。[4]出于种种原因，塔西佗认识的其他人（或自己同代人的父辈们）也可以激发他的想象力（并非都是赞美之词）。

一些人物已在前几卷中有所交代。[5]无论如何，塔西佗一定会关注精明的幸存者、耳熟能详的辩护律师们和元老院里以口才著称的知名人物。[6]充满戏

---

[1] 前文中并无赫尔维狄乌斯的任何演说词，只有转述言论中对埃普里乌斯·马塞卢斯的简短批评（4.7）。

[2] 伟大的法学家盖约·卡西乌斯·隆吉努斯（公元30年递补执政官）从流放生涯中归来，逝世于韦伯芗统治时期（*Dig.* 1.2.2.52）。

[3] 可比较塔西佗需要凑足1卷内容的《编年史》各部分的写作技巧特征（见第二十一章）。

[4] 见原书第30页。如对元首的谨慎恭维；以及（更为贴切）补偿最近去世的弗伦提努斯的机会，《阿古利可拉传》中的交代过于简略，见 *Agr.* 17.3: "subiit sustinuitque molem Iulius Frontinus, vir magnus, quantum licebat（尤利乌斯·弗伦提努斯肩负着重担；在条件许可的前提下，他达到了伟大人物的标准）."

[5] 他们从而构成了一个群体，其中包括：尤尼乌斯·鲁斯提库斯（Junius Rusticus）（3.80.2）、他的兄弟毛里库斯（Mauricus）（4.40.4）、穆索尼乌斯·鲁孚斯（Musonius Rufus）（3.81.1; 4.10; 40.3）和精力充沛的维鲁拉娜·格拉提拉（Verulana Gratilla）（3.69.3）——后者可能是鲁斯提库斯的妻子（Pliny, *Epp.* 5.1.8）；此外还有军团副将奥勒留·福尔伍斯（Aurelius Fulvus）和特提乌斯·朱利安（Tettius Julianus）（1.79.5，后者的情况另参见2.85.2; 4.39.1; 40.2），名誉扫地的贝比乌斯·马萨（Baebius Massa）（4.50.2），当然还有阿奎利乌斯·雷古鲁斯（Aquillius Regulus）（4.42）。

[6] 其中的著名人物如埃普里乌斯·马塞卢斯、维比乌斯·克里斯普斯和法布里奇乌斯·维恩托；此外还有希利乌斯·意大利库斯和伽勒里乌斯·特拉查鲁斯。关于演说家们的情况，见附录26。

剧性、矛盾重重的收尾事件应该是韦伯芗生前最后一年的那场谋反（那件事情无法解释，并且显然无法证实其确实存在）；与此相联系的还有暴君麾下忠臣埃普里乌斯·马塞卢斯和维特利乌斯出卖者凯奇纳·阿利埃努斯的飞来横祸。[1]

韦伯芗的葬礼因为一名扮演死者演员的出色表现而为世人所牢记——那次表演充斥着笑话和各种戏剧元素。[2] 尽管严肃的历史最多只能简短地提一句这类喜剧表演或采用为尊者讳的、冠冕堂皇的说法，这场令人回想起那个萨宾暴发户意外好运的仪式肯定会引发观众们意见不一的评论——其中不乏恶意或阴郁的预言。并非所有人都乐意看到提图斯的远大前程。有人私下里议论着他的奢靡与残酷，将之比作第二个尼禄；而凯奇纳·阿利埃努斯的被杀也成了新元首身上的一个沉重负担。[3]

如果第5卷佚失的部分和下一卷的篇幅足够记载完公元79年夏天韦伯芗去世前的历史的话，那么塔西佗就可以干净利落地解决布局谋篇的问题。《历史》的后6卷将记载韦伯芗的两个儿子统治的历史，其中1卷记述提图斯统治时期，另外5卷记载图密善治下的15年。[4]

《历史》并不仅仅讲述元首们的个人故事。虽说弗拉维王朝历任元首的执政风格存在着鲜明反差，延续性却也是存在的。提图斯并不仅仅是韦伯芗的继承人而已——他几乎从韦伯芗统治起就是一位共治者。图密善统治时期的第一阶段（公元81—85年）也并未表现出同之前的任何显著差异，之前的同一批臣子仍然在位。[5] 真正的麻烦是从多瑙河畔的变故开始的。关于图密善统治时期的前2卷（前1卷的内容以和平为主，后1卷主要记述战争），可以

---

1 原书第101页。关于该事件的情况，另见 J. A. Crook, *AJP* LXXII (1951), 169。
2 *Divus Vesp.* 19.2.
3 *Divus Titus* 6 f.
4 认为记述图密善统治时期用去6卷的假说（参见附录35）会导致分配给韦伯芗和提图斯统治时期的篇幅显得过小。
5 *Divus Titus* 7.2. 首先是维比乌斯·克里斯普斯和法布里奇乌斯·维恩托（后者的第二次执政官任期开始于埃普里乌斯覆灭之后几个月）。见 Juvenal 4.75 ff. (原书第67页)。讽刺诗人朱文纳尔可能略去了若干（受人尊敬的）名字。

将叙述线索推进到公元88年底。到了下一年，当安东尼·萨图尔尼努斯于1月1日在墨根提亚库姆被拥立为元首时，图密善的统治开始正式走上下坡路。[1] 这让历史学家塔西佗有机会在记述那个从一开始就充斥着激烈军事冲突的年头时追忆公元69年。历史的进程与史书的结构要求惊人地一致。后面的3卷就可以专注于描述图密善的暴政了。

根据上述假说，《历史》的12卷在结构上是相当平衡的。前6卷分为两部分：1—3卷记载历次内战（伽尔巴、奥索和维特利乌斯），4—6卷记载韦伯芗统治时期（莱茵河畔与犹太的对外战争，以及接下来的有序统治）。后6卷也分成两部分。其中前一半记述了帝国内部稳定性的建立和王位继承，并在结束前写到了多瑙河流域的战争；后一半负责记载图密善统治后期（公元89—96年）。这样一来，《历史》的最后3卷构成了最初3卷的续集，图密善的暴政被同3位元首命殒黄泉的那个"漫长的一年（longus et unus annus）"相提并论。

简要的概述可以揭示后6卷的叙述范围与布局。尽管"全人类的宠儿与欢乐源泉（amor et deliciae generis humani）"提图斯在两年零两个月后就驾崩了（公元79—81年在位），但这段短暂幸福岁月可以毫不费力地写成整整1卷——罗马大竞技场（the Flavian Amphitheatre）落成之际的表演和竞技、维苏威火山的喷发、罗马的可怕火灾与一场大瘟疫；如果塔西佗还想进一步丰富这一卷的内容的话，他还可以记述尤利乌斯·阿古利可拉在第三次不列颠战争中向北方的进军[2]，或一个假尼禄出现在亚洲，集合起一群追随者并进军至幼发拉底河的怪异故事。[3]

对于图密善的早期统治，历史学家塔西佗或许会承认他有过一些温和的，甚至值得称道的举动（但未必不会谴责其动机）。图密善最初的军事行

---

[1] *Dom*. 10.5: "verum aliquanto post civilis belli victoriam saevior（他在内战胜利后确实变得更加野蛮）."
[2] 他对阿古利可拉的记述可能会十分简短。狄奥作品节编者提供的材料（66.20）遭到了歪曲——其中主要讲述的是乌西皮人（Usipi）的插曲。
[3] 这个伪尼禄叫作泰伦斯·马克西穆斯（Terentius Maximus）（Dio 66.19.3 b-c）。

动是积极主动且恰到好处的。他在公元83年发动了对查提人的进攻。事实证明，对查提人的战争并非一次冒领荣誉的小打小闹（《阿古利可拉传》里的说法），而是一场真刀真枪的大规模军事行动，并巩固了整个上日耳曼行省边疆。但这场胜利应归功于元首的军事顾问们，如尤利乌斯·弗伦提努斯等人。[1] 但宫廷谣言很快预示了未来的历史发展走向——图密善先是同自己的妻子（科布罗之女多米提娅·隆吉娜 [Domitia Longina]）起了矛盾。尽管两人日后实现了和解，但图密善不久后便同自己的侄女、提图斯之女尤利娅（Julia）公开同居，并处死了后者的丈夫弗拉维乌斯·萨比努斯。此外，道德立法和他在公元85年取得的"终身监察官（censor perpetuus）"头衔揭开了严酷专制时代的序幕。

从这时起，历史进程已能够揭示史学家塔西佗作品的严密、优雅结构——其中包括3次统治危机（2次来自外部，1次来自内部）。首先是多瑙河流域的麻烦——"因彼此残害而闻名于世的达契亚（nobilitatus cladibus mutuis Dacus）"[2]。一支罗马军队在默西亚被歼灭。入侵达契亚后不久又发生了禁卫军队长科奈里乌斯·福斯库斯的变故。塔西佗在这里（碰巧有人记录了下来）效法了撒路斯特和其他作家的做法，拒绝透露罗马人在这些灾难中的阵亡总人数。[3] 在此补充关于达契亚人的插话是必要的，并且收集相关信息少不了要下一番气力——就我们所知，塔西佗在罗马编年史家中的前辈们没有人做过这样的工作。[4] 为了消除帝国边疆严重危机带来的阴影，首都举

---

1 注意 Strat. 1.1.8; 3.10; 2.11.7里的说法。弗伦努斯是公元70年的大法官；图密善去了高卢（Hist. 4.85 f.），弗伦努斯也是如此：林戈尼人是向他投降的（Strat. 4.3.14）。

2 Hist. 1.2.1，参见原书第23—24页。尽管危机或许在前一年就开始了，塔西佗很可能会到公元86年初再对此加以记述，以此作为自己记述图密善时代第2卷的适宜开端。

3 Orosius 7.10.4 = fr. 6: "nisi Cornelius Tacitus, qui hanc historiam diligentissime retexuit, de reticendo interfectorum numero et Sallustium Crispum et alios auctores quam plurimos sanxisse et se ipsum idem potissimum elegisse dixisset（认真重述了这段历史的塔西佗声称，由于撒路斯特·克里斯普斯和其他许多权威史家都对死亡人数保持沉默，他自己也采取了同样的处理方式）."

4 或许我们可以从 Orosius 7.34.5 = fr. 7中猜到几分。这一卷可能也提及了利比亚沙漠部落萨摩尼人（Nasamones）的传奇起源——或许还有他们的生活习惯。关于毛里塔尼亚的危机，参见 ILS 9200。

行了一系列庆典——如公元86年的卡庇托林竞技（the Capitoline Games）和公元88年的轮回庆典。作为为这个新时代奠基的祭司团成员之一，科奈里乌斯·塔西佗在记述这些事件时是拥有足够的知识与讽刺素材的。[1]

公元89年开启了悲剧的下一幕——那是一场新的内战，但以世人始料未及的速度很快结束了。随后，在平定达契亚之前（罗马人在前一年底取得过一场胜利），罗马人在多瑙河中游以北的附庸们——玛柯曼尼人、奎迪人与萨尔玛提亚人——又揭竿而起。元首在公元89年夏季或秋季举行的凯旋式引发了极大非议：当时并无能够让罗马人取得胜利的内战；达契亚尚未被征服；而图密善战胜的并非外敌，而是自己之前失去的军团。[2] 恰到好处的后续情节是公元92年罗马人在潘诺尼亚的兵败。图密善亲自前去指挥了那场战争。元首的虚荣与好逸恶劳（他不肯徒步行军，而执意要乘船走内河水路）无疑与军旅的艰难生活格格不入，并让麾下将领们暗生闷气，从而断送了军队的胜利与荣誉。[3]

对外战争的情况就是这些。下一年以内部危机开始，伴随着铲除异己与惩戒元老院等行动。[4] 暴政由此进入高潮。尽管图密善让元老院顺从自己并卑躬屈膝，并找到了统领军队的合适人选（似乎如此），杯弓蛇影与过度猜疑已让他陷入了病态与杀戮无度。事实证明，弗拉维家族坚持的王朝世系原则对于自身而言是致命的。公元95年，图密善处死了跟自己血缘最近的

---

[1] *Ann.* 11.11.1，参见第六章。

[2] Orosius 7.10.4: "Domitianus tamen pravissima elatus iactantia sub nominee superatorum hostium de extinctis legionibus triumphavit（在极度扭曲的虚荣心驱使下，图密善以战胜自己从前失去军团的名义举行了凯旋式）"; Dio 67.9.6: "ὁ μὲν οὖν Δομιτιανὸς τοιαῦτα νικητήρια, ἢ ὥς γε ὁ ὅμιλος ἔλεγε, τοιούτους ἐναγισμοὺς ἐπί τε τοῖς ἐν τῇ Δακίᾳ καὶ ἐπὶ τοῖς ἐν τῇ Ῥώμῃ τεθνηκόσιν ἐποίησε（这便是图密善举行的凯旋式——也像民众们戏称的那样：它是为在达契亚和罗马牺牲的那些人举办的献祭仪式）." 其中的暗合之处值得注意——因为奥罗修斯的前一句（= fr. 6）确实引用了科奈里乌斯·塔西佗的材料。因此那是一条新的"残篇"。我们还应注意狄奥作品细节中关于各日耳曼族群令人惊叹的准确知识，如67.5.1（赫鲁斯奇人 [Cherusci] 的一位国王）; 5.2（卢吉人 [Lugii] 向图密善派出的使节们）; 5.3（塞姆诺尼人 [Semnones] 的国王在一名女祭司的陪同下对图密善的拜访）。

[3] 参见 *Pan.* 82.4 f.。

[4] 关于其具体时间，见附录19。

亲属——他的堂兄弟弗拉维乌斯·克莱门斯（Flavius Clemens），一个并没有多少才华与活力的人物；他还放逐了克莱门斯的妻子弗拉维娅·多米提拉（Flavia Domitilla）。[1] 这个家族的灭顶之灾很快就要到来了。

公元96年充斥着前所未有的星象、征兆和预言以及占星术士们的解释（其中一些是无稽之谈，另一些则得到了证实）。[2] 怀疑精神并不妨碍塔西佗利用这些素材去渲染阴郁、恐慌的氛围。在帕拉丁山上的大厅里踱步，失眠且孤独，受到自身罪行与恐惧折磨的图密善，在叙述过维特利乌斯最后时光与末日的塔西佗眼中当然是个好题材。他的《历史》以一位元首在罗马广场上被禁卫军杀害开篇，并以一名暴君在卧室里遇刺而告终。

1　Suetonius, *Dom.* 15.1; Dio 67.14.1 f. 克莱门斯的兄弟提图斯·弗拉维乌斯·萨比努斯（T. Flavius Sabinus）(*PIR*², F 355)，即公元82年名年执政官、提图斯之女尤利娅的丈夫，早在图密善统治前期已被处决。

2　*Dom.* 15 f.; Dio 67.16.

第四部分

图拉真与哈德良

第十九章　图拉真的统治

宣称罗马共和国步入了一个新时代的说法早已不是什么新鲜事。这样做过的并非只有奥古斯都、克劳狄乌斯和图密善3位元首——他们举办并利用了轮回庆典,利用恰好符合他们要求的计算方式划分了世纪轮回。事实上,任何一个政权都会使用黄金时代的字眼。[1] 随着王权的发展,历任统治者都会把登基以来的时代同自己联系起来,称之为属于自己的时代。在写给图拉真的第一封信里,小普林尼不失时机地宣称那位元首的"时代(saeculum)"已经降临。[2] 而以道德完满与公平正直自许的图拉真本人也在强烈反对告密风气时用了下面的字眼:"那种行为不属于我们的时代(nec nostri saeculi est)。"[3]

随着幸福新时代的宣言继之以政变或内战,新元首登基之际的新气象蜕变为黑暗的暴政,光明的希望一次次化为泡影,传统的乐观精神被世人弃如敝屣。但到了这一次,罗马人终于得以美梦成真。选择图拉真担任元首的决策表明,人类的意志与远见并不一定会被邪恶的权力暗箱操作所挫败。宿命

---

[1] 尼禄统治前期的例子如Calpurnius Siculus 1.63 f.;公元56年的元老院公告(*ILS* 6043, ll. 41 ff.);更有分寸的表述如Seneca, *Apocol.* 1.1: "ante diem III idus Octobris anno novo, initio saeculi felicissimi(新年10月望日之前的第三天,幸福时代的开端)。"

[2] *Epp.* 10.1.2: "prospera omnia, id est digna saeculo tuo(无处不在的繁荣昌盛合乎这个属于您的时代)",参见3a.2; 23.2; 97.2; *Pan.* 40.5。相当自然的表述还有"属于您的永恒(aeternitate tua)"(41.1)。关于这一观念的讨论见原书第47、208页。

[3] 10.97.2,参见55: "non est ex iustitia nostrorum temporum(没有什么能够存在于我们这个时代的正义之外)。"

论与绝望情绪被一扫而空。健康、活力与信心重回罗马。

共和末年的时弊只有通过王权才能得到根除或缓解。苏拉开出的方剂非但不是良药,反而是谋杀。[1]庞培在他第三次执政官任期内的疗救努力仅仅激化了矛盾。[2]凯撒的做法过于激进和雷厉风行;奥古斯都却在没有过多折腾的前提下治愈了痼疾,从而得到了好评。[3]他防止了全面崩盘局面的出现。为了维持繁荣和稳定,由一人统领全局是必要的——帝国这个庞然大物很容易产生压力、疲劳和危机。[4]但新的病态随即凸显:帝国体系一方面逐渐发展出了防范变故与动乱的机制(那在反复无常或庸碌无能的元首治下是不可或缺的),另一方面又陷入了严重僵化;一些懒惰、懦弱的元首也会受到指责。于是,有人声称这个世界正在变得老迈与疲惫。老普林尼对此提出过一些尖刻评论。前人曾在军阀混战的年代里取得过方方面面的新发现。而这个天下太平、元首乐于奖掖艺术与科学的时代却没有在知识上实现任何进步。只有贪婪与奢靡之风大行其道。[5]

世人曾热切祈求过这个世界的秩序与和谐。当这一切最终降临之际,随之而来的却是专制独裁。[6]罗马的反应十分平静——"罗马城内一切静好(domi res tranquillae)"[7]。但事情还有另一面。和平也有可能是血腥的——"野蛮的和平(saeva pax)"。即便在最理想的情况下,它也是压迫性和了无生气的。那是帝国治下和平必然要付出的代价。随着元首制经受住了缓慢流逝的岁月

---

1 Lucan 2.141 f.: "dumque nimis iam putria membra recidit | excessit medicina modum(当他过于激进地截掉病人坏掉的四肢时,他对医学的运用超过了合理的限度)。"
2 *Ann.* 3.28.1.
3 *Ann.* 1.9.5,参见 Dio 56.44.2。
4 参见塔西佗(*Ann.* 15.50.1)和其他作家(*NH* 2.18; *Pan.* 8.3)笔下的"艰难困苦(fessae res)"。
5 *NH* 2.117 f.,参见 14.2 ff.。小塞涅卡则更为敏锐与乐观,见 *NQ* 7.30.5: "multa venientis aevi populus ignota nobis sciet(未来时代里的人类还会有许多发现,那时我们已被遗忘)。"他在其《美狄亚》(*Medea*)中的感叹则没有那么醒目——"图勒还不是最偏远的地界(nec sit terries ultima Thule)"(379)。
6 Lucan 1.670: "cum domino pax ista venit(那种和平与主子一道降临)。"
7 *Ann.* 1.3.7。"静好(tranquillus)"没有在塔西佗作品的其他文本中出现过。参见 Sallust, *Cat.* 16.5: "tutae tranquillaeque res omnes(一切静好)。"

的考验，"漫长的和平（longa pax）"带来的是浑浑噩噩与停滞不前。建筑物与城墙衰朽倒塌；军纪走向败坏，腐败变得无处不在。[1]

但图拉真打破了这一宿命，杜绝了"元首们的懒散（inertia Caesarum）"。在他的召唤下，帝国从昏睡中苏醒过来。它重新焕发了青春与活力。罗马暂时回归了征服时代的状态。[2]

图拉真俨然是一位罗马共和国的将领，并雷厉风行地实现了元老院与罗马人民的期望。当那个时代的罗马人回顾历史的全景时，他想象不到还有什么东西能比对外征服更加崇高。从某种意义上讲，庞培和凯撒属于可怕的过去——一个充满苦难的时代。在更宽容的罗马人眼中，那些军阀是帝国的缔造者，并且同大部分后继者相比起来还可以算作"好人（boni）"。[3]

图拉真组织了对达契亚人的两场战争（公元101年和102年）。经过中间来之不易的短暂和平后，战事又于公元105年重启。元首在下一年里征服了该地区，将之变成一个罗马行省。与此同时，科奈里乌斯·塔西佗正在忙着撰写《历史》，可能是在公元109年完成了那部著作。他在序言中宣称，如果天假以年的话，他将记述涅尔瓦和图拉真统治时期的历史；那是一个安宁、幸福的时代，允许人们无所顾忌地思考与评说。[4]

---

1 对帝国治下和平后果的贬损式称呼——"漫长的和平"——在塔西佗的作品中十分常见。如 *Agr.* 11.5; *Hist.* 1.67.2; 88.2; 2.17.1; 4.22.1; 5.16.3; *Ann.* 13.35.1。值得注意的还有 Juvenal 6.292: "nunc patimur longae pacis mala（我们如今忍受着漫长且恶劣的和平）。""重新回归的漫长和平（longa pace cuncta refovente）"（Quintus Curtius 4.4.21）可以帮助我们判断其作者的生活年代：他肯定不会是奥古斯都时代的作家。

2 Florus, *praef.* 7: "a Caesare Augusto in saeculum nostrum haud multo minus anni ducenti, quibus inertia Caesarum quasi consenuit atque decoxit, nisi quod sub Traiano principe movit lacertos et praeter spem omnium senectus imperii quasi reddita iuventute reviruit（从元首奥古斯都到我们生活的时代足足有近200年的光景。由于元首们的碌碌无为，罗马人民变得衰朽虚弱，只是在图拉真领导下才重新变得强健尚武。这个垂垂老矣的帝国出人意料地恢复了青春的活力）。"参见 Julian, *Caesares* 327d 对图拉真的赞美。

3 *Hist.* 1.50.3.

4 1.1.4: "quod si vita suppeditet, principatum divi Nervae et imperium Traiani, uberiorem securioremque materiam, senectuti seposui, rara temporum felicitate ubi sentire quae velis et quae sentias dicere licet（但如果天假以年的话，我将用老年的时光去撰写神圣的涅尔瓦的元首统治与图拉真在位的时期，那是更丰富、更安全的题材。因为历史上很少有过如此幸福的时代，让我们拥有并畅所欲言令自己满意的体验）。"

尽管这个想法十分诱人，塔西佗却并未行动起来。或许有人会认为，年老体衰让他的思想变得阴郁，对人与事更加刻薄。事实可能的确如此。但塔西佗作品中现存的部分并无理由让我们这样设想。即便在《历史》中我们也找不到多少光明与希望。概述图密善僭政之恐怖与罪恶的序言在悲观程度上超出了任何人的想象。[1] 当塔西佗在后面的篇幅里叙述相应事件时，他所描述的氛围与细节无疑能够解释全书的布局谋篇：我们只要翻翻《阿古利可拉传》，并回忆一下罗马所承受的一切苦难（传主凭借一场神意主导的疾病而免于目睹它们）就够了。[2]

　　还有人进一步认为，科奈里乌斯·塔西佗对记述政治人物典范的幻想最终破灭了。他在《阿古利可拉传》中断言，自由和元首制如今实现了和谐共存。[3] 但事实并非如此，于是他也随之改变了自己的看法。极端观点认为，塔西佗是对图拉真极度失望的。[4] 相对温和的观点则宣称，史学研究磨砺了塔西佗的洞察力，迫使他意识到理想是无法同帝国政体的本质和权力运作的实际状况相调和的。[5]

　　这种认为塔西佗从根本上改变了自己政治观念的假说貌似可以从若干文本中得到支持——如《阿古利可拉传》的开篇、《关于演说家的对话》的结尾和他借伽尔巴之口发表的那篇宣称靠过继手段选出的元首可以成为合法政权的可靠保障的演说。但我们会发现，这种观点其实是以轻率的、过度咬文嚼字的解读为基础的。

　　只要我们仔细审视一下，伽尔巴演说的证据便不攻自破。[6] 就《阿古利可拉传》而言，塔西佗在撰述与出版这本小册子时总要说几句迎合新政权的场

---

[1] 1.2.3: "atrocius in urbe saevitum（在野蛮的城市里施暴）"，等等。
[2] 45.
[3] 3.1.
[4] 如 H. Willrich, *Hermes* LXII (1927), 54 ff.; H. Bardon, *Les Empereurs et les lettres latines* (1940), 388 f.; E. Paratore, *Tacito* (1951), 625 ff.; F. Klinger, *Bayerische S-B, phil.- hist. Kl.* 1953, Heft 7, 26。
[5] R. Reitzenstein, *Gött. gel. Nachr.* 1914, 251. 反对意见如 I. Zechner, *Wiener Studien* LIV (1936), 900 ff.; F. Klingner, *Die Antike* VIII (1932), 151 ff. = *R. Geisteswelt* (1943), 310 ff.。
[6] 见原书第207页。

面话。他是别无选择的。在经历了图密善治下的那些事情后，他如今也不可能幻想并谈论"这段时代的繁荣昌盛"。没有证据表明，这位前执政官曾犯下过天真或自信的错误。[1]他知道帝国的平衡命悬一线，也目睹过涅尔瓦时代的危机。但他不会在《阿古利可拉传》中谈论那些东西。那同样是别无选择的——塔西佗没有留下过反映内心真实想法的任何文字材料。[2]

《关于演说家的对话》的情况更加微妙。对话中的库里亚提乌斯·玛特努斯提出了一个两难问题——是要伟大的演说术还是好的政府？最后的结论接受并拥护现有秩序，将元首称为"最富智慧的那一位（sapientissimus et unus）"。[3]随之而来的又是什么呢？塔西佗发表了一篇对图拉真与当今幸福生活的颂词，可能反映了他对君主制的欣然认可。[4]如果真是那样的话，那么塔西佗确实在日后修正了自己的观点。但也可能并非如此。既然塔西佗设计的观点就是要论证君主制的存在意味着伟大的演说家已不可能出现，那就意味着只能必须接受君主制——因为没有人会再为共和制或无政府状态辩护。这个结论并不乐观，反映的只是逆来顺受——并且在历史学家塔西佗赞美民众对统治者的顺从、称赞明智的元老院迅速（也是势所必然）做出正确决定时的言论中也暗藏着讽刺之意。[5]

---

[1] 参见 K. Büchner, *Wiener Studien* LXIX (1956), 321 ff.。我们并无把握可以认定，塔西佗在涅尔瓦和图拉真统治时代看到了对"纯粹奥古斯都时代观念"的回归（持该观点的如 E. Paratore, o.c. 507）。为了澄清这一问，我们还需要了解塔西佗对奥古斯都的看法究竟是怎样的。关于"自由"一词的含糊性，见下文第四十一章。

[2] 我们不应忽略塔西佗对阿古利可拉生涯叙述中对既有君主统治模式的（投机式）接受的记载（何况还有浓墨重彩的强调）。

[3] 41.4.

[4] R. Reitzenstein, *Gött. gel. Nachr.* 1914, 231: "ein Angriff auf den Prinzipat gilt ihm wirklich als ein Verbrechen（对元首制的攻击在他眼中是一种犯罪）", 参见 *Neue Wege zur Antike* IV (1926), 8: "gerade unmittelbar nach der Schreckenszeit Domitians ist er überzeugter Monarchist（在图密善统治的恐怖时代畅行无阻的他是一个坚定的保王党分子）"; J. Vogt, *Tacitus als Politiker* (1924), 6; E. Koestermann, *Hermes* LXV (1930), 421; C. Marchesi, *Tacito*[3] (1944), 47。

[5] 41.3 f.: "minor oratorum honor obscuriorque gloria est inter bonos mores et in obsequium regentis paratos. quid enim opus est longis in senatu sententiis, cum optimi cito consentient（在社会道德良好、人民对君主心悦诚服的环境下，演说术必然只能享有微小的荣誉和黯淡的声望。如果精英们总是爽快地赞同现行政策的话，那么还有什么必要在元老院里喋喋不休呢）？"

进一步的追问将一无所获，并且事实上毫无意义。真实的情况其实显而易见——对于富于洞察力和诚实精神的作家而言，撰述关于涅尔瓦与图拉真时代的历史是完全行不通的。塔西佗在《历史》序言中的那些话并非有约束力的承诺，而不过是对现政权的恭维话而已；讲这些话固然必要，但也未必表明它们尽是违心之言。塔西佗对险些翻船的涅尔瓦元首制时期的公开记载已足够尖刻：过继的真相是一桩危险的"帝国机密"。除此之外，历史学家塔西佗对晚近时期的历史一言不发——因为有些事情是不能讲的，另一些事则不值一提。

　　在国内和平与对外征服战争方面，新王朝犹如元首奥古斯都时代再度降临。那对于历史写作而言并不完全是好事。李维在为奥古斯都的共和国写作后记时曾遇到过（或险些遇到）各种风险。那几卷中最优秀的部分或许也是最安全的——它们是关于对外战争的记载，尤其是在日耳曼和伊吕利库姆进行的几次战役。[1]

　　在图拉真的同时代人眼中，达契亚战争显然可以同奥古斯都组织的对外征服战争相提并论，堪称一幕宏伟的插曲。塔西佗本人不无遗憾地承认，读者的注意力会被吸引到对异域风情的描述、战事的得失和著名领袖的去世等内容上。[2] 不过，描述历次达契亚战争也存在着一些障碍。相关材料或许过多，能够帮上忙或提出批评意见的专家也太多。塔西佗笔下的战斗英雄往往是一些活力十足但被嫉妒、怯懦的元首剥夺了应有荣誉的将领。但当现政权的领导者率领罗马人民的军队取得了一场决定性胜利之际，记录这段历史的编年史家可要当心——继续冷嘲热讽或挖苦讥刺肯定是不行的。

　　塔西佗偏爱描述动荡的场景——如士兵同将领或民众的冲突，而不是纪律严明的他们如何向外敌进军。那也不符合元首的看法。征服达契亚是一项

1　见原书第366—367页。
2　*Ann.* 4.33.3: "Nam situs gentium, varietates proeliorum, clari ducum exitus retinent ac redintegrant legentium animum（族群的地理分布、战争局势的瞬息万变、将领的光荣牺牲可以引起并重燃读者的兴趣）."

长期的艰苦工作。图拉真纪功柱上的浮雕对罗马战争的描绘是机械和程式化的，其中并不包含战役、光辉与荣耀。[1]

尽管构建新元首同图密善的反差并补充德克巴鲁斯最后的败亡、一场真刀真枪的胜利和罗马人的凯旋式确实很有吸引力，它却包含着一个严重的弊端——对于科奈里乌斯·塔西佗而言，达契亚战争并不是一个新题目。他在图拉真征服期间或不久后已写过一部《达契亚战记》(*Dacica*)——图密善在该地区领导的历次战争。他并不觉得有必要去跟图拉真纪功柱一较短长，或替元首撰写一部军事备忘录。图拉真组织的达契亚战争可以留给民众、颂词作者或诗人们去讲述。科穆姆的一位意大利诗人便承担了那项任务。[2]

日耳曼为罗马人提供的凯旋式多于实实在在的胜利。塔西佗在简明扼要地否定图密善的功业时就是这么看的。[3]但他可不敢在叙述该主题时声称，带有凯旋意味的绰号"日耳曼尼库斯"其实主要是通过继承而非功绩得来的。嘲笑和歪曲图密善对查提人的胜利更容易些：因为涅尔瓦凭借身为副将时的一些微不足道的军事行动（还是在多瑙河畔而非莱茵河畔）便取得了"日耳曼尼库斯"这一绰号，并将之作为皇室头衔的一部分传给了自己的继子和王位继承人。只有溜须拍马者才会承认这一绰号，赞美图拉真是一位"日耳曼尼库斯"。并且他在这样做的时候还要十二分小心，否则就会让人想起之前那位以莱茵河畔副将身份当上元首的维特利乌斯·日耳曼尼库斯。图拉真即位后很快挑明，罗马人不要指望他会在日耳曼境内发动任何征服战争。他在上日耳曼和雷提亚境内的新修要塞沿线或周边建造了若干道路和堡垒，但仅此而已。要塞数目之前已被图密善从8座减少到6座，很快又进一步减少到4

---

1 I. A. Richmond, *BSR Papers* XIII (1935), 1 ff.
2 Pliny, *Epp.* 8.4.1: "optime facis, quod bellum Dacicum scribere paras. nam quae tam recens, tam copiosa, tam lata, quae denique tam poetica et quamquam in verissimis rebus tam fabulosa materia（您要撰述关于达契亚战争的作品，那是个很好的主意。史学家们去哪里才能找到如此晚近、如此丰富、如此宽广，在完全真实的事件中充满了诗意，甚至几乎是一种传奇色彩的素材呢?）""宽广"（lata）一词宜改为"有趣"（laeta）（也更易于理解）。
3 *Germ.* 37.6.

座。在接下来的60年里，上下日耳曼都被归在和平行省的名单之中。[1]

其他军事区里也没有什么战事和动作。在努米底亚，帝国政策延续着弗拉维王朝元首们的成例，进一步压缩穆苏拉米（Musulamii）游牧部落的活动空间，在新获得的领土上经营农业、建造城市。[2] 第3军团"奥古斯塔"（III Augusta）的营地向西迁移了很长一段距离，军事控制区的边界也推进到了南部边疆。[3] 然而，毛里塔尼亚（Mauretania）是个桀骜不驯的地区；不列颠的局势也继续证明着在那里驻扎3个军团和一大批辅军确有必要。但毛里塔尼亚和不列颠都还没有显示出大规模动乱的迹象。在东方，弗拉维王朝的元首们已重新整顿了边疆防务，兼并了罗马的若干附庸小王国。到了公元105或106年，图拉真麾下的叙利亚总督又将纳巴泰亚阿拉伯人的王国并入帝国版图——无疑费了九牛二虎之力。[4]

设置警务、拓展帝国治下的和平版图、将牧民与山民纳入公民与纳税者的秩序体系乃是罗马帝国新领土文明化的一般进程。至于罗马帝国旧有版图中的各个地区，无论它们处于繁荣还是衰败状态，都不过是一个乏味、受限的主题而已，即便在城市之间的敌意、寡头统治集团的阴谋与腐败和尖锐的贫富矛盾引发了骚乱的情况下也是如此。我们或许有理由认为，只有在行省

1　参见R. Syme, *CAH* XI (1936), 182。
2　ib. 147 f. 特别应当注意的是公元100年建立的塔姆伽狄人殖民地（*ILS* 6841）。
3　关于否定拉姆拜希斯（Lambaesis）的军团营地建于图拉真统治后期或哈德良统治初期的看法，参见R. Syme, *Rev. ét. anc.* XXXVIII (1936), 182 ff.; *Studies in Roman Economic and Social History in Honour of A.C. Johnson* (1951), 123。拉姆拜希斯在公元81年肯定是被罗马人占据着的，当时卢奇乌斯·特提乌斯·朱利安（L. Tettius Juilanus）"独力建造了护墙和军营（muros et castra a solo / fecit）"（见L. Leschi, *Libyca* I [1953]所公布的铭文，后收入 *AE* 1954, 137）。但它或许还不是第3军团"奥古斯塔"的永久据点。
4　具体年代不太能够确定。根据 *Chron. Paschale* 的记载来看，佩特拉（Petra）和波斯特拉（Bostra）的居民自认为建城于公元105年，参见E. Kubitschek in P-W 1, 641 f.。但E. Groag in *PIR*[1], C 1412支持公元106年建城的观点。普雷奥（C. Préaux）认为这次领土兼并发生于公元105/6年冬季（*Phoibos* V [1950/1], 130, 讨论对象为 *P. Michigan* 466）。当时在巴勒斯坦曾发生过骚乱。值得注意的是，昆图斯·庞培·法尔考（Q. Pompeius Falco）反常地在治理过吕奇亚-帕姆弗利亚行省（Lycia-Pamphylia）后又接受了第二个大法官级别的行省——犹太（Judaea）（*ILS* 1035 f.），并且是在他于公元108年担任递补执政官之前。他了解犹太的情况，因为在那里担任过军团长；而且他还拥有近期在达契亚作战的军事经验。

总督参与了战争或举止不端的情况下，该行省才会在罗马编年史中占据一席之地。某些元老（并非最坏的那一批）根本不承认行省居民有权利对"共和国"指令的是非说三道四。[1]

根据元首奥古斯都的部署和日后的一系列政府公告（往往在新元首即位之初颁布），公共行省和意大利由元老院治理。[2]于公元100年1月1日走进元老院的图拉真向元老们保证，无论作为个人还是一个集体，他们都将重获"自由"，并可以放心大胆地同自己分担治理帝国的共同使命。[3]所有元首都讲过这样的话，但迄今为止还没有一个人兑现过诺言。事实证明，元老们确实是乐于追随图拉真的领导的。从前妨碍他们这样做的不是麻木，而是恐惧。[4]

为了领导、指示或在必要时进行惩戒，行省总督们必须是最受人尊敬的和享受元老特权的群体中最有才干的人物。但诸多因素妨碍着这一理想的全面迅速贯彻——如小圈子的特权与潜规则、不同派系集团的影响力以及对统治者真实意图的疑虑。元老院拖了很久才开始正式对马略·普利斯库斯和凯奇利乌斯·克拉西库斯提出指控（他们的罪行可追溯到公元97年），遑论定罪并执行处罚。[5]更晚的瓦勒鲁斯案审讯则一拖再拖，不得不征求元首本人的意见，并似乎有比提尼亚行省地方上的恩怨是非掺杂其中。在征服达契亚后返回罗马的图拉真宣称，他会设法了解比提尼亚人究竟想要什么。[6]大约在这个时候，帝国也开始派遣元首副将去调查、监督元老院行省的事务。[7]

---

1 *Ann.* 15.20.4（特拉西亚·佩图斯）. 值得注意的相反观点见 Pliny, *Pan.* 70.9: "volo ego, qui provinciam rexerit, non tantum codicillos amicorum nec urbana coniuratione eblanditas preces, sed decreta coloniarum decreta civitatum adleget（我希望治理行省的人不仅仅遵循朋友们的告诫和罗马城内支持自己的那一派的主张，还要尊重他所治理的殖民地与城市的本地规则）."

2 参见 *Ann.* 13.4。

3 *Pan.* 66.2.

4 *Pan.* 62.4 f.

5 见原书第78页。

6 *Epp.* 7.10.2.

7 如前往阿凯亚行省的马克西穆斯（Maximus），见 *Epp.* 8.24（原书第80页），后来还有前执政官盖约·阿维狄乌斯·尼格里努斯（C. Avidius Nigrinus，公元110年递补执政官），参见 *SIG*[3] 827（德尔斐）；此外还有前往比提尼亚行省的小普林尼及其继任者科努图斯·特尔图鲁斯（Cornutus Tertullus）（*ILS* 1024），参见第七章。

帝国政府已开始密切关注意大利的需求。涅尔瓦为照顾穷人子女和募兵设立了"慈善基金"。[1] 基金由专人或管理主干道路的官吏负责。[2] 但这些慈善基金，以及道路、桥梁与港口的建设或补贴土地所有者的种种措施并未耗尽图拉真的精力，妨碍这位元首对"他的意大利"的关怀。[3] 他有时会派遣中央政府的官吏去监督地方财政事务[4]；还有一位大法官级别的元首副将负责治理意大利北部全境，仿佛那是个行省一样。[5]

图密善召集元老院开会都是为了干坏事或微不足道的琐事；那些事情即便不算令人悲哀的话，也不过是世人的笑料而已。[6] 歌功颂德者压抑着心中的义愤——元首当时向庄严的元老院咨询的不过是些关于角斗士和消防队的琐碎事务。[7] 而在图拉真治下，元首会亲自聆听关于重要议案的辩论，并关注元老是否有资格在其私人土地上举办集市、财务官秘书去世时的薪水应如何结算等具体问题。[8] 小普林尼曾报道过元老院内的数次辩论与判决。权力最高、对图拉真影响最大的前执政官们在缺席会议时反而更加引人注目。[9]

更重要的事务则需要留给元首去同他的"智囊团（consilium）"商

1　Victor, *Epit.* 12.4. 阿斯巴赫（J. Asbach）认为是图密善创设了该制度（*R. Kaisertum und Verfassung* [1896], 188 ff.）。也有学者认为创设人是涅尔瓦，见 M. Hammond, *Mem. Am. Ac. Rome* XXI (1953), 147。

2　见原书第71页。关于该制度的细节，参见 R. P. Longden, *CAH* XI, 210 f.。

3　*ILS* 6106: "qua aeternitati Italiae suae prospexit（他关怀着他的意大利的永恒福祉）."

4　他们分别被安置在凯雷（Caere）（*ILS* 5918a）、贝戈穆姆（6725）与"奥特西尼人的城市（civitas Otesinorum）"（2722）。

5　在指挥军团与出任执政官（公元109年秋）的任期之间，盖约·尤利乌斯·普罗库鲁斯（C. Julius Proculus）担任着"意大利北部的元首副将（leg. Aug. p. p. region, Transpadanae）"（*ILS* 1040）。该职务在其履历中同元首所治理行省的总督头衔是对等的，都是出任执政官之前的铺垫。相关信息还不仅如此。学者们此前一直没有注意到，Pliny, *Epp.* 6.8 与 7.7 f. 提及了一位名叫普利斯库斯的官吏，后者于公元106年前后活跃于意大利北部。小普林尼的朋友萨图尔尼努斯便为此人效劳（7.15.3，参见7.1）。这位普利斯库斯的具体身份无法确定。

6　*Epp.* 8.14.8 f.

7　*Pan.* 54.4.

8　*Epp.* 5.4; 4.12.

9　我们从中无法找到将领们的蛛丝马迹，从塞尔维亚努斯和苏尔拉到索希乌斯·塞内奇奥、科奈里乌斯·帕尔玛、贵迫·约素图斯和其他人都是如此。其中也没有提及前执政官级别的法学家雅沃勒努斯·普利斯库斯和奈拉提乌斯·普利斯库斯。

议——那是一批从元老和骑士阶层中挑选出来的、在声望与智慧两方面十分突出的人物。小普林尼至少受到过元首的3次召唤。他参加的第一次会议是要决定可否在纳旁高卢境内的维也纳举办希腊式的竞技运动会。第二次会议讨论的是某位行省总督被他的一位"朋友（comes）"提出的指控。第三次会议讨论的主题更为多样——对希腊一座城市中的头面人物蛊惑人心行为的指控、一位军团长妻子的不端行为和一份伪造的遗嘱。[1]

寡头集团自始至终的关注重点都是官职、特权和优先权。但元老阶层似乎不大能不失尊严地、清清白白地运用自己的职权。成天待在元老院里的他们（无权决定真正重要的事务）把心思都用在了追逐、收买荣誉上面。为了防止选举时明目张胆地拉票，元老院采用了匿名投票的办法，但许多选票乱写着轻浮、淫秽的字眼，都被毁掉了。[2] 公元105年，针对各种形式的腐败开展了声势浩大但频率较低的抗议活动。[3] 到了下一年，元老院自己也请求元首帮忙通过一道法案，以便约束过度宴饮、行贿受贿与聚敛钱财等不良风气。[4]

拥有"永久监察官"头衔的图密善可能会爽快地答应元老院的请求。图拉真却只肯在自己的君权范围内行事。他迅速提拔了一批人[5]，甚至扶植了一批新贵族。[6] 图拉真一人控制着所有权力，但也至少允许元老们从权力带来的好处中分一杯羹。[7] 但这样的好处少得可怜。元老们承认对自己的能力不够感到不安。他们感到聊以自慰的是毕竟还有元首在，可以及时补救他们的过失。[8]

1　4.22; 6.22 and 31.
2　3.20; 4.25.
3　5.9.3 f.; 13.6 f.
4　6.19.3 f.
5　他的禁卫军队长绥克斯图·阿提乌斯·苏布拉努斯（Sex. Attius Suburanus）于公元101年当上了执政官，并于公元104年再度出任（这次是名年执政官）。
6　ILS 1054（盖约·埃及乌斯·阿姆比布鲁斯［C. Eggius Ambibulus］，公元126年执政官）。
7　Epp. 3.20.12: "sunt quidem cuncta sub unius arbitrio … quidam tamen salubri temperamento ad nos quoque velut rivi ex illo benignissimo fonte decurrunt（一切都取决于一个人的意志……他关注我们的需求，确保我们得到来自他的仁慈之泉的流水的滋润）."
8　4.25.5: "ἀλλὰ ταῦτα τῷ ὑπὲρ ἡμᾶς μελήσει（但我们之上的那一位将过问此事）."

倘若哪位大法官想要亲自纠正时弊或要求获得自己官职的传统权力的话，他不合时宜的一意孤行很容易遭到理智的人们的指责。[1]另一方面，缺席元老院会议的做法同样不是好事，也会引来非议。[2]

然而，当时并没有人想过要造反或背叛，并且也没有那样的迹象。作为向新统治者致敬的最初举措之一，元老院的决议和元首的讲话宣布，元老院的效忠誓言要写在日常公告中：也就是说要向万民公开宣称他们的"忠诚"。[3]元老院对元首的附庸关系在这里记载得清清楚楚。

元首们最初的一批特殊附庸是罗马城的民众；他们的保护人和主子需喂饱他们，为他们提供娱乐，并在可能的情况下规范民众的行为：韦伯艿曾打趣称呼他们为"小民（plebecula）"。[4]在罗马城的管理方面，元老们除了有权担任各种行政职务和委员会成员外，其余是参与不了多少的。尽管担任罗马市长的是一位元老（而且还得是一位老资格的前执政官），任命他的却是元首。真正位高权重的是那些掌管禁卫军、食品供应和警务的骑士阶层官吏们。这种统治模式从一开始就很受"罗马市民们（plebs urbana）"的欢迎；涅尔瓦上台后很快发放了第二波帝国福利，图拉真则拓展了粮食配给的范围。[5]图拉真的凯旋式带来了大量赏赐与奢侈娱乐活动。来自达契亚的战利品和德克巴鲁斯的财富使得图拉真有能力在征服后发放史无前例的巨大

---

1 有一位名叫李锡尼乌斯·奈波斯（Licinius Nepos）的人物，即公元105年的大法官，起草了一条严厉的改革法令（5.9.3 f.），并且在其他事务上也很活跃并频繁发声（5.4.2，参见13.1；6.5.1 ff.）。法学家尤文提乌斯·塞尔苏斯（Juventius Celsus，公元106年大法官）将他视为一名"需要纠正的元老（emendatorem senatus）"，对他予以猛烈抨击（6.5.4）。另一位元老尼格里努斯（Nigrinus）在担任公元105年平民保民官时则没有因为他的一本"流畅而口吻严厉的小说（libellus disertus et gravis）"而遭到指责。这批人中或许还有阿维狄乌斯·奎埃图斯（Avidius Quietus）的侄甥约·阿维狄乌斯·尼格里努斯（C. Avidius Nigrinus，公元110年递补执政官）——此人得到了快速晋升（见附录27）。

2 至少对于地位相对低微的元老们如此。小普林尼曾婉转地批评过他的朋友布鲁提乌斯·普雷森斯（Bruttius Praesens）（*Epp.* 7.3）。

3 *Pan.* 75.3: "ut orbis terrarum pietatis nostrae adhiberetur testis（以便全世界都能见证我们的忠诚）."

4 Suetonius, *Divus Vesp.* 18.

5 *Pan.* 26，参见D. van Berchem, *Les Distributions de blé et d'argent à la plebe romaine sous l'empire* (1939), 33 f.。

赏赐[1]；10000名角斗士为了帝国臣民的欢愉而打斗流血。[2]各种形式的庆祝活动——角斗表演、庆典、宴会与赏赐——年复一年地举办着。[3]

图拉真现在可以腾出手来装点罗马城了。一系列装饰或实用的纪念性建筑庆祝着元首的历次胜利，尤其是完工于公元112年的图拉真广场（Forum）和会堂（Basilica），以及公元113年的图拉真纪功柱。[4]这些战利品与建筑以及被视为具有公开价值的事件或许会记录在罗马的日常公告里，并以摘要形式传抄到其他地方。它们在奥斯提亚的《执政官年表》中是占据着一席之地的。但这些内容是史学的适宜素材吗？诚然，神庙或其他公共建筑的落成构成了共和时期"罗马城（urbs Roma）"编年史的有机成分。但讨论这些东西的价值毕竟有限。当一位材料汇纂者孜孜不倦地用剧场尺寸数据等内容填充着乏味无聊的年度记录时，历史学家早已在义愤填膺地发表抗议了。[5]塔西佗也不大可能有兴趣去关注角斗士竞技或"贱民们（plebs sordida）"的其他消遣活动。[6]在叙述坏元首治下的历史时，他对自己主题的单调无聊——暴君授意下的残酷举动和接二连三的血腥迫害——极其不满。[7]但事实上，"最伟

1　"354年的编年史家（Chronographer of the Year 354）"报道了一次多达650第纳尔（denarii）的赏赐（congiarium）。即便将之视为图拉真3次赏赐的总和，这个数额也是相当可观的（图密善的3次赏赐总金额只有225第纳尔）。范·贝尔海姆（Van Berchem）认为这个数额并不可信（o.c. 152）。卡科皮诺（Carcopino）利用从达契亚获取的黄金来对此加以解释（Lydus, De. mag. II. 28，信息来自图拉真的医生斯塔提利乌斯·克里托[Statilius Crito]）。参见Carcopino, Dacia I (1924), 28 ff. = Points de vue sur l'impérialisme romain (1934), 73 ff.。对此的批评见R. Syme, JRS XX (1930), 55 ff.。

2　Dio 68.15.1. 事实上，仅公元109年当年便有近5000对角斗士举行了表演（FO XXII）。

3　FO XXI f.（直至公元113年）.

4　FO XXII.

5　Ann. 13.31.1: "cum ex dignitate populi Romani repertum sit res inlustres annalibus, talia diurnis urbis actis mandare（罗马人民的尊严要求编年史记载的应当是光辉灿烂的历史，而将这些琐事留给罗马城日常公告去记述）."

6　小普林尼赞美了图拉真统治初期的这些尚武庆典之一（Pan. 33.1 f.）。关于为这位戎马出身的元首品味的种种现代辩护，见R. Paribeni, Optimus Princeps I (1926), 269 ff.。

7　Ann. 4.33.3: "nos saeva iussa, continuas accusationes, fallaces amicitias, perniciem innocentium et easdem exitu causas coniungimus, obvia rerum similitudine et satietate（我们记述的只能是一连串残酷的命令、没完没了的指控、虚情假意的友谊、惨遭毒手的无辜者、五花八门但结局相同的案件——到处都是千篇一律、乏味无聊的题材）."

大的元首"提供的赏赐与福利同样单调。

以上便是图拉真被收养和塔西佗出任执政官后的15年内,图拉真统治时期帝国内政外交事务的主要素材。那是一个光荣、幸福的时代——对于一位在记述图密善统治的15年时得心应手的史学家而言是几乎无从下手的。

史学的叙述主题正在变得日趋狭窄——一方面是行省与内政的事务,另一方面是统治者的性格和举止。这些主题损害着史学的高贵地位。因为其中一个主题不适合历史学家,另一个则不适合元老。如果说元首们的生平事迹已开始吸引地位和抱负较低的作家的话,那么爱好收集元首们的流言蜚语和稗官野史的传记作家也会在一位德行卓著的君主和他的贞洁妻子面前垂头丧气、惊愕不已。

如今,元首图拉真的权力与图密善相比起来已有过之而无不及。[1]元老们曾同暴政抗争过。那场斗争是激烈而意气风发的。它如今已经结束。元老们终于可以享受"安宁(securitas)"了。[2]他们期待过一位好元首;这样的人如今就跟他们在一起,并且是无法摆脱的。元老们的"尊荣"得到了保全,但他们也付出了"顺从"的代价。[3]如果说这个时代的幸福中掺杂着忧郁和颓丧情绪的话,那也没有什么可奇怪的。伟大罗马传统的继承人们并不总是会对为自己带来好处的专制统治心满意足。[4]

在《关于演说家的对话》中,塔西佗意识到了这一事实,并进行了道德阐释。多年以后,当塔西佗完成了《历史》后,他是否对自己当初的抱负未能实现而感到失望呢?当一位前执政官回首自己最初步入政界时的往事,忆

---

1 R. P. Longden, *CAH* XI, 204; W. H. Gross, *Bildnisse Traians* (1940), 15; E. Paratore, *Tacito* (1951), 637.

2 关于这一观念,见H. U. Instinsky, *Sicherheit als politisches Problem des r. Kaisertums* (1952), 27 ff.。

3 塔西佗在提比略时代发表的一篇演说中借用了这一观念——"诸神把重要事务的决策权赐予了您,而留给我们顺从的荣耀(tibi summum rerum iudicium di dedere, nobis obsequii gloria relicta est)"(*Ann.* 6.8.4)。关于"顺从"一词,见原书第28、58页。

4 参见Longinus, *De sublimitate* 44.3,其中描述了生于帝国和平之下的世人——"在公平的奴役中接受教育(παιδομαθεῖς εἶναι δουλείας δικαίας)"。

起自己年少时的朋友和对手时，他一定会去思考人事的兴衰变幻——死亡、流放、病痛或衰老。他的一位同龄人选择了享乐与退隐，另一位指挥了一支军队，第三位同元首走得是如此之近，以至于无须再去元老院出席并处理那些日常杂务了。[1]

自从卸任执政官以来，塔西佗已目睹过上层贵族圈子里的许多变故。尼禄的统治似乎还历历在目，但尼禄时代的执政官们已全部去世。[2]在尼禄统治时期步入成年、在弗拉维王朝初年担任了执政官并一直活到图拉真时代（从而恢复了自己的公共声望）的那一批人如今已经不在了。[3]此外，罗马的那一批新人们生育能力较差，没有几个能够留下执政官级别的儿子。类似的空缺也清晰地反映在弗拉维王朝后期的执政官人选上，有几个古老的或后起的家族甚至绝了后。[4]一些从那个时代幸存下来的"要人们"选择了退隐[5]；但另一些人的仕途生涯很漫长，其中有些人还在晚年声名显赫。[6]

在年龄或官职高低（二者并不总是一回事）同自己相近的人物中，塔西佗可能会关注格利提乌斯·阿古利可拉——此人担任过潘诺尼亚行省总督，参加过第一次达契亚战争，并在此后第二次出任执政官。[7]此外还有一些比自己年轻的人物——跟自己一样出类拔萃的索希乌斯·塞内奇奥、叙利亚行省总督科奈里乌斯·帕尔玛和接替帕尔玛的总督职位但未能再度出任执政官的费边·约斯图斯。[8]爱好文学并不妨碍索希乌斯和费边担任军事地位重要的前

1　*Epp.* 4.24.3.
2　*Epp.* 3.7.9 ff.（对"人生之脆弱［fragilitas humana］"的反思，由公元68年执政官希利乌斯·意大利库斯之死引发）。
3　尤利乌斯·弗伦提努斯卒于公元103年前后（*Epp.* 4.8.3），我们最后一次听说维斯特里奇乌斯·斯普利纳是在关于公元105年前后史事的记载中（5.17）。
4　如沃鲁修斯贵族家族（Volusii），他们最后出任执政官是在公元87年和92年；韦伯芗的盟友李锡尼乌斯·穆奇亚努斯和佩提利乌斯·克瑞亚利斯都未能留下担任过执政官的后裔，图密善麾下的常胜将军特提乌斯·朱利安和拉皮乌斯·马克西穆斯的情况也是如此。
5　关于10年后的提图斯·庞普尼乌斯·巴苏斯（T. Pomponius Bassus，公元94年递补执政官）成为"最完美的缄默者代表（pulcherrimae quietis exemplum）"的情况，见*Epp.* 4.23。
6　见原书第477页。关于仍在世的公元90—96年期间执政官，见附录23中的亚细亚行省总督名单。
7　*ILS* 1021a.
8　第五章。

执政官级别行省总督。随着老熟人的相继过世，新成员进入了塔西佗供职多年的祭司团。[1] 公元96、97年的一些财务官们如今已当上了执政官[2]；随着寡头集团的扩大化（它开始向行省开放，一个显著变化是补充了来自帝国东部的许多新鲜血液），这位老迈年高的前执政官还将注视着（内心并不总是满意的）越来越多的人担任执政官这一最高行政官职。[3] 新加入统治集团的这些人并非都是在罗马传统的教育下成长起来的——一个普遍的危险在于，来自行省的元老们容易将罗马和意大利仅仅视为自己的客居之地。[4] 社会风气也在变化着，并且新出现的品味不可能完全合乎塔西佗的胃口。

在通过史学创作进一步提升了自己作为演说家的声望的同时，塔西佗也在其作品中插入了一些修辞学的样本，从而展示了自己招牌式的崇高风格。并且他永远关注并随时乐于评价过往演说家们的水平。他自己身处的时代里也有一些竞争者——或许还有模仿者。[5] 谁是下一代中的著名演说家？他们的风格是怎样的？年轻人在接受指导或教师意见方面表现如何？我们无从回答这些问题[6]——关于拉丁演说术的可靠信息已经空缺30来年了。[7]

1　见附录22。加入者有玛库斯·庞培·玛克里努斯（M. Pompeius Macrinus，公元100或101年递补政官）、昆图斯·庞培·法尔考（Q. Pompeius Falco，公元108年递补执政官）和盖约·尤利乌斯·普罗库鲁斯（C. Julius Proculus，公元109年递补执政官）。

2　如公元110年的奥鲁斯·拉尔奇乌斯·普利斯库斯（A. Larcius Priscus）（ILS 1055）和公元109年的盖约·尤利乌斯·普罗库鲁斯（C. Julius Proculus）（1040）。

3　见第三十八章。

4　见图拉真关于官职候选人的法令（公元106年前后）："他命令候选人们必须将自己三分之一的财富投资在地产上，因为他担心这些人会不将罗马城和意大利视为祖国，而只把它们当成旅途中的寓所或客栈（事实上也的确如此）。他认为那是不合适的（eosdem patrimonii tertiam partem conferre iussit in ea quae solo continerentur, deforme arbitratus [et erat] honorem petituros urbem Italiamque non pro patria sed pro hospitio aut stabulo quasi peregrinantes habere）。"（Epp. 6.19.4）

5　见附录27。

6　盖约·阿维狄乌斯·尼格里努斯（C. Avidius Nigrinus，公元110年递补执政官）也许是塔西佗的学生。某位尼格里努斯在指控瓦勒努斯·鲁弗斯（Varenus Rufus）时的讲话"紧凑、庄重、优美（presse, graviter, ornate）"（Epp. 5.20.6）。小普林尼对更年轻的佩达尼乌斯·福斯库斯（Pedanius Fuscus）和乌米狄乌斯·夸德拉图斯（Ummidius Quadratus）热情洋溢的长篇赞美（6.11，参见附录27）说明不了什么问题。

7　提供下一条证据的已是演说家玛库斯·科奈里乌斯·弗隆托（M. Cornelius Fronto，公元143年递补执政官）。

如果按照罗马人的传统与写作体裁门类的要求进行评判的话,《历史》一书是很容易受到诟病的。嫉妒和诽谤在罗马无处不在——并且在强调传统与规矩的伪装下风气最盛。撰写共和国的历史并不至于触动任何人的利益或偏见。但关于最初几位元首统治时期和生者上溯几代的先人的史书却并非如此——弗拉维王朝时代编年史的问题就更加严重。当塔西佗叙述图密善统治时期时,他显然同时指控了元老院和元首(史学家自身的地位使得他有资格和借口去使用尖刻的字眼),并且也没有放过个人。其中有很多东西是应当被体面地掩饰起来或坚决忘却的。在一个支持人们习以为常的伪善、大搞政治宣传的社会里,固执地坚持说真话是不受待见的;何况这部出自独立天才的雄健作品又打破并反衬出了文坛的死气沉沉与轻浮庸俗。但作者塔西佗懒得为自己在铺天盖地的批评面前过多地辩护。

不加掩饰的细节与毫无顾忌的评论牵涉到一些显赫的元老与古老的家族。现已佚失的后面几卷肯定会交代一切中要害的事情,揭露在图密善治下崛起与春风得意的人物。《历史》开篇处对穆奇亚努斯性格的勾勒已足够令人不安。接下来的内容则交代了他的权势和外交手腕、他的哗众取宠和贪得无厌。没有哪位读者会愚笨到那样的程度,相信塔西佗会放过另一位同样三度出任执政官的李锡尼乌斯——不可一世的李锡尼乌斯·苏尔拉:他肯定会记载此人如何扶植了一名元首,以及诸如此类的其他秘密。[1]

无论《历史》一书究竟反响如何(它很可能会受到责难或谬奖),塔西佗并没有紧接着进行任何其他的文学撰述。他那时大约55岁,已有资格担任亚细亚或阿非利加行省的总督。他通过抽签获得了亚细亚行省的总督头衔,并于公元112年夏前往自己负责治理的行省,享受前执政官级别行省总督的12根束棒护身的荣耀。[2]

---

[1] 其中包括他们的罪恶。穆奇亚努斯是"臭名昭著的无耻之徒(notae impudicitiae)"。韦伯芗在提及他时总是用"我毕竟还是个男子汉(ego tamen vir sum)"收尾(Suetonius, *Divus Vesp.* 13)。关于苏尔拉,见原书第41页。美中不足的是,我们对这些人早年政治生涯的兴衰浮沉所知甚少。

[2] 见附录23。

在更多的情况下，这些行省总督候选人们的资本是出身、财富和长期以来的影响力；人们并不考虑他们的军事或执政成绩。塔西佗可能期待过（或确实值得）更好的结果。弗拉维王朝的元首们和图拉真都曾毫不吝啬地让一批人再度担任过执政官，尽管所有统治者过了一段时间后都会在这个问题上变得更加挑剔。公元85年以后，图密善只赐予过两人这样的荣誉。除了图拉真统治初年赏赐给上个时代的光荣幸存者们的特别荣光外（公元98年和100年），到公元109年为止共有9位元老得以二度担任执政官。但在担任过叙利亚行省总督的科奈里乌斯·帕尔玛享受了这一待遇后，下一位（也是图拉真时代的最后一位）便是直到公元113年才实现这一心愿的普布利里乌斯·塞尔苏斯。[1]此外，通常在二度出任执政官之前或之后就职的罗马市长也是一项殊荣，并且是对治国才能突出者的适宜褒奖。之前的元首们并不介意让来自意大利或行省的新人们担任该职务。[2]

但帝国政府内部似乎还有担任罗马市长的其他人选[3]，而二度出任执政官的殊荣则属于一个明确的小圈子。确定这一资格的并非血统，并且这些人也不一定是王室的亲戚（像在弗拉维王朝的元首们治下那样）。精通法律（那是罗马统治阶级的传统技能）也不是获得该头衔的保障——在这方面出类拔萃的雅沃勒努斯·普利斯库斯便错失了该荣誉；与此类似，或许更为蹊跷的还有奈拉提乌斯（Neratii）两兄弟——法学家普利斯库斯和他的兄弟马塞卢斯，尽管这些人物都曾担任过驻军行省的总督。[4]出身军人的元首图拉真

---

[1] 见附录12。

[2] 如神秘的佩伽苏斯（附录68）、盖约·鲁提利乌斯·伽利库斯（来自陶里尼人的奥古斯塔）和提图斯·奥勒留·福尔伍斯（来自纳旁的尼莫苏斯）。

[3] 见附录13。任职者中可能包括绥克斯图·阿提乌斯·苏布拉努斯（Sex. Attius Suburanus，公元104年第二次出任执政官［名年］）或提比略·尤利乌斯·坎狄杜斯·马略·塞尔苏斯（Ti. Julius Candidus Marius Celsus，公元105年第二次出任执政官［名年］），肯定有格利提乌斯·阿古利可拉；关于后者众多铭文中的1篇记录了此官职（CIL V, 6980：陶里尼人的奥古斯塔）。昆图斯·贝比乌斯·玛凯尔（Q. Baebius Macer，公元103年递补执政官）在公元117年担任着该职务（HA, Hadr. 5.5）。

[4] 包括上日耳曼和叙利亚（雅沃勒努斯）、潘诺尼亚（普利斯库斯）、不列颠（马塞卢斯），参见附录14。还有活到了图拉真去世后的普罗库鲁斯（公元87年递补执政官），参见PIR^2, C 732。

从不欣赏或奖掖演说术的发展。弗拉维王朝的元首们曾起用最优秀的演说家来铲除异己或在元老院里阐述政府的政策。无论我们将这批人界定为告密者还是政治家，那个阶层如今都已经消亡了。图拉真起用的官吏与谋臣是他自己的朋友与同僚，也就是军事寡头集团里的头面人物。参加过战争的将领们和治理过驻军行省的总督们把持着最显赫的一批官职。

李锡尼乌斯·苏尔拉接替了维比乌斯·克里斯普斯和法布里奇乌斯·维恩托等人的地位。表面上看是军事荣誉取代了演说术与外交艺术。但我们也不可忽视一个重要事实——在担任将领之前，作为演说家的苏尔拉也是小有名气的；据说他还为元首图拉真撰写过演说词。[1] 那门精巧的技艺或许并未失传。

君主副手的职责对君主和副手两人的才具都有所要求：两人的特长最好是互补性的，就像阿格里帕（Agrippa）之于奥古斯都、穆奇亚努斯之于韦伯芗那样。穆奇亚努斯公开夸口说自己造就了一位元首。[2] 图拉真的盟友们则更为低调。我们手头没有他们失和或不满的任何蛛丝马迹。一则琐碎的逸事反映了对苏尔拉的中伤和元首对朋友的坚定信任。[3] 大权在握（以及随之而来的富可敌国）势必要招致忌妒与敌意。将领之间的死党或死敌关系不巧未能被史料记载下来，但派系与朋党必然是存在的。尽管从前担任过要职并迎娶了图拉真堂兄弟的女儿，尤利乌斯·塞尔维亚努斯的官职和荣誉仍然无法超越。其他将领们可能会逐渐对他心生怨恨、举止无礼或无法容忍。其中一人已被除掉。拉贝里乌斯·马克西穆斯无端遭到流放一事可能跟李锡尼乌斯·苏尔拉有关。[4] 拉贝里乌斯曾在同达契亚人的第一次战争中赢得过巨大荣誉。[5]

1　见原书第40页。

2　*Hist.* 4.4.1: "in manu sua fuisse imperium donatumque Vespasiano iactabat（他吹嘘说是自己亲手夺得了元首权力，并把它交给了韦伯芗）."他或许还跟提图斯有过矛盾，参见 J. A. Crook, *AJP* LXXII (1951), 162 ff.。

3　Dio 68.15.4 ff.

4　具体时间已无从知晓，原因则是含糊或可疑的——"涉嫌嘲讽元首的拉贝里乌斯·马克西穆斯（Laberius Maximus qui suspectus imperio in insula exulabat）"（*HA, Hadr.* 5.5）。

5　Dio 68.8.3.

三度出任执政官的苏尔拉地位仅次于图拉真，令人回想起玛库斯·阿格里帕。[1] 尽管他本有可能迎娶两位寡妇——图拉真的姐姐玛尔奇亚娜（Marciana）和他的侄女玛提狄娅（Matidia）——之一，苏尔拉却并未成为王室的家人。[2] 苏尔拉在去世时获得了国葬的殊荣。罗马的公共浴室（自奥古斯都时代以来还未有过那样的先例）和西班牙塔拉科（Tarraco）附近的一座凯旋门保留了关于他的记忆。[3]

　　苏尔拉可能早在公元108年已经去世。[4] 尽管苏尔拉在图拉真治下举足轻重，我们手头却并无清晰证据可以表明，他的去世导致了政策的任何变化，或促使某位风格不同的新谋臣崭露头角。[5] 诚然，我们对于其他将领们的性格与立场所知甚少。在公开获得的荣誉方面，没有人能同三度出任执政官的苏尔拉比肩，尽管竖立在罗马城内的雕像也表彰了其他人的贡献——如索希乌斯·塞内奇奥、征服了阿拉伯的科奈里乌斯·帕尔玛以及普布利里乌斯·塞尔苏斯。[6] 索希乌斯早已去世，费边·约斯图斯等其他武将也已从记录中消失。我们还

1　一些往往一并出现的名字很能说明问题，如卢奇乌斯·维特利乌斯（L. Vitellius）、李锡尼乌斯·穆奇亚努斯（Licinius Mucianus）、维比乌斯·克里斯普斯（Vibius Crispus）、法布里奇乌斯·维恩托（Fabricius Veiento）——以及同他们的联系没有那么紧密的维吉尼乌斯·鲁孚斯（Verginius Rufus）、尤利乌斯·弗伦提努斯（Julius Frontinus）和维斯特里奇乌斯·斯普利纳（Vestricius Spurinna）。

2　关于这些遗孀们已故去的丈夫，见下文原书第603页。此外还有一位小玛提狄娅（Matidia）（ILS 327，等等），是维比娅·萨比娜（Vibia Sabina）的姐妹。那是一个被边缘化、受忽视的，或许正遭到了压迫的人物，没有证据表明她曾结过婚。

3　相关证据见 PIR¹, L 174；P-W XIII, 481 f.。

4　关于此人生前情况的最后证据是关于哈德良的一则可疑材料："作为对这些成绩的酬报，他被任命为执政官。在任职期间，他从苏尔拉那里听说自己将被图拉真过继，从而不再被图拉真的朋友们轻慢和无视（ob hoc consul est factus. in quo magistratu ut a Sura comperit adoptandum se a Traiano esse, ab amicis Traiani contemni desiit ac neglegi）。"（HA, Hadr. 3.7）哈德良的执政官任期符合公元108年夏的时间点。R. P. Longden, CAH XI, 221 接受并解读了关于苏尔拉对哈德良态度的证据。哈德良的自传可能是终极（或疑似）源头材料，参见原书第600页。

5　R. P. Longden（CAH XI, 221 f.）的推断依赖了公元117或118年以前并不能得到完全证实、在此之后也没有得到清晰阐述的党派与恩怨关系，参见原书第244页。他举出的例子有科奈里乌斯·帕尔玛和普布利乌斯·塞尔苏斯——甚至包括卢西乌斯·奎埃图斯；此外还有尤利乌斯·塞尔维亚努斯。但我们并不十分清楚，无论是在此时还是在117年，塞尔维亚努斯对妻舅哈德良的前途是否会抱有敌意。

6　Dio 68.16.2.

能再听到关于帕尔玛和塞尔苏斯的消息——并且尤利乌斯·塞尔维亚努斯也顽强地活了下来。与此同时,下一代人的加入也壮大了执政官与行省总督的队伍,尤其是那些通过在历次达契亚战争中指挥军团而建立军功的人们。[1]其中一些人(并非全部)很快当上了前执政官级别的行省总督。[2]

元首制模式下的体系平衡依赖于两点:首先是统治者和军事寡头集团之间的相互信任关系;其次是元首对廷臣们的有效控制。此前的宫廷经常会制造纷争与混乱——如元首妻子们的野心和阴谋、皇家释奴的一手遮天和永无休止的荣誉争夺。但图拉真的即位预示着秩序、体统与节制的回归:家族政治如今已受到约束,并且王室中的女性也不再享有过高的显赫地位。[3]

然而,到了公元112年,王室的统治原则中似乎又出现了新的侧重点。两位自公元105年左右起便获得了"奥古斯塔"头衔的王室女性——普罗提娜和玛尔奇亚娜——如今在铸币上有了自己的形象。[4]当玛尔奇亚娜在当年去世之际,她被尊奉为神,并将"奥古斯塔"的头衔传给了自己的女儿玛提狄

---

[1] 见附录16中对较年轻的图拉真时代将领的记录。

[2] 盖约·尤利乌斯·夸德拉图斯·巴苏斯(C. Julius Quadratus Bassus,公元105年递补执政官)在对达契亚的征服中指挥过一支支队,后来担任了卡帕多西亚行省总督。但卢奇乌斯·米尼奇乌斯·纳塔利斯(L. Minicius Natalis,公元106年执政官)和昆图斯·庞培·法尔考(Q. Pompeius Falco,公元108年执政官)尽管荣誉等身(*ILS* 1029; 1035 f.),还要等待很久才能拿到前执政官级别的军队指挥权(见原书第243页)。另一方面,年龄更大的人获得任命的情况更不寻常,如一位塞昆杜斯在公元111年当上了卡帕多西亚的副将(E. Sydenham, *The Coinage of Caesarea in Cappadocia* [1933], 73)——他或许就是昆图斯·维比乌斯·塞昆杜斯(公元86年递补执政官);他的继任者是可以确定于公元113年和114年任职(Sydenham, l.c., and Dio 68.19.1)的玛库斯·尤尼乌斯·霍穆鲁斯(M. Junius Homullus,公元102年递补执政官)。此外,格涅乌斯·佩达尼乌斯·福斯库斯·萨利纳托尔(Cn. Pedanius Fuscus Salinator,约公元84年递补执政官)在公元109年前后担任着某驻军行省的总督(*Epp.* 10.87.3)。没有任何现存记录可以解释,普布利乌斯·塞尔苏斯(Publilius Celsus,公元102年递补执政官)为何能在公元113年再度出任执政官,成为被图拉真授予这一荣誉的最后一人。如果拥有关于公元109年前后行省总督的详尽信息的话,我们很有可能会从中找到政治方面的证据。

[3] *Pan.* 83 f. 普罗提娜同样不容忽视——"根据令人难以置信的说法,庞培娅·普罗提娜极大地增添了图拉真的荣耀(Pompeia Plotina, incredibile dictum est, quanto auxerit gloriam Traiani)"(Victor, *Epit.* 42.21)。逸事(尽管价值可能有限)声称,她曾劝说图拉真阻止自己手下财务官员的勒索行为。

[4] 关于"奥古斯塔"的头衔,见 *ILS* 288;关于相关钱币,见H. Mattingly, *BMC, R. Emp.* III (1936), lxii。

娅。[1]不久之后，元首的父母（他们在儿子登基前已经去世）也被尊奉为神。[2]

跟新兴帝国贵族中的许多成员一样，图拉真没有儿子，甚至也没有女儿。他血缘最近的亲属是维比娅·萨比娜——他的侄女玛提狄娅的孩子，后者在12年前嫁给了普布利乌斯·埃利乌斯·哈德良。[3]这桩姻缘可被视作元首继承人选的明确迹象。

但元首在这方面十分小心，或说严格，并不打算过早提拔自己的那位年轻亲戚。作为公元101年的财务官，哈德良跟随元首参加了对达契亚人的前几次战役。[4]当战争于105年再度爆发之际，他负责指挥1个军团，并在达契亚服役结束后短期担任过新建行省下潘诺尼亚的总督，随后在108年当上了执政官。[5]他未能获准担任名年执政官，只做了递补执政官。尽管32岁的他还算年轻，但那已经是显贵担任执政官的合法年龄——并且元首的亲戚们在这方面当然是可以跟显贵平起平坐，而不至于惹来风言风语的。[6]即便李锡尼乌斯·苏尔拉的去世也没有显著改变哈德良的仕途命运。[7]

---

1 *FO* XXII. 玛尔奇亚娜在其葬礼前获得了"神圣姓氏（diva cognominata）"的荣誉，其级别显然低于被封神的元首们的至高荣誉。关于"次级神圣头衔（second-class *divi*）"的范畴（图拉真的父亲便享有那样的荣誉），参见J. H. Oliver, *Harv. Th. Rev.* XLII (1949), 35 ff. 对*Feriale Duranum*所提供证据的讨论。

2 具体年代无法得到直接证实。现存最早的、纪念"神圣父亲图拉真（Divus pater Traianus）"和"神圣的涅尔瓦（Divus Nerva）"的钱币铸造于这一时期，参见H. Mattingly, *BMC, R. Emp.* III (1936), lxxxi; 100 f.。在公元112年（或更晚）纪念他的一份铭文中，他并未拥有"神圣的（divus）"这一头衔（*ILS* 307）。

3 *HA, Hadr.* 2.10.

4 ib. 3.1, 参见*ILS* 308（雅典）。

5 《奥古斯都后诸凯撒传》认为他在公元105年担任了保民官，在公元107年成为大法官（*Hadr.* 3.4 and 8）。Stein, *PIR*[2], A 184接受了这种观点。但公元106年才更可能是他担任大法官之年（P. v. Rohden in P-W 1, 498）；我们需要注意*ILS* 308中的措辞——"这位前任平民保民官在担任大法官期间当上了达契亚战争中第1军团'米涅瓦'军团副将（praetori eodemque tempore leg. leg. I Minerviae p. f. bello Dacico, item trib. pleb.）"。

6 见附录18——还应注意公元105年的平民保民官尼格里努斯（Nigrinus）（*Epp.* 5.13.6），此人可能在公元110年当上了执政官（见原书第225页）。

7 至少就我们所知的情况而言，*HA, Hadr.* 3.10中的相关逸事（前引文，原书第232页）看上去真实性十分可疑。哈德良也许是因为苏尔拉患病——甚至可能是去世——而被仓促推上了递补执政官的位置。

早已拿定主意的图拉真直到临终前才采取了那个众人意料之中的决定——过继哈德良。各种说法日后大行其道。有人说他建议将帝国最高统治权留给一位前执政官，并且有人提名了奈拉提乌斯·普利斯库斯。[1] 有人想象图拉真打算效仿马其顿的亚历山大大帝（Alexander the Macedonian），在去世时不指定继承人。还有人声称他计划在大渐之际派遣使者，将决定权托付给元老院——但提供一份候选人名单。[2]

但这些不过是无法证实的猜测而已。有一点是明确且至关重要的。只有元老院才能合法授予元首权力。因此，图拉真是逐字逐句地遵从帝国政体的组织原则的。此外，图拉真本人也是被选举为元首的。因此，从理论上讲，任何一位元老都有资格被选为元首。[3] 按照一种并未得到公认的过度解读模式，有人会支持一种特殊理论，认为应由元老院决定元首人选——集体智慧与经验无疑可以选出最优秀的人物。[4]

图拉真的态度似乎确认了关于元首制的若干理论。如果确实如此的话，那么他对表面形式或胡言乱语的这种尊重未免显得迂腐且危险。元首的职

1　HA, Hadr. 4.8，其中宣称图拉真说："我将诸行省托付给你，以防自己大限将至（commendo tibi provincias, si quid mihi fatale contigerit）。"学者们通常认为这是一条有分量的、同时代的证据，如 W. Weber, *Untersuchungen zur Gesch. des Kaisers Hadrianus* (1907), 30; W. Hartke, *Römische Kinderkaiser* (1951), 115。如果图拉真对法学家奈拉提乌斯·普利斯库斯（公元97年递补执政官）的评价如此之高的话，他至少会让此人二度出任执政官。根据韦伯（Weber, o.c. 46）的观点，图拉真相信"元首选举制（das Wahlkaisertum）"才是正确、适宜的解决方案。

2　HA, Hadr. 4.9。

3　Pan. 7.6: "imperaturus omnibus eligi debet ex omnibus（统治所有人的元首应当从全体中选出）。"

4　该观念似乎在卡里古拉遇刺后颇为流行，参见 Josephus, BJ 2.205: "κρινεῖν ψήφῳ τὸν ἄξιον τῆς ἡγεμονίας（通过选举确定一位配得上统治权的人物）。"除此之外，我们很难在《奥古斯都后诸凯撒传》之外证实该看法的存在。关于"理想化的斯多葛主义反对意见"和安东尼王朝元首继承原则的研究颇丰，参见 M. Rostovtzeff, *Soc. and Ec. Hist. of the R. Empire* (1926), 108 ff.。中肯、睿智的批评见 C. Wirszubski, *Libertas as a Political Idea at Rome during the Late Republic and Early Principate* (1950), 154 ff.; L. Wickert, P-W XXIII, 2157; 2187; 2209。涅尔瓦是被迫过继图拉真的——并且下一位有儿子可以继承元首大位的是一位不折不扣的斯多葛派玛库斯·奥勒留。关于安东尼时代元首继承的王朝性质，见 R. M. Geer, *TAPA* LXVII (1936), 47 ff.; J. Béranger, *Rev. ét. lat.* XVII (1939), 171 ff.; J. Carcopino, *Rev. ét. anc.* LI (1949), 262 ff.。关于过继制度的理性评价见 H. Nesselhauf, *Hermes* LXXXIII (1955), 477 ff.。

责当然不仅仅是在活着的时候维持稳定，还包括指定、培养并任命一名继位者。否则的话，元老院非但不能自由选举下一任元首，还要被迫认可某个僭位者，并且面对内战的威胁或既成事实。

我们必须从元首的性格中去寻找线索。对于明确意识到自己的权力荣耀与伟大地位的图拉真而言，自己即将死亡的事实是无法容忍和不可想象的。图拉真在公元113年刚满60岁。63岁则是人生的重要关卡。图拉真希望自己能像元首奥古斯都那样平稳渡过这个难关，并继续统治很长时间。[1] 他的精力还足以去完成各种未竟事业、建立光辉业绩，让世人忆起元首军人本色的积极方面。独裁官凯撒曾同时制订了两个计划：征服巴尔干地区并向帕提亚王国开战。图拉真已征服达契亚，满足了"帝国荣光（dignitas imperii）"和本人野心的需要。[2] 同样的理由也会驱使他将矛头对准安息帝国（Arsacid）。但在那一年秋天，这位帝国统帅在威严与怒火中与世长辞了。

---

1 参见奥古斯都在自己63岁生日当天写给王子盖约和卢奇乌斯的、得意洋洋的信（被Gellius 15.7.3所引述）。

2 如我们意料之中的、小普林尼对达契亚战争的评价——"无论您何时发动攻击性或防御性的战争，您都是为了帝国的尊严（quandocumque te vel inferre vel propulsare bellum coegerit imperii dignitas）"（Pan. 17.4）。

第二十章　元首哈德良

独裁官凯撒曾计划入侵帕提亚。元首奥古斯都则使用了计谋与外交手段去对付那个帝国。在拿回了克拉苏与安东尼丢失的鹰帜并在亚美尼亚扶植了亲罗马的代理人后，奥古斯都阻挠、安抚并哄骗了心高气傲、要求发动复仇战争的罗马人。但在亚美尼亚建立罗马附属国的这一权宜之计似乎给罗马人带来了种种不如意与怨气，同时也令当地人深恶痛绝，成为同帕提亚人摩擦的导火索。亚美尼亚或许早已摆脱了罗马的控制，自愿陷入无政府状态或遭受邻邦的劫掠。但这也没什么大不了的。亚美尼亚的局势并不会触碰到罗马帝国安全防御体系的真正核心底线。[1]

不过，罗马人也不能完全无视或公开宣称放弃亚美尼亚。在宣扬了自己不动一兵一卒而对帕提亚取得胜利的同时，奥古斯都的手腕也拔高了帕提亚的地位。于是这里面便牵涉到了荣誉问题。解决问题的办法或许是由元首对东方发动一次御驾亲征。那也许是渴望取得唾手可得胜利的新政府所需要的（征服帕提亚的花环并不一定需要通过流血牺牲来换取），以便显示自己同之前碌碌无为的渎职统治者有多么不同。

帕提亚国王本身王位不稳，并受到来自王室内部的威胁，因而很少能够真正控制治理广大亚美尼亚地区的、时断时续地承认自己统治地位的封臣。

1　关于罗马人在公元前20年至公元17年间同帕提亚和亚美尼亚的交往，见Tacitus, *Ann.* 2.1-4的精辟回顾。

他手头没有常备军和石砲兵。游牧民族能够进行骚扰，但无法完成征服：一座希腊城市就能挑衅他们数年之久。[1] 因此，那位君主的举动在罗马人眼里通常并不具有挑衅意味：只要答应相关条件，他是倾向于同罗马人友好合作的。

当奥古斯都的外孙和收养的继承人盖约来到那里时，安息国王乐意同他在幼发拉底河畔会晤。双方达成了协定。几年后，帕提亚人的内乱迫使他们屈尊请求罗马人为他们安插一位国王。尽管那位君主好景不长（被对手阿塔巴努斯 [Artabanus] 驱逐），下一位前往东方的罗马君王却没有引发帕提亚人的敌意。王子日耳曼尼库斯拜访了亚美尼亚的都城，并在那里加冕为王。

长期相安无事后，阿塔巴努斯终于在公元35年插手亚美尼亚事务。罗马政权已做好了迎接任何挑战的准备。提比略任命卢奇乌斯·维特利乌斯（L. Vitellius）为叙利亚行省总督，并赋予他特别权力。[2] 维特利乌斯进行了积极干涉，入侵了两河流域。不久之后，一位罗马代理人在泰西封（Ctesiphon）加冕——他虽然只是昙花一现，却意义非凡。阿塔巴努斯很快恢复了自己的王位，但他显然从这次经历中吸取了教训。随后，罗马与帕提亚的代表又在幼发拉底河畔举行了第二次会晤。[3] 阿塔巴努斯不久后驾崩。之后的10年里充斥着纷争与混乱，最后只得再次求助罗马。跟奥古斯都一样，克劳狄乌斯也为帕提亚人派去了一位国王——但他的统治同样短暂。[4]

如果帕提亚君主一直这样反复表现出自己的软弱的话，那么罗马就可以心安理得地对亚美尼亚漠不关心，心平气和地支持或抛弃自己的代理人，并在罪行或无政府状态中伺机浑水摸鱼。相关事实是非常清晰的。[5] 到了奥古斯都统治后期，亚美尼亚在10年里的大部分时间内都没有主宰。但这种状况并

1　*Ann.* 6.42（底格里斯河河畔的塞琉西亚 [Seleucia on the Tigris]）。
2　*Ann.* 6.32.3。
3　Suetonius, *Vit.* 2.4，参见 *Cal.* 14.3，以及 Dio 59.27.3（其中的年代是错误的）。
4　*Ann.* 12.11，参见16。
5　关于对帕提亚和亚美尼亚局势的判断，参见 J. G. C. Anderson, *CAH* X (1934), 254 f.; 773 f.; R. Syme, ib. XI (1936), 137 ff.。

未造成什么损害（尽管罗马在北方的战事中狼狈不堪），并且也没有多少人将这一耻辱放在心上。即位后的提比略也没有什么理由去谴责前任元首的政策，因为他自己的做法并没有什么两样。但在克劳狄乌斯去世后，情况发生了变化。宣扬近期干涉的失败与可耻对于新元首而言是有利可图的，并且他也有机会用积极的手段扭转局势。

尼禄拥有一批聪明的谋臣。在获悉了信号明确的警报——帕提亚人正在亚美尼亚进行劫掠——后，他们下令进行战争动员，并派出了一位威风凛凛的将领。帕提亚国王理解了罗马人的信号，并及时交出了一批人质。如今，一切迹象似乎都表明事情将得到妥善解决，就像从前卢奇乌斯·维特利乌斯宣扬罗马的军威时那样。然而，巧合、失误、野心或荣誉感却从中作梗。直到8年以后，在经历了出兵与拖延的反复权衡、各种策略的制订与放弃、外交努力乃至兵戈相见之后，双方才最终达成妥协：一位来自帕提亚王室的君主将会统治亚美尼亚，但他的权力必须得到罗马的认可与确认。

这一方案符合双方希望稳定的利益诉求与厌战心理。弗拉维王朝的元首们延续了该政策。由于罗马帝国在事实上已经放弃了亚美尼亚，韦伯芗在叙利亚之外又部署了新兵力——驻扎在卡帕多西亚的两个军团随时准备进行东征。但罗马帝国很可能无须动用这支兵力。罗马政府可以利用伊贝里亚（Iberia）和阿尔巴尼亚（Albania）王国从背后牵制亚美尼亚。韦伯芗在伊贝里亚国土上的一处战略要地修建了要塞。[1] 正如他在同日耳曼内陆地区的若干族群打交道时所展示的那样，图密善是懂得如何在远离罗马边疆的地方发挥罗马外交资源优势的。[2]

但摩擦或麻烦总归是无法完全避免的。韦伯芗治下一度阴云密布（当时

1　*ILS* 8795（提弗利斯［Tiflis］附近的哈莫茨卡［Harmozica］）。
2　见发现于巴库（Baku）附近的铭文，*AE* 1951, 263: "Imp. Domitiano | Caesare Aug. Germanic. | L. Iulius | Maximus 7 | leg. XII Ful.（元首图密善·凯撒·奥古斯都·日耳曼尼库斯任命的第12军团"雷电"第7副将卢奇乌斯·尤利乌斯·马克西穆斯）."相关讨论见 F. Grosso, *Epigraphica* XVI (1954). 117 ff. 图密善在日耳曼接触过塞姆诺尼人和卢吉人（Dio 67.5.2 f.），以及萨克森尼（Saxony）和塞勒西亚（Silesia）的族群。

的叙利亚副将正是玛库斯·乌尔皮乌斯·图拉真），但旋即烟消云散。[1] 图密善忙于达契亚战事时，帕提亚人曾有过更好的机会（但仍然没有采取敌对行动）。[2]

达契亚和帕提亚本可互相搭救。史料表明，两位国王确实在图拉真发动第一次达契亚战争时进行过谈判。[3] 此外，帕提亚在第二次达契亚战争期间似乎也曾有过骚动或争执的迹象——它或许并非对罗马吞并阿拉伯的举动无动于衷。[4] 罗马的荣誉感如今已经苏醒，并准备步步进逼。[5]

征服达契亚后，图拉真手头仍有可以动用的兵力——他之前从莱茵河流域撤回了两个军团，又招募了两个新军团。[6] 图拉真虽然在多瑙河沿岸增设了一个前执政官级别的行省，但巩固那片疆域显然用登基之初在那里设下的兵力即可，无须增设常备军。出于这样或那样的考虑，图拉真反对继续将战线向前推进——尽管吞并玛柯曼尼人与奎迪人的领土可以让罗马占据有利的核心地位。东方的情况却有所不同。将罗马的边界推进到高加索（Caucasus）和分隔波斯与两河流域的山区，从而一劳永逸地解决帕提亚问题的时机难道不是已经成熟了吗？种种理由都支持罗马人发动征服战争。[7] 图拉真或许已经在准备采取具有决定性意义的动作了。[8]

---

1 见原书第30—31页。
2 Suetonius *Nero* 57.2——帕提亚人曾在公元88年前后大力支持过一个伪尼禄，但后来出卖了他。参见Statius, *Silvae* 4.3.110: "eoae, citius venite laurus（东方的花环来得更快）."
3 Pliny, *Epp.* 10.74.1.
4 Suidas, s.v. ἐπίκλημα (=Arrian, *Parthica*, fr. 32 Roos)证明帕科鲁斯（Pacorus）曾直接向"国王图拉真（Τραϊανῷ τῷ βασιλεῖ）"发出过抱怨。有人认为所指的是图拉真的父亲，时间为公元75年左右。如R. P. Longden, *JRS* XXI (1931), 12 f.，参见24。
5 值得注意的是 *Hist.* 1.40.2所表达的义愤："于是罗马士兵们猛扑过去，仿佛他们在把某个沃罗盖苏斯或帕科鲁斯从安息帝国的王位上赶下去一样（igitur milites Romani, quasi Vologaesum aut Pacorum avito Arsacidarum solio depulsuri）."相反，*Germ.* 37.3 f. 却十分轻视帕提亚。
6 见原书第57页。
7 J. Guey, *Essai sur la guerre parthique de Trajan (114-117)* (1937)提出（并且高估）了其中的商业动机。
8 如果我们能把各军团调动的时间确定在公元113年，那将是非常宝贵的信息。参见R. Syme, *Laureae Aquincenses* I (1938), 278 ff.; F. A. Lepper, *Trajan's Parthian War* (1948), 173 ff.。O. Cuntz试图从小普林尼接手比提尼亚行省的特殊任命解读相应的军事计划（*Hermes* LXI [1926], 192 ff.）。反对意见如R. P. Longden, *JRS* XXI (1931), 19 ff.。

当机会到来之际，他已摩拳擦掌、整装待发。一名新即位的帕提亚国王的疯狂举动为他提供了口实。侯斯罗斯（Chosroes）废黜了亚美尼亚的统治者，转而扶植了那位君主的兄弟帕塔玛斯里斯（Parthamasiris）。他随后准备跟罗马人展开谈判。但图拉真不肯通融。他率军进入亚美尼亚，将帕塔玛斯里斯召唤到自己面前。一切辩解与借口都无济于事。元首宣布了自己的决定——亚美尼亚属于罗马人，并且亚美尼亚如今将拥有一位罗马行省总督。[1]

帕塔玛斯里斯在一队骑兵的护送下离开。他在路上被杀——当然少不了引起世人对罗马元首的恶意揣测。[2] 图拉真继续前进，征服且吞并了亚美尼亚和两河流域西北部地区。这项任务完成于公元115年底。图拉真或许正是在此地止步，以两个新行省作为自己的战果。[3] 他在公元116年再度从叙利亚出征，占领了泰西封，并最终自封为"帕提亚之王（Parthicus）"。[4]

统帅图拉真受到了历史与传说的危险影响。他如今渴望能够目睹直抵印度的那片大洋。他一路南下抵达底格里斯河河口，望着一条扬帆远去的商船，悲叹自己年事已高，道出了对亚历山大的艳羡。[5] 当图拉真再度在巴比伦追思那位马其顿君主时，他获悉在自己业已征服的地区爆发了不同族群参与的暴乱。[6] 犹太人已经揭竿而起，并迅速在埃及、昔兰尼加（Cyrenaica）和塞浦路斯制造了屠杀与暴行。[7]

图拉真扶植了一名帕提亚国王——拥有皇室血统的帕塔玛斯帕特斯

1　Dio 68.20.3.
2　ib. 20.4; Arrian, *Parthica*, fr. 39 Roos; Fronto p. 209 N = Haines II, p. p212 f.
3　参见 F. A. Lepper, *Trajan's Parthian War* (1948), 106 ff. 中的论点。反对意见如 M. I. Henderson, *JRS* XXXIX (1949), 121 ff.。
4　Dio 68.28.2: "καὶ τὴν ἐπίκλησιν τοῦ Παρθικοῦ ἐβεβαιώσατο (获得了帕提亚之王的头衔)." 关于 "获得" 的具体含义（争议颇多），参见 Dio 46.47.5。元老院已于公元116年2月20日投票授予了他这一头衔（*FO* XXIII）。
5　Dio 68.29.1.
6　ib. 30.1.
7　ib. 32.1 ff.; *HA, Hadr.* 5.2; Eusebius, *Hist. Eccl.* 4.2; *Chron.* p. 215 Schöne. 相关年代与历史进程叙述中存在着很多问题。见 E. Groag, P-W XIII, 1881 ff.; F. A. Lepper, o.c. 91 f.; L. Motta, *Aegyptus* XXXII (1952), 474 ff.; A. Fuks, ib. XXXIII (1953), 131 ff.。关于在亚历山大里亚发生的事件，见 H. A. Musurillo, *The Acts of the Pagan Martyrs* (1954), 181 ff.。

（Parthamaspates）。伟大的塞琉西亚城已爆发起义。图拉真的两位副将攻陷并毁灭了那座城市。[1] 在其他地方，前执政官马克西穆斯（Maximus）战败并命殒沙场；但卢西乌斯·奎埃图斯（Lusius Quietus）夺取了尼西比斯（Nisibis）并攻陷埃德萨（Edessa）。[2] 在固若金汤的沙漠城市哈特拉（Hatra）前折戟的图拉真率领军队返回叙利亚，因损兵折将而恼怒不已。[3]

图拉真打算（相传如此）再次入侵两河流域，但他的健康状况出现了令人不安的迹象。于是，图拉真决定动身回国，留下掌管叙利亚驻军的哈德良继续指挥战事。[4] 元首在奇里乞亚（Cilicia）沿岸城市塞利努斯（Selinus）突然死去。

8月9日，叙利亚行省总督哈德良获悉自己已被元首过继。两天后，在获悉图拉真病逝的消息后，军队将他拥立为新元首。[5] 哈德良就这样掌握了权力。即便根据善意的报道来看，这一切也有些过于仓促；而当时人们的一些举止或公告（无论是在塞利努斯还是在罗马）都暴露了他们的窘迫与手忙脚乱。[6] 很多人相信下面的流言：图拉真还没来得及指定继承人就去世了；他的随从在做好必要准备之前一直秘不发丧。元老院则是从签署过继指令的普罗提娜那里得知图拉真收养了继子的。[7]

1　Dio 68.30.2 (埃鲁奇乌斯·克拉鲁斯 [Erucius Clarus] 和尤利乌斯·亚历山大 [Julius Alexander]）。
2　ib. 30.1 f. 关于马克西穆斯的命运，参见 Fronto, p. 217N = Haines II, p. 20; p. 209 N = Haines II, p. 214。那位将领可能是尼莫苏斯的提图斯·尤利乌斯·马克西穆斯（T. Julius Maximus of Nemausus）（*ILS* 1016），公元112年递补执政官（参见附录16）。
3　Dio 68.31; Fronto, p. 204 N = Haines, p. 202.
4　Dio 68.32; 33.1.
5　*HA, Hadr.* 4.6 f.
6　相关罗马铸币首次发行时印有"过继（ADOPTIO）"的字样，但随后删除了。参见 P. L. Strack, *Untersuchungen zur r. Reichsprägung des zweiten Jahrhunderts* II (1933), 41; H. Mattingly, *BMC, R. Emp.* III (1936), CXXV ff.; 237。继续宣传这一说法可能会引起怀疑和流言蜚语。柏林从前曾藏有1枚金币，上面显然早在图拉真去世前便给哈德良加上了"凯撒（Caesar）"的头衔。参见 Strack, o.c. I (1931), 20; Mattingly, o.c. III, 124。《奥古斯都诸凯撒传》宣称图拉真曾让他两度出任执政官（*Hadr.* 4.4）：那并非出现在关于哈德良早年生涯的记载中。
7　Dio 69.1，参见 *HA, Hadr.* 4.10。狄奥的信息来自他的父亲，后者是奇里乞亚的行省总督（公元180年前后）。布鲁提乌斯·普雷森斯（Bruttius Praesens）提供的证据也许更有用：他正好是公元117年的行省总督（*AE* 1950, 66; *IRT* 545）。他活到了哈德良去世之后。

真相已经无从考证。决策者是围在塞利努斯元首灵床前的那些人——普罗提娜、玛提狄娅和禁卫军队长阿奇利乌斯·阿提亚努斯（Acilius Attianus）。[1]

胡乱揣测并无意义。[2] 即便大位继承的程序是由一个坚定、睿智的女人主持的话，那也完全不会影响哈德良的合法地位——他是图拉真最近的亲戚；他的即位代表着军队的意志，并获得了元老院的批准。而无论图拉真是如何看待（也许只是流言蜚语的渲染而已）哈德良日常暴露出来的一些个性特征以及两人并不投缘的事实，无论他对元首候选人们的才具下过怎样的评语，事实却是图拉真将叙利亚的军队交到了哈德良手中，尽管后者在最近的战事中并未指挥过部队。[3] 在某些元首治下，如果没有对继承顺序进行法律上的明确认可的话，贵族身份或空洞的理论或许还能拥有一些市场[4]；但在当朝规则下，与元首血缘最近的那个人必然会继承大位——或者被事先除掉。

哈德良写信给元老院，请求授予自己的养父荣誉（他得到的比要求的更多），并批准自己继承权力。他为自己的鲁莽找到了借口："共和国"不可一日无君。[5] 每当哈德良准备实行某项不得人心的措施时，他都会搬出图拉真的秘密遗诏来作为挡箭牌。[6] 他的第一项任务便是从东方撤军。不巧的是，现存史料并未向我们透露，哈德良这次是否使用了那个现成的借口。

后人普遍对哈德良放弃图拉真征服成果的做法表示谴责。[7] 但当时究竟还

1　此人来自哈德良的家乡城镇，担任着他的侍卫（PIR^2, A 451）。
2　但后人确实大有理由怀疑，图拉真是否活到了来得及过继哈德良的时候。德扫的分析更进一步，关注了元首贴身仆从玛库斯·乌尔皮乌斯·菲狄姆斯（M. Ulpius Phaedimus）8月12日在塞利努斯的死亡（*ILS* 1792）；他的尸体迟至13年后才被运至罗马城（*Festschrift für H. Kiepert* [1898], 85 ff.。反对意见如 E. Groag, *Röm. Mitt.* XIV [1899], 269 ff.）。
3　至少就我们所知的情况如此；像 W. Weber, *CAH* XI (1936), 299那样确信他从一开始就是"一人之下万人之上（chief of the general staff）"未免过火。
4　参见原书第234页。
5　*HA, Hadr.* 6.2.
6　ib. 9.2.
7　ib. 5.3; 9.1, 参见 Fronto, p. 206 N = Haines II, p. 206; Augustinus, *De civitate Dei* 4.29——以及许多现代学者的作品。

剩下多少可以放弃的东西呢?[1] 图拉真设立了亚美尼亚和美索不达米亚两个行省。[2] 图拉真去世时，美索不达米亚西部也许还驻扎着一些罗马军队，并且罗马人可能还控制着亚美尼亚的部分领土。但罗马扶植的代理人根本守不住泰西封。于是哈德良准许亚美尼亚恢复了附属王国的地位。[3]

图拉真的宏伟计划已成泡影——或至少是暂时延缓了进程。罗马人可以找到的借口是他们必须首先平息其他动乱——不是在东部诸行省，而是在多瑙河下游、毛里塔尼亚和不列颠。[4] 但就罗马撤军这件事而言，尽管世人可以找到理由来解释这次半途而废或将它轻描淡写，哈德良还是要为此承担责任，并在被人拿来同光辉前任比较时面临种种风险与损害。

哈德良完全清楚赶回首都的必要性：王室的女眷们和禁卫军队长一道带着图拉真的遗体返回了罗马。相传，阿奇利乌斯·阿提亚努斯在返回罗马后曾要求授权自己去收拾罗马市长和关押在岛屿上的两个被放逐者——拉贝里乌斯·马克西穆斯和卡尔普尼乌斯·克拉苏。[5] 曾在涅尔瓦治下受到猜疑、被图拉真放逐的卡尔普尼乌斯·克拉苏确实被处决了，但并未立刻执行。哈德良还在路上逗留。他必须安抚好各路军队与将领。

在图拉真统治的前10年里，行省的军事指挥权和多次担任执政官的荣誉成了政府要人的标志。[6] 但在大多数情况下，我们看到的只是一些干巴巴的名字或他们的公共荣誉。我们无从了解这些人的性格，以及他们从属的群体与党派。李锡尼乌斯·苏尔拉去世后，这幅图景变得更加晦暗不明；并且对敦促（如果有必要敦促的话）元首向东方发动征服战争的谋臣的研究也一无所获。

---

1 很少或完全没有，参见M. Rostovtzeff, *Klio* XXXI (1938), 285 ff.; M. I. Henderson, *JRS* XXXIX (1949), 126 ff.。
2 如果不是还有第三个行省亚述（Assyria）的话（参见Eutropius 8.3.2; 6.2）。
3 *HA, Hadr*. 21.11，参见5.4。
4 ib. 5.2.
5 ib. 5.5 f. 我们没有获悉此时另一位禁卫军队长塞尔维乌斯·苏尔庇奇乌斯·希米利斯（Ser. Sulpicius Similis）的任何消息。当时的罗马市长是公元103年递补执政官昆图斯·贝比乌斯·玛凯尔（Q. Baebius Macer）（*PIR*², B20）。后者的更多情况见附录25。
6 见第五章。

这些战役牵涉到同高层决策关系紧密的一些人物——他们提出的是好点子还是馊主意,他们是否长于战事,以及他们之间的纷争与仇怨。其中有两次升迁十分引人注目。一位大将的儿子——军团长泰伦斯·根提雅努斯(Terentius Gentianus)在公元116年直接当上了执政官:他当时还不满30岁。[1] 更令人惊讶的是被图拉真提拔为元老和执政官(公元117年)的卢西乌斯·奎埃图斯。卢西乌斯是摩尔人的一名酋长,最初是凭借担任本族群骑兵首领而赢得声名的。[2] 图拉真曾命令他剿灭美索不达米亚行省中的犹太人。在建立了这一军功后,他便被视为平定、治理犹太人家乡的合适人选。[3]

哈德良的党羽们似乎直到战争的最后一年才走到台前。其中一些人还只是大法官级别的人物——而且在出身与晋升速度方面并不引人注目。埃鲁奇乌斯·克拉鲁斯(Erucius Clarus)就是其中一位前期晋升很慢的人物。[4] 另一位是布鲁提乌斯·普雷森斯,他日后对荣誉生涯感到厌倦,故意远离首都罗马。[5] 但令人费解的是,布鲁提乌斯却在公元114年指挥了1个军团并赢得了荣誉;随后,他被召回意大利担任一个无关紧要的职务——管理一条次要的驿路。可到了公元117年8月,此人又成了奇里乞亚的副将。[6]

---

1 *ILS* 1046; 1046a. 他是达契亚第一位副将德奇姆斯·泰伦斯·斯考里亚努斯(D. Terentius Scaurianus,公元102或104年递补执政官[?])之子(*CIL* XVI, 57; 160; 163; III, 1443; 1081 = *ILS* 3594)。

2 Dio 68.32.4 f., 参见 E. Groag, P-W XIII, 1874 ff. 中的详细研究。

3 Eusebius, *Hist. Eccl.* 4.2.5; Arrian, *Parthica*, fr. 79 Roos: "ὁ δὲ Τραϊανὸς ἔγνω μάλιστα μέν, εἰ παρείκοι, ἐξελεῖν τὸ ἔθνος, εἰ δὲ μή, ἀλλὰ συντρίψας γε παῦσαι τῆς ἄγαν ἀτασθαλίας(图拉真非常清楚,如果可行的话,他需要驱逐这个族群;如果不可行的话,他就得阻止当地毫无节制的冲突)." Dio 68.32.3证实了他日后在犹太行省担任总督的事实。

4 小普林尼在公元101年前后表达过自己的不满(*Epp.* 2.9)。埃鲁奇乌斯·克拉鲁斯是盖约·塞普提奇乌斯·克拉鲁斯(C. Septicius Clarus)的侄子。他可能在公元99年担任过财务官,在攻占塞琉西亚时仍然只是大法官级别的人物(Dio 68.30.2)。他后来在公元117年当上了递补执政官。

5 *Epp.* 7.3.2: "quin ergo aliquando in urbem redis? ubi dignitas honor amicitiae tam superiores quam minores(您可曾有一次返回罗马?您在那里拥有并非无足轻重的尊贵、荣誉和朋友们)."

6 关于他在公元114/115年冬季的战功,见Arrian, *Parthica*, fr. 85 Roos;关于他的履历,见*AE* 1950, 66(玛克塔尔[Mactar]);*IRT* 545(勒普奇斯),相关评论见G.-Ch, Picard, *Revue africaine* XCIV (1950), 25 ff.和H. G. Pflaum, *Karthago* II (1951), 91 ff.。布鲁提乌斯生于公元70年左右。

(转下页注)

243　　前执政官级别的军事指挥权是足以说明问题的。卡提利乌斯·塞维鲁（Catilius Severus）治理过卡帕多西亚[1]：他或许（也可能并非如此）自公元114年亚美尼亚被并入罗马帝国版图以来就一直管理着那里的事务。那是他卸任执政官后的第一个职务。阿维狄乌斯·尼格里努斯（Avidius Nigrinus）是达契亚的行省总督：我们不清楚他在那里统治了多久。[2] 另外两个名字留给我们的则不仅仅是遐想而已。两位在第一次达契亚战争中战功卓著的军团长——米尼奇乌斯·纳塔利斯和庞培·法尔考（Pompeius Falco）——准时当上了执政官（公元106年和108年），但直到公元116年左右才担任军事要职。两人分别被任命为潘诺尼亚和下默西亚行省的总督。[3] 至少法尔考是很有竞争力的——他是索希乌斯·塞内奇奥的女婿。纳塔利斯从前可能是李锡尼乌斯·苏尔拉的党羽。[4] 尽管许多事实已被湮没[5]，我们仍然可以确定，哈德良及其朋友们早在军事征服停止之前一段时间就已在图拉真心目中占据了优

（接上页注）

那条路是拉丁大道（*Latina*），从前先后由维托里乌斯·马塞卢斯（Vitorius Marcellus）麾下的1个军团（Statius, *Silvae* 4.4.60）和玛库斯·庞培·玛克里努斯·特奥法尼斯（M. Pompeius Macrinus Theophanes）驻守（*IG* V, 2, 151）。值得注意的是，与布鲁图斯·普雷森斯相反，另一位新人普拉托里乌斯·奈波斯（Platorius Nepos）则是帕提亚战争中的辅军第1军团副将，并在出任执政官之前治理过大法官级别的色雷斯行省（*ILS* 1052）。然而，我们有理由认为，让布鲁提乌斯管理拉丁大道是一种常规操作。

1　*ILS* 1041; *I. l. d' Afrique* 43. 卡提利乌斯在担任了不少于6个大法官级别职务后于公元110年当上了递补执政官。

2　*ILS* 2417（萨米泽格图萨［Sarmizegethusa］）. 已知信息中他仅有的另一个执政官级别职务是阿凯亚行省的文职（*SIG*³ 827）。

3　*ILS* 1029; 1035 f. 纳塔利斯接过指挥权的时间无法精确到年。文件 *CIL* XVI, 64颁布于公元116年。值得注意的是他的儿子，即公元121年财务官候选人，曾在公元115—118年间相继在辅军第1军团、第11军团"克劳狄亚"和第14军团"双胞胎"担任过军团长（*ILS* 1029，参见1061）。我们第一次获悉有关昆图斯·庞培·法尔考（Q. Pompeius Falco）的消息（公元116年）时，他正在下默西亚行省（*CIL* III, 12470）；图拉真在 *ILS* 1035的表述中还不是"帕提亚之王"。纳塔利斯之前曾担任过台伯河的管理官员，法尔考管理过图拉真新建的、通往布伦狄西乌姆（Brundisium）的道路。

4　他们来自近西班牙行省的同一地区。巴尔奇诺（Barcino）是纳塔利斯的家乡（*ILS* 1029）。

5　我们不知道公元115—117年间上默西亚、不列颠和上日耳曼行省的总督任命情况；神秘的"卡努斯·尤尼乌斯·尼格尔（Ka [nus? Iunius Niger]）"是下日耳曼行省总督（*CIL* XVI, 62）。

势地位。

  图拉真去世时，在帝国军队30个军团中，驻扎在东方和多瑙河流域诸行省的不少于21个。哈德良将卡提利乌斯·塞维鲁从卡帕多西亚调来，接替自己在叙利亚的职务。[1] 卢西乌斯·奎埃图斯未能更进一步——哈德良很快解除了他的犹太行省总督职务。[2] 达契亚不久之前迎来了一位新副将：阿维狄乌斯·尼格里努斯。出于某种未知原因（或许是军事上的而非个人的），他的职务被他人取代，返回了罗马。一个军功更为显赫的人物接替了他的指挥权——尤利乌斯·夸德拉图斯·巴苏斯（Julius Quadratus Bassus），即第二次达契亚战争中的将领、卡帕多西亚行省总督和叙利亚行省总督。[3]

  在穿越小亚细亚前往多瑙河流域的途中，哈德良在马尔马拉海（Marmara）沿岸度过了公元117/8年的冬天。我们不确定他究竟居住在那座城市——或许是拜占庭，也可能是尼科米底亚（Nicomedia）。[4] 他要考虑的并不仅仅是舒适与便利。这里如今已成为管理罗马军队的中枢，并将暂时充当帝国的权力中心（并非没有人预言过这件事）。

  元首从他的越冬驻节地指挥着多瑙河畔的军事行动与谈判。他直到夏天才回到罗马，于7月9日入城。[5] 新统治者的登基已引起过诸多非议，并且他对多瑙河流域军权的分配也清晰反映了自身危机四伏的处境。尤利乌斯·夸德拉图斯已在达契亚去世。为了控制该行省（至少还有另一个），哈德良并未任命一位元老担任副将，而选择了自己的心腹、出身骑士阶层的玛尔奇乌

---

1 *HA, Hadr.* 5.10，参见 *ILS* 1041；*I.l. d'Afrique* 43。
2 他也解除了卢西乌斯的摩尔人骑兵指挥权（*HA, Hadr.* 5.8）。
3 关于其铭文文本，见A. v. Premerstein, *Bayerische S-B*, 1934, Heft 3, 15 f.。那位学者将尤利乌斯·夸德拉图斯送到了达契亚（o.c. 44），以便接替盖约·阿维狄乌斯·尼格里努斯（C. Avidius Nigrinus）；但做出该任命的也有可能是图拉真，参见A. Stein, *Die Reichsbeamten von Dazien* (1944), 13 f.。
4 尼科米底亚是除亚历山大里亚外另一个出现在哈德良时代"族群系列"铸币中的城市。P. L. Strack, *Untersuchungen zur r. Reichsprägung des zweiten Jahrhunderts* II (1933), 165.
5 *CIL* 6, 32374.

斯·图尔波（Marcius Turbo）。[1]

在元首远离罗马的这段时间里，忠心耿耿的元老院批准处决了4位前执政官——但哈德良赌咒发誓说，那是违背自己意愿的。那些人的罪名是阴谋杀害元首，对具体细节的报道轻描淡写、含糊其辞。[2] 罪犯们被分别逮捕并处决，4个地点为：拜埃（Baiae）、塔拉奇纳、法万提亚（Faventia）以及旅途中。那是我们唯一可以确认的细节，并且它无法证明这些人犯了任何罪行。但他们的身份很能说明问题。被处决的是图拉真麾下的四员大将——科奈里乌斯·帕尔玛、普布利里乌斯·塞尔苏斯、阿维狄乌斯·尼格里努斯（不久前还是达契亚行省总督）和摩尔人卢西乌斯。

除了共同的下场外，我们并不清楚这4个人之间究竟有什么联系。[3] 或许他们都过分张扬地表达过对哈德良在东方媾和政策的不满：卢西乌斯属于鹰派，而帕尔玛曾在战争似乎一触即发之际担任过叙利亚的军队统帅。但也可能这种抗议只是这些人的借口，掩盖了他们的其他不满、矛盾和野心？在那3个罗马人之间并无足以反映政治党派关系的家族联姻纽带。其中相对年长的两位大将——帕尔玛和塞尔苏斯——之间的关系已不可考。更年轻的阿维狄乌斯·尼格里努斯则来自一个赫赫有名、以文学和学识著称的新贵家族。[4]

---

[1] *HA, Hadr.* 6.7. 关于图尔波的生涯和当时的职位，见 E. Groag, P-W XIV, 1596 ff.; A. Stein, *Die Reichsbeamten von Dazien* (1944), 14 ff.; R. Syme, *JRS* XXXVI (1946), 161 f.。来自拉皮杜姆（Rapidum）的铭文（*AE* 1911, 108）和来自凯撒里亚（Caesarea）的两份残篇（*AE* 1931, 35; 1946, 113）记载的是安东尼·皮乌斯（Antonius Pius）时期的另一位同名者。另见 E. Frézouls, *Syria* XXX (1953), 247 (*AE* 1955, 225) 所载库鲁斯（Cyrrhus）铭文。它证明此人的名字是"盖约之子（昆图斯·玛尔奇乌斯·）特罗尼乌斯·弗隆托·图尔波·普布里奇乌斯·塞维鲁 [Q. Marcius] C. f. Tro. Fronto Turbo Publicius Severus)"，其家乡（*origo*）是达尔马提亚的埃皮达鲁斯（Epidaurus），并记录了他从再度担任头号百夫长（primipilate）到成为米塞努姆舰队指挥官期间的履历（公元114年，参见 *CIL* XVI, 60）。

[2] Dio 69.1.5; *HA, Hadr.* 7.1 f. 深入研究见 A. v. Premerstein, *Klio*, Beiheft VIII (1908), 补充论述见 *Bayeriche S-B*, 1934, Heft 3, 38 ff.。

[3] 《哈德良传》（*HA*）蹊跷地声称，其中两人早在图拉真去世前已受到怀疑，"当帕尔玛和塞尔苏斯——一直与他为敌并后来被他清算的两个人——因图谋篡权而受到怀疑时，他的过继获得了保障（in adoptionis sponsionem venit Palma et Celso, inimicis semper suis et quos postea ipse insecutus est, in suspicionem adfectatae tyrannidis lapsis）"。

[4] 他是提图斯·阿维狄乌斯·奎埃图斯（T. Avidius Quietus, 公元93年递补执政官）的侄子。

并且他之前还是哈德良的亲密朋友。[1]作为一位敢讲话的演说家，阿维狄乌斯可能有些过于口无遮拦了。[2]

跟通常情况一样，新的一朝统治又以罪行开始。卡尔普尼乌斯·克拉苏只不过碰巧成了新王朝的刀下之鬼，是一个早该被处决的、多活了几年的死囚。对4位前执政官的处决却严重损害了元首和整个上流社会的关系。哈德良用言辞安慰了元老院，发誓保证将来绝不会在未经其批准的情况下处决其任何一位成员。对于已在自己登基之初按老规矩获得赏赐的罗马城市民众，哈德良提供了双倍的犒赏，并免除了他们亏欠国库的大笔债务：相关账簿被拿到罗马广场上一把火烧掉了。[3]

哈德良很快牢牢控制住了有军队驻扎的行省。他取消了玛尔奇乌斯·图尔波手中不合规矩的多瑙河流域军事指挥权。但达契亚行省并未回到前执政官级别的总督手中：那里的要塞驻军被裁减为1个军团，受大法官级别的副将节制。[4]其他行省都掌握在将领中的哈德良心腹手中。[5]并非所有在战场上建功立业、载誉而归的新晋执政官们都会得到重用。[6]哈德良还提拔了若干新人，让他们很快得到指挥军队的机会。[7]他在位期间的前几批执政官人选也是一些

---

1 信息推断自 HA, Hadr. 7.1——哈德良本有可能让阿维狄乌斯当上自己的继承人（该说法可能来自他的自传）。
2 Pliny, Epp. 5.13.6 f.; 20.6; 7.6.2 ff.（见附录27）.
3 Dio 69.8.12; HA, Hadr. 7.3 ff.; ILS 309. 参见 M. Hammond, Mem. Am. Ac. Rome XXI (1953), 127 ff.。
4 ILS 1056, 参见 CIL XVI, 68（绥克斯图·尤利乌斯·塞维鲁［Sex. Julius Severus］）。与此同时，这个行省也遭到了拆分，下达契亚被交给一位骑士阶层的总督治理。
5 卡提利乌斯·塞维鲁在叙利亚（ILS 1041; I.I. d'Afrique 43）。庞培·法尔考从下默西亚行省去了不列颠（ILS 1035 f., 参见 CIL XVI, 69）。在图拉真去世之际控制着潘诺尼亚（ILS 1029）的米尼奇乌斯·纳塔利斯没有再度获得任命。我们不知道在公元119年接替卡提利乌斯治理叙利亚的行省总督是谁。
6 泰伦斯·根提雅努斯没有拿到拥有驻军的行省，参见 ILS 1046（他被反常地派往马其顿，参见 Groag, P-W V A, 660）；或许埃鲁奇乌斯·克拉鲁斯和尤利乌斯·亚历山大（Dio 68.30.2）也是如此。
7 奥鲁斯·普拉托里乌斯·奈波斯（A. Platorius Nepos, 公元119年递补执政官）被派往下日耳曼行省（ILS 1052），卢奇乌斯·科埃利乌斯·鲁弗斯（L. Coelius Rufus, 公元119年递补执政官）被派往上默西亚行省（参见 PIR², C1246）；公元120年的下默西亚副将——"塞尔托里乌斯[Se]rtorius"或"阿尔托里乌斯[A]rtorius"（CIL III, 7539）——可能最近担任过执政官。布鲁提乌斯·普雷森斯肯定在哈德良即位之初就当上了执政官。他随后前去治理卡帕多西亚和下默西亚行省（AE 1950, 66; IRT 545）。

重要人物——他们是哈德良的心腹和政治盟友。[1]

　　元老院拥有反感新元首的各种理由——早已尽人皆知或受到怀疑的陈年旧账，以及哈德良最近的所作所为。悲观主义者们会在回顾历史时将他视为图密善再世，或担心他是又一位正在暴露自己真实面目的提比略。

　　哈德良在自己的家人与党羽中间碰过钉子，并且可能还积累了一些仇怨与尖锐矛盾。他拒绝授予自己的姐姐多米提娅·波琳娜（Domitia Paullina）"奥古斯塔"的头衔——后者有一位丈夫，即年长的前执政官尤利乌斯·塞尔维亚努斯。哈德良一直无法同妻子维比娅·萨比娜和平相处——如果自己是普通人的话，他恐怕早已休弃这个令他厌烦的女子了。[2] 但他对自己的岳母玛提狄娅尊敬有加，在后者去世时（公元119年）举办了隆重葬礼，为民众提供了赏赐与角斗士表演，随后还亲自创作、发表了一篇葬礼演说词。[3] 哈德良对普罗提娜亏欠更多。当普罗提娜于3年后去世时，她得到了一座神庙和众多诗歌的纪念。[4] 但玛提狄娅似乎在某些方面占了上风。帝国从未发行过神化普罗提娜的钱币。[5] 或许元首与她的关系逐渐变得冷淡——也可能哈德良刻意要避免关于过继问题的一切议论与公开表态？

　　忘恩负义或对朋友们过河拆桥符合哈德良的狡黠天性：相传他曾安插眼线，截获元老们的信件。[6] 骑士们应该是值得信赖的——并且有数位高级官吏的出身甚至比骑士还低，是从百夫长一类的职务干起来的。[7] 但哈德良很快就开始反感自己的一位盟友和助手——阿奇利乌斯·阿提亚努斯。公元119年，阿奇利乌斯和同僚苏尔庇奇乌斯·希米利斯（Sulpicius Similis）一道被解除

1　见第四十四章与附录87。
2　*HA, Hadr.* 11.3.
3　ib. 9.9; 19.5（参见 *CIL* VI, 2080）; *CIL* XIV, 3579. 她成了不折不扣的"女神"；哈德良也将故去的玛尔奇亚娜提升到了那一地位，参见 J. H. Oliver, *Harv. Th. Rev.* XLII (1949), 37。
4　Dio 69.10.3[1]. 人们还在尼莫苏斯建了一座神庙（*HA, Hadr.* 12.2）。她可能是在公元122年过世的。
5　根据 H. Mattingly, *BMC, R. Emp.* III (1936), cxxxiii 的记载，那是由于哈德良过于忙碌的缘故。
6　*HA, Hadr.* 11.4 ff.
7　如苏尔庇奇乌斯·希米利斯（Dio 69.19.1）。

了禁卫军队长职务。[1]除阿奇利乌斯外，图拉真亏欠最多的是玛尔奇乌斯·图尔波。此人当上了下一任禁卫军队长，和他搭档的是名气不大的塞普提奇乌斯·克拉鲁斯。后者在元首那里受宠的日子只有3年而已。[2]倘若图尔波比塞普提奇乌斯·克拉鲁斯坚持的时间更长的话，那么他最后的命运也是以失宠告终的。[3]

在哈德良的元老盟友中，有些人因为种种原因（有些只是鸡毛蒜皮的小事）而失去了他的友谊。[4]他在赏赐荣誉方面也并不大方。第二次出任执政官的荣誉变得越来越稀缺了——只有在哈德良即位之初的关键几年里的红人，即武人卡提利乌斯·塞维鲁实现了这一目标（公元120年）。但他忽略了其他本应受到重视的人物。[5]很少有人取得过那一荣誉，并且成功的人也已垂垂老矣。[6]

出身、成就或深孚众望都会引起猜忌——跟元首的血缘或亲戚关系很可能更加危险。哈德良最初几年的统治危机四伏。王朝继承（如果这个王朝还能延续下去的话）的第一顺位人选是佩达尼乌斯·福斯库斯（Pedanius Fuscus），他娶了哈德良的外甥女——尤利乌斯·塞尔维亚努斯之女尤利娅。[7]佩达尼乌斯在公元118年同哈德良分享过束棒护身的荣誉；我们在图拉真即位时得知，此人较哈德良年长12岁。但佩达尼乌斯随后便从声名的红黑榜上消失了，只剩下执政官年表和元首家族谱系上的一个干巴巴的名字。[8]

1　HA, Hadr. 9.3 ff. 是年8月，昆图斯·拉米乌斯·玛提亚利斯（Q. Rammius Martialis）被解除了在埃及的职务（P. Oxy. 2205），让位于提图斯·哈特里乌斯·奈波斯（T. Haterius Nepos）（ILS 1338），拉米乌斯接下来也没有加入禁卫军。
2　ib.2.2.
3　ib.15.7.
4　ib.15.2 ff.; 23.4 f. 其中包括普拉托里乌斯·奈波斯（Platorius Nepos）。关于他们在哈德良统治后期同元首的失和（及死亡），见原书第600页。
5　如奈拉提乌斯·普利斯库斯、米尼奇乌斯·纳塔利斯和庞培·法尔考。
6　HA, Hadr. 8.4中的说法是错误的。6人曾再度出任执政官（大部分已步入风烛残年），2人曾三度出任执政官（阿尼乌斯·维鲁斯和尤利乌斯·塞尔维亚努斯）。参见附录12。
7　Pliny, Epp. 6.26.1.
8　狄奥的作品、《奥古斯都后诸凯撒传》和大部分现代史著都没有提及佩达尼乌斯·福斯库斯。

如果元首在罗马过得不如意或怀疑自己身处险境，他可以逃到行省去躲避。元老院不得不忍受哈德良待在罗马的近3年时光，直到他决定前往西部诸行省巡视——自从哈德良卸任上日耳曼军团长以来，他已有20余年没去过那些地方了。他此行的目的是视察并整合帝国资源，调查边疆状况，寻找守卫边疆的最经济方式。元首于公元121年抵达了高卢和莱茵河畔。[1]他在下一年到了不列颠，并将普拉托里乌斯·奈波斯从下日耳曼调来接替庞培·法尔考。[2]北方边防曾经有过麻烦，整整一个军队不久前被敌人歼灭了。[3]

在讨论并决定修建一道两端紧接大海的长城后，元首返回了高卢，后又前往西班牙并在塔拉科过冬；但他自己的老乡，即意大利加的居民并未见到他们的元首——因为哈德良对他们心怀怨恨。[4]

在公元123年期间，哈德良的旅程受到了帕提亚方面威胁的干扰。他调动了军队，亲自赶往东部边疆，并同帕提亚国王进行了会晤。[5]无论双方争论的焦点是什么，以及双方做出过哪些妥协，结果却是足够理想的。罗马城里的种种疑虑与希望都已烟消云散。哈德良将稳定看得比荣耀更重。他通过自比奥古斯都来解释、宣传他的政策与目标：当年（或此后不久），元首便在帝国发行的硬币上刻上了简洁有力的头衔——"哈德良·奥古斯都（Hadrianus Augustus）"。[6]

该头衔昭示着一个重要的周年纪念日——元老院投票授予罗马的拯救者

---

[1] 有人认为他是公元120年离开罗马城的。但这个说法并不可信。

[2] *CIL* XVI, 69（公元122年7月17日）.

[3] 即第9军团"西班牙"。当时从大陆上调来了一些辅军军团（*ILS* 2726）；此外还有第6军团"征服者"（VI Victrix）（*ILS* 1100，或许时间上稍晚），统领者可能是公元121或122年（*ILS* 1100）的副将普布利乌斯·图里乌斯·瓦罗（P. Tullius Varro，公元127年递补执政官），该史实的最早证据出现在普拉托里乌斯·奈波斯（公元127年递补执政官）担任行省总督期间（*AE* 1938, 116）。有人认为第9军团"西班牙"存在的时间更为长久，如 E. Ritterling, P-W XII, 1668 f.; E. Birley, *Roman Britain and the Roman Army* (1953), 20 ff. 关于这次灾难（或数次灾难）的更多信息见原书第490页。

[4] Dio 69.10.1. 或许可以参考 *HA, Hadr.* 12.4（塔拉科的情景）中已损坏的文本。

[5] *HA, Hadr.* 13.8.

[6] P. L. Strack, *Untersuchungen zur r. Reichsprägung des zweiten Jahrhunderts* II (1933), 12 ff.; 105; H. Mattingly, *BMC, R. Emp.* III (1936), cxxxiv, clxvii; M. Grant, *Roman Anniversary Issues* (1950), 101.

与那座城市的重建者"奥古斯都"头衔后的第150个年头。它比任何其他所谓的数字周期都引人注目得多。罗马编年史上神奇地出现了又一次"奥古斯都治下的和平（Pax Augusta）"。

图拉真在登基时44岁。跟图拉真一样，哈德良披上紫袍时也正当年，甚至比前任更为年轻——他当时只有41岁。图拉真进入并通过了人生的关卡（63岁），但未能再熬过1年，而哈德良则是在不祥的63岁那年驾崩的。对于那两位君主而言，世人都信心满满地认为他们会统治很久。图拉真命中注定无法享受帕提亚战争的凯旋式，以及他的"二十周年统治纪念日（vicennalia）"。哈德良等到了自己的纪念日，但并未大张旗鼓地庆祝或张扬[1]，并且随后不久便在自己统治的第21个年头去世了。

两人的经历的确近似，但十分偶然；并且这种巧合更适合作为俗人而非智者的谈资。而在其他所有事情上，两人的差异似乎都是巨大的——统治期与统治者都存在鲜明对比：战争与和平、武将与学者。[2] 图拉真夺取了元首权力；哈德良继承元首的资格同样充满争议——因为该身份并未得到过正式公布或充分铺垫。诚然，两人都在掌管过各种职权与兵权后当上了执政官，都是在长期担任副手后执掌大权。但两人的经验不可同日而语。图拉真只需要在专制统治者手下老老实实地扮演好循规蹈矩的忠仆角色；哈德良则时而地位高于元老，时而不像是一位王储，在自己可怕亲戚的监视下经受着历练——这种历练也许时间拖得过长，甚至可能会一直延续到他去世时为止。图拉真的登基挽救了秩序、和平与"共和国"；因而他可以顺理成章地将自己打扮成一位奥古斯都式的元首，并且那也合乎他本人经受的训练与个人性情：图拉真像奥古斯都一样渴望权力，并对理论持无所谓的态度。制约哈德良的则是他的残酷性格、强烈求知欲和饱读诗书的教育经历。

君主很难完全公正地对待准备接替自己位置的那个人。但图拉真可以

---

[1] P. L. Strack, o.c. 184 ff.; H. Mattingly, *Proc. Brit. Ac.* XXXVI (1950), 159; 184.
[2] 如 E. Kornemann, *Weltgesch. des Mittelmeerraums* II (1949), 125 ff.; H. Kähler, *Kaiser Hadrian u. seine Villa bei Tivoli* (1950), 143 ff.。

免去这个麻烦,因为自己那位年轻亲戚的品味与追求压根就是跟他格格不入的——但那些特征更容易激怒图拉真,倘若它们迎合了普罗提娜的话:后者是一位十分讲究、富有教养的女性。共同的爱好或许还有相近的年龄使得她与哈德良意气相投。[1] 因此,哈德良至少可以在普罗提娜那里赢得好感。流言蜚语提供的版本里又添加了别的猛料。[2] 由于志趣差异巨大的缘故,元首图拉真或许粗暴专横地对待过他的妻子。他的一些习惯是尽人皆知的。当图拉真耀武扬威地展示着自己的地位与权威时,他的那位年轻亲戚当然能够看清此人的自负与凶残。作为一个从来不愿跟弱者计较的人,哈德良很乐意将自己打扮成泯然众人的模样。[3]

此外,图拉真可以援引"共和国"为借口(高贵但并不真诚)来剥夺哈德良继承元首头衔的资格。如果元首图拉真思考过奥古斯都与提比略统治时期的先例的话,他有理由在私下里保持自信,希望能比只小自己23岁的继承人活得更为长久。这一切哈德良都看在眼里。他极力伪装自己——在暗中敌意的压力下,他的性格也日益变得冷酷与刻薄。

哈德良的个性是多重且与众不同的。[4] 凭借着与生俱来的神奇天赋,他轻松自如地掌握了各种艺术与科学。他写过大量散文与韵文作品(其诗歌的缺陷在于过分考究和晦涩难懂),并在绘画、音乐与雕塑等领域均有所建树。凭借着惊人的记忆力、鲜明的文学趣味(他反感从早期到经典时代的

---

1 普罗提娜可能比图拉真小近20岁;并且我们不确定她是否是图拉真的第一任妻子。相关钱币见 *BMC, R. Emp.* III (1936), 106 f.; 124; 229 f.; 245 f.;关于她的形象研究,见 R. West, *R. Porträplastik* II (1941), 75 ff.,其中强调了卡庇托林博物馆和梵蒂冈所藏头像的重要性(pl. XIX, 70 and 73)。她的形象看上去略显疲倦,但眼神还是开心的。
2 "普罗提娜的恩宠(favor Plotinae)"这一主题反复出现于 *HA, Hadr.* 2.10; 4.1; 4.4。此外还有"普罗提娜的党派(factio Plotinae)", 4.10。狄奥提及过两人"充满爱恋意味的友谊(ἐρωτικὴ φιλία)"。谁又说得清呢?
3 *HA, Hadr.* 20.1: "in conloquiis etiam humillimorum civilissimus fuit, detestans eos qui sibi hanc voluptatem humanitatis quasi servantes fastigium principis inviderent(在交谈中,他即便在身份低微的人面前也谈吐文雅。他厌恶那些自以为在维系元首的尊严并反感哈德良的平易近人的家伙)"; 17.6: "fuit et plebis iactantissimus amator(他对自己爱民众一事直言不讳)"; 17.5 f.(他会当众跟任何人一道沐浴); 16.10(他是爱比克泰德的朋友)。
4 具体细节见 *HA, Hadr.* 14.8 ff.; 15.10 ff.; 20; Dio 69.3 ff.。

所有拉丁语作家）和谈话与辩论的热情，哈德良成了艺术家与学者们的福音——同时也是他们的梦魇，因为这位全才的高傲与忌妒之心随时可以嘲弄、谴责甚至毁灭他们。当这位元首试图强迫伟大的建筑师阿波罗多鲁斯（Apollodorus）接受自己的设计方案时，后者愤怒地反驳了他。两人随后发生了争吵，阿波罗多鲁斯被处死了——至少世人是这样传说的。举世闻名的哲学家法沃里努斯（Favorinus）也曾一度明智地躲避哈德良：谁能跟手握30个军团的统治者争论呢？

两人的对比就是如此鲜明。但在表面差异之下，图拉真与哈德良的统治是通过本质上的统一性而联系、交织在一起的。[1] 罗马帝国已步入了她的盛年。这一点在统治者宣扬"哈德良·奥古斯都"的头衔时已显而易见，或不如说在图拉真统治10年后就已经非常清晰了。

在内乱中产生的元首制是出于控制军队和维持帝国稳定的需要而迫使世人接受的。但元首制的成就远非如此。通过整合"共和国"的各种元素和创建新机制，它建立了一整套政治体制。自亚克兴海战结束以来已过去了150年，长时段的发展前景与帝国权力的稳定加强已变得明朗。在公开或秘密的斗争中，旧日的贵族和尤利乌斯·克劳狄乌斯王朝时代的权贵们已一蹶不振，几乎消亡殆尽。各种反抗都已被制服，并且知识精英们的看法也已同政府达成了一致。

"自由"是新元首常常会提及的一个字眼；但他们随后会迅速地悄悄放弃这个口号，例如，它从韦伯芗统治第三年发行的硬币上消失了。[2] 刻意回避效法涅尔瓦的图拉真一直拒绝使用这个概念——但"自由"突然在他即位后10年左右出现了。[3] 大约与此同时，随着已停止流通的旧铸币被回收熔化，铸

---

[1] 有人提出了相反意见，认为公元117年是戴克里先（Diocletian）时代之前罗马帝国发展历程中最重要的一年。见 E. Kornemann, *Kaiser Hadrian und des letze grosse Historiker von Rom* (1905), 1。当然没有人会否认，哈德良是一位自觉的、著名的改革家。如 F. Pringsheim, *JRS* XXIV (1934), 141 ff.。

[2] P. L. Strack, o.c. II (1933), 178.

[3] P. L. Strack, o.c. II (1933), 177; H. Mattingly, *BMC, R. Emp.* III (1936), lxxxvi ff. 关于图拉真"统治十周年纪念币（decennalia）"的、令人恼火问题的更多信息，见 *Proc. Brit. Ac.* XXXVI (1950), 183。

币厂又生产了大批纪念币，上面再现了共和时代铸币者的姓名与钱币类型以及那些尚未遭到除名毁忆的元首形象。这一举动的意图十分明显——是为了追忆、纪念自由国度的古老荣光，确认并证实现实同过去之间的延续性。其效果却恰恰相反。这种做法再明白不过地证明：共和国与共和精神已经一去不复返。

"统帅们"在罗马运行的是他们在外指挥军队与行省时的那套专制统治模式。元首奥古斯都在统治初期三度长期缺席后，几乎再也没有离开过意大利。在他的继任者提比略眼中，罗马是"首善之区（caput rerum）"，冷落她既不明智也不安全。[1]除了为了履行承诺或执行计划外，提比略从来不去行省。然而，大逆不道的"谋反企图（arcanum imperii）"永远无法被彻底扑灭。它又在尼禄倒台之际死灰复燃，令人生畏。

图拉真与哈德良都是在行省被拥立的。两人即位后都不急于返回罗马。哈德良已远离罗马数年之久，并且他很快又要上路（公元121—125年）。这第二次外出长达6年之久（公元128—134年）。

对奇邦异俗永不满足的好奇心支配着哈德良。为了拥有一座展览其所有旅途见闻的博物馆，哈德良在提布尔下面的山坡上建造了一座巨大宫殿。[2]倘若旅行能让永不疲倦的灵魂得到休憩的话，那么它如今对于那位勤勉元首而言已变得不可或缺。跟许多行省贵族一样精力充沛、爱好打猎的哈德良展示了自己的顽强与韧劲，在视察军队、对他们进行勉励或责备时总是脱帽忍受酷暑与风雪。[3]游行与操练证实了他对军纪的重视，其中当然也包含着他的面谕和关键点评。[4]他以行家的眼光监督或调整着前线的布局，尽管这些指令的效果未必都是积极的。[5]

---

1 *Ann.* 1.47.1，参见3.47.2。
2 H. Kähler, *Kaiser Hadrian u. seine Villa bei Tivoli* (1950).
3 Dio 69.9.3 f.; *HA, Hadr.* 23.1.
4 ib. 9.1 ff.; *HA, Hadr.* 10. 参见拉姆拜希斯对努米底亚军队的讲话（*ILS* 2487）。
5 对不列颠的一些调整也许来自元首的个人干涉。关于长城及其相关问题，见I. A. Richmond, *JRS* XL (1950), 43 ff.。

第二十章　元首哈德良

　　哈德良的漫长旅途（或许有些过火，有时甚至任性）[1]引发了关注，并且似乎预示着一场巨变。但图拉真在其统治的前10年里在与不在罗马的时间也几乎相当，并且元老院在公元113年之后就再也没有看见过他。

　　正如其举止与旅途所反映的那样，哈德良的任务是评估、约束并规范那个世界性帝国。早在哈德良即位之前，那些事实、习惯与程序就已经合法化了。一些古老名目保留了下来——如罗马元老院和罗马市政官吏的神圣秩序。事实上掌权的却是元首、内朝和行省总督们。出身骑士阶层的官吏们也堪比元老，在罗马和行省占据着举足轻重的地位。[2]图拉真一朝见证了这一趋势的稳步发展。一切都在走向合流。帝国创设了越来越多的财政职务，为骑士们提供了用武之地。[3]为元首效劳的元老们看到大法官级别的行省数目从8个增加到12个[4]，从而增加了他们担任执政官的机会。图拉真的恩宠让一些人可以平步青云——并引来了一些流言蜚语。最高行政官职（执政官）的真正意义早已明确：该职务是不能由身在罗马城外的人担任的。[5]在各领域内，元首都在侵吞着元老院的权力——他不仅向意大利各城镇派出特使，还一度将意大利北部置于自己的副将治下，并干涉过若干公共行省的事务。[6]在元首的朋友们享受各种特权的情况下，元老院的地位不断下降并发生转化。从前默默无闻的一些地区或城市也拥有了自己的执政官；神圣的元老院规模则日益扩大，群族混杂的色彩日益浓重。

1　对哈德良四处旅行的批评可从玛库斯·奥勒留对安东尼·皮乌斯的赞美推出："他不喜改变与漂泊，而是待在同一个地方坚持做同样的事（τὸ μὴ εὐμετακίνητον καὶ ῥιπταστικόν, ἀλλὰ καὶ τόποις, καὶ πράγμασι τοῖς αὐτοῖς ἐνδιατριπτικόν）。"（*Ad se ipsum* 1.16）
2　参见 H. M. Last, *CAH* XI, 426 ff.。
3　骑士阶层行省督办的总数在图密善治下是62人，后被图拉真增加到80多人。参见 H. G. Pflaum, *Les Procurateurs équestres sous le Haut-Empire romain* (1950), 54 ff.; P-W XXIII, 1249 ff.。
4　见附录15，参见附录18。
5　我们很难相信，泰伦斯·根提雅努斯和卢西乌斯·奎埃图斯（见上文，原书第242页）返回了罗马城去担任该职务（公元116年和117年）。同样的现象也可能在公元97或98年出现过。佩提利乌斯·克瑞亚利斯（他在有机会担任执政官之前驻守过莱茵河畔）或许并非公元70年不在罗马城的唯一一名执政官。
6　见原书第224页。

不过，早在图拉真即位之前，我们就能在弗拉维王朝的帝国行政体系中找到这些苗头，而图拉真本人就是那套体系的产物与一分子。我们还可以继续向上追溯到克劳狄乌斯与尼禄时代，二者的宫廷与统治非但不会掩饰，甚至还会鼓吹将权力从罗马和意大利延伸到行省的做法。世人如今将目光投向过去，思索着元首制诞生以来的历史。那么，元首制的流变是否不仅仅是罗马称雄意大利并统治万民的后果，也是命运所注定的呢？

元首制在诞生之初似乎充满希望（时间的距离使得它的最初阶段看上去更加理所当然），但它随后遭遇了风险，蜕变成了暴政与耻辱。形势在某个时间点上突然恶化——根源也许是某位元首的品格、不可变更的命运或"神明对罗马的震怒（deum ira in rem Romanam）"。[1]

如今，现实生活中发生的事情可以让人们以更加敏锐的洞察力讲述元首制发展的整部历史。即便没有图拉真的征服战争或哈德良的即位，这个主题也会向历史学家发出急切的召唤。唯一的问题在于：他选择的起点应当是元首奥古斯都还是元首提比略？

---

1 *Ann.* 4.1.2，参见16.16.2。

第五部分

《编年史》

第二十一章 《编年史》的结构

科奈里乌斯·塔西佗决定从奥古斯都去世之际讲起。他对从提比略到尼禄诸元首统治时期编年记录的现存部分（略高于全书篇幅的一半）表明，全书结构应当分为3部分，每部分包括6卷内容。[1] 前6卷讲述的是元首提比略统治时期，其中包括篇幅相当、泾渭分明的2部分。[2] 塔西佗将这位元首的统治分成2个阶段，前一时期的标志是对贤明统治的希冀与信念（往往还伴随着相应的故作姿态），后一时期则走向衰落腐败，几乎导致不可收拾的分裂与灾难。这种结构设计所反映的并非流俗观念或传记作家得心应手的简单文学套路：它在很多情况下确实符合专制统治的实情；即便这套叙述体系并非完全合乎历史，一次暗杀、一场暴乱和元老院拒绝将逝世的元首提比略封神的

---

1 见附录35。这个结构安排有可能存在，即便是在作者未能活到完成关于尼禄时代的6卷作品的情况下。如《迈狄凯乌斯手稿》（*Codex Mediceus*）所显示的那样，《编年史》全书的标题（可能是副标题）是"自神圣的奥古斯都去世以来（ab excessu divi Augusti）"。参见R. P. Oliver, *TAPA* LXXXII (1951), 235。有学者断言，塔西佗本人使用的就是"编年史（annales）"这样一个标题（F. Jacoby, *Atthis* [1949], 111）。那是建立在错误的观念基础上的。在塔西佗的语境下，"编年史"是"历史"的标准代名词，那也合乎拉丁文的传统用法。参见*Ann.* 3.65.1: "quod praecipuum munus annalium reor（我认为那是历史学的首要职责）"，等等；4.34.1（克瑞穆提乌斯·科尔杜斯的作品）。当他讲到"我们的编年史（annalis nostros）"时，他指的是"我正在写的历史"。参见Livy 43.13.2: "ea pro indignis habere, quae in meos annales referam（那是不值得在我的编年史中报道的事情）."此外还有一条消极证据：塔西佗从未使用"historia"一词（无论是单数还是复数）来表示"历史"的含义。

2 4.1.1: "C. Asinio C. Antistio consulibus nonus Tiberio annus erat compositae rei publicae（盖约·阿西尼乌斯和盖约·安提斯乌斯担任名年执政官之年是国家进入提比略统治时代后的第九个年头）"，等等。

事实都可以为其提供不容置疑的证据支持。

元首提比略的统治开局不错,权力得到了平稳交接;公正、明智的行政体系已运转了很长时间。此外,倘若罗马舆论还没有专注于履行将奥古斯都理想化的天然使命的话,那么它完全有理由声称,提比略时代不仅堪与奥古斯都统治后期媲美,还在自由与繁荣等方面远胜于后者。但到了最后,在经历了一系列阴谋、反制与长期合法谋杀后,建立法治民主的实验灰头土脸地以失败告终,剩下的只是赤裸裸的专制。年逾七旬、怏怏不乐的元首提比略最终在元老院和罗马人民的诅咒声中死去了。

但历史学家还需分析转折的原因,并找到标志形势恶化的年份或具体事件。这些原因主要在于统治者本人的性格,无论他是受到了某些事件的影响,还是逐渐暴露了自己隐藏起来的天性。许多题材都具备被选为转折点的条件,如提比略在对仇敌的恐惧下表现(或故意展示)出的猜疑与恐惧,以及大逆罪判决的日趋频繁。他也可以选择不同的起始日期——如日耳曼尼库斯的去世、德鲁苏斯(Drusus)的去世、提比略离开罗马,甚或是他的母亲里维娅(Livia)的去世。那么,历史学家塔西佗会选择哪个日期呢?

日耳曼尼库斯无疑是选项之一。塔西佗对他的利用是全方位的。这个光彩照人的形象不仅拥有各种美德与卓越品质(以及相应的人气),足以同元首提比略的阴暗灵魂构成对比;历史学家塔西佗还需要日耳曼尼库斯来推进情节发展,并保持叙述的多样性与连贯性。这位年轻的王子在《编年史》前3卷中留下了广泛足迹:莱茵河畔的军团哗变、精心策划的日耳曼远征、在帝国东部的行程、同叙利亚行省副将格涅乌斯·披索(Cn. Piso)的争执、在安条克的不幸逝世,以及同样至关重要的公共舆论质疑和披索被元老院判处大逆罪。然而,日耳曼尼库斯之死却并不适合作为转折点。[1] 选择公元19年为节点将过分压缩元首提比略统治的繁荣期,那是连他的死敌也无法矢口否认的。提比略的统治当时才刚到第五个年头;在提比略的儿子德鲁苏斯还在

---

[1] 狄奥对此进行了强调,见67.7.1 f.; 13.6; 19.1; 19.8。参见 Suetonius, *Cal.* 6.2。

人世的情况下，元首和他的王朝看上去都是安全的。

当德鲁苏斯在4年后去世时，元首继承权落到了日耳曼尼库斯的儿子们头上，元首的廷臣们也在希望、恐惧与阴谋的驱使下变得不安分起来。日耳曼尼库斯留下了3个儿子。他的遗孀是一位心高气傲、难以对付的女子，完全清楚自己作为元首奥古斯都外孙女的高贵地位，并准备再嫁。提比略急于逃出这一危险处境。他如今已64岁，并越来越多地依赖于自己的宠臣与谋士——禁卫军队长卢奇乌斯·埃利乌斯·塞亚努斯。他于3年后离开了首都罗马，并且再未回去。大部分历史学家（根据塔西佗的说法）对此做出了解释——那是塞亚努斯的诡计。这样一来，那位权臣就可以控制元首和进见元首的机会——随着时间的推移（提比略日益衰老且耽于享乐），元首终究会同意将帝国的权柄交到他的手里。[1]

塔西佗遵循的线索是非常清晰的。正如他对提比略统治前半段的记述以日耳曼尼库斯为中心一样，《编年史》对提比略统治后半段的记载围绕着塞亚努斯展开，在第4卷开篇处用很长篇幅介绍了塞亚努斯其人，并通过对提比略到那一年为止的表现与政策的概述而对此加以强调。

第4卷用各种例证描述了塞亚努斯的野心和他与日俱增的影响力，以及提比略于公元26年远走坎佩尼亚，并于公元27年在卡普里埃岛（Capreae）上安顿下来的情况——他似乎正在将越来越多的帝国权力交给自己那位不可或缺的臣子。第5卷开篇记载了公元29年的史事。在叙述了奥古斯塔里维娅的去世（以及她的性格概况）后，塔西佗紧接着提及了元首送往罗马元老院的信件——信中严厉指控了日耳曼尼库斯的遗孀阿格里皮娜（Agrippina）和她的长子。作者的叙述线索（以及公元29—31年间的大部分史事）在那里戛然而止。[2]

---

[1] 4.57.1，参见41。
[2] 分界点为5.5。手稿表明，中间的空缺只有3—4个字母。后面的叙述直接切换到了公元31年底的事件（现代校勘本中的5.6）：第一句是条孤立的残片，但同前文或后文的衔接都没有任何文字脱漏的痕迹。

这一文字佚失使得后人无缘欣赏一出充斥着无与伦比的阴谋与灾难的大戏。但我们知道其最后一幕——那是于光天化日下在元老院里和首都街头上演的。元首提比略曾一手扶植了塞亚努斯，如今又决定除掉这个人。他从卡普里埃岛寄出了一封洋洋洒洒的长信。[1] 早已了解元首计划的执政官当众宣读了这封信；而被蒙在鼓里的塞亚努斯还以为元首会授予自己更多荣誉，并让自己全面分享帝国权力。那封故意拐弯抹角的信以突如其来的严厉谴责告终。上当受骗、呆如木鸡的塞亚努斯毫无反抗之力。在被人拖出去处决时，他看到自己的雕像已被推倒：元首的忠臣们已经控制了罗马城中的所有部队，一位新队长已经接管了禁卫军。

至于元首为何要对自己的宠臣痛下杀手，那是另外一个问题。其中存在着许多含糊之处。[2] 要求塔西佗式的叙述风格能够澄清其中一切疑点的想法恐怕过于乐观。但他至少能够提供关于公元29—31年期间政治活动的若干宝贵信息，告诉我们塞亚努斯的党羽是哪些人（无论他们是活着还是已经死去），以及那个野心勃勃的权臣的死敌又是何许人也。同样重要的信息还有坚持忠于元首提比略的贵族们是哪些人——无论他们的个人喜好、亲族纽带以及所支持的元首继承人选是怎样的。[3]

前6卷中的最后1卷是枯燥的后记，一直叙述到老元首去世为止。其中包括许多迫害与死亡，并为追求多样化而略微点缀了一些异域、博古信息。结尾处的一篇极富感染力的总结分阶段回顾了提比略的一生与性格。[4]

以上就是《编年史》前6卷的结构，这部分共讲述了23年的历史。讲述卡里古拉（公元37—41年）和克劳狄乌斯（公元41—54年）时代的7—12卷的情况有些模糊，因为其中的前4卷和第5卷的一部分佚失了。简写的残篇从第11卷中间（公元47年）讲起，其中包括一个篇幅很长的独立插曲，几乎一

1　Juvenal 10.71.
2　尽管狄奥全面记载了公元31年的史事（68.7.2-16.7，开头是来自克希菲利努斯［Xiphilinus］的节录，但很快就切换为原文）。其中是否讲述到了"塞亚努斯的阴谋"还有待证实。见附录65。
3　见原书第384—385页。
4　6.51.

直延续到公元48年底。第12卷则一直叙述到克劳狄乌斯去世时为止。

历史学家塔西佗将《编年史》的前6卷分成两半。但他恐怕无法按照同样的方式处理第7—12卷，对卡里古拉统治的4年和克劳狄乌斯统治的近14年平均分配篇幅。并且我们也即将看到，后面的第3部分里没有如此划分的痕迹。分配给卡里古拉2卷并分配给克劳狄乌斯4卷的办法是合乎编年和结构平衡的要求的。[1] 倘若果真如此的话，那么关于卡里古拉的2卷也可以建构一种鲜明的、戏剧性的对比，叙述那位年轻元首如何暴露了自己的暴君本性（睿智的观察者早已有过预言），以及世人的希望如何变成了恐惧与厌恶。

提比略死后的罗马像是一座被解放的城市。令忠实臣民高兴的是，新元首提供了慷慨赏赐与盛大庆典，做出了模范表率，并表现出了高尚的做派：他对父亲日耳曼尼库斯的纪念、慷慨赐予姐妹们的荣誉和在身为元首的情况下将选举权归还给罗马人民所反映的、对"共和国"的尊重均展示了自己的"虔诚"。

和谐与繁荣维持了一段时间。但集权模式的危险与诱惑以及元首的真实性格随后暴露了出来。直到公元39年，卡里古拉才开始对贵族、将领和他自己的亲戚产生了猜疑。他在当年秋季匆匆赶往高卢，假装要指挥军队入侵不列颠或渡过莱茵河。结果却是他发现并镇压了一起阴谋。年轻的埃米利乌斯·雷必达（Aemilius Lepidus）如今已被处决；他曾短暂地与卡里古拉的妹妹之一德鲁西拉（Drusilla）做过夫妻，并被指定为元首继承人。[2] 具体过程并不仅仅是一场家族内部的谋杀那么简单。曾在之前10年里指挥着上日耳曼军队的勒图鲁斯·盖图里库斯（Lentulus Gaeticulus）也被处死了。[3]

那无疑标志着卡里古拉统治的转折。他此后表现出来的便是残酷、傲慢与妄自尊大——并且其影响并非局限在帝国首都之内。但推翻这位暴君的并

---

1 狄奥在用2卷篇幅记载了提比略统治时期后，用1卷篇幅（第59卷）记述了卡里古拉一朝，叙述克劳乌斯统治的下一卷可能一直讲到了公元46年底，参见波伊塞万的校勘本（Boissevain, Berlin, 1898, II, xxii）。
2 PIR^2, A 371.
3 PIR^2, C 1390.

非行省的起义或某位将领的称帝。阴谋来自罗马城内禁卫军军官同元老们的勾结——卡里古拉于公元41年1月24日遇刺。[1]

元老院随后举行集会。一位执政官发表了一篇关于自由的演说,大谈重建共和国——可能是出自真诚的信仰,可能是为了尊重传统,或许只是为了争取时间;某些拥有高贵出身和影响力的人物则已经开始为竞争元首宝座而造势。与此同时,禁卫军士兵已找到了一位被人遗忘的王子,并兴高采烈地拥立了他。经过军营和元老院之间漫长烦琐的讨价还价,元首权力最终归属了日耳曼尼库斯的这个弟弟——克劳狄乌斯。

克劳狄乌斯永远不会忘记那段凶险、尴尬的元首空缺期。他很快拥有了愤怒与猜疑的其他理由。在他即位后的第二年,达尔马提亚的副将阿伦提乌斯·卡米卢斯背叛了自己。[2] 尽管拥立此人的阴谋最终流产,但还是让克劳狄乌斯心惊肉跳——竞争者的显赫家世以及追随他的某些元老的性格与品质在其中发挥了很大作用。[3]

在叙述克劳狄乌斯的统治时,能让历史学家塔西佗集中笔墨的主要题材来自前朝——如宫廷政治、元首释奴的影响力及元首同元老院之间的紧张关系。也正是那些前朝的风云人物如今身居高位,成为元首家族的朋友和管理国家的重臣。在对外事务方面,毛里塔尼亚的暴乱源自卡里古拉对那块土地的吞并,过了几年才被镇压下去;元首本人则在指挥入侵不列颠。尽管两位元首在性格和政策方面或许差异巨大,历史学家塔西佗的技巧还是足以利用好反映两人统治共同特征的元素,在第7—12卷中建立某种统一性。直到公元48年为止,他在题材收集方面一直是游刃有余的。但尽管毛里塔尼亚和不列颠提供了关于战争和地理的细节材料(那对于《编年史》的写作而言是件好事),塔西佗还是需要大量内政方面的材料来充实这3卷(第9—11卷)的

---

[1] Josephus, *AJ* 19.17-273对此进行了详尽叙述(他复述了一条高质量的拉丁史源)。

[2] *PIR*², A 1140(卢奇乌斯·阿伦提乌斯·卡米卢斯·斯克里波尼亚努斯[L. Arruntius Camillus Scribonianus],公元32年执政官)。

[3] 关于阿伦提乌斯的家世,见下文原书第382页;关于其支持者们的情况(其中包括前执政官凯奇纳·佩图斯[Caecina Paetus]),见原书第559页。

内容。首都的社交生活欢乐而丰富多彩，哲人与演说家比比皆是，并且还有许多男女名流加以点缀。作秀、竞争、阴谋、腐败与罪行样样不少。

之前的元首提比略不喜欢女性的陪伴，并厌恶一切庆典或时尚。宫廷中的那些身上流淌着尤利乌斯、克劳狄乌斯和安东尼家族血液的千金小姐们亟待焕发活力——蠢蠢欲动的还有王室中的种种纷争与不和。风头最盛的是日耳曼尼库斯的3个女儿、德鲁苏斯的女儿和多米提乌斯·埃诺巴布斯（Domitius Ahenobarbus）的两姐妹。[1] 德鲁西拉死于卡里古拉即位后的第2年，并受到了隆重纪念；尤利娅·阿格里皮娜（Julia Agrippina）和尤利娅·里维拉（Julia Livilla）则继续在奢华与流言中活着。到了克劳狄乌斯即位之初，通奸罪名使得里维拉遭到流放，不久在流放地被杀。[2] 多米提乌斯·埃诺巴布斯留下的遗孀阿格里皮娜则尝试重新联姻，嫁给了亡夫的姐夫——富有、智慧、口才极好的帕西埃努斯·克里斯普斯（Passienus Crispus）。有人说，帕西埃努斯此后不久的过世是她精心策划的一起阴谋。[3]

拥有王室血统与做派的女性权贵们同阿格里皮娜结下了仇怨，或做出了其他危险举动（其中不乏乱伦与做法术的传闻）。许多贵妇人都是贪得无厌、冷酷无情的。但没有任何证据足以贬低德鲁苏斯之女尤利娅：她虽一度同埃利乌斯·塞亚努斯订婚，最后还是找到了一位安全可靠、处世稳健的丈夫。[4] 迷人的尤妮娅·卡尔维娜（Junia Calvina）则为自己赢得了特别的赞语——"天底下最快乐的姑娘（festivissima omnium puellarum）"[5]。

克劳狄乌斯的妻子瓦勒里娅·麦萨利娜（Valeria Messallina）成了那个时代的标志性人物——至少在骇人听闻的叙述版本中如此。各种政治谋杀都被归结到她的头上。遇害者名单中包含两位公主：尤利娅和尤利娅·里维

---

1 还应注意尤妮娅·卡尔维娜和尤妮娅·雷必达（Junia Lepida），她们的外曾祖父母是卢奇乌斯·埃米利乌斯·保卢斯（L. Aemilius Paullus，公元1年执政官）和小尤利娅（Julia）。
2 *PIR*[1], J 444.
3 Suetonius (ed. Roth, 1898), p. 290. 他的前任妻子是多米提娅（Domitia），见 *PIR*[2], D 171.
4 即盖约·鲁贝利乌斯·布兰杜斯（C. Rubellius Blandus），见原书第576页。
5 Seneca, *Apocol.* 8.2. 参见 *Ann.* 12.4.1: "sane decora et procax（不假修饰、无拘无束）."

拉。[1]拥有高贵出身与社会地位的男性也在劫难逃。麦萨利娜策划了对她母亲的第3任丈夫（来自尤尼乌斯·希拉努斯家族［Junii Silani］）的谋杀。[2]玛库斯·维尼奇乌斯（M. Vinicius）死于公元46年（他从前是尤利娅·里维拉的丈夫），并得到了一场国葬作纪念；有传言说他是被王后毒杀的。[3]

这是一个你死我活的、充斥着阴谋的时代（无论那些说法究竟是真有其事，还是编造出来的）。两位遭到猜疑的贵族靠着自己的庸碌无能逃过一劫。[4]但出身名门、并由于同伟人庞培的家族联姻而处境更加危险的克拉苏·弗鲁吉（Crassus Frugi）则惨遭毒手。他的妻子和儿子也未能幸免。[5]

麦萨利娜幸运地未因这一事件而遭到责难。但到下一年，她又谋划清除了著名前执政官瓦勒里乌斯·阿西亚提库斯（Valerius Asiaticus）。她利用了克劳狄乌斯的恐惧，其帮手则是她的心腹卢奇乌斯·维特利乌斯和家里的释奴们。

第9卷现存的部分就是以该事件开篇的。塔西佗接下来讲述的是一些杂事，尤其是克劳狄乌斯在担任监察官期间采取的那些措施；但他很快就用皇后的另外一些卑鄙行径充实了那一卷的内容——麦萨利娜的多行不义最终导致了自己的垮台与死亡。

元首克劳狄乌斯挑选新皇后的事件顺理成章地开启了第12卷。释奴们为元首提供了3位人选。凭借帕拉斯（Pallas）的支持（卢奇乌斯·维特利乌斯也出了一把力），日耳曼尼库斯之女，即新郎元首的侄女阿格里皮娜最终胜出。她的花招和影响力侵蚀着罗马政权。她说服克劳狄乌斯过继了自己

---

1 Dio 60.18.4; 8.5.
2 ib. 14.3 f. 他是盖约·阿皮乌斯·尤尼乌斯·希拉努斯（C. Appius Junius Silanus，公元28年执政官）——多米提娅·雷必达的丈夫（PIR^2, D 180）。
3 Dio 60.27.4.
4 Suetonius, *Divus Claudius* 13.2, 参见 Dio 60.27.5。其中提及了斯塔提利乌斯·科尔维努斯（Statilius Corvinus，公元45年执政官）和一位名叫阿西尼乌斯·伽鲁斯（Asinius Gallus）的人物。
5 玛库斯·李锡尼乌斯·克拉苏·弗鲁吉（M. Licinius Crassus Frigi，公元27年执政官）、他的妻子斯克里波尼娅（Scribonia）和他们的儿子格涅乌斯·庞培·玛格努斯（Cn. Pompeius Magnus），见下文，原书第385—386页。

的儿子，为后者逐渐赢得了继承元首大位的资格。与此同时，历史学家塔西佗为了缓解宫廷政治史的枯燥与单调，插入了对公元49年和51年东部边疆之外事务（并非多么重要或同罗马的事务息息相关）的两段叙述。[1] 他又用一小段文字概述了（自公元47年以来）罗马征服不列颠的漫长历程，并用戏剧性的（当然也是妙笔生花的）笔触描绘了发动暴乱的领袖卡拉塔库斯（Caratacus）。[2] 最后，克劳狄乌斯被毒蘑菇夺命，尼禄被禁卫军拥立为元首，元老院的"权威"认可了士兵们的选择。

在塔西佗笔下，除了担任监察官期间的举止外，元首克劳狄乌斯几乎只是个傀儡而已。对他的正面描述大多随着记载其统治前6年的编年史一道佚失了。至于历史学家塔西佗在多大程度上认可这位出人意料地登上宝座、充满争议的元首身上的优点，如何描述他的堕落，将哪个时间段视为转折点，我们今天已无从确切得知了。在其他作家保留下来的叙述传统中，元首克劳狄乌斯几乎从一开始就是权臣手中的木偶，无力摆脱妻子和廷臣们的控制。[3] 已佚失各卷的结构并不容易分辨清楚。第9卷和第10卷分别在哪里结束？作者是否仍然忠实遵循着编年体例？

入侵不列颠可以成为《编年史》叙述脉络的一个高潮或转折点（或许对于克劳狄乌斯统治时期而言也名副其实）。作为紧承克劳狄乌斯登基（无疑占据了大量篇幅）和阿伦提乌斯·卡米卢斯被拥立为元首事件的情节，征服不列颠一事是足以支撑起整整一卷的；并且它还跟一个有力的主题联系在一起——新元首的地位不稳和他建立军功的迫切需要。尽管接下来的3年里（公元44—46年）没有什么足以支撑起一整卷篇幅的、重要程度与之相当的大事或逸事（无论是外交还是内政）；其中尤为稀缺的是逸事——它们可以同之前对王朝统治的强调和第11卷里的罪行、阴谋与猝然死亡构成鲜明对比。[4]

1　12.10-21; 44-51.
2　31-40.
3　Suetonius, *Divus Claudius* 25.5, 参见29.1; Dio 60.2.4; 14.1 ff.。
4　当时在色雷斯、黑海地区——甚至奇里乞亚山区（Cilicia Aspera, 由昆图斯·维拉尼乌斯[Q. Veranius]指挥，参见 *AE* 1953, 251）——都有军事行动。

我们有理由推断，第11卷应当是从公元47年开始记述的：那是罗马建城后的第800个年头，元首克劳狄乌斯以此为借口举行了轮回庆典。[1]同克劳狄乌斯并肩出任名年执政官的是卢奇乌斯·维特利乌斯，那也是他第3次出任执政官。自元首制初期以来还无人享受过那样的殊荣[2]；同样史无前例的还有不列颠副将奥鲁斯·普劳提乌斯（A. Plautius）受到的热烈欢迎。[3]历史学家或许可以在这里追述公元43年以降的历次不列颠战役（罗马军队之前已经向西和向北推进了很远）。如果塔西佗的确是那样处理的话，那么第11卷可以说兼顾了内容的平衡与行文的变化：其中包含了不列颠战役、克劳狄乌斯的监察官头衔以及瓦勒里娅·麦萨利娜的疯狂与最终下场。

　　内容高度凝练的第12卷则呈现出鲜明反差。无论怎样讲，第7—12卷整体上的结构失衡都是非常严重的——第7—11卷详细铺陈了约12年的内容，而6年内的史实却被压缩在最后1卷里。仿佛历史学家塔西佗已经讲完了关于克劳狄乌斯的所有话题，正在抓紧赶进度一样。他在公元48年末之前的记载中已经叙述了关于卡里古拉和克劳狄乌斯的许多细节，在剩下几年的记录恐怕确实没什么好说的了。[4]

　　尼禄一人的统治占据了《编年史》三分之一的内容，并且这部分的序言也确实构成了给人印象深刻的新起点。在塔西佗笔下，新生元首制的第一桩罪行是在提比略即位之初杀害了阿格里帕·波斯图姆斯（Agrippa Postumus）、奥古斯都的外孙和过继的养子。[5]他在第13卷中也用类似的行

1　参见Dio 60.29.1——波伊塞万以此作为第61卷的开头。
2　即自玛库斯·阿格里帕于公元前27年第三次出任执政官以来。
3　Dio 60.30.2. 公元前19年以后就再也没有元老获准举行凯旋式了。
4　参见狄奥作品的结构：1卷记载卡里古拉一朝，1卷记载公元46年底之前的克劳狄乌斯统治情况；但1卷则压缩了克劳狄乌斯晚年统治的内容，延伸到了尼禄统治时期，似乎收尾于公元58年底，参见Boissevain II, xii f.。在塔西佗的作品中，对公元49—57年纷繁事务的扼要记载（12.5-13.33）覆盖了他记述时段的六分之一（54年中的9年）。还应注意的是，第12卷的大部分内容都在记载对外事务，其中一些并不算太重要。
5　1.6.1: "primum facinus novi principatus fuit Postumi Agrippae caedes（新元首制的第一桩罪行是谋杀了阿格里帕·波斯图姆斯）."

为描述和词句记载了对亚细亚行省总督玛库斯·尤尼乌斯·希拉努斯（M. Junius Silanus）的谋杀。[1]

那还不是塔西佗唯一的巧妙设计。作者要求他的叙述必须做到让读者一看就懂，无须过多背景知识或翻查前文中的记载。[2] 为了达到这一目的，他补充了对在前朝历史中已十分活跃的一些人物的、简短但鲜明的介绍，并交代了他们同其他人物和事件之间的关系——该网络可能比史实所支持的更加详细。尼禄时代的几大主题很快成型，并推动情节毫无阻碍地向前发展。如此费心为读者着想的历史学家并不多见。

对希拉努斯的谋杀被归咎为阿格里皮娜的阴谋。对其他统治者全然无害，并且自己也毫发无损的希拉努斯（卡里古拉曾经叫他"金绵羊［the golden sheep］"）仍然受到了阿格里皮娜的猜疑——因为她杀害过希拉努斯的兄弟，并急于除掉一切拥有王室血统和元首继承资格的竞争对手。世人普遍相信（作者声称如此），一个成年人当然比尼禄这样的孩子更有资格继承大统，何况希拉努斯的世系在同奥古斯都的亲近程度方面毫不逊色。[3] 阿格里皮娜还逼死了元首克劳狄乌斯的释奴、忠仆纳尔奇苏斯。当时原本还会有其他谋杀出现，但小塞涅卡和阿弗拉尼乌斯·布鲁斯（Afranius Burrus）进行了干涉（作者扼要交代了他们的角色与性格）。他们不得不同元首母亲好勇斗狠、飞扬跋扈的本性和帕拉斯的影响力做斗争；作者在此追述了帕拉斯的情况，将此人视为阿格里皮娜争取嫁给克劳狄乌斯以及说服后者过继自己儿子过程中的主要盟友。

元首葬礼上的演说将小塞涅卡（他创作了那篇作品）推到了显赫位置之上，并让我们有机会简要回顾元首克劳狄乌斯的统治与性格特征。[4] 接下来关

---

[1] 13.1.1: "prima novo principatu mors Iunii Silani proconsulis Asiae（在新元首制下命丧黄泉的第一人是亚细亚行省总督尤尼乌斯·希拉努斯）."

[2] C. Bretschneider, *Quo ordine ediderit Tacitus singulas Annalium partes* (Diss. Strassburg, 1905), 11 ff.

[3] 13.1.1: "quippe et Silanus divi Augusti abnepos erat（希拉努斯是神圣的奥古斯都的外玄孙）." 见 *PIR*[1], J 550中的谱系，他的家世可上溯到尤利娅——奥古斯都的外孙女。

[4] 3.

于罗马诸元首演说造诣的评价将尼禄置于一部漫长专题史的末端。此外，塔西佗对尼禄所受教育和艺术品味的评价也预示了后来的事态走向。塔西佗在此故意使用了富于迷惑性的赞美口吻。如法炮制的还有他对新元首即位后第一篇演说的概述，其中承诺要以奥古斯都为榜样进行施政，从而以讽刺性的手法（倘若读者意识到这一切最终是如何收场的话）引出了关于元首与"共和国"[1]的主题。但这段描述完全合乎当时的情境；塔西佗接着按时间顺序记载了尼禄的一些尚可接受，甚至可圈可点的行为，随后干净利落地将自己的笔触从罗马城转到帝国的对外政策上去。塔西佗声称，关于东方出现新麻烦的流言让住在罗马的人们议论纷纷。那么，新元首和新政府在这一关键时刻应当如何表现呢？决策者们做出了明智的决定。他们派出了一位优秀将领多米提乌斯·科布罗；此人将捍卫罗马人的荣誉，并令所有人满意。[2]

与此同时，作者的叙述也另起炉灶，介绍了一些著名人物与主题。小塞涅卡的首要任务是将阿格里皮娜排挤出权力中心。那个野心勃勃的女子效法之前的奥古斯塔里维娅，想要插手大量政务。小塞涅卡最终胜利了。阿格里皮娜的不满和愤怒威胁引起了下一插曲：日益多疑的尼禄策划毒杀了自己从前扶植过的克劳狄乌斯之子布瑞塔尼库斯（Britannicus）。[3] 塔西佗的笔触很快完成了对治理有方、平安无事的一段时期的记载（公元56—57年无须多少笔墨）[4]，并将第13卷剩余的大部分篇幅用于记述对外事务（在对公元58年的记载中进行追溯）。[5]

无论早晚，塔西佗总要记载尼禄不可避免的转向暴政的过程。历史学家应当如何分配记录尼禄统治的这几卷呢？如果塔西佗愿意的话，他可以将到

---

[1] 13.4.
[2] 6 ff.
[3] 15 ff. 塔西佗为了避免因堆砌名字而影响叙事、分散读者注意力，自觉地没有在本卷前几章里提及布瑞塔尼库斯的名字。与此相似，尼禄妻子屋大维娅（Octavia）的名字在第12章中才第一次被提及。
[4] 25-30; 31-33.
[5] 34-41（亚美尼亚）; 53-57（日耳曼）.

公元59年为止的历史划为尚可忍受的"五年时光（quinquennium）"。[1]第14卷即从公元59年开篇，详细交代了谋杀阿格里皮娜的事件。[2]一些作家或许会将其视为一个重要转折点。[3]但那并不完全合适——小塞涅卡和布鲁斯还是重要的政治角色，并且他们的影响力（据我们所知）仍在元首的廷臣中占据主导地位。布鲁斯于公元62年去世。按照塔西佗的看法，那一事件才是决定性的。小塞涅卡的权力轰然倒塌。[4]由于预见到自己即将被取代或蒙羞，他告诉尼禄自己年事已高、身体虚弱，并借口说元首如今已经长大成人、足以亲政。作为"老朋友（nos seniors amici）"，他请求退休。[5]小塞涅卡的请求得到了批准。于是这位富可敌国的人物便享受无职一身轻的精致生活去了。

但塔西佗并未像在前6卷中那样对情节进行清晰划分。情节的发展在这里更加缓慢；塔西佗的叙述也更为流畅。[6]诚然，他确实将除掉阿格里皮娜视为一个转折点：那使得尼禄可以毫无节制地纵情于马车赛事与竖琴伴唱等享乐活动。[7]并且在塔西佗设计的情节中，小塞涅卡的退隐也使奥弗尼乌斯·提格利努斯得以突然崭露头角，成为第二个塞亚努斯[8]：第14卷很快在处决两位著名贵族和谋杀尼禄妻子屋大维娅的情节中结束了。[9]但真正的高潮还未到来。

1　该观点是能够站得住脚的，无论我们如何理解Victor, *De Caes.* 5.2中的费解文字："罗马城在这5年里得到了飞速扩建，从而证明图拉真的功绩超越了尼禄元首的5年（quinquennium tamen tantus fuit, augenda urbe maxime, uti merito Traianus saepius testaretur procul differre cunctos principes Neronis quinquennio）." J. G. C. Anderson, *JRS* I (1911), 173 ff. 强调建筑成就的重要性，认为图拉真所说的"五年时光"是指尼禄统治后期。另参见F. Haverfield, ib. 178 f. 的评论——"他说的可能是公元60—65年，如果指的确实是某个具体时间段的话"。维克托（Victor）在后文中提到过"在他一生余下的可耻岁月里（eo dedecore reliquum vitae egit）"，等等（5.4，参见 *Epitome* 5.2 ff.）。可见，维克托认为尼禄统治前期是相对较好的一段岁月（参见Anderson, o.c. 176）。

2　14.1–13.

3　狄奥的第61卷可能是从公元59年写起的。

4　14.52.1: "mors Burri infregit Senecae potentiam（布鲁斯之死动摇了小塞涅卡的权势）."

5　53 f.

6　我们有理由认为，塔西佗当时还没有决定如何处理第13—16卷中的某些内容。参见原书第361—362页，及附录60。

7　14.1: "vetus illi cupido erat（那是他旧日的享乐方式）"，等等。

8　57.1. 他已在48.1中被附带提及。

9　该卷真正的结尾是一处简短的说明，其中对披索的阴谋进行了展望。

3年时光转瞬即逝：东方的军事行动和罗马城的大火占据了第15卷前半部分的绝大多数篇幅；后半部分则详细记述了一个重大主题，即意图使盖约·披索取代尼禄的公元65年政变。

　　那一事件反映出尼禄引发了何等强烈的憎恨，以及将领同元老们联手所带来的危险，令读者回想起卡里古拉的命运。元首与"共和国"之间的矛盾已变得公开与白热化。被罗织了虚假罪名的小塞涅卡被迫自杀。作为那场阴谋的余波，还有许多人遭到杀戮。以外部插曲开篇的第16卷继续讲述着谋杀的故事。到了公元66年，尼禄突然决定彻底搞垮元老院，向其中最著名的两位成员——举止检点且高度自律的特拉西亚·佩图斯（Thrasea Paetus）和巴里亚·索拉努斯发起攻击。巧舌如簧、不知廉耻的公诉人得到了尼禄的授意，元老院（在士兵的监视下和叫嚷声中）投票判处两位前执政官死刑。

　　第16卷在将近一半时中断，最后是一个不完整的句子，正在描述特拉西亚·佩图斯的自杀。[1]根据记载，塔西佗的全部历史作品共30卷。那意味着《历史》有12卷，《编年史》共18卷。[2]认为塔西佗将公元66年余下的所有史事，以及尼禄死亡前发生的一切（或许后边还有一篇结语）都压缩到第16卷后半部分之中的看法也是有悖常理的。

　　这些事件内容丰富，并且可被塔西佗充分利用。其中的主题包括环游希腊、犹太起义和帝国西部的暴乱。[3]在那三个主题里，前两个同塔西佗所生活的时代存在着惊人巧合——同时也牵涉到叙述者的偏见。《编年史》已在叙述卡里古拉统治时浮光掠影地简述过犹太问题——犹太人在亚历山大里亚同希腊人的冲突，以及当暴君想把自己的雕像立在耶路撒冷圣殿里时犹太地区出现的起义苗头。卡里古拉的怪异与疯狂对于尼禄而言是一种不祥的预示。它引导着我们去想象（并非过分解读）塔西佗对这些卷内容结构的安排，理

1　16.35.2: "post lentitudine exitus gravis cruciatus adferente, obversis in Demetrium（随后，当缓慢的死亡给他带来了痛苦的折磨时，他将目光投向德米特里乌斯）..."
2　参见附录35。
3　方便使用的概述见福尔诺（Furneaux）的《编年史》校勘本（Oxford, 190, II^2, 473 ff.）。

解他所建立的平衡、进行的强调和寄托的感情色彩。[1]

紧承对巴里亚·索拉努斯和特拉西亚·佩图斯的镇压之后，公元66年迎来了又一批牺牲品——流放、处决和形形色色"告密者们"的"功劳"还会在后续元首们的统治下反复再现。[2] 接下来，作为缓解暴政与堕落景象的调节剂，塔西佗描写了亚美尼亚统治者——来自安息王朝的提瑞达特斯（Tiridates）——向罗马元首致敬的、充满异域风情的庆典盛况。[3] 尼禄思考、宣传甚至认真准备了征服东方（远及高加索地区和埃塞俄比亚）的宏伟计划。但他真正完成的只有装腔作势的才艺巡回表演，并且因为其慷慨赏赐文学与艺术的故乡——希腊，希腊人一边对其假意奉承，一边憎恶其贪婪行径。他是在公元66年底从罗马动身出发的。[4]

与此同时，作为犹太暴动以及随之而来的罗马镇压（或报复）的后果，犹太境内爆发了大规模起义，并让叙利亚行省总督遭到了一场惨败（公元66年深秋）。[5] 尼禄派遣自己在希腊随从中的一名前执政官——弗拉维乌斯·韦伯芗为特使，前往巴勒斯坦指挥战事；与此同时，李锡尼乌斯·穆奇亚努斯也掌握了叙利亚兵权。韦伯芗于公元67年平定了加利利（Galilee）。到了公元68年夏，在控制了周边开阔乡间地区的情况下，他本可向耶路撒冷发动进攻，却在观望帝国西部的局势，穆奇亚努斯也是如此。身在加利利的韦伯芗已得到肯定的预言：自己将成为世界的统治者。[6]

在希腊逗留期间，尼禄有两桩举动最为典型，反映了其性格的两个极端——他处决了科布罗，并宣布给予希腊自由。他是在科林斯地峡面对一大群听众时宣布希腊重获自由这一消息的（公元67年11月28日）。[7]

---

1 那是基于他活得足够长久并完成了《编年史》的假说（并非举世公认）。
2 著名人物如玛库斯·阿奎利乌斯·雷古鲁斯（参见 Hist. 4.42）。
3 Suetonius, Nero 13; Dio 63.1 ff.
4 CIL VI, 2044.
5 这些事件可能是在第17卷开头处讲述的。
6 Hist. 5.13.2; Josephus, BJ 6.312 f., 等等。
7 SIG³ 814 = ILS 8794, 参见原书第517页。Suetonius, Nero 24.2明确认为这一宣布是在尼禄希腊之行结束之际做出的。狄奥则把这件事纳入了一个修辞性的对照叙述结构之中（63.11.1）。

但从罗马传来了坏消息，它迫使尼禄迅速动身返回。尼禄之前镇压过叛乱，也曾让元老院噤若寒蝉。与此同时，他忽视了军团的重要性，并失去了帝国西部上等阶层的同情。军队和行省足以推翻他的统治。返回意大利后不久，元首获悉了尤利乌斯·文德克斯谋反与高卢叛乱的消息（公元68年春）。随后，西班牙拥立伽尔巴为元首。尽管尼禄麾下的忠实将领击败了文德克斯，不确定性却仍在蔓延。在听到军队或将领叛乱的消息后，尼姆菲狄乌斯·萨比努斯说服禁卫军拥立伽尔巴为元首。尼禄在其释奴位于罗马近郊宅邸的里屋中自杀（6月9日）。

　　以上便是《编年史》最后两卷半所要叙述的内容。尼禄之死似乎是命运安排给历史学家塔西佗的戏剧性结尾，挑战着这位曾描述过维特利乌斯与图密善之死的作家的才华。这一结构安排看起来是必然的。[1] 但我们并不清楚第18卷是否真的在此戛然而止。编年史的体例（至少一些人坚持该传统）要求历史学家继续将那一年的史事记述完毕；并且塔西佗或许也乐意将《编年史》同自己的旧作《历史》无缝衔接起来。[2] 但这一观点本身缺乏说服力。支持它的证据（并非所有人都认可）来自第15卷叙述完披索阴谋后的一段文字。塔西佗在罗列当时受宠的尼禄忠实朋党的名单中提到了尼姆菲狄乌斯·萨比努斯，将之描述成一个预示着灾难的名字。塔西佗似乎是在进行一种强烈暗示，表明自己会把尼姆菲狄乌斯的整个故事讲述完整。[3] 此外，塔西佗似乎故意要拔高此人的地位，提及了关于尼姆菲狄乌斯是卡里古拉私生子的流言，却并未对此加以驳斥。

1　那是约斯图斯·利普修斯（Justus Lipsius）的看法。参见 Ph. Fabia, *Journal des Savants* 1901, 423 ff.; 563 ff. 中的长篇论述。

2　Schanz-Hosius, *Gesch. der r. Literatur* II[4] (1935), 624.

3　15.72.2: "consularia insignia Nymphidio *** quia nunc primum oblatus est, pauca repetam: nam et ipse pars Romanarum cladium erit. igitur（尼姆菲狄乌斯获得了执政官徽章［……］这是此人第一次出现，我要对他简单交代几句，因为此人即将成为罗马的灾祸中的一个角色。我们言归正传）"，等等。这个句子被一处阙文拦腰截断。"即将（erit）"的表述值得关注；并且塔西佗也不会把尼姆菲狄乌斯抛弃尼禄一事归入"罗马的灾祸（Romanae clades）"之列。参见 C. Bretschneider, *Quo ordine ediderit Tacitus singulas Annalium partes* (Diss. Strassburg, 1905), 73。

但我们没有理由设想，拥有这么多无情事实（它们重复或扩充了不少塔西佗在《历史》开篇介绍过的主题）可写的塔西佗非要将伽尔巴的统治一直记录到公元68年12月的最后一天。他完全可以在此之前搁笔。对于那些后续事件，他只要补充一篇简单总结就够了（尽管它肯定是挂一漏万的），其中的主题是尤利乌斯家族的私生子、推翻了尼禄统治的尼姆菲狄乌斯如今在禁卫军的帮助下为自己争取权力——对于一部王朝编年史而言，那是一篇充满讽刺的后记，并预示着不祥的未来。

在大大小小的事情上，《编年史》体现了各不相同的选材、比例与重点。如果以每6卷为一个单位进行比较的话，那么第1部分和第3部分之间呈现出了显著的对立与反差。那是非常令人惊异的。

在内容和表述方面，第1—6卷忠实遵循着编年史的写作原则。每1卷都以新的一年开始，并在开篇处列出执政官的姓名——唯一的例外只有第3卷，年代是在稍后的插话里交代的。[1] 每一年里发生的事件都在一个封闭结构内，没有任何重叠。因此，某些主题不得不被切割，分别纳入若干年的条目之下。并且塔西佗对年代与事件先后顺序的强调是如此严格，以至于同一年内同一事件的不同阶段也有可能会被拆开分别叙述。此外，每一卷都会突兀地以某种戏剧性的方式戛然而止：即便最后叙述的那件事本身无足轻重，作者也一定会在其中插入切中要害、掷地有声的妙语，以此来回顾过去或不动声色地预示未来。

卷1以新元首即位后的第一次执政官选举和元首关于选举流程与候选人资格的公开讲话结束：尽管元首的发言冠冕堂皇，这件事本身却是一个赤裸裸的骗局。元首越是在表面上尊重共和国的空壳，注定要到来的奴役就越是显得暗无天日。[2] 在第2卷的精彩结语中，塔西佗提及了日耳曼尼库斯组织的

1　3.2.3.
2　1.81.2: "speciosa verbis, re inania aut subdola, quantoque maiore libertatis imagine tegebantur, tanto eruptura ad infensius servitium (这些言辞在字面上是冠冕堂皇的，事实上却虚伪且毫无意义。自由的偶像越是受到尊奉，世人就越是深陷于危险的奴役之中)."

历次战役（他刚刚描述了其悲剧结局），其引子则是日耳曼尼库斯的对手阿米尼乌斯之死——他大胆地前置了那件事在编年体系中的位置。他将阿米尼乌斯描述为日耳曼人的解放者，并添加了一段关于声名与历史的评论。[1] 下一卷的结尾回顾了罗马的解放者们。腓力比战役结束64年后，罗马城见证了尤妮娅（卡西乌斯的遗孀和布鲁图斯的妹妹）的葬礼。送葬队伍中展示了24个贵族家族的徽章——但引人注目的是，卡西乌斯与布鲁图斯的雕像却不在其列。[2]

卷4所记载的最后一桩事件并不具备戏剧性，而是简单朴素，甚至有些乏味无聊的——那是元首提比略安排的一场婚礼。日耳曼尼库斯的女儿尤利娅·阿格里皮娜嫁给了格涅乌斯·多米提乌斯·埃诺巴布斯（Cn. Domitius Ahenobarbus），后者不仅本身出自名门望族，还与王室颇有血统渊源——事实上他是奥古斯都的外甥孙。[3] 这些名字本身已足够说明问题。塔西佗并未明言那些尽人皆知的事情——那场婚姻所结出的果实。至于第5卷，后人普遍认为它终结于塞亚努斯的垮台。[4] 但塔西佗也有可能选择公元31年的最后一件大事——两位执政官之间的冲突，在众多元老的调解下也未能缓和。[5] 对这

---

[1] 2.88.3: "caniturque adhuc barbaras apud gentis, Graecorum annalibus ignotus, qui sua tantum mirantur, Romanis haud perinde celebris, dum vetera extollimus recentium incuriosi（时至今日，阿米尼乌斯的事迹仍在蛮族部落中被人传唱。但只推崇自身历史的希腊历史学家们对他一无所知；他在厚古薄今的罗马人那里也没有获得应有的声望）."

[2] 3.76.2: "sed praefulgebant Cassius atque Brutus eo ipso quod effigies eorum non visebantur（但自身雕像不得被展示的卡西乌斯和布鲁图斯的形象反而更加熠熠生辉）."

[3] 4.75: "in Domitio super vetustatem generis propinquum Caesaribus sanguinem delegerat; nam is aviam Octaviam et per eam Augustum avunculum praeferebat（抛开其自身的古老家世不论，多米提乌斯还跟元首们沾亲带故；因为他可以炫耀自己的祖母是屋大维娅，因而奥古斯都是他的舅祖父）."

[4] 利普修斯认为该卷叙事结束于公元31年底。但收录了1—4卷结尾内容的 Codex 没有相应提供关于该时间点的类似线索（即标准章节号中的5.11以后）。H. Hasse, Philologus III (1848), 152 f. 坚持认为这条线索是有价值的，因而此后所有的现代校订者都认为5.1-11应归入第6卷。人们认为，如果没有这几章（以及另外一些章节），这一卷（6.1-51）将显得过于简短，与全书的比例太不相称。

[5] 5.11.2: "multisque patrum orantibus ponerent odia in perniciem itura, mansere infensi ac minitantes, donec magistratu abirent（尽管许多元老暂时搁置了你死我活的仇恨，他们仍旧彼此敌视、关系紧张，直到自己退休为止）."

些插曲的选择并非心血来潮，而是暗藏玄机。那两个名字一并揭示了那一年最醒目的祸事：其中一位执政官曾是塞亚努斯的追随者，另一位则是促使塞亚努斯倒台的主要推手。[1] 此外，执政官们在卸任前夕出现不和也是对共和时代罗马史的鲜明暗示。这6卷书的最后结语则是对元首提比略的批判。[2]

"共和国"的时代已经一去不复返。历史学家如今已无法记述元老院如何组织辩论、民众如何参与（法律、选举、开战或停火）投票，以及官吏们如何作为。罗马人民已被推到一边；新的权力与权威——元首和军队——插了进来。由此产生了新的组织模式和关系网络。塔西佗的任务是利用古老的编年史模式，将诸元首的编年史同"共和国"的残余元素交织起来。现存元素包含元老院所组织的各种正式活动——辩论、司法审判和对公共行省的治理。

其他只专注于诸元首统治历史的作家可能会一气呵成地从日耳曼尼库斯之死写到德鲁苏斯之死。塔西佗的计划却与此不同。他可以按照自己的意愿进行删减与压缩，如对克劳狄乌斯统治末年和尼禄统治初年的处理：在对提比略统治时期的叙述中，塔西佗决定将6卷的中点设置为公元23年。因此，为了结构和平衡的需要，他必须为从日耳曼尼库斯去世到下一主题之间的空缺留好篇幅，并赋予其意义：他要在卷3剩下的部分里写些什么呢？塔西佗采用的解决方案是记述元老院的事务——那并非只是权宜之计而已。它说明"共和国框架里的某些东西（quaedam imago rei publicae）"还在苟延残喘。[3]而前6卷中最后1卷里记述的元老院活动（主要是元老们遭受的迫害和他们的死亡）则同提比略统治初年构成了鲜明、可悲的对比——正是提比略的统治逐步摧毁了"共和国"。

我们现在关注的那几年（公元20、21和22年）缺少惊天动地的大事。仅有的例外是高卢部族首领尤利乌斯·弗洛鲁斯（Julius Florus）和尤利乌

---

1 卢奇乌斯·福尔奇尼乌斯（L. Fulcinius）和普布利乌斯·迈米乌斯·雷古鲁斯（P. Memmius Regulus）：塔西佗对这两个人物都有一定兴趣。关于特里奥（Trio），见原书第327页；关于雷古鲁斯，见14.47和附录79。

2 6.51。

3 这个字眼来自后来的朝代（13.28.1）。

斯·萨克罗维尔（Julius Sacrovir）的叛乱；该事件得到了《编年史》的详细记载。[1]除此之外，科奈里乌斯·塔西佗的行文是四平八稳的。在元老院有权治理的行省中，阿非利加和亚细亚占据着突出地位，拥有前执政官级别的行省总督。阿非利加的行省总督仍可自视为共和国的军事代理人，甚至还能在战场上扬名立万。塔西佗可以在卷3中叙述两位行省总督围剿努米底亚起义者塔克法里纳斯（Tacfarinas）的战役。[2]他记载的其他内容包括对一位干练行省总督的任命——其中包含着元老院和元首之间的交涉，提供了关于当时统治模式的宝贵细节信息；此外还有某些贵族的才具和元首提比略对共和国政治传统一丝不苟的尊重。[3]

亚细亚行省包含着更丰富的事务与历史素材。对那里诸城市要求行使庇护权进行审查的那一天是一个大日子。[4]元老院组织了自由辩论，发言者们援引了罗马人民古时享受的特权、同盟友们签订的条约乃至国王们的法令和对诸神的崇拜。此外，一纸诉状使得塔西佗有机会（在《编年史》中还是第一次）详细交代了对一位行省总督的审判进程——以及元首何时开始下定决心进行干预。[5]

然而，更加引人注目的反而是一些次要事件或并无成果的元老院辩论。关于担任祭司职务者不得前往行省的传统遭到了质疑——但被保留了下来。[6]人们对《帕皮乌斯·波佩乌斯法案》（Lex Papia Poppaea）进行了讨论与修正——但核心内容未做改动。[7]关于行省总督在任期间不得有妻子陪伴和臭名昭著的元老不得担任行省总督的议案均无果而终[8]；元首提比略则圆滑地搪

---

1 3.40–46.
2 20 f.; 73 f.
3 32; 35.
4 60.3: "magnaque eius diei species fuit（那是个特殊且重大的日子）"，等等。
5 66–68（盖约·希拉努斯［C. Silanus］，亚细亚行省总督）.
6 58 f.; 71.
7 25, 参见28。
8 33 f.; 69（元首提比略）. 还应注意玛库斯·雷必达（M. Leipidus）关于减少罚金的高贵演说（50）。

塞了关于自己应采用行政手段遏制奢侈腐化风气的请求。

这些话题使得史学家塔西佗有理由去展示著名元老们（尤其是元首本人）的各种演说。那让他有机会补充关于宗教法规、立法历史及罗马风尚变迁的各种插话。[1]

可见，编年体例在全书前6卷中占据着主导地位，并在第3卷内容中得到了鲜明展示。而最后6卷则与此形成了强烈反差。只有第13卷是在某一年底结束的，并且还没有对收尾事件进行强调或赋予其重要地位。[2]此外，作者的叙事也变得更为自由流畅，会按照人物性格和主题去记述事件，而不仅仅是按部就班或程式化地组织史料。

变化的苗头在第7—12卷现存的文字中已经能够看出端倪。第11卷以对麦萨利娜的记载告终，第12卷则故意在公元48年结束前介绍了阿格里皮娜的情况。塔西佗对对外事务的分类也提供了进一步的证据。在前6卷中，阿非利加的塔克法里纳斯暴动事件的发展过程是逐年叙述的，占据了3卷篇幅[3]；卷2则将东方的行省与王公纳入4个板块分别记述。[4]但在第12卷里，塔西佗连续记载了罗马在7年内完成的不列颠征服[5]；而他对东方事务的叙述方式也预示着科布罗组织的历次战役将在记载尼禄统治的部分里加以追述。[6]

我们应当如何解释造成这一反差的原因呢？那不仅仅是塔西佗使用的文字史料发生了变化，或他的写作技巧有所提高的缘故。历史本身的形态与性质已经发生了变化，历史学家也相应地做出了自觉（或不如说是被迫的）选择。当元首提比略开始掌管罗马这个国家的时候，它还可以被视为共和国的延续；人们也仍然可以按照传统方式去逐年记录其历史。但到了尼禄时代，罗马已变成了一个王朝统治下的君主制国家——我们甚至可以说，这一转变

1　58（在演说词的伪装下）；26 f.；55.
2　13.58（一个似乎没有预言任何东西的征兆）.
3　2.52；3.20 f.，73 f.；4.23−26.
4　2.1−4；42；56−62；68 ff.
5　12.31−40.
6　10−21（来自11.8−10）；44−51.

在卡里古拉登基之际，即《编年史》第7—12卷开始处就已经完成了。卡里古拉是一位拥有神圣的奥古斯都皇室血统的君主；作为"头等公民"中一位罗马贵族的提比略则早在即位前就担任过执政官和军队将领，已经是元首制下的老面孔。随着卡里古拉的登基，君主制趋势重新显现——它在奥古斯都治下已经呼之欲出，但却遭到了元首提比略的贬斥或抵制，在后者维护、巩固共和国外壳与精神的徒劳努力中被暂时压制，或至少掩饰了自己的真面目。

第二十二章　史料来源（一）

既然从提比略到尼禄时期的罗马史呈现出了政治性质与色彩的变化——与共和制渐行渐远，并日益接近君主制（历史学家塔西佗的记载忠实反映了这一转变），那么我们便不妨（这样做或许也不无裨益）来讨论一下《编年史》的史料来源问题。我们的研究方式不能是针对一个笼统问题去寻找某种放诸四海而皆准的统一答案，而是要以每6卷为一个单位逐步进行分析。

在关于元首提比略的那几卷里，塔西佗提及了那个时代的历史学家们。但他仅仅笼统地概述了那些人的性格与成就，以及他们的共识与分歧。他没有交代其中任何一个人姓字名谁；并且在明确重复使用了同一史料的情况下，他也只是为了证实某个次要权威提供的次要细节而已。[1]塔西佗的编年史家前辈们的作品均已佚失；因而我们的研究只能采取某种间接方式，通过比较和推测来进行。两位生活时代、成就与写作目的迥异的作家为我们提供了线索——诸元首的传记作者苏维托尼乌斯·特兰奎鲁斯和来自比提尼亚行省境内尼西亚（Nicaea）的希腊人、在科奈里乌斯·塔西佗身后百余年内担任执政官的卡西乌斯·狄奥（Cassius Dio）。狄奥最早的作品是两本小册子——一篇论述预示塞普提米乌斯·塞维鲁命运的梦境与征兆的论文和一篇对那位元首攫取权力过程的记述。后来，他又创作了一部从罗马起源延续到自己生活时代的罗马史。他用10年光阴进行研究，又用12年的时间从事写

---

[1] 1.69.2 (老普林尼); 4.53.2 (小阿格里皮娜).

作——至少他自己是这样声称的。[1]

在对作为凡人和元首的提比略的基本描述方面，苏维托尼乌斯和狄奥跟塔西佗是一致的。但他们在细节与材料选取、重点与结构安排等方面存在着显著差异。[2] 传记作者们拥有自己的写作方式——选择一系列松散、往往并不相关的主题，以及来源与质量差异巨大的材料。因而，传记作家比历史学家更加难以捉摸。狄奥关于奥古斯都最后一卷的后半部分，以及接下来记载提比略统治时期的2卷（但并不完整）提供了可同塔西佗《编年史》对照的材料。我们能够辨认出狄奥与塔西佗（《编年史》开篇的几章）的若干相似之处。但狄奥显然并不是在复述塔西佗的记载。[3] 那么二者是否使用了共同史源的问题随之而来。

在一篇简短的序言之后，塔西佗按次序回顾了奥古斯都设计的王朝继承计划，随后迅速跳到元首的病入膏肓和与世长辞。他紧接着插入了处决阿格里帕·波斯图姆斯的事件，并在交代提比略即位的相关细节（并加以评论）之余叙述了元老院在奥古斯都去世后首次集会时的情况（会上宣读了奥古斯都的遗嘱，一些人获得、接受或拒绝了各种荣誉，并安排了葬礼流程）。随后，塔西佗扼要记述了玛尔斯广场上举行的庄严葬礼。下一项公共活动是元老院的第二次集会，会上通过了将奥古斯都封神的议案，并讨论了其继承人的地位问题。

奥古斯都留下了3份官方文书。[4] 其中之一是对自己在罗马城和"共和国"相关举措的记录。按照他的指令，这篇文字被铭刻在了奥古斯都坟墓（Mausoleum）前面的铜柱上。历史学家塔西佗没有提及这篇引人注目的文献。那并非出于他的无知，而是一种写作技巧——那样一来，他便可以自由地认可或否定其中的说法，也可以调侃其中的主题与用语。[5] 塔西佗在奥古斯

1　Dio 72.23.1 ff. (到塞普提米乌斯·塞维鲁去世之时共78卷：他后来又增补了2卷)。
2　见附录36。
3　他可能读过塔西佗的作品，但相关痕迹至多只能说是微乎其微，参见附录36。
4　Suetonius, *Divus Aug.* 101.4.
5　F. Haverfield, *JRS* II (1912), 198.

都的葬礼和封神的记载中间插入了自己的总结。他道出了有见地的人们对元首奥古斯都一生所作所为的评价。[1]这篇讣告由泾渭分明的正面评价与反面意见两部分组成，颂歌是其中较短的那一部分。

这一设计乍看上去反映了塔西佗的典型风格。但那其实并非他自己的创造发明。卡西乌斯·狄奥提供了可以与之进行对照的例子。狄奥并不满足于记录元首提比略发表的冗长葬礼演说词，还补充了罗马民众对已故统治者的评价——但正如我们意料之中的那样，狄奥只保留了其中赞美奥古斯都的那一部分。[2]

狄奥和塔西佗的相关记载可上溯到一个共同源头。那是何种类型以及来自哪个时代的记载呢？从前有学者认为，一位天才作家在元首提比略死后不久提笔写作，并在此后的一切文字史料中留下了自己不可磨灭的烙印。正是他创作了那篇一分为二、反差鲜明的，针对去世元首奥古斯都的评论。[3]塔西佗引述了包含着赞扬与指责的全篇文字，而狄奥（君主制的狂热拥护者）只选取了其中的颂词部分。但情况还不限于此。这位姓名已无从考证的作家构建了引人注目、一以贯之的提比略形象，并对后世作家产生了影响。正如散见于前6卷的一些篇章所反映的那样，塔西佗接受并忠实反映了他所树立的传统。相反，狄奥却以自己在记述下一朝历史之前对奥古斯都性格的精心勾勒为准绳改写了那段材料。[4]

这一假说十分诱人，但无法真正令人信服。其中的解释有些过多。关于一位罗马统治者的史学传统（至少是在他驾崩后一两个世代之内）并非只是由作家们（更不可能是一个人）建构并流传下来的。它来自经验与回忆，是由一个庞大群体——上层阶级——的议论和看法创造出来的。倘若有一位在提比略去世后不久从事写作的历史学家想要获得成功并影响后世的话，他的

1　1.9 f.
2　56.43 f.
3　E. Schwartz, P-W III, 1716 f.
4　57.1.

记载就不能同世人对那位元首的议论和想法相差太远。认为那位无名编年史家可以主导一切的假设是令人难以置信的。

并且也不是所有读者都会相信,一位生活在帝国早期的罗马历史学家足以对狄奥勾勒提比略性格的导言产生决定性影响(该假说还要求科奈里乌斯·塔西佗对这套传统叙述模式尊重有加并亦步亦趋)。它本身缺乏感染力、分量与鲜明色彩;它采用了一分为二的写法,但缺少警句妙语;它迂回曲折,但不够深刻;并且这段拿腔拿调的评论还过于抽象。

但塔西佗和狄奥在用语方面的相似性是不容否认的。它们证明了二者确实拥有共同的史源。塔西佗在多大程度上忠实继承了前人的记载呢?狄奥对故去的奥古斯都的赞词中有3句话也在《编年史》中出现了。[1]但我们必须注意那3句话的位置分布:其中只有1句出现在对应的塔西佗评论中,另外2句则散见于《编年史》更靠前的章节里。显然,塔西佗在择取、安排这段现成史料时的处理办法是非常灵活的。塔西佗也擅长创造与建构。我们并无理由认定,塔西佗在某位更早的作家那里同时发现了对奥古斯都的赞美与责难。那显然是他自出机杼的布局安排——强调事物的阴暗面,从而打破葬礼赞词所树立的传统正面形象。

在《编年史》开头篇章中,直到元老院第二次集会(包括该事件在内),我们都还能找到同狄奥著作的其他交叉点。在此之后,两部作品的雷同之处变得稀少;狄奥对于公元15、16年的记载与塔西佗截然不同。更糟糕的是,之后的文本比较很快变得无法操作。狄奥的文本在公元17年中断了,直到公元31年,即塞亚努斯垮台之前方才恢复;尽管为狄奥作品撰写摘要的作家们可以填补中间的空白,他们的文本却无法构成论证的可靠基础。塔西佗的作品也不完整。除开篇处的一小段文字外,整个第5卷都佚失了。第6卷则同卡西乌斯·狄奥作品的剩余部分平行记述到提比略统治的终结为止。[2]

评论家们往往只会单列出两部作品的雷同之处。因此,那些个别段落

1　66.44.2 ff., 参见 *Ann.* 1.9.5; 2.1; and 3.7 (引述于附录36)。
2　关于 Dio 58.17 ff., 见附录36。

被过分强调了：我们只要审视一下两份文本的差异性，就会意识到这些个别雷同的价值并非那么巨大。这个问题非常复杂。尽管狄奥（同样也包括苏维托尼乌斯）作品中的一些段落来自最终的史源（或不如说是塔西佗参考的史源），其中却包含着太多的未知元素。如果说我们在《编年史》开篇处发现了一份成文史料的话，那并不一定是仅有的一处：塔西佗可能会将第二处放在叙述日耳曼尼库斯指挥战役的段落里，并把第三处安插在前6卷中的其他位置。

两位具备声名和影响力的作家——奥菲狄乌斯·巴苏斯和塞尔维利乌斯·诺尼亚努斯——记载过元首提比略时期的历史。但《编年史》并未明确引用过其中任何一位的作品。并且两人作品流传下来的也只有塞尔维利乌斯的1处和奥菲狄乌斯的2处引文而已。[1] 对史源的追溯（往往只是薄弱假说或乏力论证为自己找到的借口而已）在这里只能乞灵于猜测与幻想了。

两位编年史家中更年长的奥菲狄乌斯卒于尼禄一朝中期。[2] 由于年事已高并且身体一直不好，他面临着突如其来的身体衰竭危险，并在对伊壁鸠鲁哲学的信仰中平静安乐地等待着与世长辞。绘声绘色地描述过奥菲狄乌斯的冷静与信念的小塞涅卡从未提及过他创作的任何作品——并且我们手头也没有他在晚年仍在笔耕不辍的任何线索或暗示。然而，昆体良盛赞了他的文风，并特别推荐了他的《日耳曼战纪》。[3]

---

[1] 即塞尔维利乌斯对撒路斯特和李维的评价（Quintilian 10.1.102），以及奥菲狄乌斯对西塞罗之死的两段评论（保存于老塞涅卡的作品，Seneca, *Suas*. 6.18 and 23）。老普林尼按照奥菲狄乌斯的记载描述了亚美尼亚的疆域（*NH* 6.27）；卡西奥多鲁斯也利用过他的作品（Cassiodorus, *Chron*. pp. 630 and 659）。见 H. Peter, *HRR* II (1906), cxxv ff.。

[2] Seneca, *Epp*. 30（一份隐含的讣告：其中并未提及当事人已去世的事实）. 他可能是向阿斯库拉皮乌斯（Asclulapius）和瓦勒图多（Valetudo）进献铭文的卢奇乌斯·奥菲狄乌斯·巴苏斯（L. Aufidius Bassus）（*ILS* 3832：雅典），参见 *PIR*², A 1381。

[3] Quintilian 10.1.102 f.: "qui (*sc*. Servilius) et ipse a nobis auditus est, clari vir ingenii et sententiis creber, sed minus pressus quam historiae auctoritas postulat. quam paulum aetate praecedens eum Bassus Aufidius egregie, utique in libris belli Germanici, praestitit, genere ipso probabilis in omnibus, sed in quibusdam suis ipse viribus minor（据我们所知，此人［即塞尔维利乌斯］是一个才华出众、文采斐然的人，但在记述准确性方面达不到史学权威性的要求。他的模板是稍早一点的巴苏斯·奥菲狄乌斯和后者的《日耳曼战纪》；后者因其文风而受到所有人的欢迎，但其史学成就有时逊于他的真实水平）."

那部作品的记述范围与内容无法确定。它很可能没有记载较早的战事，而是选择对从公元4年开始的一系列战争加以叙述。[1] 提比略在那一年回到了军队里。那是《日耳曼战纪》适宜的起点。选择它作为起点既安全又巧妙。至于作者会如何叙事，使用怎样的情感色彩、强调重点和结构设计，我们并非完全无从猜测。[2] 提比略是不可或缺的主将，"帝国的守护者（vindex custosque imperii）"；重新见到昔日统帅的各军团将欢呼雀跃、平添信心；他们通过两场战役推进到易北河一线，闻风丧胆的日耳曼人向象征着罗马帝国威严的提比略低下了头。到了第三年，提比略兵分两路侵入波西米亚，意在摧毁玛柯曼尼人国王玛罗波杜乌斯（Maroboduus）的庞大帝国。

玛罗波杜乌斯只是凭借着伊吕利库姆暴乱这一意外事件才逃过一劫。尽管史学家奥菲狄乌斯马上就不得不记述一场灾难（在日耳曼折损了3个军团），罗马政府却不会受到责备；因为昆克提利乌斯·瓦鲁斯（Quinctilius Varus）充当了替罪羊，同提比略形成了鲜明对比。一如既往地果敢、警觉、重视军纪的提比略收拾了局面。最后结局则是青年日耳曼尼库斯的英雄业绩。无论辞藻多么华美的颂词都会显得平淡无奇。难道不是睿智过人的元首提比略一直在主持大局吗？

比奥菲狄乌斯的专题作品更重要的是他的一部长篇史著。它覆盖了很长一段时期，可能从独裁官凯撒遇刺时讲起——两段残篇来自对西塞罗的身后追评——有些内容则是在提比略统治终结之前写就的。[3] 如果相信《日耳曼战纪》成书在前的假设的话，那么我们有理由猜想，奥菲狄乌斯在创作史著时会相应压缩记述日耳曼战争部分的文字。我们可以在卡西乌斯·狄奥的作品中看到压缩的痕迹——后人认为他使用了奥菲狄乌斯的材料，至少在记述奥古斯都统治的一部分文字中是那样做的。狄奥对提比略在公元4—6年间领导

---

[1] 见附录38。
[2] 忠心耿耿的威利乌斯·帕特库鲁斯可以为我们提供灵感。
[3] 这是显而易见的，因为老塞涅卡可能引用过奥菲狄乌斯的作品（*Suas.* 6.18 and 23）。但也存在着这样一种微弱的可能，即相关引文来自西塞罗晚年的一部著作（如附录38所指出的那样）。

的日耳曼战争的记载简略而贫乏——甚至没有提及玛罗波杜乌斯的名字[1]；但他却对伊吕利库姆的暴乱（公元6—9年）进行了详细记述。

尽管《日耳曼战纪》（如果它记载的确实是公元4—16年的战事的话）跟李维的作品并不重复，而是构成了后者的续篇，奥菲狄乌斯在其大部头史著中却要在拓荒新领域之前重述李维的三组"十卷书"中记载过的史事（公元前44—前9年）。在评价两位作家优劣的时候，我们有必要了解这一挑战的难度。评价奥菲狄乌斯史著中公元前9年之后部分的质量时也是如此。另外一个问题是关于这部作品的尾声，我们将另文讨论。[2]

奥菲狄乌斯并非遗世独立、独一无二的人物。世人将他同塞尔维利乌斯·诺尼亚努斯相提并论。这是昆体良的评价，并且《关于演说家的对话》的作者塔西佗也认可这一说法。[3] 他们关注的是文字风格问题；昆体良对奥菲狄乌斯的评价高于塞尔维利乌斯，认为后者的文风过于拖沓——"不如史学规范所要求的那样紧凑（minus pressus quam historiae auctoritas postulat）"。但文风优劣并非衡量史料价值的首要标准。知识、准确性与洞察力更为重要。出于这样或那样的原因，奥菲狄乌斯的作品可能被卡西乌斯·狄奥视为权威之作。而科奈里乌斯·塔西佗却并未得到那样的待遇。

如果能证明奥菲狄乌斯是一名元老，那就是另一回事了。关于他在军事或政治方面成就的材料较为匮乏：他的健康状况与哲学信仰更符合一名步李维后尘的、离群索居的文人形象。但塞尔维利乌斯在地位与成就等方面则堪称政界与社会中的风云人物——他是一位显贵、演说家、执政官和阿非利加的行省总督。[4]

1　55.28.5 f.; 29.1，参见30.2——全部内容仅此而已。
2　见原书第288页及附录38。
3　*Dial.* 23.4，参见Quintilian 10.1.102。
4　*PIR*[1], S 420. 还应补充他的行省总督职务，见 *CIL* VIII, 24585a和*AE* 1932, 24。他的父亲是玛库斯·塞尔维利乌斯（M. Servilius，公元3年执政官），在2.48.1和3.22.2中有所提及。后一段文本表明，他是普布利乌斯·苏尔庇奇乌斯·奎里尼乌斯（P. Sulpicius Quirinius，公元前12年执政官）的朋友。

比奥菲狄乌斯小几岁[1]的塞尔维利乌斯在提比略统治时期进入元老院，并于公元35年就任执政官。塞尔维利乌斯长年在法庭诉讼中春风得意，出任行省总督（公元47年左右）则标志着其元老生涯的巅峰。史学创作成就了他。他的当众朗诵得到了热烈赞誉——有一天，元首克劳狄乌斯在未受邀请的情况下突然前来聆听他的作品。[2]卒于公元59年的塞尔维利乌斯在《编年史》中受到了隆重纪念。[3]如果说塔西佗曾在前6卷中明白无误地指出过自己采用的一条史料的话（是否确有其事是个大问题），那么他选择的便是这位雄辩的前执政官所记载过的、关于一位元老在元首提比略统治时期的见闻与经历的材料。[4]

奥菲狄乌斯是无法同塞尔维利乌斯相提并论的。塔西佗对其作品的利用情况（以及后者在他眼中的价值）一直是个谜。如果说第1卷开头处确实存在着奥菲狄乌斯著作的痕迹的话（卡西乌斯·狄奥作品中的相似内容或许可以提供相关佐证），那么这样的内容也实在稀少，无法让我们的研究取得多少进展。而将奥菲狄乌斯视为《编年史》关于提比略时代6卷书的首要史料来源的假说是根本不可能成立的。[5]我们至多只能针对某个主题提出那样的猜想。塔西佗对日耳曼尼库斯历次战役的高度修辞化记载或许反映了他对某些已出版作品的情感色彩、结构与细节的借鉴，但我们很难相信那些文字就是奥菲狄乌斯的专题著作。塔西佗在此还引用了另一部史著（老普林尼的《日耳曼战纪》）来补充细节——阿格里皮娜站在横跨莱茵河的桥上欢迎自己的丈夫和他麾下的军队：人们相信她的丈夫已经阵亡，但他却从一场危险的远征中死里逃生。[6]

我们在此已无须进一步谈论奥菲狄乌斯或塞尔维利乌斯。当时还有其

1　Quintilian 10.1.102. 塞尔维利乌斯应当同塞尔维乌斯·苏尔庇奇乌斯·伽尔巴（Ser. Sulpicius Galba，公元33年执政官）年龄相仿，后者可能生于公元前3年（参见 PIR^1, S 723）。
2　Pliny, *Epp.* 1.13.3. 他的舅父认识塞尔维利乌斯，参见 *NH* 24.43; 28.29; 37.81。
3　14.19（见原书第338页）。
4　不仅仅是在元老院内：他可能有条件记述科切乌斯·涅尔瓦的思想（6.26），或卢奇乌斯·阿伦提乌斯的遗言（6.48.1 f.）。他可能还访问过卡普里埃岛，参见 Suetonius, *Tib.* 61.6。
5　那是 Fabia, *Les Sources de Tacite dans les Histoires et les Annales* (1893), 392 ff. 信心十足地提出的假设。
6　1.69.2.

他撰述历史的作家——塔西佗声称自己参考了全部所能获得的信息。[1] 其中一些人的名字是我们知道的，另一些我们不知道。苏维托尼乌斯提到过一位写过"编年史"的"前执政官"——可能就是塞尔维利乌斯·诺尼亚努斯。[2] 在不同地区担任过骑兵指挥、后来进入元老院的威利乌斯·帕特库鲁斯（Velleius Paterculus）声称自己打算撰写一部全面的历史著作。[3] 但他生前只完成了一篇梗概。记忆力与活力异常惊人的老塞涅卡并不满足于抄录自己听到的演说家与公共朗诵者们的作品；他还留下了一部关于本人生活年代的记录，交给自己的儿子去出版。[4] 可供塔西佗利用的还有诗篇、小册子、演说词和回忆录。日耳曼尼库斯的业绩激发了史诗创作的热情[5]；有学者猜想当时流传着若干关于那位王子的传记[6]；并且后人也十分看重日耳曼尼库斯的一位朋友，同时也是一位要求为他复仇的人，所发表的演说。[7]

1　4.11.2: "neque quisquam scriptor tam infensus extitit（没有一位作家抱着如此强烈的敌意）"; 53.3: "id a scriptoribus annalium non traditum（历史学家们没有这样记述）。"

2　*Tib.* 61.6（该话题是卡普里埃岛上的一起事件）。

3　Velleius 2.96.3，等等。

4　Seneca, *De vita patris* (fr. 15 Haase): "ab initio bellorum civilium, unde primum veritas retro abiit, paene usque ad mortis suae diem（为了对真相进行追本溯源，该书从内战伊始讲起，叙述到接近他去世的时代）。"这部作品没有留下任何痕迹。苏维托尼乌斯报道了关于元首之死的一处细节——"塞涅卡写道，他在明白自己大限将至的时候，摘下了手上的戒指，好像是要把它交给某个人（Seneca eum scribit, intellecta defectione, exemptum anulum quasi alicui traditurum parumper tenuisse）"，等等（*Tib.* 73.2）。苏维托尼乌斯所指的或他的读者所想的都只能是（sic nude）小塞涅卡，而没有其他选择。类似的证据见 Lactantius, *Div. Inst.* 7.15.14: "non incite Seneca urbis tempora distribuit in aetates（塞涅卡并非笨拙地对罗马城的历史进行了时代划分）"，等等。因此，我们必须承认，老塞涅卡的史学作品并未传之后世。与此相反的、居于主流的看法见 Schanz-Hosius, *Gesch. der r. Literatur* II[4] (1935), 341，其中引述了大量文献证据。

5　埃尔比诺瓦努斯·佩多（Albinovanus Pedo），引自 Seneca, *Suas.* 1.15。

6　G. Kessler, *Die Tradition über Germamicus* (Diss. Berlin, 1905), 89 ff.：批评意见如 F. B. Marsh, *The Reign of Tiberius* (1931), 267 ff.。

7　Pliny, *NH* 11.187（普布利乌斯·维特利乌斯针对格涅乌斯·披索的演说，参见 *Ann.* 3.13.2）。关于日耳曼尼库斯的朋友提提乌斯·萨比努斯（Titius Sabinus）被4位元老背叛并出卖的故事（4.68-70）也许来自一条旁证材料：其中一人氏族名抄写过程中的分歧——此处写作"拉提乌斯"（Latinius，出现了2次），后面则写成了"卢卡尼乌斯"（Lucanius）(6.4.1)——或许能够说明问题（"卢卡尼乌斯"也许是正确的，参见 R. Syme, *JRS* XXXIX [1949], 13）。后一段文本可能来自元老院草案。

元首提比略也撰写过概述自己一生的简短文字。他在为处决塞亚努斯一事进行自我辩护时确实讲得干净利落——他在获悉此人同日耳曼尼库斯的儿子们结了梁子、打算对后者加以谋害时惩罚了自己的这位权臣（那当然是提比略自己的解释）。[1] 一位女性发言人的回忆录讲得还会更多。同自己的儿子闹翻的小阿格里皮娜扬言，自己根本不在乎把元首家族内部最近的罪行与丑闻公之于众。[2] 那或许间接暗示了她正在撰写的一部家族编年史。塔西佗引用了小阿格里皮娜作品中关于她母亲的一个耐人寻味的细节（那是其他任何罗马编年史家都不曾注意到的）：它曾在公元26年请求提比略为自己找一位丈夫。[3] 那不是一件无关紧要的小事。一位历史学家当然有理由对日耳曼尼库斯遗孀的再婚对象（以及其中的政治意味）感兴趣。此外，由于塔西佗对政治与元老院事务更为重视，他会意识到手头材料的遗漏，并被迫去调查某些任何文献都没有揭示过的事情。倘若我们能够得知塔西佗是如何得知塞亚努斯向公主求婚一事（他在关于前一年的历史中记载并详述了该事件）的话，那或许能够提供若干启示。[4]

我们无法从这堆晦暗不明、杂七杂八的材料中获取明确结论或线索。但我们无须为此扼腕长叹。这一研究的终点指向元老院的档案库。那是仅有的"唯一史料来源"。《编年史》前6卷中包含了大量显然（并且也只可能）来自元老院行政流程草案的信息。令人信服的、具有决定性意义的证据来自塔西佗文本中的长串人名、罕见的真实细节和并未促成任何行动或立法的辩论。

---

1 Suetonius, *Tib.* 61.1: "ausus est scribere Seianum *se punisse quod comperisset furere adversus liberos Germanici filii sui*: quorum ipse alterum suspecto iam, alterum oppresso demum Seiano interemit (他声称要记述自己是怎么惩罚塞亚努斯的，因为他对自己儿子日耳曼尼库斯的孩子们抱有敌意。但事实上，他在已经开始怀疑塞亚努斯后亲自处决了其中的一个孩子，在塞亚努斯倒台后又处死了一个)."

2 13.14.3.

3 4.53.2.

4 39 f. B. R. Motzo, *Studi Cagliaritani* I (1927), 19 ff. 将塔西佗《编年史》对提比略一朝记述中大量谣言与恶行（但不包括这一条）的源头都归咎于阿格里皮娜。与此相反，法比亚只承认4.53（o.c. 333）符合这样的特征——因为研究者不能在塔西佗主动声明的情况下确信他放弃了"自己的常规史料来源（sa source ordinaire）"。二者都属于极端假设。

当元老院讨论奥古斯都葬礼所应使用的仪式流程时，人们七嘴八舌地提出了各种意见。塔西佗引述了其中得到采纳的两种——还有第三种虽未获采纳，但因他想嘲讽谄媚行为而记录下来的建议。如果说这位元老史学家对那幕场景和细节感到饶有兴味的话，那么他更关注的还是其中涉及的人物——那是3个著名人物，并且他会在后文中不止一次地提到他们。[1]

在讨论完新统治者的地位问题后，元老院通过了关于日常事务的诸多决议，其中包括下一年大法官的选举方式。[2] 该议案引入了一套全新体系。塔西佗在此插入自己的评论加以解释。他随后回归局外人的身份，重新讲述起元老院的事务，如每年纪念神圣的奥古斯都的竞技活动物资筹备，以及此项花销的问题。这些记录简直如同狗尾续貂——完全略去它们也不会有什么损失。这种记述结构反映了元老院草案的面貌和重视遵循史源的罗马编年史家塔西佗的良心顾忌。

对公元15年底罗马内政的记载由十多件杂七杂八的琐细事务构成。[3] 这份编年记录以第一次按照新程序组织的执政官选举告终。那么，人们当时是以何种方式支持某位候选人并把他们介绍给元老院呢？研究过这个问题的塔西佗不得不坦承自己的疑惑。他回答不了这个问题，尽管他参考过元首提比略的相关公告。[4]

在下一年里，当一场针对大逆罪的迫害适时终止之际（被告斯克里波尼乌斯·利波［Scribonius Libo］当时已自杀），元老院投票通过了颁布一道洋洋洒洒的谢恩公告的决议。《编年史》记录并核实了议案倡议者的姓名：那是7位地位很高的人物。历史学家塔西佗还提供了自己详细罗列相关细节

1　1.8.3 f.（阿西尼乌斯·伽鲁斯、卢奇乌斯·阿伦提乌斯和瓦勒里乌斯·麦萨利努斯）。
2　14 f.，参见附录67。
3　72—81. 塔西佗通过各种手段填充、渲染了这些素材。与此对应但存在出入的狄奥叙述体系（Dio 57.14），见附录36。狄奥遵循的是一位选材有所差异的编年史家的叙述体系。
4　81.1: "de comitiis consularibus, quae tum primum illo principe ac deinceps fuere, vix quicquam firmare ausim: adeo diversa non modo apud auctores, sed in ipsius orationibus reperiuntur（关于从这一年——元首提比略统治的第一年——到他在位最后一年的执政官任职情况，我是不敢妄下定论的：不仅仅是历史学家们的说法，就连元首自己的演讲词中都充斥着矛盾）。"

的理由——他是为了证明谄媚与撒谎的风气已开始迅速蔓延。[1] 他所依据的史料来源是不言自明的。

为了纪念王子日耳曼尼库斯，人们设计并颁布了一系列荣誉仪式。[2] 在《编年史》的叙述体系中，作者讲到有人提议为王子建造一座纯金的巨大圆形胸像，让他在伟大演说家们的簇拥下鹤立鸡群。元首否决了这个提议，认为正常的尺寸与材料已经足矣，因为一个人的口才并非依赖于其地位，而日耳曼尼库斯能被纳入经典作家之列已经足够荣耀。这一记载无疑是可信的。它来自官方记录。塔西佗提供的不仅仅是细节。他在后文中指出，大部分此类仪式一直延续至今，但也有一些很快就被取缔，或随着时间流逝而中断。[3]

散见于编年史框架各处的文字忠实记录了元老院事务的演进次序，分段报道了同一事件的不同阶段。卷3中的两个例子很能说明问题，它们都跟执政官级别行省的分配有关。公元21年初，阿非利加行省再度陷入混乱。提比略致信元老院，建议后者暂停常规的总督任免流程，直接选派一位具备军事才干的行省总督前往阿非利加。[4] 经过若干讨论后，元老院组织了任命亚细亚行省总督的抽签仪式，而把阿非利加行省的人事任免权交还给元首本人抉择；元老院还针对另一事务展开了长期辩论，随后休会。元老们在下次集会时收到了提比略的答复。他向元老们提供了两位人选——玛库斯·雷必达和尤尼乌斯·布雷苏斯（Junius Blaesus）。后者更可能获得元老们的支持（因为他是塞亚努斯的舅舅），于是前者退出了竞争。[5]

到了下一年，元老院顺延了布雷苏斯在阿非利加行省的任期。一位

---

[1] 2.32.2: "quorum auctoritates adulationesque rettuli ut sciretur vetus id in re publica malum（我之所以要记录这些权威与溜须拍马的行径，是为了让读者知道，此类罪恶在共和国中由来已久）."

[2] 83.1 ff.

[3] ib. 4: "pleraque manent: quaedam statim omissa sunt aut vetustas oblitteravit（许多保留了下来；另一些则很快被取消，或随着岁月流逝而被人遗忘）." Tabula Hebana（见附录67）揭示了被历史学家省略的一项内容。它将在德鲁苏斯去世后获得的"荣誉"中再度出现（4.9.2）。参见 AE 1952, 80（近西班牙行省境内的伊利奇［Ilici］）。

[4] 3.32.1.

[5] 3.35.

地位很高的前执政官，即出身望族的勒图鲁斯·玛鲁吉嫩西斯（Lentulus Maluginensis）声称自己有资格获得亚细亚行省的指挥权。他声称，祭司身份的拥有者（他本人是弗拉明大祭司）不得离开意大利的规矩是无效的。元老们对此意见不一，于是向作为国家宗教首脑与监督者的提比略提交仲裁。[1] 提比略需要一定时间来思考。于是元老院审议并自由讨论了诸多议案（其中包括亚细亚行省诸城市的庇护权问题和对一位行省总督的审讯）。最后，元首拿出了充分的祭司团文献证据，宣布驳回玛鲁吉嫩西斯的请求。[2]

相关材料的性质、在《编年史》中的分布（往往还有其充足程度）证明，塔西佗确实查阅过元老院的档案库。该档案库中还保存着行省总督的报告。因此，塔西佗能够提供至少4位阿非利加行省总督所指挥战役的细节。[3] 但那里还有别的东西。注意尊重元老院的提比略会经常向后者咨询军务，甚至声称行省总督们可以自主决定授予战功荣誉。[4] 塔西佗记载过元首向元老院交代兵力状况的事情，其中包括了他对招募志愿兵价值的看法。[5] 那位统治者在介绍自己麾下副将行动时也毫不隐瞒信息。公元21年，部落首领尤利乌斯·弗洛鲁斯和尤利乌斯·萨克罗维尔在高卢发动暴乱。提比略在镇压起义后向元老院做了陈述：他的报告详尽且诚实，在叙述事实时没有添加或删减任何重要的东西。[6] 5年后，他的副将波佩乌斯·萨比努斯（Poppaeus Sabinus）平定了色雷斯人的叛乱。为表彰这一功绩，元老院在元首的倡议下投票通过授予他凯旋将军待遇。[7]《编年史》对这两件事都有所记述，并且收集了大量细节。跟努米底亚战争一样，这些事件在其他帝国时期史著中只

1　58.
2　71.
3　2.52; 3.20 f. and 73 f.; 4.23-26.
4　Suetonius, *Tib.* 30.
5　4.4.2.
6　3.47.1: "neque dempsit aut addidit vero（他并未隐瞒或夸大真相）." 这一判语表明，历史学家塔西佗知道自己正在讨论的是什么。参见另一事件，相应的正面描述则是令人费解的——"弗里西亚人在日耳曼地区声名远扬，提比略则隐瞒了罗马人的损失（clarum inde inter Germanos Frisium nomen, dissimulante Tiberio damnum）"（4.74.1）。
7　4.46-51.

会留下些微或偶然的痕迹。[1]

地位仅次于战争的是罗马国家的宗教制度。新挑选一位维斯塔贞女这样的大事是不会被塔西佗忽略的。[2] 元首提比略是个博学、机警的人，那合乎他的贵族身份。他仔细权衡过的不仅仅是勒图鲁斯·玛鲁吉嫩西斯的议案。勒图鲁斯去世时，元首提出建议，认为古老风俗对其祭司职责的若干仪式性约束如今应通过法律或元老院的法令而得到修正或缓和。[3] 并且他会随时出手，制止世人的无知或不当行为。当里维娅身染重疾，元老院投票通过决议，命令一些重要祭司团为她举行祈祷仪式。这时，一位前执政官身份的元老提出议案，建议随军祭司团也应加入祈祷的队伍。提比略马上援引传统与先例制止了他。[4]

世人有时会利用宗教来使政府陷入难堪的境地。当阿西尼乌斯·伽鲁斯（Asinius Gallus）提议参阅《西比尔预言书》(the Sibylline books)时（他无疑清楚那会带来什么），元首表示拒绝。[5] 即便当自己在岛上离群索居期间，提比略依旧保持着警醒。十五人祭司团的一位成员试图获得政府收藏的1卷预言书。提比略派人对他进行了严厉告诫：一位地位尊贵、经验丰富的祭司应当清楚，按照奥古斯都的指令，所有此类文献都必须得到严格控制。随后，历史学家塔西佗（谁能比他更有资格呢？）对《西比尔预言书》进行了介绍。[6]

《编年史》似乎一以贯之地充分利用了元老院的草案。这一工作究竟是由塔西佗还是某位前辈完成的呢？科奈里乌斯·塔西佗已是勤勉调查研究的

1　威利乌斯扼要提及了高卢和阿非利加（2.130.5），但没有提到色雷斯。苏维托尼乌斯和狄奥的作品中没有这方面的信息；除此之外，塔克法里纳斯的名字仅在维克托的作品中出现过（Victor, De Caes. 2.3）。

2　2.86.

3　4.16.

4　3.64.

5　1.76.1. 当时伽鲁斯曾多年担任十五人祭司团成员（参见 ILS 5050，公元前17年）。

6　6.12.

老手。《历史》卷4的若干篇章提供了清晰证据。[1] 随着这项事业的不断深入，作者自然需要获得持续接触元老院卷宗的机会。《编年史》中恐怕并不存在那样的证据——如果若干历史学家已经记述过这些事件的话，那么他也许会声称自己无须进行独立研究了。事实却恰恰相反。塔西佗了解帝国时代史著的性质——它们不是在曲意逢迎就是在诽谤中伤。元老院的草案使得他不但可以检验、修正或增补那些作家的记述，还可以用自己的方式重构这段历史中的相当一部分内容。

塔西佗其实已暗示了很多。他声称自己充分掌握了信息，并具有从中加以选择的自由：他只会记载元老院中那些彰显善恶的著名案例。[2] 如果没有元老院草案的帮助，他如何能够进行遴选呢？如果说塔西佗似乎不时违反了自己制定的原则的话，那么他这样做的资本也是因为掌握了非常丰富的文献证据。这一事实充分体现在前6卷中关于从格涅乌斯·披索被处决到提比略儿子德鲁苏斯之死那段时间的记述里：历史学家的结构设计促使（或迫使）他详细阐述了"共和国"这一时期的编年史。[3]

这些章节里没有明确引用过元老院的草案，并且也没有那样做的必要。塔西佗只要搭好框架、罗列材料就足够了。事实上，《编年史》现存部分仅仅引述过一次元老院草案的原文，并且这次引用迟至第15卷末尾方才出现。[4] 然而，对其他官方记录的一次孤立引用却足以证明，塔西佗的勤奋是堪为表率的。塔西佗可以在元老院日常公告的基础上公布皇室家族中究竟有哪些成员参加了王子日耳曼尼库斯的葬礼——他的母亲安东尼娅（Antonia）并未

---

1 见第十六章。

2 3.65.1: "exequi sententias haud institui nisi insignis per honestum aut notabili dedecore（我之所以耗费如此多的笔墨去记录这些决议，只是因为它们足以彰显一些人的正直和另一些人臭名昭著的可耻）."参见14.64.3: "neque tamen silebimus, si quod senatus consultum adulatione novum aut patientia postremum fuit（但我不能沉默不语，如果元老院的公告为赞颂美德或揭露恶行提供了新素材或补充的话）."

3 p. 268 f.

4 15.74.3: "reperio in commentariis senatus（我在元老院的备忘录里发现）"，等等。

露面。[1]

一些学者否认塔西佗经常查阅（或查阅过）元老院档案。[2]他们的观点未能赢得广泛赞同。[3]质疑历史学家塔西佗的相当一部分论述聚焦于同一段文字。在评价公元32年的一次迫害时，塔西佗补充了两位相关人物的名字。其中一位是来自高卢境内桑托尼部落（Santoni）的尤利乌斯·阿非利加努斯。但他无法查明另一位塞乌斯·夸德拉图斯（Seius Quadratus）来自哪里——"其出身已不可考（originem non repperi）"[4]。但一些学者声称，塔西佗只要查阅元老院草案便可以解决这个问题：宣称其不可考证明他根本没有参考过草案。[5]

但我们只要再追问一层，这番论证便可以不攻自破。这类草案中究竟记载了哪些内容呢？答案是相关人物的姓名和部落归属——但并无其"郡望（civitas）"。塔西佗能够讲清楚尤利乌斯·阿非利加努斯的出身——因为那个人的儿子是一位著名演说家，塔西佗肯定认识他的后人。[6]但塔西佗无法通过同样的方式查明神秘姓氏"塞乌斯·夸德拉图斯"的来历。为了解释其原因，他使用了文献考据时常用的口吻，并且他的话是值得信赖的。[7]

1　3.3.2: "matrem Antoniam non apud auctores rerum, non diurna actorum scriptura, reperio ullo insigni officio functam（无论是在历史学家们的作品还是在政府公告中，我都没有发现他的母亲安东尼娅在仪式中扮演过任何醒目角色）."

2　特别是尼佩尔迪的校勘本（Nipperdey, ed. II, revised by G. Andresen, 1915），28 f.; O. Clason, *Tacitus und Sueton* (Breslau, 1870), 105 ff.; Ph. Fabia, o.c. 312 ff.。Fabia, *Journal des Savants* 1903, 458重申了这一观点。即便睿智的博瓦埃也认为塔西佗通常情况下是看不到元老院草案的（Boissier, *Tacite* [1903], 72 f.）。

3　见 A. Stein, *Jahresberichte der I. deutschen Staats-Realschule in Prag* XLIII (1904), 5 ff.; Th. Mommsen, *Ges. Schr.* VII (1909), 253 ff.; F. A. Marx, *Hermes* LX (1925), 74 ff.; F. B. Marsh, o.c. 259 ff.。

4　6.7.4.

5　Fabia, o.c. 314及其后继者，如 E. Ciaceri, *Tiberio*[2] (1944), 69 f.: "è chiaro che Tacito non aveva direttamente esaminati gli Atti del senato（可以说塔西佗并未直接研究过元老院的档案材料）." M. L. W. Laistner, *The Greater Roman Historians* (1947), 178引述了奇亚切利（Ciaceri）的观点。

6　见附录91。

7　关于研究者们的用语习惯，参见 Asconius 9: "socrus Pisonis quae fuerit invenire non potui（我无法查明披索岳母的身份）"; Suetonius, *Divus Aug.* 2.3: "nec quicquam ultra ... repperi（我找不到其他任何信息了）"; *Divus Vesp.* 1.4: "ipse ne vestigium quidem de hoc, quamvis satis curiose inquirerem, inveni（尽管进行了相当细致的研究，我还是未能找到关于这个问题的答案）."

塔西佗接下来指出，出于偷懒或厌恶的缘故，其他作家往往会省略层出不穷的大逆罪案件中的一部分；而他本人却能够从中发现前辈未曾注意到的许多重要细节。[1]

查阅档案的意义似乎根本无须强调。档案库中保存的不正是无与伦比的宝贵资料吗？元首们的演说或信件可以提供比事实或决策丰富得多的信息——它们或许包含统治者的治国原则，反映他的做事风格，或提供关于其隐秘性格的线索。塔西佗甚至逐字逐句引用过提比略从卡普里埃岛上寄来的一封怪异的、怏怏不乐的信件的开头。[2]

总的来说，塔西佗逐步开始将元老院草案视为政治史的材料来源。他很快就变得更加大胆。[3]但直到记载到公元16年的史事时，塔西佗才决定开始仿写元首的一篇演说。《编年史》中直接引述的此类文献共有5篇。在驳回一位腐朽贵族向国家要求资助的请愿时，提比略答复的开篇突兀尖锐，继之以无情和敌意，最后对领取津贴却游手好闲的恶劣行径进行了有力鞭挞。[4]在格涅乌斯·披索案开庭审理之际，元首用一篇严厉的训示警告了元老院：他划

---

[1] 6.7.5: "neque sum ignarus a plerisque scriptoribus omissa multorum pericula et poenas, dum copia fatiscunt aut, quae ipsis nimia et maesta fuerant, ne pari taedio lecturos adficerent verentur: nobis pleraque digna cognitu obvenere, quamquam ab aliis incelebrata（我并非不知道，许多作家省略了大量关于危机与处罚的细节。他们之所以那样做，有时是因为这批材料的数量过于庞大，有时则是因为他们自己也觉得这样的记述冗长乏味，担心读者们会觉得自己的作品枯燥无聊。但我认为其中很多内容是值得记述的，尽管它们在他人笔下是默默无闻的）." 最后一句话是庄严的和撒路斯特式的，即便其中并不包含 "默默无闻（incelebrtatus）" 这个字眼。我们在全部古典拉丁文献中几乎找不到这样的表述方式，唯一的例外是撒路斯特对记述塞尔托里乌斯的史学传统的评价—— "他的许多业绩默默无闻，首先是因为世人的无知，其次是因为历史学家们对他的忌妒（multaque tum ductu eius peracta primo per ignobilitatem, deinde per invidiam scriptorium incelebtata sunt）" (*Hist.* 1.88)。

[2] 6.6.1: "quid scribam vobis, patres conscripti, aut quo modo scribam aut quid omnino non scribam hoc tempore, di me deaeque peius perdant, quam perire me cotidie sentio, si scio（元老们！倘若我知道此刻该对你们写什么、怎么写和不能写什么的话，愿神明和女神们惩罚我，让我以每天感觉到的情况更快的速度走向灭亡！）." 参见 Suetonius, *Tib.* 67.1。

[3] 值得注意的是他同日耳曼尼库斯 "频繁通信（crebrae epistulae）"（2.26.2）的要旨，那可能是以一篇或多篇演说词为基础的。

[4] 2.38.

清了私人恩怨与妨害国家运转的行为之间的界限，批评了日耳曼尼库斯朋友们的一些做法，坚持要求元老院组织公正的、不受干扰的调查。[1] 最长的那篇演说是针对要求打击奢靡与不道德风气的议案的。它经过了深思熟虑，令人印象深刻。提比略声称，此类立法古往今来都没有发挥过什么作用。纠正这些时弊是个人的事情：官方干预将会引起不满，并给元首带来无法忍受的负担。[2]

一篇平实、感人的短篇演说赞许了元老院对日耳曼尼库斯儿子们的保护与引导：他们如今已成为至高权力的继承人，可用权力来行善或作恶。[3] 而当来自一个行省的代表请求准许为提比略和里维娅修建神庙的时候，元首站在贵族的立场上，阐述了他关于对"共和国"的责任以及对逝者声名进行适当奖赏的理念。[4]

除了插入演说词外，历史学家塔西佗还补充了许多报道与摘录。例如，当有人建议将个人品德纳入行省总督的遴选标准时，提比略给出了坚定的答复。[5] 对一则敕令的摘录反映了他对一个统治帝国的民族或建立王朝的家族之伟大的看法。[6] 而关于玛罗波杜乌斯实力的演说词（此人对于罗马和被共和国挫败或降服的君王们而言同样可怕）则充分反映了塔西佗对自身成就的自豪感。[7] 他还用强烈的讽刺一本正经地批驳了一项事实上愚蠢至极的提议：应当组织一支元卫队来为元首效劳。塔西佗质问道：谁应当成为这支卫队的人选呢？这支队伍将一直使用同一批人还是进行轮换？应当入选的是家世悠久的老牌贵族还是年轻人？安排一批元老佩剑站在元首宅邸门口将成何体统？[8]

塔西佗确实利用过相关原始材料。他记录的演说词、概要或片段呈现

1　3.12.
2　53 f. (实际上是他派遣使节向元老院传达的谕令).
3　4.8.4 f.
4　37 f.
5　3.69.
6　3.6.
7　2.63.
8　6.2.4.

的是元首确实讲过的话，几乎未加改动。[1] 提比略对元老院发表的、声称自己厌恶封神荣誉的演说中包含着两处古语。[2] 那可能来自历史学家塔西佗惟妙惟肖的创作——但也可能并非如此。另一个醒目的例子是单词"旅居（peregrinatio）"：那不像是塔西佗的文风。这样的例子在塔西佗的全部现存作品中统共只有3处；它们全都位于《编年史》的前6卷里，并且2处都出现在塔西佗所记录的、元首提比略的讲话中。[3]

在讲到长期客居他乡的贵族德奇姆斯·希拉努斯（D. Silanus）的回归并面对其兄弟表达的谢意时，元首宣布自己也很高兴看到希拉努斯从远方的"旅居"中归来。[4] 这个字眼具有不加掩饰的讽刺意味——元首本人也清楚这位异国他乡的客居者是出于上层政治的原因而被迫自我流放的。第二个例子中包含的则没有幽默，只有愤怒。一位出身高贵、善于逢迎的前执政官建议视察坎佩尼亚后归来的提比略应当在入城时举行欢迎仪式。他得到的答复是一通臭骂：元首本人曾在年轻时征服过那么多骁勇善战的种族，经历过无数成败荣辱。如今年事已高的他难道还需要在视察罗马近郊后归来之际刻意追求那种空洞的荣誉吗？[5]

还剩下一个问题有待解决。塔西佗引用或仿写过提比略的各种演说词，那么他是否需要查阅元老院的草案才能找到它们？当时可能已经存在着一部提比略的演说文集。[6] 如果是那样的话，又是什么人出于何种目的编订了那部

1　见附录39。

2　4.38.1: "mortalem esse et hominum officia fungi（我是凡人，担纲的是凡人的职责）"; 3: "duint（赐赉）."（对诸神的祈祷）塔西佗在其他地方使用"fungi（担纲）"搭配宾格的例子只有1处（3.2.1）。

3　另一处为6.14.2: "nullas probabiles causas longinquae peregrinationis adferebat（他无法为其长期旅居生活找到任何合理的借口）."（此人在西西里海峡处被捕，显然是在逃往帕提亚途中）

4　3.24.4: "respondit se quoque laetari quod frater eius e peregrinatione longinqua revertisset（他答道，自己很高兴看到其兄弟从长期旅居中返回）."

5　47.4: "igitur secutae Caesaris litterae quibus se non tam vacuum gloria praedicabat ut post ferocissimas gentis perdomitas, tot receptos in iuventa aut spretos triumphos, iam senior peregrinationis suburbanae inane praemium peteret（于是元首回复了一封信，高傲地宣称自己在征服了最桀骜不驯的族群、年纪轻轻便接受或拒绝过多次凯旋式后，并不需要在年老之际追求在罗马城郊区巡视一圈所带来的空洞荣誉）."

6　法比亚认为这一点是无可怀疑的（Fabia, o.c. 326 f.）。

集子呢？一种合理解释指向元首图密善：此人尽管早年嗜好文学，当上元首后却不再阅读任何东西（相传如此），唯一的例外只有元首提比略的行政文书。[1]

如果脱离了相关议题及影响的话，元首的演说在元老史学家眼中几乎是毫无价值的。其他杂七杂八的材料只能见于罗马元老院的档案库——以及一位有心的研究者。认为科奈里乌斯·塔西佗之前的某位编年史家遴选并利用了这些材料的假设无异于天方夜谭。

倘若那些作家的著作留存至今的话，它们很可能会向我们展示各自在主题、结构比例和撰述方式等方面令人惊异的巨大差异。[2]我们完全可以在前6卷中找到反映科奈里乌斯·塔西佗偏好与关注点的明确证据——它们反映在作者对元老院草案内容的择取上，如祭司职责的技术性细节、前执政官级别行省总督职务的分配和亚细亚行省事务。[3]

或许我们可以举一个反面例子来说明。如果塔西佗在某些章节中对元老院草案亦步亦趋的话，他或许会遗漏若干罗马元老院未曾记录在案的史实。关于公元15年的编年记载十分详细——但其中没有提及塞乌斯·斯特拉波（Seius Strabo），由于此人被拔擢为埃及省长，他的儿子成了唯一的禁卫军队长。[4]这件事同埃利乌斯·塞亚努斯的崛起并非无关。此外还有一些反映统治者品味与习惯的古怪细节，历史学家塔西佗到了后来才认为它们十分重要，如他在前4卷中从未提及过提比略对占星术的痴迷。

我们在这里所证明（或假设）的对元老院草案的利用有赖于作者的勤勉与眼光。后人对塔西佗史学方法的评价分歧巨大。人们有时会认为，他的操作方式是非常简约或机械的，有时会埋头写作而缺乏前瞻性的铺垫。[5]这类观点不大可能成立。诚然，我们确实有可能从《编年史》的文本中发现（或自

---

[1] Suetonius, *Dom.* 20.
[2] 狄奥提供了有用的线索（尽管他并非原封不动地照抄史料）。
[3] 关于亚细亚行省的情况，见第三十五章。什么样的前辈作家才会用如此可观的篇幅去记述诸城市的庇护权呢（3.60-63）？在评价元老院的角色时，塔西佗阐发了他那个时代的思古之幽情（3.60.3）。
[4] 具体时间推断自其继任者盖约·伽勒里乌斯（C. Galerius）的任期（*PIR*², G 25）。
[5] F. B. Marsh, o.c. 284.

以为发现了）后续补充或修改的例子。[1]同叙述体系的庞杂相比，那些例子所占的比例其实很小。但它们可以提供宝贵的线索。两次提及提比略在罗德岛的离群索居就是这样的例子，它们看起来似乎是作者后来添加的诠释性文字。[2]

另一方面，反映作者深思熟虑、重视布局谋篇的例子却俯拾皆是。塔西佗不仅会不时插入一些关于未来事件的、毫无违和感的暗示与提醒，还会经常从编年史记录中抽出一个事件或名字，留到后面更适合的场合下加以介绍。[3]在介绍公元15年分配给波佩乌斯·萨比努斯的行省时，他直接跳到了关于提比略会让总督们在任上一直治理到死的各种议论。这一处理是突兀和令人费解的；我们不清楚作者头脑里当时闪过了什么念头——波佩乌斯·萨比努斯之死是20年后的事情。[4]

在创作前6卷时，塔西佗似乎已经熟知元首克劳狄乌斯的一篇演说，并在卷4的一段题外话中采用了其中的材料。[5]他使用的插话并非后来的补充，而是一种结构设计。《编年史》中的一些核心情节早已提前做好了铺垫。[6]我们可以很有把握地讲，塔西佗在阅读并摘抄了同时代史学家的作品（其中一些很快就被他放弃了）后，决定在系统、认真利用原始材料的基础上建构前6卷的基本框架。

1　见附录37。
2　1.4.4 and 4.57.2（相关讨论见附录37）.
3　将禁卫军集中到一个营帐里的做法可能始于公元20年（Dio 62.19.6）；塔西佗则将它留到了记载塞亚努斯崛起时再加以交代（4.2.1）。
4　1.80.1; 6.39.3。
5　克劳狄乌斯关于伊达拉里亚的凯勒斯·维本纳（Caeles Vibenna）的讲话（*ILS* 212, col. ii, ll. 21 f.）同塔西佗关于凯利乌斯山（Mons Caelius）的插话（4.65.1）之间的相似性一望即知。二者都用了冷僻的"举世闻名（appellitatus）"一词，参见福尔诺为这段文字添加的注释。另见附录41对立法事务（3.26 ff.）与罗马市长（6.11）插话中来自克劳狄乌斯材料的线索的分析。
6　参见第三十四章（塔西佗对高卢的评论）。

第二十三章　史料来源（二）

《编年史》第7—12卷中三分之二以上的文字已经佚失。在现存部分里，历史学家塔西佗从未提及所引史源的作者姓名。对克劳狄乌斯时代的史源加以讨论需要碰运气，而卡里古拉时期则令人绝望。但偶尔还是会出现意外的机会，让学者们决定可以冒险一试。为犹太人辩护的作家弗拉维乌斯·约瑟福斯（Flavius Josephus）决定在自己的作品中用出格的一大段文字（具体原因不详）讲述针对卡里古拉的阴谋。密谋最终得到了执行，克劳狄乌斯当上了元首。[1]可作为约瑟福斯记载参照的有苏维托尼乌斯的作品，以及卡西乌斯·狄奥记载卡里古拉一朝那一卷结尾部分的残篇。[2]那还不是最大的便利之处。约瑟福斯重述的是一段拉丁语文本，我们可以从中管窥原文的风格——生动、雄辩、喜欢使用比喻；其中表达的、关于国家与社会的观点酷似科奈里乌斯·塔西佗的一位编年史家前辈。例如，贵族们的碌碌无为被归咎于诸元首的暴政；士兵与民众之所以会接受新的利益分配体系，是因为元老院之前的统治不公且暴虐。[3]

这位未留下姓名的史家是何许人也？学者们在关于阴谋的叙述中找到了一条线索。在剧场里坐在前执政官克鲁维乌斯（Cluvius）身边的一位元老向他提出了一个冒失的问题，由此泄露了一个令人震惊的情况：世人将在今

1　*AJ* 19.17-200; 212-73.
2　第59卷在记述到公元40年的时候陡然中断，关于这一朝统治末年情况的记载只有若干摘要。
3　*AJ* 19.180 f.; 224; 228. 参见M. P. Charlesworth, *Camb. Hist. Journ.* IV (1933), 117。

天目睹暴君遭到杀戮。克鲁维乌斯恰到好处地引用了荷马的一句诗,让那位元老保持缄默。[1]

有人认为(大部分人无疑也相信这种解释),前执政官克鲁维乌斯就是历史学家克鲁维乌斯·鲁孚斯:此类逸事只能来自克鲁维乌斯·鲁孚斯本人,并且不会是口耳相传,只能是他亲笔写下的文字。[2] 然而,我们有理由对这个说法持保留态度,并在确信渊博的犹太史家约瑟福斯(或他的史学创作助手们)肯定转述了那位罗马历史学家的记载之前先去核实一下其他作家的情况。前执政官塞尔维利乌斯·诺尼亚努斯应当也是那一事件的目击者,并且是相当重要的一位。并且我们也无法否定塞尔维利乌斯同时记载过提比略和卡里古拉两朝史事的可能性。[3] 奥菲狄乌斯·巴苏斯则一直是可能成立的史源选项。

有人怀疑,奥菲狄乌斯·巴苏斯的价值总的来说受到了高估,从而使得塞尔维利乌斯受到了不公待遇。除了作品质量问题外,还有一个伤脑筋的问题令奥菲狄乌斯充满争议。它涉及克劳狄乌斯统治时期的主要史料问题。在创作完《日耳曼战纪》后,奥菲狄乌斯开始撰写他的编年史(后人认为当时应该还是在提比略治下)。[4] 在写作过程中,奥菲狄乌斯打算将他的叙述一直推进到哪个时期呢?研究者们设想过各种时间终点:塞亚努斯的倒台、提比略的驾崩、卡里古拉遇刺、公元47—51年期间的几个时间点,甚至还有元首克劳狄乌斯的驾崩。[5] 但这些假设分别陷入了各种困境。我们能确认的仅仅是:越靠后的年代可能性就越低。我们必须考虑到他撰写最后几卷时的时代背景。如果年长的奥菲狄乌斯在尼禄治下仍在工作的话(并无任何证据可以

---

1 *AJ* 19.91 f. 更多内容见原书第294页。
2 Mommsen, *Hermes* IV (1870), 320 = *Ges. Schr.* VII (1909), 248. 莫米利亚诺认为,约瑟福斯、苏维托尼乌斯和狄奥在记述克劳狄乌斯一朝统治时使用的主要史料都是克鲁维乌斯的作品,见 Momigliano, *Rendiconti della R. Accademia dei Lincei* VIII (1932), 305。反对意见见 J. P. V. D. Balsdon, *The Emperor Gaius* (Caligula) (1934), 227 f.; W. Steidle, *Sueton und die antike Biographie* (1951), 77 ff.。
3 我们手头并无任何证据或线索可以表明,塞尔维利乌斯的作品究竟从何时写起,并在哪里搁笔。
4 见原书第275页。
5 见附录38。

表明这一点），那么克劳狄乌斯统治时期并非一个安全、简单的主题，即便是写统治的前半段——撰写后一段历史则根本不可行，除非作者极其大胆或谎话连篇。如果他确实记载了卡里古拉一朝之后的历史的话（是否如此还很成问题），那么奥菲狄乌斯可能会以克劳狄乌斯入侵不列颠或罗马建城800周年为皆大欢喜的结局。他几乎不可能冒险将自己的叙事推进到麦萨利娜倒台之时，记述之后的事件就更不可能了。他不可能去触碰阿格里皮娜，讲述她嫁给自己叔父并一手遮天的史事。那个时代一直延续到尼禄统治初年。

问题的另一方面跟老普林尼有关。奥菲狄乌斯的《日耳曼战纪》获得了成功，但那并不妨碍其他人尝试同一题材。老普林尼自恃拥有亲身经历的优势，可以在这个主题上做得更好——不那么注重文采，但更忠实地遵循史实。在于莱茵河流域军队里服役期间，他开始撰写一部记述罗马同日耳曼人进行的所有战争的作品。[1] 那是一部多达20卷的坚实著作。老普林尼提出了一个冠冕堂皇的借口——德鲁苏斯在梦中向他显现，请求老普林尼帮助自己，不要让他被世人遗忘——并且那也为他补充了一个创作题材。如果在提比略治下写作的奥菲狄乌斯忠实（或过分）遵守了对那个时代历史学家的限制的话，那么老普林尼却身处一个适宜重建平衡的有利地位，同时还可以表达自己对王朝的忠心耿耿，光明正大地争取元首克劳狄乌斯的支持（德鲁苏斯是他的父亲）及（更为重要）日耳曼尼库斯之女阿格里皮娜的欢心。[2]

老普林尼的《日耳曼战纪》可能一直记载到公元47年，也就是在莱茵河下游以北十分活跃、渴望征服的多米提乌斯·科布罗被嫉妒自己的元首召回的那一年。[3] 当老普林尼的想象力开始构思更为宏伟的计划时，他开始着手撰写其他历史学家留下的帝国编年史任务——"从奥菲狄乌斯·巴苏斯搁笔之处写起（a fine Aufidii Bassi）"。那是对这位业已成为经典（且已逝世）的作家的一种恭维：老普林尼续写了奥菲狄乌斯的著作，一如后者续写了李维

---

[1] 正如他的外甥所证实的那样，见 *Epp.* 3.5.3 f.。
[2] F. Münzer, *Bonner Jahrbücher* CIV (1899), 67 ff.
[3] F. Münzer, o.c. 77.

著的例子。塔西佗在《历史》中记载道，尼禄疯狂地爱恋波佩娅·萨比娜（Poppaea Sabina），于是给她找了一个俯首帖耳的丈夫，即自己的朋友萨尔维乌斯·奥索，安排她权且结婚，等自己想办法摆脱掉屋大维娅后再另做打算。[1]那也是苏维托尼乌斯、普鲁塔克和卡西乌斯·狄奥所接受的版本。[2]塔西佗在《编年史》中舍弃了这个故事（尼禄夺走了朋友的妻子）[3]——他没有给出理由，也没有暗示其他版本的存在。但可能的情况是：前述3种史源中的一两种记录了这个在民间流传的说法；塔西佗在《历史》中予以采纳，但在获得更准确的消息后否定了这一记载。前执政官克鲁维乌斯·鲁弗斯不大可能犯下那样的错误（他与宫廷关系密切），但老普林尼和费边（其中之一或二者）可能会被误导——出于无知或对谣言的热衷。

在其他问题上，塔西佗也没有提供明确史源。[4]他并未明言，罗马城的那场大火究竟是偶然发生的，还是尼禄亲自点燃的。[5]老普林尼（我们碰巧知道这个情况）认为尼禄应负责任。[6]塔西佗也没有记录相关作家们的姓名，只是批评了那些声称尼禄毒害了波佩娅的人。[7]

我们汇总得到的信息和结论是令人失望的。无论出于什么原因或借口（过度解读是令人生厌的），塔西佗确实没有遵守自己的诺言。[8]我们现在需要做的是评估上述3种史源的质量和塔西佗对它们的利用情况。

人们经常会用严苛的标准来非议、责难古典时代的历史学家们。这种观点认为，即便他们提及了众多史源，并举出了一些姓名或事实，我们仍然不能信任他们所写的文字。那种写法只是一种惯例，还可能具有欺骗性：古代

1　*Hist.* 1.13.3.
2　Suetonius, *Otho* 3.1; Plutarch, *Galba* 19 f.; Dio 61.11.2.
3　13.45 f.
4　完整的清单见 H. Peter, *HRR* II (1906), clxvi f.; F. B. Marsh, *The Reign of Tiberius* (1931), 250 f.。
5　15.38.1.
6　*NH* 17.5.
7　16.6.1.
8　事实证明那是不可行的——至少将是索然无味的。塔西佗在前6卷里从未引述主要史学家们的文本——如果他修订过（或完成了？）第13—16卷的话，现存文本里同样没有那样的引用痕迹。

的历史学家一般都会挑选一种史源，对之亦步亦趋。他的加工中删减通常多于增补；而如果要对史源进行改动的话，他修改的往往也是风格，不是实质性内容。[1]

这种教条式的评判原则具有多重吸引力：史学研究的广度被窄化为准确性，作家的特性被弃之不顾或删除殆尽。[2] 一些学者就是这样审视《编年史》并对之进行严厉批判的。被一些人死抱住不放（并且往往充满自信）的单一史源理论引出了各种古怪结论。学者们认为，《编年史》的前几卷依赖的是奥菲狄乌斯的作品。[3] 随后老普林尼成了塔西佗的新宠。[4] 有人声称，由于那位作家的优点极为明显，塔西佗严重依赖老普林尼的记载，几乎不再参考其他任何史料：他关于克鲁维乌斯和费边的记载其实都来自老普林尼。[5]

其他一些历史学家确实是无法研究的，但老普林尼并非遥不可及。他的百科全书式著作完整保留了下来。汗牛充栋的《自然史》数次引述了历史著作，其中包含着关于卡里古拉、克劳狄乌斯和尼禄的宝贵史事，以及关于日耳曼的重要信息。[6] 因此，我们对《日耳曼战纪》所做的一些假设是有所依据的[7]；偶尔闪现的随手记载或许就能够说明塔西佗在《编年史》中使用的史料——如阿格里皮娜身穿金线袍子主持盛会（老普林尼亲眼见到了她）的细节。[8] 那部作品也可以反映作者的方法和见解。[9] 如我们所料，由于早年忠于日耳曼尼

1　尼森（H. Nissen）是这种评价风气的始作俑者；但他不应对其后继者们（*epigoni*）的所有夸张说法承担责任。
2　参见原书第190页和附录29（关于《历史》的评论）。
3　特别参见 Ph. Fabia, *Les Sources de Tacite dans les* Histories *et les* Annales (1893), 397中的直率声明。
4　H. Nissen, *Rh. Mus.* XXVI (1871), 497 ff.; A. Gercke, *Jahrbücher für cl. Phil.*, Supp.-Band XXII (1896), 230 ff.; A. Momigliano, *Rendiconti della R. Accademia dei Lincei*[6] VIII (1932), 310; 323; 327. 在那些研究者眼中，老普林尼也是公元69年史事的"唯一史源"。参见附录29。
5　A. Momigliano, o.c. 328 ff.; *CAH* X (1934), 702 (讨论的是克鲁维乌斯·鲁夫斯和费边·鲁斯提库斯)："关于他们，塔西佗通常只知道老普林尼所记载的情况。"
6　关于相关著作，见A. Gercke, o.c. 165 ff.; H. Peter, *HRR* II (1906), clx ff.；关于日耳曼的相关材料，见F. Münzer, *Bonner Jahrbücher* CIV (1899), 73 ff. ——还应补充 *NH* 9.45 (美因河[Main]里的一种奇异鱼类)。
7　F. Münzer, o.c. 73 ff.; E. Norden, *Die germanische Urgeschichte in Tacitus Germania*[3] (1922), 207 ff.
8　*NH* 33.63，参见 *Ann.* 12.56.3 (在福奇尼湖[the Fucine Lake])。
9　E. Ciaceri, *Processi politici e Relazioni internazionali* (1918), 387 ff.

库斯阵营，老普林尼对尼禄和阿格里皮娜抱有敌意。他对元首克劳狄乌斯相对宽容，那也合乎一位自己就喜欢博古研究和收集趣闻逸事的作家的品味。有人还认为他同小塞涅卡为敌（但并无任何根据）。[1]

我们最关心的是老普林尼作为罗马帝国史学家的自身素质。我们需要追问3个问题：老普林尼在多大程度上具备必要的能力与洞见？他能够利用的信息来源是什么？他何时撰写了自己的作品？

尽管老普林尼拥有永无止境的好奇心和永不疲倦的勤勉精神，他也存在着某些缺点：他是个轻信、迷信的人，迷恋琐碎细节，并且容易陷入偏见。[2]老普林尼无法摆脱弗拉维王朝时期作家们的影响——塔西佗在《历史》中对他们进行了笼统的、不点名的警告。[3]《编年史》责备过老普林尼宣传关于克劳狄乌斯女儿荒诞故事的做法[4]；用大量篇幅记载公共建筑尺寸（那些内容只适合元老院的日常公告）的作家们冒犯了史学的尊严[5]；老普林尼的名字也有可能暗含在塔西佗著作中的其他带有贬义的暗示里，或包括在轻蔑的复数泛指"某些作家们（quidam auctores）"之中。[6]

为了理解当时发生的事情，历史的记述者必须身在罗马（如果不是在元老院里的话）。而在公元46—58年之间的很长一段时期内（也许共计9年），老普林尼都在远离意大利的地方服兵役（尽管是断断续续的）。[7]那段时间的努力似乎一无所获。对日耳曼尼库斯家族的忠诚并未换来任何酬劳；老普林尼的庇护者没有为他争取到任何公职。[8]他在隐居生活中度过了尼禄一朝的剩

1　Id. (o.c. 429 f.)，但它并未从塔西佗对小塞涅卡的形象刻画中找到任何不友好的迹象；F. A. Marx (*Klio* XXIX [1936], 101)以狄奥的作品为依据提出了上述观点，并进一步指出老普林尼的材料来自克鲁维乌斯·鲁孚斯。

2　参见A. Gercke, o.c. 165 ff.，其中认为《自然史》同苏维托尼乌斯和狄奥作品中的某些段落存在对应关系。

3　*Hist.* 2.101.1.

4　15.53.3 f.

5　13.31.1，参见*NH* 16.200。

6　如15.6.1（关于波佩娅的毒杀）或14.51.1中的"许多人（plures）"（关于布鲁斯的毒杀）。

7　F. Münzer, o.c. 122 ff. 参见原书第60页。间隔时间段可能在公元52—55年。

8　阿格里皮娜在公元59年遭遇的祸事可能断送了他担任行省督办的希望。

余时期，专心于学术研究：并无证据表明他当时已开始创作其《历史》，而且《自然史》中也没有记载他同罗马城内身居高位的朋友们之间的任何逸事或他年少时在卡里古拉治下的社交生活。

出版于公元77年的那部百科全书式的著作将老普林尼的《历史》称为一部业已完成的著作。[1] 因此，它肯定是在公元70—76年间完成的——老普林尼当时又离开了罗马，过着人选更迭频繁的行省督办生活。[2] 此外，《历史》直到作者去世（公元79年8月24日）一段时间后方才问世。研究者们并非总能考虑到这些事实。它们具有两方面的参考意义。首先，老普林尼在写作时可能无法利用克鲁维乌斯和费边的著作。其次，由于这部作品只能在尼禄去世12年后出版，它不可能对其他作家或那个时代的观念产生多大影响。关于尼禄的历史叙述传统早已定型了。

在驳斥拔高老普林尼地位以及针对他提出的无根据假说方面，我们要说的就这么多。关于费边·鲁斯提库斯写作时间的上限与下限（以及他的史著记载到何时为止），我们还无法给出准确的答案。费边有一处文字是描述不列颠的地理的。这段文采胜过准确性的文字所描述的不列颠岛形状被阿古利可拉舰队在公元84年的航行所否定[3]；有人据此认为（但并不一定可靠）他的作品肯定是在那一年之前完成的。[4] 然而，费边在图密善统治末年已经成为一位大名鼎鼎的史学家。[5] 最后，一个名叫费边·鲁斯提库斯的人同塔西佗、普林尼和其他人物一道出现在了公元108年夏起草的一份遗嘱的继承人名单中。[6] 那

1　*NH, praef.* 20.
2　见原书第61页。
3　*Agr.* 10.3: "formam totius Britanniae Livius veterum, Fabius Rusticus recentium eloquentissimi auctores oblongae scapulae vel bipenni adsimulavere（从前的李维和晚近的费边·鲁斯提库斯，这两位最渊博的作家将不列颠岛的整体形状比作拉长的肩胛骨或双刃斧）"，等等。
4　E. Groag, *Jahrbücher für cl. Philologie*, Supp.-Band XXXII (1897), 789.
5　参见昆体良所提供的历史学家名单（Quintilian, 10.1.104），其中没有他的名字。
6　CIL VI, 10229, l. 24（卢奇乌斯·达苏米乌斯的遗嘱）. 通常认为其中提到的就是这位历史学家——但他有可能在《阿古利可拉传》出版之际已经去世。关于费边·鲁斯提库斯作为塔西佗《历史》史源的可能性，见第十六章。

或许是一位同小塞涅卡关系不错的年轻人，不久之前从西班牙的某个行省来到罗马——并且他的社会地位尚不足以显赫到遭受危险或流放。

克鲁维乌斯·鲁孚斯也存在着类似问题。他的史著的起点和终点都无法得到证实。有人甚至将这部作品的起点推迟到奥古斯都去世之后，将其终点延伸到尼禄倒台后，认为它涵盖了公元69年的内战。[1] 他的生活时代也无法确定。弗拉维乌斯·约瑟福斯在叙述针对卡里古拉的阴谋时提及了"前执政官克鲁维乌斯"。[2] 如果约瑟福斯的记载准确不谬的话，那么克鲁维乌斯肯定是在公元39或40年享受束棒护身的荣耀的（因为我们掌握了之前数年内的执政官名单）。因此，当尼禄在希腊之行期间安排他担任使节与报幕员时，当伽尔巴任命他担任近西班牙行省总督时，他肯定还正当盛年——事实上，他并非不可能是伽尔巴的同代人。[3] 但同担任总督相比起来，做报幕员似乎不太适合一位年长者。约瑟福斯可能犯了错误，误记了克鲁维乌斯担任执政官的年代。[4]

当老普林尼在尼禄统治末年远离政治旋涡的中心时，费边·鲁斯提库斯也失去了有用信息的来源，因为他的庇护人于公元62年失宠，随后去世。老普林尼是一名骑士，费边也不太可能是元老。当《编年史》讨论其史料来源时，塔西佗从未批评或反对过克鲁维乌斯。塔西佗在《历史》中则向那位雄辩的政治家表示了尊重——他获得了巨大影响力，却不曾伤害过任何人；他凭借纵横捭阖赢得了连续几位元首的信任，经历了历次内战却没有留下污点。[5]

弗拉维乌斯·约瑟福斯声称，许多历史学家记述过尼禄的统治，其中一

1　如 M. P. Charlesworth in *CAH* X (1934), 867。诺登认为克鲁维乌斯是约瑟福斯记载公元19年罗马城内犹太人丑闻的史料来源（E. Norden, *Neue Jahrbücher* XXXI [1913], 641）。关于其作品记述年代下限的争议，见附录29。

2　*AJ* 19.91: "Οὐατίνιός τις τῶν συγκλητικῶν ἀνὴρ ἐστρατηγηκὼς ἤρετο Κλούιον παρακαθεζόμενον αὐτῷ καὶ τοῦτον ὑπατικόν（某位曾指挥过军队的元老乌亚提诺斯向他身旁的前执政官克鲁维乌斯询问）."

3　由于自己的父亲没有当过执政官，克鲁维乌斯是不大可能在40岁以前就担任执政官的。

4　倘若如此的话，克鲁维乌斯是克劳狄乌斯时代或尼禄统治前期的执政官。关于他的身份同约瑟福斯作品所提及人物（现存手稿中书写的是κλούτιον）关系的疑点，参见 E. Groag, *PIR*[2], c 1202; 1206。

5　*Hist.* 4.43.1，参见原书第178页。

些褒扬过度，另一些则过分贬抑了他。[1] 塔西佗根本不屑于引述前一类史家；而在后一类中，克鲁维乌斯可能是最理智和有节制的一位。塔西佗也使用了老普林尼和费边的材料。我们不难发现他选择史源的理由：上述3人在年龄、出身、地位、品味和阅历等方面差异巨大，往往可以提供互补性的材料。而三者记述内容的吻合则可以确保其真实性——尤其是在各位作家的写作彼此独立，不存在相互借鉴的情况下。至少老普林尼很难获得克鲁维乌斯和费边的著作——费边本人是记载小塞涅卡部分的首要史料来源；前执政官克鲁维乌斯·鲁弗斯则掌握着质量高于其他两位的材料。[2]

塔西佗可以根据私交或回忆来评价这些作家的著作质量，并容忍他们的缺陷或遗漏。他在这里无须像在前6卷中那样下足文献研究的功夫——那种努力所获得的回报会少得多。随着元首和官僚机构的权力稳步地、平行地侵入"共和国"的领地，元老院辩论的重要性和元老院草案的价值都在不断萎缩。尽管如此，塔西佗并未忽视它们。[3] 在记述克劳狄乌斯一朝史事时，他对档案材料的运用体现在两个方面。

首先是元首的演说。塔西佗直接引用了克劳狄乌斯的一篇关于接纳高卢三行省的名流进入元老院的演讲。[4] 他以摘要的形式记录了元首的3篇演说[5]；此外还有一些简短的摘要。[6] 那还不是全部。塔西佗还对克劳狄乌斯的部分举

---

[1] AJ 20.154: "πολλοὶ γὰρ τὴν περὶ Νέρωνα συντετάχασιν ἱστορίαν, ὧν οἱ μὲν διὰ χάριν εὖ πεπονθότες ὑπ' αὐτοῦ τῆς ἀληθείας ἠμέλησαν, οἱ δὲ διὰ μῖσος καὶ τὴν πρὸς αὐτὸν ἀπέχθειαν οὕτως ἀναιδῶς ἐνεπαρῴνησαν τοῖς ψεύσμασιν, ὡς ἀξίους αὐτοὺς εἶναι καταγνώσεως（许多历史学家已撰述过尼禄时代的历史。其中一些因受惠于他而无视事实；另一些人则出于仇恨和对他的敌意而无耻地编造谎言，以便对尼禄进行抨击）."

[2] 参见塞尔维利乌斯·诺尼亚努斯攻击奥菲狄乌斯·巴苏斯的例子（原书第276页）。跟奥菲狄乌斯一样，老普林尼的作品质量往往也会被严重高估。

[3] 参见 Th. Grigull, *De auctoribus a Tacito inenarranda Divi Claudii vita adhibitis* (Diss. Münster, 1907), 21 ff. 其中利用并拓展了他的研究成果。具体细节见附录40。

[4] 11.24，参见 *ILS* 212（卢戈杜努姆）。

[5] 11.24（关于脏卜者）；12.11（帕图亚）；61（科斯岛）。

[6] 如11.25.3和12.52.3（不称职的元老们）；12.22.2（洛里娅·波琳娜）；52.1 f.（阿伦提乌斯·卡米卢斯之子）；53.3（帕拉斯）。

措及在位期间的某些事件进行了博古学者式的摘录。[1]那些材料的来源是一望即知的。[2]由此看来,塔西佗的若干短篇解释性文字也是来自克劳狄乌斯本人的。[3]此外,恰当的文本分析也可以帮助研究者发现若干篇克劳狄乌斯专题演说的蛛丝马迹。[4]

在塔西佗眼中,关于高卢精英们的演说具有最高的价值和魅力。其他演说可以被用来填补、丰富《编年史》的叙述体系。这些演说最重要的价值在于不动声色(并非不含恶意)地展示元首克劳狄乌斯的性格——爱卖弄学问、好摆家长架子、自命不凡(虽然说不上自吹自擂)、行为乖张。官方的叙述版本并不总是诚实的。塔西佗会注意指出,克劳狄乌斯省略了一些相关事实。[5]

其次是关于元老院事务的各种信息。[6]这些信息同来自元首演说的摘要或其他材料互补、对照,形成了几条绵延不断的叙事线索。第11卷中克劳狄乌斯担任监察官期间最后颁布的几条法令就是这样的例子。[7]记述完这些内容后,历史学家塔西佗开始记述一个全新的、性质截然相反的事件——瓦勒里娅·麦萨利娜的倒台。卷12中关于5个无事可记年头(公元49—53年)的罗马城编年史主要就是以这种方式编织起来的,并为了凑够篇幅而添加了关于不列颠和东方事务的3篇长文叙述。[8]塔西佗勤勉而充分地利用了元首克劳狄乌斯的演说和元老院草案。《编年史》这一部分里能够留给老普林尼和其他

---

[1] 11.14 (字母表); 22 (财务官职位); 12.23.2-24 (神圣疆界问题 [*pomerium*]); 60 (骑士阶层 [*equester ordo*])。

[2] 见附录40。

[3] 如11.25.2 (老牌贵族)。

[4] 关于博斯普鲁斯的米特拉达梯 (Mithridates of Bosporus) (12.20); 关于过继尼禄 (25, 来自帕拉斯的演说)——或许还有关于谷物供应的情况 (43.2)。

[5] 12.11.1: "omissa Tiberii memoria, quamquam is quoque miserat (他省略了对提比略统治时代的追忆,尽管后者也派遣过那样的人)"; 22.2 (关于洛里娅·波琳娜): "nam de C. Caesaris nuptiis consulto reticebat (她同卡里古拉的婚姻被隐瞒了)。"

[6] 如12.22 f.; 52 f.。

[7] 11.22-25。

[8] 12.10-21; 31-40; 44-51。

作家的篇幅已经不多了。[1]

即便在关于尼禄统治时期的记述里，我们也能发现元老院草案的踪迹——十余件杂七杂八的事项充实着对无事可记的公元57年的记载。[2]哪怕仅仅是为了以传统方式结束每一年的记载，元老院草案仍然是有用的。[3]它们也可以提供其他史源遗漏的有趣细节或重要名字——某个历史人物的偶然介入、某个重大决策的支持者或一系列颁赐荣誉的法令。[4]在关于屋大维娅遇刺情节的后记里，历史学家塔西佗宣称自己不会忽略元老院关于人物褒贬的任何裁定。[5]

我们有理由推测，塔西佗在《编年史》第7—18卷中使用过若干辅助性史料。一位曾参阅过阿格里皮娜回忆录的史家当然不会放弃来自元首克劳狄乌斯自传的知识与乐趣。[6]他可能还参考过这位博学、多产作家的其他作品，如他关于字母表的论文。[7]塔西佗无疑还读过尼禄的诗篇。[8]他会参阅各种演说词和小册子，如小塞涅卡的《论仁慈》——或法布里奇乌斯·维恩托的诽谤作品：世人起初曾因为这些作品遭禁而热心收集，但它们很快就因为被解禁而失去了吸引力。[9]此外，塔西佗还可以引用刻写在公共场所的铭文。[10]

---

1 由此可见，对塔西佗《编年史》记述克劳狄乌斯统治时期各卷的"史源探究（Quellenforschung）"中有很多走错了方向。
2 13.31-33.
3 对尼禄时代每一年的记载都是这样收尾的（其中3年以讣告做结，两年则以"神兆［prodigia］"收尾）。但作者对这些材料的编排并不总是足够理想，参见附录60。
4 13.33.3（埃普里乌斯·马塞卢斯受审）；49（特拉西亚·佩图斯）；14.19（多米提乌斯·阿费尔和塞尔维利乌斯·诺尼亚努斯之死）；15.74（粉碎披索阴谋后的谢恩活动和赞助人之一阿尼奇乌斯·克瑞亚利斯［Anicius Cerialis］）——更不消说15.71中多达24个名字的列表。
5 14.64.3.
6 Suetonius, *Divus Claudius* 41.3: "composuit et *De vita sua* octo volumina, magis inepte quam ineleganter（他写了一部长达8卷的《自传》，不仅文采平平，其品味更是令人不敢恭维）." 关于作为作家的克劳狄乌斯，参见A. Momigliano, *Claudius: the Emperor and his Achievement* (1934), 6 ff.。
7 ib. 有人认为它（而非元老院草案）才是 *Ann.* 11.14的史料来源——但紧承其后的内容便是元老院内一次演说的内容摘要（关于脏卜者）。
8 14.16.1: "quod species ipsa carminum docet, non impetu et instinctu nec ore uno fluens（他也按照这一方法去创作诗歌，结果写出来的作品缺乏力度、灵感和统一风格）."
9 14.50.2. 或许还有诗人卢坎所创作的、关于屋大维·萨吉塔（Octavius Sagitta）罪行的两篇演说词（Suetonius, ed. Reifferscheid [1860], 78 f.）。塔西佗详细记述了这一著名案件（*causa célèbre*）（13.44）。出于种种原因，我们不能对披索与屋大维的颂词做字面上的理解。
10 11.14.3（克劳狄乌斯设计的字母表）；12.24.2（神圣疆界的界石）.

在记述对外战争时，塔西佗可以利用一些质量较好的作品。首先是老普林尼的《日耳曼战纪》，这部作品可能一直记述到公元47年。《编年史》(尤其是卷14末)记述较为详细的莱茵河流域后续军事行动可能部分取材于老普林尼后来撰写的那部作品。[1] 其次是3位将领的军事报告。苏维托尼乌斯·保利努斯记述了自己在毛里塔尼亚指挥的战役：罗马军队首次翻越阿特拉斯山(Mount Atlas)，向南前进了很长一段距离[2]；他或许还提供了关于不列颠的若干信息。[3] 多米提乌斯·科布罗提供了关于亚美尼亚地理的最新材料，被老普林尼应用于其百科全书式著作。[4] 塔西佗在记述一场战役时明确引用了他的作品。[5] 科布罗的作品似乎不仅仅是公文报告，而是采用了更为复杂的备忘录形式。[6]《编年史》对科布罗的角色定位和记载方式使得他有别于其他将领(如奥斯托里乌斯·斯卡普拉[Ostorius Scapula]和苏维托尼乌斯·保利努斯)：关于他们的记载不过是普通的军事行动描述而已，材料来源于元老院草案中的报道。我们无法否认《编年史》对科布罗作品的直接引用。[7] 当时可能还流传着一部对死者的颂词或歌功颂德的传记作品。[8] 此外，科布罗的一些副将也提笔写作过——其中不只有李锡尼乌斯·穆奇亚努斯(他记载了一些自然

1　13.53-57. 但即便在这里，我们也不应忽视元老院草案的用处与功能：见紧承一次元老院审讯的53.1，以及这段文本通过"凯旋将军待遇"同元老院事务建立的联系。
2　Pliny, *NH* 5.14.
3　关于布狄卡起义的叙述，见原书第395页和附录69。
4　*NH* 2.180; 5.83; 6.23，参见40。
5　15.16.1.
6　H. Peter, *HRR* II (1906), cxxxii ff.
7　莫米利亚诺认为，塔西佗通过老普林尼的《历史》获得了关于科布罗的材料(Momigliano, *Rendiconti della R. Accademia dei Lincei*[6] VIII [1932], 334)。狄奥记载的史料源头(最初的)同塔西佗一致，参见他对公元61年军事行动的叙述(62.21)。但那并不足以否定塔西佗曾引用过科布罗的记述或元老院草案(就这个例子而言)。塔西佗不仅引述了科布罗的说法，还对他进行了批评(15.16.1)。值得注意的还有塔西佗笔下公元58年的一场战役：作者的记述以元老院投票通过举行胜利庆典告终，并记录了盖约·卡西乌斯的评价，接下来他又交代了元老院的其他事务。
8　D. T. Schoonover, *A Study of Cn. Domitius Corbulo as found in the "Annals" of Tacitus* (Diss. Chicago, 1909), 52.

奇观)[1]，还有马略·塞尔苏斯[2]。最后还有韦伯芗关于犹太战争的军事备忘录。[3]

传记或家谱可以进一步丰富第7—18卷的史源目录。老普林尼在谈论庞普尼乌斯·塞昆杜斯时无疑揭露了卡里古拉治下罗马文坛、社交界的一些有趣逸事。[4]其中最重要的是诸元首反对者们的回忆录。曾写过小伽图传记[5]的特拉西亚·佩图斯可能在自己家族的历史中找到了一个适宜题材——他的岳父凯奇纳·佩图斯受到了阿伦提乌斯·卡米卢斯大逆罪的牵连，在英勇的阿里娅（Arria）的勉励与示范下决定自杀。[6]特拉西亚自己也受到了纪念。《编年史》详细记载了特拉西亚跟朋友们的讨论：他是应该前往元老院挺身面对告密者，还是应该留在家里呢？他的朋友中包括年轻的尤尼乌斯·鲁斯提库斯：后者当时担任着平民保民官，大胆提出要行使自己的否决权。但特拉西亚拦阻了他，指出那将是徒劳的。[7]对这一情节的记载或许正是塔西佗暗示其史料来源的方式，因为鲁斯提库斯后来为特拉西亚写了一部传记，并为此而招来了杀身之祸。[8]

---

1 老普林尼在列举关于幼发拉底河的材料来源时提到了穆奇亚努斯（*NH* 5.83），并且他或许也在错误记载卡斯皮亚隘口（the Caspian Gates）的作家之列——"以及那些跟科布罗一道记述亚美尼亚晚近历史的人（etiam qui in Armenia res proxume cum Corbulone gessere）"（6.40）。
2 一则晚出史料引用了"罗马战术家塞尔苏斯（Κέλσος ὁ Ῥωμαῖος τακτικός）"对帕提亚人的记载，其中提到了科布罗（Lydus, *De mag.* 3.33）。关于公元63年科布罗麾下第15军团"阿波罗"（XV Apollinaris）的副将（*Ann.* 15.25.3）——公元69年递补执政官马略·塞尔苏斯，见附录32。此人可能写过一篇叙述性的历史作品。
3 见原书第178页。
4 参见 *NH* 14.56，他谈论的是后来被自己的外甥进行了编目的传记（*Epp.* 3.5.3）。塔西佗（12.27 f.）记述了庞普尼乌斯对查提人发动的战役。毫无疑问，老普林尼曾在此人麾下服役。同样值得注意的是，塔西佗还能报道成事不足、败事有余的庞普尼乌斯兄弟抛出的借口（6.18.1）；他应该还认识那位诗人的母亲维斯提莉娅（Vistilia）（*NH* 7.39）。关于庞普尼乌斯的更多情况，见C. Cichorius, *Römische Studien* (1922), 423 ff.; W. Otto, *Philologus* XC (1935), 483 ff.。
5 Plutarch, *Cato minor* 25; 36.
6 Pliny, *Epp.* 3.16.6 ff.
7 16.25 f.
8 *Agr.* 2.1. 鲁斯提库斯也许手头拥有特拉西亚为自己推行的政策辩护的回忆录，参见塔西佗借特拉西亚之口所讲的"在朋友们敦促下为自己辩护（rationem poscentibus amicis）"（13.49.4）。事实上，赫雷尼乌斯·塞内奇奥就在为赫尔维狄乌斯·普利斯库斯撰写传记时利用过后者的遗孀向自己提供的传主备忘录（Pliny, *Epp.* 7.19.5）。

我们在第13—16卷的其他段落里也能找到使用类似材料的证据。[1]塔西佗详细记载了鲁贝利乌斯·普劳图斯（Rubellius Plautus）被杀的经过（他当时被流放在亚细亚行省），并记录了他的岳父卢奇乌斯·安提斯提乌斯·维图斯（L. Antistius Vetus）一封信件的大意。[2]他还介绍了关于那封信要旨的另一种看法。[3]此外还有维图斯本人之死。[4]同样，另一种史料也会通过姓氏之间的联系暴露蛛丝马迹。一个名叫安提斯提乌斯·索希亚努斯（Antistius Sosianus）的人记载了奥斯托里乌斯·斯卡普拉之死。[5]史学家塔西佗在前文中反复称他为"安提斯提乌斯"。[6]

这种记述名人之死的体裁当时已经流行开来。并非所有尝试这类著作的作家都是那些事件的亲历者。罗马骑士们汇编过关于名人去世经过的记载[7]：我们不妨冒险猜测一下前执政官塔西佗对其作品的看法。除文献史料外，我们还必须考虑到并评价塔西佗在尼禄统治后期的亲身见闻。

我们没有理由认为，科奈里乌斯·塔西佗仅仅选择了一位作家，在其作品基础上进行改写和添油加醋，几乎不顾及不同记载，且完全不查阅档案材料。整部《编年史》贯穿着宏伟的风格和强大的说服力。一位长期沉浸于其主题的学者有时不免会对自己通过诚实、勤勉的工作所取得的成果信心满满。[8]塔西佗所表达的自信则还要强烈得多——这位集社会地位、话语分量与成熟思想于一身的权威以前执政官的身份发表着对各种人事的定论，那是不

---

1 参见F. A. Marx, *Philologus* XCII (1937), 83 ff.，特别是89 ff.。
2 14.58.4.
3 59.1.
4 16.10 f.
5 14.1.
6 13.28.1 (2次); 14.48 f. (4次)。
7 盖约·法尼乌斯（C. Fannius）和提提尼乌斯·卡庇托（Titinius Capito）（见原书第92页）。根据尼禄治下的牺牲品（16.9）、卢奇乌斯·希拉努斯（L. Silanus）的回忆（Pliny, *Epp.* 1.17.1），后者曾建有一座雕像。
8 6.7.5（见前引文，原书第283页）. 其中撒路斯特式的语言风格包含了庄严的强调意味。参见塔西佗在宣称其史学方法时使用的罕见动词"我优先选择（antehabeo）"（4.11.3）。除1.58.3外，这个字眼从未在现存古典拉丁语文献的任何部分出现过（参见*TLL*）。

容置疑和变更的。

在获取信息,尤其是史学记述的指导方面,塔西佗拥有丰富的材料可资利用。同样重要的还有统治阶级内部的一整套叙述传统——它的诞生跟塔西佗之间只隔了一代人光景,会在后者叙述到相关事件时突然闪现。生于尼禄统治初年、在韦伯芗治下学习如何从政的塔西佗能够接触到少数(但已足够)从提比略时代起就已经进入元老院的人物。并且那位雄辩术的学徒也一定会牢记关于早年伟大演说家们的一切——不仅是他们留下的纪念物和演说范本,还有最早让某位律师声名狼藉的举动,演说家政治生涯的兴衰浮沉,以及同历史人物联系在一起的或简洁或诙谐的"评价(dicta)"。

年长的元老们会向他讲述关于格涅乌斯·披索判决案的一些事情。他们不止一次看见过手持文件的披索——倘若他敢将之公布于众的话,那份文件可以洗清他在元首日耳曼尼库斯事件上的所有罪名(并将责任归咎于元首)。[1] 他还可以报道一则细节趣闻,后者最初来自陪伴元首提比略居住在卡普里埃岛的人物之口。精通各门法律知识、身为元首亲密朋友的科切乌斯·涅尔瓦决定结束自己的生命。他下定了决心,在劝说面前不为所动。他的动机是什么呢?塔西佗可以提供解释。他引述了那些了解当时涅尔瓦想法的人们的解释:那是出于义愤和悲观的预感。[2]

各个时代的罗马贵族都会赞美本阶层成员的长命百岁,在他们与世长辞时予以纪念(或至少是口头赞美)。一些寿星目睹过连续几个时代。大祭司长卢奇乌斯·披索在凯撒与庞培斗争的时代来到人世,一直活到了提比略统治后期。[3] 而那位元首本人也是一块活化石(他生于腓力比战役之年);而只

---

[1] 3.16.1. 他们是"一直活到我青年时代的人(qui nostram ad iuventam duraverunt)"。
[2] 6.26.2: "ferebant gnari cogitationum eius, quanto propius mala rei publicae viseret, ira et metu, dum integer, dum intemptatus, honestum finem voluisse(那些了解其想法的人声称,在目睹了国家最近的不幸之后,他出于义愤和恐惧,趁着自己名节未失且未被针对,决定选择一种高贵的死亡方式)。" 但我们还应牢记,这些历史学家中的一位至少曾有一次去过卡普里埃岛(Suetonius, Tib. 61.6),那当然就是塞尔维利乌斯·诺尼亚努斯(见原书第277页)。
[3] 6.10.3.

比元首提比略年轻4岁的卢奇乌斯·沃鲁修斯（L. Volusius）则活着目睹了尼禄当上元首，以93岁的高龄卒于自己的儿子享受束棒护身荣耀的那一年。[1] 提比略时代的一位执政官一直活到了韦伯芗统治时期，那是法学家卡西乌斯·隆吉努斯。[2] 日耳曼尼库斯仇敌之子卢奇乌斯·披索甚至活得更久。[3] 塔西佗可能听到过关于这些人物的赞美——并且塔西佗也在自己担任执政官期间主持过维吉尼乌斯·鲁弗斯的葬礼：那是一位出生于元首奥古斯都统治末年的元老。[4]

妇女们同样具备受赞美的资格。玛库斯·布鲁图斯的妹妹一直活到了公元22年。[5] 忠诚、高贵的奥鲁斯·普劳提乌斯遗孀活到了丈夫入侵不列颠40年后。[6] 到了图拉真统治中期，罗马社交界目睹了一位有权有势的、明目张胆地沉溺于旧时代享乐活动的贵妇与世长辞：她痴迷于骰子游戏和哑剧，但不让自己的孙子染上此类癖好。[7] 她是乌米狄娅·夸德拉提拉（Ummidia Quadratilla）：她的父亲于公元14年进入元老院。[8] 此外还有多米提娅·隆吉娜，即科布罗的女儿和元首遗孀，她一直活到了哈德良统治时期，在年事已高的情况下仍然保持着谦虚和缄默。[9]

当塔西佗撰写《编年史》之际，他还来得及咨询在尼禄统治后期生活过

---

[1] 13.30.2，参见Pliny, *NH* 7.62; 11.223。他本人是公元3年的递补执政官；他的儿子于公元56年当上了名年执政官。

[2] *Dig.* 1.2.2.52。他曾在公元30年出任过递补执政官。塔西佗对此人颇为关注。

[3] Pliny, *Epp.* 3.7.12，参见*PIR*², C 293。他是公元27年的执政官。

[4] *Epp.* 2.1。

[5] 3.76。

[6] 13.32.3（庞普尼娅·格雷奇娜［Pomponia Graecia］，公元57年对"异邦事物的迷信［superstitionis externae rea］"）。

[7] *Epp.* 7.24.1 ff. 她的孙子盖约·乌米狄乌斯·夸德拉图斯（C. Ummidius Quadratus）是公元118年的递补执政官。

[8] *ILS* 972（盖约·乌米狄乌斯·夸德拉图斯，公元40年前后递补执政官，公元51—60年的叙利亚副将）。

[9] 她的长寿得到了砖瓦上铭文的证实，见*CIL* XV, 553, 等等（公元123年）; 554（公元126年）; 552（约公元129年，"塞维罗和阿里安任执政官之年［Severo et Arrian, cos.］"）。关于他的性格，见Suetonius, *Divus Titus* 10（相关讨论见附录76）。

的见证人。他也能利用费边·鲁斯提库斯的叙述，此人曾在许多人被杀或遭贬谪之际身临险境。他很可能还会在此人的庇护者小塞涅卡带着致命的委任令前来的时候与之共进晚餐。[1] 塔西佗还能用别的办法补充费边的作品。他参考了一些因同披索串通而遭流放的人物的证词，他的用语表明那些人当时还在世。[2]

死者也不会被他们的朋友或家人忘却。塔西佗掌握着关于罗马城要塞军官的优质信息，尤其是一位重要人物——禁卫军军官苏布里乌斯·弗拉乌斯（Subrius Flavus）。他所讲述的部分内容仅仅被谨慎地视为一种说法——苏布里乌斯在前一年里计划刺杀尼禄，在后者登台表演之际或乘着大火造成的混乱[3]；并且苏布里乌斯计划刺杀的不仅仅是尼禄，还有披索：因为两人都会登台表演。[4] 然而，当那位军官被逮捕并遭到审讯时，他大胆地承认了自己的罪行，当着尼禄的面表达了对暴君的憎恶。此时，塔西佗引述了他的原话——那不大可能是尽人皆知的。[5] 他也没有省略对处决苏布里乌斯情节的记载，以及那位勇士后来讲过的话。[6]

考虑到塔西佗的出生年代，这位《编年史》的作者不用耗费多大气力就能把握尼禄时代罗马城的氛围；而少年时代听说的故事又可以让他进一步上溯到提比略时代。辨别《编年史》中有多少内容来自记忆与口传材料绝非易事，并且也没有多少人进行过那样的尝试。个别学者提出，我们或许能够从塔西佗对斯克里波尼乌斯·利波"阴谋"的记载中看到他有意呈现的、家史

1　15.60.4（小塞涅卡、他的妻子和两位朋友）；61.3（他在介绍那位军官行动中的一处细节时引用了费边·鲁斯提库斯的作品）。

2　73.2.

3　50.4.

4　65（其中介绍了关于苏布里乌斯的记载，但塔西佗并不能确保其可靠性）。相反的例子见58.4，苏布里乌斯准备拔剑砍杀尼禄的记载被视为史实。

5　67.3: "ipsa rettuli verba, quia non, ut Senecae, vulgata erant, nec minus nosci decebat militaris viri sensus incomptos et validos（我逐字逐句地记录了他的说法。因为与小塞涅卡的情况不同的是，他的言辞并非尽人皆知。但这位语言朴实、饱含感情的军人的话并非不值得一听）。"

6　ib. 4.

版本同官方说法之间存在的差异。[1] 这种说法不大可信。[2] 但流行于历史学家塔西佗生活时代的、关于毒杀王子德鲁苏斯的可怕传说则确实有可能来自某个贵族集团的叙述版本。[3]

我们面对着一条引人入胜的研究路径。塔西佗之所以提及某些人物,并不是因为他们当时说过或做了什么,而是由于他们在日后历史上的突出地位。因此,伪造遗嘱者中的安东尼·普瑞姆斯和一部诽谤性小册子的作者法布里奇乌斯·维恩托才得到了他的重视。[4] 他的一份素描展示了元老院辩论中的奥鲁斯·维特利乌斯,此人站在多数派的立场上口若悬河、得意扬扬、咄咄逼人,但一遇到反诘就噤若寒蝉。[5] 韦伯芗在尼禄组织的娱乐活动中呼呼大睡[6];一条不附加任何评论的陈述记载了公元65年递补大法官科切乌斯·涅尔瓦获得的军功荣誉。[7]

我们可以借助同样的方式去猜测塔西佗的个人偏好与亲身见闻。塔西佗对不列颠的行省总督们很感兴趣。[8] 对某位朋友或同龄人的亲戚们也同样有兴趣。公元66年,3个人卷入了一场政治案件,其终审判决中涉及乱伦与滥用法术的罪名。[9] 他们向元首请罪,从而避免了被直接定罪——以及任何追加处罚,因为他们毕竟不是什么重要人物。其中之一恰巧是小普林尼的祖父——他40年后仍在人世。[10]

1　F. B. Marsh, *Class. Phil.* XXI (1926), 291 ff.

2　见原书第400页。

3　4.10.1. 阿西尼乌斯家族可能是让这个故事广为流传的原因,因为阿西尼乌斯·伽鲁斯(他娶了同提比略离婚后的维普萨尼娅)的儿子们是德鲁苏斯的同母异父兄弟。

4　14.40.2; 50.

5　49.1.

6　16.5.3.

7　15.72.1.

8　他的兴趣范围自然也包括他们的家族成员,如奥鲁斯·普劳提乌斯(A. Plautius)的妻子(13.32.2)、奥斯托里乌斯·斯卡普拉(Ostorius Scapula)的儿子(12.31.4; 14.48.1; 16.14 f.)和昆图斯·维拉尼乌斯(Q. Veranius)的父亲(2.56.4,等等)。

9　16.8.3(对卢奇乌斯·希拉努斯的审判,后者被指控同自己的姑母——盖约·卡西乌斯·隆吉努斯的妻子——乱伦)。

10　即骑士卢奇乌斯·卡尔普尼乌斯·法哈图斯(L. Calpurnius Fahatus)(*PIR*[2], C 263)。

其他零散的、无法确定身份的小人物也会通过自身的姓名留下线索，那是生活在同时代的人不会弄错的。如果说他对其中若干人名的记述只是为了原原本本地引用档案材料的话，那么其他一些提及则似乎是有意为之，是为了介绍塔西佗元老院里朋友或冤家们的祖先。因此《编年史》才记载了下面这些事件：一位生活年代较早的尤尼乌斯·鲁斯提库斯因举止邪恶或愚蠢而被定罪[1]；凯皮奥·克里斯皮努斯（Caepio Crispinus）成了所有"告密者"的先驱[2]；塞亚努斯的一名党羽、曾在罗德岛和卡普里埃岛陪伴过元首提比略的骑士尤利乌斯·玛里努斯得享善终[3]；昆图斯·塞尔万乌斯（Q. Servaeus，同样是塞亚努斯的朋友，但罪过不算大）在遭到审讯和定罪后变成了一名告密者。[4] 尤其醒目的是塔西佗同时代前执政官们的祖先，《编年史》中提及他们或许是为了赞美或出于友情，但在更多情况下则不加评论，如跟铸造假币者勾结的贵族阿西尼乌斯·马塞卢斯——他原本是个值得尊敬的人物，可惜他认为万恶穷为首。[5]

作为伟大的阿西尼乌斯·波利奥的后人，阿西尼乌斯家族的全体成员都会得到塔西佗的关注。[6] 他也对沃鲁修斯家族（Volusii）表现出了一定兴趣，

1　5.4.1: "is fatali quodam motu (neque enim ante specimen constantiae dederat) seu prava sollertia（在某种致命的冲动［因为此人之前从未展示出过这样的勇敢］或不合时宜的敏感驱使下）"，等等。
2　1.74.1，参见他的后人（见原书第326页）。
3　6.10.2: "quo laetius acceptum sua exempla in consultores recidisse（当告密者遭受了跟之前的受害者们相同的命运时，那当然是更为大快人心的）."卢奇乌斯·尤利乌斯·玛里努斯（L. Julius Marinus）或许有位先人（ILS 1026）曾担任过公元87年前后的大法官，并同卢奇乌斯·阿伦提乌斯·斯泰拉一道出任了递补执政官（ILS 6106），可能是在公元101年，参见附录18。
4　6.7.2. 注意昆图斯·塞尔万乌斯·因诺森斯（Q. Servaeus Innocens，公元101年递补执政官）。
5　14.40.2: "Marcellus Asinio Pollione proavo clarus neque morum spernendus habebatur, nisi quod paupertatem praecipuum malorum credebat（马塞卢斯拥有高贵的出身，是阿西尼乌斯·波利奥的曾孙；他原本是个在品行方面不那么令人生厌的人，若不是他确信贫困是一种极其严重的罪恶的话）."
6　因此，他记述了萨洛尼努斯（Saloninus）的去世（否则我们便无从断定此人是阿西尼乌斯·伽鲁斯的儿子）。这个人跟日耳曼尼库斯的一个女儿订了婚，他自己还是提比略之子同母异父的兄弟（3.75.1）。此外还有他以赞赏口吻提到的（玛库斯·）阿西尼乌斯·阿格里帕（[M.] Asinius Agrippa），尽管除此之外我们只知道此人当上了公元25年的年名执政官。关于他的家族谱系，参见 J. H. Oliver, AJP LXVIII (1947), 147 ff.。在与历史学家塔西佗同时代的阿西尼乌斯家族执政官级别人物中，特别注意的有昆图斯·阿西尼乌斯·马塞卢斯（其生年不详，参见附录10）和玛库斯·阿西尼乌斯·马塞卢斯（公元104年执政官）。

无论是相关的隐秘事实还是尽人皆知的怪癖。那个在奥古斯都时代就首次获得执政官头衔的家族并不仅仅因历史悠久而闻名于世。其成员们用光明正大的手段积累了财富，并通过诸元首的庇护而平步青云。[1] 当塔西佗虚构元首尼禄的演讲，来回应小塞涅卡一篇未公开发表的文章时，他引述了一个关于家财万贯的例子，同时提及的名字就是沃鲁修斯。[2] 在塔西佗生活的时代，与他年龄相仿的有两位沃鲁修斯（公元87年和92年的名年执政官）。两位应该都是与世无争的人物，折磨他们的并非暴君，而是他们年逾九旬的祖父。

历史学家塔西佗还掌握了关于一位奥斯托里乌斯·斯卡普拉的丰富信息。此人是统治不列颠的第二任副将之子，因在父亲指挥的战役中勇气可嘉而受到表彰。由于多种罪名（其中包括滥用占星术）的缘故，斯卡普拉被迫奉命（或不如说是他提前预料到了元首的命令）自杀。塔西佗详尽无余地、充满同情与义愤地记载了他自杀的经过。[3] 这位尼禄治下遇难者的儿子似乎是跟科奈里乌斯·塔西佗同年出任执政官的同僚。[4]

塔西佗的朋友们，或至少是知交们（总会间接提及自己的祖先），如某位沃鲁修斯、奥斯托里乌斯或那个时代的其他人物，会向塔西佗提供一些特殊信息——或许有时只是无心插柳柳成荫。[5] 但无论《编年史》参考史料的内容与价值如何，它最终呈现给我们的都是塔西佗关于其主题的知识与独立判断。

---

1 塔西佗提供了卢奇乌斯·沃鲁修斯·萨图尔尼努斯（L. Volusius Saturninus, 公元前12年递补执政官）及其子（与其同名，公元3年递补执政官）的讣告。前者是"第一个让本家族变得如此富有的人（opumque quis domus illa immensum viguit primus adcumulator）"（3.30.1）。塔西佗对后者的说法是："名满天下的卢奇乌斯·沃鲁修斯在享受了93岁的高寿后去世了，积累了可观财富，并赢得了元首们的友谊（L. Volusius egregia fama concessit, cui tres et nonaginta anni spatium vivendi praecipuaeque opes bonis artibus inoffensa tot imperatorum amicitia fuit）。"（13.30.1）他在去世时还担任着罗马市长（Pliny, NH 7.62）。塔西佗应该是在现已佚失的几卷里交代了他的这一职务和其他细节情况。

2 14.56.1: "quantum Volusio longa parsimonia quaesivit（沃鲁修斯长期节俭积累下来的财富）。"

3 16.14 ff.（玛库斯·奥斯托里乌斯·斯卡普拉, 公元59年递补执政官）。

4 推断自一位玛库斯·斯卡普拉担任过114/5年亚细亚行省总督的事实，参见附录10和R. Syme, JRS XLIII (1953), 153 f.。

5 关于跟塔西佗同时代人物的更多信息，见第六章、第三十五章与附录24。

第二十四章　塔西佗的写作技巧

这个主题十分庞杂——《编年史》中既有文学描述，又有档案材料；其中既有风格优雅的描写，又有一览无余的平铺直叙；一些内容是从三个世代前传抄下来的，另一些则是近期或塔西佗本人补充进去的。科奈里乌斯·塔西佗是如何对五花八门的材料进行整合与加工，从而塑造出自己的宏伟风格的呢？他最主要的手法是结构设计、文本摘录、现身评价和插入演说词。同样重要的还有省略——那是记述罗马帝国史的后继者们没有本领或勇气加以效仿的。

塔西佗《历史》的开篇展示了扎实、自信、成熟的写作技巧。《编年史》的开头在简洁、紧凑等方面做到了极致。这篇前言包括两部分：首先是对从王政时代到元首奥古斯都时期统治权力兴衰浮沉的概括，随后指出了历史写作的性质与作者本人的计划。[1]在《历史》中，塔西佗需要讲述自己的从政经历、自己同罗马统治者们的关系，也不可避免地要巧妙表达元老对涅尔瓦和图拉真的敬意——那位历史学家或许还很乐意有朝一日去赞美他们统治下的幸福时代。《编年史》中的评论则干脆剥离了叙述者，可恶的代词仅用于作者对本书主题的宣布："我的计划是先扼要介绍一下奥古斯都统治末期的情况，然后撰述提比略及其后继元首统治的历史。我在写作时会避免愤怒情绪

---

[1] 在印刷时，塔西佗文本的编订者们本应该把第1章分成2个段落，其中第2段以恰如其分的撒路斯特式"然而（sed）"开头。

和党派偏见的影响,因为我没有什么理由要那样做。"[1]

序言的内容就是这些。接下来便是关于奥古斯都崛起并掌权的导言。[2]在分析了他关于王朝继承的构想(其中散布着各种谣言和含沙射影)后,老元首咽下了最后一口气,元首提比略的统治(早已做好了必要铺垫)开始了,并恰如其分地以一场谋杀奠基。[3]随后是臣子们的效忠宣誓、元老院集会、葬礼和元老院的第二次集会。[4]塔西佗的叙事线索由此紧凑地展开,叙述场景也切换到了潘诺尼亚和莱茵河流域。[5]

对于一位历史学家而言,很有学问的一件事是如何把握自己需要在导言中交代多少内容,以便让主体叙事干净利落、自由自在地展开,无须添加额外的解释说明。卡西乌斯·狄奥处理得就很笨拙:除了葬礼演说词外,他还对整个仪式进行了一长串拖泥带水的叙述。他对去世的奥古斯都的评论冗长拖沓,并在开始记述新一朝史事时详细描述了提比略的性格,不久后(但仍在公元14年的条目下)又概述了新元首的治国方略。[6]

塔西佗的前期铺垫文字十分简省,甚至对于自己计划中的核心内容"简略地讲述奥古斯都时代,只交代其统治末年的时期(pauca de Augusto et extrema)"也惜墨如金。他希望快速写完已故的统治者,开启新篇章。同奥古斯都相关的必要信息可以留待后文再做交代。有多种记述方式可供塔西佗选择。塔西佗厌恶冠冕堂皇的颂词——在他笔下,"聪明人(prudentes)"在葬礼上的思考(或褒或贬)可以发挥更大的作用。[7]其他手法也可以帮助塔西佗将一些叙述延后。[8]他大胆地将帝国兵力的清单挪到了

---

[1] 1.1.3: "inde consilium mihi pauca de Augusto et extrema tradere, mox Tiberii principatum et cetera, sine ira et studio, quorum causas procul habeo."
[2] 2.
[3] 3–6.
[4] 7–15.
[5] 16 ff.
[6] 57.1 (提比略); 7–13 (他的统治).
[7] 1.9 f.
[8] 关于奥古斯都挑选继承人计划的插话(1.3),以及其中涉及的众多人物与事件,对于塔西佗而言

(转下页注)

第4卷里。[1] 我们还会在记载尼禄统治初年的文本中看到处理结构问题的类似出色技巧。如果参照《历史》开篇处展示的出色技巧的话，我们或许可以大胆对《编年史》末卷的内容提出猜测：西部诸行省起兵反对尼禄的事件可以使得塔西佗有机会概述行省、军队和将领们的情况。

编年史的体例看起来是一个主要障碍：它会破坏并打散真正的主题或事件本末顺序，而将彼此不相干的内容罗列在一起。这样的例子很多，其中一些令人震惊。[2] 塔西佗本人也反感这种拘束[3]，并举出了需要打破编年体例限制的理由（有些是主观上的，有些是出于实际操作考虑）。[4]

我们由此产生了一点疑问。传统的体例是材料汇编者们的福音——它可以节省深思熟虑、布局谋篇的气力。从好的方面看，它合乎年代的演进顺序，并避免了单一的、主导性的主题出现。并且编年体例也妨碍不了大胆的、善于随机应变的艺术家。[5] 至少在后12卷里，塔西佗摆脱了束缚，随心所欲地对各种事件进行了集中叙述。那么，编年体例到底在多大程度上拖累了塔西佗呢？有学者认为（并非毫无道理），前6卷的严整体例其实对于《编年史》的高超艺术成就贡献良多。[6]

（接上页注）

无疑是一个麻烦。那或许是不可避免的。但由于他执意要叙述关于元首普拉纳西亚（Planasia）之行和关于"帝国领导人们（capaces imperii）"的逸事，这部分确实变得过于臃肿，参见附录37。

1　有人认为这部分内容应置于对提比略元首制时期记述的开头处，如 P. Wuilleumier, *Tacite, l'homme et l'oeuvre* (1949), 142。

2　如13.31-33（公元57年的各种事件）。

3　4.71.1: "ni mihi destinatum foret suum quaeque in annum referre, avebat animus antire（倘若不是必须将事件记述在对应的年代条目之下的话，我很想把［后续事件］提前到这里一并叙述）."

4　6.38.1: "quae duabus aestatibus gesta coniunxi, quo requiesceret animus a domesticis malis（我把两个夏天的事情合并到一起叙述，以便让读者的注意力能暂时远离内政治理中的不幸）"; 12.40.5: "haec, quamquam a duobus pro praetoribus pluris per annos gesta, coniunxi, ne divisa haud perinde ad memoriam sui valerent（这些行动虽然是由两位代大法官在多年期间陆续完成的，我还是决定把它们合并在一起叙述；倘若我单独讲述它们的话，读者将无法对之形成清晰的印象）."

5　关于塔西佗对编年体例的处理，参见 W. Kroll, *Studien zum Verständnis der r. Literatur* (1924), 369 ff.; W. Graf, *Untersuchungen über die Komposition der Annalen des Tacitus* (Diss. Bern, 1931)。

6　W. Graf, o.c. 94.

第二十四章 塔西佗的写作技巧 / 421

在组织史实与构建情节等方面，科奈里乌斯·塔西佗是无人能及的。关于他在这方面的技巧，研究者们已写过很多东西，但更多是将他作为一名剧作家，而非历史学家来进行赞美。[1] 在开篇部分，里维娅的形象和关于阿格里帕·波斯图姆斯的整段情节很能说明问题，同时也令人感到困扰。

在对奥古斯都王朝继承计划的概述中，里维娅最初是被附带提及的——她或许应对王子盖约和王子卢奇乌斯之死负责。[2] 在确保了她的亲生儿子提比略被过继并指定为元首继承人后[3]，她说服奥古斯都遣送了他仅存的外孙阿格里帕·波斯图姆斯，将他放逐到了普拉纳西亚岛上。[4] 塔西佗简要勾勒了阿格里帕的性格。[5] 当元首的健康状况开始恶化、大限将至时，世人对新统治者的人选众说纷纭，进行了不无恶意的揣测。有人仍将阿格里帕视为潜在候选人，但否定了他的才具。[6] 这显然是在夸大其词（如果我们不用更极端的字眼的话）。塔西佗接下来虚构了一个故事。这位历史学家在心知肚明的情况下报道了一则谣言[7]：奥古斯都在去世几个月前秘密访问了普拉纳西亚岛（那位年事已高的元首瞒过了里维娅，并且身边只带了一名随从），并在嘘寒问暖后同自己的外孙冰释前嫌。

我们很快就明白了这一切意味着什么——处死阿格里帕，那是"新元首治下的第一桩罪行（primum facinus novi principatus）"[8]。提比略未将此事报告给元老院——他借口并辩称是已故元首明确指示了要这样做。然而，历史

1　如 P. S. Everts, *De Tacitea historiae conscribendae ratione* (Diss. Utrecht, 1926); C.W. Mendell, *Yale Classical Sudies* V (1935), 1 ff.; B. Walker, *The Annals of Tacitus* (1952), 35 ff.。

2　1.3.3: "mors fato propera vel novercae Liviae dolus（他们的死亡是由于突如其来的命运，或是继母里维娅的诡计）。" 这类争议并非塔西佗本人杜撰。参见 Dio 53.33.4 对马塞卢斯之死的叙述。

3　ib.: "non obscuris, ut antea, matris artibus, sed palam hortatu（他不再像从前那样按照母亲暗中的计谋行事，而是公开接受她的指令）。"

4　ib. 4: "nam senem Augustum devinxerat（她完全控制了年老的奥古斯都）"，等等。

5　ib.: "rudem sane bonarum artium et robore corporis stolide ferocem, nullius tamen flagitii compertum（此人尽管缺乏美德，并且其强壮的体魄使他看上去十分凶恶，但并没有什么可耻的罪名）。"

6　4.3。

7　5.1 f., 参见附录36。

8　6.1, 参见 Suetonius, *Tib.* 22; 但狄奥却把这个题材留到了后面去讲（57.3.5 f.）。

学家本人却对那一指示的存在表示怀疑——他以亲情与人性作为理由，并倾向归咎于提比略和里维娅。[1] 为他们办好这件事的是撒路斯特·克里斯普斯。此人掌握着宫廷里的全部秘密，并警告里维娅不得声张此事。[2]

阿格里帕·波斯图姆斯的故事并未到此结束。到了那年晚些时候，当塔西佗记载另一位被流放者尤利娅之死时，她儿子的名字自然而然地再度出现。[3] 到了公元16年，一个伪阿格里帕冒了出来。撒路斯特·克里斯普斯奉命逮捕了此人，冒充者在被提比略审问后在绝密状态下遭到处决。[4] 而当那位朝廷重臣行将去世、塔西佗回顾此人对王朝的贡献时，那篇讣告同样没有忽略阿格里帕·波斯图姆斯。[5]

类似的场景与情境还会重现。塔西佗无须等到尼禄杀害布瑞塔尼库斯之际。在第13卷开头处，当新元首登基之时，又有一位元首奥古斯都的后裔注定要被处死。"新元首治下的第一桩命案（prima novo principatu mors）"这一用语和尼禄母亲作为幕后推手的事实足以令读者想起里维娅在元首提比略登基时扮演的角色。[6]

塔西佗的设计独具匠心。通过浓墨重彩地描述阿格里帕·波斯图姆斯的遭遇，拉长并再现这一情节，他的用意在于揭露王朝的罪恶与秘密政治，将之视为元首制的主要特征。

通过若干紧密交织在一起的暗讽话语，里维娅同阿格里帕·波斯图姆斯一事绑定在了一起。有人怀疑她加速了奥古斯都之死——因为她察觉了后者

1　ib. 2: "propius vero Tiberium ac Liviam, illum metu, hanc novercalibus odiis, suspecti et invisi iuvenis caedem festinavisse（事实很可能是这样的：提比略和里维娅分别出于恐惧和继母的厌恶心理，迫不及待地处决了那位被他们怀疑、憎恶的年轻人）."

2　ib.3: "quod postquam Sallustius Crispus particeps secretorum (is ad tribunum miserat codicillos) comperit（这些话后来传到了秘密参与者撒路斯特·克.里斯普斯［是他把便笺递给了保民官］耳中）"，等等。

3　53.2.

4　2.39 f.

5　3.30.3.

6　13.1.1.

的普拉纳西亚岛之行。[1] 那不过是谣言而已。但历史学家故意赋予了这个说法更多的可信度。他质疑了提比略被火速召回，在赶到后见到了活着的元首奥古斯都的说法。[2] 他还补充了一条细节——里维娅封锁了各处道路，并发布了关于奥古斯都健康状况的乐观公告，以便争取时间为权力交接做好必要准备。[3]

与这条把握十足的论据相比，补充性的暗示似乎无关痛痒。当世人对即将降临的新一朝统治做出各种悲观预测的时候，他们害怕的是里维娅的飞扬跋扈。[4] 她被恰如其分地视为奥古斯都统治时期的负面因素。[5] 提比略在即位之初极力宣扬自身统治的合法性，回避关于自己母亲在过继过程中角色的任何讨论。[6] 他还将授予奥古斯塔的公共荣誉视为对自己的偏见。[7]

《编年史》反复强调着里维娅的影响力和众多证明其"权势（potentia）"的案例（以及若干不和谐的流言蜚语），直到她去世为止。[8] 至于这种权势如何影响了她儿子的举止和统治，那是一个值得猜想甚至强调的重要话题。然而，此后15年内的历史发展同那些恶意揣测相去甚远；并且塔西佗在记述里维娅去世时做出的评价又一反常态地温和。[9]

1　1.5.1 f.，参见Dio 56.30.1 f.(有毒的无花果)。
2　ib.3，参见Dio 56.31.1 (被视为大部分一流权威提供的版本)。苏维托尼乌斯（Suetonius, *Tib.* 21.1）也没有表示过怀疑。
3　ib. 4. 狄奥的作品中并无这一细节。关于奥古斯都与克劳狄乌斯之死叙述版本的平行对应关系，见H. Willrich, *Hermes* XLII (1927), 76 f.; R. H. Martin, *CQ* XLVIII (1955), 123 ff.。
4　4.5: "accedere matrem muliebri inpotentia (听说他的母亲作为女性的飞扬跋扈)."
5　10.5: "postremo Livia gravis in rem publicam mater, gravis domui Caesarum noverca (最后还有里维娅：她作为母亲是国家的不幸，作为继母则是元首家族的不幸)."
6　7.7，参见附录37。
7　14.2: "muliebre fastigium in deminutionem sui accipiens (认为抬高一名女子是对自己的侮辱)."
8　关于出现不和的主题，见附录37。
9　5.1.3: "sanctitate domus priscum ad morem, comis ultra quam antiquis feminis probatum, mater impotens, uxor facilis et cum artibus mariti, simulatione filii bene composita (她在持家方面恪守古风，而她的和蔼可亲则超过了古时妇女们所要求的标准。她身为国母，却是一位易于相处的妻子，同丈夫的手腕和儿子的深藏不露相得益彰)." 母子不和的主题似乎主要来自历史学家塔西佗的推想，参见附录37。还应注意（其实更值得关注）的是，里维娅曾试图保护阿格里皮娜（5.3.1）。那在很大程度上推翻了塔西佗之前的说法。

在记载提比略统治后半段的历史时,塔西佗主要关注的是埃利乌斯·塞亚努斯这个人物。他在卷1里被提及了2次(看似只是顺带涉及,但也包含着恰到好处的暗示)。[1]此后,塔西佗故意在数年内对此人只字未提。[2]在第13—16卷里,最初不可一世的阿格里皮娜也很快从编年史中消失了3年之久(公元56—58年)。她再次出现便是遭到谋杀,而这种将她拉回叙事线的方式暴露了某种耐人寻味的斧凿痕迹。[3]塔西佗直到记载公元58年的史事时才提及了特拉西亚·佩图斯。那是零散分布在《编年史》中5个插曲的第一个[4],但真正的灾难直到公元66年方才降临。[5]

一个角色应该在何时走上舞台,在台上待多久,那是戏剧情节设计中的一个关键问题。过早上台或反复铺垫后续情节会令观众感到乏味,损害艺术效果。在尼禄治下罗马城的历史人物中,至少有4人会在尼禄殒命后不久披上紫袍——另外2人本也有机会执掌大权。由于波佩娅·萨比娜的缘故,萨尔维乌斯·披索必须在《编年史》的核心叙述中占据一席之地,并且他离开罗马城的时间也必须得到记载——尼禄于公元58年派他去做卢斯塔尼亚(Lusitania)的总督。[6]2年后,苏尔庇奇乌斯·伽尔巴去了西班牙。[7]这一细节被略去了:因为直到这6卷末尾处的第18卷,伽尔巴才突然出现;仿佛老人多年以来已被遗忘或被视为与世无争——尽管元首提比略早已有过神奇的预言。[8]在《编年史》的全部现存文本中,维吉尼乌斯·鲁弗斯只是一个名年执

---

1 1.24.2: "magna apud Tiberium auctoritate, rector iuveni et ceteris periculorum praemiorumque ostentator (他对提比略拥有巨大的影响力,教导着那位年轻元首,并向他指明各种危险与机遇)"; 69.5: "accendebat haec onerabatque Seianus, peritia morum Tiberii odia in longum iaciens, quae reconderet auctaque promeret (塞亚努斯怒火中烧并对她怀恨在心。熟悉提比略性格的他慢慢在后者心底种下了仇恨,这种情绪被元首牢记并逐渐滋长)."
2 他下一次出现是在3.16.1(塔西佗无法确保该报道的真实性)。
3 14.1 f.(波佩娅的角色和乱伦传闻)。
4 13.49; 14.12.1; 48 f.; 15.20 f.; 23.4. 参见原书第556页。
5 16.21 ff.
6 13.46.3.
7 Suetonius, *Galba* 9.1.
8 6.20.2.

政官符号；李锡尼乌斯·穆奇亚努斯则根本没有出现，尽管他跟科布罗一道去了亚美尼亚。[1]然而，尽管叙事和艺术手法要求他保持缄默，历史学家塔西佗还是忍不住在一个戏谑场景中提及了韦伯芗1次，并不无恶意地提及了维特利乌斯1次。[2]

从合理分类和流畅叙事的角度看，许多材料在编年史体例下都是难以处理的。一位警醒、谨慎的作家只好虚构事件次序与人物关系之间的联系。这些联系在时间标签十分含糊的时候，例如"与此同时（per idem tempus）"，最为松散。其他看似紧凑、清晰、确定的段落往往会暴露出裁剪斧凿的痕迹。元首提比略勤快地跑去元老院，连续几天听取来自亚细亚行省使节的汇报——真实原因是他想要避开宫廷中的一桩丑事。[3]《编年史》在一连串死亡事件过后记述了公主下嫁平民的事情——而那在公众眼里，同样是一件丑闻。[4]除去母亲后放开手脚的尼禄马上开始了各种纵情享乐——这一转变是瞬间完成的。[5]

塔西佗的作品中也不乏为方便叙事转换而巧妙添加情节的例子。表面上看，使用插话的目的是显而易见的——针对一段文本的必要说明、丰富叙事的多样性并舒缓节奏（讲述遥远的异域或古老的过去），或者也可能为专门的详细描述提供由头。[6]但事实却有所不同：这类插话的价值往往是结构性的。在设计此类情节方面，科奈里乌斯·塔西佗是其他历史学家难以望其项背的。[7]

1　Pliny, *NH* 5.83.
2　16.5.3; 14.49.1.
3　4.55.1.
4　6.27.1.
5　14.13.2: "seque in omnes libidines effudit, quas male coercitas qualiscumque matris reverentia tardaverat (随后他便陷入了各种罪恶，母亲的约束曾延迟过这一切的发生［但很少彻底纠正他的坏毛病］)." 塔西佗接下来描述了尼禄的马车赛事与弹竖琴活动——"那些都是他的旧癖好（vetus illi cupido erat）"，等等（14.1）。
6　参见 W. Theissen, *De Sallustii Livii Taciti digressionibus* (Diss. Berlin, 1912); E. Hahn, *Die Excurse in den Annalen des Tacitus* (Diss. Munich, 1933)。
7　李维作品中的插话往往是作者后来补充的，并非同相关语境密切相关。参见 W. Soltau, *Hermes* XXIX (1894), 611 ff.。

提比略在向元老院解释军团招募问题时，冒失地交代了各军团的兵力和驻扎地。以此为线索，史学家塔西佗介绍了罗马帝国的全部兵力（补充了辅军和皇家卫队的情况），并机智地分析了提比略的整体执政与行政方略。[1]无独有偶，在记载了一长串叛国罪审讯后，史学家塔西佗抱怨了充斥于帝国编年史中的这一主题，转而去探讨历史的撰述原则[2]，并借此铺垫、导出了下一年和下一情节——那正是对一位罗马历史学家克瑞穆提乌斯·科尔杜斯的指控。[3]

诸如此类的插话通过标签或内容公开暴露了其性质。[4]但塔西佗还会使用一些不易被读者觉察的插话——那是一些在历史价值方面无须着墨过多，甚至不值一提的情节，却为了产生多样性、鲜明对比或便利情节切换的作用而被作者采用。公元25年里记载的最后一件史事是罗马派出的一位西班牙总督被当地人刺杀，尽管那并非出于私人恩怨：根据《编年史》的记载，此人的统治十分严酷。[5]下一年则以一场色雷斯人起义拉开帷幕，《编年史》用罕见的大段篇幅（或许也意味深长）对此进行了记载。[6]公元58年，一幕充满罪恶和情欲的场景（平民保民官屋大维·萨吉塔［Octavius Sagitta］谋杀了他的情妇）隆重推出了波佩娅·萨比娜这个人物。[7]对比的手法同样有效。提格利努斯为尼禄组织了一场奢华、堕落的水上庆典，紧随其后的便是罗马城陷入大火的灾难场景。[8]在卷16开篇，塔西佗记载了官方寻找阿非利加行省传说宝藏的逸事[9]；该情节位于披索大逆罪之后、另一场谋杀开始之前。

1　4.5 f.

2　32 f.

3　34 f.

4　但进行具体区分倒并不容易。哈恩（E. Hahn, o.c. 4）在《编年史》中共找到了13处插话，其中7处是关于"公法（Staatrecht）"的，另外6处属于"文化史（Kulturgeschichte）"。关于拜占庭（12.63）的插话并未被算在里面；其他一些内容或许也值得关注，如埃及的纪念性建筑（2.60 f.）、卡普里埃岛（4.67.2）和《西比尔预言书》（6.12.3）等。

5　4.45.3.

6　46-51.

7　13.44（屋大维·萨吉塔）; 45.1: "non minus insignis eo anno impudicitia magnorum rei publicae malorum initium fecit（同样惊人的一桩可耻事件掀开了这一年巨大公共灾难的序幕）."

8　15.38 ff.

9　16.1 ff.

主题统一、情节展开迅速的《历史》并不需要频繁借助于辅助性的情节设计。塔西佗也没有为克雷莫纳的早期历史、罗马的卡庇托林山、巴塔维亚人的部落或自己对内战与争权夺利的反思专辟任何累赘篇章。[1] 然而，《历史》中也保留了3段与众不同的长篇插话。

当提图斯在返回叙利亚途中抵达塞浦路斯岛时（有人说他的返回是为了女王贝利尼茜［Queen Berenice］的爱情），他产生了拜访维纳斯神庙的念头。[2] 塔西佗借此讲述了帕福斯（Paphian）崇拜的历史与细节，并将这一插话的结尾同主体叙事紧密联结起来（与开头类似），设计了向祭司求问的情节，以便让提图斯同父亲和军队会合，平添赢得胜利与光荣的信心。与此相似，当身处亚历山大里亚的韦伯芗在最初谴责、怀疑神迹后被说服行使神迹时，这一插曲使他鼓起勇气向塞拉皮斯求问。塔西佗随后施展才学对那位神秘神祇进行了详细介绍：他声称，此前还没有哪位罗马作家讨论过塞拉皮斯。[3]

帕福斯和塞拉皮斯无疑都是异邦神祇，几乎同罗马毫不相干。第三段插话则并非如此。尽管篇幅很长，并且充满了古怪的、往往并不精确的猎奇传闻，《历史》对巴勒斯坦地理、犹太人宗教与历史的介绍显然是一篇撒路斯特式的插话，而不仅仅是一份关于围攻、摧毁耶路撒冷的必要导言（至少部分细节如此），反映了塔西佗对伟大前辈的成功效仿。[4] 在后文中，历史学家塔西佗想必也对达契亚人进行了介绍。[5]

《编年史》的情况却与此相反。在渲染异域情调方面，塔西佗仅仅简短地提及了王子日耳曼尼库斯在视察埃及时见到的纪念物，并谈论了关于凤凰的传说。[6] 在其他篇章中，地理和人种志并未在塔西佗心目中占据多少分量

1　*Hist.* 3.34 (克雷莫纳)；72 (卡庇托林山)；4.12.2 f. (巴塔维亚人)；2.38 (内战)。
2　2.2.2: "atque illum cupido incessit (他产生了那样的愿望)"，等等。
3　4.83.1: "origo dei nondum nostris auctoribus celebrate (我们的作家们还没有介绍过那位神明的起源)。"
4　5.2–10.
5　见原书第215页。
6　2.61; 6.28.

(尽管现已佚失的部分可能介绍过毛里塔尼亚,并且《阿古利可拉传》的作者会如何记载不列颠也是个问题)。另一方面,《编年史》中却出现了另一种插话:罗马的古代掌故。

这些内容无疑很容易引人入胜。但相关素材取自哪里呢?它们或许来自同一本博古手册,并且有人猜测过其作者。[1]但这种假设不大可能成立。[2]更关乎主题的是历史学家自己的想法和意图。塔西佗在《编年史》开篇不久处宣称,如果自己活得足够长久,他会回过头来再去记述奥古斯都时代的历史。[3]因此(有学者业已指出),他会特别关注公法领域——因为塔西佗未来史著的核心主题(那显而易见)必然是元首奥古斯都在罗马帝国内部进行的立法活动与制度建设。[4]

但这一假说暴露了对塔西佗写作艺术与史学本身的若干误解。即便同元首制时代制度有关的博古插话也有另一种深层次的存在理由。在《历史》中,塔西佗一般是通过描写内战风云中罗马人的情感来回顾共和国历史的(有一次他还现身说法,阐述了自己对动乱根源与发展过程的思考)。[5]我们有理由认为,《编年史》中的插话是一种自觉建构,意在保持读者关于"共和国"记忆的鲜明印象——同时也宣扬了作者自身的写作计划,表明他对过往编年史家传统与技术的忠实继承,尽管他记载的是君主制——或许恰恰因为他记载的是君主制。此外,在塔西佗提笔写作之时,罗马帝国的社会背景注定了年轻一代的元老们(很多人来自外省,甚至帝国境外)普遍对古代的罗马历史所知甚少。因而,前执政官塔西佗很乐意向他们传播那些传统的、

---

1 F. Leo, Gött. gel. Nachr. 1896, 191 ff., 继承他说法的人很多,如W. Theissen, o.c. 90。列奥(Leo)认为其作者是继承了阿泰乌斯·卡庇托(Ateius Capito)学术脉络与传统的某个人。反对意见如E. Hahn, o.c. 17 ff.; 90 ff.。

2 事实上,第11、12两卷中的博古材料来自元首克劳狄乌斯本人,通过元老院的草案而流传了下来。参见附录40。

3 3.24.3.

4 E. Hahn, o.c. 104. 参见另一位学者在两方面都很值得注意的观点,即塔西佗在这些插话中加入了一些本应属于现代历史学家核心主题的内容(E. Howald, *Vom Geist antiker Geschichtschreibung* [1944], 210 f.)。

5 2.38.

不可或缺的知识，告诫他们自己应尽的职责。[1]

罗马的新年仍从执政官上任时开始计算，但可供编年史家使用的许多标志性事件却已经不复存在，或失去了自身的全部价值：此时已没有选举，没有经罗马人民批准后举行的凯旋式，也没有由罗马人民建造或进献的公共建筑了。历史学家也许会转而关注迹象与征兆。那也确实在塔西佗的笔下有所反映。但直接记载其实只有一次。[2]在其他地方，"神兆（prodigia）"都是同叙事线索结合在一起的。如一颗预示着人类统治者灾难的彗星被尼禄作为将一位拥有王室血统的贵族放逐到远方的理由。[3]无独有偶，公元64年底也出现了许多预兆与怪异事件，其中包括一头畸形牛的出生。脏卜者们（haruspices）解释了该征兆——一位即将统治世界的首脑正在成长，但他最终将会夭折。[4]塔西佗的笔锋随后马上转向了对盖约·披索阴谋的叙述。同样合乎科奈里乌斯·塔西佗风格的是谋杀阿格里皮娜后出现的迹象：它们令人生畏但毫无意义，诸神并不理会这些事情，尼禄在种种罪恶中又活了许多年。[5]

直到《编年史》的后半部分（具体而言是在公元51年的历史记载中），塔西佗才开始记载异象与奇迹。[6]我们可以为此找到许多理由。[7]塔西佗对另一种传统做法——记录著名人物的逝世——的接受度更高。但最早的例子（公元20年条目下）肯定也不是元首提比略登基后的第一例。[8]他的选择值得关注：除了前执政官级别的元老卢奇乌斯·沃鲁修斯外，塔西佗还提到了一名罗马

---

[1] 参见 *Dial.* 32.3中维普斯塔努斯·麦萨拉的义正词严。
[2] 13.58（"鲁米纳利斯之树 [ficus Ruminalis]"）。
[3] 14.22.1（鲁贝利乌斯·普劳图斯 [Rubellius Plautus]）。值得注意的是，塔西佗并未浪费笔墨去提及克劳狄乌斯去世那一年的著名彗星（Dio 60.35.1; Pliny, *NH* 2.92）。他并不需要那样做。
[4] 15.47.2.
[5] 14.12.2.
[6] 12.43.1, 同一场严重饥馑和克劳狄乌斯在罗马广场上被暴民包围的情节有关。
[7] 有人猜测（但毫无依据）塔西佗从此处起开始使用新的史料，可能是老普林尼的史著。
[8] 某些"享受凯旋将军待遇者（viri triumphales）"或许活到了奥古斯都去世之后，如玛库斯·维尼奇乌斯（M. Vinicius，公元前19年递补执政官）和玛库斯·普劳提乌斯·希尔瓦努斯（M. Plautius Silvanus，公元前2年执政官）。

骑士，那正是撒路斯特·克里斯普斯。[1]起初，人们会在公共葬礼上正式投票，以决定是否将这些死者的相关情况记录备案。相关信息由此来到了编年史家们的手中，对人物一生履历的概括随之成为编年史的固定节目。撒路斯特对这些信息的运用相对适度，李维记载得更多，后世史家们则未免有些过度滥用。[2]

对死者的纪念让历史学家有了抄录一些铭文的机会，以便运用它们来干净利落地褒贬人物，无须补充任何说明。《编年史》中共收录了为20名死者写的12篇讣告。[3]其中大多数出现在前6卷里（那并非不合时宜）。[4]它们出现在每年叙事的末尾（或接近末尾的部分里）。[5]对其中大部分死者的评述都是成对出现的。[6]

塔西佗扩大了死者品评的对象选取范围，不仅仅局限于公共葬礼，并加入了一些并非元老的人物：撒路斯特·克里斯普斯和安东尼家族中的最后一人——在教育重镇马赛利亚隐居并去世的尤鲁斯·安东尼（Iullus Antonius）之子。[7]成双成对的名字往往呈现了出身、天分与性格等方面的鲜明对比——如一位演说家和一位史学家，一位受人尊敬的老人和一名恶贯满盈的讼棍。[8]

在获得了选择、组织材料的充分自由后，作者随心所欲地评说着他们行为举止的经验教训、苟全性命的两难处境和古今之间的鸿沟。跟插话一样，

---

[1] 3.30（参见原书第372页）。

[2] Seneca, *Suas.* 6.21: "hoc semel aut iterum a Thucydide factum, item in paucissimis personis usurpatum a Sallustio, T. Livius benignus omnibus magnis viris praestitit; sequentes historici multo id effusius fecerunt（修昔底德做过一两次这样的事情；撒路斯特把它应用于少数几个人；慷慨的提图斯·李维将之推广到所有的伟大人物；后世史家开始过分奢侈地大量使用这样的笔墨）。"

[3] 其中没有把提比略、里维娅（以及另外3位贵妇）或阿米尼乌斯（2.88.2 f.）计算在内。

[4] 其中包括3个例外（13.30.2; 14.19; 47）。

[5] 除了卢奇利乌斯·隆古斯（Lucilius Longus）（4.15.1）和卢奇乌斯·披索（L. Piso）（6.10.3）。

[6] 所有人中只有6人例外。4.44中有3人被编为一组——占卜官（*augur*）勒图鲁斯（Lentulus）、卢奇乌斯·多米提乌斯·埃诺巴布斯（L. Domitius Ahenobarbus）和卢奇乌斯·安东尼（L. Antonius）。

[7] 3.30; 4.44.3.

[8] 14.19（多米提乌斯·阿费尔和塞尔维利乌斯·诺尼亚努斯）; 13.30.2（卢奇乌斯·沃鲁修斯和卡尼尼乌斯·雷比鲁斯）。关于雷比鲁斯的情况（没有其他文本证明他是律师），见附录68。

对死者的评价也是进行情节过渡的神奇工具。一位为帝国效劳的法学家之死可以引出他的死对头、一个论家世或政治立场都属于共和派的人物。[1] 紧接其后的事件则是玛库斯·布鲁图斯妹妹尤妮娅的葬礼。[2]

那还不是全部。对于在自己生活时代仍然存在着的贵族家族（如阿西尼乌斯家族和沃鲁修斯家族），塔西佗会格外重视其祖先，即便那些人物的地位不值得那样的待遇。[3] 塔西佗的选择总是能够说明问题，他的省略同样如此。省略的原因有时是疏忽，他也许会无意中漏记一些知名人物。[4] 但那样的情况并不常见。结构组织或使用文学技巧的理由有时能够站得住脚。当上日耳曼副将庞普尼乌斯·塞昆杜斯（一位作家和杰出人物）被授予军功荣誉时，塔西佗顺便记述了此人在其他方面的成就，等到庞普尼乌斯去世时就不再多费笔墨了。[5] 他在卢奇乌斯·维特利乌斯于第6卷首次出现时已充分描述了此人的性格。[6] 第7—12卷便主要记述维特利乌斯作为廷臣与政客的表现，并在记载此人在元老院里发表演说，支持克劳狄乌斯同阿格里皮娜缔结良缘时达到了高潮。此后，塔西佗又偶然提及了一个证明他在公元51年仍然手握"权势"的例子。[7] 此人随后迅速淡出了我们的视野，没有任何文本告诉我们他是何时去世的。

历史学家可以通过一幅素描一劳永逸地描述一个历史人物的形象，也可以随着此人行动的展开逐步揭示其性格。前一种做法在《历史》中更为普遍，但在《编年史》中也继续沿用着。《编年史》对塞亚努斯的形象进行了

---

1 3.75（阿泰乌斯·卡庇托，其中还提到了安提斯提乌斯·拉贝奥［Antistius Labeo］）。参见附录68。
2 3.76。
3 原书第302—303页。
4 在第13—16卷中，公元61年后就再也没有出现过讣告。最后一位拥有此待遇的人是迈米乌斯·雷古鲁斯（Memmius Regulus）（14.47），后者的讣告呈现出了若干古怪特点，参见附录60。
5 12.28.2. 因此，塔西佗没有记述他的去世——此事发生在之后不久，参见W. Otto, *Philologus* XC (1935), 483 ff.。
6 6.32.4.
7 12.42.3.

长篇描述，使他立刻成为第4—6卷里的中心人物。[1] 波佩娅·萨比娜的出场同样经过精心设计。[2] 与此相似但具有讽刺意味的是阴谋家盖约·披索，因为他什么都没有做。[3]

但间接的性格刻画毕竟是多数。与《历史》相比，《编年史》中的角色同叙述线索的交织更为紧密，其性格更多是通过标签、评论或演说而不动声色地揭示出来的。随着前6卷的展开，提比略逐渐暴露了自己的性格。[4] 与此类似的还有大小阿格里皮娜。尽管相对不那么活跃的波佩娅拥有自己的概述，那两位女性却没有。她们的傲慢、怒火、活力、凶残与野心是通过其全部言行体现出来的。一个鲜明的标签或一则犀利的随手评论就可以点破她们的性格。[5]

消极的形象刻画同样值得关注。元首克劳狄乌斯是一个不善决断与行动的人，缺乏鲜明的形象与情感色彩。[6] 禁卫军队长阿弗拉尼乌斯·布鲁斯也很古板，但作者的态度是正面的。《编年史》对他的第一次提及展示了其军事经验，第二次则反映了其高尚道德。[7] 他的性格是通过一些零散的事例展示出来的——受到大逆罪指控时的逆来顺受，被迫默许王朝御用的杀手们胡作非为，被迫参加尼禄组织的娱乐活动。正直的布鲁斯最终与世长辞（有人议论说他是被毒死的），去世时还保持着军人的不苟言笑——那种作风让人追忆

1　4.1 (参见原书第353页).
2　13.45.1: "erat in civitate Sabina Poppaea (波佩娅·萨比娜当时正在罗马城内)"，等等。
3　15.48.2 f.
4　作者为此巧妙地利用了公元15年的编年记录（1.72—81）。
5　如小阿格里皮娜，12.22.1: "atrox odii (强烈的仇恨)"; 64.3: "truci contra ac minaci Agrippina (另一边是面色阴郁、充满威胁意味的阿格里皮娜)"; 66.1: "sceleris olim certa et oblatae occasionis propera (一直嗜血成性、渴望把握机会)"; 13.14.2: "praeceps posthac Agrippina ruere ad terrorem et minas (阿格里皮娜马上开始推行恐怖与威胁的政策)." 关于塔西佗的人物形象刻画，参见 E. Paratore, *Maia* V (1952), 32 ff.。
6　I. S. Ryberg, *TAPA* LXXIII (1942), 404 出色地概括了塔西佗的手法。
7　12.42.1: "Burrum Afranium, egregiae militaris famae, gnarum tamen cuius sponte praeficeretur (阿弗拉尼乌斯·布鲁斯享有崇高的军事声望，但他清楚自己的靠山究竟是谁)"; 13.2.1: "Burrus militaribus curis et severitate morum (关心军事、性格严厉的布鲁斯)."

起一位失败了的贵族将领。[1]

　　无论自身的立场多么超然物外，在笔下人物出场与退场时对他们的描述与贴上的标签还是会留下历史学家自身思想的烙印。为了让情节叙述连贯、易于理解和富于戏剧性，塔西佗需要不动声色地、在各种掩饰下不断对史料进行再加工。评论、褒扬与调动情感的技巧时而单纯，时而繁复，有时含蓄，有时甚至肆无忌惮。[2]

　　作为一种评论手法，塔西佗会请出一位理想化的观察家，让他发表一针见血或含沙射影的看法。该角色的出现在公共场合下非常有用。当士兵们在奥古斯都葬礼举行过程中维持秩序时，那一情景便足以激发公众的冷嘲热讽，理由仅仅在于元首体面的葬礼同世人记忆或道听途说中其他场景的鲜明对比——独裁官凯撒的遗体在一团混乱和要求自由的口号声中被火化于罗马广场。[3] 元首克劳狄乌斯在按照王政时代一位罗马君主制订的古老规矩主持赎罪仪式时——所谓的罪过是一位贵族跟他的姐妹乱伦（事实上他们是王朝阴谋的牺牲品）——也沦为了笑柄[4]，而克劳狄乌斯本人刚刚跟自己的侄女合法完婚。人们在克劳狄乌斯的葬礼上也听到了哄笑声。[5]

　　塔西佗还会以同样的方式插入一些具有相当丰富性和广度的反思。"聪明人"述说了元首奥古斯都的整个生涯。由于《编年史》已用大量篇幅记述了日耳曼尼库斯的业绩，再插入一篇葬礼颂词会显得乏味和令人生厌。塔西佗干净利落地将发布颂词的负担转给了安条克的一些无名祝福者。[6] 当元首提

1　14.51.1: "Burrum intellecto scelere, cum ad visendum eum princeps venisset, aspectum eius aversatum sciscitanti hactenus respondisse: *ego me bene habeo* （早已获悉这一阴谋的布鲁斯在元首前来探望他时轻描淡写地答复后者的嘘寒问暖道："我很好。"）."参见Livy, *Per.* 114（麦特鲁斯·西庇阿［Metellus Scipio］）。

2　参见I. S. Ryberg, o.c. 383 ff.; B. Walker, o.c. 33 ff.（关于"非事实史料"）。

3　1.8.6. 值得注意的是狄奥也记载了这一事件，但表达方式更加温和，并且没有添加观众的冷嘲热讽（57.2.2）。

4　12.8.1（卢奇乌斯·希拉努斯和尤妮娅·卡尔维娜）。

5　13.3.1.

6　2.73.

比略在一篇严厉、高贵的演说中批评了对自己的过度尊崇时，世人对此的评价被归纳为三类——有人认为他是出于谦逊，有人说他生性猜疑，还有人批评他头脑狭隘。最后那种恶意揣测被拿出来大做文章。[1] 尼禄登基后不久，塔西佗又借着东方传来的消息，在罗马公众议论的幌子下评价了新政府的职责与能力。[2]

认为塔西佗大量记载的这些评论与传言全部真实存在的观点是虚妄浮浅的。其中一些来自较早的作家，他们本身的著作就不免要进行杜撰；而塔西佗本人添加进去的东西并不总是毫无依据的。一个有趣的例子或许可以说明他的操作方式。克劳狄乌斯在即将过继尼禄时（尽管他已有一个儿子）不止一次宣称，此前还没有人通过这种方式成为克劳狄乌斯显贵家族中的一员。[3] 从克劳狄乌斯口中说出的这些话未免显得滑稽愚蠢。为了维护史学的尊严，塔西佗从元首那里借用了这句话，把它安插在见多识广的同时代人（adnotabant periti）头上。[4]

总的来说，这样的安排是合情合理的。在描述过去时，历史学家塔西佗会让自己置身于事件之中。他不满足于进行简单的复述，而是借那个时代的人物之口表达看法，无论他们的观点是有史可考还是需要想象。[5] 作为一位元

1　4.38.5: "optumos quippe mortalium altissimae cupere: sic Herculem et Liberum apud Graecos, Quirinum apud nos deum numero additos: melius Augustum, qui speraverit. cetera principibus statim adesse: unum insatiabiliter parandum, prosperam sui memoriam; nam contemptu famae contemni virtutes（最杰出的人物追求的是至高道德：如希腊人中的赫拉克勒斯和狄奥尼索斯，以及我们罗马人中的奎里努斯均被纳入神明之列。如果有谁希望那样的话，那么奥古斯都的榜样似乎更有好些。元首们可以轻而易举地获得其他荣誉，但他们对其中一项的追求是永无休止的——那便是得到后人的永远纪念：因为对声名的轻视意味着对美德的谴责）。"我们不应草率地把这段文字仅仅理解成塔西佗对提比略的恶意。他嘲讽的是传统观念——指的是希腊人的封神习俗，并为奥古斯都的主题埋下了伏笔（参见 Horace, Odes 3.3.9 ff. 对赫拉克勒斯、巴库斯和奎里努斯的提及）。塔西佗乐于表明，这套吹捧的言辞也可以用于嘲讽。关于"永无休止（insatiabiliter）"这个字眼，见附录52。

2　13.6.2 ff.

3　Suetonius, Divus Claudius 39.2（关于他的"健忘与冒失 [oblivio et inconsiderantia]"的例子之一）。

4　12.25.2.

5　参见 L. Ferrero, Riv. di fil. LXXIV (1946), 50 ff.。

老，塔西佗了解元老们在杀害他们一员的凶手得到了应有的下场时有多么快意。[1]就事论事的话，塞亚努斯也确实在"一览众山小"的心态中变得更为傲慢了。[2]历史学家塔西佗承认，这样的假设是可信和必然的：人性和政治局势并未发生根本变化。[3]但由此出现了另一个与文学技巧无关、与史学研究有关的问题——科奈里乌斯·塔西佗是否走向了脱离史料、恶意影射的极端，在伪装之下犯了捏造史实的错误？

塔西佗有时甚至走得更远，根本不屑于采用"民众议论"或"有识之士的评价"等匿名标签。他会对人物与事件进行直接评价，有时只用一个一针见血的字眼。于是，元首提比略"以傲慢的节制（adroganti moderatione）"在首次参加元老院会议时否决了一项议案。[4]出现在其他文本中的一个短语或一个句子也承载着史学家的评价，暴露了他的斧凿痕迹。提比略在同自己谈话的两人中答复了一位，却没有答复另一位——原因是他对后者怀恨在心。但塔西佗是怎么知道的？[5]

这些还不算什么，因为塔西佗有时会在并无证据支持的情况下毫无顾忌地抛出一长串动机分析或论据链条。他对宫廷与闺房的秘密无所不知。权臣与元首会分别提出请求和提供洋洋洒洒的文字答复，或面对面地各自发表一段有意闪烁其词的讲话：塞亚努斯和提比略、小塞涅卡和尼禄就是这样的例子。[6]阿格里皮娜用一连串恶毒言辞宣泄了对尼禄的怒火。[7]波佩娅·萨比娜责备了自己的元首情人，认为他还不如奥索。[8]随后，她牢骚满腹地反复坚持要

1　6.10.2; 14.46.1.
2　4.74.4: "satis constabat auctam ei adrogantiam foedum illud in propatulo servitium spectanti（显而易见的是，他因为其他人可憎的奴才相而变得更加趾高气扬）."
3　3.29.2: "sed neque tum fuisse dubito qui eius modi preces occulti inluderent（但我怀疑，即便是在当时，也会有人暗中嘲笑元首的这些请求）."
4　1.8.5.
5　13.4: "in Haterium statim invectus est; Scaurum, cui implacabilius irascebatur, silentio tramisit（他立刻训斥了哈特里乌斯；但他对斯考鲁斯的怒气更加愤愤难平，于是对后者一言不发）."斯考鲁斯直到公元21年才当上执政官。
6　4.39 f.; 14.53–56.
7　13.14.
8　46.

求结婚，间或还用上了俏皮话：她的傲慢集中体现在了这篇全文记录下来的发言中。[1] 事实上，这类发言正是史学家摆脱史实与年代顺序的羁绊，获得充分的独立性，全面评价人物与事件的首要工具。[2] 它同其他技巧一道带着塔西佗在戏剧或散文小说的道路上走了很远——这在他对小塞涅卡的形象刻画上体现得十分明显。

这些讲话可以是直接引述，也可以是间接引述，或二者兼而有之。特别醒目的是被记录下来的那些发言的开头部分，可以按照情感的强烈程度分成吁请和论证两个部分。[3]《编年史》中的演说词往往要比《历史》中的短得多；并且作者一般会回避使用两两出现、针锋相对的演说，因为它们的虚构性一望即知。作者对插入演说的切题程度也提出了更高的要求，并且抵制了动用传统雄辩术技巧的诱惑——创作生涯早期沉溺其中的教训有时可以帮助他摆脱冲动。在《阿古利可拉传》中，卡勒多尼亚的部族首领还有机会在战前发表辞藻华丽的长篇演说，并同罗马将领的讲话遥相呼应。布狄卡的演说则简洁凝练，苏维托尼乌斯·保利努斯的发言也是如此。[4]

塔西佗自由创作着战场上的动员或密室里的争论。惟妙惟肖其实比如实直书更容易做到：他是如何处理在元老院里发表、收藏于官方档案库或许还在其他地方出版过的演说词的呢？一个偶然事件使我们有机会让历史学家塔西佗与这样的档案材料当面对质。

在担任监察官期间，元首克劳狄乌斯决定将高卢三行省的一部分贵族提拔为元老。在内朝会议上，一些谋臣试图劝阻元首。但他们的努力无济于事。[5] 克劳狄乌斯前往元老院，向元老们表达了自己的想法，并发表了一篇极其特殊的演说：它将渊博学识与东拉西扯、谦卑与邪恶、理智与赤裸裸的欺

1　14.1. 另参见她对屋大维娅的贬损（14.61.2 ff.）。
2　塔西佗有时会用较长篇幅报道一类人物，如11.7（律师）; 23（克劳狄乌斯的谋臣们）; 13.26 f.（元老对释奴的评价）; 14.20 f.（关于公共景观的讨论）。
3　4.40.4: "falleris enim, Seiane（你错了，塞亚努斯）."
4　14.35（布狄卡）; 36.1 f.（保利努斯）.
5　11.24.1: "his atque talibus haud permotus（元首不肯接受诸如此类的说法）."

骗熔于一炉。这篇元首克劳狄乌斯演说（*Oratio Claudi Caesaris*）的大部分内容恰巧保存了下来，原原本本地记录在了卢戈杜努姆的一块铜板上。[1]

塔西佗的加工分为两方面。首先，他想象了内朝会议上的场景，虚构了义愤填膺、文辞华丽的反对意见。[2] 接下来，他记录了元首的演说，其主题是罗马共和国的历史发展进程，及其统治阶层来源的不断扩充。演讲者追溯到遥远的过去，对王政时期的罗马城和伊达拉里亚诸王进行了博学式讨论[3]，过了好久才切入正题。塔西佗对这部分内容进行了大幅压缩，几乎只用一个概括性的警句代替原文中整篇博古式的论述。[4] 克劳狄乌斯的文字是繁复笨拙的（一些推崇它的人称之为完句式风格）。塔西佗则使用了犀利、机智的语言，并替换了原文中的用词。[5]

塔西佗进行的加工并不仅限于压缩和润色。他还会增删内容和调整文字顺序。克劳狄乌斯暴露了自己的性格，展示了自身的狭隘、虚伪和邪恶。克劳狄乌斯亲自提出了质疑，并最终将自己对元老们的命令和盘托出。[6] 他提及了自己的出生地[7]，并讲到了一个来自纳旁高卢的、身为元首朋友和助手的骑士[8]（但只有一人）。他还令人作呕地暗示了自己统治时期的一名政治牺牲品[9]，

1　*ILS* 212. 关于其现代研究成果，见附录40。
2　11.23.
3　*ILS* 212, col. i, ll. 8-26: "quondam reges hanc tenuere urbem（当国王们控制着罗马城之时）"，等等。
4　11.24.4: "advenae in nos regnaverunt（外来者曾统治过我们）."
5　参见 Ph. Fabia, *La Table claudienne de Lyon* (1929), 135 ff.。但他会不时使用克劳狄乌斯的词汇，就像在对克劳狄乌斯留下材料的其他改编中一样。参见附录41。
6　*ILS* 212, col. ii, ll. 20 f.: "tempus est iam, Ti. Caesar Germanice, detegere te patribus conscriptis, quo tendat oratio tua（元首提比略·日耳曼尼库斯啊，现在是时候向元老们发表演说，揭示你的想法了）."
7　ib. 28 f.，参见原书第460页（关于卢戈杜努姆）。
8　ib. 10 ff.: "ex qua colonia (sc. Vienna) inter paucos equestris ordinis ornamentum L. Vestinum familiarissime diligo et hodieque in rebus meis detineo（我在该殖民地［即维也纳］为数不多的骑士中最喜爱一位卢奇乌斯·维斯提努斯，时至今日我还会同他商讨自己的事情）."
9　ib. 14 ff.: "ut dirum nomen latronis taceam, et odi illud palaestricum prodigium, quod ante in domum consulatum intulit, quam colonia sua solidum civitatis Romanae beneficium consecuta est（以便我可以对一名令人畏惧的武人的名字保持沉默。我厌恶那个家伙的摔跤本领。他从前是自己家乡议事会的成员，凭借其健壮体魄而被其殖民地授予罗马公民权的赏赐）." 此人是来自纳旁境内维也纳的瓦勒里乌斯·阿西亚提库斯（Valerius Asiaticus，公元35年递补执政官，公元46年第二次出任执政官［名年］）。

并提到了显赫的费边家族一名成员使用的高卢姓氏（*cognomen*）[1]。

最糟糕的是，克劳狄乌斯在陈述自己有理由从高卢贵族中补充元老时的论证是有问题的或站不住脚的。[2] 塔西佗完善、补充了这部分内容。他在行省元老来源中补充了西班牙（克劳狄乌斯遗漏了这一点）[3]；他注意到了殖民地定居点中罗马人和本地人的杂居[4]；他还强调了通婚的普遍性和行省对罗马人血统的贡献。[5] 最后，在元首克劳狄乌斯有气无力的、强调组织人口普查有多麻烦的结尾处，科奈里乌斯·塔西佗也收束了演说全文，并补充了一个漂亮句子：他今天援引先例力主通过的议案有朝一日也将成为先例。[6]

以上便是科奈里乌斯·塔西佗提供的版本。演说词的作用是使情景戏剧化，或描述讲话者的性格。尽管塔西佗对罗马国家版图扩大各阶段的概述无可指摘，他对元首克劳狄乌斯却未留任何情面。这位元首演说家留下的原文几乎被删了个干净。具体原因是不难发现的：这一主题庄严、崇高，涵盖了800年内的罗马历史——不能让众所周知（这篇文献也足以证实）的那位渺小、无能、论证起来无法令人信服的元首克劳狄乌斯糟蹋、破坏了这个宝贵素材。讲述罗马历史的任务应由一位去人格化的元首而非克劳狄乌斯来承担。[7]

1　ib. 25（"阿洛布罗吉库斯［Allobrogicus］"）.
2　更多信息见原书第460页。
3　11.24.3: "num paenitet Balbos ex Hispania nec minus insignis viros e Gallia Narbonensi transivisse（巴尔布斯家族来自西班牙，显赫程度毫不逊色的一些人物来自纳旁高卢，可那又有什么关系呢）?"然而克劳狄乌斯或许在《编年史》现已佚失的某部分里提到过巴尔布斯家族。随着克劳狄乌斯率领罗马军队漂洋过海征服了不列颠，他们的家乡加的斯已不再是西方世界最偏远的角落。这套夸口或许很符合他的身份——但他已经在演说中阐明了这一点（col. ii, ll. 39 f.）。关于否认克劳狄乌斯曾提及巴尔布斯家族的观点，参见K. Welllealey, *Greece and Rome*[2] I (1954), 28 f.。
4　11.24.3: "cum specie deductarum per orbem terrae legionum additis provincialium validissimis fesso imperio subventum est（当我们的军团遍布天下之际，我们将最强壮的行省居民加入其中，从而令已经虚弱不堪的帝国重获活力）."
5　ib. 6: "iam moribus artibus adfinitatibus nostris mixti（风尚、文化与通婚将我们融合到了一起）."
6　ib. 7: "inveterascet hoc quoque, et quod hodie exemplis tuemur, inter exempla erit（我们创造的东西，以及我们今日所继承的先例也终将成为后世垂范）."
7　参见奥索论罗马之伟大的结束语（*Hist.* 1.84.4）。

克劳狄乌斯的讲话方式是极其可憎的。[1]科奈里乌斯·塔西佗或许对那篇演说里展示的元首性格毫无兴趣：那里或许也没有什么值得深入研究探讨的谜团。贫乏的怪异言论令人厌烦，而缺乏高贵气质的演说则是对史学的一种冒犯。[2]

元首提比略的情况则截然不同。历史学家塔西佗对此人的演说才华进行了令人印象深刻的描述——提比略在讲话时会字斟句酌，其言辞要么意义明确，要么故意模棱两可。[3]换言之，他的讲话风格跟科奈里乌斯·塔西佗本人如出一辙。[4]在处理克劳狄乌斯的演说时，塔西佗发现其中没有多少值得保留的东西：他需要对原文的语言和论据进行戏剧化重塑。提比略的演说则似乎不存在那么多麻烦。[5]如前所述，历史学家塔西佗曾两度引用过他的一个典型的、具有讽刺意义的字眼，并在其一篇演说中抄录了两个仿古式的句子。[6]我们的研究还可以更进一步。塔西佗复述的若干演说可以展示、证明提比略的某些品质——如他的高贵、严谨和善于讽刺。其中一些亮点应当归功于元首本人——或许甚至包括一些从前被毫无争议地归在科奈里乌斯·塔西佗名下的有力警句。这样的例子如"对诸神的冒犯不关凡人的事"，以及"君王有死，但国家永存"。[7]

《编年史》的前6卷向我们展示了一位孜孜不倦地参考元老院草案的研究者。如果我们之前的观点不谬的话，那么提比略各篇演说的重要性非同小可：它们不仅在分析史料或文学技巧时派得上用场，还可以帮助我们洞察元首——或许还有史学家塔西佗——的心理状态。除了简短的评论或摘要外，

320

1　关于对这篇演说相对积极的评价，参见K. Wellesley o.c. 13 ff.; F. Vittinghoff, *Hermes* LXXXII (1954), 362 ff.。

2　但出于种种目的，塔西佗频繁引用了克劳狄乌斯的其他演说词，其中很重要的一点是为了反映那位元首的古怪之处。见附录40—41。

3　13.3.2: "Tiberius artem quoque callebat, qua verba expenderet, tum validus sensibus aut consulto ambiguous (此外，提比略也堪称一位精于拿捏用词的作家。他既能鲜明有力地表达自己的情感，也能故意制造模棱两可的效果)."

4　见原书第429页。

5　见附录39。

6　3.24.4; 47.4（"旅居"）；复古用语的例子如4.38（原书第284页）。

7　1.73.4: "deorum iniurias dis curae"; 3.6.3: "principes mortalis, rem publicam aeternam esse."

《编年史》中共有5篇标准的演说。[1] 此外还有一篇业已失传的文本，即从卡普里埃岛寄出的、宣布埃利乌斯·塞亚努斯末日到来的讲话稿。[2]

巧妙转述那篇富含弦外之音和迂回欺骗的杰作是一个艰巨挑战——但塔西佗无疑会欣然接受该任务。他一直等待着那样的机会。卷4记载了那名权臣向主子提出的请求（塞亚努斯希望能够迎娶一位公主），以及元首的长篇答复。[3] 塞亚努斯在陈词开头回顾了自己从前的受宠与感激之情，随后表达了自己作为一名军人的责任感和作为朋友希望帮助元首的强烈愿望。他在结语中展示了自己谦卑的忠诚——生活在这样一位君王治下已让他心满意足，甚至喜出望外。[4] 提比略则称赞了朋友的"忠诚"，请他给自己一些时间考虑。但他热情洋溢地抛出了一系列证据，不止一次地表达了对朋友的真诚。他不动声色地暗示了自己尚未成熟、不便明言的计划：对于塞亚努斯的功绩与忠诚而言，怎样的褒奖都是不过分的；他在适宜的时候会在罗马城向元老院或罗马人民公布自己的决定。[5]

历史学家们很容易抱怨自己的主题，声称它是干瘪的、棘手的或丑陋的，很少爽快地承认自己喜欢手头的这项工作。忧郁的塔西佗举出共和时代的罗马编年史为例，认为它们拥有辉煌的主题和广阔的视野。[6] 但历史学家

1　见原书第283页。
2　Dio 63.10.11 ff.; Juvenal 10.71 f.
3　4.39 f.
4　39.4: "nam sibi multum superque vitae fore, quod tali cum principe explevisset（对于他自己而言，无论在这样一位元首麾下效劳多久，那样的生活都是值得的和超出预期的）。"
5　40.7: "ipse quid intra animum volutaverim, quibus adhuc necessitudinibus inmiscere te mihi parem, omittam ad praesens referre: id tantum aperiam, nihil esse tam excelsum, quod non virtutes istae tuusque in me animus mereantur, datoque tempore vel in senatu vel in contione non reticebo（关于我自己的想法以及我计划用来巩固你我友谊的纽带，我暂时姑且不表。我要明确的只是一点：对于褒奖你的美德和对我的感情而言，无论多高的地位都是不过分的。当时机成熟之际，我是不会在元老院或公开场合一言不发的）。"
6　32.1: "pleraque eorum, quae rettuli quaeque referam, parva forsitan et levia memoratu videri non nescius sum: sed nemo annales nostros cum scriptura eorum contenderit, qui veteres populi Romani res composuere. ingentia illi bella（我并非不清楚，自己已经记述和将要记述的许多事情看上去是不值一提的琐事；但无人可以将我撰写的编年史同记述古代罗马人民历史［如那些宏大的战争］的作品相提并论）"，等等。

的真正嗜好是无法掩饰到底的。那些演说词便是塔西佗的得意之作。无论塔西佗是改写了原文，还是随心所欲地进行了自由创作，他都是精神抖擞、充满自信甚至乐此不疲的。他可以为一篇演说指定任何激发了自己想象力的主题；跟插曲一样，这些演说词往往提供了反映作者密切关注点的线索。

在《编年史》中，塔西佗的偏好或强烈个人兴趣体现在许多细节之上——如宗教仪式流程、前执政官级别行省的分配、罗马的古代掌故、道德立法与高卢的历史；塔西佗对材料的择取和呈现方式也受到了自身生活时代的事件，以及他的出身、履历与社会等级的影响。关于这些，我们在后文中还会加以探讨。就目前的需要而言，我们只需指出科奈里乌斯·塔西佗众多关注点中的一项就够了。它反映了作者自觉的个人选材取向，那就是对罗马演说家群体的重视。

第二十五章 《编年史》中的罗马演说术

《编年史》利用各种方式，通过巧妙呈现的人物、事件、文学批评、讣告或演说词改编记述了一部尤利乌斯-克劳狄乌斯王朝诸元首治下的演说术发展简史。塔西佗笔下与此相关的任何细节或暗示都可能是至关重要的。

在奥古斯都时代，最著名的演说家是麦萨拉·科尔维努斯和阿西尼乌斯·波利奥。二者的性格与演说风格截然相反。两人都将共和国时期的一些东西带入了元首制时代。麦萨拉带来了贵族的雅致——以及他们的见风使舵。显赫、古老的瓦勒里乌斯家族子孙位居元首最坚定的支持者之列，不以为耻地在元老院里提议授予元首奥古斯都"国父（pater patriae）"的头衔。但来自意大利的新人阿西尼乌斯·波利奥则推崇共和国的自由精神与广开言路风尚。

波利奥与麦萨拉都享尽天年，一直活到了奥古斯都统治的最后十年。由于年代断限的缘故，《编年史》没有正面记述他们的生平；但妨碍两人进入《编年史》的也只有年代障碍。那些经典演说家的特点会在记载他们儿子或其他后人言行时得到追忆或重述。麦萨拉的直系后代在元首奥古斯都的最后一位子嗣去世前已经绝嗣，但科奈里乌斯塔西佗的同辈人中仍有前执政官级别的阿西尼乌斯家族成员。[1]

当元老院在奥古斯都去世后第一次集会时，它讨论了葬礼的流程问题。

1　见原书第302页。

历史学家塔西佗挑选并引述了其中最值得关注的议案，提及了3位前执政官级别演说家的名字。首先是阿西尼乌斯·伽鲁斯，接着是卢奇乌斯·阿伦提乌斯，随后是提出了另一项不相干议题的瓦勒里乌斯·麦萨利努斯：对新元首的效忠誓言应当每年更新一次。他解释道，这个想法完全是他自己的——并展示了他的独立性和公共精神。[1]

麦萨利努斯是麦萨拉·科尔维努斯的长子。他在提比略统治时期一直没有在政治上显山露水，或许在公元21年后不久就去世了。[2] 然而，《编年史》的作者却让他早早出场（并且是浓墨重彩地），随后又让他在元老院里发表了一篇演说。[3] 那项议案并非特别紧要（行省总督能否带着自己的妻子赴任？），并且相关讨论也不了了之。为支持那种人道主义精神（它大大缓和了罗马人祖先规矩的严酷性），麦萨利努斯提出了一条高贵的理由。塔西佗认为，麦萨利努斯的口才酷似他的父亲。[4] 这篇演说无疑旨在重申并佐证那一令人欣慰的论断：高贵、坦率和优雅是麦萨拉·科尔维努斯的典型特征。[5] 然而，我们手头并无证据可以表明，那位儿子的表现与声誉能够同父亲相提并论。

他的弟弟科塔·麦萨利努斯（Cotta Messallinus）或许是位优秀得多的演说家，并且至少活到了提比略统治后期。[6] 但塔西佗要让科塔·麦萨利努斯承担另一角色——对权力俯首帖耳的堕落显贵。[7] 这支尊贵家族的最后一人沦

---

[1] 1.8.4. 如塔西佗所说，"他只坚持自己的想法（ea sola species adulandi supererat）"。我们还应注意他在格涅乌斯·披索死后的提议（3.18.2）。

[2] 他是公元3年的执政官，最后一次被《编年史》提及的段落为3.34.1。塔西佗没有为他撰写讣告。

[3] 3.34.

[4] ib. 1: "ineratque imago paternae facundiae（他拥有自己父亲演讲的风范）." 参见 Ovid, *Tristia* 4.4.3 ff. 中的类似说法。

[5] *Dial.* 18.2; Quintilian 10.1.113.

[6] 6.5.1. 他的全名——"玛库斯·奥勒留·科塔·马克西穆斯·麦萨利努斯（M. Aurelius Cotta Maximus Messallinus）"——与公元20年的执政官（玛库斯·奥勒留·科塔［M. Aurelius Cotta］）相同，尽管 Groag, *PIR*[1], A 1488 对此表示怀疑。参见附录63。

[7] 见原书第574页。

落到了要从尼禄那里领取经济补贴的田地。在开启麦萨拉家族的一名成员同元首共同出任执政官的公元58年时,塔西佗添加了一条评论,引导读者回想起了历史和其他一些事情:个别几位老人还记得,他的曾祖父、演说家麦萨拉·科尔维努斯曾经同奥古斯都一道出任过执政官。[1]

麦萨拉·科尔维努斯及其后人的情况就是如此。另一方面,阿西尼乌斯·伽鲁斯却在很大程度上继承了桀骜不驯的波利奥的"强悍(ferocia)"。当奥古斯都被封神后,伽鲁斯以一种突兀的、令人尴尬的方式参与了元老院辩论,提出了矛头直指元首提比略的质疑。[2]同伽鲁斯的名字并列在一起的还有另外三位一流演说家:其中每个人都讲错了话,有些是出于无心。由于政治与家庭背景的原因,卢奇乌斯·阿伦提乌斯和埃米利乌斯·斯考鲁斯(Amilius Scaurus)同样值得在《编年史》中占据显要地位。作者反复提到了他们,正如他多次提及伽鲁斯一样。[3]第三位是昆图斯·哈特里乌斯,一名新人。他在国家大事的决策中人微言轻,就连他矫揉造作的演说词也显得绵软无力。但此人在这里的出场同样并非出自偶然[4]——他日后将扮演一名可憎奴才的角色。[5]他的后人们也没有被忽略。[6]最引人注目的是一条讣告:它将哈特里乌斯同受到赞扬的阿西尼乌斯·伽鲁斯联系在了一起。[7]本人十分重视文字的分量、深度和紧凑性的塔西佗严厉批评了那位人气极旺但昙花一现的演说家;哈特里乌斯的讲话是热烈奔放的;但他没有时间和精力去打磨自己

---

1 13.34.1. 塔西佗为此人进行了辩解,提到了他"无辜的贫困(paupertas innoxia)"。
2 1.12.2.
3 更多信息见原书第381页。斯考鲁斯(PIR[2], A 404)是"那个时代最口若悬河的演说家(oratorum ea aetate uberrimus erat)",但十分懒散。参见Seneca, Controv. 10, praef. 2 f.。塞涅卡没有提及卢奇乌斯·阿伦提乌斯(L. Arruntius)(PIR[2], A 1130)。
4 他对提比略极尽谄媚之能事,并得到了里维娅的庇护(1.13.6)。
5 3.57.2.
6 即昆图斯·哈特里乌斯·阿格里帕(Q. Haterius Agrippa, 公元22年执政官)和昆图斯·哈特里乌斯·安东尼(Q. Haterius Antoninus, 公元53年执政官)。关于前者,见1.77.3; 2.51.1; 3.49.2, 参见51.1; 6.4.4;关于后者,见13.34.1。
7 4.61: "Asinius Agrippa, claris maioribus quam vetustis vitaque non degener(阿西尼乌斯·阿格里帕并未辱没其古老且光辉的家世)."但塔西佗并未记载此人的任何言辞或举动。

的风格，而只有风格才能永垂不朽。[1]因而哈特里乌斯是应受谴责的。[2]

哈特里乌斯十分长寿，是少数几个"还见过共和国"的人物之一。[3]他在讲话中总要提到西塞罗与自由。[4]塔西佗回避了这些事实，因为它们与主题无关，会影响作者论断的统一性。如果塔西佗愿意的话，他还可以用更动听的语言讲述共和国及其演说家——其媒介可以是一个如雷贯耳的名字，可以是关于演说词风格的讨论，也可以是某些令人追忆起一场经典辩论的主题。

公元前55年，当执政官们试图通过反奢侈法案时，推崇奢侈浮华的霍腾修斯站出来回应了他们的挑战。他赞美了帝国之都的伟大，称颂了宏伟与浮华的价值。[5]霍腾修斯的论点在《编年史》里借阿西尼乌斯·伽鲁斯之口得以重现。[6]跟霍腾修斯一样，伽鲁斯也取得了胜利——并且是在爱好享乐的听众

---

[1] ib.: "monimenta ingeni eius haud perinde retinentur. Scilicet impetu magis quam cura vigebat; utque aliorum meditatio et labor in posterum valescit, sic Haterii canorum illud et profluens cum ipso simul extinctum est（尽管关于其天才的记忆并未得到相应保存。他所擅长的主要是慷慨激昂，而非精雕细刻。因此，当其他人的辛勤构思在后人当中声名日盛之际，哈特里乌斯的如歌声音和口若悬河却伴随着他本人一起销声匿迹了）."关于最后一句的措辞，参见Cicero, De oratore 3.28: "profluens quiddam habuit Carbo et canorum（卡尔波的演说口若悬河，宛如歌声）."塔西佗在自己的其他现存文本中从未使用过"如歌（canorus）"这一形容词。

[2] 关于他的健谈，参见Seneca, Controv. 4, praef. 7 ff., 以及奥古斯都的评价"珠联璧合（sufflaminandus est）"。但昆体良对他只字不提证实了（如果需要的话）塔西佗的批评意见。

[3] 哈特里乌斯（公元前5年递补执政官）是麦萨拉·科尔维努斯（Messalla Corvinus）的同时代人，出生于公元前63年左右。他在公元26年（4.61）去世时已年近九旬（Jerome, Chron., p. 172 H, 公元24年条目下）。塔西佗知道哈特里乌斯同王室之间存在着联姻关系，参见他对其子的评价（2.51.1）。

[4] Seneca, Suas. 6.1 f.; 7.1.

[5] Dio 39.37.3: "Ὁρτήσιος φιλαναλωτὴς ἐν τοῖς μάλιστα ὢν ἔπεισεν αὐτούς, τό τε μέγεθος τῆς πόλεως ἐπεξιών, καὶ αὐτοὺς ἐπί τε τῇ οἴκοι πολυτελείᾳ καὶ <αὐτοὺς> ἐπὶ τῇ ἐς τοὺς ἄλλους μεγαλοφροσύνῃ ἐπαινῶν, καταβαλεῖν τὴν γνώμην, ἅτε καὶ συναγωνιστῇ τῶν λόγων τῷ βίῳ σφῶν χρώμενος（嗜好奢侈浮华的霍腾修斯赞美了罗马城的宏伟壮丽、房屋的美轮美奂和他们对其他人的慷慨，从而利用他们自己的生活方式来支持自己的观点，劝说他们放弃自己的意图）."

[6] 2.33.2: "auctu imperii adolevisse etiam privatas opes, idque non novum, sed e vetustissimis moribus: aliam apud Fabricios, aliam apud Scipiones pecuniam; et cuncta ad rem publicam referri, qua tenui angustas civium domos, postquam eo magnificentiae venerit, gliscere singulos（随着帝国的扩张，私人财富也在不断积聚。那并不是什么新鲜事，而是合乎极其古老的习俗：法布里奇乌斯家族和西庇阿家族都富可敌国，那都与共和国密切相关。从前的公民们只住着狭小的寒舍；当国家日后走向强盛之时，个人的生活质量也在不断提升）."

们的力挺之下获胜的。[1]

以这一事件为契机，霍腾修斯的亲生孙子也走上了舞台，但其形象并不是光彩照人的。[2]他用一篇演说向元首和元老院表达了自己的诉求与不幸遭遇。政坛上的风云变幻让他无法继承自己名字与出身本应带来的财富、人气与口才。奥古斯都曾向他提供过一份津贴，霍腾修斯凭借这笔钱养育了4个儿子。但他现在需要更多的钱。他的陈情内容便是如此，并且表达方式也不无高贵之处。但这番发言并未打动元首提比略。他的回答是简短和冷冰冰的，于是伟大演说家霍腾修斯的后裔陷入了可耻的贫困之中。

塔西佗用另一种办法记录了提比略统治初期最著名的一些"庇护人"的名字。当叙利亚副将格涅乌斯·披索受到指控时，3名律师答应为他出庭辩护。但披索还联系过另外5人。塔西佗记录了所有相关人物的名字。[3]他们几乎都是前执政官，其中只有一个例外——一位前途无量的演说家，即阿西尼乌斯·波利奥的外孙。[4]

那次控诉的参与者中原本就不缺乏重量级名字。在东方为王子日耳曼尼库斯效劳的3位朋友高举"忠诚"的大旗，渴望进行复仇——他们是普布利乌斯·维特利乌斯、昆图斯·塞尔万乌斯和昆图斯·维拉尼乌斯（Q. Veranius）。维特利乌斯的讲话引人注目，并且3人都得到祭司头衔作为报酬。[5]维特利乌斯后来因为充当塞亚努斯的党羽而倒了霉。[6]塞尔万乌斯也改换了门庭。尽管并未跟塞亚努斯有多深的交情，他还是在怒火中烧的元首的坚持下上了法庭，并成为一名告密者。[7]当时以大逆罪罪名起诉格涅乌斯·披索

---

[1] ib. 4: "facilem adsensum Gallo sub nominibus honestis confessio vitiorum et similitudo audientium dedit（通过这种在正直的名义下承认过失的做法，伽鲁斯轻而易举地赢得了听众的同情）."
[2] 2.37 f.（玛库斯·霍腾修斯·霍塔鲁斯［M. Hortensius Hortalus］）.
[3] 3.11.2.
[4] 玛库斯·克劳狄乌斯·马塞卢斯·埃塞尔尼努斯（M. Claudius Marcellus Aeserninus）（PIR^2, C 928）。他是公元19年大法官。我们手头没有关于他出任过执政官的证据，他或许是在获得那一应得荣誉之前便过世了。
[5] 3.19.1. 关于维特利乌斯的演说（13.2），参见Pliny, NH 11.187.
[6] 5.8.
[7] 6.7.2 ff. 该家族日后大力宣扬的著名家姓（cognomen）似乎代表着一种抗议：见"无辜者"塞
（转下页注）

兄弟的维拉尼乌斯或许（又或许没有）逃避了从前盟友们（日耳曼尼库斯麾下的"将领［comites］"）的命运。[1]

法庭诉讼的记录使得历史学家塔西佗有机会满足其个人兴趣，介绍一些在政治上原本默默无闻的人物——其中有些是凭借在罗马修辞学学校中展示的才华和做出的贡献而被世人铭记的。在奥古斯都统治后期，一种新的文风开始流行：那在很大程度上要归功于卡西乌斯·塞维鲁，一位出身卑微、咄咄逼人、令人不悦的人物——但却是一位伟大的演说家。[2] 他卷入了跟政府有关的麻烦。在元首的严厉敦促下，元老院决定判处此人流放：那是"大逆罪"的罪名第一次用于文字或言论的定罪场合。[3] 塔西佗十分应景地记录了此事，他由此也有机会再次提及卡西乌斯·塞维鲁。[4]

此人在元首提比略统治时期拥有许多后继者——一批声名狼藉的告密人：如今他们大多是为政府效劳的。在《编年史》开篇对公元15年史事的记载中，历史学家塔西佗有意插入了一幅对"告密者"的生动素描——那是作者深谋远虑的、对此类人原型的刻画。[5] 一个名叫凯皮奥·克里斯皮努斯的人

（接上页注）

尔万乌斯（[Servaeus In]noc(ens)）和"无辜者"昆图斯·塞尔万乌斯（Q. Servaeus Innocens）（两人分别是公元82和101年递补执政官）。

1　4.21.2中关于《迈狄凯乌斯手稿》"并予以严厉惩戒（pisonemque gravius）"的文本可读作"披索与维拉尼乌斯（Pisonemque Veranius）"，参见R. Syme, *JRS* XLVI (1956), 20。当前通行的文本采纳了利普修斯的修订方式——"昆图斯·格拉尼乌斯（指控）披索（Pisonem Q. Granius）"。维拉尼乌斯的儿子是公元37年财务官和公元49年执政官，是个值得在史著中书上一笔的人物（见原书第386页）。

2　在昆体良开列的目录（10.1.116，参见12.10.11）中，他是继麦萨拉和波利奥之后被提及的唯一一位奥古斯都时代演说家。

3　1.72.3，参见Dio 61.27.1（公元12年）。

4　4.21.3: "sordidae originis, maleficae vitae, sed orandi validus（出身卑贱、作恶多端，但擅长演说）."

5　1.74.1 f.: "Nec multo post Granium Marcellum, praetorem Bithyniae, quaestor ipsius Caepio Crispinus maiestatis postulavit, subscribente Roman<i>o Hispone: qui formam vitae iniit, quam postea celebrem miseriae temporum et audacia hominum fecerunt. Nam egens, ignotus, inquies, dum occultis libellis saevitiae principis adrepit, mox clarissimo cuique periculum facessit, potentiam apud unum, odium apud omnis adeptus, dedit exemplum, quod secuti ex pauperibus divites, ex contemptis metuendi perniciem aliis, ac postremum sibi invenere（不久之后作为下属的财务官凯皮奥·克里斯皮努斯以

（转下页注）

选择了这一职业。由于缺乏出身、财富或名声，他通过曲意逢迎和秘密告发赢得了一位残忍元首的信任，并开始攻击地位极高的人物。凭借这种方式，他从一个人手中获得了权势和影响力，但换来了公众的憎恶。沿着这位向导开辟的道路，一批穷人摇身一变成了富豪：他们不再遭到鄙视，而是受人畏惧。他们策划了其他人的毁灭，最后也为自己引来了灭顶之灾。[1]

尤尼乌斯·奥索（Junius Otho）和布鲁特狄乌斯·尼格尔（Bruttedius Niger）很快站了出来，积极且成功地告倒了一位亚细亚行省总督。前者曾长期经营一所修辞学校，凭借塞亚努斯的庇护而得以进入元老院。尽管此人的出身已十分卑微，他的见利忘义与胆大包天却更为下贱。布鲁特狄乌斯则拥有出色的才华。如果他最初树立的目标足够高尚的话，他本可取得很大的成就。但布鲁特狄乌斯急不可耐地想要出人头地。他渴望超越与自己旗鼓相当的人，随后又想超越比自己更优秀的人，甚至超越自己的野心。历史学家塔西佗补充道，这个家伙自己便毁掉了许多高贵人物，并吊起了所有渴望成功、不屑于按部就班等待机会的投机分子们的胃口。[2]

这些姓名的出现并非偶然。作为活力四射、言辞犀利、才华横溢的演说家，布鲁特狄乌斯和奥索会反复被一位了解修辞学门派与代表人物的批评

（接上页注）

大逆罪罪名告发了治理比提尼亚行省的前大法官格拉尼乌斯·马塞卢斯，同他联名举报的人是希斯波·罗马尼乌斯。凯皮奥是这个时代的不幸和世人的大胆妄为所造就的第一个从事这一行当的人物。这个原本一贫如洗、默默无闻、不肯安分、深藏不露的人物凭着一纸告密诉状赢得了那位凶残元首的信任。即使得全国最光辉的人物陷入危机，而只有一个人赢得了宠幸；他遭到了所有人的痛恨，并树立了一个恶劣先例。效法者们纷纷从赤贫走向飞黄腾达，从受人鄙夷变得令人生畏，最终自取灭亡）。"

1 1.74.1 f. 所塑造的告密者原型似乎是凯皮奥·克里斯皮努斯，而非罗马尼乌斯·希斯波；参见附录37。历史学家塔西佗并非不知道同时代前执政官奥鲁斯·凯皮奥·克里斯皮努斯（A. Caepio Crispinus）和提比略·凯皮奥·希斯波（Ti. Caepio Hispo）的存在（PIR^2, C 150; E 83）。关于罗马尼乌斯·希斯波的氏族姓（nomen）和家姓（cognomen）问题，见 JRS XXXIX (1949), 14 f.。"希斯波（Hispo）"这个名字非常罕见：值得注意的有科瑞利乌斯·鲁孚斯的妻子希斯普拉（Hispulla, Pliny）(Epp. 3.3) 与卡尔普尼娅·希斯普拉（Calpurnia Hispulla）(4.19; 8.11)。提比略·凯皮奥·希斯波（公元101年前后递补执政官）或许是一位演说家（附录25，参见附录27）。

2 3.66.

家——老塞涅卡所提及（有时还会称赞）。[1] 塔西佗使用的语言和评价十分阴郁，预示了这些野心勃勃的天才命中注定的厄运。因塞亚努斯而起的灾祸正在等待着他们。[2]

福尔奇尼乌斯·特里奥（Fulcinius Trio）走得更远。此人早已声名狼藉（塔西佗声称如此），在出场后又控告了斯克里波尼乌斯·利波——那是塔西佗重点记述的一个案子。[3] 他借此获得了财富与晋升。[4] 特里奥也是指控格涅乌斯·披索的急先锋。[5] 尽管日耳曼尼库斯的朋友们很快插手进来，将他挤到了次要地位，特里奥却并未空手而归。元首提比略承诺会赐予他荣誉，但与此同时也对他进行了告诫：特里奥需要当心，不要让急躁和蛮力毁掉了他的才华。[6] 特里奥接受了劝诫——但并未摆脱忌恨。他下一次出场是在塞亚努斯垮台之际，当时他与迈米乌斯·雷古鲁斯（Memmius Regulus）担任着执政官。[7] 尽管特里奥曾是塞亚努斯的党羽，他却成功逃避了指控，顶住了雷古鲁斯的攻讦。[8] 但两人在下一年年初一道陷入了危险，被遭人憎恶的前辈演说家之子哈特里乌斯·阿格里帕（Haterius Agrippa）以相互勾结的罪名告发。[9] 特里奥再也无法拥有安全感了。塞亚努斯倒台后的第四年，面对指控的他选择了自杀。[10]

作为"告密者"和执政官，福尔奇尼乌斯·特里奥在史书中占据了一

---

1 他提及了布鲁特狄乌斯4次，提到了奥索十余次。
2 我们碰巧得知了布鲁特狄乌斯的命运（Juvenal 10.83）。奥索（以及凯皮奥·克里斯皮努斯）可能会在第5卷中再次出现。
3 2.28.3: "celebre inter accusatores Trionis ingenium erat avidumque famae malae（特里奥的本事在告密者中名声显赫，它是招人嫉妒、声名狼藉的）。"
4 32.1.
5 3.10.1.
6 19.1: "ne facundiam violentia praecipitaret（不要让暴力毁掉你的口才）。"
7 他在担任卢斯塔尼亚行省总督后就任了递补执政官（公元31年7月1日），我们知道他在1月22日还在那里（*AE* 1953, 88）。
8 5.11. 狄奥在记述塞亚努斯垮台时提到了他，但并未点名（Dio 58.9.3）。
9 6.4.2.
10 38.2; Dio 58.25.2 ff.（后者并不知道他是公元31年的执政官）.

席之地，成了受到提比略宠幸与提拔但最终难逃应有报应的典型代表。[1] 得以逃避这种死法的多米提乌斯·阿费尔要走运些。不顾一切地想要出人头地的他在公元26年告发了一位贵妇——奥古斯都的外甥孙女克劳狄娅·普尔克拉（Claudia Pulchra）。[2] 阿费尔成功得手，并在下一年里又将矛头对准了她的儿子。历史学家塔西佗的评价很不客气。他说，对于穷困潦倒多年，并已将最近所得挥霍一空的阿费尔继续干这些龌龊勾当一事，没有人会感到惊讶。[3] 然而，克劳狄娅·普尔克拉被定罪一事使得阿费尔得以跻身一流演说家之列。元首的评价也肯定他的声望不是浪得虚名：元首提比略声称，多米提乌斯·阿费尔是天生的演说家。[4] 塔西佗本人对阿费尔的律师生涯进行了评价（他闻名遐迩，但拥有的并非良好名声），并声称此人在江郎才尽的晚年仍不肯住嘴并放弃事业。[5] 塔西佗提前为阿费尔撰写了讣告——尽管后者还有30余年可活。[6]

在《编年史》现已佚失的各卷里，塔西佗肯定又不止一次提及了多米提乌斯·阿费尔。在受到卡里古拉威胁之际，他通过令人作呕的阿谀奉承逃过

1　老塞涅卡没有提及特里奥：我们可以就此举出许多理由。但即便在塔西佗（以及狄奥的两次提及）那里，他也只是一个名字而已，算不得一号人物。塔西佗本有充分理由将特里奥而非凯皮奥描述成"告密者"中的翘楚（参见2.28.3），如果他不是基于个人的某些考虑而没有将这类案件的出现时间提早到公元15年（1.74.1）的话——但"大逆罪"这个字眼是在那次审判中提出的。

2　4.52.1: "is recens praetura, modicus dignationis et quoquo facinore properus clarescere（最近担任过大法官，地位平平，愿意为了出人头地而去犯下任何罪行）."

3　4.66.1: "nullo mirante quod diu egens et parto nuper praemio male usus plura ad flagitia accingeretur（对于这个长期以来穷困潦倒又挥霍了最近得来犒赏的家伙，去尝试新罪恶的做法，没有人会感到奇怪）."

4　52.4: "suo iure disertum（天生口齿伶俐）."

5　ib. 4: "mox capessendis accusationibus aut reos tutando prosperiore eloquentiae quam morum fama fuit, nisi quod aetas extrema multum etiam eloquentiae dempsit, dum fessa mente retinet silentii inpatientiam（后来，无论是在指控还是为人辩护的过程中，他都更多是靠口才而非品德而扬名天下。但高龄甚至影响了他的口才，虽然削弱了其智力，却保留了他那不肯沉默、喋喋不休的习惯）."参见昆体良对阿费尔衰老的评价，以及某人所讲的俏皮话："他虽每况愈下，但却不肯放弃（malle eum deficere quam desinere）."（12.11.3）

6　14.19.

一劫，还赢得了出任执政官的荣誉。[1]但他突然又变得大义凛然起来。阿费尔在元老院里对元首克劳狄乌斯寸步不让，甚至还貌视王室的释奴。[2]阿费尔在那个时代的全体演说家中无疑是最醒目的一位，并值得与古代的伟人们相提并论。[3]除了拥有法庭诉讼的成功和卓越口才外，阿费尔还是一位伟大的智者。他的格言被世人汇编成册，广为流传。[4]

与多米提乌斯·阿费尔生活在同一个时代，但未像阿费尔那样活到老年的是演说家帕西埃努斯。此人继承了撒路斯特·克里斯普斯的姓氏、财富和影响力。[5]作为一个品味细腻高雅的人，他很好地融入了宫廷和首都的生活——他二度出任执政官和迎娶两位公主反映了这一点。[6]跟了不起的维特利乌斯同样狡猾的帕西埃努斯也知道怎样利用或躲避卡里古拉。[7]但他的第二场婚姻是致命的：相传他被尤利娅·阿格里皮娜毒杀了。[8]但除了关于卡里古拉的一句俏皮话外，塔西佗的现存作品中并未记载上述任何内容。[9]

1　Dio 59.19.1 ff.

2　Jerome, *Epp.* 52.7.3; Quintilian 6.3.81.

3　Quintilian 12.11.3; 10.1.118: "quem in numero veterum habere non timeas（你无须畏惧被人拿来同古人相提并论）."

4　id. 6.3.42.

5　*PIR*[1], P 109. 他的全名为"盖约·撒路斯特·克里斯普斯·帕西埃努斯（C. Sallustius Crispus Passienus）"（*AE* 1924, 72）；他是卢奇乌斯·帕西埃努斯·鲁弗斯（L. Passienus Rufus，公元前4年执政官）之子，而非（如 *Rom. Rev.* [1939], 384之误）撒路斯特·克里斯普斯之子。他是公元27年递补执政官，于公元44年第2次出任执政官（名年）。

6　即尼禄的姑姑（*PIR*[2], D 171）和尼禄的母亲。

7　*Schol.* on Juvenal 4.81 = Suetonius. ed. Roth (1898), p. 290: "interrogatus haberetne sicut ipse cum sorore consuetudinem, *nondum* inquit, quamvis decenter et caute（当被元首问及他是否跟自己一样同亲姐妹有染时，他说"还没有"，那是一个小心谨慎的答复）."

8　ib. 塔西佗无疑会记载他的去世。那应当不晚于公元47年初，不可能是在公元48年，如R. Hanslik, P-W XVIII, 2097 f. 所说的那样（那篇文章中还包含着其他缺陷与错误）。

9　6.20.1: "unde mox scitum Passieni oratoris dictum percrebruit neque meliorem umquam servum neque deteriorem dominum fuisse（此后不久还有演说家帕西埃努斯的格言——从未有过更好的奴隶和更坏的主人）." 其他格言见Seneca, *De ben.* 1.15.5; Pliny, *Epp.* 7.6.11. 作为他的朋友和一位优秀法官，小塞涅卡说过："我从未见过有人在一切事情上比克里斯普斯·帕西埃努斯更为精明，尤其是在把握、剖析人物缺点方面（Crispus Passienus, quo ego nil cognovi subtilius in omnibus quidem rebus, maxime in distinguendis et curandis vitiis）."（*NQ* 4, *praef.* 6）

329　　　前执政官级别的显贵们或许还能让我们追忆起共和国的昔日岁月：那时的演说术还是为了赢得声名、为被保护人辩护和公开竞争作为国家主人的罗马人民授予的荣誉——而不是（据说如此）为了赚钱。帝国的降临则将演说术变成了一个龌龊行当。公元47年，一帮贪得无厌、谎话连篇的律师的举报导致公共舆论大哗。这一事件引发了元老院里的一场讨论，还有呼声要求恢复一道极其古老的、禁止收取诉讼费的法律。

即将上任的执政官发言拥护这条法律。[1]他庄严地呼唤古代的权威。他追忆了奥古斯都治下全盛期的麦萨拉·科尔维努斯和阿西尼乌斯·波利奥，以及更为晚近的若干例子。但也有人提出了反对意见——那些意见来自苏伊利乌斯·鲁孚斯（Suillius Rufus）、科苏提亚努斯·卡庇托（Cossutianus Capito）等人，他们正是那些因行为不端而受到攻击的人物。历史学家塔西佗亲自出马，为他们准备了一篇申辩词。[2]他们声称，将荣誉视为演说家唯一追求的说法是不负责任的。诉讼律师需要花费时间、汗水和金钱——在无法指望获得任何个人好处的情况下，没有人愿意从事这项事业。他们是从事一项可敬职业的体面人物——如果取消各种犒劳与激励的话，这项职业将会消亡。那对波利奥和麦萨拉而言倒是无所谓——那些大师确实可以对法庭诉讼费不屑一顾：因为内战期间积聚的、从安东尼战利品中瓜分的和奥古斯都慷慨赏赐的财富已足够他们的花销。其他一些以美德著称的演说家也是富家子弟。如果非要援引共和国的先例的话，那么某些政治演说家凭借自己的高谈阔论拿了多少好处也是尽人皆知的事情。

塔西佗动用了诉讼律师的技巧（甚至不无同情），并详细阐述了在他看来"话糙理不糙（minus decora）"的论据。那些论据打动了元首克劳狄乌斯，于是适度的收费标准很快被制定出来了。

塔西佗记载了公共演说术发展史上的一些光辉灿烂的名字与案例。但他也没有忽视其他一些小人物。他用直接提及或简单注释的形式介绍了一些

---

[1]　11.6.
[2]　7.

在其他方面没有展示过什么才华的前执政官，因一篇经典演说而成名的告密者，或史学家塔西佗本人对其理论著作了如指掌的某位诉讼律师。[1]

他的精湛技艺足以处理各种类型的演说词样本。随着元老院事务重要性的减弱，塔西佗找到了一项新任务和聊以自慰的满足感——他可以通过案例说明，元老院里要求使用的辩论语言和风格究竟是怎样的。并且他还找到了两位个性鲜明、道德完美的人物——卡西乌斯·隆吉努斯和特拉西亚·佩图斯：他们的风格和情操让人追忆起从前的岁月。[2]

这两位前执政官或许（也或许没有）在那个时代的演说家中享受着崇高地位和知名度。但真实情况可能是没有：他们的论点推崇古老的时代，并且塔西佗故意在他们的演说中加入了复古元素。[3] 卡西乌斯和特拉西亚的讲话展示了逻辑、节制与尊严——那是帝国时期罗马元老院中日益罕见的优点。

对于那些官方发言人仪式性的场面话，《编年史》的作者只肯发表一句简短的、冷嘲热讽的评论。[4] 他不喜欢在那些话题上拖泥带水。颂词作者在没有表达愤怒与讽刺的更好素材的情况下，有时候会进行嘲弄。作为一名出身元老的历史学家，塔西佗当然要指出：元首们的统治故意纵容曲意逢迎或恶毒诽谤，从而败坏了"高雅艺术（bonae artes）"。

---

1 如"做过许多出色研究的（inlustris studiis）"（6.47.2）盖约·维比乌斯·玛尔苏斯（C. Vibius Marsus）；"谈吐雅致的（comptae facundiae）"（6.15.1）玛库斯·维尼奇乌斯（M. Vinicius）；"文风犀利（truci eloquentia）"（6.48.4）的德奇姆斯·雷利乌斯·巴尔布斯（D. Laelius Balbus）（*PIR*[1], L 28）。雷利乌斯·巴尔布斯曾发表过一篇著名演说（Quintilian 10.1.24）。关于《编年史》第1—6卷中的诉讼案件完整目录，见 R. S. Rogers, *Criminal Trials and Criminal Legislation under Tiberius* (1935), 212 ff.。更多信息可关注纳旁的沃提埃努斯·蒙塔努斯（Votienus Montanus）（*PIR*[1], V 674），此人被描述为"举世闻名的天才（celebris ingenii vir）"（4.42.1）。他撰写过关于修辞学的著作（Seneca, *Controv.* 9.6.18——*PIR* 并未记录他）。此外还有修辞学家沃尔卡奇乌斯·莫斯库斯（Volcacius Moschus）（*PIR*[1], V 621），他在马赛利亚的流放生涯中死去（4.43.5）。

2 14.43 f.; 15.20 f. 参见前文中玛库斯·雷必达（M. Lepidus）的短篇演说（3.50）。

3 见原书第355页。

4 16.2.2: "nova ubertate provenire terram et obvias opes deferre deos, quaeque alia summa facundia nec minore adulatione servilia fingebant, securi de facilitate credentis（一种新产品降临大地，诸神赐予了唾手可得的财富。他们用诸如此类的极力吹捧和赞颂进行着献媚，相信那位元首是很容易欺骗的)."

通过记录演说词的方式，塔西佗展示了左右逢源者和"告密者"的面貌。元首制早期瓦勒里乌斯显贵家族的表现或许可以得到谅解与宽恕，因为他们的演说无非是用一种体面的方式适应了那个不断变化着的时代，而那门艺术很快就要进一步降格为廷臣的卑鄙伎俩或政客的阴谋诡计。

卢奇乌斯·维特利乌斯在有一天步入元老院时请求准许自己发言，讨论一桩重大的公共议题。[1]他说，在治理天下的沉重负担下工作的元首无法一心一意地关注公共福利，除非他无须挂念自己家里与家族内部的私事。对于一位监察官而言，还有什么比婚姻更能为他提供支持和安慰呢？无论在顺境还是逆境中，一位妻子都是丈夫的忠实伴侣、其秘密的守护者和孩子们的监护人。因而元首克劳狄乌斯应当结婚。他从年少时起就以举止规范而著称：享乐与堕落在他的日常习惯中没有藏身之地。

在如此开门见山，并在元老们快乐的欢呼声中停顿了片刻后，这位演说家又接着讲了下去。[2]他提到了阿格里皮娜的名字，历数了她的美德，感谢上苍她还是一位可以再嫁的寡妇，并希望这段姻缘将一劳永逸地成为元首婚姻的典范。迎娶自己的侄女（有人会对此表示反对）在罗马是件新鲜事。但那完全算不得出格：风俗总会随着时代与形势发生变化，创新终将变为成例。

以上便是科奈里乌斯·塔西佗笔下卢奇乌斯·维特利乌斯提出的论据。[3]这篇演说不仅再现了维特利乌斯的圆滑技巧，多次利用了讽刺与各种贬损技巧。[4]它还令读者们想起瓦勒里乌斯·麦萨利努斯关于婚姻带给人慰藉的发

---

[1] 12.5.3: "ipse curiam ingreditur, summamque rem publicam agi obtestans（他亲自来到元老院，声称带来了对于国家而言至关重要的议题）"，等等。

[2] 6.1.

[3] 这篇文本中到底有多少属于塔西佗，又有多少属于维特利乌斯呢？我们有理由认为，元老院草案通常情况下不会全文记录元老们的演讲（参见原书第188页）。但这却是一个特殊场合（关系到国家大事）：演讲者的一些话可能会被写进元老院公告（参见附录40）。还应注意的是，在塔西佗笔下，一位执政官请尼禄迎娶屋大维娅的提议"跟不久之前维特利乌斯的措辞几乎别无二致"（12.9.2）。

[4] 如"元首的繁重公务牵涉到全世界的安危（gravissimos principis labores, quis orbem terrae capessat）"。类似表述参见Seneca, *Ad Polybium* 7.2: "ex quo se Caesar orbi terrarium dedicavit（元首由此将自己献给了全世界）"；"元首的婚姻大事（maritandum principem）"（该动词在塔西佗的

（转下页注）

言。[1]演说结尾处恶搞了元首克劳狄乌斯，呼应了历史学家塔西佗笔下高卢贵族演讲的最后一句话。[2]作为需要解释其指令的元首廷臣或外省总督，维特利乌斯确实有可能会不经意或自觉地模仿元首的讲话风格。[3]何况维特利乌斯又是克劳狄乌斯的老朋友和一个工于心计的人。[4]难道他不值得和自己的另一位同伙一样被誉为"克劳狄乌斯的喉舌（homo Claudiana lingua disertus）"吗？[5]

当塔西佗用更不客气的方式创作"告密者们"的演说词时，他的技巧与细腻心思同样一望即知。公元47年出场的两位贪赃枉法但言辞动听的律师——苏伊利乌斯·鲁孚斯和科苏提亚努斯·卡庇托——还会被再次提及。事实上，苏伊利乌斯之前已担任过执政官。[6]但他享受荣誉与成功的日子并不长。到了尼禄统治初年，失宠但凶残程度不减当年的苏伊利乌斯成了靶子。小塞涅卡是他的政敌之一。小塞涅卡当时仍身处权力的顶峰——并且据说喋喋不休的苏伊利乌斯还惹恼了他。

（接上页注）

作品中只出现过这一次）是故意恶搞的拙劣写法，暗示了奥古斯都的"等级婚姻（de maritandis）"法令；演说家提到了阿格里皮娜的"神圣性（sanctimonia）"，塔西佗只在讲到年长的维斯塔贞女时用过这个词（2.86.1; 3.69.6）；"神明的远见（provisu deum）"则是其他作家没有使用过的字眼。（阿格里皮娜恰巧是一个寡妇——如果她确实如传闻所说，已经摆脱了帕西埃努斯·克里斯普斯。）

1　12.5.3: "quod porro honestius censoriae mentis levamentum quam adsumere coniugem（对于我们这位监察官而言，还有什么比娶妻更光明正大的慰藉方式吗）?" 参见3.34.2: "quod honestius quam uxorium levamentum（还有比娶妻更光明正大的慰藉吗）?"

2　12.6.3: "morem accommodari prout conducat, et fore hoc quoque in iis quae mox usurpentur（风尚随着习惯而改变，今天的新鲜事很快也会成为惯例）."

3　参见亚细亚行省总督费边·佩尔希库斯（Fabius Persicus）的敕令，描述了元首的正义感和普世性的悲悯情怀（SEG IV, 516 A）。关于元老院公告中的克劳狄乌斯用语（ILS 6043），见附录40。

4　在讨论"谄媚（adulatio）"这个主题时，小塞涅卡提到了穆纳提乌斯·普兰库斯（Munatius Plancus），称他为"维特利乌斯之前最巧言令色之人（artifex ante Vitellium maximus）"（NQ 4, praef. 5）。在"轮回庆典"上向克劳狄乌斯表示祝贺时，维特利乌斯高呼道："愿您多次举办（Saepe facias）!"（Suetonius, Vit. 2.5）

5　Seneca, Apocol. 14.2, 其中提到了普布利乌斯·佩特罗尼乌斯（P. Petronius, 公元19年递补执政官），克劳狄乌斯的"老友（vetus convictor）"。

6　参见PIR[1], S 700, 以及AE 1949, 250。塔西佗早已提前介绍过他（4.31.3）。

臭名昭著的告密者苏伊利乌斯如今不得不为自己辩护，那当然是一个富于戏剧性的绝妙题材。塔西佗本可以让苏伊利乌斯在审判台上发表一篇长篇演说。但他将那一情景提前了：他利用了苏伊利乌斯此前讲过的、令人反感的言论，将其组织成一篇攻击小塞涅卡的檄文。[1]

苏伊利乌斯声称，此人同流放过自己的元首——克劳狄乌斯——的朋友们结了梁子（这个说法完全正确）。他嫉妒一切口才出色、活力四射，但不会（像自己那样）潜心学术，扶持初出茅庐的年轻人的人物。苏伊利乌斯曾担任过王子日耳曼尼库斯的财务官，小塞涅卡曾与他的一个女儿通奸：对于向愿打愿挨的被保护人光明正大地收取好处费而言，勾引金枝玉叶是更严重的冒犯。而哲学箴言又如何能让一个人变得富可敌国呢？小塞涅卡在罗马城中获取了大量遗产；他用高利贷盘剥榨干了意大利和诸行省。但苏伊利乌斯的财产并不多，而且是他自己挣得的。在被某个春风得意的命运新宠打败之前，小塞涅卡就会遭到控诉或被定罪。

这段攻评使塔西佗得到了大显身手的广阔空间。他可以向读者呈现告密者演说术的一份鲜活标本——那是有力、粗野、桀骜不驯的。[2]他在后文中还更加津津有味地重复了这一做法。在披索阴谋案审讯后的下一年，尼禄准备干掉特拉西亚·佩图斯和巴里亚·索拉努斯。那名暴君不需要多少动员，塔西佗已为他找好了一名告密者。在塔西佗笔下，科苏提亚努斯·卡庇托前去面见元首，向他讲述了特拉西亚长期以来的不法行为。[3]

科苏提亚努斯的话锋很快转向对元首敌人们的谩骂上，并直接向尼禄发出呼吁——特拉西亚已成为一名共和派首领，宛如桀骜不驯的小伽图再世。特拉西亚的追随者们效法他的节制朴素，正大肆谴责元首的享乐生活方式。他接下去用字字诛心的短句、强烈的对比和夸张进行抨击。他声称，未将波

---

[1] 13.42.
[2] 值得注意的例子如"对公主床榻的玷污（corrumpere cubicula principum feminarum）"等激进暗喻（ib.3）。
[3] 16.22.

佩娅封神一事所反映的态度跟拒绝向神圣的尤利乌斯（Divus Julius）和神圣的奥古斯都的法案效忠的心态如出一辙——都反映了对宗教和法律的不屑一顾。[1] 科苏提亚努斯接下来引述了以往的教训或黑暗的历史，论证了共和派对罗马共和国造成的损害。在提炼出了一个警句——"他们呼喊着自由，以此作为推翻政府的借口；倘若一朝得逞，他们就会攻击自由本身"[2]——后，他只向尼禄提出了一点请求，也就是让元老院去决定如何处理。

当元老们举行集会，审议了特拉西亚的案子并同意将他定罪后，科苏提亚努斯率先发难，但风头被后来居上的埃普里乌斯·马塞卢斯抢了过去。埃普里乌斯首先庄严宣布，这件事关乎"共和国至高无上的利益（summam rem publicam agi）"[3]。他接下去抛出了其他煞有介事的观点，断言特拉西亚是"罗马古风与宗教的叛徒（contra instituta et caerimonias maiorum）"[4]。这篇演说词及其发表者都是"粗鄙的（torvus ac minax）"[5]。

埃普里乌斯的名字和这幅场景让塔西佗回想起了《历史》中似曾相识的一幕。温和、高雅的维比乌斯·克里斯普斯将会出现，充满活力的玛库斯·雷古鲁斯通过毁掉3位前执政官开始了自己的公众人物生涯，此外还有平步青云、生涯充满戏剧性的伽勒里乌斯·特拉查鲁斯。[6] 那是塔西佗熟悉的演说家时代——其中一些还是他受人尊敬的老师们。从伟大的奥古斯都时代延伸到作者自身生活年代的演说术发展史似乎已经叙述完整——《关于演说家的对话》则宣告罗马演说术已寿终正寝。

1　ib.3: "eiusdem animi est Poppaeam divam non credere, cuius in acta divi Augusti et divi Iuli non iurare. Spernit religiones, abrogat leges（不相信波佩娅是女神的人也不会宣誓效忠神圣的奥古斯都和神圣的尤利乌斯的法令。他谴责宗教，并无视法律）."
2　ib. 4: "ut imperium evertant, libertatem praeferunt: si perverterint, libertatem ipsam adgredientur."
3　28.1，那是卢奇乌斯·维特利乌斯的用词（12.5.3）。
4　参见埃普里乌斯反驳赫尔维狄乌斯·普利斯库斯（Helvidius Priscus）时为"古时制度（antiquitus instituta）"所做的辩护（Hist. 4.8.1）。
5　29.1.
6　还有希利乌斯·意大利库斯（Silius Italicus，公元68年执政官）——和奇格尼乌斯·瓦罗（Cingonius Varro，公元68年被指定为执政官），后者为尼姆菲狄乌斯写过演说词（Plutarch, Galba 14），并被伽尔巴杀死。另参见原书第101—102页和附录26。

然而，有一个人历经卡里古拉、克劳狄乌斯和尼禄三个时代，始终是首屈一指的文学领袖。《编年史》的作者主要关注的是小塞涅卡作为廷臣的性格、政策与活动；但他总会情不自禁地不时评价后者的文风与才华。小塞涅卡为尼禄撰写了克劳狄乌斯葬礼上的颂词。塔西佗同样插手了对该场景的重构。[1] 他用典型的塔西佗式手法转换了听众的情绪，让他们在演讲者追述克劳狄乌斯家族的古老光辉历史、赞美驾崩元首的睿智与远见时从全神贯注变为对死者的公开嘲讽。在场的老人们有话要讲——尼禄之前没有一位元首需要让别人给他写讲话稿。其中的虚构意味几乎是不加掩饰的。它使得塔西佗有机会回顾所有元首们在演说成就方面的特色。独裁官凯撒堪与最出色的演说家们媲美。奥古斯都的演讲风格是沉稳流畅的，合乎"第一公民"的身份。提比略是一位善于拿捏字眼的大师，既能做到言之有物，也能随心所欲地闪烁其词。即便卡里古拉的疯癫也无损于其口才的感染力；而当克劳狄乌斯发表一篇准备好的演说时，你也不难从中找到优雅之处。

这些简洁有力的评语代表着一位行家里手的总结。这位专家也趁此机会评价了小塞涅卡创作的演说词：那是一篇精致的作品，因为小塞涅卡拥有卓越的才华；并且它也非常合乎那个时代的品味。[2]

塔西佗用对比鲜明的简短词句概括了尼禄向元老院发表的、宣布自己将实行法治王政的演说。[3] 随后不久，他又提到了元首经常发表的、强调自己的"仁慈（clementia）"的那些演说——小塞涅卡（塔西佗如是说）想要证明自己教育有方，或不如说是希望炫耀自己的才华。[4] 塔西佗并未抄录任何一篇这样的公开讲话。其原因有很多——或许那跟元老院的权威（奥古斯都元首

1　13.3.

2　ib. 1: "quamquam oratio a Seneca composita multum cultus praeferret, ut fuit illi viro ingenium amoenum et temporis eius auribus adcommodatum（小塞涅卡的这篇演说词所达到的精致程度合乎他的迷人天才，并且迎合了那个时代听众的口味）." 这一评论符合塔西佗的风格，他很可能会赞同昆体良的一些看法（10.1.125 ff.）.

3　4.

4　11.2: "clementiam suam obstringens crebris orationibus, quas Seneca testificando quam honesta praeciperet, vel iactandi ingenii voce principis vulgabat（他在若干演说中表示自己要施行仁政。那是小塞涅卡借元首的声音表达的意思，其目的是为了证明自己的高洁或展示其才华）."

权力的前身）一样，都是公共演说中约定俗成、不可或缺的套路；或许卡里古拉与克劳狄乌斯上台之际已将君主要有仁慈之心的主题讲成了陈词滥调。[1]

塔西佗还有更加巧妙、利落的手法来描述小塞涅卡的文风与性格。元首尼禄最终厌倦了小塞涅卡对自己的管束，开始乐于听信谗言：小塞涅卡（他的敌人们声称）积聚了大量财富；他的豪宅与花园令元首的住所都黯然失色；他希望在文采方面独占鳌头，挖空心思撰写韵文以便超越尼禄；他还贬低、嘲笑元首的其他消遣活动。但尼禄已长大成人，无须导师；并且传统与血统可以教会他所需要的一切。[2]

小塞涅卡对尼禄有话要说。他的发言十分精巧（得到的答复也是一样，因为两位讲话者都擅长外交辞令与闪烁其词，并且学生还要青出于蓝）。[3] 小塞涅卡指出，元首应当慷慨地准许臣下在完成使命后退隐。奥古斯都时代便有过合法先例。他曾有幸教授过尼禄讲话的艺术。作为回报，他获得了崇高的地位和用不完的财富，那与他的职业不相称。这样的酬劳令人尴尬，也容易遭人嫉妒。他现在请求卸下这一重负，并且乐于交出自己的巨额财产。

这段讲话所蕴含的情感对于一位创作道德文章的人来说再合适不过了——事实上，小塞涅卡确实宣称过，仅仅损失财富并不会让一位智者陷入贫困。[4] 此外，其中的一些暗示或弦外之音可以让我们管窥小塞涅卡的真实风格。他大量引用了历史上的"案例（exempla）"。[5] 他毫不愧疚地大谈特谈着

---

1 参见卡里古拉的坦承（Dio 59.6.1），及其继承人"凭着奥古斯都（per Augustum）"立下的誓言（Suetonius, *Divus Claudius* 11.2）。克劳狄乌斯从禁卫军营帐中发布的消息宣称（他怎么会不那样做呢？）自己将成为一位"保护者（προστάτης）"，而非"暴君（τύραννοις）"（Josephus, *BJ* 2.208）。

2 14.52.2 f.

3 53-56.

4 Seneca, *De vita beata* 26.4: "sapienti quisquis abstulerit divitias omnia illi sua relinquet（对于智者而言，无论别人窃取了他的多少财富，剩下的对他而言仍然足够）。"整章内容都很能说明问题。

5 14（英文版原著误写为13——译注）.53.3: "utar magnis exemplis, nec meae fortunae, sed tuae. abavus tuus Augustus M. Agrippae Mytilenense secretum, C. Maecenati urbe in ipsa velut peregrinum otium permisit（我将从您的，而非我的阶层中引述伟大先例。您的外高祖父奥古斯都准许玛库斯·阿格里帕在米提利尼退隐，准许盖约·梅塞纳斯在罗马城内退隐）。"前一个历史案例的引用很糟糕，

"人生之旅途"[1]这样的陈词滥调。另一个熟悉的意象伴随着批判的字眼,那也很符合布道说教者的风格。[2]他有时会插入一条格言[3],但并不回避通俗的、感情色彩强烈的字眼。[4]

他的语言生动且富于修辞色彩,充满了对抽象事物的拟人化和精彩华美的比喻。通过这种方式,财富被描述成令人眼花缭乱的东西。[5]小塞涅卡描绘了自己的"新标志(novitas)"在显贵们的古老徽章中间闪闪发光的图景。[6]这位哲学家拷问了自己的灵魂,谴责了它的高傲与卖弄行为。[7]

小塞涅卡道德训诫中最雄辩(同时也是最臭名昭著)的部分无疑是令历史学家塔西佗作呕的。垂死之际的小塞涅卡找来了自己的秘书们,口授了一位哲学家给尘世的遗言。那篇作品后来被公之于众。因此,塔西佗有意回避了对它的转抄。[8]但他引述了小塞涅卡对自愿同他一道赴死的妻子的安慰——

---

1 54.2: "in hoc itinere vitae." 参见 *De brevitate vitae* 9.5: "hoc iter vitae adsiduum et citatissimum (人生之旅漫长而又短暂)."

2 53.4: "studia, ut sic dixerim, in umbra educata (我可以说,那是寒窗苦读的成就)."

3 梅塞纳斯在罗马城内的"退隐(peregrinum otium)"(53.3)。

4 "nec me in paupertatem ipse detrudam (我不会让自己陷入贫穷)."(54.3)

5 54.3: "traditis quorum fulgore praestringor (我会远离令自己目眩的财富)." 关于这两个词语的搭配,参见 *Ad Polybium* 12.3 (论克劳狄乌斯): "fulgor eius illos, ut nihil aliud possint adspicere, praestringet (远离那些只盯着光鲜亮丽、看不到其他东西的人)."塔西佗的全部作品中只有另外一处使用"光芒(fulgor)"的例子,是在塞亚努斯的信中(4.39.2);远离(praestringo)"这个词也有比喻的用法(如 *Hist.* 1.84.3, 奥索的演说)。

6 53.5: "inter nobiles et longa decora praeferentes novitas mea enituit (我的新标志能否位居显贵的古老荣誉徽章之列呢)?" 关于这一表达方式,参见 *De clementia* 1.9.10: "tantumque agmen nobilium non inania nomina praeferentium, sed eorum, qui imaginibus suis decori sint (他们代表的不是空洞的名号,而是与其身份相称的出类拔萃)." 关于"我的新标志(novitas mea)",参见 Sallust, *Jug.* 85.14 (马略);Cicero, *Ad fam.* 1.7.8。

7 "ubi est animus ille modicis contentus? Talis hortos exstruit et per haec suburbana incedit et tantis agrorum spatiis, tam lato faenore exuberat (我的知足常乐精神到哪里去了呢? 是用在建造庭院、巡视郊区别墅和依靠这样广阔的土地与如此可观的资财挥霍无度上了么)?" 这里的"郊区(suburbana)"并非泛泛而谈(如 Furneaux ad loc. 所认为的那样),而是特指小塞涅卡的诺门塔努姆(Nomentanum)别墅 *Epp.* 104.1;110.1;Pliny, *NH* 14.51)。至于"如此可观的资财(tam lato faenore)",历史学家塔西佗是知道小塞涅卡在不列颠的放款的,参见附录69。

8 15.63.3: "quae in vulgus edita eius verbis invertere supersedeo (它已被公之于众,因而我不再转录)."

那是一篇修辞色彩浓厚、大量使用散文体音步的作品。[1]

小塞涅卡是拉丁语文学中自奥古斯都时代以来最伟大的人物。他开启了一种潮流，成为那个时代的标志。下一代人对他的品质进行过认真研究。修辞学教育家们对他的抨击尤为猛烈。审慎的昆体良在开列演说家名单时将小塞涅卡单列了出来，并解释了他的错误。[2] 昆体良声称，小塞涅卡的文风是腐化堕落的，并具有迷惑性。小塞涅卡过于精明——他缺少辨别能力，并通过其"温柔的罪恶（dulcia vitia）"对年轻人产生了恶劣影响。

小塞涅卡的才华是丰富多样的，那使他成为文学创作领域的多面手。塔西佗或许提过其中一些成就。他可能间接提及过献给尼禄的论文《论仁慈》，也许还极微弱地暗示过悲剧作品。[3] 但他不会提起小塞涅卡嘲讽神圣的克劳狄乌斯（Divus Claudius）的作品。那会损害史学的尊严。[4]

文学本身在罗马编年史中是没有自己的独立地位的。在元首提比略登基后的第三年，诗人奥维德死在远离意大利的地方；《编年史》的作者没有报道他的死讯。[5] 奥维德或许会作为元首奥古斯都"权威（auctoritas）"的牺牲品而载入史册，那批人中有些并未收到法庭裁决或元老院的敕令，但已经明白自己必须浪迹天涯。[6]

1　ib.: "vitae, inquit, delenimenta monstraveram tibi, tu mortis decus mavis: non invidebo exemplo. sit huius tam fortis exitus constantia penes utrosque par, claritudinis plus in tuo fine（我向你展示了活下去的吸引力，可你仍然愿意选择高贵的死亡。我将不会嫉妒你所树立的榜样。愿你我平分从容赴死的勇气，愿你的牺牲赢得更多的传世美名）." 诺登相信那是小塞涅卡的"原话（αὐτοφωνία）"（Norden, *Die Antike Kunstprosa* I [1898], 332）。

2　Quintilian 10.1.125 ff.

3　13.11.2（官方场合演说中的"仁政"）; 52.3（小塞涅卡的"诗篇 [carmina]"）.

4　小说《萨蒂利孔》（*Satiricon*）的情况也是如此。但塔西佗对佩特罗尼乌斯的记述或许暗示了后者的存在，见16.18.1: "ac dicta factaque eius quanto solutiora et quandam sui neglegentiam praeferentia, tanto gratius in speciem simplicitatis accipiebantur（他的言行毫无顾忌，将生死置之度外，这使得头脑简单的世人更容易对他表示同情）." 参见 H. Bogner, *Hermes* LXXVI (1941), 223 ff., 其中引用了 *Sat.* 132所载诗篇中的"单纯新作（novae simplicitatis opus）"为证。

5　圣哲罗姆（Jerome, *Chron.* p. 171 H.）声称奥维德去世于公元17年，或许早了一年。

6　参见3.24.3: "exilium sibi demonstrari intellexit（他意识到了自己将被流放）." 此人是德奇姆斯·希拉努斯（D. Silanus）、小尤利娅的情人之一（于公元8年遭到放逐）。奥维德遇厄大约与此同时，并非跟那些流言完全无关。但对奥维德的贬谪是得到了奥古斯都法令（edictum）的指示（或确认）的（*Tristia* 2.135 f.）。

贵族埃米利乌斯·斯考鲁斯是演说家中的翘楚。他也创作过悲剧，但那些作品原本不会保留下来——若不是有位"告密者"利用了他作品里一位传说中暴君的形象的话。[1] 塔西佗在此处插入另一位前执政官戏剧作家庞普尼乌斯·塞昆杜斯的作品，是因为前面刚介绍过他的卓越军功，相关性较强。[2] 在披索谋反的故事里，卢坎的诗篇具备两重相关性——尼禄因嫉妒而阻止他展示天才的仇怨缘起和卢坎在背诵完自己描述垂死士兵诗句后自杀的行为。[3]

演讲口才和对法律的精通（"高贵的内政技能 [illustres domi artes]"）乃是竞争公共荣誉的必备条件。奥古斯都时代涌现出了两位法律界明星：两人在性格、教学履历和仕途成就等方面差异巨大。其中一位是精明且趋炎附势的阿泰乌斯·卡庇托（Ateius Capito），此人当上了执政官。在记述其死亡时，塔西佗有机会绕开障碍去纪念比他更优秀的那个人——元首奥古斯都故意冷落了后者。[4] 如果自身没有从政的话，即便是伟大的演说家也无法在《编年史》中占据一席之地[5]；史学成就同样跟《编年史》的记载范围无关，除非那部史书是由某位元老撰写的。年逾八旬的李维与奥维德同年逝世，但《编年史》对此只字未提[6]；塔西佗也没有理会卒于尼禄统治中期的、拥有一定名气和影响力的历史学家——奥菲狄乌斯·巴苏斯。[7]

即便如此，只要科奈里乌斯·塔西佗愿意的话，他总能找到办法讨论史学技巧及其创作实践，从而对前辈们表达恰当的敬意。宫廷重臣撒路斯特·克里斯普斯之死引出了他的叔祖父——史学家撒路斯特。[8] 作品摘要或演说词可以提供更多自由空间。第4卷中的一段题外话讨论了共和国相对于帝

1　6.29.3.
2　12.28.2.
3　15.49.3; 70.1.
4　3.75，参见附录68。
5　即尤利乌斯·阿非利加努斯，参见 Dial. 15.3: "Afer aut Africanus（阿费尔或阿非利加努斯）"; Quintilian 10.1.118; 12.10.11。
6　Jerome, Chron. p. 171 H.
7　Seneca, Epp. 30.
8　3.20.2: "C. Sallustius, rerum Romanarum florentissimus auctor（盖约·撒路斯特，罗马史记述者中最出色的作家）."

国的优点。[1] 作者随后巧妙地切换到了克瑞穆提乌斯·科尔杜斯的诉讼案，此人遭到了塞亚努斯两名门客的控诉：他曾撰述作品赞美玛库斯·布鲁图斯，并将卡西乌斯称为最后的罗马人。克瑞穆提乌斯为自己进行了高贵的辩护，赞美了发表言论和表达见解的自由。[2] 他列举了不久以前秉笔直书、无所顾忌或得到政府宽容的例子——那使得塔西佗有机会向李维略表敬意，并提及阿西尼乌斯·波利奥的史著和麦萨拉·科尔维努斯的回忆录；读者还可以由此注意到一些敢于描写自由时代末年政治斗争的诗人们。

克瑞穆提乌斯的演说以坚信自己的作品将万古流芳的宣言告终。[3] 当一名诗人宣称自己将战胜时间与遗忘时，没有人会在乎他。而以高贵口吻强调自身使命的重要性或功用（那原本就是老规矩）的史学家通常更容易获得理解。如果一位史家没有在序言中公开宣称自己将会不朽的话，他仍然可以毫不冒失地在其他地方插入这样的暗示，或表达这样的希望；其幌子可以是对另一位作家美德的详细铺陈，也可以是对某位杰出前辈的公开颂扬。

仅仅得到当代人的称赞并不能确保一位演说家得到铭记。那正是塔西佗否定昆图斯·哈特里乌斯的理由。[4] 令哈特里乌斯自惭形秽的人物是多米提乌斯·阿费尔。当阿费尔于公元59年去世时，他早已过了自己的盛年。近十来年的历史记录未曾提及他的名字。像卢奇乌斯·维特利乌斯一样，他的去世可能并未得到《编年史》的纪念，因为他的形象早已在前文中勾勒过了。但塔西佗也有可能利用了这个反面角色，拿他同某位诗人或史学家进行比较。

根据《关于演说家的对话》中一位发言者的说法，论个人名望或持久声名的话，阿费尔同剧作家庞普尼乌斯·塞昆杜斯相比毫无优势。[5] 在《编年史》

1　4.32.1（见前引文，原书第320页）。

2　34 f. 这篇演说完全出自塔西佗的手笔。事实上，克瑞穆提乌斯的作品并非让他遭到指责的唯一的甚至是主要的原因：小塞涅卡对此提供的证据十分珍贵（*Ad Marciam* 1.2 ff.; 22.4）。参见 G. Columba, *Atene e Roma* IV (1901), 361 ff.; R. S. Rogers, *Criminal Trials and Criminal Legislation under Tiberius* (1935), 86 f.。

3　35.3: "nec deerunt, si damnatio ingruit, qui non modo Cassii et Bruti, set etiam mei meminerint（如果我被定罪的话，那么不少世人铭记的将不仅仅是卡西乌斯与布鲁图斯，还有我的名字）."

4　61（原书第324页）。

5　*Dial.* 13.3.

中，碰巧与阿费尔同年去世的塞尔维利乌斯·诺尼亚努斯可以同此人构成对比。那将是一位演说家同一位历史学家的对比：两人才华相仿，在做人方面却天差地别。[1]

塔西佗推崇塞尔维利乌斯"生活的高雅（elegantia vitae）"。同样的品质——"道德的高尚（elegantia morum）"——出现在了《编年史》首次介绍庞普尼乌斯·塞昆杜斯的篇章中。[2] 这些标签带有强烈的社会、道德赞许意味。但塔西佗所有此类文字中最值得注意的则是他对庞普尼乌斯毕生的总结（以评价死者为幌子）。

在担任上日耳曼副将期间，庞普尼乌斯为自己赢得了"凯旋将军待遇"。塔西佗声称，对于后世赐予其诗作的荣誉而言，那算不得什么了不起的补充。[3] 这一评价不声不响地颠覆了传统的价值观和罗马人的至善观念。最高的善并非戎马生涯、为国效劳或统治万民。身为前执政官的历史学家塔西佗将桂冠授予了文学成就。[4]

庞普尼乌斯、阿费尔等人的表现完全可以被拿来同古典作家们的榜样进行比较。在回顾罗马城的道德风尚史时，塔西佗断言，并非上一代人在所有事情上都做得更好。他接下去说，当前这个时代在高雅艺术上的成就将值得后人效法。[5]

1　14.19: "ille orando causas, Servilius diu foro, mox tradendis rebus Romanis celebris et elegantia vitae, quam clariorem effecit, ut par ingenio, ita morum diversus（前者的敏捷才思主要得自诉讼演说活动，塞尔维利乌斯则先后获益于长期的庭审工作、撰述罗马史的事业和他的高雅生活方式。下面的事实令这一点显而易见，尽管两人的才华难分伯仲，在道德品质方面却天差地别)."

2　5.8.2. 他也将这一字眼用于尤尼乌斯·布雷苏斯（Junius Blaesus）(*Hist.* 3.39.2)。另参见他对"举止优雅的法官（elegantiae arbiter）"佩特罗尼乌斯（Petronius）的整体形象刻画（16.18.2）。

3　12.28.2: "decretusque Pomponio triumphalis honos, modica pars famae eius apud posteros, in quis carminum gloria praecellit（庞普尼乌斯被授予了凯旋荣誉。但在后人眼里，那只是他的声名中相对次要的一部分，他的诗歌成就其实更高些)."

4　塔西佗对诗歌的赞美比西塞罗声称"伟大的演说家（magnus orator）"胜过"渺小的统帅（minuti imperatores）"的说法（*Brutus* 256）更令人吃惊。

5　3.55.5: "nec omnia apud priores meliora, sed nostra quoque aetas multa laudis et artium imitanda posteris tulit. verum haec nobis <in> maiores certamina ex honesto maneant（并非从前的一切都更好，我们的时代也孕育了很多值得称赞和值得后世效仿的艺术。真心希望当世与古代的这场光荣的竞赛能够延续下去)."

第二十六章 《编年史》的风格

一位口才大师放弃了演说术，转而从事另一职业，并从中发现了一种"更加神圣、庄严的雄辩术（sanctior et augustior eloquentia）"[1]——其他人或许也会在诗歌中发现那样的天地。史学已经历了漫长的发展历程，并通过众多风格与结构上的传统令人回想起它的源头。塔西佗表示自己要尊重那些传统，对古老传统重新加以强调。

与《历史》比较的话，《编年史》乍看上去不是那么雄辩与流畅，而是更为紧凑、朴素和神秘。简言之，它更接近于撒路斯特而非李维的风格。

塔西佗的气质早在他的作品走向成熟之际已清晰可辨。我们倒是无须考虑使用西塞罗风格（那是作者个人选择与传统规矩共同造就的结果）撰写的《关于演说家的对话》，因为它属于一种独特的文学样式。《阿古利可拉传》和《日耳曼尼亚志》构成了我们研究的起点。我们在这两篇作品中都可以辨认出罗马帝国时代拉丁散文的典型特征——犀利、华美和富于修辞学色彩。《阿古利可拉传》混合了各种风格（但并非一团大杂烩），《日耳曼尼亚志》的风格却更为整齐划一（正如其主题所要求的那样），从而也更近似于撒路斯特的文风，并受到了小塞涅卡的一定影响。[2] 两篇专题作品都让我们看到了一位正在探索适合自己风格的作者。《日耳曼尼亚志》的文风往往是晦

1　*Dial.* 4.2.
2　见原书第198页。关于过度琐细和过分运用修辞技巧的问题，见佩雷的校订本（J. Perret ed., Budé, 1949, 33 ff.），以及 *Rev. ét. anc.* LVI (1954), 98 f.。关于诗歌语言的运用，见附录42。

涩与惜墨如金的，而《阿古利可拉传》则不时展示了与此相反的、突兀拖沓的缺陷。[1]

尽管《历史》的语言风格雄辩、卓越、富于表现力，它仍代表不了塔西佗的最高水平。我们在此看到了清晰的文风演进轨迹。那说明塔西佗正在逐渐与传统分道扬镳，他执着地偏爱怪异的语法形式或结构，并倾向于使用鲜明、有力、庄严、古朴的词汇。[2]

若干字眼的选取和使用频率的变化足以证实这一演进过程的存在。[3] "增生（glisco）"一词最早出现在《历史》中：它在《编年史》里已取代了"增长（cresco）"。塔西佗非常喜欢使用反复动词，并且爱用简单动词代替复合动词。[4] 史学家塔西佗如今开始使用古字"攫取（apiscor）"。此外，他还爱用"告竣（patro）"和"思忖（reor）"，并且几乎放弃了"发现（invenio）"而改用"觉察（reperio）"。由于合乎他的口味，"古老（priscus）"和"往昔（vetustus）"的应用词频陡增；"年迈（senecta）"胜过了"年长（senectus）"；"贪婪（cupiditas）"则被"无餍（cupido）"所取代。

反映塔西佗偏好的不仅仅是用词的感情色彩和语境，还有它们的形态与发音。带有动作意味的实义名词（如"侵扰者［turbator］"和"觊觎者［cupitor］"）因其汇聚的表现力而受到青睐。[5] 某些词尾也包含着感染力和崇

1　参见安德森的《阿古利可拉传》校勘本（J. G. C. Anderson ed., *Agricola*, Oxford, 1922, lxxxv ff.）。值得注意的是"安宁与闲暇（quies et otium）"的表述方式使用了两次（*Agr.* 6.3; 21.1）。关于同义词和近义反复的运用（在后面的文本中明显逐渐减少），参见 K. Jax, *Studi in Onore di U.E. Paoli* (1956), 423 ff.。

2　见 E. Wölfflin, *Philologus* XXV (1867), 92 ff.; XXVI (1867), 92 ff.; XXVII (1868), 113 ff.（重印于 *Ausgewählte Schr.* [1933], 22 ff.）的前沿研究。另见 E. Löfstedt, *Syntactica* II (1933), 276 ff.; *JRS* XXXVIII (1948), 1 ff.。关于《历史》的词汇运用问题，见附录46，参见附录51。

3　参见附录47中的表格，以及在早期作品中使用后被剔除的词汇所提供的消极证据（附录44 ff.）。

4　如"重申（dictito）""一再吩咐（imperito）""争论（certo）"。简单动词见 Gerber-Greef, *Lexicon Taciteum* 中的"做（ago）""持（teneo）""交（trado）""拉（traho）""搅（turbo）"。

5　关于最早出现在塔西佗作品中的用词例子（其中有3个即便在后来的博古式神学作家笔下也没有出现过），见附录51。

高意味。罗马人无法不被以"-tudo"为词尾的字眼打动[1]，因为它让人回想起古典悲剧家们的庄严崇高风格。在《历史》中与"出色（claritas）"平分秋色的"卓越（claritudo）"在成熟的塔西佗式风格中占据了上风。

另一个很有分量的后缀（"-mentum"）曾受到古老共和国里充满激情的演说家们的青睐。[2] 撒路斯特懂得它的力量。他发明了"污点（dehonestamentum）"一词。罗马史学家中谁能抵挡它的诱惑呢？这个字眼享受了好运。[3] 这种构词形式刺激了新标签或风尚的诞生。[4] 典雅的"本姓（cognomentum）"一词在《历史》中只出现过一次，却在《编年史》里出现了17次。[5]

消极的证据也能说明问题。它们具有双重合理性。塔西佗很注意避免走得太远：《编年史》吸收了那些他在《历史》中用来装点门面的华丽辞藻。[6] 与此同时，这位作者也回避使用一些早已进入标准散文著作的词汇。[7]

塔西佗式风格所追求的效果并不神秘——这位作家希望自己的文笔轻快、卓越、紧凑、崇高。各种写作技巧都是为了进一步强化这些效果。[8] 塔西

---

1 据盖利乌斯在讨论"神圣性（sanctitudo）"时（Gellius, 17.2.19）的说法，这些词汇拥有"尊荣（dignitas）"。相关用词列表见G. Schönfeld, *De Taciti studiis Sallustianis* (Diss. Leipzig, 1884), 4 ff.; W. Kroll, *Glotta* XXII (1934), 5。高傲的图拉真还使用过"我的精神的无可指摘（animi mei integritudo）"（*Dig.* 29.9.1）的说法。那个字眼在拉丁文中是独一无二的。

2 盖约·格拉古（C. Gracchus）使用过"邪恶（inhonestamentum）"和"污点（dedecoramentum）"两个词（Isidorus, *Orig.* 2.21.4）。

3 Sallust, *Hist.* 1.55.22; 1.88. 参见Tacitus, *Hist.* 2.87.2; 4.13.2; *Ann.* 12.14.3; 14.21.4。另外还需注意Ammianus 26.6.16，更多信息见*TLL*。

4 如撒路斯特、李维和塔西佗。参见G. Schönfeld, o.c. 8 f.。还应补充首次出现在《编年史》中的"效仿（imitamentum）"一词（3.5.2; 13.4.1; 14.57.3）。

5 麦萨拉·科尔维努斯很喜欢这个字眼（Seneca, *Suas.* 2.17）。

6 如"勉励（hortamentum）"（撒路斯特和李维）和"波折（turbamentum）"（撒路斯特），分别在《历史》中出现了一次（4.18.2; 1.23.1），但被《编年史》所弃用。

7 如"栋梁（firmamentum）"（在塔西佗作品中只见于*Hist.* 5.8.3）：该词在西塞罗的作品中使用得非常频繁。塔西佗没有用过"后裔（incrementum）"一词。以"-tudo"结尾的词汇情况与此相似。《编年史》放弃了"体量（amplitudo）"一词，并且塔西佗也从来没有接受过"耻辱（turpitudo）"这个字（二者都是西塞罗常用的词汇）。

8 相关目录见H. Furneaux 1 (ed. 2, 1896), 42 ff.，其内容主要基于A. Draeger, *Über Syntax und Stil des Tacitus*[3] (1882)。

佗喜欢使用尖刻、激烈、掷地有声、阴暗忧郁的言辞。他在选择用词方面的发展方向几乎是可以预测的——塔西佗追求的是充满诗意的、复古的和崇高的文风。尽管存在着明显的偏好，塔西佗的文笔却是丰富多样的。他注意避免风格单调（撒路斯特在这方面并不总是成功的），敢于冒险。塔西佗文本中的许多词汇都十分冷僻[1]；并且与选词相得益彰的还有语义的自由拓展。[2]

《编年史》的主题决定了它必须使用许多表示"死亡"的同义词，塔西佗也对此做出了回应。尽管元首提比略一直试图掩饰，他还是欺骗不了宫廷医生，后者确信元首"大限将至（eum adpropinquare supremis）"[3]。当死亡已经无可挽回（病情已急剧恶化）时，塔西佗用一个既平实又庄严、在拉丁文学中独一无二的句子来记述提比略的辞世——"提比略就这样完结了（sic Tiberius finivit）"[4]。

即便对平常词汇的微小改动也可以让塔西佗鹤立鸡群。其他作家都没有想过要区分"内战（bella civilia）"与"内争（bella civium）"。[5] 既然如此，那么关于最早出现在塔西佗作品中的、后人很少或从未使用过的罕见表达方式是塔西佗自己创造出来的假设也就不是天方夜谭了。[6] 他在需要使用特殊表达方式时会利用这些反常的措辞。例如，尼禄被称为"天方夜谭的爱好者（incredibilium cupitor）"[7]。当类似的情境出现（尤其是在勾勒人物性格或评价死者）时，这些用词让人想起撒路斯特，后者自身便是一位"词汇的创新者（novator verborum）"[8]。卢奇乌斯·沃鲁修斯被称作庞大家产的"头号积

1　见附录51。
2　特别值得注意的是"拉（traho）"这个词：它在Gerber-Greef, *Lexicon Taciteum* 中占据了近5栏的篇幅。
3　6.50.2. 该动词在塔西佗的《编年史》中只出现了这一次。
4　ib. 5.
5　1.3.7, 它在《历史》中出现过3次，参见E. Löfstedt, *Syntactica* I^2 (1942), 123。
6　但我们有必要对此保持警惕，参见附录51。
7　15.42.2. 这个字眼曾被恰如其分地应用于12.7.2: "repertus est nisi unus talis matrimonii cupitor（人们只发现了一个这种婚姻形式的爱好者）."
8　Gellius 1.15.18: "novatori verborum Sallustio（词汇的创新者撒路斯特）."（提出这一概念的背景是一位批评家批评撒路斯特在 *Cat.* 5.4中使用的是"家常话［loquentia］"，而非"高雅的语言［eloquentia］"。）

聚者（primus adcumulator）"[1]；由于卢奇乌斯·维特利乌斯是所有马屁精的原型，他得到了"可耻的阿谀奉承的典型（exemplar adulatorii dedecoris）"的标签[2]；愤怒的阿格里皮娜则嘲笑了小塞涅卡的"教书匠的舌头（professoria lingua）"[3]。

塔西佗回避使用的字眼同样能够说明问题。他的宏伟风格摒弃稗官野史，反感污秽戏谑的内容，并拒绝抄录流言蜚语的具体细节。元首提比略因嗜好烈酒而臭名昭著。[4]但塔西佗对该缺陷不置一词。[5]而在不得不交代酗酒后果的情况下，塔西佗的记述只是蜻蜓点水，并且有意回避了其中的粗俗情节。[6]

塔西佗只用十分笼统的方式去描述人物的相貌体态，如波佩娅·萨比娜的貌美或多米提乌斯·科布罗令人印象深刻的体格。[7]然而，提比略的形象却吸引着历史学家更进一步。除了"面容冷峻、笑里藏刀"[8]外，塔西佗还斗胆描写了提比略老年隐居时令人憎恶的形象（用词清晰准确）——他身材高大但瘦弱驼背，脸上布满皱纹和斑点，并且头上没有留下一根头发。[9]

秃头者在罗马城里十分常见。但其中只有一人得到了元老编年史家塔西佗高贵作品的记载，并且他还回避了"光秃（calvus）"一词。相反，他用了一个诗歌式的复杂结构来描述一位罗马元首光秃的头顶——"头顶赤

1　3.30.1.

2　6.32.4.

3　13.14.3.

4　Suetonius, *Tib.* 42; Pliny, *NH* XIV, 144 f.

5　唯一的例外是在第5卷中（卡普里埃岛上的宴席）。

6　《编年史》中没有出现过"酩酊大醉者（ebrii）""酒鬼（vinosi）"或"烂醉如泥者（vinolenti）"等字眼。相对体面的用词"醉酒者（temulentus）"出现过4次；此外还有"酒意渐浓（vino incalescere）"和"宴饮正欢（per vinum et epulas incalescere）"的写法（11.37.2; 14.2.1）。

7　13.45.3（波佩娅）；8.3（科布罗）。

8　4.60.2: "torvus aut falsum renidens vultu." 参见 Silius, *Punica* 13.375: "obtutu torvum contra et furiale renidens（用狠瞪一眼和狂笑作为回应）"; Ammianus 14.9.6: "torvum renidens（狂笑起来）."

9　4.57.2: "quippe illi praegracilis et incurva proceritas, nudus capillo vertex, ulcerosa facies ac plerumque medicaminibus interstincta（他骨瘦如柴，并且驼背；头顶赤裸，遍布脓疮的脸上贴满了各种膏药）." "骨瘦如柴（praegracilis）"这个字眼非常罕见。

裸（nudus capillo vertex）"[1]。另一个例外本身也能够说明问题。那是刻薄、无情的阿格里皮娜对阿弗拉尼乌斯·布鲁斯残疾的嘲笑——"用他那只尽人皆知已经残废了的手（trunca scilicet manu）"[2]。而当塔西佗评价一个令人憎恶、害人无数的跛子瓦提尼乌斯时，他只是说那个人"身体畸形（detorto corpore）"而已。[3]

之前当过修鞋匠的瓦提尼乌斯获得了"鞋匠世家出身（sutrinae tabernae alumnus）"的客气评价：塔西佗通常都会用委婉的说法来描述手艺人的工作和行头。他会避免使用一些技术性术语，尤其是外来词。雅典人使用的毒药可能未加指明。[4] 并且"哲学的（philosophus）"和"暴君的（tyrannus）"两个字眼在《编年史》中也仅各出现了一次。[5]

描述罗马行政体系的术语是笨拙、单调的。但塔西佗会刻意求变，或设法回避。[6] 他可以复兴古字"praetor"来替代"行省总督（proconsul）"[7]；他宁可采用一些冗长、迂回的说法，而不愿直呼帝国行省总督的官衔；而方便但枯燥的新义旧词"庇护人（praeses）"也仅仅闪现过两次。[8] 同样，塔西佗也成功地避开了"大法官级别的将领（praefectus praetorio）"的用法。

---

1 ib. 塔西佗自然回避了对瓦勒里乌斯·阿西亚提库斯（Valerius Asiaticus）光头的描写，就像他在《历史》中对元首伽尔巴的处理一样（见原书第189页）。
2 13.14.3.
3 15.34.2.
4 15.64.3: "venenum quo damnati publico Atheniensium iudicio extinguerentur（这种毒药是用来处决被雅典公共法庭判处死刑的囚犯的）."与此相似，他还需要解释"美索不达米亚"这个字眼（仿佛该词没有在前一章中出现过一样）——"这片平原被幼发拉底河与底格里斯河两条著名河流所环绕，因而得名美索不达米亚（两河流域）（campis qui Euphrate et Tigre inclutis amnibus circumflui Mesopotamiae nomen acceperunt）"（6.37.3）。
5 13.42.4; 6.6.2.
6 跟前辈撒路斯特的处理方式一样。参见 W. Kroll, *Glotta* XV (1927), 299。李维也会这样处理，如"执政官会议（comitia consulum）"（它在卷4中出现了4次，但此后再未被使用）。
7 1.74.1: "Granium Marcellum praetorem Bithyniae（比提尼亚行省总督格拉尼乌斯·马塞卢斯）."但如此称呼统治近西班牙行省的元首副将则未免过分——"行省大法官卢奇乌斯·披索（praetorem provinciae L. Pisonem）"（4.45.1）。一位海军将领甚至成了"水手长（praefectus remigum）"（13.30.1）。
8 6.41.1; 12.45.4. 小普林尼（*Pan.* 70.4）和图拉真（*Epp.* 10.44）都使用过它。

某些已成为描述罗马共和国体系约定俗成术语的词汇看似是无法抗拒的。但塔西佗却坚持运用其他术语来表述"法律年鉴（leges annales）"，并改变了"维斯塔贞女（virgo Vestalis）"与"要职尊座（sella curulis）"的说法。[1] 刻意避免准确术语的倾向有时会造成语意晦涩，如"在光荣的城市担任（官职）的权利（ius adipiscendorum in urbe honorum）"[2]。

由于拉丁历史散文在语言、结构与感情色彩等方面很大程度上形成于对政治演说术的自觉叛逆，塔西佗极力避免使用一些势必会令人想起西塞罗的字眼（如"无限[infinitus]"）也就不足为奇。[3] 出于同样的理由，他也会尽量避免使用最高级和某些类型的抽象名词。由于塔西佗总是提防着上当受骗，他也拒绝使用被政治家们用滥了的、动听的伦理学术语：如果不是为了故意讽刺的话，他在作品中很少需要使用它们。[4]

除了陈词滥调和低俗词句外，塔西佗拒绝的还有一些虚弱、琐碎或明显口语化的表达方式。在塔西佗看来，介词"因为（propter）"不配出现在严肃的散文里：他坚持在《编年史》中自始至终使用"由此（ob）"来代替它。[5] 此外，他从不使用"突然（subito）"，而永远用"立即（repente）"。[6] 他意识到"谴责（culpo）"一词是有问题的[7]；他放弃了"全无（nequaquam）"的说法[8]；他还极其反感"渺小（parvus）"这个标签——除

1　2.36.3: "leges quae sua spatia exercendae candidatorum industriae quaerendisque aut potiundis honoribus statuerint（为竞选人的活动、竞争或抱有荣誉职务而规定期限的法律）." 1.8.1: "virgines Vestae（维斯塔贞女们）"; 2.83.1: "sedes curules（要职尊座）."
2　11.23.1. 它指的肯定是紫色宽披风，参见14.50.1: "venditata ab eo munera principis et adipiscendorum honoram ius（贩卖元首的馈赠和在光荣的城市担任［官职］的权利）."关于故意模糊化的处理方式（尤其是军事事务），参见L. Valmaggi, *Riv. fil.* XXXVI (1908), 372 ff.。
3　这个字眼在《编年史》中出现了2次，即3.25.2和53.4（提比略派出的使节）。与此类似，"难以置信的（incredibilis）"一词在书中只出现过3次，但"独一无二的（singularis）"不见于他的任何作品。
4　见原书第412页及以下诸页与附录66。
5　E. Löfstedt, *Philologischer Kommentar zur Peregrinatio Aetheriae* (1911), 219 ff.
6　ib. 169.
7　《历史》中出现过4次，从未在《编年史》中出现过。
8　只见于1.12.2——尽管在《历史》中整整出现过10次。

了用于描述婴儿的幼小外，它在《编年史》中只出现了两次。[1]

遭到同样对待的还有许多丑恶字眼，它们只有在谴责反面角色时才会出现。以"-osus"结尾的形容词总是引人注目的，其中大部分带有贬义。[2]撒路斯特将（似乎如此）可憎的东西称为"不和谐的（discordiosus）"。[3]塔西佗对这类词汇的使用是非常俭省并带有严格选择性的。[4]

塔西佗对矫揉造作的演说家哈特里乌斯并无好感。他对哈特里乌斯儿子的态度要缓和得多——"固执（libidinosus）"同罕见的、富于诗意的"枯萎（marcidus）"并列在一起。[5]塔西佗从不信任伦理学的说教。在一个充斥着谎言的社会里，被塔西佗冠以"虚伪（perfidiosus）"之名的只有一名哲学家——埃格纳修斯·凯勒尔。[6]

这种风格体现在诸多方面：行文叙述中采用生动、罕见的字眼来制造戏剧化效果，但在演说词中用词却低调得多。[7]塔西佗对言辞背景与氛围的感觉极其敏锐。那不仅体现在他接纳或放弃了哪些词汇上面。他习惯于不动声色地运用弦外之音与暗中影射引入可资类比的情境或角色。它们有时是一些大胆的表达方式，其带来的震撼令人不由得不加以信服[8]；有时则是一些原本稀松平常的传统字句，但在《编年史》中却十分罕见：它们的重复出现是为了构建类比，而且并不总是善意的。

对提比略形象的刻画贯穿了对其统治记述的始终。那位元首的举止是"毫无同情心可言的（inclementia）"——那令人想起大自然或愤怒神明们不

1　3.31.2; 4.32.1. 他更喜欢说"不算显赫（modicus）"（《编年史》中出现过40次）；"微不足道（exiguus）"在《编年史》中没有出现过。
2　但并不尽然，参见Gellius 4.9.1 ff.，其中反驳了尼吉狄乌斯·菲古鲁斯（Nigidius Figulus）的观点。
3　Jug. 66.2.
4　关于一些回避与拒绝使用某些词汇的例子，见附录42 ff.中的列表。
5　6.4.4: "somno aut libidinosis vigiliis marcidus（因睡眠或清醒的欲望而枯萎）."
6　16.32.3: "animo perfidiosus subdolus（内心伪善且狡诈）."
7　关于只在演说词中使用的字眼，见附录50。
8　参见B. Walker, The Annals of Tacitus (1952), 57 ff.。

可抗拒的力量。[1]反映塔西佗风格另一个极端的则是"残酷（crudelis）"。[2]这两个词都没有在塔西佗全部作品的任何其他地方出现过。《编年史》中也没有其他人物被描述为"优柔寡断（cunctabundus）"或天生"乖僻（tristitia）"。[3]

常见的用词有着不寻常的强调方式。守口如瓶的统治者的"缄默（taciturnitas）"只能匹配那些对一场重大阴谋守口如瓶的人的"缄默（taciturnitas）"。[4]在《编年史》中，"比较（comparatio）"一词只出现在了提比略与其前任的对比中[5]；只有提比略暴露过自己的"犹豫不决（haesitatio）"[6]；而在"疑虑（dubitatio）"一词出现的4次中，3次都同统治者提比略联系在一起——其中2次是在描述他的态度，1次出现在他写给塞亚努斯的信里。[7]

提比略（历史学家塔西佗声称如此）钟爱装糊涂，将之视为自己最重要的本领。[8]他也钟爱埃利乌斯·塞亚努斯。[9]除这两处例子外，动词"钟爱（diligo）"在《编年史》里只出现了1次，描述的是一位男子对妻子的爱恋。[10]塞亚努斯在向主子兼朋友发出恳求时声称自己曾被视为元首家族的合格"同伴（coniunctio）"。[11]提比略在模棱两可的答复中采纳了"同伴（coniunctio）"一词。但与此同时，为了让自己的股肱之臣安心，提比略又加上了"高贵的（excelsus）"一词——他在之前的一篇演说词中也是这样做的。[12]

并不令人感到惊讶的是，忠心耿耿、卑躬屈膝的卢奇乌斯·维特利乌斯

1　4.42.3. 参见 Aen. 2.602 f.: "divum inclementia, divum | has evertit opes（权力毁掉了那位神明、毫无同情心可言的神明）。"除塔西佗外，最早用它来描述人的是 Fronto, p. 53 N = Haines I, p. 102。
2　6.4.4（在关于哈特里乌斯·阿格里帕的段落里）。
3　1.7.5; 76.4. 还有"可疑的（suspicax）"（13.4），此外仅在塔西佗的文本中出现过1次（3.11.2）。
4　1.74.4; 15.54.1. 类似的例子还有"隐瞒（recondo）"，只用于提比略（1.7.7; 4.57.2）和塞亚努斯（1.69.5）。
5　1.10.7; 76.4.
6　1.80.3.
7　1.7.7; 3.41.3; 4.40.6.
8　4.71.3.
9　6.51.3: "dum Seianum dilexit timuitve（他宠爱并尊敬塞亚努斯）。"
10　15.63.2（小塞涅卡和波琳娜）。
11　4.39.3: "ut coniunctione Caesaris dignus crederetur（世人相信他配得上作为元首家族的同伴）。"
12　4.40.7, 参见 3.53.3（关于元首的等级和职责）。《编年史》中再无其他类似例子。

会做元首克劳狄乌斯的应声虫，拙劣地模仿他的讲话风格。[1]语言才能将元首们的几位朋友和臣子联系在一起。维特利乌斯告诉元老院，克劳狄乌斯需要"拐杖（adminicula）"来分担治理帝国的沉重负担；小塞涅卡也在向尼禄进言时请求赐给自己一根"拐杖（adminiculum）"，仿佛他是一名老兵或疲惫的旅客。[2]谦卑的塞亚努斯效仿惯例，表示自己无意追求"荣誉的光环（fulgor honorum）"；小塞涅卡则声称自己希望不受眩目财富"光环（fulgor）"的伤害。[3]身处危险与逆境中的苏伊利乌斯·鲁弗斯指斥小塞涅卡"突如其来的好运（subita felicitas）"。而小塞涅卡在请求归隐时也承认了"我的好运（felicitas mea）"。[4]苏伊利乌斯曾经"权倾朝野（praepotens）"，小塞涅卡也是如此。[5]同一段文本也称小塞涅卡"富可敌国（praedives）"——那个说法十分贴切：它非同寻常，但不算离谱，并且还富于诗意。[6]

我们关于塔西佗的用词（常用的与罕见的词汇）就谈这么多。为了追求雄健、微妙、高贵的行文效果，历史学家塔西佗不仅借助了单个词语，还刻意利用了语法形式乃至拼写方式。[7]他采用了多种手段来确保自己的行文富于变化。[8]

跟维吉尔一样，塔西佗也有极力避免使用介词的倾向。他频繁使用着与格（the dative case）——有意同当时流行的演说风气反其道而行。[9]他对夺

1　见原书第331页。
2　12.5.3; 14.54.2. 那是西塞罗式的语言，在塔西佗的其他文本中只见于 Dial. 2.2。
3　4.39.2; 14.54.3. 类似例子如"辉煌（splendor）"（只见于 Dial. 37.4; 38.2; Hist. 1.84.3——出自一篇演说词），那个字眼或许由于一些约定俗成的用法而失去了新意。
4　13.42.4; 14.53.2。
5　4.31.3; 15.64.4。
6　Juvenal 10.16: "Senecae praedivitis hortos（富可敌国的小塞涅卡的庭院）."那位讽刺诗作家也用这个词来描述李奇努斯（Licinus）闻名天下的财富（14.305）——苏维托尼乌斯（Tib. 49.1）也用它来形容富有的、不招人喜欢的苏尔庇奇乌斯·奎里尼乌斯（Sulpicius Quirinius）；参见 Ann. 3.48.2: "sordidamque et praepotentem senectam（老年时的一毛不拔和权倾朝野）."关于后来的回应与重复，见附录52。
7　如以"-ere"结尾的形容词，或追求变化的复合形式（因此3.30.2中应为"a<d>fluentia"，而非"a<f>fluentia"）。
8　见 G. Sörborn, *Variatio sermonis Tacitei aliaeque apud eum quaestiones selectae* (Uppsala, 1935) 中的详尽分析。
9　E. Löfstedt, *Syntactica* I^2 (1942), 185; 190; 197; 212.

格的一些用法极其大胆。[1]这些手法构建了紧凑、明快的表达方式。

为了追求简洁的效果，塔西佗会抓住一切机会去省略助动词。他笔下的未完成时包含深意，分词变得无所不能。他还喜欢将历史现在时的功能从描述鲜活场景拓展到描述心理状态。[2]为了追求明快、集中和对比效果，塔西佗将词语和连词的简省做到了极致。一系列想法或动作被压缩到了令人目不暇接的程度（但并不难以理解）。[3]

对于史学创作而言，对演说术的全盛时代进行面面俱到的记述并得出可以预见的结论并不适宜。[4]如果塔西佗愿意的话，他是可以描述长时段的发展历程的。在写完了拆成短句的导言后，他快速回顾了罗马元首制的起源——从腓力比之战到元首奥古斯都的统治建立并得到接受为止。[5]在第13卷开头处解释玛库斯·希拉努斯遇刺来龙去脉时，他再度使用了一个繁复的语法结构。[6]

塔西佗很少使用真正意义上的完句。在撒路斯特使用突兀生硬的语言，出人意料地戛然而止的地方[7]，塔西佗会用反常的表达方式将句子拉长，插入新的内容——通常是由分词、独立夺格构成的同位语。这种同位语有时依赖于另一个语法结构，在全句完结时将情节推进了好几步——或许已经修正、推翻了一开始的说法。那并非由于作者文风拖沓，而是有意为之——并且完全合乎时宜，因为历史学家最好先陈述事实，之后再进行解读或评价。

《编年史》中的突兀对比同样是作者有意为之。工稳的对比是传统修辞

1　ib. 293 f.; 301. 特别注意无人称独立夺格的用法（A. Draeger, o.c. 87; E. Löfstedt, *Syntactica* II [1933], 281）。

2　参见J. J. Schlicher, *Class. Phil.* IX (1914), 386 ff.。

3　即他对瘟疫中死难者的描述，见16.13.2: "servitia perinde et ingenua plebes raptim extingui, inter coniugum et liberorum lamenta, qui dum adsident, dum deflent, saepe eodem rogo cremabantur（奴隶和自由公民都会很快在妻子儿女们的哀悼声中死去，后者自身往往也会在照料或哀悼死者时感染，最后在同一座火葬堆上火化）."

4　见原书第197页。

5　1.2.1: "postquam Bruto et Cassio caesis ... tuta et praesentia quam vetera et periculosa mallent（布鲁图斯和卡西乌斯牺牲后……人们安于现状，选择远离从前的危险境况）."

6　13.1. 相关内容参见F. Klingner, *Hermes* LXXXIII (1955), 187 ff.。

7　Seneca, *Epp.* 114.17（见前引文，原书第197页）.

学推崇的惯例——那对于求真而言过于圆滑。塔西佗从撒路斯特那里学会了"荒诞（inconcinnitas）"的手法——那在作者想要暗示多种动机的存在时最为有效，也为致命（他表面上声称读者可以从中自行取舍，实际上却在突出其中最恶毒的一个）。他青睐的一个副词是"多样地（varie）"。[1] 动词搭配的不和谐反映了历史的复杂性，以及人物举止的难以捉摸。

与史学家塔西佗的洞察力相得益彰的是他那生动、活跃的想象力。他选择的主题是残酷、邪恶的，没有给希望、舒适或幸福留下任何空间。[2] 它讨论的是"权势（potentia）""凶残（saevitia）""统治（dominatio）"与"奴役（servitium）"；我们有理由猜想，他爱好的其他字眼还有"尖锐（acer）"与"可怕（atrox）"，以及"攻击（ingruo）""掠夺（rapio）""争抢（traho）"与"周旋（turbo）"等动词。他的风格中充满了暴力的比喻，从明暗对比、高速运动、兴衰变迁、毁灭与焚烧等现象中汲取了想象力。[3] 世人在一步步走向奴役，塞亚努斯试图攫取权力，阿格里皮娜匍匐在释奴帕拉斯的意志和欲望之下。[4] 狮子大开口的麦萨利娜觊觎着从前属于卢库鲁斯的花园，克劳狄乌斯急不可耐地想要缔结一门乱伦的婚姻，而演说家埃普里乌斯·马塞卢斯的目光、表情和声音则光芒万丈。[5]

与此相似的是对拟人化手法的大胆运用。天空的面容是"愠怒凶暴"的[6]；粮食价格变得"冷酷无情"[7]；宫殿在恐惧中战栗，仿佛即将坍塌[8]；元首的权力投下了一道暗黑的影子，奥古斯都建立的和平则沾着血污。[9]

1　至少在卷1中如此；它在那里出现过5次（如果我们接受阿奇达利乌斯［Acidalius］对80.1中"variae"一词的修订的话）。
2　关于他对充满希望的、温和的词汇的回避，见原书第545页。
3　H. Furneaux, o.c. 50; B. Walker, o.c. 66 ff.
4　1.7.1; 4.1.2; 14.2.2.
5　11.1.1; 25.5; 16.29.1.
6　2.24.1: "truculentia caeli（天空的凶恶）."该表述不见于其他文本。
7　2.87.
8　11.28.1; 12.1.1.
9　14.47.1; 1.10.4. 动词"笼罩（praeumbro）"十分罕见（如果不是独一无二的话）。3.44.3用"血腥的（cruentus）"来形容提比略的"书信（epistulae）"。

有力或微妙的表现手法也会赋予声响以意义——如头韵、谐音、轻重音调、成串的短语或绵延不绝的语调，等等。例如，昙花一现的努米底亚起义者们被"抓捕、屠杀、俘虏了（trahi, occidi, capi）"[1]，以及执政官尤利乌斯·维斯提努斯（Julius Vestinus）的突然自杀。[2] 此外，当绚烂与激情登台表演过后，一切最终归于本真。罗马士兵的悲惨命运被概括成一串无情的词语——夏天、冬天、战争或和平，永无休止且一成不变。[3] 一串柔和顺畅的词句带来了瓦勒里娅·麦萨利娜花园宴会里的快乐舞蹈。[4] 在写到尼禄举办的娱乐活动期间有一批罗马骑士被人群踩死时，作者使用的措辞确实能够带给人一种压迫感。[5]

塔西佗的风格在平实与华丽之间游走，展示出了许多音调与色彩的变化。一些手法直接继承了前辈作家们的风格[6]；单调的结构满足了传统编年史的体例要求[7]；自觉选择的朴素词句则让他对一些名人的评价带有一种不可抗拒的庄严意味。[8] 另一头极端的例子则包括历史学家在施展才华描述阿拉伯的神奇鸟类、埃及的纪念性建筑、提格利努斯组织的节庆或席卷北方海域

1　4.25.2. 参见 Sallust, *Jug.* 101.11: "sequi fugere, occidi capi（人们追逐、逃跑、被杀和被俘）。"

2　15.69.2: "clauditur cubiculo, praesto est medicus, abscinduntur venae, vigens adhuc balneo infertur, calida aqua mersatur（他把自己关在卧室里，医生就在身边，他的动脉被切开；仍然活动自如的他被抬到浴室，泡在热水里）。"

3　15.16.4: "decesserat certamen virtutis et ambitio gloriae, felicium hominum adfectus: sola misericordia valebat, et apud minores magis（对美德和荣誉的追求已成往事——它们只属于幸运者；余下的只有同情心，那在下层阶级中体现得更为明显）。"

4　11.31.2: "ipsa crine fluxo thyrsum quatiens, iuxtaque Silius hedera vinctus, gerere cothurnos, iacere caput, strepente circum procaci choro（她自己披头散发，挥舞着酒神杖；她身边的希利乌斯戴着常春藤花环，穿着优伶的靴子摇头晃脑，周围则是一支放荡的合唱队）。"

5　16.5.2: "constitit plerosque equitum, dum per angustias aditus et ingruentem multitudinem enituntur, obtritos（许多骑士都在挤过狭窄通道和向下冲的人流时被踩踏至死）。" 关于塔西佗作品中的音乐效果，见 A. Salvatore, *Stile e ritmo in Tacito* (1950), 182 ff.。

6　2.80.4: "vertunt terga Cilices seque castello claudunt（奇里乞亚人马上行动起来，把自己关在军营里面）。"

7　6.10.3（卢奇乌斯·披索）: "patrem ei censorium fuisse memoravi; aetas ad octogensimum annum processit; decus triumphale in Thraecia meruerat（如前所述，他的父亲曾担任过监察官；他活到了80岁，并在色雷斯赢得过凯旋荣誉）。"

8　27.4（玛库斯·雷必达，见下引文，原书第354页）。

上日耳曼尼库斯舰队的强大风暴时所采用的、富于画面感的繁复语言。[1]

塔西佗用十分精巧的语言描述了元首提比略选择的归隐场所——罗德岛的安宁静谧，那里的和煦微风与可爱景色——那是为了同后面的残酷情节构成对比。[2]

恭维是塔西佗最喜欢的讽刺挖苦手段之一。尼禄献给元首克劳狄乌斯的悼词被如实记录了下来——"完成了装模作样的哀悼（peractis tristitiae imitamentis）"[3]；而尼禄"富于诗意的讲话（pangendis carminibus）"则会引起读者的怀疑。[4] 此外，塔西佗还会使用极其简洁的表述方式，或将杂七杂八的东西精练地整合在一起。新元首即位时，一些地位很高的人物变得"虚伪且急不可耐（falsi ac festinantes）"[5]；而在尼禄表演并做动作时，禁卫军队长也不情愿地走上了舞台——"鼓着掌的、忧郁的布鲁斯（maerens Burrus ac laudans）"[6]。有时一个字就能传达塔西佗想要的效果：时而是有意为之的夸下海口，如"世家（alumnus）"[7]；时而是元首居住的罗马城里的有识之士们用嘲弄口吻谈论着的"仁慈"或"忠诚"[8]。

类似的还有对先扬后抑手法（bathos）的运用。轻信与传言炮制了群蛇在襁褓中的元首摇篮旁守护的奇闻——根据尼禄自己的说法（作者巧妙地称他为"从来不肯贬低自己的人 [haudquaquam sui detractor]"），他只是曾经

1　6.28（见下文，原书第472页）; 2.61; 15.37; 2.23.

2　4.67.2: "importuosum circa mare et vix modicis navigiis pauca subsidia; neque adpulerit quisquam nisi gnaro custode. caeli temperies hieme mitis obiectu montis, quo saeva ventorum arcentur; aestas in favonium obversa et aperto circum pelago peramoena（它被大海环绕，只有几条可供小船进入的通道。外人是不可能在不被岗哨发现的情况下在那里登陆的。由于山脉可以阻隔寒风的缘故，那里冬天气候温和；由于开放海域的环抱，那里的夏天拥有温和的西风）."

3　13.4.1.

4　3.3. 以动词"pango"来表示"写诗"的做法在其他地方只见于对尼禄助手的描写（14.16.1）。

5　1.7.1.

6　14.15.4. 吉本翻译为"mournful and applauding"。

7　应用于卡里古拉（1.44.1）、霍腾修斯的儿子们（2.37.4）、一位帕提亚王公（13.11.3）和之前的补鞋匠瓦提尼乌斯（15.34.2）。

8　见原书第414—415页。

在卧室里看到过一条蛇而已。[1]当波佩娅·萨比娜生下一个女儿时，忠诚的元老院欣然下令举行毫无必要的感恩祭与纪念活动；但后来的事实表明这一切毫无意义——"这一切都是过眼云烟，那个孩子不到四个月就夭折了（quae fluxa fuere, quartum intra mensem defuncta infante）"[2]。

塔西佗作品中更简单、直接的对话形式出现在演说词中。由于清楚突兀、神秘、复杂的风格在那里派不上用场，作者便放任自己的论述自然而然地发展，不再制造意外或预设机关。他不再省略动词，语法回归了正常习惯，用词也不像其他地方那样罕见与大胆。[3]

塔西佗运用娴熟技巧展示了不同类型、不同风格的演说词，从卢奇乌斯·维特利乌斯的平淡流畅到苏伊利乌斯与科苏提亚努斯的粗野谩骂；卡西乌斯·隆吉努斯与特拉西亚·佩图斯则用坚定、高贵但多少有点儿过时的口吻为罗马传统与统治阶层的特权进行着辩护。[4]塔西佗本人特有的庄严风格与表达方式也并非无法复原。它反映在《历史》中一位元首援引数百年前的古代传统——"永垂不朽的事物与万民的和平（aeternitas rerum et pax gentium）"——的讲话中[5]；类似的例子还有一位将领关于罗马注定将凭借命运与强大实力统治一切族群的宣言——她将后无来者：如果其统治有朝一日被推翻的话，剩下的将只有毁灭和全世界的混乱。[6]

在《编年史》中，这种塔西佗式的宏伟风格甚至还得到了进一步的强化。[7]

---

[1] 11.11.3. 塔西佗知道监察官伽图曾被称为"几乎从来不会拒绝赞美自己的人（haud sane detrectator laudum suarum, multos caesos ait, numerum non adscribit）"（Livy 34.15.9）。

[2] 15.23.3. 修辞性的表达之后是平实的细节叙述（"过眼云烟[fluxus]"是撒路斯特式的语言）。

[3] 关于西塞罗式的用词，见附录42。参见西塞罗对史著中演说词适宜风格的见解——"其目标是追求流畅的风格，而非独立演说词的犀利与咄咄逼人（tracta quaedam et fluens expetitur, non haec contorta et acris oratio）"（*Orator* 46）。在用词方面，塔西佗作品中提比略的演说词（带有复古的特色）同他的正常风格构成了鲜明对比（见附录39）。

[4] 见原书第355页。

[5] *Hist.* 1.84.4（见前引文，原书第155页）。

[6] 4.74.3.

[7] 雷岑斯坦声称他看不到这一点（R. Reitzenstein, *Gött. gel. Nachr.* 1914, 205）。关于塔西佗的"宏伟风格（σεμνότης）"，见E. Norden, *Die antike Kunstprosa* I (1898), 330 ff.; J. Perret, *Rev. ét. anc.* LVI (1954), 107 ff.。与"宏伟（σεμνός）"对应的拉丁文词汇是"sanctus"（Quintilian 8.3.6; 24）。

尽管《历史》中的演说词光辉灿烂、令人印象深刻，它们仍遵循着李维的传统——雄辩、繁复、爱国，或许还有些保守。[1]《编年史》更集中地展示了塔西佗的才华，如元首提比略的讲话，以及（引人注目但颇为怪异）用科奈里乌斯·塔西佗的语言改写过的、克劳狄乌斯关于罗马共和国成长壮大的演说。[2]

那一主题对历史学家塔西佗具有强烈的吸引力：传统证明了这种创新的价值。他自己的风格杂糅了各种新旧元素。这样的混合体（融合了古代与现代风格，将富于文采的诗歌元素纳入了散文体）很容易导致光怪陆离、矫揉造作的效果，成为各种装腔作势的简单堆砌。[3] 那么，共同构成塔西佗风格的各种元素的源头及其合法依据是什么呢？

拉丁史学作品向来有复古和诗化（二者有时候是一回事）的强烈倾向。诗人的语言中包含着双重的危险：它不仅仅容易夸大其词，还有可能会墨守成规、人云亦云。如进入帝国时期散文作品的"苦难（aerumna）"一词便是如此。昆体良便对这个字眼提出了批评。[4] 塔西佗对此是警醒的。他反对使用一些被其他史学家们所接受的词汇。[5]《日耳曼尼亚志》中有十来个类似的、矫揉造作的词汇被塔西佗从他后来的作品中剔除了。并且他也后悔自己在《历史》中使用了一些这样的字眼。将塔西佗与他生前身后的一些才华稍逊但讲究文采的作家们进行比较是不无裨益的。[6]

在大多数讲求文采的体裁中，罗马作家们一直想要效法古人。谁能抵制破绽百出的"古老（priscus）"一词，以及它所代表的一切呢？[7] 昆体良及时

1　特别值得注意的是狄利乌斯·沃库拉（Dillius Vocula）的演说（4.58，参见附录34）。
2　见原书第318页。
3　Quintilian 8.3.60: "si quis sublimia humilibus, vetera novis, poetica vulgaribus misceat（倘若他将崇高与卑微、古代与当下、诗歌与俗语混为一谈的话）。"
4　ib.2.6. 维吉尔没有用过这个词。撒路斯特用过2次（在演说词中），李维用过1次，但阿米安（Ammianus）用过不少于43次（参见 TLL）。
5　如"暴烈（crudesco）""老迈（grandaevus）""可耻（indigus）""酣睡（sopor）""轻蔑（temno）"，等等。参见附录52、54。
6　关于老普林尼遣词造句的精细，见 E. Norden, o.c. 315 ff.。但最理想的证据来自那位刻意模仿塔西佗的历史学家阿米安。特别参见 H. Hagendahl, Studia Ammianea (Diss. Uppsala, 1921), 21。
7　关于"古老（priscus）"和"旧有（vetustus）"的使用，见附录47。西塞罗承认，自己不会对"后裔（proles）""苗裔（suboles）"等古老的、富于诗意的用词抱有敌意（De oratore 3.153）。

警告了跃跃欲试的年轻人们。他说，古老的词汇自有其尊严，并且古人的平实文风也是雄健有力的。但在借鉴古语时，自身的成熟风格与鉴别力不可或缺。否则的话，这种借鉴的结果将会是荒唐可笑、驴唇不对马嘴的。[1]昆体良接下来赞美了维吉尔的出色品味；正如世人的定评那样，维吉尔在写作时是注意把握火候和小心翼翼的；他避免了哗众取宠的做法，严格遵循着晚近前辈的写诗方式。[2]

塔西佗作品中的古风色彩是入木三分、无孔不入的——在形态与拼写、选词、含义选取和句式结构中均有所反映。[3]这种风格究竟从何而来呢？除了某些生僻、业已废弃的字眼外，这些元素并非来自对古老作家们的研究。[4]罗马人见识过（并且嘲讽过）迫使文人去编撰老伽图用字索引或翻检字典搜寻生僻词汇的迂腐风气。[5]塔西佗的下一代人则将再度目睹这种误入歧途受到赞美与奖赏。[6]塔西佗则是谨慎的——并且很有眼力。

他进行尝试，并随时放弃一些做法。在《历史》中大胆尝试的复古做法也许会被《编年史》加以避免，例如，塔西佗认为，之前自己使用"麻木（torpedo）"一词就是一个错误。[7]而《编年史》中也会突兀地出现一些古词[8]，

---

1 Quintilian 1.6.39 ff.; 2.5.21 ff.; 8.3.24 ff.
2 8.3.24. 参见诺登对《埃涅阿斯纪》第6卷的注疏（E. Norden, Ed. 2, 1916, 365 ff.）。
3 F. Degel, *Archaistische Bestandteile der Sprache des Tacitus* (Diss, Erlangen, 1907).
4 参见对邓格尔观点（F. Degel, o.c. 45）的批评，W. Kroll, *Studien zum Verständnis der r. Literatur* (1924), 256。
5 Suetonius, *De gram.* 10; Seneca, *Epp.* 114.13.
6 弗隆托曾批评过西塞罗，因为后者从不使用"出人意料、富于新意的字眼（insperata atque inopinata verba）"（p. 152 N = Haines I, p. 6）；盖利乌斯（Gellius）则贬称小塞涅卡（反对复古风格的代表）为"无用的蠢货（ineptus et insubidus homo）"（12.2.11）。
7 *Hist.* 3.63.2. 使用该词的例子见老伽图（引自Gellius 11.2.6）和Sallust, *Hist.* 1.77.19; 3.48.20; 26。类似的例子如"拉扯（ducto）"（只出现过一次，*Hist.* 2.100.2）；该字眼在撒路斯特的文本中非常典型（出现过5次），参见Quintilian 8.3.4。撒路斯特式的用词"大量（abunde）"也没有在*Hist.* 2.95.3之后再出现过。
8 见附录47："完成（patro）""后裔（proles）""认为（reor）"和"苗裔（suboles）"都是古字。复古词汇与诗歌用词有时会重合，但并非永远如此。见B. Axelson, *Unpoetische Wörter* (Lund, 1945), 27 f., 其中讨论了"赢得（apiscor）""尝试（coepto）""命令（imperito）""完成（patro）"和"询问（rogito）"等词。

其中一些是他此前从未用过的。[1] 它们并非都能经受住考验。前6卷中的几处创新随后又遭到摒弃。[2] 那是因为作者进行了反思，提升了自己的品味——并做出了正确的判断。适合描述元首提比略与"共和国"编年史的复古风格并不适合拿来记述其他元首的统治。

在语言复古方面，塔西佗并未效法撒路斯特以前的作家。他对撒路斯特的效仿体现在两个方面：他确实借用了后者的语言风格；但更为常见且更重要的是，他像撒路斯特那样进行了自由创作。

1　见附录53。如"疯狂（vecordia）"（6次）或"赢得（apiscor）"（12次）——后者不见于撒路斯特的文本（令人费解）。

2　见附录48。如"出战（belligero）"（2.5.2; 3.73.3; 4.46.1）和"毁灭（pessum）"（1.9.4; 79.2; 3.66.4）。

第二十七章　文风的类型与变化

"罗马城起初由国王统治（urbem Romam a principio reges habuere）。"《编年史》的开篇使用的便是永垂不朽的质朴语言——以及青出于蓝的撒路斯特式风格。[1] 第4卷的开头也是如此。劈头第一句话用撒路斯特式的阴郁风格告诉读者，提比略的统治进入了一个新阶段。[2] 埃利乌斯·塞亚努斯也及时登上了舞台——塔西佗介绍了他的出身、家庭、仕途生涯和重要的历史地位，随后描述了他的性格——用了一连串并列在一起、对比鲜明、没有动词连接的名词和形容词，行文快速且紧凑。[3]

塔西佗心照不宣地将塞亚努斯描述成另一个喀提林。喀提林阴谋的叙述者也描写过一名与喀提林地位相当的女性——臭名昭著的森普罗尼娅（Sempronia）。[4] 塔西佗也依样画葫芦：他将波佩娅·萨比娜描述成一个诱人作恶、影响巨大的形象，并补充了一幅全面生动、文采斐然的肖像（类似的

---

[1] Sallust, *Cat.* 6.1: "urbem Romam, sicuti ego accepi, condidere atque habuere initio Troiani（按照我的看法，最初是特洛伊人建造并占据了罗马城）."

[2] 4.1.1: "cum repente turbare fortuna coepit, saevire ipse aut saevientibus viris praebere（命运突然掀起波澜，使他变得残暴，或成为残暴力量的来源）." 参见 *Cat.* 10.1: "saevire fortuna ac miscere omnia coepit（命运开始施暴，并将一切卷了进来）."

[3] ib. 3: "corpus illi laborum tolerans, animus audax; sui obtegens, in alios criminator; iuxta adulatio et superbia; palam compositus pudor, intus summa apiscendi libido（此人耐受劳苦，胆大包天；他擅长伪装自己，嫁祸旁人；他将谄媚与傲慢集于一身，外表恭谨谦逊，实则野心勃勃）"，等等。参见 *Cat.* 5.3 ff.。

[4] *Cat.* 25.

例子在第13—16卷中极其罕见）。[1] 动词使用的细节暴露了塔西佗同撒路斯特在文学传统上的继承关系。[2] 但更令人惊奇的是，塔西佗还使用了一个与撒路斯特的森普罗尼娅无关，但将撒路斯特炉火纯青的突兀风格发挥到极致的句子——"除了高洁的灵魂外，这个女人拥有一切（huic mulieri cuncta alia fuere praeter honestum animum）"。

两人的作品中还存在着其他可以构成类比的场景或人物形象。[3] 塔克法里纳斯显然是朱古达（Jugurtha）的化身；努米底亚战争（作者总算能暂时抛下元首提比略治下的罗马城编年史而喘口气）展示了在游牧部落国土上进军的速度与机动性。[4] 撒路斯特《历史》的内容要比其专著丰富得多：其中记载了西班牙、奇里乞亚、卢库鲁斯对底格里斯河对岸的征服，以及对黑海沿岸与高加索山脚地区的描写。《编年史》若干卷中的长篇叙述撇开了罗马城内罪恶与无谓琐事的纠葛，带领读者前往尼尼微（Nineveh）或阿迪亚波纳（Adiabene），去了解传说中的王国与阿尔戈号的故事。[5]

撒路斯特式的风格也影响了塔西佗对元老院事务的记载和对元首演说的摘要。对一名桀骜不驯的附庸、博斯普鲁斯王公米特拉达梯（Mithridates）复杂性格的讨论引出了著名插话《本都之地貌》的作者对那里的恶劣海岸与无路可通的荒原的描述。[6] 而当拜占庭派来使者时，塔西佗又用一段插话追述了那座城市过往的著名历史，它的优越位置对于军队运输的意义，以及它从周边水域获得的巨大利益。[7]

选取并加工这一大段内容的目的似乎正是为了纪念那位伟大前辈。撒路斯特对一位罗马行省总督针对陶鲁斯山区部落的军事行动进行了大段记述。[8]

1　13.45.1 ff.
2　如 *Cat.* 25.5: "verum ingenium eius haud absurdum（她的才华不容小觑）."参见 *Ann.* 45.3: "sermo comis nec absurdum ingenium（她的言辞可圈可点）."
3　见附录53，其中更详尽地论述了本书在此提及或引用的文本中的6段话。
4　在此举例说明关于塔克法里纳斯诸章中的撒路斯特风格已无必要。
5　6.31-37; 41-44; 11.8-10; 12.10-20; 44-51.
6　12.20.
7　62 f.
8　Sallust, *Hist.* 2.87.

塔西佗在记录（并且篇幅不短）波佩乌斯·萨比努斯在色雷斯境内的活动时显然是牢记着前辈的做法的。[1]

更为人熟知的是《喀提林阴谋》中的一段插话，其中讲述了近西班牙行省总督格涅乌斯·披索的暴毙。[2]当公元25年史事的记载顺理成章地提到了该尊贵家族的一位成员（卢奇乌斯·披索）也是被当地的土著暗杀一事时，塔西佗看到了自己的机会，意识到了自己的职责。他详细交代了那件事的来龙去脉，并在收尾处不声不响地通过模仿字句而牢固确立了同前辈的联系。[3]

塔西佗关心的不仅仅是历史进程中的偶然相似和怪异重复。他的目标是全面彻底地改造撒路斯特的史学。反映塔西佗借鉴撒路斯特的既有零星的单词或短语，也有一望即知的撒路斯特式自由创作风格。我们很容易从对个人的形象描绘中辨别出这些内容。

如果一位贵族恰巧取得了堪与自己的祖先相提并论的成就，塔西佗会赞美此人，引用前人的表达方式来追忆共和国的历史。被历史学家塔西佗确信为"一位睿智的重要人士"的玛库斯·雷必达就是如此。[4]这个评价借自《朱古达战争》。[5]雷必达的一篇演说的色彩十分应景[6]，塔西佗在此人去世时发布的评论亦是如此。[7]

---

[1] 4.46–51.

[2] *Cat.* 19.

[3] 4.45.3: "sed Piso Termestinorum dolo caesus habetur（但人们仍认为披索是特尔麦斯人阴谋的牺牲品）."参见附录53。

[4] 20.2: "hunc ego Lepidum temporibus illis gravem et sapientem virum fuisse comperior（我认为，雷必达算得上那个时代举止稳重、富有智慧的人物）."

[5] *Jug.* 45.1: "Metellum ... magnum et sapientem virum fuisse comperior（我认为，麦特鲁斯是个富有权势和智慧的人物）."塔西佗没有在其他任何地方使用过这个动词的被动迂说法形式。另见后文不远处的"赶路（pergere iter）"（参见 *Jug.* 79.5）。

[6] 3.50反映了对 *Cat.* 15.4和51.8的回应。此外，雷必达运用纯粹的撒路斯特式语言提到了相关者（诗人克鲁托里乌斯·普利斯库斯［Clutorius Priscus］）——"他的事业是无用、错误的，人们认为选择那条道路是疯狂的（studia illi ut plena vecordiae, ita inania et fluxa sunt）."

[7] 6.27.4: "quippe Aemilium genus fecundum bonorum civium, et qui eadem familia corruptis moribus, inlustri tamen fortuna egere（埃米利乌斯氏族盛产优秀的公民，可那些生出道德败坏之徒的家族仍享受着富可敌国的辉煌）."

塔西佗用朴实无华但令人印象深刻的赞美口吻介绍了卡西乌斯·隆吉努斯，用传统语言继承了罗马的传统。在法学知识方面首屈一指的卡西乌斯曾指挥过叙利亚军队。[1] 那是一个和平的年代，容易让人好逸恶劳。但卡西乌斯强制推行整饬军纪的"古风（priscus mos）"，那对于在当地闻名遐迩的那个名字和家族而言是适宜的。当卡西乌斯于12年后在元老院里发表演说时（主题是另一种"古风[vetus mos]"），他的开场白显然回应了撒路斯特的作品[2]，其结论也是如此。[3] 特拉西亚·佩图斯也在一篇为元老阶层的荣誉辩护的演说中追忆了古时的尊严。[4]

由于数目众多、形象各异，恶人往往可以提供更好的素材，黑暗与动乱的时代亦是如此。一段关于立法问题的插话自始至终都像一篇论文。[5] 而塔西佗追溯的也不仅限于撒路斯特创作《历史》的那个时代。在提及伟人庞培第三次出任执政官时，他不失时机地表达了对撒路斯特所厌恶的那位巨头的强烈谴责。[6] 下一句话则马上切换到了元首制建立之前的二十年苦难岁月。[7]

在其他文本中，撒路斯特式的语言被用来轻蔑地提及后三头中雷必达和

---

[1] 12.12.1: "ea tempestate Cassius ceteros praeminebat peritia legum: nam militares artes per otium ignotae, industriosque aut ignavos pax in aequo tenet. ac tamen quantum sine bello dabatur, revocare priscum morem (在此期间，卡西乌斯作为法官是无可匹敌的。尽管由于承平日久的缘故，兵法已在闲暇中被人遗忘，勤勉与懒散之人均可享受和平，他仍然努力恢复了古时的军纪)"，等等。

[2] 14.43.1: "ne nimio amore antiqui moris studium meum extollere viderer (我不希望被人看作利用复古的词汇来拔高自己的研究的人)." 参见 Jug. 4.2。跟伽图 (Cat. 52.7) 一样，他也使用"我经常列数（saepe numero）"的说法，那种表述在塔西佗的时代已显得古旧，并且也没有被他在其他文本中使用过。

[3] 14.44.4: "nam et ex fuso exercitu cum decumus quisque fusti feritur (当对溃逃的军队实行十抽一法的处罚时)." 关于十分合乎卡西乌斯口吻的军事譬喻，参见3.21.1（阿非利加行省中的一个场景）: "sorte ductos fusti necat (将抽中者鞭笞至死)"，该表述来自Sallust, Hist. 4.22。

[4] 15.20 f. 注意来自Cat. 2.3的"稳定和延续地（aequabilius atque constantius）"（21.4）。

[5] 3.26 ff. 更多信息见附录53。

[6] 28.1: "suarumque legum auctor idem ac subversor, quae armis tuebatur armis amisit (他是自己法律的制造者和破坏者，被武力夺走了自己靠武力保有的东西)."

[7] ib.: "exim continua per viginti annos discordia, non mos, non ius; deterrima quaeque impune ac multa honesta exitio fuere (接下来是长达20年的乱世，没有道德，没有法律；恶徒畅行无阻，许多正直人士却遭处决)."

安东尼的失势与垮台[1]；它将元首提比略的种种诡计进行了鲜明对比[2]；它刻画了异口同声地颂扬元首每次讲话的元老阶层[3]；并且它还恰如其分地宣告了"告密者"在卷1中的首次出场。[4]而在卷3中，当塔西佗详述又一个令人厌恶的家族的背景时，他构建了一个巧妙的、转弯抹角的对比：通过继承修昔底德的遗产来表明自己对于撒路斯特的青出于蓝。[5]

即便在没有撒路斯特现存文本可以证实二者之间的借鉴关系时，笔调上的相似性也往往足以说明问题。塔西佗对一个活跃于诸多领域的可疑人物——卢奇乌斯·维特利乌斯的形象刻画便是如此："我当然知道那个家伙劣迹斑斑，并在罗马臭名远扬；但维特利乌斯在治理行省上却展示了古人的美德……"如此等等。[6]

在将前辈的词句烂熟于心，并懂得如何自由改造这些习语的情况下，塔西佗在其作品中继续创造着新的撒路斯特式形象类型，如邪恶的宫廷小丑或背信弃义的哲学家。[7]在有些情况下，为了准确理解一段文本，我们需要牢记古代文风富于欺骗性的简朴。到了公元37年初，一个地位和影响力都很突出

---

[1] 1.9.4: "postquam hic socordia senuerit, ille per libidines pessum datus sit（随后这一位因衰老而失智，那一位陷入了罪恶）."参见 *Jug.* 1.4: "ad inertiam et voluptates corporis pessum datus est（走向衰朽，并屈从于肉体的欲望）."

[2] 2.30.3: "callidus et novi iuris repertor（运用诡诈颁布了新法）."参见 Sallust, *Hist.* 4.69.7: "callidi et repertores perfidiae（诡计多端并炮制谎言）."（米特拉达梯对罗马人的评价）

[3] 2.38.4: "ab iis quibus omnia principum, honesta atque inhonesta, laudare mos est（传统习惯是赞美元首所讲的一切，无论是否合理）."参见 *Jug.* 80.5: "quis omnia honesta atque inhonesta vendere mos erat（这里的习俗是可以买卖一切正当的和不正当的东西）."

[4] 1.74.1 f.（原书第326页）. 关于"从被轻视者到被畏惧者（ex contemptis metuendi）"的说法，参见 Sallust, *Hist.* 1.77.3: "se <e> contempto metuendum effecit（他影响了从被轻视者到被畏惧者的所有人）."

[5] 3.66.4: "quod multos etiam bonos pessum dedit, qui spretis quae tarda cum securitate, praematura vel cum exitio properant（甚至许多好人也被这种罪恶毁掉了：他们轻视一步一个脚印的稳妥道路，急于求成而不顾身败名裂的危险）."关于"毁灭（pessum）"，参见1.9.4; 79.2。前一个句子是撒路斯特式的："如果走正路的话（si rectum pergeret）"，相关措辞参见4.20.3和*Jug.* 79.5。

[6] 6.32.4: "eo de homine haud sum ignarus sinistram in urbe famam, pleraque foeda memorari, ceterum in regendis provinciis prisca virtute egit（我知道此人在罗马城声名狼藉，给人留下了许多可耻的记忆；但他作为行省总督却展示出了古人之风）."，等等。

[7] 15.34.2（瓦提尼乌斯）；16.32.3（埃格纳修斯·凯勒 [Egnatius Celer]）。

的人物——卢奇乌斯·阿伦提乌斯——决定结束自己的生命。他质问道，坐等提比略死亡能有什么好处呢？即将到来的只会是更糟糕的暴政。死亡可以同时结束一个人过去与将来的苦难。在以先知式的庄严与热情讲完了这番话后，阿伦提乌斯结束了自己的生命。历史学家塔西佗补充道："接下来发生的事情证明，阿伦提乌斯选择自杀恰到好处。"[1] 一些研究者认为这段评论具有狗尾续貂的性质。[2] 但事实恰恰相反，那是绝妙的手法：作者故意从热烈奔放、文采斐然的预言切换到了最为平实的表达。

当塔西佗声称自己进行了勤勉的研究时，他使用了一个罕见的撒路斯特式字眼。[3] 拉丁历史散文是辛勤笔耕与苦心思索的产物。为了建构自己的风格，撒路斯特剽窃了老伽图的语言。[4] 但没有人会上当受骗，并且也没有人会责备他。他们说，撒路斯特写得很慢——读者可以从其作品中看出他的苦心孤诣。[5] 那是昆体良的评价，并得到了相关研究的证实——佐证如他自觉采用或放弃的字眼、突然变换的语言习惯，以及试笔性质的专题著作完成后写作风格的显著提升。[6]

帝国时代的散文越来越多地借鉴了诗人们的修辞技巧。《关于演说家的对话》中的一位发言者建议演说家们利用贺拉斯、维吉尔和卢坎的作品。[7] 历史学家塔西佗没有怎么引用过贺拉斯[8]；就主题与感情色彩而言，卢坎似乎更为有用[9]；但真正占据着主导地位的则是维吉尔。

1　6.48.3: "documento sequentia erunt bene Arruntium morte usum." "恰到好处（bene uti）"的表述方式应该是复古式的，参见Plautus, *Cist.* 23: "beneque amiticia utier（这种友谊恰到好处）."

2　福克斯校订的版本（H. Fucks, *Ed. Helv.*, 1946）将这一句加上了括号。

3　6.7.5: "ab aliis incelebrata（参考了其他不知名的作家）"，参见Sallust, *Hist.* 1.88（见上文，原书第283页）。

4　Suetonius, *Divus Aug.* 86.3; *De gram.* 15; Quintilian 8.3.29.

5　Quintilian 10.3.8: "et sane manifestus est etiam ex opera ipso labor（他的苦心孤诣在自己的作品中得到了有力的展示）."

6　参见A. Kunze, *Sallustiana* III (Leipzig, 1897), 49 ff.; E. Löfstedt, *Syntactica* II (1933), 290 ff.。

7　*Dial.* 20.5.

8　最相关的回应为2.14.4: "taedio viarum ac maris（厌倦了漫漫征程和广阔大海）"，参见*Epp.* 1.11.6.。

9　见原书第142—143页。但塔西佗对卢坎的借鉴算不上广泛，正如L. Robbert, *De Tacito Lucani imitatore* (Diss. Göttingen, 1917), 94 f.。

维吉尔式的词汇和表达方式在塔西佗的作品中是很多的，反映了塔西佗对那部经典史诗的文本有多么熟悉。[1]那并不是说我们可以用一种模式来界定塔西佗的创作手法。跟他对撒路斯特作品的使用一样，塔西佗对维吉尔的借鉴追求的也是一种神似。

维吉尔对于塔西佗而言具有一种特殊价值。在勾勒色彩、渲染氛围与调动情感等方面，诗人维吉尔具备李维的一切优点，甚至还要青出于蓝。诚然，当历史学家塔西佗想要用修辞性很强的语言来描述罗马军营里的溃逃场景，或是莱茵河对岸富于戏剧性的战局变化与险象环生时，李维式的词句或主题是非常适宜的。英雄形象主导着这些行动，将读者的思绪带回到古老的岁月——让他们想起开疆拓土的罗马将领，或是罗马足智多谋的对手。当王子日耳曼尼库斯面对着哗变的军团士兵时，他的呼吁令人想起类似紧急情况下的西庇阿·阿非利加努斯。那篇演说同样继承了维吉尔的遗产。[2]

在描述海上风暴时，塔西佗不仅利用了维吉尔的语言，并且还模仿了后者作品中的画面感和音响效果。起初"大海上一片平静（placidum aequor）"，除了1000条舰只的船桨与风帆外毫无响动。随后浓云密布，冰雹突然从天而降——"硕大的圆球突然从云中猛砸下来（mox atro nubium globo effuse grando）"，最后，"大海和天空都屈从于南风的淫威（omne dehinc caelum et mare omne in austrum cessit）"。[3]

更重要的是，历史学家塔西佗也能模仿维吉尔的神秘、崇高与激情。当罗马人进军到瓦鲁斯（Varus）及其军团抛尸荒野之处时，全军无不悲从中来。他们想到的不仅仅是自己的亲友，还悲愤地想到了"战局乃至人类命运的捉摸不定（casus bellorum et sortem hominum）"。他们脚下的大地也令人感伤——"他们脚踏着悲伤的土地（incedunt maestos locos）"。[4]

---

1 参见H. Schmaus, *Tacitus ein Nachahmer Vergils* (Diss. Erlangen, 1884)。精简的清单见A. Draeger, *Über Syntax und Stil des Tacitus*[3] (1882), 126 f.; H. Furneaux, I (ed. 2, 1896), 74。
2 1.42. 关于这段文字和其他李维式的段落，见附录54。
3 2.23.
4 1.61.1.

在动用诗人的语言和想象力进行写作时，历史学家塔西佗还冒险使用了音步。一些学者已经在塔西佗的作品中找到了六音步格律；但它们并非完整的合格样本，并且肯定也不是有意为之。[1] 作者还会刻意避免堆砌可能产生韵文句尾效果的诗歌用语。一个例子很能说明问题。元首提比略让不幸的尤利娅在流放与无助中慢慢死去——"丧失了一切希望，在贫困与饥饿中慢慢死去（omnis spei egenam inopia ac tabe longa peremit）"[2]。塔西佗用含蓄的、富于讽刺性的语言描述了一次不幸爱情的绝望牺牲品——"被冷酷的爱情残忍地无情吞噬（quos durus amor crudeli tabe peredit）"[3]。他已经是在试探散文体裁所容许的极限："在饥饿中慢慢死去（longa tabe peremit）"很可能是会受人诟病的。

我们已简短分析了塔西佗风格的元素、来源与表达手段。由于夹在李维与塔西佗之间的罗马史学家著作业已佚失殆尽，并非所有我们最早发现在塔西佗作品中的创新都来源于他的自出机杼。塔西佗在自己的创作生涯中自始至终展示着拿捏用词力度与色彩的精准判断力，并且《编年史》之于《历史》肉眼可见的提升也印证了他在原创性方面的才华。我们无须过分惋惜奥菲狄乌斯或塞尔维利乌斯作品的佚失。他们在科奈里乌斯·塔西佗面前黯然失色——后者甚至超越了撒路斯特和李维：他在文采的多样化和优美程度上胜过前一位，并且较后一位更加雄健、自信与犀利。塔西佗掌握并随心所欲地驾驭了拉丁语，将它已知的或潜在的活力、厚重与崇高发挥到了极致。[4] 倘

1　A. Draeger, o.c. 121. 伦德斯特罗姆甚至声称《编年史》的首句是对恩尼乌斯六音步诗句的模仿（V. Lundström, *Eranos* XV (1915), 1 ff.）。
2　1.53.2.
3　Aen. 6.442. 评注者和汇编者们似乎忽略了二者之间的关联。
4　这种风格显然是一种"艺术语言（Kunstsprache）"的创造，参见 R. Reitzenstein, *Gött. gel. Nachr.* 1914, 268 f.。因此那是"一种死的语言，拥有暗淡的光泽和我们的耳朵没有听过的音响（lingua morte, con una luminosità opaca e una sonorità senza più eco nelle nostre orecchie）"（C. Marchesi, *Tacito*[3] [1944], 289）。弗雷克尔（E. Fraenkel）将之描述为一种冷酷无情的、令人喘不过气来的效果（*Neue Jahrbücher* VIII [1932], 232 f.）。相对积极的评价见 E. Norden, *Die antike Kunstprosa* I (1898), 342 f.。

若塔西佗作品的高质量只有得到某位古代作家的赞美才能作数的话，那么我们也可以从一位希腊作家对修昔底德的评价中找到那样的证据。[1]

卓越、紧凑、结构协调的《编年史》代表了塔西佗的典型特色——并且前6卷集中展示了他炉火纯青的风格。第1卷呈现了炉火纯青的技巧与多样性，在遣词造句与行文结构等方面进行了引人注目的尝试；他摒弃或巧妙升华了技术性术语；他还相当频繁地使用了一些生动的、非同寻常的词汇。[2] 所有这一切都在意料之中——我们无须接受第1卷经过了重写完善的假说。[3]

但我们所分析的《编年史》确实并非整齐划一的作品。在创作方式与技巧方面，第13—16卷的情况是跟前6卷有所不同的。塔西佗摆脱了对编年史体例的亦步亦趋，开始倾向于将他的材料整合成独立的完整情节。概述人物言论的做法变得更加常见，大段的演说词数量则减少了。人物性格更多地通过行动和言辞加以呈现，那在很大程度上取代了之前刻板的人物素描。

其中一些变化与历史本身的结构与内容变迁有关。当统治者由提比略变为尼禄后，作者已无法把元首和"共和国"编年史放在一起进行相辅相成的记述。罗马元老院几乎没有组织过任何有影响力的辩论——并且塔西佗仅仅插入了两段对元老演说的直接引用。[4]

其他一些现象也值得注意。现存的记载克劳狄乌斯统治时代的部分包含了多达5段插话（那对于这一朝统治而言是很适宜的）。[5] 而第13—16卷中却

---

1 Dionysius, *De Thuc.* 24: "τὸ ποιητικὸν τῶν ὀνομάτων, τὸ πολυειδὲς τῶν σχημάτων, τὸ τραχὺ τῆς ἁρμονίας, τὸ τάχος τῶν σημασιῶν（用词的诗歌化、形象的多元化、词序的突兀和表意的简约）."塔西佗的写作特色符合那位批评家的说法，但并非来自修昔底德本人。参见 J. Perret, *Rev. ét. anc.* LVI (1954), 111。

2 如"被要求处决（morti deposcit）"（23.5）、"并准备出征与战斗（incessitque itineri et proelio）"（51.2）、"在伸入大海的岸边（in prominenti litoris）"（53.5）、"涨水的沼泽（umido paludum）"（61.1）、"维斯塔贞女们（virgines Vestae）"（8.1）、"玛尔斯广场（campus Martis）"（8.5）、"徒费口舌（in cassum）"（4.2）、"生于帝王家（in domo regnatrice）"（4.4）和"被毁掉（pessum datus）"（9.4）。

3 关于修订或插入内容的潜在痕迹，见附录37。

4 14.43 f.（卡西乌斯·隆吉努斯［Cassius Longinus］）；15.20 f.（特拉西亚·佩图斯）。

5 此外还有其他博古式的材料，可能来自克劳狄乌斯（见附录40）。

只有2段。[1] 可见，《编年史》后面的部分中减少了对插话、人物形象素描和讣告的运用——也就是说逐渐背离了撒路斯特的传统。[2] 即便在一处看似完全适合撒路斯特风格大显身手的段落（身在亚美尼亚的科布罗令人回想起卢库鲁斯）里，塔西佗也没有怎么发掘这一素材。

一位作家有时会放弃他尝试运用过的若干词汇，将传统主题发掘到山穷水尽的地步，或仅仅出于漫不经心而忽略一个引人入胜的题材。在从《历史》转战到《编年史》的过程中，锐意求变的塔西佗完全放弃了若干诗歌化的、复古的表达方式；还有一些字眼仅仅在第1卷或前6卷里使用过，此后便再未出现。[3] 但第13—16卷的变化更为显著——不是偶一为之，而是俯拾皆是。那在一定程度上类似于我们在写完自己作品前10卷的李维身上看到的变化——那在一定程度上（并非完全如此）可以用从传说过渡到历史的理由加以解释。李维不仅在语言风格与用词方面减少了诗歌化色彩；很多表达方式与词汇出现的频率也大大降低，甚至完全消失：尤其引人注目的是作者逐步减少了充斥于前10卷中的反复动词（frequentative verbs）的运用。[4]

李维的风格转变是逐步完成的。塔西佗则从写完第12卷后放弃了在《编年史》前6卷里已经高度成熟的文风。他还会尝试引人注目的新句式，或是大胆使用某个修辞色彩浓厚的字眼。[5] 但他似乎改变了自己一望即知的独特风格，回归了相对传统的写法。[6]

一些变化是令人惊讶的。"forem（曾是）"在《历史》和《编年史》的大部分篇幅里都取代了"是"——只有第13—16卷是个例外。塔西佗也不

1　13.29（萨图尔努斯财库）；14.20 f.（戏剧发展史）。
2　见附录53，其中包括对这种风格的评论。
3　原书第352页，参见附录49。
4　S. G. Stacey, *Achiv für lat. Lex*. X (1898), 17 ff.; E. Löfstedt, *Syntactica* II (1933), 294 ff. 相关批评（并未逐一驳倒斯塔塞的全部观点）见K. Gries, *Constancy in Livy's Latinity* (Diss. Columbia, 1949)。
5　见附录58。
6　此类观点如 E. Löfstedt, o.c. 282 ff.; N. Eriksson, *Studien zu den Annalen des Tacitus* (Lund, 1934)。更多信息见附录55 ff.。

再坚持用"quis（之于谁）"代替"quibus"，几乎放弃了对前者的使用。在连词使用方面，"quamquam（尽管）"和"quamvis"之间的关系发生了一百八十度的反转。史学家塔西佗热衷于用来取代"nisi（除非）"的"ni"只在第13卷中出现过一次，之后就消失得无影无踪了。动词"coepto（尝试）"也被弃用了。形容词"grandis（宏伟的）"之前在《编年史》中完全不见踪影，现在却携手"amplus（广阔的）"一同回归。相反，"necessitudo（必要的）"则消失并被"necessitas"所取代。"claritudo（光辉）"则仅仅出现过1次。[1]

这些现象并不是偶然、孤立的。塔西佗词汇中的相当一部分元素似乎正在朝着与之前不同的方向发展。一些从前没有使用过的字眼出现了。其中一部分零星出现在较早的作品中，另一些则从未被使用过（甚至在《关于演说家的对话》中）。其中一部分可被归类为并不引人注目的标准词汇（往往属于西塞罗式风格），同作者之前的风格构成了鲜明对比。[2]这种风格是丰富、鲜明与高贵的，不像塔西佗之前的文风那样紧凑、极端与尖刻。[3]作者开始充满自信地快速推进，因为他对事实了如指掌。他无须像在前6卷中那样担心史料来源问题和元首性格之谜——以及一直让他头疼的文风。这种新风格在针对尼禄的重大密谋的叙述中得到了充分展示。

这些事实是无可争议的。人们甚至还以此来论证，整部作品中的前6卷和第13—16卷的创作之间隔着一段距离——还有人进一步指出，作者的创作在写完前12卷后中断了若干时日。[4]这个说法倒是很有吸引力，因为塔西佗确实宣布过，自己的最后6卷要重起炉灶。

事实也许是这样，但也可能并非如此。我们如何解释塔西佗风格的变化呢？这大概印证了该部分内容创作年代很晚，可以一直推到哈德良时代开始

---

[1] 见附录58。
[2] 见附录42。
[3] 相对友善的评价参见 I. S. Ryberg, *TAPA* LXXIII (1942), 383 ff.。
[4] E. Löfstedt, o.c. 282 ff.; N. Eriksson, o.c. 108.

之后很久的假说。[1] 塔西佗式的语言与情感是叛逆的产物——那在有些情况下是不自觉的，通常则是有意为之。带有诗歌色彩的复古风格让他的作品可以跟常见的传统风格保持距离。如果史学家塔西佗意识到自己太过倚重这种风格，并走上了过度考究、复古的道路的话，那么他或许就不得不回归传统的文法和语言习惯。

我们还可以想到更具说服力的解释——塔西佗所记述历史自身的性质已发生了变化。年老时才当上元首的提比略是塔西佗动笔撰写《编年史》100年前的人物，他自己已属于遥远古史的范畴。尼禄则同作者的时代相隔很近——在许多方面可以说是同时代人，因为世人在很大程度上将哈德良视为尼禄再世。[2] 古史的光环在这里是不存在的。

第13—16卷中并非一切都是值得赞美的。当然，塔西佗叙事、组织材料、刻画人物与创作演说词的水平并未下降。但第15—16卷中语言风格的杂糅或许反映了其衰落的迹象。作者开始快速赶工，但似乎有些漫不经心。[3]

或许《编年史》缺少最后的修改阶段。[4] 当然，我们无须假定原作的最后一部分像现存文本一样，以第16卷的一个不完整句子告终——《历史》和《编年史》共计30卷的篇幅表明它们在作者生前已经写完。[5] 但正在完善第13—16卷的作者或许未能活到有时间对这部分文本加以修订完善、赋予其堪与之前各卷媲美的塔西佗风格的岁数。

叙述中的脱漏、表达不畅或前后矛盾可以支持这一假说——倘若这些现象能够得到证实的话。这方面的研究乍看上去是费力不讨好的。诚然，现存文本在记述完克劳狄乌斯一朝后就没有提过多瑙河畔及其对岸的局势；但那里确实发生过一些值得记载的事件。[6] 然而，那些事件几乎没有触及历史学家

---

1 见第三十五章。
2 第三十八章。
3 相关例子如附录59。
4 E. Koestermann, *Gnomon* XI (1935), 322. 那位学者还认为，塔西佗的去世可能中断了他的写作进程。
5 见附录35。
6 参见默西亚行省总督提比略·普劳提乌斯·希尔瓦努斯·埃利安（Ti. Plautius Silvanus Aelianus）的简短履历（*ILS* 986）。

的核心主题，只需一两章文字就可以追述完整。[1] 同样，披索阴谋案中详细罗列了大量人物与名目，在短短一节中堆砌了30多个名字。[2] 这种做法或许有些过分，并且会令读者感到厌倦。尽管如此，持反对意见者也完全有理由指出，如果有人以为对人名进行冗长罗列就是作者能力不够或作品未及完善的标志的话，那么他就是不懂得罗马与元老院的历史究竟是怎么一回事。

对第13—16卷更深入的研究或许应该针对作品中的创作手法缺陷、说明性文字的堆砌、误导性的线索或处理得不够理想的题材。尽管其中任何一项都无法提供令人信服的证据，但这些反常现象积累起来或许还是有说服力的。历史学家塔西佗并非对尼禄统治时期编年史的各个部分都感兴趣；因此他也许确实面对着要赶进度并尽早叙述到高潮部分的诱惑，于是便任凭自己的文笔在开阔的空间内信马由缰：他可以等以后再对这部分内容进行压缩、修改、解释或删减。如果塔西佗的写作方式确实如此的话，那么他的文本也确实留下了若干痕迹——其中一些情节已经加工完善（如在亚美尼亚和不列颠进行的战役），但并非总能按编年史体例列出清晰的年代顺序；一些演说词已经完成并润色，但有时缺少对其历史背景的合理解释，还有一些杂七杂八的内容最终可能会被塔西佗以顾及文采的理由放弃掉。[3]

《编年史》中关于提比略统治时期的各卷反映了历史学家塔西佗成熟的文字风格，以及他处理作品结构与前后协调关系技巧的炉火纯青。这部分内容所展示的风格严整且完美——那是十分典型的塔西佗式风格，充分展示了作者的精心构思。我们很难猜测塔西佗为何主动在一定程度上放弃了自己的风格，选择了一条回头路。[4]

---

1 参见Ph. Fabia, *Rev. ét. anc.* XXXIV (1932), 139 ff.。
2 15.71.
3 关于不完整性的痕迹，见附录60。
4 主题的不同可能是针对那个问题的最佳答案。但它无法解释《编年史》现存文本结尾处呈现出的所有问题。种种缺陷并不能坐实，但似乎暗示作者并未活到能够完成其计划的那一天。并且如果我们认为塔西佗打算写完现存文本中的第16卷后便搁笔的话，那么关于《历史》占据了塔西佗总共30卷史学作品中的12卷（不是14卷）的假说就会变得岌岌可危。

我们对塔西佗的盖棺定论应该是怎样的呢？他的文学天才是不容置疑的，但其作为历史学家的成就却并非如此（因为史学经典的批判标准总会见仁见智，有时还会误入歧途）。有人下了一条定论，以此来安抚或奉承学者们的职业良心：塔西佗不是一位历史学家，而是一名诗人。[1] 有些人会借此来攻击塔西佗，另一些人则以此来试图挽回塔西佗的声誉（那样似乎更为妥当）。虽然塔西佗的一些艺术手法从文学角度看十分巧妙，并且确实对于我们理解文本有所裨益，但它们并不属于史学的范畴。[2] 类似的辩护方式也适用于李维，而且"李维是用散文写作的维吉尔"这一观点也包含着不少真实性与说服力。然而，除了就其对神话和无法证实事件的记述而言，该看法对李维并不完全适用，对塔西佗来说更是谬以千里。

演说家或修辞学家可以效法戏剧化的诗歌，将现实生活中的矛盾冲突灌注到古老的场景中。昆体良评论道，在他看来，这些人中最杰出的演说家是多米提乌斯·阿费尔，最优秀的悲剧作家则是庞普尼乌斯·塞昆杜斯。[3] 并且他或许认为后者的持久声名并不逊色于前者。[4] 神话题材如今似乎已过于遥远，或已无法创新（小塞涅卡的作品提供了证据），即便某部《阿特柔斯》（*Atreus*）或《图耶斯特斯》（*Thyestes*）还能被用来批判宫廷与王朝，宣扬离经叛道的政治格言。[5]

罗马史学中包含着诗歌与上层政治，尤其关注共和国的灾难。塔西佗在其青年时代了解并崇拜的库里亚提乌斯·玛特努斯（元老、演说家和诗人）

1　F. Leo, *Tacitus* (Kaisergeburtstagarede, Göttingen, 1896). 比较研究可以演绎出戏剧化的希腊化史学风格的存在，参见 E. Norden, *Die r. Literatur*[3] (1955), 93。

2　根据 E. Bickel, *Bonner Jahrbücher* CXXXIII (1928), 27 的说法，即便塔西佗对政治的理解甚至逊色于他对战争的认识，其作品的伟大也不会为之减色。而在弗雷克尔眼中，塔西佗是一位没有主题的历史学家（E. Fraenkel, *Neue Jahrbücher* VIII [1932], 231）。

3　Quintilian 12.11.3; 10.1.98.

4　*Dial.* 13.3.

5　如小塞涅卡的《图耶斯特斯》、库里亚提乌斯·玛特努斯（*Dial* 3.3）的《图耶斯特斯》或前执政官级别的演说家埃米利乌斯·斯考鲁斯（Aemilius Scaurus）（Dio 58.24.3 f., 参见 *Ann.* 6.27.3）的《阿特柔斯》。阿奇乌斯（Accius）的《阿特柔斯》则创造了经典的"令人又恨又怕（oderint dum metuant）"的效果（Cicero, *De off.* 1.97）。

创作的《伽图》就是这样的作品。如果说小伽图或布鲁图斯的题材已经写尽了的话，难道元首们的悲剧不是包含了一系列戏剧化的题材，其中的野心、权力与罪恶会让人追忆起阿特柔斯家族吗？《编年史》所承载的认识或许也是反映在某部戏剧《塞亚努斯》(Sejanus)或《阿格里皮娜》(Agrippina)里，并由此而广为人知的。

此外还有跟历史关系密切的史诗。卢坎向我们展示了二者之间的联系，但卢坎抢走了最好的主题——小伽图和"自由"的陨落。创作于罗马的最后一部英雄史诗——希利乌斯·意大利库斯的《布匿战争》——仅仅让我们看到了值得赞美的动机、高贵的怀旧之情和令人厌倦的关公战秦琼。它所追求的目标早已由李维完成了。史诗与戏剧的时代已经终结，政治演说术同样如此。它们只有在融入另一媒介后才能永垂不朽。如果说史学就是那个媒介的话，它需要演说家、剧作家和诗人的才华。它的叙述必须拥有华美的风格、尊贵的气质和强大的感染力。

塔西佗的文风将拉丁语自身的潜力开发到了极致。在写作过程中，他将史学的灵魂想象成诗歌的灵魂。[1] 这位罗马帝国的史学家代表着帝国文学的桂冠和巅峰。然而，一部史学作品的准确性与完备性、广度与深度还必须经受后人的检验。

---

1 参见 H. Taine, *Essai sur Tite-Live* (1860), 332: "si le but de l'histoire est de ressusciter le passé, nul historien n'égale Tacite (如果史学的目标是唤醒过去的话，那么没有任何一位历史学家能和塔西佗媲美)."对于蒙森而言，历史学家们更多的是"艺术家(Künstler)"而非"学者(Gelehrten)"(*Reden u. Aufsätze* [1905], 11)。

第六部分

作为史学著作的《编年史》

第二十八章 《编年史》的主题

元首奥古斯都的胜利标志着漫长的罗马编年史中一个周期的结束。起初是国王的统治,接下来是自由国家;后者又让位给军阀混战的时代,最后一名巨头重新建立了君主制。这种归纳模式简便而全面。[1] 塔西佗在《编年史》的导言中便采用了这一模式,用简洁的语言概括了从国王到元首制的变迁历程。[2]

这些言辞让人以为,塔西佗的叙述将从和平与新秩序的建立讲起。这一错觉很快就被突兀地破除了。塔西佗选择的起点是奥古斯都之死和元首提比略的即位。这一选择基于多重理由(我们可以猜到其中的一些),但塔西佗只公开说明了其中一条。

优秀的史学家们,即"光辉的天才们(decora ingenia)",已就奥古斯都统治时代写了很多东西——至少在阿谀奉承成为主流之前是那样的。[3] 但对奥古斯都后继者的记述自始至终都是错误的:元首们在生前受到吹捧,在死

---

1 Dio 12.1.1; Appian, *BC* 1.6.
2 共和国是在权力斗争和凯撒继承人出现以前一系列令人目不暇接的统治者更迭中灭亡的,"他以元首的名义将内战中四分五裂的世界整合在自己的治权之下(qui cuncta discordiis civilibus fessa nomine principis sub imperium accepit)"(*Ann.* 1.1.1)。关于这些巨头的沿袭关系见*Hist.* 2.38;关于省略其中若干名字,以便强调这种血腥状态一脉相承的做法,见Lucan 4.822 f.: "Sulla potens Mariusque ferox et Cinna cruentus | Caesareaeque domus series(权倾朝野的苏拉、凶暴的马略和残忍的秦那同凯撒家族一脉相承)。"
3 1.1.2: "temporibusque Augusti dicendis non defuere decora ingenia, donec gliscente adulatione deterrerentur(在被阿谀奉承的风气淹没之前,天才们也不缺乏关于奥古斯都时代的故事可讲)。"

后遭到污蔑。[1] 塔西佗要以不偏不倚的中立态度重新讲述那段历史。

省略奥古斯都时代的理由是文学而非史学的，并且就作者本人的立场而言并不完全适用。塔西佗所说的阿谀奉承风气的蔓延并非首要障碍。元首制自诞生之日起就试图阻止世人对它进行研究——那是由它的本质所决定的，比它开始鼓励奉承、惩戒自由要早得多。塔西佗自己对此心知肚明。他在《历史》序言中指责的是君主制本身。"伟大的天才（magna ingenia）"在亚克兴海战后陨落了；真相受到了歪曲——那首先是因为今人缺乏政治知识与远见。[2] 后世作家卡西乌斯·狄奥明确指出了这个问题。[3]

他解释道，在元老院和罗马人民的管理下，时政要务都会被公开讨论，广为人知；尽管有些作家会受到恐惧或恩宠的影响，我们还是可以通过其他人大致弄清楚真相；并且我们手头还有公共档案可资参考。在诸元首的统治下，最重要的决策是秘密进行的。公开发布的消息真实性无从验证，并且容易被世人嗤之以鼻——因为人们倾向于怀疑一切在统治者及其共同掌权的盟友意志支配下的言辞或举动。于是，谣言讲述着许多从未真正发生过的事情；真实事件则甚至无人知晓；几乎一切事情都受到了歪曲。

卡西乌斯·狄奥接着讲道，此外，罗马帝国版图的辽阔及其事务的复杂性也使得我们无法获取准确的知识。以上便是卡西乌斯·狄奥对记述元首制时代的历史学家们的警告——他本人的叙述证明，自己的诊断是正确无误的。

谎言与歪曲很快大行其道。公元前29年，亚克兴海战的胜利者庆祝了属

---

[1] ib.: "Tiberii Gaique et Claudii ac Neronis res florentibus ipsis ob metum falsae, postquam occiderant recentibus odiis compositae sunt（由于他们叱咤风云之际世人的畏惧，以及他们与世长辞后人们未消的余恨，提比略、卡里古拉、克劳狄乌斯和尼禄统治时期的历史遭到了各种歪曲）."

[2] *Hist.* 1.1.1: "simul veritas pluribus modis infracta, primum inscitia rei publicae ut alienae, mox libidine adsentandi aut rursus odio adversus dominantis（与此同时，历史真相也由于多种原因而受到了损害：首先是因为人们对已变得陌生的共和国的无知，其次则是出于溜须拍马的目的或对自己主子的痛恨）."老塞涅卡则认为，"真相（veritas）"早在内战开始之际就已受到了损害（见前引文，原书第277页）。

[3] 53.19.

于自己的凯旋式，终结了长达20年的无政府状态。正常的共和国体制似乎已经回归，并伴随着一个肉眼可见的迹象：到了下一年，统治者和他的同僚一丝不苟地按照共和国的传统接受了束棒护身的荣耀。[1] 随之而来的还有其他举措[2]；到了公元前27年1月，罗马世界的主人按时宣布，"共和国"已被交还给元老院和罗马人民进行统治。他从公元前31年起每年都担任执政官，那是他治国法律权威的唯一基础。他现在需要进一步的身份界定。

元首奥古斯都同意通过授权的方式接受一项特殊委任，在10年内治理分配给自己的、军力强盛的那部分行省。奥古斯都提出了一系列借口，以及一个实实在在的理由：他害怕拥军自重的行省总督。统治者的决定或许在一定程度上受到了一桩令他恼火的变故的影响。马其顿行省总督、一个野心勃勃的贵族打破了新罗慕路斯（Romulus）对军权的垄断。但文字记载声称这两件事情之间没有关联。[3]

接下来，到了公元前23年，对一名行省总督的指控提出了元首奥古斯都权限的尴尬问题。那也导致了一场阴谋——他的一位重要心腹、梅塞纳斯的妻舅、执政官瓦罗·穆雷纳牵涉其中。奥古斯都本人大病了一场。他在康复后修改了其领导地位的法律基础。卡西乌斯·狄奥的叙述颠倒了时间顺序，将指控与阴谋归到了下一年里。[4] 由于卡西乌斯·狄奥已经如此严重地歪曲了史实，我们没有理由对他在另一方面——看似即将撒手人寰的统治者身边党

---

1 Dio 53.1.1（可能是在2月1日）. 这段文字很少得到过正确解读或合理分析。有人认为那是说前者拥有24根束棒；但狄奥的用语习惯表明，这种理解是错误的。

2 尤其参见 *Ann*. 3.28.2: "sexto demum consulatu Caesar Augustus, potentiae securus, quae triumviratu iusserat abolevit deditque iura quis pace et principe uteremur（在自己的第6次执政官任期内，元首奥古斯都认为自己的权力已经稳固，便下令取消了后三头的头衔，并颁布了为我们带来和平与元首制的法律）."

3 关于玛库斯·李锡尼乌斯·克拉苏（M. Licinius Crassus，公元前30年执政官），参见Dio 51.24.4（最早的认真分析见于 E. Groag, P-W XIII, 283 ff.）。

4 54.3. 公元23年名年执政官奥鲁斯·泰伦斯·瓦罗·穆雷纳（A. Terentius Varro Murena）的名字几乎没有出现在任何执政官年表中（《卡庇托林年表》[*Fasti Capitolini*] 是仅有的例外 [*Inscr. It*. XIII, I, p. 58]），那并非出自偶然。

羽之间的权力斗争——的语焉不详过分惊讶。玛库斯·阿格里帕在斗争中胜出，成为明确的权力继承者。[1]

撒路斯特与波利奥的优势在于，他们可以利用个人掌握的信息去记载上层政治，不会受到任何人的妨碍。即便在元首奥古斯都治下，也有人可以追述不久之前的动荡局势，而且并未对胜利者过分阿谀奉承。[2]那是由多重因素所决定的，并且那些因素很快就不再发挥作用了。李维原本可以用战争结束和凯撒继承人的凯旋作为自己罗马史的结尾；但他大胆地继续写下去，以压轴之作或附记的形式补上了另一组"十书"，用9卷篇幅（第134—142卷）将自己的叙事下延到公元前9年。我们很有理由怀疑这部分文字的创作是否轻松自如或大获成功。

鉴于共和国的体系和制度已被重建，并且罗马人民会每年按时选举执政官，李维可以像记载古老的幸福时代那样，回归编年史的事件汇编模式。他的素材来源包括罗马国家的各种公共活动。其中包括选举、法律颁布和元老院内部的辩论；对外事务包括将领们组织的历次战争。其中宝贵的题材则有元首组织或复兴的庆典活动。

撰写这部分结尾需要付出异常艰辛的劳动（李维在这里没有多少前辈可资借鉴），其中还包含各种陷阱与棘手问题。作为在奥古斯都统治末年从事写作的同时代人（至少是在他去世后不久完成其作品的），李维是否会在作品中记述执政官瓦罗·穆雷纳的阴谋与公元前23年大危机等插曲呢？选取作品终点要更容易些。通过选择德鲁苏斯在莱茵河对岸战死的公元前9年作为结尾，李维可以赞美在元首奥古斯都领导下重新焕发活力的共和国取得的对外征服胜利，并骄傲地哀悼德鲁苏斯的为国捐躯，热烈赞美他哥哥的"忠诚"。[3]在那个时间点不久后就是提比略的自愿流放，随之而来的还有统治王

---

[1] 即分享元首奥古斯都都行省治权（*imperium*）的一部分。狄奥和其他史学家都没有这样讲过。相关信息推断自 Dio 53.32.1; 54.11.6。参见 R. Syme, *Rom. Rev.* (1939) 337; 340 ff.。

[2] 4.34（克瑞穆提乌斯·科尔杜斯的演说）。

[3] Livy, *Per.* 142，参见 Val. Max. 5.5.3，等等。

朝内部的种种流言和灾难——李维几乎是不可能继续写下去的。[1]

李维关于元首奥古斯都治下共和国的9卷作品是不可能完全令人满意的。它们会暴露作者的一些性格缺陷——他是个恭顺之人，缺乏理解政治的能力，并且有时不肯一针见血地道破历史真相。[2]

李维遇到的一些麻烦不难想象。但那些问题可难不倒威利乌斯·帕特库鲁斯。忠于元首的狂热促使他在一切毫无风险、有利可图的场合下高唱赞歌，其中还掺杂着各种谎言与恭维话。威利乌斯宣称，全世界都因为提比略隐居罗德岛而感受到了震动[3]；只有到了提比略被奥古斯都过继之时，世人才最终确信自己的家庭、妻子和财产得到了保障，认为普世性的繁荣局面即将到来。[4]当奥古斯都超凡脱俗的灵魂升天之际，罗马人和世间万民都在毁灭的边缘颤抖：威利乌斯怀着虔诚的恐惧断言，世界当时惊险地逃过一劫，但谦逊地拒绝透露更多细节。[5]这些说法其实毫无价值，并不比同一个人对提比略统治的突出美德——与之前的统治截然不同——的描述更加可信。[6]

威利乌斯是个喋喋不休、毫无鉴别能力的家伙。他还会伪造年代。[7]而记

---

[1] 研究者们通常认为，历史学家李维未能写完其作品就去世了。参见A. Klotz, P-W XIII, 818；以及Schanz-Hosius, *Gesch.der r. Lit.* II[4] (1935), 300, 后者认为那是对于这部作品的记述终结于公元前9年的、唯一可行的解释。后人的评价对于李维作品的火候把握（艺术与史学两方面）以及他的谨慎程度多有不公。而克瑞穆提乌斯·科尔杜斯究竟在多大程度上推进了对奥古斯都统治时期的记述也很成问题：后人引述过他对公元前18年一起事件的记述（Suetonius, *Divus Aug.* 35.2）。

[2] 没有任何证据表明，狄奥曾在记载公元前30年之后的历史时使用过李维的著作。参见E. Schwartz, P-W III, 1698。

[3] Velleius 2.100.1.

[4] 103.5.

[5] 124.1.

[6] 126.2: "revocata in forum fides, summota e foro seditio, ambitio campo, discordia curia, sepultaeque ac situ obsitae iustitia, aequitas, industria civitati redditae; accessit magistratibus auctoritas, senatui maiestas, iudiciis gravitas（广场恢复了尊严，远离了纷争；野心远离了玛尔斯广场，不和远离了元老院；罗马重新拥有了早已被遗忘的正义、平等与勤勉；官吏重获权威，元老重享尊严，法庭重受尊重）."

[7] 凯撒的继承人屋大维带兵攻入罗马并自立为执政官（公元前43年8月19日）。威利乌斯隐瞒了这一有损元首声誉的事实，将屋大维进入罗马的时间改为9月22日，并将他的执政官任期推迟到后三头组建之后（2.65.2）。

录阿格里帕·波斯图姆斯被放逐时,他清晰地暗示那名青年早在奥古斯都的统治结束之前一段时间就夭折了。[1]

威利乌斯在作品的结尾处向罗马的诸神发出祈求:当元首提比略完成了自己在尘世的使命后,但愿他将权力托付给一位足够刚毅、能够扛起那副重担的继承者。[2] 威利乌斯是在公元29年或30年进行写作的。他不失时机地插入了一篇对塞亚努斯的颂词。他从罗马史上"伟大共治者(magni adiutores)"的先例讲起,并以那位不可或缺的股肱之臣的美德收尾,并明言他一无所求,却被赏赐了一切。[3] 塞亚努斯于公元31年当上了执政官和元首的同僚,并在垮台之际牵连了大批同党、阴谋家和投机分子。其中至少有一名历史学家。[4]

以上便是诸元首统治下的历史。尽管威利乌斯的生活年代较早,他却展示了处于元首权力淫威之下的帝国时代的典型面貌。叙述那个时代和主题的科奈里乌斯·塔西佗将起点选在了公元14年。或许他真正的研究起点还要更早。

如果一位史学家迫切需要摆脱同元首奥古斯都统治时期的一切纠葛的话,他可以从那一朝的中点,也就是李维著作结束的地方讲起,那个时间点

---

1 112.7(对公元6年史事的记载),收尾的措辞为"此后,随着他的罪恶与日俱增,此人得到了罪有应得的死亡下场(moxque crescentibus in dies vitiis dignum furore suo habuit exitum)"。我们很难接受(哪怕理解)*CAH* X (1934), 871中宽容的观点:"像威利乌斯那样的正直人士(an honest man, such as Velleius was)。"

2 131.1 f.: "custodite servate protegite hunc statum, hanc pacem <hunc principem>, eique functo longissima statione mortali destinate successores quam serissimos, sed eos, quorum cervices tam fortiter sustinendo terrarum orbis imperio sufficiant, quam huius suffecisse sensimus, consiliaque omnium civium aut pia <iuvate aut impia confringite>(请守护、保全、捍卫目前的局面、当下的和平与这位元首,当他作为一位凡人尽可能长久地履行了自己的使命后,尽量推迟继任者们上位的时间——但他们必须能够勇敢地承担起世界帝国所赋予的责任,保佑全体公民的虔诚愿望得以实现,破坏那些亵渎神明的想法)。"

3 127.4: "virum severitatis laetissimae, hilaritatis priscae, actu otiosis simillimum, nihil sibi vindicantem eoque adsequentem omnia, semperque infra aliorum aestimationes se metientem, vultu vitaque tranquillum, animo exsomnem(他是一个自己不追求荣誉,却荣誉等身的人;他对自己的评价永远低于别人对他的评价。他的言语和生活温和平静,在思想上却保持着警醒)。"关于他倒台后受到的评价,见 Valerius Maximus 9.11, *ext.* 4。

4 即布鲁特狄乌斯·尼格尔(Bruttedius Niger)(Juvenal 10.103),参见 *Ann.* 3.66.4的预言式暗示(见原书第326页)。

恰巧把亚克兴海战后奥古斯都的44年统治分成了相等的两半。李维是在提比略·克劳狄乌斯·尼禄位居元首奥古斯都一人之下、万人之上时搁笔的。矛盾很快就将爆发，提比略在盛怒之下出走。之后的一系列因果链条便是由完全适合科奈里乌斯·塔西佗天才的阴谋与灾难交织而成的了。

提比略的政治生涯和前途看似显然已经到此为止了。他的同僚和对手们如今指挥着莱茵河畔和伊吕利库姆的大军。急于确保王子盖约和卢奇乌斯（阿格里帕与尤利娅的两个儿子）继承权的奥古斯都不得不严重依赖于显贵集团中的不同派系与家族。王权与贵族开始紧密地交织在一起。[1] 政府在王朝阴谋的震惊中幸存了下来（尤利娅被遣送到一座岛上，她的几位情夫遭到处决，其中包括玛库斯·安东尼之子），元首则平安挺过了他的63岁。但他最珍视的希望旋即破灭。两位王子接连去世。到了公元4年夏天，提比略·克劳狄乌斯·尼禄（他在两年前已获准返回罗马）成了王子提比略。

那一年标志着提比略罗马统治者身份的确立，尽管罗马人在接下来的10年里很少有机会见到他。日耳曼境内的两场战役将罗马军队带到了易北河畔。他们接下来的任务原本是粉碎玛罗波杜乌斯的帝国，但伊吕利库姆的大规模暴动中断了他们的计划。当日耳曼境内的变故发生之际，潘诺尼亚人和达尔马提亚人险些被消灭。提比略迅速驰援莱茵河一线，因而被迫将自己的潘诺尼亚战役凯旋式推迟了3年之久。

如果说科奈里乌斯·塔西佗不屑于创作一部"接续李维作品（a fine Titi Livi）"的编年史的话（他希望扮演的不仅仅是续写者的角色），那么他手头也有一个现成的主题和起始年代。那并非王子提比略的继任大统，而是10年之前决定性的历史转折和新时代的真正奠基。行政与经济上的诸多变化是从那时开始的。[2] 更重要的是，贵族集团中涌现出了一个新的执政党派。提比略

1　参见 *Rom. Rev.* (1939), 419 ff.。

2　公元6年设立了军需官，并将罗马城市警力交给一位骑士阶层出身的官吏管理。赈粮官也于此后不久设立。另外还应注意颁布于公元5年、修改了选举程序的《瓦勒里乌斯·科奈里乌斯法案》（*Lex Valeria Cornelia*，相关线索见 *Tabula Hebana*，参见附录67）。

的对手们淡出了公共视野，执政官名单上开始宣传他的追随者——共和派或庞培党中的贵族，以及同他们反差巨大但并不出人意料的大批崛起中的新人。[1]

从公元4年开始记述历史的做法未免过于大胆。尊重正统的理由要求选择公元14年为起点，至少要在表面上遵守这个规矩。科奈里乌斯·塔西佗曾在《历史》开篇处因固守编年体例而遭到过一些非议，这次他或许应当因为选择了一位统治者的登基作为起点而得到称赞。那是一个明确的时间节点。选择这个起点意味着帝国的权威得到了确定。元首制如今被视为一种永久性的政体模式，其相关权力不再分别授予（有些名义上还有时间期限），而是一次性移交给统治者，由他终身掌握。[2] 变化还不仅限于此：共和国已公开地在法律上宣告终结。由罗马人民选择和平与战时的领袖乃是共和国的金科玉律——它实行的既是贵族制，又是民主制。[3] 重建"共和国"的元首奥古斯都尊重共和国的外壳，却严重破坏了它的实质：元首本人僭夺了元老院、法律和行政官吏的职权，却至少终生保留着民众选举的假象。他去世以后，共和国的最后一项民主遭受了致命一击。元首提比略最早实行的举措之一便是收回罗马人民的选举权，将之转交给元老院。[4]

关于法律与政体的情况我们就说这些。但如果仔细分析的话，公元14年的重要性会在很大程度上被削弱。那并不是一个至关重要的年代。奥古斯都染病所引发的危机事实上有多严重？最高权力的移交过程有多么微妙呢？研究者们很容易夸大其词。塔西佗也无法免于这一指控。[5]

1　*Rom. Rev.* (1939), 434 f.
2　见原书第411页。
3　1.1.1: "libertatem et consulatum L. Brutus instituit（卢奇乌斯·布鲁图斯确立了自由与执政官制度）。"
4　15.1: "tum primum e campo comitia ad patres translata sunt; nam ad eam diem, etsi potissima arbitrio principis, quaedam tamen studiis tribuum fiebant（选举活动首次由玛尔斯广场移至元老院。时至今日，尽管最重要的决定权已掌握在元首手中，若干事务仍由各部落研究决定）。"参见1.81（公元15年的执政官选举）。更多信息见附录67。
5　该指控至少对于他在奥古斯都似乎大限将至时的评论是成立的——"少数人开始口无遮拦地议论自由的好处，多数人担心会爆发战争，也有些人渴望战争（pauci bona libertatis in cassum disserere, plures bellum pavescere, alii cupere）"（1.4.2）。

元首提比略已经掌握了元首制体系下的核心权力。他显然已经行使过它们。臣子们很快宣誓效忠，罗马城依旧风平浪静；前执政官级别的忠诚部下统领着行省的军队。如果说莱茵河畔或潘诺尼亚行省的军团发动了叛乱的话，它们抗议的也不是现行体制或继承人提比略。士兵们不过是抓住了时机来表达自己被压抑或欺瞒了许久的正当不满情绪。

关注权力实质的塔西佗（他批判形式、名目与一切借口）理应回溯到公元前4年。那样一来，他就可以更清晰地审视王子提比略的性格、帝国的内外政策和稳步发展中的元首权威。大逆罪审讯、军队的状态、日耳曼战争和关于亚美尼亚归属问题的争端都不是新现象。那样的考查也有助于保持史料素材与艺术效果的平衡。[1]

事实上，塔西佗的选择包含着一系列不便之处。作者必须不时搁笔反思：哪些人物和事件可以被预设为读者理应知道的，哪些还需要详细交代？塔西佗是一位专注、严谨的作家，补充了各种铺垫、插话和说明。尽管这些注脚分担了提比略统治时期各卷的叙述压力，它们往往也损害了叙事主题的流畅性。

早在深入展开《编年史》的情节之前，塔西佗已经意识到了他将遭到的指责——如果不是实实在在犯下的错误的话。有一件事将相关矛盾暴露无遗：新元首一直声称，他奉行的乃是前任统治者的精神与政策。[2]他说的并不完全是实情，但也有很多事实可以提供佐证。内政外交等事务的主题都可追溯到奥古斯都时代，如日耳曼战争和东方事务。前者可在叙事中自行解决问题，补充若干关于昆克提利乌斯·瓦鲁斯灾难的介绍；后者则需在第2卷卷首插入较长的一段插话。在某种意义上，两个主题都具有补记的性质。即便塔克法里纳斯叛乱这类次要事件也不过是10年前被盖图里乌斯战争（the

---

[1] 只有交代了玛罗波杜乌斯和瓦里乌斯（Varius）的灾难，读者才能真正理解后来的一系列事件——并且塔西佗也不能把过多的篇幅都留给日耳曼尼库斯。

[2] 4.37.3: "qui omnia facta dictaque eius vice legis observem（像我这样把他的一切言行奉若法律）." 参见Strabo 6.288。

Gaetulian War）暂时掩盖的努米比亚危机的再现。[1]

历史学家现在再去修改全书布局已经太迟了，但他还可以在后文中进行一些补救。即便不包含作者的公开声明与辩解，卷3中的某些段落仍然是值得我们注意的。

在记述公元20年的内容中，当塔西佗交代完自己对王子日耳曼尼库斯之死的研究成果后，他又插入了两节来继续叙述塔克法里纳斯的故事，随后话锋一转开始记述审讯埃米利娅·雷必达（Aemilia Lepida）等国内事务。[2] 那位女子从前是比她大很多岁的前执政官、不太受人喜欢的苏尔庇奇乌斯·奎里尼乌斯（Sulpicius Quirinius）的妻子，还跟王子卢奇乌斯订过婚。这两个名字都让人回想起元首奥古斯都的统治和王朝政治的核心主题（以及提比略本人早年经历的沧桑）。此外，作者很快还要在奎里尼乌斯去世时再度讲到他。[3] 必须交代的下一个插曲显而易见：一位叫德奇姆斯·尤尼乌斯·希拉努斯的贵族从自愿前往的遥远流放地返回罗马，此人在12年前曾被卷入过元首外甥孙女小尤利娅的丑闻。[4]

在扼要解释了奥古斯都如何打破了古老的仁慈传统、将通奸视为大逆罪（其惩处较自己的立法规定有过之而无不及）后，塔西佗声称自己还会将那一事件同该时代的其他历史一并叙述，倘若天假以年，让他能够在完成《编年史》后再开启多部作品（而非一部）的话。[5] 这句话暗示了一项早就开始孕育的计划，或许在图拉真去世的情况下已经时机成熟。但那只是一个暗示而

---

1 Dio 55.28.3 f. 打赢这场战争的是科苏斯·科奈里乌斯·勒图鲁斯，公元前1年执政官（*AE* 1940, 68 = *IRT* 301）。
2 3.22 f.
3 48——关于一场公共葬礼的投票，来自提比略关于自己在罗德岛的隐居、王子盖约和去世多年的前执政官玛库斯·洛里乌斯（M. Lollius）的评论。
4 24.3. 该蹊跷事件发生于公元8年。它似乎与尤利娅的丈夫卢奇乌斯·埃米利乌斯·保卢斯（L. Aemilius Paullus，公元1年执政官）因参与阴谋而被处死一事有关（Suetonius, *Divus Aug.* 19.1）。
5 24.3: "sed aliorum exitus, simul cetera illius aetatis memorabo, si effectis in quae tetendi plures ad curas vitam produxero（但我将把其他人的死亡放在那个时代的历史中讲述，倘若我活得足够久，能够在完成本书后再去承担许多其他任务的话）."

已。作者的注意力主要还是集中在元首奥古斯都身上——他接下去讨论了道德立法的内容,并以对奥古斯都廷臣的评价结束了对公元20年史事的记述。

　　元老院讨论了减轻《帕皮乌斯·波佩乌斯法案》惩罚力度的议案——该法案的初衷是杜绝独身主义(以及增加公共收入)。[1]因此,塔西佗用了很长一段插话来介绍该立法的起源和发展历程,并强调了它的效力和造成的负面影响。[2]在下溯到相对晚近的时代时,塔西佗谴责了伟人庞培——那个践踏了自己法令的立法者。随后,他跨越20年的无政府状态时期,以奥古斯都公元前28年的法令作为结尾,否定了后三头时代的一切相关法令——并宣布罗马从此一直处于"和平与元首(pax et princeps)"的统治之下。那意味着控制与压制从此将大行其道:"锁链由此变得更为沉重,监视无孔不入(acriora ex eo vincula, inditi custodes)。"[3]《帕皮乌斯·波佩乌斯法案》(尽管是在年代晚得多的公元9年通过的)就是一个这样的例子,历史学家塔西佗其实夸大了它的消极影响。[4]

　　下一项内容同样跟元首制的建立者有关。恳请元老院赞成豁免日耳曼尼库斯的提比略援引了一桩先例——奥古斯都曾为自己和他的兄弟求过情。历史学家塔西佗忍不住要在此插入一段自己的评论。他说,即便在当时,肯定也有一些人偷偷嘲笑诸如此类的"恳请"。[5]《编年史》接下来记述了与王朝内部事务有关的两三件事。而在这一年结尾处,塔西佗记述了从上个时代活下来的两位著名幸存者的逝世——那是此类讣告性文字首次在《编年史》中出现。

　　卢奇乌斯·沃鲁修斯和撒路斯特·克里斯普斯去世了。前者是一位名声

1　25.
2　26 f. 关于这段插话的材料来源——它的语言风格显然是撒路斯特式的,但或许在一定程度上借鉴了元首克劳狄乌斯的一篇演说词——见附录41。
3　3.28.3.
4　25.1; 28.3. 参见舒尔茨对婚姻及相关立法明智公允的评价(F. Schulz, *Classical Roman Law* [1951], 107 f.)。
5　29.2(引文见附录54)。

很好的富有前执政官,但并没有多少值得纪念的事迹。[1] 后者的情况则大不相同。历史学家撒路斯特的侄孙克里斯普斯地位仅次于伟大的梅塞纳斯,是朝中的一位重臣。[2] 尽管梅塞纳斯与克里斯普斯论等级还只是骑士,他们的权力却远远高于拥有执政官徽章或凯旋式荣耀的任何元老。两人的生活奢华都举世闻名,因为他们要把自己的精明与才华藏在好逸恶劳的伪装之下。两人都为政府承担着重要的、往往还是秘密的工作——并且二者都未能将同主人的友谊保持到最后。有感而发的塔西佗反思了这些元首宠臣的命运,以及他们"权势"的转瞬即逝。

可见,历史学家塔西佗在写作过程中多次关注过奥古斯都。他在序言里也谈论了很多奥古斯都时代的历史学家们。塔西佗虽然没有点名,但他从一开始就是在说李维,其风格跟《历史》中的笼统描述大相径庭。对李维讲一些恭维话如今很适合他的写作需要。"光辉的天才们"也不算太过火的赞美。他知道,只靠修辞风格和如实直书是不足以支撑史学创作的。还原关于元首制第一个时代的全部事实需要付出艰辛的努力——还需要有勇气将之发表出来。

在写作《编年史》的前几卷时,塔西佗很快就会轻而易举地发现,生活在奥古斯都(或提比略)时代的作家们撰写的奥古斯都统治历史是极不充分的。奥古斯都漫长统治时代的后半部分很容易受到歪曲——其理由是多方面的。提比略远离庙堂的那十年会令史家感到尴尬或运用曲笔;而在接下来的十年里,对外战争的宏伟主题很容易掩盖内政或王朝内部的丑闻。[3]

那是一个晦暗、神秘的时代,现在开始激发起科奈里乌斯·塔西佗的好

1　30.1: "Volusio vetus familia neque tamen praeturam egressa: ipse consulatum intulit, censoria etiam potestate legendis equitum decuriis functus, opumque quis domus illa immensum viguit primus adcumulator(沃鲁修斯所在的家族十分古老,但从未出过大法官以上的官员。他本人则当上了执政官,还在挑选骑兵十夫长时行使过监察官的职权,并成为家族中积聚起可观财富的第一人)."关于该家族的情况,见原书第302—303页。

2　塔西佗或许知道,梅塞纳斯跟克里斯普斯一样,都参与过一件"头等大事(primum facinus)"——即在亚克兴海战的下一年处决了布鲁图斯的外甥小雷必达(*PIR*[2], A 368)。

3　这种倾向一直延续至今:*CAH* X (1934)对尤利娅(Julia)和卢奇乌斯·保卢斯(L. Paullus)只字未提。

奇心。[1] 深入研究或许可以表明，奥古斯都元首制末期跟帝国历史的常见形态并没有多大的区别。历史学家需要对奥古斯都的整个统治时期进行反思：那可以揭示一个巨大的秘密——元首制是如何与为何走上邪恶的道路的。尽管对元首及其党羽的抨击令人印象深刻，内战后和平、安宁的幸福时代毕竟已成为最重要的主题，并得到了奥古斯都时代辉煌文学成就的声援（那些伟大的名字属于奥古斯都时代的早期岁月），并同日后诸元首暴政下的苦难构成了鲜明对比。

以往的史学传统对奥古斯都有些过分纵容。相关研究向我们展示了若干惊人事实。即便奥古斯都的道德与社会改革计划也不是无可指摘或毫无含糊之处的：元首提比略的一份公开声明承认了前任元首立法活动的缺陷与失败。[2] 受到其鼓励的塔西佗也提出了自己对奥古斯都时代大行克俭之风的批评意见。没有什么能够阻止奢靡风气的蔓延：纸醉金迷的生活在亚克兴海战结束后到王朝终结期间无时不在。[3] 与此类似的还有突破底线的色情交易。塔西佗或许在开始写作时还默认掌权者或社会领导人的洁身自好至少是道貌岸然，他并未对此提出任何异议。但充满敌意的议论或秉笔直书的传记作品揭露了罗马统治者们的举止行为，塔西佗自己的研究则可以毫不费力地发掘出那些古老的流言蜚语。[4]

1　事实上要比图拉真在位的那20年更加晦暗不明。吉本针对后者曾感叹道："只有节编中的匆匆一瞥，或颂词里令人狐疑的光芒（the glimmerings of an abridgement, or the doubtful light of a panegyric）。"但为图拉真时代留下线索的证据毕竟有小普林尼的书信——以及塔西佗；但几乎没有任何同时代人留下过关于公元前6年至公元14年间史事的记载。

2　3.54.2: "tot a maioribus repertae leges, tot quas divus Augustus tulit, illae oblivione, hae, quod flagitiosius est, contemptu abolitae securiorem luxum fecere（由祖先们确立、由神圣的奥古斯都推行的法律一部分已被遗忘，另一部分 [那是更严重的耻辱] 则受到轻视。于是奢靡之风变得更加肆无忌惮）."关于婚姻方面的法律，参见提比略缓和《帕皮乌斯·波佩乌斯法案》的步骤（3.28.4）。

3　55.

4　塔西佗或许知道有过6任丈夫的维斯提莉娅（Vistilia, Pliny）（NH 7.39）。她的子女包括庞普尼乌斯·塞昆杜斯（Pomponius Secundus）、多米提乌斯·科布罗（Domitius Corbulo）、苏伊利乌斯·鲁孚斯（Suilius Rufus）和卡里古拉的情妇米洛尼娅·凯索尼娅（Milonia Caesonia）。参见C. Cichorius, Römische Studien (1922), 429 ff., 但其中将苏伊利乌斯误认为是维斯提莉娅的丈夫。

（转下页注）

374　　史学家塔西佗意识到，关于元首奥古斯都的统治及其时代存在着太多想当然的看法。因此，他产生了揭露那些轻信、错误或谎言的冲动。那并非塔西佗决定有朝一日还要记述奥古斯都时代的唯一原因。他或许已开始怀疑（或早已确信），自己从元首提比略时代开始叙述的选择是糟糕的。

关于主题的选择（以及它在史学与艺术效果上的弊端）我们就说这么多。具体而言，这部作品遭到了各种各样的批评——其中一些确有道理，另外一些则是欠考虑或不公允的。首先是在材料的选取方面。显然，塔西佗对罗马城、元老院和统治王朝的事务记载得过多。作者本人也知道会有那样的反对意见。他承认，自己关于提比略时期的许多叙述乍看上去是微不足道且不重要的。[1]但其实并非如此。任何时代都存在着不同的政体模式，其中包括一个人的统治、少数人的统治或多数人的统治。所谓包含上述3种元素的混合政体夸赞起来容易，事实上却难以实现且无法持久。在共和制下的罗马，政治家必须懂得如何驾驭暴民；认真研究过元老院及其领导人的学者凭借其政治智慧而荣获赞誉。与此类似，既然现在已经是一人独治的时代，塔西佗所记录的那些事件也是能够提供启示与指导的。[2]

塔西佗或许还可以补充（但那未免显得肤浅）说，既然他竭尽全力地遵循着"共和国"的传统，作为史学家的自己便有义务翔实地记载元老院的事务，即便它们是枯燥乏味甚至令人生厌的。如果不这样做的话，他的《编年史》就会沦为一部王朝年代记，最终蜕变成一系列元首的传记。

（接上页注）
另一位维斯提莉娅则试图让自己的乖张生活方式获得官方许可——"要求遵照古时的风俗，把她的丑事写进营造官的记录（licentiam stupri apud aediles vulgaverat, more inter veteres recepto）"（*Ann.* 2.85.3）。也许那是对她姑姑与众不同的婚姻履历的一种怪异抗议方式（*PIR*[1] V 491认为两人是姐妹关系的看法是错误的）。关于这个家族的情况与来源，参见R. Syme *JRS* XXXIX (1949), 16 f.。

1　4.32.1.
2　33.2: "sic converso statu neque alia re Romana, quam si unus imperitet, haec conquiri tradique in rem fuerit（既然时代已发生变化，罗马人的国家差不多已由一人独治，这些记录和整理或许还是有用的）."

即便这番辩护能够言之成理，它也并不能保护历史学家免于一切攻击。还有一条严厉指控依然有效：塔西佗对场景与人物角色（尤其在王朝内部事务中）的选取追求的是文学色彩与效果，史料价值则受到了忽视。因此，对王子日耳曼尼库斯的冗长叙述记载了莱茵河畔的暴动、日耳曼境内的战役、出使东方、王子之死和随后在罗马城展开的调查。同样，克劳狄乌斯的妻子们占据了太多篇幅。科布罗、小塞涅卡和特拉西亚的形象似乎被单拿出来并加以放大，以便用他们的美德与成就同元首尼禄构建对比——后者是一个暴君、杀人犯和蠢材。[1]

大部分此类批评都不利于我们准确把握作者的布局思路，以及其作品的结构要件。历史是无法脱离叙事而存在的。对于史学家而言，大部分史料都是一种棘手的累赘。塔西佗用尽了一切办法让他的史料变得鲜活起来。[2] 戏剧化和艺术化并非他所做的一切。塔西佗的个人观点以一种若隐若现的方式交织在他的文本之中；来自历史学家自身生活时代的影响也是如此。

塔西佗用大量篇幅绘声绘色地讲述了公元14年的暴乱——那很适合他那样一位关注士兵行为的作家（他之前在《历史》中也是这样做的）。[3] 此外，该场景被恰如其分地呈现在一段叙述的开头；那段叙述处理的是全书主题之一（它无处不在，但并非总是那么醒目）——政府与军队的关系，并在作者的布局谋篇下以一连串军事暴动结束。此外，作为影响力与权力中心的宫廷——皇后、宠臣与释奴等元首的心腹——也在《编年史》中占据着主导地位；克劳狄乌斯时代显然如此，尼禄时代也是一样。具体的人物角色和公共职务在不断流动，但庇护渠道与政府权力结构中的一些要素是不变的。

但我们并不清楚，历史学家塔西佗的所有文本是否都能这样免于指摘。他对瓦勒里娅·麦萨利娜的疯狂、她跟盖约·希利乌斯（C. Silius）的婚礼

---

1 关于他们对于塔西佗和史学的重要性，见下文第四十一、四十二章。
2 现代作家们在记述罗马帝国早期的历史方面尚未取得过令人瞩目的成就。
3 那并非仅仅为了渲染动乱情景和追求戏剧效果。参见佩尔克尼乌斯（Percennius）（1.17）演说词提到的士兵们的悲伤情绪等宝贵信息，或压迫成性的中层军官奥菲狄埃努斯·鲁弗斯（Aufidienus Rufus）的形象（1.20.2）。

庆典及其垮台的全部细节泼墨如水式的记载就很成问题。[1]继麦萨利娜之后又出现了另一个女人和另一场悲剧。小阿格里皮娜成了克劳狄乌斯晚年历史中的主角。她也确实配得上这样的地位。她用手腕促成了与叔父的婚姻,并让他对自己唯命是从。她掌控着国家大事,虽然腐败,却精神抖擞。通过在要职上安插自己的爪牙,小阿格里皮娜为自己儿子的登基铺平了道路,并通过罪行搞定了一切——并且没有导致政治或军事动乱。小阿格里皮娜一度在塔西佗的叙述中占据了稳定的主角地位——尼禄手下大臣们最迫切的任务就是阻止、遏制并推翻太后。塔西佗用恰如其分的技巧和细腻笔触追述了她权力的崩塌——因为权力乃是政治史的核心主题。小阿格里皮娜很快就沦为任人摆布的角色。然而,在叙事线索已经推进到数年之后的情况下,回过头来用这么长的篇幅补记这些事情真的有必要吗?

同瓦勒里娅·麦萨利娜的灾难一样,对小阿格里皮娜的谋杀似乎也明显忽视了叙述中的史料分配比例问题。但作为核心主题的小阿格里皮娜事件其实汇集了大量宝贵的相关信息——其中涉及她在元老阶层中的政治附庸,以及她在掌权和被小塞涅卡、阿弗拉尼乌斯·布鲁斯扳倒后军队指挥权的变动。

尼禄统治时期的各卷对几个人物(元首本人和他手下接二连三的牺牲品——小阿格里皮娜、小塞涅卡、特拉西亚与科布罗)的集中戏剧性刻画确实造成了严重缺陷。帝国的政策未能得到详细记载,一些事件或没有得到详细解释,或被强行塞入牵强的因果链条之中。尽管第13卷的开篇思路清晰、笔锋遒劲,历史学家塔西佗却似乎错过了一个好机会。他并未解释元首权力与罗马元老院名副其实的共治岁月里(尽管它转瞬即逝),帝国政府究竟是如何运作的。[2]相反,他笔锋一转,便兴致盎然地去记述科布罗与东方事务去

---

[1] 11.26-38. 在此处的对比中,苏维托尼乌斯(Suetonius, *Divus Claudius* 26.2; 3.36)的惜墨如金似乎是值得赞扬的。

[2] 原因是显而易见的——尽管会有公告,这些事务更多的还是依赖于外交艺术和秘密操作。一些现代人的叙述版本夸大了元老院作为主体的角色和自由度。

了。就连罗马的对外政策也不是完全清晰的。在观望了数年后，那位伟大将领于公元58年入侵了亚美尼亚：那是谁出于何种考虑而做出的决定？

后续文本中叙述的亚美尼亚事务反映了罗马外交计划的几次转变——建立附庸国、进行征服和最终妥协。塔西佗从未整体分析过这个问题。因此，后人很容易对历史学家塔西佗进行责难，并抓住这一点来大做文章。[1] 然而，我们需要意识到，所谓的帝国政策更多出自机缘巧合或心血来潮，而非深思熟虑后的谋划。尽管塔西佗断断续续的叙事晦暗不明，有时还会前后矛盾；当时的基本形势和最后的结果却并无费解之处。[2]

在其他一些地方，塔西佗的动机解释虽然充分，却带有误导性质。对小阿格里皮娜的谋杀构成了第14卷的开篇。尼禄为何选择在此时杀害自己的母亲——而不是更早或更晚？或许是因为波佩娅·萨比娜怂恿了他。她坚持要跟尼禄结婚——但那场婚礼迟至将近3年后才举办。[3] 此外，作者还援引世间流传的乱伦流言来抹黑小阿格里皮娜，认为那件事情增强了她儿子对她的厌恶与怀疑。但将那一理由用在这里显得有些过晚：即便这些逸事和动机当真存在，它们也应该是尼禄登基之初发生的事情。[4]

记述尼禄一朝各卷的缺陷在性质与源头上是多种多样的——作者或许未及将全书所有部分以同样的认真程度修订完善。[5] 塔西佗对高潮情节与灾难

---

1 亨德森认为元首是主要的决策者（Henderson, *The Life and Principate of the Emperor Nero* [1903], 153 ff.），舒尔认为他的谋臣们发挥了更为重要的作用（Schur, "Die Orientpolitik des Kaisers Nero", *Klio*, Beiheft XV [1923], 37 f.）。在莫米利亚诺眼中，主导该政策的是元老院（Momigliano, *Atti del II Congresso nazionale di Studi Romani* I [1931], 368 ff.），哈蒙德则强调科布罗所发挥的个人作用（Hammond, *Harvard Studies* XLV [1934], 81 ff.）。

2 因为塔西佗对此事的来龙去脉了如指掌。

3 14.60.1——在被尼禄推迟（作者声称如此，因为他提防着鲁贝利乌斯·普劳图斯［59.3］）的屋大维娅离婚事件发生之后。拖了许久才休弃自己根本不爱的妻子这一事件是值得注意的（可能还跟王朝继承的原因有关）。波佩娅的影响力似乎被严重夸大了。一位现代学者甚至认为，可能是"这个古怪的女子（diese exzentrische Frau）"把尼禄改造成了一名歌手和演员（R. Hanslik, P-W XXII, 86）。

4 小塞涅卡说服被释女奴阿克忒（Acte）干预的细节令人怀疑：她在此事中还是一个举足轻重的人物吗？

5 见原书第361—362页和附录60。

场景的喜好并不应当受到一味责难。塔西佗之所以会偏离主题,有时或许是因为他过分信赖前辈权威作家(他们似乎享有盛名),如乱伦的情节便是如此。[1] 另外一些不尽如人意的地方是他的判断力鞭长莫及的。许多影响政府决策的事实、观点与人物性格已无从考证——它们没有被任何文献记录下来,或无从证实证伪。试图凭借想象与推理重构历史是极其危险的。求稳的历史学家最好还是把笔墨留给那些宫廷中的著名公共人物,记述他们不加掩饰的举止或毋庸置疑的野心。

从提比略到尼禄的元首统治构成了一出环环相扣的戏剧。那是不容置疑的事实。[2] 塔西佗并没有杜撰什么东西,但他为自己保留了相当宽松的自由度。[3] 我们或许可以原谅或放过他在自主创作与人物描绘时的大胆。[4] 为塔西佗作为史学家的声誉辩护或许并不是最好的办法(或许毫无必要)。塔西佗值得拥有的不仅仅是不痛不痒的正名而已。

---

[1] 特别是前执政官克鲁维乌斯。但塔西佗并未完全确信那就是事实——"但某些作家的记载跟克鲁维乌斯的版本吻合,相关传闻也与此近似(sed quae Cluvius eadem ceteri quoque auctores prodidere, et fama huc inclinat)"(14.2.2)。

[2] 并非所有人都乐于接受它们。莱斯特纳(M. L. W. Laistner)便是为了支持自己关于皇室家族成员的形象遭到了歪曲的假说而这样评价麦萨利娜和阿格里皮娜:"历史上从未有过类似的例子……除了图尔的格雷戈里骇人笔端下的弗雷德古德与布伦希尔德(there is no parallel in all history ... unless it be Fredegund and Brunhild in the lurid pages of Gregory of Tours)。"(*The Greater Roman Historians* [1947], 132)关于阿格里皮娜的不同看法,见 Ph. Fabia, *Rev. phil.* XXXV (1911), 144 ff.; E. Paratore, *Maia* V (1952), 32 ff.。

[3] 如创作提比略与塞亚努斯之间的通信(4.39 f.)或小塞涅卡与尼禄之间的问答谈话(14.53 ff.)。

[4] 德扫声称塔西佗从未跨越史学与诗歌之间的界限——"他只是在用令人称道的方式工作而已(er arbeitet nur mit erlaubten Mitteln)"(Dessau, *Gesch. der r. Kaiserzeit* II [1926], 100)。

第二十九章　塔西佗的记述准确性

科奈里乌斯·塔西佗追求准确性的良苦用心无须辩护。他参考过多种史料，并努力还原事实真相。但他所做的并不仅仅是如实记录而已——塔西佗还对前人作品中的名目、年代及其他错误进行过详细批驳。塔西佗只满足于点到为止，或仅仅举出一个典型例子。与此类似，对于他自己早年作品中的错误，塔西佗也只是默不作声地改正而已。因此，当他发现自己像其他人一样，在记述波佩娅·萨比娜时犯了错误时（那毕竟可以原谅，并且那个女人在被转让给玛库斯·萨尔维乌斯·奥索的朋友元首尼禄时到底是不是奥索的合法妻子或许也跟作品主题无关），塔西佗并没有进行详细修正来浪费读者时间并令自己犯难。[1]与此同时，散见各处的细节足以证明，塔西佗是一位警醒、勤勉的历史学家。

犯错误总是在所难免的——当历史学家特立独行、不屑于因袭前人成说，而是独立运用自己的研究成果、记忆力与判断力（对于学者和元老而言，那样做都很容易犯错）的时候尤其如此。背离关于早期罗马正统传说的做法可以有不同的解读方式，并不总能构成后人贬低塔西佗的理由；但他对罗马共和国最后百年历史的知识存在着不完善之处。[2]他在一段插话里说（可能部分出于知识缺陷，部分是为了言简意赅），关于陪审法庭的争议或许是

---

[1]　原书第290页。
[2]　原书第397页。

马略与苏拉内战的主要原因。[1] 此外，他还对晚近的历史事件（如意大利并入罗马版图）有过一两处与众不同的叙述。[2] 他认为奥古斯都拓展了罗马城的神圣边界[3]；他对提比略保民官特权（*tribunicia potestas*）的描述遗漏了具体年代。[4] 由于没有认真研究过奥古斯都时代罗马城的编年史，塔西佗有时会受到传统观念的迷惑。[5]

早期元首制开始慢慢地回归古代，真正的传统（其中最重要的是共和国时代的人物与家族）开始枯竭。按照塔西佗的记载，尼禄的祖母是玛库斯·安东尼的小女儿，不是大女儿。[6] 在第1卷里提到当时跟父母同在莱茵河畔的婴儿卡里古拉时，塔西佗声称他是在军营里出生的，并援引了他的绰号为证。[7] 但学者们对卡里古拉出生地的说法并不一致。苏维托尼乌斯援引"公共文书（acta publica）"进行了考证，认为卡里古拉的出生地不在莱茵河附近，而在安提乌姆（Antium）。[8] 苏维托尼乌斯驳斥的是一些地位很高的权威——一位前执政官级别的副将，以及一位（更令人生畏）曾看到过一条相关铭文的博学行省督办。[9] 那跟史学的关系其实不大。不那么值得原谅的则是

1　12.60.3——来自一段插话，可能是由元首克劳狄乌斯提供的（见附录40）。

2　11.24.3（他对元首克劳狄乌斯演说词的转述，参见附录93）。

3　12.23.2（显然来自克劳狄乌斯）。

4　1.3.3，参见附录61。更严重的错误在于他介绍日耳曼尼库斯被过继一事时的误导性叙述："不可思议的是，他将莱茵河畔的8个军团交给德鲁苏斯之子日耳曼尼库斯指挥，并命令提比略过继此人（at hercule Germanicum, Druso ortum, octo apud Rhenum legionibus inposuit adscirique per adoptionem a Tiberio iussit）。"（*Ann.* 1.3.5）但日耳曼尼库斯在莱茵河地区的军事指挥始于公元13年初。

5　他至少允许小塞涅卡说："您的外高祖父奥古斯都准许玛库斯·阿格里帕在米提利尼退隐（abavus tuus Augustus M. Agrippae Mytilenense secretum ... permisit）。"（14.53.3）这里指的是许多史料报道过的、阿格里帕在公元前23年的弃职而去。那只是传说而已——并且被彻头彻尾地歪曲了。参见 *Rom. Rev.* (1939), 342。

6　4.22.2: 12.64.2的情况与之类似。出现错误的原因可能是作者想当然地认为大安东尼娅嫁给的是元首继子德鲁苏斯，而非卢奇乌斯·埃诺巴布斯（*PIR*², D 128）。但后者（公元前16年执政官）比德鲁苏斯年长约10岁。

7　1.41.2。

8　*Cal.* 8.1。

9　即勒图鲁斯·盖图里库斯（Lentulus Gaetulicus）和老普林尼。

一些跟塔西佗同时代或同等级的人物所属家族的相关记载"错误"（我们可以提出一些怀疑，但无法证明确实是塔西佗错了）。[1]

《编年史》中记载了大量名字和人物，那是元老们撰写的编年史的共同特点。即使我们不时挑出一个错误，或是找到对历史学家不利的表述含糊或记述遗漏，也并不足以抹杀塔西佗的勤奋劳动。而可以坐实的硬伤显然并不多。[2] 不过，作者有时理应更明确地告诉我们书中某个角色的出身、家世或姻亲关系，如果那些信息跟他的生涯与行动相关的话（往往如此）。他对提比略时代若干贵族的记载不够充分。[3] 其中一些人物其实是非常重要的。

尽管在自由国家覆灭之际一败涂地，显贵集团还是从军阀混战的时代生存了下来，并在苦难过后重享荣华。他们是胜利者的盟友或对头，分享或阴谋推翻元首们的权力。奥古斯都的继承者是克劳狄乌斯家族的一位成员，事实上原本也可能是来自另一个贵族家族的人选。[4]

在争夺罗马统治权的竞争中，后三头中两巨头相继败北。但他们的后人并未损失太多东西。玛库斯·安东尼的女儿们是元首奥古斯都的外甥女；而尤利乌斯·安东尼也没有被排除在皇室家族之外。[5] 雷必达的侄子很快就找到了更好的晋升道路和保险的荣耀：他的大儿子被挑选为元首外甥孙女小尤利娅的丈夫。[6]

多米提乌斯家族延续了下来并飞黄腾达。凯撒对手的儿子曾是共和国的海军将领和安东尼的党徒。他留下了一个儿子，后者迎娶了安东尼的一个女儿。[7] 时间将会展示元首奥古斯都继承者们各种谜一样的流血牺牲与神奇命运。

其他显贵家族，如费边家族和瓦勒里乌斯家族，很快就同占据统治地

---

[1] 见附录62对洛里娅·波琳娜世系（12.1.2）和庞培·特奥法尼斯（Pompeius Theophanes）后裔（6.18.2）的介绍。

[2] 见附录61。

[3] 见附录63。

[4] 参见 *Rom. Rev.* (1939), 419 ff.。

[5] 公元前10年执政官、亚细亚行省总督和大玛凯拉（the elder Marcella）的丈夫（PIR^2, A 800）。

[6] 卢奇乌斯·埃米利乌斯·保卢斯（L. Aemilius Paullus），公元1年执政官（PIR^2, A 391）。

[7] 原书第379页。

位的元首家族缔结了姻缘。另外一些家族（特别是科奈里乌斯·勒图鲁斯家族）则避免同元首家族产生瓜葛，或至少不会主动投靠。与此同时，一个反对派正在形成，并将苏拉、科林斯与庞培的后人联系在一起。对抗、仇怨与险情由此产生。

元首提比略以适合自己身份、循规蹈矩的谦逊态度向元老院保证，只有奥古斯都才有能力一肩挑起统治国家的全部重担。由于自己也是统治的参与者，他十分清楚那些考验与风险的严重性。在一个卧虎藏龙的共和国里，元老院不应该把所有权力都交给一个人：联合统治要比君主制更为可取。[1] 在接下来的讨论中，提比略一不小心提出了一个冒失的暗示——元老院交给他的不应当是统一而不可分割的权威，而是理应属于他的那一部分权威的总和。[2] 阿西尼乌斯·伽鲁斯马上抓住机会插入了一个尖锐的问题——到底是哪一部分？

伽鲁斯试图掩盖自己的锋芒——他的本意是想说元首的权力本来就是统一而不可分割的——并想用对提比略的赞美搪塞过去。但提比略没有就此释怀。他本来就有充分理由厌恶阿西尼乌斯·伽鲁斯——此人是自己前妻维普萨尼娅（Vipsania）的丈夫（提比略是在奥古斯都的命令下与维普萨尼娅离婚的），又是个大胆的野心家。下一个发言者卢奇乌斯·阿伦提乌斯也冒犯过他。提比略倒不是跟他有什么宿怨——只是猜疑他而已。[3] 历史学家塔西佗在此分析了两人矛盾的性质，插入了一个别开生面的故事。

---

[1] 1.11.1: "solam divi Augusti mentem tantae molis capacem: se in partem curarum ab illo vocatum experiendo didicisse quam arduum, quam subiectum fortunae regendi cuncta onus. Proinde, in civitate tot illustribus viris subnixa, non ad unum omnia deferrent: plures facilius munia rei publicae sociatis laboribus exsecuturos（只有神圣的奥古斯都的意志才承担得起如此重任。当他受到奥古斯都的召唤，开始分担后者的使命时，他意识到了治理全世界是一件多么艰巨、多么依赖运气的事情。因此他认为，在一个拥有这么多杰出人物的国度里，不应当让一个人身背如此重担；由许多人共同分担国务应当会更容易些）。"

[2] 12.1，参见 Dio 57.2.4 f.。见附录36。

[3] 13.1: "quamquam Tiberio nulla vetus in Arruntium ira: sed divitem, promptum, artibus egregiis et pari fama publice, suspectabat（尽管提比略同阿伦提乌斯并无宿怨，他却猜疑后者的富可敌国、一帆风顺、天赋异禀和声名远扬）。"

具体情节是这样的：奥古斯都在弥留之际讨论过某些元老的治国才具问题。他先后提到了三个人的名字。他说，玛库斯·雷必达具备一部分才能，但缺乏抱负；伽鲁斯充满热望，但缺乏与之匹配的能力；但阿伦提乌斯却并非配不上掌握最高权力——或许值得一试。[1]

塔西佗指出，其他叙述版本也提到过别的名字，用格涅乌斯·披索取代了卢奇乌斯·阿伦提乌斯。[2] 即便我们有充分理由相信这类传言确有其事的话，奥古斯都的这个想法也是荒谬的，因为这个问题早在十年前奥古斯都将提比略过为继子和继承人时已经解决了。真正跟这个故事相关的是历史学家科奈里乌斯·塔西佗的写作技巧问题。[3] 他补充说，这些人（玛库斯·雷必达除外）后来都成了提比略阴谋的牺牲品。[4] 塔西佗的恶意昭然若揭——如果提比略早已对阿西尼乌斯·伽鲁斯怀有敌意的话，他不会到公元30年才逮捕后者。就阿伦提乌斯的情况而言，由于提比略在任命此人为近西班牙行省总督后长期让他留在罗马城，世人当然会相信并传说提比略肯定害怕这个人。[5] 但阿伦提乌斯似乎是忠诚于提比略的。他在元首本人去世几周前自杀身亡。

塔西佗笔下提比略统治时期3位"元首候选人（principes）"所扮演的角色值得研究，但那恐怕要耗去许多笔墨。他们名字的反复出现表明，元老们的出身和地位仍然受人重视——那也避免了塔西佗的叙述完全集中在王朝内部事务之上。但随之而来的问题是：这3位前执政官真的拥有那样

---

[1] 13.2: "M. Lepidum dixerat capacem, sed aspernantem, Gallum Asinium avidum et minorem, L. Arruntium non indignum et, si casus daretur, ausurum（他说玛库斯·雷必达才华横溢，但令人生厌；伽鲁斯·阿西尼乌斯贪得无厌、难堪大用；卢奇乌斯·阿伦提乌斯不但高贵，而且在关键时刻敢作敢为）."

[2] 13.3: "de prioribus consentitur, pro Arruntio quidam Cn. Pisonem tradidere（前面的名字记载都一致，但有人把阿伦提乌斯替换成了格涅乌斯·披索）." 将披索的名字插入名单的理由是显而易见的——他后来出任叙利亚行省副将时的所作所为，以及走向灭亡。

[3] 确实如此，如果那是史学家后来的添油加醋的话。参见附录37，其中认为这一插入从对阿伦提乌斯的评价开始（"但他怀疑［sed ... suspectabat］"），在提及后面的辩论参与者（"以及昆图斯·哈特里乌斯和玛迈库斯·斯考鲁斯［etiam Q. Haterius et Mamercus Scaurus］"）之前结束。

[4] ib.: "omnesque praeter Lepidum variis mox criminibus struente Tiberio circumventi sunt（除雷必达之外，所有这些被提比略拔擢的人都陷入了各种罪行指控的麻烦）."

[5] *Hist*. 2.65.2（参见下文，原书第443页）.

崇高的地位吗?[1]

伽鲁斯以演说术和志向高远闻名于世,并且其好勇斗狠令人回想起他的父亲阿西尼乌斯·波利奥。如果说伽鲁斯在论战中有时会轻率冒进、咄咄逼人的话,他有时也很阴险,提出过一些看似平淡无奇但暗藏玄机的议案。他的目的就是要惹恼提比略。到目前为止,伽鲁斯扮演的还只是一个口无遮拦、不疼不痒的反对派角色。但他在日耳曼尼库斯和德鲁苏斯死后取得了一定的政治重要性。日耳曼尼库斯的遗孀不是还要嫁人吗?她还年轻,并尖锐地提醒过提比略。[2] 塔西佗在这里并未提及阿西尼乌斯·伽鲁斯或其他任何人,但伽鲁斯的身影却并不遥远。他跟维普萨尼娅所生的儿子乃是日耳曼尼库斯儿子们的表兄弟。尽管伽鲁斯年事已高(他跟元首提比略是同龄人),看似已不可能指望迎娶阿格里皮娜,借此成为准备继承大统的王子们的继父和监护人;人们期望或畏惧的类似先例却并不罕见。世人可能还记得尤利娅情夫尤鲁斯·安东尼似乎拥有的勃勃野心。[3]

卢奇乌斯·阿伦提乌斯拥有财富、活力与口才。尽管他的父亲(一位海军将领兼历史学家)是本家族中涌现出的第一位执政官,阿伦提乌斯所依靠的或许主要还是同贵族家族的联姻和个人掌握的资源。在奥古斯都一朝的大部分时期内一直远离显赫地位和荣誉的苏拉与庞培后人们突然在奥古斯都统治的最后10年间崭露头角,那当然少不了提比略的帮助与恩宠——后者对共和派与庞培党对自己的效忠投桃报李。[4] 其中一些人是愚钝懒散、腐化堕落的。[5]

---

[1] 但声称"除格涅乌斯·披索外,这些人在历史上都不是举足轻重的人物"(C. W. Mendell, *Yale Classical Studies* V [1935], 13)的看法是错误的。披索才是后来被插入的角色。

[2] 4.53.1(原书第277—278页)。

[3] *Rom. Rev.* (1939), 427.

[4] ib. 434 f., 参见424 f.。

[5] 如玛尼乌斯·埃米利乌斯·雷必达(M'Aemilius Lepidus,公元11年执政官):此人拥有双重身份(参见3.22.1),但那也不是什么好事(3.32.2)。没有证据表明格涅乌斯·秦那·玛格努斯(Cn. Cinna Magnus,公元5年执政官)拥有任何才具。提比略统治时期有1位斯克里波尼乌斯·利波(Scribonius Libo,玛格努斯的后代)和2位科奈里乌斯·苏拉(Cornelii Sullae)当上了执政官。关于玛格努斯的后裔,见 *Rom. Rev.*,表5。

新人之子阿伦提乌斯跟这批贵族们有着双重联系。[1]阿伦提乌斯的才华与活力承载着苏拉与庞培的血脉同尤利乌斯家族或克劳狄乌斯家族竞争元首制帝国主导权的希望。

玛库斯·雷必达是显赫的埃米利乌斯家族的后裔。在塔西佗《编年史》的叙述线索中,雷必达从此开始在作品中占据重要地位,那在一定程度上有赖于史学家举出的、关于其智慧令人印象深刻的证据。他凭借其智慧避免了粗鲁莽撞和唯唯诺诺两个极端,保全了自己的尊严并赢得了元首提比略的尊重。[2]但《编年史》的现存部分并未记录关于雷必达最重要的信息——他是西庇阿家族的后人,并以军事才能闻名于世。

他的家族世系十分显赫。保卢斯·埃米利乌斯·雷必达(Paullus Aemilius Lepidus,后三头之一雷必达的侄子)娶了西庇阿家族的后人科奈莉娅(Cornelia)。[3]那位科奈莉娅是斯克里波妮娅(Scribonia)的女儿、元首奥古斯都之女尤利娅同母异父的姐姐。这场婚姻迎来了两个儿子的降生。长子娶了一位公主,因受到一场试图推翻元首的阴谋牵连而陷入了一场诡异的灾难。[4]小儿子玛库斯于公元6年当上了执政官。此后不久,他以提比略麾下副将的身份统领了一支军队,参与了对伊吕利库姆的再征服运动,并得到了"凯旋将军待遇"。[5]奥古斯都去世那一年,雷必达正指挥着近西班牙行省的3个军团。[6]

事实上,玛库斯·雷必达同元首们的家族和命运走得很近。[7]他有几个孩

---

[1] 他跟公元33年执政官卢奇乌斯·苏拉·斐利克斯(L. Sulla Felix)沾亲带故。那意味着他跟庞培家族有些联系,参见 PIR^2, C 1463。二者间或许还存在着其他联系,它们早于他的继子、公元32年执政官卢奇乌斯·阿伦提乌斯·卡米卢斯·斯克里波尼亚努斯(L. Arruntius Camillus Scribonianus)的名字所提供的证据(PIR^2, A 1140)。

[2] 4.20.2.

[3] Propertius 5.11.63. 关于她的具体血统问题,见 E. Groag, PIR^2, C 1395; R. Syme, *Rom. Rev.* (1939), 229 f.。

[4] Suetonius, *Divus Aug.* 19.1. 参见原书第404页。

[5] Velleius 2.114.5; 115.2 f.; Dio 56.12.2.

[6] ib. 125.5. 参见 *CIL* II, 2820(乌克萨玛[Uxama])。

[7] ib. 114.5: "vir nomini ac fortunae Caesarum proximus(一个在姓名和命运两方面都同元首近似的人物)." 因而他显然是"具备帝王之才的(capax imperii)"。

子。一个女儿嫁给了日耳曼尼库斯之子德鲁苏斯。[1] 她的结局很糟糕。一个儿子成了卡里古拉的朋友和宠臣,娶了德鲁西拉并有望继承元首之位。但他随后被以大逆罪的罪名处决。[2] 该家族就这样断了香火。埃米利乌斯氏族(*gens Aemilia*)中涌现了许多"好公民(boni cives)",即便邪恶的埃米利乌斯家族成员也很有名气。[3]

历史学家塔西佗偏爱的是一位与世无争、举止谨慎的雷必达。他在很大程度上夸大了雷必达在提比略治下的重要性。[4] 历史学家塔西佗清楚玛库斯·雷必达的祖上是何等人物。[5] 尽管如此,为了评估并充分认识雷必达及其他贵族的重要性,我们必须了解前一个时代里的家族政治。

名人的死亡可以提供一个话题,尽管塔西佗到了后来才意识到这一点。[6] 跟元首提比略年岁相仿(甚或更老)的前执政官提供了回顾过去的机会。其中一些人同这个统治王朝有关。安东尼娅的丈夫卢奇乌斯·多米提乌斯·埃诺巴布斯(L. Domitius Ahenobarbus)曾率领一支罗马军队渡过易北河。死于公元25年的他在《编年史》中赢得了一份讣告——尽管他的名字之前并未在《编年史》的记录中出现过。[7] 但卢奇乌斯·披索则直到公元32年去世以前一直担任着罗马市长的显赫要职。于是塔西佗在讣告中记述了他的家族和功业,包括他很久以前在色雷斯参与的战争。[8] 对于显贵中的某些年轻一点儿的人物,尤其是那些在奥古斯都统治后十年里就任的执政官,历史学家塔西佗

1　6.40.3. 这场婚姻曾被记载于第5卷中——那是适宜交代她父亲身世的场合。
2　PIR^2, A 371.
3　6.27.4(玛库斯·雷必达的讣告).
4　他的一切所作所为都没有产生多少影响。那显然也是一种教训。
5　3.72.1(埃米利乌斯宫[Basilica Aemilia]的修缮). 关于区分玛库斯(Marcus, 公元6年执政官)和玛尼乌斯(Manius, 公元11年执政官)的问题, 见附录64; 具体细节见 JRS XLV (1955), 22 ff., 根据这种修正方式(只需对《迈狄凯乌斯手稿》进行1处改动, 而非之前的8处),《编年史》对玛尼乌斯·雷必达(M'. Lepidus, 一个次要角色)提了2次, 分别是3.22.1和32.2。
6　见原书第372页。
7　4.44.2. 他在日耳曼修建的那些"长桥(pontes longi)"得到了1.63.4的密切关注。
8　6.10.3. 作为公元前58年执政官的儿子, 披索是凯撒妻子卡尔普尼娅(Calpurnia)的弟弟。但他未参与奥古斯都的任何王室婚姻联盟。

就没有报道多少内容;他也没有提及任何人于公元4—9年期间在日耳曼与伊吕利库姆的大战中取得的荣誉。[1]《编年史》叙述的完整性因此受到了损害。

那些"重量级名字(magna nomina)"可以解释提比略担任元首期间贵族家族的错综复杂关系,并令人追忆起古老的共和国。塔西佗动用了多种多样的写作技巧。他有时会扼要提及某个人物,有时在介绍一位前执政官级别演说家的成就时交代他的生平;重要的名字会在他的叙述中定期反复出现;行为举止的鲜明对比使得同名者们不会被读者混淆。[2]尽管如此,许多人物在《编年史》中仍然只是一些干巴巴的名字而已。尽管对此非常警觉,塔西佗往往还是难以避免这样的问题。《编年史》中不断冒出一些元老的名字(无论他们来自古老的还是新兴的家族),他们的重要性依赖于其从前的地位、盟友或活动。他们并非都是塔西佗同时代人的亲戚,因为许多家族已经在百年历史中消逝并绝嗣了。

埃利乌斯·塞亚努斯同样值得大书一笔。在对此人修辞性很强的肖像描绘中,史学家塔西佗先是原原本本记录了他的出生地和骑士阶层出身,随后马上开始谴责这个勾引了元首奥古斯都家族金枝玉叶的"外省来的通奸犯(municipalis adulter)"[3]。当提比略上台的时候,埃利乌斯·塞亚努斯并不仅仅是禁卫军队长塞乌斯·斯特拉波的儿子。他母亲那边的谱系也非常重要。塞乌斯从科奈里乌斯·勒图鲁斯家族中迎娶了一位血统高贵的妻子。[4]另外一层荣光是任何贵族门第都无法比拟的:塞乌斯·斯特拉波的母亲特兰提娅(Terentia)是梅塞纳斯的妻子和野心勃勃但时运不济的执政官瓦罗·穆雷纳的姐妹。埃利乌斯·塞亚努斯的"权势"是同王朝的根基捆绑在一起的。[5]

---

1 如玛库斯·埃米利乌斯·雷必达(公元6年执政官)或玛库斯·瓦勒里乌斯·麦萨拉·麦萨利努斯(M. Valerius Messalla Messallinus,公元前3年执政官)组织的战役,尽管前者拥有一篇讣告(十分简短,6.27.4)。
2 如对两位卢奇乌斯·披索的区分(附录63)。
3 4.3.4.
4 ILS 8996(伍尔西人聚居区[Volsinii]):OCD(1949),822遗漏了这一信息。
5 最早研究埃利乌斯·塞亚努斯姻亲纽带的是C. Cichorius, Hermes XXXIX (1904), 461 ff.。关于他跟科奈里乌斯·勒图鲁斯家族之间的关系,见格罗亚格绘制的谱系(PIR², C, p. 328对页),该

(转下页注)

《编年史》的现存文字没有明确交代过塞亚努斯的盟友或敌人。缺失的一些名字也许保留在塔西佗对塞亚努斯如日中天但突然陨落那一年的阴谋与斗争的记录中。具体情况非常复杂。卢奇乌斯·阿伦提乌斯和科奈里乌斯·勒图鲁斯家族的至少一位成员与此密切相关。有人试图检举阿伦提乌斯（后者被描述为塞亚努斯的敌人之一）；但一位勒图鲁斯插进来干涉，叫停了审讯流程。[1] 他或许是年事已高的科苏斯（Cossus）——那并非一个鲁莽之人，并且深得提比略的信任。[2] 此外，科苏斯的儿子、在上日耳曼行省领兵的盖图里库斯也通过儿女亲事同塞亚努斯建立了联系。[3] 除家族纽带外，塞亚努斯在上层贵族中还拥有其他盟友。[4]

如果说塞亚努斯的党羽令人生畏的话，他的许多追随者都是因为塞亚努斯显然受到元首宠幸才集聚到其麾下的。[5] 从严格意义上说，那些人不能算作是名副其实的盟友。并且拥有高贵出身和巨大财富的人物一般不会受到牵连，地位不高的元老和小人物才会跟着他们的主子一道走向覆灭。元首是可以在不危及政权体系的情况下除掉自己手下的权臣的。尽管生性冷酷多疑，提比略在前执政官级别的贵族中还是拥有一些从奥古斯都统治时代一直活下来的莫逆之交，尤其是卢奇乌斯·披索和科苏斯·勒图鲁斯。[6]

（接上页注）

观点被 *Rom. Rev.*，表6所采纳。关于他"担任过执政官的兄弟们（consulares fratres）"（Velleius 2.127.3），见 F. Adams, *AJP* LXXVI (1955), 70 ff.，亚当斯认为他们分别是昆图斯·埃利乌斯·图贝罗（Q. Aelius Tubero，公元前11年执政官）和绥克斯图·埃利乌斯·卡图斯（Sex. Aelius Catus，公元4年执政官）。

1　Dio 58.8.3（其中没有提及阿伦提乌斯的名字）。参见 R. S. Rogers, *Class. Phil.* XXVI (1931), 40 中的解读。

2　*PIR*², C 1380（公元前1年执政官）。

3　ib. 1390（公元26年执政官）。

4　值得注意的是公元30年的执政官卢奇乌斯·卡西乌斯·隆吉努斯（L. Cassius Longinus）和玛库斯·维尼奇乌斯（M. Vinicius），二者都是平易近人的人物（6.15.1）。前者曾在塞亚努斯的挑唆下于公元30年在元老院里发言抨击日耳曼尼库斯之子德鲁苏斯（Dio 58.3.8）。后者是威利乌斯·帕特库鲁斯的庇护人。关于"塞亚努斯党徒（Seianiani）"的名单，见 Z. Stewart, *AJP* LXXIV (1953), 70 ff.。

5　参见骑士玛库斯·泰伦斯（M. Terentius）为自己辩护时的发言（6.8）。

6　那是些跟他意气相投的同伴和酒鬼（Seneca, *Epp.* 83.14 f.）。在埃利乌斯·拉米亚（Aelius Lamia）

（转下页注）

我们必须考虑到已佚失的、记述卡里古拉一朝与元首克劳狄乌斯前6年统治时期各卷中可能会记述的内容。暗杀卡里古拉事件让贵族血统突然变得充满争议并臭名昭著。[1]不久之后,卢奇乌斯·阿伦提乌斯所代表的一系列家族利益突然图穷匕见——达尔马提亚副将阿伦提乌斯·卡米卢斯在克劳狄乌斯统治的第2年称帝,但政变未遂。[2]

阿伦提乌斯并非唯一一个凭借悠久的门第同克劳狄乌斯争夺元首地位的前执政官。当玛库斯·李锡尼乌斯·克拉苏·弗鲁吉(公元27年执政官)迎娶伟人庞培女儿的后代斯克里波尼娅时,已同披索家族的一个分支结合的、伟大的克拉苏的后裔也与庞培家族缔结了姻缘。[3]在其统治的头几个月里,克劳狄乌斯为巩固自身地位而进行了两手反击。他有两个女儿。克劳狄乌斯安排其中的屋大维娅同奥古斯都的血脉(通过埃米利乌斯·雷必达家族传承)卢奇乌斯·希拉努斯订婚。[4]另一个女儿安东尼娅则很快被许配给了克拉苏·弗鲁吉的长子格涅乌斯·庞培·玛格努斯(Cn. Pompeius Magnus)。[5]这一旨在拉拢、中立伟人庞培后裔的计划失败了。克拉苏·弗鲁吉是个愚蠢的家伙,或许还有些自命不凡。[6]一场莫须有的阴谋毁掉了他和他的妻子、儿子。[7]但这个家族却是人丁兴旺的。它孕育了许多受到猜疑、觊觎高位的人物

(接上页注)

短暂担任过罗马市长之后,科苏斯接替了那一职务(参见PIR^2, C 1380)。另一位占卜官勒图鲁斯(公元前14年执政官)是提比略的密友,卒于公元25年(4.44.1)。关于后者的情况,见附录63。

[1] 但那还不是最初的危机。其他作家还提到过玛库斯·维尼奇乌斯(M. Vinicius,公元30年执政官),他是日耳曼尼库斯之女尤利娅·里维拉的丈夫。

[2] PIR^2, A 1140.

[3] 见PIR^2, vol. II, p. 54对页所载家族谱系。我们如今必须修订公元27年执政官之前的谱系。表明玛库斯·李锡尼乌斯·克拉苏(M. Licinius Crassus,公元前14年执政官)拥有家姓"弗鲁吉"的新证据(IRT 319)已推翻了之前认为这些人是大祭司长卢奇乌斯·披索(L. Piso,公元前15年执政官)后裔的假说。

[4] 玛库斯·尤尼乌斯·希拉努斯(公元19年执政官)娶了埃米莉娅·雷必达(Aemilia Lepida)(PIR^2, A 419),即卢奇乌斯·埃米利乌斯·保卢斯(L. Aemilius Paullus)和尤利娅的女儿。

[5] PIR^2, A 886.

[6] Seneca, Apocol. 11.2: "Crassum vero tam fatuum ut etiam regnare posset(连愚蠢的克拉苏也有可能称王)"; 5: "hominem tam similem sui quam ovo ovum(这个家伙蠢得像篮子里的蛋)"。

[7] PIR^1, L 130; P 477; S 221.

和政治斗争的牺牲品。任何历史学家都无法忽视那个家族的兴衰浮沉。[1]

其他人物与党派的轮廓也许更为清晰。塔西佗总会提供关于释奴廷臣的丰富信息。他也会提及那些历经提比略、卡里古拉、克劳狄乌斯三朝，保持了帝国行政体系连续性的前执政官们。这个引人注目的群体（其中许多人都通过血缘或姻亲纽带彼此联系在一起）中最著名的人物是卢奇乌斯·维特利乌斯，这个起初凭借其才华得到赞美的人物在提比略统治末年担任过叙利亚的副将——后来又因为其在宫廷中的恭顺媚态而遭受了谴责。[2] 维特利乌斯曾在克劳狄乌斯带着大批贵族前往不列颠期间代管过罗马城（及帝国政府）——那批贵族中有些人是为了追求荣誉而追随元首出征的，另一些可能也无法留在罗马，因为克劳狄乌斯对他们并不放心。[3]

维特利乌斯的盟友包括普劳提乌斯家族（Plautii，该家族自奥古斯都时代以来一直深受王朝宠幸），以及与他自己的家族同为后起之秀的佩特罗尼乌斯家族（Petronii）。[4] 由于在行省功勋卓著（普布利乌斯·佩特罗尼乌斯在叙利亚效劳于维特利乌斯麾下，奥鲁斯·普劳提乌斯则指挥了对不列颠的入侵），这些前执政官们很可能也掌握着对国内政策的影响力和庇护关系。其他人则由于长期追随日耳曼尼库斯家族而得到了犒赏。昆图斯·维拉尼乌斯就是这样的例子。[5] 塔西佗不会漏记维拉尼乌斯早先组织的战役，从而可以在

---

[1] 尤其是被伽尔巴过继的披索·李锡尼亚努斯和一直在策划阴谋的卡尔普尼乌斯·克拉苏。

[2] 6.32.4.

[3] 相关名单见R. Syme, *C Q* XXVII (1933), 143。其中包括塞尔维乌斯·苏尔庇奇乌斯·伽尔巴（Ser. Sulpicius Galba）和玛库斯·维尼奇乌斯。我们或许还应补充奥鲁斯·狄迪乌斯·伽鲁斯（A. Didius Gallus，公元36年递补执政官，参见*AE* 1947, 76和*AE* 1949, 11的补充。

[4] 普布利乌斯·佩特罗尼乌斯（P. Petronius，公元19年递补执政官）的妻子是一位维特利娅（Vitellia）的女儿（3.49.1），显然是*CIL* VI, 6866中提到的"普布利乌斯·佩特罗尼乌斯之女普劳提娅（Plautia P. Petroni）"。这位女士在*PIR*[1]和P-W中都没有相关词条；P-W XIX, 1199 ff. 也没有注意到她。来自考努斯（Caunus）的一则新铭文（由G. E. Bean, *JHS* LXXIV [1954], 91 f. 公布，后编入*SEG* XIV, 646）将她称为"奥鲁斯之女普劳提娅（Πλαυτίαν Αὔλου θυγατέρα）"。她很可能是公元前1年递补执政官奥鲁斯·普劳提乌斯的女儿。嫁给卢奇乌斯·维特利乌斯长子的奥鲁斯·佩特罗尼娅（A. Petronia）（*Hist*. 2.64.1）很可能是这场婚姻的结晶。

[5] 昆图斯·维拉尼乌斯（Q. Veranius，公元49年执政官）为日耳曼尼库斯"同伴（comes）"之子（见原书第325页）。

他的名字反复出现在高级将领名单里时节省一些细节叙述。[1]多米提乌斯·科布罗也并非无迹可寻——《编年史》至少在叙述卡里古拉一朝时提到过他[2]；并且塔西佗已为科布罗的父亲分配了足够笔墨。[3]那一事实很能说明问题，塔西佗无疑能够接触到那位伟大将领——王后同母异父的兄长。[4]此外，在毛里塔尼亚的军事行动和对不列颠的入侵也让某些建功立业的人物崭露头角，很快当上执政官并获得了日后掌握兵权的希望。[5]这批人中有多米提乌斯·科布罗的著名竞争对手苏维托尼乌斯·保利努斯。两人都要等待多年才有机会指挥千军万马。[6]

科布罗和保利努斯都是被尼禄的谋臣们从退隐状态中起用的。在那些年里，赢得了公众的关注和历史学家塔西佗赞许目光的是小塞涅卡。但元首在前执政官群体中也不乏朋友，他们是谨慎或聪明的前朝幸存者。偶然保留下来的一则逸事证实了尼禄对迈米乌斯·雷古鲁斯智慧的赞赏，那位执政官曾在铲除塞亚努斯的行动中出过力。[7]

我们同样不能孤立地看待小塞涅卡。他的一切都依赖于纵横捭阖的才华和在宫廷中的影响力。然而，为了维持自身地位，小塞涅卡也需要盟友和门客。如果我们手头的信息再多一点的话，那或许将能说明不少问题。一些名字会偶然闪现，另一些或许可以推测出来；但小塞涅卡党派的整体地位与实

---

1 作为新设行省吕奇亚-帕姆弗利亚的首任副将，他曾指挥过对诸多山区部落的作战（*AE* 1953, 251）。
2 关于他的执政官任职时间问题，见附录83。
3 3.31.3 ff.
4 Pliny, *NH* 7.39（维斯提莉娅的婚姻与子嗣，参见原书第373页）.
5 如在毛里塔尼亚的苏维托尼乌斯·保利努斯（*NH* 5.14, 等等），在不列颠的提图斯·弗拉维乌斯·萨比努斯（T. Flavius Sabinus，公元45年递补执政官[?]）和他在事业上不算成功的兄弟韦伯芗（公元51年递补执政官），参见 Dio 60.20.3 f.; Suetonius, *Divus Vesp.* 4.1。普布利乌斯·奥斯托里乌斯·斯卡普拉（P. Ostorius Scapula）或许在前往不列颠之前就已担任过执政官（约公元44年前后？），并在卸任后成为不列颠行省总督（自公元47年起）。
6 我们不知道保利努斯在出任执政官（公元43年前后）与前往不列颠（公元58或59年）期间是否掌握过任何前执政官级别的军事指挥权。科布罗在下日耳曼领过兵，但于公元47年被召回（*Ann.* 11.20）。
7 14.47（他于公元61年去世之际）. 但这一点说明不了太多问题，参见附录60。

力是难以评估的。[1]他的对手、接替他取得元首宠幸的后来人与政策走向的情况也是一样。众所周知，奥福尼乌斯·提格利努斯是小塞涅卡公开的可耻的、富于传奇色彩的排挤者。[2]至于那些在出身、地位与才华等方面更为突出的人物进行了哪些暗箱操作，我们或许也能猜出一二。[3]

我们不应对《编年史》对寡头统治集团中举足轻重人物记述的错误或缺略信口开河。此外，塔西佗也自觉省略了许多琐碎、老套或与自己的主题无关的行为或言论。例如，他对忠心耿耿、感激涕零的元老院对元首提比略的"仁慈"与"节制（moderatio）"的赞美[4]、渊博的亚历山大里亚学者海勒蒙（Chaeremon）对童年尼禄的教育[5]以及尼禄对"国父"头衔的大度谢绝只字不提。[6]如果有人觉得那些省略十分可惜的话，那么他们的抱怨是毫无理由的。

如果要比较准确性和相关度的话，苏维托尼乌斯和卡西乌斯·狄奥是现成的样本。他们对提比略的处理方式很有启发价值。[7]传记作家苏维托尼乌斯经常会犯史实错误，并且他的许多笼统叙述也无法证实——这些缺点主要来自其作品的汇纂性质，那意味着苏维托尼乌斯并不需要呈现前后呼应的叙述或协调一致的画面。他缺乏洞察力和对政治的把握能力。[8]由于自身对外交事务的知识过于贫乏，苏维托尼乌斯在大部分情况下只能报道一下市井流言：

---

1 更多信息见原书第591页（前执政官庞培·保利努斯［Pompeius Paullinus］和杜维乌斯·阿维图斯［Duvius Avitus］）。
2 14.51.2（对公元62年史事的记载）.
3 其中或许有温和但雄辩的维比乌斯·克里斯普斯（公元62年前后递补执政官）和高雅的佩特罗尼乌斯（可能是公元62年前后递补执政官提图斯·佩特罗尼乌斯·尼格尔［T. Petronius Niger］）。埃普里乌斯·马塞卢斯是公元62年的递补执政官。
4 只有钱币可以证实这些信息，参见C. H. V. Sutherland, *JRS* XXVIII (1938), 129 ff.; R. S. Rogers, *Studies on the Reign of Tiberius* (1943), 60 ff.。
5 *PIR*[2], C 706. 据说他是一个斯多葛主义者。塔西佗则认为只有小塞涅卡才是尼禄教育中的重要人物。
6 Suetonius, *Nero* 8.
7 参见F. B. Marsh, *The Reign of Tiberius* (1931), 272 ff.。
8 但他在分析奥古斯都选择提比略为继承人的原因上的坚定与睿智是个例外（*Tib*. 21.3），参见附录36。

例如，他断言提比略在其深居简出的晚年忽视了边疆防务。[1] 狄奥的报道则往往同塔西佗并不一致（那对狄奥而言非常不利），如他关于提比略登基过程的叙述。[2] 他通常只能照抄自己手头的史料，并且很容易在确定人物身份时犯下错误。[3] 他漏记了元老院与王朝家族中公开或秘密参与政治的一些关键人物。[4]

由于生活时代过晚的缘故，狄奥无法把握元首制早期罗马社会的色彩与体系。相反，他运用了一些往往具有逸事性质的生僻史料。[5] 因而在他的笔下，一位渴望掌握演说术的执政官会迎娶一位嫁给过西塞罗的妻子。[6] 一位大法官会率领一群光头在花神节（Floralia）上游行，以便嘲弄提比略。[7] 在介绍一个角色绥克斯图·马略（Sex. Marius）时，狄奥讲述了其富可敌国的逸事，以及为他辩护的、声称他将自己的女儿藏起来以躲避元首淫威的说法。[8] 尽管塔西佗对罗马演说家们的评价永远一针见血、价值千金，在提及一位罗马元首的光头时却庄重且谨慎[9]；并且塔西佗也仅仅交代了关于绥克斯图·马略的基本事实——后者是全西班牙最富有的人和一位矿主，因同女儿通奸的罪名而被定罪。[10]

1　*Tib*. 41: "Armeniam a Parthis occupari, Moesiam a Dacis Sarmatisque, Gallias a Germanis vastari neglexerit（他坐视帕提亚人占据亚美尼亚，达契亚人和萨尔玛提亚人蹂躏默西亚，日耳曼人蹂躏高卢）."这样的记载荒唐可笑。塔西佗记述了元首对东方采取的警醒措施（6.32 ff.，参见原书第237页）。

2　见附录36。

3　根据狄奥（或他依据的史料来源）的记载，"金绵羊"玛库斯·希拉努斯是公元15年的递补执政官，而非公元46年的名年执政官。狄奥或许搞错了公元39年递补执政官多米提乌斯·科布罗的身份（见附录83）。

4　跟苏维托尼乌斯一样，他从未提到过撒路斯特·克里斯普斯；他也没有意识到阿伦提乌斯是值得在公元31年被提及的（58.8.3）。

5　如关于某些史学家品质的间接证据——塔西佗决定对它们不予采用。

6　57.15.6（盖约·维比乌斯·鲁弗斯［C. Vibius Rufus］，公元16年递补执政官，普布里莉娅［Publilia］的丈夫）。

7　58.19.1 f.（卢奇乌斯·阿普罗尼乌斯·凯西亚努斯［L. Apronius Caesianus］，公元32年大法官，公元39年执政官）.

8　22.2.

9　4.57.2: "nudus capillo vertex（头顶赤裸）"，参见原书第343页。

10　6.19.1，参见4.36.1。

那当然是些小事，但也十分重要。但研究者们在引证狄奥或苏维托尼乌斯时也会试图用他们的文本来质疑塔西佗在记载一些重大事件时的可信度。我们只举一个例子就够了——提比略的登基经过。塔西佗知道元老院在奥古斯都去世后举行过两次集会。第一次的议题只有葬礼事宜而已；第二次集会首先处理了将奥古斯都封神的议题，随后讨论了元首权力问题。真正组织的讨论是否只是一次而非多次？塔西佗是否将几次元老院集会合并成了一次？[1] 如果有人能证明塔西佗确实那样做了的话，我们或许也有理由为历史学家辩护，因为那种做法合乎罗马史学的艺术与戏剧化原则。但这一假设无从证实，并且不太可能成立。元首提比略同罗马国家的关系问题确实是在元老院的一次集会上讨论并界定的（就其还需要界定的内容而言）：元老们也正是在那次会议上（公元14年9月17日）投票将奥古斯都封神的。[2]

尽管来自拉科尼亚（Laconia）的一些铭文或许证实了行省居民的狂热和元首对浮夸的传统荣誉的鄙夷，仍然没有任何证据可以破坏我们对塔西佗记述准确性与判断力的信任。[3] 但一份纸草文件记录了王子日耳曼尼库斯在埃及发布的两条敕令。其中一条约束了对运输资源的过度征用；另一条拒绝了若干神圣荣誉，因为它们只能属于"罗马元首——他是全人类的救星和造福者——和罗马元首的母亲"。[4]

乍看上去更重要的证据是一块记载着执政官与大法官人选"任命（destinatio）"（最初由公元5年的一道法律规定）方式的铜板——10个专门从元老和骑士中挑选出来的百人团（centuriae）尊奉着王子盖约与卢奇乌斯

1　正如A. Lang, *Beiträge zur Geschichte des Kaisers Tiberius* (Diss. Jena, 1911), 11 ff. 所指出的那样。许多学者认可这一观点，如M. Gelzer, P-W X, 496; D.M. Pippidi, *Autour de Tibère* (1944), 129; J. Béranger, *Recherches sur l'aspect idéologique du Principat* (1953), 24; F. Klingner, *Bayerische S-B, phil.-hist. Kl.* 1953, Heft 7, 33。

2　CIL I², p. 244（《阿米特尼努斯年表》[*Fasti Amiternini*]），参见E. Hohl, *Hermes* LXVIII (1933), 106 ff.。更多信息见原书第411页与附录36。

3　*AE* 1929, 99 f. (古特乌姆 [Gytheum]) = *SEG* XI, 922 f.

4　Hunt and Edgar, *Select Papyri* II (Loeb, 1935), 211.

的名号；此外还有纪念已故王子日耳曼尼库斯的另外5个百人团。[1]然而，这篇文献事实上并未否定历史学家塔西佗关于执政官选举会议（Comitia）于公元14年从公民大会转移到元老院的说法。[2]诚然，塔西佗对此前奥古斯都统治末年的选举流程确实语焉不详。那其实是有意为之——他不想被纷繁复杂的注释工作束缚住手脚。不久以后，当他记述到公元15年元老院里的第一次执政官选举时，他承认当时的情况和接下来的候选人产生过程是令人费解的；历史学家们或元首的讲话都无法提供清晰的线索。[3]

塔西佗有理由拒绝进一步解释这些流程的具体细节——因为它们只是流程而已，实际操作会同规则存在着很大出入。其他一些要素对于史学研究而言也很重要，如谁最后敲定官吏人选，哪些人真正当选了，以及他们的出身、财富、人格与庇护人在这一过程发挥了哪些作用。塔西佗记述中的不清晰之处源于多重原因，尤其是风格方面的，例如他有时会自行其是，避免使用专门的术语。与此类似，他也会省略详细的时间、地点信息。历史学家塔西佗的这一做法经常引起后世学者们的不满甚至愤怒——他们试图在塔西佗的作品中找到关于战争与地理的全面、精确信息。

事实上，又有谁能把时段、年代和间隔在一份历史叙述中交代得完完整整呢？塔西佗必须遵守编年史的基本框架。许多技巧和手段可以助他一臂之力；并且他在组织材料时处理得也非常灵活，尤其是在《编年史》的后几卷里。然而，用两位执政官名年的做法在帝国时代已显得多此一举；而罗马元老塔西佗又无法容忍使用元首来名年。[4]

完全按照年代先后记录史事往往也是不切实际的——有时还是肤浅幼稚的。毫无疑问，当历史学家第一次将笔锋转向东方，解释罗马同帕提亚的争端，并扼要概述亚美尼亚自玛库斯·安东尼时代以来的历史变迁时，他是不

---

1 The *Tabula Hebana*（参见附录67）.
2 1.15.1. 苏维托尼乌斯和狄奥都没有记载这次场所转移，尽管我们可以说后者在评价公元32年的选举时暗示了这一点（58.20）。更多信息见附录67。
3 1.81.1.
4 他只写过"提比略时期的第九年（nonus Tiberio annus）"，那是一种特殊的强调方式。

需要提供具体年代的：他的概括其实做得很好。[1] 而当他追述那些地区在克劳狄乌斯统治时期的历史时，准确的年代也并非不可或缺——那些事件很少涉及或影响罗马政府的统治政策。[2] 在罗马出兵的情况下，塔西佗的记载是完全不同的。他对日耳曼尼库斯所组织的历次战役的叙述并不存在时间与年代问题。但《编年史》中详细记载的其他军事行动，如征服不列颠与东方战事则没有做到那一点。

公元47年（领导入侵的奥鲁斯·普劳提乌斯于是年返回罗马）之前的不列颠事务已在《编年史》现已佚失的部分里叙述过了。[3] 后续历史被分成两部分，分别记载于公元50年和公元61年的条目之下。前一段的年代从一开始就有所交代，因为它始于新副将奥斯托里乌斯·斯卡普拉抵达不列颠之时。[4] 塔西佗接着叙述了奥斯托里乌斯的各种军事活动，但仅仅交代了一个时间点：土著酋长卡拉塔库斯于入侵后的第9年被俘，[5] 那也是奥斯托里乌斯去世的时间。[6] 随后，在用三言两语交代了奥斯托里乌斯的继任者、年迈的狄迪乌斯·伽鲁斯（Didius Gallus）波澜不惊的统治之后，这段插话在没有交代具体年代线索的情况下戛然而止。[7] 仍在阅读公元50年史事的读者只能凭空猜测，现在可能已经来到了元首克劳狄乌斯的统治末年（公元54年）。[8]

通过这样的方式，一部长达7年的历史被压缩成了一段插曲。作者在第14卷又重拾该主题，接着讲完了狄迪乌斯·伽鲁斯的统治、昆图斯·维拉

---

[1] 2.1-4. 他忽略了昙花一现的提格拉尼斯（Tigranes，活跃于公元6年前后），但其实知道此人的存在（6.40.2）。他细心地记录了阿塔瓦斯德斯（Artavasdes）（PIR^2, A 1163），《奥古斯都行述》（Res Gestae）则不肯提及这个跟罗马人的失败与挫折联系在一起的名字。

[2] 11.8.1所说的"与此同时（sub idem tempus）"指的可能是早在公元43年发生的事件。

[3] 第11卷开头处可能对那一年的事件进行了概述（参见原书第260页）。

[4] 12.31.1. 这段记载接续在莱茵河与多瑙河畔的各种事件（公元27—30年）之后。

[5] 36.1. 通常认为此事发生于公元51年（如PIR^2, C 418），甚至可能是在公元52年。该事件和在罗马城举行的庆典（公元36—38年）构成了不列颠插话的高潮。那么塔西佗为何要将它放在对公元50年史事的叙述中呢？那或许是因为作者需要在公元51年条目下插入关于东方事务的长篇插话（12.44-51）。

[6] 39.3.

[7] 40.

[8] 对东方事务的记述亦是如此：12.50 f.（公元51年条目下插话的结尾）构成了13.6的直接先导。

尼乌斯的短暂接手（他走马上任后不到一年就去世了），以及至关重要的苏维托尼乌斯·保利努斯统治时期——作者马上开始记述对莫纳岛（the island of Mona）的进攻和布狄卡的叛乱。[1]这些事件不仅被记录在公元61年（佩特罗尼乌斯·图尔皮利亚努斯[Petronius Turpilianus]与凯森尼乌斯·佩图斯[Caesennius Paetus]担任执政官之年）的条目下，塔西佗还明确声称，不列颠正是在那一年里陷入大乱的。他同样明确地指出，被元首任命接替苏维托尼乌斯的副将佩特罗尼乌斯也是在那一年直接离开执政官的位子奔赴不列颠的。[2]但这样一来就出现了一个严重问题：作者复述的事件似乎超出了一年所能承载的容量。叛乱肯定是在公元60年而非61年爆发的。[3]

接下来讲的是尼禄统治时期的亚美尼亚事务。塔西佗将相关材料分为5部分。第1部分被放在公元54年的条目下，包括派遣科布罗与前期外交涉。[4]第2—3部分（公元58年与公元60年史事）叙述了对亚美尼亚的入侵与征服。[5]

塔西佗明确指出，战事开始于公元58年。[6]科布罗在亚美尼亚境内高地越冬后出征，经历了沿途进行的零星战斗后进军首都阿塔克萨塔（Artaxata），占领并摧毁了那座城市。在公元58年条目下叙述过这些事务后，塔西佗回头又去交代罗马城庆祝胜利的仪式和其他事务。[7]亚美尼亚与科布罗下一次出现是在公元60年。根据塔西佗的说法，那位将领希望利用摧毁阿塔克萨塔而制造的恐怖。[8]科布罗如今正在向提格拉诺克尔塔（Tigranocerta）进军，并且后者已向他投降。随后，在一些小规模的军事行动之后，罗马城派来了一位王子提格拉尼斯（Tigranes）；一些部队留在亚美尼亚接应他。科布罗则离

1　14.29-39。
2　39.3: "qui iam consulate abierat（他已卸任执政官）。"
3　见附录69。
4　13.6-9。
5　34-41与14.23-26。
6　13.34.2: "eius anni principio（始于是年）。"
7　41。
8　14.23.1。

开亚美尼亚,前去接管叙利亚的兵权。[1]之后,在公元62年的条目下,公元61—62年间发生的各种事件被汇集在凯森尼乌斯·佩图斯组织的战役和有条件投降的情节叙述之中。[2]最后,塔西佗在公元63年条目下再次讲到了科布罗和军事行动的结束。[3]

塔西佗的叙述引发了广泛争议——他对罗马的政策及其变化的大部分叙述是徒劳的,缺乏明确结论。[4]主要的不确定性体现在年代和战略等问题上。一个具体问题在于:阿塔克萨塔和提格拉诺克尔塔是在同一年陷落的吗?有人认为确实如此,并且其论据不乏说服力与可信度。[5]但那一假设其实违背对编年史写作技巧的一切理性分析。塔西佗在记述完阿塔克萨塔的陷落后中断了自己的叙事线索,那意味着那一年的亚美尼亚战事已经讲完了。他当然没有交代科布罗的越冬宿营地在什么地方——何必要交代呢?读者可以凭自己的理解力去填补——何况史学家在前文中已相当详细地描述过罗马军队如何在亚美尼亚越过一个冬天的细节了。[6]这样算来,提格拉诺克尔塔是在攻占阿塔克萨塔的下一年,也就是公元59年陷落的;提格拉尼斯抵达亚美尼亚的时间是公元60年。[7]

关于年代的问题我们就说这么多。至于地理信息的差错,我们在很大程度上可以为那位罗马史学家辩护说,他不愿用过分琐碎的细节来破坏叙事并烦扰读者。那样的做法既富于艺术性,又合乎理性;至少在叙述边境与对外战争时是这样的。那不仅是因为许多相关字眼生僻、粗野、面目可憎——那

---

[1] 26——合并了两年(即公元59年和公元60年)之间的事件,尽管作者并未明言年代的切换(但可注意15.6.2对在提格拉诺克尔塔驻营越冬的暗示)。

[2] 15.1-17. 凯森尼乌斯显然是于公元62年抵达的,并非格罗亚格(E. Groag, PIR^2, C 173)所说的公元61年。参见15.6.2 f.。

[3] 24-31.

[4] 见原书第376页。

[5] 有学者认为是在公元59年,见B. W. Henderson, *The Life and Principate of the Emperor Nero* (1903), 170 ff.; 也有人认为是在公元58年,见W. Schur, *Klio* XIX (1925), 87 ff.。

[6] 13.35.

[7] 如H. Dessau, *Gesch. der r. Kaiserzeit* II (1926), 194 ff.; J. G. C. Anderson, *CAH* X (1934), 760 ff.; M. Hammond, *Harvard Studies* XLV (1934), 90。

些地方几乎没有城市，而城市的地位与众所周知的重要程度是由其身份、历史与位置所决定的。塔西佗需要交代的主要是河流、山脉和部落领地——但他对这些元素的处理方式难以令人满意。

批评家们还会随心所欲、义正词严地指责塔西佗对王子日耳曼尼库斯所指挥的历次战役的叙述：他耗费了那么多笔墨，但交代的军队行动精确信息却少得可怜。塔西佗的记载绘声绘色，充满激情与戏剧性插曲，并辅之以演说词和虚构情节——阿米尼乌斯同他变节的兄弟隔着相当宽的大河彼此自夸并侮辱对方；日耳曼尼库斯在战斗打响前乔装打扮前往各营帐视察，倾听着自己忠诚部下们的谈话；还有一段诗歌式的文学作品描述了海上的可怕风暴。[1]

古板的研究者们（他们关注的往往正是地理、战略与博古知识的细节）对此表示反对和抵制。出于种种原因（高贵的抑或狭隘的），他们需要搞清楚昆克提利乌斯·瓦鲁斯和3个罗马军团覆灭的具体地点。但塔西佗的描述不够充分。[2] 当日耳曼尼库斯的部队抵达那个伤心地的时候，充满激情、风格崇高的历史学家塔西佗并未清晰交代吸引士兵们目光的具体景象——那是并排的两座罗马军营还是一座？[3] 副将凯奇纳·塞维鲁在回军途中穿越暗藏杀机的沼泽地时做了一个可怕的梦——瓦鲁斯用声音和手势预言他将遭到灭顶之灾。[4] 如果塔西佗把那些笔墨省下来去交代凯奇纳通过"长桥（pontes

---

[1] 2.9; 13; 23.

[2] 1.60.3: "ductum inde agmen ad ultimos Bructerorum, quantumque Amisiam et Lupiam amnis inter vastatum, haud procul Teutoburgiensi saltu（这支军队开拔到了布鲁克特里人居住地的最边缘，劫掠了埃姆斯河与利佩河之间的区域，也就是今天的条顿布根森林附近）."塔西佗的描述还有可能或有必要更精细吗？

[3] 61.2: "prima Vari castra lato ambitu et dimensis principiis trium legionum manus ostentabant; dein semiruto vallo, humili fossa accisae iam reliquiae consedisse intellegebantur: medio campi albentia ossa（瓦鲁斯的第1个营帐为军官和鹰帜留下了开阔的、整齐划一的空间，表明那是3个军团的共同劳动成果。后面一道半毁的防护墙和沟堑表明，那里是残余部队躲避的地方。中间的平地上覆盖着累累白骨）",等等。关于一种富于新意而且并非毫无吸引力的解释（那是3个军团营地中间的一道部分被填平的壕沟），见 W. John, *Die Örtlichkeit der Varusschlacht bei Tacitus* (Göttingen, 1950).

[4] 65.4.

longi)"堤道的行军方向和时间的话，他的文本会更有用些。[1]

在下一年里那场被他寄予厚望的战役中，日耳曼尼库斯用船只将一支大军运送到埃姆斯河（Amisia）河口，让部队（似乎如此）在西岸登陆。[2]塔西佗没有记载部队过河后的任何行军活动，便让他们突然在威悉河（Visurgis）河畔安营扎寨。[3]这段记述中还存在着其他费解之处，同样是一些含糊和过分简略的例子——但总的来说，那些都算不得什么严重失误。而塔西佗对罗马人渡过威悉河后同日耳曼人激战的战场——伊迪斯塔维索（Idistaviso）平原——的总体情况却交代得十分清楚。[4]

总体而言，塔西佗对日耳曼尼库斯在莱茵河以北军事行动的描述虽存在着加工与渲染的成分（出于种种动机，有些我们并不清楚），但依然是无可指摘的。后人的批评往往不得要领。他们忽略了两个因素——作者的写作目的（塔西佗并非是在汇纂一部军事技术手册）和日耳曼西部地区缺乏可辨识地标这一基本情况。类似的地标在莱茵河流域存在，并且在《历史》中得到了利用；作者为编年史体例中相对孤立的边疆及其附近事务提供了充分细节。[5]

我们再来看看其他地区的相关问题。塔克法里纳斯的劫掠原本就难以描述具体地点。塔西佗在叙述中几乎没有提供多少地名。正如他指出的那样（尽管并非是在为自己的写作方式辩解），当时在努米底亚的这一地区根本没有什么城市。[6]同样的情况也适用于色雷斯。在用较长篇幅记述波佩乌

1　63.4.
2　2.8.2. 关于对这段令人恼火的文本应如何解释，见K. Meister, *Hermes* LXXXIII (1955), 92 ff.。
3　9.1. 但这里的简略程度远不及凯撒。后者完全省略了自己从皮克努姆（Picenum）境内菲尔穆姆（Firmum）赶到科菲尼乌姆（Corfinium）附近一条河（未提供名称）边桥梁处的行程时间和沿途经历（*BC* 1.16.1 f.）。
4　参见F. Miltner, *Rh. Mus.* XCV (1952), 343 ff.。
5　9.72 f.; 11.18-20; 12.27 f.; 13.53-57.
6　2.52.2: "nullo etiam tum urbium cultu（甚至没有城市生活方式的存在）." 我们有理由认为，他应当知道靠近海岸的罗马殖民地图普苏克图（Tupusuctu）和努米底亚的苏布尔斯库（Thubursicu Numidarum）不是一回事。后者潜藏在4.24.1中"苏布斯库姆城（Thubuscum oppidum）"的表述中，参见R. Syme, *Studies in Roman Economic and Social History in Honour of A.C. Johnson* (1951), 113 ff.。

斯·萨比努斯如何镇压暴乱并围攻一座山顶要塞时，塔西佗放弃了一切地点与方位的具体描述（他提供的地名只有"海姆斯山［mons Harmus］"而已）。[1]

塔西佗对不列颠的描述在几个方面都很有启发意义。走马上任的第2位副将奥斯托里乌斯·斯卡普拉最早采取的举措之一便是决定拓展直接军事控制区的范围。为了描述新并入的军事控制区领土，历史学家塔西佗只能依赖于自然地标（而该地区又出奇地缺乏那样的标志）。他找到两条河流——萨布里纳河（Sabrina）与特里桑托纳河（Trisantona）——作为边界，那是令人满意的答案。[2] 下一句话表明，作者对当地地理状况及其军事意义是了如指掌的。奥斯托里乌斯的举动激发了伊克尼人（Iceni）的叛变。塔西佗并不需要交代具体原因——罗马人的行军从西北方向包抄了伊克尼人，切断了他们同布里根特人的联系。[3] 与此类似的还有作者不久之后提供的一条十分简短的、谜一样的叙述：罗马人在卡姆洛杜努姆建立了一处军事殖民地，以方便一个军队转移到能够对付希卢里人（Silures）的营帐[4]——但远在西边的希卢里人乍看上去跟发生在卡姆洛杜努姆的事情完全无关。至于奥斯托里乌斯对难以捉摸的卡拉塔库斯展开的军事行动，那里的地貌完全不适合进行任何地理

---

[1] 4.46–51.
[2] 同时也是令人满意的文本修补方式。《第二迈狄凯乌斯手稿》（*Mediceus posterior*）记录的文本为"cunctaque castris Antonam et Sabrinam cohibere parat（位于安托努斯要塞和萨布里努斯要塞之间）"（12.31.2）。第一条河可能是特伦特河（Trisantonam），因此应以"cis Trisantonam"替代"castris Antonam"（Heraeus and H. Bradley）。其他学者们进一步发展了这一思路，分别改为"castris <ad Tris>antonam（面对特伦特河的要塞）"（F. Haverfield，并被福克斯在其校勘本中不声不响地接受），或更理想的"castris <cis Tris>antonam（特伦特河畔的要塞）"（科斯特尔曼［H. Koestermann］的校勘记指出还有"其他一些［alii］"修订方式：那位校勘者和费舍尔［C.D. Fisher］都记录了更早的假说，即用"Avonam <inter>［在阿沃纳河与……之间］"替代"Antonam［安托努斯］"）。将"Sabrina"对应为塞维恩河（Severn）、"<Tris>antona"理解为特伦特河的做法与当时当地的军事与地理格局完美契合。
[3] 作者在前文中已提及过布里根特人（推断自12.40.2），至少提到过一次。罗马人在入侵后不久便开始跟那个族群打交道，参见I. A. Richmond, *JRS* XLIV (1954), 47. 就记载缺失问题而言（无论是《历史》还是《编年史》），我们并不能断定塔西佗（如Richmond, o.c. 43 and 52所言）未能把握布里根特附属国与卡提曼杜娅女王（Queen Cartimandua）的政治角色。
[4] 12.32.2.

方位的描述。在他遭遇并击败当地土著首领的奥多维奇人（Ordovices）的领土上，相关的河流与要塞都无法给出拉丁名字。[1]

这段文字中最重要的材料是塔西佗对那场大暴动的报道——它受到的更多是指责而非赞扬。[2]研究者们批评过其中的信息缺失。但这些简省是为了简洁明快、主题集中而自觉采用的省略手法。它们恰恰证实了塔西佗的知识，而非无知。塔西佗对不列颠的了解已较他撰写《阿古利可拉传》时更为全面。

接到情报后，苏维托尼乌斯·保利努斯离开莫纳岛，率军前往伦狄尼乌姆（Londinium，即伦敦）。[3]塔西佗没有交代他的动机。那其实不难理解——尽可能守住那一城镇，保持同不列颠岛西南部和大陆的联系，并为罗马军团的集结争取时间。但他被迫调整了作战计划（第9军团出师不利，第2军团一直按兵不动），并循原路返回，在同足够兵力会师前不肯投入战斗。尽管作者交代了这场战争的性质，他却没有提供具体的地理位置（他有充足理由可以这样做）。整段叙述表明，作者对战斗中的行军路线非常熟悉，并对不列颠岛上4个军团的分布情况了如指掌。一些精微的细节可以证明这一点。他没有忽略佩提乌斯·克瑞亚利斯麾下第9军团遭遇的灾难[4]，也能够提供因谨小慎微或临阵胆怯而令第2军团错失参战与获胜机会的将领姓名。[5]

不列颠和亚美尼亚战争集中展示了尼禄麾下将领们的战功，并且苏维托尼乌斯·保利努斯也是在多米提乌斯·科布罗的声名激励下用实际行动效法后者的。[6]尽管亚美尼亚十分遥远，它在罗马人心目中的历史地位却非常重要，会令他们忆起卢库鲁斯、庞培和安东尼——那段光辉的历史如今又被图拉真

1　12.33.
2　更多信息见附录69，笔者试图在那里说明 *Ann.* 14.29–39 的成就。
3　14.33.1: "at Suetonius mira constantia medios inter hostis Londinium perrexit（苏维托尼乌斯以令人赞叹的坚定意志闯入敌方势力范围，直抵伦狄尼乌姆）."
4　32.3.
5　37.3，参见附录69。
6　那至少是"市井流言（rumore vulgi）"（14.29.2）。

的征服再现并超越。历史学家塔西佗有充分理由在其作品中记录那些标志着军团行进路线的地名，无论那些进军是在共和岁月还是帝国时代完成的。

但塔西佗记载的内容少得可怜。他在幼发拉底河畔的军事据点中只提及了麦利特尼（Melitene）。[1] 他没有提到作为亚美尼亚西侧门户、位于通往阿塔克萨塔路上的埃勒盖亚（Elegeia）[2]；他也没有交代科布罗第一年越冬宿营地的具体地点或所处区域[3]；并且他在记述以凯森尼乌斯·佩图斯被俘而告终的那次进军时也仅仅提供了一个地名。[4]

诚然，所有人都知道，科布罗选择的入侵路线将把他带到阿塔克萨塔[5]；而塔西佗对从阿塔克萨塔前往提格拉诺克尔塔进军路线的记述也提供了一些暗示，可以帮助读者确定后者的具体位置。[6] 但塔西佗又在另一段文本里记录了一个无法自圆其说的细节——提格拉诺克尔塔距尼西比斯37罗马里。[7] 那或许是原始材料的错误，不是塔西佗的[8]；由于提格拉诺克尔塔在图拉真时代很可能已经废弃，历史学家塔西佗是看不出这段记载存在着任何问题的。

出于这样或那样的原因（总的来说，那更可能是由于作者的惜墨如金，

1　15.26.2. 科布罗于公元63年从此处渡河（凯森尼乌斯·佩图斯在前一年里必定也做过同样的事情，参见15.7.1 f.）。
2　图拉真于公元114年进入亚美尼亚时曾在埃勒盖亚会见过附属国的王公们（Dio 68.19.2 f.）。
3　13.35. 可能位于现今卡拉尼提斯（Caranitis）地区的埃尔泽鲁姆（Erzerum）附近。老普林尼认为幼发拉底河的源头就在卡拉尼提斯，声称科布罗与穆奇亚努斯曾"近距离观察过它（ex iis qui proxime viderant）"（NH 5.83）。
4　15.15.1——凯森尼乌斯的营帐位于阿尔萨尼亚斯（Arsanias）河畔。狄奥提供了该地点的名字——兰德亚（Rhandeia）（Dio 62.21.1）。
5　庞培曾于公元前66年走过这条路。图拉真也是如此。
6　对玛尔迪人（Mardi）攻击其侧翼一事的提及（14.23.3），以及他在"陶鲁斯王国（regio Tauraunitium）"（24.3）境内的穿行。但作者确实应当指出，科布罗在抵达提格拉诺克尔塔之前需要翻越一系列高山峻岭（亚美尼亚境内的陶鲁斯山脉）。卢库鲁斯（Lucullus）指挥的战役表明，即便提格拉诺克尔塔并非后来的玛图罗波利斯（Martyropolis, 勒曼-霍普特［C. F. Lehmann-Haupt］的看法，在P-W VI A, 981 ff. 中有过长篇考证），它也必定位于底格里斯河上游北岸的某处（陶鲁斯山和马修斯山［Masius］之间）。
7　15.5.2.
8　参见附录61。

而非知识匮乏），塔西佗对亚美尼亚地理的描述在精确程度方面未能达到后人的预期——尤其是在他查阅过多米提乌斯·科布罗的报告或回忆录的情况下。或许那是因为作者不肯同令元老院震惊的图拉真的捷报一较短长[1]——尤其是在后者的战果很快在挫败与叛乱中化为泡影的情况下？

无论情况到底如何，我们已就漫不经心的误解而为塔西佗进行了足够多的辩护。总的来说，塔西佗是态度勤勉、记载精确的。但作为一名政治史家，他还需要做到更多。他是否具备足够敏锐的眼力，能够透过档案、权威史著和坊间传闻而洞察真相？他是否又有足够的勇气去拆穿历朝历代掌权者们欺骗同时代人与后世的谎言？

---

[1] Dio 68.29.2.

第三十章　善于怀疑的历史学家

塔西佗肩负的使命是褪去身上的一切稚嫩，摆脱修辞学或学究气的影响。塔西佗在着手撰写《编年史》时已做好了准备——他阅历丰富，并在撰述晚近历史的过程中经受了历练。如果说世上存在过警醒的历史学家的话，那么塔西佗肯定是其中之一。但他也有自己的局限性，那是他身处的时代在人类思想发展史上的地位所决定的。无论是对于塔西佗还是那个时代的其他任何人而言，他们都不可能蔑视、挑战或抨击得到著名权威支持并已延续百年之久的传统。那样的方法还没有被发明出来。

质疑更为遥远的古代就更不可能了。那些传统似乎是不容置疑的——时间和传统已将它们神圣化，或者使得它们已无从考证。一名罗马人缺乏质疑这些传统的意愿、手段与技术。[1]

按照塔西佗的布局谋篇，不时插入若干关于制度与地理的博古报道是非常适宜的。他无须将过多笔墨浪费在罗慕路斯的无花果树或阿卡狄亚人埃万德尔（Evander）于赫拉克勒斯来访后进献的祭坛与圣所上。[2]那类事物在罗马编年史中占据着特定位置，被视为对"神兆"的报道。作者本人是否相信它们都无关紧要。更容易受到指责的是塔西佗关于法律起源的插话。[3]他笔

---

[1] 在罗马，历史记忆始于传说，并且始终洋溢着爱国主义精神；在希腊人那里，史学富于批判性，并且可以跨越国家与族群。

[2] 13.58; 15.41.1.

[3] 3.26 f.

下的原始人生活在和谐与平等的状态中，无须奖惩或法律约束的图景可被视为对文学与社会观念传统的无害致意；但塔西佗接下来又表达了关于塞尔维乌斯·图里乌斯（Servius Tullius）和十人委员会（the Decemvirs）法典的非正统看法。[1] 一些研究者对此感到不安，因为塔西佗在其他文本里也有两处背离正统的细节记述——其中包括财务官的起源，以及"次要氏族（gentes minores）"如何被纳入贵族集团。[2]

塔西佗对早期罗马法律与制度的研究或许是不完善的或肤浅的。具体情况已无从考证。[3] 他偶然写下的一个短句反映了一位思想深邃的智者的怀疑精神。一个爱国主义的神圣传说讲述过一位伊达拉里亚国王如何对罗马人的英雄主义感到震惊，充满敬意地解除了武装，最终提出体面的和约条款并撤军的故事。塔西佗则声称罗马当时已被攻陷。[4]

"攻陷了罗马城的波塞纳（Porsenna dedita urbe）。"短短3个词取代了李维作品中的数页篇幅。当然，我们没有理由责备李维对罗马传说或早期历史的处理方式：他是清楚自己所复述大部分内容的真实性质的。对后面时段的记述则暴露了他的轻信与缺乏政治洞察力。对西庇阿家族的攻击是一团乱麻（史学家想要理清头绪时已经太迟了），李维也坦率地承认自己陷入了麻烦。[5] 其他许多因素也让他陷入那些岁月里的恩恩怨怨所制造的骗局而无法自拔：罗马贵族的举止绝非如李维所幻想的那样光明磊落。他无法抵制或批判两名政敌在一位可敬的前辈政治家关于"和谐"的动人演说的感召下和解的那种

---

1 他将塞尔维乌斯·图里乌斯视为立法者（3.26.4），将《十二铜表法》（"duodecim tabulae"）视为"最后的公正法律（finis aequi iuris）"（27.1）。

2 11.22.4; 25.2.

3 或许应归咎于他从元首克劳狄乌斯的演说词中转抄来的、自以为是的掉书袋风格，参见附录40。

4 *Hist.* 3.72.1. 在罗马人的全部现存作品中，其他线索仅见于老普林尼的著作，后者声称罗马人同波塞纳签订的条约禁止使用铁制武器（*NH* 34.139）。与此类似，与编年史家们充满爱国主义色彩的共识不同，或许曾经存在着认为高卢人攻占过罗马人避难所的传说，参见 O. Skutsch, *JRS* XLIII (1953), 77 f.。

5 Livy 38.56.

精心设计的情节。[1]当李维叙述到距离自己生活年代不远的晚近历史时，他仍然无法避免一些低级错误。[2]菩萨心肠也成了一种危险。那促使他低估了伟人庞培早年生涯中的残暴与欺诈。[3]李维也不愿质疑（无论出于什么原因）那位在冠冕堂皇的口号下以武力拯救罗马（不止一次）、重建元老院与罗马人民权威的领袖屋大维。

科奈里乌斯·塔西佗的一个主要优点就是善于怀疑。对于撰述诸元首历史的人来说，那一品质是不可或缺的。他以雄辩和义愤的口吻指出，那个时代的历史并不比谎话连篇、支离破碎的早期共和国编年史更加真实。[4]他的抗议固然偏激，但也具有启示价值。

共和国末年充分展示了历史的本来面貌。帝国时代则蒙上了一层面纱；上层政治中的许多事务在当时已或多或少被掩饰了起来，后人就永远无从得知真相了。无论多么敏锐的洞察力也只能承认自己在这方面是无能为力的。[5]

关于阿格里帕·波斯图姆斯遇刺一事，罗马政府没有发表过任何官方声明。撒路斯特·克里斯普斯向一名军团长发布了命令，一名百夫长执行了那一任务。[6]这就是我们确实知道的全部。正如所有相关文献材料所表明的那样，这道命令的最终来源和真实性是一个谜，其中的很多细节只能任凭一代代后

1　40.45 f. 关于对相关技巧的重建，见 F. Münzer, *Römische Adelsparteien und Adelsfamilien* (1920), 200 ff.。

2　如果我们可以信赖第60卷的节编者的话，那么李维曾报道过盖约·格拉古的一项提议，即在罗马元老院里增加600个名额，使其规模增加两倍。那是令人难以置信的。

3　李维对格涅乌斯·多米提乌斯·埃诺巴布斯（Cn. Domitius Ahenobarbus）在阿非利加行省之死的记载同瓦勒里乌斯·马克西穆斯（Valerius Maximus, 6.2.8）的记载矛盾；关于玛库斯·布鲁图斯在穆提纳投降后被杀一事，庞培向元老院提供了与事实相反的报告（Plutarch, *Pompeius* 16），并怒气冲冲地为此进行辩解（参见 Orosius 5.22.17）。见 Münzer, P-W V, 1328; X, 973。

4　蒙森声称："法布里奇乌斯和元首盖约（卡里古拉）讲述的故事几乎是同样枯燥乏味、谎话连篇的。"（*The Provinces of the Roman Empire* I [1886], 4）

5　Dio 53.19（相关解释见上文，原书第365页）。

6　塔西佗对此的记载十分清楚。苏维托尼乌斯（Suetonius, *Tib.* 22）和狄奥（Dio, 57.3.5 f.）都弄错了任务执行者；两人也都没有提及撒路斯特·克里斯普斯。威利乌斯·帕特库鲁斯竭尽全力想要撇清此事同提比略登基的关系（2.112.7），现代研究者们又提出了各种异想天开的辩护方式：或许阿格里帕是自然死亡的，见 W. Allen, *TAPA* LXXVIII (1947), 131 ff.；或许他参与了当时发生过的政变，遭到处决是罪有应得的，见 A. E. Pappano, *Class. Phil.* XXXVI (1941), 30 ff.。

人去猜测评说了。[1]

元首奥古斯都最后一位外孙的情况就是这样。两年后又冒出来一个伪阿格里帕，但被不声不响地除掉了。塔西佗记述了那一插曲，以及相关的姓名与细节。世人相信那个冒充者还有盟友和党羽。没有人对此展开调查，塔西佗也没有就此再说什么。[2]

对真伪界线的划定是对史学家水平最重要的考验。若干插曲证明了科奈里乌斯·塔西佗的高超技巧。首先是玛库斯·斯克里波尼乌斯·利波的插曲。塔西佗声称自己必须严肃记述该事件的来龙去脉，因为它在那一朝的可耻记录中占据着醒目位置。[3]

这名年轻贵族落入了占星术士、魔法师和解梦者的罗网。身为伟人庞培的后裔，又有什么野心是他的家世所不敢奢望的呢？利波的一位朋友相信自己有义务提醒元首注意防范此人。但提比略并未改变对利波的态度，还让后者出任了公元16年的大法官。结果在那一年秋天，一名魔法师向天才告密者福尔奇尼乌斯·特里奥提供了信息；后者来到两位执政官那里，要求元老院调查这个案子。

审讯随即展开。提比略本人的态度是不偏不倚、堪称表率的。原告出示了相关证据，另一名告密者又进行了添油加醋。其中一项证据未免幼稚可笑，只能证明利波渴求传说中的倾国财富而已。但另一份文件看上去更加致命——其中包含了王室成员和元老们的名字，名字旁边附有神秘或邪恶的符号标记。利波否认那是他的笔迹。于是提比略下令拷打利波的奴隶们（按照历史学家塔西佗的解释，那是完全合乎司法程序的）。[4] 这道命令促使利波请

---

[1] 苏维托尼乌斯和狄奥的记载与塔西佗相同。关于奥古斯都在去世前已安排好此事的观点（塔西佗则认为责任在于提比略和里维娅的说法"近乎真相[propius vero]"），参见 E. Hohl, *Hermes* LXX (1935), 350, *Rom. Rev.* (1939), 439接受了这一看法。

[2] 2.40.3. 一种阴暗但敏锐的分析见 J. Mogenet, *L'Antiquité Classique* XXIII (1954), 321 ff.。

[3] 2.27.1: "eius negotii initium ordinem finem curatius disseram, quia tum primum reperta sunt quae per tot annos rem publicam exedere（我要讲述这件事情的来龙去脉，那是此后多年内反复侵蚀着国家的祸害首次出现）."

[4] 30.3.

求休庭。他回到自己的家中，在私下里向提比略请求网开一面未果后，他在绝望和恐惧中吃完晚饭，于当天晚上自杀身亡。但责任追究并未因此中断。结案后，告密者们瓜分了被告的财产；7位要人提出了各不相同的公共谢恩方案。元老院决定将所有占星术士和魔法师驱逐出意大利。其中2人还被执政官逮捕并处决。

后人尝试过质疑塔西佗相关叙述的可靠性。也许利波确实是个可怕的谋反者[1]；或许塔西佗受到了一些贵族家族史传统的影响，后者是为利波的罪行开脱的。[2] 苏维托尼乌斯或威利乌斯的文本有时会被用来反驳塔西佗。人们还找到了一条无可辩驳的铁证：官方大事记中的一条记载证实了利波的"渎神念头（nefaria consilia）"。[3]

但这种重构较塔西佗的任何叙述都更容易引起质疑。元首制下的统治真相必然是要受到歪曲和掩饰的，无论官方采用何等庄严的言辞或仪式将之公之于众。威利乌斯的作品便充分反映了这一点[4]；我们对他了解得已经很多了。至于苏维托尼乌斯，那是一个纠结于细枝末节的、不够谨慎的作家。他将来自斯克里波尼乌斯·利波（以及伪阿格里帕）的威胁列为令提比略犹豫要不要接受元首头衔的原因之一。[5] 所谓的"证据"仅此而已。除那些精通黑魔法的术士外，我们根本无法找到利波的共犯。所谓的家族史传统袒护的解释也行不通——即便已经式微的贵族家族也会刻意否认自己拥有一位真正反抗元首统治的谋逆者，而宁可把他讲成一个傻瓜或懦夫。毫无疑问，利波就

1　A. Lang, *Beiträge zur Geschichte des Kaisers Tiberius* (Diss. Jena, 1911), 26 ff.; E. Ciaceri, *Processi politici e relazioni internazionali* (1918), 290 ff. and *Tiberio*[2] (1944), 266 ff.; R. S. Rogers, *Criminal Trials and Criminal Legislation under Tiberius* (1935), 12 ff. and *Studies in the Reign of Tiberius* (1943), 115 ff.

2　F. B. Marsh, *Class. Phil.* XXI (1926), 291 ff.; *The Reign of Tiberius* (1931), 59 f.

3　*CIL* 12, p. 244（《阿米特尼努斯年表》）。

4　Velleius 2.129.2: "quam celeriter ingratum et nova molientem oppressit (他何等迅捷地镇压了忘恩负义者及其叛乱)"; 130.3: "quid hic meruit, primum ut scelerata Drusus Libo iniret consilia (首先，难道他做错了什么事，值得德鲁苏斯·利波利用如此邪恶的阴谋来对待他吗)?"

5　*Tib.* 25. 1. Dio (57.13.4 f.), 跟苏维托尼乌斯一样搞错了此人的首名（*praenomen*），狄奥的相关记载十分简短，没有补充任何内容。

是一个愚蠢的家伙。小塞涅卡对他做出了恰如其分的形容——"他的愚蠢同其出身高贵程度不相上下（tam stolidus quam nobilis）"[1]。塔西佗的叙述是经得住考验的。[2]

当王子日耳曼尼库斯与格涅乌斯·披索之间的矛盾成为公共关注的焦点，搞得满城风雨、众说纷纭时，元首提比略不得不更深地蹚入那滩浑水。提比略并不怎么同情日耳曼尼库斯，并有若干理由反对后者在东方的做法。他之所以对披索委以重任，不仅仅是为了安排他教导王子，同时也是要让他约束后者。全部真相当然不可能被公之于众。谣言谈论着元首向叙利亚行省总督下达的"秘密指令（secreta mandata）"。[3]因而，提比略干涉此案审理是再正常不过的事情。[4]提比略面临着一个棘手的问题。所有人都能看出，一位被授予了行省总督权力的皇室王子同叙利亚元首副将之间的关系是非常微妙的；何况提比略还记得20年前的王子盖约同玛库斯·洛里乌斯（M. Lollius）之间的冲突。

叙述披索审讯案的塔西佗引述了他认识的一些老人们提供的一则值得注意的口头史料（或许涉及一份文件）。他们看到了披索手中的材料；披索的朋友们声称，如果不是被塞亚努斯欺骗了的话，披索会向元老院出示那份文

---

[1] *Epp.* 70.10. 相关族谱见 *PIR*[1], S 214。他不仅是庞培的血脉并与王朝有着联系（因为曾嫁给奥古斯都的尤利娅之母斯克里波尼娅），还跟（可能如此）里维娅的亲戚有着另一重关联；注意我们一无所知的玛库斯·里维乌斯·德鲁苏斯（M. Livius Drusus，公元前15年执政官）。但即便在塔西佗眼中（2.29.2），那个反叛者的兄弟同样也不过是执政官年表上的一个年代（公元16年执政官）而已。庞培党的实力如今体现在个人声望突出的卢奇乌斯·阿伦提乌斯（L. Arruntius）身上（原书第382页）。

[2] 如A. Passerini, *Studi giuridici in memoria di P. Giapessioni* (Pavia, 1947), 219 ff.。该学者彻底驳斥了朗（Long）、奇亚切利（Ciaceri）、玛尔什（Marsh）和罗杰尔（Roger）的观点。塔西佗唯一可指摘的地方只有他宣称元首起初掩饰了对利波恨意的做法——"adeo iram condiderat（暂时压下了怒火）"（2.28.2）。但后人的攻击也没有多少道理——塔西佗所做的或许是相当合理的推断。

[3] 2.43.4.

[4] 卢奇乌斯·披索（L. Piso，公元前15年执政官）在担任大祭司长时曾接到过奥古斯都关于色雷斯战争的"秘密指令"；他在担任罗马市长时也收到过提比略的秘密指令（Seneca, *Epp.* 83.14）。

件。但塔西佗拒绝相信这个说法。[1]在总结披索案时,他提出了一条笼统的警告:关于那起极其重要的诉讼案还无法得出任何定论。一些人将随意传播的谣言视为确凿事实,另一些人则将事实当作谎言。时间的流逝只能让情况变得越来越糟。[2]

德鲁苏斯之死让历史学家又多了一条小心谨慎的理由。在描述过葬礼仪式后,塔西佗补充了一段插话。[3]他之前采用的是最权威的报道——德鲁苏斯是被塞亚努斯和与他通奸的德鲁苏斯妻子里维娅·尤利娅(Livia Julia)共谋毒杀的。塔西佗现在又记录并驳斥了在他生活的时代仍然流行着的一个版本:提比略在接到塞亚努斯秘密捎来的要他提防德鲁苏斯的口信时,亲手递给了儿子那杯毒酒。

那些故事完全缺乏事实依据。即便他们有些本领,恶意攻击提比略的作家们也走不了多远。由于元首提比略是一个聪明睿哲、优柔寡断、深思熟虑、生性多疑的人,那样的举动是令人难以置信的。但这套说法却令世人信以为真。塔西佗接下去说道,由于塞亚努斯被视为每一桩罪行的炮制者,而提比略又受了这位权臣的蒙蔽,两个人都成了民怨的发泄对象——每当皇室中有人去世的时候便会谣言四起。[4]

塔西佗用这一文本与案例严肃地、充满激情地提醒读者,要像他自己的《编年史》那样关注真实的历史,避免听信谣言与感情用事。关于德鲁苏斯之死的事实迟至8年后,也就是在塞亚努斯垮台后(塔西佗揭示并承认了这

---

[1] 3.16.1. 当时很可能还保存着相关材料。

[2] 19.2: "adeo maxima quaeque ambigua sunt, dum alii quoquo modo audita pro compertis habent, alii vera in contrarium vertunt, et gliscit utrumque posteritate(对重大事件的记述往往含糊其辞:有人把道听途说的传闻视为无可争议,另一些人则完全歪曲了真相。而无论在哪一种情况下,后人都会进一步夸大错误)。"

[3] 4.10 f.

[4] 11.2: "sed quia Seianus facinorum omnium repertor habebatur, ex nimia caritate in eum Caesaris et ceterorum in utrumque odio quamvis fabulosa et immania credebantur, atrociore semper fama erga dominantium exitus(但塞亚努斯被视为一切恶行的制造者;由于元首过分宠爱此人,世人对他们两个都恨之入骨。当元首去世之后,最荒诞无稽的传说也有人相信,流言蜚语持续愈演愈烈)。"

一点）才大白于天下。提供证据的是与他离异的妻子阿皮卡塔（Apicata）。她在自杀前将全部经过写了下来，寄给了提比略。一名宫廷医生和一名宦官在被拷问后确认了她的证词。[1]似乎并没有人质疑过那些发现的可靠性。

塔西佗努力驳斥那些恶毒、幼稚谣言的举动表明，这位历史学家敏锐地意识到了一项干扰因素——塞亚努斯的狡诈与罪行很可能被错误地夸大了。根据之前的说法或暗示来看，塔西佗也只是偶尔才会意识到这一点。[2]

精确性与敏锐的批判意识尚不足以还原真相。塔西佗很快就不得不承认，自己对关于塞亚努斯的另一件事感到疑惑。劝说元首离开罗马城的正是塞亚努斯——那是大部分历史记载所提供的版本。[3]塔西佗对于是否接受这个说法心存疑虑，因为提比略在塞亚努斯垮台后继续住在卡普里埃岛，直到自己去世为止。因此，他的选择或许还有其他理由——我们需要到提比略本人的性格中去寻找。历史学家塔西佗列举了其中一些原因：提比略（那是塔西佗本人的说法）想要掩饰自己残暴与罪恶的痕迹；他已开始对自己的年龄和外貌变得敏感；他无法继续忍受同母亲之间的不和。[4]

如果把塞亚努斯从"喀提林再世"的套路与陷阱中拯救出来的话，我们会看到他的案例可以更好地（同时也更有说服力地）反映权臣与君主之间的固有矛盾。这种关系在罗马并不新鲜。如果仔细研究的话，我们会看到，埃利乌斯·塞亚努斯和维普萨尼乌斯·阿格里帕具有很强的可比性，能够说明对方的许多问题。一位同时代人就看到了这一点，并欣然利用类比对二人进行了赞美。[5]那位同时代人也隐约听说过奥古斯都与阿格里帕之间摩擦的风言风语。[6]后世作家们享有一点优势：他们可以在分析阿格里帕（历史或传说）

---

[1] 十分可疑，参见H. Dessau, *Gesch. der r. Kaiserzeit* II (1926), 32; E. Paratore, *Maia* II (1949), 113 f.
[2] 如4.1.1: "quo facinore dominationem raptum ierit（试图篡夺大权的阴谋）."
[3] 57.1.
[4] 4.57中的插话从"退隐的原因（causam abscessus）"一直延续到本章结束处。母子不和是前6卷中出现较晚的观点——对罗德岛的提及显然是在插话中刻意补充的（而且并不高明）。见附录37。
[5] Velleius 2.127.1.
[6] 93.2.

时追问，此人如何能够迫使统治者满足自己的要求——与此同时又避免了埃利乌斯·塞亚努斯式的命运。

元首奥古斯都需要阿格里帕；他不得不让后者成为共治者，并将尤利娅嫁给了此人。如果不是造化弄人和可怕变故的话（奥古斯都亲口承认的"可怕命运"[1]），继承元首宝座的人应该就是阿格里帕和尤利娅的儿子们。而当命运或他自己的手段开始剪除日耳曼尼库斯和阿格里皮娜的儿子们，即阿格里帕和尤利娅孙子这些王子之际，另一名新人塞亚努斯也开始靠近权力之巅。

阴谋（世人声称的、被察觉的、被坐实的或被处罚的）是一个难以捉摸的主题。元首图密善曾经讲过，统治者命中注定不可能快乐——除非到了他被暗杀那一天，否则没有人会相信他讲的话。[2] 有人会用元首们面临的危险来为他们的举动辩解开脱。但元首的声誉还不是导致对阴谋的研究令人遗憾或困惑的首要原因。什么是阴谋呢？它指的是个人或集团威胁元首人身或国家安全的邪恶计划，其范畴囊括了从叛国言论到匕首毒药的一切。阴谋存在的证据通常会被提前销毁，相关的文件是伪造的或莫须有的，研究者必须发挥自己的判断力：阴谋是否存在？是谁策划的？其目的究竟是什么？并非所有史学家都会在讨论执政官瓦罗·穆雷纳或他的外甥孙埃利乌斯·塞亚努斯时提出这些问题。[3]

无论在任何时代，不失时机地戳穿、挫败一场阴谋的"铁证"必然会被质疑其完全合理性。某些宫廷阴谋或野心家们的冲突破坏了寡头统治集团内部稳定的猜想往往是不无道理的。瓦罗·穆雷纳在缺席情况下被定罪，随后遭到处决。卡西乌斯·狄奥在200余年后终于有勇气承认，瓦罗·穆雷纳的

---

[1] Suetonius, *Tib*. 23（来自奥古斯都的遗嘱）.
[2] *Dom*. 21: "condicionem principum miserrimam aiebat, quibus de coniuratione comperta non crederetur nisi occisis（他曾说元首的处境十分悲惨：不会有人相信他对阴谋的觉察，除非他自己已被杀死）."
[3] 关于塞亚努斯的"阴谋"，见附录65。

罪行其实存在着疑点。[1] 狄奥是一位曾在暴政下生活过的元老，他总结了判断阴谋可信度的基本原则。[2] 但狄奥本人并不总是足够警醒。我们并不清楚，他对迫使奥古斯都流放自己女儿，并在9年后流放自己的外孙女的背景的解读是否足够明晰。他声称两起事件源于道德过失，并用奥古斯都对此类罪行从不心慈手软来加以解释。同时代人则从中看到了宫廷内部的斗争，以及危险野心家的垮台。[3]

一位历史学家必须面对虚构与欺骗。狄奥幻想自己在秦那·玛格努斯（Cinna Magnus）、那位试图刺杀元首的贵族身上发现了真实的历史与进行道德训诫的正当理由——那名贵族在元首两个多小时的教诲下终于恢复了理智。[4]

秦那或斯克里波尼乌斯·利波等伟人庞培的后裔吸引了过多关注。真正近似于叛逆的危险其实发生在奥古斯都的家族圈子里——尤鲁斯·安东尼便因此而死亡，他是元首外甥女的丈夫和他女儿的所谓情夫；之后又有娶了小尤利娅的埃米利乌斯·保卢斯。如果说罗马骑士埃利乌斯·塞亚努斯构成了威胁的话，那么这也是元首提比略一手栽培的结果。

塞亚努斯爬到了那样一个高位上，以至于他未来要么权倾朝野，要么大难临头。最后结局的阴影影响了世人对他之前一切行为的评价；关于其邪恶野心的传说自然看上去理所应当、令人信服。公元23年的通奸与下毒便是如

---

1 Dio 54.3.4. 他质疑了穆雷纳阴谋的真实性——但并不怀疑法尼乌斯·凯皮奥（Fannius Caepio）策划阴谋事件的真实性。

2 15.1 ff.

3 狄奥详细记述了尤利娅的道德污点（55.10.12 ff., 参见 Seneca, *De ben.* 6.32.1）。关于这一晦暗不明事件的重要政治意义，见 *Rom. Rev.* (1939), 427。由于现存手稿的缺失，狄奥对小尤利娅事件的叙述（公元8年）未能保存下来。她的丈夫卢奇乌斯·埃米利乌斯·保卢斯（公元1年执政官）因参与阴谋而被处决，参见 Suetonius, *Divus Aug.* 19.1——那是关于他命运仅有的清晰记录。塔西佗是通过德奇姆斯·尤尼乌斯·希拉努斯（D. Junius Silanus）返回罗马城的情节（3.24.1 ff.）引出对小尤利娅事件的交代的，参见原书第371页。

4 Dio 55.14 ff.（对公元4年历史的叙述中），参见 Seneca, *De clem.* 1.9（其中讨论的显然是公元前16—前13年的事件）。但这一年代出入无关紧要。因为该情节纯属道德说教式的虚构，参见 *Rom. Rev.* (1939), 414。

此。并且历史学家塔西佗还深信不疑地报道了塞亚努斯向元首的秘密请求：他要求迎娶德鲁苏斯的遗孀。[1]塔西佗原本应当追问，如此巨大的野心是否真的可能那么早就已经成型？

提比略与阿格里皮娜之间愈演愈烈的不和让塞亚努斯明白了应当怎么做。他利用了元首的恐惧与怨恨，并通过检举告发中伤、瓦解了阿格里皮娜的党派。但直到公元29年，他才真正有机会攫取权力，并在元首提比略的庇护下不声不响地平步青云。

元老院通过了对阿格里皮娜及其长子尼禄的放逐令。塔西佗让这件事紧承里维娅之死，并做出了相应解释——只要太后还在人世，他们无论如何总是安全的。塔西佗声称，并没有人对他们提出谋反的指控。[2]他的叙述是清楚详尽的——他描述了提比略的信使赶到时元老院里的情景，并介绍了一位前执政官（科塔·麦萨利努斯）的议案。官员们感到犹豫踌躇，负责起草官方记录的元老冒失地进行了干预。于是他们又收到了怒气冲冲的元首写来的第二封信。[3]

两年后，塞亚努斯当上了执政官与元首的同僚。他获得了行省总督的治权[4]，并同王子德鲁苏斯与里维娅·尤利娅之女公主尤利娅订了婚。[5]玛库斯·阿格里帕的先例就在眼前。只要按部就班、举止谨慎的话，埃利乌

1　4.39 f. 读者会怀疑历史学家塔西佗是从哪里发现该信息并恰如其分地发掘了其讽刺意味的。

2　5.3.2: "verba inerant quaesita asperitate: sed non arma, non rerum novarum studium, amores iuvenum et impudicitiam nepoti obiectabat (这些措辞极其严厉；但他对孙子的指控并未涉及动武与谋反，而是违反伦常的爱情和道德败坏)."

3　有人认为塔西佗颠倒了事件的次序：对阿格里皮娜的攻击发生于更早的公元27年。见M. P. Charlesworth, *Class. Phil.* XVII (1922), 260 f., 继承其看法的有D. M. Pippidi, *Ephemeris Dacoromana* III (1938), 45 = *Autoir de Tibère* (1944), 61, 以及R. S. Rogers, *Studies in the Reign of Tiberius* (1943), 57 ff. 与此同时，该假说的提出者又谦逊地做出了让步，但仍声称（与塔西佗明明白白的记述相反）当时必定提出了谋反的指控（*CAH* X [1934], 635）。R. S. Rogers, *TAPA* LXII (1931), 141 ff. 用较长篇幅对该假说进行了扩充。提比略的回护者们有时是过于天真、毫无底线的。

4　Dio 63.7.4.

5　Zonaras 11.2, 参见 Ann. 5.6.2; 6.8.3; *Dio* 58.7.5. *PIR*[1]. J 422介绍了她，L 211介绍了她的母亲。苏维托尼乌斯和狄奥称呼她的母亲为里维拉（Livilla）。

斯·塞亚努斯可以赢得一切。他为何要阴谋反对宠幸自己的元首、自己权力的来源呢？他对尤利乌斯－克劳狄乌斯王朝的忠诚已深入人心。塞亚努斯很难指望在暗杀元首后夺取并保住最高权力。

元首提比略早已鼓励过他的这位权臣，默许他通过分配荣誉和行省统治权来拓展自己的庇护网络。[1] 似乎也没有什么军队将领威胁塞亚努斯，或与他作对。叙利亚与西班牙的位置还空缺着，多年以来一直没有任命过前执政官级别的副将。[2] 与意大利最近的行省是日耳曼和潘诺尼亚。勒图鲁斯·盖图里库斯控制着上日耳曼，他的岳父卢奇乌斯·阿普罗尼乌斯（L. Apronius）掌握着另一部分军权。[3] 我们不知道当时潘诺尼亚的副将是谁。[4]

在罗马城和军团营帐里，人们看到提比略和塞亚努斯的雕像并肩而立。两人的名字一道享受着忠心耿耿的元老院的纪念；元老们用赞美其仁慈和友谊的祭坛来纪念他们的美德。[5] 塞亚努斯也没有忽视收买罗马市民们，他们是元首们的特殊门客。他被选举为执政官时，在历史悠久、属于平民地盘的阿文丁山（Aventine）上举行了若干庆典。[6] 他还从塞尔维乌斯·图里乌斯修建的圣所中搬走了命运女神像，以此作为自己家中的保护神。[7] 塞尔维乌斯是新人的原型。他刚正不阿、乐于助人，是罗马平民的朋友。狡黠的投机分子读懂了这一举动的含义。他们满怀期待地声称品行高于门第，祈求诸神引导提

1　4.2.3.

2　6.27.2 f.（参见原书第442页）.

3　30.2 ff. 参见 PIR^2, C 1390; A 971。

4　当时达尔马提亚的行省总督或许是已经上了年纪的卢奇乌斯·沃鲁修斯·萨图尔尼努斯（公元3年递补执政官），参见 ILS 923，等等。新人盖约·波佩乌斯·萨比努斯（C. Poppaeus Sabinus，公元9年执政官）当时在默西亚行省（6.39.5）。跟沃鲁修斯一样，他显然也是王朝可靠的支持者——但他的女婿提图斯·奥利乌斯（T. Ollius）却是塞亚努斯的党羽，于公元31年被杀（13.45.1）。

5　4.2.3; 74.2.

6　ILS 6044: "improbae comitia / [q]uae fuerunt in Aventino ubi / [Sei]anus cos. factus est（当塞亚努斯当选执政官之际，人们在阿文丁山上举行了无耻的集会庆典）." 参见 R. Syme, *Hermes* LXXXIV (1956), 257 ff.

7　Dio 58.7.2. 参见老普林尼对雕像上衣服的描述，它们在560年后的"塞亚努斯即将垮台之际（ad Seiani exitum）"仍然完好无损（*NH* 8.197）。

比略将权力托付给适宜的人选。[1]

元首奥古斯都后裔中的继承人正在一个个消失。在日耳曼尼库斯的儿子们中，尼禄在被流放到荒岛上的那一年就被处决了；德鲁苏斯在之前一年已被关押起来；剩下的只有卡里古拉。

但随后便出了岔子。提比略开始动摇了。[2] 他意识到自己过于依赖那位权臣。塞亚努斯希望能够获得保民官特权。[3] 来自卡普里埃岛的答复是含糊不清、闪烁其词的。元首开始与他为难。[4] 几个月就这样过去了。[5]

来自卡普里埃岛的一封信毁了埃利乌斯·塞亚努斯（公元31年10月18日）。[6] 他确实策划过一起阴谋吗？塞亚努斯是他的许多朋友和亲戚的庇护人。但据我们所知，跟他一起被处决的前执政官级别的人物只有他的舅父尤尼乌斯·布雷苏斯。[7] 也没有任何一位手握兵权的行省总督被灰头土脸地带回罗马城。受到塞亚努斯牵连的人确实很多。但一批牺牲品和一名告密者并不能坐实大逆罪的罪名。如果有人要为塞亚努斯那些无辜的附庸辩护的话，附和官方或民间版本中所说的可恨的阴谋（他们并未参与）不失为一个权宜之计。[8]

预感到末日临头的塞亚努斯或许确实采取过某些不谨慎的或孤注一掷的举动。塔西佗提供了一名告密者的姓名——但我们完全不知道其可靠程度。[9] 那位警醒的历史学家当时或许认为有必要纠正自己怀疑一切的偏执。无论如何，我们可以确认的唯一阴谋是由元首提比略设计并执行的。[10] 塞亚努斯是

1　Velleius 2.127 f.; 131.
2　他得到了来自安东尼娅的警告（Josephus, *AJ* 18.181 f.），或许如许多人推测的那样，其内容跟卡里古拉受到的威胁有关。参见 *Ann.* 6.3.4。
3　Suetonius, *Tib.* 65.1, 参见 Dio 58.9.4。
4　他试图将卢奇乌斯·阿伦提乌斯定罪的意图遭到了阻挠（Dio 58.8.3），参见原书第384页。
5　狄奥对此的分析十分有用，参见附录65。
6　*ILS* 158（克里特岛上的戈图纳［Gortyna in Crete］），参见157（来自英特拉姆纳·纳哈斯［Interamna Nahars］）: "sublato perniciosissimo hoste p(opuli) R(omani)（罗马人民最危险的敌人）."
7　5.7.2.
8　6.8（骑士玛库斯·泰伦斯［M. Terentius］的演说）.
9　即萨特里乌斯·塞昆杜斯（Satrius Secundus）（6.47.2，参见8.5）。此人似乎未能逃过此劫，参见附录65。
10　见原书第255页。更多信息见附录65。

个城府很深、精明狡猾的家伙。但他这次只能甘拜下风。[1]

后人完全有理由拒绝相信相传发生在罗马的许多事情。元首克劳狄乌斯的情妇居然在光天化日下同盖约·希利乌斯举行了婚礼。但塔西佗确认那是事实,并援引了不容置疑的口头与文献证据。[2]类似的情节还有那场针对尼禄的大阴谋。当时的街谈巷议认为并无其事——那只是尼禄为除掉自己畏惧或仇恨的人而制造的借口而已。塔西佗却一反常态地承认那是真的。他还引用了幸存下来的密谋者们提供的证词。[3]

人们有理由对许多细节保持警惕。一名告密者举报了小塞涅卡。尼禄也接受了这一指控。但正如塔西佗指出的那样,尼禄并无可靠的相关证据。[4]塔西佗意识到,那只不过是关于部分官吏计划杀害披索与尼禄,扶植小塞涅卡掌权(小塞涅卡本人也并非不知情)的流言蜚语而已。[5]塔西佗的谨慎堪称表率。[6]他身后的一些作家却对小塞涅卡谋反一事深信不疑。[7]

无知或受蒙蔽容易使人夸大暴政之下的牺牲者数目。在阴谋过后的下一年,被人向尼禄告发的阿尼奇乌斯·克瑞亚利斯(Anicius Cerialis)毫不迟疑地自杀了。一些历史学家忽视了此人的早年生涯。[8]曾报道过此人关于修建

---

[1] 4.1.2: "quippe isdem artibus victus est(被以其人之道还治其人之身)."

[2] 11.27: "sed nihil compositum miraculi causa, verum audita scriptaque senioribus tradam(但我不会讲述任何怪力乱神之事,而只会记录前人讲述或写下的真相)."

[3] 15.73.2: "ceterum coeptam adultamque et revictam coniurationem neque tunc dubitavere, quibus verum noscendi cura erat, et fatentur, qui post interitum Neronis in urbem regressi sunt(确实有人策划了阴谋并通知了参与者。无论是调查谋逆真相的人和尼禄死后返回罗马城的被流放者们都对此深信不疑)." 注意塔西佗自信、平实但郑重的表述——"调查谋逆真相(verum noscendi cura)"。就在之前的段落里,历史学家塔西佗本人还用一份多达24个名字的名单展示了自己对该事件的勤勉研究(15.71)。

[4] 60.2: "non quia coniurationis manifestum compererat(他并未查出谋反的实锤证据)."

[5] 65.

[6] 如小塞涅卡那样一位"极其睿智的老者(sagacissimus senex)"不大可能会渴求权力——或幻想自己能够长久把持大权。

[7] E. Ciaceri, *Processi politici e relazioni internazionali* (1918), 370; A. Momigliano, *CAH* X (1934), 728. 他们确实可以引狄奥的作品为证(Dio 62.24.1)——但后者在跟小塞涅卡有关的一切问题上都算不上好的史料来源。此外,他的相关叙述(仅存残篇)并未提及披索。

[8] Dio 59.25.5.

"神圣的尼禄（Divus Nero）"神庙的浮夸议案[1]的塔西佗指出，阿尼奇乌斯并不值得任何同情——世人还记得他向卡里古拉提供"阴谋"证据的劣迹。[2]

这就是不肯轻信的塔西佗。他甚至会怀疑声名显赫的年长目击者，或拒绝相信伟大的科布罗——后者曾为贬低另一位将领而说过谎话。[3] 历史学家塔西佗的大部分史料批判工作都是我们看不见的。他会含蓄表达自己的观点，并且很少具体给出自己选择或反对的理由。但不时冒出的一条事实、一个名字或一点评论会在间接揭示其研究方法的同时告诉我们，塔西佗自始至终都保持着警醒。

1　15.74.3.
2　16.17.6.
3　15.16.3: "augendae infamiae composita（这些记载进一步夸大了他的污点）."

第三十一章　元首制

让科奈里乌斯·塔西佗举棋不定、满腹狐疑的首要元素是元首制本身。为了让罗马回归和平与稳定，将共和国的最高权力集中在一个人手里是不可避免的。奥古斯都葬礼上的明白人和《历史》导言的作者都认可那一原则。同样不可避免的是该权威将会得到元老院和罗马人民的合法承认。有两个因素促成了这一进程。第一个因素经常被人强调——罗马的传统和对规矩的尊重。因为对于一个数百年来一直接受着共和国框架下的贵族统治的族群而言，赤裸裸的个人独裁是一种粗糙、丑陋和危险的统治形式，但它不乏效力。但人们对第二个因素谈得很少，也就是统治者本人的便利。通过法律形式获得的强制性对于权威而言是有用的，并且政府永远不会缺少站在自己这边的律师。法律与共和国体制可以帮助元首奥古斯都远离批评、遏制对手、操纵或调整国家机器，建立庇护网络，并确保权力的平稳交接。

但理论与现实之间存在一条宽广的鸿沟。奥古斯都优势地位的主要元素来自罗马政体之外。塔西佗反复强调着言辞与实质之间的反差。作者本人的感情同其文字风格与技巧的需要——简洁明快、惜字如金——相得益彰。

《编年史》的导言指出，"元首"只是名号，"权力"才是事实。[1] 全书第2章指出，凯撒的继承人是一大批军阀中的最后一任，并概述了他的主导地

---

[1] 1.1.1: "nomine principis sub imperium accepit（他将元首的名号置于权力之下）"; 9.5: "non regno tamen neque dictatura sed principis nominee constitutam rem publicam（既非王国，也非独裁，而是元首制名义下的共和国政体）."

位是如何在亚克兴海战后逐步建立起来的。那段文字几乎完全没有使用政体术语，并跳过了亚克兴海战结束到公元前23年期间可以辨别的几个阶段。

这些阶段可扼要概括如下：首先是公开的君主制——担任执政官的统帅小凯撒（Imperator Caesar）拥有后三头所有的一切。随后，到了公元前28年初，统治者的执政官头衔似乎已成为惯例，而他拥有12根束棒护身的同僚则如走马灯般地替换。[1] 之后，到了公元27年1月，元老院与罗马人民被奉为国家的主人，元首奥古斯都则通过投票表决获得一个庞大行省的10年管理任期。他仍旧年复一年地保持着执政官的头衔。但到了公元前23年，奥古斯都放弃了执政官头衔，但继续保留着对行省的治权（他获得了许可，可以在居住在罗马的情况下继续拥有这一权力，并且其地位高于其他任何行省总督），并拥有了保民官特权。[2] 构成元首权力基础的两根支柱已清晰可辨。[3] 其中一项权力是旧有权力的直接延续——它从前乃是帝国主义的共和国行省总督们在海外行省中拥有的绝对治权，军阀中的最后一人又不失时机地将它推广到了罗马城内。[4] 另一项权力则是含糊的、意味深长的和史无前例的——并且因此而更受重视，尽管统治者在行使最高权威时原本并不需要它。[5]

与此相反，塔西佗的描述则一气呵成。他的记载叙述了暴君在装腔作势

1　Dio 53.1.1（原书第365页）。

2　ib. 32.5.

3　公元前19年，奥古斯都被授予了执政官权威（Dio 54.10.5）。A. H. M. Jones, *JRS* XLI (1951), 117接受并发挥了这一观点。反对意见如L. Wickert, P-W XXII, 2282，其中指出修饰"最高权威（ἐξουσία τῶν ὑπάτων）"的"如（ὥστε）"应做狭义理解。我们并不能说，奥古斯都从此以后便拥有并行使着"执政官权力"。我们有理由认为，他接受的仅仅是自己从公元前23年起便拥有的、佩戴象征行省治权的徽章（即便在罗马城里也可以佩戴）的权力。罗马城中如今已有两对、各12根束棒，那在共和国中是不可想象的，参见Cicero, *De re publica* 2.55。

4　没有任何证据可以表明，元首们在罗马城中的权力被视为和定义为"执政官权力"。公元51年，少年尼禄曾被授予"罗马城外的行省总督权力（proconsulare imperium extra urbem）"（12.41.1）。由于其自身的性质，行省总督的"治权"只在"罗马城外"有效。该段落中这个字眼的补充表明，皇室的中央权力通常被视为在罗马城内规范化、合法化了的行省总督"治权"。

5　3.56.2: "id summi fastigii vocabulum Augustus repperit, ne regis aut dictatoris nomen adsumeret ac tamen appellatione aliqua cetera imperia praemineret（这个代表最高荣誉的字眼是由奥古斯都发明的：他不肯接受国王或独裁官的头衔，但希望拥有一个体现自己高于其他权威的称呼）。"

的扭捏作态中（他不再使用"三头"的名号，声称自己只是执政官；他的保民官特权只是为了保护平民）偷偷攫取权力，僭夺了元老院、行政官吏与法律的固有职能。[1] 有些人会严厉指责塔西佗，哀叹其表述的含糊不清或对法律的故意漠视。这种指责并非毫无道理。[2] 但塔西佗的版本也许正是一位历史学家对这一历史进程看法的真实反映：那是巩固统治权力的过程，任何名目与形式都服务于那一核心目的。[3]

与此相似的还有对提比略登基的记载。塔西佗详细记载了对元首的效忠誓言，展示了新统治者实际上是如何公开运用元首制体系下的核心权力的。他利用治权向军队发布命令与调兵遣将，并动用自己的保民官特权召集元老院开会以便安排奥古斯都的葬礼事宜。[4] 直到奥古斯都去世4周后，元老院才开始讨论政体问题——那是投票表决将奥古斯都封神后的第一项议案。那幅场景是政治性的，但历史学家添加的一些点缀使之在很大程度上背离了历史真相。通过过继和前一年里的权力交接，提比略继承元首身份一事已经板上钉钉。[5] 此外，人们早已在第一时间向奥古斯都的继承人宣誓效忠。[6] 如果提比略不想继续执掌权力的话，他必须首先退位。

那个舞台即将上演的是一出人物态度、台词都预设好了的庄严喜剧。提

1　1.2.1: "posito triumviri nomine, consulem se ferens et ad tuendam plebem tribunicio iure contentum, ubi militem donis, populum annona, cunctos dulcedine otii pellexit, insurgere paulatim, munia senatus, magistratuum, legum in se trahere (他去除了三头的名号，并满足于只做一名拥有保护平民的保民官权力的执政官。他用赏赐安抚了军队，用谷物配给满足了民众，用和平赢得了人心，让自己步步高升，将元老院、行政体系和立法部门的权力集中于自己一人之手)."

2　乍看上去，关于元首同时掌握执政官和保民官权力的记述是误导性的和充满谬误的。奥古斯都于公元前23年充分掌握了保民官特权，此后每年延续一次——塔西佗知道这一事实（1.9.2）。他在公元前30年底获得的援助权（*ius auxilii*）（Dio 51.19.6）也不应忽视：它很可能包含在塔西佗所说的"满足于保民官权力（tribunicio iure contentum）"之中。

3　与此类似的还有其延续性。塔西佗在这段文字中有意拒绝提及被人吹嘘的、公元前28—前27年的"还政于共和国"。他也故意没有区分统治者在公元前28年之前与之后的执政官任期。但在其他段落里，他将元首制合法确立的时间精确地定为公元前28年（3.28.2）。

4　1.7.3 ff.

5　即与奥古斯都对等的行省管理权和军权（Velleius 2.121.1; Suetonius, *Tib.* 21.1）。

6　7.1 f.

比略希望诱使元老们爽快地承认，他本人在共和国中的独尊地位是必不可少的。因此，他必须拿出不愿意接受权力的姿态。[1] 但由于缺乏伟大前任那样的表演天分，他在扮演那个虚情假意但不可或缺的角色时表现得极不自然。他不仅谈到了要让别人分享最高权力，还接着描述了帝国的幅员辽阔（有具体细节，也有文献证据），并承认自己愿意仅仅治理其中的一部分。[2] 那引来了一位资深政治家的尴尬提问。其他元老也表达了自己的不耐烦。[3] 会场陷入了混乱状态。

执政官们的一项议案引起了争论，但塔西佗并未具体说明其主旨为何。[4] 按照塔西佗的说法，讨论的结果是含糊且悬而未决的。[5] 唇枪舌剑让元老们彼此误会、疲惫不堪；尽管提比略不再一味退让，他仍然没有明确宣称自己接受了元首头衔。[6] 一场看似重要的辩论不了了之（但其要旨得到了默认）在政治集会中屡见不鲜，甚至早在意料之中。我们有理由认为，提比略事实上已经掌握了权力，因此无须授权。[7] 然而，有一点是非常清楚的：关于该主题的辩论最后画上了句号。元老院接着又讨论了其他事务。其中一项议题证明了

---

1 苏维托尼乌斯称之为"不知羞耻的演戏（impudentissimus mimus）"（*Tib.* 24.1）。关于这种事先安排好了的"授职推让（refus du pouvoir）"，见 J. Béranger, *Recherches sur l'aspect idéologique du Principat* (1953), 137 ff.。

2 12.1，参见 Dio 57.2.4 f.。根据狄奥的说法，提比略其实划分出了"三个部分（τρία μέρη）"，即罗马和意大利、军队，以及其他行省。这种说法不大可能是真实的，参见 E. Hohl, *Hermes* LXVIII (1933), 114。

3 昆图斯·哈特里乌斯和玛迈尔库斯·斯考鲁斯（原书第323页）。在辩论中，他们的发言次序紧接阿西尼乌斯·伽鲁斯和卢奇乌斯·阿伦提乌斯之后。

4 开头处的字句"人们都在为提比略祈祷（versae inde ad Tiberium preces）"（1.11.1）进行了暗示；斯考鲁斯后来对此也有所提及——"元老院的期待仍有希望不致落空，因为他还从未动用保民官特权否决过执政官的议案（spem esse ex eo non inritas fore senatus preces, quod relationi consulum iure tribuniciae potestatis non intercessisset.）"（13.4）。

5 参见法比亚的评论："即便条理混乱的结论也要好过这场毫无诚意的讨论（la conclusion sans netteté qui convenait mieux à ce débat sans loyauté）。"（*Rev. phil.* XXXIII [1909], 58）

6 1.13.5: "fessusque clamore omnium, expostulatione singulorum flexit paulatim, non ut fateretur suscipi a se imperium, sed ut negare et rogari desineret（由于被七嘴八舌的吵闹和单个元老的吁请搞得筋疲力尽，提比略逐渐做出了让步：他并未承认自己将执掌大权，而是不再回绝追问者的提议）."

7 H. Dessau, *Gesch. der r. Kaiserzeit* II (1926), 6.

元首提比略的地位已得到认可——日耳曼尼库斯被授予了行省总督的治权。[1]

但我们很难相信,这次会议在结束之际居然没有就统治者本人的权力与权威通过任何法案。相关线索一定会记录在被塔西佗忽略了的"执政官报告(relatio consulum)"中。[2] 毫无道理地省略其内容的塔西佗在这件事上是有责任的。

《编年史》中角色后来的言行都没有提供关于这一暗箱交易的任何线索。[3] 如果只关心统治者和元老院行为与动机的塔西佗在其他信息的记载中如此粗略的话,那么他省略诸元首的次要职务与头衔的做法也就不足为奇了。提比略顺利当上了首席元老(princeps senatus)[4],并在即位6个月后成为大祭司长(pontifex maximus)。[5] 那些的确是事实,但跟塔西佗无关并被他坚决摒弃,就像空洞无物的十周年庆典一样。[6]

元首及其家人们挖空心思设计出来的、供世人表达对他们的忠心耿耿或赞美之情的、纪念其美德或胜利的种种仪式,在塔西佗眼里同样没有什么吸引力或价值——除非是为了讽刺挖苦。那些东西从一开始就是骗局。[7] 对表面文章的尊奉是对尽人皆知的真相的颇具讽刺意味的亵渎。[8] 虽然并不存在那

---

[1] 1.14.3.

[2] 可能是确认了一些没有失效时限的权力。狄奥在关注公元24—34年的十年时声称,正式重新授予权力的做法在当时已无必要(Dio 57.24.1; 58.24.1)。Suetonius, *Tib.* 24.2表明,当时确实采取过,一些相应举措。另参见提比略的话:"元老们啊,我现在要重复自己之前在许多场合说过的话:一位正义、称职的元首既然被你们授予了如此巨大、不受限制的权力,他就应当成为元老院的忠仆(dixi et nunc et saepe alias, p. c., bonum et salutarem principem, quem vos tanta et tam libera potestate instruxistis, senatui servire debere)",等等(ib. 29)。

[3] 有学者认为,提比略欠缺的担任元首条件是"执政官权力",参见A. H. M. Jones, *JRS* XLI (1951), 119。但我们完全不清楚,他是否作为统治者行使过这一权力。参见A. Passerini, *Studi giuridici in memoria di P. Ciapessoni* (Pavia, 1947), 208。完全反对关于"执政官权力"这套说法的观点见上文,原书第409页。

[4] 具体时间已无迹可考。M. P. Charlesworth, *CAH* X (1934), 612关于相关决议被写进了执政官报告的假说无助于具体复原提比略登基的过程。

[5] *CIL* I², p. 233(《普雷涅斯提尼年表》[*Fasti Praenestini*]):关于3月10日的情况。

[6] Dio 57.24.1; 58.24.1.

[7] Lucan 5.385 f.: "omnes voces per quas iam tempore tanto | mentimur dominis(这个时代炮制了种种名目,供我们违心地拿来称呼自己的主子)"。

[8] 15.18.1: "dum aspectui consulitur spreta conscientia(人们为做表面文章而抛弃了良知)"; 14.59.4: "gravioribus iam ludibriis quam malis(冷嘲热讽比心怀恶意更加糟糕)"。

样做的必要，塔西佗却很喜欢对御用演说家在节庆场合的表演添加几句充满辛辣讽刺意味的扼要评论。[1] 即便对日耳曼尼库斯身后荣誉的叙述，历史学家塔西佗也以暗中嘲笑开篇——并被元首提比略的讽刺旁白所打断。[2] 当德鲁苏斯去世时，与此类似但更为丰富的暗示表达了作者对那些追授荣誉的不屑一顾。[3]

在科奈里乌斯·塔西佗眼里，元首制的核心荒谬之处在于制造了罗马国家的最高权力是自愿交割、合法移交或至少是被批准授予元首个人的假象。《编年史》的开头几节否定了奥古斯都治下共和国的合法性，揭示了王朝政治的运作机制，证明了提比略早在元老院应邀表态之前就已经掌握了权力。

与此形成鲜明反差的是塔西佗对真实权力的源头及其运作方式的关注。塔西佗常用的术语毫无含糊之处。为了抨击元首们实行的政体，塔西佗挑选了一个拉丁语中最激烈的字眼——"主宰一切（rerum potiri）"。[4] 它在《编年史》中出现了不下11次。无独有偶，塔西佗修改并颠覆了"元老院与罗马人民"的传统称谓。他十分恰当地插入了新兴的权力来源，以便称呼从战争中发展起来的元首制。于是便有了"元老院、军队与罗马人民（senatus milesque et populus）"的说法。[5]

"共和国"的名号是不可或缺的。人们要用"为了共和国的利益"作为幌子来掩饰阴谋、骗局或暴力——撮合克劳狄乌斯与其侄女婚事的政客、力主元首过继幼年尼禄的皇家释奴，以及毁掉特拉西亚·佩图斯的告密者都使

412

1　16.2.2: "summa facundia nec minore adulation（精妙绝伦的口才与毫不逊色的吹捧）"（尼禄的吹捧者们）。

2　2.83.1: "ut quis amore in Germanicum aut ingenio validus（出于对日耳曼尼库斯的爱或是自己的小聪明）."参见原书第279页。

3　4.9.2: "plerisque additis, ut ferme amat posterior adulatio（补充了很多新花样，阿谀奉承在一朝得手后往往都会那么做）."

4　参见Lucretius 2.13: "ad summas emergere opes rerumque potiri（觊觎至高的权位和对一切的主宰）"; Ad fam. 8.14.2中的凯利乌斯（Caelius）提到了"那些主宰一切的人物（qui rerum potiuntur）"（他指的是庞培与凯撒两巨头）。

5　1.7.2; 11.30.2. 参见14.11.1: "militi patribusque et plebe（通过军队、元老和平民）."还有干脆省略了"人民"的例子，如12.69.2; 13.4.1。

用过那一借口。[1] 阿格里皮娜在教唆克劳狄乌斯疏远布瑞塔尼库斯时强调了尼禄继子地位的合法性，并理直气壮地援引了元老院和罗马人民做出的决议。[2] 尼禄则在谋杀了布瑞塔尼库斯后故作悲伤地颁布了一道敕令：在失去了一位贤弟支持的情况下，他只能将全部希望寄托到"共和国"之上；元老院和罗马人民将会用更加温暖的爱来珍惜他们的元首，因为他已成为帝国皇室幸存下来的唯一独苗。[3]

历史学家塔西佗也不肯对诸元首的"权威"讲什么好话。元首奥古斯都声称，在将"共和国"移交给元老院与罗马人民之后，他的"权威"已无人能及。[4] 简言之，这个字眼指的是权力和影响力，但并非来自担任官职，也无法通过法令界定。这种性质的权威属于作为一个整体的罗马共和国元老院，或元老个人——如果他拥有地位、资历与声誉的话。[5]

"权威"这个拉丁文单词本身带有强烈的褒义色彩。为了贬损这个字眼，塔西佗采用了多重手段，并学习了撒路斯特的榜样（如果他此时还需要那样做的话）。首先是省略的方法。[6] 塔西佗有时会使用"权威"一词，但很少在《编年史》中这样做，并且极少用它来形容元首的权力。[7] 其次，他将这个词用在官方与合法范围之外，以不加掩饰的恶意和嘲讽态度来强调某位骑士或释奴个人的或不正当的影响力。对埃利乌斯·塞亚努斯的第一次介绍强调了他对元首提比略的"影响力"。[8] 帕拉斯凭借其"影响力"促使克劳狄乌斯

1　12.5.2（卢奇乌斯·维特利乌斯）；25.1（帕拉斯）；16.28.1（埃普里乌斯·马塞卢斯）.

2　12.41.3: "quaeque censuerint patres, iusserit populus, intra penates abrogari（元老们的决议和人民的命令在家里被弃之不顾）."

3　13.17.3: "reliquas spes in re publica sitas（他把剩余的希望寄托在国家之上）."

4　*Res Gestae* 34.

5　这个概念的起源和用法并不神秘，但却引起了许多著述的讨论，如 A. Magdelain, *Auctoritas Principis*（1947）。该作者（跟普雷麦斯特［A. v. Premerstein］一样）试图赋予奥古斯都的"权威"以法律效力和内容。事实上，他的所有主要观点似乎都漏洞百出，参见 H. M. Last, *JRS* XL (1950), 119 ff.；G. E. F. Chilver, *Historia* I (1950), 420 ff.。或许现在已经到了平息关于该字眼冗长争论的时候了。

6　人们可以理解，撒路斯特为何拒绝使用"权贵（optimates）"一词。

7　事实上，他在《编年史》里从未这样做过。他在《历史》中还没有那样严格（如1.29.1）。

8　1.24.2.

尽快完成了对尼禄的过继。[1] 当上元首后的尼禄将另一名释奴波吕克利图斯（Polyclitus）派往不列颠，确信那位下属的"权威"对罗马官员（副将与行省督办）和当地土著都是有效的。[2]

第三个办法更加巧妙。正如历史学家撒路斯特在分析政治用语时指出的那样，被一些人称为"友谊（amicitia）"的东西会被另一些人叫作"帮派（factio）"：那些解读总是各式各样并带有党派倾向的。[3]"权威"带有贬义色彩的近义词也逃脱不了那样的命运。它就是"权势"。我们几乎无须列举塔西佗有多么偏爱那个字眼。[4] 重建共和国的凯撒继承人是鹤立鸡群、无懈可击的。他无所畏惧、不受约束、没有对手——因为他拥有"权势的保障（potentiae securus）"[5]。官方措辞当然会选择"权威"，而从来不会承认"权势"的存在。但骑士盖约·梅塞纳斯与撒路斯特·克里斯普斯却凭借其"权势"超越了许多以其执政官生涯与凯旋式为傲的元老们。[6] 忠诚的朋友或大胆的辩护人或许也会声称那两位廷臣是拥有"权威"的。[7]

权力或逢迎自然会将各种伦理品质同对诸元首的赞美或其统治地位的巩固联系在一起。[8] 为了感谢共和国的重建，元老院和罗马人民奉献了"奥古斯都"的头衔，并下令立起一面金盾，在上面铭刻元首奥古斯都的各种美德。[9]

1　12.25.1.
2　14.39.1.
3　*Jug.* 31.15: "sed haec inter bonos amicitia, inter malos factio est（但善意的人会称之为"友谊"，恶意的人干脆称其作"帮派"）."
4　它在 Gerber-Greef, *Lexicon Taciteum* 中占据了近3栏的篇幅。关于作为"权威"另一面的"权势"，参见 Cicero, *De re publica* 1.68: "ex nimia potentia principum（出于第一公民过分膨胀的权势）"; *Brutus* 166: "C. Claudius, etsi propter summam nobilitatem et singularem potentiam magnus erat（盖约·克劳狄乌斯凭借极其高贵的出身和首屈一指的权势而成了大人物）."
5　3.28.2.
6　30.2.
7　事实上，塔西佗在《历史》中甚至允许自己讨论罗马骑士们的"权威"，其感情色彩差不多是中性的（3.4.1; 4.53.1）。
8　参见 J. Béranger, *Recherches sur l'aspect idéologique du Principat* (1953)。那是一项清晰、深入、富于怀疑精神的研究成果。关于"帝国的美德"，另见附录66。
9　*Res Gestae* 34. 参见该文本的复制品，如 *ILS* 82（皮克努姆境内的波滕狄亚［Potentia in Picenum］）; *AE* 1952, 165（阿瑞拉特［Arelate］，年代记载为"第八次出任执政官之际［cos. VIII］"，即公元前26年）。关于后者，见 W. Seston, *CRAI* 1954, 286 ff.

这份清单简短但令人印象深刻。首先是"美德"本身，那是典型的罗马人品质；这个令人自豪、富于感召力的品质激励着共和派去同专制独裁进行斗争。接下来则是"仁慈""公正"与"虔诚"。如果冷静下来进行分析的话，我们会意识到，用"仁慈"与"虔诚"去描述奥古斯都并不是无可指摘的。那两个字眼的背后都有一段可疑的、斑驳陆离的历史。它们被历次内战中的领袖或党派所攫取利用，最后被胜利者所垄断。当独裁官凯撒展示出自己仁厚宽恕的精神时（那肯定有他自己的小算盘，但也可能是出于他的慷慨），他并没有能让自己所属阶层与等级的全体成员对他感恩戴德。[1] 仁慈并不取决于责任，而是选择或心血来潮的结果；它反映了主人的意志，而非一位贵族的美德。[2] 接受"凯撒的仁慈（clementia Caesaris）"意味着认可了独裁。凯撒一名对手的儿子、年轻的格涅乌斯·多米提乌斯·埃诺巴布斯便拒绝了胜利者的宽恕。[3] 当小塞涅卡建议那位多米提乌斯的曾孙元首尼禄以"仁慈"治国时，他的论点显然是为帝王服务的。[4] 毫无疑问，塔西佗在其作品里要么回避这个政治术语，要么就是在对它进行冷嘲热讽。

塔西佗声称，元老院在公元28年决定用谦恭谄媚的姿态来缓解自身的不安与警觉。他们投票通过了为仁慈和友谊修建祭坛的决议，当然也少不了要为提比略和塞亚努斯建造雕像，并不失时机地表达了他们的遗憾之情，认为两人应当亲自现身来为罗马城增添光彩。[5] 当瓦勒里乌斯·阿西亚提库斯在宫廷里当着元首克劳狄乌斯的面接受审判时，他口若悬河的抗辩打动了麦萨利娜；但离开房间去擦拭泪水的王后要求忠心耿耿的维特利乌斯绝不可放这个

1　关于"凯撒的仁慈"，见 M. Treu, *Mus. Helv.* V (1948), 197 ff.。

2　西塞罗在提及喀提林事件时吹嘘了自己的"温和（lenitas）"与"同情心（misericordia）"（*Pro Sulla* 1, 参见87; 92）。撒路斯特注意不在跟凯撒（或不如说同时代的所有政治事务）有关的场合下使用"仁慈"一词。他作品中的孤证是雷必达请求罗马人民对自己"仁慈"（*Hist.* 1.55.1）。

3　Cicero, *Phil.* 2.27.

4　*De clem.* 1.3.3: "nullum tamen clementia ex omnibus magis quam regem aut principem decet（对于国王或元首而言，没有什么比仁慈的美德更伟大的了）."

5　4.74.2.

牺牲品一马。自己也眼泪汪汪的维特利乌斯提及了阿西亚提库斯同自己的昔日友谊和此人的种种美德，以及他值得怜悯宽恕的其他理由——最后建议应当准许阿西亚提库斯自由选择结束生命的方式。元首克劳狄乌斯也以类似的仁慈添了一把火。[1]

同"仁慈"的性质截然不同并在尊贵程度方面同"权威"不相上下的品质"虔诚"源自对家族和宗教的忠诚，并遭到了党派与官方更彻底的滥用。当凯撒的继承人率领一支私家军队起事时，他是在履行一项神圣职责——为自己的继父报仇雪恨。[2] 葬礼上的一批"聪明人"举出的"虔诚"理由被另一些人视为空洞的借口。[3] 奥古斯都去世前不久，有人提议授予他的继子"虔敬"的名号。[4] 那毫无疑问是令奥古斯都继子深恶痛绝的。《编年史》中的元首提比略在向前任表达敬意时略去了"虔诚"的字眼。事实上，人们只用这个词称呼过一位奥古斯都世系中的统治者。伪装的"虔诚"帮助尼禄挫败了母亲的野心。[5] 受尼禄指使安排那次谋杀的释奴指出，那起人为安排的沉船事件发生后，元首就可以尽他作为儿子的本分了——"以某种伪装的虔诚态度（et cetera ostentandae pietati）"修建一座神庙和一座祭坛。[6]

在帝国时代的语境下，"虔诚"更多的是指一种臣民的美德——元老院或某位元老、士兵或公民的忠诚态度（并且带有一种情感色彩）。[7] 大逆罪则注定要成为"不虔诚"的代表。[8] 从政治忠诚的角度理解，"虔诚"正在被大肆滥用并贬值——最可耻的例子出现在表彰对元首忠心耿耿的卢奇乌斯·维

---

[1] 11.3.1. 但这个字眼有时也并无恶意或讽刺色彩，如3.22.2: "adeo vertit ac miscuit irae et clementiae signa（他［提比略］颠倒或混淆了愤怒与仁慈的表征）"; 68.2: "multum de clementia principis praefatus（［口若悬河的卢奇乌斯·披索］在开场白中充分赞美了元首的仁慈）."

[2] *Res Gestae* 1.

[3] 1.9.3; 10.1.

[4] Suetonius, *Tib.* 17.2.

[5] 13.5.2: "ita specie pietatis obviam itum dedecori（这种虔诚的姿态掩饰了他的举动）."

[6] 14.3.3.

[7] 如格涅乌斯·披索对元首母亲的忠诚不二（3.16.3）、提比略对塞亚努斯的忠诚（4.40.1）和提比略对元老院忠心耿耿的评价（3.51.1）：那是整部《编年史》中关于这种场景仅有的几个例子。"顺从"是一个不那么碍眼和感情用事的字眼。

[8] 在塔西佗的全部作品中只出现过一次（6.47.2）。

特利乌斯和释奴帕拉斯等人的纪念物上。[1]

在元首奥古斯都的盾牌上同"仁慈"和"虔诚"并排而立的是"公正"的美德。它乍看上去并无害处。但塔西佗拒绝在语言因被政府利用而名誉扫地的情况下表示怜悯。"美德"与"自由"过于醒目，不会在"奥古斯都的美德"或"奥古斯都的自由"这样的表述中贬值或遭到埋没；但"公正"和其他几个字眼却并非如此。它们几乎完全被《编年史》的文本摒弃在外。[2]

也有几个词汇得到了认可。塔西佗并不认为"立场坚定（constantia）"就意味着同元首们沆瀣一气。[3] 更引人注目的还有"举止有度（moderatio）"。提比略反复强调这一点，认为那是第一公民在处理同"共和国"关系时的适宜表现——他需要拒绝对其本人的任何过分尊崇，避免对元老院治理权限的侵犯。这一态度是塔西佗喜闻乐见的。"举止有度"在关于提比略的文本中出现了4次，其真诚只有1次遭到了质疑。[4]

"深谋远虑（providentia）"——统治者对人民富足生活与福祉的关切（尽管带有君主制的意味）——似乎也不是完全不可接受的。但当世人赞美统治者的远见与警醒，因为他通过粉碎阴谋而保障了国家与王朝的安全时，情况就有所不同了。那正是提比略统治期间出现的情况，尤其是在塞亚努斯垮台之后。[5] 在《编年史》中，这一属于元首的美德仅仅被提及了一次：当它在克劳狄乌斯的葬礼上被用来赞美死者时，听众们都忍俊不禁。[6]

---

1 Suetonius, *Vitellius* 3.1; Pliny, *Epp.* 7.29.2 and 8.6.1（帕拉斯的葬礼纪念碑）. 小普林尼接下去大量引用了元老院公告。

2 更多信息见附录66。

3 关于"立场坚定"，见下文原书第544页。

4 1.8.5: "adroganti moderatione（傲慢但温和）." 其他例子如2.36.2; 3.50.2; 56.1。

5 Valerius Maximus 9.11, *ext.* 4. 参见类似献词，如 ILS 157（英特拉姆纳·纳哈斯）; 158（克里特岛上的戈图纳，由一位行省总督颁布）。关于刻有"深谋远虑（PROVIDENT.）"字样的钱币（无法精确断定其年代），见M. Grant, *Roman Anniversary Issues* (1950), 62 f.; C. H. V. Sutherland, *Coinage in Roman Imperial Policy 31 B.C.–A.D. 68* (1951), 99。

6 13.3.1: "postquam ad providentiam sapientiamque flexit, nemo risui temperare（随后演说家开始为他的深谋远虑和睿智过人而哭泣，在场的所有人都忍俊不禁）." "杰出元首的深谋远虑（providentia optimi principis）"自然会出现在元老院公告的开头处（ILS 6043）。还有"元首的善意（principis benignitas）"（见关于帕拉斯的敕令，Pliny, *Epp.* 8.6.13）。在塔西佗的作品中，"善意（benignitas）"只能用在命运或诸神身上，只有一处例外（*Hist.* 2.30.2）。

地中海世界的主人并不仅仅是睿智的和举止有度的,他还是高贵的和慷慨的。共和末年一些有抱负和荣誉感的志士喜欢"大度(magnitudo animi)"这个高贵的评价。尼禄也喜欢它,塔西佗在一个具体情节里注意到并明确举例证明了这一点。在元老院组织的一次关于关税与税收的辩论中,尼禄提出了一个心血来潮的建议:既然课税总归是引人痛恨的,那么还有什么恩典比全面废止征税更加高贵呢?警醒的元老们马上制止了这一鲁莽的、灾难性的提议。但他们在表示反对之前盛赞了元首的"大度"。[1]

这一事件曾被后人从不同角度加以解读。那或许并非一位元首的异想天开,而是关于在帝国境内开展自由贸易的明智主张——因而构成了关于尼禄是一位伟大政治家的无可辩驳的证据。[2] 有人的结论还要更进一步:如此睿智的议案不可能来自尼禄,而是来自小塞涅卡。因为小塞涅卡是一位出色的商人。[3]

所有这些解读尝试都无法回避或否认塔西佗笔下的明显证据。小塞涅卡在处理元首与元老院关系方面展示了自己的高超手腕——特别是不让尼禄过分热衷于公共事务。当一位统治者忘记了自己的戒律或喜欢当众表达自己的想法时,由此导致的结果有可能是滑稽可笑或令人痛心的。这个案例便是如此。这段文本也展示了塔西佗的洞察力,具体到了对一个具有暗示含义的词语的选择。[4]

由于对元首制充满怀疑,并对其大量外在形式嗤之以鼻,塔西佗转而去研究权力对其追逐者和运用者的影响。那位身为元老的历史学家的无情结论

---

1 13.50.2.
2 B. W. Henderson, *The Life and Principate of the Emperor Nero* (1903), 82 f.; M.A. Levi, *Nerone e I suoi tempi* (1949), 142 ff. 根据后者的观点,尼禄受挫后的怒火导致了统治者和元老院之间的严重裂痕。
3 根据 Momigliano, *CAH* X (1934), 712 f. 的说法,该主张至少是小塞涅卡和布鲁斯共同提出的。
4 塔西佗的作品中没有使用"大度"这个字眼的其他例子。但参见小塞涅卡对尼禄所说的"伏倒于您的伟大之下(infra tuam magnitudinem iacet)"(14.54.1)。尼禄本人在解放希腊时夸耀了"我的慷慨大度(ἡ ἐμὴ μεγαλοφροσύνη)"(*SIG*³ 814)。U. Knoche, "Magnitudo Animi", *Philologus*, Supp. XXVII (1935), Heft 3, 同时忽视了塔西佗和铭文提供的证据。他引述的(o.c. 82 f.)是 *De clementia*, 1.5.3 ff. 中用来描述尼禄的"大气(magnus animus)"和"大量(magnanimitas)"。

一次次地浓缩成了辛辣、有力、令人无话可说的格言警句。提比略和里维娅不喜欢日耳曼尼库斯的妻子——因为那种情绪毫无道理，所以就会变得分外炽烈。[1] 元首们有时将自己打扮成和蔼可亲、通情达理的样子；但他们永远不会忘记对自己的任何嘲笑。[2] 权臣的"权势"往往不能持久——权臣和君王总要彼此厌倦，因为前者无法要求更多，后者已没有东西拿来给予。[3] 事实上，对统治者的鞠躬尽瘁换来的只是感激的对立面。[4] 塞亚努斯知道，如果自己不事张扬的话，他手中的权力反而会增强与拓展[5]；尼禄的母亲则在失势后很快意识到，人事中缺乏权力作为坚实基础的东西最容易昙花一现、转瞬即逝。[6] 认为克劳狄乌斯的女儿安东尼娅愿意参与阴谋，同时认为盖约·披索会休弃自己钟爱的妻子而迎娶她的看法是荒谬的——除非对权力的贪欲确实可以浇灭其他一切热情。[7]

除洞察力与判断力之外，塔西佗还在自己的作品中融入了诗人的想象力、强烈的自我反省艺术和对著作结构、戏剧性的出色理解。这些素质的结合令人印象深刻，但也不是毫无风险的。[8]

塔西佗进行的是极限操作。如果说他的解读通常优于其他作家的话（因为他拥有更丰富的知识和更出色的理解力），他的叙述也有可能是冒险和误

1　1.33.1: "causae acriores quia iniquae."
2　5.2.2; 15.68.3.
3　3.30.4: "idque et Maecenati acciderat, fato potentiae raro sempiternae, an satias cepit（梅塞纳斯的情况也是如此，或许因为权势注定难以长久维系，或许因为他已感到厌倦）"，等等。
4　4.18.3: "nam beneficia eo usque laeta sunt, dum videntur exsolvi posse: ubi multum antevenere, pro gratia odium redditur（恩宠之所以是甜蜜的，因为人们以为它随时可以取消；当那一阶段变得遥远之后，它换来的就是仇恨，而非感激）."
5　41.3: "et minui sibi invidiam adempta salutantum turba, sublatisque inanibus veram potentiam augeri（问候他的人减少，人们对他的嫉妒便会减轻；去掉无用的虚荣，他的权势反而会得到巩固）."
6　13.19.1: "nihil rerum mortalium tam instabile ac fluxum est quam fama potentiae non sua vi nixae（人间的万事万物中再没有比缺乏实力支撑的声名更不稳定和转瞬即逝的了）."
7　15.53.4: "nisi si cupido dominandi cunctis adfectibus flagrantior est（除非对权力的渴求压倒了其他一切欲望）."
8　如此鲜明有力的风格（何况罗马人天生厌恶说话转弯抹角）至少会导致作者有时夸大其词（并非出于被迫或毫无觉察）。

导性的。塔西佗常常拒绝轻易下定论（在权威史料存在分歧或不足以说明问题，或事实本身难以确定的情况下）；但塔西佗的犹豫不决和总体上更愿意接受负面看法的倾向使得他有时越出了合理怀疑的范畴，走上了影射和恶意揣测的道路。[1]有些说法起初不过是暗示或一孔之见，却会不声不响地僭夺既成事实的地位。尽管塔西佗声称奥古斯都拜访岛上的阿格里帕·波斯图姆斯的说法只是谣言而已，他还是极其详尽地叙述了那个故事，并提及了元首的唯一同僚：那可以支持对里维娅的非难，尽管塔西佗明明知道那不过是谎言。[2]并且塔西佗在讲述奥古斯都临终前评价三位"元首候选人"才具的故事时也没有感到良心上有什么不安：他本应在此处表达委婉的怀疑。[3]一位警醒的历史学家也应当对埃利乌斯·塞亚努斯的伪装与狼子野心提出更多质疑。[4]

在《编年史》中，王子日耳曼尼库斯自始至终都是受到崇拜与颂扬的。但我们有理由对兵变中那位日耳曼地区的将领和被元首派往东方的使节的所作所为做出并非正面的评价。[5]如果史学家塔西佗还有选择余地的话，他是有理由质疑传统说法的。[6]格涅乌斯·披索诉讼案所反映的情况也不足以支持对提比略的责难。无论如何，塔西佗坚持认为提比略应当对那起大逆罪诉讼案的走向负责，尽管他掌握着最初案情的真实记录，知道事情的缘起和结局，

---

[1] 与此相反，昆体良（Quintilian, 2.4.19）则注意到李维"多疑（frequentissime dubitat）"的毛病。但李维的怀疑针对的是史实或年代，而非撰述历史的动机。

[2] 见原书第307页。所谓的元首同伴是保卢斯·费边·马克西穆斯（Paullus Fabius Maximus，公元前11年执政官）。有学者天真地相信普拉纳西亚之行确有其事，如V. Gardthausen, *Augustus und seine Zeit* I (1904), 1252 f.。

[3] 研究风格差异巨大的学者们似乎都相信了这个故事，如E. Hohl, *Hermes* LXVIII (1933), 111和W. Weber, *Princeps* I (1936), 70。

[4] 塔西佗已开始对自己在文献史料中读到的东西感到诧异（参见4.57.1对提比略离开罗马城原因的解释）。我们已无从了解，他在多大程度上意识到或放过了塞亚努斯事件高潮和最后灾难叙述传统中的疑点。

[5] M. Gelzer, P-W X, 456 f.; M. P. Charlesworth, *CAH* X (1934), 622.

[6] 传统叙述中的歌功颂德性质在Suetonius, *Cal.* 1–6中体现得非常明显。这在很大程度上要归咎于在日耳曼尼库斯的儿子和弟弟治下写作的历史学家们，但其源头来自更早的时代。还应注意狄奥对公元7—9年间日耳曼尼库斯在伊吕利库姆功绩的夸大其词；具体信息见E. Koestermann, *Hermes* LXXXI (1953), 345 ff.。F. Krohn, *Personendarstellungen bei Tacitus* (Diss. Leipzig, 1934), 74 ff. 分析了塔西佗用来强化日耳曼尼库斯同提比略对比的手段。

以及元首在此过程中的言行。第一个案子只是针对两个无名之辈的无关痛痒的指控,却促使提比略给两位执政官写了一封口吻坚决、充满嘲讽意味的信件。[1] 第二起案子导致了对一位行省总督的审讯,令提比略怒火中烧。[2] 然而,这位统治者对于大部分后续事件并不是毫无责任的。[3]

我们最后还要补充比叙述中的单纯偏见或蓄意歪曲更危险的一点:《编年史》的作者对角色的描述和事件的编排过分追求和谐与天衣无缝。那是所有时代的史学家们共同遵循的做法。

---

[1] 1.73.3: "non ideo decretum patri suo caelum ut in perniciem civium is honor verteretur (他的养父被奉为天神,并不是为了用这一荣誉来残害公民)",等等。

[2] 74.4: "ad quod exarsit adeo, ut rupta taciturnitate proclamaret se quoque in ea causa laturum sententiam palam et iuratum (这番话激怒了提比略,促使他打破沉默,声称自己也要在宣誓后公开发表意见)。"

[3] 关于提比略治下"大逆罪"的论述已经很多(或许过多了)。如前文中引述过的奇亚切利和利杰尔的著作,见原书第400页。对塔西佗的不信任有时会被推向极端。如Rogers, *TAPA* LXIV (1933), 18 ff. 批评了塔西佗对法律的无知。对此类观点的反驳如精通法律的B. Kübler, *Phil. Woch.* 1937, 380 ff.(特别见第386页)。罗杰尔(多篇论文,如*TAPA* LXXXIII (1952), 279 ff.)断言塔西佗对提比略和尼禄统治时期叛国罪审判的报道存在着固定"模式",因而是带有修辞性特征且值得怀疑的。在对塔西佗的诘难中,很多观念和臆想应当受到批判。见C.W. Chilton, *JRS* XLV (1955), 73 ff.; E. Koestermann, *Historia* IV (1955), 72 ff.。

第三十二章 塔西佗与提比略

"全无愤怒和冲动（sine ira et studio）。"塔西佗声称自己将叙述关于元首们的事实，并且不会带着支持或反对其中任何一人的个人情绪。[1]他对元首制是态度尖锐、不无恶意的。那么他将如何描述作为个人的元首们，如何评价他们在任期间的作为和成就呢？

塔西佗主要是因对提比略的记述而遭到抨击的。这项研究始于对相关文本前后不一致的两面性的责难。首先是提比略统治的不同阶段。那位统治者显然经历了一次转变。[2]对于塔西佗而言，前6卷的篇幅要求他将恶化的转折点置于公元23年。为了避免不必要的出入，这一阶段划分同第6卷结语中对提比略性格每况愈下的阶段分期存在着不一致的地方。历史学家塔西佗声称，公共记录对登基前的提比略清一色地表示赞美；当王子日耳曼尼库斯和德鲁苏斯尚在人世时，计谋和掩饰还可以充当挡箭牌；在他的母亲去世之前，对提比略的评价毁誉参半；而在塞亚努斯（他对后者的宠幸夹杂着恐惧）的影响下，他成了一个残酷的统治者，但其贪婪仍不为人知；而当他不

---

1 关于这一著名表述，见J. Vogt, *Würzburger Studien* IX (1936), 1 ff.。然而，我们必须牢记他接下来所说的话——"因为我几乎没有那样做的理由（quorum causas procul habeo）"。*Hist.* 1.1.3说明了我们应当如何理解塔西佗的"坦承（professio）"："伽尔巴、奥索和维特利乌斯对我都既无恩惠，又无伤害（mihi Galba Otho Vitellius nec beneficio nec iniuria cogniti）。"

2 将每位元首的统治都一分为二的传统貌似值得怀疑，并带有斧凿痕迹。但它确实反映了事实。此外，塔西佗曾亲身经历过图密善统治时期；因而他很容易发现，奥古斯都的统治也可轻而易举地划分为截然相反的前后两半。

再畏惧或尊重任何人或事，暴露了真实自我的时候，便最终声名狼藉。[1]

其次，当历史学家塔西佗记录完元首提比略的言行时（其方式让读者确信他运用了档案材料），他附在后面的评价往往显得并不协调。塔西佗本人似乎也隐约意识到了这种不一致的存在。[2]

但这些说法在很多方面是有问题的。第一个疑问是文学性的：元首提比略在《编年史》中的形象主要是由作者主观上塑造出来的吗？后人对这一观点的论证雄辩且巧妙，有时显得不容置疑。[3] 但一些证据有力地驳斥了这一假说。苏维托尼乌斯和狄奥的记载总体上是跟塔西佗一致的。他们可被视为彼此独立的史料来源。我们找不到苏维托尼乌斯使用过塔西佗作品的明确证据。[4] 但尽管传记作家苏维托尼乌斯下笔随意、前后矛盾，他对提比略的基本评价却跟塔西佗一致——此人表里不一，其隐藏着的邪恶（尤其是他的残酷）逐渐暴露了出来。[5] 而对于狄奥而言，尽管断言他从未受过塔西佗的影响未免有些武断，但那种影响至多是表面性的。狄奥对提比略登基情况的叙述清楚表明，他使用的是更原始的材料——那至少在表面上是历史学家的职责要求他那样做的。[6]

罗马城并未公开贬损过提比略其人。[7] 他曾执掌最高权力多年。微弱的、零散的暗示表明，曾存在着某种跟塔西佗、苏维托尼乌斯和狄奥的版本有所不同的，对提比略的敌意不那么明显的历史传统。那幅图景或许在提比略去世后的前两代人的光景中逐步变得阴暗——也有人会指出图密善的统治所造

---

[1] 6.51.3.
[2] 参见 4.31.2: "quo magis mirum habebatur gnarum meliorum, et quae fama clementiam sequeretur, tristiora malle（下面的事实会令人们愈发感到惊异：他原本遵循着追求荣誉、慈悲为怀的道路，到头来却陷入了更加可悲的境地）。"
[3] 特别参见 D. M. Pippidi, *Ephemeris Dacoromana* VIII (1938), 233 ff. = *Autour de Tibère* (1944), 11 ff.。反对意见如 J. P. V. D. Balsdon, *JRS* XXXVI (1946), 168 ff.。
[4] 见附录36。
[5] *Tib.* 42.1; 57.1; 61 f.; *Cal.* 6.2.
[6] 见原书第273页。
[7] F. Vittinghoff, *Der Staatsfeind in der r. Kaiserzeit* (1936), 85 ff.; M. Grant, *Roman Anniversary Issues* (1950), 48; 85; 97.

成的影响。[1]但也有个事实提醒我们必须谨慎：塔西佗引用的（但他从未提供作者姓名）文字材料对元首提比略的评价无一例外都是负面的。当历史学家对它们进行纠正时，他是为了提供一个更温和的版本。[2]

生活在图拉真与哈德良时代的人们对元首提比略的评价更为温和与可信。他们心目中的提比略合乎知识精英的常识。塔西佗接受了那样一幅图景。他剔除了里面的次要糟粕，突出了其色彩与脉络，将之加工成了一件艺术品。[3]文学技巧与史学研究在这里殊途同归。由于塔西佗笔下的提比略形象主要来自档案材料（他不信任历史学家们），他自然需要大量加入自己的评论与重构。

塔西佗式的解读方法和腔调反映了来自方方面面的影响与限制，我们需要对这些因素做出各不相同的具体评估。古人的思维习惯倾向于认为一个人的内心本性是可界定的和一成不变的。因此，人们观察到的举止变化并不意味着观察对象本性的改变，而只是此人永恒天性的另一种表现形式而已。[4]如果提比略最后暴露了自己是一个恶人和暴君的话，那么我们就有理由追问，他从前被规矩约束、被狡诈掩饰的性格缺陷最后是如何图穷匕见的。这种追问本身包含着疑点与风险——而塔西佗的写作风格又是缺乏机动性与连贯性的。他有时会报道一种与自己的写作框架并不完全协调的说法。例如，他笔下的卢奇乌斯·阿伦提乌斯声称，元首提比略是因为掌握了帝国权力才走向堕落与毁灭的。[5]

作者塔西佗的个人经历中并无任何促使他偏袒提比略的理由。他很清楚，一朝统治确实可以在政权平稳交接、似乎有望为世人带来公正温和的治

---

[1] 如 F. B. Marsh, *The Reign of Tiberius* (1931), 222。
[2] Ph. Fabia, *Les Sources de Tacite dans les Histories et les Annales* (1893), 371. 塔西佗自然会轻视那些在提比略治下写作的历史学家。
[3] M. Gelzer, P-W X, 535; G.A. Harrer, *AJP* XLI (1920), 57 ff.
[4] 参见普鲁塔克对腓力五世（Philip V）（*Aratus* 49）的评价：那与波利比乌斯的看法不尽相同。
[5] 6.48.2: "cum Tiberius post tantam rerum experientiam vi dominationis convulsus et mutatus sit（既然见多识广的提比略都会被统治权所控制和改造）。"

理之后每况愈下。一名讽刺诗作家称图密善为"秃头尼禄"。[1] 洞察力更为深刻的历史学家则有可能从他的身上看到再世的提比略。提比略的内心深处隐藏着仇恨——而图密善也曾受到过父亲和兄长的压制。

图密善拥有研究元首提比略公文卷宗的习惯。[2] 两位统治者都以悉心治理帝国、善于选任行省总督、抑制滥用权力和重视保护臣民而闻名于世。而两人的统治也都因大逆罪审讯而背负了无法洗刷的骂名。无论那些诉讼的起因和责任归属究竟是怎样的，提比略的统治确实陷入了接二连三的"大逆罪审判"而无法自拔。[3] 蠢蠢欲动的野心家们看到了机会，元老院内的党同伐异也以此作为武器——正如大量历史案例所揭示的那样。元首开始感到自身朝不保夕，并且元首本人似乎对一些告密者恩宠有加。[4] 因此，塔西佗很难不将"大逆罪审判"视为一件统治工具。他必然要归罪于提比略本人。[5]

然而，认为塔西佗无法摆脱图密善统治末年的记忆阴影，因而仅仅（或基本上）重塑了另一个暴君形象的看法未免过于简单。后人完全有理由认为，即便图密善从未存在过，塔西佗笔下的提比略基本还会是《编年史》中的那个样子。相关叙述传统的力量与众所周知不允许塔西佗另辟蹊径。该传统并不是提比略去世后不久的某一位作家所确立的，更不可能被三个世代后的一位作家彻底反转。

对提比略的主要指控是他的狡诈、仇恨与残酷——我们可以将关于提比略孤岛幽居生活中秘密恶行的流言视为火上浇油。[6] 提比略揣着明白装糊涂的

---

[1] Juvenal 4.38.
[2] Suetonius, *Dom*. 20.
[3] Seneca, *De ben*. 3.26.1: "sub Tiberio Caesare fuit accusandi frequens et paene publica rabies（在元首提比略治下经常出现检举控告与民怨）."
[4] 3.19.1（福尔奇尼乌斯·特里奥）；4.52.4（多米提乌斯·阿费尔）。
[5] 图密善的情况也与此相似。倘若我们对他统治的时期了解得更多些的话，那么我们很可能会在许多大逆罪审讯背后看到私人野心与仇怨的作用。
[6] 但它们也能说明一些问题。卡普里埃岛上的丑闻在塔西佗的作品中是一个出现较晚的主题（6.1）。他将这一隐秘主题切换到了罗德岛，参见1.4.4中插入的内容（通常认为是后来补充的）和4.57.2（见附录37）。如果同时代人对此有过严厉指控的话，很奇怪他们为何不举小塞涅卡的言论为证——后者可能曾在岛上居住过（参见Suetonius, *Tib*. 73.2）。一些故事的源头或许显然是在贬损图密善；关于历任元首淫荡好色的插话也是如此（其性质不尽相同），参见*Tib*. 44; *Dom*. 22。

姿态原本就是该批判传统的有机组成部分。[1]一些事实也证实了这一点。吞吞吐吐、谨小慎微、守口如瓶的塔西佗早已学会了掩饰自己的思想与情感。在上层政治的磨砺中，他的个人情感已被扼杀殆尽；而提比略这位高傲贵族的"尊荣"也不止一次受到元首奥古斯都的冒犯。而在多次颜面扫地后，他还必须装作若无其事的样子，重新接受主子交给自己的差事，并带上强作欢颜、表示顺从的面具。

新元首登基的场合与仪式要求人们必须逢场作戏，而且充斥着大量不可避免的虚伪与官样文章。在处理国家大事的场合下，尤其是元老们坐下来审理案件的时候，手握最高权力的统治者必须掩饰自己的真实意图。[2]他本人的陈述很容易加深人们认为元首并不真诚的印象。提比略反复声称自己会去行省视察军队，但他从未真正去过。[3]直到公元23年，他还在谈论自己卸任的事情——要把权力交给两位执政官或其他人。[4]但所有这些同元首在抛弃、毁掉权臣时设计的骗局相比起来根本不值一提。读过他从卡普里埃岛写来的扳倒塞亚努斯的那封信后，不会有人怀疑提比略才是那个躲在幕后运筹帷幄、假装糊涂的真正主人。[5]

一些证据表明，提比略确实有他邪恶的一面。有人声称，他在登基后的前几个月里加速了自己的前妻、被流放的尤利娅的死亡。那一类的指控当然无法坐实；但他确实下令处决了她的情夫、自己的宿敌森普罗尼乌斯·格拉古（Sempronius Gracchus）。[6]提比略也不喜欢阿西尼乌斯·伽鲁斯。[7]在他的

1　Suetonius, *Tib.* 24 f.

2　3.22.2（对埃米莉娅·雷必达的审判）: "haud facile quis dispexerit illa in cognitione mentem principis（想要看穿元首的心思并不容易）."

3　4.4.2: "exim vetus et saepe simulatum proficiscendi in provincias consilium refertur（随后又开始提及那老生常谈的、往往千篇一律的行省巡视计划）."

4　4.9.1: "ad vana et totiens inrisa revolutus, de reddenda re publica utque consules seu quis alius regimen susciperent, vero quoque et honesto fidem dempsit（由于重提了那些虚无缥缈的、令人讪笑的话题，如恢复共和国和由执政官等人执掌朝纲，他毁掉了人们对于哪怕是他发自肺腑的那部分言论的信任感）."

5　见原书第406页。参见苏维托尼乌斯对其"精明狡诈（dolus et astus）"的叙述（*Tib.* 65）。

6　1.53。

7　1.12.4: "nec ideo iram eius lenivit, pridem invisus（他未能平息元首的愤怒）."

安排下，指控那位身为替罪羊的前执政官的信件恰好于此人正在卡普里埃岛上受到款待之时送抵元老院。[1]

提比略在塞亚努斯垮台后的举动及其接下来的表现证实了世人对其性格看法中最负面的那一部分。提比略写了一部自传。他在书中声称，自己之所以惩罚塞亚努斯，是因为后者阴谋反对日耳曼尼库斯的家人。[2] 但塞亚努斯的倒台并未让阿格里皮娜或德鲁苏斯（她的次子）的处境有所改善。他们的活动仍旧受到严格限制。当他们在两年后去世时，提比略也并未表现出任何怜悯之心。相反，他为此而兴高采烈。提比略口授了对那位年轻王子进行严厉谴责的公文，并附上了关于后者在狱中日常活动的记录。阿格里皮娜的去世恰逢塞亚努斯垮台的周年纪念日。提比略声称，她没有被刽子手勒死、暴尸于格莫尼亚台阶（Scalae Gemoniae）上实属万幸——但他又补充道，罗马人值得为这一日期巧合举行公开的谢恩活动，并将这个日子永久铭记在罗马国家的日历上。[3]

提比略在登基之际曾坚定地向元老院描述过自己的天性：只要他还保持着理智，他的性格就永远不会变化。[4] 日后，在一篇拒绝过度尊崇自己的演说中，提比略向诸神发出庄严祈求，希望它们保佑自己一生理智健全、明辨是非。[5] 但最终结局证明了造化弄人：晚年提比略成了一个脾气乖戾、无法把持自我的人物。

为了理解究竟发生了什么，历史学家必须向前追溯——不仅要回到提比略统治初期，还要回溯到更早的时代，研究那个人同周围环境、家族与事业

---

1 Dio 58.3.3 f. 奇怪的是，玛尔什宣称提比略既不多疑也不怀恨在心（Marsh, *The Reign of Tiberius* [1931], 190; 223）。

2 Suetonius, *Tib.* 61.1. 传记作家对此感到义愤填膺。

3 6.25.3. 相反观点见E. Ciaceri, *Tiberio*[2] (1944), 309: "la leggenda dell' odio di Tiberio contro la famiglia di Germanico è in pieno contrasto con fatti（关于提比略痛恨日耳曼尼库斯一家的阅读印象与事实严重相悖）"。

4 Suetonius, *Tib.* 67.3: "similem se semper sui futurum nec umquam mutaturum mores suos, quam diu sanae mentis fuisset."

5 4.38.3: "ut mihi ad finem usque vitae quietam et intellegentem humani divinique iuris mentem duint." 古字"duint（保佑）"的运用醒目且恰如其分。

最初的紧张关系是怎样的。因为提比略在掌权时已经55岁了。

显赫的克劳狄乌斯家族绝非罗马贵族中的等闲之辈或容易捉摸的角色。传统说法认为他们倾向于实行暴政，喜欢谴责、压迫平民。那是他们的仇敌编造的版本——那些人并非平民，而是贵族。[1] 在对付仇敌时足智多谋、不择手段、盛气凌人的克劳狄乌斯家族为争夺罗马的权力与荣誉而采用了煽动民众、利用外援、擢拔新人等手段。他们不会忘记，自己的古老出身其实是萨宾人。

提比略·克劳狄乌斯·尼禄身上融合了克劳狄乌斯氏族的两支血脉——普尔切家族（Pulchri）和尼禄家族（Nerones）。[2] 但提比略又是克劳狄乌斯家族中一个特立独行的角色：他不是政客，而是将领；不是革新者，而是保守派。就连他的文学品味也是复古的。[3] 他偏爱古老的词汇，并且是一个语言纯正癖者。他推崇受到上一代人尊敬的一些希腊作家，而对自己成长于其中的奥古斯都时代盛期作家们毫无兴趣。

提比略在个人与政治生活中的仇怨早在他早年就结下了种子。他的父亲在佩鲁西亚战争中对抗过凯撒的继承人，随后带着妻子和儿子跑到西西里的绥克斯图·庞培那里去避难。返回罗马后不久，他迫于早先对手对其妻里维娅·德鲁西拉的求婚压力而选择离异。

提比略的母亲就这样嫁给了后三头之一的屋大维——贵族的公敌和共和国的毁灭者。尽管内战中的胜利者最终变成了合法统治者，但情况并没有多少好转。提比略的性格和习惯是从对周边环境的强烈厌恶中发展起来的。[4] 受

1　Th. Mommsen, *Römische Forschungen* I² (1864), 285 ff.; G. C. Fiske, *Harvard Studies* XIII (1902), 1 ff.
2　里维娅·德鲁西拉（Livia Drusilla）和玛库斯·里维乌斯·德鲁苏斯·克劳狄亚努斯（M. Livius Drusus Claudianus）的父亲可能名叫普尔切（Pulcher），或许是盖约·克劳狄乌斯·普尔切（C. Claudius Pulcher，公元前92年执政官）之子。
3　Suetonius, *Tib.* 70 f.
4　见 J. H. Thiel, *Mnemosyne*³ II (1935), 245 ff.; III (1935/6), 177 ff.; IV (1936/7), 7 ff. 中的心理分析。提埃尔将提比略视为"一种相反类型的代表（Vertreter eines oppositionellen Typs）"。另见一位医学家的著作：G. Marañon, *Tiberio. Historia di un resentimiento* (Buenos Aires, 1939; 译本如 Paris, 1941; Munich, 1952; London, 1956)。

到继父提拔（但他并不感激），在上流社会的恩惠、舒适与背信弃义中遗世独立、艰苦朴素的提比略显然会对变节的共和派和虚伪的庞培党深恶痛绝。[1]

他的弟弟德鲁苏斯似乎更受屋大维的宠爱——有人声称德鲁苏斯其实是元首的亲儿子。[2]家族集团中的对立无时不在；当奥古斯都的大位继承计划暴露无遗——他快速提拔着拥有自己血脉的两位王子、年少的盖约和卢奇乌斯——之际，王朝世系的安排导致了党争并汇聚成正面冲突。奥古斯都希望他的继子能够服从大局并支持这一计划。

提比略抗拒这一切，并前往罗德岛隐居起来。那一插曲反映了提比略不容任何历史学家忽视的个性。[3]奥古斯都也没有真正释怀。当他在别无选择的情况下决定过继提比略时，他要确保后人牢记自己的教训。[4]元首继续表达着对失去外孙盖约和卢奇乌斯的惋惜之情。[5]他同时也过继了阿格里帕·波斯图姆斯，并强迫提比略将日耳曼尼库斯纳入自己的家庭，尽管提比略有自己的亲生儿子。元首奥古斯都的继承问题承载着沉重的记忆，并且明确预示着未来的纷争。[6]

提比略是冷酷且毫不心慈手软的。[7]他有意为之的"残忍（diritas）"引起了奥古斯都的反感。[8]随着年龄的增长，这种倾向愈演愈烈。逸事与格言

1　关于他对庞培党的忠诚，见 *Rom. Rev.* (1939), 424。可以肯定的是，帮助秦那·玛格努斯（庞培的外孙）当上公元5年执政官的是提比略，而非奥古斯都。

2　Suetonius, *Divus Claudius* 1.1，等等。

3　罗德岛的经历有助于解释卡普里埃岛上的事情；但塔西佗到了后来才意识到这一点，参见附录37。Suetonius, *Tib.* 10 提出了一系列动机——那很符合塔西佗的风格，事实上也是其主题所需要的。

4　Suetonius, *Tib.* 23引述了其遗嘱的开场白——"但凶残的命运夺去了我的子嗣盖约和卢奇乌斯（quoniam atrox fortuna Gaium et Lucium filios mihi eripuit）"，等等。参见 *Res Gestae* 14: "eripuit for[tuna]（命运已夺去）"。

5　刻有"元首盖约和卢奇乌斯（C. L. CAESARES）"铭文字样的硬币自公元4年起发行了若干年；直到公元10年，提比略的姓名与肖像才得以出现在硬币上。参见C. H. V. Sutherland, *Coinage in Roman Imperial Policy 31 B.C.–A.D. 68* (1951), 73 ff.。并且提比略也未能像玛库斯·阿格里帕那样获得三度出任执政官的机会。

6　其中包含着下一任元首统治期间一切纷争的线索，参见E. Paratore, *Maia* II (1949), 108。

7　Pliny, *NH* 28.23: "tristissimum, ut constat, hominum（极其阴郁且固执己见之人）"。

8　Suetonius, *Tib.* 21.2；参见奥古斯都寄给里维娅的"便笺（codicilli）"上提到的"残酷的、不能容人的作风（acerbitas et intolerantia morum）"（ib.51.1）。关于他的"残忍"，见K. Scott, *AJP* LIII (1932), 139 ff.。

诠释了他的性格与习惯，表现着他的傲慢、狂暴与仇恨——他的讲话有时毫无回旋余地，并且故意出语伤人。在他身上，克劳狄乌斯家族的高傲同自觉的正义感和对谎言的憎恨结合在了一起。[1] 连自己都不肯原谅的提比略自然也不会宽恕别人；并且一个天生"严肃（severus）"的人很容易陷入"阴郁（tristior）"。[2] 他对元老们的一些告诫十分尖酸刻薄。[3] 尽管他平时处事圆滑、不易发怒，可一旦爆发便令人胆寒。[4] 即便设法搪塞或用文字交流，元首的怒火也不会减弱分毫。在很多年里，元老院聆听着从卡普里埃岛寄来的各种书信。它们或吹毛求疵，或怒气冲天；或闪烁其词，或蓄意欺骗。[5]

关于元首在公共场合的风度，塔西佗提供了若干来自目击者证据、文献记录或大胆猜测的重要信息。在谴责了不合时宜地索取津贴的霍腾修斯后，提比略意识到自己的做法对于一位元首来说未免过分，于是停顿了片刻，转而采用了寻求和解的语气。[6] 而当提比略怒气冲冲地追述苏尔庇奇乌斯·奎里尼乌斯的所作所为时，他回顾了20年前的旧事和自己在罗德岛上忍受的屈辱。元首忍不住要恶狠狠地提起纷争与不公的制造者——玛库斯·洛里乌斯——的可憎名字。[7]

1　Suetonius, *Tib.* 59.2: "oderint dum probent（让他们恨我吧，只要他们嘴上赞成）."

2　*Hist.* 1.14.2（披索·李锡尼亚努斯）. 提比略是《编年史》中唯一被形容为"阴郁"的人物（1.76.4），参见原书第345页。

3　Seneca, *Epp.* 122.10; *De ben.* 2.72.2（一次"带有羞辱意味的告诫［contumeliosa admonitio］"）.

4　3.69.5: "prudens moderandi, si propria ira non impelleretur（除非在怒不可遏的情况下，他是谨慎并善于把握分寸的）"; 4.71.3: "lentum in meditando, ubi prorupisset, tristibus dictis atrocia facta coniungere（尽管他在权衡思考时看似从容；可一旦他发作起来，阴郁的言辞和残酷的举动便会万箭齐发）."

5　参见对尤尼乌斯·伽利奥（Junius Gallio）的个人攻击："仿佛面对面一样猛烈抨击（violenter increpuit velut coram rogitans）"（6.3.1），或选择自杀的伽尔巴兄长的绝望："来自元首的、禁止给他分配行省的阴郁信件（tristibus Caesaris litteris provinciam sortiri prohibitus）"（6.40.2）。但3.44.3中以修辞学手法提到的"血腥书信（cruentae epistulae）"存在着年代错乱的问题。

6　2.38.4.

7　3.48.1 f.: "Tiberium quoque Rhodi agentem coluerat: quod tunc patefecit in senatu, laudatis in se officiis et incusato M. Lollio, quem auctorem Gaio Caesari pravitatis et discordiarum arguebat（他从前也很敬重当时隐居罗德岛的提比略。后者如今在元老院里指出了这一点，赞扬了他的恪尽职守，同时谴责了玛库斯·洛里乌斯，声称此人挑唆了王子盖约并制造了不和）."

然而，塔西佗无法对这些事件进行全景描述。他本应选择从更早的时间点开始记述自己的《编年史》。如前所述，公元4年才是适合组织叙述与整理史料的起点。内政外交方面的大部分主题都可以从那个时间点一直延续到提比略的元首制时代。[1]

此外还有一些别的东西：它们反映的并非连续性，而是真实、有力、很能说明问题的反差。提比略离开罗马的那段时期见证了罗马走向君主制的明确趋势；并且元首也不太可能鼓励元老院在北方战争危机期间频繁进行公开辩论。此外，种种迹象——文字狱与焚书事件——表明，当时的罗马政府并不擅长统一思想。[2] 罗马城内的党争、对外战争的惨败、王室内部的流言——元首奥古斯都最后10年的统治就是在这样的局势中度过的。[3]

与前任所宣布实行的政策相比，元首提比略的登基标志着共和国在许多方面得到了更加实实在在的重建——如果说具体行动比法律条文更为重要的话。提比略承认，自己愿意尊重元老院的意志与情感，像真正的"元首"那样进行统治。他的表白（我们总不能对之进行咬文嚼字式的解读）并不完全是虚伪的，并且他的意愿也不是完全无法实现的。提比略是一位罗马贵族，"首席公民（principes）"之一。他不是那个在内战中崭露头角、成为地中海世界主宰和万民救星的冒险家。长达40年的内部稳定似乎表明，这位统治者（他在登基前10年中的大部分时间里都在为了共和国而在北方征战）确实可以在自己的监督下实行某种自由政体统治模式。

但最后的结局恰恰相反。长期远离罗马的履历对提比略十分不利。罗马人之前见不到他们的新元首——不是10年，而是足足30年；因为他从公元前16年担任大法官后就很少出现在元老院里。提比略忘记了（或试图忘记）元老院已在多大程度上遭到了元首奥古斯都的败坏与贬低。他在登基后面对的

---

1 见原书第370页。
2 *Rom. Rev.* (1939), 486 f. (提图斯·拉比埃努斯［T. Labienus］的史著和卡西乌斯·塞维鲁的小册子).
3 威利乌斯的虔诚祝愿完全落了空（2.103.4）。

是一个多疑与过度谄媚的元老院。[1]由于不得不遵循奥古斯都在方方面面确立的先例,提比略在思想与行动上受制于自己从前的经历和对奥古斯都挥之不去的记忆。尽管提比略在拥护共和国原则时是真诚的,却逐渐因为失败、时机不好或统治需要的原因而放弃了那些原则。[2]总而言之,历史学家似乎对此抱着看似古怪但不无说服力的看法:跟从前一样,提比略仍是奥古斯都的牺牲品。

历史学家塔西佗不得不钦佩提比略身上的许多优点。塔西佗对提比略公元23年之前的治理赞不绝口,唯一的例外只有统治者的个人举止——"总的来说粗野无礼（plerumque horridus）"[3]。其他段落中对提比略优秀品质的论述也证实了这一点。[4]那位君主对罗马人民对外关系的尊严抱有高贵的观念。他对君主义务的看法同样高贵,拒绝以"共和国"的名义制造敌意,并厌恶民众的阿谀奉承。[5]与此同时,提比略还认为,动用国家权威来迫使人们假装表现良好的做法是可耻的。[6]像传统的罗马贵族那样,提比略将追求永恒的荣誉作为目标,但反对过度的个人崇拜。[7]他在逆境中的依然故我和承受丧亲之痛时的刚毅坚强令人回想起古时的罗马人。[8]任何形式的伪装或奉承都骗不了他,并且他从不原谅不忠的朋友。他喜欢言论自由,他也尊重传统。尽管承认高贵血统与出身的优先地位,来自克劳狄乌斯贵族家庭的提比略却坚持依照能

---

[1] 2.87: "unde angusta et lubrica oratio sub principe qui libertatem metuebat, adulationem oderat（发言者只能在一位恐惧自由但又痛恨奉承的元首的注视下如履薄冰）."

[2] 关于提比略统治时代的温和性质与"共和"特征,特别参见E. Kornemann, *Bayerische S-B, phil.-hist. Kl.* 1947, Heft I。关于允许在元老院里组织不受限制、毫无准备的讨论的消极影响,见J. Crook, *Consilium Principis* (1955), 131 f.。

[3] 4.7.1.

[4] 2.63.2 f.（玛罗波杜乌斯）; 88（毒杀阿尔米尼乌斯的建议）; 3.73.2（塔克法里纳斯 [Tacfarinas]）.

[5] 在塔西佗笔下,提比略曾3次（其中2次是在直接引语中）提到过对公共福祉的"冒犯（offensiones）"(3.54.6; 4.38.1; 6.15.2)。

[6] 3.53 f.; 69.

[7] 4.37 f. 他拒绝将里维娅封神,声称:"不封神对她本人而言更好些（sic ipsam maluisse）。"(5.2.1)

[8] 4.8（于德鲁苏斯死后发表的一篇高贵讲话）.

力提拔人才。[1]最让他反感的事情莫过于元老们的卑躬屈膝或仰仗祖上荣耀混得一官半职的显贵们的懒散怠惰：那是因为他们损害了本阶层的荣誉，令贵族们的共和传统蒙羞。[2]

提比略最突出的特点是他的敏锐眼光和暴躁易怒的性格。提比略将讽刺挖苦与义正词严集于一身。[3]在营造讲话效果时，他既可以使用水银泻地、掷地有声的讽刺，也可以仅仅运用一个干净利落、入木三分的格言警句。塔西佗用合乎自己风格的语言赞美了元首提比略的口才。[4]他的评语是值得关注的。提比略演说的高贵与感染力或许也提供了关于前执政官演说家塔西佗受人称道之处的若干线索。[5]

塔西佗呕心沥血、全神贯注地经营着笔下的提比略形象。这一举动其实超出了他的本意："我恨并爱着（odi et amo）。"那是一种对文学或艺术的痴迷（二者很容易交融合一）——并且还不仅如此。塔西佗笔下提比略身上的一些特征乍看上去令人厌恶，实际上却承载着作者对他的赞美，而非责难。塔西佗预设的读者是跟自己一样拥有成熟心智、不受感情左右的人；他们清楚通往权力之路有多么崎岖，而人性中又隐藏着多少缺陷。如果不是机关算尽、大智若愚的话，一位元首怎么可能生存那么多年呢？

元首提比略完美展示了自己作为君主的才具——而且如果想要实行不合时宜的言论自由的话，他原本就应该保持警惕。在对细枝末节的管理上，提比略能够发觉元老们的谎言与阿谀为自己布下的陷阱。而在更加严重的危险

---

[1] 4.6.2: "mandabatque honores, nobilitatem maiorum claritudinem militiae, inlustris domi artis spectando, ut satis constaret non alios potiores fuisse（在任命职务时，他会综合考虑候选人的家世高贵程度、军功与文职荣誉，从而选出无可争议的最佳人选）。" 关于他对新人们的提拔，见原书第563、589—590页。

[2] 2.38（玛库斯·霍腾修斯·霍塔鲁斯）. 关于阿谀奉承，见下文，原书第573—574、580—581页。

[3] 6.2.4: "Tiberius tamen, ludibria seriis permiscere solitus, egit gratis benevolentiae partum（但提比略以他一贯的半含讥讽半认真的态度感谢了元老们的好意）。"（滑稽的托戈尼乌斯·伽鲁斯［Togonius Gallus］的议案，参见原书第284页）

[4] 13.3.2: "validus sensibus aut consulto ambiguous（可以条分缕析，也能含糊其辞）。"

[5] 关于提比略的讲话，见原书第283—284、319页；另见附录39。

面前，他也能够运用计谋和耐心来补救自己的错误。无论日耳曼尼库斯和叙利亚副将之间的矛盾孰是孰非，格涅乌斯·披索都因发动战争而犯下了大逆罪（那是显而易见的）。披索是提比略指定的人选，也是他的老朋友。但披索必须被除掉，提比略也是这么做的。当他在臣子埃利乌斯·塞亚努斯身上发现了卓越才能与赤胆忠心时，提比略冒失地将大权相托。但他随后及时地悬崖勒马。结果是阿格里皮娜和塞亚努斯的党派先后垮台，只有元首提比略活了下来。

即便在那些论述政治与人时信奉、宣扬最高道德理想的作家中，也有一些人承认，统治者可以为了民众的福祉而欺骗他们，至少可以偶一为之。另一些作家则对掌权者更加宽容——也可以说他们对政治行为的判断更加准确。塔西佗并非在编撰一部政治学手册——他预设了所有原则，并谨慎地将自己记述的素材留给后世的作家和思想家们评说。在君主（他总是面对着困境与敌人）必备的美德中，"伪装（dissimulatio）"是第一位的。元首提比略将"伪装"视为自己最重要的品德；如果有人看穿了自己的伪装，他一定会忧心忡忡。[1] 在临终时刻，当肉体开始松弛，生命走向枯竭之际，元首还是将自己伪装的本事保持到了最后一刻。[2]

塔西佗对提比略的形象描绘十分精确、深刻，以至于后人可以借助它来质疑、否定作者本人的观点。现存的其他叙述版本则是有缺陷的、舍本逐末的或令人遗憾的。塔西佗利用了档案材料，并且还是一位富于怀疑精神的研究者。事实证明，传统对他的影响还是过于强大了。[3] 否则，他笔下的提比略形象应当是完全可以接受的——它将较少具有文学色彩，更为复杂和接近历史真相，并且其结局也将更加富于悲剧色彩。

---

[1] 4.71.3: "nullam aeque Tiberius, ut rebatur, ex virtutibus suis quam dissimulationem diligebat: eo aegrius accepit recludi quae premeret（提比略在自己的各种品质中最看重的乃是装糊涂的本事，因此不得不承认自己有意要隐瞒的事情格外令他恼火）."

[2] 6.50.1: "iam Tiberium corpus, iam vires, nondum dissimulatio deserebat（提比略的躯体和力量开始松弛，但却并未丧失伪装的本领）."

[3] 针对提比略的过多影射主要产生于塔西佗试图用自己的研究成果修正对提比略传统认识的尝试。

一味纠结于塔西佗的缺点是毫无裨益且有失公平的。我们可以对他的许多批评者提出更加严厉的指控：在另一个轻视塔西佗罗马史著作的时代里，人们往往只大讲特讲他的缺陷，却绝口不提他的优点。这种做法是对源远流长或在晚近年代里经过修正的旧说的鹦鹉学舌，同样属于对神圣信仰的过分盲从。

共和末期、军阀混战和王权的建立可以构成罗马寡头制历史的一章内容；寡头制度是统治者们你方唱罢我登场，政体的名目改变而实质不变（人们有时也会容忍一些空洞名目的存在）的局面背后唯一永恒的东西。但它却被后世作家们写成了一两个人或两三个人的传记。我们知道关于西塞罗的大部分情况：他的才华与声望缔造了拉丁文学史上的一个时代。但西塞罗并非政坛上的一支独立势力或一个党派的领袖。凯撒才是那样的人。推翻了共和国后，凯撒在事实上（如果那并非其本意的话）成为一名独裁者。但凯撒的权力只维持了很短的时间——在作为永久性体系的君主制得以建立之前，罗马人还需经历新的战火、风云变幻和一场货真价实的革命。那个从小胸怀大志、看清了通往帝王宝座之路的凯撒形象只是一种文学虚构，但它在科奈里乌斯·塔西佗眼中并非无足可取。[1]

用那套模式来构建伟人庞培的形象或许更贴切些。直到自己当上执政官之前，尤利乌斯·凯撒遵循的都是一名罗马显贵的常规仕途。庞培的道路从一开始就是颠覆性和特立独行的——他在内战期间组建过一支私家军队，接受过特殊的委任，在成为元老前就当上了执政官，此后掌握着罗马海外帝国的大权，并且在自己被武力推翻前几乎没有中断对权力的把持。罗马共和国的最后一个时代是伟人庞培主导的时代。

伟人庞培本有机会在元首奥古斯都统治时期恢复名誉，与他情况近似的还有共和派（小伽图无疑可归入此类，尽管对布鲁图斯和卡西乌斯的怀念是受到官方明令禁止的）。但玛库斯·安东尼由于同出身异族的埃及女人联盟

---

[1] 即蒙森或卡科皮诺笔下的凯撒。

而受到了谴责，并且内战的诅咒也卷土重来。凯撒继承人的胜利似乎是不可避免的，也是万幸的结果。

当历史学家们开始以亚克兴海战为起点来记述元首奥古斯都的历史时，这种做法对史学造成的损害是不可修复的：那场胜利使他成为罗马乃至整个地中海世界的唯一主宰。共和国重建的历史包含着错误和对事实的扭曲。那正是元首奥古斯都想要的、在历史学家们配合下实现的效果。此后将再也没有暴力与夺权。苦难的岁月将一去不复返并被人忘却：第一公民如今凭借着自己的声望和元老院与罗马人民授予的权威进行着统治。

在传统观念中，法律与政体决定着罗马人民的历史与行为。独裁者利用了这种观念。他借用了法律或公则中的概念——并非总是亦步亦趋，也并不总是诚心诚意。其结果是人们倾向于使用那些术语来描述他统治时期的历史，用法学论争取代政治分析。权力的根源或本质则被人忽视了。

元首不能指望自己可以蒙蔽同时代人对自己主导地位性质的认识。但他可以同世人一道剔除晚近历史记忆中对自己不利的元素。他无须急不可耐地为自己辩护——沉默才是更稳妥的做法。忘记内战是一件好事。[1] 许多人默许了那种做法，少数人予以抵制。《编年史》中元首奥古斯都葬礼上的"聪明人们"追述了那名革命冒险家和实行暴政的三巨头之一的一生——他的生涯自始至终充斥着暴力与欺诈。这段描述似乎显得塔西佗是一个不守规矩、观点偏执、心怀恶意的人。但公正和求真的标准要求历史学家必须无情地揭露奥古斯都辉煌成就的龌龊老底。他笔下的人物必须要讲那些话。[2]

那些"聪明人"接着审视了奥古斯都在建立和平与元首制以后的事迹。他们并未穷尽这一主题。[3] 塔西佗在序言中声称自己关于奥古斯都没有多少可

---

[1] 如提图斯·拉比埃努斯（他并非该政权的朋友）所说："最好是将内战的是是非非忘掉（potima civilis belli defensio oblivio est）。"（Seneca, *Controv.* 10.3.5）

[2] 严厉批判这段文字的学者们并不总会认可这种处理方式，如H. Willrich, *Hermes* LXII (1927), 54 ff.；另一方面，F. Klingner, *Bayerische S-B, phil.-hist. Kl.* 1953, Heft 7, 21; 24或许过分夸张了塔西佗对奥古斯都负面描述的原创性与大胆程度。

[3] 1.10.4: "pacem sine dubio post haec, verum cruentam（此后，和平当真降临了，但却是血腥的和平）"，等等。

说的话，却在开始撰写关于提比略时代的各卷之前意识到，关于那一主题的方方面面或激发他的强烈好奇心的事件都需要得到不留情面的详述。其中最突出的是个人命运的兴衰浮沉，那令人回想起王朝内部昔日的谣言与纷争。[1]

但那里还有些别的东西——如插话所反映的、经过深思熟虑后的选择与布局。作者一反常态地详细介绍着奥古斯都元首统治时代的法案与制度。在讨论"大逆罪"时，塔西佗坚持宣称，正是奥古斯都本人最早将对叛国罪的指控从行动推广到言论方面。[2]他在介绍梅塞纳斯（此人并无一官半职）时所加入的、关于罗马市长的插话质疑，否定了援引共和时代合法政体先例来论证奥古斯都时代创新的说法。[3]他的一段突兀的、不无恶意的叙述将奥古斯都第六次出任执政官时的法令同伟人庞培的法律联系了起来。[4]并且塔西佗还大胆地、颠覆性地介绍了元首奥古斯都的全部道德与社会改革计划——那些措施不是有害就是无果而终。[5]

塔西佗不得不提供与奥古斯都有关的一些已被人忘却的事实、有损元首形象的类比和各种令人难堪的真相。至于其他方面的内容，相关传说与历史学家们的记载已经讲得够多了。新秩序的好处是显而易见的。塔西佗最受人欢迎的品质是他的高度简洁（有人会提出异议）。但他的惜字如金并非出于蓄意隐瞒或心怀怨恨，而是为了成就不朽。[6]

倘若天假之年，让塔西佗有时间去记述奥古斯都统治时期的话，那部作品将充分展示他的戏剧化描述效果与政治远见。在导言中，他必然要在囊括罗马城与意大利、诸行省和军队的广阔视野范围内探索事实与权力来源，并

1　1.53（尤利娅）; 3.24.3 and 4.71.4（小尤利娅）; 4.44.3（尤鲁斯·安东尼［Iullus Antonius］之子）.
2　1.72.3.
3　6.11.2.
4　3.28.1.
5　3.24.2; 25; 28.3 f.; 54.2; 55.1. 参见原书第373页。
6　1.9.5, 塔西佗在本段结尾处写道："海洋或遥远的河流构成了帝国的屏障。军团、行省和舰队都被组织了起来。公民们恪守着法律，盟友们举止有度；罗马城被装饰得辉煌壮丽。暴力鲜有用场，到处享受着安宁（mari Oceano aut amnibus longinquis saeptum imperium; legiones, provincias, classis, cuncta inter se conexa; ius apud civis, modestiam apud socios; urbem ipsam magnifico ornatu; pauca admodum vi tractata quo ceteris quies esset）。"

敏锐地分析元首同各社会等级的关系。塔西佗对该技巧的掌握是出类拔萃的。他不会仅仅满足于叙述政府的举措和表演，而将呈现一部关于野心与诡计、纷争与阴谋的复杂历史，尤其是揭露官方声明与公众信以为真的说法背后的真相。当元老院在公元前27年1月13日从凯撒继承人口中听说，罗马已开始享受充分自由、成为货真价实的共和国时，那幅场景确实需要科奈里乌斯·塔西佗那样的独特天才来描绘。[1]

奥古斯都时代历史的一个基本含混之处是凯撒继承人对凯撒的态度。尽管屋大维是"神的儿子（Divi filius）"，他却从共和国中寻找并找到了自己的合法性：像后三头一样，独裁官凯撒还是被人忘却了好些。忠实遵循着官方意识形态的作家们——维吉尔、贺拉斯与李维——对独裁官凯撒所记述（或没有记述）的内容是一致的。[2] 最清晰的证据来自维吉尔。埃涅阿斯（Aeneas）的父亲在从头历数罗马英雄时，从罗慕路斯直接跳到了即将建立黄金时代的小凯撒——"拥有神圣血统的奥古斯都·凯撒（Augustus Caesar divi genus）"[3]。尤利乌斯·凯撒被排除在这份名单之外，将会在另外一处文本中同庞培一道出现。两人都受到了将会承担内战罪责的警告——并且凯撒还被要求发誓先于庞培放下武器。[4]

尽管那位统治者的世系和姓名跟奥古斯都存在着联系，但"神圣的尤利乌斯"可以同历史人物与事件割裂开来，恰恰是因为他已被尊奉为神。在奥古斯都的葬礼游行中，人们举着奥古斯都祖先们的形象（*imagines*）前进；同在队列中的还有罗慕路斯、昔日共和国的英雄们，以及为罗马开疆拓土的将领们。他们之中就有伟人庞培——但高卢的征服者不在其列。[5]

1　正如吉本在《罗马帝国衰亡史》第3章中写道的那样，"我们确实需要塔西佗（如果塔西佗当真参加了这次会议的话）的笔触去描写元老们的种种情绪——有人噤若寒蝉，有人受到鼓舞"，等等。但历史学家吉本在括号里插入的假设是毫无必要的。

2　*Rom. Rev.* (1939), 317 f.; *A Roman Post-Mortem* (Todd Memorial Lecture 3: Sydney, 1950), 12 ff.

3　*Aen.* 6.792.

4　834 f.

5　Dio 56.34.2 f.

无论伟人庞培的生涯中充斥着多少狡诈与暴力,他最终是为了保卫共和国而牺牲的。对伟人庞培的怀念同对凯撒的质疑或沉默结合在一起——那十分符合奥古斯都的需要。一种叙述传统由此兴起并跃居主流。李维在这方面是很有影响力的。[1] 在社会上层与中层等级中存在着一批庞培的同情者,他们将庞培视为共和国的代表;顶层贵族中则存在着货真价实的庞培血脉——那位权贵的后裔。[2] 随着时间的推移,就连玛库斯·安东尼也恢复了少许名誉。但始终没有人为凯撒说话。元首们在发表关于政策和前辈业绩的演说时会略去他的名字。[3]

小塞涅卡对庞培与凯撒的鲜明反差深信不疑。[4] 小塞涅卡的侄子卢坎则在史诗中将庞培塑造成一位智者和爱国者。[5] 道德、政治原则或对诸元首的敌意一点点地改善着庞培的声誉。但塔西佗挣脱了那些束缚。他在《历史》中保持着清醒头脑——"隐藏得更深,但并不更好(occultior non melior)"。他将伟人庞培置于一连串巨头的队列之中:正是他们的纵横捭阖与斗争冲突推翻了共和国。[6] 塔西佗在《编年史》中流露的态度更加明显——他在介绍奥古斯都立法的段落里讨论了庞培。伟人庞培在第三次出任执政官时通过了一些法律,但随后又破坏了它们。他的主导地位依赖于其军事实力;但他在战争中丧失了自己的地位,随之而来的便是长达20年的无政府状态。情况还不仅如此。塔西佗在这一段落中采用的是其他作家描述凯撒独裁时使用过的套路。[7]

---

1 见原书第140页。
2 见原书第259、382、385、399、404页。另见 *Rom. Rev.* (1939), 423 ff.; 496 f.; P. Grenade, *Rev. ét. anc.* LII (1950), 28 ff.。
3 如克劳狄乌斯关于大法官职务(11.22.6)和神圣疆界(12.23.2)的讨论;他还在 *ILS* 212(卢戈杜努姆)中声称奥古斯都和提比略确立了一种"新风尚(novus mos)"。
4 W. H. Alexander, *Transactions of the Royal Society of Canada*[3], Section II, xxxv (1941), 15 ff.
5 M. Rambaud, *Rev. ét. lat.* XXXIII (1955), 258 ff.
6 *Hist.* 2.38.1. 同样的情况也出现在 *Ann.* 3.28中——撒路斯特式的研究风格使得他不可能将伟人庞培理想化。
7 3.28.1: "quae armis tuebatur armis amisit(用武力守卫的东西被武力夺去)." 参见 Velleius 2.57.1: "laudandum experientia consilium est Pansae atque Hirtii qui semper praedixerant Caesari ut principatum armis quaesitum armis teneret(潘萨与希尔提乌斯进言献策的经验值得称赞。他们一直告诫凯撒:用武力取得的领袖地位必须用武力去守护)."

但塔西佗经常提及尤利乌斯·凯撒，并且从未对他进行贬低或心怀恶意。尽管一度被心计或传统排斥在外，独裁官凯撒最终还是在诸元首的世系中占据了一席之地。[1]这一现象是引人注目的。时间的流逝、君主统治的既成事实以及共和精神的衰退都在此过程中发挥着作用。[2]在图拉真时代里，身为征服者的元首具有很大的魅力。并且对西方行省的熟悉、对世界帝国视角与全景的理解以及对奥古斯都时代人物风评的极度不信任都影响了《编年史》的作者。

---

[1] 这一点在历史学家塔西佗评价那些"执掌国柄者（qui rerum potiti essent）"的口才时（13.3.2）体现得非常明显。

[2] 古罗马的共和主义传统终结于公元98年，参见A. Alföldi, *Röm. Mitt.* L (1935), 13。特别值得注意的是图拉真发行的系列纪念钱币（公元108年前后），它们以较推崇奥古斯都更为多样、突出的方式赞美了凯撒。其中包含3种类型；有一种的头像更近似图拉真而非凯撒。参见M. Grant, *Roman Anniversary Issues* (1950), 100; *Roman Imperial Money* (1954), 197 ff.。苏维托尼乌斯的《罗马十二帝王传》以凯撒开篇；约40年后，阿庇安也强调凯撒是罗马帝制的建立者（*proem.* 6）。

第三十三章　诸元首与行省

各个时代的历史学家都会染上某些职业病或受制于某些局限性。他们情不自禁地要让笔下的人物和事件比实际上更加合乎逻辑；他们往往会受到传统观念的影响；他们有时也会陷入对某个人物或某种观念的病态热情而不能自拔。塔西佗在对提比略的叙述中同时犯了上述三种错误。但他跟第四种更严重、更有害的错误全无干系。

一些历史学家在研究前就设定好了作品的结论；他们写作的意图十分明确，就是要赞美胜利者，为他们高唱颂歌。一些吹捧者或卫道士们就是这样赞美罗马元首们的——但他们也会遭到驳斥并声名狼藉。身为罗马元老的塔西佗鄙视那样的人。为了防止自己无意中或可耻地向他们让步，塔西佗拒绝宽恕元首们的暴力，因为他们的行径在胜利后已变得道貌岸然。如果说专制暴政确实保障了和平与稳定的话，那么塔西佗也只是平静地接受它，而不会流露出任何欣喜或媚态。[1]

元老塔西佗永远不会忘记"共和国"的遭遇。元首们是凭借着骗来或勒索来的合法性昂首阔步的。元首赢得的正是元老院失去的东西：不只是权力，还有特权、荣誉和尊严。相反，其他社会阶层——骑士和民众、士兵和行省居民们——却捞到了利益与好处。并且这一趋势还在继续发展着。导致

---

[1] *Hist.* 1.1.1; *Ann.* 1.1.1，参见9.5: "non aliud discordantis patriae remedium（再无其他消弭国家内乱的良药）。"

这一变化的并非只有诸元首中个别暴君的反复无常或倒行逆施。为帝国福祉鞠躬尽瘁的审慎、勤政的帝王或被权臣野心所挟持的暗弱君主同样可能是致命的。无论元首本人是好是坏，元首的权力始终在壮大、拓展并侵蚀周围的一切。

心怀怨恨的元老们在会场里小声嘀咕或大发雷霆，并在私下交谈、策划阴谋和消遣娱乐时怒不可遏、肆意诽谤。他们炮制了元首的不堪形象。[1] 这种负面形象会在元首死后被继续随意添油加醋，并成为后人心目中深信不疑的正统观点。为了公平起见，为了史学的求真目的，历史学家必须对这些传统形象进行认真审视。修正当然是不可避免的。唯一的问题是应当修正到何等程度？

可供选择的方式有两种。第一种是描述每位元首的性格特征。为他们辩护的作品层出不穷。它们有的口若悬河、才华横溢，有的则沉闷乏味。这些作品一方面修正了罗马诸元首的形象，让他们恢复常人与公民的举止；另一方面也抹杀了他们的感情色彩、形象与前后变化。世人严重冤枉了那位注定要继承元首奥古斯都的共和派元首提比略。那种看法可能会成为共识。如果被洗白后的提比略仍是一个典型负面形象的话，那么这种认识错误就仍然没有得到纠正。[2]

被那位恨世隐者（无论他的心态是麻木不仁、宿命悲观还是恶意报复）托付以罗马与整个地中海世界统治权的少年让人看不到任何前途与希望。卡里古拉是一个简单粗暴、举止疯狂的人。即便剔除他显而易见的疯狂中的夸大其词部分，我们对其统治的评价恐怕也不会改善多少。[3] 世人可以预料到，

1　G. Boissier, *L'Opposition sous les Césars* (1875), 57 ff.

2　从19世纪50年代起，伊涅（Ihne）和西耶维斯（Sievers）便开始了态度坚决的、为提比略正名的努力。他们取得了成功，但经常矫枉过正。有益但或许太不友好的反驳见 H. Dessau, *Gesch. der r. Kaiserzeit* II (1926), 1 ff.；简短但很有分寸的总结见 M. P. Charlesworth, *CAH* X (1954), 652。事实上，这一努力并不意味着我们必然要否定塔西佗的成绩，参见 A. Garzetti, *Riv. stor. it.* LXVII (1955), 71。

3　这方面最出色的尝试见 J. P. V. D. Balsdon, *The Emperor Gaius (Caligula)*, 1934。

他将建立的必然是残暴血腥、反复无常的政权。[1]除了狡诈、奴性和登基后就可以肆意妄为之外，卡里古拉还能从在祖母安东尼娅宫廷里结交的朋友（其中包括一些东方王公贵族）以及那位幽居岛上的年老魔法师的随从身上学到什么呢？

克劳狄乌斯更有希望。但即便说科奈里乌斯·塔西佗曾对他的性格抱有同情的话（似乎并非如此），那位历史学家对他的好奇心也保持不了多久——一位由于自己的笨拙而在对元老院发表演讲时糟蹋了一个绝佳主题的元首是荒唐且不可饶恕的。[2]多少可以补救其形象的是他的温和政策，以及作者对一位承认李维对自己教益良多并且本身就是一位高产作家的罗马元首先入为主的同情——学者和历史学家理应得到尊重。[3]即便或许了无新意，克劳狄乌斯关于罗马在漫长历史进程中不断进步的说法毕竟是掷地有声和充满智慧的。他颁布的敕令尽管不切实际、迂腐透顶，至少还是能够展示他治国的勤勉和对公正与人民福祉的重视。[4]那个被本家族所忽视或鄙视的怪胎其实是对元首职务和他的祖先恪尽职守（尽管本身不够高贵）的。

另一方面，我们也可以看到他的性格与举止中的缺陷和怪癖。克劳狄乌斯的傲慢和睚眦必报是无法开脱的。他的暴饮暴食有史料为证，其淫荡好色则是不折不扣的。他是一个粗俗、饶舌、怯懦的家伙。他天性中的粗野不免要被世人指斥为残暴。[5]塔西佗笔下的克劳狄乌斯已变得可以理解，但仍全无可爱之处。[6]

我们在谈论克劳狄乌斯时免不了要讲到他的权臣们——或他的妻子们。

1　6.48.2（卢奇乌斯·阿伦提乌斯的预言）.
2　ILS 212（见上文，原书第319页）.
3　A. Momigliano, *L'opera dell' imperatore Claudio* (1932; 英译本出版于1934年).
4　具体例子见附录40。另一方面，我们还应注意尼禄的态度——"他将前任元首的许多敕令与公告视为蠢货与老糊涂的意见，对它们置若罔闻（multaque decreta et constituta, ut insipientis atque deliri, pro irritis habuit）"（Suetonius, *Nero* 33.1）。此外还有 Mommsen, *Hermes* III (1869), 107 = *Ges. Schr.* IV (1906), 299对他关于阿瑞尼人（Anauni）的敕令（ILS 206）的苛刻评价。
5　关于他的性格和身体缺陷，见T. D. Ruth, *The Problem of Claudius* (Diss. Baltimore, 1916).
6　塔西佗的肖像刻画同其他文献史料或苏维托尼乌斯作品中的逸事并无矛盾之处。

有些人会感到有义务为皇家释奴们或前执政官维特利乌斯辩护。[1] 即便瓦勒里娅·麦萨利娜无法完全恢复名誉的话，至少很多人尝试过解释她的行为或减轻其罪责：她只是个小女孩而已，在嫁给亲戚克劳狄乌斯时只有15岁，在暴死时也不过24岁。[2] 但编年史并不能充分支持为她开脱的这套说辞。[3] 此类辩解对于罪行更重的阿格里皮娜则是完全不适用的。只在乎争夺权力（但也只在乎她的儿子）的阿格里皮娜配得上她的恶名，也配得上占星术士们对尼禄和她命运的预言——"杀戮并统治着（occidat dum imperet）"[4]。

我们无须多谈尼禄的人品，并且也无法有力地挑战科奈里乌斯·塔西佗相关记载的可信度与真实性。塔西佗所描述的那个时代在他动笔时仍在记忆或可靠证据的涵盖范围之内。苏维托尼乌斯和卡西乌斯·狄奥留下的记载是同塔西佗的记述高度一致的——区别仅在于塔西佗省略了一些极端记载，并拒绝在其他作家欣然接受或盲从的说法面前表态。[5] 有些学者将这种一致性归因于3位作家共同使用了1份史料作为主要依据。[6] 但我们还有更合理的解释：尼禄的形象在很大程度上是合乎史实的。

元首克劳狄乌斯多少恢复了一部分名誉，因为他醉心于学术事业。尼禄沉迷的则是艺术、音乐和舞台表演；希腊世界对他的记忆充满好感。[7] 当然我们无法确信，希腊人对他们那位显而易见的朋友和赞助者的招摇过市与滑稽举止真的有那么认可——毕竟此人在竞赛中永远获胜，并且还劫掠过希腊人的圣所。而在罗马，至少在社会上层与中层等级中，人们很快就丧失了对尼

---

1 如 V. Scramuzza, *The Emperor Claudius* (1940), 96 f.。
2 M. P. Charlesworth, *CAH* X (1934), 672; V. Scramuzza, o.c. 90.
3 麦萨利娜的母亲是多米提娅·雷必达（Domitia Lepida）（PIR^2, D 180），公元前16年执政官的女儿；多米提娅·雷必达第2次婚姻所生的儿子是福斯图斯·苏拉·斐利克斯（Faustus Sulla Felix）（PIR^2, C 1464），公元52年执政官，可能生于公元20年前后。比这个苏拉年长的麦萨利娜于公元41年之前不久嫁给了克劳狄乌斯。
4 14.9.3.
5 K. Heinz, *Das Bild Kaiser Neros* (Diss. Bern, 1948), 117.
6 见原书第291页。
7 M. P. Charlesworth, *JRS* XL (1950), 69 ff.

禄的一切幻想。

尽管元首提比略未能实现其目标,并遭到元老院的厌恶,他还是完整交出了全部元首权力。卡里古拉破坏了权力结构,但对他的暗杀成了立竿见影的良药。接下来的变化与其说是一桩行为,还不如说是一种进程。元首克劳狄乌斯的暗弱使得阿格里皮娜和她的盟友控制了政府,其铁腕一直保持到她的儿子长大成人能够亲政为止。克劳狄乌斯之死无论是否有人暗中陷害或落井下石,其实都算不得什么重要历史事件。而尼禄在摆脱了自己的谋臣约束后不仅颠覆了曾在后者经营下致力于维护和谐与福祉的王权,还摧毁了王朝本身,并将整个地中海世界卷入了战争。

第二种方法是站在中立立场上审视每一位元首的外交、行省与对内政策。一个恶人也可以成为足智多谋的统治者;独裁者并不是无所不能的;暴君或傻瓜也可能会得到睿智谋臣的指导。

元首提比略在处理外交与军事事务方面展示了他在战场上的良将素质:谨慎与节约可以取得比冲动、冒险或流血牺牲更好的效果。"依靠智谋而非蛮力(plura consilio quam vi)",这条座右铭即使在对日耳曼的历次入侵中仍然有效。[1] 在奥古斯都对中欧的伟大征服结束后,罗马人的对外扩张需要停顿一段时间。但提比略不会容忍帝国的尊严遭到任何挑战。即便当他在岛上安享晚年期间,提比略的外交反应仍然是警醒与敏捷的。[2]

卡里古拉关注过不列颠与日耳曼的诸多事务,但只给自己的继承人留下了一个烂摊子。毛里塔尼亚必须被平定和吞并。但罗马帝国采取的应对措施尚不成熟。入侵不列颠的计划或许是卡里古拉最近扩军和急需建立军功的原因之一。[3] 事实证明,征服不列颠的计划比任何人想象得都更加乏味与困难。

---

[1] 2.26.3. 参见帝国的东方政策:"用计谋与机智调节对外事务(consiliis et astu res externas moliri)。"(6.32.1)

[2] 特别是面对来自帕提亚的威胁时(6.31 ff.)。

[3] 卡里古拉似乎招募了两个新军团,即第15军团"新生"(XV Primigenia)和第22军团"新生"(XXII Primigenia),参见E. Ritterling, P-W XII, 1244 ff.。当时莱茵河畔肯定有过一次毫无必要(或许还险象环生)的部队集结。

但尽管之前对色雷斯的征服历经坎坷，罗马人这回却和平兼并了该地区。另一方面，虽然亚美尼亚附庸王国陷入了无政府状态，它的地位事实上却无足轻重。提比略一朝的统治是在占据有利地位的均衡状态中终结的。

若干年后，尼禄的廷臣们决定对两个地区积极用兵——一个是世人相信被克劳狄乌斯忽视了的亚美尼亚，另一个是罗马军团无法巩固自身胜利果实的不列颠。不列颠的起义一直阻止着罗马人继续推进。而在东方，在经历了一系列兴衰变迁与外交勒索后，各方势力最终达成了妥协，满足了罗马人的荣誉和利益需求。这一格局一直延续到内战时期之后，并被下一王朝固定下来。[1]

在治理诸行省方面，元首制政府起初兆头不错，至少有希望用稳定的秩序取代无政府状态，并谨慎、理性地开发帝国资源。元首提比略宣称，好牧人是不会剥自己牲畜的皮的。[2] 除了那些对其居高临下的铁腕统治怀恨在心的元老们，没有人会否认提比略的杰出管理才能。在审讯一名行省总督时，提比略下令起草并宣读一份文件。文件中包含着奥古斯都对元老院的指示，针对的是麦萨拉·沃勒苏斯（Messalla Volesus）在亚细亚行省臭名昭著的罪行。[3] 那次审讯发生于奥古斯都去世数年前。注定要成为奥古斯都继承者的提比略当时或许已经在坚持维护正义；并且他在自己漫长统治的大部分时期里（如果不是全部的话）也践行着这一原则。没有任何证据表明，提比略时代首都的灾难曾影响过诸行省的福祉。[4]

卡里古拉的4年统治在一定程度上反映了不负责任的元首带给行省（尤其是犹太）的浩劫。[5] 但克劳狄乌斯的登基似乎又宣告了理性统治原则的回归，

1　见原书第237页。
2　Suetonius, *Tib.* 32.2. 这番话是讲给一位埃及省长的（Dio 57.10.5）。
3　3.68.1. 这位老牌贵族瓦勒里乌斯家族（Valerii）的后裔（*PIR*¹, V 96）于公元5年同秦那·玛格努斯一道出任执政官。关于他在担任亚细亚行省总督期间的杀人不眨眼，见 Seneca, *De ira* 2.5.5。
4　另一面的情况是碌碌无为和慵懒怠政，参见 H. Dessau, *Gesch. der r. Kaiserzeit* II (1926), 90。
5　如试图在耶路撒冷圣殿里竖立其雕像的行为。

行政体系中的许多方面都在统治者的关照下有所改善。克劳狄乌斯热衷于利用一切由头推行改革,并大谈特谈民众的福利。至于元首的善意到底能发挥多大的积极影响,主要并不是取决于他自己的意图与口号,而是取决于其臣子的素质与所作所为。

克劳狄乌斯的统治还有另外一面——一些人狡黠地利用元首的恐惧和愚蠢罗织大逆罪罪名,做出了一连串合法但不公正的死刑判决。遇害者是一些拥有高贵出身与社会地位的人士,以及大批罗马骑士。[1] 元首克劳狄乌斯统治时期也因横征暴敛、巧取豪夺和权钱交易而臭名昭著。[2] 人们很容易将大部分罪名扣在麦萨利娜及其同党头上(他们也着实可疑)。除掉麦萨利娜的举动并不能让那个掌握权力的奸党有所收敛——其中的大部分人物依旧身居高位。但阿格里皮娜扭转了局势。克劳狄乌斯统治的后半段出人意料地得到了改善——尽管阿格里皮娜与释奴帕拉斯同样贪婪腐化,他们的统治却更有效率。[3]

罗马元老院于尼禄登基之初见证的幸福时代在行省中出现得可能更早,持续时间也更久——大约维持了10年或更久。诚然,由于贪婪和压迫的缘故,不列颠爆发了叛乱。[4] 但中央政府派出了视察员,并采取了若干措施去修复之前的损害,责成苏维托尼乌斯·保利努斯之后的副将们采取仁慈、温和的政策。[5] 若干年后,中央政府并未采用类似的补救措施来缓和其他行省的不满情绪。当行省总督们起兵反抗尼禄时,他们利用了地方上的不满情绪,惩处了元首派来的税收官员。[6] 然而,高卢和西班牙的财政重负并非尼禄垮台的

---

[1] Seneca, *Apocol.* 10.3 ff.; 13.4 ff. (诸多名字); 14.1 (35位元老和221位骑士).

[2] *Hist.* 5.12.2: "per avaritiam Claudiaorum temporum (感受过克劳狄乌斯统治时代的贪婪)"; *Ann.* 12.7.3: "cupido auri immense (对金钱的巨大贪欲)." (阿格里皮娜)

[3] 参见塔西佗提供的证据:"这是一种严厉的、近乎残暴的奴役:表面上厉行节俭,却不时暴露出傲慢;这种内政不加检点,但却巩固了统治 (adductum et quasi virile servitium: palam severitas ac saepius superbia; nihil domi impudicum, nisi dominationi expediret)。"(12.7.3)

[4] 14.29 ff., 参见附录69。

[5] 14.39.3 (佩特罗尼乌斯·图尔皮利亚努斯 [Petronius Turpilianus]); *Agr.* 16.2 ff.

[6] Plutarch, *Galba* 4 ("邪恶代理人们 [ἀλιτήριοι ἐπίτροποι]" 的压迫). 在高卢被伽尔巴下令处决的贝图乌斯·齐洛 (Betuus Cilo) (*Hist.* 1.37.3) 可能是一名行省督办;但斯特恩说"他无疑是一名贵族 (homo sine dubio nobilis)" (*PIR*[2], B 124)。

真正原因。

　　历任元首面对的主要问题不在境外或王室内部，而在于罗马帝国的内政。核心问题就是元首同元老院的关系。无论一位元首最初的行为与政策如何，每一朝的统治迟早都会出问题。追究责任绝非易事：因为相关原因头绪繁多、错综复杂。相关探究最终还是要回到人性上来。尼禄的疯狂或许比他的罪行与邪恶更具毁灭性。[1] 他不仅得罪了元老院，并让将领们人人自危；他还忽视了普通士兵们的诉求。驻扎在外的军团们从未见过自己的统帅。尼禄策划过对东方的远征。他当时本应该前往莱茵河畔视察部队。倘若士兵们狂热地忠于尼禄，而不是感到困惑、无动于衷的话，那就没有哪个将领敢于冒险称帝，暴君尼禄或许还能统治很长时间。[2] 困扰王朝百年之久的灾祸起源于一系列偶然事件或是误会。

　　一位元首可以一方面不受元老院待见，另一方面却深受罗马平民、军队与行省居民的拥护；而一名让罗马城在其邪恶面前震惊、战栗的暴君也祸害不到帝国各个角落的生活。一个理智的人可以在顺从暴君的前提下体面地为国效劳。那正是《阿古利可拉传》提供给元老阶层的启示。对于行省居民而言，他们效忠的、不得不接受的那位主宰的性格其实跟自己没多大关系。佩提利乌斯·克瑞亚利斯曾在高卢贵族会议上为罗马的统治辩护时道出了一条规律——好元首的影响可以泽被四方，坏元首却只能为害自己身边的人。[3]

　　罗马城内的罪行、邪恶与疯癫同外省稳定秩序和繁荣局面的共存并不是什么需要深入研究或留给后世学者去发现的秘密。科奈里乌斯·塔西佗几乎已经发现了那个显而易见的事实：治理政策的宽容和行省居民的广泛拥护并

---

[1] C. Barbagallo, *La Catastrophe di Nerone* (卡塔尼亚 [Catania]，1915), 20: "non dunque il delitto ma la inettitudine (算不上犯罪，但却是不称职的行为)."

[2] 罗斯托夫采夫对公元68和69年事件的叙述存在着严重缺陷。他低估了士兵们对旧王朝的忠诚，奇怪地认为"他们希望元老阶级中最优秀的罗马人出任元首"（Rostovtzeff, *The Social and Economic History of the Roman Empire* [1926], 85）。

[3] *Hist.* 4.74.2: "et laudatorum principum usus ex aequo quamvis procul agentibus: saevi proximis ingruunt (一个远在天边的人一样能享受到值得赞美的元首所带来的好处；而凶恶的元首们只会扑向自己身边的人)."

不足以成为恢复一名元首人格名誉的可靠证据。

对于从西班牙到叙利亚、从北方的莱茵河－多瑙河一线到利比亚沙漠的广阔空间而言，直接来自帝国首都的统治微乎其微，无论它们是好是坏。在个人和元首（或元首的代理人）中间还隔着帝国西部的城镇或部落，以及帝国东部的城市或附庸王公。

元首提比略树立了让行省总督们长期任职的传统。塔西佗声称，世人对他的这一政策进行过各种各样的解读：他讨厌变化；他心怀怨恨、心术不正；对于精明狡诈、明察秋毫的提比略而言，选择合适的行省总督实在是一种折磨——提比略既不希望任命出类拔萃的人才，又害怕总督们不能胜任或滥施暴政。[1] 历史学家塔西佗并未补充显而易见的事实，即元首对臣民福利的关切。但后世学者令人信服地强调了那一理由。[2] 当然，这些好处也无法掩盖该举措带来的若干弊端。长期任职的副将可能会赢得麾下将士们死心塌地的忠心。[3] 另外一些行省总督则或许会变得麻木不仁或腐化堕落。[4]

此外，提比略一方面全权治理着分配给元首的诸行省，另一方面又在其统治后期令人不安地侵吞着元老院的势力范围。他拒绝批准对亚细亚和阿非利加行省总督的新人选任命，让同一批官员任职了6年之久。[5] 那是对全体元老院成员的冒犯，尤其伤害了其中最尊贵的人物。

提比略最早的动作是将两个行省——阿凯亚和马其顿——从元老院的掌

---

[1] 1.80.2: "causae variae traduntur: alii taedio novae curae semel placita pro aeternis servavisse, quidam invidia, ne plures fruerentur; sunt qui existiment, ut callidum eius ingenium, ita anxium iudicium; neque enim eminentis virtutes sectabatur, et rursum vitia oderat（人们给出了不同的理由：有人说对新添麻烦的厌倦促使他将从前的权宜之计变成了定制；有人说他出于嫉妒，不想让太多人得了好处；也有人相信他的头脑已经糊涂，因而在决策时优柔寡断，他既畏惧鹤立鸡群的美德，又痛恨亵渎职责的罪恶）"，等等。

[2] F. B. Marsh, *The Reign of Tiberius* (1931), 157; M. P. Charlesworth, *CAH* X (1934), 648 f.

[3] 6.30（上日耳曼行省的勒图鲁斯·盖图里库斯［Lentulus Gaetulicus］）。

[4] 对于总督庞提乌斯·彼拉多（Pontius Pilatus）而言，在犹太行省的10年任期未免过长。

[5] Dio 58.23.5. 玛库斯·尤尼乌斯·希拉努斯（公元19年执政官）当时在阿非利加行省（*ILS* 6236），普布利乌斯·佩特罗尼乌斯（公元19年递补执政官）在亚细亚行省（*PIR*[1], P 198，来自钱币方面的证据）。

管范围中拿过来。随后他又拿走了默西亚。[1]这一大块国土和同样需要认真守护的色雷斯都由波佩乌斯·萨比努斯治理，直到他20年后去世为止；并且他的布局安排此后又延续了10年之久。[2]另一个由元首派人治理的庞大行省是近西班牙，其中包含了一块最近才被征服的、桀骜不驯的区域。负责治理那里的是一位前执政官级别的副将，另外还有3个军团的副将们辅佐他。[3]该行省的内政职务当然并不繁重。

尽管提比略总是喋喋不休地抱怨，却并不认为自己有必要离开首都去视察诸行省。[4]他甚至还让被任命到西班牙和叙利亚的前执政官级别的副将们在罗马城羁留了多年：他们的职责由军团长官们代管。[5]那是值得注意的反常现象。相关人物的品格与宫廷阴谋或许在其中发挥了作用，有些人还会观察到埃利乌斯·塞亚努斯做的手脚和提比略内心深处的忧虑。[6]

叙利亚的副将是元首在地中海区域以外的行省中任命的第一要职。他的职责是监督从本都到犹太广阔区域内的所有附庸王公；并且他或许还需要同罗马帝国周边唯一举足轻重的势力——帕提亚人交涉。为了找到恰当的人选，元首必须进行深思熟虑——在一位年轻王子路过该地区时尤其如此。[7]晚近的历史已经证明了两方的冲突或串通会有多么危险。此外，远离首都、实力强劲的驻守叙利亚的各军团也有可能支持拥立新元首或决定一场王朝危机

1　1.76.2; 80.1.

2　6.39.3. 萨比努斯（Sabinus）曾当了24年的默西亚行省总督。他的继任者为普布利乌斯·迈米乌斯·雷古鲁斯（P. Memmius Regulus，公元31年递补执政官）（*PIR*[1]，M 342）。

3　Strabo 3.166.

4　4.4.2. 那确实几乎毫无必要：因为他已视察了除阿非利加行省和埃及行省外的所有地区。

5　卢奇乌斯·阿伦提乌斯（公元6年执政官）获得了近西班牙行省的治理权（6.27.3，参见*Hist.* 2.65.2; Dio 58.8.3 [其中没有提到他的名字]），卢奇乌斯·埃利乌斯·拉米亚（L. Aelius Lamia）获得了叙利亚行省的治理权（6.27.1）。公元25年被一位西班牙当地人刺杀的卢奇乌斯·披索（L. Piso）（4.45）并非如后世学者们普遍确信的那样（如*PIR*[2]，C 292），是一名前执政官级别的副将——他属于大法官级别，在没有前执政官级别的副将主持局面时代行其职（参见附录63）。

6　玛尔什认为那是塞亚努斯的花招，以便不让自己为敌的人掌管行省（F. B. Marsh, o.c. 191）。

7　奥古斯都还挑选了一个机智圆滑的人玛库斯·洛里乌斯（M. Lollius），作为王子盖约的导师和谋士。这一安排的效果很差（参见3.48.2; Velleius 2.102.1）。提比略则走向了另一极端——他挑选的是桀骜不驯的格涅乌斯·披索（2.43.2）。

的最终结果。驻守西班牙的军队同样如此。[1]

就我们所知的情况而言,提比略没有理由畏惧被他羁留在罗马的两位前执政官级别副将——埃利乌斯·拉米亚和卢奇乌斯·阿伦提乌斯。[2] 但他确实有理由因命运于日耳曼尼库斯去世仅仅4年后就夺走了自己的儿子德鲁苏斯而感到不安。[3] 行省和军队不时需要同某位王室成员见面。那正是奥古斯都一朝留下的教训。但除了元首本人之外,如今已没有其他人选活在世上了。

塔西佗的主题是元首同元老、行省总督们的个人关系,而非城市、族群和罗马帝国版图内诸行省的基本状况。后人往往批评他的视野狭隘局促,在需要放眼整个帝国时却只关注着罗马城。当时原本存在着现成的宏大视野,但历史学家塔西佗却拒绝注视它。宫廷与首都在他心目中重于罗马世界的全貌。[4]

此外还有一点局限。有人相信,塔西佗的阅世经验是不完美的。他对行省了解有限,也不大关心。他本应更广泛地游历帝国各地。旅游可以带着他逃离腐化堕落的都城里的乌烟瘴气,进入行省居民美德所营造的纯净氛围,从而拓展他的同情心,抑制他的悲观情绪。[5]

诸如此类的批评本身才是狭隘片面的。它忽视了科奈里乌斯·塔西佗从

---

1 当时的统治集团或许仍然畏惧庞培家族的相关记忆和庇护网络(*clientela*)——事实上,第一个被成功拥立为元首的人物正是一名出身高贵的副将苏尔庇奇乌斯·伽尔巴。
2 正统观点认为提比略肯定对阿伦提乌斯有所猜忌,参见 *Hist.* 2.65.2: "ob metum (出于畏惧)." 阿伦提乌斯确实跟庞培党有染(见原书第382页),但埃利乌斯·拉米亚则不大可能是什么危险人物。塔西佗说他"出身华贵(*genus illi decorum*)"(6.27.2)并非毫无道理,尽管他是自己家族里的第一位执政官。公元32年提比略让他接替卢奇乌斯·披索担任罗马市长(Dio 58.19.5)。他于次年去世。
3 我们有理由认为,当德鲁苏斯于公元23年9月去世时,阿伦提乌斯和拉米亚才刚被任命。那跟阿伦提乌斯"已在罗马城羁留十年(*decimum iam annum attineri*)"的说法并不矛盾(6.27.2,对公元32年史事的记载;参见 Dio 58.8.3: "πρὸ δέκα ἐτῶν [十年前]",对公元31年史事的记载)。公元25年有个名叫卢奇乌斯·披索的人身在西班牙行省的说法并不一定(如 Groag, *PIR*[2], A 1130 所设想的那样)会损害塔西佗的可信度,参见 R. Syme, *JRS* XLVI (1956), 21;根据6.27.2中的说法来看,塔西佗肯定已在前文中某处提到了阿伦提乌斯出任行省总督一事(如第5卷的某处,很可能是在对公元32年史事的记载中)。我们无从判断拉米亚在叙利亚行省的任期从何时开始,现存史料也未记述它持续了多久。
4 关于对种种观点的扼要汇集,见附录70。
5 G. Boissier, *Tacite* (1903), 184.

元首麾下某个军团的军团长做到亚细亚行省总督的任职履历。它也忽视了罗马元老笔下这类历史作品固有的布局谋篇特征（以及不可避免的局限性）。

在描述异域风情或族群习俗时，编年史家们自己拥有一套传统技巧。撒路斯特、李维和塔西佗都使用过它。但罗马作家们并未抓住机会。他们不擅长再进一步，站在自己的族群身份之外去描述罗马人的行为特征、社会结构与政治制度。诚然，有人确实做出过尝试性的努力。博古学者泰伦斯·瓦罗（Terentius Varro）或许曾朦胧意识到了该问题的存在。[1]塔西佗有能力在广阔的视野范围内追踪变革与演化的趋势。那不仅仅是一长串人名与诉讼案的罗列。历史学家可以从中辨认出品味的变化，以及政治力量渐进式的影响。

我们只需三言两语便可以解释新秩序何以会被世人所接受。战争或公敌宣告运动消灭了显贵中最富于抗争精神的一批人；胜利者又向其他人提供了荣誉头衔与姻缘纽带（如果他们能屈能伸的话）。社会稳定赢得了那些在革命中出人头地的新贵们的衷心拥护。元首制在行省中同样是大受欢迎的。[2]

我们没有必要进一步发挥这个话题。塔西佗也能够观察到人们行为举止的缓慢演变趋势。他在作品中插入了一段关于财富和奢侈之风的插话。激进的改革派或许会高呼着要求立法，轻信者则很容易替这种呼声造势。但元首提比略对此表示严重怀疑，复述元首精彩演说的历史学家塔西佗也是这么看的。[3]塔西佗在评论中强调指出，奢侈之风在从亚克兴海战到尼禄垮台期间的一个世纪愈演愈烈。而他自身所处时代的相应标准却大不相同。他随后进行了分析。塔西佗组织了相关对照（事实显而易见）。一方面是尤利乌斯·克劳狄乌斯王朝时期贵族们的王公派头。[4]另一方面则是新人们的低调习惯：他

---

[1] 见其论文《论罗马人的生活》（*De vita populi Romani*）。

[2] 1.2.1: "nullo adversante, cum ferocissimi per acies aut proscriptione cecidissent, ceteri nobilium, quanto quis servitio promptior, opibus et honoribus extollerentur（反对派已不复存在，因为最强硬的那批人已在战场上或公敌宣告运动中死去了；剩下的贵族们都拥护这种可以更稳妥地获得财富与荣誉的奴役状态）"，等等。

[3] 3.53 f.

[4] 55.2: "nam etiam tum plebem, socios, regna colere et coli licitum; ut quisque opibus, domo, paratu speciosus per nomen et clientelas inlustrior habebatur（当时与平民、盟友和王公们互相关照还是合法的；一个人的财富、宅邸与家产越是可观，他的声名和庇护关系就越是不容小觑）."

们尽管获得了富足与成功，却保持着与生俱来的勤俭习惯[1]——并且塔西佗特别强调了元首韦伯芗的性格和以身作则的典范。那还不算完。历史学家塔西佗还要停顿一下来表示自己的怀疑，权衡是否应当在此总结品味与举止随时代变迁而展示出的周期性规律。[2]

塔西佗了解在人类历史中发挥作用的主要因素。但描述它们并不容易。这位历史学家能够利用附属于编年记录的一段插话或演说词来交代社会风尚的变化[3]；但他不会将之提升到核心主题的高度——那样的主题涵盖的将不仅仅是罗马人，而会是整个罗马帝国。那就需要一种新的文学样式——它并非建立在叙述的基础上，并且其主题也不是少数人的性格与地位变迁。[4]

《编年史》完全忽略了许多主题，或将部分内容一笔带过。他从未系统介绍过元老阶层的兴衰、骑士职务的沿革，以及军队里的提拔与指挥权任命。历史学家塔西佗没有交代过帝国的税收与财政运营状况。整个地中海世界的农业、商业和手工业也基本不在他的视线之内。他拒绝费心去记载城镇与乡村中穷人的生活状态；他基本上对于臣民向帝国或王室表达忠心的集体仪式漠不关心。[5]他几乎对意大利与帝国西部的城镇管理与市政政策只字未提。

《编年史》所省略的内容不可胜计，从而引发了后人的诸多责难。但那并没有什么关系：科奈里乌斯·塔西佗编撰的并非百科全书。一些主题在作者和读者眼中是不可或缺的；另外一些是琐碎和费力不讨好的；还有一些则

1　ib.3: "et quamquam fortuna vel industria plerique pecuniosam ad senectam pervenirent, mansit tamen prior animus（尽管许多人在晚年凭借好运或勤勉富裕了起来，他们从前的勤俭精神却依然如故）."

2　ib. 4: "nisi forte rebus cunctis inest quidam velut orbis, ut quem ad modum temporum vices ita morum vertantur（或许一切事物都有其运转周期，罪恶的滋生就像季节变换一样周而复始）."

3　3.33 f.（妇女们的地位）; 11.6 f.（庭审律师及其收取费用）; 13.26 f.（释奴）; 14.20 f.（罗马城内的希腊竞技）; 43 ff.（奴隶）.

4　也就是类似Rostovtzeff, *Social and Economic History of the Roman Empire* (1926)那样的作品。但那部巨著的作者本应更多地吸收塔西佗关于社会史的材料。他的许多概括是含糊其辞、易受苛责的。

5　大批学者对该主题的高度关注已充分补救了塔西佗的漠不关心。在卢坎（7.455 ff.）看来，帝制是诸神因内战的罪恶而能够施加给罗马的最严厉惩罚。

跟史学创作毫无干系。

"罗马城（urbem Romam）"——《编年史》全书以这个传统、狭窄的概念开篇。跟往昔一样，这个范畴拒斥着意大利和罗马帝国行省。在诸元首统治下，罗马城仍然是权力的中心和源泉，即便在某个白痴或宫廷小团体执掌政权的情况下也是如此。因此，罗马政府构成了历史学家塔西佗的主题。正如塔西佗明确指出的那样，他在政府中主要关注的是元老和军队。诸行省很少进入他的叙述体系，因为它们在正常年份里几乎不具备独立身份。[1]真正有意义的单元不是行省领土（或其集合），而是帝国东部和西部的聚落。它们当然是单元，但并非拥有自主权的实体。那么它们怎么可能拥有自身的历史呢？

在意大利，当罗马城成为整个地区的首府时，各城镇并未丧失地方自治权或自身的尊严。但罗马的光芒盖过了它们，榨干了它们的活力。最富活力的地方贵族动身去了首都。罗马城吸引他们的是教育资源、施展抱负的空间、个人利益或为罗马帝国效劳的机遇。地方上的政治无论多么狂热（或看上去如此），它也不过是地方性的。地方上的民风淳朴（那也更多是宣传的结果，而非实际情况）也无法补救小城镇生活的眼界狭窄、琐碎乏味。各城市成长并繁荣起来，拥有了浴场、剧院和纪念元首的神庙。在狂热情绪的传播过程中，小城镇也效仿了首都的纪念形式与仪式。[2]但并非所有城市都欣欣向荣——一些也在走向衰落。[3]

早在共和末年，庞普汀湿地（the Pomptine Marshes）旁边的乌鲁布雷（Ulubrae）已经因为"荒无人烟"而闻名于世。[4]当帝国城市制度在西部世界

---

[1] 行省的议事会或许并非足以影响历史的、十分重要的因素。

[2] 如为王子盖约和卢奇乌斯致哀的皮塞（Pisae）(*ILS* 139 f.)，以及克罗狄乌斯广场镇（Forum Clodii）向提比略举行的各种效忠仪式（*ILS* 154）——当然还有态度暧昧的赫巴（Heba，见附录67）。

[3] 关于这个大问题，见海特兰（W. E. Heitland）从 *The Roman Fate* (Cambridge, 1922)到 *Repetita* (1930)的4本短篇著作；更温和的观点见H. M. Last, *CAH* XI (1936), 456 ff.。

[4] Cicero, *Ad fam.* 7.18.3; Horace, *Epp.* 1.11.30. 乌鲁布雷不失时机地为罗马和奥古斯都建造了神庙（*ILS* 6274）。

传播之际，乌鲁布雷的遭遇或许在各地复制着——问题不是人口减少，而是生命如死亡一般僵化。诗人玛提阿尔指出了一个可悲的事实：没有什么比外省城镇更低俗的东西了。[1] 成功逃离的人很少还会返回居住。玛提阿尔便是那些少数人中的一员，并且很快便后悔不已。他的家乡比尔比利斯（Bilbilis）乃是一片"外省的荒漠（provincialis solitudo）"。[2]

元老的身份与职责要求他必须待在首都——除非是在需要前往行省为国效劳的情况下。住所和娱乐消遣的需要则将他限制在罗马城周边，甚至让他没有心思去拜访意大利北部。小普林尼或许在10年内只见过他的故乡科穆姆2次；比他年长的朋友们在结束仕途后则居住在拉丁姆和坎佩尼亚沿岸的庄园里。情况类似的还有来自西班牙和纳旁高卢的元老们。举家搬迁后的他们很快就变得跟意大利人全无差别。事实上，这一等级的人很少屈尊去接受来自故乡的荣誉职务。[3]

作为尤利乌斯·阿古利可拉的传记作者，塔西佗了解意大利和行省生活中较好的那一面。如果说他在《编年史》中似乎使用了传统词汇与观念的话，他有时也会尝试进行平实的、不偏不倚的分析。[4] 那种生活中较坏的一面（故步自封或腐败成风）总的来说只是些无关痛痒的小事。地方权贵们过着体面的闲适生活。没有人提过他们的傲慢自负或麻木不仁。

尽管受制于其作品的结构要求（以及高贵主题），科奈里乌斯·塔西佗还是提供了关于社会经济史的许多宝贵资料。它们来自具体情节，并往往与一些人物联系在一起；相关信息零星地或在插话中出现。[5] 尼禄统治时期

1　Martial 4.66.1 f.
2　Martial 12, *praef*. 昆体良享受了同伽尔巴一道返回罗马城的好运（Jerome, *Chron*. p. 186 H）。
3　小普林尼的书信提供了反面证据。但元首哈德良却接受过这样的职务（*HA, Hadr*. 19.1）。
4　3.55.3——来自意大利的新人们的"勤俭持家（domestica parsimonia）"与"老来致富（pecuniosa senecta）"。"致富（pecuniosus）"并不是光彩的字眼，参见塔西佗作品中仅有的另外几个例子：13.6.4; 52.2（见原书第448页注6）。关于传统的语言风格，见16.5.1: "sed qui remotis e municipiis severaque adhuc et antique moris retinente Italia（但那些来自意大利偏远地区、仍旧恪守意大利古风的人们）。"
5　这些内容有时可以提供关于作者特殊兴趣或写作时间的线索。

的3个事件便是这样的例子。坎佩尼亚城镇之间的地方性矛盾导致在一场角斗士表演中发生冲突（本地人和外来观众之间），结果死了很多人。[1] 在普特奥利（Puteoli），两个等级之间爆发了剧烈冲突，双方互相指责——贵族认为平民桀骜不驯，平民责备权贵的贪得无厌令他们无法忍受。著名律师卡西乌斯·隆吉努斯被派去调解冲突。但普特奥利人认为卡西乌斯过于严厉。最终，另外两个元老在元首禁卫军的保护下恢复了社会和谐。[2] 塔林顿（Tarentum）和安提乌姆之前并不繁荣。尼禄试图派出一些老兵殖民者去支援当地公民。这一补救措施以失败告终。塔西佗解释了相关原因，并将之同古时的军事殖民地进行了对比——那时是由整整一个军团在长官指挥下去建立聚落的。

无论在城镇还是乡村，无恶不作的财阀统治着一切。自由人数量锐减，被外来人口和奴隶所取代。大批奴隶有时只为豪宅中的一名权贵效劳。由此产生了一个严峻的问题——"有多少奴隶，就有多少敌人（totidem hostes quot servi）"[3]。即便释奴也成了一个问题。在尼禄治下的一次元老院辩论中，多数人赞同取消对前主人不敬的释奴们自由。元老院咨询了元首的意见；结果此事不了了之。然而，历史学家塔西佗认真地记录下了机密会议中正反两方面的观点。[4]

若干年后，一位尊贵的人物——罗马市长——被自己的一名奴隶谋杀了。为了强调该事件的重要性，塔西佗插入了卡西乌斯·隆吉努斯对此发表

---

[1] 14.17.

[2] 14.27.3. L. Robert, *Bull. ép.* 1948, 201, n. 289 所引述的、来自阿塔勒亚（Attaleia）的铭文说明，图拉真在位的最后1年里，罗马人在库勒尼（cyrene）设立了一个同样类型的殖民地。它由1名首席百夫长（*primipilaris*）率领的3000名军团士兵驻守。铭文全文见 *JRS* XL (1950), 84。另见 *PIR*[2], G 100。

[3] Seneca, *Epp.* 47.5. 意大利东南部一次未果的奴隶起义引起了罗马城的高度警觉："奴隶集合起来的规模如此庞大，平民的数量则日益减少（ob multitudinem familiarum quae gliscebat immensum, minore in dies plebe ingenua）。"（4.27.2）

[4] 13.26 f. 在关于奴隶的立法方面十分仁慈的哈德良却对释奴非常严格——他的继任者们也是如此，参见 A. M. Duff, *Freedmen in the Early Roman Empire* (1928), 42。

的演说。[1] 坚持拥护"祖先制度与法律（instituta et leges maiorum）"的卡西乌斯支持按照传统的严厉方式进行惩罚：像众多族群和信奉异邦宗教或没有信仰的乌合之众一样，奴隶只能通过恐怖政策来加以管理。卡西乌斯的意见占据了上风。于是400名奴隶都被拉出去处决了。

历史学家塔西佗生活时代的两起事件曾引发过对奴隶的高度警惕。一位大法官级别的元老在浴室里遭到谋杀。[2] 公元105年夏，又有一位执政官死在自己家中——我们不清楚他是被谋害还是自杀。此案引发了复杂争论，元老们就对死者家内成员的处罚方式提出了五花八门的意见。希望了解自己的站队是否正确的小普林尼用一封长信咨询了他认识的一位著名法学家——提提乌斯·阿里斯托（Titius Aristo）。[3] 小普林尼的这位朋友的老师正是大名鼎鼎的卡西乌斯·隆吉努斯。[4]

历史学家塔西佗十分清楚，财富是足以影响权力的因素之一。[5] 贫穷会拖垮显贵，新人则可以通过攫取财富而崭露头角。税吏的赚钱机会是如此优越，以至于他们有时甚至不愿意当元老。[6] 富人们更有机会竞争各种荣誉，甚至是军事指挥权。[7] 有钱人总是会被前呼后拥——旁人贪婪地等待着他临终前

---

1 14.43 f.
2 Pliny, *Epp.* 3.14（拉尔奇乌斯·马克多［Larcius Macedo］）.
3 8.14.12 ff. 死者为格涅乌斯·阿弗拉尼乌斯·德克斯特（Cn. Afranius Dexter），"人们发现他在自己家里断了气（in domo sua exanimis inventus）"（*Inscr. It.* XIII.I, p. 106）。
4 *Dig.* 4.8.40. 小普林尼高度评价了他的成就（*Epp.* 1.22）。他显然不是元老。塔西佗对尼禄统治时期这起事件的态度有助于我们理解，哈德良本人的观点有多么与众不同——"并未审讯家中全体奴隶，只是盘问了那些靠近案发现场、有可能了解凶杀过程的奴隶（non de omnibus servis quaestionem haberi sed de iis qui per vicinitatem poterant sentire praecepit）"（*HA, Hadr.* 18.11）。参见 *Dig.* 29.5.1.28。
5 "财富（opes）"和"钱财（pecunia）"分别在 Gerber-Greef, *Lexicon Taciteum* 中占据了近5栏的内容。
6 16.17.3（塞涅卡的兄弟阿奈乌斯·麦拉［Annaeus Mela］）。
7 13.6.4: "si ducem amota invidia egregium quam si pecuniosum et gratia subnixum per ambitum deligeret（如果他无视妒意，选择一位出色的而非靠钱财和宫廷恩宠上位的将领的话）." 参见阿非利加行省总督庞培·希尔瓦努斯（Pompeius Silvanus）的"富裕、无子并得享高寿（pecuniosa orbitas et senecta）"（13.52.2）。

的财产处置。遗嘱和馈赠则恰如其分地得到世人的高度重视。[1]

发家致富的过程则很少得到赞美——并且也很少被人明言，除非是贪污赃款或继承收入。无人交代过沃鲁修斯家族的巨大财富从何而来。[2]而某位科奈里乌斯·勒图鲁斯"堂堂正正分得的巨大财产（magnae opes innocenter partae）"只能是一个永久的谜了。[3]身为元老的编年史家同样不会记述，元老们是如何利用手工业或农业的新经营方法赚钱的。出于百科全书汇编者的好奇心，老普林尼倒是关注了小塞涅卡在罗马近郊诺曼图姆（Nomentum）的葡萄园。[4]但没有一位作家告诉过我们为演说家多米提乌斯·阿费尔服务的郊区砖窑是怎么一回事。[5]

与此相似，各城镇与土地的资源有些粗略记载，但没有任何关于具体产品的信息。《编年史》（现存部分）很少记述地理方面的插话。唯一相对值得注意的是对拜占庭的记载[6]，该城市在帝国早期并未占据其地理位置与后世历史给予它的重要地位。拜占庭人向克劳狄乌斯派出了一个使团，请求减轻他们的负担。塔西佗乘机回顾了它自建城以来的历史（并提及了著名的神谕指令）。他解释了拜占庭的财富来源；还介绍了该城市作为将领和军队来往通行必经之地的价值——尽管那些内容或许跟元首克劳狄乌斯时代的历史没什么关系。[7]

乍看上去，诸行省在《编年史》中分配到的笔墨是不平衡的。巴尔干地区和多瑙河流域似乎吸引不了塔西佗的兴趣。作者倒是记录了色雷斯附庸王

1　见原书第543页。
2　除了尼禄向小塞涅卡所讲的话——"沃鲁修斯凭借长期节俭积累下的财富（quantum Volusio longa parsimonia quaesivit）"（14.56.1）。但注意科鲁美拉（Columella, 1.7.3）引用过卢奇乌斯·沃鲁修斯（公元3年递补执政官）关于农学的评论。关于沃鲁修斯家族，见原书第302—303、372页。
3　4.44.1（格涅乌斯·勒图鲁斯 [Cn. Lentulus]，公元前14年执政官：PIR^2, C 1380）.
4　NH 14.51（参见原书第335页）.
5　CIL 15.979-83，等等，参见 PIR^2, D 126。
6　12.62 f.
7　哈德良在该城市近郊度过了公元117/18的冬天（原书第243页）。塔西佗插话的史料来源是元首克劳狄乌斯和撒路斯特，参见附录40。

国中反复发生的动乱；但他没有记录潘诺尼亚、达尔马提亚或默西亚境内的任何地名，甚至不曾提及某个军团驻地的名字。[1]除由总督治理的亚细亚行省外，《编年史》对希腊地区提供的史料也并不丰富。叙利亚是一个无法吸引作者多少兴趣的地区。他对埃及的描述则非常生动，因为它有幸得到过王子日耳曼尼库斯的拜访。但伟大的城市亚历山大里亚只被提及了2次。[2]并且只有一段文字描述了犹太地区的状况。[3]

现已佚失的各卷（第7—10卷）或许可以在很大程度上补救这方面的不平衡——它们应当会记载亚历山大里亚的党争和希腊人同犹太人的冲突。此外还有几幕涉及犹太地区的插曲，包括那里的王公、桀骜不驯的居民和罗马代理人地位的兴衰变迁，以及庞提乌斯·彼拉多（Pontius Pilatus）。[4]因为那位历史学家面前有一个重要目标——记述尼禄治下各种矛盾的最终爆发。

此外，阿非利加和亚细亚行省当然要占去这位前执政官级别元老的笔墨。阿非利加的素材提供了些许慰藉，如关于塔克法里纳斯的撒路斯特式主题和怀古之幽情——一位行省总督仍可被授予"统帅"头衔，虽然是历史上最后一次；一位罗马贵族在数百年后恢复了祖先的声誉，那也是历史上的最后一次。[5]

一些小事反而能够揭示罗马帝国统治的实质。塔西佗解释了一位年迈的阿非利加行省总督如何凭借自己的财富及其引发的贪婪欲望而逃过了指控——但出手相助者的如意算盘落了空，因为总督比救助者活得更久。[6]塔西

---

1 塔西佗可能在12.29中提到过卡努图姆。参见他的前一部著作，其中只提到了波埃托维奥（Hist. 3.1.1）。

2 2.59.2; 67.3.

3 12.54.

4 塔西佗应该是在第8卷中介绍了庞提乌斯·彼拉多及其10年总督任期中的若干事件。叙利亚副将卢奇乌斯·维特利乌斯曾命令这位总督返回罗马接受质询。他在提比略死后不久抵达罗马（Josephus, AJ 18.89）。维特利乌斯和他的继任者（普布利乌斯·佩特罗尼乌斯）都插手过耶路撒冷的事务。

5 3.74.4（昆图斯·尤尼乌斯·布雷苏斯 [Q. Junius Blaesus]）; 2.52.5（玛库斯·弗里乌斯·卡米卢斯 [M. Furius Camillus]）。

6 13.52.2: "valuitque pecuniosa orbitate et senecta, quam ultra vitam eorum produxit, quorum ambitu evaserat（富裕、无子并得享高寿的他比那些逃脱了陷害的人活得更久）."

佗对此人了解得更多[1]；并且他也没有忘记对马略·普利斯库斯的审判，以及伸张正义道路上的重重阻碍。

作者本人曾担任过亚细亚行省总督。[2]他用大量笔墨叙述过在不列颠的战事；并且他也对不列颠岛上的兵力分布了如指掌。[3]塔西佗尤为熟悉的是高卢诸行省、边疆地区和无拘无束地居住在莱茵河对岸的日耳曼人。[4]

我们可以对此做出多种解释：那不仅仅取决于作者的品味与个人经历，还同各地区的历史地位密切相关。在帝国治下漫长的和平岁月中，许多行省可能确实没有什么变故或军事活动——甚至没有行省总督或元首副将犯罪等风波。西班牙是一个拥有3个行省的广阔地区。从西庇阿时代到元首奥古斯都的最后平叛，该地区一直在罗马的外战与内战史上占据着重要地位。但除了一位行省总督遭到谋杀、另一位行省总督长期缺席之外，西班牙几乎没有在《编年史》中分配到任何笔墨。[5]

城镇、部落与行省可以在史学叙述视野之外默默无闻地存在着。当内战来临之际，它们才会被纳入重大事件叙述的轨道。历史学家会在那样的场合下详细介绍它们的实力与资源。尽管塔西佗的主要记述对象是罗马城、宫廷和元老院，他并未完全忽视帝国的重大主题。一些元素——如《编年史》第1卷中的军队——突然戏剧性地闯入叙述主线，随后又消失得无影无踪。另外一些元素则需要等待许久才能获得登台亮相的机会。

---

[1] 玛库斯·庞培·希尔瓦努斯（M. Pompeius Silvanus）(*PIR*[1], P 495；被P-W XXI所遗漏)，公元45年递补执政官，公元53/54年行省总督（*IRT* 338）。他在公元69年是"富有的老人（divites senes）"之一（*Hist.* 2.86.3）。韦伯让他在公元75年前后第二次出任执政官。塔西佗可能见过并认识这位政坛上的化石级人物。
[2] 关于亚细亚行省的细节，见第三十五章。
[3] 见原书第395页。
[4] 见第三十四章。
[5] 4.45（卢奇乌斯·披索）; 6.27.2（卢奇乌斯·阿伦提乌斯）. 其他内容有1.78.1（塔拉科的一座奥古斯都神庙）; 4.13.2（一位南西班牙行省总督的定罪）; 37.1（南西班牙行省请求建造提比略和里维娅的神庙）; 14.41.1（庞培·埃利安［Pompeius Aelianus］，一位来自西班牙的年轻元老）; 13.46.3（奥索被派往卢斯塔尼亚）。

第三十四章　塔西佗与高卢

无论是在战争还是和平年代里，莱茵河畔的军团始终在帝国历史中占据着举足轻重的地位。《编年史》在适宜的场合下提及了它们——首先记载了其哗变，随后记述了它们对日耳曼的新一轮入侵。而在对日耳曼尼库斯的回忆中，相关记载的戏剧性与鲜明色彩消失了——由于罗马的外交政策和当地居民的纷争不和，那里对帝国已构不成威胁。接下来便是漫长的岁月静好。

但塔西佗没有忘记军队。零星的记载揭示了在边疆一线及其之外发生的事情——一些原先臣服于罗马的部族发动了叛乱或突然入侵，由此引发了对帝国整体政策（塔西佗的看法并不总是正面的）和罗马军队动作的评论。他最关注的则是将领们的素质。当多米提乌斯·科布罗来到莱茵河下游地区时，他对弗里希人（Frisii）和考奇人（Chauci）主动出击，直到元首克劳狄乌斯遣使命令他收手罢兵为止。科布罗服从了指令，但同时诅咒了自己不得不生活于其中的那个时代："从前的罗马将领们是何等幸福啊（beatos quondam duces Romanos）！"[1]

科布罗为麾下的部队找到了用武之地。他安排他们挖了一条运河。大约与此同时，上日耳曼的副将库尔提乌斯·鲁弗斯（Curtius Rufus）开始在玛提亚奇人（Mattiaci）的领土上采矿。《编年史》已经在前文中提及了科布罗[2]，并预示了他未来的荣耀。至于库尔提乌斯·鲁弗斯，塔西佗抓住时机插入

---

[1] 11.20.1.
[2] 因为此处在提到他的时候只写了一个名字"科布罗（Corbulo）"（18.1）。

了对其充满矛盾的一生的若干评价（卑微的出身、神奇的预言、元首的恩宠与飞黄腾达）。[1] 库尔提乌斯的继任者是庞普尼乌斯·塞昆杜斯，后者出色地应对了骁勇的查提人的劫掠。库尔提乌斯和庞普尼乌斯的名字在塔西佗对莱茵河流域军队的记录中都不是一带而过。塔西佗将他们的性格同事件联系起来，并加上了预先发布的讣告——那个令人厌恶的暴发户（此人咄咄逼人却又奴性十足，没有什么好名声）和那位不因军功（尽管其战绩可圈可点），而因文学天才和社交风度受人怀念的将领都得到了这样的待遇。[2]

无独有偶，当历史学家塔西佗需要材料来充实尼禄登基之初波澜不惊的编年史时，几位副将（他们并不都是骁勇善战的）指挥的次要军事行动也派上了用场。他对这些事件进行了全面记录。[3] 它们可以反映罗马政府的边疆政策：不允许移民部落定居在莱茵河下游岸边。并且塔西佗对于这些副将的身份也不无兴趣。[4] 这部分内容以两个分别带有地方性色彩和异域情调的插曲结束：首先是两个日耳曼部落争夺盐泉归属权的斗争；之后是一场起因不明的、险些蔓延开来并毁掉最近在乌比人（Ubii）领土上建造的罗马城市——科洛尼亚·克劳狄亚·阿格里皮嫩修姆（Colonia Claudia Agrippinensium）——的火灾。这些事件都被记载于公元58年的条目之下。[5]

正如《历史》已充分表明的那样，塔西佗对莱茵河畔及其周边城镇、部落与要塞的记载无懈可击。[6] 为了解释其原因，后人首先想到的理由便是存在着一部十分精确的成文史料；那些研究塔西佗写作方法的人无一例外地想到了老普林尼——后者曾在公元47—58年的大部分时间内在莱茵河畔服役。[7] 但

1　11.21（原书第563页）.
2　12.28.2（原书第338页）.
3　13.53-56.
4　如下日耳曼行省的庞培·保利努斯（Pompeius Paullinus），其继任者为杜维乌斯·阿维图斯（Duvius Avitus）（见原书第591页）；以及指挥上日耳曼行省军队的杰出将领卢奇乌斯·安提斯提乌斯·维图斯（L. Antistius Vetus，公元55年执政官）。
5　13.57.
6　见原书第174页。
7　见原书第60、127、288—289、292页。

如果塔西佗关于莱茵河流域的大部分记载都来自那位作者的话，他的密切注意力、材料选择和细节方面的准确性仍然有待解释。

没有哪位有身份的罗马人在记载边疆事务时会缺少帮手和信息提供者——从骑兵军官到前执政官级别的副将都可以提供相关信息。许多人还跟所记述地区及其历史上的个人或家族存在着联系。担任过财务官的罗马骑士科奈里乌斯·塔西佗监管过高卢境内贝尔吉卡行省（以及上下日耳曼行省）的财政收入，并负责管理两地驻军的薪饷财库。[1] 担任过那些职务的人应当会跟科洛尼亚·克劳狄亚的地方贵族以及特瑞维利人（还要重要得多）等重要部落的权贵家族建立交情。[2] 并且我们也不能排除那位元老历史学家仕途中若干未被现存史料记录的职务或阶段所提供的资源——他有可能担任过军团长、某个军团的指挥官甚至下日耳曼或上日耳曼的行省总督（约公元101—104年）。[3]

《历史》中至少有一条信息是不可能来自韦伯芗时代或图密善统治初期出版于罗马的任何作品的——关于佩提利乌斯·克瑞亚利斯（弗拉维王室的亲戚）的罪证。当暴动者们在莱茵河畔俘获了他的船舰时，佩提利乌斯那天夜里却为了会一个女子而恰好不在船上。塔西佗记载了她的名字：来自科洛尼亚·克劳狄亚的克劳狄娅·萨克拉塔。[4]

《历史》的作者并不仅仅满足于提供一些古怪细节或生动情景来填充篇幅。他总体上对罗马人和土著居民的关系抱有兴趣，并对此有着深刻理解。演说词发挥了作用。在对特瑞维利人和林戈尼人的讲话中，佩提利乌斯·克瑞亚利斯为罗马人的统治做了坚定的辩护，详细阐述了其优点。他的论点十分有力：如果没有罗马，他们将失去抵御日耳曼人的屏障；历史上的高卢一直是"帝王和战争（regna bellaque）"的活动舞台；保护不可能不驻军，驻

---

[1] Pliny, *NH* 7.76（原书第60页）.
[2] 一位特瑞维利贵族尤利乌斯·克拉西奇亚努斯（Julius Classicianus）在尼禄统治时期担任过不列颠行省督办（见下文，原书第456页注6）.
[3] 见第六章。
[4] *Hist.* 5.22.3（见原书第175页）.

军也不可能不课税；罗马统治唯一的替代品就是无政府状态。[1]

与此同时，正如我们可以预料的那样，那位演说家也进行了一些牵强附会的辩解。在声称罗马人和高卢人之间已没有差别的时候，他指出统领罗马军团的其实是高卢人（那不可能是常态）。[2] 比克瑞亚利斯的演说词更值得重视的是一起跟战争局势关系不大的事件。塔西佗自觉利用了这个插曲。他安排科洛尼亚·克劳狄亚的公民（兼有殖民者和本地人的血统）为自己讲话。该城镇既未抵抗，也未公开支持起义者。过了一段时间，河对岸的一个日耳曼部落以自由、诚信、彼此信任和同源同种的名义向他们发出呼吁：阿格里皮嫩修姆的居民应当推倒城墙，清除两岸之间的壁垒，并杀死自己领土上的所有罗马人。[3] 这些观点显然具有欺骗性。阿格里皮嫩修姆的居民以外交辞令做出了答复，一方面承认自己同日耳曼人的亲戚关系，而且不反对在一些问题上做出让步；另一方面则否认自己当中存在任何异族：无论是本地人还是安置过来的罗马老兵，他们都共同构成了一个不可分割的聚落。[4]

罗马边疆军事区的情况就是如此：那似乎构成了塔西佗本人早年关于日耳曼人论文的补充和续集。那里还有些别的东西，一个因为《日耳曼尼亚志》及这部次要著作所引发的兴趣与研究而被忽视、埋没了的主题。一言以蔽之，那就是元首制时代早期的高卢问题。佩提利乌斯·克瑞亚利斯的讲话揭示了其中的一个方面。但《编年史》对此还有更多的话要说。[5]

曾被尤利乌斯·凯撒入侵、蹂躏并征服的高卢总的来说是风平浪静的。

1　4.73 f.

2　4.74.1: "ipsi plerumque legionibus nostris praesidetis, ipsi has aliasque provincias regitis; nihil separatum clausumve（你们指挥过我们的许多军团，也治理过这个或那个行省；没有受到过任何特殊对待）." 但他们当中能够得到史料证实的行省总督只有尤利乌斯·文德克斯——他在公元68年控制着卢戈杜嫩西斯。Ph Fabia, *Rev. ét. anc.* XIV (1912), 285过分从字面上理解了罗马将领的话。

3　4.64.

4　4.65.2: "deductis olim et nobiscum per conubium sociatis quique mox provenerunt haec patria est（早先到来的人们早已通过联姻成为我们的盟友，并将此地视为家乡）." 此外，在模仿元首克劳狄乌斯的口吻时，历史学家塔西佗也强调了罗马老兵殖民地中的土著元素（*Ann.* 11.24.3）。

5　本章主体内容（有改动）发表于 "Tacitus on Gaul", *Latomus* XII (1953), 25 ff.。

但罗马政府一直对那里保持警醒，并不放心。那块土地幅员辽阔、人口众多，并且拥有尚武的古老传统。高卢人不是一个族群，而是许多部落的集合；但对尤利乌斯·凯撒的抵抗造就了一种民族精神。那或许在罗马帝国时代仍是非常危险的。

元首奥古斯都时代对日耳曼的历次入侵客观上有助于维护罗马在高卢的统治。罗马可以宣称自己是高卢人的保护者，二者联手参加的战争对于高卢人（他们还记得阿瑞奥维斯图斯［Ariovistus］等人）而言是一场雪耻之战。高卢酋长们和被招募的高卢士兵跟着罗马军团深入日耳曼境内（或许还承担了许多战斗任务）。

但征服日耳曼的计划最终被放弃了。阿米尼乌斯的叛乱和3个军团被歼成了罗马政府难忘的教训——或许也是对高卢各部族的激励。罗马政府该如何处理这一问题呢？

罗马帝国没有在高卢腹地驻扎任何军团。乍看上去，那似乎反映了对高卢人的信任。事实上，那只是出于战略考虑而已。在提比略时代，有8个军团驻扎在从维特拉（今克桑滕［Xanten］）到文多尼萨（今巴塞尔［Basle］附近的文迪什［Windisch］）的莱茵河一线。他们看似面对着日耳曼地区，随时准备击退进犯的敌人或重启对该地区的征服。但他们其实同时面对着两边——高卢和日耳曼。[1] 事实上，那正是上日耳曼行省的2个或4个军团（它们驻守在阿根托拉特［Argentorate，今斯特拉斯堡］和文多尼萨）所承担的特殊使命。在巴登（Baden）和瑞士几乎没有什么日耳曼人。驻扎在斯特拉斯堡的那个军团随时准备投入战斗——但并不是针对日耳曼人。该军团可以取道萨维尔纳（Saverne）出征梅斯（Metz）和兰斯（Reims）。另一个军团距巴塞尔只有一步之遥，并可以取道贝尔福隘口（Gap of Belfort）抵达全高卢的战略中心第戎（Dijon）。高卢境内发动的任何叛乱都会被及时扑灭。

帝国早期的高卢基本上依然如故。尽管有人从旧城镇（*oppida*）迁来，尽管在平原上建立了新城市（如在埃杜伊人［Aedui］那里，新城奥古斯托

---

[1] *Ann.* 4.5.1: "commune in Germanos Gallsque subsidium（同时支撑着日耳曼和高卢）."

杜努姆［Augustodunum］便取代了比布拉克特［Bibracte］），尽管诸城市本身繁荣了起来，尽管商业和教育都有所发展，高卢地区的社会结构基本上仍然没有多少变化。高卢的基本面貌仍然是乡村而非城市。那是部落、酋长、大地产和农庄的世界——大部分人口都生活在农奴制或接近农奴制的状态之中。[1]

凯撒在《高卢战记》中提供的证据在帝国早期仍然有效。凯撒展示了若干高卢贵族的经典形象。首先是赫尔维提人的首领奥格托里克斯（Orgetorix）——"长期以来最高贵、最富有的人物（longe nobilissimus fuit et ditissimus）"[2]。此人的家庭成员有十万人之多，此外还有大批"门客和债户（clientes obaeratique）"[3]。在这些侍从和附庸的帮助下，奥格托里克斯可以在赫尔维提人中间为所欲为，并在司法诉讼中颠倒黑白。

第二位是埃杜伊人的酋长杜姆诺里克斯（Dumnorix）、奥格托里克斯的朋友和盟友。杜姆诺里克斯的相关史实构成了关于高卢部落首领们政治联姻的经典文本。杜姆诺里克斯将他的权力拓展到了很远的地方，他的举动不仅仅是从赫尔维提人中迎娶了奥格托里克斯的女儿为妻。他让自己的母亲嫁给了比图里格人（Bituriges）中"最高贵、最有权势的男子（homo nobilissimus ac potentissimus）"；他还利用自己的同母姐妹和女性亲戚们同其他部落缔结了政治婚姻。[4]

与此相反，旧有的纳旁高卢行省已被纳入意大利的行政管理体系。当地居民的血统十分驳杂，凯尔特人或许并未在其中占据主导地位。除阿隆布罗格人外，很少还有哪个部落保留着抵抗罗马人的民族记忆。从气候和产品来看，它属于一个地中海地区；那里的居民更喜欢住在城镇里；在当地罗马文明压倒希腊文明的情况下，即便没有罗马退伍老兵在那里建立的殖民地，该行省或许也会发展成意大利的治理模式。[5]

---

1 关于那些状态的持久性，见K. F. Stroheker, *Der senatorische Adel im spätantiken Galien* (1948), 38 ff.。
2 Caesar, *BG* 1.2.1.
3 4.2.
4 3.5; 9.3; 18.6 f.
5 参见波河以北地区的情况——那里几乎没有殖民地，本土因素十分重要（见原书第620页）。

"它更像意大利，而非行省（Italia verius quam provincia）。"[1]人们对纳旁高卢如是说。史实也证明了这一评价不谬。纳旁高卢行省的居民可以被招募进入罗马军团，早些时候甚至可以进入禁卫军——但我们很难在辅助部队中找到他们的身影。[2] 当地城镇贵族家庭中的年轻人以罗马军团长官的身份为帝国效劳，并担任了元首行省督办等财务官职。[3]这些家族接下来要做的就是培养出罗马元老。我们在帝国早期已见证过若干这样的例子。[4] 来自纳旁高卢的第一位执政官产生于公元35年（元首提比略统治时期）——他是来自维也纳的瓦勒里乌斯·阿西亚提库斯（他从前是那座阿隆布罗格人城市里的一位部落首领）。[5] 第二位紧随其后——尼莫苏斯（Nemausus）的多米提乌斯·阿费尔（公元39年）。[6]

因此，纳旁高卢属于西班牙境内较为文明开化的地区，也是意大利北部在行省中的延伸。气候、历史、组织结构和政府治理模式都使得纳旁同高卢三行省之间泾渭分明。

因此，我们还是回到所谓的高卢本土（高卢三行省）。[7] 那些地区的本地

1　Pliny, *NH* 3.31: "virorum morumque dignatione, amplitudine opum nulli provinciarum postferenda breviterque Italia verius quam provincial（那里的优秀人物与风俗，以及可观财富使得它不逊色于任何一个行省；简言之，它更像意大利，而非行省）。"

2　沃科提亚人有两个分支（*alae*）；但该聚落的结构并不典型，在该行省中可以说是独一无二的。

3　*Agr.* 4.1: "utrumque avum procuratorem Caesarum habuit, quae equestris nobilitas est（他的祖父和外祖父都是"元首督办"，那是一个高贵的骑士头衔）。"

4　见第四十三章。他们在公元49年获得了特别恩宠，获准在不从元首身边离任的前提下返回家乡探望（*Ann.* 12.23.1）。

5　发现于1941年、最早出版于1947年（*Inscr. It.* XIII.I, p. 188）的 *FO* IX反映了这一点。一般认为，他的第一次执政官任期是在卡里古拉统治时期——那是很自然的猜测。

6　阿费尔的家乡信息仅见于Jerome, *Chron.* 179 H.

7　在塔西佗和其他作家的笔下，"高卢诸行省"通常情况下肯定是不包括纳旁的，而严格局限于"被称为'长发'的（quae Comata appellatur）"高卢地区（11.23.1）。参见Quintilian 8.5.15; 10.3.13（列举于附录91）。因此，*Dial.* 10.2中的 "ex Hispania vel Asia, ne quid de Gallis nostris loquar（来自西班牙或亚细亚，更不消说我们的高卢行省）"确实应当按照舒尔廷（Schulting）的意见改为"Galli<i>s（诸高卢）"。类似的情况或许还有本特利（Bentley）对Suetonius, *Nero* 40.1的文本修改。但"Galliam suismet viribus concidisse（高卢的遭殃是因为自身的实力）"（*Hist.* 4.17.3, Wurm and Halm修改）则应当保留原文，其中并不存在任何歧义："高卢诸行省"已经在本章中出现了3次。

居民通常不得在罗马军团中服役，只能加入辅助部队。[1] 酋长们指挥着本部落的队伍，但很少能够担任罗马军团中的军团长。[2] 他们担任为罗马政府效劳的财务官的机会更少。[3] 高卢贵族们无法指望自己像来自纳旁或西班牙的殖民地与城镇的家族那样跻身罗马统治阶级的行列——尽管他们也是拥有财富和教养的。

关于高卢三行省社会结构的史实是清晰明了的。一边是酋长、权贵家族和大地产所有者；另一边则是大批民众、佃户乃至农奴。显然，那并不是一个能够同实行以城镇为中心的治理模式的意大利、纳旁和西班牙相对文明开化地区等量齐观的区域。

那么，高卢的命运又将何去何从？它是罗马帝国经济富饶、人口众多地带的重要组成部分，但尚未同更核心的区域整合起来，而且也无法向帝国统治阶级输送人才。并且高卢有时候还会制造麻烦。

麻烦既可能产生于贵族，也可能来自被压迫阶级。跟他们的祖先一样，高卢贵族们高傲且好战，并喜爱奢华与排场。因此他们容易陷入争执、挥霍与债务的泥潭。他们的荣誉感会被罗马的统治所伤害——他们也会嫉妒很容易被罗马元老集团接纳的纳旁贵族们的好运。并且他们也痛恨罗马施加在自己身上的税收负担。[4]

以上是富人们的烦恼。乡村居民的不满情绪则酝酿着一场社会革命——

1　我们在公元1世纪中只能找到不到一打高卢军团分队。他们几乎全部来自第3军团"奥古斯塔"（III Augusta）；这批人很可能是在公元69年的非常状态下被招募的，后来被送到了阿非利加行省。参见R. Syme, *Rev. ét. anc.* XXXVIII (1936), 184 ff.。

2　德扫在帝国早期一共只找到了2名军团长（Dessau, *Hermes* XLV [1910], 12 f.），即埃杜亚（Aedua）的尤利乌斯·卡勒努斯（Julius Calenus）（*Hist.* 3.35.2, 参见 *ILS* 4659）和一个特瑞维利人（*CIL* XIII, 4030）。还应补充 *ILS* 7017和 *CIL* XIII, 11045；以及可能年代相当早的 *ILS* 2755。

3　但应当注意不列颠行省督办尤利乌斯·克拉西奇亚努斯（Julius Classicianus）（*Ann.* 14.38.3），他的妻子是"因杜斯之女尤利娅·帕卡塔（Iulia Indi f. Pacata）"（*CIL* VII, 30+*AE* 1936, 3；伦狄尼乌姆）——很可能来自尤利乌斯·因杜斯（Julius Indus）的家族（3.42.3）。因杜斯是特瑞维利人，起义者尤利乌斯·克拉西库斯也是如此——"那是一个王族，在和平与战争期间声名显赫（regium illi genus et pace belloque clara origo）"（*Hist.* 4.55.1）。

4　3.40.

它很容易，或许必然要采取反抗外来统治的民族起义的形式。并且民族主义还有可能受到迷信观念的煽动。

在高卢有一批德鲁伊特（Druids）——但究竟何为德鲁伊特？凯撒认识的那个古老的、由祭司和贵族构成的德鲁伊特阶层似乎已经一去不复返了。[1] 贵族们很快放弃了传统教育，将自己的兴趣转向开化世界的主流语言和文化。[2] 在那样的情况下，古老的宗教和魔法信仰会沉到社会下层，在那里维持着自身的势力。如果说德鲁伊特这个名目保留下来了的话，它如今指的已经是乡村方士和魔法师了。

从前，高卢和德鲁伊特因实行人祭而臭名昭著。在罗马征服时期或不久之后，该习俗被废止了，正如地理学家斯特拉波所证实的那样。[3] 另一位作家则指出，如今只有一种无害的仪式保留了下来，作为人祭的一种象征性残余。[4] 但对人祭陋习的谴责或许仍未平息，并且或许有人怀疑在一些遥远的地方还存在着那种丑恶的仪式。根据老普林尼的说法，元首提比略最终用一纸官方敕令彻底消灭了德鲁伊特信仰。[5]

---

1 凯撒详细介绍了德鲁伊特这个群体（*BG* 6.13 f.），但在他的叙述中从未出现过任何一名德鲁伊特。因此那对他而言只是一个猎奇话题，见 M. Rambaud, *L'Art de la deformation historique dans les Commentaires de César* (1953), 328 ff.。西塞罗曾经跟埃杜伊人狄维奇亚库斯（Diviciacus，杜姆诺里克斯的兄弟）有过交谈，并将后者描述为一名德鲁伊特（*De div.* 1.90）。

2 N. J. De Witt, *TAPA* LXIX (1938), 319 ff.

3 Strabo 4.198. 没有任何证据表明，斯特拉波提供了什么新信息（也就是来自奥古斯都时代而非凯撒时代的材料）。斯特拉波或许是在公元前1年进行写作的：他在公元18或19年进行的零星修订都无关紧要。

4 Mela 3.18: "manent vestigia feritatis iam abolitae, atque ut ab ultimis caedibus temperant, ita nihilominus, ubi devotos altaribus admovere, delibant（他们还保留着现已废止的野蛮习俗的残余，他们放弃了从前那种献祭仪式中的屠杀做法）." 麦拉的写作时间可精确定为公元43年（参见 3.49），但他使用的材料很少是及时更新过的。没有任何迹象可以表明，他指的是献祭杀戮仪式最近才被废止。

5 Pliny, *NH* 30.13: "Gallias utique possedit, et quidem ad nostram memoriam. namque Tiberii Caesaris principatus sustulit Druidas eorum et hoc genus vatum medicorumque（它确实存在于高卢诸行省，我们对此还记忆犹新。在元首提比略统治时期，德鲁伊特这批占卜者和医师被取缔了）." 老普林尼距离那个时代很近，并且他了解高卢的情况。将取缔德鲁伊特信仰归在克劳狄乌斯头上的苏维托尼乌斯在权威性方面无法同老普林尼匹敌（Suetonius, *Divus Claudius* 25.5）。因此，对他和老普林尼提供的证据予以同等程度的重视是不明智的。

至于高卢实行的人祭仪式究竟是德鲁伊特信仰遭禁的真实原因，还仅仅是一个必然要授人以柄的借口，那就是另外一回事了。[1] 对巫术的信仰仍旧拥有很大的吸引力[2]，并且巫术或许也不是完全无害的。它或许还在乡村地区的轻信、狂热的民众中间产生着破坏性影响。它在激发社会不满情绪的同时也挑唆着反对罗马统治的民族起义。

塔西佗并未报道提比略的法令，并且《编年史》中根本就没有提及高卢地区的宗教。不列颠拥有真正的德鲁伊特和他们的人祭仪式。塔西佗认真讲述了苏维托尼乌斯·保利努斯攻打莫纳岛并毁掉圣树丛的事情。[3] 他可能还会在讲到公元68年暴乱时交代一些关于高卢宗教的情况。[4]

塔西佗在《历史》中记录了关于当地宗教的一条值得注意的证据。在公元69年冒出来了一个自称是神的本地先知，在埃杜伊村民中纠集起了8000名"狂热信徒（fanatica multitudo）"[5]。此外，还有一些德鲁伊特在下一年里跳了出来，借着卡庇托林山火灾的由头宣扬罗马的统治很快就要坍塌。[6]

高卢的危险已变得更加明朗。发动叛乱的贵族在本阶层和亲戚中间拥有自己的盟友——但他也能在乡村地区集合起大批追随自己的门客和农奴。

乍看上去，《编年史》并未详细讨论高卢与高卢问题。但业已佚失的各

1　H. M. Last, *JRS* XXXIX (1949), 1 ff. 过分强调（并且几乎对其他因素只字不提）帝国政府的人道主义观念。值得注意的是，曾有一批异邦人在十五人祭司团监督下被活埋于罗马，参见Pliny, *NH* 28.12: "etiam nostra aetas vidit（甚至我们这个时代也见证过）."下此命令的很可能是元首克劳狄乌斯；被活埋的或许是不列颠的土著。

2　老普林尼以十分肯定的口吻写道，克劳狄乌斯曾处决过一名属于沃科提亚人（居住于纳旁高卢）的罗马骑士，因为他还在奉行德鲁伊特的习俗——随身带着一枚蛇卵（*NH* 29.54）。

3　14.30.

4　提比略之所以会采取那样的措施，或许是由于他被公元21年的高卢起义激怒了；塔西佗有可能是故意将德鲁伊特的插曲留到最后，以便类比高卢与犹太的宗教狂热。因此，不列颠的德鲁伊特（14.30）和罗马城的基督徒（15.44）都是作品中的铺垫环节。

5　2.61. 除此之外，塔西佗只在描述不列颠的德鲁伊特时用过"狂热（fanaticus）"一词（*Ann.* 14.30.2）。

6　4.54.2: "fatali nunc igne signum caelestis irae datum et possessionem rerum humanarum Transalpinis gentibus portendi superstitione vana Druidae canebant（这场致命的大火是上天震怒的标志，意味着世界的权柄将转移到阿尔卑斯山以外的族群手里。虚妄、迷信的德鲁伊特们如是说）."一些学者选择无视（另一些人则否认）一位罗马前执政官提供的这条证据。

卷可能是负责重构平衡的。其中最重要的是现已不存的、记述帝国西部反尼禄起义高潮的那一部分。那场运动正是发起于高卢。历史学家塔西佗已为此做好了准备,早就预设好了铺垫环节。相关伏笔包括3个插曲。

首先是公元21年特瑞维利人和埃杜伊人在尤利乌斯·弗洛鲁斯和尤利乌斯·萨克罗维尔领导下发动的叛乱。[1] 塔西佗的记载十分详细,包括酋长们的傲慢、不满和阴谋。他们集合起了人数众多但装备简陋的门客和附庸,并逮捕了一批在奥古斯托杜努姆接受教育的贵族子弟作为人质。[2] 这次暴动范围很广,起义者赢得了广泛同情和来自其他部落的一些帮助;但遭到了特瑞维利人中一位贵族对手尤利乌斯·因杜斯的抵制。步入战场后,高卢军队遭到了罗马军团的碾压与驱赶。

第二幕场景展示了高卢人的友爱和风采。卡里古拉在卢戈杜努姆第3次就任执政官,来自高卢各族群的代表于指定时间赶到那里去向罗马和奥古斯都祭坛致敬。卡里古拉组织了各种节庆活动。其中之一是演说比赛——因为高卢早已在那种技艺方面闻名遐迩。[3]

这次竞赛给若干参赛者带来了不适或风险。[4] 元首接下来的举措继续刺激并剥削着当地贵族。在向高卢三行省课税的过程中,他发现了一些巨额财富,并下令将它们的拥有者处决。[5]

拥有出身、财富和良好教育的高卢贵族野心勃勃地想要进入罗马统治阶级。接下来发生的事情表明,下一任元首有希望成为他们的朋友和支持者。元首克劳狄乌斯生于卢戈杜努姆。[6] 他于公元43年在高卢逗留了几个月。[7] 到了

1　3.40-46. 很难想象其他历史学家会如此详细地记述这一插曲。
2　43.1. 一则宝贵的史料。另见精确的细节描述"欠债的贱民和门客(vulgus obaeratorum aut clientium)"(42.2, 参见 Caesar, BG 1.4.2),以及全身铁甲的角斗士——"他们称之为铁甲角斗士(cruppellarios vocant)"(43.2)。
3　参见附录91。
4　Suetonius, Cal. 20, 参见 Juvenal 1.44。
5　Dio 59.22.3 f.
6　根据苏维托尼乌斯的说法(Suetonius, Divus Claudius 2.1),那一天是公元前10年8月1日——也就是奉献奥古斯都奉献祭坛的同一天。但那场奉献仪式或许是在公元前12年(Livy, Per. 139)。
7　他离开罗马6个月,在不列颠待了16天(Dio 60.23.1, 参见 Suetonius, Divus Claudius 17.2)。

公元48年，当元首以监察官身份补充元老人选时，一批高卢贵族向他呈递了请愿书。[1]诚然，高卢显贵的公民权在法律上是无懈可击的；并且元首们在分封名爵（*latus clavus*）时也可以安排他们中意的人选获得荣誉。[2]元首克劳狄乌斯拔擢了一大批人物——尽管监察官无须元老院的敕令批准，他还是坚持要公开这些操作。[3]他要求元老院为自己的行为作证并表示认可。元老院听取了他的议案并投票通过。[4]

元首克劳狄乌斯那篇演说词的大部分内容大概都完整地保留了下来，引起了后人对其言辞和当时情境的兴趣。在以相当乏味的掉书袋式语言解释了罗马共和国发展壮大的历史后，克劳狄乌斯最后谈到了来自意大利城镇的元老们，并在提及纳旁时强调了维也纳的重要性：那里早已成为孕育元老的摇篮。[5]需要为自己的观点提供支持的演说家，或在意听众是否真诚认可自己的统治者本应在这样的场合下，点名赞美面前几位优秀的纳旁出身元老的优秀

---

1 11.23.1.
2 H. F. Pelham, *Essays on Roman History* (1911), 152 ff. 那些继承或进一步发挥了蒙森说法的人混淆了基本事实，设想存在着一种将行省的罗马公民们排除在外的"荣誉权（ius honorum）"。如 A. Momigliano, *Claudius: the Emperor and his Achievement* (1934), 44 f.; J. Carcopino, *Points de vue sur l'impérialisme romain* (1934), 170 f. 更独特（也更令人困惑）的是 V. Scramuzza, *The Emperor Claudius* (1940), 105: "only one disability stood against them: they were not Italians（对他们而言只有一点美中不足：他们不是意大利人）."
3 关于该演说词同塔西佗版本的比较，见原书第317页及以下诸页。
4 11.25.1: "orationem principis secuto patrum consulto primi Aedui senatorum in urbe ius adepti sunt. datum id foederi antiquo, et quia soli Gallorum fraternitatis nomen cum populo Romano usurpant（元首发表演说后，元老们通过了决议。于是埃杜伊人成了最先有资格在罗马城担任元老的［高卢人］。他们签订了具有长期效力的条约，成为高卢人中唯一获得"罗马人民兄弟"头衔的族群）."高卢人曾要求过"罗马城的获取荣誉权（ius adipiscendorum in urbe honorum）"（23.1），指的应该就是获取名爵的资格。参见对法布里奇乌斯·维恩托的指控："贩卖帝国战利品和获取荣誉权（venditata ab eo munera principis et adipiscendorum honorum ius）."（14.50.1）塔西佗会回避使用一些专门术语：他使用"*latus clavus*（紫色宽披风/名爵）"的场合只有 *Dial.* 7.1（玛库斯·阿佩尔的讲话）。但相关背景表明，高卢贵族们在公元48年已开始获得拥有名爵的资格，其中最早的例子便是埃杜伊人。
5 *ILS* 212, col. ii, ll. 9 f.: "ornatissima ecce colonia valentissimaque Viennensium quam longo iam tempore senatores huic curiae confert（极其高贵、充满活力的殖民地维也纳早已让她的元老遍布元老院）."

品质。例如，演说家多米提乌斯·阿费尔就值得他的点名和恭维。但克劳狄乌斯只提到了一座城镇和一个家族。维也纳令克劳狄乌斯想起了自己手下的牺牲品瓦勒里乌斯·阿西亚提库斯，他在提及那个人时是切齿痛恨的。[1]

那还不是最糟糕的。维也纳将那位身为元首的演说家带到了纳旁和高卢三行省的交界处。[2] 他试图用三言两语搪塞过关。克劳狄乌斯声称，既然元老院已经容纳了来自卢戈杜努姆的高贵罗马元老们，那还有什么可说的呢？[3]

这一观点是虚妄且毫无价值的。卢戈杜努姆是一处罗马殖民地，因而拥有完整的公民权，是罗马人民的有机组成部分。它恰好坐落于高卢三行省交界处只是一个地理上的巧合。[4]

另一方面，纳旁同高卢三行省之间的边界并不是偶然划分的，不仅仅是行省划界或出于行政管理方便而造成的结果。高卢是一个遍布部落的地区；尽管高卢的权贵们拥有财富和才华，在教育质量方面占据优势，其拉丁文水平经常能够让操方言的意大利与殖民地学者们汗颜，但他们仍然是部落酋长。这些人同纳旁居民之间的反差是清晰鲜明的。后者作为一个行省乃是意大利自然的、有机的延伸，并吸收了伊达拉里亚、奥斯坎（Oscan）、伊利里亚和凯尔特等族群元素。

元首演说家克劳狄乌斯援引了罗马的历史，却对高卢晚近的动荡不置一词，声称自己正在创造一种有益的先例。那么，我们应该如何评价他的这

1　ib. 14 ff.，原书第318页。克劳狄乌斯还提到了阿西亚提库斯的兄弟。

2　ib. 20 f.: "iam enim ad extremos fines Galliae Narbonensis venisti（你已来到纳旁高卢的边境）."

3　ib. 26 ff: "quid ultra desideratis quam ut vobis digito demonstrem solum ipsum ultra fines provinciae Narbonensis iam vobis senatores mittere, quando ex Luguduno habere nos nostri ordinis viros non paenitet（既然身为元老的元首已亲自来到纳旁行省边界处展示了对你们的尊重，并且他并不介意从卢戈杜努姆吸纳我们阶层的成员，你们夫欲何求呢？）." 后人一直认为，这句话指的是罗马元老们——他们是卢戈杜努姆殖民地的公民。但克劳狄乌斯所表达的并非此意——注意"他自己（solum ipsum）"的表述。元首说的是他自己。罗马元首是元老阶层的一员。关于卢戈杜努姆元老人数的寥寥，见原书第620页（英文原著此处写为"p. 630"，中译本据实际内容进行了订正——译注）。

4　参见 Seneca, *Epp.* 91.10 对卢戈杜努姆火灾的评论："一座富有的城市、诸行省的瑰宝——它属于又不属于行省——化作了灰烬（civitas arsit opulenta ornamentumque provinciarum, quibus et inserta erat et excepta）。"

一举动呢？只看元老院新增人数是不够的（同元老院的规模相比起来，这个数目或许很小）。但它突兀地表明了一条新原则。塔西佗认为那其实很重要。其他作家都没有注意到那一变化，没有予以赞扬、责备或哪怕将它记录下来。就连抨击克劳狄乌斯滥授罗马公民权、嘲笑他出生在卢戈杜努姆——"高卢人的亲戚（Gallus germanus）"——的小塞涅卡也没有注意到这一点。[1]

那还不是全部。历史学家塔西佗针对元首遭到的批评为他做了辩护——并在许多方面改进了他的陈词。[2] 正如塔西佗心知肚明的那样，那位元首经常省略相关事实或有效的论据。[3] 他本人提供的版本则提到了高卢贵族们的富有和他们对文明精华元素的吸收。[4]

克劳狄乌斯这一举措的效果应当是积极的。他采用了融合而非猜疑的态度——从前的高卢显贵和王朝代理人今后将作为统治集团的一分子而效忠罗马及其帝国。

最终的命运在20年后的余波中浮现，并且极富讽刺意味——卢戈杜嫩西斯行省总督尤利乌斯·文德克斯起兵叛乱。这起变故证明克劳狄乌斯的谋士们在秘密会议上的犹豫不决确有道理：来自高卢的元老仍旧是当地的权贵。此后不久，一场罗马内战引发了巴塔维亚战争，后者又同特瑞维利人和林戈尼人的酋长们鼓吹的"高卢国家（imperium Galliarum）"交织在一起。罗马对叛乱的镇压毫不留情。奇维利斯最终投降。[5] 没有史料表明他保全了性命。

1　*Apocol.* 6.1，参见3.2: "constituerat enim omnes Graecos, Gallos, Hispanos, Britannos togatos videre（他决心要看见全希腊、高卢、西班牙和不列颠的居民都穿上长袍）。" 还有 *De ben.* 6.19.2: "quid, ergo, inquit, si princeps civitatem dederit omnibus Gallis（于是他问道："元首是要授予全体高卢人罗马公民权吗"）?" 卡西乌斯·狄奥的相关记载残缺不全；但苏维托尼乌斯用整整1节介绍了克劳狄乌斯在担任监察官期间的所作所为（Suetonius, *Divus Claudius* 16）。

2　见原书第318页。对克劳狄乌斯演说价值的相反意见如 J. Carcopino, o.c. 180 ff.; F. Vittinghoff, *Hermes* LXXXII (1954), 362 ff.。

3　12.11.1（为帕提亚指定的国王们）; 22.2（洛里娅·波琳娜同卡里古拉的婚姻）. 克劳狄乌斯在这篇演说中忘记了尤利乌斯·凯撒在提拔意大利贵族为元老的过程中扮演的角色，参见R, Syme, *BSR Papers* XIV (1938), 8。

4　11.24.6: "iam moribus artibus adfinitatibus nostris mixti aurum et opes suas inferant potius quam separati habeant（既然他们的风俗、艺术和婚姻纽带已同我们交织在一起，那就应当让他们带来自己的黄金与财富，而非与我们彼此隔绝）。"

5　*Hist.* 5.26（文本在此中断）.

462　尤利乌斯·克拉西库斯的结局没有被记录下来；尤利乌斯·萨比努斯躲藏了起来，并得到了忠诚妻子的掩护和救助。他们于9年后遭到逮捕，并被韦伯芗下令处决。[1]

罗马人没有忘记这个教训。在接下来的那个时代里没有涌现出多少来自高卢三行省的元老。[2] 相反，元首们继续在西班牙和纳旁寻找着元老人选。这个习惯很快就拓展到了阿非利加和希腊人居住的东方。一些来自亚细亚行省的人物当上了元老——并且还有拥有凯尔特血统的伽拉提亚人（Galatians），他们是国王和领主们的后裔。[3]

迫使尤利乌斯·文德克斯起事的原因将成为永远的谜团。罗马对高卢的剥削一直是导致其不满的原因，并且无疑因为尼禄手下财务官员的所作所为而变本加厉。如果为行省居民说话的副将同元首行省督办起了冲突的话，我们是无须追问中央政府将会支持哪一方的。一位谨慎的行省总督肯定会尽力避免那样的纠葛。[4] 或许文德克斯的举动根本就不是什么谋略甚至阴谋，只不过是为了自保而已。无论如何，对尼禄暴政的抗议必然会迅速转换成反抗罗马统治的本地起义的形式，令人忆起特瑞维利人和埃杜伊人的酋长尤利乌斯·弗洛鲁斯和尤利乌斯·萨克罗维尔——他们曾于元首提比略在位期间在高卢挑起过战争。[5]

1　4.67.2; Dio 65.16.1 f.; Plutarch, *Amatorius* 25.770 d ff.
2　在克劳狄乌斯担任监察官之前，那些地方或许零星涌现过若干元老。其中可能包括尤利乌斯·文德克斯的父亲（Dio 63.22.1[2]）；可能还有在不列颠服过役（*Dial.* 17.4, 具体时间应为公元43年, 见附录91）的玛库斯·阿佩尔（M. Aper）。公元70年后值得注意的人物有塔西佗朋友尤利乌斯·纳索（Julius Naso）（Pliny, *Epp.* 6.6.3 f., 参见附录92）的父亲。人们还有理由猜想盖约·尤利乌斯·朱文纳利斯（C. Julius Juvenalis）、昆图斯·尤利乌斯·巴尔布斯（Q. Julius Balbus）和盖约·尤利乌斯·希拉努斯（C. Julius Silanus, 公元81、85、92年递补执政官）亦可归入此类人物。关于公元2世纪的高卢元老，见 J. Colin, *Latomus* XIII (1954), 218 ff.。
3　见第三十八章。
4　如担任阿奎塔尼行省副将的阿古利可拉（*Agr.* 9.5）。
5　这一趋势似乎在公元69和70年的变故过后愈演愈烈。席勒认为文德克斯是个高卢民族主义者和独立派（H. Schiller, *Gesch. des r. Kaiserreichs unter der Regierung des Nero* (1872), 261 ff.）。蒙森则反对这一看法，认为文德克斯是一名共和派（Mommsen, *Hermes* XIII [1878], 90 ff. = *Ges. Schr.* IV [1906], 333 ff.）。这些都是走极端的观点，忽视了当时形势的复杂性。

尤利乌斯·文德克斯不仅仅是一位罗马元老——他还是阿奎塔尼国王们的后裔。[1]并且文德克斯也不是孤身一人：由于传统、等级、家族关系纽带的存在，一群贵族还带着大批附庸追随着他。[2]当高卢的部队开始集结的时候，莱茵河流域的军团看到了自己等待已久的机会。上日耳曼行省驻军的主要任务不是侵略或抵御日耳曼人，而是在必要时干预高卢事务。忠于罗马（和尼禄）的副将维吉尼乌斯·鲁弗斯遭遇并击溃了高卢人。[3]

叛乱者的做法属于铤而走险；并且他的借口也含糊不清——他是一位罗马行省总督，却想诉诸高卢本地人的支持来推翻一位罗马元首。历史学家塔西佗无疑会清晰、鲜明地展示这种矛盾。创作一篇演说词应该是最好的处理方式。我们或许可以猜测出那篇演说的语调和要旨。文德克斯将不仅仅谴责尼禄那名暴君、弑母者、骗子，也不仅仅为罗马贵族遭到屠杀和罗马元老院蒙受耻辱而表达自己的愤怒和忧伤。那位高卢人的领袖还会高声激励听众们不要辱没高卢的荣誉、声名和古老武德。[4]

帝国西部诸行省拥有一种双重结构——一是部落的，二是城镇的。它使得反尼禄的起义呈现出一种双重面貌，并且在很大程度上导致了起义的失败。尤利乌斯·文德克斯拥有从高卢招募来的兵源，伽尔巴则获得了来自西班牙诸城镇的支持（无论它们的居民是殖民者还是本地人）。当伽尔巴在新迦太基（Carthago Nova）被拥立为元首时，他当然还是要依照罗马人的尊严、传统与爱国精神去恳请元老院和罗马人民支持自己。他的立场也会在纳旁诸城市得到支持——那里拥护伽尔巴的人或许比拥护文德克斯的更多。维也纳反对尼禄，但却无意支持反罗马的高卢人起义。[5]总的来说，那个行省是

1　Dio 63.22.1[2]。
2　Josephus, *BJ* 4.440: "ἅμα τοῖς δυνατοῖς τῶν ἐπιχωρίων（同本地权贵一道）." 根据Plutarch, *Galba* 8的记述，他们的追随者有10万人之多。
3　关于维吉尼乌斯对尼禄的忠诚（它遭到了后人的抹杀或掩饰），参见原书第179页。
4　狄奥创作的文德克斯演说词（63.22.3 ff.，保存于克希菲利努斯的节录）是拙劣的和严重不符史实的。
5　正是卢戈杜嫩西斯人（他们拥护元首制与尼禄）将维也纳描述为"高卢战争的策源地，那里的一切都是异质的和敌视罗马的"（sedem Gallici belli: cuncta illic externa et hostilia）(*Hist.* 1.65.2)。

以尊敬、忠于罗马元老院而饱受赞誉的。[1]

高卢问题先后经历了四个阶段——弗洛鲁斯和萨克罗维尔、卢戈杜努姆的卡里古拉、元首克劳狄乌斯的演说和文德克斯的叛乱。西班牙用一个举动让自己载入史册，带着自己的人力、钱财资源与对罗马的忠心加入了竞争者的行列。《编年史》的第18卷肯定要讲述同罗马帝国有关的必要信息。其中对军队和行省的概览、文德克斯与伽尔巴的演说词等内容会让读者忆起《历史》中的宏大视野、紧凑情节与明快叙事。[2]

《历史》的导论或对克雷莫纳战役的叙述在任何语言中都是首屈一指的杰作。后人也很难质疑塔西佗的精确或公正。贬低塔西佗的人们总是抓住《编年史》不放，那其实并不公平。[3] 塔西佗处理的是早已定型的体裁和基本无法验证真伪的时代。对一位历史学家的考验应以他力所能及的范围为限度，考察他关于自身生活时代或知识结构以内的史料处理的好坏。[4]

《编年史》遭到了各种各样的责难。并非所有的批评意见都考虑到了那位罗马历史学家的局限性，区分了哪些缺陷是不可避免的，哪些确实是塔西佗自己的过失。他们采用了关公战秦琼式的批判标准，或在运用自己的批评原则时过于严苛。我们在前文中已经分析了其中较为严重的一些指控。我们讨论了塔西佗的主题、风格、真实性、洞察力和把握史料的能力。我们接下来则要讨论科奈里乌斯·塔西佗的观点和信仰。这项研究牵涉到他的生活年代、社会等级与家庭出身。我们首先要考察《编年史》同其创作年代之间的关系。[5]

1　*Ann.*12.23.1: "egregiam in patres reverentiam（十分尊敬元老们）."
2　只要塔西佗在生前写完了这部分的话，那将是确定无疑的。
3　J. S. Reid, *JRS* XI (1921), 191 ff. 便是如此，该作者在攻击塔西佗时忽视了《历史》的存在。瑞德声称，苏维托尼乌斯"能够把握帝国的重大利益所在，而我们在比他更著名的那位同时代史家笔下却几乎看不到这种素质"（o.c. 194）。该作者肯定没有认真读过苏维托尼乌斯的《尼禄传》（*Nero*，其中几乎没有提及帕提亚与不列颠）。该传记中的大部分材料都无足轻重，并且作者对历史细节的把握也十分马虎和心不在焉。关于《尼禄传》的更多信息见附录77。
4　作为一名仅有博学一项特长的史料汇纂者，苏维托尼乌斯在叙述到接近自己生活时代的历史时每况愈下。
5　见第二十五章。

二十世纪人文译丛

塔西佗

下　册

〔英〕罗纳德·塞姆　著
吕厚量　译

商务印书馆
The Commercial Press

商務印書館（上海）有限公司 出品
The Commercial Press (Shanghai) Co. Ltd.

第七部分

创作年代

第三十五章 《编年史》的写作时代

在就任财务官和执政官两个时间段之间,塔西佗的元老生涯几乎恰好跟图密善统治的15年重合。塔西佗在涅尔瓦治下短暂的过渡期中(它以图拉真的登基告终)担任着执政官。而当元首图拉真结束了对达契亚的征服,其欣欣向荣的统治进入第十个年头之际,塔西佗正在撰写《历史》中关于图密善统治时期的各卷内容。

当小普林尼书信中关于塔西佗的信息线索中断之后,我们就无法证实关于塔西佗生平的任何消息了(唯一的例外是他担任过亚细亚行省总督)——其实在那以前可确定的东西也不多。在马略·普利斯库斯诉讼案结束后,塔西佗就不去元老院里发表演说了——那类活动要消耗大量时间与才华,并且收获甚微。史学研究吸引了他,塔西佗从此再未回头。他完成了《历史》的写作,并选择在不久后(大约3年后)的公元112年出任行省总督。[1] 那究竟是出于责任感、好奇心还是对《历史》发表后世人的评价(或背后议论)的不满呢?

从塔西佗之前的生平和著作来看,我们没有理由猜测他到过亚得里亚海以东的任何地区。他的注意力集中于帝国西部行省,对高卢和莱茵河流域了如指掌,并系统把握了当地族群的具体情况。关于神祇塞拉皮斯或帕福斯的维纳斯崇拜的插话只不过证明,当过罗马祭司的塔西佗精通关于宗教和异族

---

[1] 见附录23。

崇拜的知识。[1] 塔西佗不无自豪地坚持，自己是第一个在作品中介绍塞拉皮斯的罗马人。也许那不仅仅是对远古事物的求知欲——还是对痴迷异域和古代东方思想潮流的回应。[2] 但《编年史》的作者并不一定访问过埃及——"远古知识的宝库（cognoscendae antiquitatis）"；也没有任何迹象显示他到过叙利亚。[3]

一个做过30年元老的人是不可能对亚细亚行省一无所知的。一些议题会反复出现——如城市或神庙的地位，以及关于边界或收入的争议。[4] 大量亚细亚使团迅速造访了元老院；他们带着请愿书或荣誉敕令，并由口才举世闻名的人物领衔。当图密善在其统治末期下令关闭各行省一半的葡萄园时，著名的斯科佩里亚努斯（Scopelianus）为亚细亚行省的利益进行了辩护。[5]

历史学家需要用元老院事务（从档案法令草案中获得信息）来填补年复一年、缺乏感情色彩与变化的编年史。他并不一定深入了解了亚细亚行省。然而，塔西佗的第二部史学作品中有足够多的证据表明，作者曾担任过那里的行省总督。有几章十分紧凑的内容都是记述亚细亚行省事务的。提比略统治时期曾发生过一场大地震：塔西佗记录了12座遭受破坏的城市名字。[6] 在详细讨论庇护权问题时，彼此针锋相对的亚细亚演说家们利用了各种历史与传说素材。[7] 还有11座城市激烈竞争着一项新特权——建造一座崇拜元首提比略、里维娅和元老院的神庙。[8]

作者塔西佗密切关注着早先的行省总督们所遭遇的一切——公正或不

1　*Hist.* 2.3; 4. 83 f.
2　塔西佗或许对东方抱有某种"痴迷（πόθος）"。运气或宠幸可能使得他的父亲、贝尔吉卡行省督办有过接触埃及行省的机会。
3　见他关于安条克的错误（2.83.2）。参见附录61。
4　如罗德岛一度被剥夺了自由城市的地位，但从图密善手中恢复了该权利，见 SIG^3, 819。参见 12.58.2: "reddita Rhodiis libertas, adempta saepe aut fermata（罗德岛人恢复了他们多次失去又重获的自由）."
5　他是尼克特斯的门生（Philostratus, *Vit. soph.* 1.21.6）。
6　2.47.
7　3.60-63.
8　4.55 f.

公正的指控，甚至是谋杀。他详细记载了玛库斯·希拉努斯死亡的始末[1]；他还解释了一位亚细亚行省总督（此人并非演说家）遭遇的窘境——他在元老院里遭到了全亚细亚最雄辩的演说家的攻击。此外，他还暗自满意地注意到，在更早的岁月里，元首在亚细亚行省的代理人有时也是不得不在元老们面前接受审判的。[2]

一位初抵亚细亚的行省总督会发现很多吸引、转移其注意力的东西。他可以找到意料之中的东西——关于漫长历史和众多统治者的遗迹。他还会吃惊地（或许不无妒意地）看到那些宏伟建筑，它们证实了帕伽马和以弗所权贵家族在现实生活中享受的荣耀与富足。[3]

如果说最初的时光相当光辉惬意的话，那么，烦恼很快接踵而至——如暴民的骚乱和地方贵族中间盛行的腐败与阴谋。帝国东部城市中的权贵因傲慢自负和高压铁腕而声名狼藉。[4]党争或种种不检点行径使得罗马政府总要找他们的麻烦[5]；一些有头有脸的人物遭到了流放。[6]轻浮、炫耀与傲慢成了教师和学者中的通病。那些人也可能有危险性。不久之前就曾出过一些用刺探

---

1 13.1. 历史学家塔西佗可能会回想起行省总督奇维卡·克瑞亚利斯（Civica Cerialis）（*Agr.* 42 1，参见*ILS* 1374）的命运。
2 4.15.2.
3 如帕伽马卫城上的宏伟图拉真圣所（*Traianeum*）（*Altertümer von Pergamon* V, 2 [1908], 1 ff.），以及被视为该城市第二缔造者的元首朋友尤利乌斯·夸德拉图斯（公元94年递补执政官）提供的各种恩惠。在以弗所，一座宏伟的图书馆对同他齐名的尤利乌斯·塞尔苏斯（公元92年递补执政官）进行了纪念（*Forschungen in Ephesos* V [1944]）：该图书馆由他儿子的继承人建造完成（*ILS* 8971）。
4 如克里特人克劳狄乌斯·提玛库斯（Claudius Timarchus）："那些权势滔天、富可敌国的行省权贵往往会压迫弱者（ut solent praevalidi provincialium et opibus nimiis ad iniurias minorum elati）。"（15.20.1）与此相反，有一位著名且富有的比提尼亚人则享有良好口碑（16.33.1）。
5 见克劳狄乌斯·阿瑞斯提昂（Claudius Aristion）（*PIR*[2], C 788）——小普林尼称他为"以弗所的翘楚，一个慷慨大方、与人为善、深孚众望的人物（princeps Ephesiorum, homo munificus et innoxie popularis）"（*Epp.* 6.31.3）。他被无罪开释。
6 萨德斯的麦尼玛库斯（Menemachus of Sardes）遭到了放逐（Plutarch, *De exilio* 3.600a），《政治训诫》（*Praec. ger. r. p.*）一文就是写给他的。该文提到了同城居民（尤利乌斯）·帕达拉斯（[Julius] Padalas），后者不受罗马当局欢迎（17.813f.），并与另一权贵图赫努斯（Tyrrhenus）（32.825d）矛盾重重。*PIR*[1]没有收录此人，但应注意公元122/3年生活在亚历山大里亚的另一位财务官员尤利乌斯·帕达拉斯（Julius Pardalas）（*BGU* I, 250）。

隐私和检举告发来回馈罗马元老友谊的哲学家们。[1]

在罗马和帝国西部城镇里，宗教一直被合理地控制着：祭司往往也身兼行政职务。希腊的神祇早已被接纳并罗马化，罗马政府并不担心外来的古怪信仰或个人的异想天开。但某些信条反映了对帝国权威的敌意或犯罪倾向。它们入侵了亚细亚行省的各座城市，引入了导致社会骚乱的新因素。

同希腊人矛盾很深的犹太人已经够麻烦了——他们引发了罪恶、动乱和相互告发行为。并且犹太人社团内部也出现了信仰分裂；行省总督可能会对那些争执置之不理，尤其是在他本人擅长玩弄辞藻的情况下。[2] 但犹太人虽然在其家乡以外得到了罗马政府的宽容，却免不了要承担他们在尼禄时代发动叛乱的后果。敌意不断加深。在塔西佗撰写《编年史》时，从两河流域到库勒尼（Cyrene）的帝国东部地区正在经历屠戮与暴行。[3] 个中缘由和责任恐怕已很难说清。当暴乱在帕提亚战争的后方牵制或杀伤罗马军队时，孰是孰非的问题已不再重要。[4] 尽管几乎没有留下任何线索（或许塔西佗的《编年史》已提供了暗示），罗马人当时肯定是怒不可遏的。

提比略治下的元老院还禁止在首都罗马举行埃及与犹太仪式，由头是牵涉到一些罗马元老家族贵妇的两条流言蜚语。[5] 塔西佗没有理会那个故事——他省略了对该历史现象的原因追溯。他也没有费心记录对伊西斯崇拜的严厉

---

1 但也有一个来自罗马殖民地贝吕图斯（Berytus）的斯多葛派哲学家普布利乌斯·埃格纳修斯·凯勒尔（P. Egnatius Celer）（*PIR*², E 19），他指控了自己的庇护人巴里亚·索拉努斯（Barea Soranus）（16.32.3）。希腊人、尼凯亚的卡西乌斯·阿斯科勒皮奥多图斯（Cassius Asclepiodotus）（*PIR*², C 486）则证明了自己是一名忠诚可靠的朋友（33.1）。

2 *Acta apostolorum* 18.17: "καὶ οὐδὲν τούτων τῷ Γαλλίωνι ἔμελεν（无人在意伽利奥）." 此人是小塞涅卡的兄弟卢奇乌斯·尤尼乌斯·阿奈乌斯·伽利奥（L. Junius Annaeus Gallio）。他被尤尼乌斯·伽利奥（Junius Gallio）（*PIR*², J 493）所过继，于公元52年出任阿凯亚行省总督（*SIG*³ 801：德尔斐）。

3 见原书第239页。

4 即便如格罗亚格所说（Groag, P-W XIII, 1881），美索不达米亚的犹太人并未参与在那里的起义，图拉真还是命令卢西乌斯·奎埃图斯（Lusius Quietus）将他们扫地出门（Arrian, *Parthica* fr. 79 Roos）。并且犹太当地并无发动起义的明确证据，这一事实也无关紧要。关于世界末日预言在其中发挥的作用，见下文原书第518页。

5 Josephus, *AJ* 18.65 ff.

镇压——其神庙被拆毁，雕像被抛入台伯河。那是令人费解的省略，对于一位撰述编年史的罗马元老而言着实出人意料。他接下去记载了4000名犹太人被驱逐到撒丁岛上的事件，并表达了自己恶毒的祝愿：愿这帮"天生的贱种（vile damnum）"在那座荒岛上自生自灭。[1]

当时又出现了一种新的动荡因素。任何治理过拥有众多人口的大城市的东方行省总督都会注意到一种来自犹太的新宗教支派（基督教）的活动，无论他采取的对策是宽容还是惩戒。小普林尼在担任比提尼亚-本都行省总督时便跟该支派打过交道。他采取了行动（并无犹豫的迹象），处死了几个公开宣称皈依基督教、拒绝放弃信仰、在威胁或劝诫面前顽固不化的人。随后小普林尼产生了疑虑。他请求元首指示自己该怎样做，承认自己对既定的合法程序并不了解：处决基督徒不是需要有关于其罪行的指控或证据吗？图拉真写了一篇简要的答复。他赞成那位行省总督的做法，并拒绝解答后者的疑惑。[2]

可以作为小普林尼文本证据补充的是10年后元首写给亚细亚行省总督米尼奇乌斯·芬达努斯的复信。[3] 在文化素养方面颇有造诣的米尼奇乌斯从前是小普林尼的朋友。[4] 历史学家塔西佗认真关注了同尼禄时代罗马大火相关的罗

1　2.85.4. 作者对犹太人予以了特别关注：尽管他一开始讲的是两种宗教（"关于被埃及人和犹太人奉为神圣的东西[de sacris Aegyptiis Iudaicisque pellendis]"），他很快将主题压缩成了一种（"这种迷信[ea superstitione]"），即信徒遭到驱逐的宗教。那4000名被驱逐者事实上都是犹太人，参见Josephus, l.c. 84。

2　*Epp.* 10.96，附有图拉真的答复（97）。行省总督小普林尼请示自己应当惩罚"（基督教）的名目本身（nomen ipsum）"还是"与该名目联系在一起的罪恶（flagitia cohaerentia nomini）"。元首回避了这个问题——"如果他们被带到公堂并坐实了罪名，他们就应当受到惩处（si deferantur et arguantur, puniendi sunt）"。

3　哈德良写给米尼奇乌斯（Minicius，公元107年递补执政官，公元122/3年行省总督）的便笺存在着诸多问题（Eusebius, *Hist. eccl.* 4.9，参见E. Groag, P-W XV, 1821 f. 中的扼要总结）。如果元首只允许对具体的冒犯行为进行常规处罚的话，那倒是可以被视为是一种值得注意的、人道的革新。但一些辩护者似乎为了自己的目的而"过度解读"了这条便笺，参见W. Schmid, *Maia* VII (1955), 1 ff.。

4　他是*Epp.* 1.9; 4.15; 6.6; 7.12的写信对象。5.16提到了他小女儿的去世（参见*ILS* 1030）。关于他对演说术的看法，见原书第114页。米尼奇乌斯在Plutarch, *De cohibenda ira*中占据着中心地位。关于对他人格的评价，见Groag, P-W XV, 1824 ff.。

马城内基督徒事件插曲，并十分精确地记录了"基督徒（Christiani）"这个称呼的起源。[1] 当他在前文中（卷7）提到叙利亚和巴勒斯坦的晚近事件时，他也不会忘记提及总督庞提乌斯·彼拉多——以及此人的几起几落。[2]

我们有理由推测，塔西佗研究过这些不满分子的举止和信仰，或许还发现他们并没有什么罪恶行径，只是倔强地拒绝效忠于罗马——因为那意味着对元首的崇拜。但基督教毕竟是一种"致命的迷信（exitiabilis superstitio）"。[3]

此外，塔西佗对各种崇拜与信仰有着清楚认识，从不盲目轻信。他对历史和传说十分关注。那位行省总督在巡视或度假时或许前去参观过元首提比略在罗德岛的居所。他注意到了一个细节——那座房子位于峭壁之上。[4] 那幅情景（以及塔西佗对特拉叙鲁斯［Thrasyllus］本领的委婉介绍）会促使观察者更为警觉地关注跟占星术预言有关的信息。[5]

帝国东部的罗马官吏可能会遇到一些古怪的事情，并导致其举止或信仰的转变。其中一些人虚妄浅薄，很容易落入被奉为神圣的魔法师或长胡子智者的陷阱。[6] 富于怀疑精神的人有时也会上当。一位奇里乞亚的行省总督前不久就接受了一种东方信仰，摒弃了自己伊壁鸠鲁派的渎神思想。[7]

---

1 15.44.3: "auctor nominis eius Christus Tiberio imperitante per procuratorem Pontium Pilatum supplicio adfectus erat（该宗教的名称来源——基督于元首提比略在位期间被总督庞提乌斯·彼拉多处死）。"

2 见原书第449页。此外，15.44不仅跟尼禄和罗马城的大火有关，它在全书的布局谋篇中也占据着一系列变故中的一环——其高潮为公元66年的犹太起义。

3 参见Pliny, *Epp.* 10.96.8: "nihil aliud inveni quam superstitionem pravam et immodicam（我所发现的不过是一种恶劣且庞杂的迷信而已）。"但小普林尼并不怀疑自己有理由且必须惩罚他们——"他们的执拗和冥顽不化当然应当受到惩罚（pertinaciam certe et inflexibilem obstinationem debere puniri）"（ib. 3）。关于对"冥顽（contumacia）"的惩罚，参见A. N. Sherwin-White, *Journ. Theol. Stud.*, N.S. III (1952), 199 ff.。

4 6.21.1: "per avia ac derupta (nam saxis domus imminet)（由于无路可通和地势陡峭［因为他的宅邸紧靠峭壁］）。"

5 见原书第524—525页。

6 关于睿智的欧弗拉特斯（Euphrates），参见Pliny, *Epp.* 1.10（原书第75页）。

7 Plutarch, *De defectu oraculorum* 45.434 d-f.

身为亚细亚行省总督并多年担任十五人祭司团成员的塔西佗有充分理由去拜访亚细亚的圣地，尤其是那些与阿波罗和西比尔有关的场所——出于职业习惯，他可能对那些祭司和先知们的秘密抱有恶意，或许还会审查他们的所作所为。在科洛丰（Colophon）附近克拉罗斯（Claros）的著名阿波罗圣所，担任祭司的并非女性，而是从米利都某些家族中挑选出来的一名男子。塔西佗认识亚细亚行省的那个知名人物，并在作品中详细记述了那处谕所。王子日耳曼尼库斯曾访问过克拉罗斯，据说还从神明那里得到了模棱两可的答复。[1] 当图拉真于公元113年秋天离开罗马来到亚细亚行省时，他或许也不会忘记来到这座著名谕所求问。那位统帅在叙利亚考验了赫利奥波利斯（Heliopolis）的神祇，并在确认其可靠后求取了关于帕提亚战争的预测。战事结果也证实了那条神谕。[2]

另一段关于日耳曼尼库斯行程的文本中有一句评论透露了《编年史》的撰写年代。那位王子在巡视埃及时来到了底比斯，凝视了那里古代辉煌建筑的宏伟遗迹。一位祭司为他解读了刻写在铭文中的帝王事迹。亚洲各民族纳贡的数量与名目令人印象深刻——堪与（历史学家塔西佗补充道）两大帝国的贡赋收入相提并论，其一为"帕提亚的势力（vis Parthorum）"，其二为"罗马的权威（potentia Romana）"。[3] 在视察了其他纪念性建筑与奇观后，王子又前进到埃及的南部边疆埃勒芬丁（Elephantine）和赛伊尼（Syene）——"那里从前也是罗马帝国的边疆，但后者如今已抵达印度洋沿岸"。

---

[1] 2.54.4: "et ferebatur Germanico per ambages, ut mos oraculis, maturum exitum cecinisse（神谕式的模棱两可语言预言了日耳曼尼库斯的早夭）."塔西佗还记录了传说中洛里娅·波琳娜的一次求神问卜（12.22.1，接受了安德雷森［Andresen］的修补方式）。齐赫里乌斯认为那位行省总督肯定访问过克拉罗斯，见Cichorius, Römische Studien (1922), 386 f.。关于该场所在这一时期日趋重要的地位，见L. Robert, Les Fouilles de Claros (Conférence à Ankara, 1954), 20; G. Klaffenbach, Das Altertum I (1955), 214 ff.。或许很能反映塔西佗立场的一点是，他可能省略了来自埃及的不祥之兆——那里的神牛拒绝了日耳曼尼库斯的喂食（Ammianus 22.14.8）。

[2] Macrobius 1.22.14 ff.

[3] 2.60.4.

"如今已直抵赤海[1]（Nunc rubrum ad mare patescit）。"[2] 这一措辞是不会有误的；它宣告的不仅是帝国征服范围的大幅拓展，还有罗马对东方的征服和对其已知世界的统治——如今世上已无能够与之分庭抗礼的其他帝国。那些措辞原本代表着亚历山大的荣耀，又被闯入东方耀武扬威的罗马将领们——伟人庞培和玛库斯·安东尼——拙劣地抄袭[3]；而那些赞美凯撒继承人已统治大洋两岸之间一切土地的奥古斯都时代作家们也沿用了这一套路。[4]

罗马帝国世界的最西端是加的斯。古代的地理学家们画了一条线，从那里经陶鲁斯山抵达东方的印度。赫拉克勒斯在加的斯拥有一座著名的神庙，此外还有各种传说、著名访客和相应的逸事。神庙里有一座亚历山大的雕像。西班牙的财务官尤利乌斯·凯撒在注视着它的时候痛哭流涕（因为自己一事无成），此外还有跟伟人庞培有关的传说。[5] 图拉真在写给罗马元老院的信函中声称自己比亚历山大去过更远的地方。[6] 这个说法自然荒唐——但如果那位统帅是从自己偏远的家乡加的斯而非罗马算起的话，那也是情有可原的。

历史学家塔西佗回应了元首的乐观宣言——"直抵赤海（rubrum ad mare）"。这段话肯定不是在公元116年之前写的。下一年则见证了图拉真征服地区的沦丧或变节。因此我们得到了一个求之不得的精确年代：这段文本无法适用于公元117年之后的场合。

但这一结论并非完全可靠。图拉真新设的美索不达米亚行省并未囊括

1　古典拉丁文中的"赤海（mare rubrum）"指的是阿拉伯半岛周边海域，具体包括现代地理学概念中的阿拉伯海和（或）红海。——译注
2　61.2. 更多信息见附录71。
3　Pliny, *NH* 7.97: "terris a Maeotis ad rubrum mare subactis（从斯基泰直抵赤海的土地）."（庞培在米涅瓦神庙内的献祭）参见Cicero, *In Cat.* 3.26。另见Virgil. *Aen.* 8.686: "victor ab Aurorae populis et litore rubre（日出之地与赤海沿岸诸族裔的征服者）."（安东尼）
4　参见朱庇特向维纳斯发布的预言（*Aen.* 1.286 f.）："出身高贵的特洛伊人后裔凯撒会将帝国治权推进到大海，让他的声名直抵星辰（nascetur pulchra Troianus origine Caesar | imperium Oceano, famam qui terminet astris）."另见Ovid, *Met.* 15.829 ff.。
5　J. Gagé, *Rev. ét. anc.* XLII (1940), 425 ff.; *Rev. hist.* CCV (1951), 189 ff.
6　Dio 68.29.1.

巴比伦和直到波斯湾的全部土地。[1] 塔西佗相对宽松的界定（如果我们确实可以对他的表述字斟句酌的话，其实那也可以存疑）也许会将附庸的迈塞尼（Mesene）王国算在广义上的帝国版图之内。尽管罗马军队已撤退至幼发拉底河西岸，下一任统治者为了面子的缘故也是不会（并且不能）放弃自己的宗主权的，无论那与现实的反差有多么大。[2] 图拉真曾为泰西封的附庸王公帕塔玛斯帕特斯加冕，并且罗马还保留着安息帝国的黄金宝座。[3] 如果说军事撤退是一个无法掩饰的事实，那么它并不意味着罗马一定放弃了领土要求。目前忙于应付燃眉之急的哈德良或许有朝一日还能重启征服政策（如果他愿意的话）。塔西佗的措辞不会因公元117年发生的那些事情而丧失其有效性。如果没有其他因素左右的话，罗马人的荣誉感或同仇敌忾会促使他保留那一表述。读者可以从中看到一位爱国者的感情——以及一位元首应当承担的职责。

这段文本让我们可以进行演绎推理。《编年史》中的一卷或若干卷是在公元116年——或之后——创作（或出版）的。有力的证据支持这样的假说：整部《编年史》分为3部分，每部分包括6卷。[4] 因此第1—6卷（或第1—3卷，因为前6卷分为两部分）的问世不可能早于公元116年。[5] 但它们不一定创作于公元117年——可能是在几年后完成的。

学者们还注意到了另一个证据：第6卷中出现的凤凰。为了不失时机地塑造关于"神圣的图拉真（Divus Traianus）"的记忆，哈德良发行了刻有这一图案的钱币。[6] 凤凰象征着重生和永恒，很适合"永恒（aeternitas）"的罗

---

1 罗纳德·塞姆及此前的研究者均低估了图拉真时代开疆拓土的力度。当时罗马帝国的疆界确曾一度直抵红海沿岸的事实已由塞姆《塔西佗》出版后发现的若干铭文、考古证据所证实，因而塞姆在此所做的若干推断与结论已经过时。参见Pierre Schneider, "*Quod nunc Rubrum ad mare patescit* : the *mare Rubrum* as a frontier of the Roman Empire," *Klio* 93/1 (2015), 135-156。——译注
2 P. L. Strack, *Untersuchungen zur r. Reichsprägung des zweiten Jahrhunderts* II (1933), 52.
3 *HA, Hadr.* 13.8; *Pius* 9.7.
4 见第二十一章。
5 关于将第1—3卷划分为一部分的假说，见附录37末尾部分。
6 P. L. Strack, o.c. II (1933), 52; H. Mattingly, *BMC, R. Emp.* III (1936), cxxvii.

马帝国、元首的世袭继承——以及儿子对父亲的"忠诚"。关于凤凰的信息是在公元117年被报道的吗？塔西佗用整整一章记述了所谓凤凰在公元34年出现的消息，那在埃及人和希腊人的饱学之士当中引发了许多议论与争辩。[1]

历史学家塔西佗毕恭毕敬地记录了关于神圣轮回的种种争论——如果将500年作为一个标准周期的话，那么最后一次官方承认的凤凰现身是在托勒密三世时代，但他表示自己跟那些质疑凤凰确实在元首提比略时代出现过的人一样充满了怀疑。那一次并未出现古代传说中记载的迹象或表现形式。在众鸟中，凤凰的形态和羽毛是独一无二的。世间有些关于凤凰的图画。塔西佗接着用富于诗意的语言描述了凤凰之死。凤凰将涅槃重生，从巢中飞起，尽职尽责地将父亲的遗体送往太阳神神庙，那是一段香气缭绕的漫长旅程。之后，塔西佗突然切换成了平铺直叙的散文："无可辩驳的是，人们不时会在埃及见到这种众说纷纭的鸟儿。"[2]

那是《编年史》现存全部文本中独一无二的、带有异域情调的插话——并且它被刻意置于罗马历法中某一年的严肃大事记的第一条记录中。罗马政府对这种阿拉伯鸟类的利用或许是尽人皆知的，并且罗马城开启新时代的说法可能已成为世人耳熟能详的戏谑笑柄。当元首克劳狄乌斯以罗马建城800年作为在奥古斯都轮回庆典仅仅63年后就再度举办的借口时，世人的嘲讽几乎是不可避免的。克劳狄乌斯将一只凤凰作为新"轮回（saeculum）"象征与证据的做法没有什么好处。该现象被一本正经地写进了罗马城的日常公告中。但没有人信以为真。[3]

塔西佗一如既往地嘲讽了祭司们的故弄玄虚。他或许还间接提及了某位元首的掉书袋癖好和帝国政府的官方欺骗行为。"对一切充满好奇的探索者（omnium curiositatum explorator）"正是哈德良臭名昭著的绰号。[4] 如果哈德

1　6.28. 斯特拉克（P. L. Strack）最早指出，该记载可能与公元117年的事件有关。
2　ib. 6: "ceterum aspici aliquando in Aegypto eam volucrem non ambigitur."
3　Pliny, *NH* 10.5. 老普林尼（引用了某位名叫科奈里乌斯·瓦勒里亚努斯［Cornelius Valerianus］的作家的说法）和狄奥（Dio 58.27.1）认为那种鸟是在公元36年出现于埃及的。
4　Tertulian, *Apol.* 5.7.

良在即位时也利用过那种传说生物的话,那么塔西佗的记述中也存在着一丝政治讽刺的意味。

塔西佗当然会小心翼翼。我们可以在《编年史》的前6卷中发现若干疑似修订或插入的痕迹。[1]因此,塔西佗或许添加了那条对图拉真征服业绩的简述。[2]或许(尽管不大可能)关于凤凰的插话也是那样的文本。[3]

无论是否认定凤凰对应着某个实实在在的历史事件,我们都可从假设中推导出若干结论。如果那确实是后来的补充的话,那么第6卷(但并非整部作品)的完成不会晚于公元117年。如果该插话不是后来添加上去的话,那么第6卷的写作甚至可能晚于公元117年。那样一来,认为塔西佗早在公元117年或118年就写完了《编年史》的假说就不大可信了。[4]

我们迄今为止仍不清楚,塔西佗的《编年史》于何时动笔,写了多久,何时完成。我们或许可以从文风中寻找线索。同《历史》相比,《编年史》的风格发生了明显转变。然而,我们完全有理由将之归因于时代变化或作者年岁的增长。但塔西佗在完成《历史》(约公元109年)后又过了多久才开始创作《编年史》仍是个谜。

并且塔西佗的文风随后又发生了变化,那在《编年史》前6卷和最后6卷的对比中体现得十分明显。我们可以就此提出多种解释,其中一些并非毫无吸引力。[5]然而,我们依旧无法找到作品特征的判断标准——尽管或许有证据表明后6卷体现了哈德良时代的风格。除文风和用语习惯外,一些现象似乎表明《编年史》的最后6卷没有得到最终的修订完善。[6]其原因可能是作者的

---

1 见附录37。
2 倘若如此,我们有理由认为第1—3卷(或许是第1—6卷)在公元116年之前业已完成。但反面证据见附录71。
3 认为塔西佗在公元117年完成了《编年史》创作的斯特拉克(Strack, o.c. 55)肯定也会认为关于凤凰的插话是后来补充的。但这段插话显然具备一定的结构功能——舒缓一连串谋杀事件编年记录的节奏。作用完全相同的类似例子为在阿非利加行省寻找神奇宝藏的活动(16.1 f.)。
4 见附录71。
5 见原书第360—361页。
6 见附录59—60。

与世长辞或力不从心。

没有任何证据可以否定塔西佗在公元120年甚至是123年还在写作的可能性。[1] 在文风上下的功夫表明，塔西佗不是一个鹦鹉学舌的材料汇纂者；而像《编年史》前6卷中的大部分内容那样，利用档案材料构建历史体系也确实需要付出艰辛的劳动。

我们有理由认为，从公元115年起（从现存证据看也有可能迟至117年），塔西佗已经构思好了3组6卷书的结构框架。由此产生了一个同《编年史》的整体性有关的重要问题。如果（看起来十分可能）塔西佗《编年史》的主体撰写于哈德良时代，或许在那位元首登基后的第6年还没有完成第18卷[2]，那么现实事件对他的影响究竟有多少呢？他选择不去记述图拉真的统治。但《编年史》或许仍然间接但有力地讲述了图拉真和东方战事——或许还有哈德良的统治。

对此类联系的穿凿附会很容易被贬低成一种异想天开。研究者们很少能够抓住并确认那些线索；并且任何人都有理由认为，即便图拉真不曾入侵过美索不达米亚，即便哈德良从未继承元首权力，塔西佗还是会照现在那样写。即便存在着这些局限，指出《编年史》中的那些内容一定会提醒读者关注（或起码意识到）它们同现实的相关性。这肯定是没有坏处的，算不上一种欺骗。[3]

读者可以找到不少这样的例子——并且他或许还会提出一个问题：对于《编年史》这样一部巨著而言，难道仅仅叙述其预设的主题还不足以实现作者追求声名的抱负吗？

历史学家们往往不得不更进一步——或倒退一步。当他们动笔写作时，深层次的历史吸引着他们。有些早在作品完成之前就产生了影响，促使作者修改了最初的计划和出发点。另外一些则是后来变成了新的主题。撒路斯特

---

1 这一看法与朱文纳尔和苏维托尼乌斯提供的年代线索有关，见附录75、77。
2 根据另一假说是写到了16.35。
3 塔西佗是非常看重对史实细节、专有名词和某个单字的取舍的。

或许就修改过自己的写作计划,将其《历史》的起点从公元前62年(伟人庞培从东方载誉而归的那一年)或公元前60年(前三头不可避免的结盟之年)调整为公元前78年。[1] 但选择后一个年代作为起点的阿西尼乌斯·波利奥也完成了自己的写作任务,重操演说术旧业,并在此后积极活跃、身强体健、充满自信地又活了至少30年——并且也没有什么动力驱使他回过头去记述意大利人反抗罗马人的暴动(那跟他的族群和家庭关系密切)或马略与苏拉的内战。

塔西佗关于自己史著主题的最初想法形成于图密善统治时期。他很快意识到,弗拉维王朝的历史必须从公元69年1月讲起。更早元首们的编年史如今已成为一个既定主题,而且由于其年深日久而显得格外鲜明、富于魅力。于是塔西佗接受了这个挑战。

那一主题既波澜壮阔又阴郁压抑——专制程度的强化、贵族势力的衰亡,以及言论自由和人格尊严的沦丧。塔西佗喊出了自己的怨言:记载共和国历史的史学家们要比自己更为幸福。他们可以讲述伟大的战事、城市的陷落与战败被俘的君王;他们也可以在交代内政时叙述执政官同保民官的斗争、土地和谷物法案,以及平民和元老院之间的矛盾。事实上,他们拥有自由的发挥余地。可塔西佗却如履薄冰:"留给我们描述的是一堆范围狭窄的、毫无光彩可言的事情(Nobis in arto et inglorius labor)。"[2]

那么,塔西佗公开或未明言的理由是什么呢?李维在其史著后一部分的序言中承认,尽管已经积累了足够的荣耀,他还得继续写下去。[3] 但我们无法

---

[1] 既然他已经写了一部关于喀提林的专题性著作,那么记述公元前62年伟人庞培的返回或公元前60年的盟约自然是水到渠成的事情。另见他对苏拉形象的勾勒,其导入语为"我们将不会在其他地方提到苏拉的事情了(neque enim alio loco de Sullae rebus dicturi sumus)"(Jug. 95.2)。从公元前78年讲起的《历史》不大可能会遗漏"他的性格与处世方式(natura cultusque eius)"。

[2] 4.32.2. 他是怀着对李维"痛苦的妒意(amère jalousie)"(Boissier, Tacite [1903], 130)写下这段话的。

[3] Pliny, NH praef. 16: "satis iam sibi gloriae quaesitum, et potuisse se desidere, ni animus inquies pasceretur opera(我已功成名就,本想搁笔休息,但我不肯安分的灵魂却永远渴求着工作)。"这段话可能引自李维作品第134卷的导言。

把握塔西佗的个人情感——我们不清楚他是充满好奇还是精力充沛,是信念坚定还是义愤填膺。

当塔西佗为了完成《历史》而奋笔疾书时,确实有很多因素激怒了他——庆典和官方宣传、角斗士表演和各种胜利纪念物。元老院的价值和荣誉正在一步步衰减。当图拉真前往东方并在那里逗留时,他将权力留给了自己的心腹(也许只是秘书而已)。那位统帅飞快地寄回令人欢欣鼓舞的战报,介绍着自己在远方征服的国王和民族。元老院投票通过决议:图拉真想举行多少次凯旋式都是可以的[1];并且元老院还不得不接受并选举一位土著酋长——卢西乌斯·奎埃图斯——担任执政官。[2]

随后便是突如其来的崩盘,以及沉默或精心设计的虚伪借口——还有忠诚元老们的手足无措。图拉真的失败、哈德良的登基和此后一系列变故只会加深塔西佗的怀疑。他当时已是一位老人,过着悲伤(或许还很痛苦)的日子。在图拉真活着的时候,塔西佗看不到获得任何诸如第二次出任执政官或担任罗马市长之类荣誉的希望。他只能徒劳地慨叹那样的荣誉归于格利提乌斯·阿古利可拉——第一次达契亚战争中的将领(格利提乌斯曾与塔西佗同一年出任执政官)。可在图拉真去世时治理着罗马城的贝比乌斯·玛凯尔又是何许人也,拥有何德何能呢?[3] 新元首有时会重新任命一位罗马市长。但塔西佗似乎不能指望从图拉真的继承人那里得到什么东西。[4]

此外还有令人心灰意冷的大环境因素。自由与活力正在消解;风尚正在变化,年轻的一代(他们比塔西佗小20来岁)正在成长。塔西佗可能承受着疾病之苦、丧亲之痛和许多不如意,感到前途一片黯淡。他已到了应当选择

---

1 Dio 68.29.2. 参见卡西乌斯·隆吉努斯针对为东方战事胜利举行过多庆祝仪式的抗议(13.41.4)。
2 见原书第242页。
3 HA, Hadr. 5.5. 公元103年递补执政官贝比乌斯(Baebius)(PIR^2, B 20)是小普林尼的朋友和笔友(见附录25)。我们很难猜想他何以能够在仕途中平步青云。
4 与塔西佗同年出任递补执政官的玛库斯·阿尼乌斯·维鲁斯(M. Annius Verus)后来当上了罗马市长,可能还是贝比乌斯·玛凯尔的直接继任者(见附录13)。塔西佗补充了关于该职务的一段插话(6.11,附于卢奇乌斯·披索的讣告之后):这一记载本身并不能反映作者的恶意或妒意。

优雅地退场，在自己的用处或精力不复当年之际用急流勇退来赢得赞誉的时候了。[1] 60岁的年纪意味着他已经可以从元老院告退，63岁则被普遍视为一个朝不保夕的岁数。

后人往往会用高龄或幻灭去解释塔西佗的主题选择、语调和写作风格。但这些解释的成效往往低于预期。[2] 与《历史》相比，《编年史》将作者的文风发挥到了极致。其用词经过仔细斟酌，明显是在回避一些用语。值得注意的是，被塔西佗淘汰的不仅仅是被官方使用并糟蹋了的术语，他也会避免使用一些褒义的、充满希望的字眼。[3] 但那其实不足为奇。该现象并不一定意味着塔西佗对世人和帝国政府基本看法发生了变化。那恰恰是塔西佗日益明确自身目标的结果——他要运用自己的出色才华去营造阴森的、颠覆性的效果。《编年史》的作者是冷酷无情且擅长讽刺的。与此同时，他也在演说词中表达了欢乐与宽容的思想；随着写作进度的推进，他的幽默感进一步加强，出现得也更为频繁了。[4]

我们对具体的情况一无所知。可以推断出来的是，塔西佗不甘心就此沉沦，他试图运用自己的风格和对风格的不断完善来重塑辉煌。年过60的他仍是锐意进取、充满活力的。在撰写关于提比略的各卷时，科奈里乌斯·塔西佗就迫不及待地公布了自己清晰的未来写作计划（那并不合乎他平时的含蓄风格）。倘若天假以年，他还会再次回过头去撰述元首奥古斯都的统治时代。[5]

历史学家塔西佗声名在外，并享受着高处不胜寒的孤独。他感受到了时光的无情飞逝。他年轻时的朋友们早已去世——是他们在韦伯芗时代指引着

1　也就是成为"缄默的杰出典范（pulcherrimae quietis exemplum）"，参见Pliny, *Epp.* 4.23.4对提图斯·庞普尼乌斯·巴苏斯（T. Pomponius Bassus，公元94年递补执政官）的评价。
2　见原书第219页。有人断言塔西佗已过早步入衰老，如E. Kornemann, *Tacitus* (Wiesbaden, 1947), 45；或陷入心灰意冷的境地，如E. Paratore, *Tacito* (1951), 807。
3　见附录66。
4　见第四十章。
5　3.24.3（原书第371页）.

自己的前进脚步。¹ 那批人中跟塔西佗年龄最接近的是维普斯塔努斯·麦萨拉：塔西佗最近刚刚目睹过维普斯塔努斯的儿子就职（公元115年执政官）。²

大部分比他年长的人都已去世，一些比他年轻的人物也已与世长辞——他们虽然在治国与征战方面成绩卓著，但却早早天亡。李锡尼乌斯·苏尔拉受到了世人忧伤的缅怀。历史学家的亲密朋友（或许是最亲密的一位）费边·约斯图斯或许也在担任叙利亚行省总督不久后便去世了。³ 小普林尼则死在了比提尼亚。

在小普林尼的元老朋友圈子里，愚钝的科务图斯还活着，优雅的米尼奇乌斯·芬达努斯也尚在人世。⁴ 贝比乌斯·玛凯尔出人意料地登上了罗马市长的人生巅峰。卡提利乌斯·塞维鲁和庞培·法尔科如今掌管着有军权的行省；他们是新元首可靠的追随者。卡提利乌斯、法尔科和其他一些人似乎在图拉真统治后期之前一直没有获得执政官级别的军事指挥权。⁵ 他们此后均得享高寿。⁶ 更令人惊讶的是，布鲁提乌斯·普雷森斯和埃鲁奇乌斯·克拉鲁斯成了弄潮儿，在帕提亚战争中赢得了荣誉——并注定会在许多年后担任最高文职官员。⁷

---

1 如《关于演说家的对话》中的4位演讲者（见原书第63—64页）。
2 卢奇乌斯·维普斯塔努斯·麦萨拉（L. Vipstanus Messalla）（*PIR*¹, V 409）：但我们拥有的只是一个名字和一个时间点。
3 见原书第74页。
4 科努图斯·特尔图鲁斯当上了亚细亚或阿非利加行省的总督；关于亚细亚行省的米尼奇乌斯，见原书第468页。
5 见原书第243页。
6 卡提利乌斯（公元120年第二次出任执政官［名年］）于公元138年任罗马市长（*HA, Hadr.* 24.6 f.）。法尔科在公元140年仍在人世，并对园艺抱有浓厚兴趣（Fronto, p. 35 N = Haines 1, p. 141）。
7 关于帕提亚战争，见第二十章。布鲁提乌斯·普雷森斯在卸任执政官（约公元118年前后）之后治理过卡帕多西亚和下默西亚行省，还出任过阿非利加行省总督（*AE* 1950, 66; *IRT* 545）；此后，他又在哈德良统治后期担任了叙利亚行省总督（*AE* 1938, 137：帕尔米拉），并于公元139年第2次出任执政官（安东尼·皮乌斯［Antoninus Pius］的同僚名年执政官）。哈德良统治时期未有记录的埃鲁奇乌斯·克拉鲁斯（公元117年递补执政官）卒于公元146年初，当时他正第二次出任执政官，并担任着罗马市长的职务（*FO* XXVII）。

我们无法确定谁是跟塔西佗年龄或地位相仿的密友。[1] 他们的身份形形色色，其中包括若干上层贵族——有些可能是塔西佗耳熟能详的，或为他提供了宝贵的传说片段。他们当中可能会有阿西尼乌斯·波利奥的后人或沃鲁修斯家族成员（一些稳重、友善的人物），其家族在《编年史》中留下了不可磨灭的印记。[2] 塔西佗无疑对另外一些人抱有敌意——认为他们懒散、浮华、无能。几个活跃于图密善统治时期的出身高贵、举止时髦的人物仍在人世。[3] 第一个因家世（或许没有其他任何原因）而被《编年史》提及的人物是卡尔普尼乌斯·克拉苏，他延续着那些历史上赫赫有名但又十分致命的名字：该家族成员中包括克劳狄乌斯和尼禄暴政的牺牲品，以及苏尔庇奇乌斯·伽尔巴昙花一现、郁郁寡欢的继承人。[4]

在补充上来的新鲜血液中，奈拉提乌斯两兄弟（马塞卢斯和普利斯库斯）凭借自己的成就赢得了声誉。[5] 同样跟塔西佗年岁相仿的阿尼乌斯·维鲁斯也成了一个人物——他是一个受到哈德良宠幸的举止稳重、寡言少语的人。[6] 尤利乌斯·塞尔维亚努斯也顽强地活着。[7]

一些年长的幸存者令人回想起久远的往事，充当着衡量现在与过去的尺度。他们唤起的并不总是不偏不倚、心平气和的追思，有时会令人猛然想起流言与谜团。对他们的深入分析是对作者关于人物和家族知识的严峻考验。身为元老的历史学家塔西佗自己必须能够对罗马元老们如数家珍，不能忽略

478

---

1 关于公元97年的执政官任职情况，见原书第72页和附录10；关于塔西佗的一些同时代人，见附录24。
2 见原书第302页。
3 如姓名相当烦琐的玛库斯·洛里乌斯·保利努斯·德奇姆斯·瓦勒里乌斯·阿西亚提库斯·萨图尔尼努斯（M. Lollius Paullinus D. Valerius Asiaticus Saturninus，公元94年递补执政官），任罗马市长和公元125年名年执政官。
4 见原书第9、241页。此人（PIR[2], C 259）很可能是披索·李锡尼亚努斯的外甥。关于其家族谱系，参见原书第385页。
5 马塞卢斯于公元129年第二次出任了执政官。
6 见附录86。
7 我们很希望能了解塔西佗同哈德良亲戚们的关系（见附录87）——以及同公元118年被处决的4位前执政官朋友们的关系。

或弄错他们的等级、家世或姓名——他的读者可是细心和挑剔的。

《历史》记述的是塔西佗耳熟能详的人物;《编年史》的主题却提出了全新的挑战——那是一个被隐藏的、有待探索的时代。这一挑战是双重性的。塔西佗如今需要跟罗马最古老的一些名字打交道——那些家族的人物在诸元首治下仍然活动着,声名显赫但前途黯淡。与此同时,他还能辨认出后来兴起的各色家族的最早痕迹——它们有些已经崭露头角,有些则不无道理地深藏不露。在探索从提比略登基到尼禄去世的54年历史的过程中,他逐渐融入了那个时代,仿佛成了一位将整个时代纳入自身记忆之中的一位元老。

凭借新的有利视角和对社会喜剧的深刻洞察力,塔西佗将自己的人生体验延伸到了历史之中。较早的时代展示了相同的背景与行为(尽管与后来相比有过之而无不及)——炫耀与疯狂、对地位与钱财的贪欲、人事的风云变幻。同样值得注意的还有岁月流逝对一切伪装的嘲弄,它终将撕下掩盖每个人秘密内心的假面。

《历史》不可避免地承载着许多令在世者警醒或愤慨的内容。[1] 他们又在《编年史》中看到了对他们祖先形象的损害。即便其中一些家族已经绝嗣,读者们还是会注意到为后世子孙开了恶劣先例的前人过失,认为那些记载是塔西佗有意为之;如果前辈们的美德和荣耀受到了塔西佗的赞美,他们也会因为明显的今昔反差而对作者怀恨在心。[2]

塔西佗毫不留情地揭露着可耻或可笑的陈年往事。没有一位熟悉罗马演说术编年史的历史学家会忽略伟大的多米提乌斯·阿费尔的第一桩著名举动——那是元首提比略时代的一位凶恶的告密者。[3] 塔西佗也没有忘记在阿费尔去世时用一篇简短的讣告对他加以谴责。[4] 阿费尔养子(多米提乌斯·图鲁斯)的病故和遗嘱乃是图拉真统治中期罗马社会中令人难忘的事件。那笔遗

---

[1] 见原书第229页。
[2] 4.33.4: "at multorum, qui Tiberio regente poenam vel infamias subiere, posteri manent (但许多在提比略统治期间遭受惩处或陷入不名誉的家族如今仍延续着血脉)。"
[3] 4.52.
[4] 14.19.

产最终归了多米提娅·卢奇拉（Domitia Lucilla）——后者属于一个拥有强大盟友的家族群体。[1]

担任过9年叙利亚副将的乌米狄乌斯·夸德拉图斯（Ummidius Quadratus）是整个圈子的典型代表：他们是些性情随和、年事已高的卸任总督；但这些人在东方推行的政策并不光彩。[2] 塔西佗指出了科布罗的声誉和活力之间的鲜明反差——以至于嫉妒他的乌米狄乌斯不敢在叙利亚境内与此人见面。[3] 乌米狄乌斯家族在当地享有很高声誉，并拥有一些财富。[4] 行省总督之女、健壮的老妇乌米狄娅·夸德拉提拉将遗产传给了她的孙子——行为举止堪称表率，有望成为一位出色演说家（据说如此）。[5] 他于公元118年享受了束棒护身的荣耀。[6]

晦暗不明或次要的人物就是另一回事了。其中一些之所以得到了介绍，是因为他们将在《编年史》的叙述线索中反复出现；但偶然闪现在作品中的古怪人物可能是跟塔西佗有着我们已无从得知的交情。精心设计的情节切换或无心插柳的顺带提及有时可以提供相应的线索。塔西佗的自觉选择会不声不响地介绍一些地位、声望出众者的祖先。作者的叙述告诉了我们那是怎样的一批人——告密者或塞亚努斯的附庸、傻瓜、流氓或恶棍。[7]

例如两桩被历史学家塔西佗联系在一起的事件。他指出，两起罪行让尼禄治下的某一年显得引人注目。其中之一是伪造遗嘱的事件。塔西佗提供了相关姓名。[8] 有两名被告的名字也确实值得提及，一位是大胆且不择手段的安

1　Pliny, *Epp.* 8.8. 更多信息见原书第605页和附录第87页。
2　12.48. 乌米狄乌斯是公元14年的财务官（*ILS* 972），公元40年前后递补执政官。
3　13.8.3. 围绕由谁接收帕提亚人质的问题也出现过矛盾。
4　Varro, *RR* 3.3.9. 他们的家乡是卡西努姆。
5　Pliny, *Epp.* 7.24. 他和佩达尼乌斯·福斯库斯（Pedanius Fuscus，公元118年执政官）构成了"光辉的一对（egregium par）"（6.11.1），参见附录27；他们可能有些沾亲带故。叙利亚副将身后的乌米狄乌斯家族历史存在着若干空缺和问题。
6　*PIR*[1], V 603. 他是哈德良的一个朋友（*HA, Hadr.* 15.7）。
7　见原书第302页（尤尼乌斯·鲁斯提库斯、凯皮奥·克里斯皮努斯、尤利乌斯·玛里努斯和昆图斯·塞尔万乌斯——他们应该都是塔西佗认识的执政官前辈）。
8　14.40.

东尼·普瑞姆斯，另一位是贵族阿西尼乌斯·马塞卢斯——波利奥的曾孙。其余3人乍看上去不值一提；塔西佗还补充了另外2人的名字：他们被这起诉讼牵连并受到了惩罚。那也许只是严谨的如实直书而已——但或许那些名字是跟塔西佗生活时代社会上的一些头面人物相关的。[1]

第二起罪行接踵而至。它本身便是塔西佗喜欢处理的一件大事，因为那让他有了创作一篇演说词的机会。一名奴隶杀害了罗马市长。塔西佗清楚记录了他的动机。那对于受害人而言十分丢脸。[2] 这就是卢奇乌斯·佩达尼乌斯·塞昆杜斯（L. Pedanius Secundus）的命运[3]，他是塔西佗视野中通过与统治王朝家族的联盟与姻亲关系步步高升的新兴家族中的第一位执政官。哈德良的外甥女嫁给了格涅乌斯·佩达尼乌斯·福斯库斯，后者于公元118年跟元首一道出任执政官。[4]

1　41.1（来自西班牙的庞培·埃利安［Pompeius Aelianus］和瓦勒里乌斯·庞提库斯［Valerius Ponticus］）。立遗嘱的人是多米提乌斯·巴尔布斯（Domitius Balbus），主要经手人是他的一位亲戚瓦勒里乌斯·法比亚努斯（Valerius Fabianus）(40.1)。这4个人的姓名表明，他们是来自西班牙或纳旁的罗马人（参见附录78）——其中一两位可能跟元首的父亲、从加的斯迎娶了多米提娅·波琳娜的普布利乌斯·埃利乌斯·哈德良·阿费尔沾亲带故（HA, Hadr. 1.2）。

2　14.42.1: "haud multo post praefectum urbis Pedanium Secundum servus ipsius interfecit, seu negata libertate, cui pretium pepigerat, sive amore exoleti incensus et dominum aemulum non tolerans（不久以后，罗马市长佩达尼乌斯·塞昆杜斯被他的一个奴隶杀死了。那或许是因为佩达尼乌斯在谈好价钱后反了悔，拒绝让那个奴隶赎身；或许是因为那个奴隶爱着一个娈童，不肯让他的主人染指）."

3　PIR[1], P 146（公元43年递补执政官）.

4　PIR[1], P 144——他是格涅乌斯·佩达尼乌斯·福斯库斯·萨利纳托尔（Cn. Pedanius Fuscus Salnator），尤利乌斯·塞尔维亚努斯的女婿。此人或许跟他的同时代人、当年递补执政官盖约·乌米狄乌斯·夸德拉图斯沾亲带故。佩达尼乌斯家族来自近西班牙行省境内的巴尔奇诺（见附录87）。

第三十六章　哈德良的登基

历史学家塔西佗并未活到目睹哈德良元首统治黯淡结局的那一天。但他有可能猜到那位统治者似乎注定将走上的道路。新元首的品味和施政方向，以及他已经做出的举动——这些信息已足以帮助一位历史学家在元首统治之初便做出预测，即便他本质上并非一位悲观主义者。

塔西佗曾目睹过"元老们的权威（auctoritas patrum）"和"军队的认可（consensus militum）"是如何将权力移交到哈德良之前的许多统治者手中的——我们遵循的是官方措辞和语序，但事实情况往往与之相反。[1]他也知道掌握权力后的元首在抗议自己不受重视或委婉地要求合法地位时会采用怎样的说法。《编年史》第1卷的开头几节无情地描述了政治行为——忠诚臣子们的虚伪抗议、他们在哀悼和欢乐之间的小心翼翼，以及急不可耐地想当奴才的嘴脸。[2]官方仪式、公开宣言和秘密斗争——一切似乎都暗示、预言着哈德良的登基。

1　尼禄确实提到过"元老院的权威和军队的认可（de auctoritate partum et consensus militum）"（13.3.1）。但实际上是"军队的意见决定了元老们的决议（sententiam nilitum secuta patrum consilia）"（12.69.2）。

2　1.7.1: "at Romae ruere in servitium consules patres eques. Quanto quis inlustrior, tanto magis falsi ac festinantes, vultuque composito, ne laeti excessu principis neu tristiores primordio, lacrimas, gaudium, questus, adulationem miscebant（在罗马城里，执政官、元老们和骑士们都在争先恐后地投入奴役的怀抱。一个人的地位越高，他就越是伪善和急不可耐地想当奴才。他要控制好自己的神情举止，既不能在先王去世之际表现出过度的欢乐，又不能对新主登基而流露出过分的悲伤。他流泪时要带着欢乐，悲痛时要透露出谄媚）."

元首提比略发布了一篇召集元老院开会的敕令。根据塔西佗的记载，他之前已向罗马和外省的部队下达过指令。提比略只有在不得不前往元老院讲话时才表现得犹豫不决。[1] 他害怕统领一支大军的日耳曼尼库斯会自称元首；他希望自己能在"共和国"的召唤下开始统治，而非依赖于通过一个女人的阴谋和一名老人的过继而获得的权力。此外，他的犹豫也是一种伪装。提比略想要弄清楚地位最高的那几位元老心里究竟是如何盘算的。他记住了那些人的表情和言辞，准备秋后算账——正如人们后来所发现的那样。[2]

这些评价用心险恶，并且毫无根据。出现在塔西佗叙述线索中的那些内容不免让我们怀疑，那位历史学家心中想到的是不是另一位元首。这个问题十分复杂。其中若干内容似乎可以追溯到跟卡西乌斯·狄奥相同的史源。[3] 塔西佗只是添加了犀利笔锋和恶意而已。尽管如此，关于过继的那部分评价即便算不上无可指摘，也没有理由被视为只是为了影射哈德良和太后普罗提娜才加上去的内容例证。[4]

元老院确实举行了集会，但只是为了聆听元首奥古斯都的遗嘱（以及安排他的葬礼）。任何新即位的统治者都面对着各种不适。好奇心与恶意会促使世人追问他跟上一位统治者及其其他家庭成员的关系。奥古斯都的遗嘱讲述的内容比此后任何元首的都多。它一开头就抱怨"残酷的命运（atrox fortuna）"破坏了自己的王朝继承计划[5]；尤其耐人寻味的是，死者还将他的

1　ib. 5: "nusquam cunctabundus nisi cum in senatu loqueretur（他从不吞吞吐吐，除非是在元老院里讲话时）." P. L. Strack, *Untersuchungen zur r. Reichsprägung des zweiten Jahrhunderts* II (1933), 52. 但那位学者并未在第1卷的前几章里寻找更多的证据。

2　ib.: "postea cognitum est ad introspiciendas etiam procerum voluntates indutam dubitationem: nam verba vultus in crimen detorquens recondebat（人们后来才意识到，他伪装出来的羞怯是为了更好地察言观色，因为他会从言辞和表情中解读出罪行，并将之记在心里）."

3　见原书第306—307页。但我们有理由依据狄奥（Dio 57.3.3 f.）介绍提比略过继与猜忌情况的方式猜想，他的这些内容取材于一份补充性的史料，可能正是塔西佗。参见附录36。

4　如果塔西佗确实在修订第1卷时插入了某段内容，那也可能是其他文本。有一处插入几乎是可以证实的，即罗德岛与隐秘的罪恶（1.4.4），因为塔西佗也在第4卷的一处讨论了那一主题（57.2，参见附录37）。

5　被Suetonius, *Tib.* 23所引述，但塔西佗没有择取这一材料。

遗孀纳入了尤利乌斯家族及其姓氏，称之为太后尤利娅（Julia Augusta）。

塔西佗对里维娅的总体评价十分负面，暗示她是有罪的（具体而言是投毒），并将此罪行同奥古斯都临终不久前拜访普拉纳西亚岛上的阿格里帕·波斯图姆斯的故事联系在一起。[1] 他还进一步指出，当提比略在里维娅的火速召唤下赶回罗马时，奥古斯都是否还在人世其实是大可怀疑的。[2] 他还断言里维娅将元首之死的消息保密了一段时间，并提供了佐证细节——在元首宅邸周边和道路上驻守了卫兵，并发布了安抚人心的公告。[3] 他还坚持把里维娅纳入了处决阿格里帕的情节叙述之中。[4]

在一位元首去世之际，并非所有谣言都是无中生有。关于克劳狄乌斯去世的消息的确被隐瞒了一段时间，以便宫廷能够做出必要的部署。[5] 阿格里皮娜当时的做法令人联想起关于里维娅的说法。[6] 另一方面，关于里维娅的流言不大可能是迟至公元54年后才出现的。历史学家塔西佗并没有杜撰。但被他纳入叙事主体中的一个段落其实并不高明——那就是关于奥古斯都前往普拉纳西亚之旅的逸事。[7]

元首奥古斯都的妻子必然要因儿子的登基而饱受非议。无论是作为妻子还是母亲，她都是一位高傲的、大权在握的女性。世人会乐于谈论跟她有关的一切不和谐迹象。当忠心耿耿或居心叵测的元老们提出尊奉太后尤利娅的五花八门的议案时，提比略把他们都打发走了。历史学家暗示提比略其实

1　1.5.1 f.（原书第306页）。
2　ib. 3，参见Dio 56.31.1（其中提到了"大部分和最优秀的历史学家们"），苏维托尼乌斯对此确信不疑（*Tib.* 21.1）。
3　ib. 4: "acribus namque custodiis domum et vias saepserat Livia, laetique interdum nuntii vulgabantur（里维娅严密封锁了千家万户和各条道路上的消息，并不时发布宽慰人心的公告）."
4　6.2. 但他会意识到，相关史料并未确认她需要对此负责。参见Suetonius, *Tib.* 22; Dio 57.6.3。
5　12.68.3: "cunctos aditus custodiis clauserat, crebroque vulgabat ire in melius valetudinem principis, quo miles bona in spe ageret tempusque prosperum ex monitis Chaldaeorum adventaret（她封闭了所有入口，并发布元首健康状况正在改善的消息，以便让军队保持乐观，以便拖延到占星术士们认为合适的公布真相时机）."参见Suetonius, *Divus Claudius* 45.1中的简短叙述和附带的细枝末节。
6　参见H. Willrich, *Hermes* LXII (1927), 76 f.; R. H. Martin, *CQ* XLVIII (1955), 123 ff.。
7　它打乱了叙事线索，并引入了两个不会再次在《编年史》中出现的名字（费边·马克西穆斯［Fabius Maximus］和他的妻子玛尔奇娅［Marcia］），参见附录37。

心怀妒意[1]——但后者并不打算将母子矛盾公开化。所谓的矛盾是日后爆发的，并且相关传言也不尽可信。[2]

奥古斯都的情况则是另一回事。如果塔西佗充分研究过提比略的早年生涯的话，那么他会充分意识到后者的隐忍、仇恨和含而不露的敌意。[3]但他在第1卷中所写的东西其实是不痛不痒、微不足道的。元首奥古斯都葬礼上的聪明人指出，指定提比略为继承人的元首其实认为，自己的声誉会在继承人的反衬下有所提升。[4]

尽管元首制从一开始就带有王朝性质，血缘和家世却并不能成为罗马政体下的合法权威。事实上，连元首们的遗嘱也不是都会得到尊重——有一些便受到了抵制。由此产生了流言蜚语和种种猜想。塔西佗本人或许便听到过一位元首的断言——因为图密善老是说他父亲的遗嘱受到了践踏。[5]当塔西佗为《编年史》的第7—12卷收尾时，他在后记中选用了一个恰当的字眼，声称克劳狄乌斯的遗愿受到了"镇压"，以免他偏向继子而冷落亲生儿子的态度会激发民众的不满。[6]第13卷的开篇顺理成章地接叙了尼禄登基后的第一场凶杀。

图拉真应当也会留下自己的遗嘱，并将它托付给神圣的维斯塔贞女保管。[7]遗嘱只能指定他自己的继承人；但那事实上是一份政府文件，并且有可能在前言和结语中提到一些对后来的元首不利的内容。可是并无这方面的证据保存下来——只有一些关于姓名和意图的凭空猜测而已。[8]

1　14.2: "muliebre fastigium in deminutionem sui accipiens (将尊崇一位女性视为对自己的贬低)。"
2　如1.72.4。那是塔西佗很久以后才形成的观念 (见附录37)。对里维娅的抨击同她的讣告 (5.1) 不尽一致。作者可能是在写完这段文本后添加了一些内容；那并不意味着塔西佗是在影射奥古斯塔普罗提娜 (Plotina Augusta)。
3　见第三十二章。
4　10.7: "sed quoniam adrogantiam saevitiamque eius introspexerit, comparatione deterrima sibi gloriam quaesivisse (他已看透了此人的傲慢与凶残，并决意要通过与不称职者的对比来突出自己的荣耀)。"参见Dio 56.45.3。
5　Suetonius, *Dom.* 2.3.
6　12.69.3: "ne antepositus filio privignus iniuria et invidia animos vulgi turbaret (以避免他对继子的偏袒引起民众的嫉妒和对不公的抗议)。"
7　很可能如此，参见Suetonius, *Divus Aug.* 101.1。
8　*HA, Hadr.* 4.8 f. (原书第233—234页)。

遗嘱问题并不会引起法律上的难堪。那份遗嘱并不具备合法性，因为元首在弥留之际过继儿子时撤销了它。关于那件事，元老们可以去查验太后普罗提娜的证词和签名——当然也取决于他们自己是相信还是怀疑。流言满天乱飞，复述或杜撰着普罗提娜与丈夫那边的某位亲戚过分亲密的传说。[1]

与谣言相比，罗马元老们原本有时间（以及理由）去搞更大的破坏。哈德良一朝开始时新元首并不在罗马——他是由叙利亚的军队和"共和国"的需要所拥立的。他在11个月后才回到罗马。

当元首提比略同元老院发生冲突时，他感觉很不自在。他的言辞暴露了自己的窘境，进一步的解释只能欲盖弥彰。[2] 元老们则躲在暗处——但其中一些显赫的人物虽然表面上是在恳切地提出忠告，事实上却并不后悔自己给元首制造了麻烦。

哈德良也面对着类似的考验，但情况还要糟糕得多：元老们会琢磨他说的每一个字，以及他的每一次沉默不语。接受或拒绝荣誉都会让元首受到攻击。哈德良本人是严加防范、小心翼翼的。[3] 但他无从逃遁——那会被贬低为"傲慢的故作谦逊（adrogans moderatio）"[4]。他每一次提及太后普罗提娜都如履薄冰；而他所修建的、描述图拉真战胜帕提亚人功业的、其中包括那位已故统帅率军行进画面的浮雕[5] 免不了要引来"聪明人"的恶语讥刺。

前任元首的公务卷宗可能会在叙述帝国资源与急务时帮助或妨碍当朝统治者。提比略援引过奥古斯都的忠告，否定了所有进一步拓展帝国领土的提议（塔西佗还补充了他的动机——恐惧或嫉妒）。[6] 但哈德良恐怕很难援引任何文献来支持他自己的政策——倘若他真的引述了某些秘密指令的话，世人

1　见第二十章。
2　11.2: "tunc vero nitenti ut sensus suos penitus abderet, in incertum et ambiguum magis implicabantur（为了确保能够隐藏自己的情感，他的话语变得更加模棱两可、闪烁含糊）."
3　Dio 69.2.3; *HA, Hadr.* 6.2 ff.
4　参见1.8.5。
5　*HA, Hadr.* 6.3。
6　11.4: "addideratque consilium coercendi intra terminos imperii, incertum metu an per invidiam（下令让帝国维持目前的疆界——很难说那是出于畏惧还是嫉妒）."

也会认为他又在玩弄骗术。[1]

根据塔西佗的说法，元首提比略确曾在一桩未知会元老院的事件中利用了养父的命令来假意掩饰自己的罪行。[2] 那就是处决阿格里帕·波斯图姆斯的做法。哈德良在同元老院对质之前有更多的举动需要隐瞒或粉饰。首先是生命安全受到威胁的元老们：流放者卡尔普尼乌斯·克拉苏在试图逃离流放地时被杀（据说如此）；还有阿维狄乌斯·尼格里努斯和他的3名大逆罪同党。[3] 对他们的处决依据何种罪证与文件，又是谁下令执行的？哈德良的哪位部下和臣子立下了这些功劳（或犯下了这些罪过）？一切到头来是不是都搞错了？

塔西佗讲述的阿格里帕·波斯图姆斯插曲（并无明确答案）反映了突如其来的秘密举动所造成的种种窘境。当禁卫军长官向自己汇报时，提比略感到不知所措：那不是他下的命令，并且执行之前也理应告知元老院。由此引发了宫廷里的危机与混乱。那道命令是撒路斯特·克里斯普斯下的。如果这件事的任何信息泄露出去的话，那位权臣无论说实话还是说假话都会面临危险。撒路斯特向里维娅发出了警告——那是纯粹的暗箱操作，完全不知会元老院：真正的权力来源只有一个。[4]

不需要铲除竞争对手的元首是幸运的。元首奥古斯都在遗嘱中提到了几位出类拔萃的前执政官，将他们视为继位者的人选。塔西佗坚称那不过是逢场作戏和愚弄后代而已，因为奥古斯都痛恨其中的大多数人。[5] 早在元老院集

1　*HA, Hadr.* 9.2: "quod omnia quae displicere vidisset Hadrianus mandata sibi ut faceret secreto a Traiano esse simulabat（但凡哈德良不喜欢的东西，他都谎称那是图拉真秘密给自己下达的指令）."
2　6.1: "patris iussa simulabat（谎称那是他养父的指令）."
3　见原书第244页。
4　6.3: "eam condicionem esse imperandi, ut non aliter ratio constet quam si uni reddatur（维护治权的前提条件是只对一个权威负责，不得有他）." 塔西佗强调了撒路斯特·克里斯普斯的突出地位：他这样做是有充分理由的，即便哈德良的代理人埃利乌斯·阿提亚努斯从未有过存在感。
5　8.1: "plerosque invisos sibi, sed iactantia gloriaque ad posteros（那是为了让自己万古流芳，尽管他憎恶其中的许多人物）."

会前，塔西佗已预先对提比略和"元首制"提出了恶意评价。[1]这一主题延续到了元老第二次集会时：几位元老因失言而引起了提比略的猜疑和敌意。历史学家塔西佗在此导入了关于元首奥古斯都的逸事——那位元首在弥留之际讨论了3位重要前执政官的抱负与才具。根据另外一个版本，塔西佗又补充了第4个名字。意犹未尽的他还很不公平地指出，除了1人之外，剩余3人都在提比略的机关算尽下陆续遇害。[2]

该逸事的出现十分蹊跷。它不仅跟提比略当上元首的叙述版本分歧巨大——还被插入了元老院的辩论情节中，从而切断了作品的叙述线索。那或许是塔西佗在修改第1卷时插入的文字。[3]苏维托尼乌斯和卡西乌斯·狄奥尽管报道过关于提比略登基的种种趣闻逸事，却都忽略了这则引人入胜的诽谤性材料。无论其来源为何及可信度怎样，塔西佗还是抵挡不了它的诱惑。

当一位元首讨论谁拥有"帝王才具（capax imperii）"时，被他念出名字的任何人都将大祸临头。那是显而易见的道理。如能得知此类话题或传说究竟于何时兴起于罗马帝国，那大概是对我们很有帮助的。《编年史》中的下一条线索是尼禄的类似评论。[4]但并没有关于涅尔瓦的任何人物品评或关于图拉真攫取权力时所击败对手的评价留存于世。[5]图拉真本人很重视某些前执政官的才华，如奈拉提乌斯·普利斯库斯（据说如此）。[6]还有另一则逸事。图拉真曾提起过关于"帝王才具"的老套话题，请他的宾客们提名10位人选，但并未等待那些人给出答案。随后，他声称自己确信这份名单中肯定会

1　7.7（见原书第481页）。
2　13.2 f.（见原书第380页）。
3　见附录37。
4　如果他驾崩了的话，此人"有能力执掌国柄（habere subsidium rem publicam）"——他说的是迈米乌斯·雷古鲁斯（Memmius Regulus）（14.47.1）。塔西佗补充道："但雷古鲁斯此后还是活了下来——以他的缄默为挡箭牌（vixit tamen post haec Regulus, quiete defensus）。"雷古鲁斯出任执政官是整整30年前的事情（公元31年），因而他此时肯定已经垂垂老矣了。可见那并非一则高明的逸事。更多信息见附录60。
5　见原书第16页（公元97年的叙利亚副将）。
6　HA, Hadr. 4.8——这则逸事也不太高明（参见原书第233—234页）。

有一个人——尤利乌斯·塞尔维亚努斯。[1]

　　塔西佗的记述并非无心插柳或毫无用意。除了恰巧能跟提比略登基的场景联系起来外,与他同时代的读者可以毫不费力地从《编年史》的文本中找到影射哈德良统治之初的元素(人物、行为或动机)——元首与其朋友之间的不和、王朝家族内部的阴谋与野心、禁卫军队长、权倾朝野与遗臭万年之间的兴衰交替。

　　为了暂时摆脱罗马城中的剑拔弩张与纷争不和,元首可以选择去巡视行省。他可以找到一个堂而皇之的借口——军队需要元首亲自检阅。并且那一计划可以随时随地、不止一次地运用。但元首也不总是能够去行省视察。[2]他也有留在首都的高贵借口——元首因对罗马城和"共和国"的热爱而无法分身。他不忍心让忠诚的、挚爱自己的臣民陷入悲伤。[3]罗马民众是不会怀疑这些说法的。何况元首的在场可以确保他们获得自己想要的面包与竞技活动。[4]罗马城内的上等阶层则会陷入两难境地:留在罗马和远离首都的元首哪个才是更恶劣的?[5]

　　抵达罗马一年后,有迹象表明(或世人相信如此)哈德良或许又要动身前往行省。他确实离开了罗马城。[6]但事实告诉人们,哈德良的意图不过是去

1　在佐纳拉斯(Zonaras)的版本(69.17.3, Boissevain)中,狄奥把该评价归于哈德良名下——"哈德良认为塞尔维亚努斯甚至有能力执掌帝国权柄(τὸν δὲ Σερουιανὸν τοῦτον Ἀδριανὸς καὶ τῆς αὐταρχίας ἄξιον ἐνόμισεν)。"但克希菲利努斯却记作"图拉真(ὁ Τραῖανος)"(参见波伊塞万版本的Dio 3.656)。E. Groag, P-W X, 885便选择了后一种解释——并且"宴饮中(ἐν συμποσίῳ)"的交谈也更符合图拉真而非哈德良的风格。

2　3.47.2; 4.4.2.

3　如在公元64年推迟了对东部行省进行访问的尼禄——"他放弃了最初的计划,理由是对故土的热爱压倒了一切考虑,他看出了公民们的不满,听到了他们窃窃私语的抱怨(deseruit inceptum, cunctas sibi curas amore patriae leviores dictitans. vidisse maestos civium vultus, audire secretas querimonias)"(15.36.2 f.),等等。

4　15.36.4: "haec atque talia plebi volentia fuere, voluptatum cupidine et, quae praecipua cura est, rei frumentariae angustias si abesset, metuenti(平民们喜欢诸如此类的表态。他们嗜好元首的娱乐,并害怕他一旦离开便会影响首都的谷物供应)。"

5　ib.: "in incerto erant, procul an coram atrocior haberetur(他们无法确定,远在天边和近在眼前的元首哪个才是更凶残的)。"

6　公元119年发行的钱币上刻有"FORT(VNA) RED(VX)(幸运女神重临)"的字样,见BMC, R. Emp. III (1936), 410;学者们也研究过包括加的斯的赫拉克勒斯在内的其他钱币类型,以及它们对于元首要去视察西部诸行省的暗示,参见ib. cxxix。

坎佩尼亚进行一次"郊区巡视(peregrinatio suburbana)";但那或许已足够令世人关注哈德良会不会很快返回罗马——也许他永远不会回来了。[1]

事实证明,哈德良直到公元121年才开始巡视行省。他登基后的最初几年见证了一系列表演、庆典与慈善活动[2],此外还有立法和改革。我们有理由认为(或许的确如此),图拉真已被不公地遗忘了。新元首在元老院里勤勉地工作着。[3]他对法律和正义有自己的见解,并且也有加以干预的意愿。[4]他的举措是温和且人道的。[5]他保护奴隶免受残酷虐待[6];他拒绝让富人浑水摸鱼[7];在向士兵们让步的同时,他也抨击了前代统治者们的严酷。[8]哈德良的言辞和行为让世人明白,他并不怎么看重等级和社会地位。[9]

很少有元老会喜欢一位到处插手的元首,或欢迎对下层有利的社会立法

---

1 提比略于公元21年宣布自己将去巡视高卢——并对一名前执政官级别元老在他从坎佩尼亚返回首都时举行"小型凯旋式(ovatio)"的谄媚建议大为光火(3.47.3 f.)。关于该情节跟"身在坎佩尼亚的元首(Caesar in Campaniam)"(4.57.1)之间可能存在的联系,见下文,原书第524页。塔西佗详细报道了占星术士们的预言(那误导了许多人):"占星术士们宣称星象运动的轨迹预示了提比略离开罗马一事,并且意味着他再也不会回来了(ferebant periti caelestium iis motibus siderum excessisse Roma Tiberium, ut reditus illi negaretur)。"(4.58.2)

2 *HA, Hadr.* 7 f.

3 ib. 8.6. 或许那并不是非常理想的证据。关于哈德良议案(*consilium*)的重要性,见Dio 69.7.1。

4 *Dig.* 22.5.5.5: "nam ipsos interrogare soleo (我习惯于询问当事人自己)。"(引自关于一份遗嘱价值的批复)

5 有用的汇编和评论见P. J. Alexander, *Harvard Studies* XLIX (1938), 141 ff.。我们有理由认为,哈德良在公元118—121年期间是非常活跃的。

6 *HA, Hadr.* 18.7 ff.; *Dig.* 1.6.2 (贵妇翁布里奇娅[Umbricia]因对待女奴"极其凶残[atrocissime]"而遭到了贬黜); 48.8.6 (反对阉割奴隶的做法,于公元97年支持执政官阿尼乌斯·维鲁斯和奈拉提乌斯·普利斯库斯通过对此处以罚金的元老院公告,参见Dio 68.2.4)。不巧的是,哈德良对主人遭到谋杀的家庭成员的处置决定年代不详。Tacitus, *Ann.* 14.42 ff. 可能与此相关,参见原书第448页。

7 如在界石被人移走的情况下:"如果能够证实此事是权贵们所为的话,那么他们这样做毫无疑问是为了侵吞他人的土地(si splendidiores personae sunt quae convincuntur, non diubie occupandorum alienorum finium causa id admiserunt)。"(*Dig.* 47.21.2——公元119年给马其顿行省总督泰伦斯·根提雅努斯的批示)

8 *BGU* 1, 140 = Mitteis-Wilcken, *Grundzüge u. Chrestomathie* II, 2 (1912), 373: "τοὺ αὐστηρότερον ὑπὸ τῶν πρὸ ἐμοῦ αὐτοκρατόρων σταθέν (前任元首们过于严厉的措施)。"(公元119年给埃及省长拉米乌斯·玛提亚利斯[Rammius Martialis]的批示)

9 见原书第249页。

活动。[1] 已有不少仇敌的哈德良（并且他还在继续树敌）试图拉拢被图拉真冷落的元老们，以及元老阶层之外的一些人物：那是必要的，但也会引起图拉真及其朋友的强烈反感。曾在哈德良最初遭遇危难之际效劳驱驰的禁卫军队长阿奇利乌斯·阿提亚努斯被撤了职，并背上了处决4位前执政官的黑锅。他获得了元老院里的一个席位，但并未当上执政官。[2] 玛尔奇乌斯·图尔波则飞黄腾达。他赢得了那位多疑元首的信任；但这位骑士出身的元首宠臣的"权势"又能维持多久呢？[3]

长期以来，不和已渗透到元首家族圈子内部。几位傲慢自负的皇室贵妇或许构成了纷争的原因；曾掌握过权力的、年迈的塞尔维亚努斯是一个肉眼可见的障碍；元首还要对付按道理应当成为自己继承人的佩达尼乌斯·福斯库斯，后者只比自己小10岁而已。那个时代的世人可能会根据此前王朝史的经验做出预测，预测佩达尼乌斯将成为又一个不幸的王储。他注定将要灭亡，而那位可憎的暴君则会活下去——"罗马人民爱戴的人物都是短命且无福分的（breves et infaustos populi Romani amores）"[4]。

拥有多重性格的哈德良仿佛是从提比略到尼禄的全体元首的缩影。他的性格不仅多样，而且神秘莫测、令人敬而远之。[5] 他的掩饰本领和潜藏的恨意没有办法不令人想起元首奥古斯都在临终时不得不将帝国托付给的那个人。[6] 所有元老都会意识到（并且大多数还会幸灾乐祸）那位统治者在强大前任的阴影下饱受轻视、怀恨在心，历经忍耐与挫折后方才登基的困境。

---

1 Dio 69.5.1: "ᾐτιῶντο μὲν δὴ ταῦτά τε αὐτοῦ καὶ τὸ πάνυ ἀκριβὲς τό τε περίεργον καὶ τὸ πολύπραγμον（人们对他的批评还包括过分严苛、不依不饶和多管闲事）."与此相反，元首提比略则反对旨在改善社会道德的政府行为。

2 HA, Hadr. 9.3（作者还声称哈德良想要杀害此人）.

3 参见3.30（关于梅塞纳斯和撒路斯特·克里斯普斯的"权势"）。

4 2.41.3. 他也许是出任执政官（公元118年）后不久便去世了。他的妻子尤利娅（塞尔维亚努斯之女）也没有在哈德良统治时期的文献记录中占据一席之地。他有一个出生于公元118年的儿子（Dio 69.17.1）。

5 参见弗隆托提供的证据——"我宁可像对玛尔库斯·格拉狄乌斯和父亲狄斯那样安抚、平息哈德良的怒火，而不愿去爱他（ut Martem Gradivum, ut Ditem patrem, propitium et placatum magis volui quam amavi）"（Fronto, p. 25 N = Haines I, p. 110）。

6 关于哈德良的"伪饰（dissimulatio）"，见 HA, Hadr. 14.11; Victor, Epit. 14.6。

统帅图拉真的荣誉是牢不可破的——哈德良不得不予以维护，他的敌人则要夸大其词。如果说图拉真犯过任何错误的话，那也是出于他对声望的热爱，是一种高贵的弱点。[1] 然而，哈德良在很多方面都很容易受到指摘。他放弃东方征服成果的做法引起了世人的烦闷、愤怒和恶语中伤。人们很快就开始用批评的眼光去看待哈德良的整套外交政策——声称他痛恨前任元首，并且不信任后者麾下的将领们。此外还有一些拐弯抹角的批评；它们拓展成了一系列主题，并在世人对奥古斯都时代以降历史的评价中留下了烙印。

征讨东方或放弃成果并非唯一被人揪着不放的话题。达契亚也提供了口实。谣言声称，哈德良本打算放弃多瑙河对岸的那个新行省（具体动机是出于嫉妒）。他是在谋臣们的告诫下才恢复了理智。[2] 这个故事纯属恶语中伤：拥有殖民者、城镇和要塞的达契亚已存在了10年之久，是多瑙河防御体系中的一处重要屏障。达契亚起初设置了前执政官级别的军事指挥权；该权力如今被降格为大法官级别，并且只能指挥1个军团。那一举动或许影响了无知者——他们完全不考虑边疆一线的辅军数量。没有任何证据表明，哈德良削减了驻扎在达契亚行省的总兵力。[3]

帝国征服的领土并非都有价值。相对于其维护成本与风险而言，罗马帝国占领某些地区永远是得不偿失的。这种观点在哈德良时代十分典型，并在两安东尼统治下的和平时期得到了着重强调。[4] 那本身并非全新看法。塔西佗《历史》的一处插话残篇提到过帝国所征服的、远在天边的国家。那些征服

---

1 关于他"对荣誉的热望（δόξης ἐπιθυμία）"（Dio 68.17.1），参见 F. A. Lepper, *Trajan's Parthian War* (1948), 191 ff.; M. I. Henderson, *JRS* XXXIX (1949), 129 f.。狄奥针对世人指责图拉真过分锐意进取的辩护是四平八稳、了无新意的（Dio ib.7.5）。

2 Eutropius 8.6.2. 狄奥讲述了一个关于拆除多瑙河上桥梁上层结构的怪异故事（Dio 68.13.6）。一些学者认真对待了清空达契亚地区人口的建议，如 A. v. Premerstein, *Bayerische S-B* (1934), Heft 3, 45。还有人猜测过哈德良的谋臣身份，并提到了尤利乌斯·夸德拉图斯·巴苏斯的名字，参见 E. Kornemann, *Gestalten u. Reiche* (1943), 317; A. Stein, *Die Reichsbeamten von Dazien* (1944), 17。

3 参见 R. Syme, *JRS* XLVI (1946), 164。

4 Florus 1.33.7: "plus est provinciam retinere quam facere（守卫省要比设置行省更为困难）。" 参见 Appian, *proem*. 6。

往往对罗马有利，但有时也有害处。[1]塔西佗是在图拉真征服达契亚之际创作《历史》的。他的这段话态度暧昧、令人不安——但它也完全适用于更早的王朝和另一地区，即被元首克劳狄乌斯并入帝国版图的不列颠岛。[2]

征服不列颠的所得令人怀疑。即便没有布狄卡的叛乱，世人也很快就会看清这一点。日后，尽管3位弗拉维王朝时代的将领们又进行了一轮征服，该岛仍然需要一座庞大要塞。[3]当尤利乌斯·阿古利可拉的传记作者塔西佗撰述历史时，他又回顾了图密善统治结束前不列颠岛的编年史。[4]

我们已无从考证罗马帝国是如何一步步退回到长度有限但适度的边疆状态的：我们不清楚图密善和图拉真分别放弃了多少领土。图密善调走了1个军团，并且两位元首都有需要考虑的战事。[5]无论是因为掉以轻心还是过度自信，问题肯定是出现了。矛盾或许早在图拉真去世前就爆发了。[6]哈德良统治初年见证了战事、兵力折损和对增援部队的需求。[7]

---

[1] Orosius 7.3.7: "ut verbis Corneli Taciti loquar, sene Augusto Ianus patefactus, dum apud extremos terrarum terminos nouae gentes saepe ex usu et aliquando cum damno quaeruntur, usque ad Vespasiani durauit imperium (科奈里乌斯·塔西佗写道："奥古斯都晚年打开了雅努斯神庙的大门，征服了遥远土地上的一些新族裔。那些征服往往有用，但偶尔也有害处。这种局面一直维持到韦伯芗统治时期。")."在此补充弗洛鲁斯（Florus 1.47.4）的说法并无必要，但或许有用："亚美尼亚人和不列颠人的国土虽然毫无用处，却为帝国的威名增添了美丽的装饰（Armenios etiam et Britannos, ut non in usum, ita ad imperii speciem magna nomina adquisisse pulchrum ac decorum）。"（出自他对奥古斯都的评价）

[2] 参见阿庇安对不列颠的评价，Appian, proem. 5:"τὸ κράτιστον αὐτῆς ἔχουσιν ὑπὲρ ἥμισυ, οὐδὲν τῆς ἄλλης δεόμενοι· οὐ γὰρ εὔφορος αὐτοῖς ἐστιν οὐδ᾽ ἣν ἔχουσιν（罗马人只控制了其中较富庶的一部分，而将其他地方弃之不顾。事实上，就连他们选择占领的那一部分也没有给自己带来什么好处）."

[3] 3个军团和大量辅军。或许过于正面的评价见 M. P. Charlesworth, *The Lost Province, or the Worth of Britain* (Gregynog Lectures, 1948: Cardiff, 1949), 41 ff.。

[4] *Hist.* 1.2.1: "perdomita Britannia et statim missa (不列颠一度被征服，但旋即又被放弃)."（见上文，原书第124页）

[5] 公元100年在伊斯卡（Isca）（*AE* 1930, 110）、公元108年在埃波斯库姆（Eborscum）（*CIL* VII, 241）重建石质军团营地的做法并不能明确说明什么问题。

[6] 我们不应对 *HA, Hadr.* 5.2: "Britanni teneri sub Romana ditione non poterant (不列颠人不肯接受罗马人的统治)."做出过多的解读。

[7] Fronto, p. 217 f. N = Haines II, p. 27: "avo vestro Hadriano imperium optinente quantum militum ab Iudaeis, quantum ab Britannis caesum (在您祖父哈德良统治的时代里，有小股兵力被犹太人歼灭，大批士兵死于不列颠人之手)."关于增援部队，见上文，原书第247页。值得注意的还有辅军队的集中，公元122年的一份文件证实了50支部队的存在（*CIL* XVI, 69）。

公元119年，罗马铸币上的铭文宣称帝国在不列颠取得了一场胜利。[1] 无论具体情况如何，公元117—122年期间发生了一场严重灾难，使得亚美尼亚或达契亚成了世人议论或关注的焦点（并非所有细节都完全清晰）：整个第9军团"西班牙"被全歼。[2] 我们可以从一位同时代作家的笔下辨认出关于不列颠事务辩论的微弱回音，此人提供了关于往昔历史的一个独特版本——尼禄考虑过要撤回驻扎在不列颠的各罗马军团，但因不想损害世人对自己父亲的记忆而作罢。[3]

　　塔西佗坚持站在图拉真的抱负与征服成果的立场上去评判之前的统治者们。在回顾提比略时代的罗马诸行省与军队时，他势必要插入同自己生活时代的对比："当时的国家疆域要狭小局促得多（quanto sit angustius imperitatum）。"[4] 这段话渗透着他的荣誉感；但他也会在其他地方抒发对图拉真战事结束后局面的哀思——随之而来的是长期和平和一位无意为帝国开疆拓土的统治者。[5]

　　冒犯过罗马帝国荣耀的敌人有时会逍遥法外，因为元首害怕将领们，或嫉妒他们建功立业；元老院则对此毫不在乎。[6] 对莱茵河对岸虎视眈眈、跃跃

1　公元119年的"不列颠（BRITANNIA）"和其他军事主题钱币不仅用来证明战事的存在，还被用于佐证罗马人的胜利乃至敌对关系的终止，参见P. L. Strack, o.c. II (1933), 70; H. Mattingly, o.c. III (1936), clxiii; W. Weber, *CAH* XI (1936), 313（其中存在着若干错误）。但我们需要对此保持警惕：并且在公元122年哈德良亲临前线之前可能发生过多次战役（或惨败）。

2　见原书第247页。它被第6军团"征服者"所取代。《编年史》的读者们会注意到第9军团"西班牙"是如何在布狄卡的起义中被打得七零八落的（14.32.3）。

3　Suetonius, *Nero* 18:"etiam ex Britannia deducere exercitum cogitavit, nec nisi verecundia, ne obtrectare parentis gloriae videretur, destitit（他考虑过要从不列颠撤军；但他羞于这样做，因为他不愿让人看到自己辱没了父亲的荣耀）。"一些学者认为这段记载是有价值的。但有人指出，尼禄早在公元58年（并非在布狄卡起义之后）便已构思好了这个计划，但在阅读了副将昆图斯·维拉乌斯遗嘱中对征服前景信心满满的描述后打消了撤军的念头（14.29.1），参见C. E. Stevens, *CR* LXV (1951), 4 ff.。反对意见如E. Birley, *Roman Britain and the Roman Army* (1953), 1 ff.。但我们应当看到，这段记载同哈德良而非尼禄更为相关。

4　4.4.3.

5　4.32.2: "princeps proferendi imperi incuriosus erat（那位元首无意为帝国开疆拓土）。"

6　4.74.1: "clarum inde inter Germanos Frisium nomen, dissimulante Tiberio damna, ne cui bellum permitteret. Neque senatus in eo cura, an imperii extrema dehonestarentur（弗里西亚人从此名扬日耳曼，而试图掩饰这一丑闻的提比略也没有派人再战。元老院也并不在意发生在帝国边境处的这一耻辱）。"

欲试的多米提乌斯·科布罗被元首克劳狄乌斯召回：那位将领的战功引起的不满不亚于他的失败。[1] 叙利亚的卡西乌斯·隆吉努斯心下清楚，那个时代是容不下军事天才的。承平日久意味着懒散和勤勉并无区别。[2]

在图拉真的召唤下，罗马摆脱了无精打采的状态。[3] 在释放了令人印象深刻的活力后，它又回到了老路上，取得了早该属于自己的东西（从长时段的角度看）。当元首奥古斯都为有序的政府打下了坚实深厚的基础时，他或许预见到了这一切的最终目的（尽管并未明言）——那就是消灭一切战争与政治斗争。随着元首哈德良的即位，这一发展过程走到了尽头，一切最终大白于天下。

1　11.19.3: "sin prospere egisset, formidolosum paci virum insignem et ignavo principi praegravem (倘若他凯歌高奏的话，这个杰出的军人将成为和平的威胁和庸碌元首的眼中钉)."

2　12.12.1: "industriosque aut ignavos pax in aequo tenet (对于和平年代而言，勤勉与怠惰别无二致)." 该警句及其背景具有强烈的撒路斯特式风格（见原书第355页）。

3　Florus, *praef.* 7（引于上文，原书第218页）。

第三十七章　塔西佗与哈德良

《编年史》赞美了罗马的征服。正如塔西佗所描述的那样,王子日耳曼尼库斯预示了一位尚武元首的卓越与活力。那位王子同时也是一名嫉妒、多疑的统治者的牺牲品。提比略命令他放弃了在日耳曼的征服事业(惊世骇俗的战功当时已唾手可得)。元首乐于利用一条借口解除了对手对忠诚军团的兵权。[1]提比略口口声声宣称东方战事需要日耳曼尼库斯,却又任命拥有同王子们作对的家族传统、性格桀骜不驯的格涅乌斯·披索为叙利亚行省总督,以便竭尽全力遏制王子日耳曼尼库斯的合理抱负。[2]日耳曼尼库斯同披索先是发生了口角,随后闹得不可开交。接下来,日耳曼尼库斯之死及关于他被毒杀的传言又被谴责元首的史学家塔西佗借题发挥。

除此以外,塔西佗仅仅浮光掠影地记载了其他事务和顺利举行的、对亚美尼亚附庸国王的加冕仪式。但一切以悲恸和激愤告终。日耳曼尼库斯猝死于安条克,令叙利亚行省和周边民众忧伤不已。异族和国王们也表示哀悼——那是这位年轻王子的仁慈与高贵造成的效果。一些人注意到了他跟亚历山大的相似——容貌的俊美、年龄、最后的结局甚至还有去世的地区。他们继续进行着类比,认为日耳曼尼库斯在治理内政的才华方面还要更胜一筹。日耳曼尼库斯作为战士也不遑多让——他从不急于求成;若非提比略从

---

[1] 2.5.1.
[2] 43.

中阻挠，他早已一劳永逸地消灭了日耳曼人。如果日耳曼尼库斯拥有君主的名号和权力、可以自行其是的话，那么这位在美德方面胜过马其顿国王亚历山大大帝的王子无疑也会赢得与之相称的军事荣耀。[1]

这段言辞的浮夸显而易见，他的赞美因过度而显得荒诞不经——并且历史学家塔西佗也逾越了自己的权限。那么他会拒绝比较亚历山大和一位在叙利亚染病、卒于塞利努斯的帝国统帅吗？[2]

另一位英雄是多米提乌斯·科布罗。他在抵达东方时吸引了所有人的目光——此人身材高大、谈吐高雅并很快占尽了风头。[3] 科布罗还拥有能让武将放弃花架子的、实实在在的"权威"。[4] 但这位伟大将领已有数年没有亲临前线。帕提亚国王马上送来了人质；因安逸许久而慵懒腐化的叙利亚诸军团也需要操练整饬。更重要的是罗马政府的政策。塔西佗一直暗示，科布罗在很大程度上是一位可以便宜行事的代理人。但敌意的滋长似乎否定了塔西佗的说法，并且他们的胃口非常大：只有重新征服卢库鲁斯和庞培获得过的全部领土才配得上帝国的权力与荣耀（科布罗也是那样认为的）。[5]

当一位将领宣布将在战败者那里实行罗马法律，借以取代傀儡君主时，他往往会豪迈地提起罗马的荣耀。[6] 他的用词令人回想起前人，或许还是一种拙劣的模仿。图拉真在吞并亚美尼亚时发表过那样的宣言。[7] 但那位将领已不是多米提乌斯·科布罗，而是他的继任者凯森尼乌斯·佩图斯。后者的出征并未带来胜利，而是在一次轻率冒进中以耻辱的遇俘告终。[8]

1　73.
2　关于亚历山大和图拉真，见附录72。
3　13.8.3.
4　15.26.3.
5　13.34.2: "dignum magnitudine populi Romani rebatur parta olim a Lucullo Pompeioque recipere（只有光复卢库鲁斯与庞培所征服的领土才配得上罗马人民的尊严）."
6　15.6.4: "se tributa ac leges et pro umbra regis Romanum ius victis impositurum（他要向战败者课税并提供法度与罗马法，而非一个傀儡国王）."
7　Dio 68.20.3: "Ῥωμαίων τε γὰρ εἶναι καὶ ἄρχοντα Ῥωμαῖον ἕξειν（此地属于罗马人，并且应当拥有一位罗马总督）."
8　15.13 ff. 图拉真的部队遭遇了数次惨败（其中一次折损了一名前执政官级别的副将），但并无军队遇俘的记录。

为了弥补损失、展示实力并推动政治谈判，科布罗于次年再度进军亚美尼亚。他追随着卢库鲁斯的脚步——至少塔西佗是那样讲的。[1] 但我们应当注意到，凯森尼乌斯·佩图斯之前选择的也是那条从麦利特尼渡河的路。[2]

敌人落入了科布罗的圈套。声称对亚美尼亚拥有主权的王公提瑞达特斯开启了谈判，并在前来参会时摘掉了头上的饰带，顺从地将它放在了一座尼禄雕像之下。随后，将领科布罗举行了优待提瑞达特斯的军事仪式，让那幅场景显得更加庄严，从而让他感受到传统罗马人的推崇。[3] 但只要读者继续读几页内容，他就会意识到那些空洞的盛典和仪式只能满足东方帝王的虚荣。帕提亚国王担心兄弟提瑞达特斯会在自己前往罗马接受授权时遭受羞辱。那位国王并不了解罗马人——在他们那里，真正重要的只有"帝国的实力（vis imperii）"。[4]

塔西佗过分高估了科布罗，也相应地拔高了帕提亚人的地位——科布罗只是为了自己的目的而接受了帕提亚人同罗马人平起平坐的传统规矩而已。[5] 如果科布罗愿意的话，他会嗤之以鼻地破坏那套规矩，因为他是了解西部行省和北方蛮族的情况的。[6]

塔西佗似乎为那些东方王国分配了过多篇幅，赋予了它们过多的重要性；那在很大程度上损害了后人对那些事务的历史评价。宽广辽阔的场景和活力四射的将领——瑰丽色彩、军事行动与异域人物——的诱惑力是不可阻

1　15.27.1.

2　并无明确记载，但可通过15.8.1; 10.3推断得出。

3　15.30.1: "cuncta in maius attollens admiratione prisci moris adfecit（他极力夸大其词，以便激发后者对罗马人古风的敬意）."

4　31: "scilicet externae superbiae sueto non inerat notitia nostri, apud quos vis imperii valet, inania tramittuntur（由于抱着异族的傲慢心态，他不像我们那样尊重帝国权威，并忽视它的缺陷）."

5　如 Strabo 11.515（将帕提亚人视为同罗马人"平起平坐的对手［ἀντίπαλοι］"）。塔西佗确曾将"帕提亚人的力量与罗马的势力（vi Parthorum aut potential Romana）"相提并论（2.60.4）；但他也曾声称凯森尼乌斯·佩图斯的兵力"同罗马帝国旗鼓相当（Romani imperii aemulis）"，借此认为一次投降是理所应当的（15.13.2）。

6　Germ. 37.4: "quid enim aliud nobis quam caedem Crassi, amisso et ipse Pacoro, infra Ventidium deiectus Oriens obiecerit（除了克拉苏的惨败，东方人还有什么可嘲笑我们的呢？他们不是也折损了自己的帕科鲁斯，被文提狄乌斯打得落花流水吗）?"

挡的。作者也用大量篇幅交代了提比略晚年与克劳狄乌斯统治时期幼发拉底河对岸地区的情况。那对于作者而言是很好的调剂，对于同时代的读者而言则有很强的吸引力。引人入胜的元素如实力雄厚的名城塞琉西亚、古城尼尼微和不远处亚历山大大帝得胜的遗址，或是罗马人在泰西封扶植的一位安息亲王。[1] 作者的扼要说明还涉及了诸如传说中伊贝里人（Iberi）和阿尔巴尼人（Albani）的希腊源头，萨尔玛提亚人的战术与装备，以及阿迪亚波纳的山间赫拉克勒斯圣所。[2]

此外还有别的东西——同它们密切相关的不仅仅是《编年史》的结构，还有对整个东方问题的理解。正如元首提比略的外交策略所证明的那样，罗马人无须太多气力就可以通过哄骗或恫吓而令帕提亚人就范。他派往叙利亚的副将卢奇乌斯·维特利乌斯知道该怎么办。[3] 他挑唆伊贝里人，甚至怂恿各部落翻越高加索山脉；他让一个王位竞争者登上舞台；他还可以轻而易举地破坏行省官吏和附庸君主们对帕提亚王朝的效忠关系。留心的《编年史》读者并不会被多米提乌斯·科布罗（或征服者图拉真）的光辉业绩所蒙蔽或彻底欺骗。

当元首提比略派出的将领准备渡过幼发拉底河时，当地居民报告了一桩奇迹，那是部队即将安全过河的明确征兆：河水水位在并无自然原因的情况下突然上涨，并且波浪呈现出王冠的形状。但历史学家塔西佗马上引述了另外一种解释：据说来自河流的迹象带有欺骗性；这场出征起初会顺风顺水，最后却将一无所获。[4]

那正是图拉真同帕提亚人对阵时发生的情况。荣耀与胜利、拼搏与冒险，一切终将归于徒劳。[5] 科布罗同样是一位伟大的将领，但他的远征却几乎

1　6.42.1 f.; 12.13.2; 6.42.4.
2　6.34.2; 35.1; 12.13.3. 此类素材中的一些会让塔西佗想到在《历史》中描述或赞美卢库鲁斯所指挥的战役的撒路斯特。
3　6.32 ff.
4　37.2: "quidam callidius interpretabantur, initia conatus secunda neque diuturnal（还有一种更高明的解释：起初的顺风顺水终将付之东流）"，等等。征服者常见的征兆则是幼发拉底河水位的突然下降（Xenophon, *Anabasis* 1.4.18; Plutarch, *Lucullus* 24，参见 Sallust, *Hist.* 4.60）。
5　Dio 68.33.1:"μάτην ἐπόνησαν καὶ μάτην ἐκινδύνευσαν（无谓地陷入困境，徒然地铤而走险）。"

毫无必要。并且历史学家塔西佗的记载让我们有理由相信，科布罗是一个好大喜功的人，并不总是诚实可信的。[1]

多米提乌斯·科布罗的进军快如闪电。[2] 他突袭了亚美尼亚，在极少遭遇亚美尼亚人并且完全没有遭到帕提亚人抵抗的情况下夺取了阿塔克萨塔和提格拉诺克尔塔。在凯森尼乌斯·佩图斯的无能导致一支罗马军队被迫投降之际，帕提亚人并不懂得如何充分利用自己的胜利：他们居然放跑了那支队伍。自卢库鲁斯、庞培和安东尼以来（克拉苏遭遇的灾难对此也并无影响），罗马统帅可以率领军团前往任何地方一直是公开的秘密。图拉真也像科布罗一样来到此地。那个在2名王位争夺者撕扯下虚弱不堪的帝国狼狈地在罗马人提出的条约面前屈服了。那位罗马征服者继续前进。他能够占领亚美尼亚和美索不达米亚，他或许还将进军泰西封。他能平安归来吗？[3]

挫折令图拉真一筹莫展。那位习惯于以我为主的、骁勇善战的元首变得怒火中烧、一意孤行。在哈特拉城前折戟后，他疯狂地调动骑兵攻打那座要塞，并让自己暴露于危险之中。[4] 我们可以猜想，他还犯过别的错误。[5] 原本心高气傲的图拉真遭遇的这次打击导致或加重了他的一场大病（图拉真本人只会将之归咎于中毒事件）。[6] 随之而来的是身体的全面崩溃。仁慈的死神在那位统帅逃离战败现场之际收走了他。他当时正在返回罗马，准备庆祝战胜帕提亚人的凯旋式。

此前的元首们从未遭受过此等规模的惨败。[7] 图拉真的去世将罪责留给了

1　15.16.3.
2　Lydus, *De mag.* 3.33，其中引述了塞尔苏斯的话（很可能是马略·塞尔苏斯，参见附录32）。
3　参见戈尔狄安三世（Gordian III）和朱利安等后来入侵者所遭遇的困境。
4　Dio 68.31.
5　图拉真似乎激怒过希腊人、犹太人和阿拉伯人。
6　Dio 68.33.2. 关于对图拉真疾病的详细分析，见 F. A. Lepper, *Trajan's Parthian War* (1948), 198 ff.。但作者似乎忽略了心理因素。
7　人们经常会提到图密善那些虚假的凯旋式（参见 *Agr.* 39.2; *Germ.* 37.6）；小普林尼的抨击如今也可用在图拉真身上——"那位元首在举行凯旋式的时候最明白无疑地暴露了自己的耻辱和惨败（imperator is cuius pulsi fugatique non aliud maius habebatur indicium quam si triumpharet）"（*Pan.* 11.4）。

其他人。那还不是全部。图拉真的固执、对亲戚的敌意和拒绝指定继承人的做法威胁着帝国的体系，很容易引发一场内战。

作为一个天性悲观的人，塔西佗无法拒绝崇拜图拉真，但却能够（或许早已看透）洞察到其专制统治中的若干缺陷。他作为历史学家的职责十分简单。他需要在某个地方交代在对付帕提亚人时使用怎样的手段就足够（那早已被世人所知，如今则被事实验证）。塔西佗对提比略举措的详细介绍便起到了这个作用[1]；关于克劳狄乌斯时期的各卷则进一步强化了关于帕提亚的事实。

相似的情况还有罗马人在日耳曼境内的征服。塔西佗当然会夸耀王子日耳曼尼库斯的功绩——但并非毫无保留。他的叙述揭示了其远征中的困难、风险与代价，以及在战场上取得胜利时的劳而少功。此外，塔西佗摘录的、元首提比略写给日耳曼尼库斯书信中的政策实施理由中也饱含着智慧与不可抗拒的道德说服力。[2]

事实的发展很快就证明了那些论断。当入侵偃旗息鼓后，日耳曼各部落欣然回归了他们你争我夺的日常状态。阿米尼乌斯马上就对自身帝国业已土崩瓦解的玛罗波杜乌斯磨刀霍霍。[3] 但阿米尼乌斯也无法保全自己的联盟，或至少在赫鲁斯奇人（Cherusci）前保持优势地位。4年后，罗马人的战争英雄又被自己的亲人暗杀了。[4]

无论是对王子日耳曼尼库斯还是多米提乌斯·科布罗，塔西佗相关叙述的表象都是富于迷惑性的。历史学家塔西佗到位地参与了自己那个时代围绕罗马对外政策的大讨论。他的看法本应带有党派色彩并十分明确。但塔西佗真正表达的态度却并非如此——他的观点不偏不倚，并且令人难以捉摸。尽

---

[1] 6.32 ff. 此外，维特利乌斯同帕提亚国王在幼发拉底河畔的会晤（见原书第237页）可能是在第7卷中讲述的。

[2] 2.26.2 ff.: "satis iam eventuum, satis casuum（从前已有过太多的成功，也有过太多的厄运）"，等等（很可能基于提比略的一篇演说词）。

[3] 2.45 f. 他此后不久便成了逃亡者和被流放者（2.62 f.）。塔西佗引述了（而且并未批判）提比略对其之前强大实力的评价。

[4] 2.88.

管塔西佗重视帝国的荣誉并曾发表过豪言壮语,《编年史》中一些含蓄的迹象或暗示表明,作者是主张在莱茵河或幼发拉底河以外使用外交手段,而非兵戎相向的。如果说从前的元首们足够理智的话,那么世人又有什么理由去不假思索地指责图拉真的继承人呢?

哈德良回归了世人历来所称赞的传统。以元首奥古斯都为榜样的他足以令图拉真的吹捧者们闭嘴。他在公元123年同帕提亚君主和解后对自己头衔"哈德良·奥古斯都"的强调便是有力的证明。[1] 他还夸口说自己用和平手段比他人用武力赢得了更多东西。[2]

我们有理由认为,罗马同安息王朝的和解并不会损失什么;并且即便帕提亚王国实现了稳定,它也无须恐惧。然而,扶植许多附庸王国的体系暴露了诸多缺陷。罗马任命的统治者往往无法让自己的人民满意,事实证明其中一些并不值得信任。[3] 此后,这些王国的权力便有可能遭到暗算、导致不和或为弑君者留下可乘之机。那其实算不得什么灾难:有识之士们是不会把此类耻辱放在心上的。[4]

图拉真的干涉打破了平衡。他废黜了一些王公,另一些人则觉得这位统帅的性格难以容忍。哈德良则费尽九牛二虎之力来修复关系:他亲自同那些附庸王公打交道时向来是耐心、克制的。[5]

《编年史》表达了哈德良的观点——但却是借元首克劳狄乌斯之口。这位元首对异族王朝十分仁慈。[6] 尽管他对博斯普鲁斯海峡的统治者米特拉达梯

1　见原书第248页。

2　Victor, *Epit*. 14.10: "iactabat palam plus se otio adeptum quam armis ceteros."

3　12.14.1: "levitate gentili et quia experimentis cognitum est barbaros malle Roma petere reges quam habere(由于这些族群的轻浮,并基于以往的经验认识,蛮族更乐意请罗马为他们指派国王,而非拥护这些国王)。"

4　12.48.2: "omne scelus externum cum laetitia habendum; semina etiam odiorum iacienda, ut saepe principes Romani eandem Armeniam specie largitionis turbandis barbarorum animis praebuerint(人们乐于纵容异族的各种罪恶,甚至撒播仇恨的种子。正如罗马元首曾多次故作慷慨地让出亚美尼亚,其目的只是为了扰乱蛮族的心智)。"以上便是叙利亚副将乌米狄乌斯·夸德拉图斯及其谋士们得出的结论。

5　即便对拒绝前来与他会见的伊贝里人统治者也是如此(*HA, Hadr*. 13.9——并非在其统治前期)。

6　12.20.1: "nobilitatibus externis mitis(对异族权贵宽大为怀)。"

怨恨很深，他还是决定手下留情。因为那是罗马的传统，并且从一触即溃的对手那里赢得凯旋式也并不值得。[1]

克劳狄乌斯能够派出一位安息王朝的成员去统治帕提亚人——那是曾在罗马做过多年人质的麦赫达特斯（Meherdates）。那位元首在演说中斥责了帕提亚人的首鼠两端，将自己的举止与政策同奥古斯都（但略过了提比略）相提并论。[2] 在为那位亲王和帕提亚使节们提出了一些明智忠告后，元首克劳狄乌斯用一段语气坚定的宣言结束了自己的讲话：如今已极享荣誉的罗马只希望万民都能享受和平。[3]

但塔西佗从来不会直截了当地、公开地宽容一项有损帝国荣誉的外交政策。嘲讽始终占据着主流。塔西佗留意报道了麦赫达特斯——那位"罗马城的儿子（urbis alumnus）"（克劳狄乌斯对他的评价）——不久之后的遭遇。他被对手打败、囚禁并弄成了残废——但后者一直养活着他，以便羞辱罗马。[4]

图拉真连名字都没有在《编年史》的任何地方出现过。[5] 塔西佗采用了自己的方式向那位统帅致敬——其中并非毫无含糊之处。他在作品中对哈德良的暗指也是隐晦的，但或许有时还是有些冒失。

哈德良在作者的思想中打下了许多烙印。塔西佗对提比略的最初素描中便展示了令人不安的迹象。那不仅仅是对统治者不利的一些暗示和风言风语——塔西佗让自己的叙述承载了太多东西，损害了其比例的协调性。[6] 或许

---

1 ib.2: "verum ita maioribus placitum, quanta pervicacia in hostem, tanta beneficentia adversus supplices utendum; nam triumphos de populis regnisque integris adquiri（他的祖先们的原则是对乞援人宽大为怀，对仇敌严惩不贷。他们的凯旋式是从那些之前没有吃过败仗的族裔和国王身上取得的）." 关于本章的史源和风格，见附录40。

2 11.1: "incipit orationem Caesar de fastigio Romano Parthorumque obsequiis, seque divo Augusto adaequabat, petitum ab eo regem referens, omissa Tiberii memoria（元首开始讲述罗马人的崇高地位和帕提亚人的顺从，他将自己同神圣的奥古斯都相提并论，指出帕提亚人也曾向奥古斯都要求为他们指派国王；但他省略了关于提比略的记忆）."

3 ib. 3: "rem Romanam huc satietate gloriae provectam, ut externis quoque gentibus quietem velit（已极享荣耀的罗马渴望为万民带来安宁）."

4 14.3: "ostentui clementiae suae et in nos dehonestamento（昭显自己的仁慈和我们的耻辱）."

5 那是相当自然的事情。但有些人从中演绎出了塔西佗对图拉真感到失望的结论。关于对塔西佗政治信条和此后幻灭的过度解读，见原书第219页。东方防线的土崩瓦解则完全是另外一回事。

6 见附录37。

其中还有别的东西——一种持久的影响力。如果说此后登基的一位元首身上带有提比略整体肖像的影子的话，那么他应该是哈德良，而非图密善。[1]由于塔西佗对哈德良的睚眦必报和虚伪矫饰（并且他也不愿意责备图拉真）深信不疑（他这样做不无道理），他欣然接受了对元首奥古斯都继承人和继位者的一种看法并将之推向极端，尽管理性迫使他对提比略表示赞赏——并且他也表达了对相关说法的怀疑和对历史真实复杂性的认识（这些评论分量很重，尽管只是偶尔提及）。

相反，与此同时，站在遥远后世立场上的塔西佗也应当能够更好地评价困扰早先统治者们的艰巨任务与两难处境。正如其中一位元首告诉朋友们的那样，帝国是元首必须去面对和驾驭的一个怪物。[2]塔西佗或许接受了（如果他知道的话）为哈德良做出的种种辩解。这些宽容的声音似乎是微弱的或被压抑的。愤怒与绝望压倒了慈悲之心。或迟或早，每位元首总要在驾崩前走入歧途。而哈德良的统治甚至从一开始就做得不好。它肇始于一次可疑的过继、对1名显贵的谋杀和对4位前执政官级别将领的处决。历史学家的研究证实了元老对人事与统治的洞见。从前发生过的还会再来，确定存在的只有命运、机缘与"凡人事务运转中的变幻无常（ludibria rerum mortalium cunctis in negotiis）"。[3]

一位哲学家皇帝曾经冥想过人事永恒的周而复始。当下的历史也就是它从前与未来的样子。人生阅历或古代的编年史会在历史学家眼前呈现出一系列环环相扣的舞台情节。剧场始终如一，变换的只是演员们。[4]

当史学创作能够达到消弭纷争、粉饰过去、增强现实生活的幸福感和满

---

[1] 他对哈德良性格的印象也许早在图拉真去世前就已成型。

[2] Suetonius, *Tib.* 24.1: "ignaros, quanta belua esset imperium（不知道帝国是这样一头怪物）."

[3] 3.18.4.

[4] M. Aurelius, *Ad se ipsum* 10.27: "Συνεχῶς ἐπινοεῖν, πῶς πάντα τοιαῦτα, ὁποῖα νῦν γίνεται, καὶ πρόσθεν ἐγίνετο· καὶ ἐπινοεῖν γενησόμενα. καὶ ὅλα δράματα καὶ σκηνὰς ὁμοειδεῖς, ὅσα ἐκ πείρας τῆς σῆς ἢ τῆς πρεσβυτέρας ἱστορίας ἔγνως, πρὸ ὀμμάτων τίθεσθαι, οἷον αὐλὴν ὅλην Ἀδριανοῦ（要记住，一切此刻存在的事物昨天也存在，并且今后也将存在下去。你所看到的戏剧和舞台始终如一，无论它们来自你的体验还是从前的历史知识——如哈德良的整个宫廷）"，等等。

意度时，它是一项受人尊敬的造福工作。[1] 但尤利乌斯-克劳狄乌斯王朝元首们统治的那个时代却最好被人忘却：那只是一连串罪行与暴政的编年史，没有任何有效经验值得吸取。任何一位元首都不会赞赏科奈里乌斯·塔西佗的《编年史》这样的作品。从前的罪恶已再度复活。作者的招魂是生动、邪恶与颠覆性的。塔西佗拥有各种天才，其中之一便是讽刺。

活着的人可以免受讽刺的攻击。尤尼乌斯·朱文纳尔（Junius Juvenalis）宣称，他的攻击只针对那些骨灰埋在拉丁大道或弗拉明大道两侧的人物。[2] 那是迫不得已的选择，他的诗歌也证实了这个说法。朱文纳尔是不可能去斥责、取笑那些有钱有势的人物的。他谨慎地避免提及当时如日中天的新贵（他们主要来自西班牙或纳旁）和来自帝国东部的王室家族。[3] 他也不敢触及帝国政策的各种主题。文学与虚构满足了他的大部分需要，为他提供充足素材的则是尼禄与图密善两朝的统治。[4]

朱文纳尔出身于一个骑士财产资格水平的家族（按照大城市的标准来看算不得富裕）。他与苏维托尼乌斯·特兰奎鲁斯同龄，比塔西佗小十来岁。[5] 潜心学术的苏维托尼乌斯得到了小普林尼的庇护，但小普林尼从未暗示过朱文纳尔的存在。苏维托尼乌斯追求、获得并放弃了一个军团长的职位——小普林尼曾为了他的利益而游说过不列颠的副将。[6] 朱文纳尔或许（或许没有）一度担任过"骑士军职"。[7] 他无法抵制来自首都罗马的召唤。玛提阿尔认识他，并对他早年为向上爬而付出的努力报以同情。[8] 朱文纳尔长期混迹于法庭

---

[1] 让共和时代的历史变得在政治上无害是李维的主要成就之一，参见 H. Dessau, *Gesch. der r. Kaiserzeit I* (1924), 545。

[2] Juvenal 1.170 f.

[3] 参见 R. Syme, *Rom. Rev.* (1939), 490。诸如此类的消极证据削弱了下面的观点，即朱文纳尔是同时代罗马社会真诚的、充满活力的批评者。

[4] 如他的第8首和第4首讽刺诗（见原书第5页）。

[5] 关于他的年龄，见附录74。

[6] *Epp.* 3.8.1.

[7] 关于来自阿奎努姆（Aquinum）近郊的铭文（*ILS* 2926，自18世纪以来再无人见过），见附录74。

[8] Martial 7.24 and 91（公元91或92年）; 12.18（公元100或101年）。

和修辞学校之中。无论朱文纳尔雄心壮志的本质和对象是什么——成功、金钱、律师的名分还是帝国文职机构中的肥缺——他的努力最后以失望告终，或许只能以教书作为安身立命的手段，用创作讽刺诗来发泄怒火。[1]他在诗中没有赞美过哪位庇护了自己的元老，或哪怕任何一位骑士阶层中的贵人和帝国政府某个部门的长官。[2]在其第7首讽刺诗的首行中，朱文纳尔将元首奉为高雅文学的唯一赞助者——"各种文化学术事业的希望与动机集于元首一身（et spes et ratio studiorum in Caesare tantum）"。但哈德良并未给过他任何鼓励。

朱文纳尔作品的年代次序具备一种超越诗人传记的重要性。他在第一首讽刺诗中提及了阿非利加行省总督马略·普利斯库斯的特立独行，以及宽大为怀的放逐处罚。[3]后人强调那是一桩晚近事件，并且它提供了研究朱文纳尔写作年代的线索。但事实并非如此。[4]那桩案子当时早已臭名昭著——或许还是对前执政官级别的行省总督最近的一次指控。朱文纳尔在后文中又提到了普利斯库斯。[5]马略·普利斯库斯的典故可能只是引自一部问世不久的经典作品——小普林尼的《书信集》，或那位仍然在世并撰写着历史的著名演说家著作。没有任何证据可以表明，朱文纳尔在图拉真去世前发表过任何东西。并且他的文学创作活动的起止年代也无法坐实。在倒数第二首讽刺诗中，他将公元127年就任的一位执政官称为不久之前当过执政官的人。[6]如果朱文纳

---

[1] 有人认为他被图密善放逐过（那对他的性格产生了持续影响），特别见G. Highet, *TAPA* LXVIII (1937), 480 ff.; *Juvenal the Satirist* (1954), 23 ff.。这一观点来自（经过必要的修改）古代晚期的注疏或传记。最重要的一篇传记（收录于*Codex Pithoeanus*）引用了7.90 ff.，并断言那位诗人通过攻击一位演员而惹恼了元首："尽管他立下过赫赫军功，他还是被勒令于80天内离开罗马城，前往埃及最偏远地区的省长卫队中服役（si statim per honorem militia quamquam octogenarius urbe summotus et missusque ad praefecturam cohortis in extrema parte tendentis Aegypti）。"这肯定是虚构的情节。

[2] 至少就我们所能复原的情况来看如此。后5首诗的题献对象似乎确有其人，分别是科尔维努斯（Corvinus）、卡尔维努斯（Calvinus）、福斯奇努斯（Fuscinus）、沃鲁修斯·比提尼库斯（Volusius Bithynicus）和伽利乌斯（Gallius）。

[3] 1.49 f.

[4] 见附录75。

[5] 8.120.

[6] 15.27，参见13.17（相关讨论见附录74）。

尔讽刺诗的创作年代大致在公元115—130年之间，那么我们可以得出一个引人注目的结论。朱文纳尔讽刺诗的创作年代至少有一部分是同塔西佗的《编年史》重合的：其中的某些名字、主题或事件有可能来自塔西佗。[1]

但我们无须假设那位讽刺诗作家广泛借鉴过历史学家塔西佗的作品，或从后者那里得来了可以将满腔义愤发泄在死者身上的灵感。我们可以将塔西佗和朱文纳尔视为同一个时代里的平行现象。二者在风格、语调和情感上都是具备可比性的。朱文纳尔的文风也是犀利、紧凑的；他也擅长运用快速推进、富于画面感的叙述模式——那正是塔西佗作品中的塞亚努斯垮台情节或朱文纳尔笔下堕落之徒的恶魔般的力量所展示出的卓越戏剧化色彩。[2]

对祖先道德品质冷冰冰的强调，对邪恶、懒散与异邦人的谴责——罗马的民族精神以对外征服时代的共和国或高傲的奥古斯都帝国所不曾有过的热度与烈度表达着自己的心声。它如今只能采取守势，热情洋溢地强调着古时的道德与英雄气概。朱文纳尔与塔西佗慷慨激昂（或许过于慷慨激昂）的抗议暴露了他们的挫败感与危机感。他们是罗马文学史上的最后一批伟人。[3]

政治演说术已成为政治史中的绝唱。它们如今已经消亡。当前大行其道的是博古式的典故汇纂、稗官野史或道德说教。苏维托尼乌斯计划编纂一部汇集全部拉丁文学知识的、以传记形式编排的百科全书（其中并不忽视语法学家和修辞学教师们）。[4] 这项合乎他才能的计划或许还暗示着作者的另一项事业。苏维托尼乌斯接下去记述了元首们的生平与习惯，其中充斥着古怪的、道听途说的细节。[5]

这种记述方式非常可怕——即便苏维托尼乌斯从尤利乌斯－克劳狄乌斯

1　见附录75。
2　10.54 ff.; 6.314 ff.
3　参见 C. Merivale, *History of the Romans under the Empire* VIII (1876), 132 f.。
4　我们在此的预设是，《名人传》（*De viris illustribus*）的写作时间早于《罗马十二帝王传》。但它不一定就是小普林尼敦促苏维托尼乌斯出版的那部著作（*Epp.* 5.10）。
5　客观性的要求并不妨碍作家在其作品中插入一些色情元素或插话。但这位多产作家尝试过"色情题材（περὶ ἐπισήμων ποσμῶν）"的信息并不能说明多少问题（Lydus, *De mag.* 3.64）。

王朝私人通信中摘抄的信息也是如此。他的职业让自己有机会进入国家档案库——因为苏维托尼乌斯在尝试过（或未能如愿步入）学者生涯后在读书与仕途之间摇摆不定，最终在哈德良登基后进入了皇家秘书处。[1] 他当上了哈德良的"学术（a studiis）"谋臣。随后，他奉命管理罗马的各处皇家图书馆。不久以后，他获得了"元首代笔秘书"的重要差事。苏维托尼乌斯的庇护人是已经故去的小普林尼的朋友塞普提奇乌斯·克拉鲁斯，后者在公元119年当上了禁卫军队长。公元122年（元首当时身在不列颠），他同时失去了宠幸和工作。[2]

《罗马十二帝王传》是题献给塞普提奇乌斯的，并醒目地写上了他的官职。[3] 其中6卷每卷记述一位君主，依照王朝继承次序涵盖了从独裁官凯撒到尼禄的历任元首；后者是一个合适的终点与高潮，以关于一位伪尼禄的简短后记结束。[4] 苏维托尼乌斯还写了另外2卷。其中1卷介绍了登基于公元69年的3位元首，另1卷则讲述了弗拉维王朝的3位元首，从而终结了对一个时代的叙述，宣告了一段更为幸福的岁月的开始。[5] 尼禄之后数位元首的传记也许是后来补充的。[6]

《罗马十二帝王传》各部分的价值差异很大。距离作者生活时代最远的那部分写得最好，因为它们不需要多少原创性劳动。尽管对奥古斯都之后诸元首的记述在细节上相当精确，苏维托尼乌斯却很少引用权威史料出处。在李维以降的罗马编年史家中，他只提及了一个人，那正是克瑞穆提乌斯·科尔杜斯。[7] 关于他的信息来源，苏维托尼乌斯列举了多种多样的史料。他在作

---

1 见希波（Hippo）民众所竖立礼赞铭文中所提供的细节（*AE* 1953, 73）。
2 关于其中的各种年代疑问，见附录76。
3 Lydus, *De mensibus* 2.6.
4 *Nero* 57.2. 下一篇则以"元首的血脉到尼禄这里中断（progenies Caesarum in Nerone defecit）"开头（*Galba* 1）。
5 *Dom.* 23.2: "sicut sane brevi evenit, abstinentia et moderation insequentium principum（由于继任元首们的廉洁自律与举止有度，很快便出现了繁荣局面）."
6 这或许只是一种猜想——但倘若 *Divus Titus* 4.1 是后来补写的话，那可以解释一些问题。参见附录76。
7 *Divus Aug.* 35.2（关于一件事实）; *Tib.* 61.3（并未指名道姓）; *Cal.* 16.1.

品的写作方法与结构上同历史学家们差异巨大,并且那位精通博古技巧的大师也未必不乐意凸显这种差异性——如炫耀自己对古奥文献的熟悉,并不时向读者展示自己的辨伪技巧。[1]

苏维托尼乌斯和塔西佗都使用了常见史料,尤其是在对提比略登基之年和公元69年的记述中。传记作家苏维托尼乌斯或许(或许没有)使用过元老历史学家的著作。苏维托尼乌斯在介绍自己的史料来源方面非常谨慎——或许那是有意为之。我们无法确认任何一个引用的明确例子:至多只有反驳那位著名前执政官的闪烁其词。[2]

苏维托尼乌斯准确判断了那个时代的口味与偏好。读者们喜欢的是正规史著所不屑一顾的个人事务。[3]那里存在着与《编年史》竞争或为之补充的空间——并且记录古人疯狂与堕落行为的、由一位政府官员汇纂的年代记也不存在任何政治风险。

那个时代的另一特征是对所有(不仅仅是最著名的)帝国作家们的否定。世人开始向遥远的过去退却。崇尚撒路斯特的品味受到了尊敬与赞美。哈德良喜欢科埃利乌斯·安提帕特(Coelius Antipater)。[4]哈德良只比塔西佗年轻20岁。但哈德良等人在欣赏演说术时会直接越过西塞罗而回到老伽图那里;他们轻视维吉尔,推崇恩尼乌斯。不久之后,用词和文风上的复古倾向就同狂热探索早期拉丁姆城镇罕见遗物或遗迹的罗马郊区考古活动相得益彰。[5]

---

1 *Divus Aug.* 7.1(青年屋大维的"小像[imaguncula]",上面的铭文证实了苏维托尼乌斯所记哈德良家姓"图里努斯[Thurinus]"的存在); *Cal.* 8(关于一位元首出生地点和年代的铭文证据); *Nero* 52(诗体自传). 后一则史料同 *Ann.* 16.1有关。关于苏维托尼乌斯故意反对历史学家们观点的做法,见Boissier, *Tacite* (1903), 96 f. 的睿智评论。
2 见附录77。
3 关于那个时代对外貌和面相日趋浓厚的兴趣,参见E. C. Evans, *Harvard Studies* XLVI (1935), 43 ff.; J. Cousin, *Rev. ét. lat.* XXXI (1953), 234 ff.。
4 *HA, Hadr.* 16.6.
5 玛库斯·奥勒留(M. Aurelius)探讨过阿纳格尼亚(Anagnia)的一则古老宗教铭文(Fronto, p. 66 N = Haines I, p. 174)。安东尼·皮乌斯生于拉努维乌姆(Lanuvium)(*HA, Pius* 1.8),其他统治者也喜欢生活在那里。关于皮乌斯发行钱币上的罗马与意大利古物(同哈德良的广泛兴趣形成鲜明对比,见J. M. C. Toynbee, *CR* XXXIX [1925], 170 ff.)。

但此类追求无法给人带来愉悦或激情。其中并没有什么值得去做或大书特书的事情。[1]

那个时代的特别荣耀属于科奈里乌斯·弗隆托（Cornelius Fronto，一位演说家和一名元首的教师）——他的平实文风无法抵消陈腐无聊的讲述的缺陷。[2] 弗隆托宣称史学的地位高于其他题材，并承认史书应富于文采。[3] 他甚至还亲自创作过一部修辞性很强的、赞颂性质的史著。[4] 弗隆托经常讨论撒路斯特，并用推崇的口吻评价早期编年史家。[5] 但他从未提过塔西佗。[6] 他的名字与作品早已被人遗忘。[7]

罗马的编年史家或政治史家们也从来没有继承过塔西佗的遗产。在安东尼王朝和平时代过后的动乱岁月里，塞普提米乌斯·塞维鲁（Septimius Severus）麾下的一位将领、一个名叫马略·马克西穆斯（Marius Maximus）的人开启了写作生涯。但他跳过了真正的史学素材，满足于继承苏维托尼乌斯的事业，去接着撰写元首们的传记。[8] 那个多事之秋的事件本应将作者拉回到前执政官史家塔西佗的主题与风格。百年王朝的终结、军队拥立元首之前的短暂空位期、接二连三的战争——一切都像是昔日历史的翻版。[9]

苏维托尼乌斯·特兰奎鲁斯的体裁与榜样地位在拉丁文学史上主导了数

1　E. Norden, *Die antike Kunstprosa* I (1898), 344.
2　关于他的风格，见 E. Norden, o.c. 362 ff. E. K. Rand, *CAH* XII (1939), 572 ff.。其中大部分论述过分高估了弗隆托的水准。
3　p. 126 N = Haines II, p. 142: "historia tamen potius splendide perscribenda（史书最好要用辉煌的风格写就）."
4　其主题为卢奇乌斯·维鲁斯（L. Verus）在帕提亚战争中的功勋。
5　p. 113 f. N = Haines II, p. 48.
6　比较 *Ann.* 13.3.2 与弗隆托对诸元首口才有气无力、不尽如人意的评价是很有趣的。
7　F. Haverfield, *JRS* VI (1916), 196 ff. 另见附录88。但小普林尼的书信在古代晚期遭遇的命运还要糟糕得多，参见 S. E. Stout, *TAPA* LXXXVI (1955), 250 ff.。
8　关于这位公元198年前后递补执政官（*PIR*[1], M 233）及其作品，参见 G. Barbieri, *Riv. di. fil.* LXXXI (1953), 36 ff.; 262 ff.
9　E. Kornemann, *Kaiser Hadrian und der letze große Historiker von Rom* (1905), 119 杜撰了塞维鲁时代的一位能够同塔西佗相提并论，并在某些方面更胜一筹的拉丁历史学家。但那个时代孕育的历史学家其实只有一名希腊元老家卡西乌斯·狄奥，他差不多是马略·马克西穆斯的同龄人。

百年之久，马略·马克西穆斯的后世作品便是其影响力的证明。[1] 如果说传记写作是廉价的、轻而易举的事情的话，那么道德说教也是如此。哈德良的时代已定好了调子。一部史著节要或学校里的教科书提供了毫不费力的、并不包含真正启迪意义的灌输历史手段。一个名叫弗洛鲁斯（Florus）的人记录了罗马人从罗慕路斯时代到元首奥古斯都时期所参与的全部战争。[2] 那部作品的语调是虔诚、狂热的，是对李维作品的节编。

---

1 即《奥古斯都后诸凯撒传》。从各方面的意义上讲，塔西佗的后继者都是阿米安·马塞利努斯（Ammianus Marcellinus）——后者"从元首涅尔瓦时代写起（a principatu Caesaris Nervae exorsus）"（31.16.9）。
2 他的名字是阿尼乌斯·弗洛鲁斯（Annius Florus）或阿奈乌斯·弗洛鲁斯（Annaeus Florus）。（PIR^2, A 650）

第三十八章　塔西佗与希腊作家们

如果说拉丁文学已经衰落的话，希腊文明此时则已重新崛起并繁荣兴盛。其著名代表是狄奥·科切亚努斯（Dio Cocceianus）与温和的普鲁塔克——普鲁萨（Prusa）的智者和喀罗尼亚（Chaeronea）的哲人。狄奥来到罗马并飞黄腾达，得到了一位上流人物的青睐。他的那位庇护人——图密善的一个侄子——后来被判处死刑，狄奥也遭到了放逐。[1]他进行了广泛游历，在涅尔瓦统治时期返回罗马，并很快赢得了图拉真的器重。狄奥的才华展现在许多方面——为规劝元首而创造的神话与道德训诫、对敌对城市发出的和平相处号召，以及对穷人骚乱的严厉斥责。

狄奥的声名与财富没有逃过同胞公民们的忌恨。[2]普鲁塔克的一生则风平浪静。尼禄访问希腊期间，他是雅典城里的一名青年学生。他一直活到了哈德良统治时代。[3]罗马的统治阶级支持他的学说，这位与许多行省总督交好的人也在一系列历史传记中宣扬着希腊人与罗马人的和谐与平等。在他的笔下，罗马人的价值是同希腊人等量齐观的。

其他学者们则没有得到那样的重用。这并非一个科学、知识、史学或诗

---

1 主要相关事实见 PIR^2, D 93。他的庇护人是公元82年执政官提图斯·弗拉维乌斯·萨比努斯（T. Flavius Sabinus）。（参见 PIR^2, F 355）
2 Dio, *Or.* 46.6 f.（普鲁萨的暴乱）；另参见 Pliny, *Epp.* 10.81（他的对手和敌人们）。关于他的财富，见 *Or.* 46.5 ff.；关于他的家世，见44.3 f.。
3 K. Ziegler, P-W XXI, 639 ff. 他的全名是（卢奇乌斯·）麦斯特里乌斯·普鲁塔克（[L.] Mestrius Plutarchus）（SIG^3 829，参见844），显然源自卢奇乌斯·麦斯特里乌斯·弗洛鲁斯（L. Mestrius Florus，公元72年前后递补执政官）。

歌的复兴时代；大行其道的只有雄辩术——尽管它会戴上哲学的假面。[1]这场运动在弗拉维王朝已依稀可辨，并在图拉真时代发扬光大。或许是出于偶然原因，小普林尼在现存文本中从未提及狄奥或普鲁塔克的教导。但士麦那的尼克特斯曾做过他的修辞学教师，并且他也在图拉真统治初期记载并赞美过伊塞乌斯（Isaeus）的来临。[2]塔西佗对希腊人是无动于衷和充满敌意的——《关于演说家的对话》对亚细亚风格的演说家进行了冷嘲热讽。[3]但意大利和行省的其他元老们却受到了那种风格的吸引。

来自西部行省的罗马人不仅巩固了统治秩序——他们还成了主宰者。但出人意料的是，他们（至少其中一些）成了希腊（而非罗马）文明的倡导者。他们对高等教育的痴迷是其主要原因。一些著名的罗马人成了普鲁塔克的朋友和庇护人，其中就有小普林尼社交圈子里的人，如索希乌斯·塞内奇奥和米尼奇乌斯·芬达努斯。[4]希腊文化的影响逐步增强与加深。它的效果令人惊讶地展示在比塔西佗年轻20来岁的那一代人身上。哈德良对希腊的一切东西都充满痴迷。

雄辩术教师们很快主导了那个时代。他们在跨文化的节庆场合大摇大摆地出现在自己的信徒们面前，各座名城都会为拥有某位智者的出生地、讲演地点和居所而展开竞争。这些人物通过劝诫、建议、领导使团、成为元首们的朋友与宠臣来左右帝国政治。图拉真并不鄙视他们。无论自己的品味究竟如何，他看到了这些人在宣传与认可罗马政权上的用处。[5]哈德良则直接

---

1 关于这场所谓"希腊文艺复兴"的阴暗面，见 Wilamowitz, *Der Glaube der Hellenen* II (1932), 458 ff.
2 *Epp.* 6.6.3（尼克特斯）; 2.3.1（伊塞乌斯）.
3 *Dial.* 15.3（见原书第115页）.
4 K. Ziegler, P-W XXI, 687 ff.（其中罗列了详尽的名单）. 除索希乌斯和米尼奇乌斯外，特别值得一提的还有提图斯·阿维狄乌斯·奎埃图斯（T. Avidius Quietus, 公元93年递补执政官）和他的兄弟（盖约·阿维狄乌斯·尼格里努斯 [C. Avidius Nigrinus] 之父）（*PIR*², A 1410; 1407）. 普鲁塔克的前执政官级别朋友们五花八门，从曾陪伴他参观贝德里亚库姆战场的麦斯特里乌斯·弗洛鲁斯（*Otho* 14）到米尼奇乌斯·芬达努斯（公元122/3年亚细亚行省总督）.
5 关于图拉真和狄奥，见原书第40页. Plutarch, *Praec. ger. r. p.* 17.813 ff. 坚持认为希腊人应当始终牢记自己是罗马统治之下的臣民，不要因为"头面人物们的贪婪和野心（πλεονεξία καὶ φιλοτιμία τῶν πρώτων）"而引起政府的进一步干预.

站出来担任他们的庇护人、帮手乃至竞争对手。他们获得了大量报酬与荣誉。一桩事实成了整个时代的缩影——在公元143年，赫罗德斯·阿提库斯（Herodes Atticus）当上了名年执政官，而科奈里乌斯·弗隆托也跻身那一年的递补执政官之列。[1]

作为拉丁修辞学的荣耀，弗隆托来自努米底亚的殖民地基尔塔（Cirta）。赫罗德斯是一位伟大的雅典智者、百万富翁和一个极难对付的家伙。[2] 如果说根据现存文字和相关推断来看，这批希腊演说家的作品总体上显得贫弱浮夸的话（例如，法沃里努斯著作的空洞无物已得到令人信服的证实）[3]，他们的自负与傲慢却是不知天高地厚的。就连罗马官吏也要让他们三分。波勒莫（Polemo）在返回士麦那时发现亚细亚行省总督奥勒留·福尔伍斯住在自己家里。他马上赶走了那位不速之客。脾气温和的奥勒留并没有对他打击报复。[4]

家世的显赫与世俗成功往往会助长智者们的浮夸风气。波勒莫来自拉奥狄凯亚（Laodicea）家族——它在当时已在财富和雄辩术方面崭露头角——该家族曾为安东尼和奥古斯都提供过一位诸多附庸王国的得力统治者。[5] 尽管智者中有几位（尤其是较早的）是全凭才华出人头地的，他们当中的大多数却来自昔日的王室或祭司家族，宣称自己是城市创建者的后裔。当罗马统治下的和平带来了整个地中海世界，尤其是东部地区的繁荣时，真正获利的只有少数人，富者变得更加富有。[6]

---

1 或许不那么引人注目，但同样重要的是前一年的名年执政官——来自帕伽马的卢奇乌斯·库斯皮乌斯·帕克图麦乌斯（L. Cuspius Pactumeius Rufinus）（PIR^2, C 1637）和雅典人卢奇乌斯·斯塔提乌斯·夸德拉图斯（L. Statius Quadratus，参见 $IG\ II^2$, 2044; 3704，等等）。

2 P. Graindor, *Un milliardaire antique. Hérode Atticus et sa famille* (Cairo, 1930). 关于提比略·克劳狄乌斯·阿提库斯·赫罗德斯（Ti. Claudius Atticus Herodes）的基本情况，见 PIR^2, C 802。

3 见小册子《论逃跑》（Περὶ φυγῆς）（P. Vat. gr. 11）。

4 Philostratus, *Vit. soph.* 1.25.3. 这位行省总督就是未来的元首安东尼·皮乌斯（公元120年执政官）。

5 即演说家芝诺（Zeno）之子、本都国王波勒莫（Polemo），见 PIR^1, P 405；智者安东尼·波勒莫（Antonius Polemo），见 PIR^2, A 862。

6 关于弗拉维王朝和安东尼王朝时代东部诸行省的财富（最突出的表现是建筑与装饰），见 D. Magie, *Roman Rule in Asia Minor* I (1950), 582 ff.；关于那里的"不和谐局面（στάσις）"，见 ib. 599 ff.。

（转下页注）

从前，罗马凭借城市里的寡头集团、乡村里的酋长和权贵控制着整个帝国。尽管地方权贵可以在社会地位上与罗马的统治阶级平起平坐，并通过出身、财富和教育而得到认可，他们在政治上仍无法同后者平等。他们的后裔先是凭借元首们的庇护，随后凭借他们自己的实力与重要地位进入元老院并协助治理帝国。在安东尼王朝时期的发展历程中，新兴的帝国贵族集团接受了帝国东西部有产阶级的联盟，在王权下实现了和谐共处。

在这样一个世界性帝国中，罗马的武力同希腊的艺术的结合是正确的、可以预期的联盟。即便没有那样的背景，该联盟也能够建立起来。执政官与行省总督们对希腊语演说与希腊生活习惯的嗜好是超出世人预期的。谁应为此得到赞美或指责呢？人们很容易将功过揽到"小希腊人（Graeculus）"哈德良的头上。公正的评价和若干史实却给出了一个出人意料的答案——那是哈德良的前任、戎马一生的元首图拉真。[1]

希腊人在罗马城统治集团中的出现是希腊文明诸多胜利的集大成者。这一进程是漫长复杂的，受到许多因素的影响。它同文学、教育以及财富、权力和政治都有关系；其实现主要不是依靠抽象规则，而是具体的人物与社会阶层。

元首制的来源是双重性的。它的支柱之一是庞培、克拉苏及其附庸王公与地中海东部的帝国资源。另一根支柱则是凯撒率领高卢诸军团取得的胜利果实。凯撒继承人的最后胜出依靠的不仅仅是西部的军事实力，还有在背后支持自己的罗马爱国主义情感——它部分是真实的，部分则是煽动、逼迫与宣扬的结果。

安东尼曾将罗马人民的疆土交到异族君主手上。这种统治体系和许多

（接上页注）

关于"头面人物们（πρῶτοι）"的角色和举止，见 J. H. Oliver, *Transactions of the American Philosophical Society*, N.S. XLIII (1953), 953 ff.；关于陷入麻烦的权贵们，见上文，原书第467页。

1　P. Lambrechts, *L'Antiquité classique* V (1936), 105 ff.；关于直到玛库斯·奥勒留时代的全部进程，见 C. B. Walton, *JRS* XIX (1929), 38 ff.。

人事任命延续了下来。在重新为罗马征服东方的过程中，凯撒的继承人亲自当上了埃及的统治者。在其他地方，安东尼扶植的主要代理人被保留并沿用——如本都的波勒莫、卡帕多西亚国王阿克拉奥斯（Archelaus）、伽拉提亚的阿明塔斯（Amyntas）和伊度迈亚（Idumaea）的希律王（Herod）。当亚克兴海战的胜利者完成了对帝国东部的布局后，罗马人在亚洲的行省版图萎缩至自庞培时代以来最小。

如果说元首们继承了伟人庞培和安东尼的庇护网络（clientelae），以王公和权贵们作为自己的附庸的话，那么他们也并未忽视城市里的知识阶层。一个著名例子便是伟人庞培提拔起来的、作为自己军事业绩编年史家与政务谋臣的米提利尼人特奥法尼斯（Theophanes of Mytilene）。[1]

跟在其他方面一样，奥古斯都的元首制在这方面同样具有两面性。它是意大利对抗东方的中坚力量，同时又是东方的君主制。罗马甚至无法假装对所有希腊的事物抱有敌意。在艺术与文学方面，这个时代的人们一边倒地站在古典希腊的立场上反对现世的希腊文化。但事实上，元首奥古斯都轻视如今已积贫积弱的老旧希腊本土，而宠幸亚洲的希腊精英们。但其中有个引人注目的例外——斯巴达的权贵欧律克勒斯（Eurycles）。[2]

长期以来，意大利人和希腊人一直在坎佩尼亚、大希腊和西西里交往并融合。同时还存在着另外一个因素：在共和末年的大流散中自愿前往东方追逐利润、在爱奥尼亚与弗吕吉亚（Phrygia）的繁荣城市中长期接受熏陶的意大利人有时会回到帝国首都的修辞学校里展示才华，或应聘中央政府中需要地方性知识的职位。[3]

聪慧、富裕的本地人的地位更为显赫。奥古斯都知道如何任用某些哲学家或文人——让他们提出高明建议，教育青年王子，管理西西里岛财务并治

1　R. Laqueur, P-W V A, 2090 ff.
2　Strabo 8.363:"ὁ καθ᾽ ἡμᾶς τῶν Λακεδαιμονίων ἡγεμών（我们这个时代的拉栖第梦人统治者）." 更多信息见366（尽管我们无暇在此讨论这段文本、盖约·尤利乌斯·欧律克勒斯［C. Julius Eurycles］的地位，以及该家族的兴衰史）。
3　以及来自凯撒、安东尼和奥古斯都在东方所建立殖民地的罗马人。

理动荡不安的塔尔苏斯（Tarsus）。[1] 下一任元首是博学与正直的——他也在伟大的占星术士、罗德岛与卡普里埃岛上的挚友特拉叙鲁斯身上找到了这两种品质。[2] 除此之外，他并不喜欢希腊人的自负、阴谋和谄媚。提比略不会忘记年迈的卡帕多西亚国王阿克拉奥斯的忘恩负义——后者被召唤到罗马，在元老院里接受审讯，并被剥夺了自己的王国。[3] 而特奥法尼斯和欧律克勒斯的后裔也都在其统治后期倒了霉。[4]

随着卡里古拉的登基，安东尼的势力以一种并不成熟，甚至相当可笑的方式重新抬头。作为那位后三头之一的后裔，卡里古拉一方面为自己的身世感到骄傲，另一方面又对此加以抱怨。[5] 希腊文化对卡里古拉行为习惯与政策的影响有两个源头。首先，他在祖母安东尼娅的宅邸里长大期间朝夕相伴的那些东方王公贵族（其中之一是他的堂兄弟）培养了他的特立独行作风。[6] 其次是皇室家庭中的那些释奴——他们虽然在提比略治下举止收敛、悄无声息，却左右了年轻且缺乏阅世经验的君主卡里古拉。傲慢的帕拉斯据说就是阿卡狄亚君主们的后裔。[7]

上述两条线索同样跟克劳狄乌斯的登基不无干系。后者也受到释奴与权臣的控制，并欠了一位王公不小的人情：尤利乌斯·阿格里帕在卡里古拉遇刺后同盲目要求自由（或推举奥古斯都家族之外的某位元首候选人）的元老院谈妥了条件。[8]

---

1 特别参见亚历山大里亚的阿瑞乌斯（Areus of Alexandria）和桑顿（Sandon）之子塔尔苏斯的阿特诺多鲁斯（Athenodorus of Tarsus）（*PIR*[2] A 1035; 1288）。奥古斯都任命马塞卢斯（Marcellus）的导师涅斯托尔（Nestor）后来返回了家乡塔尔苏斯，像阿特诺多鲁斯一样极享尊荣（Strabo 14.675）。

2 C. Cichorius, *Römische Studien* (1922), 390 ff.; W. Gundel, P-W VI A, 581 ff. 齐赫里乌斯认为（昆图斯·奈维乌斯·）玛克罗（[Q. Naevius] Macro，接替塞亚努斯的禁卫军队长）之妻恩妮娅·特拉叙拉（Ennia Thrasylla）是他的孙女。特拉叙鲁斯撰写过柏拉图主义的作品，或许还编订过柏拉图的著作（Gundel, o.c. 583）。

3 2.42.2 f.

4 6.18.2（参见附录62）。

5 Suetonius, *Cal.* 23.1.

6 毛里塔尼亚国王托勒密（Ptolemaeus）（*PIR*[1], P 764）是安东尼和克莉奥帕特拉的外孙。

7 12.53.2.

8 Josephus, *AJ* 19.236 ff. 后人或许夸大了玛库斯·尤利乌斯·阿格里帕（M. Julius Agrippa）所扮演的角色，参见 V. Scramuzza, *The Emperor Claudius* (1940), 58。

当克劳狄乌斯前往不列颠时，他将负责监管自己健康的、忠心耿耿的科斯岛人色诺芬（Xenophon of Cos）带在身边。[1] 与他同行的还有占星术士巴尔比鲁斯（Balbilus）。[2] 他们与其他人都在"骑士军旅生涯"中担任过官职。[3] 此外（并且顺理成章），权贵家族的成员们如今也可以期待前往东方担任帝国职务了。[4]

这股潮流在尼禄统治时期增强了力量。公元55年，巴尔比鲁斯被任命为埃及省长。[5] 希腊人在宫廷里受到宠幸[6]；一位来自希腊化东方的人物进入了罗马元老院。[7] 尼禄垮台的时候，统治埃及的乃是一名弃绝本族信仰的犹太人尤利乌斯·亚历山大（Julius Alexander）。[8]

1　*SIG*[3] 804（盖约·斯特提尼乌斯·色诺芬［C. Stertinius Xenophon］）。

2　*AE* 1924, 78（以弗所）。尽管斯泰恩（Stein）提出过反对意见，笔者在此仍然认为公元55年的埃及省长（*PIR*[2], C 813）就是占星术士巴尔比鲁斯。关于两人身份不同意见的概见D. Magie, *Roman Rule in Asia Minor* II (1950), 1398 ff.。关于此人同科马根（Commagene）王室血统的联系见*PIR*[2], C 1086及相关家族谱系。齐赫里乌斯认为巴尔比鲁斯是占星术士特拉叙鲁斯之子（Cichorius, *Römische Studien* [1922], 393 ff.）。曾陪同哈德良视察埃及的女诗人尤利娅·巴尔比拉（Julia Balbilla）拥有科马根王室血统，并且是"智者巴尔比鲁斯（Βάλβιλλος ὁ σοφός）"的后裔（*CIG* 4730；底比斯［Thebes］）。

3　如色诺芬的兄弟和叔父（*SIG*[3] 805 f.），欧律克勒斯的孙子盖约·尤利乌斯·斯巴提亚提库斯（C. Julius Spartiaticus）（*AE* 1927, 1），以及提比略·克劳狄乌斯·狄尼普斯（Ti. Claudius Dinippus）（*AE* 1917/18, 1 f.）。

4　埃及省长格涅乌斯·维吉利乌斯·卡庇托（Cn. Vergilius Capito）的出身存在争议，参见A. Stein, *Die Präfekten von Ägypten* (1950), 31。罗伯特声称他来自米利都，见L. Robert, *Hellenica* VII (1949), 209；他的祖上可能是意大利人。后人有充分理由去关注他的祖先盖约·尤利乌斯·波斯图姆斯（C. Julius Postumus），以及生活在奥古斯都时代的盖约·尤利乌斯·阿奎拉（C. Julius Aquila），参见*Rom. Rev.* (1939), 367：那可能是一个定居在本地区的家族，参见*ILS* 5883（阿玛斯特里斯［Amastris］）中的盖约·尤利乌斯·阿奎拉，公元57/8年比提尼亚-本都行省督办（*IGR* III, 15）。

5　13.22.1.

6　G. Schumann, *Hellenistische und grieschische Elemente in der Regierung Neros* (Diss. Leipzig, 1930); A. Momigliano, *CAH* X (1934), 727. 盖约·凯奇纳·图斯库斯（C. Caecina Tuscus）（*PIR*[2], C 109）不应在缺乏证据的情况下被归入该群体。

7　如来自弗吕吉亚境内阿克莫尼亚（Acmonia）的卢奇乌斯·塞尔维尼乌斯·科努图斯（L. Servenius Cornutus）（*MAMA* VI, 254: 262 = *ILS* 8817）；他的母亲是尤利娅·塞维拉（Julia Severa），后者可能来自安库拉（Ancyra）的一个王族。此外还有玛库斯·普兰奇乌斯·瓦鲁斯（M. Plancius Varus）（*PIR*[1], P 334），参见来自帕姆弗利亚境内佩格的系列铭文（如*BSA Papers* XVII [1911], 246），以及城门处的其他铭文（A. Müfid Mansel, *Anadolu* II [1955], 61）。

8　关于这个著名人物，见A. Stein, P-W X, 153 ff.; E. G. Turner, *JRS* XLIV (1954), 54 ff.。

尤利乌斯·亚历山大抓住恰当的时机拥立了韦伯芗；他还在围攻耶路撒冷期间担任过提图斯的属将。[1] 这些东方人如今担任着军团里的军团长，并跟其他人一样得到了酬劳。其中至少有一位马上被新元首提拔进了元老阶层：他是尤利乌斯·塞尔苏斯（Julius Celsus，来自以弗所或萨德斯 [Sardes]）。[2] 一位来自帕伽马的富人尤利乌斯·夸德拉图斯也进入了元老院。[3]

弗拉维王朝的东方政策不可能是铁板一块的。韦伯芗得到了附庸王公和希腊各城市的真心拥护；但韦伯芗也撤销了尼禄赐予阿凯亚行省的恩惠，并废除了其他地区的地方性自由。他的课税受人憎恨，他的人格则遭到鄙视。

韦伯芗的两个受到尼禄时代罗马城希腊文化潮流教育的儿子提供了更光明的前景。长子提图斯能流利地书写希腊文（散文或韵文），并具备歌唱与音乐方面的天赋。因此（以及其他原因），世人以为他会成为第二个尼禄。[4] 如果那还不够的话，他身边还有一个异族女子贝利尼茜。小儿子图密善登基伊始便下令举办卡庇托林山庆典，该节庆的许多元素显然是希腊的。[5] 这项节庆是在罗马城举办的；通过从雅典人那里接受的荣誉（那是一种令人惊讶的创新），元首图密善慷慨地展示了自己总体上对希腊艺术与文学的大力扶持。[6]

此外，在图密善统治时期，东方元老们迎来了决定性的命运转机。走上前台的不仅仅是较早涌现的群体——特奥法尼斯的后裔们[7]，更晚发迹的后起

1　Josephus, *BJ* 5.45, 等等。*P. Hibeh* 215将他描述为"大法官级别的人物和将领（γενομένου καὶ ἐπάρχου πραι[τωρίου]）"。特纳（E. G. Turner, o.c. 61 ff.）认为，这个说法并不意味着他是围攻耶路撒冷时提图斯麾下的将领，而是指他随后不久当上了罗马城的禁卫军队长。但这个观点不一定成立。

2　*ILS* 8971。

3　*ILS* 8819。

4　Suetonius, *Divus Titus* 3，参见7.1。

5　Suetonius, *Dom.* 4。

6　*IG* II^3, 1996（雅典名年执政官）：接受该荣誉的另外一位在任元首是伽利埃努斯（Gallienus）。图密善还重修了德尔斐的阿波罗神庙（*ILS* 8905）。

7　如玛库斯·庞培·玛克里努斯·特奥法尼斯（M. Pompeius Macrinus Theophanes，公元100或101年递补执政官）。关于他的生涯，见*IG* V, I, 151。另见附录62。欧律克勒斯家族的崛起略晚，如盖约·尤利乌斯·欧律克勒斯·赫库拉努斯（C. Julius Eurycles Herculanus）（P-W X, 380 ff.）。昆图斯·庞培·法尔考（Q. Pompeius Falco，公元108年递补执政官）还将"欧律克勒斯"加入了自己的姓名（*ILS* 1035——并非1035a）。为何如此我们完全不清楚。

之秀也当上了执政官。对于其中一些已经在帝国政府中展示了自身价值的人物而言，他们或许仅仅是由于偶然意外（图密善遭遇的紧急危机）和公元89年所预示的某些风险才获得了执政官头衔这一至高褒赏。元首图密善将该荣誉视为笼络东方贵族归属感、抗衡尼禄长期在那里受到追思的一种手段。[1]

第一位来自东方的执政官是尤利乌斯·塞尔苏斯。此人走完了官职晋升的流程，指挥了一个军团并治理过若干行省。[2] 他于公元92年当上了执政官。两年后，该轮到尤利乌斯·夸德拉图斯获此殊荣了。[3] 不久以后，王公们的后裔们——他们的祖先是伽拉提亚的部族首领，国王阿塔鲁斯，犹太、卡帕多西亚、亚美尼亚、科马根（Commagene）和奇里乞亚的王族——就会坐到罗马元老院里，指挥罗马人民的军队。[4]

图拉真比图密善走得更远，并且雷厉风行。他将叙利亚行省总督的职务与第2次出任执政官的荣誉授予了自己的朋友尤利乌斯·夸德拉图斯；他还提拔了一批来自希腊化东方的人物，或让他们步入荣誉生涯。在多达600人（或以上）的元老院里，他们的人数或许不算很多；但这批人却占据着举足轻重的地位。哈德良时代以前的大多数东方元老来自王族，如指挥罗马军队征服达契亚，并治理过卡帕多西亚与叙利亚行省的尤利乌斯·夸德拉图斯·巴苏斯。[5]

1　大约在这一时期出现过一名伪尼禄（Suetonius, *Nero* 57.2）。
2　*ILS* 8971.
3　*ILS* 8819. 夸德拉图斯是奇里乞亚的塞尔苏斯（Celsus of Cilicia）在吕奇亚-帕姆弗利亚的副将。那些任命（包括对执政官资格的许诺）可能是公元89年前后完成的。
4　参见安库拉的盖约·尤利乌斯·塞维鲁（C. Julius Severus）的族谱（*OGIS* 544）——他来自阿塔鲁斯家族（Attalid），并且是3位伽拉提亚王公的后裔。图拉真时代的前执政官"国王亚历山大（King Alexander）"（ib. and *ILS* 8823）来自奇里乞亚山区的一个小王室，参见Josephus, *AJ* 18.140（以及A. Wilhelm的修订）。关于他的血统（卡帕多西亚、亚美尼亚和犹太），见Groag, P-W X, 151 C.。盖约·尤利乌斯·菲洛帕普斯（C. Julius Philopappus，公元109年递补执政官）是科马根王族的后裔，拥有塞琉古和亚美尼亚的血统（参见*OGIS* 405）；关于同王国亚历山大沾亲带故的盖约·尤利乌斯·亚历山大·贝里尼奇亚努斯（C. Julius Alexander Berenicianus，公元116年递补执政官），见A. Stein, P-W X, 157.。
5　见原书第54、243—244页，参见附录14。此人（公元105年递补执政官）同奥鲁斯·尤利乌斯·夸德拉图斯（A. Julius Quadratus，公元94年递补执政官，公元105年第2次出任执政官［名年］）的具体关系已不可考。

此人拥有强大的家族网络背景。[1] 跟东方军队对韦伯芗的拥立一样，图拉真发动的战争或许也加速了这一进程。同帕提亚人作战并夺取塞琉西亚的那位尤利乌斯·亚历山大（Julius Alexander）或许拥有王室血统，或许是之前那位弃绝祖先信仰的犹太人的孙子。[2]

图拉真的父亲曾在犹太指挥过韦伯芗麾下的一个军团，并治理过东方的若干行省。图拉真本人曾在担任军团长时错过了帕提亚战争，但在亲自统治世界后如愿以偿。那场战争提供了宣传、提升二元帝国东半部分地位的绝佳借口——古老的东西方斗争主题再度被人利用：罗马不再是希腊人的压迫者，而是他们的朋友和领导者，带领他们向波斯人和米底人复仇；图拉真是又一位亚历山大。

此时，罗马人对同时代希腊人惯常的指责都要加以收敛或掩饰。朱文纳尔嘲讽过贪得无厌的投机家——他们八面玲珑、多才多艺但腐化堕落，用下三滥的手段胜过了讲究的、高贵的罗马人。[3] 更好的素材正在等待着真正的讽刺作家，也就是贪婪、虚荣的伟大智者们——如喋喋不休、身为阉人（或许只是有女人气而已）的法沃里努斯[4]；以皇家排场带着家人、马匹和猎犬巡游乡间的波勒莫[5]；还有在普鲁萨驳斥义愤填膺的抗议者，声称贫穷是秩序之母[6]的狄奥。但朱文纳尔不敢使用这些素材。他也不敢提及王公们的后裔。

1　尤利乌斯·塞维鲁（Julius Severus，在哈德良统治时期进入元老院）在叙述其他事务时自称"执政官尤利乌斯·夸德拉图斯、国王亚历山大、尤利乌斯·阿库鲁斯和克劳狄乌斯·塞奥尼罗斯的兄弟，大部分元老的朋友（ἀνέψιον ὑπατικῶν Ἰουλίου τε Κοδράτου καὶ βασιλέως Ἀλεξάνδρου καὶ Ἰουλίου Ἀκύλου καὶ Κλ. Σεονήρου καὶ συγγενῆ συγκλητικῶν πλείστων）"（*OGIS* 544）。

2　见原书第239页。他可能是提比略·尤利乌斯·亚历山大·朱利安（Ti. Julius Alexander Julianus），而非盖约·尤利乌斯·亚历山大·贝里尼奇亚努斯，尽管 A. Stein, P-W X, 158认为是后者。

3　Juvenal 3.60 ff.

4　Philostratus, *Vit. soph.* 1.8.1; 25.9. 参见一位犬儒派哲学家的强硬驳斥（Lucian, *Demonax* 12）。

5　Philostratus, *Vit. soph.* 1.25.

6　*Or.* 46.11: "ἡ γὰρ ἔνδεια σωφροσύνην ποιεῖ（因为是贫困缔造了审慎）。"

最为热情洋溢地宣扬本民族荣誉感的是来自意大利或行省的罗马人。他们中的许多人继承了老伽图对希腊人中多夸夸其谈者、不务正业者和手艺人的鄙夷态度。"一切罪恶的始作俑者（Vitiorum omnium genitores）"——那是老普林尼对希腊人的指责，其由头不过是后者在竞技中使用橄榄油。[1]但像老伽图一样，他把最激烈的批评留给了希腊医生们。[2]

塔西佗对希腊文明的态度并不出乎我们的意料。[3]任何有教养的罗马人都不会否认希腊在文化上的先进性，以及罗马人在一切和平艺术上是多么受惠于这位导师。古代希腊的伟大作家们是不容批评与贬低的：塔西佗用赞赏的口吻引述了柏拉图对僭主灵魂的分析。[4]然而，对古典作家的尊崇也可以让人心安理得地否认亚历山大大帝继承者们建立一系列希腊化王国后希腊人所做出的一切贡献。[5]评论家可以随心所欲地对比沾染上了各种奢靡、堕落东方习气的亚洲居民同古希腊真正子孙之间的天差地别。[6]在最苛刻的语境下，如果评论者引述了雅典与斯巴达的例子，他也会指出，那些共和国无疑是失败的，其失败来自它们狭隘的、不开化的政策。殊途同归的二者同样应当受到责难，因为雅典与斯巴达都没能建立帝国，也没能让战败者同胜利者和谐共处、精诚合作。[7]

---

[1] *NH* 15.19，参见 Silius, *Punica* 14.136 ff.。

[2] *NH* 24.4; 29.14. 老伽图对所有希腊事物的敌意被不加批判地夸大了。见 D. Kienast, *Cato der Zensor* (1954), 113 f.。

[3] 关于该主题，见 B. Hardinghaus, *Tacitus und das Grieschentum* (Diss. Münster, 1932)。

[4] 6.6.2: "neque frustra praestantissimus sapientiae firmare solitus est（最睿智的学者［柏拉图］的定论也所言不虚）"，等等。

[5] 但西塞罗卷帙浩繁的著作中并未留下多少与此相关的线索。典型的罗马人观念如 Lucan 8.696 f.: "cum Ptolemaeorum manes seriemque pudendam | pyramides claudant indignaque Mausolea（托勒密诸王的遗体和他们为人不齿的王朝被埋葬在他们配不上的金字塔与陵寝之下）."关于塔西佗和希腊化时代的历史，见 P. Treves, *Il mito di Alessandro e la Roma di Augusto* [1953], 159 ff.（并非完全可信）。

[6] Cicero, *Pro Flacco* 61; *Ad Q. fratrem* 1.1.16. 参见小普林尼写给马克西穆斯的信件（*Epp.* 8.24.2）。

[7] 11.24.4: "quid aliud exitio Lacedaemoniis et Atheniensibus fuit, quamquam armis pollerent, nisi quod victos pro alienigenis arcebant（尽管拉栖第梦人和雅典人武功卓著，他们最致命的缺陷难道不是对战败者的排斥吗）?" 此类观点未见于克劳狄乌斯演说词的现存部分——但那种看法肯定并不新鲜，参见 Dionysius, *Ant. Rom.* 2.17; 14.6。

出于各种理由，罗马行省总督塔西佗并不信任希腊人：他们精明狡黠、谎话连篇、恭顺谄媚、巧言令色，并对下三滥的手段抱着无所谓的露骨态度。坚持探究事实的罗马编年史家塔西佗则对希腊人产生了两方面的负面看法：希腊人犯下的罪过之一是编造了关于遥远过去的传说与虚构；其二则是对伟大荣耀的过分美化。撒路斯特便对此抱有怀疑态度：雅典人民的功业真的与历史记载相符吗？雅典孕育了一批天才作家：这些雅典作家夸大了自己城邦的声名。[1] 李维则接受了那种爱国主义的悲愤情绪的过分影响。希腊人在吹嘘亚历山大大帝时将他们的厚颜无耻展示得淋漓尽致。[2] 他们断言，那位马其顿的征服者可以随意摆布当时正在同萨谟奈特人交战的罗马共和国。那不仅是出于无知，还是一种亵渎式的轻浮——一些希腊作家还美化了对抗罗马的帕提亚人。[3]

就保留至今的部分而言，《历史》反映了塔西佗对希腊人异常宽容的态度。他并没有谴责希腊人——只是温和地批评了他们编造古代传说的倾向。[4] 他对希腊人的敌意似乎是随着后来的岁月变迁才出现的。塔西佗在担任亚细亚行省总督期间可能有过一些不愉快的经历[5]；并且那位罗马人在注视着四面八方重新抬头的希腊文化浪潮时，也会产生一种不分青红皂白的怨恨情绪。在离开或返回罗马时，塔西佗都有可能见到一位接受了希腊官吏服饰与排场的罗马元老——因为年轻的前执政官埃利乌斯·哈德良正是那一年的雅典名年执政官。[6]

1　*Cat.* 8.2 ff.

2　9.17 ff.

3　18.6: "levissimi ex Graecis, qui Parthorum quoque contra nomen Romanum gloriae favent（希腊人中的轻浮之徒吹嘘着同罗马为敌的帕提亚人的荣耀）." 他指的可能是历史学家提玛格尼斯（Timagenes），参见 P. Treves, o.c. 39 ff.。

4　*Hist.* 2.4.1: "quaeque alia laetum antiquitatibus Graecorum genus incertae vetustati adfingit（以及被希腊人的博古兴趣指认为虚无缥缈的远古遗存的其他东西）."

5　见第三十五章。

6　认为哈德良可能会亲自前往雅典接受该职务的说法纯属猜测。关于具体的年代（很可能是公元112/3年），参见 PIR^2, A 184。

第三十八章 塔西佗与希腊作家们 / 695

日耳曼尼库斯的游历被塔西佗利用了两次，而非一次。他讲述了雅典如何用精心准备的仪式来欢迎那位王子，又如何通过吹嘘自己从前在历史和文学上的荣光来声称自己的谄媚有多么高贵与重要。[1] 不久以后，日耳曼尼库斯在暗处的敌人格涅乌斯·披索来到那座城市并提出了严厉批评：他声称雅典城里的居民是万民中的渣滓，真正的雅典人早已灭绝了。[2] 他还追述了雅典人在同罗马人（或之前的马其顿人）打交道时的过失与冒犯。

即便阿米尼乌斯的讣告也得到了利用。塔西佗说，这位领导日耳曼人争取自由的领袖没有从罗马人那里获取应得的荣誉。对共和国历史的夸张赞美是错误的——"我们推崇往昔而漠视晚近（dum vetera extollimus recentium incuriosi）"。但那还不是全部。希腊人只尊敬希腊的事物——"只关注他们自己的历史（sua tantum mirantur）"。他们的历史学家们甚至没有提到过阿米尼乌斯。[3]

希腊人的傲慢自负便是如此。但那并不妨碍他们对比自己强大的势力卑躬屈膝。他们明知自己对主子的尊崇是过于夸张的——并运用自己的聪明才智去加以掩饰。而尊奉君主权威的元首制共和国行省总督们也不会鄙视东方授予其拯救者与赐福者的荣誉。然而，当对权力与其他特权的崇拜被元首们垄断之后，身为罗马人与元老的塔西佗马上意识到，这种习惯破坏了罗马人的传统和贵族统治阶级的尊严。

在评价一位元首的善恶时，他对神圣荣誉的态度构成了最易把握的判断标准。塔西佗一有机会就会对此进行抨击。他对特奥法尼斯后人的批评意见

1　2.53.3.
2　55.1: "non Atheniensis, tot cladibus extinctos, sed conluviem illam nationum（并非给予雅典人民［他们已在历次灾难中灭绝了］，而是给予了一群渣滓）."
3　88.3. 关于塔西佗在这段文本中展示出的极端排外态度，见 E. Norden, *Die germanische Urgeschichte in Tacitus Germania*[3] (1923), 143 f.; *Neue Jahrbücher* I (1925), 44 中的评论。关于"只关注他们自己的历史（sua tantum mirantur）"，参见 Pliny, *NH* 4.4: "omnia sua mirantibus（对他们自己一切事物的关注）."我们很难想象塔西佗所指的是哪些"希腊人的编年史（Graecorum annales）"。德扫称他的抱怨"纯属无病呻吟（ein fast sinnloser Ausfall）"（Dessau, *Gesch. der. r. Kaiserzeit* II [1926], 101）。

之一便是他们对祖先的神化。[1]塔西佗将对特奥法尼斯的崇拜称之为"希腊人的阿谀奉承（Graeca adulatio）"。但鄙夷神圣荣誉并不总是合乎塔西佗的写作目的。当元首提比略拒绝为自己修建神庙时，历史学家塔西佗插入了一段评论，其中便批评了那位元首对自身荣誉漠不关心的态度。[2]元首崇拜的后续发展则或许提供了同时嘲讽希腊人和罗马元首的真正材料。希腊人的博学也成了取笑对象。

当提比略退隐卡普里埃岛时，他随身带着一小批随从：其中只有一位元老，但包括若干学者（多为希腊人），负责陪元首交谈解闷。[3]塔西佗没有提及这些消遣活动的质量究竟如何。他或许在第5卷的某处对此进行过解释与嘲讽。卡普里埃岛上的娱乐活动有种学究气，甚至是在卖弄学问——如追问赫卡柏（Hecuba）的母亲是谁，阿喀琉斯藏在少女们中间时使用什么名字，以及塞壬们唱的是什么歌曲。这些活动也可能是危险的。元首提比略会在席间考验自己的臣子并激怒专家们。[4]

克劳狄乌斯又是一位崇尚博学的元首。小塞涅卡意识到了旁征博引对于冷嘲热讽和含沙射影的用处。他说，世人抱怨人生短暂；他们确实是太忙了。但大多数人的职业是空虚无用的——不过是公务琐事与社交活动、罪行、赌博或竞技场上的消遣。[5]学术研究的许多对象是十分轻浮且有害的。"那是希腊人的一种病（Graecorum iste morbus fuit）"——他们争论着尤利西斯（Ulixes）到底有多少水手，或探讨着荷马诗篇的作者究竟是谁。[6]罗马如今已染上了这种病。一位罗马人会滔滔不绝地讲述古代掌故与各种东西的起源，以及某位克劳狄乌斯或瓦勒里乌斯的家姓（cognomen）究竟从何而来。[7]

1　6.18.2.
2　4.38.4 f. 但塔西佗似乎嘲讽了对提比略的批评（参见原书第315页）。
3　4.58.1.
4　Suetonius, *Tib.* 70（其中并未提及卡普里埃岛）.
5　*De brevitate vitae* 12.
6　13.2. 参见 *Epp.* 88.6 ff.; 37 ff.。
7　13.4 f.

小塞涅卡以当下一个犀利的例子——罗马城神圣疆域的范围——收尾。苏拉是最后一个拓展神圣疆界（pomerium）的人。阿文丁山没有被包含在内。分析博古学者们罗列的相关原因能有什么好处呢？"成千上万的其他虚构或类似事件同样如此（quae aut paria sunt mendaciis aut similia）。"[1]

在一本正经的表面尊重之下，历史学家塔西佗不失时机地嘲讽了希腊人的迂腐或狡诈——他对凤凰的兴趣不仅仅暗示了自己的写作技巧。[2] 那位博古的元首在担任监察官期间向拉丁字母表里塞入了3个字母：由此引出的一段博古插话追溯到了特洛伊战争、卡德姆斯（Cadmus）和刻克洛普斯（Cecrops）。[3] 到了公元53年，伊利昂市（Ilium）要求获得若干特权，其理由在元老院里得到了少年尼禄的支持——后者刚刚过继进入叔公克劳狄乌斯的家里。那位血气方刚的演说家详述了罗马人的特洛伊起源，讲到了尤利乌斯家族的祖先埃涅阿斯——历史学家塔西佗还留意补充了其他与神话相去不远的古事。[4] 这些轻描淡写反映了塔西佗对神话与传说性质的历史的看法。

同样是在那一年里，元首克劳狄乌斯建议免除科斯岛的所有赋税。他用长篇大论讲述了科斯岛的古代掌故，以及医学的创立者阿斯克勒皮乌斯（Asclepius）；他还罗列了此人的后裔谱系，讲到其中的著名医生，一直数到御医色诺芬。元首克劳狄乌斯还为科斯岛做了辩护。[5] 这个场景是塔西佗非常喜欢的——他可以借此来嘲笑、讽刺希腊科学和一位罗马元首。历史学家还在对下一年的记述中交代了色诺芬最终是怎样派上用场的：在毒蘑菇未能奏效的情况下，阿格里皮娜派那位医生结果了克劳狄乌斯。[6]

1　13.9. 关于克劳狄乌斯对神圣疆界的拓展，见附录40。
2　6.28（见原书第472页）.
3　11.14.
4　12.58.1: "Romanum Troia demissum et Iuliae stirpis auctorem Aeneam aliaque haud procul fabulis vetera（罗马的特洛伊渊源、尤利乌斯家族的始祖埃涅阿斯和其他跟神话相去不远的古事）." 注意富于诗意的"渊源（demissum）"一词的恰到好处（Virgil, *Georg.* 3.35; *Aen.* 1.288; Horace, *Sat.* 2.5.63）.
5　12.61.
6　67.2: "provisam iam sibi Xenophontis medici conscientiam adhibet（她又利用了已经通过气的医生色诺芬的默契）." 克劳狄乌斯曾考验过色诺芬的"艺术（scientia）"（12.61.2）。

塔西佗的偏见在尼禄身上有了全面展示的机会，因为那位元首的志趣在对宣传作品的不断攻击中逐渐显露。在此之前，那位历史学家对希腊人及其习惯的批评主要基于文学传统或嘲讽精神。而在尼禄那里，塔西佗看到了他对一切希腊事物的痴迷。那不仅仅是谣言，还是实实在在的威胁。

尼禄早已养成了赛马车和在竖琴伴奏下演唱的习惯。[1] 谋杀母亲清除了对他的最后一道约束。经过几次尝试后，他开始在台伯河畔的花园里举办"青年竞赛（ludi iuvenales）"。观众和演员都是精心选好的。贵族阶层中的男男女女加入了舞台表演，元首本人也展示了他的歌喉。一支禁卫军队伍跟军官一道观看演出，甚至罗马市长也要出席。一批被称为"奥古斯都之友（Augustiani）"的罗马骑士们负责支持统治者的表演并喝彩叫好。[2] 他还一本正经地创作着诗歌，并找来一批专家帮忙。[3]

到了下一年，罗马见证了一项五年一度的、以希腊赛会为模板的尼禄赛会（Neronia），其中包括歌唱、演说、田径和赛马等项目。跟其他创新一样，尼禄赛会得到的评价也是毁誉参半的。塔西佗在其关于罗马公共节庆史的插话中复述了相关观点。[4] 一方面，历史学家塔西佗雄辩地征引了（并发挥了）保守派的义愤言论——希腊人的体育运动及与之如影随形的不道德，舞台表演对罗马元老高贵身份的亵渎。接下来发生的事情将是骑士们由于体育竞技而忽视服兵役；由于担任了歌唱与音乐表演的裁判，他们在法庭上将变得毫无用处。最后，在那些举行于夜间的表演中，什么事情都有可能发生。[5]

---

1 14.14.1.
2 15.
3 16.1.
4 14.20.1: "varia fama, ut cuncta ferme nova（跟种种创新一样，人们也对它评价不一）."参见李维对罗马竞技（ludi Romani）流程修改的讨论：切换到该话题的句子是"跟所有革新的情况一样（sicut omnia novitas solet）"（34.54.4）.
5 ib. 5: "an iustitiam auctum iri et decurias equitum egregius iudicandi munus expleturos, si fractos sonos et dulcedinem vocum perite audissent? Noctis quoque dedecori adiectas（如果骑士法官们精于评判音乐和甜美歌喉的话，那真有助于他们承担重大的审判职责并主持公道吗？何况黑夜向来是罪恶的保护伞）"，等等。

塔西佗不会放过这一发表演说和冷嘲热讽的机会。但那是一把双刃剑。[1] 他接下去又记述了支持举办该竞技的清醒观点[2]；并承认赛会最终平静地、不失尊严地举办了，没有招致什么流言蜚语。[3]

尼禄在这条道路上继续前行。他钟爱那不勒斯（Neapolis，公元64年）。由于在那里大受欢迎，他大胆地在下一年的第二届尼禄赛会中以歌手身份在罗马人民面前登台表演。[4]然而，这位身为元首的演员不满足于此，他正在畅想一座更广阔的舞台，要在希腊和唯一有资格品评自己精湛技艺的听众面前献艺。

第一次尝试未能如愿。尼禄从那不勒斯一直前进到贝内万图姆（Beneventum），但最后折回了罗马。[5] 希腊很快便让位于更有诱惑力的目标——东方的土地，尤其是埃及。[6] 那次计划也未能成行。直到公元66年底，尼禄没有再次离开过罗马城。

塔西佗对尼禄希腊之行的叙述当然少不了关于反映希腊人虚荣心的荒唐排场、他们得到的报应，以及其罗马主子的罪恶愚蠢的大量细节。在《编年史》前面的部分里，塔西佗并未抄录过这位元首的任何公共演说。如今，他

---

[1] 关于他有意夸大其词（并且起到了负面效果），参见塔西佗借科苏提亚努斯·卡庇托之口而讲的话（16.22，见上文，原书第332—333页）。

[2] 21.3: "oratorum ac vatum victorias incitamentum ingeniis adlaturas; nec cuiquam iudici grave auris studiis honestis et voluptatibus concessis impertire（演说家和诗人们的成就可以激励天才的创造力，法官们也完全可以心安理得地聆听高贵的艺术作品、享受正当的精神愉悦）。"

[3] ib.4: "sane nullo insigni dehonestamento id spectaculum transiit（这次表演最终顺利进行，并未招致任何严重非议）。"

[4] 14.4. 历史学家塔西佗可能知道（也许不知道）一桩令人震惊的事实——尼禄在罗马城发行的钱币上被塑造成了竖琴演奏者阿波罗（Apollo Citharoedus）的形象（BMC, R. Emp. I [1923], clxxx; 245）。

[5] 15.34.

[6] 15.30.1: "provincias Orientis, maxime Aegyptum, secretis imaginationibus agitans（东方诸行省，尤其是埃及激起了他的神秘幻想）。""幻想（imaginatio）"一词显得特别有力，参见Pliny, NH 20.68: "libidinum imaginationes in somno（睡梦中天马行空般的幻想）。"充满好奇心、喜爱远游的元首哈德良当时可能正在准备巡视那些神奇的国土。值得注意的是，他在公元122年"为亚历山大里亚的一场暴乱而忧心忡忡，那次事件的起因是阿皮斯神牛（Alexandrina seditione turbatus, quae nata est ob Apidem）"（HA, Hadr. 12.1）。

可以不无欢乐与恶意地打磨尼禄在科林斯地峡的讲话了。[1]尼禄的语言风格是浮夸和居高临下的。元首演说家尼禄声称，尽管反映自己高贵慷慨品质的任何举止都并不出人意料，但这次的馈赠还是会令希腊人喜出望外。即便在其强盛时期，希腊人也并非全体享有自由，有一些受到本族群或异族的奴役。元首更愿意在希腊强盛的时代赐福于她。但他如今的赏赐不是源自同情，而是出于善意。他感谢希腊诸神在冥冥之中对自己的关照。[2]

《编年史》中的几条警告应该是针对元首哈德良的。作者在描写元首提比略时展示了君主喜怒不形于色、内心多疑的性格。他因为屡次失望而暴躁易怒，其性格又因执掌国柄而变得更为扭曲与阴暗。大逆罪审判构成了提比略统治期间无法抹去的污点。这些审讯关注的不是行为，而是言辞和思想，从而消灭了一切言论自由。历史学家克瑞穆提乌斯·科尔杜斯险些遭到各种罗织罪名的迫害——那并非因为（或并不主要因为）他的作品。[3]塔西佗转述（或不如说是创作）了此人关于一名历史学家权利的慷慨陈词。他还补充了自己的评论——一个人怎能不对当权者血淋淋的愚蠢嗤之以鼻呢！任凭他们去惩罚思想吧，他们永远也消灭不了它的。异族暴君或他们在罗马的效仿者们最终只会将自己钉在耻辱柱上。[4]

塔西佗记述的是提比略时期；他心里想的则是图密善——并且也没有忘记自己生活的时代。[5]他对克劳狄乌斯的描写也不缺乏锋芒与影射——那是一

---

[1] *SIG*[3] 814.
[2] 关于尼禄的"大度（magnitudo animi）"（13.50.2），见上文，原书第416页。
[3] G. M. Columba, *Atene e Roma* IV (1901), 361 ff.
[4] 4.35.5: "quo magis socordiam eorum inridere libet, qui praesenti potentia credunt extingui posse etiam sequentis aevi memoriam. nam contra punitis ingeniis gliscit auctoritas, neque aliud externi reges aut qui eadem saevitia usi sunt, nisi dedecus sibi atque illis gloriam peperere（这使得我们更加对那些人嗤之以鼻：他们相信自己当前的权势可以铲除后世的记忆。反之，遭到打压的天才则会享有更高的权威。同理，那些异族君王们的倒行逆施也只会让自己名誉扫地，而增添手下被迫害者的光荣）."
[5] 李维作品中对"公民大会（contiones）"的赞美也会成为恶劣元首的眼中钉（Suetonius, *Dom.* 10.3）。

位自以为无所不知的元首，四处插手并迷恋官僚主义的统治模式。最重要的反面形象则是尼禄。他的危险之处在于其审美趣味、希腊人的生活习惯和身为知识精英的狂妄自大。哈德良跟尼禄一样嗜好某些艺术形式，甚至是绘画与雕塑。塔西佗用自己创造的一个醒目字眼来描述尼禄，称他为"对异想天开事物的迷恋者（incredibilium cupitor）"[1]。那一评语也完全适用于哈德良。

尼禄也许还会再来。那是所有人期盼（或畏惧）的事情。塔西佗的时代目睹了一系列伪尼禄的出现。尼禄的突然消失、他的名字引起的恐惧或崇拜，以及关于尼禄天定使命的谎言为那些冒名顶替者赢得了支持——其中一些确实给罗马政府制造了若干麻烦。[2]

按照一些人的幻想，尼禄逃到了幼发拉底河对岸，在帕提亚人中间得到了庇护。尽管帕提亚人向图密善交出过一名伪尼禄，这一信念在图拉真时代依旧流行。大部分人相信尼禄仍然活着，普鲁萨的狄奥也承认这一点。[3]当罗马人在两河流域的战事以失败告终、犹太人在帝国各处发动起义之际，尼禄现身的有利时机已经到来。

罗马帝国不会永远延续下去。命中注定她的国祚要有一个终点。神谕预言东方将再度得势。[4]世人对时代轮回的计算方式各异，并且有许多迹象预示着帝国末日的降临。[5]其中的一条预言（世界统治者要从犹太兴起）曾鼓励犹

1　15.42.2.

2　从塔西佗对第一次谣言的说法（*Hist.* 2.8.1）来看，公元96年之前（至少）还有另外两次类似的风波：一次是在提图斯统治时代（Dio 66.19.3 b‑c，参见 *Or. Sib.* 4.130 ff.），一次是在公元88/89年——后者更加声势浩大（*Hist.* 1.2.1; Suetonius, *Nero* 57.2），但被帕提亚人平定（参见Statius, *Silvae* 4.3.110）。

3　*Or.* 21.10.

4　Lactantius, *Div. Inst.* 7.15.11: "Romanum nomen quo nunc regitur orbis—horret animus dicere, sed dicam quia futurum est—tolletur e terra et imperium in Asiam revertetur ac rursus Oriens dominabitur atque Occidens serviet（罗马人如今统治着世界——她的名字一被提起便令人胆寒。但我要讲的是未来——亚洲的国土和权力将东山再起；东方将重新统治，西方将低头臣服）."参见 H. Windisch, "Die Orakel des Hystaspes", *Verhandelingen der kon. Ak. van Wetenschappen*, Afd. Letterkunde, N.R. XXVIII, 3 (1929); H. Fuchs, *Der geistige Widerstand gegen Rom in der antiken Welt* (1938), 31 ff.; A. Peretti, *La Sibilia babilonese* (1943), 303 ff.。

5　见附录73。

太人在50年前发动过起义。[1] 罗马人声称那条预言其实已经兑现——因为他们拥立了韦伯芗。犹太人拒绝相信这个说法。于是，西比尔预言诗篇的犹太作者们很快补充了尼禄回归的主题，并将之补充进入他们关于复仇与解放的诅咒之中。[2]

但尼禄也并未完全蜕变成超自然领域的一个角色。奥古斯都家族中的最后这位元首不过比图拉真年长16岁而已。如果尼禄没有死的话，他在哈德良登基时刚满80岁。

关于起义的异想天开就是这些。科奈里乌斯·塔西佗受过神谕这门学问的良好训练，了解数字轮回的荒谬与骗局。[3] 为了驳斥关于东方帝王和罗马劫数的虚妄幻想，他同样要对尼禄实实在在的重要性予以密切关注。

从悲观者的角度看，尼禄统治的大部分元素已随着哈德良的登基而回归。那早在哈德良统治初期就是可以看到或预测到的事情，尽管当时还没有人能猜到他日后的举措有多么夸张——哈德良取代提修斯成为雅典的再造者，他接受了"奥林波斯的（Olympius）"的头衔，并同貌美的娈童安提诺斯（Antinous）陷入热恋。塔西佗和他的一些朋友虽然明知尼禄亲希腊政策中的一些滑稽、不成熟或玩火式的元素如今已合乎希腊罗马世界统治者的理性政策，但那并不能给他们带来慰藉。[4]

罗马帝国拥有许多"奥秘（arcana）"，其中一些早在革命年代即已为人所知，却在奥古斯都建立的和平中被掩盖了起来，又在日后突然或一点点地暴露于光天化日之下。诸如此类的元素如新政体的军事与行省起源，它对罗马显贵集团的敌意，以及它扶植骑士取代元老的本质特征。这些重大秘密之

---

1 *Hist.* 5.13.2; Suetonius, *Divus Vesp.* 4.5; Josephus, *BJ* 6.312. 特别参见 E. Norden, *Neue Jahrbücher* XXXI (1913), 637 ff.。
2 *Or. Sib.* 4.130 ff., 等等。*Apocalypsis Ioannis*（尤其是第17节前后）也不容忽视：该文本的问题过于复杂，不容我们在此讨论。
3 见附录73。
4 关于哈德良的泛希腊政策，见 J. Besujeu, *La Religion romaine à l'apogée de l'empire* I (1955), 164 ff.。

一便是帝国的双重性质——它既是罗马的,又是希腊的。安东尼的出现威胁着要分裂帝国的疆域,或让西方臣服于东方。哈德良的出现则让这一秘密再度大白于天下,成为尽人皆知的事情——那距离安东尼的失败与西方的胜利也才仅仅过了五代人的光景。

第八部分

作者

第三十九章　塔西佗的立场

人与政府的行为中到处充满着"奥秘"。历史学家的职责不仅仅是记载史实，还要洞察这些秘密。塔西佗犀利而果断地承担起了这项使命。那位历史学家也有他自己的秘密。在塔西佗留给我们的叙述、雄辩与戏剧冲突背后隐藏着什么样的真实情感呢？

我们这项研究的第一步是找出他自己的说法。这项工作费不了多少气力。作者在序言中便宣告了他的目标——他要讲述事实（并声称那将有利于国家）。一个人在那样的场合下还能说什么呢？老规矩是不可逾越的。罗马史学家对史学著述的模板与传统是如此亦步亦趋，以至于复原某位编年史家业已佚失的序言并非全无可能。[1]

撒路斯特在其冗长的序言中向我们暗示了他的一些抱负与不满情绪。我们还能猜到更多内容。比他更为直率的作家李维坦率地承认了自己对古昔的向往、对现实的忧虑、对罗马权力的推崇和对古代罗马理想的执着。塔西佗在这方面却几乎不肯让步分毫。他的序言精彩绝伦但循规蹈矩。体现那段文字价值的是它的简洁、犀利和不带个人感情色彩。

《编年史》中的一段文字提出了作者的某种道德目的。史学要一劳永逸地惩恶扬善——"我认为，编年史的首要职责是不使美德遭到遗忘，并令恶言恶行对后人的责难有所忌惮（praecipuum munus annalium reor ne virtutes

---

[1] 见原书第146页。

sileantur utque pravis dictis factisque ex posteritate et infamia sit)"[1]。如果这是史学理所应当的首要目的的话，写作历史的背后还存在着其他动机；它们同样符合史学家塔西佗对人类活动与自身性格的理解。立言的宏伟抱负是罗马人光明正大的写作动机。此外还有好奇心、审美趣味和对那个庸碌无为时代的叛逆——或许还有更深层次的某些东西。[2]

当罗马政治家们引述祖先的制度或共和政体的精神时，世人会怀疑实际的法律先例并不能支持他们的说法。当罗马作家们列举伦理方面的论据时，他们并不总能确保自己的案例是真实的。有时他们举出的那个人在前后行为方面存在着鲜明反差。另一些人所展示的风格与才华令人生疑：他们的演说与讽刺才华过于耀眼。撒路斯特的作品通篇使用着老伽图的语言和态度：他对主题的选择与处理方式表明，他自己并不是一个复古主义者，而是革命时代的典型人物，热衷于暴力与纷争。[3] 撒路斯特的案例也令我们怀疑科奈里乌斯·塔西佗是不是完全真诚的。

有人认为塔西佗在趣味方面基本是一名道德论者，对作者的文本进行了过度解读。[4] 其他人则承认塔西佗作品的复杂性。后人认为塔西佗所强调的那些说教并不是毫无争议的。他当然强调了自由与尊严——但也宣扬了一些治国手腕，那是投机者、政治家或暴君可能会乐于采纳与利用的。我们有理由认为，塔西佗的作品在道德层面上具有颠覆性，并非教育青年的稳妥教材。[5]

塔西佗的作品中有多少时髦与传统的成分呢？当外壳被剥去后，里面剩下的又是什么呢？试图挖掘那位历史学家真实思想、分析其人格的尝试是非

1　3.65.1.

2　如对于一位仰仗元首们统治的罗马而取得地位与成功的元老而言易受指摘的自我辩护：他的写作是为了"服从"，而非"自由"。

3　K. Latte, "Sallust" (*Neue Wege zur Antike* II, 4, 1935), 56 ff.

4　如克林格奈尔认为历史学家塔西佗主要尊奉的是传统的罗马"美德（virtus）"（F. Klingner, *Die Antike* VIII [1932], 151 ff. = *R. Geisteswelt* [1943], 310 ff.）；科内曼声称《编年史》中的建构元素地位高于事实（E. Kornemann, *Tacitus* [Wiesbaden, 1947], 40）；帕拉托雷则认为塔西佗回归了狭隘的、道德论式的历史观（E. Paratore, *Tacito* [1951], 692）。

5　C. Merivale, *History of the Romans under the Empire* VIII (1876), 130.

常危险的。

跟撒路斯特一样,塔西佗并不十分关注超自然现象。真正重要的秘密在于人的心理与行为。宇宙运转的神圣机制在表面上是得到认可的,但很少用于受人欢迎、皆大欢喜的场合。[1]它符合塔西佗断言天意会干涉、惩罚人类的目的。[2]此外,他也提及了诸神对罗马人民的震怒。[3]那是一个令人惊讶的、概括性的说法,但并不表明作者的信仰。在其他地方,他还是承认超自然力量对善恶众生是一视同仁的。[4]

当阿格里皮娜即将遭到谋杀时,诸神提供了一个静谧的夜晚,仿佛是为了凸显这一罪行似的。[5]接下来出现的许多迹象似乎都与这一举动有关;但它们说明不了什么。[6]塔西佗并不在乎自己的叙述是否前后一致。尼禄前往引水渠起点处的圣泉洗澡,随即就生了病,那证明了诸神对他的怨怒。[7]

在《历史》中,塔西佗公开质疑了迹象与奇迹的意义:它们在静好的岁月里同样频繁出现,如今只不过恰巧发生在了一个充满危机与恐慌的时代罢了。[8]命运的秘密预示、神谕的声音和种种迹象——它们只是在相应事件发生后才被世人相信。那正是塔西佗对韦伯芗登基和弗拉维王室命运的冷静判断。[9]关于图拉真注定将成为元首一事,罗马人肯定也会不失时机地提出令人

---

[1] 对于李维而言,"神明的仁慈(benignitas deum,出现过16次之多)"似乎确有意义。但在《编年史》中(一共只出现过4次)那只是一种套话而已,如"神明的仁厚与冬季的温和(magna deum benignitate et modestia hiemis)"(12.43.2)。

[2] *Hist.* 1.3.2: "non esse curae deis securitatem nostram, esse ultionem(神明并不在意我们的安全,而只关心如何报复我们)。"

[3] *Ann.* 4.1.2,参见16.16.2。

[4] 16.33.1: "aequitatis deum erga bona malaque documento(神明对善恶一视同仁的证据)。"

[5] 14.5.1: "noctem sideribus inlustrem et placido mari quietam quasi convincendum ad scelus di praebuere(繁星满天的夜晚和风平浪静的海面似乎是诸神所营造,以便昭显这一罪恶于天下)。"

[6] 12.2: "crebra et inrita(频繁出现,但毫无意义)。"

[7] 22.4: "secutaque anceps valetudo iram deum adfirmavit(随后的一场大病印证了神明的震怒)。"

[8] 1.86.1: "et plura alia rudibus saeculis etiam in pace observata, quae nunc tantum in metu audiuntur(其他许多异象从前在和平时代也会得到关注,如今却只在恐慌中被人提起)。"参见4.26.2: "quod in pace fors seu natura, tunc fatum et ira deum vocabatur(和平年代的巧合或自然现象如今却被解读为命运和诸神的震怒)。"

[9] 10.3: "post fortunam credidimus(我们只在事成之后才会相信命运的意旨)。"

信服的证据，尽管流传下来的很少——只有他担任执政官时的神意暗示，以及他在动身前往日耳曼之前在卡庇托林山上献祭时旁观者的一语成谶。[1]

一部弗拉维王朝的历史可以充斥着引人注目的异象——加的斯赫拉克勒斯神庙里预示了未来的梦境、犹太地区的默西亚预言、叙利亚卡修斯山（Mount Casius）上的奇迹，以及幼发拉底河泛滥期间水位不可思议地下降。它们可以为传统的、谄媚的历史学家提供丰富素材。但在塔西佗记载这些事件时，他选择将它们轻描淡写地一笔带过。

记录迹象是罗马编年史的传统特色，预兆对世人心理与行为的影响成为重大事件的适宜注脚。[2] 荒诞无稽的传说确实应被摒弃，但严肃的作家没有权力省略被充分证实的预兆。[3]

李维曾经哀叹，信仰在他身处的时代已经崩坏，官方文献或历史学家们的作品里已不再记载神兆。[4] 但当李维着手记述自己生活的时代时，他肯定会意识到自己抱怨得太早了。相关记载其实非常丰富。[5] 不久之后，奥古斯都之死又提供了一整套素材。[6] 但塔西佗回避了这些内容。神兆在《编年史》的后面几卷里才作为一种固定元素而出现。认为充满怀疑精神的历史学家塔西佗突然开始轻信博古式传说的看法是荒诞无稽的。真正原因其实非常简单：塔西佗在后几卷里更需要遵循古老的编年史传统，因为他叙述的主题已构成对"共和国"历史结构与传统明目张胆的挑战。[7]

作为一套仪式表演体系，罗马国家的宗教是很容易维系与修复的。大部分元首都清楚他们的职责。新的信仰与行为很难介入。凭借出身或声望而

1　Dio 67.12.1; Pliny, *Pan.* 5.3 f.

2　2.78.2（它们对韦伯芗和其他人的影响）.

3　2.50.2（对雷吉乌姆·勒皮杜姆［Regium Lepidum］出现的异鸟的评论）.

4　43.13.1.

5　参见 Julius Obsequens, Book CXXXVII（对公元前17年史事的记载，很可能来自于李维）。狄奥记载奥古斯都统治时代的史源中也包含着神兆。

6　Dio 61.29.2 ff.; 45.2.

7　见原书第312页。但有人认为塔西佗在后几卷中更多地受到了宗教观念的影响，如 Ph. Fabia, *Journal des Savants*, 1914, 250 ff.; N. Eriksson, *Religiösitet och Irreligiösitet hos Tacitus* (Lund, 1935), 72.

被选入各个祭司团的人熟谙各种古代传统,并且他们的人选几乎是一成不变的——除非是官方的任命标准有意为之。担任过某个祭司团职务的经历对于一位历史学家而言是很有好处的。[1]

然而,尽管从前的元老们极其熟练地运用过宗教这一工具,并非每一名元老都能对宗教保持着合乎那一统治阶层的怀疑态度。在诸元首统治下的罗马,社会上层与下层中充斥着五花八门的迷信思想。提比略的特立独行被人大书特书——他否认对诸神的信仰,并对宗教仪式不屑一顾。[2] 这些素材可以吸引一位传记作家。历史学家却不会从中择取材料。琐碎的奇闻逸事与史书的庄严厚重——以及塔西佗笔下那位阴郁、聪慧、强大的君主提比略——是无法兼容的。[3]

提比略在一道公共敕令中轻蔑地无视了亵渎神圣的观念。[4] 但有一套信仰体系是历史学家与元首都无法忽视的,那便是占星术。占星术为关于命运与自由意志的棘手问题提供了解决方案,并且其可靠性得到了斯多葛哲学权威的支持。元首提比略是占星术的忠实信奉者。世间流传着关于提比略未卜先知能力的怪诞传说;高明的检举者则看到了利用其信仰与猜忌之心的机会,在诉状中添加了魔法或占星术的内容。这一主题在《编年史》中早早出现,并得到了详细记述。一位拥有皇室血统、前途光明的愚蠢贵族受到了占星术士们的诺言的误导,结果乐极生悲。[5]

跟其他一切东西一样,元首头衔的归属也由命运分配。趣闻逸事反映了某些君主坚定的、不可动摇的信念。韦伯芗对弗拉维王朝的星象笃信不疑,以至于在元老院里宣称:"我的儿子们将会继承我的地位,不然就没有人能

---

[1] 关于塔西佗加入过十五人祭司团一事,见原书第65—66、280、465、469、518页。他的知识可谓事无巨细无所不包,如他对神秘术语"至高无上(caerimionia)"的态度,参见K. H. Roloff, *Glotta* XXXII (1952), 101 ff.。

[2] Suetonius, *Tib.* 69; Pliny, *NH* 15.135; 16.194; 28.23. 但提比略对国家崇拜制度中细枝末节的态度十分迂腐(见原书第280—281页)。

[3] 与此类似,他没有提到过任何与饮酒有关的情节(Suetonius, *Tib.* 42.1)。

[4] 1.73.4.

[5] 2.27 ff. (玛库斯·斯克里波尼乌斯·利波).

够在我身后当上元首。"[1] 提图斯也沿袭了父亲的观念。当两名出身高贵的贵族篡位的阴谋败露时，提图斯的反应只是让他们住手，因为那是徒劳的——"元首人选已经命中注定（principatum fato dari）"。如果他们想要其他任何东西，那就悉听尊便好了。[2] 图密善也研究过占星术。相传他发现了将要发生流血事件的日子，并畏惧那一天的第五个小时——但他还是难逃此劫。[3]

社会上还流传着关于科切乌斯·涅尔瓦元首星象的故事。[4] 塔西佗对那些流言的态度根本无须我们猜测。在《历史》中讨论奥索的占星术士时，他对那个群体及其职业充满敌意；关于弗拉维王朝命运的预兆、异象和预言引来了他的嘲讽；韦伯芗的信仰与举动也被他斥为"迷信（superstitio）"。[5]《编年史》的调子似乎与此不同。改变他态度的究竟是那位年老的前执政官担任亚细亚行省总督期间的个人经历，还是发生在罗马的某些事件——抑或是历史学家在长期不间断地研究元首提比略的过程中受到了后者的影响？

当提比略在公元26年动身离开罗马前往坎佩尼亚时，占星术士们宣布他再也不会回来了。那令世人相信（在许多人看来已不可避免），元首已经大限将至——谁又会想到提比略将自愿离开罗马11年呢？时间的流逝将会证明：掩盖真相的帷幕有多么厚实，科学与迷信之间的距离又是多么切近。[6]

提比略再也看不到罗马城的预言最终成真了（haud forte dictum）。但也仅此而已。那些专家们无法预言出其他任何细节。塔西佗理所当然地对他们保持警惕，在自己的结论中有所保留。

塔西佗在导入这一情节时使用了一个强调意味浓厚、缺少动词的句子——"元首终于（去了）坎佩尼亚（tandem Caesar in Campaniam）"[7]。这一

---

[1] Suetonius, *Divus Vesp.* 25，参见 Dio 66.12.1（未与星象联系在一起）。
[2] *Divus Titus* 9.1.
[3] *Dom.* 16.2.
[4] Dio 67.15.6.
[5] *Hist.* 1.22.1; 10.3; 2.78.1.
[6] *Ann.* 4.58.2: "mox patuit breve confinium artis et falsi, veraque quam obscuris tegerentur（人们很快便会发现，巧妙与荒唐其实只有一线之隔，真理往往笼罩在黑暗之中）."
[7] 4.57.1.

措辞是（或很快就将变得）意味深长的。哈德良担任元首后第一次离开罗马便是公元119年的坎佩尼亚之行。那一事件可能会让占星术士们与哈德良的敌人们蠢蠢欲动。[1]

据说，新元首本人便是占星术方面的专家。[2] 元首提比略也是如此，尽管史学家塔西佗几乎将他精于此道的秘密保守到了最后。公元33年，提比略将执政官苏尔庇奇乌斯·伽尔巴召唤到了卡普里埃岛，并在经过一番盘问后透露了后者将当上元首的秘密。[3]

提比略是在多年以前隐居罗德岛时从特拉叙鲁斯那里学会这门艺术的。后者不仅仅是一名占星术士，还是一位地位较高、学问无可指摘的学者。提比略曾把他带到悬崖边，考验他的本领；一旦发现此人是个江湖骗子就打算干掉他。特拉叙鲁斯乖巧地预言那位被流放者将会返回罗马执掌权力。随后，在被问及他自己的星象时，他进行了观察，并惊恐地断言自己的生命危在旦夕。那次考验确保了他的飞黄腾达。[4] 坊间还流传着许多其他传言。特拉叙鲁斯跟提比略一道住在卡普里埃岛，只比元首早去世几个月——他预言元首还能继续统治10年之久。[5] 同样精通占星术的特拉叙鲁斯之子从星象中发现了大权将归于尼禄的秘密。塔西佗承诺自己会在合适的地方记载那一预言。[6]

在承认自己无法确定预言真伪的同时，塔西佗也补充了一段关于命运和

1　见原书第487页。4.57 f. 至少提供了历史学家思想转变的一处证据（见附录37）；但文本结构中并无迹象可以表明，关于占星术士预言的评论是后来插入的。并且我们也没有把握运用这段文本来考证作者的创作年代。

2　*HA, Hadr.* 16.7. 他的家族里还有另外一名占星术士，即他的叔祖父（ib.2.4）。我们可以在 *Cat. codd. astr. gr.* VI, 67 ff. 中找到尼凯亚的安提柯（Antigonus of Nicaea）所汇纂的、关于哈德良占星术的信息。参见 F. H. Cramer, *Astrology in Roman Law and Politics* (1954), 164 ff.。

3　6.20.2: "et tu, Galba, quandoque degustabis imperium（你啊，伽尔巴，你将触及元首的宝座）."

4　6.21. 关于特拉叙鲁斯的出身与家世，见原书第508页。另见 F. H. Cramer, o.c. 92 ff.。关于他的政治影响，见99 ff.。

5　Dio 58.27.3.

6　6.22.4. 参见14.9.3（没有记载名字，只写作"占星术士们"）。狄奥（Dio 61.2.1 f.）也省略了名字。C. Cichorius, *Römische Studien* (1922), 393 ff. 认为尼禄身边的占星术士巴尔比鲁斯（Balbillus）（*PIR*[2], B 38）是特拉叙鲁斯之子。

机缘的插话。[1] 他扼要概括了伊壁鸠鲁派和斯多葛派哲学家的不同信条。[2] 此后，塔西佗在总结时提出了几乎被全人类共同信奉的观念——未来早在一个人出生之际就已经确定；如果有些事情跟预言不符的话，那也是由占星术士们的无知或不诚实造成的。那些人毁掉了占星术这门学问的信誉，但古往今来的各种引人注目的证据都可以支持占星术的可靠性。[3]

对宇宙结构与人事变迁的关注有时会让一个人陷入宿命论而无法自拔。在元首提比略也相信占星术的情况下，谁还能做一个彻头彻尾的怀疑论者呢？[4] 但历史上发生过的一些事件又会令一切宿命论产生动摇。塔西佗深受提比略治下最杰出的元老——玛库斯·雷必达——的性格与举止的感动。雷必达凭借自己的谨慎与高贵赢得了元首的尊重，并获得了可观的权力。受到触动的塔西佗开始怀疑，元首的恩宠是否也像其他事物一样，是由命运和出身所决定的。但个人的抉择同样会产生影响——无论如何，他毕竟可以不做命运的囚徒。[5]

1　22.1: "sed mihi haec ac talia audienti in incerto iudicium est, fatone res mortalium et necessitate immutabili an forte volvantur（我在听到诸如此类的说法时会犹豫不决：不知道决定人事变幻的究竟是命运和一成不变的必然性，还是机缘巧合）."

2　他提及的后一个学派不一定是斯多葛派，有可能是早期新柏拉图主义者们。参见 W. Theller, *Phyllobolia für Peter von der Mühll zum 60. Geburtstag* (1945), 35 ff. 中的长篇讨论。其中认为，这位亚细亚行省总督可能接触过神秘主义者盖约（相关情况见 SIG^3 868 B and C; Praechter, P-W Supp. III, 535 ff.）的学说（或本人），盖约即阿尔比努斯的前辈。尽管我们对这位历史学家生平的了解缺失许多环节，那在这里却无关紧要。弗雷克尔认为，这段插话属于"一知半解的点缀（halbgelehrtes Beiwerk）"（*Neue Jahrbücher* VIII [1932], 230）。

3　22.3: "ceterum plurimis mortalium non eximitur, quin primo cuiusque ortu ventura destinentur（大部分人确信一个人的命运在他呱呱坠地时业已注定）"，等等。有些学者将塔西佗的信仰归入了占星术，如 R. Reitzenstein, *Neue Wege zur Antike* IV (1926), 28，这种说法并无根据。关于塔西佗的客观和实证论倾向，参见 P. Beguin, *L'Antiquité classique* XX (1951), 325; 334; XXIV (1955), 352 ff.。

4　同时代人（如哈德良）(*HA, Hadr.* 16.7) 的信仰并不足以令他信服；并且我们在塔西佗的作品中也没有找到显然"令人难以置信的（παράδοξαν）"、关于克劳狄乌斯命运的预言的蛛丝马迹（参见 3.18.4）。并且在强调公元 23 年重要性的时候，他也没有关注提比略刚刚度过 63 岁这一关卡的事实。

5　4.20.3: "unde dubitare cogor, fato et sorte nascendi, ut cetera, ita principum inclinatio in hos, offensio in illos, an sit aliquid in nostris consiliis（我不由得要怀疑，元首的受人喜爱和遭人反感究竟是由命运和出生时的星象注定的，还是由我们的主观意志所决定的）"，等等。

塔西佗在写作历史时非常关注人性，试图洞察人物的深层次动机。[1] 撒路斯特也是如此。宿命论或悲观主义并不构成障碍。撒路斯特将个人置于事件的中心——喀提林凭借的是他的活力、野心和罪行；凯撒和小伽图靠的是"美德"过人，尽管二者在原则和行为方面是相反的。尽管"美德"这个字眼被一些道德论者掺了水分，它对罗马人而言主要指的还是勇气与活力。[2] 坏人也可以拥有美德，并因此受到赞赏。因此，卢坎才会赞美凯撒的旺盛精力[3]；另一位史诗作者希利乌斯·意大利库斯则强调了汉尼拔"邪恶的武德（improba virtus）"[4]。在追述罗马往昔的功业时，吝啬的撒路斯特只将"美德"的头衔赐予少数几个人[5]；而在两部专题性史著的序言里讲到自己时，撒路斯特执着地发表了一篇关于活力与作为的布道词。[6]

　　科奈里乌斯·塔西佗的信仰向来是受到学者们鄙夷的话题；后者对他提出了严厉指控，并为他定下了不容置疑的罪状。作为思想家，他只是一个江湖骗子——他的头脑里没有哲学，没有体系，只有混乱和许多模棱两可、半生不熟观念的大杂烩。[7] 另一些人则会怀疑，对于一位历史学家而言，将自己封闭在不可侵犯的信条束缚中绝不是什么好事。[8] 笃信真理是凡人无法达到的境界；塔西佗则因自己对这些永恒的模糊性的尊重而获得了回报。[9]

1　那是显而易见的。如果还需要论证的话，见J. Cousin, *Rev. ét. lat.* XXIX (1951), 228 ff.; J. Beguin, *L' Antiquité classique* XXII (1953), 322 ff.。
2　H. Hass, *Gymnasium* XLIX (1938), 163.
3　1.144 f.: "sed nescia virtus stare loco（但拥有无尽的武德）."
4　*Punica* 1.58. 另见Manilius 5.495 ff.，其中描述一个果敢的人"自身便是法律（ipse sibi lex est）"，但有理由认为他的"邪恶武德（improbitas fiet virtus）"。
5　*Cat.* 53.4: "paucorum civium egregiam virtutem cuncta patravisse（属于少数公民的美德所成就）."
6　M. Rambaud, *Rev. ét. lat.* XXIV (1946), 115 ff. 该学者很恰当地提到了Stendhal (129 f.)。至于将塔西佗作品中的"美德"解读为一种"强健的生活意识（kräftige Lebensgefühl）"的说法，参见R. Feger, *Würzburger Jahrbücher* III (1948), 303。
7　R.v. Pöhlmann, *Bayerische S-B, phil.-hist. Kl.* 1910, Abh. I, 63. 指责波尔曼借用了19世纪理性主义尺度的莱斯特纳（M. L. W. Laistner, *The Greater Roman Historians* [1947], 115）也没有意识到，塔西佗的前后不一其实是一种优点。
8　如果将塔西佗（以及其他有教养的罗马人）性格中的许多特征都描述为"斯多葛主义"的话，那种研究方法是无法走远或深入的。关于塔西佗对哲学家们的敬意，见第四十一章。
9　塔西佗作品中的"命运（fatum）"和"宿命（fortuna）"观念持续受到热烈讨论，如P. Beguin,
（转下页注）

那些模糊性中有一点构成了人性的基础。对自由的热爱和对统治权力的热爱原本是同源的，分别导致了善与恶的不同后果。那是撒路斯特的结论。[1] 历史事实表明，它对于国家与个人都是适用的。罗马人民的"武德"所向披靡，征服了许多国王和族裔。但征服与统治还有它们的另一面。罗马人自己对此也是心照不宣的。

被征服者留下了一鳞半爪关于自身仇怨、愤恨情绪的记录。罗马霸权初创之际，哲学家卡尼亚德斯（Carneades）在一次公开演说中展示了自己的口才，向帝国臣民们指出，被他们推崇备至的正义无非强者的权利而已。[2] 尽管本身是一位怀疑主义者（他是学园派的领袖），卡尼亚德斯的发言还是让听众警醒了起来。但卡尼亚德斯只是一个例外——在大多数情况下，希腊地区的上层阶级一直保持着沉默：因为他们自身的安全与社会地位依赖于罗马的保护。除了某些接受本都国王资助的刻薄小册子作者或抬高帕提亚人、贬低罗马人的一位邪恶历史学家外[3]，真正具备颠覆性的批评意见来自社会下层，采用的是末世论文学的形式。[4]

（接上页注）

L'Antiquité classique XX (1951), 315 ff.; J. Kroymann, *Satura* (Festschrift O. Weinreich 1952), 71 ff., 但收获甚微。这些术语更多的是文学性的，而不属于哲学教条：塔西佗所说的"命运（fatum）"通常是指无法解释但并不神秘的东西。如"阿米尼乌斯的命运和力量（fato et vi Arminii）"（1.55.3）；更能说明问题的是尼禄对屋大维娅的抛弃"或是由于命中注定，或是因为正不压邪（fato quodam, an quia praevalent inlicita）"（13.12.2）。参见老塞涅卡对演说术衰落的评价——"某种命运使然（fato quodam）"（Controv. 1, *praef.* 7）。理性评价见 B. Walker, *The Annals of Tacitus* (1952), 248 f.。

1 *Hist.* 1.7: "nobis primae dissensiones vitio humani ingenii evenere, quod inquies atque indomitum semper inter certamina libertatis aut gloriae aut dominationis agit（在我们看来，最初的纷争源自人类与生俱来的弱点。在不肯安分、缺乏约束的状态下，它总要导致为自由、荣耀或权力而展开的斗争）。"

2 Cicero, *De re publica* 3.8 ff.，特别参见 20 f.（文本主要复原自德尔图良［Tertullian］和拉克坦提乌斯［Lactantius］）。

3 即斯克普西斯的麦特罗多鲁斯（Metrodorus of Scepsis）——"对于他而言，罗马人的姓氏就意味着仇恨（cui cognomen a Romani nominis odio inditum est）"（Pliny, *NH* 34.34）。还有 Livy 9.18.6 中提到的那位不知名的作家（很可能是提玛格尼斯）——"仇恨幸福城市的人（felicitati urbis inimicus）"——在同奥古斯都争吵后开始对罗马人抱有敌意。

4 H. Fuchs, *Der geistige Widerstand gegen Rom* (1938).

与此相反，伴随着危险观点的罗马城内党争与政治检举却一发而不可收。老伽图以抨击贪污腐化、压迫成性的行省总督而闻名于世；他大大方方地承认，罗德岛的民众完全有理由渴望自由或祈祷罗马人一败涂地。[1]一个世纪之后，西塞罗在担任指控伟人庞培（或为了对他进行勒索）的律师时声称，罗马人的帝国正在遭到各地强烈憎恶，且这憎恶有充分理由：诸行省一片哀号，自由的人民怨声载道，国王们则义愤填膺。[2]

之前的情况并非如此。各族群宁可被罗马统治，也不愿意统治其他族裔。[3]罗马共和国只在拥有正当、高贵理由（如自卫或保护盟友）的情况下才会发动战争。[4]因此，她积累起来的地中海世界疆域并非"帝国治权（imperium）"，而是"对世界的庇护权（patrocinium orbis terrarum）"。如果说在此过程中罗马的表现与万民庇护者的角色并不一致的话（那一蜕变可被归咎于晚近的时代）——大部分罪责会被干净利落地推诿给苏拉。[5]

那正是西塞罗在一篇伦理学论文中提供的解释。撒路斯特也将罪责安到了苏拉头上；但撒路斯特知道并承认，那一罪行的肇端要早得多。[6]撒路斯特和其他一些罗马史学家根本无意为帝国辩护。他们的态度是愤怒的、批判性的和吹毛求疵的。他们所用的演说词或书信的戏剧化表现技巧也适合对罗马的敌人们进行鲜明的（有时也是充满同情的）形象刻画——为后者配备雄健或阴险的口才武器。

撒路斯特为本都国王米特拉达梯创作了一封信，系统分析了罗马外交政策的习惯——其风格是狡黠、执拗和谎话连篇的。[7]另一位历史学家庞培·特

1　Gellius 6.3.16大段引用了这一文本。
2　*In Verrem* 2.3.207; *De imp. Cn. Pompei* 65.
3　*De imp. Cn. Pompei* 41.
4　*De re publica* 3.35: "noster autem populus sociis defendendis terrarum iam omnium potitus est（我们的人民通过保护盟友而赢得了全世界的统治权）."李维证明了有必要相信"正义战争（iusta bella）"的存在。但现代学者们对罗马同迦太基、马其顿战争原因的研究却提供了一个截然不同的版本。
5　*De officiis* 2.27.
6　*Cat.* 10.
7　*Hist.* 4.69.20: "audendo et fallendo et bella ex bellis serendo（大胆、荒唐且文过饰非）."

罗古斯（Pompeius Trogus）则为同一位君王撰写了一篇言辞犀利激烈的长篇演说词。[1]在奥古斯都时代进行撰述的特罗古斯汇纂了一部不是以罗马而是以世界上各个王国为描述对象的作品。罗马在他的叙述体系中是次要的——并且有人还在作者笔下发现了敌视、贬低罗马形象的材料。[2]

特罗古斯是一名来自纳旁高卢行省的新罗马人。[3]前执政官塔西佗在自己的第一部专题性著作中利用卡勒多尼亚人部族首领的演说，为被征服者进行了精彩辩护，并激烈地抨击了罗马的帝国主义侵略——"罗马人称之为帝国，但它实际上只是谋杀、劫掠和牟取暴利而已。他们让世界变得荒无人烟，然后美其名曰和平"[4]。与这一控诉遥相呼应的是富于英雄气概的卡拉塔库斯在元首克劳狄乌斯面前发表的更加简短，同时也更为清醒的演说。[5]布狄卡的演讲同样言简意赅。[6]事实是明摆着的——罗马人吞并她父亲王国时发生的一切（暴行、奸污与劫掠），以及老兵们在其殖民地卡姆洛杜努姆的所作所为。[7]

在其他地方，不再玩弄辞藻的塔西佗提出了直白、坦率的指责。"罗马治下的和平（pax Romana）"是令人生畏的东西。[8]塔西佗并未对帝国主义有所掩饰或回护——他说的就是"罗马的武力（vis Romana）"[9]。将领佩提利乌斯·克瑞亚利斯在对高卢代表的讲话中一方面阐述了其自由纲领，但也坚决维护了征服的权利。[10]另一位将领在同某个日耳曼部落打交道时立下了一道铁

---

1 Justin 38.4–7（在间接引用的演说词中）.
2 这种看法或许有误，参见H. Fuchs, o.c. 42 f.。
3 Justin 43.5.11 f.
4 *Agr.* 30.7. 整篇文本都带有撒路斯特的烙印。关于那个地方的"面貌（τόπος）"，参见Pliny, *NH* 6.182（关于埃塞俄比亚）: "nec tamen arma Romana ibi solitudinem fecerunt（让那里成为一片荒漠的并不是罗马军队）."
5 12.37.1–4.
6 14.35.
7 14.31. 关于否定塔西佗相关叙述价值的尝试，见附录69。
8 12.33: "qui pacem nostram metuebant（那些畏惧我们治下和平的人）."
9 3.60.3: "regum etiam, qui ante vim Romanam valuerant（那些从前尊重罗马的武力的王国）."参见15.31中提到的"帝国的武力"（见前引文，原书第493页）。
10 *Hist.* 4.73 f.

律，并援引天意论证了其合法性：弱者是没有权利可言的。[1]

忠心耿耿、才华横溢的李维当然要为罗马统治万民的权利披上一层道德外衣。[2] 而不那么高明的做法是，他随时准备着洗白或隐瞒罗马同异族交往过程中的某些不光彩事实。[3] 塔西佗无意放过元老阶层或帝国体系。他清楚官职晋升与庇护机制的运作方式：出身与财富、相互纵容或串通，以及占据高级军事指挥权的野心家们或碌碌无为的年迈者。他如实记录了残酷统治或敲诈勒索的突出案例。[4]

罗马在这个世界上的和平使命，她所带来的和谐、繁荣与有序生活——那是一个老掉牙的主题。历史学家们可以接受或无视那些东西。[5] 没有其他任何一位作家如此鲜明地描述过罗马统治的两面性。[6] 与此同时，塔西佗的批判也是有分寸的。他很清楚，罗马的权力并不仅仅是欺诈与暴力的产物。

批评大帝国是一件十分轻松容易的事情。一切都是老调重弹。[7] 塔西佗对权力的荣耀是有共鸣的。他曾充满向往地追忆过尚武的共和国，并赞美过后来的征服者们。他是否赞成并拥护罗马回归扩张政策呢？我们无法对此给出确定答案。如果说金戈铁马可以驱散那个时代的麻木与怠惰的话（有人或

1　13.56.1: "patienda meliorum imperia; id dis, quos inplorarent, placitum, ut arbitrium penes Romanos maneret, quid darent quid adimerent, neque alios iudices quam se ipsos paterentur (人们就应当服从更优秀者的权威；他们为之痛心疾首的乃是诸神的旨意：罗马人有资格决定给予和拿走什么，他们需要征求意见的法官只有自己)." 关于历史学家塔西佗在叙述该部落命运时所倾注的深切同情，见B. Walker, o.c. 33 f.。

2　Livy 22.13.11: "iusto et moderato regebantur imperio nec abnuebant, quod unum vinculum fidei est, melioribus parere (他们不会拒绝接受正直且温和的统治——忠诚的唯一保证便是接受比自己更优秀的人物领导)."

3　生动案例见H. Nissen, *Kritische Untersuchungen über die Quellen der 4. und 5. Dekades Livius* (1863), 29 ff.。另见P. G. Walsh, *AJP* LXXVI (1955), 369 ff.。

4　如4.45（卢奇乌斯·披索在西班牙）。

5　后人无须阅读埃利乌斯·阿里斯泰德（Aelius Aristides）的颂词《罗马颂》(Εἰς Ῥώμην) 也足以理解这一点。

6　I. A. Richmond, *JRS* XXXIV (1944), 43.

7　*Hist.* 4.68.5: "Is meditata oratione cuncta magnis imperiis obiectari solita contumeliasque et invidiam in populum Romanum effudit (他在一篇深思熟虑的演说词中抛出了针对大帝国的各种常用指责，并堆砌了针对罗马人民的侮辱和非难)." (出自一名高卢叛徒和民众蛊惑家之口)

许希望如此），对外征服也会打破帝国的平衡状态，尤其是在战火烧到幼发拉底河与底格里斯河对岸后的情况下。[1]领土兼并导致了罪行和令人尴尬的后果。战场上的胜利者被和平所征服。[2]帝国的海外扩张导致了内政的专制。玛库斯·布鲁图斯早就看穿了这种两难处境。放弃帝国总比放弃自由要好——那是共和派给出的答案。[3]

对于被征服的民族而言，征服者虽然为他们留下了一条活路，但仍然蔑视他们。塔西佗似乎也接受了统治帝国的族裔的种种偏见。他的怒火主要针对希腊人和犹太人。希腊屈从于强力或命运，但始终认定自己的文明高人一等。犹太人则自认为在另一方面高人一等，傲然独立于各族群的共同体之外，对帝国政府的劝说充耳不闻，甚至敢于抗拒武装干涉。"对人类的恨（odium humani generis）"使得他们无法得到接纳。[4]但除了自己的偏见外，塔西佗从未试图否认希腊人在艺术与文学方面的古老声誉；并且他也很容易猜测或描述希腊人对亲希腊的罗马人的看法。

帕提亚人也统治着一个帝国，其古老声望堪与罗马匹敌：那是一个古怪的帝国——幅员辽阔、难以捉摸，因而不容易受到破坏。塔西佗十分警惕，不肯将它与罗马等量齐观。[5]如果说塔西佗强调了帕提亚帝国王朝的没落和那个民族的生活习惯的话，那么他所表达的并非敌意，而几乎是一种敬意[6]，或许是以庇护人的口吻讲出来的。

塔西佗对历次日耳曼战争的叙述也并无恨意。罗马人对北方的蛮族赞誉

---

1 参见第三十七章。
2 关于这一规律，参见Pliny, *NH* 24.5（论希腊的医生们）: "vincendoque victi sumus: paremus externis（我们征服后又被征服，拜倒在异邦人的脚下）."
3 被Quintilian 9.3.95所引用："不去统治任何人总好过做任何人的奴隶。因为不统治他人者仍能堂堂正正地活着，但奴隶却绝无可能（praestat enim nemini imperare quam alicui servire: sine illo enim vivere honeste licet, cum hoc vivendi nulla condicio est）."
4 15.44.4，用于一个犹太支派；参见 *Hist.* 5.5.1和Diodorus 34.1.2。"对人类的恨（odium generis humani）"一词在其他场合下指的是恨世，参见Seneca, *De tranquillitate animi* 15.1; Pliny, *NH* 7.80。
5 见原书第494页。
6 P. Treves, *Il mito di Alessandro e la Roma d'Augusto* (1953), 173.

有加。受到赞美的是他们的勇武和对自由的热爱——一些人想当然地断定，他们跟自己粗野的、崇尚英雄主义的祖先十分近似。但塔西佗对日耳曼人的褒扬并不仅限于《日耳曼尼亚志》对其鲜明、无可指摘的美德与完满人格的那种理想化的、传统的和抒发思古之幽情的描述。他笔下的阿米尼乌斯是"日耳曼人毫无疑问的解放者（liberator haud dubie Germaniae）"，并赋予后者一个属于古老罗马人民的著名评价——"战斗中有胜有负，战争中不可战胜（proeliis ambiguous, bello non victus）"[1]。同样，达契亚人对罗马人战事的胜败得失也给他们增添了光彩。[2] 塔西佗的评语还令人想起两个世纪前的辛布里人和条顿人（Teutones）。[3] 高卢已丧失了古时的尚武荣誉，但尤利乌斯·文德克斯和高卢起义者们仍然值得体面的纪念。[4]

勇敢的对手也提升了交战另一方或胜利者的声誉。[5] 即便未开化的蛮族也能增添世人对罗马之伟大的敬意。威利乌斯·帕特库鲁斯报道过一起事件：一位外表受人尊敬的日耳曼老者坐着一条小船渡过易北河，并获准面见了罗马元首。他随后毕恭毕敬地告退，欢喜地声称那是自己一生中最幸福的日子。[6]

倘若正直土著人的举止真的跟廷臣或门客别无二致的话，那么塔西佗应该会感到痛苦。他坚信人格尊严的可贵。投诚罗马人的酋长塞格斯特斯（Segestes）并未被指斥为叛徒。历史学家塔西佗允许他陈述了自己的高贵动机——他争取的是两个民族的共同利益，并且是为了和平而非战争。[7] 另一处细节反映了塔西佗不无幽默感的同情心。拜访首都罗马的使节们不肯接受剧

---

[1] 2.88.2. 关于当地"风土人情（τόπος）"的记载可从 Livy 9.18.9 追溯到 Lucilius, fr. 613 f. Marx（参见 F. Münzer, *Hermes* XLVIII [1913], 617）。

[2] *Hist.* 1.2.1: "nobilitatus cladibus mutuis Dacus（达契亚人因为同罗马人的相互伤害而声名远扬）."

[3] Velleius 2.8.3: "multis mox nostris suisque cladibus nobiles（他们很快就因为同我们的互相伤害而声名远扬）."

[4] 见原书第463页。

[5] 罗马人也利用过波塞纳（Porsenna）和皮洛士（Pyrrhus）来为自己增光添彩（诗人恩尼乌斯便凭借对皮洛士的描写而声名鹊起）。但罗马人对后来的仇敌就没有那么慷慨了。

[6] Velleius 2.107.2. 他不久后又将日耳曼人称作"天生好撒谎的族裔（natum mendacio genus）"（118.1）。

[7] 1.58. 参见使节哈斯德鲁巴（Hasdrubal）的情况（Livy 33.42.12 ff.）。

场里身份较低者的座位。他们走过去跟元老们坐在一起。他们声称,在荣誉感和勇武方面,没有一个族群能够胜过日耳曼人。他们的做法赢得了罗马人的赞许。[1]

以上便是较为优秀且光彩的外邦人——他们是潜在的罗马人。但如今还有成千上万令人生厌的外邦人也分享了罗马公民权。塔西佗厌恶一切暴民——无论他们是城镇里的还是军中的,尤其是首都的全体民众。他对古老家族的后裔们还能说句好话[2];其他的民众其实都是王室的门客。罗马成了全地中海世界恶人的共同容身之所——"所有可怕的或可耻的事情都汇聚于此,并且十分猖獗(quo cuncta undique atrocia aut pudenda confluent concelebranturque)"[3]。

当塔西佗写下那句话时,令他深恶痛绝的具体对象乃是来自犹太的、预示着最坏结局的一种新宗教。[4]他在其他地方断言,异族信仰已经渗入了罗马权贵们的家庭。[5]皈依者或许并不局限于奴隶和城市贫民。根据塔西佗的记载,元首克劳狄乌斯曾谴责过"外来迷信(externae superstitiones)"的盛行,将之视为"脏卜者"——罗马国家的一项古老制度——式微的原因之一。[6]如果可疑的信仰在统治集团的家族里站稳了脚跟,那将是更麻烦的事情。根据记载,尼禄时期的元老院接手过对一位"迷信异族宗教(superstitionis externae rea)"的罗马贵妇庞普尼娅·格雷奇娜(Pomponia Graecina)的诉讼。元老院授权她的丈夫奥鲁斯·普劳提乌斯私下调查此事;结果她被无罪

---

[1] 13.54.4: "quod comiter a visentibus exceptum, quasi impetus antiqui et bona aemulatio(目击者们对此表示赞许,认为那是恪守古老传统的表现和一种良性竞争心态)。"

[2] *Hist.* 1.4.3: "pars populi integra et magnis domibus adnexa(道德高尚的那部分民众和拥有可观家业的人)。"

[3] 15.44.3。

[4] 他可能在担任亚细亚行省总督时开始对此有所了解(见第三十五章),如果不是更早的话。此外,犹太人的叛乱必然会加深罗马人的敌意——很少有人会对二者加以辨别。但注意哈德良于公元122/3年写给米尼奇乌斯·芬达努斯的便笺(见原书第468页)。

[5] 至少是借卡西乌斯·隆吉努斯之口讲出(14.44.3)。

[6] 11.15.1. 很可能来自一篇演说词,参见附录40。

开释。[1]显然，塔西佗对自己那个时代畏惧并发现的最初迹象十分敏感。[2]异族宗教具备双重的危险性——它削弱了贵族阶级，并让社会下层被狂热分子与假先知牵着鼻子走。

在普罗大众中，罗马平民是腐化、迷信与阿谀逢迎的。尽管有身份且地位独立的人总会情不自禁地鄙视受束缚的或哪怕被释放的奴隶，贵族家族们却认可奴隶们和依附者们在苦难岁月里的忠诚奉献。一些出身高贵的异邦人乃至意大利人曾遭遇过灾难，并丧失了人身自由；解释哲学信条的权威肯定只有智者才真正享有自由，从而暗示了奴隶应得到人道对待。阶级偏见在事实面前也必然要发生动摇。塔西佗无法略去对勇敢奴隶或谦恭门客的赞美[3]；在披索阴谋案中，被释女奴埃皮查瑞丝（Epicharis）在拷打下的表现坚定刚毅，而骑士和元老们却成了懦夫，招供并乱咬自己的亲戚朋友。[4]

当塔西佗记载到400名奴隶因其中一人谋杀主人而共同面临死刑威胁时，他引述了卡西乌斯·隆吉努斯认为应当从严处理、不宽恕任何人的观点。[5]他表达的并非自己的感情。但他确实详细记录了罪行的起因，那是对受害者不利的。[6]我们下定论认为塔西佗支持那一残酷判决还为时尚早。[7]尽管他确实对

1　13.32.2. 塔西佗有可能认识她——"庞普尼娅得享高寿，但一直郁郁寡欢（longa huic Pomponiae aetas et continua tristitia fuit）"。她活到了公元83年前后。

2　即对弗拉维乌斯·克莱门斯（Flavius Clemens，公元95年执政官）及其妻弗拉维娅·多米提拉（Flavia Domitilla）的指控——"他们两人的罪名不是不虔诚，其他许多接受犹太信仰的人也遭到了指控（ἐπηνέχθη δὲ ἀμφοῖν ἔγκλημα ἀθεότητος, ὑφ' ἧς καὶ ἄλλοι ἐς τὰ τῶν Ἰουδαίων ἤθη ἐξοκέλλοντες πολλοὶ κατεδικάσθησαν）"（Dio 67.14.2）。我们无法确定他们皈依的是否为基督教，见E. M. Smallwood, *Class. Phil.* LI (1956), 1 ff.。还应补充的是，格罗亚格在*Ann.* 15.44中找到的消极证据并不成立。

3　2.39（克莱斯，阿格里帕·波斯图姆斯的奴隶）；13.44.4（屋大维·萨吉塔的释奴）；14.60.3（屋大维娅的女仆们）。

4　15.57.

5　14.43 f.

6　42.1（原书第479页）. 关于它跟塔西佗时代某些事件的相关性（或许还包括哈德良的立法），见上文，原书第448页。

7　很可能他并不赞成这样做。另一方面，并非所有元老都会赞同哈德良的人道主义（及相关政策），更不消说他对社会等级差异的敌意。关于他针对奴隶与下层阶级的立法，见F. Pringsheim, *JRS* XXIV (1934), 143 f.。另见上文，原书第487页。

源自犹太的"外来迷信"的信徒们充满敌意,塔西佗的用语也并未表明,他推崇并赞成尼禄为取悦暴民、消除对自身怀疑而组织的惩罚替罪羊的大规模迫害行为。[1]

---

[1] 15.44.5: "unde quamquam adversus sontis et novissima exempla meritos miseratio oriebatur (尽管那种冒犯是再明显不过的罪行,还是有人对此抱有同情)。"这些话所表达的究竟是塔西佗的情感,还是观众们的呢?之前的学者们倾向于认为是前者,如A. Momigliano, *CAH* X (1934), 887。但后者似乎更有可能,参见H. Fuchs, *Vigiliae Christianae* IV (1950), 65 ff.。后人对这一著名章节已进行了大量研究(见*CAH* X, 982 f. 所选列的30种作品),其中涉及的问题极其复杂。并且人们也并不总会认可那位前任行省总督的知识和记载准确性。莫米利亚诺(Momigliano, o.c.)认为塔西佗犯了糊涂,将两个彼此独立的版本杂糅到了一起。但这种说法并不能令人信服。塔西佗再现的恰恰是当时形势本身的两面性——对纵火的不实指控和基督徒们引起的真实反感情绪("因为他们的丑恶行径 [per flagitia invisos]")。

第四十章　塔西佗的人格

惜字如金是跟史学的尊严如影随形的。《历史》与《编年史》仅仅不情愿地吐露了关于作者元老生涯的两条简短信息，而完全没有提及他的出身、家庭或朋友。[1] 科奈里乌斯·塔西佗的熟人中肯定有人被披索阴谋及其后续追究所牵连，并遭到处决或流放——其中一些人或许还跟塔西佗的家族关系密切。[2] 但塔西佗对他们未置一词。公元69年的内战涉及他在莱茵河流域、纳旁高卢行省和意大利北部的朋友们。[3] 但我们同样没有在塔西佗的作品中找到蛛丝马迹。尤利乌斯·阿古利可拉的母亲在阿尔宾提米利乌姆（Albintimilium）被士兵们杀害。[4] 但史学家塔西佗在城破之际重点叙述的却是一位普通利古里亚（Liguria）妇女的英雄行为。[5]

一些研究者认为塔西佗轻视妇女。[6] 但现存材料严重缺乏这方面的证据。提比略治下元老院中的一位前执政官确实说过一些尖刻的话语。他说，妇女

---

[1] *Hist.* 1.1.3; *Ann.* 11.11.1.

[2] 这份名单（15.71）十分冗长。

[3] 如他的朋友维普斯塔努斯·麦萨拉（Vipstanus Messalla）（*Hist.* 3.9.3，等等）；他还掌握着关于瓦勒里乌斯·保利努斯——纳旁高卢行省督办和韦伯芗朋友——早期职务的精确信息（3.43.1）。

[4] *Agr.* 7.1 f.

[5] *Hist.* 2.13. 同样，他也没有提及阿古利可拉投靠弗拉维家族阵营一事——那或许不像*Agr.* 7.3所描述的那样迅捷："旋即加入了其阵营（statim in partes transgressus est）。"

[6] 如P. Wuilleumier, *Tacite, l'homme et l'oeuvre* (1949)，等等。

们不仅属于较弱的性别——她们有时还是残酷、野心勃勃和贪恋权力的。[1] 但演讲者抨击的只是她们对军务与内政的干涉，针对的是封疆大吏们的妻子；并且他的发言还有眼前的例子撑腰：格涅乌斯·披索的妻子在叙利亚就是这样表现的。[2] 而非议女性的其他所谓例证都没有多少分量。[3]

显贵们的女儿和妻子的高贵出身与社会地位都得到了恰如其分的承认；事实上，来自母系的贵族血统也确实是得到认可并且有效的。[4] 妇女们也效仿着男性的傲慢与放荡。自由共和国的末代岁月见证了一批插手政治的贵妇——她们是贪得无厌、不择手段和桀骜不驯的。[5] 这种模式在帝国王室的妇女们身上固化并变本加厉。塔西佗对她们的形象描绘是骇人可怖与惟妙惟肖的。尼禄母亲尤利娅·阿格里皮娜的形象是完全真实可信的。[6]

无论对于女性还是男性而言，高傲与专横也有其积极的一面。在分享丈夫的野心的同时（她们在为丈夫的政治生涯助力时并非对此毫无意识），妻子也共同承担着风险——她可能会跟丈夫一同遭到流放，或突然面对死亡的威胁。这些妇女的"忠诚（fides）"和"从一而终（constantia）"定然会在元老们撰写的史书中受到赞美。[7]

但罗马人可不是菩萨心肠，统治阶层更远非如此。拉丁语中就没有表

---

1 *Ann.* 3.33.3: "non imbecillum tantum et imparem laboribus sexum, sed, si licentia adsit, saevum ambitiosum potestatis avidum（该性别的缺陷不仅仅是柔弱和不耐劳苦，还在于她们一有机会就会变得凶狠、野心勃勃和贪恋权力）."

2 注意3.33.3同2.55.6之间的用词呼应。这里也是在暗指阿格里皮娜，尽管讲话者（凯奇纳·塞维鲁）曾担任过日耳曼尼库斯在莱茵河畔的副将。

3 如14.4.1: "facili feminarum credulitate ad gaudia（女性天生轻信好消息）."

4 如鲁贝利乌斯·普劳图斯: "他的贵族身份来自母亲所在的尤利乌斯家族（cui nobilitas per matrem ex Iulia familia）."（14.22.1）

5 如撒路斯特笔下的森普罗尼娅（Sempronia）（*Cat.* 25）——更好的例子如塞维莉娅（Servilia）和富尔维娅（Fulvia）。

6 见原书第437页。

7 *Hist.* 1.3.1: "comitatae profugos liberos matres, secutae maritos in exilia coniuges（母亲们跟着儿子们逃亡，妻子们陪伴丈夫被流放）."这批被尼禄和图密善迫害的著名妇女中有阿里娅（Arria，特拉西亚·佩图斯的寡妇）、法妮娅（Fannia，她的女儿）和公元97年时仍在人世的安泰娅（Anteia）（Pliny, *Epp.* 9.13.5）。对于塔西佗而言，妇德不仅包括"贞洁（pudicitia）"，还包括"从一而终"和"忠诚"，参见R. Feger, *Würzburger Jahrbücher* III (1948), 315。

示慈悲的字眼——科奈里乌斯·弗隆托承认了这一事实。[1]然而，一个人无法始终以罗马人、元老或哲学家的面目出现。[2]尤利乌斯·阿古利可拉的传记经常会出现一些矫正全书偏激风格的语调或史实叙述。塔西佗赞美了阿古利可拉母亲的智慧与贞洁。她严厉但谨慎地抑制着那位年轻人教育中的危险倾向[3]；而阿古利可拉妻子的形象则让塔西佗有机会将审慎的理智与细腻的感知融于一身。[4]我们完全可以猜到，当元老院围绕行省总督们的妻子展开讨论时，历史学家塔西佗偏袒的究竟是两性中的哪一方：过分拘泥于古风时代的"严苛标准（duritia veterum）"的做法已经过时。当今时代已变得人道与文明开化；如果其伴侣行为不端的话，那么丈夫也应当承担更大的责任。[5]

老伽图式的态度或传统依然存在。但世人有时可以设法绕开那些规矩。小塞涅卡的母亲接受了自由教育，尽管其丈夫"恪守古风的严格（antiquus rigor）"，禁止她接触除哲学入门知识以外的任何学问。[6]罗马城里并没有多少公认的、为妇女权利声辩的领军人物。诚然，穆索尼乌斯·鲁弗斯声称男孩和女孩应当接受相同的课程教育。但坚持主张让妇女接受哲学教育，让哲学家们去结婚，让两性都遵守严格的禁欲规定的穆索尼乌斯只能算是一个另类而已。[7]

1　Fronto, p. 176 N = Haines I, p. 280: "philostorgus cuius rei nomen apud Romanos nullum est（罗马人没有表示仁爱的字眼）."玛库斯·奥勒留从弗隆托那里学到了"我们这些贵族多少有些缺乏自然之爱（ὅτι ὡς ἐπίπαν οἱ καλούμενοι οὗτοι παρ' ἡμῖν εὐπατρίδαι ἀστοργότεροί πως εἰσίν）"（Ad se ipsum 1.11）。

2　关于私人生活的片断材料足以展示罗马人深挚的爱意和同情心：最醒目的当属小普林尼对米尼奇乌斯·芬达努斯女儿夭折的评价（Epp. 5.16）。

3　Agr. 4.2 ff.

4　6.1: "idque matrimonium ad maiora nitenti decus ac robur fuit. vixeruntque mira concordia, per mutuam caritatem et in vicem se anteponendo（这桩婚事十分完美，成了他的坚强后盾。两人在生活中极其和谐、相互关爱并彼此谦让）."

5　3.34（瓦勒里乌斯·麦萨利努斯的演说）. 塔西佗带着妻子一道离开了意大利（Agr. 45.4）。他的父亲或许也做过同样的事情。关于罗马官员们的"家庭生活（vie familiale）"，见 H. G. Pflaum, Les Procurateurs équestres le Haut-Empire romain (1950), 297 ff.。

6　Ad Helviam matrem 17.3.

7　关于残篇的文本与译文，见 C. E. Lutz, Yale Classical Studies X (1947), 3 ff.；同情的评价见 M. P. Charlesworth, Five Men (1936), 33 ff.。小塞涅卡年轻时曾沉溺于遁世主义的信条。他的父亲成功地将他从素食主义中挽救了回来（Epp. 108.22）。

任何东西一旦成了教条，都有可能遭到批评；而人们也会在实践中勉为其难地去做他们在理论上反对的事情。小塞涅卡本人便受惠于妇女良多。他对姨妈赫尔维娅（Helvia）对婴儿时代的自己的关怀备至感激不尽。[1] 赫尔维娅是位不喜欢抛头露面的谦逊女子。埃及和亚历山大里亚（她的丈夫在那里担任埃及省长）编造不出关于她的任何坏话。[2] 我们不知道小塞涅卡的第一位妻子姓字名谁。[3] 但他深深爱恋自己的第二位妻子庞培娅·波琳娜（Pompeia Paullina）——历史学家塔西佗充满同情地证实了这一点。[4]

　　小塞涅卡的知识并不仅限于家庭领域。机智与口才可以让人走到哪里都如鱼得水。小塞涅卡得以进入一个女性影响占据主导的圈子——卡里古拉活跃的姐妹、尼禄的两位姑妈，以及其他无拘无束的贵妇们。[5] 有人指控他是一位公主的情人；这个说法或许不实，但并非毫无来由。[6] 小塞涅卡逐渐积累了自信与狡诈、社交手腕和远见卓识。[7] 塔西佗本人或许也曾受益于这些高雅的聚会。[8] 那位严肃的历史学家有时是自己职业的囚徒。如果说塔西佗对女性的责难并非总能跟自由社会的经验兼容的话，那么我们也无法断定他就是个不苟言笑的清教徒。[9] 他用优雅笔触描绘了波佩娅·萨比娜的迷人风韵[10]；她对

1　*Ad Helviam matrem* 19.2.

2　ib. 6. 她的丈夫是盖约·伽勒里乌斯（C. Galerius）（*PIR*², G 25）。

3　参见 *PIR*², A 617。她追随他一道承受了被流放的命运，小塞涅卡很可能也正是将自己的《论婚姻》（*De matrimonio*）题献给了她。

4　15.63.2: "sibi unice dilectam（自己的特别宠爱）." 她此后又活了几年，并"令人叹服地追思着自己的亡夫（laudabili in maritum memoria）"。塔西佗记录了关于她在一道自杀时被救下的卑劣看法，但并未予以支持（"民众总会往坏处想［ut est vulgus ad deteriora promptum］"）(64.2)。不巧的是，波琳娜只被她的丈夫提及过一次（*Epp.* 104.2）。

5　见原书第258页。

6　Dio 60.8.5（日耳曼尼库斯之女尤利娅·里维拉），参见 *Ann.* 13.42.3（来自苏伊利乌斯·鲁夫斯的猛烈抨击）。

7　但他的作品往往会复述关于女性的、约定俗成的套话，参见 Favez, *Rev. ét. lat.* XVI (1938), 335 ff.

8　参见 G. Boissier, *Tacite* (1903), 27——那位作家本人也并非不熟悉"沙龙（les salons）"。

9　他在评价塞亚努斯对里维娅·尤利娅的引诱时写道："失去贞洁的女性什么都不会拒绝（neque femina amissa pudicitia alia abnuerit）."（4.3.3）而在其他场合下，他也曾在记载奥古斯都惩处"民间男女的苟且之事（culpam inter viros ac feminas vulgatam）"时否定了"祖先的宽大为怀（clementia maiorum）"（3.24.3）。跟普比略一样，塔西佗也反对在道德问题方面上纲上线。

10　13.45.3: "sermo comis nec absurdum ingenium: modestiam praeferre et lascivia uti（她谈吐文雅、

（转下页注）

一位举止拖拉的新郎的责备犀利而不失幽默[1]；而作者对那些在阿格里皮娜失势后拜访她的社交界贵妇的描绘也透露出了些许恶意。[2]

当一个人回顾贵族君主制下的宫廷生活时，有时会陷入一种古怪的幻觉，认为其中充满了奢靡、邪恶与粗俗。但那个时代其实展示出了此后再未出现过的欢乐与敏捷智慧。流行于塔西佗时代的生活标准是朴素、健康的，没有多少乐趣可言。社交界再无帕西埃努斯·克里斯普斯或多米提乌斯·阿费尔那样优秀的活跃气氛者。[3] 尼禄时代的日夜娱乐一度残存了下来：但并非最好的那一部分，也不是全都引人入胜。我们或许可以在元首图密善的内朝成员——维比乌斯·克里斯普斯、法布里奇乌斯·维恩托和不那么臭名昭著的人物——身上发现这种精神。[4] 当时还有些时髦、雅致的女性，如斯塔提莉娅·麦萨利娜——她的第四任丈夫是尤利乌斯·维斯提努斯，第五任丈夫则是尼禄。[5]

如今，社会上流人士具备的都是一些实实在在的品质；平庸之徒则可以毫不费力地逃避精明之讥。意大利北部或勤俭的行省居民迎娶的是稳重的、门当户对的妻子。在男性朋友们身上发现了大量闪光点与天才的小普林尼却无法举出任何一位有影响的文化女性的例子。[6]

（接上页注）

才智无可指摘，举止谦逊而不失活力"，等等。塔西佗还告诉我们，波佩娅的母亲曾是当时的美人。他也能注意到，迷人的里维娅·尤利娅在少女时代其实长得丑。

1　14.1.2: "cur enim differri nuptias suas（为何要推迟你自己的婚礼）?"，等等。
2　13.19.1: "nemo solari, nemo adire praeter paucas feminas, amore an odio incertas（无人慰问，无人拜访。仅有的例外是几个妇女——出于关爱还是仇恨我们已不得而知）。"第13—16卷中用在妇女身上的笔墨要比前6卷多得多：但那是因为历史的内容变了，而非历史学家的观点。完全不见于前6卷的"迷人（blanditiae）"和"华美（blandimentum）"分别在第13—16卷中出现过2次和4次。
3　见原书第328页。
4　见原书第5页。其中包括蒙塔努斯（Montanus，身份不详）："他了解昔日宫廷的奢华与尼禄时代的彻夜狂欢（noverat ille | luxuriam imperii veterem noctesque Neronis）。"（Juvenal 4.136 f.）
5　PIR[1], S 625. 根据Juvenal 6.434评注者的说法，麦萨利娜"重视财富、容貌和各种才艺（opibus et forma et ingenio plurimum valuit）"。参见Ph. Fabia, *Rev. phil.* XIX (1895), 218 ff.。
6　后世学者们应当会想要了解庞培娅·普罗提娜，但后者只是出于偶然原因才被提及（*Epp.* 9.28.1）。

贵族阶层狂热地或以沉默的敬意转向哲学研究。吸引他们的是人生教导，或是能够提供慰藉与光明希望的、对古老神话的翻新解释。即便传统的虔诚精神也得到了复兴，因为复古主义如今大行其道。各种形式的信仰分分合合；对灵魂及其命运的崇高研究得到了神秘主义和禁欲苦修派的支持。毕达哥拉斯主义（Pythagoreanism）的丰富魅力得到了维系与强化。[1]非法的技艺与门类繁多的异族崇拜也拥有自己的信徒。克劳狄乌斯与尼禄时代关于巫术的指控可上升到大逆罪层面，牵连了一些有身份的人物。[2]到了下一个时代，对魔术师和神学家的推崇有增无已。[3]哲学流派中只有伊壁鸠鲁的门徒们还站得住脚：他们人数不多，甚至也不引人注目，但构成了代表理性的一支默默无闻的力量。现存证据的稀缺或许是一种误导。图拉真的妻子便承认自己信奉该派别。[4]哈德良经历过的许多事情表明，他肯定也是支持、同情伊壁鸠鲁哲学的。

与此同时，个人举止问题需要不那么教条主义的导师们的严肃指导。诚实的爱比克泰德（Epictetus，曾是一名奴隶）打动了那些轻视出身与财富的人。尽管爱比克泰德警告过希利乌斯·意大利库斯（那位富有的前执政官改信了斯多葛主义）[5]，他却赢得了哈德良的友谊。[6]普鲁塔克这种忠诚但理智的人物（他的宗教信仰是一团古怪的大杂烩）构成了道德改善的理想模板。罗马元老们审视了自己的灵魂，压抑了自己傲慢、愤怒的冲动。[7]这个时代开始在人道与宽容方面慢慢改善。

随后出现的却是青黄不接的局面。政治环境已发生变化；一度令各种

---

1 但可证实的东西不多。
2 12.22.1; 59.1; 16.8.2; 31.1. 还有更早的斯克里波尼乌斯·利波（Scribonius Libo）(2.27 ff.)。
3 神秘的（很大程度上出自虚构的）图亚纳的阿波罗尼乌斯（Apollonius of Tyana）不应被忘记；关于他的情况，见 E. Meyer, *Hermes* LII (1917), 371 ff. = *Kl. Schr.* II (1924), 133 ff.。
4 只有偶然信息才能反映这些情况（*ILS* 7784 + *SIG*^{3} 834：雅典）。
5 Arrian, *Diss. Epicteti* 3.8.7.
6 *HA, Hadr.* 16.10.
7 如米尼奇乌斯·芬达努斯（公元107年递补执政官）在 Plutarch, *De cohihenda ira* 中所证实的那样。参见 E. Groag, P-W XV, 1824 f.。

信条显得危险的那些出身高贵、勇气十足的人物已不复存在。凝视着过去的塔西佗发出了向往活力与英雄主义的绝望呐喊。他对行动上的完美主义的崇拜不在对语言风格的追求之下。从前的许多元老都凭借其"高雅生活（elegantia vitae）"而赢得了塔西佗的赞美。其中引人注目的有塞尔维利乌斯·诺尼亚努斯和庞普尼乌斯·塞昆杜斯——一位史学家和一位诗人：他们是"高雅艺术（bonae artes）"的高贵代表。[1]

但这方面的翘楚却是一个彻头彻尾的酒色之徒，他被塔西佗称为"高雅的评判者（elegantiae arbiter）"。佩特罗尼乌斯是一切社会风尚的时髦代表。[2]但在担任行省总督与执政官期间，佩特罗尼乌斯都展示了自己管理事务的才干。他高贵的死法同其一生经历相得益彰，展示了对自己的那位朋友——元首尼禄——本质上的粗俗品味的藐视。塔西佗的叙述也委婉地回击了那些假道学——佩特罗尼乌斯在大难临头之际从歌曲和诗篇中获得了慰藉与力量，他并没有去翻阅哲人们的学说或关于灵魂不朽的论文。[3]

佩特罗尼乌斯的结局构成了同样富于戏剧性的小塞涅卡之死的点缀与对立面。历史学家塔西佗并不是对小塞涅卡怀有敌意。他知道那位布道者不乏智慧、哲理与胆识——并且他也肯定会赞赏那篇《关于元首克劳狄乌斯之死的戏谑之作》（Ludus de morte Claudi Caesaris）。[4]

塔西佗的讽刺可以贯穿一整套情节的始终，如塞亚努斯和提比略的书信往来；但它也可以浓缩在一个短句里。提比略的素材让他的讽刺变得更加犀利。[5]另一位元首则深化、拓展了他的幽默感——那是博学、华而不实或愚蠢

1　见原书第328页。庞普尼乌斯"高贵的生活"在 Dial. 13.3 中得到了赞美。
2　16.18 f. 这段性格勾勒带有撒路斯特的风格，并回应了 3.30.2（撒路斯特·克里斯普斯和梅塞纳斯），参见附录53。首名"盖约（C.）"（18.1，修补自17.1中的"ac"）受到了尼佩尔迪的质疑；如今有人认为（自1946年起）他是提图斯·佩特罗尼乌斯·尼格尔（T. Petronius Niger，公元62年前后递补执政官）。
3　16.19.2: "non per seria aut quibus gloriam constantiae peteret（并不在意追求善始善终的荣耀）"，等等。
4　关于该主题还可参见《萨蒂利孔》，尽管两部作品他都没有提及。更多信息见原书第336页。
5　见原书第284、319—320、428—429页。

的元首克劳狄乌斯。他的公共演说中包含着丰富素材。[1] 塔西佗利用了它们，但分寸并未过火。例如，那位罗马元首在一篇充满智慧的告诫演说中赋予了一位安息王子文明政府的传统观念：统治者不应成为暴君；他必须牢记帕提亚人是公民，而非奴隶。[2] 而在感激地接受元老院对帕拉斯敬意的同时，克劳狄乌斯断言他的释奴宁愿谢绝馈赠给自己的那笔钱，因为谦逊的他乐于生活在"从前的贫困状态（prior paupertas）"之中。[3]

塔西佗的作品中不乏幽默与恶搞。[4] 当"无法忍受独身生活（caelibis vitae intolerans）"的元首克劳狄乌斯成了一位鳏夫，在3位贵妇有口皆碑的魅力之间举棋不定时，他召集了王室家族的释奴们，举行了一场煞有介事的辩论——那正是历史学家塔西佗的场景设计，为的是嘲讽内朝议事会。[5] 为了说服元老院相信元首必须跟自己的侄女结婚，卢奇乌斯·维特利乌斯纵横捭阖的才华必须派上用场；后者不失时机地发表了一篇演说——使用的是他主人的口吻。无独有偶，言辞华丽、阴险狡黠的小塞涅卡也在同尼禄的私人谈话中尽情展示了自己的本领；科苏提亚努斯·卡庇托则恶搞了检举者们的口若悬河——其风格做作浮夸，如果不是邪恶致命的话。[6]

幽默往往是残酷的。瓦勒里娅·麦萨利娜花园聚会的辉煌轻浮之上覆盖着一层浓云。[7] 在尼禄治下被迫参与娱乐活动的罗马骑士们的困窘反映了令人痛苦的细节：他们在人群中受到镇压；他们在日日夜夜的枯坐中受了致命

1　见附录40。

2　12.11.2: "ut non dominationem et servos, sed rectorem et cives cogitaret（须知他们之间的关系不是暴君与奴隶，而是治理者与公民）。"

3　12.53.3, 参见 Pliny, *Epp.* 8.6.8 ff.。当时的情境很能说明问题——元老们驱逐了"那些赖在元老院里，于贫困之外又暴露了无耻的人（qui remanendo impudentiam paupertati adicerent）"（52.3），帕拉斯还惩罚了与奴隶通奸的妇女（53.1）。

4　许多人意识不到这一点，从而削弱了自己言论的分量。如斯科拉穆萨——"如果具备幽默感的话，塔西佗本可以成为一名更优秀的历史学家"（V. Scramuzza, *The Emperor Claudius* [1940], 21）。

5　12.1 f. 关于该场景的位置——一连串悲剧事件后的卷首，参见在阿非利加的寻宝活动（16.1 ff.）。

6　见第二十五章。

7　11.31.

伤。他们无时无刻不在遭受迫害与恫吓。[1]

塔西佗摆出了一副铁面无私的面孔。他即便对无辜的布瑞塔尼库斯也毫不留情——尽管有些冒失的人在布瑞塔尼库斯身上看到了未来美德的曙光。[2] 这种高傲的有所保留可能是他与生俱来的天性——也可能是后天习得的。

图密善统治的15年也许会在一个人身上留下印记。按照塔西佗的说法，经历过那一磨难的人是精神不振、神情恍惚的。[3] 但塔西佗本人并非一直被迫保持沉默，其生涯还顺风顺水。[4] 其他元老们的情况也与此相似。他们当中（或许包括塔西佗在内）并非所有人都值得同情。小普林尼在图密善统治末年获得了一次重要晋升。如果说小普林尼有过愤慨和自责的话，他的《书信集》并未反映那些情绪对其性格的持续影响。

塔西佗的《阿古利可拉传》为政治投机行为提供了温和的辩护。但那段文字又被个人情绪强烈的宣泄所打断——作者质疑了那些过分赞美反对暴政之人的做法。[5] 英勇无畏、道德完满的人注定覆灭，相时而动者才能生存下来。负罪感与自责（或许如此）在之后的岁月里一直伴随着塔西佗；复仇的愿望则促使他撰写了关于诸元首统治的史著——暴政是其作品的主题。作者对争取自由与荣誉的斗争的贡献姗姗来迟，并且是模棱两可且仅仅体现在言辞上的。塔西佗的作品也折射出了作者本人灵魂的深层次矛盾。[6]

流放生涯或仕途受挫有时可以造就历史学家。即便一股强烈的悲愤情绪有时也能发挥作用。如果不是生涯充满坎坷的话，撒路斯特或许就会默默无闻。在转向写作历史以寻求慰藉时，他几乎宣布了生涯中的挫折是一种福

1　16.5.2.
2　12.26.2: "neque enim segnem ei fuisse indolem ferunt, sive verum, seu periculis commendatus retinuit famam sine experimento（相关记载认为他不乏智慧。那也许是真实的；也许只是由于身处险境带给他的、未经证实的声名）." 另见13.17.1.
3　*Agr.* 3.1 f.
4　我们需要再次强调他早年的祭司生涯（见第六章）。
5　*Agr.* 42.5（见原书第24页）.
6　B. Walker, *The Annals of Tacitus* (1952), 198 f.; 202; 234 f.

分。[1] 塔西佗或许也不情愿地意识到了自己的好运：压迫对于史学家们而言是一种宝贵的锤炼，只要他们不被它彻底击倒。

不过，即便没有对暴政的体验，罗马城中的公共生活也已足够提供考验。欺诈与矫饰大行其道；试图凭借才华出人头地者面对着诸多凶险，演说家之间的激烈竞争也无处不在。成功（塔西佗确曾大获成功）则会带来嫉妒与负担——那些压力既来自业已衰朽但不甘沉默的演说家，也来自年轻人的盲目效仿。厌恶谄媚并有充分理由为自己的成就感到自豪的塔西佗表示，自己对于"当众炫耀（iactantia）"有一种几近毛骨悚然的恐惧。[2] 那些心怀恶意者、虚伪矫饰者和冠冕堂皇但不顾事实的吹捧者或许也给塔西佗带来了麻烦与不适。

元老生涯会让一位历史学家对人物动机天然产生怀疑。[3] 生活经验让他渴望深入事物的表层以下，揭示虚伪的做法，粉碎一切情感慰藉。[4] 但这并不意味着塔西佗本人也是严苛、阴郁的。[5]

从塔西佗的作品中，我们可以推测出关于作者性格的一些内容——他是一个高傲的、感情强烈的人，推崇伟大的事物，喜欢色彩与事物的变化。[6] 他的想象力鲜明活跃。矛盾似乎占据着突出地位；但作者智力的整体优势非常明显，在其情节的完美过渡和结构布局的深谋远虑中均得到了充分体现。对字句的敏感和准确的记忆力在塔西佗身上相得益彰。俯拾皆是的呼应与影射

---

1 *Cat.* 4.1: "igitur ubi animus ex multis miseriis atque periculis requievit（因此，当我的心境在经历过许多不幸与危险而平复下来后）"，等等。
2 11.11.1（参见原书第113页）. 参见他对为人不齿的"舞台演员（histrionalis）"的偏见（*Dial.* 26.2; 29.3; *Ann.* 1.16.3）。这是个独特的字眼，参见*TLL*。
3 如*Agr.* 42.4: "odisse quem laeseris（总要痛恨被自己伤害的人）."
4 参见Dionysius of Halicarnassus（对特奥庞普斯[Theopompus]的讨论）: "πάντα ἐκκαλύπτειν τὰ μυστήρια τῆς τε δοκούσης ἀρετῆς καὶ τῆς ἀγνοουμένης κακίας（揭示所有显而易见的美德与深藏不露的罪恶）." (*Ad Pompeium* 6.7) 关于塔西佗的心灵洞察力和后人偶尔提出的质疑（认为他笔下的人物基于约定俗成的性格原型），见J. Cousin, *Rev. ét. lat.* XXIX (1951), 228 ff.。关于其悲观主义洞察力的价值，见G. Boissier, o.c. 131。
5 E. Howald, *Vom Geist der antiken Geschichtschreibung* (1944), 225.
6 参见A. Salvatore, *Stile e ritmo in Tacito* (1950), 200 ff.。关于他同卢克莱修（Lucretius）的比较，见R. Walker, o.c. 5。

使得作者可以尽情展现自己的机智与毒舌。塔西佗专横地选择与放弃着各种词汇；这种选择性所反映的不仅仅是对字词的反感，甚至是一种执念。[1]作为一个任性、藐视一切、对文风效果充满信心的人，作为一位广泛阅读了大量史料、形成了用档案材料进行研究的习惯、在琐碎细节上十分精确的作家，塔西佗在私人生活中也很容易变成一个吹毛求疵、桀骜不驯的人物。

我们如何能够了解这些事情呢？创作《关于哲学家的对话》的塔西佗是老练、沉着、宽容的。在写作那篇对话时，历史学家塔西佗很可能已经沉浸于内战的喧嚣主题之中。《编年史》的很多篇章展示了作者以公允精神呈现正反两方面观点的才华。[2]此外，我们往往也能猜到他主张人道解决方案的个人倾向。[3]塔西佗如今已是一位老人。高龄折磨着他，让他的生活变得艰难。塔西佗留意着不对新事物乱发牢骚或对年轻人抱有敌意。[4]

但也没有什么证据妨碍我们猜想塔西佗是一个健壮的人，至少偶尔充满欢乐，并且作为一位丈夫生活得还很如意。如果说他对心怀怨怼、颐指气使的女性形象的刻画让我们有理由质疑这种猜想的话，他也将同情心与热情倾注在了屋大维娅和庞培娅·波琳娜身上。猜测历史学家塔西佗生活方式的努力是徒劳的。[5]但我们偶然发现的一条材料却提供了其他文献里没有的信息——塔西佗对狩猎非常痴迷。[6]

在给小普林尼的信件中，塔西佗彬彬有礼地将自己描述成一个既能学习又能教书的人。[7]他还讲述过自己曾跟一个陌生人交谈的事情，后者无意识的

1　见附录42、附录51及以下。
2　11.6 f.（律师的费用）; 13.26 f.（释奴）; 14.20 f.（罗马城中的希腊竞技）.
3　见原书第533、535页。
4　老塞涅卡则没有这样谨慎（*Controv.* 1.8）。
5　他可能失去了妻子（分娩时夭折在当时很常见），或跟她离了婚。E. Paratore, *Tacito* (1951), 90还对（阿古利可拉的）另一场婚姻的不和谐进行了毫无根据的猜测，说阿古利可拉的妻子认为他晋升过慢并提出过指责。
6　Pliny, *Epp.* 1.6; 9.10.
7　塔西佗使用过"像老师对老师、学生对学生一样（ut magistro magister, ut discipulo discipulus）"的措辞（*Epp.* 8.7.1）。参见原书第113页。

谈吐似乎透露了两人是名气相仿的演说家。[1]但讲几句恭维话总是没有什么损失的——所以那一线索能说明的问题并不多。小普林尼的朋友们不可能总是跟这个厌恶觥筹交错与恭维吹捧的、离群索居的人情投意合。塔西佗和小普林尼共同检举过一名行省总督，并且他们还彼此通信。如果不是那样的话，我们不会认为他们共处于一个社交圈子里。我们手头几乎没有两人共同朋友的任何证据。[2]小普林尼的一些激进观点或许遭到了塔西佗的温和驳斥。他曾在给塔西佗的信中批评了当下演说家的简洁风格（他认为最好的演说词也是最长的那些），结果受到了对方有理有据的反驳。[3]

小普林尼展示了能够得到塔西佗赏识的大部分美德——尤其是他能够不偏不倚地透过现象看到事物的本质。与塔西佗不同的是，他崇拜文学与高雅思想的一切信徒；并且他也乐于遵照传统去向希腊人和他们的文化表达敬意。小普林尼看似很适合担任他所选择的角色——成为一位功德无量的、记录罗马人生活的编年史家。但其中并非没有做作与矫饰的成分。恰恰相反，他的书信是经过精心设计的。[4]为了突出自己的坦率，避免对自己有所偏袒的可能指责，作者有意对自己希望迅速获得辉煌成功的勃勃野心进行了轻描淡写。他同科奈里乌斯·塔西佗的宏伟与高贵形成了鲜明对比（不成比例，但并不相形逊色）。

塔西佗讽刺风格的力量来自作者犀利且不无恶意的洞察力，那是作者几乎不屑于加以掩饰的。在小普林尼自鸣得意的《颂词》问世不久后便创作一篇讨论演说术衰落的论文绝非朋友的义气做法；他的一些文字或许也在影射小普林尼或后者无可指摘的导师昆体良。[5]《编年史》对小普林尼舅舅的史学

---

1 关于该逸事（*Epp.* 9.23.2 f.）的更多信息，见下文，原书第619页。
2 关于阿西尼乌斯·鲁孚斯和尤利乌斯·纳索，见附录92。小普林尼的《书信集》中没有任何材料可以表明，塔西佗跟任何有地位和影响力的人物（即同时代的演说家或前执政官）有什么私人交情。
3 1.20. 我们找不到回答这个问题的任何线索。
4 见原书第96页。
5 见原书第114—115页。

成就提出了批评，一次是点名的，至少还有一次是间接的。[1] 此外，在情节选择和评价方式等方面，历史学家塔西佗往往会关注生活在自己时代的人物。[2]

他并非对人类活动的所有领域抱有同样的兴趣。性欲、嫉妒或反感引发的罪行都会得到应有的关注。将妻子掷出窗外的大法官就获得了此等待遇。那一事件同时也具备一定的政治意义——它反映了提比略维护正义的一丝不苟，以及里维娅朋友们的影响力。[3] 塔西佗也报道了一个元老家族中一起令人震惊的乱伦案[4]：他的一部分读者明白，那并非一个走向没落的贵族家族，而是来自意大利北部模范城市帕塔维乌姆的新执政官家族。[5] 屋大维·萨吉塔（一名杀死自己情妇的官员）案在当时激起了一定波澜——并且那也完美契合全书的戏剧化结构，因为下一个情节便引出了波佩娅·萨比娜的致命美貌。[6]

性欲并非塔西佗关注的重中之重——那位元老知道野心和虚荣的诱惑力更为强大。贪婪与豪取也不是塔西佗关注的重点——撒路斯特反复讨论着那些主题，其执念很容易引发对作者的严重怀疑。[7] 但塔西佗对钱财和继承问题十分关注。[8] 他注意到了阿格里皮娜在最后的危机中还挂念着一位朋友的财产；小塞涅卡则对自己的遗嘱十分在意。[9]

与其对政治权力运作的密切关注相一致的是，塔西佗看到并强调了个

---

[1] 见原书第292页。

[2] 见原书第302—303、478页及以下诸页。关于可能身为小普林尼近亲的罗马尼乌斯·希斯波（Romanius Hispo）(1.74.1)，见原书第336页。

[3] 4.22. 塔西佗已在介绍另一组姻亲关系时提到了那名大法官的母亲乌尔古拉尼娅（Urgulania）。(2.34，参见4.21.1)

[4] 6.49.

[5] 罪犯是绥克斯图·帕皮尼乌斯·阿勒尼乌斯（Sex. Papinius Allenius，公元36年执政官）的妻子（我们不知道她的家姓），一名帕塔维乌姆人（*ILS* 945）。她小儿子的命运很可能被记载在了关于卡里古拉统治时期的某卷里（参见 Seneca, *De ira* 3.18.3）。

[6] 13.45.

[7] E. Howald, o.c. 162.

[8] 见原书第448页。

[9] 14.6.3; 15.62.1: "ille interritus poscit testamenti tabulas（毫不气馁的他索要记载着自己遗嘱的文书）."

人的野心及其为向上爬而付出的努力，以及与此如影随形的嫉妒、伪善或欺诈。没有哪个阶层或人物能够摆脱那一宿命。它的作用体现在当上军官的士兵、成为执政官的无名小辈的性格与举止上。[1] 一些话语或举动会不自觉地反映当事人的怨念与密谋；历史学家塔西佗也乐意记载某笔财富的不光彩来源和一些正人君子的道德沉沦。[2]

多米提乌斯·科布罗的父亲抱怨说，他曾遭到过一位年轻显贵的侮辱；他还就意大利境内的道路发表过评论，高声批评了对这些道路的漠不关心和管理过程中的徇私舞弊。他已做好准备，渴望应邀纠正这些时弊。他的执着导致了灾难性的后果。[3] 科布罗本人也无法全身而退：塔西佗对他提出了傲慢自负、隐瞒部分真相和充满偏见的指控。[4] 塔西佗对正人君子巴里亚·索拉努斯的头一番介绍便指出，他是元老院尊崇元首释奴帕拉斯的臭名昭著法令的倡议者。[5] 赫尔维狄乌斯·普利斯库斯也受到了道德审判，因为他有过公报私仇的举动。[6] 其他注定要在后面的情节叙述中出尽风头的人物也会被阴险的作者提前拉到舞台上短暂露面。[7]

塔西佗已听过关于罗马人美德这一主题的许多高谈阔论（他在其作品中也不得不推崇往昔）。他默默地进行了报复，让自己的读者意识到古人并非永远无可指摘——并且现实生活中对他们的模仿也并不总是真心实意或行之有效。古老的显贵阶层高傲地声称自己在言辞与举止上绝不妥协：他们有时难免走得太远，蜕变成了一种"凶恶（ferocia）"——那是无益且做作的、

1　1.20.2（要塞长官［*praefectus castrorum*］奥菲狄埃努斯·鲁弗斯［Aufidienus Rufus］）: "eo inmitior quia toleraverat（他从前的忍辱负重越多，就越是冷酷无情）"; 11.21.3（库尔提乌斯·鲁弗斯）。

2　塔西佗能够在讣告中补充关于新人祖先的精确细节，如3.48.1（苏尔庇奇乌斯·奎里尼乌斯）; 75.1（阿泰乌斯·卡庇托）。他有时也会故意保持沉默，如11.21.1（库尔提乌斯·鲁弗斯）。

3　3.31.3 ff.

4　见原书第297、407、493、495页。

5　12.53.2.

6　13.28.3.

7　见原书第301页。

粗野的盲目自大。[1]"忠诚（fides）"与"不可动摇（constantia）"共同构成了理想贵族举止的永恒准则[2]；但"不可动摇"很容易导致铁石心肠或残酷行为——"不可动摇的严酷（pro constantia rigor）"[3]。元首提比略就喜欢做一个阴郁的人，他醉心于苦行僧式的生活。[4]但提比略和其他一些人都是过分严苛的代表。军事将领们的纪律严明受到了赞誉。[5]对于他们而言，展示自己主观能动性或判断力的机会并不多见。但被用来赞美（以及庇护）将领们的"严明（severitas）"一词有时可能是贬义的——或富于欺骗性的。[6]苏尔庇奇乌斯·伽尔巴便未能通过考验。库尔提乌斯·鲁弗斯对下耀武扬威，对上则卑躬屈膝。[7]不列颠副将昆图斯·维拉尼乌斯一度享有良好的名声，最后却露了馅：他是一个虚荣的、对尼禄溜须拍马的家伙。[8]

另一方面，与此异曲同工的是，塔西佗也会指出坏人身上好的一面。放纵的生活有时只是一种假象。塔西佗笔下的一些人物发表过慷慨激昂、掷地有声的演说，却被截然相反的事实无情拆穿。[9]但为自己赎罪的铁证也确实存在。在古老的共和国岁月里，邪恶与勤勉并非无法兼容。这一事实到了帝国时代仍未被忘记。在挑选行省总督时，元首提比略貌视一切道德方面的条条

---

[1] 关于"凶恶（ferocia）"，见 H. W. Traub, *TAPA* LXXXIV (1953), 250 ff.。但在文本"关于卡尔普尼乌斯·披索、一位高贵且硬朗的人物（de Calpurnio Pisone, nobili ac feroci viro）"中几乎没有什么贬义色彩（4.21.1）。

[2] 关于作为上层贵族与斯多葛派美德的"不可动摇（constantia）"，见 M. Grant, *Num. Chron.*[6] X (1950), 23 ff.。该词条的内容在 Gerber-Greef 中占据了一栏半，"忠诚（fides）"则占据了4栏。

[3] Seneca, *De ira* 1.18.3，其中叙述了提比略朋友格涅乌斯·披索（Cn. Piso，公元前7年执政官）对一名士兵和一名百夫长的残酷处决。伽尔巴也具备"合乎古风的严酷（antiquus rigor）"（*Hist.* 1.18.3）。

[4] 1.75.4: "cupidine severitatis in iis etiam quae rite faceret acerbus（他性喜严苛，即便在主持公道的时候也显得过于狠毒）。"

[5] 12.12.1（卡西乌斯·隆吉努斯）。

[6] 塔西佗或许已开始对图拉真武功赫赫的表象产生了怀疑（见原书第495页）。

[7] 11.21.3.

[8] 14.29.1: "magna, dum vixit, severitatis fama, supremis testamenti verbis ambitionis manifestus: quippe multa in Neronem adulatione addidit subiecturum ei provinciam fuisse, si biennio proximo vixisset（他在生前原本以傲然独立而闻名于世，却在遗嘱中暴露了自己的追名逐利：他不仅对尼禄极尽吹捧之能事，还声称倘若自己能再多活两年，就可以将那个行省奉献于元首的脚下）。"

[9] *Hist.* 4.8（埃普里乌斯·马塞卢斯）。

框框或调查程序。[1] 塔西佗乐于记述充满矛盾的人格或反差巨大的仕途生涯。[2] 当卢奇乌斯·维特利乌斯还在海外治理行省时，他的举止令人钦佩，合乎"古风（prisca virtus）"。但罗马城、宫廷生活和同元首克劳狄乌斯的友谊为他抹上了黑。[3] 被派往卢斯塔尼亚（事实上那无异于一次流放）的萨尔维乌斯·奥索成了一位干练的行省总督。[4] 在比提尼亚行省任职的佩特罗尼乌斯也是如此。[5]

塔西佗展示出了一种颠覆性的公正态度——一种毫无感情的不偏不倚。他借此赋予了诸元首治下世人生活全景整齐划一的、阴郁的色彩。他在风格上广泛借鉴了撒路斯特，并且他的情感也近似于后者。撒路斯特让自己的缺陷发挥了最大作用。词汇与素材的贫乏制造了一种单调效果；但单调的缺陷又在一定程度上被快速推进、十分集中的主题所掩盖。塔西佗的风格要比撒路斯特巧妙、多样得多；但全表现为同一种模式与情感色彩。

《编年史》带着读者进入了一片毫无光明与希望的荒原。"人性（humanitas）"与"完整人格（integritas）"等过时观念早已被世人抛到脑后[6]；"真理（veritas）"与"谨慎（prudentia）"则变得毫无价值。[7] 恐惧或欺诈统治着一切。[8] 只有纷争与暴政才是永恒的。[9]

---

[1] 3.69.

[2] 撒路斯特也是如此（如他笔下的苏拉，见 *Jug.* 95）。见 F. Krohn, *Personendarstellungen bei Tacitus* (Diss. Leipzig, 1934), 96 ff.。

[3] 6.32.4.

[4] 13.46.3: "integre sacteque egit (他人格完满、无可指摘)." 在 *Hist.* 1.13.4 中，那里只是一个"由文职官员治理的行省（comiter administrata provincia）"。

[5] 16.18.2.

[6] "人性（humanitas）"一词仅见于 *Germ.* 21.3 和 *Agr.* 21.3: "idque apud imperitos humanitas vocabatur, cum pars servitutis esset (无知者将自己受到的这部分奴役称作文化 [人性])." "完整人格（integritas）"的表述仅见于 *Agr.* 9.4。

[7] "真理（veritas）"在前6卷之后的文本中没有出现过，"谨慎（prudentia）"也是如此。后者在《阿古利可拉传》中出现过3次，在《历史》中出现过2次；并见于 *Ann.* 4.11.1 and 33.2。

[8] 词条"恐惧（metus）"在 Gerber-Greef 中占据了8栏半。

[9] 带有强调意味的副词"永恒地（aeternum）"出现过2次，并且都是与叙述主题相关的（3.26.2; 12.28.2）。不出我们所料的是，"幸福（felicitas）"一词只出现在《编年史》的演说词中（13.42.4; 14.52.2），"幸福的（felix）"则出现了1次（13.46.1），"有福的（beatus）"出现了2次（6.22.2; 11.20.1），"安宁的（tranquillus）"出现了1次（1.3.7）。另参见附录66。

罗马城的巨变经历了两个阶段：其一是突如其来的，其二是日积月累的。第一次变局通过内战摧毁了共和国，第二次则在和平岁月里侵蚀着自由与贵族阶级。撒路斯特与塔西佗分别是那两个时代的儿子。

塔西佗对历史的看法跟撒路斯特大致相同。但我们并不能说，他简单地将自己的观念强加在了元首制时代的罗马史上。历史本身就与他的看法十分近似。是历史事件本身感染、影响并引导了历史学家。当李维在叙述根基并不牢固的古老历史时，他承认自己的思想也呈现出了某种复古色彩。[1] 塔西佗并未公开承认这一点，但细致的研究可以让我们在他身上看到同样的特点。塔西佗笔下的提比略是一个我们十分熟悉，甚至感到厌倦的主题。另一项研究也与此相关：历史学家塔西佗又在多大程度上受到了那位阴郁睿智、寡言少语的元首提比略的影响呢？[2]

塔西佗堪称一位诗人和剧作家，他在这方面跟其他历史学家（我指的是配得上该头衔的人物）并无区别，只是做得更好而已。关于他的人格和志趣，我们或许可以从被他挑选出来加以批评（尤其是在讣告中）的人物形象中获得一些反面启示。那些角色中有凭借口若悬河轻而易举地获得成功，但放弃了永恒美名的富有演说家，有迎合政府而出卖自己学识的律师，也有在生活方式上毫无优雅或尊贵可言的天才告密者。[3] 更引人注目的是那些似乎被他拿来自许的人物——如为言论自由进行了气势恢宏的辩护的历史学家克瑞穆提乌斯·科尔杜斯、同为前执政官的剧作家庞普尼乌斯·塞昆杜斯，甚或是身为元首谋臣与饱学之士的小塞涅卡。

---

[1] Livy 43.13.2: "mihi vetustas res scribenti nescio quo pacto antiquus fit animus（我在记述远古历史时无意中也沾染了复古精神）."

[2] 见原书第319—320、428—429页（风格与嘲讽）；523 ff.（占星术）。提比略是整部《编年史》中最引人注目的演说家。

[3] 4.61（昆图斯·哈特里乌斯）；3.75（阿泰乌斯·卡庇托）；14.19（多米提乌斯·阿费尔）.

第四十一章　政治信条与政体观

我们很难把握这个难以捉摸的复杂人物形象。我们如何才能发现并界定他的政治观点呢？它们是一成不变的吗？有没有哪一项信条贯穿了塔西佗著述的始终呢？作者本人会不会随着岁月流逝改变了看法，被理性专制制度这一新时代的幻灭所压倒，或在研究元首制下自由与暴政的斗争中陷入了悲观主义呢？[1]

乍看上去，塔西佗表面上是对君主制抱有敌意的。他不仅对元首们很不客气，还嘲讽过元首制内在的荒谬，及其许诺与表现之间的永恒反差。但在更深的层次上，我们可以看到另外一些东西。为了实现和平与稳定，一人独治的局面是不可避免的。无论是出于悲观主义或绝望，还是出于经验教训与事理逻辑，世人都要接受君主制。那一观点是由一个坦率直言的恶人（那是塔西佗的典型风格）——演说家埃普里乌斯·马塞卢斯——用掷地有声的雄辩口吻加以阐释的。他对共和国了如指掌，也明白自己生活在怎样一个时代。他对过去表达了适当的敬意，同时也紧跟现实的步伐。世人祈祷一位好元首降临凡间，并准备好了忍受随之而来的一切。[2]

诸如此类的辩解在元老院里无疑已被反复提出过，并且成了陈词滥调——或许对那些场景的回忆会令塔西佗感到厌烦。对权威的顺从曾被热

---

[1] 见原书第219页。
[2] *Hist.* 4.8.

烈赞美为对共和国的责任（无论统治者是谁），但该原则如今已变得摇摇欲坠、难以为继，即便在元首能够造福臣民的情况下也是如此。那是因为这种专制会削弱人们的意志，损害人们的智力。无论从理想还是传统（李维、撒路斯特和元老们的历史写作模式）出发，人们都会转向其对立面共和制的立场。

我们有必要弄清楚"共和派"这个字眼的含义。如果说元首制是模棱两可的话，它的敌人或批评者们也是如此。政治语言往往是非常含混的；自身宗教缺乏教条的罗马人在对"共和国"的狂热崇拜中找到了慰藉与替代品。反叛某位元首的起事者会声称自己拥护元老院与罗马人民的权利，担任"自由"的领袖。如果成功的话，他将维护宪政原则，建立一个合法政府。那种姿态是合乎时宜且可以理解的。[1] 在其来源合法的情况下，元首的权力来自被授予的权威。这一点肯定是毋庸置疑的。至于合法性是如何获取或强加的，那就是另外一回事了。

塔西佗也许是接受了共和派的理想，也许只不过是（他是个非常谨慎的人）介绍了后者的信仰和流言而已。因此，他有理由去报道王子日耳曼尼库斯的深孚众望[2] 和元老尤利乌斯·维斯提努斯的志行高洁——后者痛恨、鄙视尼禄，被视为共和派，因此也不受支持盖约·披索那些人的待见。[3]

恢复共和国意味着自由竞争执政官头衔，每个行省均由行省总督治理，并由元老院管理财政、军队并制定帝国政策。简言之，共和派要求恢复自由国家中被证明已不合时宜的、被元首奥古斯都废止的一切规矩。但没有人肯去面对（也极少有人承认）这一事实。

塔西佗对旧秩序并无幻想。在他生活的时代（或他所描述的时代），一些贵族通过自己的言辞或态度（较少表现在行动上）表达了自己的共和派立场；某些憎恶奴役的新人也会效仿高傲、自由的贵族传统。但在最优秀的人

1　关于此类政治用语，见 R. Syme, *Rom. Rev.* (1939), 155。
2　1.33.2。
3　15.52.3。

物看来，那一套并不总是可信的；并且塔西佗还目睹了反映同时代人狂热的、令人厌恶的证据：一位勤勤恳恳为帝国政府效劳的罗马骑士立了许多自己的雕塑，来展现自己作为共和时代英雄与帝国暴政著名牺牲品。[1]

　　一人独占权力与权威的事实早已尽人皆知。过了不久，便有人发展出了一套说辞，以便挽回元老的面子，帮助他们保持自己的尊严：那恰恰是中间道路的理想——自由而非约束，规约而非奴役。[2]那很合乎元老院和元老们的胃口。跟"共和国"的口号或借口一样，那一理想也有可能是模棱两可的或富于欺骗性的。正当的妥协让位于欺骗或自轻自贱。深藏不露的阴谋家、老奸巨猾的投机分子与明目张胆的暴政帮凶们抓住并利用了那一口号。

　　但塔西佗并未放弃全部希望。一些贵族令人钦佩地避免了冥顽不化与卑躬屈膝两个极端。其中的突出代表是被视为帝国栋梁之才的玛库斯·雷必达。[3]他的性格和举止给史学家塔西佗留下了深刻印象。当雷必达进入元老院后，他的发言代表着理智和中庸之道：塔西佗严肃地称赞了他的品质。[4]他也赞美过罗马市长卢奇乌斯·披索。[5]集个人勇气和高贵才华于一身的卢奇乌斯·阿伦提乌斯终生保全了名节，并且他的去世方式也体现了自己的尊严。[6]同样，对于活到93岁高寿的卢奇乌斯·沃鲁修斯·萨图尔尼努斯而言，同元

---

[1] Pliny, *Epp.* 1.17.
[2] *Hist.* 1.16.4: "imperaturus es hominibus qui nec totam servitutem pati possunt nec totam libertatem（您将统治的是既不能忍受纯粹的奴役，又不能接受完全的自由的人们）."参见 Dio 56.43.4: "βασιλευομένους τε ἄνευ δουλείας καὶ δημοκρατουμένους ἄνευ διχοστασίας（他们是臣民但并非奴隶，实行民主但不失和谐）."
[3] 见原书第380—381页。
[4] 4.20.3: "unde dubitare cogor fato et sorte nascendi, ut cetera, ita principum inclinatio in hos, offensio in illos, an sit aliquid in nostris consiliis liceatque inter abruptam contumaciam et deforme obsequium pergere iter ambitione ac periculis vacuum（我不由得要怀疑，元首的受人喜爱和遭人反感究竟是由命运和出生时的星象注定的，还是由我们的主观意志所决定，能够在虚张声势的抗命与心有不甘的顺从中间找到一条远离阴谋与危险的道路）."关于这段话的撒路斯特风格，以及雷必达演说的语境（3.30），见上文，原书第354页。
[5] 6.10.3: "nullius servilis sententiae sponte auctor, et quotiens necessitas ingrueret, sapienter moderans（他从不谄媚奉承，即便在那些不得不讲违心之言的年代里，他也能睿智地做到适可而止）."塔西佗似乎只记载了一个这样的例子（3.68.2）。
[6] 6.48（附有严肃的、撒路斯特式的评论，参见原书第356页）.

首们的友谊也并未损害自己的安全或声誉。[1] 新兴的执政官家族成员中也不乏振奋人心的例子。[2]

君主制与共和国之间并非你死我活的关系。各种赞美、表态与信条掩盖了真相。罗马人自己拥有实实在在的优势：他们长期以来就不怎么思考政体问题。政体论是外来的东西——并且同罗马人自己的法律与统治成就相比起来未免黯然失色。[3] 诚然，一些著名的思想家在罗马身上辨认出了混合政体的面貌和精神——三种权力构成了一种巧妙平衡。塔西佗简要地交代了那一观念，随后便把它抛在一边。[4] 当共和国衰亡后，取代它的体系是尽人皆知的、具体可感的强权的产物。后者也有自己的原则——但没有任何迹象可以表明，那些原则曾在史学领域占据主导地位。[5]

元首制很快就从各种辩解方式中获得了支持（那是自然而然的事情），言论总是紧跟既成事实的：元首制之合乎罗马传统，以及其伦理上的正当性很快得到了宣传。塔西佗是了解那一套说辞的。[6] 没有多久，王朝的延续便培养了一种思维定式与忠诚感。当尼禄登基后，人们已经可以在罗马城内公开发表这样的言论：君主制其实是最好的政体形式，因为国王是共和国的监护人。[7] 头脑清醒的人们一方面看到了其中显而易见的荒谬，另一方面也意识到了世袭继承制度显而易见的优越性。[8] 他们可以在一方面并非真心信仰，另一

1　13.30.2（公元3年递补执政官）.

2　14.47.1: "Memmius Regulus, auctoritate constantia fama, in quantum praeumbrante imperatoris fastigio datur, clarus（迈米乌斯·雷古鲁斯凭借自己的权威、声望和始终如一，在元首的淫威下仍然享受着荣耀）."

3　Cicero, *De re publica* 1.36（西庇阿·埃米利亚努斯[Scipio Aemilianus]的观点）; 2.1 f.（老伽图的观点）.

4　4.33.1. 那是作者反对西塞罗风格的证据之一。

5　R. Syme, o.c. 318 ff. 那种近年来广为流传的观念——对西塞罗观点的政治理论化对内战结束后建立起来的政体形式产生了深刻影响——可能会让一位罗马前执政官瞠目结舌。

6　见第三十一章。

7　Seneca, *De clem.* 1.4.3: "principes regesque et quocumque alio nomine sunt tutores status publici（元首或国王[无论采用什么名目]乃是公共秩序的监护人）"; *De ben.* 2.20.2: "cum optimus civitatis status sub rege iusto sit（城邦的最优状态是处于公正的君王统治之下）."

8　参见Gibbon, *Decline and Fall*, ch. vii, init.。

方面表面上（或欺骗性地）尊奉"共和国"理念的情况下从中获益。君主制如今已深深地扎下了根，如果年轻的君主肯从善如流的话，那么宫廷和元老院是有机会和谐共存、精诚合作的。在含蓄提及了前朝的权力滥用（并承诺自己将会予以改正）后，元首的第一项宣言便是划定自己同"共和国"之间的权力界限。[1]

一切都显得如此简单：那套说辞世人早已听过，将来还会重新出现。但技巧与耐心还是能够有所收获——小塞涅卡便做到了。[2]塔西佗对那位股肱之臣给予了密切关注。塔西佗的兴趣并非局限于狭隘的政治领域。他更为关注的或许是道德或社会的面貌。比共和国的名号或结构，以及共和国法律与制度的体系更重要的乃是"道德与人（mores virique）"。

多米提乌斯·科布罗忙于军务。小塞涅卡与特拉西亚·佩图斯共同在尼禄治下的罗马内政编年史中占据着醒目位置。了解小塞涅卡的人会质疑他的生涯和原则；到了后来，无论是敌人还是朋友（后者已成为少数）都已很难对他做出公正的评价。

历史学家卡西乌斯·狄奥对小塞涅卡进行了严厉指控。小塞涅卡在勾引了一位公主后仍不知足。他遭到了流放，但流放并未让他有所收敛。他又打起了尼禄母亲的主意。他的所有举动都有悖于他所宣扬的原则。小塞涅卡一方面谴责暴政，另一方面又培养出了一个暴君。他自己则卑躬屈膝地向宫廷释奴们说了许多恭维话。他声称自己是财富之敌，却积累了大量财富，过着奢侈豪华的生活。他的那些伦理教诲并不妨碍反自然的恶行——并且那位哲

---

[1] 13.4.2: "discretam domum et rem publicam. Teneret antiqua munia senatus, consulum tribunalibus Italia et publicae provinciae adsisterent: illi patrum aditum praeberent, se mandatis exercitibus consulturum（宫廷与共和国应各司其职。元老院应保留其古老特权，意大利和共和国各行省应服从执政官的裁决，它们也有权向元老院派遣使节。他本人则会对交给自己的军队负责）。"
[2] 与此相关的是，后者大约在此时声称，元首与共和国已不可分割地（同时也是相得益彰地）结合在一起——"元首早已同共和国合为一体，任何一方的退出都会同时毁灭彼此（olim enim ita se induit rei publicae Caesar, ut seduci alterum non posset sine utriusque pernicie）"（De clem. 1.4.3）。此外，小塞涅卡从未在塔西佗所报道的元老院辩论中出现过。

学家也鼓励尼禄去做那样的勾当。[1]

作为帝国王权的坚定支持者，卡西乌斯·狄奥对哲学家们抱有敌意。在一篇探讨上层政治的长篇大论中，他借梅塞纳斯之口表达了自己态度鲜明的建议。宗教领域的创新者都是社会稳定的威胁。不仅如此，统治者还要提防思想家们：他们已给世人和共和国制造过不可胜计的祸害。[2]

狄奥的偏见让他产生了许多可悲的错误观念。[3]他主要将小塞涅卡视为一名哲学家；而他对后者的反感或许因为文学与政治上的双重偏见而被进一步强化——他批判的那个人既是拉丁文学界的大腕，又是来自帝国西部的殖民地罗马人。[4]塔西佗则立刻展示了自己的见识。真正重要的是政治家小塞涅卡。文人和空谈理论者们对他过于严格：小塞涅卡是一位外交家和老于世故的人。一些作家（并不包括塔西佗在内）还会赞扬小塞涅卡作为银行家和产业经验者在实践中所展示的才华。[5]历史学家塔西佗在叙述尼禄即位之初各项事务时介绍了小塞涅卡，称赞他将道德力量与社交技巧很好地结合在了一起——他拥有"正直的翩翩风度（honesta comitas）"[6]。

如果作者没有暗讽过小塞涅卡的散文风格或他对尼禄的演说（元首的导师在其中夸耀了元首的仁慈和他自己的天才）的话，那么他就不是塔西佗了。[7]他对小塞涅卡的一些指责是不加掩饰的，例如后者爱财、贪恋权力与荣誉交易。但塔西佗削弱或取消了它们的指控力量，因为它们是掺杂在缺乏信

1　Dio 61.10（相当详细）. 他还断言小塞涅卡挑唆尼禄谋害了亲生母亲（12.1）；他阴谋反对尼禄（24.1）；他逼迫并不情愿的庞培娅·波琳娜同自己一道自杀（25.1）。在这样的情况下，接受小塞涅卡应对不列颠的叛乱负责的做法至少是不谨慎的（62.1.1, 参见附录69）。

2　52.46.4: "μυρία γὰρ κακὰ καὶ δήμους καὶ ἰδιώτας τὸ πρόσχημά τινες τοῦτο προβαλλόμενοι δρῶσι（以该头衔为挡箭牌的人已给集体与个人造成了成千上万的祸害）." 参见他在叙述穆奇亚努斯谴责斯多葛派时的津津乐道（66.13.12）。

3　如对赫尔维狄乌斯·普利斯库斯的评价——"惹是生非并煽动民众（ταραχώδης τε ἦν καὶ τῷ ὄχλῳ προσέκειτο）"（66.12.2）。

4　参见他对图拉真出身的贬低（68.4.1, 相关讨论见附录81）。

5　老普林尼在提及他的果园时称他为"一个从不美慕碌碌无为的人（minime utique miratore inanium）"（NH 14.51）。

6　13.2.1.

7　3.1; 11.2.

誉的苏伊利乌斯·鲁弗斯的虚妄指控或无名挑唆者（聪明的读者会猜到其中包括奥弗尼乌斯·提格利努斯）向尼禄的告状之中的。[1]

还有更糟糕的情况。为了王朝的安全，小塞涅卡不止一次宽容过罪行。他在布瑞塔尼库斯死后的做法招致了批评，并被塔西佗忠实记录了下来。[2]此外还有尼禄派往元老院的使节——他们提出了针对阿格里皮娜的各种指控，以及关于沉船的整套拙劣说辞。世人普遍相信，小塞涅卡运用自己的才华创作了那篇有损自己声誉的公告，并招来了严厉指责。[3]但我们并不清楚塔西佗是否也相信那一说法。[4]

在为小塞涅卡辩护的过程中，塔西佗仁慈地运用了一次他本人对人性的复杂性与矛盾性的深刻洞察力。[5]对帝国政府的洞察力提出了另一项必要课题。小塞涅卡对国家事务的影响力究竟有多大？对此做出公正的评价并不容易。[6]如果说在一个日益重视学说与教师的时代里，缺乏批判意识的人日益高估王权背后的那位哲学家的话，那么也存在着与此相反、更为严重的危险：邪恶或无知可能会在后世那里抹黑事实。如果没有塔西佗提供的证据的话，政治

---

[1] 42; 14.52——他在前1章里介绍了提格利努斯。塔西佗的迂回叙述技巧将他描述成了小塞涅卡的辩护者，参见R. Waltz, *Vie de Sénèque* (1909), 15; I. S. Ryberg, *TAPA* LXXIII (1942), 400。

[2] 18.1: "nec defuere qui arguerent viros gravitatem adseverantis quod domos villas id temporis quasi praedam divissent（有人指责那些以道德高尚自诩的人物竟然像分赃一样瓜分了城市与乡间的房产）", 等等。小塞涅卡的自辩见 *De ben.* 2.18.6: "dat tyrannus crudelis et iracundus qui munus suum fastidire te iniuriam iudicaturus est（那是残酷易怒的暴君的馈赠，此人会认为拒绝他的礼物便是一种冒犯）."

[3] 14.11.3: "ergo non iam Nero, cuius inmanitas omnium questus antibat, sed Seneca adverso rumore erat quod oratione tali confessionem scripsisset（因此，谣言的攻击对象已不再是残暴程度超出言语所能形容范畴的尼禄，而是小塞涅卡——后者创作的演说词便说明了这一点）." 昆体良引述过一句话——"我不相信，也不高兴自己还活着（salvum me esse adhuc nec credo nec gaudeo）", 并声称那是小塞涅卡说的（8.5.18）。

[4] 参见W. H. Alexander, *Class. Phil.* XLIX (1954), 94 ff.。

[5] 有人认为，塔西佗不可能对小塞涅卡形成了明确看法，或成功地刻画了那个人物。因为他没有将此人纳入"塔西佗式的传记套路"（W. H. Alexander, *Univ. of Cal. Pub. in Class. Phil.* XIV, 8 [1952], 269 ff., esp. 377）。但难道塔西佗勾勒的小塞涅卡形象不可能是一件在技巧和历史想象力等方面实现了突破的杰作吗？

[6] 参见贬低塔西佗的一些夸大之词，如J. Crook, *Consilium Principis* (1955), 119 ff.。

家小塞涅卡的形象几乎无从谈起。[1] 小塞涅卡本人的作品无法提供充足证据。但小塞涅卡却是一个重要人物。除了个人在知识精英中的声望外，他还拥有一些有用的盟友[2]——甚至还有自己的政策。

小塞涅卡采取的政策在当时的条件下是最好的。它基于对一项基本事实——君主制的存在——的确认。在接受这一事实（不再追问各种令人尴尬的问题）的前提下，政府借助外交、劝诫和掩饰手段完成自己的工作。它取得（或尝试取得）的成就相当有限。那位重臣本人并无任何权威，只是凭借着元首的恩宠治理国家。他永远无法坚持到底，最后只能感激涕零地退步抽身；并且他也会跟之前的其他人一样，体会到帝王的友情是何等淡薄。

妥协本来就是治国理政不可或缺的一部分。教条与治国之间的矛盾不会让一位罗马前执政官受到多大困扰。无论塔西佗如何评价小塞涅卡道德文章的价值（它们并不是教条主义的）[3]，他都会将特拉西亚·佩图斯视为一个按照严格的信条和学派规范自己生活的人。

罗马人对哲学抱有很深的怀疑——哲学玩弄的是辞藻与推理，有可能会走向颠覆性的结论或神秘主义。在哲学的名义下鱼龙混杂，囊括了各种派别与动机。哲学的外衣掩盖着魔法和通神的学问。街头布道也是有害的，因为它们利用了社会的不满情绪，扰乱着诸城市的安宁。但哲学的功用或神圣性也可能受到追捧；哲学家们跟来自希腊化东方天才中的其他专家或骗子一样，以精神导师的身份登堂入室，成为罗马贵族们豪宅里的座上宾，并同医生和占星术士们一起步入元首的宫殿。[4]

一些人保持着正直、睿智的名声，他们是王室的朋友和政府的得力助手。也有一些人被戳穿了把戏。他们被指控的罪名既有令人厌恶的行为习惯，也有犯罪、恶行乃至谋反。最常见的罪名是伪善。当他们道德超群的人

---

1 例如，苏维托尼乌斯提供的有效信息便少得可怜（*Nero* 7.1; 35.5; 52）。
2 见下文，原书第591页（军队将领们）。
3 Quintilian 10.1.129: "in philosophia parum diligens, egregius tamen vitiorum insectator（他在哲学领域用力不多，但却是一位出色的恶行批判者）。"
4 见原书第507—508页。

设崩塌之际，恶俗文化便乘虚而入。讽刺诗和雄辩术轻而易举地压倒了胡须蓬乱、眉毛令人生畏的哲学家们。[1] 与此同时，清醒的、受人尊敬的批评家们也会发声。昆体良在这方面提供了证据。哲学家这个职业很容易变成无所事事的伪装，成为无知和矫饰的避难所。昆体良做出了公允的评论："哲学可以被模仿，但演说术则不能（philosophia enim simulari potest, eloquentia non potest）。"[2]

昆体良是在为文字风格与修辞学在教育中的优先权辩护：他的敌人们是卑鄙的律师或傲慢、肤浅的道德论者。在他写作的时代，哲学引发的已不仅仅是怀疑与憎恶——帝国政府对它进行了迫害，许多哲学教师遭到了流放。

塔西佗几乎是在嘲讽罗马人的各种传统态度。他对教条与哲学癖的敌意令人想起监察官老伽图或尊奉罗马古风的后来人——严禁妻子或儿子受到哲学诱惑的老塞涅卡。[3] 在塔西佗的作品中，对用词的精挑细选与偏见的效果相似，并且作者这两方面的特征都体现得淋漓尽致。不带冒犯意味的标准术语"教师（professor）"只在《阿古利可拉传》中出现了一次，随后便被塔西佗抛弃[4]；他笔下"教师般的（professorius）"一词具有讽刺意味[5]；"哲学（philosophia）"不见于《编年史》；"哲学的（philosophus）"在《编年史》中仅出现了一次，那是苏伊利乌斯·鲁弗斯在谩骂小塞涅卡时使用的。[6]

塔西佗洞察欺诈与矫饰的眼光非常犀利。根据他的记载，尼禄准许哲学家们陪伴在自己左右。那并非出于好奇或为了赏给他们什么恩赐，而是为了

---

1 Juvenal 2.1 ff.
2 Quintilian 12.3.12. 他曾描述一些人"的懒惰更多出于傲慢……突然将自己打扮成庄严的样子并蓄起胡须……在人前道貌岸然，在家里举止放荡（pigritiae adrogantioris ... subito fronte conficta inmissaque barba ... in publico tristes domi dissoluti）"。另见 praef. 15: "vultum et tristitiam et dissentientem a ceteris habitum pessimis moribus praetendebant（他们故作严肃，穿上奇装异服，以便掩饰自己的道德沦丧）。"更多信息见 Pliny, *Epp.* 1.22.6; 3.11.6——当然，可敬的欧弗拉特斯（Euphrates）跟那些人是截然不同的（1.10.6 f.）。
3 *Ad Helviam matrem* 17.3: *Epp.* 108.22. 在老伽图眼中，哲学教条的价值跟挽歌差不多（mera mortualia, 引自 Gellius 18.7.3）。
4 *Agr.* 2.2.
5 13.14.3（阿格里皮娜对小塞涅卡的评论）。
6 13.42.4.

看他们彼此争论的热闹。他们会在晚饭过后被带进宫里，那些举止古板的人并不介意为宫廷娱乐做一份贡献。[1]

很多哲学家只是滑稽而已，但也有一些邪恶人物在内。当前执政官与亚细亚行省总督巴里乌·索拉努斯出庭受审时，头号证人便是斯多葛派哲学家埃格纳修斯·凯勒尔——此人收了贿赂，想要毁掉自己的庇护人与朋友。埃格纳修斯是个狡猾的家伙：他的言辞和衣着严肃并具有迷惑性，但却是一个贪污腐败、放荡淫乱的家伙。正如塔西佗严正指出的那样，世人可以从这个案例和教训中观察到伪善和罪恶的本质——尤其是虚情假意的朋友会埋伏在宗教与道德的伪装之下。[2]

只要道德和公共秩序尚未受到破坏，罗马政府和史学家塔西佗通常并不在意异族人或低等级臣民的信仰。跟外来宗教一样，哲学信条也会在吸引了统治阶层成员后具备另一种特殊意味。从严格或传统的眼光看，任何对某一派别或信条的绝对信仰对于罗马骑士而言都不太适宜。元老塔西佗则面临着双重指责：要么是忽视本等级与身份的默不作声，要么便是谴责元首与元老院之间可悲但必要的妥协的桀骜不驯。

塔西佗在《阿古利可拉传》中对此进行了反驳。当他开始写作历史时，他的怒气业已消散（或通过其他渠道得到了发泄）；对他而言，不偏不倚并非偶尔才有的权利；而他对某些人物的崇拜则是情不自禁的。

塔西佗忍不住要抨击穆索尼乌斯·鲁孚斯——一个强行挤进元老使团的骑士和一个向士兵发表演说的斯多葛派。[3] 这个鱼龙混杂的哲学家群体中的其他成员，如犬儒派的德米特里乌斯，显然也在《历史》的后面几卷中受到了嘲讽。[4] 在第4卷卷首突兀但明确地出现的核心主题——信念与权威的碰撞——

1　14.16.2: "nec deerant qui ore vultuque tristi inter oblectamenta regia spectari cuperent（那些眉毛低垂、目光忧郁的家伙当中也不乏渴望加入取悦君王耳目队伍之徒）."
2　16.32.3. "斯多葛派"一词在《编年史》中只出现于此处——并且是出自提格利努斯之口（14.57.1）。
3　Hist. 3.81.1（见原书第206页）。
4　德米特里乌斯（Demetrius）（PIR^2, D 39）对韦伯茨的抨击似乎过了火。

马上在赫尔维狄乌斯·普利斯库斯的性格勾勒中得到了诠释：塔西佗对此人的描绘带有强烈的同情色彩。[1] 其中倒是夹杂着批评意见，但非常微弱——有人认为赫尔维狄乌斯有些过分沽名钓誉。[2]

在《编年史》中，矛盾冲突直到尼禄登基后的第12个年头才公开而猛烈地爆发。其原因和本质很容易遭到误解。各种所谓哲学信条或共和情感的影响都需要我们加以仔细鉴别；并且我们还要对科奈里乌斯·塔西佗的语言和文学技巧加以通盘考虑。

关于斯多葛主义可能危害尼禄的最初暗示是在关于鲁贝利乌斯·普劳图斯的插曲中含蓄表述的。当一颗彗星出现在天空，预示着统治者的更迭（那是民间的信仰）时，一切迹象似乎都表明继位者将是鲁贝利乌斯。尼禄对此感到忧虑，并且一个迹象也证实了彗星所传达的信号。[3] 人们相信，由于鲁贝利乌斯母亲的世系可上溯到元首奥古斯都，他在血统高贵方面是跟尼禄旗鼓相当的。[4]

元首提比略在公元33年做出决定，自己必须为3位公主找到丈夫。日耳曼尼库斯之女阿格里皮娜已经嫁给了多米提乌斯·埃诺巴布斯。但她的两个妹妹还待字闺中，情况相似的还有元首之子德鲁苏斯的女儿尤利娅（她曾跟埃利乌斯·塞亚努斯订过婚）。那位难以捉摸的元首为尤利娅挑选的新郎不是历史悠久的贵族家族的后裔，而是一名罗马骑士的孙子鲁贝利乌斯·布兰杜斯（Rubellius Blandus）。[5]

那场婚姻的结晶便是鲁贝利乌斯·普劳图斯。这位年轻人生活节制检

1　Hist. 4.5.2: "civis senator maritus gener amicus, cunctis vitae officiis aequabilis, opum contemptor, recti pervicax, constans adversus metus（无论作为公民、元老、丈夫、女婿还是朋友，他都圆满完成了人生的职责。他轻视财富，坚持正义，在恐怖面前不为所动）。"

2　6.1: "erant quibus adpetentior famae videretur, quando etiam sapientibus cupido gloriae novissima exuitur（有人认为他有些过于沽名钓誉，因为即便对于哲学家而言，追求荣誉的诱惑也是最难摆脱的）。"参见原书第99页。

3　14.22.1.

4　13.19.3（关于阿格里皮娜故意嫁给他以便攫取权力的传言）。

5　6.27.1.

点，尊崇古时的道德标准。[1]他掩饰着自己的恐惧，但还是无法逃避良好名声与王室血统带来的厄运。尼禄敦促他离开意大利，以免引起流言或危害公共秩序。于是鲁贝利乌斯决定动身前往亚细亚定居——他祖上的产业就在那里。[2]

仅仅过了两年，一位百夫长便带来了必须处死鲁贝利乌斯的命令。奥弗尼乌斯·提格利努斯已取代了小塞涅卡元首谋臣的地位。他坚持认为，只要那些名气很大的被流放者——马赛利亚的科奈里乌斯·苏拉和亚细亚行省的鲁贝利乌斯——还活着，尼禄就永远不可能高枕无忧。苏拉看起来只是一个懒散的家伙——但他的名字是历史悠久且不祥的，并且他也在掩饰自己真正的活力与才华。[3]鲁贝利乌斯·普劳图斯则完全不加掩饰。他以古时的罗马人为榜样，并继承了斯多葛派的傲慢、野心和危险教义。[4]

那是《编年史》第一次提及斯多葛主义。那段评论出自臭名昭著的提格利努斯之口，目的是为了除掉同他的主人竞争元首宝座的对手。哲学教义也并非特拉西亚·佩图斯最招人忌恨之处。尽管佩图斯在尼禄即位时已成为一个颇具影响的人物，历史学家塔西佗还是一直等到公元58年才让他登上舞台。他入场的缘起是件琐事——叙拉古的角斗士问题。特拉西亚发言反对越过法定限度的处罚议案。特拉西亚的举动或许（或许没有）招致了批评。塔西佗也许对特拉西亚进行了评价。他还在特拉西亚为朋友们所做的合理辩护中回击了相关攻击：特拉西亚维护的是元老院的尊严；即便他对琐事的关注也反映着元老院的责任感。[5]

当元老院按照既定程序对阿格里皮娜的名誉进行贬损时，特拉西亚起身离开了会场。正如塔西佗所指出的那样，这一举动对他自己而言非常危险，

1　14.22.1: "ipse placita maiorum colebat, habitu severo, casta et secreta domo（他本人尊崇古风，举止庄重，在家庭生活方面行为检点且不事张扬）。"
2　ib. 3.
3　14.57.3, 参见13.57.1。此人是福斯图斯·苏拉·斐利克斯（Faustus Sulla Felix）（PIR^2, C 1464），公元52年执政官，公元31年执政官之子。
4　ib: "adsumpta etiam Stoicorum adrogantia sectaque, quae turbidos et negotiorum adpetentis faciat（他也沾染上了斯多葛派的傲慢和信条，喜欢惹是生非并热衷政治）。"
5　13.49.4——材料可能来自尤尼乌斯·鲁斯提库斯创作的传记。

同时也无法让其他人有自主表现的机会。[1] 然而，他的下一桩举动却为元老院树立了榜样，增添了光彩。到了公元62年，一位元老因创作并背诵了一首诽谤元首的诗而遭到审讯。一些人主张判处他死刑。特拉西亚进行了干预——他认为只应处以法律规定额度的罚金，仅此而已。特拉西亚对尼禄说了一番恭维话，迫使怏怏不乐的后者做出让步。[2]

他在同一年里还取得了另一场胜利。当一个名叫克劳狄乌斯·提玛库斯（Claudius Timarchus）的克里特权贵遭到审讯时，一件可悲的事情发生了——那个家伙夸口声称，自己有能力增减该行省对行省总督的谢恩投票票数。特拉西亚看到了机会：该习俗应被彻底废止。历史学家塔西佗安排特拉西亚发表了一篇简单而庄严的演说，其中引述了帝国民众的统治者同臣民之间的委任关系。[3] 特拉西亚的发言得到了赞扬；尽管执政官们起初犹豫是否要接受他的议案，尼禄最终还是赋予了它法律效力。

然而，特拉西亚在下一年里却遭到了严重羞辱。他没有提出任何新议案。尼禄禁止他参加波佩娅婴儿的葬礼。并不令人惊讶的是，特拉西亚据此认定自己已来日无多。但不久之后，尼禄告诉小塞涅卡，自己已同特拉西亚和解。小塞涅卡为此向元首道贺。那一事件（按照塔西佗的说法）提高了特拉西亚与小塞涅卡的声望，也为他们带来了危险。[4]

和解并未维持太久。特拉西亚并未就此安分守己。他虽然没有什么挑事的新理由（根据历史学家塔西佗的判断），却故意回避一切公共事务。他从《编年史》的叙事线索中消失了；他的名字在整个披索阴谋案中都几乎没有出现过，到了那一事件完结一年后方才重新现身（据推测大概与巴里亚·索拉努斯同时）。塔西佗将两人受到的迫害联系在了一起。[5]

1　14.12.1: "sibi causam periculi fecit, ceteris libertatis initium non praebuit（他让自己陷入危险，却并未给其他元老们带来自由的契机）."
2　48 f.
3　15.20 f.
4　23.4: "unde gloria egregiis viris et pericula gliscebant（为那些著名人物同时带去了更多光荣与危险）."
5　16.21 ff. 根据 R. S. Rogers, *TAPA* LXXXIII (1952), 290; 296的看法，他还做了更多事情——驳斥了关于两人的实际指控。

尼禄对特拉西亚是怀恨在心的。并且特拉西亚还有一个对自己心怀强烈怨恨的私敌——科苏提亚努斯·卡庇托。[1] 正是那个人跑到尼禄面前，挑唆起他对特拉西亚的怒火。科苏提亚努斯历数了特拉西亚的抗议与桀骜不驯的举动，声称他对元首和帝国政府充满敌意。他痛斥了特拉西亚及其学派的吹毛求疵与盛气凌人，并引述了小伽图和卡西乌斯、布鲁图斯的例子。

塔西佗使用的语言是传统的，他的主题也是如此。[2] 我们应当如何评价这些材料同主题的相关性呢？事实上，特拉西亚曾写过小伽图的传记。[3] 到了那样晚的时代，对小伽图的尊敬本身已不再意味着奉行共和派的立场与政策。那些伟大的名字已从政治进入文学，成为社会改革与道德完善的助推器。可见，那是对从前历史的一种扭曲。[4] 小伽图自称斯多葛主义者，并因此而受到同时代人的崇拜或嘲笑。但小伽图也是一位政治领袖；他控制着一个庞大的显贵联盟网络；他拥有明确的立场与政策——同"过分强大的巨头们（extraordinariae potestates）"进行斗争。他坚定地声称，那些巨头将毁灭共和国。而当他背离了那项政策，迫使伟人庞培在伽图党和凯撒之间做出抉择时，他促成了（如果不是炮制了的话）两巨头之间的武装冲突。[5]

小伽图的外甥继承了他的衣钵。玛库斯·布鲁图斯也有自己的哲学信仰——不是斯多葛派，而是学园派。布鲁图斯的无上荣耀在于参与了刺杀独裁官凯撒的阴谋。那场阴谋的策划者是卡西乌斯，一名伊壁鸠鲁主义者。[6] 但

1　21.3，参见13.33.2（公元57年，当时的情景并不适合塔西佗去介绍特拉西亚）。
2　22（原书第332—333页）. 其中包括老套的罪名"严苛和快快不乐（rigidi et tristes）"。
3　Plutarch, *Cato* 25; 37. 关于塔西佗所说的特拉西亚"与生俱来的美德（virtus ipsa）"，参见 Velleius（论小伽图）2.35.2: "homo Virtuti simillimus（本身几乎可以等同于美德的人物）." 尽管小伽图的名字经常被用于褒贬，历史学家塔西佗只在演说词中才会提到他（*Hist.* 4.8.3; *Ann.* 4.34.4; 16.22.2）。
4　小塞涅卡竭尽全力想把小伽图的形象从政治家改造成哲人。他批评了小伽图参与内战的做法（*Epp.* 14.13）。
5　R. Syme, o.c. 26; 46.
6　ib. 57. 值得注意的是，塔西佗坚持使用"卡西乌斯和布鲁图斯（Cassius et Brutus）"的语序，那在拉丁作家中几乎是独一无二的。该语序不仅在克瑞穆提乌斯·科尔杜斯（Cremutius Cordus）的演说词（4.34 f.）中出现过3次，并且塔西佗自己也写过"卡西乌斯与布鲁图斯

（转下页注）

558　　卡西乌斯和布鲁图斯之所以信心十足，或许是因为他们争取到了凯撒麾下大将们的支持——其中最重要的人物是德奇姆斯·布鲁图斯，那个人对书本和理论毫无兴趣。[1]

小伽图和共和国解放者们（the Liberators）代表的是本阶层的荣誉和显要地位。他们提出的口号是"自由"。那个字眼永远是灵活的，并随着时代的变迁而不断变化。[2]特拉西亚·佩图斯可被视为那些高贵罗马人的后裔，尽管二者之间确实存在着区别。君主如今掌握着权力，但元老院在由军队、帝国政府和行省构成的新体系中并非毫无用处。尼禄的统治昭示了一个公道的原则：如果切实尊重政府的话，元老院是可以得到好处的。

特拉西亚对政治事务的干涉反映了他的智慧与节制，他避免过问元首的权力范围——对外政策、军队和财政。他禁止行省感恩投票的提议固然迎合了元老们的荣誉感，但并非毫无道理。正如特拉西亚所指出的那样，要求行省总督必须讨好异邦人不是什么好事。[3]塔西佗直至记载到公元58年时才开始交代特拉西亚的活动。那对于介绍小塞涅卡的政策而言或许还不算太晚。诚然，为新政权铺路的是一批遇害的王室成员，如身在亚细亚行省的玛库斯·希拉努斯和皇宫里的克劳狄乌斯之子布瑞塔尼库斯。但也仅此而已。当时并未发生接二连三的流血事件——在想到从前的历史和毫不留情的利己主义时，有些人可能会宽恕这一次的罪行。[4]

（接上页注）

（Cassius atque Brutus）"（3.76.2）。另参见"卡西乌斯和布鲁图斯之死（Cassii et Brutorum exitus）"（1.10.3）。作者对传统和"意识形态"的敬意在此得到了鲜明体现。但"雷慕斯和罗慕路斯（Remus Romulusque）"的表述却并非标新立异——那是典型的复古用法，参见Cassius Hermina, fr. 11; Cicero, *De legibus* 1.8, &c.。

1　他在行省统兵的生涯自公元前56年（也可能是公元前58年）起几乎未曾中断。

2　Ch. Wirszubski, *Libertas at a Political Idea at Rome during the Late Republic and Early Principate* (1950), 125 ff.

3　15.21.1: "at nunc colimus externos et adulamur（我们如今善待异邦人，甚至讨好他们）。"但那算不得"狭隘的意大利民族主义"（如Ch. Wirszubski, o.c. 140所说）。值得注意的是，他笔下的特拉西亚可以用来批驳小普林尼关于行省价值热情洋溢的宣扬（*Pan.* 70.9）。

4　13.17.1: "facinus cui plerique etiam hominum ignoscebant, antiquas fratrum discordias et insociabile regnum aestimantes（许多人对此漠然视之，并援引古时手足相残的例子来说明帝王是没有真正朋友的）。"

但公元59年除掉阿格里皮娜的多余罪行已不容易解释和洗白。公元62年的一系列事件——抛弃小塞涅卡和更多的杀戮——则撕掉了一切伪装。特拉西亚很快便下定了决心。[1]他在那个时间点之前与之后的举动是可以理解的。那不是什么信仰或教条，而是统治阶级的尊严、个人荣誉和对言论自由的崇拜。[2]

　　关于特拉西亚·佩图斯，我们还可以多谈一点内容。出身与家世同他的原则与命运密切相关。波河以北的意大利恪守着古风：帕塔维乌姆因物质繁荣、道德高尚——以及对共和国的忠诚而闻名于世。[3]来自一个古老帕塔维乌姆家族的特拉西亚并不介意穿上盛装出席本地的节庆活动。[4]他在北方也有一些亲戚朋友。[5]但他的女婿赫尔维狄乌斯·普利斯库斯来自更古老的意大利——萨谟奈特乡间山区。[6]

　　特拉西亚·佩图斯的党派是一个高傲的、臭名昭著的家族群体。在他死后，领导这个党派的是赫尔维狄乌斯。他的祖先们同样显赫。特拉西亚娶了前执政官凯奇纳·佩图斯的女儿。[7]凯奇纳是阿伦提乌斯·卡米卢斯的追随者，该贵族曾发动过反抗元首克劳狄乌斯的武装暴动。在被捕并押送至罗马后，凯奇纳在妻子巾帼英雄般的示范下一道在监狱里自杀了。[8]

　　反抗者阿伦提乌斯提升了元老院和罗马人民的地位。[9]那也许可以让他的

1　他已有3年没去过元老院了（16.22.1）。
2　Ch. Wirszubski, o.c. 138 ff.
3　见原书第137页。
4　16.21.1.
5　或许是尤尼乌斯·鲁斯提库斯和他的兄弟毛里库斯，参见G. E. F. Chilver (*Cisalpine Gaul* [1941], 104)，后者认为此人来自Pliny, *Epp.* 1.14.4（写给毛里库斯）所说的"我们的意大利（illa nostra Italia）"。此外，特拉西亚之女法妮娅（Fannia）是一位名叫尤妮娅（Junia）的维斯塔贞女（Vestal）的亲戚（*Epp.* 7.19.1）；盖约·法尼乌斯（C. Fannius）（*Epp.* 5.5）也不会被忘记。
6　*Hist.* 4.5.1.
7　即公元37年递补执政官奥鲁斯·凯奇纳·佩图斯（A. Caecina Paetus）（*PIR*[2], C 103）之女阿里娅（Arria）。特拉西亚的全名是普布利乌斯·克劳狄乌斯·特拉西亚·佩图斯（P. Clodius Thrasea Paetus）（*PIR*[2], C 1187）。凯奇纳家族或许也来自帕塔维乌姆。
8　Pliny, *Epp.* 3.16.13: "Paete, non dolet（佩图斯啊，不要感到痛苦）."
9　Dio 60.15.3.

一些朋友感到欣慰，但事实上却毫无意义。没有什么迹象可以表明，这位伟人庞培的后裔曾被视为一名共和派。指控特拉西亚·佩图斯的那些人提出的指控或许不仅仅是心怀不满或桀骜不驯：他同王室有着家族世仇。[1]

特拉西亚曾在尼禄统治初年担任过执政官。[2]他的举止过了许多年后才让他遭到了厄运。值得注意的是，与此相似，该集团在图密善治下的大难临头也是公元93年才发生的事情。[3]这些事件的时机与场合是值得仔细思考的。机缘巧合或恩怨发挥了作用；那些坚持道德立场的人物或许走得比他们最初的意图更远。

尼禄的迫害为特拉西亚·佩图斯和巴里亚·索拉努斯贴上了"美德"的标签。在披索阴谋与那一举动之间是一连串由叛国罪、占星术或魔法罪名引起的处决或迫害。其中牵涉到了6位前执政官级别的人物。其中有3位非常重要，或许透露了某些暗示或线索。[4]伟大的法学家卡西乌斯·隆吉努斯遭到了流放（分享同样命运的还有他的内侄卢奇乌斯·尤尼乌斯·希拉努斯）[5]；预料自己难逃一死的安提斯提乌斯·维图斯自杀身亡[6]；还有一名百夫长将夺命的谕令传达给了奥斯托里乌斯·斯卡普拉，后者当时正住在利古里亚的偏远宅邸里。[7]

一场重大阴谋最近刚被挫败。从许多方面来看，尼禄都是幸运的。披索是一名显贵，但却是个不务正业而无能的家伙。尼禄的敌人们建立了一个三

---

1 参见16.28.1: "Paconium Agrippinum, paterni in principes odii heredem（从父亲那里继承了元首仇恨的帕科尼乌斯·阿格里皮努斯）。"但我们不能确信R. S. Rogers, *TAPA* LXXXIII (1952), 290的观点，即特拉西亚"主张用暴力推翻现政府"。
2 那是在公元56年，可能是通过小塞涅卡的庇护（以及王朝恩宠分配中的利益平衡）才获得了这一机会。特拉西亚也是十五人祭司团的成员之一。
3 尤尼乌斯·鲁斯提库斯在公元92年9月担任着执政官；这个圈子的一位朋友提图斯·阿维狄乌斯·奎埃图斯（T. Avidius Quietus）是公元93年的头两位递补执政官之一。
4 另外3人是佩特罗尼乌斯、尤尼乌斯·伽利奥（Junius Gallio, 小塞涅卡的兄弟）与普布利乌斯·安泰乌斯·鲁孚斯（P. Anteius Rufus）。但安泰乌斯可能跟特拉西亚的圈子有些交情（参见原书第561页）。
5 16.7 ff.
6 16.10 f.
7 14 f.

方联盟——元老院里坚持原则、手握权威的领袖，一位拥有高贵出身与活力的元首宝座竞争者，以及一批军事将领。

有人声称，4年前，鲁贝利乌斯·普劳图斯在获悉自己的危险处境时，决定联手伟大将领多米提乌斯·科布罗并宣布称帝。但塔西佗不相信这个说法。他报道的版本是，鲁贝利乌斯的岳父安提斯提乌斯·维图斯捎来口信，告诫鲁贝利乌斯不要束手就擒。[1] 我们还可以补充的信息是，巴里亚·索拉努斯也是鲁贝利乌斯的朋友。[2] 此外，安提斯提乌斯和巴里亚在担任亚细亚行省总督时都有机会同科布罗建立联系。[3] 尽管我们并不知道科布罗在公元65—66年之前留下过什么把柄，他确实跟尼禄手下牺牲品中的几个人有些联系。他的女儿嫁给了阿尼乌斯·维尼奇亚努斯（Annius Vinicianus，阿伦提乌斯·卡米卢斯一位著名党羽的儿子）[4]；阿尼乌斯·维尼奇亚努斯的兄弟又是巴里亚·索拉努斯的女婿。这一年还没结束，阿尼乌斯就因谋反罪名而死于贝内万图姆。[5]

科布罗本人的厄运很快降临。尼禄在希腊之行期间召见了那位在十余年内维系着帝国荣耀与东方王朝的将军。科布罗接到了自杀的指令，他顺从了。[6]

通过自己母亲的数次婚姻，科布罗同上流社会建立了密切联系。[7] 现存史料没有记载他妻子的身份：她可能是法学家卡西乌斯·隆吉努斯的女儿。[8] 卡

---

[1] 14.58.3 f.

[2] 16.23.1.

[3] 塔西佗对公元63年之后历史的叙述没有再提到科布罗的名字；但他似乎已为此做出了许多补偿。他可能还提供了关于安提斯提乌斯、巴里亚和其他人的某些信息（无论他是否确信）。

[4] 16.30.3. 此人（阿尼乌斯·波利奥［Annius Pollio］）（*PIR*², A 678）曾因参与披索阴谋（并未坐实）而遭到流放（15.71.3）。

[5] 苏维托尼乌斯笔下"维尼奇乌斯的同党（coniuratio Viniciana）"（Suetonius, *Nero* 36.1），不见于其他史料记载：具体时间显然是在尼禄巡视希腊期间。

[6] Dio 63.17.2; 5 f. 时间为公元66/7年冬季，甚至可能早于公元66年底。

[7] 关于维斯提莉娅（Vistilia）的6任丈夫（Pliny, *NH* 7.39），见 C. Cichorius, *Römische Studien* (1922), 429 ff.。另见上文，原书第373、386页。

[8] 见附录83。科布罗的女儿（后来当上了皇后）是多米提娅·隆吉娜（Domitia Longina）（*PIR*², D 181）。然而，这个家姓（cognomen）可能并非来自卡西乌斯家族，而是来自盖约·庞培·隆吉努斯·伽鲁斯（C. Pompeius Longinus Gallus，跟昆图斯·维拉尼乌斯于公元49年一道出任执政官）的家族。关于后者的情况我们所知甚少。

561　西乌斯本人是刺杀凯撒者卡西乌斯的后裔，迎娶了拥有奥古斯都血统的尤妮娅·雷必达（Junia Lepida）。[1]最后倒霉的是奥斯托里乌斯·斯卡普拉。一些我们无从知晓的线索或许把他和阴谋集团牵连在了一起。但奥斯托里乌斯总不应当受到忽视。作为一名帝国新贵，他在跟随父亲征战不列颠期间赢得了勇猛善战的美名。尼禄畏惧他的勇敢和过人气力——以及与他相关的占星术预言。[2]

如果抛开各种猜测，只考虑出身、血统与联姻关系等客观事实的话，我们其实拥有更充分的理由去否认哲学教导的影响力。罗马元老特拉西亚·佩图斯无疑代表"尊荣"与"自由"。那些本是统治阶层的传统美德。它们的效力与内容已发生变化。如果说时代变迁使得贵族们不能像在自由国家中那样追求这些权力与荣耀的话，他们还是可以继续追求尊严、正直和言论自由的。特拉西亚便是一位令人印象深刻的领军人物。由于爱惜自己的名誉，他从不举止疯狂或招摇过市。[3]当情绪激动的朋友们希望他前往元老院同控告者们对质时（那无疑牵涉到特拉西亚的"不可动摇[constantia]"，并且无疑也将增添他的"荣耀[gloria]"），特拉西亚拒绝了[4]；他还阻止了追随自己的一位血气方刚的青年去做毫无意义的冒险。[5]

1　16.8.2——她是玛库斯·希拉努斯（M. Silanus，公元19年执政官）之女，玛库斯·希拉努斯（M. Silanus，公元46年执政官）的姐妹。根据塔西佗的记述，谋反者盖约·披索担心她的侄子卢奇乌斯·尤尼乌斯·希拉努斯（L. Junius Silanus）(15.52.2) 会同自己竞争。塔西佗也许见过或了解从韦伯芗治下的放逐生涯中归来的卡西乌斯·隆吉努斯。（见原书第300页）

2　16.14 f. 在占星术的传闻里，前执政官安泰乌斯·鲁弗斯（Anteius Rufus）（PIR^2, A 731）的名字是跟奥斯托里乌斯（Ostorius）联系在一起的 (14.2 f.)。值得注意的是，小赫尔维狄乌斯·普利斯库斯娶了一位名叫安泰娅（Anteia）的女子（Pliny, *Epp.* 9.13.4）。

3　如果塔西佗只是说"特拉西亚脾气执拗，并且不肯放弃荣誉（Thrasea sueta firmitudine animi et ne gloria intercideret）"（14.49.3）的话，那么这种批评意味实在过于委婉；我们几乎可以置之不理。U. Knoche, *Philologus* LXXXIX (1934), 102 ff. 便在没有提及特拉西亚或引用《编年史》的情况下讨论了罗马人的荣誉观。

4　16.25 f. 特拉西亚朋友们的一些看法是有害且不切实际的（在塔西佗的笔下也是残忍的），如"连尼禄也会被奇迹本身所打动（posse ipso miraculo etiam Neronem permoveri）"（25.2）。

5　26.4 f.

  特拉西亚宣称自己重视"忠诚（fides）"和"不可动摇（constantia）"。[1]但他并非顽固不化。他或许因提倡改革而遭到迫害，但他并不是一位严厉的监察官，提倡的只不过是一种温和改良。[2]他是一个理性、仁慈的人。[3]

  特拉西亚身处的这个时代是邪恶的，并且对那些贵族品质充满敌意。并非贵族集团的所有成员都拥有特拉西亚那样的性格与条件。当贵族们无法体面地维持有意义的生活时，自杀提供了一条出路。有人将流放变成了一种戏剧性的抗议，或英勇地等待着处死自己的命令。有些人一声不响、毫无怨言地接受了自己的命运。奥斯托里乌斯·斯卡普拉等人本应在厄运面前拿出更多的英雄气概。那些可耻的牺牲迫使塔西佗表达了自己的厌倦和悲伤。但他并不希望读者相信，自己是对那些毫无骨气的死者抱有敌意的。[4]但他提供的讣告形式与风格使得那些光辉人物同庸人截然有别，认为他们值得长久的纪念。[5]

  对罗马贵族家庭命运的关注对一位历史学家而言并非不务正业。[6]如果说

1　15.20.4: "dignum fide constantiaque Romana capiamus consilium（让我们拿出配得上罗马人的忠诚和不可动摇的意见）。"

2　参见科苏提亚努斯·卡庇托口中的"补救措施（emendatio）"对"补救（emendari）"的回应（15.20.3）。更多细节见附录52。

3　小普林尼将他描述为"极其温和的人（vir mitissimus）"，并引述过他的箴言"谁痛恨罪恶，他便会痛恨人类（qui vitia odit, homines odit）"（*Epp.* 8.22.3）。跟苏维托尼乌斯的报道"古板严肃、好为人师（tristior et paedagogi vultus）"（Suetonius, *Nero* 37.1）对比之下，塔西佗的同情态度十分明显。因此，认为特拉西亚是"塔西佗若干最尖刻言辞的批判对象"的说法（B. Walker, *The Annals of Tacitus* [1952], 229）是不准确的。塔西佗甚至用过"特拉西亚本人的高贵形象（ipsius Thraseae venerabilis species）"的措辞（16.29.2）。在《编年史》的其他篇章中，这个形容词乃是日耳曼尼库斯的专利——"外表和言辞都渗透着高贵（visuque et auditu iuxta venerabilis）"（2.72.2）。

4　16.16.2: "neque aliam defensionem ab iis, quibus ista noscentur, exegerim, quam ne oderim tam segniter pereuntis（我唯一需要请求读到那些内容的人理解的是，我并不痛恨那些死得如此毫无骨气的人）。"

5　ib.: "detur hoc inlustrium virorum posteritati, ut quo modo exsequiis a promisca sepultura separantur, ita in traditione supremorum accipiant habeantque propriam memoriam（那些光辉的人物应当名垂后世，他们的辞世与庸人之死截然有别。他们应在历史中占据崇高的地位，享受应得的纪念）。"

6　参见Ammianus 28.1.14: "non omnia narratu sunt digna quae per aqualidas transiere personas（并非凡夫俗子所做的一切都是值得历史记载的）。"

那些古老的名字牵动着世人的情感与记忆的话，那么他们也确实是从共和国直到元首制时代罗马编年史中的主角。从历次内战的劫难中幸存下来的显贵们同元首家族（它本身也是一个贵族党派）绑定在了一起，并在后者的打压中一起携手走向最后的灭亡。

《历史》并未过分关注出身与家世。[1] 如果说《编年史》的处理方式有所不同的话，那也是有原因的。提比略和记述提比略统治各卷的主题要求历史学家塔西佗去关注古代掌权者们的名字。他看到了显贵们从前的辉煌（即便时代发生了变化，其中一些人仍然无愧于贵族的声名），并将该集团的衰亡视为一场悲剧。

然而，研究者们还在塔西佗身上看到了其他一些东西，并对此加以严厉批判——他的语调和情感受到了自身等级评判标准的局限。[2] 研究者们举出了若干例子。在提及维比乌斯·克里斯普斯和埃普里乌斯·马塞卢斯（二者的恶名超过了韦伯芗时代的其他一切演说家和政治家）的低微、卑下出身时，塔西佗使用了带有强烈偏见色彩的语言：他们分别生于（或据说生于）维尔克雷和卡普亚。[3] 最令人震惊的是他对被埃利乌斯·塞亚努斯勾引的公主的抨击——她与"外地奸夫（municipalis adulter）"的私通辱没了自己的祖先和所有子孙后代。[4]

我们还可以补充更多例子。比如，当另一位公主因嫁给鲁贝利乌斯·布兰杜斯（世人还记得，此人的祖父是来自小镇提布尔的一位罗马骑士）而"失去贞洁"时，那被视为当年的灾难性事件之一——与之相提并论的事情

1　事实恰恰相反，可参见1.88.2: "segnis et oblita bellorum nobilitas（贵族们碌碌无为，忘却了战争的技艺）。"
2　R. Reitzenstein, *Neue Wege zur Antike* IV (1926), 6: "der adelsstolzeste Römer den wir kennen（我们所知的最看重门第、最高傲的罗马人）"; M. L. W. Laistner, *The Greater Roman Historians* (1947), 131: "the snobbery of the historian（那位历史学家的势利）。"由此引发的、关于塔西佗身世与出身的种种冒失揣测，见原书第四十五章与附录89。
3　*Dial*. 8.1.
4　4.3.4: "seque ac maiores et posteros municipali adultero foedabat（通过跟外地奸夫私通而辱没了自己、祖先和子孙后代）。"

还有阿格里皮娜与阿西尼乌斯·伽鲁斯等被官方关押的钦犯之死（如果不是谋杀的话）。[1] 在那位历史学家如此表达了自己的恐惧和义愤后，我们已无须对他的其他记载感到惊讶，如穆索尼乌斯·鲁弗斯引人非议的疯狂：他本人只是一名骑士，却加入了由元老们组成的使团[2]；或是托戈尼乌斯·伽鲁斯（Togonius Gallus）在辩论中有人提及贵族和前执政官"尊贵名字（magna nomina）"时的滑稽干涉。[3]

托戈尼乌斯是个出身低微的暴发户。他的姓名暴露了他的外来血统。[4] 有人声称，出身新人的前执政官库尔提乌斯·鲁弗斯是角斗士的儿子。这一可耻事实更加糟糕。塔西佗拒绝揭露真相。[5] 元首提比略看到了此人身上的优秀品质，支持他当选大法官。库尔提乌斯随后当上了执政官和阿非利加的行省总督——从而实现了他在一文不名的青年时代身为外省财务官门客时的梦境预言。[6] 在名利场中春风得意的这个暴发户是不肯宽容的：他不是在弱者面前傲慢无礼，就是在权贵脚下卑微恭顺。[7]

腔调和语言或许具有欺骗性。作者将自己在主题中包裹得严严实实。没

---

[1] 6.27.1: "tot luctibus funesta civitate pars maeroris fuit（让这个黑暗城市的种种不幸雪上加霜的是）." 塔西佗是在竭力营造当时的氛围，参见2.43.6: "contra Druso proavus eques Romanus Pomponius Atticus dedecere Claudiorum imagines videbatur（德鲁苏斯的曾祖父庞普尼乌斯·阿提库斯只是一名罗马骑士，似乎无法给克劳狄乌斯家族的徽章增添任何光彩）"; 3.29.4: "adversis animis acceptum quod filio Claudii socer Seianus destinaretur. polluisse nobilitatem familiae videbatur（人们不希望让塞亚努斯成为克劳狄乌斯之子的岳父，认为那样一来便玷污了家族的高贵身份）."

[2] *Hist.* 3.81.1.

[3] 6.2.2（原书第284页）.

[4] 他是凯尔特人，参见卡拉泰乌斯（Carataeus）的兄弟托戈杜姆努斯（Togodumnus）（Dio 60.20.1）、"托吉乌斯（Togius）"（*CIL* XII, 1257）和"托吉亚奇乌斯（Togiacius）"（3217 = *ILS* 6978; 3960）.

[5] 11.21.1: "neque falsa prompserim et vera exsequi pudet（我既不能宣传谎言，又羞于吐露真相）." 这位前执政官（公元43年前后递补执政官）很可能就是Suetonius, *De rhet.* 9中提到的昆图斯·库尔提乌斯·鲁弗斯（Q. Curtius Rufus）。后者很可能就是记述亚历山大大帝事迹的历史学家（尽管不无争议），参见A. Stein, *PIR*[2], C 1619.

[6] 塔西佗在此纠正了小普林尼的说法，后者声称"他在一文不名之际就当上了阿非利加行省总督的随从（tenuis adhuc et obscurus, obtinenti Africam comes haeserat）"（*Epp.* 7.27.2）。

[7] 11.21.3: "adversus superiores tristi adulatione, adrogans minoribus, inter pares difficilis（在位高权重者面前摇尾乞怜，对待下属傲慢轻蔑，跟同侪难以相处）."

有任何一位罗马史学家会拒绝遵循传统。恪守规矩并不能证明他们是狭隘保守的。塔西佗允许律师卡西乌斯·隆吉努斯为罗马人的古老习俗做了一番令人印象深刻的辩护——卡西乌斯相信一切变化都只会导致世风日下。[1] 卡西乌斯的人格（但并不一定是他在这个案例中的观点）是历史学家塔西佗所尊重的。元首制下的法学家们往往是相时而动或趋炎附势的。但卡西乌斯则跟著名的安提斯提乌斯·拉贝奥（Antistius Labeo）一样，在家世和情感等方面都属于共和派。

拉贝奥厌恶元首奥古斯都建立的新秩序，在说教时以古时的书籍为依据。[2] 卡西乌斯在要求将罗马市长佩达尼乌斯·塞昆杜斯家中的奴隶尽数处死时，援引了"古风"的严厉规定。我们不清楚他的说法是否正确[3]，并且晚近的立法走的是截然相反的路子。[4] 正如历史学家塔西佗留意指出的那样，卡西乌斯因其"严厉"而令人生畏[5]——并且他或许树立了一个恶劣榜样。当奴隶们被处决后，另一位元老得寸进尺地提议，罗马市长的释奴们也需受到相应处罚。政府不得不对此出手干涉。[6]

罗马人异乎寻常地热衷于美化本民族的过去。奥古斯都又系统地、有预谋地加上了另一层欺骗的外衣。他可以列举出元老们的一长串罪状，尤其是其中那些最近才攫取社会地位与财富的人。帝国治下的元老们对变革抱有敌意，并且往往会从中作梗。元首克劳狄乌斯明白，元老们对一切变革都会嗤

---

1 14.43.1: "melius atque rectius olim provisum et quae converterentur <in> deterius mutari（[从前的规则]更好也更正确，改革只会越改越糟）."
2 Gellius 13.12.2（来自其对头阿泰乌斯·卡庇托的转述）.
3 该习俗的依据是 Cicero, *Ad fam.* 4.12.3，但后者很难令人信服。当令人一言难尽的霍斯提乌斯·夸德拉（Hostius Quadra）被谋杀时，奥古斯都拒绝采取任何行动（Seneca, *NQ* 1.16.1）。
4 13.32.1（公元57年），参见 *Dig.* 29.5.3.17。关于塔西佗叙述版本中的难解之处，见 R. H. Barrow, *Slavery in the Roman Empire* (1928), 56 ff.。《编年史》第13—16卷未完成的假说或许可以在这里派上用场（参见附录60）。
5 13.48: "quia severitatem eius non tolerabant（无法忍受他的严厉）"（普特奥利的居民）.
6 14.45.2: "id a principe prohibitum est ne mos antiquus, quem misericordia non minuerat per saevitiam intenderetur（该议案遭到了元首的否决，以防本已缺少同情心的古风变得更加严苛）."

之以鼻。[1]

新人是很难坚持自由主义的世界观的。塔西佗早已看穿社会舆论的虚伪和传统立场的本质。塔西佗拥有长时段的视角，并研究过各种文风及其发展历程。因此，他是不会盲目推崇古代的，也不会天真地幻想罗马的道德是年复一年不断衰落的。[2]

麦萨拉·科尔维努斯之子的一篇演说词出色地辩解说，时代确实在变，但并不总是在恶化。[3]塔西佗也为自己那个时代的首都罗马现身说法："并非在所有方面都是从前的更好（nec omnia apud priores meliora）。"[4]他在那段文字里断言，当世不仅在道德方面胜过以往，还拥有足够引以为豪的艺术与文学成就。我们也不应武断地假设，塔西佗是贵族家族无原则的崇拜者。当罗马史学家们援引显贵们的往昔荣耀时，他们通常是为了回顾和指责其后人们的辱没家风之举。他们攻击贵族的手段是以子之矛，攻子之盾。

1　*ILS* 212, col. i, l. 3 f.: "ne quasi novam istam rem introduci exhorrescatis（不屑于引进的那些新事物）。"
2　但此类幻想仍然根深蒂固，例如，有的学者会用它们来证明一位讽刺诗人的真诚——"罗马长期以来的世风日下"（G. Highet, *Juvenal the Satirist* [1954], 102）。塔西佗和小普林尼提供的证据往往会被人忽视。
3　3.34.
4　3.55.5（紧承讨论奢侈之风盛衰的插话之后）. 小塞涅卡对关于衰落的传统观念抱有敌意，参见 *De ben.* 1.10.1: "hoc maiores nostri questi sunt, hoc nos querimur, hoc posteri nostri querentur（我们祖先抱怨过的事情，我们也在抱怨，并且我们的后世子孙也还会抱怨）"，等等。

第四十二章　新　人

　　玛库斯·波尔奇乌斯·伽图（M. Porcius Cato），来自图斯库鲁姆的一颗充满活力的新星，发起了挑战出身与等级的漫长战争。当他在年老之际成为作家时，他结束了自己在罗马广场与元老院里的一生奋斗。他题名为《起源》(Origines)的7卷著作是用拉丁文撰写的第一部史著。那是一本与众不同的大杂烩——里面包含着罗马本地的古代掌故和希腊的博学知识，包含着罗马历次战争的编年史，也有相当一部分是作者的自传。

　　老伽图用各种手段攻击、驳斥了贵族们的立场。他的作品不仅记述了罗马，还记述了意大利。他省略了一些将领的名字，以便突出"罗马人民史（gesta populi Romani）"的地位；他还插入了自己抨击显贵们贪婪无度、压迫成性的一些演说词。

　　但老伽图并非传统秩序的公敌。尽管心里有仇怨，同时又重视美德，他还是会一本正经地表示，自己是为了净化和巩固统治阶层。[1] 真正动摇显贵集团的挑战来自另一方面。最初的动力来自该集团内部。西班牙战役引起的愤怒、党派之间更为激烈的斗争（以及西庇阿集团的内部分裂）、一名年轻贵族的愤愤不平，还有雄心勃勃的军事与社会改革计划——所有这些因素联合促成了格拉古兄弟的改革，并引发了长达百年之久的动乱。不久之后，在努米底亚境内进行的另一场对外战争引发了内部冲突，导致了意大利同盟者的

---

[1] 敏锐、公允的评价见 D. Kienast, *Cato der Zensor* (1954)。

起义和一场盘根错节的内战。显贵集团在苏拉的领导下夺回了权力。那场斗争十分血腥。马略和他所谓的党派对出身高贵、声名显赫的人们进行了一场破天荒的大屠杀,那是对"尊荣"的故意践踏。[1] 那个党派庞大且可畏,其力量来自经济利益、外地贵族和新获得罗马公民权的意大利人。[2]

那个党派虽然战败,却并未从此销声匿迹。论等级与出身的话,西塞罗跟那个党派存在着联系;他的早年生涯也不乏抨击复辟寡头集团的言辞或行动。那位来自阿尔皮努姆的新人也乐意将老伽图或马略称为自己的榜样与前辈。但他还有另一个角色可供选择,或许那才是他更为向往的。西塞罗不再将自己视为显贵的批评者、西庇阿家族或麦特鲁斯家族的敌人,而是一位得到贵族集团中的翘楚重用的、德高望重的政治家。西庇阿·埃米利亚努斯(Scipio Aemilianus)的时代及其追随者对他来说具有很强的吸引力。尽管虚荣心很强的西塞罗会犹豫要不要去享受党魁的地位和名望,以西庇阿的朋友和告诫者身份受到尊敬的雷利乌斯角色也是可以接受的。[3] 而下一个世代——麦特鲁斯家族的辉煌时代——的一个榜样在某些方面更加令人印象深刻:那是首席元老埃米利乌斯·斯考鲁斯,他在许多年里都是保守派政治家们的公认领袖与运筹帷幄者。[4]

那便是一位缺少贵族家族权力与资源,以及他们的"美德"与"大度"的新人,所能得到的慰藉。西塞罗被迫痛苦地忍受着克劳狄乌斯、麦特鲁斯或勒图鲁斯家族成员的傲慢;而始终如一、恪守原则与荣誉感的小伽图构成了一种永恒的谴责。这些都是西塞罗的痛处。西塞罗并未准许所有这些人在他的政治演说词或哲学修辞学论文里出现。倘若他真像自己的弟弟或朋友建议的那样去撰写历史、赞美伟人庞培并为他的生涯辩护的话[5],我们也不确定他的笔锋会是坦率的、无畏的还是不留情面的。批判那个寡头集团的任务

---

[1] Cicero, *Pro Sex. Roscio Amerino*, 16; 136.
[2] R. Syme, *Rom. Rev.* (1939), 86 ff.
[3] *Ad fam.* 5.7.3 (致庞培).
[4] 但事实上,西塞罗并不认为有必要充分利用斯考鲁斯的价值。
[5] *De legibus* 1.8 (见原书第133页).

留给了撒路斯特，该集团先是受到马略和"意大利市镇（municipales）"的威胁，随后被苏拉重建；但自身的罪行累累早已拖垮了这个集团，它最终被凯撒所推翻。

在自己的第一部专题著作中，撒路斯特将苏拉描述为罗马共和国一切罪恶的制造者。喀提林被描述为苏拉体制的自然产物。在用一段插话介绍了该体系带来的巧取豪夺与腐化罪恶后，作者接下去揭露了贵族民众蛊惑家喀提林的邪恶企图。将那起阴谋归咎于公元前63年的竞选失败显然过于简单。撒路斯特将那场阴谋提前了一年（甚至一年以上），以便强调其重要性。[1]

喀提林、小伽图和凯撒三个人的肖像得到了充分描绘。此外还有一个女人——快活、高雅但罪行累累的森普罗尼娅。[2] 但那位贵妇并未参与阴谋；没有任何史实能够告诉我们她的贵族头衔，并且她的真实身份仍然只能存疑。[3] 撒路斯特大胆地构造了喀提林的对应形象——贵族集团中腐化堕落的女性。

他在描述小伽图时采用了更阴险、更致命的写作技巧。小伽图是权贵们的领袖，小伽图通过自己的死成了英雄、传奇与象征。因此，撒路斯特借小伽图之口提出了一个高贵理由，援引了往昔罗马之所以伟大的诸多美德——并严厉谴责了寡头集团的贪婪、奢侈与懒惰。[4] 最后，在"美德"方面与凯撒不相上下的小伽图揭露了统治集团里与自己年龄相仿或更年长的那批人的平庸。[5]

撒路斯特的下一部著作——《朱古达战争》——明确宣布了自己的主题：它记述的不仅是一场大战，还有对傲慢的贵族集团的第一次严峻挑战。[6] 统治集团的党魁埃米利乌斯·斯考鲁斯马上被推到台前，并受到了无情的揭

1　*Cat.* 17.1（公元64年的选举之前）.
2　25.
3　读者也许知道，她是德奇姆斯·布鲁图斯（D. Brutus）的母亲。她的儿子受到凯撒赏识——但也是凯撒的刺杀者之一。
4　52.
5　53.6: "sed memoria mea ingenti virtute, divorsis moribus fuere viri duo, M. Cato et C. Caesar（但在我的记忆里，道德水准最高的是两个性格截然相反的人——玛库斯·伽图和盖约·凯撒）."
6　*Jug.* 5.1: "quia tunc primum superbiae nobilitatis obviam itum est（对高傲贵族们的第一次挑战）."

露——那是一个贪婪狡猾、野心勃勃的家伙。[1] 一个又一个贵族将领在战场上贪污腐化、作战不力。而雄才大略的麦特鲁斯则由于他的阶级情感和拒绝接受一位新人的要求而受到了连累。[2] 最后的高潮是马略的竞选演说：它对基于出身与社会等级的各种自负进行了全面批判。[3]

与此同时，历史学家撒路斯特也允许我们看到马略的缺点——他是一个满怀恶意、冷酷无情的人，一个好吹嘘的民众蛊惑家和一个肆无忌惮的阴谋家。而统治集团的其他敌人也并非客观中立的爱国者。[4] 撒路斯特的作品里遍布着那种挥之不去的悲观主义，那种他在《历史》前言中宣称要达到的、阴郁或邪恶的不偏不倚。他在元老院领袖和元老院的敌人之间没有什么好选择的。二者同样受到了统治欲的污染：只有"少数权贵（pauci potentes）"才是举足轻重的——现存秩序的维护者只是在姓氏方面占了一点优势而已。[5] 虽说在这方面，政治党羽撒路斯特可能让位于严厉的道德论者撒路斯特，但来自意大利的他或许并未忘记自己的社会等级仇恨，或减弱自己对首都贵族集团的敌意。

《历史》的主题是苏拉寡头集团的衰亡。伟人庞培是其中的主人公：他时而是该集团的敌人，时而是后者虚情假意的朋友。[6] 埃米利乌斯·雷必达对自由的呼唤——他谴责了暴政、谋杀和凶手获得的好处——拉开了这场戏的序幕。[7] 那是一段精彩绝伦的楔子——但一切都是空洞无物、腐化堕落的。出身贵族的雷必达之所以能够发家致富并当上执政官，恰恰是因为苏拉看重门

---

1 15.4: "homo nobilis, inpiger, factiosus, avidus potentiae, honoris, divitiarum, ceterum vitia sua callide occultans（一个活跃的贵族党羽，渴望权势、荣誉和财富，善于掩饰自己的错误）."
2 64.1: "tamen inerat contemptor animus et superbia, commune nobilitatis malum（他有一个轻浮、傲慢的灵魂——那是贵族的通病）."
3 85.
4 40.3.
5 *Hist.* 1.12: "uti quisque locupletissimus et iniuria validior, quia praesentia defendebat, pro bono habebatur（一个人越是家财万贯、越是大权在握，就越会被视为好人，因为他维护了既定秩序）."
6 见第十二章。
7 1.55.

第。[1]他从未表现出什么活力、智慧或爱国情怀——并且他的起事也灰溜溜地失败了。

撒路斯特笔下的雷必达是把双刃剑：他同时谴责了苏拉和自己。此外，撒路斯特还用玛尔奇乌斯·菲利普斯的演说作为武器，来抨击政府的无所作为和办事不力。[2]政治家中最多才多艺的那位菲利普斯并未在其他场合下得到过撒路斯特的称赞或纵容；而从现存残篇的内容看，其他贵族也都被贴上了贬义的标签。[3]撒路斯特无法否认麦特鲁斯·皮乌斯（Metellus Pius）及其父亲努米狄库斯（Numidicus）的正直与才干。撒路斯特抨击的是他们的浮华与虚荣。他用绘声绘色的笔触描写了人们如何在西班牙的一场盛会上用机械装置给那位统帅戴上月桂枝花环，并在他面前点燃火焰——那令"年长与正派的人们（veteres et sancti viri）"所不齿。[4]

卢库鲁斯同样是一位伟大将领，而且并非对贵族的尊严和臣民的福祉无动于衷。但卢库鲁斯是个贪图名誉和利益，并对士卒非常严苛的人。[5]与这一阴暗、模糊形象相对应的乃是来自意大利萨宾地区的罗马人——昆图斯·塞尔托里乌斯——的光辉美德与爱国主义。[6]

阿西尼乌斯·波利奥拾起了那一主题。[7]那位意大利新人无须迁就罗马贵族。他自己对此心知肚明。选择跟伟人庞培同舟共济、想通过一场孤注一掷的赌博来保住自己优势地位的权贵领袖们其实是个不堪一击的群体。他还可以找出关于凯撒党这一边的材料，尤其是不堪一击但自命不凡的埃米利乌

---

1 根据相关史料写就于雷必达对苏拉产生敌意之前的假说，我们至少可以做出这样的猜测。参见原书第144页（撒路斯特笔下雷必达的抨击性言论）。
2 1.77.
3 3.3（玛库斯·安东尼，公元74年大法官）；4.1（格涅乌斯·勒图鲁斯·克罗狄亚努斯［Cn. Lentulus Clodianus，公元72年执政官］）.
4 2.70.
5 4.70.
6 他来自努尔西亚（Plutarch, *Sertorius* 2）——后人在讨论撒路斯特的偏见时并非总能充分意识到这一事实（他本人来自阿米特努姆）。
7 见第十二章。

斯·雷必达：此人最终将成为后三头中的失败者。

尽管波利奥曾追随过凯撒，并为玛库斯·安东尼效劳过几年，那位前执政官级别的历史学家并非任何人的党羽。他保持着高度的独立性。撒路斯特折服于小伽图的人格魅力；波利奥则盛赞卡西乌斯与布鲁图斯。李维在其作品的前几卷里或许从前辈编年史家们那里沿用了傲慢、专横的贵族形象；但那并不是为了嘲讽与自己同时代的克劳狄乌斯家族，也没有引来责备或危险。随着其旷日持久工作的开展，李维在处理内战题材时已忘却了对传统贵族形象的记忆，他那带有奥古斯都社会舆论口吻的记述变得更富共和主义与贵族派色彩。凯撒党（即便不包括元首奥古斯都本人的话）并不会拒绝将失败的共和主义纲领奉为"自由"乃至"尊荣"的象征。我们有理由猜测，李维著作的最后一卷也会像贺拉斯《歌集》(*Odes*)的末节一样，表达对高贵出身与等级的赞美之情。[1]

元首奥古斯都修复了共和国的体系。在罗马，个人和家族始终比规则和制度更为重要。古老的家族们又回来了。《执政官年表》上闪耀着历史悠久的名字的光辉。其中许多家族已有几个世代甚至几个世纪默默无闻。更令人惊讶的是（但并非无法理解），最古老的那批老牌贵族如今在君主制下得到了重生。尽管在同凯奇利乌斯·麦特鲁斯家族（Caecilii Metelii）等权倾朝野的平民新贵家族的斗争中一败涂地，并在很长时期内一蹶不振，老牌贵族们仍旧记得自己曾在罗马叱咤风云的岁月。有一场内战中的胜利者首领是科奈里乌斯·苏拉；另一场的战胜方领袖则是尤利乌斯·凯撒。两人都渴望恢复老牌贵族的地位。而当君主制降临时，那是由一个人——凯撒的继承人——统治的元首制，但却联合了一批贵族家族，并被永久性地称为"尤利乌斯-克劳狄乌斯家族（Julii and Claudii）"。王室的主要盟友包括埃米利乌

---

[1] 第4卷以献给保卢斯·费边·马克西穆斯（Paullus Fabius Maximus，公元前11年执政官）的诗歌开篇。接下来的赞美对象是尤鲁斯·安东尼（Iullus Antonius，公元前10年）；第4首和第14首则献给了克劳狄乌斯家族。

斯、费边和瓦勒里乌斯家族。[1]

在贵族主导的君主制下，家庭出身变得比在共和国末年更为重要。新近加入特权集团的家族尚不足以挑战贵族的立场与上流社会的规则——那是罗马传统中的金科玉律。这个时代是欣欣向荣的。为数甚微的批评尚不足以影响它的孤芳自赏。但元老院也下达过强制性的焚书令。被付之一炬的著作中包括拉比埃努斯（Labienus）的史著——这个人的名字和家世便意味着对凯撒党的敌意。[2] 拉比埃努斯著作的禁毁或许是因为其中确实包含着一些有害成分；因为如果这本书只是站在忠于庞培的立场上的话，那么它在这个时代已经算不得有多危险了。拉比埃努斯也许攻击了贵族集团和元首制。伟大的演说家卡西乌斯·塞维鲁因为发表过诽谤一些有身份人物（如深受元首奥古斯都宠爱的保卢斯·费边·马克西穆斯）的言论而遇到了麻烦。[3]

这个时代里一个更具代表性的人物是威利乌斯·帕特库鲁斯。那个在贵族姓氏和头衔面前卑躬屈膝的作者一方面使用了大量陈词滥调——其中一些由于过分含糊而几乎毫无意义，另一些则是被事实戳穿了的谎言。当威利乌斯需要编造一篇赞美某个新人的颂词时（因为他在赞美埃利乌斯·塞亚努斯），这项任务并不会制造任何麻烦——因为威利乌斯没有在任何地方贬低过血统与世系的价值。[4]

威利乌斯这样的墙头草欺骗不了任何人。对共和国约定俗成的理想化则是另一回事。一个社会往往会通过狂热地美化自己往昔的辉煌来承认自己目前的每况愈下。小塞涅卡接受了知识精英阶层的共同看法，但并非始终如此。哲学教义或常识可以保全那位哲学家的理智——他断言，让人高贵的只能是头脑，而非门第或堆积如山的家族名人肖像。[5] 一个更重要的提醒是那位

---

[1] R. Syme, o.c. 376 ff.; 419 ff.; 493 ff.
[2] Seneca, *Controv.* 10, *praef.* 8.
[3] ib. 2.4.11（作者在引述卡西乌斯的言论时提到了 Horace, *Odes* 4.1.15）.
[4] Velleius 2.127 f.
[5] Seneca, *De ben.* 3.28.2; *Epp.* 44.5: "non facit nobilem atrium plenum fumosis imaginibus（装满烟熏火燎的雕像的厅堂并不能让人成为贵族）."

著名暴发户的个人经历——他的才华与成功引起了嫉妒和敌意。小塞涅卡也会对贵族们的诽谤予以回击。他表示，高贵出身是应当得到承认的；因为罗马的辉煌有赖于她的伟人，所以应当对他们的后裔有所回馈。[1]家世是掩盖这些人无能的盾牌，照亮他们庸碌人生的一缕曙光。[2]于是荣誉与优先地位便被邪恶之徒夺去，归属了费边·佩尔希库斯（Fabius Persicus）和埃米利乌斯·斯考鲁斯等拥有古老贵族血统的堕落贵族。费边的声望是由一个浴血奋战的氏族在多年以前赢得的；斯考鲁斯的执政官头衔则是对他的曾祖父、那位首席元老的纪念。

佩尔希库斯和斯考鲁斯的邪恶是尽人皆知、富于讽刺意味的，那是一个适于制造谣言和逸事的话题。[3]小塞涅卡还带着恶搞或鄙夷的心情提及了其他显贵。[4]内心强大的君子无须在意酗酒等臭名昭著的缺点——那是可以同德行与才具共存的。[5]但他也会对愚蠢和虚伪加以无情鞭挞。一位科奈里乌斯·勒图鲁斯家族的后裔已获得奥古斯都的丰厚津贴。但他仍旧不住地抱怨：为国效劳使得自己没有时间去锤炼自己的演讲技艺。这个勒图鲁斯其实是个吝啬鬼，并且在任何方面都乏善可陈。[6]

小塞涅卡的抨击相当深刻，但只是偶一为之。科奈里乌斯·塔西佗则进行了全面批判，回归了撒路斯特的精神与写作技巧。我们有理由认为，一位

---

[1] *De ben.* 4.30.1.

[2] ib. 4: "sub umbra suorum lateat. ut loca sordida repercussu solis illustrantur, ita inertes maiorum suorum luce resplendeant（让他躲藏在祖先的阴影之下吧。正如龌龊之地会被阳光照亮一样，光辉祖先的无能后代也会被暴露于光天化日之下）."

[3] ib. 2: "Fabium Persicum cuius osculum etiam impudici denotabant（费边·佩尔希库斯之吻连卑贱之徒也要嫌弃）." 参见31.3（斯考鲁斯）。另见2.21.5 f., 其中来自佩尔希库斯和卡尼尼乌斯·雷比鲁斯（Caninius Rebilus）的帮助受到了尤利乌斯·格雷奇努斯（Julius Graecinus）的嫌弃。塔西佗肯定会在现已佚失的某卷里提到佩尔希库斯（公元34年执政官）。与卢奇乌斯·沃鲁修斯不同，法学家（见附录68）雷比鲁斯（公元37年递补执政官）在《编年史》中拥有一篇简短的、评价负面的讣告（14.30.2）。

[4] *Epp.* 70.10（玛库斯·利波［M. Libo，公元16年大法官］）; *Apocol.* 11.2（玛库斯·克拉苏·弗鲁吉［M. Crassus Frugi，公元27年执政官］）。

[5] *Epp.* 83.14, 其中讨论了卢奇乌斯·披索与科苏斯·勒图鲁斯的习惯和对于提比略的价值。

[6] *De ben.* 2.27.1 f.（占卜者勒图鲁斯［Lentulus the Augur］，*PIR*², C 1379）。

元首的形象是经过他精心设计的。元首提比略便是历史学家塔西佗语境中的老伽图，鞭挞着贵族的懒散、无能和奴性。我们可以举出某个字眼或偶然插曲来说明问题——但证据还包括提比略谴责霍腾修斯的整篇演说词。[1]

在竞争激烈、开放的情况下，一名显贵需要使出浑身解数来维持本家族在"元老首领们"组成的寡头制下享有的"尊荣"。为了当选执政官，高贵出身是必要的条件（只有极少例外）。但只有出身还远远不够。贵族必须像新人一样顽强不屈、灵活巧妙地奋斗。否则的话，他就无法保全自己的社会等级与地位。许多家族确实已经没落——政治上的一步错棋、战场上的一次灾难、荣誉或财产的丧失、缺乏精明强干的继承人或突如其来的死亡，都会让它们陷入默默无闻之中。但失败并不总是意味着彻底出局。共和时代末年的政治巨头们会从没落贵族中挑选野心勃勃、掠夺成性的党羽。

当最后一位巨头掌控了"共和国"，建立了中央集权并消灭了一切竞争时，重获新生并获得资助的显贵集团又可以炫耀、吹嘘出身（与功绩毫不相干）带给自己的特权了。相对弱小的成员如今得到了保护。从前的显贵们一直是傲慢的，其中有些人这样做也不无道理。但对许多其他人而言，显贵只是愚蠢或空虚的代名词而已。那两类人如今都很扎眼："蠢货（stolidi）"并不比"闲人（vani）"更好。[2]

罗马贵族从前是一个富于战斗性的贵族集团："贵族源自武德（ex virtute nobilitas coepit）。"[3] 在元首制初期，拥有高贵血统与门第的人物仍旧掌握着军事大权；而在元首奥古斯都领导的战争中，也还有一些贵族能够建立军功。[4] 但战事已变得稀少起来。阿非利加行省总督弗里乌斯·卡米卢斯

1　2.38（见原书第325页）. 但作者在此并未称许提比略的态度。关于那位元首对新人们的提拔，见原书第428、563、589页。

2　撒路斯特曾用非此即彼的方式抨击一名老牌贵族"很难说他的愚蠢和空虚哪个更多一点（perincertum stolidior an vanior）"（*Hist.* 4.1）. 伟人秦那和玛库斯·利波都很"愚蠢"（Seneca, *De Clem.* 1.9.2; *Epp.* 70.10）。关于奥古斯都治下贵族阶层不为人知的另一面，见R. Syme, o.c. 510 f.。

3　Sallust, *Jug.* 85.17.

4　如在色雷斯的卢奇乌斯·披索和在伊吕利库姆的玛库斯·雷必达。

（Furius Camillus）凭借着罕见的运气才重新为自己的家族赢得了桂冠。[1] 显贵们逐渐被元首们所提拔的新人排挤掉。他们在治国方面也不占优势。最优秀的演说家和律师们拥有新鲜血液，依靠自己的活力与雄心崭露头角。出于怨恨或抗拒的心态，贵族阶层或许根本不屑于在自己不堪一击的治国领域参与角逐。于是，他们进入了一种醉生梦死的享乐状态——而醉生梦死在元首们治下的罗马城中往往是安全的。即便富有才华的人也会采用那样的伪装。但那有时并不是伪装——世人发现，某位科奈里乌斯·苏拉确实是一个不折不扣的草包。[2]

显贵们或许已不再为争夺权力而挥金如土。他们的挥霍如今只是为了排场。尤利乌斯-克劳狄乌斯王朝时期的惊人花销腐蚀了贵族阶层，并榨干了他们的财富。[3] 元首并不总会提供赏赐，而贫穷则是最大的恶。贪污腐败与各种形式的可耻勾当应运而生。执政官的后裔们可以为了钱而去给尼禄的公开表演捧场。[4]

他们早在坐吃山空之前就丧失了自己的荣誉。元老们的奴性令元首提比略作呕——相传他总要在离开元老院时留下同一句轻蔑的话语。[5] 新人们并不总是敢于畅所欲言，因为他们有自己的难处。但溜须拍马对于一名贵族而言是不可原谅的。塔西佗在记述某些阿谀逢迎的法令及其倡议者时的态度非常明确——他的用意是指出，元老们的精神堕落早已出现。[6] 那件事发生于提比

1　2.52.5.

2　尽管受到尼禄的畏惧和提格利努斯的看好（14.57），他不过是个"无与伦比的蠢货（socors ingenium）"和"天生无欲无求的家伙（nullius ausi capax natura）"（14.47.1; 3）。

3　3.55.2: "dites olim familiae nobilium aut claritudine insignes studio magnificentiae prolabebantur（从前富可敌国或声名远扬的贵族家族很容易由于铺张浪费而走下坡路）."他们不得不同奥古斯都党羽中若干新人的庞大财富竞争。

4　3.65.3: "nobilium familiarum posteros egestate venalis in scaenam deduxit; quos fato perfunctos ne nominatim tradam, maioribus eorum tribuendum puto（他让那些因贫穷而堕落的贵族后裔登台表演；看在他们祖先的贡献上，我就不列举这些人的名字了）."

5　3.65.3: "Graecis verbis in hunc modum eloqui solitum: 'O homines ad servitutem paratos!'（他总要用希腊语叨咕着说："这些人生来就是这样适合当奴才！"）."

6　2.32.2（原书第279页）.

略统治的第三个年头。历史学家塔西佗无意将之归咎于上一任元首的统治。[1]

作为一种统治形式，元首制在本质上是模棱两可的。显贵集团需要在其中扮演一个虚假的角色：他们失去了权力，但在外表上还保留着荣誉和尊严。自身人格同"自由"联系在一起的麦萨拉·科尔维努斯或许可以怡然自得地展示自己的特立独行；比他更甚的新人阿西尼乌斯·波利奥可以尽情地发挥自己与生俱来的刻薄。这些举动令人印象深刻，但并不能让人完全信服——不友好的批评会指出，麦萨拉和阿西尼乌斯都是革命中的得利者。[2] 下一代人也会模仿父辈的举止。阿西尼乌斯·伽鲁斯维护着自由批评的权利；但他的发言缺乏技巧，效果很差。而麦萨拉的儿子们则因溜须拍马而声名狼藉。他的大儿子麦萨利努斯在《编年史》中很早出现，曾提议每年重复一次对元首提比略的效忠誓言[3]；而在格涅乌斯·披索案结案后，他又提议向复仇者玛尔斯（Mars Ultor）神庙里的金像献祭。[4] 二儿子科塔·麦萨利努斯名声更坏——那是一个狡猾、残忍、肆无忌惮的家伙。诗人奥维德赞美过此人的品德高洁，也没有忽略他对帝国王室的赤胆忠心。[5] 塔西佗则没有为他留下过半点儿赞词。[6]

另外一类贵族留意并擅长为元首提供新的荣誉，并对政府的敌人毫不留情。他们当中的代表是普布利乌斯·科奈里乌斯·多拉贝拉——此人在担任

---

1 有人声称，塔西佗对"阿谀奉承（adulatio）"的评价仅适用于弗拉维王朝时期的元老院，因为"认为在奥古斯都时代成长起来的人们也具备类似奴性的看法实为异想天开"（M. L. W. Laistner, *The Greater Roman Historians* [1947], 135）。维拉莫维茨的观点则截然相反——"第一王朝时代的元老们活该被称为血统高贵的马屁精（κόλακες μεγαλοφυεῖς zu heißen verdienten die Senatoren der ersten Dynastie）"（Wilamowitz, *Der Glaube der Hellenen* II [1932], 547）。
2 11.7.2（在转述演说词的幌子下）。
3 1.9.5.
4 3.18.2.
5 见 *PIR*², A 1488 所提供的证据。他送过奥维德元首的胸像或在家里供奉所使用的小型银像（*Ex Ponto* 2.8.1 ff.）。
6 5.3.3: "promptissimo Cotta Messalino cum atroci sententia（冲在前头、主张严苛的科塔·麦萨利努斯）"; 6.5.1: "saevissimae cuiusque sententiae auctor（恶毒建议的提出者）"; 7.1: "egens ob luxum, per flagitia infamis（因挥霍而一贫如洗，因作恶而声名狼藉）."

行省总督期间的善政并不能掩盖他在罗马城里的蠢行。[1] 这位多拉贝拉曾经建议，提比略应当在视察坎佩尼亚后以统帅的仪式进入罗马城。这个馊主意换来了提比略的愤怒叱责。[2]

为了羞辱那帮卑躬屈膝的贵族们的举动，历史学家塔西佗利用了玛库斯·雷必达的高贵形象。[3] 但似乎很少有人尝试过模仿此人的智慧与尊严——对于某些显贵而言，一生中的高光时刻便是他们去世时的表现。例如，声名狼藉的斯考鲁斯的死法便"配得上古老的埃米利乌斯家族的尊严（dignum veteribus Aemiliis）"。[4]

正如《编年史》所揭示的那样，古老家族的末日正在步步逼近。具体原因是五花八门的。其中最显著也是最致命的因素是他们同王室家族政治的瓜葛。在尼禄统治时期过后，幸存下来的老牌家族已如凤毛麟角。尼禄本人是多米提乌斯·埃诺巴布斯的后裔，身上流淌着尤利乌斯、克劳狄乌斯和安东尼等家族的血液；尤利乌斯-克劳狄乌斯家族提供了整个贵族集团衰亡的核心情节。他们的对手和竞争者也在死去——那些是秦那、苏拉、克拉苏和庞培等巨头的后裔。尽管采用了阴谋乃至暴动等手段，他们还是无法推出一位元首的替代者。

当有人计划反对尼禄、将盖约·披索推上元首宝座时，贵族集团的机会似乎终于到来了。塔西佗对阴谋的许多参与者抱有好感，但其中并不包括那位个性张扬的主角。披索具有平易近人、和蔼可亲等多种优点，但缺乏韧劲和办事能力。简言之，他只是另一个不那么讨人嫌的尼禄而已。他拥有光辉灿烂的门第和颇具影响力的姻缘关系，并辅之以许多美德（至少是表面上的

---

[1] 多拉贝拉（公元10年执政官）是公元14年达尔马提亚的副将（Velleius 2.125.5; *ILS* 938）。
[2] 3.47.4. 作为跟多米提乌斯·阿费尔联手的告密者，"他毁掉了自己的贵族身份与血统（suam ipse nobilitatem, suum sanguinem perditum ibat）"（4.66.2）。
[3] 4.20（同科塔·麦萨利努斯形成鲜明反差）。
[4] 6.29.4. 他被描述为"出身高贵、兼具律师的才华，但生活放荡（insignis nobilitate et orandis causis, vita probrosus）"（ib. 1）。另参见3.66.2: "ille Scaurus quem proavum suum obprobrium maiorum Mamercus infami opera dehonestabat（那位饱受非议的斯考鲁斯又被他曾孙玛麦尔库斯的可耻行为所玷污）."

优秀品质）。披索是个雄辩、慷慨、风度翩翩的人物；他的英俊外表也饱受赞誉。但尽管拥有那么多优点，他仍然只是一个享乐主义者和轻浮的家伙。[1]

塔西佗设计的叙述体系说明了披索的性格：《编年史》几乎没有怎么提及披索本人，从而证实了他的无足轻重。其他人则吸引了塔西佗的关注，促使他记载了关于他们的举动与死亡方式的丰富细节。事实上，披索也确实什么都没有做。他在何时以何种方式死去的问题几乎无人关注。[2] 与此相反，执政官尤利乌斯·维斯提努斯——一位大胆机智、经常嘲笑尼禄的人物——却十分引人注目。[3] 维斯提努斯甚至没有被谋反者们拉入圈子——他们害怕此人遗世独立的脾气。小塞涅卡也没有参与阴谋，但坚定、勇敢的小塞涅卡一直到死都扮演着主导角色。[4]

小塞涅卡并不渴求权力。小塞涅卡等人会质疑，只是为了用披索取代尼禄的话，付出破坏长期以来的王朝稳定、可能引发将领与军队哗变的代价是否值得。尼禄谋臣中的一些人是谨慎且头脑清醒的。[5]

古老贵族们的第二次（也是最后一次）希望寄托在家世悠久的贵族苏尔庇奇乌斯·伽尔巴身上。他的祖上因严酷、残忍而享有恶名。元首奥古斯都恢复了苏尔庇奇乌斯家族的地位，让一个寸功未立的家族成员当上了执政官。[6] 那位执政官的儿子利用了自己的家世，赢得了王朝的恩宠。对传统的古风美德观念抱有敌意的塔西佗把他描述成了一个倒霉的失败者。

自己无后的伽尔巴过继了一位披索，想把元首头衔传递给克拉苏与庞培

---

[1] 15.48.2 f. 他的动机在52.4 f.中受到了指摘。
[2] 61.4 f.，作者还指出"他的遗嘱因对尼禄令人作呕的谄媚而闻名于世，但也表达了对妻子的爱意。后者出身低微，但由于颇有姿色而被他从她的丈夫，即他自己的朋友身边夺来（testamentum foedis adversus Neronem adulationibus amori uxoris dedit, quam degenerem et sola corporis forma commendatam amici matrimonio abstulerat）"。
[3] 68 f.
[4] 60-64. 毫无畏惧（61.2）；毫不谄媚（62.1）。
[5] 倘若科切乌斯·涅尔瓦在洞察反对尼禄的阴谋过程中发挥过积极作用的话（参见15.72.1），那一事实也未必全然对他不利。
[6] R. Syme, o.c. 511.

的后人。[1] 接下来走马灯式交替的三位统治者向世人表明，权力已移交给更新的家族。奥索与维特利乌斯的父亲们因忠诚效劳而得到了元首提比略的提拔，一直享受着王室赐予的荣誉。韦伯芗的父亲甚至连元老都不是。

伽尔巴迅速破产的实验使得共和时代的祖先门第一蹶不振，再也无法影响元首候选人的产生。30年后，科切乌斯·涅尔瓦的登基向世人表明，在革命年代跻身统治阶层或得到元首奥古斯都庇护的骑士与意大利家族也已成为明日黄花。

科切乌斯家族来自纳尔尼亚（Narnia），位于萨宾人和翁布里亚人（Umbrians）聚居区交界处的一处古老拉丁人殖民地。[2] 涅尔瓦的父亲娶了屋大维·雷纳斯（Octavius Laenas）的女儿；屋大维·雷纳斯是来自亚平宁山区中部玛尔西人（Marsi）聚居区的一名新人。这位屋大维的一个儿子又同王室建立了联系——他的妻子是鲁贝莉娅·巴莎（Rubellia Bassa）、元首提比略的曾外孙女。[3] 屋大维·雷纳斯家族已变得几乎默默无闻，在整整两个世代里都没有产生过执政官；鲁贝利乌斯家族也已经式微，甚至有可能业已绝嗣。但涅尔瓦的家族和亲戚，以及其他一些贵族突然在公元96—97年间变得举世瞩目。[4]

塔西佗对科切乌斯·涅尔瓦的看法或许在他对伽尔巴的统治——以及伽尔巴对继承人的选择——的记载中可以窥见一斑。但那是另一回事。塔西佗在《编年史》中记载了涅尔瓦的祖父、一位著名法学家的去世。[5] 寥寥数行之后，他又交代了鲁贝利乌斯·布兰杜斯（Rubellius Blandus）同尤利娅（元

---

[1] 关于相关家族谱系，见原书第385页。
[2] Victor, *De Caes*. 12.1, 参见 *Epit*. 12.1。
[3] *ILS* 281 (涅尔瓦的母亲); 952 (鲁贝莉娅·巴莎). 更多信息见附录1。
[4] 见附录1。如卡尔普尼乌斯·克拉苏（Calpurnius Crassus）。此外还有阿西尼乌斯家族（Asinii）中的若干成员，他们是伽鲁斯（Gallus）和维普萨尼娅（Vipsania）的后人。关于他们的谱系，见 J. H. Oliver, *AJP* LXVIII (1947), 157. 公元86年执政官塞尔维乌斯·科奈里乌斯·多拉贝拉·佩特罗尼亚努斯（Ser. Cornelius Dolabella Petronianus）当时可能仍在人世，参见 *PIR*[2], C 1351：他是伽尔巴亲戚的儿子（见原书第151页）。
[5] 6.26.1 f.

首提比略的孙女）的婚姻。按照史学家塔西佗的说法，这场婚姻引发了公众的哀叹与义愤。[1] 此外，还有两位公主（日耳曼尼库斯的女儿们）也在这一年订婚；但作者却将那件事放在另一处记述，同尤利娅和鲁贝利乌斯的婚事隔开。其中一位公主（德鲁西拉）准备嫁给卢奇乌斯·卡西乌斯·隆吉努斯；另一位（尤利娅·里维拉）则要嫁给玛库斯·维尼奇乌斯（M. Vinicius）。维尼奇乌斯的父亲和祖父都担任过执政官，但他的祖上却是意大利人。塔西佗叙述了事实并对此嗤之以鼻。但他的语气并非怒不可遏。[2]

鲁贝利乌斯和尤利娅生下的儿子足以让批评者们闭嘴。塔西佗对鲁贝利乌斯·普劳图斯极尽赞美歌颂之能事，认为他一生中的举止令人钦佩，在临终时也展示了勇气、保全了名节。[3] 那场婚姻所生育的其他后裔则或许不值得被视为美德与成就的榜样。

而在抨击门第的讽刺诗中，朱文纳尔则将尤利娅之子鲁贝利乌斯·布兰杜斯树立为首要靶子。[4] 那个鲁贝利乌斯毫无功绩或天赋，老气横秋、毫无活力——只是一具行尸走肉而已。[5] 他在法庭诉讼中只配跟出身低微的律师和来自贱民的演说家搭档。[6] 那位讽刺诗人或许还应当补充说，这个鲁贝利乌斯在两方面都辱没了自己的祖先。他不仅忝为贵族之后；他的愚蠢和麻木也玷污了自己那位活力四射的先人的"多才多艺（bonae artes）"——那位来自提布尔的意大利骑士曾在罗马教授过演说术。[7]

朱文纳尔笔下的鲁贝利乌斯形象无法在其他文献中得到证实。他或许真

1　27.1.

2　15.1: "Vinicio oppidanum genus: Calibus ortus, patre atque avo consularibus, cetera equestri familia erat, mitis ingenio et comptae facundiae（维尼奇乌斯来自城镇卡勒斯。他的父亲和祖父担任过执政官，但家里的其他亲戚都是骑士。此人富于写作才华，口才出众）." 他的祖父和父亲分别是公元30年和公元45年的执政官。

3　见原书第555页。

4　8.39 ff.

5　53 ff.: "nil nisi Cecropides truncoque simillimus Hermae. | nullo quippe alio vincis discrimine quam quod | illi marmoreum caput est, tua vivit imago（你不过是刻克洛普斯的后裔，酷似那尊赫尔墨斯像，你强过它的唯一一点在于：它的头是大理石的，而你是一具行尸走肉）."

6　47 ff.

7　PIR^2, R 80. 老塞涅卡多次提到过他。

实存在，或许只是一个恶意杜撰而已。[1]同时代人可以从科切乌斯·涅尔瓦身上看到许多没落贵族的真实特征。元首涅尔瓦宣告了那个在战争中跻身贵族之列并通过法学家的才华提高了自身声望的家族已走到了穷途末路。[2]涅尔瓦可不是什么法学家，甚至连公共演说家都算不上。[3]

出身、演说术与法庭诉讼中的表现在尼禄时代之后依旧重要，但仅靠它们是不够的。涅尔瓦也无法找到并起用显贵担任自己的治国帮手。在他的心腹中，我们可以确认5个人的名字。[4]那5个人里没有一位的父亲当过执政官，并且他们都是（就我们所掌握的情况而言）各自家族中的第一位元老。图拉真治下第二批元老们的名单也与此相仿。[5]

如果说在图拉真当政、塔西佗写作的年代里，后三头与奥古斯都时代执政官的后裔已不太多见的话，共和时代的显贵后代则因其稀少而自命不凡。据说他们得益于图拉真的溺爱。他奉还了那些人的豪宅，帮助他们积累起财富。[6]他还热衷于恢复那些被人遗忘的古老姓氏的声誉，快速拔擢其后人以纪念共和国。[7]

但事实却恰恰相反。在执政官头衔赐予方面，图拉真似乎较图密善对贵族们更不友好。元首图密善还允许过若干贵族担任名年执政官。[8]图拉真在最

---

1 见附录1。
2 玛库斯·科切乌斯·涅尔瓦（M. Cocceius Nerva）（PIR^2, C 1224）是他的祖先，公元前36年执政官。提比略的朋友、那位著名的法学家（公元21或22年递补执政官）可能是他的孙子。
3 Fronto, p. 123 N = Haines II, p. 136: "et Nerva facta sua in senatu verbis rogaticiis commendavit（涅尔瓦在元老院里借用别人的话称赞了他的做法）." 玛提阿尔对其 "口才（facundia）" 的赞美（Martial 8.70.2）十分谨慎，并且很能说明问题。
4 见原书第3页。其中3人来自意大利北部，2人来自纳旁高卢。
5 见原书第599页。
6 Pliny, Pan. 50.3: "ergo in vestigia sedesque nobilium immigrant pares domini（同样高贵的新主人们登堂入室）."
7 69.6: "sunt in honore hominum et in ore famae magna nomina <excitata> ex tenebris oblivionis indulgentia Caesaris, cuius haec intentio est ut nobiles et conservet et efficiat（伟大的名字如今受人尊重，被人们挂在嘴边。他们被元首的隆恩从遗忘的深渊中拯救；他不仅保全还重新造就了显贵们）."
8 如公元91、92、94、96年（来自后三头或奥古斯都时代的、硕果仅存的3个老牌贵族家族）。关于跟塔西佗同时代的贵族，见附录24。

开始赏赐荣誉时则根本不考虑出身高贵的人（他重视的是新元首的盟友和自己的真实政策）；贵族们二度享受束棒护身荣耀的希望更是极其渺茫。[1] 在图拉真统治期间，贵族家族成员迟至公元104年才第一次担任了名年执政官。[2] 长期缺席之后，公元111年的执政官名单才再度出现了令人追忆起共和国的显贵姓氏。[3]

显贵们的唯一用途便是作为历史遗物而得到保存与展示。由于害怕元首的缘故，那些空有响当当名字的孱弱贵族后裔们远远躲开元老院和罗马广场，爬进自己的豪宅避难，躲到乡村宅邸里远离尘嚣。[4] 想让他们消除恐惧不是一件容易的事情，并且他们确实也并不总是安全的。一个响亮的名字令人回想起罗马曾经辉煌的时代。[5] 卡尔普尼乌斯·克拉苏延续着李锡尼乌斯·克拉苏家族（Licinii Crassi）和卡尔普尼乌斯·披索家族的血脉，并且他的母系一支还是伟人庞培的后裔。就我们所掌握的情况而言，他是个与世无争的人，并且很注意遵守那个时代的行为规范。但这位老牌贵族的后裔还是躲不开一而再、再而三的谋反猜忌：他遭到了流放，最后被处决了。[6]

另一位披索的命运同样悲惨。他专注于创作神话题材的哀歌体诗篇，并以感人的优雅和谦逊姿态朗诵自己的作品。[7] 小普林尼情不自禁地对他的创作表示赞赏。他拥抱过那位作者，勉励后者继续那项业已开始的事业——将自己从祖先那里继承的火炬传给后世。

小普林尼盛赞那种卖弄学问的、对罗马贵族而言不务正业的诗歌创作，

---

1 关于二度出任执政官的例子，见原书第599页。
2 玛库斯·阿西尼乌斯·马塞卢斯。
3 盖约·卡尔普尼乌斯·披索。
4 Pliny, *Pan.* 44.5.
5 69.5: "illos ingentium virorum nepotes, illos posteros libertatis (伟人的子孙们、自由的后裔)."
6 见原书第9、241、477、485页。他可能并非 Fronto, p. 151 N = Haines II, p. 76中提到的那个人——"一如我们的时代里关于那位克拉苏的记忆难见天日一样（ut nostra hic memoria Crassus lucem fugitabat）"。
7 Pliny, *Epp.* 5.17. 或许还有盖约·披索（公元111年执政官），后者也许是尼禄时代那个谋反者的孙子。

认为那是适合历史悠久的披索家族的事业。他向上天祈祷，希望其他拥有高贵出身与良好教养的年轻人也能写出类似的精彩作品；并且他还是用一种自鸣得意、屈尊俯就的口吻宣称，那种行为是"合乎我们的显贵们的（nobiles nostri）"。贵族们的后代确实已经沦落到这步田地。他们如今有可能会接受某位趾高气扬的暴发户的庇护。热情洋溢的小普林尼为我们揭示了他那个时代约定俗成的褒贬标准。

当图拉真接替了涅尔瓦、"美德"征服了门第之际，这一事实已不容否认——但人们却有充分理由对此加以掩饰。御用的颂词作者小普林尼的举动足够谨慎——他没有贬损贵族或赞美新贵。在赞美图拉真时，他声称元首足以同古时战功卓著的英雄们——法布里奇乌斯、卡米卢斯或西庇阿——相提并论。[1] 诚然，其中的那位法布里奇乌斯是位新人。但法布里奇乌斯如今已属于传说与修辞学的范畴，即便不值得盛赞也注定是无害的。演说家小普林尼并没有提及有血有肉的真实贵族祖先，如盖约·马略或玛库斯·维普萨尼乌斯·阿格里帕（M. Vipsanius Agrippa）。

《编年史》的作者并不在乎那样的禁忌。从尤利乌斯-克劳狄乌斯王朝时代叱咤风云的寡头集团的兴衰变迁中，他辨认出了后来主导他那个时代与世代的人物的先人。他会准确、醒目地记录那些新人的地位与品质。

其中地位最低的那些人依靠的是普普通通的业绩、始终如一的忠心耿耿和元首的庇护。波佩乌斯·萨比努斯就是这样的例子，他曾在许多年里指挥着一支数目可观的军队。塔西佗冷冰冰地评价他"表现平平、无足称道（par negotiis neque supra）"。[2] 接替他治理默西亚行省的迈米乌斯·雷古鲁斯在名利场中取得了更大的成功——他3次担任祭司，并娶到了洛里娅·波琳娜。[3] 他的聪明睿智和持之有度酷似元首提比略时代里那些找到并遵循了政治上的中庸之道的贵族。当尼禄身患重病、廷臣们公开表达着自己的不祥预感

1　*Pan.* 13.4.
2　6.39.3.
3　*ILS* 8815（德尔斐）；*I. l. de Gaule* 683（鲁斯奇诺［Ruscino］），等等。

时，元首安慰他们说:"共和国"在迈米乌斯·雷古鲁斯手里将是安全的。[1]

尽管名声在外，迈米乌斯还是得享善终。他全身而退的法宝是"缄默"。但就连"缄默"也救不了瓦勒里乌斯·阿西亚提库斯。即便没有其他因素的话，他在卡里古拉遇刺后的大胆举动也足以让自己成为一个危险人物。他的勇气与尊严是大多数贵族所不具备的——并且他光明磊落的一生也远远胜过那些人。[2]

尼禄的统治以对拥有王室血统的玛库斯·希拉努斯的谋杀拉开帷幕，逐渐发展成一场对老牌贵族的大屠杀。许多贵族家族彻底绝嗣。但在历史学家塔西佗眼里，尼禄手下最主要的牺牲品是3位新人——小塞涅卡、特拉西亚和科布罗。[3] 他们的美德各不相同。第一位拥有超凡绝伦的文学与演说才华；第二位具备高贵与遗世独立的品质；第三位的治军声誉远超过普通元老的水平，是个不折不扣的"统帅之才（capax imperii）"。[4]

或许历史学家塔西佗过分强调了这三个角色的历史地位。小塞涅卡并非尼禄统治唯一的谋士与重臣。从目的或成就上看，科布罗组织的那些战役也不值得在《编年史》中占据那么大的篇幅。并且我们也不清楚，特拉西亚·佩图斯的党派是否构成了对政府的直接威胁。但塔西佗自有他的道理。最显而易见的理由是构建戏剧性对比的需要。最重要的理由则在于，塔西佗坚持认为，罗马史不能只是尼禄个人的历史。但我们还可以（并且应当）指出，小塞涅卡、科布罗与特拉西亚在作者的布局谋篇和思想体系中占据着更显著的地位，那是不受他们的具体活动及其时空范围的局限的。

无论如何，塔西佗很注意不让自己一味描述这几个人的优秀品质。几处暗示让读者对科布罗有所保留；对特拉西亚的批评不时闪现；他还摆明了批

---

[1] 14.47.1. 历史学家塔西佗对迈米乌斯·雷古鲁斯表现出了特别的兴趣与好感（见附录60、82）。他可能对此人生涯中的某些经历进行了与众不同的解读（参见附录82）。

[2] 11.1 ff.

[3] 这位将领（而非他的父亲，PIR^2, D 141）也许是公元39年的递补执政官。无论如何，这是一个新兴家庭。参见附录83。

[4] 关于他跟贵族和尼禄敌人们的联系，见上文，原书第560页；关于他麾下的副将们（legati），见附录84。

评小塞涅卡的各种观点。

我们很容易从中看到显贵同新人之间的对比。一边是奢侈与碌碌无为；另一边则是活力与人格完整。这一定式本是共和时代的新人们在争夺官职与晋升道路的斗争中设计出来的。帝国则继承了那一传统——野心家和他们的庇护人不加批判、不约而同地利用了这套说辞。

塔西佗对此进行了修正。一系列简洁的肖像刻画揭示了元首治下仕途成功所必备或磨砺出的品质。军功、口才和法学造诣——那是罗马传统所要求、被元首制沿袭下来的新人晋升之路。[1] 三个令人厌恶的、活到了提比略统治时期的老人证明了该体系的存在——并驳斥了对奥古斯都时代前执政官价值的一切正面概括。

出身卑微、来自拉丁姆小镇的苏尔庇奇乌斯·奎里尼乌斯凭借军事才干当上了执政官；他随后手握重兵，为奥古斯都立下了汗马功劳。与某些见风倒的投机分子不同，他对隐居罗德岛的提比略特别尊敬，并因此而得到了一系列优待——财富、荣誉、影响力、令人瞩目的婚姻和身后的国葬。塔西佗在其讣告里的一处注脚中写道，这个奎里尼乌斯因为贪婪成性和到处结仇而受到世人的切齿痛恨。[2]

口若悬河的演说家昆图斯·哈特里乌斯在修辞学校里是大胆且出言无忌的，甚至敢于在那里发言反对暴政、哀叹自由已一去不复返。[3] 但他不敢

---

[1] 4.6.2 (提比略的做法): "mandabatque honores, nobilitatem maiorum, claritudinem militiae, inlustris domi artis spectando (综合考虑候选人的家世高贵程度、军功与文职荣誉)。" 参见李维对老伽图的评价："在法学、演说术与军功荣誉等方面都取得了极高成就 (ad summos honores alios scientia iuris, alios eloquentia, alios gloria militaris provexit)" (Livy, 39.40.5)。

[2] 3.48. 在迎娶埃米莉娅·雷必达 (Aemilia Lepida) (曾跟王子卢奇乌斯订过婚，参见3.22 f.) 之前，奎里尼乌斯曾娶过一位克劳狄娅——"阿皮乌斯之女 (Ap. f.)" (CIL VI, 15626, 参见37865)。关于他的履历，见R. Syme, o.c. 399。提比略在对元老院发表的演说中很可能亲口提到过奎里尼乌斯的家乡 (拉努维乌姆)。

[3] Seneca, Suas. 6.1: "Cicero, quid in alieno saeculo tibi? iam nostra peracta sunt (西塞罗啊，你在这个陌生的时代里还剩下什么？我们的时代已经终结了)"; 7.1: "quod ad me quidem pertinet, multum a Cicerone absum: tamen non taedet tantum me vitae meae sed pudet (就我而言，我与西塞罗风马牛不相及——但我并不欣赏自己的生活，反而为之感到羞耻)。" 关于对他加以批评的讣告 (Ann. 4.61)，见原书第324页。

在其他任何地方发表那样的言论。哈特里乌斯在元首提比略面前是卑躬屈膝的。[1]他曾提出议案,要将元首的某些敕令镌刻成金字,永久性地展示在元老院里。哈特里乌斯就是这样一个"阿谀奉承、愚不可及的老家伙(senex foedissimae adulationis)"[2]。有其父必有其子——他的儿子是个残酷、邪恶之徒;他的孙子则是一个酒囊饭袋。[3]

在对现政权卑躬屈膝方面同样臭名昭著的是博学的律师阿泰乌斯·卡庇托;他的祖父是苏拉军中的一名百夫长。奥古斯都让他当上了执政官,风头压倒了学术水平与他旗鼓相当(如果不是更胜一筹的话)的竞争对手——后者是一名独立的共和派。[4]历史学家塔西佗揭露了阿泰乌斯的所作所为。当元首提比略对一次大逆罪审讯采取了息事宁人的做法时,阿泰乌斯义正词严地表达了自己的愤慨——但他的姿态骗不了任何人。他抗议道,不可让罪恶逃过惩罚。元首可以宽宏大量,但如何能够宽恕对"共和国"的冒犯呢?提比略看穿了他的心思;于是这位精通凡俗法律与神圣仪式的专家灰头土脸地遭到了一顿呵斥。[5]

追求财富和荣誉的新人们是贪得无厌、肆无忌惮、阿谀奉承的——如果不是更糟的话。奎里尼乌斯、哈特里乌斯和阿泰乌斯·卡庇托或许还能以此

---

[1] 1.13.6: "constat Haterium, cum deprecandi causa Palatium introisset ambulantisque Tiberii genua advolveretur, prope a militibus interfectum, quia Tiberius casu an manibus eius impeditus prociderat(众所周知,哈特里乌斯在进宫请求宽恕时,看到提比略走过来便跪倒在地。但他差点儿被卫兵杀死,因为元首摔了一跤——也许是纯属偶然,也许是被求饶者的手绊倒了)."

[2] 3.57.2.

[3] 见原书第324页;关于对他的儿子哈特里乌斯·阿格里帕(Haterius Agrippa)(6.4.4)的描述,见原书第345页。

[4] 3.75. 正是阿泰乌斯·卡庇托解读了西比尔预言,认为奥古斯都应当在公元前17年举行轮回庆典,开启(似乎如此)新一轮110年周期(Zosimus 2.4,参见M. P. Nilsson, P-W I A 1710)。历史学家塔西佗的说法"奥古斯都让他当上了执政官(consulatum ei adceleraverat Augustus)"很难成立,参见附录68。

[5] 3.70.2: "Capito insignitior infamia fuit quod humani divinique iuris sciens egregium publicum et bonas domi artes dehonestavisset(卡庇托陷入了名誉扫地的境地——尽管他通晓世俗与神圣的法律,却辱没了公共与自己家里的良好传统)."跟"不名誉(dehonestamentum)"一样,"辱没(dehonesto)"也是一个被塔西佗用来增强表达效果的、罕见但有力的字眼。

为自己辩护。但还有一些糟糕得多的事情。一些才华横溢的演说家为了仕途或宫廷、权臣的恩宠而变成了告密者,让受害人遭到财产充公与流放之刑,对他们进行司法谋杀或逼迫他们自尽。最伟大的演说家多米提乌斯·阿费尔便得到了恶劣名声。苏伊利乌斯·鲁孚斯在成就与口才上都略逊阿费尔一筹;卢奇乌斯·维特利乌斯的演说水平则不及其纵横捭阖、利用庇护关系的能力。与这些同时代人相比,小塞涅卡已足够光明磊落——他在早年生涯中并未通过告密赢得声名与富足;当他作为尼禄麾下的权臣执掌权力时,他的执政也是温和的——无论他积累了何等巨大的财富,逐利并不是他的根本动机。[1]

那个时代的伟大新人也是其"文学巨擘(princeps eruditorum)"。[2]小塞涅卡的作品以及他的政治角色与行为举止遭到了诋毁。[3]这种贬损可以信手拈来,并且也很少有人(或许根本没有)会去为小塞涅卡进行辩护。某个家族、某个党派和持某一立场的人还会珍视特拉西亚·佩图斯的身后名誉。小塞涅卡尽管同样是尼禄的牺牲品,却并未被视为自由的烈士。他在这方面的遭遇同西塞罗相似(严格意义上的真正共和派拒绝承认西塞罗属于他们的阵营);但他却缺乏西塞罗的后世美名。[4]历史学家塔西佗重建了平衡。他富于同情心的认识反映了作者自己人格与理想中的一些因素——简言之,他是一位尽自己最大努力为"共和国"效劳的文人,并不抱有幻想和多少希望。[5]

小塞涅卡的名字令人想起声名、社会风尚、生存的风险——以及天才同

---

1 De vita beata 23.1: "Habebit philosophus amplas opes, sed nulli detractas nec alieno sanguine cruentas (哲学家可以拥有巨大财富,但不能是从别人那里夺来的或沾着血污的)."
2 Pliny, NH 14.51.
3 关于昆体良的指责,见原书第336页。在文风上,小塞涅卡是反对西塞罗的(Epp. 114.16);他也反对复古派(17 f.),因此不受科奈里乌斯·弗隆托的同时代人欢迎。
4 玛库斯·奥勒留心目中的英雄是伽图、布鲁图斯、赫尔维狄乌斯与特拉西亚(Ad se ipsum 1.14)。
5 关于塔西佗对小塞涅卡的公允态度,见R. Waltz, Vie de Sénèque (1909), 15。但他的态度或许不仅仅是公允而言。另一方面, B. Walker, The Annals of Tacitus (1952), 222 ff.; E. Paratore, Tacito (1951), 669; 689则认为塔西佗对小塞涅卡抱有敌意。

出身与特权、嫉妒与诽谤之间无休止的斗争。塔西佗延续着这场斗争。他进入荣誉生涯的第一步便引发了这位年轻演说家同某些根深蒂固的势力以及来自古老或晚近贵族家族对手（后者的地位并不总是比塔西佗自己高出许多）之间的竞争。但如果他曾在当时和此后的仕途中遭受过挫折或冒犯的话，他也未必会抛弃从前用来保护、美化罗马贵族声誉的所有既定信仰。然而，但他开始着手写作《编年史》、研究提比略时代显贵们的举止时，他发现的一切足以粉碎对那些"大人物（magna nomina）"的一切人云亦云的幻想。历史学家塔西佗从元首提比略的言行中汲取了勇气，抨击了贵族阶层的缺陷。与此同时，他又像撒路斯特那样，对本阶级铁面无私，没有放过整个元老阶层。

新人出身对于历史学家而言是件好事。自己的出身并未促使塔西佗去撰写地方性的或区域性的历史——那是博古性质的、微不足道的题材。但在处理更宏大、更核心的主题时，他可以像理解罗马那样去理解意大利，像理解意大利那样去理解诸行省。[1] 诚然，许多新罗马人推崇过去，对上流社会的信条和主张充满怀疑。他们有时会盲目崇拜老牌贵族后裔所代表的传统。但天才或自信总能摆脱成见的束缚。那位新人的判断力和社会地位都得之于他的不懈努力。对本人成就的自豪感让塔西佗站在与凭功绩赢得社会地位的古老贵族祖先们相同的高度上，可以直视（或无视）他们的子孙后代。同时代的阿西尼乌斯家族已经无足重轻。塔西佗尊重的是他们的祖先——并且他自己还在创作罗马史方面后来居上。[2]

自始至终，科奈里乌斯·塔西佗在《历史》和《编年史》中的主题都不仅仅是从元首奥古斯都去世到图密善遇刺期间10位元首的个人历史。他讲述的是元首权力同罗马元老院斗争的历史。无论在共和国还是帝国时期，寡头制都是罗马史中恒常存在的要素；它在大部分情况下都是稳定的，变化的只

---

[1] 像监察官伽图——或不如说是用"三重心灵（tria corda）"（麦萨皮亚[Messapia]、希腊和罗马）创作《年代记》的诗人恩尼乌斯，参见Gellius 17.17.1。

[2] 如波利奥，见原书第136页。

有其人员构成。寡头集团的成员、等级头衔、行为举止与兴衰变迁是历史学家塔西佗持续关注着的东西。

在政治角逐中，出手者并不一定是真正的竞争者，更不一定是最后的胜利者。当罗马城内的贵族党争不断演化、嬗变，将意大利和整个地中海世界席卷进来后，一些最后终结了共和政体、引入元首制的力量开始发挥作用。元首制虽然在一段时期内建立了和谐局面、保全了贵族阶层，却在和平岁月里逐步摧毁了贵族集团。元首需要自己的代理人和臣子；于是新人们看到天才和野心的晋升之路变得畅通无阻，从前的一切障碍则一个个被清除。

元首的代理人们攫取了贵族的遗产。他们控制了庇护关系，地中海世界的统治者掉进了他们的陷阱。他们治理着罗马的帝国版图，在一切技艺上出类拔萃，甚至定下了整个社会的调子。在表面上，一切都是在任人唯贤的原则下运作的。但进一步反思则会引起我们的疑虑：这些新兴阶层真的胜任了自己的使命吗？

贵族传统不足以保护那些古老家族远离元首制下生活中的种种危险或诱惑。新人们不知道自由为何物；他们在帝国体系下按部就班地发展自己；天生的活力恐怕无法抵挡被成功冲昏头脑或官僚体系磨出来的循规蹈矩。在共和国里，开放的竞争是宝贵的、令人振奋的。对那种精神的记忆在帝国里仍然维持着。但"元首的戒律（disciplina Caesaris）"消弭了竞争，元老最终成了一个四平八稳的职业。"平安"取代了"自由"。有些东西在这一转化过程中失去了。帝国及其臣仆很快就丧失了全部必不可少的韧性——无论是为了抵御带着武力与怒火卷土重来的北方蛮族，还是为了在东山再起的东方步步紧逼面前维系罗马精神的完整性。

如今，典型的新人乃是外省居民。继意大利之后，西部行省控制了罗马的权力，西班牙人穿上了元首的紫袍。罗马人民史中心主题的最后一章就这样落下了帷幕。塔西佗或许错过了一个机会。他本应把那一章记述下来。或许他确实以自己的方式完成了那个任务。该主题在他的作品中并不明显——但却通过默默的暗示、令人浮想联翩的名字或对虽然零散但彼此关联密切的事件的择取与强调得到了呈现。行省罗马人的胜利是漫长历史发展积累下来的结果,并启发研究者追溯到遥远的过去。那些用来解释图拉真、哈德良的因素或许也能够解释科奈里乌斯·塔西佗其人。

第九部分

新罗马人

第四十三章　行省居民的崛起

元首们保存并利用了自由国家的体制。它的框架和组织原则都保留了下来。然而，罗马政体并不存在真正的延续性。延续性体现在统治阶级身上。一位罗马元首在对禁卫军的讲话中解释了这一点：最初由罗慕路斯设立的元老院从王政时代到帝国时期屹立不倒，并且是永远不朽的。[1]

最初的元老院在成员方面非常驳杂：里面有拉丁人、萨宾人和伊达拉里亚人。随着罗马不断拓展自己在意大利的领土，其他族群也成了它的臣民与盟友，其权贵家族也频繁前往罗马。在元首们的统治下，第一批来自其他族群的人物凭借出身、财富和卓越品质进入了帝国元老院。这一进程早在意大利被罗马统一之前就开始了，并随着意大利新人的晋升自然而然地发展起来。导致这一现象的原因有三——意大利的地理环境、诸行省的分散和罗马公民权的性质。

意大利的地形结构、当地族群的多样性和罗马政府的谨慎政策共同决定了意大利的统一必然是一个漫长的过程。意外和暴力加速了该进程。当盟友们在公元前91年起义之际，仍有很多地区处于罗马的版图之外：伊达拉里亚大部、翁布里亚、中部高地、萨姆尼乌姆（Samnium）和卢卡尼亚（Lucania）都还是自治的。并且尽管同盟者战争之后的公民权赐予将罗马公民的版图范围向北推进——不仅抵达了亚平宁山区，还到达了波河流域，亚

1　*Hist.* 1.84.4（原书第155页）.

平宁山区和阿尔卑斯山之间的地区在公元前42年之前仍保持着屈辱的行省级别状态。[1] 但那并非"全意大利团结起来（tota Italia）"的主要障碍。真正的障碍在于地方性的忠诚感、异族语言和对旧日仇怨的记忆仍旧顽固。那导致了另一场天翻地覆的大变革。在革命中浴火重生的意大利俨然是一个和谐有序的民族；它保留着地方自治的自由，但同时尊奉元首奥古斯都治下的中央权威。

与此同时，罗马人民（Populus Romanus）的版图已远远超出意大利的疆界。早在意大利大部分地区还属于异邦、意大利北部人还只是一批土著部落的合称时，罗马生活方式的种子已在行省孕育。它们的根基深植于过去。第二次布匿战争结束后，罗马军团便开始驻守两个西班牙行省的要塞。罗马老兵和意大利盟友们逐渐忘却了家乡的困苦与贫穷。他们留在后方的富饶土地上过着舒适的生活，其分布范围从塔拉科沿着近西班牙行省海岸直抵新迦太基，还渗透到了贝蒂斯（Baetis）河谷。贸易与矿藏资源吸引着冒险家们。当同盟者战争爆发，内战接踵而至时，许多政治避难者逃到了遥远的西方——其中包括被苏拉迫害的萨谟奈特起义者、伊达拉里亚人和马略的意大利党羽。[2]

长期以来，西西里一直遭受着税吏和商人的剥削；贸易团体渡过亚得里亚海来到了达尔马提亚海岸；阿非利加已对定居者开放；公元前118年，罗马人在高卢南部的纳旁建立了殖民地和"行省"。最后，让这一进程达到高潮的是，凯撒、后三头和奥古斯都在西方建立了许多用于安置老兵的殖民地。[3]

在大部分新建城镇中，土著居民的上层阶级都跟士兵们建立了联系。[4] 与此同时，除殖民地以外，罗马公民权也在相对文明开化的地区快速扩散。

---

1 见附录93。
2 关于西班牙的罗马人和塞尔托里乌斯的党羽，见E. Gabba, *Athenarum* XXXII (1954), 297 ff.
3 F. Vittinhoff, "Römische Kolonisation und Bürgerrechtspolitik unter Caesar und Augustus", *Akademie der Wissenschaften u. der Literatur*, Abh. 14 (Mainz, 1951).
4 *Ann.* 11.24.3, 参见 *Hist.* 4.65.2（建立较晚的科洛尼亚·克劳狄亚）。

土著部落的中心聚居点变成了拥有拉丁公民权的城镇。拉丁人通用的法律（ius Latii）和行政官吏们获得的公民权意味着忠诚、富有的家族们掌握了一条按部就班、水到渠成的晋升之路。不久之后，纳旁高卢大部和西班牙境内的许多地区便取得了跟意大利北部平起平坐的地位——并且拥有相似的发展前景。

领导罗马人民军队或为帝国政府征战沙场的行省总督们在行使军事指挥权方面是独断专横的；他们通过将城镇、王公、部落和整个行省纳入自己的保护与庇护网络而壮大了自己的权势。行省权贵变成了总督的被保护人，获得了罗马公民权，往往还拥有了恩主的姓氏。领导这次行省势力入侵的急先锋是两位科奈里乌斯。其中之一是巴尔布斯（Balbus），来自地中海世界西部最远端、由布匿人建造的加的斯的富有权贵。先后担任过庞培与凯撒党徒的巴尔布斯成了凯撒继承人的代理人，并于公元前40年当上了执政官。另一位是诗人与冒险家伽鲁斯，革命年代战争中的将领和埃及被征服后的第一任省长。伽鲁斯来自纳旁高卢境内的尤利乌斯广场镇；根据后人的推测，他应当是具备当地王族血统的。巴尔布斯和伽鲁斯的父亲取得公民权和罗马贵族姓氏（gentilicium）的方式同样值得关注：庇护他们的都是伟人庞培领导下在西部行省担任公职的科奈里乌斯·勒图鲁斯家族成员。[1]

在法庭上为巴尔布斯辩护的西塞罗声称，罗马人已不在乎并且从不在乎一个人的出身。因此，他们将公民权授予来自四面八方的勇士，并且往往重视有才干无出身而非有出身无才干的人。[2] 那位身为前执政官的律师在为外来血统辩护时，暗示了自己也是一位新人，并力主"美德"应高于"贵族身份"。

仅仅拥有罗马公民权并不能帮助一个人在贵族把持的共和国里走得太远；并且由于波河以南的全体意大利自由人都已拥有了它，罗马公民权如今业已贬值。贫穷的公民事实上是一文不值的。等级与财富上的优势才能确保

1　R. Syme, *CQ* XXXII (1938), 39 ff. 关于科奈里乌斯家族的更多情况，见附录79、94。
2　*Pro Balbo* 51.

胜出——并在政治结构发生变化、帝国取代共和国后继续占据着优势。为了能够在罗马呼风唤雨，新来者（无论他是意大利人还是异邦人）需要才华、勤勉、金钱和教养——还有一位庇护人。

意大利北部的大部分城镇在只拥有不完善的拉丁公民权时，那里的繁荣与活力已经十分引人注目。卡图卢斯、维吉尔和李维的出现就是证据。而在西班牙诸行省，科尔多瓦已经涌现了一批诗人——或许南西班牙或近西班牙行省也有自己的诗人。[1] 在此前几百年内一直受到马赛利亚影响的纳旁行省如今已从希腊与本土文明转换为罗马文明。当尤利乌斯·凯撒就任行省总督之际，当地酋长的家族大多已获得了公民权。[2]

西部行省的居民与城镇所创造的灿烂文化并非罗马政府的功劳；较高法律地位的赏赐也只是对既成事实的确认而已。如果一些史书仅仅强调了凯撒与元首奥古斯都的政策和举动的话，那么它们其实是受到了对个人传记与法律条文兴趣的蒙蔽，忽略了日积月累的缓慢作用和无数其他因素的影响。

公民权就是公民权，罗马的法律对昔日的异族、老牌贵族的后裔、来自意大利或行省的罗马人的公民权一视同仁。出身族裔和地区与法律权利无关。社会地位与偏见则是另外一回事。新人们凭借才华与活力克服了那些不利因素。历史变迁的动力和庇护人的权力推着他们不断前进。

战胜伟人庞培和显贵中的头名人物后，凯撒接管了战败领袖们掌握的庇护关系。他在扩充罗马元老院时将自己的党羽们塞了进去——那是一些来自意大利的、拥有财富和名望的人们，他们是银行家、官吏、商人和冒险家。其中有些人是那场大起义中领导意大利同盟军队的起义军首领。还有一些是来自行省的新罗马人。[3]

行省总督凯撒已征服了高卢诸部落。有人开玩笑说，独裁官凯撒把穿

---

[1] 关于科尔多瓦，见 *Pro Archia* 26。"凯尔提贝里亚人（Celtiberian）"埃格纳修斯（Egnatius）可能就是撰写了《物性论》（"de rerum natura"）的埃格纳修斯（信息来自 Macrobius 6.5.2 and 12）。

[2] 参见"瓦勒里乌斯""科奈里乌斯"与"庞培"等姓氏的频繁出现（见附录79）。

[3] R. Syme, *BSR* XIV (1938), 12 ff.; *Rom. Rev.* (1939), 79 f.

着裤子的高卢土著带进了元老院。[1] 但事实并非那么富于戏剧性——我们有理由猜测，这些高卢元老们并非来自高卢三行省，而是来自山南高卢（Gallia Cisalpina，尤其是意大利北部一带）和古老的纳旁"行省"。[2] 那里如今还有代表殖民地与难民营的西班牙元老。[3] 由于这些西部行省精英的存在，意大利亚平宁山区居民的粗野后裔们永远无法指望在教养与社交风度上出人头地。

凯撒推翻了共和国，但那位独裁者在有机会展示一名保守政治家的品质之前就遇刺了。战火随即重燃。后三头的军事独裁正式宣告了自由国家已一去不复返。财产充公、公敌宣告与军阀混战让整个地中海世界卷入了罗马人的争斗，以暴力手段推动了变革。异族或释奴可以指挥舰队或大军；形形色色的人平步青云，硬生生地挤进了罗马元老院。

在结束了战事后，凯撒的继承人开始着手巩固革命成果。权力如日中天的他已有能力推行看似与之前的举动相矛盾的温和、和解政策。表里不一贯穿了他作为革命领袖的生涯，表里不一也奠定了他作为政治家的成功。元首奥古斯都在不影响自己优势地位的前提下重建了共和国；他尊重出身与等级，但却为财阀阶层服务；他代表意大利和西方向东方的王公们开战，却在胜利后任用他们为自己的附庸，让他们继续统治自己的王国。如果说奥古斯都抬高了意大利的地位的话，那并不意味着他贬低了忠诚的罗马帝国西部诸行省。

革命持续了20年之久。稳定与尊严如今已成为口号。由于在战争中攫取了财富与地位的阶层与个人最终取得了胜利，我们很难说他们的领袖建立的新秩序是反动的。难免会有某个党徒落马——科奈里乌斯·伽鲁斯便出于某种原因蒙受了羞辱。[4]

---

1 Suetonius, *Divus Iulius* 80.2, 参见76.3。
2 R. Syme, *JRS* XXV (1935), 130 f.
3 ib. 132 f., 其中讨论了卢奇乌斯·德奇狄乌斯·撒克萨（L. Decidius Saxa，公元前44年平民保民官）。尤利乌斯·凯撒曾创作过一篇演说词《为萨谟奈特人德奇狄乌斯辩护》（"pro Deci<di>o Samnite"）(*Dial.* 21.6)。参见 *Pro Cluentio* 161。
4 *Rom. Rev.* (1939), 309 f.

如今规模已经缩小的元老院需要得到净化，裁减一些不称职的、不忠的或贫穷的成员。执政官在表面上恢复了传统荣誉；当元首信任的党羽和机灵的叛徒们得到安置后，显贵们的子孙也返回了元老院。如今已经没有哪个出身行省的执政官或来自意大利北部的新人能够玷污共和国复兴后的、光辉灿烂的《执政官年表》了。[1]

并无任何证据表明，凯撒与后三头的党羽只是因为行省出身而被清除出了元老院。科奈里乌斯·巴尔布斯的侄子统治了阿非利加行省，并举行了一场气派的凯旋式。[2]我们在奥古斯都时代和提比略时代早期也能够找到一些等级较低、行省出身的元老。[3]

提比略也许在对气量狭小的元老院发表的一篇高傲演说的开篇里提及过自己家族的异族起源——来自萨宾地区的克劳狄乌斯家族；并且提比略确实在一个玩笑中提到了库尔提乌斯·鲁弗斯的卑微出身。[4]如果行省居民确实拥有值得称道的品质的话，他们并不会被拒之门外。来自尼莫苏斯的著名演说家多米提乌斯·阿费尔不惜一切代价想要往上爬，甚至牺牲了自己的良好名声，最终于公元25年当上了大法官。[5]或许比阿费尔出名更早但成就稍逊的是西班牙演说家尤尼乌斯·伽利奥（Junius Gallio）。[6]在孜孜不倦的罗马骑士老塞涅卡编撰的奥古斯都时代修辞学校相关记录中，西班牙占据着醒目的位置。老塞涅卡出生于科尔多瓦。他的3个儿子之一在提比略统治末期当上了财务官。前途无量的背后是小心翼翼地操纵着的影响力——他的姨妈嫁给了

1　普布利乌斯·阿尔菲努斯·瓦鲁斯（P. Alfenus Varus，公元2年执政官）是一位公元前30年递补执政官的儿子或孙子；后者据说来自拥有拉丁人公民权的古老殖民地克雷莫纳（Porphyrio on Horace, *Sat.* 1.3.130）。
2　*PIR*², C 1331. 他可能是公元前31年的递补执政官——但如果称他"胜似执政官（ex privato consularis）"的威利乌斯（Velleius, 2.51.3）说法准确的话，那么他从未担任过执政官。
3　*Rom. Rev.* (1939), 367; S. J. de Last, *De Samenstelling van den Rmeinschen Senaat* (1941), 279 f. 在后一位学者所举出的、关于奥古斯都统治时期的8个案例中，有4个是很可疑的。
4　*Ann.* 11.21.2: "videtur mihi ex se natus（我认为他的身世可追溯到那里）." 参见 *Pro Plancio* 67: "a me ortus（关于我的出身）."
5　*Ann.* 4.52.1. 此人来自尼莫苏斯（Jerome, *Chron.* 179 H）。
6　*PIR*¹, J 493. 我们无法证实，但有理由猜想他来自西班牙，参见 P-W X, 1035 f.。

埃及省长。[1]

我们还能发现或推断出其他行省人物的情况。一个令人诧异的角色是公元35年的递补执政官瓦勒里乌斯·阿西亚提库斯。[2]他来自纳旁地区，但并非一处罗马殖民地——而是阿隆布罗格人的城镇维也纳，拥有那里的王族血统。瓦勒里乌斯·阿西亚提库斯拥有共和派贵族的一切高傲派头，以及一位谦谦君子的优雅举止：再度当选执政官（公元46年）将他推上了政治声誉的顶峰。[3]

卡里古拉在任的那段短暂、疯狂的过渡期并非毫不重要。卡里古拉拜访了高卢。[4]偶然保留下来的记载表明，他将元老的紫披风赏赐给了数位行省居民[5]；在他治下还出现了第二位来自纳旁的执政官——多米提乌斯·阿费尔（公元39年）。那位元首（他本人在一定程度上也是一位智者）在犒赏他人的优雅文风和雄辩口才方面相当慷慨——尽管有人声称，阿费尔和小塞涅卡都担心自己会人头落地。[6]在卡里古拉治下和克劳狄乌斯统治初年，来自行省的元老们毫无阻碍地平步青云——如果基于姓氏线索的分析靠谱的话，其中甚至还涌现过好几位执政官。来自纳旁的著名人物中最醒目的姓氏是"多米提乌斯""瓦勒里乌斯"和"庞培"，提醒我们这些人很早便被授予了罗马公民权。[7]西班牙（尤其是南西班牙行省）的情况却恰恰相反。许多元老的名字生僻罕见：那些名字不是拉丁语的，而是伊达拉里亚语、奥斯坎语或伊利里亚语的，他们毫无疑问是外来移民——来自罗马共和国的意大利同盟者或古老的殖民地家族。[8]

---

1 盖约·伽勒里乌斯（C. Galerius，见原书第536页）。
2 见原书第455—456页。
3 那是在公元43—46年二度出任执政官的浪潮中，步卢奇乌斯·维特利乌斯（L. Vitellius）、帕西埃努斯·克里斯普斯（Passienus Crispus）和玛库斯·维尼奇乌斯（M. Vinicius）等人的后尘（后两位都娶了公主）。
4 见原书第459页。很可能正是他将维也纳提升到了罗马殖民地的地位（ILS 212, col. ii, ll. 15 ff.）。
5 Dio 59.9.5.
6 ib.19.
7 见附录78—79。
8 如"阿奈乌斯（Annaeus）""达苏米乌斯（Dasumius）"和"乌尔皮乌斯（Ulpius）"。（见附录80）

公元48年，时任监察官的克劳狄乌斯通过挑选新成员的方式充实了罗马元老院。如果说该举动对纳旁与西班牙居民的命运而言至关重要的话，现存史料却并未揭示这方面的情况。没有任何证据表明，来自那些地方的著名政治家是被克劳狄乌斯遴选进入元老院的。他们已通过正常的途径获得了晋升。[1]

下一年或许更为重要。为了教导年轻的尼禄，阿格里皮娜将小塞涅卡从流放地召回。公元51年，她为一位来自城镇瓦西奥（Vasio）的纳旁人阿弗拉尼乌斯·布鲁斯争取到了禁卫军队长的任命。[2] 对关键职务的控制确保了克劳狄乌斯驾崩之际的权力平稳交接。

克劳狄乌斯治下的罗马城忍受着廷臣、释奴与女性的统治。新政权宣布将进行改革——它将严格分离王室与政府。[3] 后来发生的事情却是雷声大雨点小。释奴和元首母亲让位于元首的导师和禁卫军首领。后者虽是军衔，但具有十分重要的政治影响力。塔西佗友善地称赞了阿弗拉尼乌斯·布鲁斯的军事声誉和经验。[4] 但事实上他此前只担任过军团长而已。他为王室的效劳是在人员与财务安全方面——他担任过里维娅、提比略和克劳狄乌斯的行省督办。[5]

小塞涅卡与布鲁斯坚决地排挤了阿格里皮娜，让尼禄沉溺于无害的娱乐活动；随后，他们在尊重元老院的幌子下以自己的方式治理着帝国，并通过庇护关系的运作组建了一系列联盟。这些举动的效果在执政官与高级将领的名单中得到了体现。

他们以军情紧急为借口把多米提乌斯·科布罗派往东方。[6] 布鲁斯的老乡杜维乌斯·阿维图斯（Duvius Avitus）在担任执政官后不久便前往莱茵河

---

1 关于对来自高卢三行省的贵族的提拔，见上文，原书第459—460页。
2 *ILS* 1321.
3 13.4.
4 12.42.1: "egregiae militaris famae（显赫的军功）."
5 *ILS* 1321.
6 没有任何史料介绍过他的出身。他很可能来自纳旁高卢，参见附录83。

下游统领4个军团[1]；他的前任是来自殖民地阿瑞拉特的庞培·保利努斯，小塞涅卡的大舅子。[2] 小塞涅卡本人出任了一次执政官，并让他的哥哥也出任了一次——后者曾做过阿凯亚行省总督，并被本家族的朋友、雄辩的尤尼乌斯·伽利奥过继为养子。[3] 当罗马市长一职空缺之际，继任该职务的是来自西班牙的罗马人佩达尼乌斯·塞昆杜斯。[4]

公元62年布鲁斯的去世动摇了小塞涅卡影响力的根基。[5] 小塞涅卡意识到自己必须退隐，尼禄也接受了他的请求。随后发生了一系列变故。尽管行省元老们的晋升确实得到了小塞涅卡与布鲁斯精诚合作的鼎力支持，他们并非元首身边仅有的两位谋士。他们的去职虽然使得尼禄开始受到各种各样的、往往非常恶劣的影响，却并未严重阻碍新人崛起的趋势，或影响西班牙与纳旁政治集团的前途。他们的姓名同意大利新人与少数显贵一道出现在公元62—68年的《执政官年表》上。在从卡里古拉登基到尼禄垮台的区区31年里，一共有十余位执政官来自西班牙与纳旁。[6]

尤利乌斯·文德克斯的起义拉开了一连串战事与元首拥立的序幕，并带来了新的一波元老晋升浪潮。据说维也纳是支持文德克斯的——那不仅仅是出于对拥护王室与尼禄的毗邻城市卢戈杜努姆的敌意，或对古时部族联系的记忆。[7] 其他城市或许曾在反抗暴君的斗争中站在了伽尔巴和元老院一边。例

1　ILS 979，参见 I. l. de Gaule 206：公元56年底的递补执政官。
2　在他麾下服役过的老普林尼证实了他的出身（NH 33.143）。他的执政官任职情况（公元53年前后？）无从证实。他的父亲是赈粮官保利努斯，小塞涅卡《论人生之短暂》（De brevitate vitae）的题献对象。
3　小塞涅卡出任执政官的时间是公元56年，卢奇乌斯·尤尼乌斯·阿奈乌斯·伽利奥（L. Junius Annaeus Gallio）（信息来自 Pliny, NH 31.62）的执政官任期无从考证。伽利奥在公元52年担任着阿凯亚行省总督（SIG³ 801：德尔斐）。
4　很可能是在公元56年卢奇乌斯·沃鲁修斯·萨图尔尼努斯（L. Volusius Saturninus）去世之际（Ann. 13.30.2）。佩达尼乌斯（Pedanius，公元43年递补执政官）是科奈里乌斯·巴尔布斯之后第一位能够证实身份的西班牙裔执政官。佩达尼乌斯家族来自巴尔齐诺。（见附录80）
5　至少塔西佗声称如此（13.52.1）。关于一个崭露头角、在公元61或62年当上了执政官的群体，见附录60中列举的5个名字——他们都是意大利人。
6　见附录82。
7　见原书第463页。

如，曾经的海军据点尤利乌斯广场镇是一处战略要地，位于一条发端于意大利的道路从海岸线转入纳旁内陆的地点。[1] 该"行省"以尊敬元老院而著称。伽尔巴稀里糊涂的胜利使得纳旁不仅免受惩罚，反而获得了可观的荣誉——几位维也纳和尼莫苏斯市民当上了执政官。[2] 伽尔巴的一些党羽飞黄腾达；曾经颜面扫地的、来自托洛萨的安东尼·普瑞姆斯重获元老身份，并指挥了1个军团。[3]

在西班牙，伽尔巴在其对近西班牙行省的8年统治中在有教养的阶层里结交了一些朋友。为了起兵反抗尼禄，他组织了一批著名贵族，建立了一个元老院式的机构。[4] 伽尔巴用自己的马车将他在行省的一些追随者送往罗马城。其中包括费边·昆体良——未来的著名修辞学教师。[5] 他将一些人编入禁卫军。[6] 另外一些人则进入了罗马元老院。[7]

无论是对于伽尔巴还是之后的两位元首头衔竞争者而言，他们颁布的法

---

[1] 见附录30。另见附录33：塔西佗称科奈里乌斯·福斯库斯为"拥护伽尔巴的殖民地将领（pro Galba dux coloniae suae）"（*Hist.* 2.86.3）。

[2] 维也纳的盖约·贝利奇乌斯·纳塔利斯（C. Bellicius Natalis）（*PIR*², B 101）是公元68年最后3个月里的递补执政官。公元69年的若干执政官是伽尔巴任命的（参见*Hist.* 1.77.2），其中很可能包括阿里乌斯·安东尼和马略·塞尔苏斯。（见附录32）

[3] *Hist.* 1.86.1 f. 关于他的"家乡（patria）"，见Suetonius, *Vitellius* 18; Martial 9.99.3。

[4] Suetonius, *Galba* 10.2: "e primoribus prudentia atque aetate praestantibus vel instar senatus（他组织了一批审慎、年长的贵族，建立了一个类似元老院的机构）。"这批成员的阶层属性与类型十分明显——他们是塔拉科行省崇拜体系中的高级祭司，如昆图斯·李锡尼乌斯·希尔瓦努斯·格拉尼亚努斯（Q. Licinius Silvanus Granianus）（*ILS* 2714），他的儿子是公元106年执政官；或小普林尼的朋友（盖约·李锡尼乌斯·玛里努斯·）沃科尼乌斯·罗马努斯（[C. Licinius Marinus] Voconius Romanus）（*PIR*¹, L 144），参见*Epp.* 1.13.4。伽尔巴活跃时期的重要人物还有"近西班牙行省的王公、一位大法官的父亲绥克斯图·庞普尼乌斯（Sex. Pomponius praetorii viri pater, Hispaniae citerioris princeps）"（Pliny, *NH* 22.120）。

[5] Jerome, *Chron.* p. 186 H.

[6] 如庞培·隆吉努斯——"不是凭借他的军衔，而是因为他是伽尔巴的朋友（non ordine militiae sed e Galbae amicis）"（*Hist.* 1.31.3）。

[7] 如普布利乌斯·李锡尼乌斯·凯奇纳（"进入元老院不久的新人 [novus adhuc et in senatum nuper adscitus]"）（*Hist.* 2.53.1）；他的父亲在西班牙贩鸦片自肥（Pliny, *NH* 20.199）。此外还有昆图斯·庞普尼乌斯·鲁孚斯（公元95年递补执政官），此人曾在伽尔巴麾下统领近西班牙和纳旁沿海地区的军队（*IRT* 537）。担任类似角色的可能还有纳旁的绥克斯图·尤利乌斯·弗伦提努斯（参见附录84）。

令都没有对新人崛起的趋势产生多少影响。奥索和维特利乌斯还没来得及改造统治阶级的构成（哪怕是通过战争和谋杀）就死去了。最后的胜利者韦伯芗成功地建立了一个王朝，设计了一整套政府体系。

公元69年见证了4位元首和15位执政官的走马上任，其中有好几位来自纳旁。韦伯芗如今也要起用自己的党羽；但其中并不包括大胆入侵意大利北部，并在克雷莫纳取得关键胜利，从而为弗拉维军事集团赢得战争的安东尼·普瑞姆斯。普瑞姆斯有些自命不凡，或许还十分危险。韦伯芗的主要盟友李锡尼乌斯·穆奇亚努斯火速赶到了罗马——那是一位在纵横捭阖方面无出其右的大师。凭借欺骗性的许诺，他安抚住了安东尼，并不声不响地排挤了后者。还有潘诺尼亚和达尔马提亚的行省督办科奈里乌斯·福斯库斯——他虽然是元老的儿子，却早在青年时代便拒绝了元老生涯。虽说福斯库斯目前看似已经出局，他却命中注定还要在图密善时代担任禁卫军队长，并作为罗马军队的主将死在达契亚。[1]

多瑙河流域与东方军团副将中的一些聪明人很快当上了执政官。[2] 其中一些出身行省，一些担任过科布罗的副将——后者在掌握重要兵权的十来年里拥有了大批追随者。韦伯芗从这批人里挑选出了多位驻军行省的总督。[3]

拥立韦伯芗是科布罗部下的杰作，也是他们的复仇方式。首当其冲的人物是李锡尼乌斯·穆奇亚努斯和提比略·尤利乌斯·亚历山大（Ti. Julius Alexander）。可能参与此事的还有来自其他军队的军团指挥官，如从叙利亚来到默西亚的奥勒留·福尔伍斯，或许还有犹太地区的乌尔皮乌斯·图拉真。[4]

---

[1] 关于福斯库斯的更多信息，见附录33。
[2] 如玛库斯·乌尔皮乌斯·图拉真（M. Ulpius Traianus，公元70年递补执政官[?]，参见原书第30页）、提图斯·奥勒留·福尔伍斯（公元70年执政官[?]）、卢奇乌斯·阿尼乌斯·巴苏斯（L. Annius Bassus，公元71年执政官）、塞尔维乌斯·维图勒努斯·克瑞亚利斯（Ser. Vettulenus Cerialis，公元73年前后执政官）、格涅乌斯·庞培·科勒伽（Cn. Pompeius Collega，公元72年前后执政官）、盖约·狄利乌斯·阿波尼亚努斯（C. Dillius Aponianus，公元73年前后执政官）。
[3] 关于科布罗部将们的角色，见附录84。
[4] 见原书第166页。

达尔马提亚、潘诺尼亚与默西亚的前执政官级别副将们没有为韦伯芗的胜利出多少力。但那并不妨碍他们在未来接受荣誉或任命。庞培·席尔瓦努斯（Pompeius Silvanus）和塔姆皮乌斯·弗拉维亚努斯（Tampius Flavianus），一对懒散、胆怯的"富有老人（divites senes）"，于几年后共同享有了二度出任执政官的殊荣。[1] 阿波尼乌斯·萨图尔尼努斯（Aponius Saturninus）也未丧失重享殊荣的机会。[2] 当新政府重新起用一批富于才干的、被前任统治者冷落的前执政官时，它很容易为自己赢得喝彩。[3] 但韦伯芗治下的首任叙利亚行省总督凯森尼乌斯·佩图斯却必须为亚美尼亚境内的那次屈辱议和承担责任。[4]

　　不断变更的是统治者，而非政治体系。即便有新的官吏走马上任，他们的表现还是同前任相仿——"改变的更多是人，而非道德水准（magis alii homines quam alii mores）"[5]。何况被起用的官吏也往往是同一批人。韦伯芗政府在挑选盟友时暴露了自己的需要。埃普里乌斯·马塞卢斯和维比乌斯·克里斯普斯安稳地度过了各种风险。他们不仅是在元首和元老院之间斡旋的出色演说家——还具备办事能力，能够胜任行省总督的工作。换了环境后的埃普里乌斯（他担任了亚细亚行省总督，并将任期延长至3年）又返回罗马再度出任执政官；他在受到韦伯芗的尊重、令后者言听计从等方面的地

---

[1] 或许是在公元75年（见附录12）。庞培（Pompeius，公元45年递补执政官）和塔姆皮乌斯（Tampius，管理某一类别运输工作的官员［anno incerto］）先后于公元71—73、73—74年担任过水利官（Frontinus, De aquis 102）。塔姆皮乌斯在阿非利加行省的总督任期（Pliny, NH 9.26）或许并非通常所认为的克劳狄乌斯或尼禄统治时期，而是在公元70/71年或公元72/73年，参见 R. Syme, Rev. ét. anc. LVIII (1956), 236 ff.。这些人物的情况见 PIR[1], P 495; T 5，但不见于《保利－维索瓦古典学辞书》(P-W)。

[2] 亚细亚行省总督（ILS 8817），可能是在公元73/74年。阿波尼乌斯（Aponius）（PIR[2], A 938）可能跟狄利乌斯·阿波尼亚努斯（Dillius Aponianus）(D 89)是亲戚，并来自南西班牙行省。(见附录80)

[3] 如治理过近西班牙行省（公元70—73年）、担任过罗马市长并于公元74年二度出任执政官的提比略·普劳提乌斯·希尔瓦努斯·埃利安（Ti. Plautius Silvanus Aelianus，公元45年执政官）(ILS 986；靠近提布尔)。

[4] 公元70—72年间的叙利亚副将（Josephus, BJ 7.59; 219 ff.）。

[5] Hist. 2.95.3（穆奇亚努斯和埃普里乌斯）.

位仅次于穆奇亚努斯。[1]维比乌斯则在元首走马灯式的交替中成功保住了水利官（curator aquarum）的肥缺，又当上了阿非利加行省总督，并治理了近西班牙行省。[2]在韦伯芗统治期间，至少有8人两度出任了执政官。[3]

新政府也征召了尼禄时代的其他前执政官，希望能够恢复他们的名誉：其中包括希利乌斯·意大利库斯和帕奇乌斯·阿非利加努斯（Paccius Africanus）（在诉讼中达成妥协），以及曾为奥索撰写过演说词的伽勒里乌斯·特拉查鲁斯。这3个人都出任了行省总督。[4]在他们后面是一些立场温和、可以接受（从出身、口才或在宫廷里的受宠程度而言）的人物，如科切乌斯·涅尔瓦、法布里奇乌斯·维恩托和卡图卢斯·麦萨利努斯：他们是元老院或内朝中有用的人物，但未能（就我们所掌握的材料而言）出任前执政官级别行省的总督。[5]

韦伯芗建立了一套稳定的秩序，它依赖于意大利人和行省贵族的支持与认同。在被埃及、犹太和叙利亚军团拥立后，韦伯芗很快就将东部军队里的几位将领拔擢为元老：其中有日后平步青云的优秀人物，也有人只是这次走运而已。[6]随后，当他于公元73年出任监察官并为弗拉维王朝治下的和平奠基

---

1 *ILS* 992（卡普亚）表明他担任过行省总督（公元70—73年）；*AE* 1956, 186（帕福斯）记载了他的早年生涯。

2 他是公元68—71年间的水利官（Frontinus, *De aquis* 102）；担任过阿非利加行省总督（Pliny, *NH* 19.4），在任监察官期间治理过近西班牙行省，如为他歌功颂德的绥克斯图·阿提乌斯·苏布拉努斯（Sex. Attius Suburanus）的铭文所揭示的那样（*AE* 1939, 60：赫利奥波利斯）。《关于演说家的对话》的读者无法看到关于埃普里乌斯和维比乌斯治理行省的任何暗示。

3 见附录12。

4 即治理过亚细亚行省的希利乌斯·意大利库斯（Silius Italicus）（Pliny, *Epp.* 3.7.3, 参见来自阿佛洛狄西亚斯的铭文，*CR* XLIX [1935], 217）、普布利乌斯·伽勒里乌斯·特拉鲁斯（P. Galerius Trachalus）（阿非利加行省总督，见*CIL* V, 5812）和盖约·帕奇乌斯·阿非利加努斯（C. Paccius Africanus）（阿非利加行省总督，*IRT* 342）。

5 维恩托（公元73年前后递补执政官）很可能是奥鲁斯·狄迪乌斯·伽鲁斯（A. Didius Gallus, 公元36年递补执政官）的继子，参见附录5。卢奇乌斯·瓦勒里乌斯·卡图卢斯·麦萨利努斯（L. Valerius Catullus Messallinus, 公元73年执政官）姓名的主要部分表明了他跟某个维罗纳家族之间的联系（但或许不是血亲）。

6 *Hist.* 2.82.2: "egregios viros et mox summa adeptos; quibusdam fortuna pro virtutibus fuit（被提拔为元老者中的一些很快证明了自己的鹤立鸡群，另一些靠的则是好运而非美德）。"

之际，韦伯芗又不失时机地从意大利城镇和罗马帝国西部提拔了一批人物。[1] 韦伯芗也增加了贵族的数量，使得来自外省的乌尔皮乌斯·图拉真和尤利乌斯·阿古利可拉等知名人物得以为罗马社会的最高等级增辉。[2] 其他一些在弗拉维王朝诸元首治下平步青云的西班牙人与纳旁人早在克劳狄乌斯或尼禄治下就已经进入了元老院。[3]

起源于尼禄时代、成为弗拉维王朝中流砥柱的行政官吏寡头集团是一团大杂烩。韦伯芗的老乡们在其中十分醒目：他们是元首的血亲或姻亲，有几位曾两度出任执政官。[4] 联盟关系则将这个家族的势力范围由萨宾地区向西推进到伊达拉里亚，向北经由翁布里亚渗透到皮扫鲁姆（Pisaurum）和阿瑞米努姆（Ariminum）一带的古高卢地区（Ager Gallicus）。[5]

我们有理由猜想意大利中部其他家族影响力的存在，那种影响力也会提拔它们的追随者。弗拉维王朝时代至少一度出现过逆转自尼禄时代以降帝国行政官吏行省化、异族化的趋势。

---

1 关于这些人选（公元69、73年），见原书第69页。
2 此外还有阿尼乌斯·维鲁斯（Annius Verus）（*HA, Marcus* 1.2），被演说家格涅乌斯·多米提乌斯·阿费尔（Cn. Domitius Afer）（*ILS* 990 f.）过继的卢坎（Lucanus）、图鲁斯（Tullus）两兄弟（他们来自纳旁高卢），普布利乌斯·卡尔维修斯·卢索·尤利乌斯·弗伦提努斯（P. Calvisius Ruso Julius Frontinus）（*AE* 1914, 267），佩达尼乌斯·福斯库斯（Pedanius Fuscus）的父亲（参见Pliny, *Epp.* 6.26.1），普布利乌斯·玛尼利乌斯·沃皮库斯（P. Manilius Vopiscus，公元114年执政官）（信息推断自*ILS* 1044）。可能还有奥勒留·福尔伍斯（Aurelius Fulvus，公元70年执政官[？]）或他的儿子。
3 见第四十四章。
4 如佩提利乌斯家族（Petilii）（*Hist.* 3.59.2）和玛库斯·阿雷奇努斯·克莱门斯（M. Arrecinus Clemens）（4.68.2）。卢奇乌斯·凯森尼乌斯·佩图斯（L. Caesennius Paetus，公元61年执政官）娶了一位弗拉维娅·萨比娜（Flavia Sabina）（*ILS* 995）。他未能赢得再度担任执政官的机会（或活到上任之际）。
5 佩提利乌斯家族很可能来自萨宾或皮克努姆（尽管E. Swoboda, P-W XIX, 1149认为是阿奎雷亚）；绥克斯图·维图勒努斯·克瑞亚利斯（Sex. Vettulenus Cerialis，公元73年前后递补执政官）和他的兄弟奇维卡·克瑞亚利斯（Civica Cerialis，公元76年前后递补执政官）可能是萨宾人，参见他的罕见氏族名和另一位来自"奎里努斯（Quirina）"部落的维图勒努斯（*CIL* VI, 31773）；玛库斯·阿雷奇努斯·克莱门斯来自皮扫鲁姆（*AE* 1947, 40）；属于"斯特拉提纳（Stellatina）"部落的凯森尼乌斯家族（Caesennii）则是塔奎尼乌斯家族（Tarquinii）中的一个古老分支（*C. I. Etr.* 5526，参见Cicero, *Pro Caecina* 12; 27）。

图密善统治时期以平稳的王朝内部元首身份交接、一个由元首朋友和亲戚组成的小圈子开始，甚至一度让人以为统治者与元老院和平共处的局面即将得到有力的巩固；但大好局面随后每况愈下，变成猜疑与敌意。保存下来的记忆只有暴君的举止习惯，他的种种怪癖，一长串牺牲品的名单——为他们的厄运所罗织的罪名是随心所欲或微不足道的。对其统治时期真实发生过的政治史——也就是角逐荣誉和影响力的不同派系的兴衰变迁——的详细研究已注定无法实现了。

　　来自意大利北部的执政官们早已开始治理拥有驻军的行省，如鲁提利乌斯·伽利库斯、维斯特里奇乌斯·斯普利纳和科奈里乌斯·鲁孚斯。意大利北部官吏的晋升速度在图密善时代似乎有些落后。但相关证据或表象也可能具有迷惑性。鲁提利乌斯·伽利库斯二度出任执政官，并担任了罗马市长。[1] 虽说斯普利纳和科奈里乌斯也希望再度出任执政官，但没有什么迹象表明，他们的功绩配得上那样的荣誉。除了凭借特殊技艺或恩宠，维吉尼乌斯·鲁斯也无法指望让自己再高升一步。尼禄垮台前后的一系列重大事件意味着他要么自取灭亡，要么就得谨慎地退隐山林。[2]

　　来自西班牙和纳旁的一些军团副将在公元69年站对了阵营，其中自然涌现出了几位高级将领。其中一人——奥勒留·福尔伍斯（Aurelius Fulvus）——二度出任了执政官。[3] 其他人的表现确实也无法获得那样的荣誉，如叙利亚的乌尔皮乌斯·图拉真和不列颠的弗伦提努斯与阿古利可拉。其中没有一人因图密善达契亚战争中的功过而出名。我们在那个时代里可以辨认出一个由意大利人组成的小圈子。[4] 但它还没有强大到足以垄断各种资源——

---

[1] Statius, *Silvae* 1.4.90 ff.; *ILS* 1007.

[2] 关于这一时期来自北方的执政官，见 G. E. F. Chilver, *Cisalpine Gaul* (1941), 95 ff.。提图斯·阿提利乌斯·鲁孚斯（T. Atilius Rufus，公元75年前后递补执政官）也许是其中之一；此外还有普鲁塔克的朋友与庇护人卢奇乌斯·麦斯特里乌斯·弗洛鲁斯（L. Mestrius Florus，公元73年前后执政官）。

[3] 公元85年第2次出任执政官（名年）；我们知道，他曾担任过近西班牙行省总督（*AE* 1952, 121）。

[4] 参见原书第24页（卢奇乌斯·福尼苏拉努斯·维托尼亚努斯和卢奇乌斯·特提乌斯·朱利安）。

并且现存史料中缺失了许多名字与事实。[1]

安东尼·萨图尔尼努斯于公元89年被拥立——他不是贵族；我们也无法明确断定他属于任何一个行省小圈子。他是新人中最新的那一批，是被韦伯芗提拔为元老的。[2] 下一年里冗长的执政官名单表明了哪些人是王室的忠臣。打头阵的是元首图密善本人，其同僚为玛库斯·科切乌斯·涅尔瓦。在他们之下有11个名字。行省居民在其中占据着醒目位置；但并无哪一类型或地区具备明显优势。[3]

公元93年爆发了另一场危机。它导致了政府同持之以恒地继承特拉西亚·佩图斯与赫尔维狄乌斯·普利斯库斯传统的党派之间的冲突。后者的成分鱼龙混杂（无论是就纲领还是家族纽带而言），但成员主要是意大利人。[4] 无论如何，"大逆罪"或党派纷争导致了图密善时代不少于12名前执政官的横死。[5] 这份名单上并无西班牙人或纳旁人的名字。

公元93年也没有给意大利北部带来致命一击。尽管独裁者对帕塔维乌姆看不顺眼，来自意大利北部的居民却是各式各样的——他们一方面是机警的投机分子，另一方面又恪守古风、崇拜共和国。帕塔维乌姆人仍旧可以获得晋升，来自意大利北部其他地区的居民更没有被耽误前程。[6] 维比乌斯·克里斯普斯在去世以前始终保持着影响力；其他前执政官却心满意足或怏怏不乐

---

[1] 埃及省长、禁卫军队长尤利乌斯·乌尔苏斯的名字反映了图密善统治前行省的深刻影响（见附录7）。可能还有罗马市长佩伽苏斯（Pegasus）（见附录94）。

[2] Aelian, fr. 112 H. 他可能来自近西班牙行省，参见 *CIL* II, 4194; *Eph. Ep.* IX, p. 450, no. 200（塔拉科）。

[3] 递补执政官中的前3人分别是卢奇乌斯·科奈里乌斯·普希奥（L. Cornelius Pusio）（来自加的斯，参见他的父亲，*PIR*[2], C 1425）、卢奇乌斯·安提斯提乌斯·鲁斯提库斯（L. Antistius Rusticus）（西班牙人，参见 *PIR*[2], A 765）、塞尔维乌斯·尤利乌斯·塞尔维亚努斯（Ser. Julius Servianus，参见附录7）。

[4] 见原书第558—559页。

[5] Suetonius, *Dom.* 10 f.; 15.

[6] 卢奇乌斯·希利乌斯·德奇亚努斯（L. Silius Decianus，公元94年递补执政官）很可能是希利乌斯·意大利库斯之子；普布利乌斯·杜克尼乌斯·维鲁斯（P. Ducenius Verus，公元95年递补执政官）和提比略·卡提乌斯·凯西乌斯（Ti. Catius Caesius，公元96年递补执政官）应该也来自意大利北部。

地退隐了——如希利乌斯·意大利库斯、维斯特里奇乌斯·斯普利纳和科奈里乌斯·鲁孚斯。

政治灾难为一些人铺平了通往荣誉之路，某些新地区开始推出自己的执政官。当我们听说来自阿非利加或东方的罗马殖民地的古老家族开始逐步推出自己的官吏、行省督办和元老时，那已不再只是谣言而已。[1] 但亚细亚行省本身和异族贵族如今也进入了名单（如公元92、94年的执政官）。[2] 那对于统治者而言并不安全。[3]

一场变故或一次谋杀可以推翻王朝，重启争夺紫袍的斗争。当弗拉维王朝终结之际，所有人都具备竞争元首的资格。萨宾地区一个后起家族突如其来的好运并不能压制来自科尔多瓦、尼莫苏斯或瓦西奥等地优秀人物的野心。[4] 来自西方的、活跃或谨慎的罗马人早在尤利乌斯-克劳狄乌斯王朝覆灭之前已在通往权力的道路上前进了很远。小塞涅卡和阿弗拉尼乌斯·布鲁斯等股肱之臣已治理过那个世界性帝国。但他们出生得太早，还无法完全接管元首们的家业。

---

1 帕克图麦乌斯（Pactumeius）是来自阿非利加的第一位执政官（*ILS* 1001：基尔塔），他很可能就是昆图斯·奥勒留·帕克图麦乌斯·弗隆托（Q. Aurelius Pactumeius Fronto，公元80年递补执政官）。与他情况相似但来自东方的人物是盖约·卡瑞斯塔尼乌斯·弗隆托（C. Caristanius Fronto，公元90年递补执政官），此人来自皮西狄亚的安条克（Pisidian Antioch）殖民地（*ILS* 9485）。此外，卢奇乌斯·斯特提尼乌斯·阿维图斯（L. Stertinius Avitus，公元92年递补执政官）也有可能来自阿非利加（Groag, P-W III A, 2452 f.）。
2 见第三十八章（提比略·尤利乌斯·塞尔苏斯［Ti. Julius Celsus］和奥鲁斯·尤利乌斯·夸德拉图斯［A. Julius Quadratus］）。
3 并且同此前不久伪尼禄制造的危机有关。
4 塔西佗着重（并且不无道理）强调了韦伯芗登基过程中的侥幸或命运因素（*Agr.* 13.5; *Hist.* 4.81.3; *Ann.* 16.5.3）。

第四十四章　元首们的祖先

在图密善统治了15年后，纳旁贵族中的主要人物已经老去。他们要么已经淡出政界，要么主要只承担一些礼仪性的职务。但他们还拥有一些影响力与庇护关系。纳旁人和西班牙人很注意同对独裁政权的公开批评划清界限；对古老共和国的崇拜并未让他们忽视帝国维系中央集权的需要；他们的学术兴趣主要集中于演说术或诗歌，而非政治学说。

年轻一代正在奋勇向前，他们前途无量、充满希望。最后的结果则超出了所有人的预期。弗拉维王朝的垮台为其附庸的发展腾出了空间；临时上任的新元首的无能和无政府状态的威胁鼓励并迫使人们在遮羞布下谋划一场元首拥立。当注定的命运降临，政府等级体系中的一个强大集团已准备好了要拥立一位"武人"——那是10位前执政官级别的副将之一。

公元68—69年之间的若干（并非全部）情景与事件如今得以再现。在尼禄垮台后的内战中，李锡尼乌斯·穆奇亚努斯本有机会角逐元首的宝座。穆奇亚努斯的家世与出身已无从考证，但他有可能来自西班牙。[1] 如今与穆奇亚努斯地位相似的人物是李锡尼乌斯·苏尔拉——或许两人之间不仅仅是相似而已。苏尔拉在图密善治下罗马城的崇高社会地位几乎是一个世代前才从行省迁来的家族无法想象的；他被称为文学的庇护人，与他比肩的是两位著名的前执政官，以及元首本人。[2] 更擅长纵横捭阖而非冲锋陷阵的穆奇亚努斯拥

---

[1] 见附录85。
[2] Martial 6.64.10 ff.（希利乌斯·意大利库斯和阿奎利乌斯·雷古鲁斯）.

立了一位元首；苏尔拉也在拥立图拉真的过程中出了一份力。苏尔拉获得的荣誉使其成为"帝国翘楚（capax imperii）"，其地位高于尤利乌斯·塞尔维亚努斯。

关于当上元首的为何是图拉真而非塞尔维亚努斯或苏尔拉，以及这一历史事件的过程，我们或许可以猜出几分。图拉真在出身与社会地位两方面令塞尔维亚努斯黯然失色——图拉真的父亲是老牌贵族，并且是前执政官；并且我们也没有证据可以表明，苏尔拉曾在公元97年10月统领过军队。苏尔拉早早离世，塞尔维亚努斯却活到了90岁。

如今崛起的并不只是几个人或几个家族，而是一批人物。这个时代前10年的《执政官年表》记录了他们的姓名与规模。首先就任的是公元96—97年期间在任的大法官级别行省总督；之后是那几年的军团副将，其中一些人注定会在数年后执掌前执政官级别的军权；再过几年则轮到了在达契亚战争中出人头地的军团副将们。[1]

在公元98—113年期间，共有14人享受过再度出任执政官的殊荣。[2] 新人和行省居民占据着压倒性的优势。这些人中只有1位的父亲担任过执政官。[3] 他们的出身很能说明问题。在公元98年和100年获此荣誉的4人似乎只是残余的花瓶，但也可能不仅仅如此。[4] 他们当中只有1人是意大利人——来自意大利北部的维斯特里奇乌斯·斯普利纳。在其余10人（公元102—113年期间就任）中，格利提乌斯·阿古利可拉也来自北方[5]；科奈里乌斯·帕尔玛的家

---

[1] 见第五章。图拉真时代早期最著名的执政官是索希乌斯·塞内奇奥和科奈里乌斯·帕尔玛（公元99年），费边·约斯提乌斯和普布利里乌斯·塞尔苏斯（公元102年递补执政官）。参见原书第53页。

[2] 见附录12。

[3] 即提比略·尤利乌斯·坎狄杜斯·马略·塞尔苏斯（Ti. Julius Candidus Marius Celsus，公元86年递补执政官，公元105年二度出任执政官［名年］）——如果他确实是前执政官马略·塞尔苏斯之子的话（参见附录32）。

[4] 他们分别是尤利乌斯·弗伦提努斯、维斯特里奇乌斯·斯普利纳、多米提乌斯·图鲁斯和尤利乌斯·乌尔苏斯。

[5] *ILS* 1021（陶里尼人的奥古斯塔）.

乡是伊达拉里亚境内的伍尔西人聚居区[1]，拉贝里乌斯·马克西穆斯来自意大利境内的拉努维乌姆（Lanuvium）[2]。这批人物中的最后1位，公元113年出任执政官的普布利里乌斯·塞尔苏斯无法跟任何城镇或地区建立联系，但很可能也是意大利人。其他人物来自行省。[3] 与此形成反差的是，某些功绩突出的意大利元老却无法再度出任执政官，如奈拉提乌斯·马塞卢斯和奈拉提乌斯·普利斯库斯兄弟。[4]

至于意大利人对这种攫取权力与荣誉的行为是怎么看的，我们只能加以猜测。没有任何迹象表明，他们曾对西班牙与纳旁的权力侵占有过言辞或行动上的抗议。唯一与图拉真（或图拉真的某些朋友）起过冲突的大将是拉贝里乌斯·马克西穆斯、古老拉丁姆居民的儿子——但那很可能只是巧合而已。[5]

图拉真的宝座是稳固的，但他的继任者在上任后危机四伏的前几个月里本有可能被推翻。如果我们确信曾有4位前执政官筹划过政变的话（猜想有过政变要比证明其存在更为容易），他们的身份与出身是值得关注的。其中3人是意大利人（似乎如此），分别是阿维狄乌斯·尼格里努斯、科奈里乌斯·帕尔玛和普布利里乌斯·塞尔苏斯。[6] 或许他们曾试图利用摩尔人卢西乌斯来对抗新元首和拥立、支持他的那个集团？[7]

哈德良时代的第一批名年执政官是他最重要的盟友和亲戚们。公元118年的执政官中打头阵的是皇帝本人和他的侄女婿佩达尼乌斯·福斯库斯。他

---

1 参见 *PIR*[2], C 1412，证据来自 *CIL* XI, 2697（该家族中较早的一位成员）。
2 *ILS* 6194（拉努维乌姆）揭示了本地权贵卢奇乌斯·拉贝里乌斯·马克西穆斯（L. Laberius Maximus）的相关信息，那很可能是他的祖父。
3 索希乌斯·塞内奇奥可能来自行省；从姓名和部落归属来看，绥克斯图·阿提乌斯·苏布拉努斯（Sex. Attius Suburanus）应该来自纳旁高卢（*AE* 1939, 60）。
4 见原书第230页。此外还有阿雷提乌姆（Arretium）的奇尔尼乌斯·普罗库鲁斯（Cilnius Proculus）（*PIR*[2], C 732）——此人获得过前执政官级别的军事荣誉，并活到了哈德良统治时代。
5 见原书第231页。
6 尼格里努斯来自埃米利亚河（Aemilia）畔的法万提亚（*HA, Verus* 1.9，参见 *Hadr*. 7.2）。
7 但我们很难相信那是一场暴动（见原书第244、485页）。

在下一年里的同僚是卢奇乌斯·达苏米乌斯（L. Dasumius）之子达苏米乌斯·鲁斯提库斯（Dasumius Rusticus）。[1] 到了公元120年，第二次出任执政官的卡提利乌斯·塞维鲁同奥勒留·福尔伍斯（该名字在《执政官年表》里第三次出现）分享了束棒护身的荣耀。到了公元121年，道德完满但长期默默无闻的阿尼乌斯·维鲁斯第二次出任了执政官。在这份名单中，尤利乌斯·塞尔维亚努斯的缺席引人关注；阿尼乌斯·维鲁斯于公元126年第三次出任执政官，从而盖过了塞尔维亚努斯的风头。

我们在佩达尼乌斯·福斯库斯担任执政官后就没有再听说过他和他的妻子。[2] 此外，哈德良的姐姐多米提娅·波琳娜未能获得"奥古斯塔"的头衔；甚至在去世之际（公元132年前后），她也没有受到特别的纪念[3]——那将会过分拔高她的丈夫尤利乌斯·塞尔维亚努斯。旧仇或新恨损害了哈德良与塞尔维亚努斯之间的关系。当那位老人最终第三次出任执政官（公元134年）时，那一荣誉其实具有欺骗性。他肯定更希望自己的外孙——佩达尼乌斯·福斯库斯的小儿子——获得那一权力。[4]

长期远离罗马后重新归来的哈德良开始考虑权力交接的问题。许多元老（根据并不理想的报道）被提名为潜在的继承人，但哈德良很快就开始厌恶所有这些人物。[5] 两年后，一场大病使得这个问题显得迫在眉睫——并且元首已经60岁了。哈德良做出了决定——那确定了塞尔维亚努斯和他外孙的命运。[6] 两人都被处决了。塞尔维亚努斯在临终前诅咒了他的亲戚与敌人哈德良，宣称后者将饱受折磨、求死不得。[7]

大约在此时，哈德良创作了（或修改了）他的自传。他在那篇文献中进

---

1 参见 PIR[2], D 13 and 15。关于卢奇乌斯·达苏米乌斯（··哈德良？）（L. Dasumius [?Hadrianus]）的更多信息，见附录80。
2 见原书第488页。
3 Dio 69.11.4.
4 生于公元118年（Dio 69.17.1）。
5 HA, Hadr. 23.6.
6 他在公元136年底不久过继了凯奥尼乌斯·康茂德，参见 PIR[2], C 605。
7 Dio 69.17.2.

行了冗长的自我辩护,其中包含着引人注目的辩解和说法。哈德良试图驳斥这样的观念——李锡尼乌斯·苏尔拉是一个比自己更受欢迎的对手,或者至少不是他的朋友:苏尔拉在去世之前表示,图拉真会过继自己那位年轻的亲戚。[1] 阴谋家阿维狄乌斯·尼格里努斯无疑是罪孽深重、冲动鲁莽、忘恩负义的,因为哈德良原本计划提名他为元首继承人。[2] 在抨击尤利乌斯·塞尔维亚努斯时,作者提及了多年以前导致仇怨与嫉妒的事件[3];他还描述了塞尔维亚努斯的冒失与傲慢,以便证明除掉此人是正当的。[4]

哈德良最后确定的元首继承人是一个能力并不突出的人物——凯奥尼乌斯·康茂德(Ceionius Commodus)。[5] 我们不清楚他这样做的原因是什么。或许那是对一次罪行和错误迟到的补偿:凯奥尼乌斯的妻子是阿维狄乌斯·尼格里努斯的女儿。[6]

这一举动毫无意义。因为凯奥尼乌斯在成为王子埃利乌斯(Aelius Caesar)后不久就去世了。哈德良随后指定了一个年老得多的继承人——和蔼、稳重的奥勒留·福尔伍斯(Aurelius Fulvus),后者奉命过继了凯奥尼乌斯之子和阿尼乌斯·维鲁斯的孙子。[7] 哈德良在世人的切齿痛恨中死去,险些遭到自然死亡的所有元首中最严重的身后羞辱——除了提比略之外。元老院只是在新元首奥勒留·福尔伍斯(后人称呼他安东尼·皮乌斯)的恳请下才同意将哈德良封圣。[8]

新王朝的元首起初是西班牙人图拉真与哈德良,如今则是纳旁人安东

1　*HA, Hadr.* 3.10.
2　7.1.
3　2.6.
4　23.8.
5　公元136年执政官,公元106年执政官之子。他或许来自波诺尼亚(Bononia,参见附录87)。
6　*HA, Hadr.* 23.10. 其家族谱系见 *PIR*², A 1408。更多信息见 P. Charneux, *Bull. corr. hell.* lxxxi (1957), 130。有一种大胆的猜想认为,凯奥尼乌斯是哈德良的私生子(J. Carcopino, *Rev. ét. anc.* li [1949], 290 ff.)。
7　后者已同凯奥尼乌斯的女儿订婚(*HA, Marcus* 4.5)——但他很快就改弦更张,迎娶了自己的侄女、奥勒留·福尔伍斯之女福斯提娜(Faustina)。
8　Dio 69.2.5; *HA, Pius* 5.1.

尼·皮乌斯。两支血脉在阿尼乌斯·维鲁斯的孙子（即玛库斯·奥勒留）身上融而为一。那些统治者是一批长期以来不断联姻、交融——起初在他们的家乡、随后在罗马城里——的产物。为了恢复这一事件的面貌与流程，我们需要将一些关于姓名、亲属关系的古怪事实同猜测结合起来；在摸清家族政治的核心内涵基础上，这种猜测并非胡思乱想。

无论在意大利还是行省，家族联姻的首要目的是将拥有财富和社会地位的家族联系起来，集中它们的资源，拓展其影响力，在一个城镇或地区内占据优势地位。这些原则在某支血脉需要借助过继手段延续下去时同样适用。即便在一个家族从骑士阶层跃升到元老阶层，从本地望族成为首都名门时，它的后裔仍会在家乡挑选新娘——因为乡土纽带、亲族联姻习惯与合并产业的吸引力是巨大的。一位富有的本地女继承人很可能会胜过异地联姻中女方血统与社会地位的吸引力。[1]

迁居首都后，来自西方的精英们同先于自己进入罗马的意大利城镇精英站在一起；他们效法后者以便战胜显贵，随后取而代之。他们随身携带着巨额财富——那往往是祖先积累下来的；许多意大利人的财富则是很晚才获得的，来自内战与公敌宣告运动。外来者中有些人厉行节俭，合乎传统的标签；另一些人则挥金如土。瓦勒里乌斯·阿西亚提库斯占有了卢库鲁斯（Lucullus）的花园[2]；尤利乌斯·维斯提努斯的豪宅俯瞰着罗马广场[3]；佩达尼乌斯·塞昆杜斯拥有一座庞大的宅邸[4]；而李锡尼乌斯·苏尔拉也早在拥有声名和权力前就在阿文丁山上的狄安娜（Diana）神庙旁边建造了一座别墅。[5]

罗马城附近的时髦住所——如提布尔及其别墅——也许聚居着来自同一

---

1 小普林尼的第三任妻子卡尔普尼娅（Calpurnia）是来自科穆姆的骑士卢奇乌斯·卡尔普尼乌斯·法巴图斯（L. Calpurnius Fabatus）（*ILS* 2721）的孙女。关于此人同科雷利乌斯（Corellius）的妻子希斯普拉（Hispulla）之间很可能存在的联系，见附录86。

2 *Ann.* 11.1.1.

3 15.69.1. 玛库斯·（尤利乌斯·）维斯提努斯·阿提库斯（M. [Julius] Vesticus Atticus，公元63年执政官）是克劳狄乌斯来自维也纳的朋友之子（*ILS* 212, col. ii, l. 11）。

4 14.43.3.

5 Martial 6.64.13. 阿文丁山的建筑风格此时已变得十分考究。

地区的整批权贵。[1] 如果新来者们乐于出钱购买舒适与排场的话，那么他们并非总能压抑强取豪夺的欲望。著名的投机倒把者购买了乡间地产，并用高超的技艺对它们加以改造（在这方面，无人能与纳旁的园圃种植者或西班牙的油商匹敌）。[2] 婚姻与继承导致了财富的集中。由于一些群体中没有多少男性存活下来，大量财产转移到女性或幸运的继承人（如奥勒留·福尔伍斯和阿尼乌斯·维鲁斯的后裔）手中。

在罗马，新的友谊纽带产生于学校、沙龙里，或为元首效劳的过程中。它们为新来者带来了有利的婚姻，以及对勃勃野心的鼎力支持。宫廷的恩宠会让一个人同王室建立不止一项密切联系。瓦勒里乌斯·阿西亚提库斯和尤利乌斯·维斯提努斯的情况便是如此。两人都娶了来自奥古斯都麾下大将们组织、资助的强大家族的妻子。阿西亚提库斯娶了美貌的洛里娅·波琳娜的姐妹[3]；维斯提努斯则娶了时髦的斯塔提莉娅·麦萨利娜——尼禄后来迷恋上并迎娶了她，奥索也打算（传言如此）娶她做皇后。[4]

小塞涅卡在这方面原本也可以有很高的眼光，如果他追求荣华与冒险的

---

[1] 十分醒目的是住在这里的西班牙人——如韦伯芽时代的执政官卢奇乌斯·科奈里乌斯·普希奥（L. Cornelius Pusio）（*PIR*², C 1425），参见 *AE* 1915, 60；玛尼利乌斯·沃皮斯库斯（Manilius Vopiscus）（Statius, *Silvae* 1.3）和他的儿子（或孙子）公元114年执政官（*ILS* 1044）；卢奇乌斯·米尼奇乌斯·纳塔利斯（L. Minicius Natalis，公元139年递补执政官），参见 *ILS* 1061；玛库斯·阿克纳·萨图尔尼努斯（M. Accenna Saturninus）（*CIL* XIV, 3585），等等。我们还可以证实或猜想其他一些当地居民的西班牙裔身份。

[2] 来自加的斯的卢奇乌斯·尤尼乌斯·莫德拉图斯·科鲁美拉（L. Junius Moderatus Columella）在阿德亚（Ardea）、卡塞奥利（Carseoli）、阿尔巴（Alba）和凯雷（Caere）都拥有地产（*De re rustica* 3.3.3; 9.2）；他的叔父是"南西班牙行省的一位极其勤劳的农夫（diligentissimus agricola Baeticae provinciae）"（5.5.15）。种地好手中值得注意的有阿古利可拉的父亲（见上文，原书第20页）和尤利乌斯·阿提库斯（Julius Atticus）（Columella 1.1.14）。小塞涅卡在诺曼图姆投了巨资，但并没有人说他做了亏本买卖（Pliny, *NH* 14.51，参见 Columella 3.3.3）。值得注意的还有来自勒普奇斯的骑士塞普提米乌斯·塞维鲁（Septimius Severus）的地产（Statius, *Silvae* 4.5.54 ff.）。

[3] 即洛里娅·萨图尔尼娜（Lollia Saturnina）（*CIL* VI, 21473a）：这场联姻是格罗亚格根据公元94年递补执政官瓦勒里乌斯·阿西亚提斯（Valerius Asiaticus）的姓氏推断出来的（Groag, P-W XIII, 1395）。

[4] *PIR*¹, S 625.

话。现存史料没有告诉我们他的第一任妻子是谁。他的第二任妻子是来自纳旁境内殖民地阿瑞拉特的庞培娅·波琳娜。她的父亲是一名地位极其高贵的骑士，掌握着很高的行政权力；她的兄弟当上了执政官，统治着一个有驻军的行省。[1]

没有什么理论能将这些事情解释得一清二楚。并非每个行省家族都会等到胜利获得元老阶层地位（也就是培养出执政官）后才会对外联姻。牢不可破的家乡情结阻碍了意大利北部精英的通往权力之路。来自西班牙的一些殖民地罗马人更为大胆，还同纳旁贵族进行了联姻。弗拉维王朝见证了这个强大联盟的诞生——它将新罗马人同古老殖民地家族的后裔结合在了一起。[2]

来自意大利的乌尔皮乌斯家族的情况还有很多晦暗不明之处。我们知道，该家族中最早担任元老的人物是执政官与叙利亚副将玛库斯·乌尔皮乌斯·图拉真。他娶了一位名叫玛尔奇娅（Marcia）的女子，后者的出身家世已不可考。他们生育了两个孩子：女儿乌尔皮娅·玛尔奇娅娜（Ulpia Marciana）嫁给了来自意大利北部维克提亚（Vicetia）的元老玛提狄乌斯（Matidius）。[3] 但此人尚未取得任何引人注目的成就就去世了；他的女儿玛提狄娅（Matidia）嫁了卢奇乌斯·维比乌斯·萨比努斯（L. Vibius Sabinus），他们的后人就是哈德良的妻子维比娅·萨比娜。

如果哈德良自传中的一处说法准确并被忠实转录了下来的话，那么同样来自意大利的埃利乌斯家族（Aelii）发迹颇早：元老埃利乌斯·玛鲁利努斯（Aelius Marullinus）的存在意味着该家族的历史可追溯到凯撒或后三头时代。[4] 接下来可能出现过一段空白期。随后（根据我们的推断），一位埃利乌斯娶了玛库斯·乌尔皮乌斯·图拉真的姐妹。他们的儿子普布利乌斯·埃利乌斯·哈德良·阿费尔（P. Aelius Hadrianus Afer）当上了大法官，但在40

---

[1] 见原书第591页。
[2] 关于其中大部分人的简要信息，见附录87中列举的20个名字。
[3] 即盖约·萨罗尼乌斯·玛提狄乌斯·帕特鲁伊努斯（C. Salonius Matidius Patruinus）（*PIR*[1], S 81）。
[4] *HA, Hadr.* 1.2.

岁时去世，留下了妻子多米提娅（Domitia，来自古老的城市加的斯）的两个孩子（一男一女）。[1]

从哈德良本人的朋友和盟友来看，我们有理由猜想，他跟南西班牙行省中其他城镇的富有家族（如阿尼乌斯家族［Annii］和乌库布斯家族［Uccubi］）建立了联系。[2] 来自科尔多瓦的达苏米乌斯家族（Dasumii）同样前途无量。公元108年，前执政官卢奇乌斯·达苏米乌斯起草了一份长篇遗嘱，其中指定了一长串继承人。在他的儿子（他通过该文件过继来的）和女儿之后是尤利娅——塞尔维亚努斯之女；尤利乌斯·塞尔维亚努斯则受到了操办他的葬礼的委托。[3]

塞尔维亚努斯娶了哈德良的姐姐（那或许并非他的第一任妻子）。[4] 塞尔维亚努斯似乎跟留下遗嘱的那位达苏米乌斯有些联系，后者的血统还同该家族存在着其他纽带。[5] 此外，塞尔维亚努斯最近还让自己的女儿，即哈德良姐姐的孩子，跟一个地位很高、前途无量的青年佩达尼乌斯·福斯库斯订了婚，后者的家族来自伊比利亚半岛的另一部分——近西班牙行省殖民地巴尔奇诺（Barcino）。[6]

一些移民的姓氏表明他们早已迁居罗马——相关证据有时还包括若干家族宣称自己来自古代意大利某个具体族群或城镇的说法（或许并不都是真实的）。跟埃利乌斯联系在一起的是皮克努姆（Picenum）的拉丁人殖民地哈德里亚（Hadria）[7]；达苏米乌斯家族在麦萨皮亚人（Messapians）的王公中找到了自己的祖先[8]；乌尔皮乌斯家族则起源于伊达拉里亚同翁布里亚交界处的、以尚武精神闻名于世的图德尔（Tuder）城（只有一位作家证实了该

---

1 *PIR*[1], A 185.
2 见附录86。
3 *CIL* VI, 10229, l. 6; 110.
4 出生于公元47年左右（公元90年递补执政官）的塞尔维亚努斯属于上一代人。
5 见附录86。
6 见附录80。
7 *HA, Hadr.* 1.1.
8 *Marcus* 1.6，参见附录86。

说法）。[1]

有人提到过乌尔皮乌斯家族的亲戚。这些说法并未证实该家族同纳旁地区的联系。但图拉真的妻子仍然值得注意。她名叫庞培娅·普罗提娜——并且似乎跟乌尔皮乌斯家族存在着血缘关系；尽管我们不知道她与该家族的血统究竟有多近。[2]

图拉真的妻子庞培娅·普罗提娜很可能像新贵中的许多其他庞培家族成员一样，来自纳旁地区。尼莫苏斯城或许是她所在家族的故乡。[3] 我们可以确定她父亲的首名——他叫卢奇乌斯·庞培——但仅此而已。[4] 他们同尼莫苏斯以及"行省"境内其他家族的联系固然重要，但很难加以推测。[5]

纳旁人先于西班牙人出现在罗马帝国的执政官名单上，并且本地权贵又早于拉丁殖民地居民或拥有意大利血统的人；维也纳和尼莫苏斯曾是当地部族的中央枢纽。在最初的两位执政官中，瓦勒里乌斯·阿西亚提库斯的荣誉转瞬即逝；但多米提乌斯·阿费尔则意气风发地继续高歌猛进，通过法庭诉讼和经商获得了双重利益：他在首都郊区大兴土木。[6] 他的巨大财富被自己过继的一对纳旁兄弟所继承。图鲁斯·多米提乌斯（Tullus Domitius）和卢卡努斯·多米提乌斯（Lucanus Domitius）这两兄弟和谐地生活在一起，共同管理着他们的财产，享受着荣誉和社会声望——但却受人厌恶。[7] 卢库鲁斯的

1　Victor, *Epit.* 13.1.（参见附录81）。
2　书写于公元60—79年间的一些赫库兰尼姆（Herculaneum）蜡板记录了一位名叫"玛库斯之女乌尔皮娅·普罗提娜（Ulpia M. f. Plotina）"的贵妇（出版于 *La Parola del Passato* I [1946], 383 f.）；此外，其中一块的年代可确定为公元70年（*AE* 1955, 198）。我们有理由相信，她是图拉真父亲的一位姐妹，或他前妻的女儿。
3　依据是为纪念她而在那里建造的宫殿（*HA, Hadr.* 12.2）。
4　见附录87。
5　他或许通过妻子波伊奥妮娅·普罗奇拉（Boionia Procilla）同阿里乌斯·安东尼（Arrius Antoninus）建立了联系；也可能同仕途一帆风顺的德奇姆斯·泰伦斯·斯考里亚努斯（D. Terentius Scaurianus，公元102或104年递补执政官[？]）沾亲带故——格罗亚格令人信服地证明了后者来自纳旁高卢（Groag, P-W V A, 669）。还应注意庞培娅·玛鲁丽娜（Pompeia Marullina），某位享受过军功荣誉但不知名的执政官的姐妹、妻子或母亲（*CIL* XII, 3169：尼莫苏斯），即附录14中记录的无名氏C（*Ignotus C*）。
6　*CIL* XV, 979-83，等等。
7　Pliny, *Epp.* 8.18.

女儿、被图鲁斯过继的多米提娅·卢奇拉继承了全部家业。她嫁给了卡尔维修斯·图鲁斯（Calvivus Tullus）。[1] 那场婚姻的结晶是另一位多米提娅·卢奇拉。[2]

尼莫苏斯城继续作为元老们的故乡而繁荣昌盛。多米提乌斯·科布罗东方阵营中的军团副将、日后（公元69年）在多瑙河畔服役的奥勒留·福尔伍斯从韦伯芗与图密善手中各获得一个执政官头衔，并担任了罗马市长。[3] 他的儿子获得了公元89年名年执政官的荣誉。[4] 他娶了优雅、尊贵的阿里乌斯·安东尼（此人也曾两度出任执政官）之女。[5] 两人的儿子出生于公元86年，于公元120年当上执政官；他注定将成为元首与哈德良的继任者。[6]

南西班牙行省与纳旁建立了一系列联盟。我们可以证实其中两个重要阶段的存在。首先是图拉真与庞培娅·普罗提娜的婚姻，接下来是一个来自西班牙的阿尼乌斯家族得到了纳旁的双重支援。图拉真时代的文献中几乎只字未提的玛库斯·阿尼乌斯·维鲁斯（M. Annius Verus）主要仰仗的是联姻政策和自己的后裔，而非自己的人格或任何成就。阿尼乌斯·维鲁斯为自己的儿子选择了小多米提娅·卢奇拉作为新娘[7]；他又把自己的女儿阿尼娅·福斯提娜（Annia Faustina）嫁给了奥勒留·福尔伍斯——两位著名纳旁前执政官奥勒留·福尔伍斯和阿里乌斯·安东尼的孙子与外孙。[8]

这场婚姻是阿尼乌斯·维鲁斯在图拉真统治末期或哈德良即位之初策划

---

1 *PIR*[2], C 357. 关于他和他的父亲卡尔维修斯·卢索（Calvisius Ruso）的情况，见附录87。卢奇拉有过前夫，并生过孩子（参见Pliny, *Epp.* 8.18.2 f.）。

2 D 183（玛库斯·奥勒留的母亲）.

3 A 1510（但需要修正和补充，参见附录87).

4 A 1509.

5 A 1086. 该家族很可能来自纳旁高卢，或许来自尼莫苏斯（见附录32对马略·塞尔苏斯的介绍）。

6 A 1513. 他的全名为"提图斯·奥勒留·福尔伍斯·波伊奥尼乌斯·阿里乌斯·安东尼（T. Aurelius Fulvus Boionius Arrius Antoninus）"。

7 A 696，迎娶对象为D 183。

8 当两名堂兄妹——小阿尼乌斯·维鲁斯（Annius Verus，即未来的元首）和奥勒留·福尔伍斯（或安东尼·皮乌斯）之女福斯提娜——喜结连理之际，这个家族下一代人之间的联系进一步得到了巩固。

的，整个王朝的结构至此终于浮出水面。西班牙-纳旁集团中的若干纽带已不复可辨。尤利乌斯·塞尔维亚努斯与卡尔维修斯家族（Calvisii）的本地起源已无从考证：无人能够确切指出卡提利乌斯·塞维鲁来自哪里；何况还有该集团边缘的其他人物。前执政官级别的权贵会在本城镇或地区提拔自己的朋友和附庸。在图拉真统治初期的执政官中，肯定拥有自己追随者的人物是李锡尼乌斯·苏尔拉。[1] 但有些尴尬的是，我们并不了解苏尔拉的任何血亲或近亲。

以上便是跟图拉真一道执掌权力，并成为安东尼王朝重臣的那个集团。他们的性格与内部竞争关系在很大程度上仍不为人知。历史学家们目前还无法讲述他们的真实历史。

行省贵族漫长的崛起过程始于罗马共和国末年。罗马历史上的那一阶段是个多事之秋，有时被人批评为一个腐败、衰落的时期。这一指责只看到了表面现象。那个孕育了西塞罗的演说术、卢克莱修与卡图卢斯诗篇的时代根本无须为自己辩护；它还创造了意大利北部、纳旁和两个西班牙行省的全部新罗马人文明（或毋宁说是保护了它们的成长）。

如果说共和时代的罗马政府似乎冷落了诸行省的话，那另一方面也意味着它们可以不受约束地自行发展。罗马社会内部的等级继承制度鼓励着人们要有所作为，偏见也刺激了新人的美德与活力。最后是罗马内部党派与领导者之间的纷争；它尽管是可悲可叹的（并且对许多参与者而言是致命的），却清除了许多障碍，使得行省居民能够脱颖而出。他们的晋升是意大利境内的其他族裔在革命时代进入罗马统治阶层的自然结果。行省居民紧随其后，在尤利乌斯-克劳狄乌斯王朝结束之前已经开始能够同意大利人平分秋色。

学者们对不同元首角色及其官僚机构的看法千差万别，往往存在着许多误解。他们的主要问题在于过分依赖元首们的传记、幻想他们的人格对立或主观构建他们的政策对比。当这些误解同对罗马王室政策与共和国、帝国庇

---

[1] 如卢奇乌斯·米尼奇乌斯·纳塔利斯（L. Minicius Natalis，公元106年递补执政官）：他来自巴尔奇诺（*ILS* 1029）。

护关系各方面运作情况的无知结合在一起时，其结果就是灾难性的。由此产生了独裁官凯撒和元首奥古斯都性格与政策上的鲜明对比，人为制造了共和国与元首制帝国之间的鸿沟，并影响了对革命的整个解释体系。

研究者们对作为个人的元首们给予了过多关注。他们可能加快或延缓社会进程的发展，但他们很少能够对其进行重大调整。一个例外是克劳狄乌斯。意大利贵族的升迁原本构成了一条稳定的线索，但克劳狄乌斯通过将部落酋长们吸纳进入罗马元老院而改变了这一进程。但克劳狄乌斯法令的效果也不是永久性的。变故总会重构平衡；历史重回相对正常的轨道——那几乎是可以预见的事情。[1]

研究者们并不总是会追问独裁者的权力究竟有多大。他往往只是政府的代号，或一个辛迪加的产物；他行善与作恶的权力是受到限制的。国家需要元首作为首脑；元首也需要自己的朋友和臣下——但仆人们并不介意把他们的主人抛在一边，利用他的年少或缺席、善良或愚蠢。

元首的这些门客从一开始就僭越了出身、等级和族裔的界限；统治者的恩宠则为行省和异族居民担任王室家族内部或内阁中的职务提供了方便。王室中的一个支系分布较广。当元首提比略在卡普里埃岛度过其统治的最后十年期间，他弟弟的遗孀、后三头之一的玛库斯·安东尼之女安东尼娅在罗马经营着宫廷，跟一批异族王公一道教育着她的孙子卡里古拉，掌握着不容小觑的政治影响力。[2]

通过不同级别与层次的政府职务，元首的臣子们分配着自己的庇护资源，提拔着他们的追随者——让他们担任百夫长、官吏和行省督办，穿上元老紫披风；并让他们担任元老、中央官员、行省长官和祭司。通向最高荣誉的道路有两条。一条是法律和演说术，以及为元首管理元老院的外交手腕和在高级法庭上保护元首朋友、摧毁其敌人的忠心与天才。另一条路是行政或军事生涯。行省督办的儿子或孙子们很容易垄断前执政官级别的军事指

---

[1] 见原书第462页。
[2] 卢奇乌斯·维特利乌斯和瓦勒里乌斯·阿西亚提库斯都教育过安东尼娅（*Ann.* 11.3.1）。

挥权。他们是王室的首要支持者——如果有内战爆发的话，他们还手握着仲裁权。

军职与文职的二分法是过分简化且不完善的。在较高的罗马社会层级里是不存在纯粹的武将的。治理行省的元老一身兼任着法官与将领的职务；除了在部队里，骑兵军官也不佩戴任何徽章。在尤利乌斯-克劳狄乌斯家族中的元首们影响下，引起后世赞叹的文化成就标准得以形成。[1] 他们也对自己的廷臣与宠臣提出了一丝不苟的要求：宫廷里的官吏以文士之名著称；秘书们普遍饱读诗书；前往外省的行省督办在履行财政职责之余还会开展科学研究。[2]

指挥帝国军队的前执政官级别副将们也是演说家或作家——如悲剧作家庞普尼乌斯·塞昆杜斯、即将转向史学创作的雅士克鲁维乌斯·鲁孚斯或渴望记载自然奇观的李锡尼乌斯·穆奇亚努斯。在下一代人中间，文化趣味变得更为普遍。涌现出的人物有因科奈里乌斯·塔西佗的友谊而闻名的费边·约斯图斯，以及普鲁塔克的庇护人索希乌斯·塞内奇奥；对寡头统治集团品味与素质的任何研究都不会忽视谜一样的人物李锡尼乌斯·苏尔拉。

共和末年的行省学校与教师们也不容小觑。进军首都的青年们早已接受过文化教育和熏陶；他们凭借才华与机敏脱颖而出，在各个时代的新文学运动中出人头地——无论是诗歌领域中的卡图卢斯及其朋友们，还是奥古斯都时代修辞学领域闻名于世的雄辩术大师们（老塞涅卡汇纂了关于他们的材料）。在老塞涅卡的儿子身上，行省居民已发展成为活力四射的创新者——此人象征、标志着整整一个时代。即便在创新降格为琐碎考据与复古主义

---

[1] Victor, *De Caes*. 8.7: "adeo litteris culti atque eloquentia fuere ut, ni cunctis vitiis absque Augusto nimii forent, tantae artes profecto texissent modica flagitia（元首们是如此擅长文字和言辞。除奥古斯都以外，他们若不是罪孽深重的话，其手段是足以文过饰非的）."

[2] 除老普林尼、苏维托尼乌斯等著名例子外，还应注意庞培·普兰塔、提提尼乌斯·卡庇托和维比乌斯·马克西穆斯。此外还有小塞涅卡的朋友小卢奇利乌斯（Lucilius Junior）（*PIR*[1], L 286）——他本人是一位作家（*Epp*. 19.3），同时希望在担任西西里行省督办期间去进行一些有的放矢的科学考察（79.1 ff.）。

后，行省居民依旧扮演着弄潮儿的角色。西班牙与高卢最终攫取了政治权力。科尔多瓦、意大利、尼莫苏斯或瓦西奥的胜出，是财富、活力与投机行为的胜利：那也是拥有良好教养的阶层的胜利。

行省居民有好有坏。竞争让他们变得无情，他们对元首卑躬屈膝，成功则助长了他们的奢侈与傲慢。正统观点众口一词地赞美着新兴统治阶层的诚实古风或从行省带来的简朴作风。但我们还是能够瞥见一些偶然的、令人不安的事实。多米提乌斯·阿费尔虽然拥有智慧和演说家的声望，却并未在盖棺论定时获得任何赞誉，尽管历史学家塔西佗隐瞒了关于他贪欲的大量铁证。[1] 当阿费尔的儿子去世时，一位文笔优雅、写作技巧炉火纯青的社会评论家出人意料地大胆揭露了其光辉成就背后的龌龊勾当。如小普林尼所说，一个人的遗愿和遗嘱有时是其性格的写照，但并非永远如此。[2] 多米提乌斯·图鲁斯在各方面都是一个受人憎恶的老人（他身体衰朽的细节被记录了下来），但最终却挽回了名誉：他的继女多米提娅·卢奇拉获得了遗产，那使得一批曾被图鲁斯的巧妙暗示激起希望的人大失所望。

在南西班牙行省拥有矿产的绥克斯图·马略是全西班牙最富有的人，也是一个堕落的家伙。[3] 马略·普利斯库斯在担任行省总督期间罪行累累[4]；在伙同安东尼·普瑞姆斯伪造一位富有、无后、年事已高的元老遗嘱的集团成员中，一些行省居民的名字赫然在列。[5]

就已知的情况而言，没有人责难过阿里乌斯·安东尼的高雅消遣或阿尼乌斯·维鲁斯的静好岁月；奥勒留·福尔伍斯在担任罗马市长期间没有留下任何过失或罪行的记录；达苏米乌斯对遗嘱的处置证实了来自科尔多瓦的一位有产者的博爱与慷慨；佩达尼乌斯家族经受住了一位家族成员被谋杀的谣言压力（或许并非没有受到冒犯），延续了下去。只有一位希腊作家在题外

1　他死于"晚餐时进食过度（ex cibi redundantia in cena）"（Jerome, *Chron.* 179 H）。
2　*Epp.* 8.18.1.
3　*Ann.* 6.19.1.
4　*Epp.* 2.11（见原书第70页）.
5　*Ann.* 14.40 f.（原书第479页）.

话的暗示中谴责过李锡尼乌斯·苏尔拉的道德品质。[1]

如果可以畅所欲言的话，那个时代的人或许会讲述另外一部充满阴谋诡计、麻木不仁和自鸣得意的历史。在现存文献记录中，来自西班牙和高卢的行省权贵们受益于高度正面的形象描述。那并不令人惊讶——因为大部分作者们也出生于那些地区。

昆体良开列过一份自己那个时代知识渊博、闻名遐迩的6位演说家名单。[2]与小塞涅卡和多米提乌斯·阿费尔并列的有2个高卢人——尤利乌斯·阿非利加努斯和尤利乌斯·塞昆杜斯。此外还有2个意大利人——来自北方维尔克雷的维比乌斯·克里斯普斯和伽勒里乌斯·特拉查鲁斯（他的家乡是阿瑞米努姆）。[3]中意大利和坎帕尼亚没有涌现出这样的人物。

其他文学分支的发展情况证实了这一局面的存在。在尼禄与哈德良时代之间，除斯塔提乌斯（并且他的说法也存在多种解读）外，还有哪位作家不是来自行省呢？意大利境内的行省区域涌现过老普林尼和小普林尼，还有希利乌斯·意大利库斯。就我们能够证实的情况而言，其他人物都来自西方。[4]小塞涅卡、卢坎、昆体良和玛提阿尔都来自西班牙。此外还有历史学家费边·鲁斯提库斯。[5]

朱文纳尔本可能用其讽刺诗的笔锋来抨击西部行省的成功崛起。小塞涅卡是绝好的靶子，还有多米提乌斯·图鲁斯或卢奇乌斯·达苏米乌斯等巨富。但朱文纳尔压抑住了自己的冲动，转而寻找更容易、自然的话题——衰朽的贵族或土生土长于希腊的投机分子。尽管尤尼乌斯·朱文纳尔的家族住

---

[1] Arrian, *Diss. Epicteti* 3.17.4（见原书第41页）.
[2] Quintilian 10.1.118 f.; 12.10.11.
[3] *PIR*², G 30.
[4] 《阿尔戈远征记》的作者盖约·瓦勒里乌斯·弗拉库斯·塞提努斯·巴尔布斯（C. Valerius Flaccus Setinus Balbus，如果他不是帕塔维乌姆诗人弗拉库斯［Flaccus the Patavine poet］的话）可能来自行省。值得注意的还有卢奇乌斯·尤利乌斯·乌尔苏斯·瓦勒里乌斯·弗拉库斯（L. Julius Ursus Valerius Flaccus）（*PIR*¹, J 418，参见Groag in P-W X, 881）；他或许就是卢奇乌斯·瓦勒里乌斯·弗拉库斯（L. Valerius Flaccus，公元128年递补执政官）。
[5] 见原书第179页。

在阿奎努姆，他本人或许也是一位外省居民。[1]

　　保持着历史学家公正或恶搞心态的科奈里乌斯·塔西佗在描写来自西班牙与纳旁的人物时一并介绍了他们阳光与阴暗的不同侧面。值得注意的是，作者相对友好的观点往往体现得更为明显。塔西佗叙述体系中的一些重要人物——如小塞涅卡和阿弗拉尼乌斯·布鲁斯——身上便体现出了这样的特征。塔西佗使那位在许多方面被指责为恶人的股肱之臣免于诽谤；那名禁卫军队长则被赞美成一位有价值的朋友，其举止与声名受到了褒扬。[2]在其他部分里，一些古怪的细节也十分醒目。塔西佗从未以出生于西班牙或纳旁为理由去侮辱、贬低过任何人。相反，瓦勒里乌斯·阿西亚提库斯还受到了美化——他是一个大胆、慷慨的人，胜过罗马的显贵。他公开否认自己参与过除掉卡里古拉的阴谋；与他一生的尊严相匹配的是他临终前的优雅举止——他成了麦萨利娜的阴谋、卢奇乌斯·维特利乌斯的背信弃义和元首克劳狄乌斯的冷漠无情的牺牲品。厌恶尼禄、热爱自由、成为老牌贵族披索附庸们眼中钉的执政官尤利乌斯·维斯提努斯很快决定迅速了结自己。狄利乌斯·沃库拉则以莱茵河畔罗马将领的身份扮演了英雄的角色——那或许并不能完全归功于他的军事成就，而是一篇富于罗马远古时代恢宏气魄的演说词让他永垂不朽。[3]

---

[1] 见附录74。苏维托尼乌斯可能来自阿非利加行省的希波·雷吉乌斯（Hippo Regius）。（*AE* 1953, 73，参见附录76）

[2] 关于对德行卓著的布鲁斯（Burrus）的质疑，见H. de la Ville de Mirmont, *Rev. phil.* XXXIV (1910), 73 ff.；为他辩护的例子如R. Waltz, ib. 244 ff.。不应忘记的是，历史学家总有理由去美化小塞涅卡或布鲁斯，不管这些人出生于何方。

[3] *Hist.* 4.58（典型的李维式风格，参见附录34）. 他跟盖约·狄利乌斯·阿波尼亚努斯（C. Dillius Aponianus）（*PIR*^{2}, D 89）一样来自科尔多瓦（见附录80）。

第四十五章　科奈里乌斯·塔西佗的家世

　　如果一位历史学家宣称自己不只是一名博古学者或公认事实的转述者的话，那么我们便会很想了解他是何方人氏，在社会中的等级地位究竟如何——尤其是当他恰好跟自己所描述的历史进程存在着交集时（他不仅是在叙述关于事件的记录，并且本人就是一份史料）。科奈里乌斯·塔西佗是一位元老和执政官。《历史》追述了他本人的时代与经历所见证的事件。尽管他在《编年史》中向前追溯，从元首提比略登基时讲起，他的叙述还是自觉地将两部作品联结在了一起。两部史书的作者、方法与关注点是相同的。合在一起的《编年史》与《历史》可被恰如其分地视为一部长达30卷的著作。[1]

　　塔西佗的写作合乎历史的精神与范畴。他与现实的关系是怎样的呢？他究竟是旧贵族还是新贵族的一员？如果他是新贵族的话，他的"家乡（patria）"到底来自意大利还是行省？

　　有人认为塔西佗的祖先十分显赫，不仅属于共和国时代的贵族，还可上溯到罗马城最早的那批老牌贵族（the patriciate）。他们猜想塔西佗属于科奈里乌斯家族中被埋没了好几个世代的某个分支。[2]

　　老牌贵族在如此晚的时代（或任何时代）里涌现出这样一个奇迹式的卓

---

[1] Jerome, *Comm. in Zach*. III.14, 参见附录35。

[2] R. Reitzenstein, *Neue Wege zur Antike* IV (1926), 7; E. Ciaceri, *Tacito* (1941), 47. 此外还有其他类似观点。关于宣称塔西佗为"罗马国家主义者（Stadtrömer）""传统罗马人（Stockrömer）"或"意大利人（Italico）"的观点汇编，见附录89。

越文学天才，此等猜想会令最轻信的人也心怀疑虑。战争与政治、荣誉和特权——那是老牌贵族们在自己的鼎盛时代里所关注的事情；在自身没落的年代里，他们为之奋斗的则是财富与尊严。文学从来就不是他们的事业，甚至不成其避难所与慰藉。诗歌和史学属于外来天才们的事业，例如共和国时代的意大利人和帝国时代的行省居民。

那还不是最大的问题。在科奈里乌斯·塔西佗的同时代人中寻找传统贵族是件颇费工夫的事情。该集团几乎已经灭绝。科奈里乌斯、费边、瓦勒里乌斯和名气较小的其他老牌贵族家族（*gentes*）通过与元首家族的联盟而短暂地回光返照；但他们随后的命运是充满风险和灾难性的，当元首奥古斯都的血脉随着尼禄之死而中断，这些老牌贵族也走向了彻底绝嗣的命运。

在弗拉维王朝诸元首统治期间，只有一个老牌贵族家族进入了《执政官年表》。那恰好就是科奈里乌斯氏族——它曾造就了西庇阿家族的荣耀、秦那与苏拉的野心和一长串平庸的勒图鲁斯家族成员。有几个分支幸存了下来，但已经式微，对于谱系研究者之外的人而言没有什么意义。正如我们所预料和猜想的那样，他们拥有继承来的独特家姓。[1] 但没有任何一个老牌贵族科奈里乌斯氏族的家族拥有过"塔西佗（Tacitus）"这个家姓。

共和国时代数目更多、出身平民的贵族们也经历了相似的命运，就连后三头与奥古斯都时代执政官的后裔们也走向了凋零。塔西佗并不属于那些衰朽无能的贵族，而是如今统治着罗马、经营着帝国的阶层。

我们否定前人假说的依据是什么呢？我们的观点基于那位历史学家各式各样的评论。他以谴责、憎恶的口吻谈论着那些暴发户；他对骑士阶层成员和意大利人的批评让我们有明确理由认为，他不可能只是一名骑士的儿子。

由此，人们很容易设想，科奈里乌斯·塔西佗肯定是一位拥有纯正血统和典型偏见的贵族。他们过分轻信了塔西佗谴责罗马社会风气的语言及其富于传统色彩的激烈性质。塔西佗是一位新人：尽管或许会在自己的家乡被视

---

[1] 见附录94。

为贵族，他在罗马城却是一个出身低微、不名一文（ignobilis）的人——并且人们也会告诉他这一点。塔西佗的腔调和色彩来自罗马史学传统——以及那位以共和精神撰述帝国编年史的史学家的戏剧化才能。

关于科奈里乌斯·塔西佗祖先的一种极端看法已受到挑战。另一种极端观点认为塔西佗是奴隶出身，明确暗示他的祖先是被独裁官苏拉没收财产并奴役的10000名科奈里乌斯氏族成员之一。[1] 这种认为塔西佗的先人曾屈尊与苏拉的释奴为伍的看法是一种具有误导性的老生常谈。塔西佗本人或许应当为此而受到责备：《编年史》中的一处讨论认为，大部分骑士和许多元老都拥有释奴的血统。[2] 对这段材料的引述已成为一种规定动作。相信这一说法等于低估了这位历史学家的技艺：他是在利用演说词来戏剧化地描述一个人物或阐述某一主题，表明自己拥有充分自由，并通过添加演说词的常见成分来使之显得可信——也就是补充一些扭曲与欺骗的成分。

对尤利乌斯-克劳狄乌斯王朝治下罗马元老院的研究无法支持大批"元老（patres）"来自奴隶的观点。革命以咄咄逼人的迅雷不及掩耳之势加速了社会变革的进程。然而，尽管内战和公敌宣告运动确实对释奴阶层有利，自由人和社会地位优越的投机分子们也并不介意趁机攫取战利品和利益；军阀们的贵族党羽们跟意大利人一道分享了私人土地和公共资金。如果说有些新人是凭借自身的努力、理财本领与军功而崛起的话，那么他们的出身并不都是龌龊可耻的。他们或许来自地方上受到尊敬的家族——有些事实上是光荣的意大利贵族之花，在自己的城镇里拥有古老世系与继承得来的特权。元首奥古斯都的统治巩固了革命成果，让意大利的权贵们融入了罗马贵族统治集团的圈子。

倘若新元老中确实有很多人是释奴后裔的话，他们的故乡和姓氏应当

1　A. Stein, *Neue Jahrbücher* XXXV (1915), 361 ff.
2　13.27.1: "et plurimis equitum, plerisque senatoribus non aliunde originem trahi（大部分骑士和许多元老都产生于这批人）."这一时期的一个著名例子是被自己的奴隶们谋杀的拉尔奇乌斯·马克多（Larcius Macedo）。根据小普林尼的说法，这位元老的父亲曾是一名奴隶（*Epp.* 3.14.1）。

能够证明这一事实。他们理应来自某些重要商业城市（罗马也是其中的一员），并拥有家财万贯、奴隶成群的贵族家族姓氏。但我们看到的结果却恰恰相反。拥有确凿证据的是那些遥远的意大利小城镇；那些罕见、怪异的伊达拉里亚、翁布里亚、奥斯坎、伊利里亚城镇名称证明了被称为"意大利"的那块土地的语言和部落分布是何等驳杂，也揭示了当地贵族的土生特征。[1]

在帝国治下，共和时代的贵族家族走向没落与消亡。具有讽刺意味的是，他们的名字（无论是老牌贵族还是平民贵族）在执政官年表中反而出现得更加频繁——那是新的科奈里乌斯、瓦勒里乌斯、费边家族和新的李锡尼乌斯、多米提乌斯家族。拥有此类姓氏的后来者不是释奴，甚至也不是意大利人；他们多数是行省居民。那些贵族姓氏可追溯到赐予他们祖先公民权的行省总督们。

在抛弃了两种极端观点后，我们现在可以集中笔墨来讨论科奈里乌斯·塔西佗的社会阶层与故乡这一问题。显然，在高卢贝尔吉卡行省和两个日耳曼行省担任过政府财务官吏的罗马骑士塔西佗是元老塔西佗的父亲。在《历史》前言中，塔西佗明确承认自己的社会等级是元首韦伯芗赐予的。[2]这个科奈里乌斯家族是后起者，凭借为诸元首效劳而发迹，并在社会大变革中进入了我们的视野。

塔西佗对莱茵河流域表现出了浓厚兴趣；他掌握着关于科洛尼亚·克劳狄亚的准确知识或生僻细节；他还认真记录了公元55—58年之间的若干史事。[3]老普林尼当时正在莱茵河畔的军队里，度过自己骑兵兵役的第三个也是最后一个时期。根据老普林尼的记载，他曾在那里目睹过一位行省督办儿子的夭折。[4]此人的另一个儿子可能见识过贝尔吉卡或莱茵河流域的环境，也许是特瑞维利人的奥古斯塔（Augusta Trevirorum）或科洛尼亚·克劳狄亚。

---

1 R. Syme, *Rom. Rev.* (1939), 82 ff.; 362 ff.
2 *Hist.* 1.1.3（见前引文，原书第63页）。
3 见原书第452页。
4 *NH* 7.76（前引文，原书第60页）。

具体细节其实无关紧要。一个人的出生地是随机的，并不代表他的等级或出身。那并不是他的"故乡（patria）"。[1]

"全意大利"与元首奥古斯都一道取得了胜利。不久之后，从意大利北部、纳旁高卢和西班牙涌现出了一支令人印象深刻的队伍：他们首先担任着官吏和行省督办，随后当上了元老和执政官。这些地区在共和国末年已经展示了自己的财富与活力，在争夺罗马统治权的斗争中提供了具有决定性意义的权力资源。这批新罗马人（殖民地的、土著的或拥有混合血统的）被卷入了一连串君主式的党派领袖组织的派系与内战，并为自己的才华和野心找到了用武之地。他们在王室的庇护下不可阻挡地步步高升。

意大利北部、纳旁抑或西班牙——科奈里乌斯·塔西佗的故乡就在这片充满活力的行省区域里的某个地方。为了进一步缩小研究范围，我们可以援引许多观点。首先是他的婚姻状况。作为一名行省督办的儿子，塔西佗在开始自己的仕途生涯之际可能会在娶妻时争取家乡有影响力的元老们的支持；而尤利乌斯·阿古利可拉在寻找一位性格、教育条件和发展前景令自己满意的女婿时，或许也不会将目光投放到纳旁边境之外。[2]

其次是科奈里乌斯·塔西佗朋友们的情况。《关于演说家的对话》也许能够贡献若干提示。那篇文章中出现了4个人物。其中之一是元老和剧作家库里亚提乌斯·玛特努斯。他的出身已无从考证，没有任何信息能将他的名字或家族同任何一个高卢行省联系在一起。[3] 第二位是著名演说家尤利乌斯·塞昆杜斯。他确实是高卢人，但并非来自纳旁地区。他来自高卢三行省中的某个地方[4]：在罗马人的观念里，长发高卢（Gallia Comata）与纳旁高卢之间的区别是天然存在的。[5] 我们要考察的第三个人物——玛库斯·阿佩

---

1 哈德良出生在罗马（*HA, Hadr.* 1.3），但意大利却被称为他的"故乡"（2.1）。
2 阿古利可拉本人在公元70—77年的履历并不意味着他有很大的机会认识年轻的塔西佗。他自己的妻子来自纳旁高卢（见原书第21页）。
3 他可能是西班牙人，见附录90。
4 见附录91。
5 见第三十四章。

尔——的情况也与此类似，他可能是高卢人，但不是纳旁人；他或许还拥有尤利乌斯的姓氏。[1]

尤利乌斯·塞昆杜斯与玛库斯·阿佩尔在《关于演说家的对话》中占据显要地位的事实同科奈里乌斯·塔西佗的出身无关。它证实了行省居民（尤其是高卢人）在演说术领域独步天下的声望与造诣。年轻的塔西佗将自己同当时最顶尖的法庭诉讼演说家——也就是塞昆杜斯和阿佩尔——联系在一起。同政治生涯一样，求学生涯也会让一个人远离自己本地区的友谊纽带，进入由来自四面八方的教师、学生组成的圈子。《关于演说家的对话》中的第四个角色是维普斯塔努斯·麦萨拉，其出身的高贵程度远远超过其他人。尽管他的祖上最初也是意大利人，该家族在两个世代之前就已获得了执政官头衔，并通过与老牌贵族的联姻而声名日盛。[2] 为了全面把握《关于演说家的对话》的观点及其用意，我们还需关注其题献对象费边·约斯图斯（此人放弃了演说术，选择了治理行省、带领军队的生涯）。跟老牌贵族费边家族绝嗣后帝国治下的许多叫费边的名人一样，他或许也是西班牙人。[3]

费边·约斯图斯和《关于演说家的对话》中第四位谈话者的并存使得我们无法在纳旁和意大利北部之间做出取舍。除《关于演说家的对话》外，我们手头关于塔西佗朋友们的唯一信息来源是小普林尼的《书信集》。认为塔西佗跟小普林尼一样，都是意大利北部居民后裔的看法是一种诱人的、合理的观念。[4] 但真正的证据并不存在。那些书信无法提供一条能让我们信服的材

---

[1] 见附录91。

[2] 该家族中第一个有史可考的人物（公元18年递补执政官）只留下了一个名字而已；但其中第二位的姓名——卢奇乌斯·维普斯塔努斯·麦萨拉·波普利可拉（L. Vipstanus Messalla Poplicola, 公元48年执政官）——表明他的母亲来自瓦勒里乌斯·麦萨拉氏族（Varelii Messallae）。（见原书第101页）因此，维普斯塔努斯·麦萨拉在《关于演说家的对话》中扮演的角色是非常适宜的。

[3] 但纳旁高卢的可能性也完全没有被排除。单是纳旁一地就孕育了许多取卢奇乌斯·费边氏族（L. Fabii）姓名的人物，其中大多为释奴（CIL XII, 4791, 4794-6, 4798, 5218）。该行省还提供了其他6个例子（如694：阿瑞拉特）。

[4] J. Asbach, *Römisches Kaisertum und Verfassung bis auf Traian* (1896), 128; G. E. F. Chilver, *Cisalpine Gaul* (1941), 104 f. 然而，"他的风格和思想显然包含着高卢主义元素"（ib. 105）的说法并不确切。

料。小普林尼发表了至少11封提及科奈里乌斯·塔西佗的信件；但里面从未讲述对"我们的意大利（Italia nostra）"的共同忠诚感，也没有提到同样来自意大利北部的任何共同朋友。[1]尽管小普林尼曾在为城镇科穆姆寻找教师时征求过塔西佗的意见，他却并未用同乡的情分来增强求助于那位教育专家成熟判断时的感染力。[2]无独有偶，小普林尼向一位朋友介绍了伟大的维吉尼乌斯·鲁弗斯的逝世，并强调维吉尼乌斯是他自己的监护人，保护过他们城镇的领土和产业。一位口才出众的演讲者发表了葬礼演说，那个人正是执政官科奈里乌斯·塔西佗。[3]小普林尼并未说明，演说家人选的确定是否考虑到了同乡或近邻关系。那也确实毫无必要：国葬的规格已足够说明为何要让执政官来发表葬礼演说。

以沉默为基础的证据毕竟作用有限。作者无须提及读者们理应耳熟能详的事实。小普林尼从未记载，他的两位朋友——前执政官科瑞利乌斯·鲁弗斯和维斯特里奇乌斯·斯普利纳——是意大利北部居民；他对年长且知名的科奈里乌斯·塔西佗的措辞也充满了距离感和敬意。

只有塔西佗与小普林尼的意大利北部朋友圈之间缺乏私交这件事情才确实值得关注。依恋故土并引以为傲的情感理应在某些地方得到验证。但在小普林尼的全部现存通信中，只有两段文字证实了塔西佗同第三位有名可考的人物之间的联系。尽管我们还无法下定论，这些证据毕竟是不利于塔西佗来自意大利北部的假说的。[4]

诸如此类的推论总归是脆弱和不足凭信的。史学家塔西佗本人的作品或许可以提供某些支持性论据。当尼禄的行为日趋乖张、开始在公众面前展示自己的戏剧表演与歌唱才华时，塔西佗记载了来自偏远意大利城镇（那里仍

---

1 意大利并非将两位朋友联结在一起的"纽带（tot vincula）"之一（*Epp.* 7.20.7）。
2 *Epp.* 4.13.
3 2.1.6.
4 即阿西尼乌斯·鲁弗斯（Asinius Rufus）（4.15）和尤利乌斯·纳索（Julius Naso）（6.6; 9）。见附录92。

然恪守着古风）的访客们的义愤填膺。[1] 他的措辞令我们回想起小普林尼对"我们的意大利"的美德的怀念，但它说明不了任何问题。[2] 这种东西早已成为陈词滥调——意大利北部取代了萨宾，成为尊崇罗马古风的圣地与典范。[3] 另一方面，援引塔西佗对公元69年战事，尤其是贝德里亚库姆附近战斗叙述中的费解之处，以此来证明塔西佗并非意大利北部居民的做法或许也并不公平。[4]

迄今为止，我们的讨论基本还只是局限于各种杂七杂八的、支离破碎的证据。更大胆的解读方式从塔西佗的写作风格和思想入手，从中发现了凯尔特人的品质与根本特征。高卢地区古老土著的后裔们痴迷于演说术，发展出了既宏伟又精练的文风。[5] 咄咄逼人的才华使得他们很快成为罗马城内修辞学技艺的翘楚。凯尔特人的自豪感、热情和犀利笔触与罗马统治阶层的气质和传统结合起来，缓慢地发展出了科奈里乌斯·塔西佗的天才。[6]

援引凯尔特精神的做法在文学批评和传记写作中十分常见。诗人瓦勒里乌斯·卡图卢斯是一个突出的例子：人们以此来解释他的似火热情、温柔细

1　*Ann.* 16.5.1: "sed qui remotis e municipiis severaque adhuc et antiqui moris retinente Italia（但来自意大利边远地区的严肃人们仍旧推崇恪守古风的意大利）"，等等。

2　*Epp.* 1.14.4: "patria est ei Brixia, ex illa nostra Italia quae multum adhuc verecundiae frugalitatis, atque etiam rusticitatis antiquae, retinet ac servat（他的故乡是布瑞克西亚，那里在很大程度上还保存着我们意大利值得尊敬的简朴与乡村古风）。"

3　在其他文本里，历史学家塔西佗似乎并未对"意大利"倾注强烈感情。他谴责拉文纳的一名海军将领"用自己的挥霍无度和野蛮折磨着意大利，仿佛住在那里的是最卑贱的族裔一样"（quod ... velut infimam nationum Italiam luxuria saevitiaque adflictavisset）"的说法（*Ann.* 13.30.1）说明不了什么问题。提比略的演说（3.54.4）和或许来自克劳狄乌斯演说词的两段文字（11.15.1; 12.43.2）热情洋溢地描述了"意大利"。参见 *ILS* 6043中元老院公告的开场白，其中可能使用了克劳狄乌斯的语言（见附录40）。

4　见原书第163—164页，以及附录30。关于塔西佗对意大利北部并入罗马版图的诡异说法（11.24.2 f.），见附录93。

5　Diodorus 5.31.1: "κατὰ δὲ τὰς ὁμιλίας βραχυλόγοι καὶ αἰνιγματίαι καὶ τὰ πολλὰ αἰνιττόμενοι συνεκδοχικῶς· πολλὰ δὲ λέγοντες ἐν ὑπερβολαῖς ἐπ' αὐξήσει μὲν ἑαυτῶν, μειώσει δὲ τῶν ἄλλων, ἀπειληταί τε καὶ ἀνατατικοὶ καὶ τετραγῳδημένοι ὑπάρχουσιν（他们在集会时会使用简洁、神秘的语言，借助许多暗示性的说法转弯抹角。他们喜欢用夸大其词的手段来证明自己高人一等。他们还是自夸者与威胁者，喜欢华而不实的语言）。"

6　参见M. L. Gordon, *JRS* XXVI (1936), 150 f.。

腻与爱恨交织。来自曼图亚的诗人维吉尔也没有被忽略。[1] 卡图卢斯来自维罗纳，其家姓可能来自凯尔特语。[2] 然而，曼图亚却是伊达拉里亚人自古以来的据点。但那也没有什么关系。"维吉尔"这个名字固然已被证实来自伊达拉里亚语，但意大利北部的姓氏分布十分具有迷惑性，其族群融合状况极其复杂，并且维吉尔的作品（或其他任何史料）均无法帮助我们得出关于这位诗人血统的任何定论。[3]

这些观点有时是以历史学家李维的族裔为基础的——但帕塔维乌姆是维尼提人的首府，该族群的语言肯定不是凯尔特语。[4] 更恰当的做法是关注李维与维吉尔的共同点——尽管作为他们故乡的两座城市在起源、历史、语言和习俗等方面存在着各种差异。[5]

这一研究路径并不是要否定波河以北（或意大利其他地区）差异性的存在，更不是要否认故土情结的力量。李维作品中的一些东西可被粗鲁地贬斥为"帕塔维乌姆风格（Patavinitas）"。[6] 那位历史学家内在的"帕塔维乌姆风格"跟族裔或地区的关系是另一回事。任何谨慎的研究者都不会尝试去辨析普罗佩提乌斯作品中的翁布里亚风格或奥维德诗篇中的佩利格尼（Paeligni）风格。[7]

拉丁文学研究领域这种投机取巧、误人子弟的族群起源分析游戏几乎完全聚焦于意大利北部诗人的凯尔特族源，仿佛那才是"凯尔特"一词的

---

1 对卡图卢斯与维吉尔的上述分析见 H. W. Garrod, *The Oxford Book of Latin Verse* (1912), XIX ff.。
2 来自凯尔特语的证据如姓氏"卡图里克斯（Caturix）""卡图沃尔库斯（Catuvolcus）"等等；但它也有可能来自凯尔特-伊利里亚语，因为"卡图（Cato）"是伊利里亚语，参见 H. Krahe, *Lexikon altillyrischer Personennamen* (1929), 29。舒斯特尔认为那位诗人的凯尔特血统只是一种"传说（in den Fabelbereich）"，而选择相信他来自一个古老的罗马殖民地家族（M. Schuster, P-W VII A, 2354 f.）。但维罗纳并非罗马的殖民地。
3 那位诗人的母亲是玛吉娅（Magia，一个初步判定来自奥斯坎语的名字）。参见克雷莫纳——一处古老的拉丁殖民地——的努麦里乌斯·玛吉乌斯（N. Magius）（Caesar, *BC* 1.24.4）。
4 R. S. Conway, *New Studies of a Great Inheritance* (1921), 190 ff.（论"罗马史中的威尼斯观点"）。
5 R. Syme, o.c. 465.
6 见原书第202页。
7 诺登声称发现了普罗佩提乌斯与维吉尔之间的联系——"他和此人都拥有翁布里亚血统（mit dem er das umbrische Geblüt teilt）"（*R. Literatur*[5] [1954], 72）。

真正含义。西班牙会让我们产生对此类做法的疑虑。如果我们想在塞涅卡家族成员身上寻找西班牙的特质的话，我们就要注意，这个阿奈乌斯家族（Annaei）还属于意大利殖民者血统。[1]他们的家乡是南西班牙行省西南部的科尔多瓦。凯尔提贝里亚（Celtiberia）是西班牙境内非常特殊的地区。昆体良和玛提阿尔便出生在该地区——很可能是本地土著血统。[2]但没有人能从昆体良或玛提阿尔的语言、文风和思想中提炼出一种凯尔提贝里亚的元素。玛提阿尔倒是介绍了关于家乡山川的丰富动人细节。[3]但如果不是有据可考的话，谁能猜到昆体良的家乡是哪里呢？那位作者在自己的作品里只提到过一次西班牙——并且还是出于不甚了解某个当地词汇而产生的好奇心。[4]

来自西部行省的新罗马人中最引人注目的例子是元首图拉真和安东尼王朝的统治者们。在评价他们作为凡人或元首的人格时，不怀好意的观察者们过分解读族裔和血统、土壤和地貌的所谓影响——帮助图拉真在意大利占据优势的翁布里亚-伊利里亚因素、身为伽狄塔尼人（Gaditane）的哈德良母亲、纳旁气候对安东尼·皮乌斯的作用、从玛库斯·奥勒留族谱中努玛·庞皮利乌斯（Numa Pompilius）这个名字引发的萨宾祖源传说。[5]这些都是荒诞无稽。真正影响一个人的是教育、民族精神、财富、活力与社会等级。

我们再回到科奈里乌斯·塔西佗的话题上来。迄今为止，还没有哪种考据或猜想能够帮助我们确定，塔西佗到底来自纳旁还是意大利北部。认为塔西佗来自凯尔特地区的观点并非基于对其文风或人格的判断。它来自外部证

1　见附录80。
2　他们的民族名——"费边"和"瓦勒里乌斯"——很能说明问题。但他们的家乡城镇——卡拉古里斯（Calagurris）和比尔比利斯——并非殖民地。
3　Martial 1.49; 4.55, 等等。参见A. Schulten, *Neue Jahrbücher* XXXI (1913), 462 ff. 但那位学者以玛提阿尔的父母都是"罗马人（Römer）"为理由，认为该家族来自伊比利亚半岛的看法（ib. 463）过度解读了史料（并混淆了该问题）。
4　Quintilian 1.5.57: "et *gurdus*, quos pro stolidis accipit vulgus, ex Hispania duxisse originem audivi（我听说，"白痴〔*gurdus*〕"这个粗俗的字眼来自西班牙）。"
5　W. Weber, *CAH* XI (1936), 325; *Rom: Herrschertum und Reich im zweiten Jahrhundert* (1937), 228; 284.

据——他同尤利乌斯·阿古利可拉的关系和与小普林尼的友谊，但并不仅限于此。不然的话，西班牙也是合乎情理的猜想。玛提阿尔曾把一首诗献给小普林尼[1]；但他从未提及过演说家与执政官科奈里乌斯·塔西佗，尽管后者的地位和名声高于小普林尼。玛提阿尔写的那些诗篇或许不会让他受到一个性情严肃、关注教育与道德问题的人物待见。即便塔西佗确实是来自西班牙的罗马人，玛提阿尔也不一定会提到他。[2]

塔西佗在本人告知朋友的一处细节中差点儿揭示了真相。他发现自己在竞技场上的座位紧靠着一位罗马骑士。他们交谈的内容十分广泛且富于文学品味。过了一会儿，那位骑士鼓起勇气询问这位朋友是意大利人还是行省居民。塔西佗做出了一个闪烁其词的回答——"您在罗马演说界的熟人能够告诉您我是谁"。那个人马上追问道："您是塔西佗或普林尼吗？"[3]

如果说对演说术的提及使得科奈里乌斯·塔西佗的回避变得无济于事，帮助那位罗马骑士确定对话者必为两人之一的话，那或许也并非他依靠的唯一线索。举止和口音也有可能提供线索——如塔西佗和小普林尼共有的某个特征。那种特征并不一定是意大利北部的专利，可能是意大利北部和纳旁所共有的。

"您是意大利人还是行省人？"这两个选项是互斥的，但那并不意味着二者存在着任何显著差异。如果二者差异巨大的话，那位罗马骑士就不会提出这个问题了。意大利北部与纳旁十分相似。在所有"行省"中，纳旁名副其实地"更像意大利，而非行省（Italia verius quam provincia）"[4]。根据同样

1　Martial 10.20，被 *Epp*. 3.21.5 所提及。

2　Martial 1.35.1 f.: "versus scribere me parum severos | nec quos praelegat in schola magister, | Corneli, quereris（科奈里乌斯啊，你质问我为何写这些轻浮的诗篇，而非教师在课堂上传授的严肃作品）."那位科奈里乌斯或许确有其人，也可能就是塔西佗。

3　*Epp*. 9.23.2 f.: "hunc post varios eruditosque sermones requisisse: 'Italicus es an provincialis?' se respondisse: 'nosti me, et quidem ex studiis.' dd hoc illum: 'Tacitus es an Plinius?'"（他在交流了许多精深的问题后问我："您是意大利人还是外省人？"他答道："您可以通过所读的书认识我。"此人又向他问道："您是塔西佗还是普林尼？"）"

4　Pliny, *NH* 3.31（前引文，原书第455页）.

的标准，意大利北部的山南高卢也更像行省而非意大利。那里几乎每一座城镇都曾是某个本地族裔——凯尔特人、雷提亚人或伊利里亚人——的聚居中心。[1] 姓氏方面的证据表明，本土元素在那些地方还占据着优势。

就科奈里乌斯·塔西佗的情况而言，外部证据削弱了他来自意大利北部的可信度；有些人或许还认为，他在竞技场上被人问起出身时的缺乏自信表明，他是行省人而非意大利人。[2]

无论塔西佗来自意大利北部还是纳旁，二者之间的区别其实不算太大。我们可以在意大利北部城镇的本地贵族中找到来自意大利中部的移民。[3] 但我们的判断标准往往具有欺骗性，尤其是对于伊达拉里亚的姓名而言；并且大部分来自意大利北部的元老都拥有混杂的、包含地方土著元素的血统。而在"行省"中，尽管罗马的定居点在某些地区影响巨大，它们也只是调整而非压倒了下层的土著文化。纳旁便展示出了引人注目的二元性。人们原本以为，帝国建立后前一百年里的大部分元老应当出自罗马殖民地。但事实证明并非如此。古老的殖民地纳旁迟至哈德良时代才产生了第一位元老——并且那还是个无足轻重的角色。[4] 与此形成鲜明对比的是，从前的土著部落聚居中

---

1 最著名的例外是克雷莫纳与阿奎雷亚的古老拉丁殖民地和奥古斯都麾下老兵建立的殖民地奥古斯塔·普雷托里亚。

2 有地位的人物或许并不介意承认"我来自外省（provincialis sum）"。或许值得注意，或许无关大局的是，历史学家塔西佗并未复述或改编克劳狄乌斯演说词中的语句："那又怎样？来自意大利的元老不是好过来自行省的吗（quid ergo? non Italicus senator provinciali potior est）?"（*ILS* 212, col. ii, ll. 5–8）

3 如盖约·庞提乌斯·佩里格努斯（C. Pontius Paelignus）（*ILS* 942：布瑞克西亚）。此外，玛库斯·阿伦提乌斯·阿奎拉（M. Arruntius Aquila，公元77年递补执政官[？]）拥有姓氏"特伦提乌斯（Teretina, *ILS* 980：帕塔维乌姆）"——该部落居住在阿提纳（Atina）、卢奇乌斯·阿伦提乌斯（公元前22年执政官）的家乡，参见 *PIR*[1], A 1129。关于帕塔维乌姆的卢奇乌斯·阿伦提乌斯·斯泰拉（L. Arruntius Stella，公元101年递补执政官[？]），见附录25。

4 *ILS* 1064（卢奇乌斯·埃米利乌斯·阿尔卡努斯[L. Aemilius Arcanus]，一名骑兵军官和本地官员，得到了哈德良的提拔）. 卢戈杜努姆（只是地理上位于高卢三行省境内）提供了类似的佐证：在一个姓名残缺的人物"菲杜斯·[……]·伽鲁斯·[帕科……]（Fidus A[...] Gallus [P] acc[ ]"（*CIL* XIII, 1803, 参见 *PIR*[2], F 153）之前无人担任过元老，并且即便此人也不一定来自卢戈杜努姆。原因很明显——疆界（*territorium*）狭促的卢戈杜努姆鲜有权贵。与此相关的是克劳狄乌斯的断言："遗憾的是卢戈杜努姆没有我们这一等级的人物（ex Luguduno habere nos nostri ordinis viros non paenitet）."（*ILS* 212, col. ii, l. 29）参见原书第460页。

心尼莫苏斯、维也纳和瓦西奥占据了压倒性的优势。此外，一些来自殖民地的著名人物——如来自尤利乌斯广场镇的尤利乌斯·阿古利可拉和来自阿瑞拉特的庞培·保利努斯——的祖先就是本地土著；他们的先人早在殖民地存在之前就获得了公民权，并在殖民地建立之际被吸纳入籍。[1]

执政官与元首、诗人与演说家，各行各业都在讲述着同样的故事。在解释他们的性格与才具时，一味关注值得怀疑的所谓族裔、血统和气候影响是毫无裨益的。这倒不是说那些城镇或地区完全处于消极被动的地位。事实恰恰相反。来自北方和西方的新罗马人发迹于欣欣向荣、充满活力的地区。科奈里乌斯·塔西佗也是这批征服帝国的大军当中的一分子，他们取代了之前的罗马贵族阶层和身为罗马贵族的元首。

西班牙人和纳旁人也排挤了意大利本土居民的后裔——他们在许多方面青出于蓝。一些意大利新人无法通过出身与教育的考验（他们出身低微、敛财不择手段，或是新兴暴发户），同来自西方的有产者——历史悠久的西班牙家族或纳旁酋长们的后裔——形成了鲜明对比。历史学家塔西佗在记述奥古斯都时代前执政官们的去世时，对他们的恶劣名声了如指掌——阿泰乌斯·卡庇托的祖父只是一名百夫长，苏尔庇奇乌斯·奎里尼乌斯是来自小城镇的暴发户。[2] 在属于塔西佗本人记忆的时代里，那些声名鹊起的演说家和政治家——埃普里乌斯·马塞卢斯和维比乌斯·克里斯普斯——都来自出生地相对默默无闻的家族。[3] 科尔多瓦的塞涅卡家族则在社会等级上胜过他们。与此相似，阿古利可拉和图拉真的家世也要比韦伯芗显赫得多。

在较早的年代里，意大利拥有自己的尊严，足以对抗罗马的傲慢。那里相对高贵的人物貌视罗马平民与士兵，或许也不屑于在罗马城里追求权力

1　我们没有理由设想，阿古利可拉的祖先只是一名普通老兵。该殖民地可能建于公元前36年左右，但尤利乌斯广场镇此前就存在——并且还孕育了格涅乌斯之子盖约·科奈里乌斯·伽鲁斯（C. Cornelius Cn. f. Gallus）（ILS 8995）。因此，阿古利可拉的祖先很可能是当地的望族，参见R. Syme, CQ XXXII (1938), 39 ff.。按照老普林尼的说法，阿瑞拉特的庞培·保利努斯拥有"穿大衣的祖先（paterna gente pellitus）"（NH 33.143）。关于殖民地的通婚现象，见原书第453页。

2　*Ann.* 3.75; 48（见原书第580—581页）。

3　*Dial.* 8.1（见原书第101页）。

与荣誉。但随着其他地区的崛起，意大利在实力、财富与声望等方面渐落下风；在元首制下，意大利的地位已降至与一个行省相差无几。它的那些老旧城镇在西方世界光辉灿烂、欣欣向荣的城市面前黯然失色，并在竞争中节节败退。因低微出身遭到塔西佗非难的人物几乎无一例外都是意大利人。[1]历史学家塔西佗的姿态是戏剧性和模仿性的，复制了罗马的传统，融入了贵族的风范。那还不仅仅是效仿而已：它为行省贵族的傲慢找到了发泄途径，并进行了以牙还牙的报复。

通过各种各样的蛛丝马迹，我们可以获悉一个人物的出身，有些线索甚至一目了然。尽管本人很少提及，甚至刻意回避自己的身世，研究者在分析科奈里乌斯·塔西佗的背景时并非完全无从下手。后人可以从一个罗马人名字的形态与色彩入手展开深入分析，往往可以突然得到令人喜出望外的信息。

首先，我们需要关注氏族名，它有时是罕见并具有地区性的。但"科奈里乌斯"这个名字过于常见，几乎不再具备任何价值。它已被多次传播扩散——不仅仅通过奴隶和异邦人的公民权授予，还有世人追求时髦与模仿的推波助澜。对早年里意大利或行省中的那些科奈里乌斯进行研究必将一无所获。汇编那个时代骑士与元老阶层中的科奈里乌斯名录也无济于事。其中一些人或许就是历史学家科奈里乌斯的亲戚，但我们找不到任何证据。[2]

家姓（*cognomen*）的情况则有所不同。尽管"塔西佗"在拉丁文中有其对应含义，我们却没有理由认为，它比阿奎塔尼贵族尤利乌斯·文德克斯的家姓"文德克斯"更像一个源自拉丁文的词汇。[3]认为它来自伊达拉里亚语

---

1 见原书第562—563页。历史学家塔西佗拒绝透露令人一言难尽的库尔提乌斯·鲁夫斯（Curtius Rufus）的祖先姓字名谁（11.21.1）。我们可以猜想他是阿劳西奥（Arausio）两人委员会（*duumvir*）成员昆图斯·库尔提乌斯·鲁夫斯（Q. Curtius Rufus）（*CRAI* 1951, 238），但这一姓名对应并不唯一。

2 但参见附录94，其中列举了几位"科奈里乌斯（Cornelii）"，如科奈里乌斯·福斯库斯（Cornelius Fuscus）和（提图斯·科奈里乌斯［？］·）佩伽苏斯（[?T. Cornelius] Pegasus）。

3 拥有词根"文德（vind-,意为白色）"的人名和地名已不胜枚举。根据相同的原则，土著居民的家姓，如"图托尔（Tutor）"或"维拉克斯（Verax）"也不能按照拉丁文的构词法去解释。

的猜想或观点也并不可信，无论后者的涵盖范围有多么宽泛多样。塔西佗的出身与社会地位明确告诉我们，他的姓名来自当地语言，是意大利北部和周边蛮族聚居区固有的姓氏。合理的推测是"塔西佗"来自凯尔特语；并且我们可以顺利找到它在凯尔特语中的词源。[1] 如果有人对此表示怀疑的话（很可能会出现那样的情况），该姓氏的区域分布或许也足以说明问题。在尊重知识局限性的前提下，我们可以谨慎地将这个姓氏界定为"凯尔特－利古里亚的（Cleto-Ligurian）"或"凯尔特－伊利里亚的（Celto-Illyrian）"。我们或许应该补充一条反面证据。西班牙北部和西部的姓氏中包含着显著的凯尔特元素。但西班牙并未提供任何一个取名"塔西佗"的案例。

不时会有人基于种种理由指出（它们并非都有道理），科奈里乌斯·塔西佗的祖上是土著居民。具体的考据支持（或不如说证实了）这一论断，认为塔西佗出生于山南高卢或纳旁高卢。有人还会尝试更进一步，取纳旁而舍意大利北部的山南高卢地区。意大利北部城市中家姓（*cognomen*）为塔西佗的3个例子中有2个很能说明问题——它们都属于共和末年本地贵族著名家族的成员。[2] 纳旁地区已知的塔西佗共有4位，它们都来自罗马殖民地以外的本土城镇或地区。[3] 其中有一位值得我们特别提及：一个名叫塔西佗的人在沃科提亚人的首府进行了献祭，他的献祭对象是战神和首府所在城镇瓦西奥。[4]

1　M. L. Gordon, *JRS* XXVI (1936), 147 f. 关于姓名"塔西佗"出现的例子，见原书第146—147页。
2　分别是普布利乌斯之子普布利乌斯·塞普利乌斯·费边·塔西佗（P. Sepullius P. f. Fab. Tacitus）（*CIL* V, 3037：帕塔维乌姆），以及奥菲勒纳·塔西塔（Aufillena Tacita）（3507：维罗纳）。在意大利北部，塞普利乌斯氏族（Sepullii）仅见于帕塔维乌姆（还有另外3个例子）；普布利乌斯·塞普利乌斯·玛凯尔（P. Sepullius Macer）是公元前44年罗马城的铸币官（*monetalis*）。Catullus 100; 110 f. 提到过一位维罗纳的奥菲勒纳。第三个例子是六人委员会成员（*sevir*）、普布利乌斯的释奴普布利乌斯·瓦勒里乌斯·塔西佗（P. Valerius P. l. Tacitus）（5895 = *ILS* 6734：麦狄奥拉尼乌姆）。
3　*CIL* XII, 3515（尼莫苏斯）；5691³（尼莫苏斯一位眼科医生的徽章）；1301（瓦西奥）；1517（沃科提亚东部）. 相关佐证见后来衍生出来的氏族"塔西提乌斯（Tacitius）"——*I. l. de Gaule* 496（尼莫苏斯）; *CIL* XII, 2803（尼莫苏斯境内）。
4　*CIL* XII, 1301 = *ILS* 4841: "Marti / et Vasioni / Tacitus（塔西佗献给玛尔斯和瓦西奥）." 数位科奈里乌斯氏族成员都曾在瓦西奥向玛尔斯献祭，其中有绥克斯图斯·科奈里乌斯·萨克拉图斯（Sex. Cornelius Sacratus）（1300 = *ILS* 4542）和提图斯·科奈里乌斯·佩伽苏斯（T. Cornelius Pegasus）

（转下页注）

瓦西奥纪念性建筑的辉煌壮丽证实了它在帝国早期享有的高度文明。更加令人印象深刻的则是沃科提亚人在治国与作战本领，在文学、政治与行政事务等领域留下的相关记录。沃科提亚人的酋长们在伟人庞培的战争中率领着本部落的骑兵，并凭借自己的忠诚不二赢得了罗马公民权。一位酋长的儿子当上了凯撒的心腹秘书；他的儿子就是历史学家庞培·特罗古斯。[1] 关于瓦西奥人物的下一条史料表明，他们已在首都罗马拥有了很高的职务和影响力。在长期担任王室成员的代理人后，阿弗拉尼乌斯·布鲁斯成为禁卫军队长；与此并非完全无关的是，元老杜维乌斯·阿维图斯当上了执政官，并很快执掌了下日耳曼的兵权。[2] 高卢境内贝尔吉卡行省的行省督办、骑士科奈里乌斯·塔西佗政治生涯中具有决定性意义的升迁或许就发生在这个阶段，因为两位行省出身的重臣——阿弗拉尼乌斯·布鲁斯和小塞涅卡——在那一时期慷慨、积极地运用着手中的庇护资源。[3]

历史学家塔西佗对布鲁斯非常友善，拔高了后者在建言献策与行政管理中的地位，并从未暗示正直的布鲁斯臭名昭著的罪名——对曾经拔擢过自己的阿格里皮娜缺乏"忠诚"与"崇敬"。在介绍布鲁斯和发布其讣告时，塔西佗并未交代其出身和来自哪座城镇。一位作者往往会在不经意间遗漏他自己十分熟悉的信息。[4] 但并非所有读者都具备那样的知识。在《编年史》中提及小塞涅卡时，塔西佗无须提及科尔多瓦——所有人都对此了如指掌；只要拉丁文学没有泯灭，所有后人也都会知道这一点。但阿弗拉尼乌斯·布鲁斯

（接上页注）

（1297）。关于使用过该家姓的一位有身份的人物，参见 *CIL* III, 1081 = *ILS* 3594（萨米泽格图萨）: "I. o. m. / et dis Pe/natibus/Scauria/nus（佩纳图斯·斯考里亚努斯献给至高的朱庇特与诸神）。"德奇姆斯·泰伦斯·斯考里亚努斯（D. Terentius Scaurianus）是达契亚的第一任行省总督——可能来自纳旁高卢（见附录14）。

1　Justin 43.5.11 f. 此外，布鲁斯祖先的氏族名很可能得自庞培党徒卢奇乌斯·阿弗拉尼乌斯（L. Afranius，公元前61年执政官）。

2　见原书第591页。

3　塔西佗生于公元56或57年（见原书第63页）——可能是在贝尔吉卡（见原书第614页）。

4　可能是科奈里乌斯·福斯库斯建立的殖民地（*Hist.* 2.86.3），或前执政官阿里乌斯·安东尼和马略·塞尔苏斯（Marius Celsus, 1.77.2，参见附录32）。

却只是昙花一现。[1]

塔西佗在写到高卢时展示了自己的卓越知识与判断力，并且笔触饱含同情心。[2]倘若他来自高卢的话，这位摒弃了个人感情，坚持强调历史的宏伟性和自身地位的不偏不倚的历史学家理应不会那样张扬。任何影射都将是冒失的，甚或具有讽刺意味。

当元首克劳狄乌斯的谋臣们试图劝说帝国的主人，让他打消让高卢"贵族"进入元老院的念头时，他们采用了各种抗议形式。他们声称，意大利并未衰落；相关说法是一种造谣中伤——意大利从前曾为罗马输出过元老，当时的共和国对于所有人而言都是足够理想的。[3]放任来自意大利北部的因苏布雷人和维尼提人闯入元老院已然可耻。幸存下来的罗马显贵和贫困的拉丁姆元老们还剩下什么尊严呢？新来的入侵者拥有大量财富。他们是昔日的被征服者——并且是一群异邦人。他们的祖先曾在阿勒希亚（Alesia）围困过神圣的尤利乌斯·凯撒——请考虑一下在高卢部族面前守卫卡庇托林山、英勇牺牲的那些罗马人的不朽声名吧！

愤怒与激情辅之以关于族裔、历史的掌故（这种情形十分常见），抛出

1　前文的语气（包括对一位瓦西奥的塔西佗的提及）并未强烈到足以证实那里是历史学家"家乡"的程度。那也可能是纳旁高卢境内的另一座城市，或许是"古老而光辉的殖民地弗洛伊利安修姆（vetus et inlustris Foroiuliensium colonia）"（*Agr.* 4.1）——它也许就是科奈里乌斯·福斯库斯建立的殖民地。科奈里乌斯·福斯库斯得到了塔西佗的偏爱：那位历史学家原本很有可能将他描写成另一个样子（见附录33）。

2　见第三十四章。关于他对纳旁的了如指掌，见附录95。塔西佗作品中散见着对高卢人沉溺于演说术的指责，但那与该起源假说并不矛盾。如佩提乌斯·克瑞亚斯在开场白中讲道："我从不练习演说术，并且罗马人民一直是靠勇武来证明自己的美德；但你们却非常看重言辞的价值（neque ego umquam facundiam exercui, et populus Romanus virtutem armis adfirmavit: sed quoniam apud vos verba plurimum valent）。"（*Hist.* 4.73.1）那当然只是一种传统套路而已。阿古利可拉在赞美不列颠岛上凯尔特人无师自通的才华时说道："不列颠人的天才高于高卢人的精雕细琢（ingenia Britannorum studiis Gallorum anteferre）。"（*Agr.* 21.2）

3　*Ann.* 11.23.2: "non adeo aegram Italiam, ut senatum suppeditare urbi suae nequiret. suffecisse olim indigenas consanguineis populis, nec paenitere veteris rei publicae（意大利当时还没有没落到无法为罗马城提供一个元老院的地步。在那个时代，土生土长的元老们就足以治理他们的同胞民众，无人以古老的共和国为耻）。"

了一些粗糙、虚弱或荒唐的观点。那是塔西佗的有意为之。[1] 他先是杜撰了这些意见，然后潇洒地予以回击。历史学家塔西佗还自己构造了一个句子，以便让元首克劳狄乌斯有气无力的演说词显得高贵、有力，并回应、反击关于意大利与共和国的那些言论："来自西班牙的巴尔布斯家族足够优秀，来自纳旁高卢的人物同样毫不逊色。他们的后裔就在我们中间，这些人对罗马的忠诚不输我们分毫。"[2]

这段文字里的讽刺意味是含蓄的，但令人印象深刻。在塔西佗写作的年代里，来自西方拉丁世界的罗马殖民地居民和行省居民已占据了元首们的宫廷。他们只剩下一座更高的巅峰有待占据，即文学声望；并且他们大有希望在图拉真与哈德良的时代里实现这一目标。人事兴衰，王朝更替；只有风格方得永存。[3]

---

[1] 参见苏伊利乌斯·鲁孚斯（Suillius Rufus）(13.42)和科苏提亚努斯·卡庇托（Cossutianus Capito）(16.22)在谩骂时采用的技巧。

[2] 11.24.3: "num paenitet Balbos ex Hispania nec minus insignis viros e Gallia Narbonensi transivisse? manent posteri eorum nec amore in hanc patriam nobis concedunt."

[3] 4.61: "meditatio et labor in posterum valescit（思想与辛劳方能名垂后世）。"那显然是塔西佗对自己作品成就的预言——他批评了文风流畅的哈特里乌斯（Haterius）的名噪一时。另一处含蓄的自许见3.55.5: "nec omnia apud priores meliora; sed nostra quoque aetas multa laudis et artium imitanda posteris tulit（并非从前的一切都更好；我们的时代也孕育了很多值得称赞和值得后世效仿的艺术）"，见原书第339页。

ium # 附 录

附录清单

A. 公元97年

1. 涅尔瓦的亲戚
2. 涅尔瓦的统治
3. 公元97年的叙利亚
4. 公元97年的上日耳曼行省
5. 法布里奇乌斯·维恩托
6. 维斯特里奇乌斯·斯普利纳
7. 乌尔苏斯和塞尔维亚努斯

B. 执政官与行省总督

8. 《执政官年表》
9. 公元85—96年的执政官名单
10. 公元97年的若干执政官
11. 公元98年的执政官们
12. 多次任职的执政官
13. 罗马市长
14. 公元92—106年间前执政官级别的副将
15. 前执政官级别与前大法官级别的行省
16. 图拉真时代的年轻高级将领们

C. 元老和演说家

17. 元老的标准晋升年龄

18. 出任执政官的年龄要求

19. 关于小普林尼生涯的各种问题

20. 小普林尼在比提尼亚

21. 小普林尼书信的年代次序

22. 塔西佗的祭司同僚们

23. 塔西佗的亚细亚行省总督职务

24. 前执政官级别的塔西佗同龄人

25. 前执政官级别的小普林尼同龄人

26. 弗拉维王朝时期的演说术

27. 小普林尼与演说家们

28.《关于演说家的对话》的年代问题

D.《历史》

29. 塔西佗与普鲁塔克

30. 奥索的战略

31. 集结于贝德里亚库姆的奥索兵力

32. 马略·塞尔苏斯

33. 科奈里乌斯·福斯库斯

34.《历史》中的李维式风格

35.《历史》的总卷数

E.《编年史》的史料来源

36. 塔西佗与狄奥

37.《编年史》卷1—6的修订痕迹

38. 史学家奥菲狄乌斯·巴苏斯

39. 提比略的演说词

40. 克劳狄乌斯的若干演说词

41. 关于克劳狄乌斯的更多线索

F. 风格和字句

42. 塔西佗回避使用的字眼

43. 不见于塔西佗作品的一些词汇

44. 在创作短篇作品后弃用的词汇

45. 创作《历史》后弃用的词汇

46. 仅在《历史》中出现过的词汇

47. 从《历史》到《编年史》

48.《编年史》卷1—6之后弃用的词汇

49. 仅出现于《编年史》卷1—6的词汇

50. 仅在演说词中出现过的词汇

51.《编年史》的词汇

52. 塔西佗用词的选择性

53. 撒路斯特式的语言

54. 李维式风格

55.《编年史》卷11—12中出现的新字眼

56.《编年史》卷13—16中词频的增加

57. 重拾较早的用词

58.《编年史》卷13—16的风格

59. 文风缺陷

60. 文本未完成的痕迹

G.《编年史》的主题

61.《编年史》中的错误

62. 家世记载中可能存在的错误

63. 提比略统治时期的人物志

64. 玛库斯·雷必达

65. 塞亚努斯的阴谋

66. 元首们的美德

67.《赫巴文书》

68. 塔西佗与法学家们

69. 布狄卡的叛乱

70. 塔西佗与帝国

H. 创作年代

71. 赤海

72. 图拉真与亚历山大

73. 凤凰出现之年

74. 朱文纳尔的生年与身世

75. 朱文纳尔和塔西佗

76. 盖约·苏维托尼乌斯·特兰奎鲁斯

77. 苏维托尼乌斯与《编年史》

I. 来自行省的罗马人

78. 行省人的姓名

79. 来自纳旁高卢的罗马人

80. 罗马治下西班牙行省的人物姓名

81. 图拉真的祖先

82. 来自行省的执政官们，公元37—68年

83. 多米提乌斯·科布罗

84. 科布罗麾下副将们的角色

85. 苏尔拉和穆奇亚努斯

86. 玛库斯·阿尼乌斯·维鲁斯

87. 安东尼王朝的若干祖先

J. 塔西佗的出身与朋友们

88. 关于塔西佗后裔的传言

89. 关于塔西佗出身的种种观点

90. 库里亚提乌斯·玛特努斯

91. 玛库斯·阿佩尔和尤利乌斯·塞昆杜斯
92. 塔西佗的两位朋友
93. 塔西佗对意大利北部的记载
94. 科奈里乌斯家族的一些成员
95. 塔西佗关于纳旁高卢的知识

A. 公元97年

1. 涅尔瓦的亲戚

涅尔瓦的祖先是公元前36年执政官玛库斯·科切乌斯·涅尔瓦（M. Cocceius Nerva）（PIR^2, C 1224）。[1] 这个家族接下来可能沉寂了一个时代，随后涌现出了伟大的法学家涅尔瓦（公元21或22年递补执政官）。他的儿子（元首涅尔瓦的父亲）也是一位法学家，但跟自己的成就无法相提并论，并且我们不清楚此人是否出任过执政官。[2] 他迎娶了一位名叫"雷纳斯之女塞尔吉娅·普劳提拉（Sergia Laenatis f. Plautilla）"（ILS 281）的贵妇，后者可能是盖约·屋大维·雷纳斯（公元33年递补执政官）之女：盖约·屋大维·雷纳斯是一名新人，在公元34年接替他的亲家公担任了骑兵总指挥（curator equarum）（Frontinus, De aq. 102）。屋大维·雷纳斯家族（Octavii Laenates）显然来自玛西亚（Marsia）（参见 ILS 5364，关于玛鲁维乌姆 [Marruvium] 的一名官吏）。事实上，安东尼党徒、玛西亚人屋大维（Octavius the Marsian）——"那个罪行累累、贪得无厌的匪徒（sceleratus

---

[1] 关于那个时代的3位科切乌斯，见 R. Syme, *Rom. Rev.* (1939), 200; 267，等等。
[2] 德格拉西认为，玛库斯·科切乌斯·涅尔瓦跟盖约·维比乌斯·鲁菲努斯（C. Vibius Rufinus）（ILS 1795）一道出任执政官的时间是公元40年前后（Degrassi, *I Fasti Consolari* [1952], 11）。另参见 W. Kunkel, *Herkunft u. soziale Stellung der r. Juristen* (1952), 120; 130; 378 ff. (C. Meier制作的附录）。

latro atque egens）"（Cicero, *Phil.* 11.4）——可能是该家族早先的一名成员。

涅尔瓦通过屋大维·雷纳斯家族同王室建立了姻缘纽带。我们可以通过间接证据分析出这一点。[1]哈德良时代的一名执政官塞尔吉乌斯·屋大维·雷纳斯·庞提亚努斯（Sergius Octavius Laenas Pontianus，公元131年执政官）为自己的祖母奉献了一篇铭文，其中称呼她为"布兰杜斯之女、来自屋大维·雷纳斯家族的鲁贝莉娅·巴萨（Rubellia Blandi f. Bassa Octavi Laenatis）"（*ILS* 952）。这位鲁贝莉娅·巴萨肯定是公元33年盖约·鲁贝利乌斯·布兰杜斯（C. Rubellius Blandus，公元18年递补执政官）和尤利娅（Julia）结婚后生下的女儿（*Ann.* 6.27.1）。她的丈夫屋大维·雷纳斯（Octavius Laenas）则很可能是公元33年递补执政官之子，也就是塞尔吉娅·普劳提拉的兄弟和涅尔瓦的舅舅。

这位屋大维·雷纳斯不见于其他任何史料记载。该家族的信息在此人之后又出现了一代人的缺口，直到公元131年名年执政官为止——此人的家姓"庞提亚努斯"令我们十分好奇，但无法得到令人满意的解释。[2]而在信息缺失的那一代人的光景里，碰巧还有史料告诉我们：涅尔瓦在公元97年时有些尚在人世的亲戚（Dio 68.4.1）。他们会是谁呢？《奥斯提亚执政官年表》（*Fasti Ostienses*）的一则残篇反映了如下史实：公元97年一位递补执政官的同僚首名为"Se["，[3]可能为"绥克斯图（Sextus）""塞尔维乌斯（Servius）"或"塞尔吉乌斯（Sergius，那正是公元131年一位执政官的首名）"。我们有理由猜测他名叫塞尔吉乌斯·屋大维·雷纳斯（Sergius Octavius Laenas）——但更好的选项是绥克斯图·赫尔麦提狄乌斯·卡姆帕

---

1 参见 E. Groag, *Jahreshefte* XXI/XXII (1924), Beiblatt 425 ff. 的重构，以及其中包含着某些猜测的家族谱系表（ib. 435）。

2 公元1世纪中担任过执政官的庞提乌斯（Pontius）只有普布利乌斯·佩特罗尼乌斯·庞提乌斯·尼格里努斯（P. Petronius Pontius Nigrinus，公元37年执政官），此人可能是提图斯·佩特罗尼乌斯·尼格（T. Petronius Niger，公元62年前后递补执政官）的父亲。值得注意的还有在公元58年被情人屋大维·萨吉塔谋杀的罗马女性庇护人庞提娅·波斯图米娜（Pontia Postumina）（*Ann.* 13.44, 参见 *Hist.* 4.44.2）。这个姓名十分常见，容易混淆。

3 公开于 G. Barbieri, *Studi Romani* I (1953), 367，照片见 Pl. I, p. 370对页。

努斯（Sex. Hermetidius Campanus），此人曾在公元93年担任过犹太行省总督（*CIL* XVI，见附录12）。[1]

鲁贝利乌斯·布兰杜斯和公主也许还留下过其他后裔。朱文纳尔曾谩骂过一名叫作鲁贝利乌斯·布兰杜斯（Rubellius Blandus）（8.39 ff.，参见原书第576页）的没落显贵。他称其为尤利娅之子。那或许只是杜撰而已——但此人也有可能是无可指摘的鲁贝利乌斯·普劳图斯（Rubellius Plautus）（*Ann.* 14.22，等等）的一名不为人知的兄弟，因而是罗马社交界的一号人物，并在科奈里乌斯·塔西佗《历史》中的某处被提及过。[2]

鲁贝利乌斯·普劳图斯是有子嗣的（*Ann.* 14.59.1）。近期在罗马城发现的一根铅管上刻有一个名字"塞尔吉乌斯·鲁贝利乌斯·普劳图斯（Sergius Rubellius Plautus）"（*AE* 1954, 70）。那可能是他的一个儿子（应当在弗拉维王朝时期成年），也可能就是他本人（现存史料并未记载他的首名是什么）。鲁贝利乌斯·普劳图斯的儿子应该是可能身为涅尔瓦表兄弟的屋大维·雷纳斯（Octavius Laenas，公元131年执政官的父亲）的堂兄弟。

此外，还有一处微小细节尚未被我们考虑。奥索的兄长（或同父异母的兄长）提提亚努斯（Titianus，公元52年执政官）有一个名叫卢奇乌斯·萨尔维乌斯·奥索·科切亚努斯（L. Salvius Otho Cocceianus）（*PIR*[1], S 110）的儿子。他儿子的家姓表明，他的父亲迎娶了科切乌斯家族中的一位女性：那很可能就是涅尔瓦的姐妹（因为那里还有什么科切乌斯家族的其他成员呢？）。生于公元32年的奥索是涅尔瓦的同龄人：他的兄长肯定要比他们年长15岁以上。

---

1 见附录10。
2 有人曾设想，朱文纳尔在这里所说的"布兰杜斯"是指普劳图斯。参见G. Hignet, *Juvenal the Satirist* (1954), 273中列举的各种观点（作者本人对此未置可否）。但那是不大可能的。值得我们注意的还有，尽管有人认为，诗人朱文纳尔所说的执政官拉特拉努斯（Lateranus）就是塔西佗笔下的普劳提乌斯·拉特拉努斯（Plautius Lateranus）（*PIR*[1], P 354）、公元65年被指定的执政官人选（但随后遭到处决），实际情况也许并非如此。普劳提乌斯·拉特拉努斯是有子嗣的（*Ann.* 15.60.1）。

萨尔维乌斯·科切亚努斯作为暴君的牺牲品而遇害（Suetonius, *Dom.* 10.3，参见 Tacitus, *Hist.* 2.48.2; Plutarch, *Otho* 16）。那个性情随和、可能是他叔叔的人则活了下来。

2. 涅尔瓦的统治

被后见之明视为开启了安东尼王朝幸福时代的涅尔瓦统治时期自然会受到过分美化。古代晚期的一位节编者给涅尔瓦分配了比图拉真还多的篇幅（Victor, *Epit.* 12）；背教者朱利安（Julian the Apostate）称赞过他的容貌[1]；现代作品中则充斥着对他的赞美，并且少有反驳。

涅尔瓦和奥索身处相同的环境之中。他们属于同龄人（分别出生于公元35年和32年）。由于"意气相投（congruentia morum）"（Suetonius, *Otho* 2.2）的缘故，奥索获得了尼禄的友谊。这一评论也适用于涅尔瓦。宫廷诗人很欣赏他对诗歌的卓越判断力——"他在青春年少时同您一道钻研这些轻浮作品（lascivum iuvenis cum tibi lusit opus）"（Martial 9.26.10）。我们就不必浪费时间再去追究，涅尔瓦名声在外的拿手本事到底是有伤风化的诗歌里的哪种体裁了。[2]

通过对文献材料不声不响的拼接，历史学家塔西佗意在引导读者相信，涅尔瓦曾在揭发披索密谋的过程中发挥过作用（*Ann.* 15.72.1，参见原书第2页）。那是不可饶恕的污点。现代学者们往往故意无视这一事实或为其回护。[3]有人提出，涅尔瓦可能仅仅参与了一些司法性质的工作。[4]但涅尔瓦的家族从祖上起就没有出过法学家[5]，也不具备任何其他制造或镇压阴谋的本领。

1　*Caesares* 311b.
2　至少尼禄在将涅尔瓦比作提布鲁斯（Tibullus）（Martial 8.70.7 f.）时可能指的是关于玛拉苏斯（Marathus）的那些诗篇（Tibullus 1.4; 8 f.）。
3　B. W. Henderson, *Five Roman Emperors* (1927), 169; R. P. Longden, *CAH* XI (1936), 188; A. Garzetti, *Nerva* (1950), 23.
4　H. Schiller, *Gesch. der r. Kaiserzeit* (1883), 539.
5　尽管有人想当然地以为他出身于法学家世家，如 M. P. Charlesworth, *CAH* XI (1936), 32。

另一派观点强调了涅尔瓦同其高高在上的庇护人的友谊,认为他因此而缺乏决断力。[1]这种解释实属无中生有。可能成立的借口是,作为一个睿智之人,涅尔瓦认为用披索取代尼禄解决不了什么问题(见原书第575页)。表面上看,涅尔瓦只是一个温和的老好人而已。[2]其他一些品质对于在诸元首治下生存并长期受宠而言则是不可或缺的。

真正重要的是涅尔瓦政府的性质。他的统治十分短暂,并且相关记载质量很差。相关研究必须向后和向前追溯,并且观点分歧是在所难免的。

我们有理由认为,图密善是一名细心的执政者。[3]他需要解决开销巨大的问题——其中有一部分是他自己造成的,另一部分是前朝留下的负担。也许他在整顿政府财政方面做得不够,对提图斯时代遗留下来的弊病做出了妥协。[4]图拉真的情况又怎样呢?有学者认为,他在自己统治的前几年里严重缺钱,直到来自达契亚的黄金带来了富足生活与大规模土木建设的经费为止。[5]但我们无法证明,图拉真在其统治前期曾陷入过财政危机。[6]或许涅尔瓦是理财方面的一把好手。[7]

涅尔瓦需要钱——他必须立刻提供赏赐(*congiarium*)与馈赠(*donativum*)。他接下来开始着手落实一项跟调整支出有关的计划(那是严格的政策,并非仅仅是些小恩小惠)。如果说当时确实推行过财政紧缩政策的话,它的源头和动因难道不是恰好出现在涅尔瓦统治时期吗?[8]元老院曾设立过一个经济事务委员会(an Economy Commission)(Pliny, *Pan.* 62.2,参见 Dio 68.2.2)。这件事情究竟发生在哪一阶段或许是值得猜测的。它肯定不是出现在涅尔瓦

---

1 R. Paribeni, *Optimus Princeps* I (1926), 124.
2 B. W. Henderson, o.c. 169 ff.; H. Götze, *Mitt. des d. arch. Inst.* I (1948), 139 ff.
3 Th. Mommsen, *Provinces of the Roman Empire* I (1886), 108.
4 S. Gsell, *Essai sur le règne de l'empereur Domitien* (1894), 334.
5 J. Carcopino, *Dacia* I (1924), 28 ff. = *Points de vue sur l'impérialisme romain* (1934), 73 ff.
6 R. Syme, *JRS* XX (1930), 55 ff.
7 A. Stein, P-W IV, 143.
8 R. Syme, o.c. 59 ff. 反对意见如 C. H. V. Sutherland, *JRS* XXV (1935), 150 ff.; R. P. Longden, *CAH* XI (1936), 194 f.; G. Biraghi, *La Parola del Passato* VI (1951), 257 ff.。

登基伊始。因为维吉尼乌斯·鲁孚斯曾在"彩排当选执政官后对元首的谢恩演讲（cum vocem prepararet acturus in consulatu principi gratias）"时滑倒并摔断大腿，不得不长期养伤，"等待痛苦与缓慢的死亡（aditus tantum mortis durior longiorque）"。他去世于科奈里乌斯·塔西佗担任递补执政官之际（Pliny, *Epp.* 2.1.4 ff.）。[1] 他在养伤期间拒绝了业已通过的、对自己的经济事务委员会成员的任命（ib. 9）。因此，该经济事务委员会的设立同公元96年9月的国库完全亏空（或入不敷出）并无干系。

那么，这项整顿究竟实现了什么目标呢？就现存史料告诉我们的情况而言，它针对的是一些无关痛痒的经济事务——一些祭祀与赛马活动被废止了（Dio 68.2.3）。后人已围绕此事做了太多文章——无论是以此来论证涅尔瓦的理财本领还是他的无能为力。我们应当记得塔西佗对公元70年一项举措的冷静评论："天晓得是真的国库空虚还是故作姿态（verane pauperie an uti videretur）。"（*Hist.* 4.47）此外，出问题的是国库（aerarium），不是元首的财库（fiscus）。"共和国"一贫如洗、元首腰缠万贯的局面是有可能存在的。

图密善提高了士兵的薪饷。他打过3场战争，其中最后1场是在公元92年。他兴修了许多建筑——其中一些建设工程在提图斯时代的大火后也是势在必行的——其中大部分较重要的项目在公元93年时已经竣工。[2] 有人曾援引这些土木工程来解释财政入不敷出的原因[3]，同时还列举了其他因素[4]。但我们缺乏对这些因素的严重程度进行评估与比较的史实与数据。因此，我们无

---

[1] 此事发生在当年较晚的时候（见附录10）。尽管 Sutherland, o.c. 151 提出过质疑，但仅仅摔断大腿的八旬元老活下来并非不可思议的事情。那篇演说词或许原本计划在公元97年的第一天宣读——也许还要晚些（参见 Fronto, p. 25 N = Haines I, p. 110）。那些细节其实无关紧要。

[2] R. Syme, o.c. 69. D. M. Robathan, *TAPA* LXXIII (1942), 130 ff. 收集了一些反面材料，但它们并不是决定性的。

[3] Suetonius, *Dom.* 12.1: "exhaustus operum ac munerum impensis stipendioque quod adiecerat（工程费用、赏赐和军饷的开支都在增加）。"

[4] 如提供给德克巴鲁斯（Decebalus）的补贴。见 C. H. V. Sutherland, o.c. 156; R. P. Longden, o.c. 195. 罗马人此时也在补贴达契亚人——但并非住在波西米亚的日耳曼人（参见 *Germ.* 42.2），而很可能是萨尔马提亚的雅祖格人。

法排除图密善遇刺之际元首财库已山穷水尽的可能性，但也有理由对此表示强烈怀疑。[1]

登基伊始，涅尔瓦动用手头的钱财应付了必要的巨额支出。这种心安理得或至少可以容忍的局面能够维持多久呢？即便设置经济事务委员会一事无须小题大做，它也足以构成一个征兆。人们可能会预见到将来难以避免的财政困难；当时还流传着关于军队将领的流言，他们也许会侵吞、截留罗马城与行省的国库资金。卡斯佩里乌斯和禁卫军胆敢尝试袭击的并非一个坚不可摧、欣欣向荣的政权。内战的风险已不容低估；并且我们也无法确信，涅尔瓦是自愿过继那位上日耳曼行省副将的。[2]

迫在眉睫、杀气腾腾的危机令人追忆起公元68—69年的一系列事件。那是无从回避的比较：过去的经验会影响一个人对现实局势的判断。伽尔巴取代尼禄担任元首看似是一个皆大欢喜的结局。但塔西佗并未表示欢迎，或哪怕为伽尔巴说几句好话。他已看透了伽尔巴。即便无法得到确切答案，我们也还是必须要追问一句：塔西佗对涅尔瓦又是怎么看的？

当时本可能迎来一场灾难，但涅尔瓦避免了这次浩劫——并通过杜绝伽尔巴在挑选继承人这个问题上的错误挽回了自己的名誉。[3]但塔西佗并未对涅尔瓦的才具予以积极评价。他熟悉此人的性格、履历以及家世——他在《编年史》中不无恶意地提到了这一点。[4]与此同时，他也在具备那位身处逆境的统治者不可能拥有的后见之明的情况下对后者表现出了一定的宽容：为他效劳（或元首以为他在为自己效劳）的卡斯佩里乌斯制造了禁卫军的哗变；图拉真在成为元首的继子与同僚前险些凭借武力称帝并同涅尔瓦对抗。

涅尔瓦是一个同那个时代不兼容的人物，他的统治只是昙花一现。从宏观视角来看，他的统治期可被视为弗拉维-安东尼王朝时代罗马政府发展历

---

1 参见 A. Garzerti, o.c. 61; 65。
2 如 C. H. V. Sutherland, o.c. 154 和 A. Garzetti, o.c. 89 所声称的那样，亨德森甚至声称 "他在享受了16个月的平静统治期后安宁地撒手人寰"（Henderson, o.c. 170）。
3 参见 Pliny, *Pan.* 8.5。
4 6.27.1，参见上文，原书第576页。

程的暂时中断。

3. 公元97年的叙利亚

小普林尼对普布里奇乌斯·凯尔图斯的攻击促使细心的读者去关注凯尔图斯的朋友、叙利亚行省总督的态度（*Epp.* 9.13.10 f.）。该事件很可能发生于公元97年初。多米提乌斯·阿波利纳里斯（Domitius Apollinaris）被称为"即将上任的执政官（consul designatus）"（ib. 13）。他的执政官任期不大可能早于5月或晚于8月（见附录10）。

对于针对叙利亚行省的怀疑（或更坏的判断）而言，这还不是全部。第4军团"斯基泰"（IV Scythica）副将奥鲁斯·拉尔奇乌斯·普利斯库斯（A. Larcius Priscus）担任过"叙利亚行省总督副将（pro legato consulare provinc. Syriae）"（*AE* 1908, 237，参见 *ILS* 1055: Thamugadi）。他显然就是公元110年的递补执政官——这一事实值得注意。[1] 诚然，距离安条克最近的军团、第4军团"斯基泰"的副将就是叙利亚行省总督副将的常规人选，如公元69/70年的格涅乌斯·庞培·科勒伽（Cn. Pompeius Collega）（Josephus, *BJ* 7.58 ff.，参见 E. Ritterling, P-W XII, 1562），以及公元132年的盖约·尤利乌斯·塞维鲁（C. Julius Severus）（*ILS* 8826）。但拉尔奇乌斯·普利斯库斯毕竟只是一个初到此地的财务官级别人物（此前担任过亚细亚行省财务官）。[2]

另一则材料也与此相关。如果对其职务顺序的记载准确无误的话，那么盖约·尤利乌斯·普罗库鲁斯（C. Julius Proculus，公元109年递补执政官）在担任"元首们的财务官（q. Augustorum）"（*ILS* 1040: Antium）——也就

1　E. Groag, *Jahreshefte* XXIX (1935), Beiblatt 190 ff.; R. Syme, *Philologus* XCI (1936), 238 ff.
2　参见公元69年的普利斯库斯之父奥鲁斯·拉尔奇乌斯·雷必达（A. Larcius Lepidus）：身为克里特与库勒尼财务官的他被韦伯芗直接派往犹太地区，代替被调往他处的玛库斯·乌尔皮乌斯·图拉真（M. Ulpius Traianus）指挥第10军团"海峡"（X Fretensis）（*ILS* 987: Antium）。（参见原书第30页）

是图密善和涅尔瓦的财务官（公元96年），或涅尔瓦和图拉真的财务官——后当上了"第4军团'斯基泰'的军团长（tr. leg. IIII Scythic）"。这太不合常规，看起来几乎是不可能的。但尤利乌斯·普罗库鲁斯有可能在军团副将担任叙利亚行省总督期间代理军团长官的角色。例如，*ILS* 1000 (Arretium) 所提及的一位公元69/70年军团长的相关职务便可以释读为"代行元首韦伯芗副将职务的第4军团'斯基泰'军团长（tr. mil. leg. IIII / [Scyth. v]ic. leg. Aug. Vesp.）"。那两个年轻人——拉尔奇乌斯·普利斯库斯和尤利乌斯·普罗库鲁斯——可能是同时被派往叙利亚的。

此外还有从卡帕多西亚调来的人物。一位姓名不详的元老在涅尔瓦时代指挥着第16军团"弗拉维乌斯"（XVI Flavia），并在图拉真时代指挥着第6军团"铁甲"（驻扎在叙利亚境内，*ILS* 1020: Aventicum）。[1]他的级别仅仅是财务官，那在公元70年后已显得不同寻常，并且先后指挥不同军团的情况也是极其罕见的。[2]此人（或他的前任）在叙利亚指挥军团时的表现可能无法令人满意。

这名神秘的前执政官究竟是何许人也？他可能是法学家卢奇乌斯·雅沃勒努斯·普利斯库斯（L. Javolenus Priscus，公元86年递补执政官），公元90—101年期间某个阶段的叙利亚副将（*ILS* 1015: Nedinum）。[3]但基于种种原因考虑，这一可能性并不大。他的任期可能是公元92—95年，或公元98—100年（在他担任阿非利加行省总督之前，该任职期限可能是公元101—102年）。后一个时间段并非不可能。小普林尼向一位将领普利斯库斯推荐了沃科尼乌斯·罗马努斯（2.13），该将领已任职了一段时间——"您的任期已足够长，有能力帮助您的朋友们（longum praeterea tempus, quo amicos tuos exornare potuisti）"。这封信应该是写于公元100或101年。因此，收信人不

---

1 *IGR* III, 558 (Tlos) 中的不知名者（*Ignotus*）是另一个指挥过那些军团的人物。他也许是麦提乌斯·莫德斯图斯（Mettius Modestus，公元103年递补执政官）。
2 参见R. Syme, *Laureae Aquincenses* I (1938), 282 f.。
3 S. Gsell, *Essai sur le règne de l'empereur Domitien* (1894), 332；以及R. Syme, *Philologus* XCI (1936), 243 f. (态度有所保留)。

可能是卢奇乌斯·奈拉提乌斯·普利斯库斯（L. Neratius Priscus）（PIR^1, N 46），因为此人的阿非利加行省总督任期不可能开始于公元102年底之前（依据是格利提乌斯·阿古利可拉的任期，参见附录14）。此外，对于沉默寡言、可能信奉伊壁鸠鲁主义（参见9.28.1）、一生中大部分时间住在滨海的家乡萨古恩图姆（见原书第83页）的沃科尼乌斯·罗马努斯来说，叙利亚要比任何一个北方驻军行省更适合自己（参见小普林尼在那里的活动，7.31.2）。没有任何迹象表明，小普林尼推荐的人选得到了任用。若干年后，小普林尼正是向沃科尼乌斯通报了雅沃勒努斯·普利斯库斯所谓大出洋相的新闻（6.15）。[1]

公元97年的这位前执政官也许是此前6年的军事将领中的某位。叙利亚行省总督职务通常不会是一个人卸任执政官后的首选，尽管那样的例子确实出现过，如公元78年名年执政官卢奇乌斯·凯奥尼乌斯·康茂德（L. Ceionius Commodus）（参见PIR^2, C 603）。关于图密善时期将领们的相关猜测并不可靠——有史可考的、图拉真指定的第一位人选是公元101—104年担任该职务的奥鲁斯·尤利乌斯·夸德拉图斯（A. Julius Quadratus，公元94年递补执政官），此人之前从未见过军队是什么样子（*ILS* 8819: Pergamum）。

4. 公元97年的上日耳曼行省

最近提出的一种假说认为，图拉真平定了发生在上日耳曼行省的一场暴乱，从而在对元首头衔的竞争中占据了有利地位。该假说的依据是阿根托拉特军团营帐里被焚烧过的布幔：人们在那里找到了涅尔瓦发行的一枚金币。

学者们还进行了细节重构，设想了一些军团所扮演的角色。[2] 当时在上日耳曼行省驻扎着5个军团（该研究者相信如此），其中2个——第14军团"双

1　关于雅沃勒努斯（Javolenus）和奈拉提乌斯（Neratius），见下文，附录68。
2　J. J. Hart, *GRAI* 1949, 132 ff.; *Gallia* VII (1949), 161 ff.; *Historia* II (1953), 234 ff.

胞胎"和第21军团"劫掠"——正在"驻守设防区（sur le limes）"。第21军团"劫掠"开拔离开营地，在一个苏伊布部落（苏伊比人中的尼克瑞特斯人[Nicretes]）的配合下前往阿根托拉特，焚毁了那里的营地。图拉真及时率领辅军第1军团从墨根提亚库姆赶到并击败了叛军。

这一假说已赢得部分学者的赞同。[1] 但它也引起了异议。显而易见的是，涅尔瓦统治时期的苏伊布战争（Bellum Suebicum）（ILS 2720）——那位元首和他的继子由此获得了"日耳曼尼库斯（Germanicus）"的名号（Pan. 8.2，参见9.2）——跟莱茵河流域无关：那是一场对波西米亚境内日耳曼人发动的远征（后者曾在公元89年与图密善为敌）。[2]

在驻军规模方面，上日耳曼行省（跟下日耳曼行省一样）当时只拥有（也只需要）3个军团。辅军第1军团或许早在十来年前就离开该行省前往多瑙河流域了；接替它的第21军团"劫掠"于公元92年被萨尔玛提亚的雅祖格人歼灭；接下来取代它的是第14军团"双胞胎"。[3] 我们没有理由猜想，潘诺尼亚和上下默西亚这3个行省之间在公元97年仅仅驻扎着7个军团。

公元97年发生过局部哗变或动荡的可能性是值得考虑的；但它还有待证明。为了支持图拉真险些发动政变的假说，我们可以引证一位后世节编者歪曲事实的说法（其内容完全不值得相信）——"由于畏惧暴君的缘故，他在年事已高之际住在塞昆尼人中间，后来凭借军队的拥护夺取了权力（cum extrema aetate apud Sequanos, quo tyranni defecit metu, imperium arbitrio legionum cepisset）"（Victor, De Caes. 12.2）。那位作者在记述涅尔瓦的统治时，可能是将涅尔瓦（Nerva）与涅尔瓦·图拉真（Nerva Traianus）混为一谈了。到了公元4世纪，塞昆尼亚（Sequania）或玛克西玛·塞昆诺鲁姆（Maxima Sequanorum）占据着从前上日耳曼行省的大部分地区，那里曾是

---

1 J. Carcopino，转引自 GRAI 1949, 134；参见 Rev. ét. anc. LI (1949), 271 f.。
2 参见 M. Durry, Mémorial d'un voyage d'études en Rhénanie (1953), 197。
3 E. Ritterling, P-W XII, 1277 ff.; 1387 ff.; 1736; 1789 f.; R. Syme, JRS XVIII (1928), 44 f.

劳拉齐人（Rauraci）与赫尔维提人的领土。[1]

一个相对次要的难题是辅军第1军团的头衔"忠心耿耿的（pia fidelis）"不见于 *ILS* 2720（年代为公元97年或此后不久）或1379（公元103年以前），但得到了书写于公元114年之前的 *CIL* III, 1004（Sarmizegethusa）的证实。[2] 该头衔通常是用来表彰内战或平叛中的忠诚之士的。

5. 法布里奇乌斯·维恩托

维恩托（Veiento）（PIR^2, F 91）在尼禄统治前期担任过大法官（Dio 61.6.2）。现存史料中没有关于其第一次执政官任期的记载，但一份公告提到他的第二次执政官任期（*AE* 1948, 56 = *CIL* XVI, 158）。他在公元80年1月13日接替了元首提图斯的执政官职务。斯塔提乌斯《日耳曼战纪》（*De bello Germanico*）的残篇将维恩托与维比乌斯·克里斯普斯并列为三度出任执政官的人物（见前引文，原书第5页）。在墨根提亚库姆进献的铭文（*ILS* 1010）确认了维恩托曾第三次出任执政官。那首诗的创作背景（以及朱文纳尔的恶搞）为公元83年，因而维恩托第三次担任执政官的可能年份只有公元82年（图密善和他的堂兄弟提图斯·弗拉维乌斯·萨比努斯［T. Flavius Sabinus］担任名年执政官）或公元83年（昆图斯·佩提利乌斯·鲁弗斯［Q. Petillius Rufus］第二次出任执政官）。可能性更大的选项是公元83年。维恩托的第二次执政官任期是在一场政府危机（即埃普里乌斯·马塞卢斯［Eprius Marcellus］的大难临头）之后。而在公元82年，图密善则跟他的妻子闹得不可开交（见附录7）。

维比乌斯·克里斯普斯（公元62年前后递补执政官）的社会地位高于法布里奇乌斯·维恩托，并且也更为年长——如果我们可以从字面上理解朱文

---

[1] 相关史料如 *HA, Marcus* 22.10: "res etiam in Sequanis turbatas（塞昆尼亚的局势依旧动荡）."

[2] 由于文本缺失的缘故，我们无法确定该军团在 *ILS* 1016（Nemausus，竖立于公元107年左右）中的全称。

纳尔（Juvenal, 4.92 f.）的说法的话，那么他此时已年逾八旬。他第二次享受束棒护身的荣耀很可能是在韦伯芗去世之前。我们无法确定他是不是跟维恩托一道第三次出任执政官的，但这种可能性毕竟存在。

我们只是通过相关铭文和公告（*ILS* 1010; *CIL* XVI, 158）才得知了维恩托的全名——奥鲁斯·狄迪乌斯·伽鲁斯·法布里奇乌斯·维恩托（A. Didius Gallus Fabricius Viento）。我们有理由猜想他是奥鲁斯·狄迪乌斯·伽鲁斯（A. Didius Gallus）（*PIR*², D 70）的继子，后者是公元36年递补执政官和卡里古拉、克劳狄乌斯统治时期的社会名流，最后做到了不列颠行省总督。维恩托之妻阿提卡（Attica）（*ILS* 1010）无法跟任何团体或家族建立联系。

6. 维斯特里奇乌斯·斯普利纳

维斯特里奇乌斯·斯普利纳出生于公元25年前后（Pliny, *Epp*. 3.1.10）。他第一次进入我们的视野是在公元69年，当时他是前执政官阿尼乌斯·伽鲁斯麾下的一员将领（Annius Gallus）（Tacitus, *Hist*. 2.11.2，参见原书第159页）。他的执政官任期很可能是在韦伯芗统治期间；他的仕途生涯在图密善统治末年之前已经结束——"他从前地位高贵，接受过职务任命，担任过官吏，治理过行省（quoad honestum fuit, obiit officia, gessit magistratus, provincias rexit）"（*Epp*. 3.1.11）。公元96年12月时斯普利纳身在罗马城（*Epp*. 1.5.8），并在公元97年期间被任命为经济事务委员会的成员之一（*Pan*. 62.2）。两位不知名的元老分别在涅尔瓦治下第二次出任执政官，在图拉真时代第三次出任执政官（*Pan*. 60.5; 61.7）。其中之一显然是尤利乌斯·弗伦提努斯。蒙森猜测另一个便是斯普利纳。[1]并非所有人都赞同这个说法。但《奥斯提亚执政官年表》表明，他在公元98年4月1日第二次出任执政

---

1 *Hermes* III (1869), 39 f. = *Ges. Schr.* IV (1906), 374 f.

官，并且他的首名为"提图斯（T.）"。[1]因此，他的第三个执政官任期的情况应当是明朗的：出现在公元100年的弗伦提努斯任期之后。

但还存在着一个困扰我们的问题。元老院中的"主持人（auctore principe，也许就是涅尔瓦）"投票赞成为他竖立"凯旋雕像（triumphlis statua）"。他的理由十分具体——"斯普利纳用武力扶植了布鲁克特里人的君主，并且仅仅用威胁开战的手段就震慑了一个极其凶残的族群，迫使其表示臣服，从而赢得了一场极其漂亮的胜利（nam Spurinna Bructerum regem vi et armis induxit in regnum, ostentatoque bello ferocissimam gentem, quod est pulcherrimum victoriae genus, terrore perdomuit）"（*Epp.* 2.7.2）。此外，塔西佗可能在描述布鲁克特里人如何在罗马军队的注视下遭到邻人屠杀时交代了这场军事行动的另一侧面（或另一阶段）。（*Germ.* 33，参见原书第46页）有人据此提出假说，认为维斯特里奇乌斯·斯普利纳是公元97年时下日耳曼行省的副将。[2]他当时已经差不多73岁了，但身体还十分结实。他有可能是在紧急状态下被从首都派去安抚部队或预防可能发生的叛乱的。在从前的表现中（*Hist.* 2.18 f.），斯普利纳曾约束过（或至少哄骗过）一支桀骜不驯的军队。如果他能够率军深入敌境的话，那么这一看似平淡无奇的功劳也是涅尔瓦的政府求之不得的。

尽管如此，他的高龄和其他因素还是让我们对此表示强烈怀疑。德扫（Dessau, in *PIR*[1], V 308）认为斯普利纳的建功立业是在图密善统治时期，并且许多信息与这一假说吻合。[3]事实上，我们甚至可以找到一个合适的年代和场合：我们无须认定图密善在公元83年（以及下一年）对日耳曼的平定仅限于征服查提人。[4]最后，反对斯普利纳在公元97年（或98年）领兵假说的证据

---

1 *FO* XIV，首次公布于1939年。
2 Mommsen, l.c.；赞同意见如J. Asbach, *R. Kaisertum u. Verfassung* (1896), 140。其他人倾向于认为是公元98年，如F. Münzer, *Klio* I (1901), 314。
3 如E. Ritterling, *Fasti des r. Deutschland unter dem Prinzipat* (1934), 61 ff.，其中引述了格罗亚格的观点。另见A. Garzetti, *Nerva* (1950), 57 f.。
4 参见R. Syme, *JRS* XVIII (1928), 43; *CAH* XI, 158 f.。

还有小普林尼对斯普利纳与弗伦提努斯第三次执政官任期的评论：他们取得的是"身穿长袍的功绩（in toga meriti）"，而非"军功（bellorum socii）"或"战果（proeliorum consortes）"（*Pan.* 60.5）。

关于迟来的凯旋荣誉的例子，可参考韦伯芗补偿一位被尼禄忽视的默西亚行省副将的例子（*ILS* 986）。元老院还投票通过了为斯普利纳的儿子科提乌斯（Cottius）竖立雕像的决议，他"在父亲离开期间去世（quem amisit absens）"（*Epp.* 2.7.3）。这次离开发生于何时？乍看上去当然是斯普利纳担任军队将领的时候。但德扫给出了另一种解释：或许斯普利纳是在公元97年深秋前去（我们需要认为他们确实成行了）祝贺图拉真的元老使团成员之一。参见原书第16页。

没有任何史料记载过维斯特里奇乌斯·斯普利纳的祖上来自何方。他妻子的名字科提娅（Cottia）（*Epp.* 3.10）来自凯尔特语，并且他跟一位北方诗人、维罗纳的森提乌斯·奥古里努斯（Sentius Augurinus）（*Epp.* 4.27.5）有着交情。他很可能跟维吉尼乌斯和科雷利乌斯一样，都是意大利北部的居民。[1] 他的氏族名"维斯特里奇乌斯"和似乎来自伊达拉里亚语的家姓极其罕见。全意大利的铭文中只出现过一个那样的例子，那是住在佛罗伦提亚的一名女子。[2]

7. 乌尔苏斯和塞尔维亚努斯

图密善因为他的妻子与舞者帕里斯（Paris）有染而震怒，想要杀死她，但一个名叫乌尔苏斯（Ursus）的人物出面进行了干涉（Dio 67.3.1）。这件事发生在图密善统治前期（公元82或83年）。随后，当图密善从对查提人的战争中返回之际，乌尔苏斯自己陷入了危险。提图斯之女尤利娅（Julia）拯

---

[1] G. E. F. Chilver, *Cisalpine Gaul* (1941), 103. 史料表明，昆图斯·科雷利乌斯·鲁孚斯（Q. Corellius Rufus，公元78年递补执政官［?］）于公元82年9月20日担任着上日耳曼行省副将（*CIL* XVI, 28）。

[2] *CIL* XI, 7056.

救了他，还让他当上了执政官（ib. 4.2）。事实上，《奥斯提亚执政官年表》记载了一名公元84年的递补执政官"[乌]尔苏斯（[U]rsus）"，此人可能就职于5月1日（FO XIIIs）。如果乌尔苏斯是一位元老的话，那么对其执政官履历的强调是很不寻常的。上述有关他的两则逸事表明，他在宫廷和王室面前是非常得宠的。我们可以断定他是一名禁卫军队长。[1]

在这一时期，从埃及省长被提拔为禁卫军队长的情况十分常见（此前的情况恰好相反）。这一点可以从公元70—96年间的4名禁卫军队长的履历中得到证实。一位乌尔苏斯便是埃及省长[2]；我们可以确认他的名字是尤利乌斯·乌尔苏斯，依据是他为绥克斯图·阿提乌斯·苏布拉努斯（Sex. Attius Suburanus）进献的铭文——"赈粮官、埃及省长尤利乌斯·乌尔苏斯进献（adiut. Iuli Ursi / praef. annonae, eiusdem in praefect. / Aegypti）"（AE 1939, 60: Heliopolis）。我们还有理由补充一点，他的首名应该是"卢奇乌斯"。[3]

一份拉丁文纸草（P. Berl. 8334）可以说明很多相关问题。一位元首在写给"我的马克西穆斯（mi Maxime）"的信中提到了对方的各种美德和自己从前给予的酬劳，并宣布将进一步提拔他。促使他决定提拔此人的是尤利乌斯——"但[我是在]尤利乌[斯·乌尔苏斯的请求下执行我早已希望如此的决定，让你身居]高位的（se[d cum et] Iuliu[m Ursum suis / precibus u]sum in amplissimum ordinem transtu[lissem iam diu / id des]iderantem）"（11.3 ff.）。马克西穆斯将担任某位"[福]斯库斯（[F]uscus）"的同僚（11.8 f.）。

卢奇乌斯·拉贝里乌斯·马克西穆斯当时是埃及省长（我们知道他

---

1 格罗亚格猜想如此（引自 A. Stein, P-W, Supp. VII, 1624，后者对此并不赞同）。
2 A. Stein, Die Präfekten von Ägypten (1950), 42 f.，其中认为他是在公元84年接替卢奇乌斯·拉贝里乌斯·马克西穆斯的。但他的上任时间也有可能更早些，是盖约·特提乌斯·阿非利加努斯（C. Tettius Africanus，公元82年2月12日在任）的前任，参见 R. Syme, JRS XLIV (1954), 117。
3 参见通往贝利尼克（Berenice）路旁的一则破损严重的拉丁语铭文，出版于 Chronique d'Égypte XXIX (1954), 284，后编入 AE 1956, 57。其中的时间点"第四年（anno IIII）"并不完全可靠；它来自威尔金森（Wilkinson）1826年的手稿抄本（照片见 p. 285）。

在公元83年6月9日担任着该职务,盖约·塞普提米乌斯·维格图斯[C. Septimius Vegetus]在公元85年2月8日担任该职)。显然,马克西穆斯是被调来取代尤利乌斯·乌尔苏斯的,对后者的贬谪被冠冕堂皇的外交辞令掩盖了。马克西穆斯将跟科奎里乌斯·福斯库斯一道担任禁卫军队长。[1] 这个时间点很可能是公元83年底(也许是公元84年初)。

在朱文纳尔的那首著名讽刺诗中,福斯库斯身居元首的谋臣之列(4.3 f.)。诗歌场景的时间背景是公元83年初。诗中没有提及福斯库斯的同僚。诚然,有人认为诗中两次提到的埃及人克瑞斯皮努斯(Crispinus)(1 ff.; 108 f.)是禁卫军队长。[2] 但那一猜测不大可能成立——并且克瑞斯皮努斯也有可能是赈粮官。如果尤利乌斯·乌尔苏斯是禁卫军队长的话,他理应出现在元首的秘密会议上。但他并不在场。讽刺诗人朱文纳尔或许是谨慎地对这个名字与家族在后来的王朝中显赫一时的人物避而不谈。

一个名叫卢奇乌斯·尤利乌斯·乌尔苏斯(L. Julius Ursus)的人是公元98年初的递补执政官,其任期夹在弗伦提努斯和斯普利纳中间(*FO* XIV)。他显然是再度出任执政官(见附录11)。[3] 他甚至有可能在公元100年第三次享受了束棒护身的荣耀。[4]

《波滕狄亚执政官年表》(*Fasti Potentini*)揭示了公元90年递补执政官塞尔维乌斯·尤利乌斯·塞尔维亚努斯(Ser. Julius Servianus)。我们有理由认为,他就是在公元98年初担任下日耳曼行省副将的塞尔维亚努斯(*HA, Hadr.* 2.5 f.):哈德良的这位姐夫生于公元47年左右,那符合他首次

1　这份纸草最初发表于1940年。这一复原方式见A. Piganiol, *CRAI* 1947, 376 ff.。反对意见如H. G. Pflaum, *Latomus* X (1951), 474 f.; 支持意见如R. Syme, *JRS* XLIV (1954), 117。其中的一些不确定因素是无法排除的。伯利建议用"[suis / precibus u]sum"替代"[pre / cibus tuis u]sum"。

2　A. Passerini, *Le coorti pretorie* (1939), 290; G. Highet, *Juvenal the Satirist* (1954), 78; 260; J. Crook, *Consilium Principis* (1955), 50.

3　但施泰因反对这一看法,主张对以下3人加以区分:埃及省长、公元84年递补执政官和公元98年递补执政官(A. Stein, P-W VII, 1623 ff.; *Aegyptus* XX [1940], 51 ff.)。

4　前提是维斯特里奇乌斯并非公元100年递补执政官们当中唯一的第三次出任者。见附录11。

就任执政官的标准年龄。[1] 在公元101年第二次出任执政官时，他已成为"乌尔苏斯·塞尔维亚努斯（Ursus Servianus）"（如 *ILS* 4965: Rome），其全名为"卢奇乌斯·尤利乌斯·乌尔苏斯·塞尔维亚努斯（L. Iulius Ursus Servianus）"。我们可以用遗嘱继承对此加以解释。

塞尔维亚努斯和乌尔苏斯当时可能已经联姻。塞尔维亚努斯也许跟科尔多瓦的富有家族——达苏米乌斯家族（Dasumii）建立了姻缘纽带（见原书第604页），并把自己的女儿嫁给了一位来自巴尔奇诺的佩达尼乌斯。（见原书第480页）如果接受上面的历史重构的话，我们便可以追溯一个支持图拉真与哈德良的强大集团的早期发展阶段。

从氏族名判断，尤利乌斯·乌尔苏斯是行省居民。人们不免会怀疑，此人是否跟一些神秘人物沾亲带故，如公元71/72年的埃及省长提比略·尤利乌斯·卢普斯（Ti. Julius Lupus）[2] 或迎娶提图斯·奥勒留·福尔伍斯（T. Aurelius Fulvus，公元89年执政官）遗孀阿里娅·法狄拉（Arria Fadilla）的前执政官普布利乌斯·尤利乌斯·卢普斯（P. Julius Lupus）。[3] 因为乌尔苏斯和卢普斯在同一个家族中并无不妥。[4]

---

1 参见 R. Syme, *JRS* XLIV (1954), 156。德格拉西认为卢奇乌斯·尤利乌斯·乌尔苏斯·塞尔维亚努斯在某个未知年份里第一次出任了执政官（A. Degrassi, *FC* [1952], 27）。

2 A. Stein, o.c. 40.

3 见附录87。

4 如 *CIL* XI, 1777（Volaterrae）便介绍了三兄弟乌尔苏斯（Ursus）、卢普斯（Lupus）和阿佩尔（Aper）。

B. 执政官与行省总督

8.《执政官年表》

图拉真与塔西佗是年龄相差3岁左右的同龄人；并且我们有必要严格地依照那个时代的社会与政治背景对他们进行研究。公元85—96年期间的执政官名单几乎是完整的；通过种种手段，我们也可以确认公元92—106年期间的37位前执政官级别元首副将。这份名单可以告诉我们一些将领在弗拉维王朝灭亡后的紧要关头的情况（尽管许多史实是付之阙如的），以及图拉真统治前期的主要党羽是哪些人。此外，于公元97年跟塔西佗一道就任的执政官们也理所当然地激起了我们的好奇心；而下一年的人选则说明了很多政治问题。制作一份从韦伯芗时代到哈德良时期再次出任执政官和担任罗马市长的人物名单可以提供不少方便。

我们必须对史料来源做出一点扼要说明。相关证据是非常驳杂的——其中包括铭文年表，军事文书（*diplomata*），书写在石头、青铜、木头或纸草上的其他出土文献，以及我们在传世文献中看到或推断出的年代信息。[1] 借

---

[1] 铭文年表辑本见A. Degrassi, *Inscriptiones Italiae* XIII, I (1947)。那位学者又在 *I Fasti Consolari dell' Impero Romano* (1952)中试图复原自公元前30年以降每一年的执政官名单（无论史源出处为何），他还记录了任职年代无法确定的所有已知执政官的名单。军事文书已被尼赛尔霍夫（H. Nesselhauf）汇编为 *CIL* XVI (1936, Supplement 1955)。后者逐月逐日地记录了相关执政官年代信息，但并未自始至终记录元首头衔所暗示的年代（特别参见 *CIL* XVI, 38 f.）；并且我们

（转下页注）

助最近的两项发现，公元85—96年间的执政官名单几乎已经完备。首先是公布于1939年的《奥斯提亚执政官年表》。[1] 那是用双栏记录了两段时期（公元84—86年［始于公元84年中段］、公元94—96年）执政官年表的一块石板（碎裂成三块）。其中前一时期的名单左半部分只留下一个或数个字母；后一时期的名单虽然右侧边缘也有缺失，但保存下来的信息已完整到足以让我们确认这份名单（*FO* XIIIs and XIIId）。其次是在1946年首次得到关注（并非刚刚发现）的、来自皮克努姆境内波滕狄亚的一块大石板，上面左侧记录着从公元86年中期直至公元93年某个时间点的执政官名单；右侧底部名单在公元92—93年处的一部分被切去了，但其他证据（*FO* XIId）可以补足公元92年的名单。[2]

尽管在公元85、86和93年处存在缺失，我们还是可以凭借一些猜测对这份名单进行完善。德格拉西（*Inscr. It.* XIII, I的编者）对*FO* XIIIs进行了分析，认为于公元85年第11次出任执政官的图密善的同僚"]r. Mess. II"是卢奇乌斯·瓦勒里乌斯·卡图卢斯·麦萨利努斯（L. Valerius Catullus，公

（接上页注）

也不可始终确信，当一份军事文书在罗马城内签发时（也就是上面的执政官年代信息），它被寄给的行省总督必然依旧在任。

元老名单方面有斯特赫的"从韦伯芗时代到图拉真时代的罗马元老（Senatores Romani qui fuerint inde a Vespasiano usque ad Traianum）"（B. Stech, *Klio*, Beiheft X, 1912）。斯特赫还考证了他们的出身，但并未总能保持警惕和精确。更加晚近但年代相对集中的名单见A. Garzetti, *Nerva* (1950), 103 ff.。

关于元首亲自治理的行省的前执政官级别总督情况，特别参见E. Ritterling, *Fasti des r. Deutschland untert dem Prinzipat* (edited by E. Stein, 1932); A. Stein, *Die Legaten von Moesien* (1940) and *Die Reichsbeamten von Dazien* (1944)。

这一部分附录（8—16）特别考虑到了读者们查阅方便的需要。为了让原始的、确定无疑的证据显得更加醒目，笔者对注释部分进行了尽可能的压缩。某些拥有多个姓名的元老的信息也被简化处理。《罗马帝国人物志》（*Prosopographia Imperii Romani*）中以字母和数字排列的条目让我们的附录变得更加简洁明了。最好的标签或许是相关人物出任执政官的年代（无论是精确数字还是大致推断），因为其中包含着历史事实。"?"意味着相关年份（即便我们对此很有把握）缺乏精确的史料证实。

1 G. Calza, *Epigraphica* I (1939), 151 ff.，后编入 *AE* 1940, 92 f.。后载于 *Inscr. It.* XIII, I (1947), p. 192 (*FO* XIIIs); 194 (*FO* XIIId and XIV)。

2 N. Alfieri, *Athenaeum* XXVI (1948), 110 ff.，后编入 *AE* 1949, 23。

元73年执政官）。这是个差强人意的假说，但存在着解释上的困难。一些成文年表（Mommsen, *Chron. Min.* I, 57, 222, 284, 416; II, 139）所记图密善在公元84年的同僚为某个"福尔伍斯（Fulvus）"或"鲁孚斯（Rufus）"。[1]而在*FO* XIII*s*中，前一行的结尾是"]vos II"。德格拉西认为那是一名在奥斯提亚任职的意大利官吏的名字。[2]而那样一来，此人就肯定是即将第二次出任执政官的罗马市长提图斯·奥勒留·福尔伍斯（T. Aurelius Fulvus，公元70年递补执政官［？］）（*HA, Pius* 1.2）。[3]此外，我们还能确认另一个二度出任执政官的人物，他的同僚是"]atus"（*FO* XIII*s*）。我们知道玛库斯·阿雷奇努斯·克莱门斯（M. Arrecinus Clemens）曾第二次出任执政官（*AE* 1947, 40），其同僚恰好为卢奇乌斯·贝比乌斯·霍诺拉图斯（L. Baebius Honoratus）（*CIL* XII, 3637）。于是剩下的变数就是：瓦勒里乌斯·麦萨利努斯（Valerius Messallinus）的同僚是谁。他有可能是第二次出任执政官的罗马市长（公元89年在职）盖约·鲁提利乌斯·伽利库斯（C. Rutilius Gallicus，公元70或71年递补执政官）。此外，阿雷奇努斯·克莱门斯也有可能在元首卸任执政官后同麦萨利努斯共同享受过一段束棒护身的荣耀，随后同另一位递补执政官交接权力。

如果我们接受这一系列假说的话，那么公元85—96年期间的史料空缺仅剩如下几位。（1）公元85年：两位递补执政官——包括前面提到的那位（无论是否为第二次出任执政官），以及位于玛库斯·阿雷奇努斯·克莱门斯和卢奇乌斯·贝比乌斯·霍诺拉图斯这对同僚之后的"［波］利奥之子（[Po]llio f.）"失载的同僚（*FO* XIII*s*）。（2）公元86年：昆图斯·维比乌斯·塞昆杜斯（Q. Vibius Secundus）的同僚（见《波滕狄亚执政官年表》）。（3）公元93年：*Potentini*与*FO* XIII*d*之间的空缺。这一年的名年执政官后

---

1 关于公元85年和89年出任名年执政官的两位福尔伍斯的问题，见Groag, *PIR*², A 1509 f.; Degrassi, *Inscr. It.* XIII, I, p. 221。
2 参见*Inscr. It.* XIII, I, p. 193；*FC* 25。
3 持此种意见的如R. Syme, *JRS* XLIII (1953), 155; H. Nesselhauf, *Gnomon* XXVI (1954), 270。批评观点见Degrassi, *Athenaeum* XXXIII (1955), 112 ff.。

只有一位递补执政官"[提图斯]·阿维狄乌斯·[奎埃图斯]([T.] Avidius Q[uietus])",其同僚身份不详;下一对同僚的信息仅存开头处的"Cori["4个字母。后者可能是公元107年前后阿非利加行省总督盖约·科奈里乌斯·拉鲁斯·绥克提乌斯·纳[索?](C. Cornelius Rarus Sextius Na[?so])(*IRT* 523)。[1]

我们还可以补充公元97年的下默西亚行省副将[卢奇乌斯(?)]·尤利乌斯·马略([?L.] Julius Marius)(见附录14)。或许还有卢奇乌斯·达苏米乌斯·[哈德良(?)](L. Dasumius [? Hadrianus])(见附录23,参见附录87)。此外还应注意的是,来自奥斯提亚的一则简单铭文(*FO* XXXI)上记录了一个名字"维比乌斯",并且似乎表明一位"乌[米狄乌斯](Um[midius])"于12月下半段死在任上。具体年份可能是公元93年——一个多事之秋(参见Tacitus, *Agr.* 44.1)。[2]

图密善组织的最后一场战争结束后的下一年很可能会任命一长串递补执政官。参见公元90年的情况(任命了11位)——或公元100年(至少8位)。对于这个夹在公元93年和公元97年(以及图拉真统治初期)之间的时间点而言,想要借助知识与猜测去复原大批执政官的身份是不切实际的。

我们在此呈现的并非对铭文面貌的整体复原,而仅仅是公元85—96年这12年期间的执政官名单。某些年份中第二行的空白意味着元首卸任了执政官,由一位递补执政官被提上来接替他的位置;对于几位拥有多个名字写法的元老,本书仅记载其最简洁或最为人熟知的名字。此外,公元85年的名单结构中存在着模糊之处(参见上文);公元90年名单中的"玛库斯·图里乌斯·克瑞亚利斯(M. Tullius Cerialis)"可能是公元99年底的执政官"图奇

---

[1] R. Syme, o.c. 153.
[2] ib. 160. 德格拉西认为这里的"维比乌斯"是一名本地官吏,而"乌[米狄乌斯](Um[midius])"已去职(Degrassi, *Inscr. It.* XIII, I, p. 239)。此维比乌斯的名字可能是维比乌斯·瓦鲁斯(Vibius Varus);我们也很希望能够得知盖约·乌米狄乌斯·夸德拉图斯(C. Ummidius Quadratus,公元118年递补执政官)的父亲是谁。关于在某个未知年份的11月出任递补执政官的"维比乌斯·瓦[鲁斯](Vibius Va[rus])",见*CIL* XVI, 172。

乌斯·克瑞亚利斯（Tuccius Cerialis）"（Pliny, *Epp.* 2.11.9）；德奇姆斯·普罗提乌斯·格吕普斯（D. Plotius Grypus，公元88年递补执政官）的首名可能是"卢奇乌斯（L.）"（参见 *ILS* 5161k）；《波滕狄亚执政官年表》认为麦提利乌斯·奈波斯（Metilius Nepos，公元91年递补执政官）的首名是"卢奇乌斯"。

9. 公元 85—96 年的执政官名单

85	Imp. Domitianus XI	T. Aurelius Fulvus II
	Ignotus ? II	L. Valerius Catullus Messallinus II
	M. Arrecinus Clemens II	L. Baebius Honoratus
	Ignotus	[........ Po] llio f.
	D, Aburiua Bassus	Q. Julius Balbus
86	Imp. Domitianus XII	Ser. Cornelius Dolabella Petronianus
	C. Secius Campanus	
	Ignotus	Q. Vibius Secundus
	Sex. Octavius Fronto	Ti. Julius Candidus
	A. Lappius Maximus	L. Javolenus Priscus
87	Imp. Domitianus XIII	L. Volusius Saturninus
	C. Calpurnius Piso Licinianus	
	C. Bellicus Natalis Tebanianus	C. Ducenius Proculus
	C. Cilnius Proculus	L. Neratius Priscus
88	Imp. Domitianus XIV	L. Neratius Priscus
	D. Plotius Grypus	Q. Ninnius Hasta
	M. Otadlius Catulus	Sex. Julius Sparsus

89	T. Aurelius Fulvus	M. Asinius Atratinus
	P. Sallustius Blaesus	M. Peducaeus Saenianus
	A. Vicirius Proculus	M'. Laberius Maximus
90	Imp. Domitianus XV	M. Cocceius Nerva II
	L. Cornelius Pusio	
	L. Antistius Rusticus	Ser. Julius Servianus
	Q. Accacus Rufus	C. Caristanius Fronto
	P. Baebius Italicus	C. Aquillius Proculus
	L. Albius Puliaienus Pollio	Cn. Pompeius Longinus
	M. Tullius Cerialis	Cn. Pompeius Catullinus
91	M'. Acilius Glabrio	M. Ulpius Traianus
	D. Minidus Fauatinua	P. Valerius Marinus
	Q. Valerius Vegetus	P. Metilius Nepos
92	Imp. Domitianus XVI	Q. Volusius Saturninus
	L. Venuleius Montanus Apronianus	
	L. Stertinius Avitus	Ti. Julius Celsus Polemaeanus
	C. Julius Silanus	Q. Junius Arulenus Rusticus
93	Sex. Pompeius Collega	Q. Peducaeus Priscinus
	T. Avidius Quietus	*Ignotus*
	C. Cornelius Rarus Sextius Na[? so]	*Ignotus*
94	L. Nonius Asprenas	T. Sextius Magius Lateranus
	M. Lollius Paullinus	A. Julius Quadratus

	L. Silius Decianus	T. Pomponius Bassus
95	Imp. Domitianus XVII	T. Flavius Clemens
	L. Neratius Marcellus	
	A. Lappius Maximus II	P. Ducenius Verus
	Q. Pomponius Rufus	L. Baebius Tullus
96	C. Manlius Valens	C. Antisthis Vetus
	Q. Fabius Posturainus	T. Prifemius [Paetus]
	Ti. Catius Fronto	M. Calpurnius [......]icus

10. 公元97年的若干执政官

这一年的名年执政官为元首涅尔瓦和第三次出任执政官的卢奇乌斯·维吉尼乌斯·鲁孚斯（L. Verginius Rufus）。他们身后应当是一份很长的名单。其中一位或数位递补执政官可能是再度出任，参见公元98年的情况。这些人中几乎肯定有阿里乌斯·安东尼。参见"萨比努斯与安东尼（Sabinus et Antoninus）"一栏——蒙森对此表示反对（Mommsen, *Chron. Min.* I, 255; *Ges. Schr.* IV, 381），但格罗亚格相对认可这个假说（Groag, *PIR*[2], A 1086）。阿里乌斯是涅尔瓦的朋友（Victor, *Epit.* 12.3），并且肯定曾两度出任过执政官（Pliny, *Epp.* 4.3.1）。他的同僚可能是图拉真侄女玛提狄娅（Matidia）的丈夫卢奇乌斯·维比乌斯·萨比努斯（L. Vibius Sabinus）（见附录87）。

来自奥斯提亚的一则宝贵残篇在左栏连续记录了3对执政官名单的信息，并让我们有机会补上第四个名字。[1]具体情况如下：

---

[1] 这段残篇最早公布于Degrassi, *FC* (1952), "补编（Aggiunte）", p. 288; 后发表于*JRS* XLIII (1953), 150。人们当时认为那是一块石板的右手侧；但铭文发现者巴尔比埃里发表的成果表明，它是一块石板的左手侧（G. Barbieri, *Studi Romani* I [1953], 367, 及附图1）。铭文内容另见*AE* 1954, 220。

[M.] ANNIVS VERVS　　　　　　[L. NERATIVS PRISCVS]
[L. DO]MITIVS APOLLINAR.　　　SE[　　　　　　　]
Q. ATILIV[S AGRICOLA　　　　　　　　　　　　　]

关于阿尼乌斯·维鲁斯（Annius Verus）的情况，见附录86—87。他同僚的身份是毫无疑问的（*Dig.* 48.8.6），即法学家卢奇乌斯·奈拉提乌斯·普利斯库斯（L. Neratius Priscus）（参见附录68）。多米提乌斯·阿波利纳里斯（Domitius Apollinaris）（*PIR*^{2}, D 133）在公元97年初是"即将上任的执政官（consul designatus）"（*Epp.* 9.13.13，参见附录3）。他曾担任过吕奇亚-帕姆弗利亚行省副将（*IGR* III, 559），并且似乎在公元96年12月之前抵达了罗马（参见Martial 11.15）。他的同僚也许是一个名叫塞尔吉乌斯·屋大维·雷纳斯（Sergius Octavius Laenas）的人，但更可能是公元93年犹太行省副将绥克斯图·赫尔麦提狄乌斯·卡姆帕努斯（Sex. Hermetidius Campanus）（*CIL* XVI，另见附录12）。[1] 昆图斯·[格利提乌斯]·阿提利乌斯·阿古利可拉（Q. [Glitius] Atilius Agricola）在涅尔瓦登基后仍在高卢境内的贝尔吉卡行省（*ILS* 1021），于公元97年春离任（后人猜想如此，如能知道谁是他的继任者应当是很有价值的）。同格利提乌斯·阿古利可拉一道分享束棒护身荣耀的人是谁呢？他可能就是科奈里乌斯·塔西佗。[2] 但我们完全无法确定，新残篇提供的这3对名字是否已补全了这个著名年份的《执政官年表》内容。跟公元98年的情况一样，最后4个月里可能会有2对递补执政官走马上任。更不消说当年名年执政官后面的名单还存在着各种变数。

我们可以提出两个可能位列其中的名字。首先是亚细亚行省总督（可能就任于公元114/115年，依据是图拉真在证明其行省总督身份的钱币上的头

1　R. Syme, *JRS* XLIV (1954), 81 f.
2　持该观点的如G. Barbieri, o.c. 367 f.。但那位学者认为公元97年只有3对递补执政官，他们紧接涅尔瓦和维吉尼乌斯·鲁弗斯之后。持同样看法的还有A. Garzetti, *Aevum* XXVII (1953), 549 ff.。

衔包括"最优秀的［Ἄριστος］"，但没有"帕提亚之王［Παρθικός］"）玛库斯·[奥斯托里乌斯]·斯卡普拉（M. [Ostorius] Scapula）。他并非来自尤利乌斯氏族（如某些学者认为的那样，参见P-W II A, 354），而是来自奥斯托里乌斯（Ostorius）氏族的玛库斯·奥斯托里乌斯·斯卡普拉（M. Ostorius Scapula，公元59年递补执政官）之子：他没有得到P-W XVIII, 1670的关注。

第二个人选是卢奇乌斯·李锡尼乌斯·苏尔拉（L. Licinius Sura，公元102年第二次出任执政官［名年］，公元107年第三次出任执政官［名年］）。近期研究令关于他第一次执政官任期的难题[1]简化了不少，但尚未得到圆满解决。玛提阿尔提供的证据同公元93年的假说彼此矛盾。出版于公元92年12月的一卷中有一首诗祝贺苏尔拉大病初愈（7.47），但玛提阿尔完全没有提到苏尔拉很快就要出任执政官一事。就我们目前所掌握的信息而言，公元97年说似乎是最佳选择。我们只能暂时对那篇先担任贝尔吉卡行省副将、后出任执政官的"武人"的无头墓志铭（*elogium*）不做评论（*ILS* 1022）。尽管举世公认它属于苏尔拉，这篇墓志铭讲的也可能是别人（参见附录14）。但如果那个不知名的人确实是苏尔拉的话，那么短期担任贝尔吉卡行省总督（接替格利提乌斯·阿古利可拉）后又在年底出任执政官（可能是缺席担任）的解释也并非全无可能。但苏尔拉于公元93年出任执政官的可能性仍然无法排除。

即便我们引入卡帕多西亚行省副将奥菲狄乌斯·乌姆贝尔（Aufidius Umber）（见附录14）[2]、演说家卢凯乌斯·阿尔比努斯（Lucceius Albinus）（*Epp.* 3.9.7）或利波·弗鲁吉（Libo Frugi），以及其他形形色色人等所提供的线索，围绕公元97年说与公元93年说所展开的进一步辨析仍将是徒劳无功的。[3]

1　参见E. Groag, P-W XIII, 475 f.。
2　不见于Degrassi, *Fasti Consolari* (1952)。
3　在此插入奥鲁斯·凯皮奥·克里斯皮努斯（A. Caepio Crispinus）和昆图斯·阿西尼乌斯·马塞卢斯（Q. Asinius Marcellus）的做法并不稳妥。赫尔比希抄写的铭文残篇（Helbig, *Röm. Mitt.* I [1886], 128）表明，这一对递补执政官是紧接公元96年的名年执政官们的，见 *PIR*[2], A 1235; C 150。

11. 公元 98 年的执政官们

来自奥斯提亚的另一则残篇（*FO* XIV）几乎完整地反映了公元98年的执政官信息。那是非同寻常的一年。[1] 在名年执政官涅尔瓦和图拉真之后，到5月1日为止共有5人走马上任，轮流与图拉真分享束棒护身的荣耀（参见 *AE* 1936, 66），后面还有另外2对递补执政官（铭文所载内容不全，但我们可以从其他史料中复原相关信息）。

我们还可以添加若干评论。在图拉真先后拥有的5位同僚中，第二位和第四位——绥克斯图·尤利乌斯·弗伦提努斯和提图斯·维斯特里奇乌斯·斯普利纳——显然是再度出任执政官；但第五位——盖约·庞普尼乌斯·[皮乌斯]（C. Pomponius [Pius]）（参见 *AE* 1936, 66）——并非如此。此外，于1月13日走马上任的人物是"格涅乌斯·多米提[乌斯]（Cn. Domiti[us]）"。他到底是谁？格罗亚格认为他是多米提乌斯·阿波利纳里斯（Domitius Apollinaris）（*PIR*^{2}, D 133, Addenda, p. xi），不过其首名应当是"卢奇乌斯"。学者们如今确认此人是公元97年执政官。对 *HA, Marcus* 1.3 的一则修复（参见附录87）似乎表明，著名的格涅乌斯·多米提乌斯·图卢斯（Cn. Domitius Tullus，公元79年前后递补执政官）在这一年第二次出任了执政官。

第3个需要讨论的人物是神秘的卢奇乌斯·尤利乌斯·乌尔苏斯（L. Julius Ursus，见附录7）。他的名字被完整保存了下来，但后面的石板已经断掉。尽管如此，原始文本在其名字后面可能是写有再度出任执政官的记号的。[2]

这样一来，公元98年1—4月的递补执政官中便有4位是再度出任。在6月底之后，《执政官年表》重新变得正常起来了。7月1日合乎常规地上任了一对递补执政官，下一对的就任时间很可能是9月1日。但那还不是全部。公元98年很可能还有一对执政官在11—12月上任，就像公元97年时那样（公元

1　*Epigraphica* I (1939), 157 = *AE* 1940, 93.
2　P-W, Supp. VII, 1624所引述的、格罗亚格写给施泰因的信便持此意见。Degrassi, *Inscr. It.* XIII, I, p. 224（及*FC*）并未讨论这种可能性。

100年的类似现象也已得到证实,参见 *ILS* 3619)。事实上,有一块刻有"K. No[v.]"字样的短小残篇是跟 *FO* XIV 连在一起的。[1] 备选名字有两个。一个是《利戈里亚纳铭文》(*Ligorianae*)中被视为伪作的一块,上面刻写的时间为"维提乌斯·普罗库鲁斯和尤利乌斯·卢普斯任执政官的12月3日(III non. Decembr. / Vettio Proclo / Iullo Lupo cos.)"(*CIL* VI, 616*)。其中可能包含某些真实信息。公元97年的萨图尔努斯财库官(*praefectus aerarii Saturni*)昆图斯·福尔维乌斯·吉洛·比提乌斯·普罗库鲁斯(Q. Fulvius Gillo Bittius Proculus)(PIR^2, F 544)成功地被指定为执政官,而他的同僚普布利库斯·凯尔图斯(Publicus Certus)则没有获得那样的机会(Pliny, *Epp.* 9.13.23)。他的亚细亚行省总督任期应该是在公元115/6年(*IGR* IV, 172,图拉真第十一次出任执政官之际)。那与他在公元98年出任过执政官的假说吻合:如果他是在公元97年出任执政官的话,那么他从任执政官到出任行省总督的时间间隔就达到了18年,比图拉真统治期间的所有间隔记录都长了至少1年。比提乌斯·普罗库鲁斯的同僚可能就是神秘的普布利乌斯·尤利乌斯·卢普斯(P. Lucius Lupus)、阿里乌斯·安东尼女儿的第二任丈夫(见附录87)。[2]

以上我们讨论了公元85—96年、公元97年和98年的执政官情况。图拉真统治时期不同阶段的执政官任职信息保存状况迥异。我们知道公元99年的5位递补执政官;公元100年的递补执政官至少有8位——其中包括第三次出任执政官的提图斯·维斯特里奇乌斯·斯普利纳(T. Vestricius Spurinna)。[3]

---

1 *FO* XXXII,参见 G. Barbieri, *Studi Romani* I (1953), 370,及对页 Pl. I, 2。
2 *JRS* XLIII (1953), 154将这一假说改动后又推进了一步。蒙森质疑 *CIL* VI, 616*的可靠性(Mommsen, *Ges. Schr.* IV [1906], 373;参见 PIR^1, J 262),并且 P-W X, 664或 PIR^2, A 1119也不曾关注过这篇铭文。
3 甚或还能补充两人,如果巴尔比埃里认为新发现的神秘残篇写于公元100年的猜想正确的话(Barbieri, o.c. 371,及对页 Pl. I, I)。他们可能是卢奇乌斯·尤利乌斯·乌尔苏斯(L. Julius Ursus)和奥鲁斯·拉皮乌斯·马克西穆斯(A. Lappius Maximus)。Degrassi, *FC* 30根据 Pliny, *Pan.* 58.1确定的公元99年第三次出任执政官的不知名人物只能是法布里奇乌斯·维恩托(Fabricius Veiento)。

公元101、102、104与106年的任职人选存在猜测空间。一项近期发现揭示了公元103年的基本情况——共有7位递补执政官,其中2人的身份已知,另外3人的身份也可以复原确定(分别是昆图斯·贝比乌斯·玛凯尔[Q. Baebius Macer]、盖约·麦提乌斯·莫德斯图斯[C. Mettius Modestus]和普布利乌斯·卡尔普尼乌斯·玛凯尔[P. Calpurnius Macer])。[1] 公元105和107年的信息是完整的(*FO* XIX and XX),公元108年的信息几乎完整(XXI)。之后是信息完备的、包含在*FO* XXII中的公元109—113年,还有一段空缺和另一个完整年份——公元116年(*FO* XXIII)。此外,到了这个时间段,《波滕狄亚执政官年表》已能够为《奥斯提亚执政官年表》提供佐证与补充。尽管《波滕狄亚执政官年表》严重残缺不全,它还是能从公元113年开始印证《奥斯提亚执政官年表》的内容,并(完整地或部分地)补充公元114和115年每对执政官名单中的第一个名字。如果不存在未知的执政官的话,那几年的名单中就只剩下两处空缺了。[2] 最后,公元117年的情况基本上是晦暗不明的。[3]

12. 多次任职的执政官

公元70年　盖约·李锡尼乌斯·穆奇亚努斯(C. Licinius Mucianus,公元64年前后递补执政官)

公元72年　盖约·李锡尼乌斯·穆奇亚努斯(C. Licinius Mucianus,第三次出任执政官)及其同僚提图斯·弗拉维乌斯·萨比努斯(T. Flavius

---

1　G. Barbieri, o.c. 373 (及 Pl. II);后编入 *AE* 1954, 223。
2　有人怀疑《波滕狄亚执政官年表》中公元115年条目的结构(两对递补执政官)是否正确。公元127/128年的阿非利加行省总督普布利乌斯·瓦勒里乌斯·普利斯库斯(P. Valerius Priscus)(*IRT* 361)出任执政官的时间点不可能晚于公元115年。
3　但我们有可能将图拉真麾下的将领绥克斯图·埃鲁奇乌斯·克拉鲁斯(Sex. Erucius Clarus)和尤利乌斯·亚历山大(Julius Alexander),以及摩尔人卢西乌斯(Lusius the Moor)加入该条目之下(见原书第242页)。

Sabinus，公元69年执政官）

公元74年 *提比略·普劳提乌斯·希尔瓦努斯·埃利安（Ti. Plautius Silvanus Aelianus，公元45年执政官）

昆图斯·佩提利乌斯·克瑞亚利斯（Q. Petillius Cerialis，公元70年执政官）及其同僚提图斯·克罗狄乌斯·埃普里乌斯·马塞卢斯（T. Clodius Eprius Marcellus，公元62年执政官）

公元75年（？） 玛库斯·庞培·希尔瓦努斯（M. Pompeius Silvanus，公元45年执政官）及其同僚卢奇乌斯·塔姆皮乌斯·弗拉维亚努斯（L. Tampius Flavianus，出任执政官的年代不详）

公元77年前后（？） 昆图斯·维比乌斯·克里斯普斯（Q. Vibius Crispus，公元62年前后执政官）

公元80年 奥鲁斯·狄迪乌斯·伽鲁斯·法布里奇乌斯·维恩托（A. Didius Gallus Fabricius Veiento）

公元83年 *昆图斯·佩提利乌斯·鲁孚斯（Q. Petillius Rufus，公元73年前后执政官［？］）

公元83年（？） 昆图斯·维比乌斯·克里斯普斯（Q. Vibius Crispus，第三次出任执政官）

公元83年（？） 奥鲁斯·狄迪乌斯·伽鲁斯·法布里奇乌斯·维恩托（A. Didius Gallus Fabricius Veiento，第三次出任执政官）

公元85年 提图斯·奥勒留·福尔伍斯（T. Aurelius Fulvus，公元70年执政官［？］）

卢奇乌斯·瓦勒里乌斯·卡图卢斯·麦萨利努斯（L. Valerius Catullus Messallinus，公元73年执政官）

玛库斯·阿雷奇努斯·克莱门斯（M. Arrecinus Clemens，公元73年执政官）

公元85年（？） 盖约·鲁提利乌斯·伽利库斯（C. Rutilius Gallicus，公元70或71年执政官）

公元90年　*玛库斯·科切乌斯·涅尔瓦（M. Cocceius Nerva，公元71年执政官）

公元95年　奥鲁斯·拉皮乌斯·马克西穆斯（A. Lappius Maximus，公元86年执政官）

公元97年　*卢奇乌斯·维吉尼乌斯·鲁孚斯（L. Verginius Rufus，公元63年执政官，公元69年第二次出任执政官［递补］，此是第三次出任执政官）

公元97年（？）　阿里乌斯·安东尼（Arrius Antoninus，公元69年执政官）

公元98年　绥克斯图·尤利乌斯·弗伦提努斯（Sex. Julius Frontinus，公元73年执政官［？］）

提图斯·维斯特里奇乌斯·斯普利纳（T. Vestricius Spurinna，公元73年前后执政官）

？格涅乌斯·多米提乌斯·图卢斯（Cn. Domitius Tullus，公元79年前后执政官）

？卢奇乌斯·尤利乌斯·乌尔苏斯（L. Julius Ursus，公元84年执政官）

公元100年　*绥克斯图·尤利乌斯·弗伦提努斯（Sex. Julius Frontinus，第三次出任执政官）

提图斯·维斯特里奇乌斯·斯普利纳（T. Vestricius Spurinna，第三次出任执政官）

公元102年　*卢奇乌斯·尤利乌斯·乌尔苏斯·塞尔维亚努斯（L. Julius Ursus Servianus，公元90年执政官）及其同僚卢奇乌斯·李锡尼乌斯·苏尔拉（L. Licinius Sura，公元97年执政官［？］）

公元103年　*玛尼乌斯·拉贝里乌斯·马克西穆斯（M'. Laberius Maximus，公元89年执政官）

昆图斯·格利提乌斯·阿提利乌斯·阿古利可拉（Q. Glitius Atilius Agricola，公元97年执政官）

公元104年　*绥克斯图·阿提乌斯·苏布拉努斯·埃米利亚努斯（Sex. Attius Suburanus Aemilianus，公元101年执政官）

公元105年　*提比略·尤利乌斯·坎狄杜斯·马略·塞尔苏斯（Ti. Julius Candidus Marius Celsus，公元86年执政官）及其同僚盖约·安提乌斯·奥鲁斯·尤利乌斯·夸德拉图斯（C. Antius A. Julius Quadratus，公元94年执政官）

公元107年　*卢奇乌斯·李锡尼乌斯·苏尔拉（L. Licinius Sura，第三次出任执政官）及其同僚昆图斯·索希乌斯·塞内奇奥（Q. Sosius Senecio，公元99年执政官）

公元109年　*奥鲁斯·科奈里乌斯·帕尔马·弗伦托尼亚努斯（A. Cornelius Palma Frontonianus，公元99年执政官）

公元113年　*卢奇乌斯·普布利里乌斯·塞尔苏斯（L. Publilius Celsus，公元102年执政官）

公元120年　*卢奇乌斯·卡提利乌斯·塞维鲁·朱利安·克劳狄乌斯·雷吉努斯（L. Catilius Severus Julianus Claudius Reginus，公元110年执政官）

公元121年　*玛库斯·阿尼乌斯·维鲁斯（M. Annius Verus，公元97年执政官）

公元125年　*玛库斯·洛里乌斯·保利努斯·德奇姆斯·瓦勒里乌斯·阿西亚提库斯·萨图尔尼努斯（M. Lollius Paullinus D. Valerius Asiaticus Saturninus，公元94年执政官）

公元126年　*玛库斯·阿尼乌斯·维鲁斯（M. Annius Verus，第三次出任执政官）

公元128年　*卢奇乌斯·诺尼乌斯·卡尔普尼乌斯·托尔夸图斯·阿斯普雷纳斯（L. Nonius Calpurnius Torquatus Asprenas，公元94年执政官）

公元129年　*普布利乌斯·尤文提乌斯·塞尔苏斯（P. Juventius Celsus，公元117年前后执政官）及其同僚卢奇乌斯·奈拉提乌斯·马塞卢

斯（L. Neratius Marcellus，公元95年执政官）

公元134年　*卢奇乌斯·尤利乌斯·乌尔苏斯·塞尔维亚努斯（L. Julius Ursus Servianus，第三次出任执政官）

上面的名单省略了王室成员。多次任职的名年执政官用"*"标出。其中存在着几个疑点。

在庞培·希尔瓦努斯（Pompeius Silvanus）和塔姆皮乌斯·弗拉维亚努斯（Tampius Flavianus）（*CIL* IV, 2560）这对名字中，弗拉维亚努斯被标注为（?75），并且他很可能确实是在公元75年上任的。法布里奇乌斯·维恩托和维比乌斯·克里斯普斯的情况见附录5。对于鲁提利乌斯·伽利库斯（Rutilius Gallicus）（*ILS* 1007）而言，公元85年只是可能性之一：他的上任时间不可能更晚，但也许更早些。关于公元85年的执政官名单和对*FO* XIIIs的修补建议，见附录8；关于阿里乌斯·安东尼的情况，见附录10；关于公元98年执政官人选的两处猜测，见附录11。Pliny, *Pan*. 61.6 f; 62.1 f.提供了提图斯·维斯特里奇乌斯·斯普利纳于公元100年第三次出任执政官的证据。至于卢奇乌斯·尤利乌斯·乌尔苏斯·塞尔维亚努斯，我们需要牢记他早年的名字很可能是塞尔维乌斯·尤利乌斯·塞尔维亚努斯（Ser. Julius Servianus，公元90年递补执政官），参见附录7。

13. 罗马市长

公元70—73年　不知名者

公元73年　提比略·普劳提乌斯·希尔瓦努斯·埃利安（Ti. Plautius Silvanus Aelianus，公元45年递补执政官，公元74年第二次出任执政官［名年］），*ILS* 986

公元83年　佩伽苏斯（Pegasus，公元73年前后执政官［?］），Juvenal 4.76 f.

公元89年　盖约·鲁提利乌斯·伽利库斯（C. Rutilius Gallicus，公元70或71年执政官，公元85年第二次出任执政官［？］），Statius, *Silvae* 1.4.90 f.。卒于公元91或92年（*CIL* VI, 1984）

提图斯·奥勒留·福尔伍斯（T. Aurelius Fulvus，公元70年执政官［？］，公元85年第二次出任执政官［名年］），*HA, Pius* 1.2。他的任期可能在伽利库斯（Gallicus）之前或之后，他在公元89年时肯定还在人世

昆图斯·格利提乌斯·阿提利乌斯·阿古利可拉（Q. Glitius Atilius Agricola，公元97年执政官，公元103年第二次出任执政官），*CIL* V, 6980

公元117年　昆图斯·贝比乌斯·玛凯尔（Q. Baebius Macer，公元103年执政官），*HA, Hadr.* 5.5

马略·阿尼乌斯·维鲁斯（M. Annius Verus，公元97年执政官，公元121年第二次出任执政官［名年］，公元126年第三次出任执政官［名年］），*HA, Marcus* 1.2; *ILS* 2117

玛库斯·洛里乌斯·保利努斯·德奇姆斯·瓦勒里乌斯·阿西亚提库斯·萨图尔尼努斯（M. Lollius Paullinus D. Valerius Asiaticus Saturninus，公元94年执政官，公元125年第二次出任执政官［名年］），*ILS* 2117

公元138年　卢奇乌斯·卡提利乌斯·塞维鲁（L. Catilius Severus，公元110年执政官，公元120年第二次出任执政官［名年］），*HA, Hadr.* 24.6; *Marcus* 1.4

塞尔维乌斯·科奈里乌斯·西庇阿·萨尔维狄埃努斯·奥尔菲图斯（Ser. Cornelius Scipio Salvidienus Orfitus，公元110年执政官），*HA, Pius* 8.6

我们不清楚图密善遇刺时和涅尔瓦在位时的罗马市长是谁，图拉真统治时期也存在着若干信息缺失。格罗亚格提出的人选是提比略·尤利乌斯·坎狄杜斯·马略·塞尔苏斯（Ti. Julius Candidus Marius Celsus，公元86年递补执政官，公元105年第二次出任执政官［名年］），其依据是他的第二次执政官任期（Groag, P-W X, 541）。此外还有昆图斯·费边·波斯图米努

斯（Q. Fabius Postuminus，公元96年执政官），其依据为铭文残篇 CIL XIV, 2933a（PIR², F 54）。我们或许还可以补充前禁卫军队长绥克斯图·阿提乌斯·苏布拉努斯（Sex. Attius Subranus，公元101年执政官，公元104年第二次出任执政官［名年］），此人重新审理过之前尤利乌斯·塞尔维亚努斯担任主法官（iudex）的案子（Pliny, Epp. 7.6.10）；格罗亚格（Groag, P-W X, 884 f.）和施泰因（Stein, PIR², A 1366）认为此事发生于公元104年苏布拉努斯的执政官任期之内。

14. 公元92—106年间前执政官级别的副将

1. 昆图斯·阿库提乌斯·涅尔瓦（Q. Acutius Nerva，公元100年递补执政官），PIR¹, A 101。自公元101年起担任下日耳曼行省副将，参见 CIL III, 7697; 7715 f. (Brohltal quarries)

2. 卢奇乌斯·安提斯提乌斯·鲁斯提库斯（L. Antistius Rusticus，公元90年执政官），PIR², A 765。卡帕多西亚副将（AE 1925, 126: Pisidian Antioch），其前任为提比略·尤利乌斯·坎狄杜斯·马略·塞尔苏斯（Ti. Julius Candidus Marius Celsus，公元86年递补执政官），证据为 CIL III, 250。他于公元93或94年死在任上（Martial 9.30）。根据其属于伽勒里乌斯氏族（Galeria）的信息推断，他应该来自西班牙

3. 奥菲狄乌斯·乌姆贝尔（Aufidius Umber，出任执政官的年代不详），PIR², A 1395。公元100/101年卡帕多西亚副将（信息来自钱币史料）。可能来自翁布里亚的皮扫鲁姆（参见 A 1393）

4. 提图斯·阿维狄乌斯·奎埃图斯（T. Avidius Quietus，公元93年执政官），PIR², A 1410。公元98年不列颠副将，其前任为（普布利乌斯·麦提利乌斯·）奈波斯（[P. Metilius] Nepos）（CIL XVI, 43），参见原书第51页。他来自法万提亚

5. 奥鲁斯·凯奇利乌斯·福斯提努斯（A. Caecilius Faustinus，公元99

年执政官），PIR^1, C 43。公元105年5月13日任职于下默西亚行省（*CIL* XVI, 50）

6. 普布利乌斯·卡尔维修斯·卢索·尤利乌斯·弗伦提努斯（P. Calvisius Ruso Julius Frontinus，公元79年执政官［？］），PIR^2, C 350。公元105年（*MAMA* VII, 193: Philomelium）和公元106/7年（信息来自钱币史料）卡帕多西亚副将，参见 *AE* 1914, 267 (Pisidian Antioch)。关于他的出身与家世，见附录87

7. 盖约·奇尔尼乌斯·普罗库鲁斯（C. Cilnius Proculus，公元87年执政官），PIR^2, C 732。公元100年5月8日任职于上默西亚行省（*CIL* XVI, 46）。他之前担任过达尔马提亚行省副将，凭借达契亚战争中的军功获得过执政官级别的荣誉（*Not. Scav.* 1925, 224）。他来自阿雷提乌姆

8. 奥鲁斯·科奈里乌斯·帕尔玛·弗伦托尼亚努斯（A. Cornelius Palma Frontonianus，公元99年执政官，公元109年第二次出任执政官［名年］），PIR^2, C 1412。公元100或101年近西班牙行省副将（Martial 12.9.1）；公元104—108年叙利亚行省副将。来自伍尔西人聚居区（参见 *CIL* XI, 2697）

9. 卢奇乌斯·费边·约斯图斯（L. Fabius Justus，公元102年执政官），PIR^2, P 41。公元109年叙利亚行省副将（*AE* 1940, 210）。但根据Pliny, *Epp.* 7.2（写给一位"约斯图斯［Iustus］"）的说法，他之前还承担过一项军事指挥权（公元106年［？］）。他可能来自纳旁或西班牙（参见原书第615页）

10. 昆图斯·费边·波斯图米努斯（Q. Fabius Postuminus，公元96年执政官），PIR^2, F 54。公元103年下默西亚行省副将（*CIL* III, 14451: Tomi）

11. 昆图斯·格利提乌斯·阿提利乌斯·阿古利可拉（Q. Glitius Atilius Agricola，公元97年执政官，公元103年第二次出任执政官［名年］），PIR^2, G 181。公元102年11月19日任职于潘诺尼亚行省（*CIL* XVI, 47），参见 *ILS* 1021a：他凭借达契亚战争中的军功获得过执政官级别的荣誉。他来自陶里尼人的奥古斯塔

12. 卢奇乌斯·赫雷尼乌斯·萨图尔尼努斯（L. Herennius Saturninus，公元100年执政官），不见于PIR^1。他在公元104—106年期间的某段时间里

担任过上默西亚行省副将（*CIL* XVI, 54）

13. 不知名者A。公元97年叙利亚行省总督（Pliny, *Epp.* 9.13.11）。见附录3

14. 不知名者B。图拉真"在战争中征服达契亚人和国王德克巴鲁斯（gentem Dacor. et regem Decebalum / bello superavit）"时的将领，并获得两项执政官级别的军功荣誉（*ILS* 1022: Rome）。后人通常（也确有理由）认为他就是卢奇乌斯·李锡尼乌斯·苏尔拉。但他也有可能是索希乌斯·塞内奇奥

15. 不知名者C。一位获得执政官级别荣誉的元老，曾在涅尔瓦和图拉真时代担任过军团副将，并担任图拉真时代大法官级别的行省总督（*CIL* XII, 3169: Nemausus）。他与一位妇女庞培娅·玛鲁丽娜（Pompeia Marullina）沾亲带故。他可能是德奇姆斯·泰伦斯·斯考里亚努斯（D. Terentius Scaurianus）（如 *JRS* XXXVI [1946], 160所说），也可能是卢奇乌斯·费边·约斯图斯

16. 卢奇乌斯·雅沃勒努斯·普利斯库斯（L. Javolenus Priscus，公元86年执政官），*PIR*[1], O 40。公元90年10月27日上日耳曼行省副将（*CIL* XVI, 36），他在公元91—100年间的某段时期担任过叙利亚行省副将（见附录3）。参见他的履历（*ILS* 1015: Nedinum）。他来自翁布里亚境内的伊古维乌姆（Iguvium）（参见附录68）

17. （卢奇乌斯［?］·）尤利乌斯·玛里努斯（[?L.] Julius Marinus，公元93年执政官[?]），*PIR*[1], J 273。公元97年1月下默西亚行省副将（*CIL* XVI, 41）。相关文本的记载为"sub Iulio Mar["。他的名字推断自"卢奇乌斯之子卢奇乌斯·尤利乌斯·费边·玛里努斯·凯奇利乌斯·希姆普莱克斯（L. Julius L. f. Fab. Marinus Caecilius Simplex）"（*ILS* 1026）。他很可能就是公元101年递补执政官（*ILS* 6106），后者曾担任过"由他的父亲担任行省总督的（proconsulatu patris sui）"的比提尼亚－本都行省副将（即公元89年前后）

18. 奥鲁斯·尤利乌斯·夸德拉图斯（A. Julius Quadratus，公元94年执

政官，公元105年第二次出任执政官［名年］），*PIR*[1], J 338。公元101—104年期间叙利亚行省副将，参见 *ILS* 8819，等等（见P-W X, 425）。他的全名为奥鲁斯之子盖约·安泰乌斯·奥鲁斯·尤利乌斯·沃尔提尼乌斯·夸德拉图斯（C. Antius A. f. Volt. Quadratus）。他来自帕伽马

19. 盖约·尤利乌斯·夸德拉图斯·巴苏斯（C. Julius Quadratus Bassus，公元105年执政官）。第二次达契亚战争中的将领，日后担任了卡帕多西亚、叙利亚与达契亚（公元117/118年，死在任上）的行省总督。揭示其生平信息的是最早发表于 W. Weber, *AE* 1933, 268，但被 A. v. Premerstein, *Bayerische S-B*, 1934, Heft 3 进行了更深入解读的一则来自帕伽马的铭文。韦伯（Weber）认为此人就是奥鲁斯·尤利乌斯·夸德拉图斯（A. Julius Quadratus，公元94年执政官，公元105年第二次出任执政官［名年］）。普雷麦斯特指出他是公元105年递补执政官，同时（o.c. 13）认为他是渎职的比提尼亚行省总督盖约·尤利乌斯·巴苏斯（C. Julius Bassus）（Pliny, *Epp.* 4.9; *AE* 1939, 294: Nicaea）。许多学者曾加入这个问题的讨论。反对意见如 E. Groag, P-W, Supp. VII, 311 f.（内容很简短）; R. Syme, *JRS* XXXVI (1946), 162 f.。巴苏斯来自部落"费边"。他拥有当地王族血统，参见他亲戚的情况（*OGIS* 544 [Ancyra]）

20. 塞尔维乌斯·尤利乌斯·塞尔维亚努斯（Ser. Julius Servianus，公元90年执政官），即卢奇乌斯·尤利乌斯·乌尔苏斯·塞尔维亚努斯（L. Julius Ursus Servianus，公元102年第二次出任名年执政官，公元134年第三次出任名年执政官）。见附录7。他在公元98年2月时担任着上日耳曼行省副将（*HA, Hadr.* 2.6），后来从那里调往潘诺尼亚行省（Pliny, *Epp.* 8.23.5），在第一次达契亚战争中一度被图拉真任用（参见3.17）。他很可能来自行省，参见附录7

21. 玛尼乌斯·拉贝里乌斯·马克西穆斯（M'. Laberius Maximus，公元89年执政官，公元103年第二次出任执政官［名年］），*PIR*[1], L 4。公元100年10月25日时担任着下默西亚行省副将（*SEG* 1, 329, ll. 62 ff.: Istros）；他

在公元102年的战役中指挥过军队（Dio 68.9.4）。他来自拉努维乌姆（参见 *ILS* 6194）

22. 奥鲁斯·拉皮乌斯·马克西穆斯（A. Lappius Maximus，公元86年执政官，公元95年第二次出任执政官），*PIR*², A 949（相关信息已过时）。公元88/89年下日耳曼行省副将（Victor, *Epit.* 11.10; Dio 67.11.1）。关于其执政官任期的新证据修补了维克托的文本（"per Norbanum <L>appium"），订正了狄奥的错误，并完善了 *ILS* 1006 的信息。拉皮乌斯在战胜卢奇乌斯·安东尼·萨图尔尼努斯（L. Antonius Saturninus）后一度还担任过上日耳曼行省副将（参见 *CIL* XIII, 12168[7-9]，等等：第8军团"奥古斯塔"[VIII Augusta]留下的瓦片）。他日后执掌前执政官级别指挥权（潘诺尼亚？）的信息推断自 Martial 9.84（写于公元94或95年），后者赞美了某位诺巴努斯（Norbanus）在内战中的"神圣忠诚（sancta fides）"，并欢迎他在离开6年后重返罗马城——唯一能推翻该假说的情况是：此人为公元96年禁卫军队长诺巴努斯（*PIR*¹, N 132）。他可能来自罗马以外的意大利：氏族名"拉皮乌斯"是非常罕见的（W. Schulze, *LE* 358）

23. 卢奇乌斯·李锡尼乌斯·苏尔拉（L. Licinius Sura，公元97年第二次出任执政官[名年]？公元107年第三次出任执政官[名年]），*PIR*¹, L 174。下日耳曼行省副将，任期可能为公元98—100/101年（*AE* 1923, 33: Brohltal quarries）；跟随图拉真参加了第一次达契亚战争（Dio 68.9.2），很可能还参加了第二次达契亚战争。关于他第一次出任执政官的时间，见附录10；关于 *ILS* 1022 的描述对象，见条目"不知名者B"。他来自近西班牙行省的某个城镇（见附录85）

24. 玛凯尔（Macer，出任执政官的年代不详），*PIR*¹, M 6。达尔马提亚行省副将，走马上任的准确时间为公元98年（Martial 10.78）；他或许就是之前跟许多年长得多的人物一起被提及的那位玛凯尔（5.28.5）。他肯定不是昆图斯·贝比乌斯·玛凯尔（Q. Baebius Macer，公元103年递补执政官）。他可能在现存文献中有多个不同称呼

25. 普布利乌斯·麦提利乌斯·奈波斯（P. Metilius Nepos，公元91年执政官），*PIR*¹, M 381。公元97年不列颠副将，接替者为提图斯·阿维狄乌斯·奎埃图斯（T. Avidius Quietus）（参见 *CIL* XVI, 43）。他来自诺瓦里亚（Novaria），参见 *CIL* V, 6503；该家族晚出的一名成员使用的氏族名是诺瓦里亚家族的"克劳狄乌斯（Claudia）"（*ILS* 1053）

26. 普布利乌斯·麦提利乌斯·萨比努斯·奈波斯（P. Metilius Sabinus Nepos，公元103年执政官），*PIR*¹, M 389。公元105年时某个驻军行省的副将，Pliny, *Epp.* 4.26.2，参见 *CIL* VI, 2075。Groag, P-W XV, 1401认为是潘诺尼亚行省，因为他的一个亲戚在那里担任军团长（*ILS* 1053）。可以补充的材料还有写给一位萨比努斯的Pliny, *Epp.* 9.2，其中提到了"你的辖区（tuae occupationes）"和"您的军队（arma vestra）"

27. 卢奇乌斯·奈拉提乌斯·马塞卢斯（L. Neratius Marcellus，公元95年执政官），*PIR*¹, N 43。他在公元103年1月19日时担任着不列颠行省副将（*CIL* XVI, 48），参见Pliny, *Epp.* 3.8.1（可能写于他的任期之初，公元101年）。他是那位著名法学家的兄弟。他来自萨姆尼乌姆境内的塞皮努姆（Saepinum）（*ILS* 1032）

28. 卢奇乌斯·奈拉提乌斯·普利斯库斯（L. Neratius Priscus，公元97年执政官），*PIR*¹, N 46。潘诺尼亚行省副将（*ILS* 1033 f.: Saepinum）。关于将他指认为那位著名法学家的假说，以及他跟两个同名者（公元87年递补执政官和著名法学家之子）的关系，见附录68

29. 绥克斯图·屋大维·弗隆托（Sex. Octavius Fronto，公元86年执政官），*PIR*¹, O 25。他在公元92年6月14日时担任着下默西亚行省副将（*CIL* XVI, 37）。被玛提阿尔在公元85年左右赞美为"名将与贤臣弗隆托（clarum militiae, Fronto, togaeque decus）"（Martial, 1.55.2）

30. 格涅乌斯·庞培·隆吉努斯（Cn. Pompeius Longinus，公元90年执政官），*PIR*¹, P 469。他在公元94年9月16日时担任着上默西亚行省副将（*CIL* XVI, 39），在公元98年2月20日时担任着潘诺尼亚行省副将（*CIL*

XVI, 42）。他或许就是在公元105年指挥着达契亚占领区部队的那位隆吉努斯（Longinus）（Dio 68.12.1），参见 Fronto, p. 217 N = Haines II, p. 214: "in Dacia captus vir consularis (在达契亚占领区的那位前执政官级别的人物)." 他的全名应为格涅乌斯·皮纳里乌斯·埃米利乌斯·奇卡特里库拉·庞培·隆吉努斯（Cn. Pinarius Aemilius Cicatricula Pompeius Longinus）——换言之，他就是公元79年递补执政官的继子、公元86年犹太行省副将格涅乌斯·庞培·隆吉努斯（Cn. Pompeius Longinus）（*CIL* XVI, 33）

31. 提图斯·庞普尼乌斯·巴苏斯（T. Pomponius Bassus，公元94年执政官），*PIR*[1], P 530。公元95—100年卡帕多西亚副将（钱币与路碑证据，特别参见 E.A. Sydenham, *The Coinage of Caesarea in Cappadocia* [1933], 53 f.; 72）

32. 昆图斯·庞普尼乌斯·鲁孚斯（Q. Pomponius Rufus，公元95年执政官），*PIR*[1], P 561。公元99年8月14日下默西亚行省副将（*CIL* XVI, 44 f.）。来自勒普奇斯的铭文声称他是"[默]西亚、达尔马提亚和西班牙的前大法官级别元首副将（leg. Aug. pro. pr. provinc. [M]oesiae Dalmat. Hisp.）"（*ILS* 1014 + *IRT* 537）。这个顺序十分反常。事实上，庞普尼乌斯是以前大法官身份治理达尔马提亚的。参见 *CIL* XVI, 38，铭文书写时间为公元94年7月13日。他的近西班牙行省总督任期可能在公元99年之前，也可能在公元101年之后。他或许来自西班牙，参见原书第592页

33. 卢奇乌斯·普布利利乌斯·塞尔苏斯（L. Publilius Celsus，公元102年执政官，公元113年第二次出任执政官［名年］），*PIR*[1], P 782。对其承担过执政官级别军事指挥权的猜测基于其崇高的社会地位（Dio 68.16.2将他同科奈里乌斯·帕尔玛和索希乌斯·塞内奇奥相提并论）、他的第二次执政官履历和最后命运

34. 撒路斯特·卢库鲁斯（Sallustius Lucullus，出任执政官的具体年代不详），*PIR*[1], S 63。不列颠行省副将（Suetonius, *Dom.* 10.3）。他的任职时间或许是公元88/89年（*CAH* XI [1936], 174），但也有可能是公元94年左右，因为他或许就是普布利乌斯·撒路斯特·布雷苏斯（P. Sallustius

Blaesus，公元89年递补执政官）。后者可能有过多个名字，如以"威利乌斯（Velleius）"作为第二氏族名。参见Pliny, *Epp.* 2.20.7提到的"那个富可敌国的前执政官威利乌斯·布雷苏斯（Velleius Blaesus ille locuples consularis）"。他是意大利人，案例参见西塞罗的忠实朋友格涅乌斯·撒路斯特（Cn. Sallustius），后者有个亲戚名叫普布利乌斯·撒路斯特（P. Sallustius）（*Ad Att.* 11.11.2）。

35. 昆图斯·索希乌斯·塞内奇奥（Q. Sosius Senecio，公元99年执政官，公元107年第二次出任执政官［名年］），*PIR*[1], S 560。公元103年前后某个驻军行省的总督（并非刚刚走马上任）（Pliny, *Epp.* 4.4）。他可能是上默西亚或下默西亚行省的副将。否认这段史料可靠性的施泰因认为他是下默西亚行省副将、奥鲁斯·凯奇利乌斯·福斯提努斯（A. Caecilius Faustinus，公元105年在任）的继任者（Stein, *Die Legaten von Moesien* [1940], 62 f.）。他的第二次出任执政官和公共雕像（Dio 68.16.2）表明，此人在第二次达契亚战争中承担过高级指挥权

36. 德奇姆斯·泰伦斯·斯考里亚努斯（D. Terentius Scaurianus，公元102或104年执政官［？］），*PIR*[1], T 68。图拉真时代的第一任达契亚行省总督（*CIL* XVI, 57; 160; 163），之前可能承担过执政官级别的指挥权。他也许来自纳旁高卢，参见E. Groag, P-W V, 669（依据为对*CIL* XII, 5211: Narbo; *I. l. de Gaule* 497: Nemausus这两则铭文的解读）。他可能就是不知名者C（XII, 3169: Nemausus），参见R. Syme, *JRS* XXXVI (1946), 160

37. 玛库斯·乌尔皮乌斯·图拉真（M. Ulpius Traianus，公元91年执政官），上日耳曼行省副将（推断自*HA, Hadr.* 2.5 f.）。将他派往那里的是涅尔瓦（Pliny, *Pan.* 9.5; 94.4）

15. 前执政官级别与前大法官级别的行省

上一则附录中记载的一位前执政官级别副将——盖约·尤利乌斯·夸德

拉图斯·巴苏斯（C. Julius Quadratus Bassus）——在其相关铭文中被称为征服德克巴鲁斯的战争中的副将。我们有理由推测，四次达契亚战争（公元101和102年、公元105和106年）中，至少还有其他6位高级将领并非行省总督。他们大多为知名人物，并且已经出任过1—2次执政官。

下面以行省为单位的统计数据（数字为附录14中的序号）反映了行省总督的任职次序，以及中间的若干信息空缺：

不列颠行省：34, 25, 4, 27
卡帕多西亚行省：2, 31, 3, 6, 79
达尔马提亚行省：32, 7, 24
下日耳曼行省：22, 23, 1
上日耳曼行省：22, 16, 37, 20
远西班牙行省：32, 8
上默西亚行省：30, 7, 12
下默西亚行省：29, 17, 32, 21, 10, 5
潘诺尼亚行省：? 22, 30, 20, 11, 28, ? 26
叙利亚行省：13, 16, 18, 8, 9, 19

前执政官级别的军事职位在尼禄去世时只有8个，在韦伯芗永久性地设置卡帕多西亚-伽拉提亚行省和图密善将默西亚行省一分为二（公元86年）后增加到了10个。达尔马提亚失去了第4军团"弗拉维乌斯"（IV Flavia）——它于公元85/86年被调至多瑙河流域，但就我们所知并未丧失其军事地位。事实上，公元93年元首签发的一份文书表明，那里拥有一位前大法官级别的副将；当地在公元94年7月13日时则拥有一位前执政官级别的副将（CIL XVI, 38）。前大法官级别副将的任命可能只是一种权宜之计，原因可能是有一位或数位副将去世，或缺乏合适的候选人。那个问题人物昆图斯·庞普尼乌斯·鲁孚斯（Q. Pomponius Rufus）是位军事经验丰富、资格很老的前大法官（*IRT* 537）。已知的其他案例都不会对我们造成困扰。

前执政官级别的副将主要来自元首亲自治理的、前大法官级别的行省。在弗拉维王朝时期的元首治下，那样的职务共有8个，分别是卢斯塔尼亚、贝尔吉卡、卢戈杜嫩西斯、阿奎塔尼、吕奇亚-帕姆弗利亚、奇里乞亚、犹太和努米底亚（后两个行省共享1个军团的指挥权）。图拉真又增加了4个——阿拉伯、下潘诺尼亚（分别驻有1个军团）、色雷斯（此前只有行省督办）和伽拉提亚（征服亚美尼亚后同卡帕多西亚行省分离）。图拉真还进行了两项调整（达契亚行省的地位降级，犹太行省则升为前执政官级别），这一总数在哈德良与安东尼·皮乌斯统治时期保持着稳定。

此类职务非同小可，任职者显然拥有出任执政官的光辉前景：关于阿奎塔尼的评价为这一事实提供了佐证（*Agr.* 9.1）。这些行省总督有时拥有"即将上任的执政官（cos. des.）"的头衔，如努米底亚行省总督拉尔奇乌斯·普利斯库斯（Larcius Priscus，公元110年递补执政官）（*ILS* 1055）；最早的此类案例是公元77或78年的一位奇里乞亚行省副将（*IGR* III, 840）。在两安东尼统治时期的规则下，一位行省总督可以在继续任职的情况下远程出任执政官。图拉真统治末年已出现过类似先例——如努米底亚行省的卢奇乌斯·阿奇利乌斯·斯特拉波·克罗狄乌斯·努姆斯（L. Acilius Strabo Clodius Nummus，公元114年递补执政官）（*PIR*^{2}, A 83）和犹太行省的卢西乌斯·奎埃图斯（Lusius Quietus，见本书第二十章）。

这份名单中的大部分人物都没有担任大法官级别职务的相关记录。史料表明，其中至少有8人直接跳过了这一晋升阶段（11、14、15、16、18、19、30、32），3人没有（2、6、28）。不过图拉真时代一些相对年轻的高级将领提供了很好的证据（见附录16）。

16. 图拉真时代的年轻高级将领们

图拉真统治初年的前执政官级别行省总督队伍中有些年龄偏大，甚至已经垂垂老矣的人物（见本书第五章）。但我们很快就目睹了一代新人的迅速崛起——史料证据或推测猜想表明：他们是公元96—98年那个关键转折期中的军团副将或前大法官级别的行省总督。不巧的是相关证据非常稀缺。我们不了解公元99年那两位著名名年执政官——索希乌斯·塞内奇奥和科奈里乌斯·帕尔玛——的早年仕途生涯；我们对其他"武人"——费边·约斯图斯（Fabius Justus，公元102年递补执政官）、普布利里乌斯·塞尔苏斯（Publilius Celsus，公元102年执政官）和泰伦斯·斯考里亚努斯（Terentius Scaurianus，公元102或104年执政官[？]）——的好奇心也无法得到满足。

由于某种机缘巧合，现存文献为我们展示了下一批人物（比小普林尼小6—8岁）的情况，他们在公元94—97年间担任着财务官。铭文证据提供了以下7人的详细信息，其中4人治理过前执政官级别的行省：

盖约·尤利乌斯·夸德拉图斯·巴苏斯（C. Julius Quadratus Bassus，公元105年递补执政官），见附录14

卢奇乌斯·米尼奇乌斯·纳塔利斯（L. Minicius Natalis，公元106年执政官），*ILS* 1029

昆图斯·庞培·法尔考（Q. Pompeius Falco，公元108年执政官），*ILS* 1035 f.

盖约·尤利乌斯·普罗库鲁斯（C. Julius Proculus，公元109年执政官），*ILS* 1040

奥鲁斯·拉尔奇乌斯·普利斯库斯（A. Larcius Priscus，公元110年执政官），*ILS* 1055; *AE* 1908, 237

卢奇乌斯·卡提利乌斯·塞维鲁（L. Catilius Severus，公元110年执政官），*ILS* 1041; *AE* 1913, 229

提图斯·尤利乌斯·马克西穆斯（T. Julius Maximus，公元112年执政官），*ILS* 1016[1]

1　先后指挥过两个军团再出任大法官的先例已经出现了，在公元110年的下潘诺尼亚行省（*CIL* XVI, 164）。

前5位都是受到重用、升迁迅速的"武人",在37或38岁时就当上了执政官(见附录18);卡提利乌斯·塞维鲁和尤利乌斯·马克西穆斯则升迁较慢(前者担任过至少5个大法官级别的职务)。尤利乌斯·普罗库鲁斯和拉尔奇乌斯·普利斯库斯理应较早获得前执政官级别的军事指挥权,但现存史料无法对此加以证实。但我们有理由猜想,尤利乌斯·马克西穆斯就是在美索不达米亚兵败身死的前执政官级别副将马克西穆斯。[1] 米尼奇乌斯·纳塔利斯和庞培·法尔考没有获得东方的军事指挥权(关于他们的职务,见原书第243页)。

这7个人中似乎只有1人来自意大利,即奥鲁斯·拉尔奇乌斯·雷必达(A. Larcius Lepidus)(*ILS* 987)之子奥鲁斯·拉尔奇乌斯·普利斯库斯(A. Larcius Priscus):关于普利斯库斯的更多信息见附录3。尤利乌斯·夸德拉图斯·巴苏斯来自帕伽马,拥有王室血统。米尼奇乌斯·纳塔利斯的家乡是近西班牙行省境内的殖民地巴尔奇诺,尤利乌斯·马克西穆斯来自尼莫苏斯,而部落名称"沃尔提尼乌斯(Voltinia)"则表明尤利乌斯·普罗库鲁斯来自纳旁高卢。神秘的卡提利乌斯·塞维鲁的情况见附录87;娶了索希乌斯·塞内奇奥之女的庞培·法尔考的身份最难捉摸——公元116年的某个时间点上,他的姓名中出现了"尤利乌斯·欧律克勒斯·赫尔克拉努斯(Julius Eurycles Herclanus)"的字样(*ILS* 1035;但不见于 *ILS* 1036)。

这个更为年轻的群体中的一些人物在图拉真统治后期的军事史(以及政治史)中占据着举足轻重的地位。值得注意的是,我们发现哈德良的一些朋友如今掌握着高级军事指挥权(见第二十章)。其中有两人是小普林尼的通信对象(即庞培·法尔考和卡提利乌斯·塞维鲁),但也只有这两人而已。

---

[1] 见原书第239页。豪勒(E. Hauler)将 Fronto, p. 209 N = Haines II, p. 214 的相关文本改为"阿皮乌斯·桑特拉(Appius Santra)"。这一修订方式被 *PIR*², A 950 和 Degrassi, *FC* 112("Appius Maximus Santra [阿皮乌斯·马克西穆斯·桑特拉]")所继承。但我们其实有理由怀疑"桑特拉"的改法是否正确;并且即便我们承认那是一位"阿皮乌斯(Appius)",等同于 Dio 68.30.1 中提到的那位马克西穆斯的人也有可能是提图斯·尤利乌斯·马克西穆斯(T. Julius Maximus)。参见 R. Syme, *Laureae Aquincenses* I (1938), 218; *JRS* XLIII (1953), 158。

在同小普林尼和罗马史都有关的线索中，我们还可补充属于这一年龄段的两个人物。首先是文化素养很高的盖约·米尼奇乌斯·芬达努斯（C. Minicius Fundanus，公元107年执政官，见原书第114、468页），他活到了有机会出任亚细亚行省总督（公元122/3年［？］）之际。一则铭文除交代了其早年生涯的若干信息外，还专门指出他作为元首副将治理过达尔马提亚。[1] 其次是曾在公元89年担任军团长的盖约·布鲁提乌斯·普雷森斯（C. Bruttius Praesens）；晋升缓慢、履历令人费解的他在公元114年担任着亚美尼亚的军团副将，随后当上了执政官（公元118年，或此后不久），治理过驻军行省，最后在哈德良去世后于公元139年第二次出任执政官。[2] 我们有理由猜测，米尼奇乌斯·芬达努斯来自意大利北部；他从属的部落"帕皮里乌斯（Papiria）"应当位于提奇努姆。[3] 小普林尼称，布鲁提乌斯·普雷森斯为"卢坎（Lucanus）"（7.3.1），并且他的部落名是"庞普提努斯（Pomptina）"。但他的全名为"卢奇乌斯之子盖约·布鲁提乌斯·普雷森斯·卢奇乌斯·福尔维乌斯·鲁斯提库斯（C. Bruttius L. f. Praesens L. Filvius Rusticus）"，那个可能跟科穆姆或麦狄奥拉尼乌姆有关的家族中的第二名已知成员（参见 PIR^2, F 557 f.）：他可能是被某位布鲁提乌斯（Bruttius）过继的福尔维乌斯（Fulvius）。

在某些方面同布鲁提乌斯·普雷森斯十分相似的绥克斯图·埃鲁奇乌斯·克拉鲁斯（Sex. Erucius Clarus，公元117年执政官）要略小几岁（他是公元100年左右的财务官）。[4] 此人是仕途一帆风顺的骑士盖约·塞普提奇乌斯·克拉鲁斯（C. Septicius Clarus）的侄子：我们无法确定他来自何方。

---

1 见附录92中提到的波斯尼亚（Bosnia）境内希普沃（Šipovo）出土铭文。
2 IRT 545 (Lepcis)，参见 AE 1950, 66 (Mactar)。见原书第242页。PIR^2, B 161 and 164中必然存在着混淆。
3 见附录92。
4 PIR^2, E 96. 见原书第242、477页。

C. 元老和演说家

17. 元老的标准晋升年龄

步入仕途的人有可能在25岁当上财务官，30岁时成为大法官（Dio 52.20.1 f.）。但那并非事情的全部。这套体系的具体运作方式以及其中的各种特例——如准许儿童任职的情况（*Dig.* 4.4.2）、从年底开始计算职务候选人年龄的算法（推断自 *Dig.* 50.4.8）、担任相邻两个等级职务的间歇期以及古代文献与现代人推算数据中基数与序数差异所造成的混淆——仍然存在着许多疑点。[1] 关于尤利乌斯·阿古利可拉的年代数据通常被视为一个标准案例。他生于公元40年（但其中包含着文本讹误问题）。[2] 阿古利可拉于公元64年任财务官，公元66年任平民保民官，公元68年任大法官。第一个孩子的出生似乎让他在出任财务官之前省去了1年时间，第二个孩子的出生抹去了他出任平民保民官所需等待的1年。[3] 因此，阿古利可拉出任财务官与大法官的时间间隔偏短（只有3年整）；类似案例参见乌米狄乌斯·夸德拉图斯（Ummidius Quadratus）：后者是公元14年财务官（*ILS* 972），担任过营造

1　Mommsen, *R. Staatrecht* I³ (1887), 534 ff.; 572 ff. 另见他对普林尼年表的经典研究，*Hermes* III (1869), 31 ff. = *Ges. Schr.* IV (1906), 366 ff.。

2　参见安德森为 *Agr.* 44.1 添加的注释。有人坚定地认为是公元39年，将 *Agr.* 44.1 释读为 "Gaio Caesare <i>ter<um> consule（元首盖约第二次出任执政官）"。参见 K. Nipperdey, *Opuscula* (1877), 511。

3　参见 Mommsen, *Ges. Schr.* IV, 414 f.。

官，随后于公元18年出任大法官（*CIL* VI, 1496 = *Insc. It.* XIII, I, p. 306）。更有甚者，间隔期不但可以被缩短，在有些情况下还会被直接取消。如韦伯芗是公元39年的营造官，在公元40年直接当上了大法官（Suetonius, *Divus Vesp.* 2.3，参见 *PIR*[2], F 398）。

然而，过分纠结于最低年龄和间隔期要求可能会走入误区。公元37年财务官昆图斯·维拉尼乌斯（Q. Veranius）直到公元41年才当上保民官（*IGR* III, 703; Josephus, *AJ* 19.234）：作为日耳曼尼库斯副将之子和提比略去世时的元首财务官，维拉尼乌斯的晋升似乎不应在卡里古拉统治时期延后。无独有偶，生于公元76年的普布利乌斯·埃利乌斯·哈德良（P. Aelius Hadrianus）在公元101年顺理成章地当上了财务官。但如果《奥古斯都后诸凯撒传》的相关记载无误（并且该说法得到了 *ILS* 308的支持，参见 *PIR*[2], A 184）的话，他的平民保民官任职是在公元105年。[1]

概言之，以上就是重构塔西佗与小普林尼仕途生涯早期阶段的材料基础。我们必须容许其中存在若干出入。塔西佗声称他的"尊贵地位"是"提图斯授予的（a Tito aucta）"（*Hist.* 1.1.3）。他指的显然是财务官职位。[2] 因此，他担任财务官的最晚时间应该是公元81年——但也有可能是图密善治下的公元82年，如果他在提图斯去世前已被指定的话。倘若我们认为塔西佗生于公元56年的话，那么他就是在24或25岁时当上了财务官，31岁时就任大法官（公元88年，参见 *Ann.* 11.11.1）。我们没有理由幻想他是大器晚成者，或毫无道理地被减缓了晋升速度。[3]

---

[1] *HA, Hadr.* 3.4. 他于公元107年（ib. 8，其中的执政官姓名存在着讹误）或106年当上了大法官，参见 P. W. v. Rohden, P-W I, 498. 哈德良仕途履历的独特之处一是于公元105—106年指挥了军团（那是他相继出任保民官与大法官所积累的资历所赐），二是在短暂治理新设行省下潘诺尼亚后迅速晋升为公元108年夏季的递补执政官。那具有重要的政治意义（参见原书第232—233页）。

[2] Groag, *PIR*[2], C 1467居然没有理解"dignitas nostra（我们的尊荣）"指的是什么。

[3] 法比亚对塔西佗生涯的讨论（Fabia, *Journ. des Savants* 1926, 193 ff.）洋洋洒洒，但没有解决任何问题。声称"（相关史实）无人知晓，缺乏足以激发后人好奇心的线索，并且也无望通过研究者的智慧去解决问题（l'inconnu total où nul indice ne provoque la curiosité, nul Espoir ne sollicite la sagacité）"（ib. 195）当然是很轻巧的事情。他很晚才步入仕途，后来成为大龄执政官的

（转下页注）

小普林尼的情况与此类似，但他还是元首财务官。他出生于公元61或62年，因为维苏威火山喷发之际（公元79年8月24日）小普林尼是18岁（*Epp.* 6.20.5）。他出任财务官的时间应该是在公元86—89年之间。小普林尼或许因为健康原因而影响过晋升速度（见他后来得的一场大病，*Epp.* 10.8.3）。此外，为了能够当上元首财务官，多等1年或许也是值得的。当时的竞争十分激烈：竞争者有小普林尼的同龄人、在公元83年获得过军功荣誉的军团长卢奇乌斯·罗斯奇乌斯·埃利安等（L. Roscius Aelianus）（*ILS* 1025）。如果小普林尼生于公元62年，那么的确有可能在公元88年甚至是公元89年才当上财务官——尽管公元89年（蒙森的看法）看似有些太晚了。[1]

小普林尼自己的说法很有价值，但并非不刊之论。他对朋友卡勒斯特里乌斯·提罗（Calestrius Tiro）写道："我们一道服兵役，一起出任元首财务官。凭借父亲为儿子取得的权利，他比我先当上保民官；但由于元首减免了我1年间隔期的缘故，我在出任大法官时又赶上了他（simul militavimus, simul quaestores Caesaris fuimus. ille me in tribunatu liberorum iure praecessit, ego illum in praetura sum consecutus, cum mihi Caesar annum remisisset）"（7.16.2）。蒙森认为小普林尼是公元89年的财务官、公元92年的平民保民官和公元93年的大法官。[2] 那意味着他在当上财务官后很快就出任了大法官，就像乌米狄乌斯（公元14—18年）和阿古利可拉（公元64—68年）那样。但我们还可参考塔西佗（公元81/82—88年）和埃利乌斯·哈德良（公元101—106年）的情况。蒙森不一定在所有细节上都是准确无误的。小普林尼出任财务官的时间可能是公元87或88年；即便在被减免1年的情况下，他的保民官与大法官任期之间或许还是有可能间隔1年。他出任大法官

（接上页注）

看法见 Mommsen, *Ges. Schr.* IV, 422; Dessau, *Gesch. d. r. Kaiserzeit* II, I (1926), 96; Reitzenstein, *Neue Wege zur Antike* IV (1926), 7。由此形成了塔西佗无望在图密善时代出任执政官的看法（E. Paratore, *Tacito* [1951], 73）。

1 但相关叙述（第七章）也承认那是有可能的。
2 o.c. IV, 414 ff.

的时间不可能早于公元93年。[1]事实上，公元94年的选项也不能完全排除。但小普林尼不大可能会等到很晚才出任大法官。相似的观点也适用于公元66年大法官（*Ann.* 15.72.1）老牌贵族科切乌斯·涅尔瓦（Cocceius Nerva），此人应该生于公元35年。[2]影响我们判断的还有另外一个因素（尽管通常会被忽视）——一位新人（无论他有多么成功）最快需要多久才能当上执政官呢？

18. 出任执政官的年龄要求

蒙森简短地指出，32岁是奥古斯都时代出任执政官的最低年龄要求。[3]但不分青红皂白地套用这条规则可能是有害且具有误导性的。我们必须考虑出身和等级因素。尽管家族里出过执政官的成员有可能在这个年纪轻轻的阶段就享受束棒护身的荣耀（一部分人也确实做到了），一名新人通常则需要在卸任大法官后等上至少10年光阴。[4]因此，我们有理由沿用共和国时代的42岁为出任执政官标准年龄的原则，同时考虑到各位得宠元老们获得的年龄减免情况。

"显贵"这个术语从未得到过任何法律条文的界定。尽管如此，它的含义是明确的。在共和末期，显贵集团是个封闭的阶层，即执政官家族的后裔。[5]帝国的建立产生了一个问题：当共和国已不复存在之际，谁还能被称为

1　R. H. Harte, *JRS* XXV (1935), 51 ff. 认为其大法官任期是在公元90或91年的观点没有得到认同。

2　关于此人出生时间的古代证据之间存在着显著差异。波伊塞万（在对Dio 68.4.2的讨论中）对此进行了辨析，提出了公元30年的说法。该假说得到了广泛赞同，参见R. P. Longden, *CAH* XI (1936), 188; A. Stein, *PIR*[2], C 1227; A. Garzetti, *Nerva* (1950), 17. 但涅尔瓦是一名宠臣和老牌贵族（*ILS* 273）：我们很难相信他在过了35岁生日后才当上大法官。因此，我们应当转而接受Stein, P-W IV, 148依据Victor, *Epit.* 12.11所提出的，认为公元35年为此人出生时间的看法。

3　*R. Staatrecht* I[3] (1887), 574: "das laufende 33. Lebensjahr（正常情况下的最低年龄为33岁）." 关于帝国早期执政官最低年龄要求的这个关键问题有时被彻底忽视了，如*CAH* X和M. Hammond, *The Augustan Principate* (1933)。

4　参见R. Syme, *Rom. Rev.* (1939), 369。

5　如M. Gelzer, *Die Nobilität der r. Republik* (1912)所说。但并非所有人都接受这一观点，如H. Dessau, *Gesch. der r. Kaiserzeit* I (1924), 103。

"贵族"呢？塔西佗的用法很能说明问题，并且具有总结性质。例如，*Ann.* 13.18.2提到了"仍旧存在的贵族名号与美德（nomina et virtutes nobilium qui etiam tum supererant）"。此外，该等级如今已可以通过母亲的世系继承，如披索·李锡尼亚努斯"从父母两边算都是显贵（nobilis utrimque）"。与此相似，小普林尼在评价一位披索时提到了"我们的显贵们（nobiles nostri）"（*Epp.* 5.17.6）；他还将这个阶层称呼为"那些伟人的孙子们、自由的后裔（illos ingentium virorum nepotes, illos posteros libertatis）"（*Pan.* 69.5）。可见，他指的显然是共和国时代的显贵阶层。[1] 但在世人眼中，共和国究竟终结于何时呢？从技术层面来说，独裁官凯撒和后三头只是对共和国政体进行了限制，暂停了某些原则的实施，并没有废除共和国。元首奥古斯都也保留了传统的空壳。但公元14年宣告了共和国的末日：原因不仅仅是权力被移交给了元首的继承人，更在于罗马人民丧失了选举执政官的权力（参见原书第369页）。因此，后三头与奥古斯都时代的执政官们有资格被视为帝国时代"显贵们"的祖先。[2]

这一集团在荣誉生涯中占据着明显的优先权。帝国时代贵族中的社会精英——元首们扶植的新贵族（new patricians）与他们地位相当。[3] 地位等而下之的则是一个新生显贵集团——帝国时代执政官们的后裔。通常情况下，他们会在满43岁之前很久就当上执政官[4]，并跟传统显贵和新贵族们一道垄断

---

[1] M. Gelzer, *Hermes* L (1915), 395 ff. 但盖尔泽尔没有交代他所界定的"共和时代"终点。唯一的线索是公元前42年的一位执政官还有资格成为一名"显贵"的父亲（ib. 405）。

[2] E. Stein, *Hermes* LII (1917), 264 ff. 其他人的定义更为宽泛。奥托认为显贵可以是共和国时代任何牙座官员的后裔（W. Otto, *Hermes* LI [1916], 73 ff.）；格罗亚格则认为该术语涵盖了独裁官凯撒之前的所有元老家族（E. Groag, *Strena Buliciana* [1924], 253 ff.）。我们很难相信，共和时代执政官们的后人会在元首制初期就放弃如此重要的头衔——并且更晚的、来自塔西佗和小普林尼的证据也可以否定这一说法。

[3] 如在35岁出任执政官的涅尔瓦（如果他生于公元35年的话）和在37岁出任执政官的图拉真。普布利乌斯·卡尔维修斯·卢索（P. Calvisius Ruso，公元79年执政官[？]）和卢奇乌斯·奈拉提乌斯·马塞卢斯（L. Neratius Maecellus，公元95年执政官）出任执政官时可能也很年轻。

[4] 如生于公元15年（Suetonius, *Vitellius* 3.2）的奥鲁斯·维特利乌斯（A. Vitellius）在公元48年当上了名年执政官。

名年执政官的席位。[1]

对于其他元老而言，42岁可被视为出任执政官的标准年龄。对帝国时代前200年里元老生涯的分类、比较和评价很能说明问题；这一惯例提炼自史实，并且能够得到史实的验证。如果无视该原则的话，我们对塔西佗和小普林尼仕途履历的大部分猜测都将站不住脚。[2] 这个标准年龄结论来自五花八门但殊途同归的数据，如担任军团长后22年左右，担任财务官后17年左右，担任大法官后12年左右。十分稳定、按部就班的安东尼·皮乌斯统治时期提供了最令人信服的证据。就弗拉维－图拉真时代而言，几个案例已足够证明这一点：

卢奇乌斯·特提乌斯·朱利安（L. Tettius Julianus，公元83年递补执政官）：公元70年大法官（*Hist.* 4.40.2）

昆图斯·贝比乌斯·玛凯尔（Q. Baebius Macer，公元103年执政官）：公元92年前后大法官，参见附录25

玛库斯·维托里乌斯·马塞卢斯（M. Vitorius Marcellus，公元105年执政官）：公元92年前后大法官，参见附录25

提图斯·尤利乌斯·马克西穆斯（T. Julius Maximus，公元112年执政官）：公元89年军团长（*ILS* 1012）[3]

---

[1] E. Groag, *Wiener Studien* XLVII (1929), 143 ff.

[2] 参见附录17。关于帝国早期元老院（公元前28—公元68年）的某些作品并未讨论执政官年龄差异的问题，如S. J. de Laet, *De Samenstelling van den Romeinschen Senaat* (1941)，等等。关于弗拉维王朝与图拉真时代的情况，见B. Stech, *Klio*, Beiheft X (1912)；公元117—192年的情况见P. Lambrechts, *La Composition de Sénat romain* (1936)，等等。A. Garzetti, *Nerva* (1950), 103 中提出的"常规间隔年限的计算（calcolo dei normali intervalli）"未免过短；他认为公元105年的执政官正常情况下应该是公元95—97年左右的财务官（那意味着出任执政官的年龄为33—35岁）。

[3] R. Syme, *Laureae Aquincenses* I (1938), 281 ff. 所设想的快速升迁履历是一种误解，来自对公元116年递补执政官德奇乌斯·泰伦斯·根提雅努斯（D. Terentius Gentianus）（*ILS* 1046）反常案例的类比。我们现在已经得知，尤利乌斯·马克西穆斯（Julius Maximus）曾治理过一个大法官级别的行省，即公元110年的下潘诺尼亚（*CIL* XVI, 164）。

略微推迟了若干年的案例还包括：

昆图斯·格利提乌斯·阿提利乌斯·阿古利可拉（Q. Glitius Atilius Agricola，公元97年执政官）：公元78年（或更早的）财务官（*ILS* 1021）

卢奇乌斯·麦奇乌斯·波斯图姆斯（L. Maecius Postumus，公元98年执政官）：公元79年财务官（*AE* 1934, 248）

卢奇乌斯·尤利乌斯·玛里努斯（L. Julius Marinus，公元101年执政官[？]）：公元87年前后大法官（*ILS* 1026）[1]

尽管拥有精确年代数据的案例相当罕见，我们还是能够从小普林尼和塔西佗的同龄执政官中找到更多类似例子（其中一部分内容见附录24—25）。需要注意的是，许多人等了更久才当上执政官——这一点在他们有年代可考的任职履历和对其年龄的猜测结果中得到了鲜明反映。[2]

我们再来看一类反例。在帝国体制下，治理过大法官级别行省的新人们有很大把握能够当上执政官（见附录15）。我们可以由此划分出一个特殊的、得宠的群体，即"武人"。他们仅仅统领过1个军团并治理过该军团所驻守的大法官级别行省，随后便可直接登上执政官的宝座——他们出任执政官的年龄似乎为37或38岁。该群体出任执政官的时间通常为担任军团副将后17年左右，担任财务官12或13年之后。一个较早的例子或许是公元37年财务官昆图斯·维拉尼乌斯（Q. Veranius，公元49年执政官，如果他承担军团指挥权的时间得到了证实的话）：因此，他在公元57或58年担任不列颠副将时

---

[1] 他于公元101年或102年的10月同卢奇乌斯·阿伦提乌斯·斯泰拉（L. Arruntius Stella）一道出任了执政官（*ILS* 6106）。格罗亚格倾向于选择后一年，见Groag, *PIR*², A 1151。但玛提阿尔对斯泰拉出任执政官一事的提及（Martial, 12.2.10）更符合前一年的情况：给他的献词提到了"长达3年的退隐（trienni desidia）"——那应该是从玛提阿尔离开罗马城的公元98年算起的。

[2] 参见小普林尼较为年长的朋友维吉尼乌斯·鲁弗斯（公元63年执政官）、维斯特里奇乌斯·斯普利纳（公元72年前后递补执政官[？]）和科雷利乌斯·鲁弗斯（公元78年递补执政官[？]，参见*PIR*², C 1294）——他们分别生于公元14年前后（*Epp.* 2.1.4）、公元24年前后（3.1.10）和公元31年前后（1.12.11）。

年纪并不算老（*Ann.* 14.29.1）。[1]

下面的例子多少可以清晰地说明问题：

格涅乌斯·尤利乌斯·阿古利可拉（C. Julius Agricola，公元77年递补执政官）：公元60年军团长（*Agr.* 5.1，参见原书第20页）

盖约·尤利乌斯·普罗库鲁斯（C. Julius Proculus，公元109年执政官）：公元96或97年财务官（*ILS* 1040）[2]

昆图斯·庞培·法尔考（Q. Pompeius Falco，公元108年执政官）：公元97年平民保民官（Pliny, *Epp.* 1.23.1；参见9.13.19）。他的履历见 *ILS* 1035

还应注意 *ILS* 1022和 *CIL* XII, 3169分别提到的两个不知名者（见附录14中的条目14—15），以及盖约·尤利乌斯·夸德拉图斯·巴苏斯（C. Julius Quadratus Bassus，同上，条目19），或许还有公元83年军团长卢奇乌斯·罗斯奇乌斯·埃利安（L. Roscius Aelianus，公元100年执政官）——择要记录的相关铭文没有列举任何大法官级别的职务（*ILS* 1025）。公元97年（？）财务官（参见附录3）奥鲁斯·拉尔奇乌斯·普利斯库斯（A. Larcius Priscus，公元110年执政官）也大致符合这一间隔期规律，尽管他担任过较多的前大法官级别职务。我们有理由认为，公元99年的两位著名名年执政官——昆图斯·索希乌斯·塞内奇奥（Q. Sosius Senecio）和奥鲁斯·科奈里乌斯·帕尔玛（A. Cornelius Parma）——也符合社会地位较高的新人的晋升规律。情况相似的或许还有塔西佗的朋友卢奇乌斯·费边·约斯图斯（L. Fabius

---

[1] 参见最近由A. E. Gordon, *Univ. of California Pub. in Class. Arch.* II (1952), 321 ff. 公布的长篇铭文，后收入 *AE* 1953, 251。他出任大法官的时间为公元42或43年，前者的可能性更大。另参见 E. Birley, *Proc. Brit. Ac.* xxxix (1953), 203。

[2] 普罗库鲁斯是"元首们的财务官"——这里提到的元首可能是图密善与涅尔瓦，而非涅尔瓦与图拉真。他的职务"意大利北部地区元首副将（leg. Aug. p.p. region. Transpadanae）"可能在分量上相当于一个大法官级别的行省总督。

Justus，公元102年递补执政官）。[1] 当时的晋升速度无疑是很快的：另见附录16对图拉真时代较年轻的将领们的记载。

与这些人物相比，塔西佗和小普林尼的仕途是非常顺利的，尤其是小普林尼。担任过两项文职，并且大法官与执政官职务间隔期很短的他发展态势同"武人"近似；并且演说术与政治才干使得他领先于出身于老牌贵族（见原书第666页）的同龄人卢奇乌斯·阿伦提乌斯·斯泰拉（L. Arruntius Stella，公元101年递补执政官［？］）。[2] 10年之后，另一位新人卢奇乌斯·卡提利乌斯·塞维鲁（L. Catilius Severus）跟小普林尼一样，在担任两项文职职务（军需官和萨图尔努斯财库官）后出任了执政官。但卡提利乌斯的晋升要慢得多——他在出任大法官后还担任过另外3项职务（ILS 1041，参见 I. l. d'Afrique 43）。[3]

19. 关于小普林尼生涯的各种问题

我们已经讨论过他的早期任职情况（见附录17）。蒙森认为他出任大法官的时间点为公元93年，并一度得到了普遍赞同（参见 PIR^1, P 370）。但奥托强烈反对这个说法，认为应该是公元95年，并得到了许多学者的认可。[4] 争论的焦点在于公元93年对贝比乌斯·马萨（Baebius Massa）的指

1　见原书第53页。

2　关于他出任执政官的时间，见上文中关于卢奇乌斯·尤利乌斯·玛里努斯（L. Julius Marinus, 他的同僚）的条目。

3　值得注意的还有玛库斯·阿奇利乌斯·普利斯库斯·奥鲁斯·埃格里利乌斯·普拉里亚努斯（M. Acilius Priscus A. Egrilius Plarianus）（PIR^2, E 48）。我们如今已知道，他担任过的文职职务不只有1项（CIL VI, 31678; XIV, 4444），还有第二项（公元105年，*Not. Scav.* 1953, 259, 后编入 AE 1955, 171，参见173）；并且中间还夹着4项其他的大法官级别职务。

4　W. Otto, *Bayerische S-B, phil.-hist. Kl.* 1919, Abh. 10；另见 ib. 1923, Abh. 4; *Phil. Woch.* XLVI (1926), 732 ff. and XLVII (1927), 511 f.。不同意见如W.A. Baehrens, *Hermes* LVIII (1923), 109 ff.; *Phil. Woch.* XLVII (1927), 171 ff.。接受奥托观点的有 M. P. Charlesworth, *CAH* XI (1936), 31; C. Hosius in Schanz-Hosius, *Gesch. der r. Literatur* II[4] (1935), 657; R. Hanslik in Bursian's *Jahresberichte* CCLXXXII (1943), 41, 等等。F. Oertel, *Rh. Mus.* LXXXVIII (1939), 179 ff. 也赞同此说。但M. Schuster, P-W XXI, 442 ff. 在详细叙述了奥托的观点后简短地表了态，跟贝伦斯（Baehrens）一起反对公元95年的假说（ib. 445）。

控与后续事件：这场审判引发了对告密者之一——赫雷尼乌斯·塞内奇奥（Herennius Senecio）——的叛国罪指控（Pliny, *Epp.* 7.33.7），后来又波及他的朋友和盟友（著名的有尤尼乌斯·鲁斯提库斯［Junius Rusticus］）。接下来便是对哲学家们的集体驱逐。[1]

奥托的批评包括3点意见。首先，小普林尼曾明确表示，自己在就任萨图尔努斯财库官后就不再担任律师了——"我放弃了自己的所有律师业务，我原本也不是什么案子都接（omnibus advocationibus, quibus alioqui numquam eram promiscue functus, renuntiavi）"（10.3a.1）。我们还可参见他在担任保民官时的态度（1.23.2）。因此，他在出庭指控贝比乌斯·马萨时还不可能是大法官（7.33.4）。其次，拉丁文版的圣哲罗姆《年表》（Jerome, *Chronicle*, p. 192 H）认为驱逐哲学家一事发生于公元94/95年。再次，当小普林尼前往罗马近郊探望哲学家阿尔特米多鲁斯（Artemidorus）时，这一系列控告、处决与流放的事件业已结束——"我的7位朋友已被处死或放逐（septem amicis meis aut occisis aut relegatis）"（3.11.3）。这次访问发生在小普林尼任大法官期间（ib. 1）。显然，那一系列事件是无法全部压缩在公元93年之内的。因为当阿古利可拉于8月23日去世时，贝比乌斯·马萨的案子还在审理过程中——"马萨·贝比乌斯的案子还没结束（et Massa Baebius etiam tum reus erat）"（*Agr.* 45.1）。

但这些理由都不是决定性的。小普林尼的任何表态都不能排除自己在担任大法官期间应元老院的要求出席审讯现场的可能性——事实上，他确实在担任财库官期间接受过2次这样的请求（见下文）。众所周知，圣哲罗姆提供的年代是极不可靠的。最后，尽管对行省总督的指控有时会旷日持久，塞内奇奥、鲁斯提库斯和这个群体也有可能在猛烈的攻击下迅速毁灭——"一击致命（velut uno icto）"。

这种反驳是苍白无力的。奥托对小普林尼生涯的重构总的来说无法

---

[1] Suetonius, *Dom.* 10.3和Dio 67.13.3明确交代了处决鲁斯提库斯同驱逐哲学家们之间的因果联系。

成立，例如，他对小普林尼担任财务官的时间点估计得实在过晚（公元92年），并无视同时代元老们提供的、可供类比的外部数据。[1] 事实上，由于首要质疑者奥托和他的一些坚定支持者都对当时的文职新人有可能在迟至公元95年才当上大法官的情况下、于公元100年出任执政官一事理直气壮地笃信不疑，我们完全有理由对这一观点不加理睬。[2] 诚然，小普林尼出任大法官的时间确实有可能是在公元94年（参见附录17），这一假说无法被彻底否定。但最合情合理的时间点仍是公元93年。

其生涯履历的铭文记录告诉我们，小普林尼在短暂间隔后（或马不停蹄地）担任了军需官（ILS 2927，等等）。他的通信记录没有提及此事，他作为《颂词》的作者（参见95.3 f.）则没有说真话。这一职务任期3年，并且需要同2位同僚搭档（Dio 55.25.2）。因此，小普林尼担任军需官的时间应为公元94—96年或95—97年（在假定他干满3年的前提下）。[3] 前一个选项似乎更为合理。小普林尼在公元97年时显然赋闲在家，参见 Epp. 2.2.2 (或许还有1.13.6和10.8.3) 对"闲暇（otium）"的提及。1.10.9所提到的"工作（occupationes）"——"登记账簿，存放文书（subnoto libellos, conficio tabulas）"——可能是他始于公元98年的第二份财库工作的职责；因为这

1　参见Otto, o.c. 98对小普林尼生涯的列表介绍。
2　奥托依据Pan. 90.6认为，涅尔瓦事实上已提名小普林尼出任执政官（o.c. 56 ff.）；奥尔泰尔（Oertel）认为，作为公元95年的大法官，小普林尼有可能出任公元97年的执政官（Rh. Mus. LXXXVIII [1939], 184）。贝伦斯的观点与此相似（他认为小普林尼于公元93年出任了大法官）："根据当时的官职升迁次序，小普林尼可能已在公元95年出任执政官（auf Grund des damaligen ordo magistratuum hätte Plinius schon 95 Consul warden können）。"（Hermes LVIII [1923], 111）因此，两派观点都可以支持小普林尼关于"更为漫长的正道（longius iter malui）"说法（Pan. 95.3）的可靠性。
　　我们有理由猜想，在一个急剧变动、危机四伏的时代里会出现一些非正常的升迁现象。公元70年大法官绥克斯图·尤利乌斯·弗伦提努斯（Sex. Julius Frontinus）（Hist. 4.39.1）很可能是在公元73年出任执政官的——此人也许比他出任大法官时正常对应的岁数更为年长，见附录84。我们还应注意图拉真的首位禁卫队长、公元101年递补执政官绥克斯图·阿提乌斯·苏布拉努斯（Sex. Attius Suburanus）的升迁速度。
3　我们可以顺便提及另一种可能性——两年任期完成于公元95—96年。小普林尼可能被劝说离职，以便为其他人让位——那样做并非没有得到补偿的希望与机会。

些书信显然并不按照严格的时间顺序排列。这引发了下一个问题，即小普林尼萨图尔努斯财库官的任职时间长短。我们有理由猜想这个任期为3年（任期4年的现存案例只有1个，参见 CIL VI, 1495）。克劳狄乌斯将管理财库的大法官替换成了财务官，但后者的任期调整为3年（Dio 60.24.2，参见 CIL 966）。同样的规则应当也适用于尼禄在公元56年任命的那批财库官（Ann. 13.28.3）。由于这类职务起初由官吏担任（值得注意的是曾一度改回由大法官承担，见 Hist. 4.9.1），我们有理由认为，财库官通常会在1月1日就职——这样一来便省去了不少争论的麻烦。小普林尼和科努图斯（Cornutus）接替了普布里奇乌斯·凯尔图斯（Publicius Certus）和（昆图斯·福尔维乌斯·吉洛·）比提乌斯·普罗库鲁斯（[Q. Fulvius Gillo] Bittius Proculus）的职务。小普林尼用精炼的表述交代了他攻击普布利里乌斯·凯尔图斯的结果——"我达到了目的：因为凯尔图斯的同僚当上了执政官，而凯尔图斯被继任者所取代（obtinui tamen quod intenderam: nam collega Certi consulatum, successorem Certus accepit）"（9.13.23）。这并不一定意味着那对同僚被迫同时或提前卸任——只是说二者之一未能被提前任命为执政官而已。[1]

提前任命小普林尼为执政官的是涅尔瓦与图拉真——"您的厚爱（indulgentia vestra）"（10.3a.1，参见8.3）。小普林尼和他的同僚被指定为执政官后等待了2年方才上任——"我们在满两年后承担了这项极其繁重但至高无上的职务（nondum biennium compleveramus in officio laboriosissimo et maximo）"（Pan. 91.1）。也就是说他们就任于公元99年下半年的某个时间点。（人们也已提出并坚持不同意见，因为蒙森认为所有年份的递补执政官都是在当年1月9日指定的。）[2]

---

[1] 参见 Otto, o.c. 64。麦里尔试图论证，他们在公元98年的大部分时间里也仍旧在任（Merrill, AJP XXIII [1902], 405）。

[2] Mommsen, Ges. Schr. IV, 423. Otto, o.c. 55和大部分学者都赞同他的说法。相关年代来自公元448年的波勒米乌斯·希尔维乌斯年表（Calendar of Polemius Silvius）（CIL I^2, p. 257）。

在任职期间，小普林尼曾同意出席对两名元老的审讯。具体时间引起过不小的争议。[1] 我们可以对相关重构过程进行如下概括。首先是对阿非利加行省总督马略·普利斯库斯（Marius Priscus）的指控：如果他的任期为公元97/98年的话（很有可能如此），小普林尼接受请求的时间可能是公元98年夏末，小普林尼就此事写给图拉真的信（10.3a）也是这个时候寄出的。其次是在普利斯库斯担任阿非利加行省总督之际任南西班牙行省总督的凯奇利乌斯·克拉西库斯（Caecilius Classicus）（3.9.2）。那是小普林尼接手的"第三起公共诉讼案（munere hoc iam tertio）"（3.4.8）——也就是说将贝比乌斯·马萨的案子计算在内。他是在出发前往自己在提费尔努姆·提贝里努姆的地产时接到请求的（3.4.2），也就是说在公元98或99年的9月（参见他向图拉真请求暂时离开首都的申请，10.8）。更合理的猜测是公元98年：注意他前往比佩鲁西亚更远的某地的一次旅途（1.4），以及（二者或许是彼此联系在一起的）1.7.4的说法："我希望能在10月15日左右返回罗马城（me circa Idus Octobres spero Romae futurum）。"[2] 普利斯库斯案结案于公元100年1月（2.11.10），但他还有其他事务缠身——"我手头一直有五花八门的各种杂事要处理（fuit enim multiplex actaque est saepius cum magna varietate）"（3.9.1）。按照《书信集》的信件排列次序来看，这些事务很可能直到公元101年才真正了结。[3]

小普林尼的执政官任期（公元100年9至10月）不存在任何难以解释之处。在一个晦涩难懂的句子中，他似乎是在说两位财库官在担任执政官之前与之后都在任职（*Pan.* 92.1）。[4] 这种情况是有可能发生的。如果当真如此

1　特别参见Mommsen, o.c. 376, &c.; Otto, o.c. 70 ff.。

2　小普林尼在这封信中向一位朋友保证，他将不会参与"南西班牙人（Baetici）"对某位伽鲁斯（Gallus）的指控。这位伽鲁斯没有被 *PIR*[1] 和 P-W 注意到，可能是公元96/97年在任的南西班牙行省总督（即凯奇利乌斯·克拉西库斯的前任）。

3　Otto, o.c. 81认为是公元100年初。那一细节其实无关紧要。奥托与蒙森分歧的关键点在于小普林尼《书信集》10.8的创作年代——以及此后小普林尼同意参与诉讼的时间点。

4　Mommsen, o.c. 424；质疑意见如Merrill, o.c. 410和Otto, o.c. 85 ff.。

的话，他们会一直干到年底，但其卸任不可能再晚了（如某些学者所认为的那样）。

小普林尼的占卜官任期（4.8）应该是在公元103年前后。随后他承担了台伯河与罗马城堤坝、排水系统的管理职务（*cura alvei Tiberis et riparum et cloacarum urbis*）。我们是从3.6.6 f.中推断出这个时间点的。那封信表明，他在筹划前往科穆姆的旅行时正担任着该职务。那是他在4.1中宣布（他声称"我离自己的家乡不远了［proxime cum in patria mea fui］"）（4.13.3，参见30.1）、在5.14中描述的活动。出于种种原因的考虑，那应该是发生在公元104年的事情。[1] 小普林尼在科穆姆高兴地得知，他的朋友科努图斯·特尔图鲁斯（Cornutus Tertullus）也被授予了一项"职务（officium）"，即管理埃米利乌斯大道的差事（5.14.1 f.）。小普林尼本人职务的前任显然是提比略·尤利乌斯·菲罗克斯（Ti. Julius Ferox，公元99年递补执政官）——史料证实后者于公元101和103年在任（*CIL* VI, 31549 f.）。这暗示了该职务当时的任期为3年。小普林尼在公元106年的时候仍担任着这一职务，或许在公元107年依旧如此（7.15.1）。我们知识范围内的下一任河官（*curator*）是卢奇乌斯·米尼奇乌斯·纳塔利斯（L. Minicius Natalis，公元106年递补执政官）。那是他在公元116年前后卸任军事重镇潘诺尼亚行省副将后第一个（也是唯一的一个）前执政官职务（*ILS* 1029）。

小普林尼最后出任了比提尼亚-本都行省总督，并死在任上（见附录20）。

20. 小普林尼在比提尼亚

小普林尼究竟于何时被派往比提尼亚-本都行省？传统的说法是公元111年——但蒙森的表述其实只是"公元111年左右（etwa 111）"[2]。公元109年

---

[1] 他似乎在下一年里去了提费尔努姆·提贝里努姆（5.6.1，参见18.2）。
[2] Mommsen, o.c. 393. 具体年代讨论见U. Wilcken, *Hermes* XLIX (1914), 120 ff.; O. Cuntz, ib. LXI (1926), 192 ff.。

和公元110年的可能性都无法排除。[1] 小普林尼在他最后几封信之一中似乎在期待着什么，他的朋友沃科尼乌斯·罗马努斯也是如此——"一旦得到关于我的任命的确切消息，就请你马上放下家事，逃到我这里来避难吧。我已经在为你打造你永远无法摆脱的'镣铐'了（cum certius de vitae nostrae ordinatione aliquid audieris, futurum te fugitivum rei familiaris statimque ad nos evolaturum, qui iam tibi compedes nectimus, quas perfringere nullo modo possis）"（9.28.4）。

无论究竟是哪一年，小普林尼在9月17日进入了即将由他治理的行省（10.17a.2）。他写给图拉真的信提到了某个1月的"年度誓言（vota）"（10.35; 52）、一个9月的誓言（88）和下一年1月的誓言（100 ff.），但没有下一年9月的誓言（图拉真的生日为9月的第18天）。没有任何证据表明小普林尼的任期已经终止。那位行省总督可能是在任期结束两年前的春季或夏季去世了。

唯一的外部史料证据来自下默西亚行省副将（10.42，等等）普布利乌斯·卡尔普尼乌斯·玛凯尔（P. Calpurnius Macer）（PIR^2, C 273）。有证据表明，他在公元112年担任着行省总督。[2] 但他的任期可能开始于若干年前。[3]

《书信集》中同图拉真公务通信的那一卷是不可能由小普林尼本人或在元首有生之年内出版的。我们有理由猜测，他的一些有学问的朋友或许承担了相关出版工作。沃科尼乌斯·罗马努斯是普罗提娜的朋友（9.28.1），但并无证据表明他确实到过比提尼亚。更重要的人选是《书信集》的题献对象盖约·塞普提奇乌斯·克拉鲁斯（C. Septicius Clarus），此人在哈德良统治时期当上了禁卫军队长（公元119—122年）。或许更有可能担任出版者角色的人物是皇家秘书盖约·苏维托尼乌斯·特兰奎鲁斯（C. Suetonius

---

[1] Cuntz, o.c. 192断言公元110年的选项是不可能成立的。但他列举的证据并不充分。

[2] *CIL* III, 777. 我们如今已经得知，玛凯尔（Macer）是"普布利乌斯·卡尔普［尼乌斯］（P. Calpurn [ius ....]）"、公元103年递补执政官（*AE* 1954, 223）。

[3] 公元109年副将名字的结尾为夺格形式的"-e"（*CIL* III, 12467）。他可能是提比略·尤利乌斯·菲罗克斯（Ti. Julius Ferox，公元99年递补执政官），参见 *Epp*. 10.87.3。

Tranquillus），他（我们有理由认为如此）曾担任过小普林尼的下属（10.94.1，参见附录76）。苏维托尼乌斯或许接受了（或收集了）他的朋友同主人之间的来往书信，并在日后为小普林尼的《书信集》增补了全新的、不同寻常的一卷内容。

21. 小普林尼书信的年代次序

小普林尼《书信集》中题献给塞普提奇乌斯·克拉鲁斯的第1篇以优雅的方式表明，这些书信并无严格的排列次序——"我对这些信件并不依照时间排序（因为我并非在撰述历史），而是按照我找到它们的偶然顺序排列（collegi non servato temporis ordine (neque enim historiam componebam), sed ut quaeque in manus venerat）"（1.1.1）。这一原则可能适用于他出版的第一部分（题献那一篇当然在内），但并非全部9卷内容。小普林尼明确表示，后续还会出版更多的信件——"我接下来还会补充自己之前忘记或收起来的信件，同时也不会遗漏我今后的通信往来（ita enim fiet ut eas quae adhuc neglectae iacent requiram et, si quas addidero, non supprimam）"（ib. 2）。作者起初可能是打算突出这些信件的多样性。但前后关联的一系列事件必须按照它们本来的次序讲述；并且随着作者的写作抱负变得日益宏大（他开始打算提供一套不断更新的、针对同时代事务的评论，并将他的自传融合于其中），他必须小心翼翼地交代清楚那些公共事务的来龙去脉——何况小普林尼原本就是一个办事很有条理的人。外部证据也证实了这一点（其中一部分信息最近才从《奥斯提亚执政官年表》中汇集出来）。尽管我们不得不提出若干无关大局的质疑，尽管有几篇书信显然不符合年代次序，《书信集》的基本框架仍然经得起考验，可以帮助我们大致确定最重要的那些事件的年代。这个庞杂的主题盘根错节，很容易把我们带入冗长的讨论中。笔者在此提供的只是相关内容的一份简短摘要，只在对若干重要年代做出说明。

从相关证据来看，小普林尼《书信集》中所有信件的年代不早于涅尔瓦登基之时，不晚于公元108年底。卷1中的大部分信件似乎写于公元97年，但另外一些（如4、7、10、12）可能或应当写于公元98年。卷2中的第一封信（维吉尼乌斯·鲁弗斯的葬礼）仍然写于公元97年；第二封信似乎也是如此，并且这封关于维斯特里奇乌斯·斯普利纳（7）的信中所提到的元首很可能是涅尔瓦。[1]但后面的书信很快（11）就涉及了对马略·普利斯库斯的审判（公元100年1月），并且关于绥克斯图·埃鲁奇乌斯·[克拉鲁斯]（Sex. Erucius [Clarus]）晋升缓慢的说法（9）最晚也有可能是在公元101年提出的。[2]卷3中克拉西库斯审讯的结案时间可能是公元101年（9），其中的最后一封信（诗人玛提阿尔的去世）可能写于公元102年。[3]

卷4收录公元103—105年间的书信。尤利乌斯·巴苏斯（Julius Bassus）的审讯很可能发生于公元102/103年冬季，参见4.9.14："他一直讲到了天黑下来并开始点灯的时候（dixit in noctem atque etiam inlatis lucernis）。"并且信中提到的"即将上任的执政官贝比乌斯·玛凯尔（Baebius Macer, consul desgnatus）"（ib. 16）如今已被证实为公元103年初的递补执政官。[4]《书信集》随后迅速推进到更靠后的年代——"即将上任的执政官盖约·凯奇利乌斯（C. Caecilium, consulem desgnatum）"（4.17.1）。此人为公元105年9月1日出任执政官（FO XIX）的盖约·凯奇利乌斯·斯特拉波（C. Caecilius Strabo）。此外，大法官李锡尼乌斯·奈波斯（Licinius Nepos）（4.29）肯定也是在那一年上任的。[5]

---

1 见附录6，其中假设维斯特里奇乌斯跟着前往图拉真那里的使团离开了罗马城（公元97年夏末）。
2 小普林尼叙述的各阶段之间肯定隔着一段时间（公元98—101年）——"我为绥克斯图从我们的元首那里争取到了（象征元老身份的）紫色宽披风，我推荐他当上了财务官，他凭借我的举荐才当上了保民官（ego Sexto latum clavum a Caesare nostro, ego quaesturam impetravi, meo suffragio pervenit ad ius tribunatus petendi）"（2.9.2）。
3 玛提阿尔作品的最后1卷可能出版于公元101年底，参见12.2.10，其中提到了阿伦提乌斯·斯泰拉（Arruntius Stella）（ILS 6106，参见附录18、25）的执政官任期，但我们也不能排除公元102年的选项。
4 或许是从3月1日起，参见在奥斯提亚发现的一则新残篇（AE 1954, 223）。
5 参见6.5.1（公元106年，其中提及了瓦勒努斯案）。他当时已不再被称为大法官——但（普布利乌斯·）尤文提乌斯·塞尔苏斯（[P.] Juventius Celsus）还保有那一头衔（ib. 4）。

卷5的叙述对象仍然包括公元105年的事务,如李锡尼乌斯·奈波斯(4);对同一事件的后续交代称阿弗拉尼乌斯·德克斯特(Afranius Dexter)为"即将上任的执政官(cos. des)"(13.4):于公元105年5月1日出任执政官的格涅乌斯·阿弗拉尼乌斯·德克斯特被刺杀于6月24日(FO XIX)。最后,对指控行省总督瓦勒努斯·鲁孚斯(Varenus Rufus)案子早期阶段的叙述将读者带到了公元106年,因为"被指定的执政官阿奇利乌斯·鲁孚斯(Acilius Rufus, consul designatus)"(5.20.6)显然就是于公元107年3月1日享受束棒护身荣耀的"(卢奇乌斯·阿奇利乌斯·)鲁孚斯([L. Acilius] Rufus)"(FO XX)。

卷6继续记述了瓦勒努斯的事情(5和13),以及维吉尼乌斯·鲁孚斯去世的十周年纪念日(10.3),并将一位塞维鲁称为"即将上任的执政官(designatus consul)"(27.1)——此人很可能就是于公元107年5月1日上任的执政官盖约·维特尼乌斯·塞维鲁(C. Vettenius Severus)(FO XX,参见 CIL XVI, 55)。小普林尼参加了元首在森图克莱(Centumcellae)的"内朝议事会(consilium)"(31)——那不会早于公元106年秋季。在6.13.2中,图拉真仍旧远在达契亚。

卷7记述了瓦勒努斯案的终结(6和10),其时间点很可能是在公元107年初。写给一位米尼奇乌斯(Minicius)的信强调了"那些繁忙公务(istas occupationes)"(12.5)。盖约·米尼奇乌斯·芬达努斯(C. Minicius Fundanus)是5月1日盖约·维特尼乌斯·塞维鲁的执政官同僚(见上文);并且那封信的主题(文风与相关批评)也完全符合此人的特点。

卷8和卷9中的时间标志不算太多。但我们应当注意尤尼乌斯·阿维图斯(Junius Avitus)之死(8.23)。他的名字出现于达苏米乌斯(Dasumius)的遗嘱中(CIL VI, 10229, l. 20),该遗嘱草拟于公元108年夏天。9.15.3的时代背景为那一年的秋季,因为小普林尼在信中敦促法尔考寄给他罗马城的"最新法令(urbana acta)":昆图斯·庞培·法尔考(Q. Pompeius Falco)当时还在外地(在犹太行省,参见 ILS 1035);他在收到书信7.22时已于公元108年9月1日出任执政官（*FO* XXI）。

最后，为了理解卷6—9所涵盖（或表面上涵盖）的时代，关于南西班牙行省总督卡勒斯特里乌斯·提罗（Calestrius Tiro，似乎于公元107/8年上任）的相关史实很有帮助——该行省的委任（6.22.1）、他的行程、路上在提奇努姆的逗留（7.16; 23; 32）以及他在担任行省总督期间的表现（9.5）。

上述年代梳理只是一个概要而已。利用它可以得到不少收获。如普利斯库斯的军事指挥权任期可确定为公元100年——如果没有小普林尼提供的线索，我们本有理由猜想他可能是在公元103年或之后接受该职务的（参见附录14，雅沃勒努斯·普利斯库斯和奈拉提乌斯·普利斯库斯条目之下）。奈拉提乌斯·马塞卢斯的行省总督任期应当始于公元101年（3.8.4）。索希乌斯·塞内奇奥于公元102或103年出任前执政官级别行省总督的说法是可信的（4.4）。此外，这封信还向维比乌斯·马克西穆斯（Vibius Maximus）推荐了一个职务的人选（3.2）。维比乌斯于公元103年夏当上了埃及省长。但维比乌斯有可能在此之前（公元101年）担任过另一职务——倘若我们相信他接替了盖约·米尼奇乌斯·伊塔鲁斯（C. Minicius Italus）（*ILS* 1374）担任赈粮官的话（后者也是维比乌斯出任埃及省长时的前任）。[1]

然而，不符合年代次序的例子显然是存在的。例如，李锡尼乌斯·奈波斯（Licinius Nepos）在所谓的出任公职第一天（5.9）之前已担任过大法官（5.4）；写于公元105年的信件中过早提及了米尼奇乌斯·芬达努斯（Minicius Fundanus）即将出任执政官一事（4.15.5），但后者直到公元107年方才走马上任[2]；还有一封"迟到的书信"（9.37.1）声称（盖约·瓦勒里乌斯·）保利努斯（[C. Valerius] Paullinus）即将出任公职——但后者早在

---

1 小普林尼想为他的朋友争取"不会带来负担的崇高荣誉（quod sit splendidum nec molestum）"（3.2.5）。或许它是类似绥克斯图·阿提乌斯·苏布拉努斯（Sex. Attius Suburanus）的那种职务：*"赈粮官与埃及省长尤鲁斯·乌尔苏斯的副官*（adiut. Iuli Ursi / praef. annoae, eiusdem in praefect. / Aegypti）。"（*AE* 1939, 60）

2 也许有人的执政官任期被推迟了，就像公元69年的情况那样（*Hist.* 2.71.2）。图拉真可能打算迅速提拔第2次达契亚战争中的某位"武人"来取代芬达努斯。

公元107年9月1日的时候已经上任（*FO* XX，参见 *CIL* XVI, 56）。小普林尼在编排科穆姆之行的相关书信时同样有些漫不经心（公元104年，参见附录19）。他在4.1中才向自己的姻祖父正式宣布此行计划；但他在3.6中对此已有所暗示——后者却夹杂在公元101年的书信之中。

上述框架基本上是跟蒙森的复原结果一致的。[1] 但他的评判标准更为严苛，以至于后世批评者们有理由指出，他对其中若干信件的判断结论未能令人信服。彼得（H. Peter）在这方面做出了积极贡献。[2] 最尖锐的抨击来自奥托。[3] 在前人探索的激励下，普雷麦斯特下了很大气力去推翻蒙森建立的小普林尼书信年代次序。他认为对尤利乌斯·巴苏斯的起诉发生于公元100年，瓦勒努斯·鲁孚斯的讼案则发生于公元102年。[4] 许多学者都对他的看法表示赞同。[5]

但新的年代假说又带来了令人无法容忍的棘手问题。[6] 致命一击来自 *FO* XX的发现——它将标志着瓦勒努斯案开端（*Epp.* 5.20）的（卢奇乌斯·阿奇利乌斯·）鲁孚斯（[L. Acilius] Rufus）出任执政官的年份确定为公元106年。[7] 事实证明，普雷麦斯特花费很大气力建构的论证体系在很大程度上只是一种主观想象。

余下的一个问题是《书信集》的出版时间。蒙森提出了一个似乎未加论

1　*Ges. Schr.* IV, 366 ff.

2　H. Peter, *Sächsische S-B, phil. hist. Kl.* 1901, Abh. 3利用并改进了彼得（C. Peter）、阿斯巴赫与斯托贝（Stobbe）等前辈学者的研究成果。

3　W. Otto, *Bayerische S-B, phil. -hist. Kl.* 1919, Abh. 10, 17 ff.

4　A. v. Premerstein, *Bayerische S-B, phil. -hist. Kl.* 1934, Heft 3, 72 ff. 假使如作者希望证明的那样，将领盖约·尤利乌斯·夸德拉图斯·巴苏斯（C. Julius Quadratus Bassus，公元105年递补执政官，见附录14）就是比提尼亚省总督尤利乌斯·巴苏斯的话，那么这起审判发生的时间必然早于公元105年。

5　如R. Hanslik in Bursian's *Jahresberichte* CCLXXXII (1943), 62；他此前在反对蒙森的年代假说时认为，对瓦勒努斯审讯的开始时间不会晚于公元105年，见Hanslik, *Wiener Studien* L (1932), 194 ff.。格罗亚格也赞成普雷麦斯特关于瓦勒努斯案的年代假说——"它似乎发生于公元102年（a. fere 102 ut videtur）"（Groag, *PIR*[2], C 1420）。

6　参见R. Syme, *JRS* XXXVI (1946), 163。

7　如今可参见 *AE* 1954 223，其中将尤利乌斯·巴苏斯案的时间确定为公元102/103年。

证的假说，即9卷内容是在很短的时间间隔内分别出版的，其中卷1出版于公元97年。[1] 这种说法肯定并不正确。没有证据表明，小普林尼在公元104年之前出版过任何书信。许多学者提出了反对意见。彼得认为《书信集》是以3卷为一组出版的——第1—3卷出版于公元104年，第4—6卷出版于公元108年底之前，第7—9卷（主要为较早书信的选编）于不久之后的公元109年出版。[2]

没有任何研究者会冒失地相信，《书信集》中的每一篇作品都是一字不易的、符合当初写作目的的信件。[3] 作者在编订（并补充）自己从前的作品时能够根据后续事件的发展趋势去组织材料。在3.14（显然创作于公元101年左右）中，他描述了拉尔奇乌斯·马克多（Larcius Macedo）如何遭到奴隶的袭击。他随后补充了一条警告——"你看到了我们所面对的危险、暴力和侮辱，即便善良、体贴的主人也无法独善其身（vides quot periculis, quot contumeliis, quot ludibriis simus obnoxii, nec est quod quisquam possit esse securus, quia sit remissus et mitis）"（ib. 5）。这封信可能写于执政官阿弗拉尼乌斯·德克斯特被谋杀之后（公元105年夏季，参见上文）。

我们或许还可以从关于雷古鲁斯的信件中找到证据。此人在卷1和卷2中遭到嘲笑，但不见于卷3。他在小普林尼写作4.2和4.7时显然仍在人世（很可能是公元104年）。他的去世第一次被提及是在6.2中。此事发生于公元104年，甚或是公元105年。但小普林尼在提到此人时所使用的痛恨、鄙夷意味明显的口吻会让我们心生怀疑，这些作品问世时雷古鲁斯是否还在人世。[4]

1　o.c. 371 ff. 类似观点见Schanz-Hosius, *Gesch. der. r. Literatur* II⁴ (1935), 664——《书信集》分卷（或几卷一组）出版于公元97—110年之间。

2　o.c. 107 ff.

3　但其中也为观点分歧留下了空间。如Peter, o.c. 101 ff. 认为其中很多信件是"真实的"；反对意见如W. Kroll, *Studien zum Verständnis der r. Literatur* (1924), 238 f.。另参见认为小普林尼的作品存在着大量虚构的观点：A.-M. Guillemin, *Pline et la vie littéraire de son temps* (1929), 128 ff.; M. Schuster, P-W XXI, 448。

4　另一种可能性或许也跟《书信集》的出版时间相关：小普林尼是否插入了一些写给已故人物的信件呢？值得注意的是，《书信集》中没有任何写给去世于公元102或103年的尤利乌斯·弗伦提努斯的信件；并且其中收录的写给阿里乌斯·安东尼和维斯特里奇乌斯·斯普利纳的最后书信分别是5.15和5.17。

我们不妨假定，小普林尼没有在公元105年（或公元105年后半段）之前出版过任何书信；那样一来，我们就能够建立一套令人满意的假说。卷1和卷2可能是一并出版的（我们在上文中已指出过这两卷内部和彼此之间不合年代顺序的情况）；小普林尼不久后出版了（或附上了）第3卷，构成了一个三部曲单元。卷3中关于玛提阿尔的最后一封信引述了那位诗人对演说家小普林尼的赞美，以及作者对自己将会名垂千古的谦逊表态（参见原书第97页）。卷4则马上引入了小普林尼访问科穆姆的主题。

如彼得所说，《书信集》中余下的内容似乎可以构成另外两组三部曲。但其中各卷的并列关系并非完全没有疑问。卷4—5和卷8—9似乎在某些方面可以归为一组。那样一来，我们就可以建立如下的框架：1—3卷，公元105—106年；4—5卷，公元107年；6—7卷，公元108年；8—9卷，公元109年。这些细节其实并不重要：事实上，三部曲的出版顺序更具说服力。真正重要的是关于9卷书信在短期内——公元105年（甚至是公元105/6年）至公元109年——出版的假说。那大体就是科奈里乌斯·塔西佗创作《历史》的时间段：关于后者的最初暗示来自公元105年（5.8，参见第十章）。好友的作品是否为小普林尼通过原创性著作——并非历史，而是巧妙地将当时社会生活的图景融入其中的自传——博取文名增添了额外动力呢？

22. 塔西佗的祭司同僚们

玛库斯·乌尔皮乌斯·图拉真（M. Ulpius Traianus，公元70年递补执政官[？]），*ILS* 8970

奥鲁斯·法布里奇乌斯·维恩托（A. Fabricius Veiento，公元72年前后执政官），*ILS* 1010

奥鲁斯·凯森尼乌斯·伽鲁斯（A. Caesennius Gallus，公元76年前后执政官），*CIL* III, 12218

玛库斯·阿伦提乌斯·阿奎拉（M. Arruntius Aquila，公元77年执政官

[？]），*ILS* 980

普布利乌斯·卡尔维修斯·卢索·尤利乌斯·弗伦提努斯（P. Calvisius Ruso Julius Frontinus，公元79年执政官［？］），*AE* 1914, 267

盖约·贝利库斯·纳塔利斯·特巴尼亚努斯（C. Bellicus Natalis Tebanianus，公元87年执政官），*ILS* 1009

盖约·瓦勒里乌斯·弗拉库斯·塞提努斯·巴尔布斯（C. Valerius Flaccus Setinus Balbus），*Argonautica* 1.5 f.

卢奇乌斯·阿伦提乌斯·斯泰拉（L. Arruntius Stella，公元101年执政官［？］），Statius, *Silvae* 1.2, 176 f.（公元89年前后）

提比略·尤利乌斯·塞尔苏斯·波勒迈亚努斯（Ti. Julius Celsus Polemaeanus，公元92年执政官），*ILS* 8971

盖约·科奈里乌斯·拉鲁斯·绥克提乌斯·纳［索？］（C. Cornelius Rarus Sextius Na[?so]，公元93年执政官［？］），*IRT* 523

玛库斯·庞培·玛克里努斯·尼奥斯·特奥法尼斯（M. Pompeius Macrinus Neos Theophanes，公元100或101年执政官），*IG* V, I, 151

昆图斯·庞培·法尔考（Q. Pompeius Falco，公元108年执政官），*ILS* 1035 f.

盖约·尤利乌斯·普罗库鲁斯（C. Julius Proculus，公元109年执政官），*ILS* 1040

不知名者？（*Ignotus*？），*ILS* 1039

盖约·布鲁提乌斯·普雷森斯（C. Bruttius Praesens，公元118年前后执政官），*AE* 1950, 66

绥克斯图·尤利乌斯·塞维鲁（Sex. Julius Severus，公元127年执政官），*ILS* 1056

上述十五人祭司团和括号中出任执政官的信息大致按照年龄排序。图拉真的父亲可能在塔西佗加入祭司团之前就去世了。值得注意的还有很早进入祭司团的、出身于老牌贵族家族的饱学之士阿伦提乌斯·斯泰拉。*ILS* 1039 中的不知名者还只是财务官级别的人物，而尤利乌斯·塞维鲁甚至还没有当上财务官（如果他铭文中的职务顺序正确无误的话：但几乎肯定并非如此，参见 *AE* 1950, 45）。

除早夭的瓦勒里乌斯·弗拉库斯（Quintilian 10.1.90）外，名单上的所有人都担任了（或已担任过）执政官。从 *ILS* 1039 中不知名者的履历——大法官、军团将领、元首治理的前大法官级别行省总督（见附录18）——来看，此人应该也出任过执政官。

23. 塔西佗的亚细亚行省总督职务

来自米拉萨的一则铭文证实了塔西佗的行省总督身份："[ἀνθυπά]τω Κοπνηλίω Τακίτω（行省总督科奈里乌斯·塔西佗）."（*OGIS* 487，修补于 R. Meister, *Jahreshefte* XXVII [1932], Beiblatt 233）具体年代可能为公元112/13 或公元113/14年，参见 *PIR*², C 1467。公元103/4年至公元120/1年期间的名单几乎是完整的。见最近发表的名单，D. Magie, *Roman Rule in Asia Minor* II (1950), 1583。但那份名单没有提供可能具备宝贵指导意义的、各位执政官的具体任期（无论是准确数据还是估算的结果），并且它在多个地方还有待修改。

行省总督哈德良（*BMC, Lydia* CXXII）或许就是科尔多瓦权贵卢奇乌斯·达苏米乌斯（*CIG* 2876），参见 E. Groag, *PIR*², D 14 + Addenda, p. xi：另见下方附录87。玛吉耶（Magie）认为达苏米乌斯任职于图拉真时代末期。如果认为他是公元93年递补执政官的话，那么公元106/7年是有一个空缺的。此外，一则以弗所铭文提到了"奥鲁斯·奥伊基里[奥斯]（Αὖλος Οὐικίρι[ος]）"（信息提供自编辑文本 Groag, *Die Fasti von Asien* 的利布 [H. Lieb]）。Groag, *PIR*², F 544 认为此人就是奥鲁斯·维奇里乌斯·玛提阿利斯（A. Vicirius Martialis，公元98年递补执政官），因而很可能是公元113/114

年的行省总督。那意味着科奈里乌斯·塔西佗几乎肯定就任于公元112/13年。然而，此人也有微弱的可能为奥鲁斯·维奇里乌斯·普罗库鲁斯（A. Vicirius Proculus，公元90年递补执政官）。

下面的列表提供了每个条目中证明此人为亚细亚行省总督的一个（同时也是最佳的）证据。除公元103/4年和公元120/1年外，公元114/15年、公元115/16年和公元119/20年的情况几乎也是无可争议的。但公元104—112年间的8个名字无法同相关年代一一对应。我们为科奈里乌斯·塔西佗和奥鲁斯·维奇里乌斯·玛提阿利斯留下了一段空缺（公元112—114年）。

公元103/4年　盖约·阿奎利乌斯·普罗库鲁斯（C. Aquillius Proculus，公元90年递补执政官），*Forsch. in Ephesos* II, 131, n. 27, ll. 134 f.，参见 PIR^2, A999

公元104/5年　卢奇乌斯·阿尔比乌斯·普拉埃努斯·波利奥（L. Albius Pullaienus Pollio，公元90年执政官），*ILS* 4046

公元105/6年　提比略·尤利乌斯·塞尔苏斯·波勒迈亚努斯（Ti. Julius Celsus Polemaeanus，公元92年执政官），*ILS* 8971

公元106/7年　卢奇乌斯·达苏米乌斯·[哈德良（？）]（L. Dasumius [? Hadrianus]，公元93年执政官[？]），*CIG* 2876，参见 *BMC, Lydia* CXXII

公元107/8年　卢奇乌斯·诺尼乌斯·卡尔普尼乌斯·阿斯普雷纳斯·托尔夸图斯（L. Nonius Calpurnius Asprenas Torquatus，公元94年执政官），*Forsch. in Ephesos* II, 150, n. 29, l. 24

公元108/9年　玛库斯·洛里乌斯·保利努斯·德奇姆斯·瓦勒里乌斯·阿西亚提库斯·萨图尔尼努斯（M. Lollius Paullinus D. Valerius Asiaticus Saturninus，公元94年执政官），*OGIS* 481

公元109/10年　盖约·安提乌斯·奥鲁斯·尤利乌斯·夸德拉图斯（C. Antius A. Julius Quadratus，公元94年执政官），*ILS* 8819

公元110/11年　卢奇乌斯·贝比乌斯·图卢斯（L. Baebius Tullus，公

元95年执政官），*OGIS* 478，参见 *PIR*^{2}, B 29

公元111/12年　昆图斯·费边·波斯图米努斯（Q. Fabius Postuminus，公元96年执政官），*IGR* IV, 572，参见 *PIR*^{2}, F 54

公元112/13年

公元113/14年

公元114/15年　玛库斯·（奥斯托里乌斯·）斯卡普拉（M. [Ostorius] Scapula，公元97年执政官［？］），*BMC Phrygia*, 166, n. 40（孤证材料）

公元115/16年　昆图斯·福尔维乌斯·吉洛·比提乌斯·普罗库鲁斯（Q. Fulvius Gillo Bittius Proculus，公元98年执政官［？］），*IGR* IV, 172，参见 *PIR*^{2}, F 544

公元116/17年　提比略·尤利乌斯·菲罗克斯（Ti. Jullius Ferox，公元99年执政官［？］），来自钱币史料，引自P-W X, 587

公元117/18年　盖约（？）·尤利乌斯·科努图斯·特尔图鲁斯（? C. Julius Cornutus Tertullus，公元100年执政官），*ILS* 1024（亚细亚行省或阿非利加行省）

公元118/19年　提比略·凯皮奥·希斯波（Ti. Caepio Hispo，公元101年执政官［？］），*SEG* IV, 532；公元117/18年或118/19年，参见 *PIR*^{2}, E 83

公元119/20年　盖约·特瑞波尼乌斯·普罗库鲁斯·麦提乌斯·莫德斯图斯（C. Trebonius Proculus Mettius Modestus，公元103年执政官），*SIG*^{3}, 833

公元120/21年　（卢奇乌斯［？］·）科奈里乌斯·普利斯库斯（[?L.] Cornelius Priscus，公元104年执政官［？］），*SIG*^{3}, 833，参见 *PIR*^{2}, C 1420

我们可以看出担任执政官与行省总督的间隔期日益拉长的趋势。另一个事实在于，这些行省总督中只有3位执掌过前执政官级别的军事指挥权，分别为尤利乌斯·夸德拉图斯、费边·波斯图米努斯（见附录14）和尤利乌斯·菲罗克斯（Pliny, *Epp.* 10.87.3，具体行省不详）

24. 前执政官级别的塔西佗同龄人

公元97年执政官群体中的人物在知名度方面差异很大（见附录10）。其中有些是十五人祭司团成员（22）、公元103—121年期间的亚细亚行省总督（23）；也有地位较低者，如同时代的演说家们（27）。在评估塔西佗仕途生涯的晋升速度时，我们或许可以参考昆图斯·格利提乌斯·阿古利可拉（Q. Glitius Agricola，公元97年递补执政官）、卢奇乌斯·麦奇乌斯·波斯图姆斯（L. Maecius Postumus，公元98年执政官）和卢奇乌斯·尤利乌斯·玛里努斯（L. Julius Marinus，公元101年执政官［？］）的情况（见附录18）。此外，公元92—97执政官年表中的一部分内容揭示了塔西佗的前辈与竞争对手们的情况。他们并非来自同一个年龄段。其中一些人比塔西佗年长得多。另一方面，也有一些远远将那位新人甩在身后的贵族；他们尽管早已当上执政官，却跟塔西佗年龄相仿。后面的注释反映了这些人在年龄、出身与成就等方面的悬殊差异。此外还有生存危机——尽管年逾九旬的盖约·曼利乌斯·瓦伦斯（C. Manlius Valens）于公元96年反常出任执政官一事说明不了什么问题（参见 Dio 67.14.5）。

来自东方、受到韦伯芗提拔的元老提比略·尤利乌斯·塞尔苏斯·波勒迈亚努斯（Ti. Julius Celsus Polemaeanus，公元92年执政官）和奥鲁斯·尤利乌斯·夸德拉图斯（A. Julius Quadratus，公元94年执政官）早在公元74年就当上了大法官（*ILS* 8791; 8819）。提图斯·阿维狄乌斯·奎埃图斯（T. Avidius Quietus，公元93年执政官）同样年事已高——他认识特拉西亚·佩图斯（Pliny, *Epp.* 6.29.1），并且早在公元82年就指挥过1个军团（*ILS* 6105）。昆图斯·庞普尼乌斯·鲁孚斯（Q. Pomponius Rufus，公元95年执政官）在伽尔巴统治时期接受过军事任命（*IRT* 537）。昆图斯·格利提乌斯·阿古利可拉（公元97年执政官）较塔西佗年长3—4岁；提图斯·庞普尼乌斯·巴苏斯（T. Pomponius Bassus，公元94年执政官）的情况也与此类似——他是公元79年亚细亚行省总督玛库斯·乌尔皮乌斯·图拉真（M.

Ulpius Traianus）的副将（*ILS* 8797）；昆图斯·费边·波斯图米努斯（Q. Fabius Postuminus，公元96年执政官）可能也是如此。卢奇乌斯·李锡尼乌斯·苏尔拉（L. Licinius Sura，公元97年执政官［？］）生涯的大多数信息付之阙如。被韦伯苁拔擢为老牌贵族的卢奇乌斯·奈拉提乌斯·马塞卢斯（L. Neratius Maecellus，公元95年执政官）和卢奇乌斯·奈拉提乌斯·普利斯库斯（L. Neratius Priscus，公元97年执政官）都是相当年轻的执政官。

除尤利乌斯·塞尔苏斯外，这些人都在图拉真统治前期治理过拥有驻军的行省。尽管出身各异，但除了奈拉提乌斯兄弟外，他们拥有一个共同点，即都没有能够得到证实的或很可能存在的前执政官级别父亲。

代表另一种极端的是5位显赫贵族。提图斯·绥克提乌斯·拉特拉努斯（T. Sextius Lateranus，公元94年执政官）显然是一个古老平民显贵家族的后裔（参见Groag, P-W II A, 2039）。其他人全部为后三头或奥古斯都时代执政官的后人：卢奇乌斯·诺尼乌斯·卡尔普尼乌斯·托尔夸图斯·阿斯普雷纳斯（L. Nonius Calpurnius Torquatus Asprenas，公元94年执政官）的母亲来自披索家族；此外还有卢奇乌斯·沃鲁修斯·萨图尔尼努斯（L. Volusius Saturninus，公元92年执政官）和盖约·安提斯提乌斯·维图斯（C. Antistius Vetus，公元96年执政官），以及拥有多个名字、将玛库斯·洛里乌斯（M. Lollius，公元前21年执政官）和来自纳旁高卢的第一位执政官德奇姆斯·瓦勒里乌斯·阿西亚提库斯（D. Valerius Asiaticus，公元35年递补执政官）的姓氏集于一身的那位公元94年递补执政官。此人和诺尼乌斯·阿斯普雷纳斯活到了得以在哈德良治下再次出任执政官的时候。其他人留下的只有干巴巴的姓名和年代而已——但他们对于科奈里乌斯·塔西佗而言则是活生生的人；并且跟阿西尼乌斯·马塞卢斯家族的某些成员一样，塔西佗在《编年史》中记述这些人的祖先时是会想到他们的（见原书第302页）。就我们目前所掌握的信息而言，猜想新人中的一位塔西佗同龄人、并非鹤立鸡群但饱受恩宠的阿尼乌斯·维鲁斯（Annius Verus，公元97年递补执政官，相关情况见附录86）拥有显赫家世并非毫无依据的幻想。

25. 前执政官级别的小普林尼同龄人

就小普林尼的情况而言，我们可以找到更近似的类比对象。他的两位朋友——盖约·尤利乌斯·科努图斯·特尔图鲁斯（C. Julius Cornutus Tertullus）和卡勒斯特里乌斯·提罗（Calestrius Tiro）——分别值得我们的特别注意（见第七章）。卡勒斯特里乌斯是小普林尼的同年（*Epp.* 7.16.1 f.），但晋升速度落在后面。对于下面列出的其他人物（其中的两位——贝比乌斯·玛凯尔和费边·约斯图斯收到过小普林尼的来信），我们均有理由猜想或证实他们是公元90—94年期间的大法官：

卢奇乌斯·阿伦提乌斯·斯泰拉（L. Arruntius Stella，公元101年递补执政官［？］），公元93年大法官，参见 Martial 8.78。他是玛提阿尔和斯塔提乌斯的庇护人，来自帕塔维乌姆的新晋老牌贵族，参见 *PIR*², A 1151

昆图斯·贝比乌斯·玛凯尔（Q. Baebius Macer，公元103年执政官），有人认为他就是公元95年前后阿庇安大道管理官员（*curator viae Appiae*）玛凯尔（Martial 10.18.6）和公元100/1年南西班牙行省总督玛凯尔（ib. 12.98.7）。他是公元117年罗马市长（*HA, Hadr.* 5.5）。他可能来自科穆姆，参见 *Epp.* 6.24——除非此人是普布利乌斯·卡尔普尼乌斯·玛凯尔（P. Calpurnius Macer，公元103年递补执政官，公元112年下默西亚行省副将），值得注意的是普布利乌斯·贝比乌斯·意大利库斯（P. Baebius Italicus，公元90年递补执政官）的氏族名为"奥芬提努斯（Oufentina）"（*ILS* 8818），那是一个来自科穆姆（以及麦狄奥拉尼乌姆）的部落

提比略·凯皮奥·希斯波（Ti. Caepio Hispo，公元101年执政官［？］）。他的扼要履历见 *ILS* 1027（Ravenna），参见 *CIL* V, 5813（Mediolanium，由帕塔维乌姆人竖立）。他担任过军需官和南西班牙行省总督（公元98/99年［？］或公元99/100年）。他被认为就是伽利奥·特提埃努斯·塞维鲁·提比略·凯皮奥·希斯波（Galeo Tettienus Severus Ti. Caepio Hispo），公元118

年亚细亚行省总督（*SEG* IV, 532），参见 Groag, *PIR*², E 83，其中否定了格罗亚格本人在 P-W V A, 1103 ff. 中的疑问。他来自何方的问题已不可考：值得注意的是他的姓名中包含了"玛库斯·埃普勒乌斯·普罗库鲁斯（M. Eppuleius Proculus）"和氏族名"克劳狄乌斯"（*ILS* 1027）。特提埃努斯家族来自翁布里亚境内的阿西修姆

卢奇乌斯·费边·约斯图斯（L. Fabius Justus，公元102年执政官），科奈里乌斯·塔西佗的朋友：关于他的仕途生涯和出身（西班牙或纳旁高卢？），见附录14，原书第53、74、615页

玛库斯·尤尼乌斯·霍穆鲁斯（M. Junius Homullus，公元102年执政官），在某种意义上堪称一位演说家（见附录27），公元114年卡帕多西亚行省副将（Dio 68.19.1）

玛库斯·麦奇乌斯·凯勒尔（M. Maecius Celer，公元101年执政官），公元93年前后即将承担一个叙利亚军团的指挥权（Statius, *Silvae* 3.2.121 ff., 参见 *praef.*）

玛库斯·庞培·玛克里努斯·尼奥斯·特奥法尼斯（M. Pompeius Macrinus Neos Theophanes，公元100或101年执政官），仕途履历见 *IG* V, I, 151。公元93年前后拉丁大道管理官员（*curator viae Latinae*），随后担任过第6军团"征服者"（驻扎在下日耳曼行省）副将、奇里乞亚副将、西西里行省总督和执政官；并出任过阿非利加行省总督（公元116/7年〔？〕）。他是米提利尼的格涅乌斯·庞培·特奥法尼斯（Cn. Pompeius Theophanes of Mytilene）的后裔（见附录62）

卢奇乌斯·罗斯奇乌斯·埃利安·麦奇乌斯·凯勒尔（L. Roscius Aelianus Maecius Celer，公元100年执政官）。他的履历（不包括大法官级别的职务）见 *ILS* 1015。此人于公元83年担任第11军团"西班牙"的军团长，在图密善对查提人的战争中受过表彰，并担任过元首财务官（公元87年前后）。我们无从了解他的出身与人脉。Statius, *Silvae* 3.2.20 称另一位麦奇乌斯·凯勒尔（见上文）为意大利人

玛库斯·维托里乌斯·马塞卢斯（M. Vitorius Marcellus，公元105年执政官）他于公元95年前后出任拉丁大道管理官员（Statius, *Silvae* 4.4.60）。那位诗人预言他接下来会在某地指挥一个军团（ib. 61 ff.）。昆体良将他的伟大作品题献给了维托里乌斯（Vitorius, *Inst. Or., praef.* 6，等等）。他来自马鲁奇尼人的泰特（Teate Marrucinorum）（Statius, l.c. 85），并同霍希狄乌斯·格塔家族（Hosidii Getae，来自希斯托尼乌姆的一个执政官家族）沾亲带故，参见Statius, l.c. 73和他儿子的姓名（*PIR*[1], V 518）

26. 弗拉维王朝时期的演说术

我们可以通过老塞涅卡和昆体良的作品了解尤利乌斯-克劳狄乌斯王朝时期的演说术——但最好的媒介或许还是塔西佗的《编年史》（见第二十五章）。出于种种原因，老塞涅卡并未提及卢奇乌斯·福尔奇尼乌斯·特里奥（L. Fulcinius Trio，公元31年递补执政官）等著名演说家。此外，在尼禄与图拉真两朝之间存在着一段令人遗憾的空白期。出生于公元33年前后的昆体良记载了他所了解的6位最伟大的演说家，认真评判了他们的品质与能力（10.1.118 ff.），并概括了自己的结论——"塞涅卡的丰富、阿非利加努斯的活力、阿费尔的柔和、克里斯普斯的迷人、特拉查鲁斯的响亮、塞昆杜斯的优雅（copiam Senecae, vires Africani, maturitatem Afri, iucunditatem Crispi, sonum Trachali, elegantiam Secundi）"（12.10.11）。在昆体良写作之际，前3位已属于遥远的过去。在其他人物中，关于伽勒里乌斯·特拉查鲁斯（Galerius Trachalus，公元68年执政官）的最后记载是他在公元78年前后担任着阿非利加行省总督（*CIL* V, 5812）；尤利乌斯·塞昆杜斯（Julius Secundus）在年纪较小时便去世了。但公元62年前后的递补执政官维比乌斯·克里斯普斯（Vibius Crispus）一直活到了图密善登基后很久。

《关于演说家的对话》将尤利乌斯·塞昆杜斯和玛库斯·阿佩尔（不见于其他史料）视为韦伯芗统治前期最优秀的诉讼律师；当时如日中天

的演说家则是维比乌斯·克里斯普斯和埃普里乌斯·马塞卢斯（Eprius Maecellus）。后来遇祸的埃普里乌斯被昆体良小心翼翼地移出了名单，传统则禁止他提及在世的人物。他们的表现应当会得到塔西佗《历史》的充分报道——其中一些人无疑也会在关于尼禄统治末期的诉讼记录中占据一席之地。

为了填补相关空缺，我们有必要关注7位前执政官级别的演说家、律师或政治家：

（1）提比略·卡提乌斯·阿斯科尼乌斯·希利乌斯·意大利库斯（Ti. Catius Asconius Silius Italicus，公元68年执政官），另见原书第88—89页。他在韦伯芗时代"令人称道的闲暇（laudabile otium）"和堪为典范的亚细亚行省总督任期补救了他在尼禄时代的所作所为（*Epp.* 3.7.3）。但那并不一定意味着希利乌斯在元老院里或法庭上的演讲活动完全终结了

（2）盖约·帕奇乌斯·阿非利加努斯（C. Paccius Africanus，公元67年前后递补执政官），世人相信他应对向尼禄告发斯克里波尼乌斯兄弟（Scribonii）一事负责；他因此在公元70年遭到了攻击（*Hist.* 4.41.3）。他是公元77/78年的阿非利加行省总督（*IRT* 342）

（3）奥鲁斯·狄迪乌斯·伽鲁斯·法布里奇乌斯·维恩托（A. Didius Gallus Fabricius Veiento），见附录5

（4）卢奇乌斯·瓦勒里乌斯·卡图卢斯·麦萨利努斯（L. Valerius Catullus Messallinus，公元73年执政官，公元85年第二次出任执政官［递补］），一个社会地位不低的人物（关于对其家世和亲戚的猜测见 *PIR*[1], S 626）；他因为图密善效劳而臭名昭著（*Epp.* 4.22.5; Juvenal 4.113 f.），并且在公元93年时仍在人世

（5）盖约·萨尔维乌斯·利贝拉里斯·诺尼乌斯·巴苏斯（C. Salvius Liberalis Nonius Bassus，公元84年前后递补执政官），来自皮克努姆的意大利贵族，得到韦伯芗的拔擢（*ILS* 1011）；他是一名律师（Suetonius, *Divus Vesp.* 13），担任过多个行省职务，其中包括不列颠的审判官；他在公元87

年后遭到过审判与流放（参见 *PIR*¹, S 105）；史料表明，他在公元100年时是一位富于感染力的演说家（*Epp.* 2.11.17，参见附录27）

（6）玛库斯·阿奎利乌斯·雷古鲁斯（M. Aquillius Regulus，出任执政官的年代不详），伟大的律师，公元104或105年时仍在人世。他很可能当过执政官，参见 *Hist.* 4.42.5

（7）"告密者"庞培（Juvenal 4.110），很可能就是公元90年递补执政官格涅乌斯·庞培·卡图利努斯（Cn. Pompeius Catullinus）

这些姓名并不能告诉研究者太多东西。"游走于娓娓动听的论点之间的演员（inter eloquentissimos causarum actores）"（*Epp.* 4.11.1），因同一名维斯塔贞女通奸而遭到放逐（他似乎确实罪有应得）的瓦勒里乌斯·李锡尼亚努斯（Valerius Licinianus）也是如此：姓名特征表明此人来自西班牙，但我们不应将他与比尔比利斯的李锡尼亚努斯（Licinianus of Bilbilis）混为一谈——"凯尔提贝里亚人津津乐道的人物，我们西班牙的荣耀（Vir Celtiberis non tacende gentibus | nostraeque laus Hispaniae）"（Martial 1.49.1 f.）。我们对臭名昭著的告密者麦提乌斯·卡鲁斯（Mettius Carus）和普布利里乌斯·凯尔图斯（Publilius Certus）没什么可说的。但有人会对萨特里乌斯·鲁孚斯（Satrius Rufus）的才华感到好奇：雷古鲁斯评价他"并不模仿西塞罗，并对我们这个时代的演说术表示满意（cui non est cum Cicerone aemulatio et qui contentus est eloquentia saeculi nostri）"（*Epp.* 1.5.11）。他曾在公元97年为普布利里乌斯·凯尔图斯辩护（9.13.17）。

27. 小普林尼与演说家们

昆体良赞美过图密善统治后期的演说成就（10.1.122）。但伟大"律师"中塔西佗的前辈们是无法研究的；并且小普林尼也只将塔西佗一人奉为自己的导师和榜样（*Epp.* 7.20.4）。如果说公元1世纪80—90年代的演说术编年史几乎是一片空白的话，那么图拉真时代的一系列诉讼活动多少能够弥补一些缺憾。小普林尼报道过4次审判——马略·普利斯库斯（Marius Priscus，公元100年）、凯奇利乌斯·克拉西库斯（Caecilius Classicus，结案于公元100或101年）、尤利乌斯·巴苏斯（Julius Bassus，公元102/3年）和瓦勒努斯·鲁孚斯（Varenus Rufus，公元106—107年）。许多前执政官们都以这样或那样的方式参与其中。小普林尼对其中6人（塔西佗除外）进行了标签化的性格描述。他的评价或许具有启示意义：

提比略·卡提乌斯·凯西乌斯·弗隆托（Ti. Catius Caesius Fronto，公元96年递补执政官）："卓越的（insigniter）"（*Epp.* 2.11.18）、"令人惊异的（mirifice）"（4.9.15）、"严肃而坚定（graviter et firme）"（6.13.3）、擅长对情感的把控（2.11.3）[1]

（玛库斯［？］·）赫雷尼乌斯·波利奥（[?M.] Herennius Pollio，出任执政官的年代不详）："性情严肃、无可指摘（instanter et graviter）"（4.9.14）

玛库斯·尤尼乌斯·霍穆鲁斯（M. Junius Homullus，公元102年执政官）："令人惊异的（mirifice）"（4.9.15）、"真诚、犀利、富有教养（callide, acriter, culte）"（5.20.6）

（格涅乌斯［？］·）卢凯乌斯·阿尔比努斯（[? Cn.] Lucceius Albinus，出任执政官年代不详）："一个讲话内容丰富、优美的人物（vir in dicendo copiosus, ornatus）"（3.9.7）；另参见4.9.13

盖约·庞普尼乌斯·鲁孚斯（C. Pomponius Rufus，公元98年执政官）："一个训练有素、意志坚定的人物（vir paratus et vehemens）"（4.9.3）；另参见3.9.33[2]

盖约·萨尔维乌斯·利贝拉里斯·诺尼乌斯·巴苏斯（C. Salvius

---

[1] 他很可能是希利乌斯·意大利库斯的一位亲戚（见原书第668页）。他批评过涅尔瓦的统治（Dio 68.1.3）。

[2] 有别于昆图斯·庞普尼乌斯·鲁孚斯（Q. Pomponius Rufus，公元95年递补执政官）。

Liberalis Nonius Bassus，公元84年前后执政官）："一个品味高雅、井井有条、犀利且坚定的人物（vir subtilis, dispositus, acer, vehemens）"（2.11.17）；"他性格坚定且善于雄辩（ut est vehemens et disertus）"（3.9.36）。参见附录26

值得注意的是，这6位前执政官级别的"律师"中只有一位是小普林尼的笔友，即卢凯乌斯·阿尔比努斯（6.10），是他在克拉西库斯案件中的搭档——"我之前便与他彼此欣赏，在这次公务合作后我对他抱有强烈的好感（quem ego cum olim mutuo diligerem, ex hac officii Societate amare ardentius coepi）"（3.9.7）。在与小普林尼年龄十分接近的同龄人中（见附录25），尤尼乌斯·霍穆鲁斯拥有类似的地位；我们无从判断维托里乌斯·马塞卢斯（Vitorius Marcellus，他跟小普林尼都是昆体良的学生）是否有所成就；但贝比乌斯·玛凯尔和凯皮奥·希斯波可能具备一定才华。

演说家之间存在着竞争，还有学说之间的抗衡。并非所有人都喜欢小普林尼的西塞罗式文风。在将自己的作品送给盖约·米尼奇乌斯·芬达努斯（C. Minicius Fundanus，公元107年递补执政官）评判时，小普林尼知道后者可能会认为自己的文字过于"浮夸（tumidius）"。为了不让自己的朋友费心或反感，小普林尼专门补充了一些"紧凑、直白的句子（pressius quiddam et exilius）"（7.12.4）。芬达努斯是"阿提卡风格"的代表——参见他对"你们的纤巧风格（tenuitas vestra）"的抨击（ib. 5）。关于芬达努斯的种种细节（其中包括他是普鲁塔克朋友的史实）共同勾勒出一个十分鲜活、引人入胜的人物形象。[1]

对于一位地位较低的元老演说家，小普林尼给予了原本属于前执政官们专利的很高评价。一位尼格里努斯（Nigrinus）在担任公元105年平民保民官时展现出了活力（*Epp.* 5.13.6 f.）；我们再次发现关于此人的线索时，他位列瓦勒努斯·鲁弗斯的控告者之一，并发表了"精练、严肃、优

---

[1] 参见 E. Groag, P-W XV, 1820 f.。

美（presse, graviter, ornate）"的演说（5.20.6）。这个评语或许适合科奈里乌斯·塔西佗的一些学生们。这位尼格里努斯可能是谁呢？他可能是哈德良的朋友盖约·阿维狄乌斯·尼格里努斯（PIR^2 A 1408，公元110年递补执政官），尽管按照这一假说，他出任保民官与执政官的时间间隔显得有些过短。

小普林尼对年轻一代并不满意——"他们仿佛生来便知晓一切、理解一切；他们并不尊重或模仿任何前辈，而是各行其是地制订自己的规则（statim sapiunt, statim sciunt omnia, neminem verentur, neminem imitantur, atque ipsi sibi exempla sunt）"。但那并不妨碍他对两位尚未当上财务官的年轻人表示高度赞赏，因为他们展示了自己的出色潜力，并选择模仿最优秀的榜样——"他们似乎是在效仿我，追随我的足迹（me aemulari, meis instare vestigiis videbantur）"（6.11.2）。不幸的是，没有人能够证实他们的真实水平或日后的发展状况：因为此后是演说术发展史的另一段空白。这些"极其光辉的年轻人（clarissimi iuvenes）"的声誉不仅仅体现在雄辩上。其中一位是马上要被尤利乌斯·塞尔维亚努斯（Julius Servianus）招为女婿（他的女儿是哈德良的外甥女）的佩达尼乌斯·福斯库斯（Pedanius Fuscus）（6.26），此人当上了公元118年的名年执政官。另外一人——乌米狄乌斯·夸德拉图斯（Ummidius Quadratus，公元118年递补执政官）——或许已经通过某种方式同王朝集团建立了姻缘纽带。他的儿子（公元139年前后递补执政官）迎娶了玛库斯·奥勒留的姐妹阿尼娅·科尔尼菲奇娅·福斯提娜（Annia Cornificia Faustina）（PIR^2, A 708）。[1]

28.《关于演说家的对话》的年代问题

这篇文章曾引起过连篇累牍的讨论。它与《阿古利可拉传》《日耳曼尼

---

[1] 关于佩达尼乌斯家族和乌米狄乌斯家族，见原书第479—480页。

亚志》（以及苏维托尼乌斯《语法学家列传》和《演说家列传》的残篇）一道通过业已佚失的 *Codex Herzfeldensis* 流传至今，却并未被证实为科奈里乌斯·塔西佗的手笔。贝图斯·雷纳努斯（Beatus Rhenanus）对此表示怀疑，约斯图斯·利普修斯（Justus Lipsius）也是如此。后一位学者尝试提出过昆体良的名字，但后来又放弃了那一假说。[1] 近年来，一些人将自己的想象力转移到了小普林尼身上[2]，还有人提出了小普林尼的笔友和朋友、出身于骑士阶层的提提尼乌斯·卡庇托作为人选。[3] 所有这些都只是臆想而已。我们没有任何坚实的证据可以否定塔西佗的作者身份。对这个问题的质疑考验着（或许已经损害了）谨慎学术态度的美名。[4]

但我们还需面对两个问题。第一个问题相对次要，其关注的是作品的场景年代背景。作者记录的年代是韦伯芗统治的第6年——"自韦伯芗治理国家以来已过去了6个元首地位治下的幸福年头（sextam iam felicis huius principatus stationem qua Vespasianus rem publicam fovet）"（17.3）。随之产生的问题是：作者计算"元首治下的幸福岁月（felix principatus）"的起点从何算起？在韦伯芗看来，他的"登基之日（dies imperii）"是公元69年7月的第一天：当时他在东方被拥立为元首（最早是被埃及的军队拥立，*Hist.* 2.79.1）；他的保民官特权也被追溯到从这一天算起。但事实上，韦伯芗的元首身份迟至12月底，也就是维特利乌斯战败身死后才得到承认（*Hist.* 4.3.3）。因此，如果一位作家认为韦伯芗的统治始于和平恢复之年（也就是公元70年，这段文本的用语似乎支持这样的说法），那是可以理解的。此外，韦伯芗恰巧是在公元75年第六次出任执政官，那是一个重要的巧合。因此，我们或许有理由认为，《关于演说家的对话》的场景背景时间是公元75

---

1 这一看法最近又被 L. Hermann, *Latomus* XIV (1955), 349 ff. 重新提出。
2 C. Landi, *Athenaeum* XVII (1929), 489 ff.; C. Gallavotti, ib. XIX (1931), 35 ff.
3 E. Paratore, *Tacito* (1951), 233 ff. 反对意见如 H. Bardon, *Latomus* XII (1953), 166 ff.; 485 ff.; R.T. Bruère, *Class. Phil.* XLIX (1954), 166 ff.。
4 如 E. E. Sikes, *CAH* XI (1936), 738: "the author whom we must call Anonymous（我们必须称这位作者为不知名者）."

年，而非公元74/75年（从公元69年7月1日开始的算法）。

当然，有人辨析过"地位（statio）"一词的具体含义。[1]此外，对这段文本的另一处算法（西塞罗去世120年后）同样众说纷纭（ib.，参见24.3）。那个具体时间点应该是公元77/78年。这一算法中可能存在着某些错误。[2]不止一个原因告诉我们，更合理的时间点应该是公元74或75年。首先，作者称自己在讨论进行时"非常年轻（iuvenis admodum）"（1.2）。那个说法要比看上去更为精确。有人认为，那指的是青年尚未担任财务官的时候。赫尔维狄乌斯·普利斯库斯（Helvidius Priscus）和阿奎利乌斯·雷古鲁斯（Aquillius Regulus）的基本情况（*Hist.* 4.5.1 and 42.2）都是如此；更具体而言是指一个人刚满18岁之际——"图密善非常年轻的时候（iuvene admodum Domitiano）"（*Agr.* 7.4）。在其他地方使用的同一表述能够说明一些问题：昆体良同戏剧作家庞普尼乌斯·塞昆杜斯（Pomponius Secundus）相比"非常年轻（iuvenis admodum）"（8.3.31）；前者生于公元33年前后，而后者或许没有活到公元50年后很久。其次，《关于演说家的对话》提到了李锡尼乌斯·穆奇亚努斯（Licinius Mucianus）还在人世（37.2）；而此人在公元77年时已经去世（*NH* 32.62）。再次（但并非决定性的结论），库里亚提乌斯·玛特努斯（Curiatius Maternus）的《伽图》所引起的警觉更符合公元74年的情况，因为那或许正是新时代的小伽图——赫尔维狄乌斯·普利斯库斯被指控和流放之年（Dio 65.12.2，参见原书第212页）。

第二个问题是作品的创作年代。塔西佗在《阿古利可拉传》（3.2 f.）中明确宣称，那部传记是他出版的第二部作品。因此，《关于演说家的对话》的创作年代应该更晚。但有人认为，那是塔西佗早年的作品，出版于提图斯（或许是图密善）统治时期。[3]能够支持那一假说的只有强词夺理；但不厌

1　E. Norden, *Die antike Kunstprosa* I (1898), 325 f.; E. Koestermann, *Philologus* LXXXVII (1932), 363.
2　相关建议和修补方案见古德曼校勘本（第2版，Berlin, 1914），55 ff.; Schanz-Hosius, *Gesch. der r. Literatur* II^4 (1935), 608。
3　两种观点分别参见古德曼校勘本（Berlin, 1914），29 ff.; W. Peterson (Oxford, 1893), XVI ff.。

其烦或不加批判的"举世公认（communis opinio）"使得该假说一直很有市场。[1]

《关于演说家的对话》的整个布局立足于遥远的过去（1.2 f.）。全部4位对话者显然都已不在人世。事实上，在提图斯或图密善治下写作的任何一位作家也不可能如此自由地描述维比乌斯·克里斯普斯和埃普里乌斯·马塞卢斯（8.2 ff.）。事实上，昆体良不得不完全避免提及埃普里乌斯。

其他一些证据对于反对该作品创作于提图斯统治时期的假说具有决定意义。当时大约24岁的塔西佗是否会称12年前的自己"非常年轻"呢？我们在此可以插入一项人物志的相关研究成果。塔西佗提及了自己经常同朋友讨论伟大演说术难以为继这一重要话题的情况——"约斯图斯·费边啊，你经常问我（saepe ex me requiris, Iuste Fabi）"（1.1）。费边·约斯图斯是公元102年的递补执政官。他在提图斯统治时期或许还只是一位青年：他很可能属于得宠的"武人"群体，在年纪轻轻（37—38岁）时就当上了执政官（参见附录18）。费边最晚可能生于公元64或65年：也就是说他本人在提图斯统治时期是"非常年轻"的。

正如后人普遍意识到的那样，《关于演说家的对话》的作者是了解《修辞学教育》的内容的。[2]那部作品创作于图密善统治末期。此外，《关于演说家的对话》使用了成熟、权威的口吻。它并非一篇少年习作；它的作者已能够像历史学家那样思考和讨论问题。因此，它理应创作于塔西佗正在酝酿或创作《历史》的那个年代。

人们能够对此提出什么反对意见呢？只有关于文风的看法——并且他们并未深刻理解文风。后人冒失地假定，《关于演说家的对话》的西塞罗式风格必然属于科奈里乌斯·塔西佗文风发展的早期阶段。但文风是由体裁所决

---

1 主张或猜想较早年代的如 J. Wight Duff, *A Literary History of Rome in the Silver Age* (1927), 565 f.; C. Marchesi, *Tacito*[4] (1944), 45; M. L. W. Laistner, *The Greater Roman Historians* (1947), 103, 参见 177; M. P. Charlesworth, *OCD* (1949), 876。

2 特别参见 R. Güngerich, *Class. Phil.* XLVI (1951), 159 ff.。

定的。¹它并不构成关于作品创作年代的证据。²就文风而言,《关于演说家的对话》完全有可能创作于公元98年左右,大致与《阿古利可拉传》和《日耳曼尼亚志》同时。³

这还不是全部。对这篇作品写作年代的判断可以(或许应当)向后推迟几年。⁴在元老庇护人出任执政官前后将一首诗或一卷书题献给他乃是顺理成章的事情——如维吉尔将《牧歌》第4卷献给了波利奥,威利乌斯·帕特库鲁斯将自己的作品献给了玛库斯·维尼奇乌斯(M. Vinicius,公元30年执政官),或玛提阿尔将其作品的第12卷(参见其中的第二首诗)献给了卢奇乌斯·阿伦提乌斯·斯泰拉(L. Arruntius Stella,公元101年递补执政官[?])。既然如此,我们是否有理由根据费边·约斯图斯的执政官任期(费边于公元102年初享受了束棒护身的荣耀),推测《关于演说家的对话》出版于公元101年呢?⁵这个年代选择颇具诱惑力,参见原书第112页。

我们或许还可以更进一步。小普林尼作品中的线索暗示着更晚的年代。《书信集》两次提到了塔西佗送给朋友的一本书(*Epp.* 7.20.1; 8.7)。塔西佗似乎使用过"像老师对老师(ut magistro magister)"和"像学生对学生(ut discipulo discipulus)"的措辞。因此,那显然是一篇演说词,或是关于演说术的著作,而非史书(参见原书第113页)。那或许就是出版于公元107年前后的《关于演说术的对话》。⁶

---

1 如 F. Leo, *Gött. gel. Anx.* 1898, 169 ff.(对古德曼校勘本第1版的书评)所反映的那样; E. Norden, *Die antike Kunstprosa* I (1898), 322 ff.。

2 但公允的研究者们能够理解塔西佗的处理方式,参见 A. Gudeman, o.c. 20 ff.; H. Bardon, *Latomus* XII (1953), 485 ff.。

3 R. Reitzenstein, *Gött. gel. Nachr.* 1914, 173 ff. 若干更晚近的作者们也持相同的见解, 如 M. Schuster, *Weiner Studien* XLVI (1928), 234 ff.。

4 E. Koestermann, *Hermes* LXV (1930), 421和F. Klingner, *Die Antike* VIII (1932), 151 ff. = *R. Geisteswelt* (1943), 310 ff. 认为该作品创作于图拉真时代(但并未提出具体年份)。K. Barwick, *Sächsische S-B, phil.-hist. Kl.* 1954, Heft 4, 31相信其创作时间晚于《阿古利可拉传》和《日耳曼尼亚志》——甚至可能晚于公元105年。

5 A. Kappelmacher, *Wiener Studien* I. (1932), 121 ff. 另见 R. Güngerich, *Festschrift Bruno Snell* (1956), 145 ff.。后者认为小普林尼于公元101年修订其《颂词》时模仿了《关于演说家的对话》中的篇章。

6 H. Wagenvoort, *Mnemosyne* XLVII (1919), 359 ff.; ib. LIV (1926), 416 ff.

这一猜想可以得到某些论据的支持。小普林尼早期书信中没有关于《关于演说术的对话》的暗示或线索。但其中毕竟存在着一条年代很晚的暗示——"让我的诗歌沉寂下去吧，您在丛林中可以轻而易举地完成那样的作品（itaque poemata quiescunt, quae tu inter nemora et lucos commodissime perfici putas）"（9.10.2）。很少有学者会否认，这里提到了 *Dial.* 9.6（参见12.1）中的"在丛林中（in nemora et lucos）"[1]。我们或许还应注意关于一个在晚宴上向姗姗来迟的老乡介绍小普林尼的人的故事（那封信［9.23.4］也提到了塔西佗）。它可被视为 *Dial.* 7.4的注脚："造访者和游客在初到罗马城时都会去拜访自己早有耳闻的、居住在首都的本城镇或殖民地老乡，希望能够结识他们（advenae quoque et peregrini iam in municipiis et coloniis suis auditos, cum primum urbem attigerunt, requirunt ac velut adgnoscere concupiscunt）。"

要之，《关于演说家的对话》似乎创作于费边出任执政官之际，或4—5年之后。无论在哪种情况下，这部作品都跟塔西佗的史学研究和对演说术价值的否定密切相关。在叙述韦伯芗统治时期的历史时（*Hist.* 4-6），塔西佗回顾了自己年少时经历的场景和结交的朋友们——并且他在叙述公元69年的战役时已经使用过维普斯塔努斯（Vipstanus）的回忆录（3.28.1）。雷古鲁斯是一个令人兴奋的角色（4.42）。更重要的是，埃普里乌斯·马塞卢斯和维比乌斯·克里斯普斯等伟大演说家和股肱之臣与图拉真统治初年的演说家和公共演说术的现实状况构成了鲜明反差。我们或许可以将《关于演说家的对话》视为《历史》的副产品。[2]

---

1 参见R. T. Bruère, *Class. Phil.* XLIX (1954), 166 ff. 对这些文本充满洞察力的讨论。他也认为 *Epp.* 1.6.2呼应了 *Dial.* 36.1。
2 关于对年代和真实性相关看法的不无裨益的梳理分类，见J. Frot, *Rev. ét. lat.* XXXIII (1955), 120 ff.。

D.《历史》

29. 塔西佗与普鲁塔克

普鲁塔克的《伽尔巴传》与《奥索传》同塔西佗《历史》卷1—2部分内容的对应关系是为数不少且引人注目的。[1] 我们对此可以有两种解释：要么是普鲁塔克遵循了塔西佗的叙述传统，要么是二者采用了共同的史料。

第一种假说的适用范围是有限度的。普鲁塔克广泛使用了尼姆菲狄乌斯·萨比努斯的材料，并在其他地方提供了不见于塔西佗作品的细节和姓名。因此，普鲁塔克至少还有另一种史料来源。那么，普鲁塔克是否也使用过塔西佗的著作呢？一些学者们（如波瑞尼乌斯 [Borenius] 和莫米利亚诺）基于不同的评判标准提出过那样的假说。[2] 但要想对此加以证明，我们需要找到不可能来自早于《历史》前两卷写作时间（公元105年前后）的史料的证据。有人声称找到过一则那样的材料。奥索在遗言中鼓励自己的侄子萨尔维乌斯·科切亚努斯（Salvius Cocceianus）对自己予以纪念，其言辞不能太过平淡——但也不可夸大其词（2.48.2; *Otho* 16）。这套叙述模式可能是

---

1 哈代（E. G. Hardy）在其对这两篇传记的校勘本（1890），XXXVII ff. 中一目了然地罗列出了这些材料和其中的分歧（XXIX ff.）。关于相关争论的冗长书目，见 Schanz-Hosius, *Gesch. der. r. Literatur* II⁴ (1935), 629 ff.。

2 C. E. Borenius, *De Plutarcho et Tacito inter re congruentibus* (Diss. Helsingfors, 1902); A. Momigliano, *Stud. it. fil. cl.* IX (1931), 117 ff.，关于史源的附录，171 ff.。

从后来的结果倒推出来的（vaticinium ex eventu），因为科切亚努斯由于纪念奥索的生日而被图密善处死了（Suetonius, Dom. 10.3）。因此，有学者认为，这套叙述体系不可能出版于图密善去世之前。这一结论很有诱惑力，但并非无懈可击。[1] 奥索的遗言有可能被如实报道并广为人知。当时有许多人物在场，如他的秘书尤利乌斯·塞昆杜斯——普鲁塔克承认那是他的史料来源之一（Otho 9）。

此外还有一个问题。《伽尔巴传》和《奥索传》是对历史叙述的改编。它们原本就不在《希腊罗马名人传》（Parallel Lives）[2] 的框架之内。它们是从自奥古斯都到维特利乌斯的8位元首的传记中幸存下来的文本（拉姆普瑞亚斯［Lamprias］的《目录》［Catalogue］证实了这一点）。这部作品可能创作于《历史》前两卷出版之前——可能是在公元96年后不久：当时弗拉维王朝的终结使得早期元首们的统治史成了一个颇具吸引力的主题。我们最好还是应该假定，塔西佗与普鲁塔克的作品是彼此独立的。

剩下的选项便是二者拥有共同的史料来源，那也是得到了普遍接受的假说。[3] 接下来的工作自然是确定该来源到底是什么。那位作家应当也记述过尼禄（参见 Galba 2: "ὥσπερ εἴρηται［如前所述］."）和维特利乌斯——因为《历史》卷3同苏维托尼乌斯的《维特利乌斯传》之间也存在着重合之处：苏维托尼乌斯使用了这位不知名者、塔西佗和另外一种史料。[4]

蒙森尝试提出了前执政官史学家克鲁维乌斯·鲁孚斯的假说，但赞同者寥寥。[5] 我们完全无法确定，克鲁维乌斯的叙述是否涵盖了公元69年的史事。[6]

1　参见 Ph. Fabia, *Les Sources de Tacite dans les Histoires et les Annales* (1893), 207; E. Groag, *Jahrbücher für cl. Phil.*, Supp.-Band XXIII (1897), 761。

2　字面意为"平行列传"。——译注

3　事实上，得出那一结论是不可避免的。参见 E. Hohl, *Klio* XXXII (1939), 312。

4　E. Groag, o.c. 766 ff.

5　*Hermes* IV (1870), 295 ff. = *Ges. Schr.* VII, 224 ff. 在他之前持此说的是彼得，后者此后放弃了该假说，参见 *HRR* II (1906), CLII。但 F. R. B. Godolphin, *AJP* LVI (1935), 324 ff. 进一步发展了克鲁维乌斯说。

6　Fabia, o.c. 171 ff.; Groag, o.c. 776. H. Peter, o.c. CLVIII 对此未下定论。

诚然，普鲁塔克确实引用过克鲁维乌斯作为权威史料，以便证明存在着一份被送往西班牙的、交给"尼禄·奥索（Nero Otho）"的官方文件（*Otho* 3，参见 Suetonius, *Otho* 7，塔西佗没有提及这个说法）。该信息有可能来自克鲁维乌斯对公元68年事件的记述（以便说明尼禄在死后仍旧很得人心），或通过口耳相传的方式被普鲁塔克所得知。另外一处细节似乎具有决定性意义——维特利乌斯同弗拉维乌斯·萨比努斯之间的对话。克鲁维乌斯当时是在场的。塔西佗记载了此事，没有提及相关出处，只是说"相传（ut fama fuit, 3.65.2）"。塔西佗通常是不会遗漏关于秘密磋商的真实记录的（只要他能够获取这些信息）。

其他学者们普遍认可的人选是老普林尼——尼森（Nissen）、格尔克（Gercke）、法比亚等人均持此说。[1] 但仅仅指出《历史》在叙述克雷莫纳战役的一幕场景时（3.28）理应引用过老普林尼的作品是不够的。另一方面，我们也有理由指出，老普林尼作为史学家的水准（以及他在塔西佗心目中的价值）之前被过分高估了。格罗亚格和彼得的一些评论可以对此有所纠正。[2] 此外，格罗亚格还提供了一项论据，证明老普林尼不可能是那位不知名者。那段材料描述了凯奇纳·阿利埃努斯如何在意大利诸城镇招摇过市，引起当地人强烈反感——"因为他在讲话时穿着色彩斑驳的大氅和灯笼裤，留着浓密的大胡子，身披长袍（quod versicolori sagulo, bracas, barbarum tegumen, indutus togatos adloqueretur）"（2.20.1; *Otho* 6）。[3] 那段文字不可能发表于公

---

[1] H. Nissen, *Rh. Mus.* XXVI (1871), 497 ff.; A. Gercke, *Jahrbücher für cl. Phil.*, Supp.-Band XXII (1896), 159 ff.; Ph. Fabia, o.c. 199 ff.; A. Momigliano, *Stud. it. fil. cl.* IX (1931), 187. 后者放弃了克鲁维乌斯·鲁孚斯说法，只能在维斯帕斯努斯·麦萨拉和老普林尼之间选择，因而选中了老普林尼。但我们还应注意他最近的一句简短评论："通常认为那就是老普林尼的观点是非常可疑的。"（*OCD* [1949], 377）

[2] E. Groag, o.c. 777 ff.; H. Peter, *HRR* II (1906), CLV. 关于老普林尼编年史缺陷的更多信息见第二十三章（论尼禄统治时代的相关史源）。

[3] Groag, o.c. 772, 被 H. Peter, o.c. CLIII 所接受。我们最好在关于史源的讨论中省略对高卢暴乱者尤利乌斯·萨比努斯的讨论（此人的藏身之所直至公元79年方才找到，*Hist.* 4.67.2）。塔西佗不一定是通过文字史料了解到该信息的，普鲁塔克也是如此（*Amat.* 25）。该内容同样见于狄奥作品（Dio 66.16.1 f.）的事实跟塔西佗史料来源的研究无关，尽管 J. Martin, *Würzburger Studien* IX (1936), 53 ff. 在这个问题的论证上下了很大气力。

元79年之前——老普林尼恰恰去世于那一年。老普林尼有可能在评价身败名裂的安东尼·普瑞姆斯（Antonius Primus）时毫无顾忌，但他不敢对凯奇纳这样做。（当然我们无法否定这样的可能性：老普林尼或许会在一部打定主意要在身后出版的作品中对此人畅所欲言，见 *NH, praef.* 20。）

那位不知名者依旧难以捉摸。对此进行过认真钻研的格罗亚格认为他是费边·鲁斯提库斯，此人在很多方面是符合条件的。[1] 但学者们还没有对格罗亚格的这项研究（其中同时牵涉到塔西佗的方法和史料来源）予以充分注意。[2]

声称自己对此人身份一无所知或许是更稳妥的办法。据弗拉维乌斯·约瑟福斯所说（*BJ* 4.496），许多历史学家都记载过那些事件。假说马略·塞尔苏斯记述过相关历史（参见附录32）倒是无伤大雅（但也解决不了多少问题）。那个时代已知历史学家们的情况很少能够得到证实——即便是老普林尼的信息也仅仅来自他本人、他的儿子和塔西佗；提供费边·鲁斯提库斯信息的只有塔西佗（因为昆体良提及此人时并未点名）；如果不是能够看到《编年史》中的两处说明和小普林尼作品中的一则逸事的话，没有人会知晓克鲁维乌斯·鲁弗斯还写过史学作品。

史料批判（*Quellenkritik*）的掉书袋传统很容易将最重要的问题模糊化——如塔西佗的素养、他的写作技巧和对材料的择取。此外还有那位不知名者的素养（在普鲁塔克的作品中得到了非常充分的展示），因为他是联结李维和塔西佗之间已不可考的编年史传统的重要纽带。

在罗马史学研究领域，尼森提出了一项原则（或不如说是教条）——每位作家通常都会选择一种史料来源，并对之亦步亦趋。尼森在其关于李维的前沿著作中已经证明，这位作者在记述东方事务时照搬了波利比乌斯的作品。[3] 尼森试图在评价塔西佗时沿用这些成果[4]；蒙森则走得更远，断言塔西

---

[1] Groag, o.c. 787 ff.
[2] Momigliano, *Stud. it. fil. cl.* IX (1931), 171 ff. 没有引述或讨论过他的观点。
[3] H. Nissen, *Kritische Untersuchungen über die Quellen der 4. und 5. Dekade des Livius* (1863).
[4] *Rh. Mus.* XXVI (1871), 500.

佗和无名作家之间的关系可对应于李维与波利比乌斯。[1] 这种风气被固化为一种传统。法比亚在其鸿篇巨制中将"尼森法则（Nissen's Law）"同时应用于《编年史》和《历史》——那一方面展示了他的博学与执着，另一方面也是极其有害的。有人提出过抗议，但并不是总能得到认可。[2]

30. 奥索的战略

塔西佗对奥索与维特利乌斯麾下将领之间内战的记载暴露了各种缺点。亨德森对塔西佗的可信度与判断力进行了连篇累牍的批判。他试图借助大量现代工具书重构军事行动背后的运筹帷幄。在确信自己采用的方法有效的情况下，他声称奥索本人拥有令人惊异的战略才华。[3] 亨德森关于塔西佗所用史料的看法十分特别[4]；并且他批评那位出身元老的历史学家过分痴迷于修辞学，并且完全不懂军事。亨德森的方法很快招致了哈代的严厉批评。[5] 这一话题持续引人关注。[6]

一项次要军事行动很能说明问题。奥索曾向纳旁高卢沿海地区派出过一支征讨部队（*Hist*. 1.87; 2.12 ff.）。前一年里或许已经有过那样的先例。尼禄曾面对过类似的局势——高卢发动了叛乱，伽尔巴在西班牙被拥立为元首。零散的证据表明，尼禄曾下令在意大利北部集结大量兵力。[7] 然而，我们

---

1 *Ges. Schr.* VII, 244. 如 Groag, o.c. 762 f. 所指出的那样，尼森和蒙森都不曾对塔西佗和普鲁塔克的文本进行过足够全面的比较研究。
2 参见 G. H. Stevenson, *Journ. Phil.* XXXV (1920), 204 ff. 中的睿智见解。
3 *Civil War and Rebellion in the Roman Empire* (1908).
4 o.c. VIII: "his information represents little but the common gossip of the camp, the talk of the private soldier or subordinate officer（他所提供的信息差不多只是军营里尽人皆知的事情，或是普通士兵或下级军官们的谈资）."
5 *Journ. Phil.* XXXI (1910), 123 ff.
6 特别参见 A. Momigliano, *Stud. it. fil. cl.* IX (1931/2), 117 ff.; A. Passerini, *Studi di antichità classica offerti ... a Emanuele Ciaceri* (1940), 178 ff.。前一位学者指责历史学家塔西佗"对军事行动缺乏经验到了近乎幼稚的程度（inesperienza talvolta perfino ingenus di operazioni militari）"（o.c. 131）。
7 参见 R. Syme, *AJP* LVIII (1937), 10 f.。

手头并无关于舰队任何行动或计划的线索。伽尔巴这一边也并非毫无动作。最近发现的一则铭文表明，昆图斯·庞普尼乌斯·鲁弗斯曾被任命为"伽尔巴代理共和国元首期间纳旁高卢战争中的近西班牙海军将领（praef. orae marit, Hispan. citer. Gallia[e] N[a]rbon. bello qu[od] imp. G[a]lba pro [re p.] gessit）"（*AE* 1948, 3 = *IRT* 537）。纳旁高卢沿岸最重要的战略据点是尤利乌斯广场镇，那里是从纳旁高卢进入海岸地区的主干道（从西班牙取道纳旁与阿瑞拉特）。尤利乌斯广场镇曾在之前的内战中扮演过重要角色：玛库斯·安东尼在从穆提纳撤退后占据了那里（Cicero, *Ad fam*. 10.17.1）。它在元首制前期一度被用作海军基地；塔西佗在记载公元69年后期的一起事件时称此地为"海洋的锁钥（claustra maris）"（3.43.1）。对于伽尔巴或尼禄而言，保住尤利乌斯广场镇是至关重要的；或许那就是科奈里乌斯·福斯库斯为伽尔巴夺取的殖民地城镇（2.86.3，参见附录33）？

然而，奥索的军队并未逼近尤利乌斯广场镇。它从未进入纳旁。军事行动开始于滨海阿尔卑斯山区（Alpes Maritimae）的小范围边界（2.12）。远征军袭击了阿尔宾提米利乌姆镇（2.12 f.）。但舰队夺取并攻克（2.13）的阿尔宾提米利乌姆事实上属于意大利境内的第九区域（the Ninth Region，具体而言是利古里亚）。这次攻击也没有动用费边·瓦伦麾下翻越阿尔卑斯山的部队主力。[1] 尽管奥索一派在两翼取得了胜利，他们却未能再取得任何进展，而是长途撤退到了利古里亚境内的阿尔宾古努姆（Albingaunum），"签订了短暂的停战协议（velut pactis indutiis）"（2.15.2）。

奥索曾因设计了一项伟大战略的第一阶段而受到称赞——他只是被麾下将领们的无能毁掉了。[2] 他们在胜利之后本有机会"向布里安松（Briançon）

---

[1] 2.14.1: "duas Tungrorum cohortis, quattuor equitum turmas, universam Trevirorum alam cum Iulio Classico praefecto misit, e quibus pars in colonia Foroiuliensi retenta (他派出了2个图格里亚人的卫队、4个骑兵队以及特瑞维利人的全部兵力，命令尤利乌斯·克拉西库斯为指挥他们的将领，并将一部分兵力留在尤利乌斯广场镇驻守)."

[2] B. W. Henderson, o.c. 77 ff.

方向推进"[1]。但相关研究者并未解释，一支军队通过哪条路径可以从阿尔宾提米利乌姆郊区抵达布里根提奥（Brigantio，即布里安松）。塔西佗的清醒叙述和明确无疑的地理数据都可以打消我们的怀疑。另一方面，真正明智的战略（如果奥索确实具备的话）肯定会第一时间攻击尤利乌斯广场镇——并且费边·瓦伦斯也明知存在那样的危险（2.14.1）。[2]

但真正的主题是贝德里亚库姆战役。我们最好从普鲁塔克的叙述开始：他拥有优质的史料来源，并且没有机会对此加以改造或增补。他的叙述是清晰、直白的（Otho 2）。奥索希望开战，士兵们则已摩拳擦掌。部队从贝德里亚库姆开拔，在前方50斯塔迪昂处扎营。他们的目的是继续向敌人逼近至少100斯塔迪昂，但苏维托尼乌斯·保利努斯在第二天提出了反对意见：他们应该留在原地，而不是继续长途跋涉并让自己暴露在攻击之下。将领们之间爆发了争论，但一名努米底亚传令官带来了奥索的命令：他们不可继续逗留或拖延，而是应当立即前去迎战敌人。因此，全军马上拔营出发，战斗随即开始。

普鲁塔克提供的数字只是约数。将它们加在一起得到的结果是第二天行军到了距贝德里亚库姆约15罗马里（如果文本中的10斯塔迪昂等于1罗马里的话），或18罗马里的地方（更符合语境，如果8斯塔迪昂可以折算为1罗马里）。克雷莫纳距贝德里亚库姆约20罗马里，战斗可能就发生在距克雷莫纳数罗马里（或许是4罗马里）的地方。

到目前为止，一切都还容易解释。问题出现在塔西佗的叙述中。奥索军队前进到了"距贝德里亚库姆4个界碑处（ad quartum a Bedriaco）"（2.39.2）。将领们在那里讨论并质疑了作战计划——"在这里对作战计划提出了疑问（ibi de proelio dubitatum）"。奥索派来的使节禁止继续耽搁下去；

---

[1] ib. 78.
[2] 莫米利亚诺的评价——"行动迅捷且不失时机（azione abile e fortunata）"（Momigliano, o.c. 128）——似乎对奥索过于袒护。帕塞里尼关于"这次军事行动的策划十分周详（l'operazione era ben concepita）"的总结也缺乏依据（Passerini, o.c. 190）。

但士兵们希望元首亲自参战；许多人还认为应当调来波河对岸的部队。

然而，进军在第二天继续进行，并且还设定了具体目标：再前进16罗马里——"他们并未计划投入战斗，而是前往距营帐16罗马里的波河与阿杜亚河交汇处的战场（non ad pugnam sed ad bellandum profecti confluentis Padi et Aduae fluminum, sedecim inde milium spatio distantis, petebant）"（2.40.1）。接下来是进一步的讨论。保利努斯和塞尔苏斯持批判态度——军队将会在行进或扎营时面临遭到进攻的危险，并且敌人只需前进约4罗马里。但提提亚努斯（Titianus）和普罗库鲁斯（Proculus）坚持原来的方案——奥索的指示随后送到，努米底亚的使者"带来了严厉的命令（cum atrocibus mandatis）"。

在对奥索军队离开贝德里亚库姆到最后溃败的叙述过程中，塔西佗（2.39-44）显然使用了被普鲁塔克复述（*Otho* 11 f.）的材料。其中的差异是非常重要的。我们有必要研究它们是如何及为何产生的。主要的出入在于塔西佗对第二天行军目的地的描述："波河与阿杜亚河交汇处（confluentis Padi et Aduae fluminum）。"那一细节几乎不成为一个问题——但研究者们的注意力都汇集于此。

还有其他一些情况。普鲁塔克记述了将领们的一次讨论。它发生在第二天的行军开始之前——结束于努米底亚的使者抵达之时。但那在塔西佗的笔下是两次讨论。第一次发生在当天出发之前。塔西佗没有提及任何一位将领，但提到了奥索派来的使者。保利努斯和塞尔苏斯的建议遭到了驳斥，依据是努米底亚使者带来的信件。

我们无法依据文本本身否定两次讨论和奥索派遣两名使者的真实性（普鲁塔克可能会省略与删减一些内容）。尽管如此，研究者们还是怀疑塔西佗复制了相关情节，以便利用另一则史料来提供具备某种所谓有效信息（在这里是这次行军的目的地：波河与阿杜亚河交汇处）的额外细节，结果搞错了地点并造成了情节的叠加。塔西佗说"他们并未计划投入战斗，而是前往战场（non ad pugnam sed ad bellandum profecti）"。他对战略计划的描述本身并不错——但难道这段交代不应当出现在恰当的地方，也就是解释前一天从贝德里亚库姆出发的原因之中吗？

如果塔西佗确实笨拙地糅合了两种史料来源的话，那么我们或许可以得出进一步的推论。或许16罗马里这个数据（来自塔西佗的第二份史料）指的是从贝德里亚库姆到最终目的地之间的距离，而不是如塔西佗所说的第一天行军4罗马里后从营帐到目的地的远近。那将把我们带到一个距克雷莫纳4罗马里的地点。在塔西佗笔下，保利努斯和塞尔苏斯指出，敌人只需前进4罗马里即可发动攻击；克雷莫纳距贝德里亚库姆20罗马里，至少按照记载过该战役经过的庞培·普兰塔（Pompeius Planta）的计算是这样（*Schol.* on Juvenal 2.99）。这符合普鲁塔克作品中的数字——距贝德里亚库姆150斯塔迪昂（即总距离15或18罗马里）。庞培·普兰塔很可能就是被塔西佗用来补充他和普鲁塔克共同史源之不足的那位作家。

在分析了普鲁塔克与塔西佗笔下的里程数据后，我们有理由认为，奥索军队最终抵达了波斯图米亚大道，战斗就发生在那里。然而，塔西佗认为他自己记述的16罗马里终点乃是阿杜亚河与波河交汇处。这一说法只能用某种极端、牵强的假说去解释：因为阿杜亚河汇入波河是在克雷莫纳上游约7罗马里处（见下文）。

关于"史料批判"思维的影响不亚于（或许还超过了）地理位置出入的问题，我们已经谈得够多了。类似案例可参见李维对汉尼拔渡过罗讷河后抵达阿尔卑斯山区的记载（21.31 f.），其中糅合了两个（也许是三个）不同版本。普鲁塔克所使用的一种史源是清晰可辨的。至于塔西佗何以引入了"波河与阿杜亚河交汇处"的说法，我们从他本人的任何记述中都找不到答案。在撰述《历史》卷2时，塔西佗可能无法获得任何有帮助的批评意见：也许他从来就不熟悉意大利北部的地貌。

我们还需介绍现代学者对这场战役的重构。蒙森认为，塔西佗混淆了奥索军队的最终目的地和第二天行军的阶段性目标。[1] 16罗马里这个数字是准确

---

1 Mommsen, *Ges. Schr.* IV (1906), 361.

的：奥索军队的计划是在离开波斯图米亚大道后向西北方向前进，占据从布瑞克西亚前往克雷莫纳的道路两侧，切断维特利乌斯的部队同布瑞克西亚之间的联系。

亨德森进一步发展并丰富了这一假说。[1] 奥索军队的计划是迂回绕过克雷莫纳，在西边驻扎下来——那里正好是阿杜亚河与波河的交界处，从而围困克雷莫纳一带的敌军。与此同时，从后方赶来的多瑙河驻军将从东方面对克雷莫纳。然而，为了支撑自己的观点，亨德森不得不使用牵强附会的办法。他建议修改塔西佗的文本，将第一天行军路程的4罗马里改为14罗马里。[2] 那种处理方式是值得商榷的——它忽视了 Plutarch, *Otho* 11所提供的证据（50斯塔迪昂）。此外，来自多瑙河地区的兵力是否足够强大，并且已经足够接近克雷莫纳？亨德森接受了 Suetonius, *Divus Vesp*. 6.2的说法（尽管他并未直接引用）。[3] 但那段文本表明，默西亚的辅军当时还在阿奎雷亚以北。于是该假说不攻自破。

亨德森重构版本的修订版最近应运而生。帕塞里尼在其严谨、深入的研究中认为，塔西佗作品中16罗马里的数据并不准确；但他相信行军目的地仍为"波河与阿杜亚河交汇处"。[4] 他认为，奥索军队的目的是离开波斯图米亚大道，通过切断或威胁切断维特利乌斯部队同提奇努姆和麦狄奥拉尼乌姆的联系（布瑞克西亚并不重要）强迫对手速战速决——但并不是在战斗真正进行的那一天。他们至少会计划安营扎寨一个晚上，因为有必要让队伍在发动进攻前恢复体力。

帕塞里尼研究成果的一个重要贡献是他深入研究了交战双方的人数，通过计算奥索的兵力分析了奥索在正面交锋中的胜算（参见附录31）。但这里面还包含着一个难点——背负辎重穿越溪流、沟堑、树丛和果园密布的

---

[1] o.c. 100 ff.; 340 ff.

[2] o.c. 345.

[3] o.c. 96，参见101。

[4] A. Passerini, o.c. 228 ff.

乡间地形时的侧翼行进速度。我们可以参考对波斯图米亚大道北侧地貌的描述——"当地遍布树木和果园（per locos arboribus ac vineis impeditos）"（2.42.2）。另一方面，波河旁边有一块"开阔田地（patenti campo）"（2.43.1），那里进行过一些激烈战斗。

其他学者对提及阿杜亚河一事感到困惑不解，试图通过真实战斗发生的位置——已偏离波斯图米亚大道，或许再走3—4罗马里就到克雷莫纳，位于波斯图米亚大道和波河之间——来推断奥索军队的战略计划（倘若确实存在的话）。该观点的好处是将奥索部队的位置确定为波河以南。事实上，确实有一批角斗士乘船过了河，但被击败；胜利者乘势追击并包抄了奥索部队阵线的左翼（2.43.2）。

哈代在克雷莫纳下游数罗马里处发现了由南岸（即右侧）注入波河的一条小河——现今的阿德拉河（Adra）[1]；于是这条小溪以"阿尔达河（Ardae）"的名目进入了《历史》的牛津版文本（C. D. Fisher, 1911）。但这个说法是无法成立的。阿德拉河不可能是在波河对岸（即左岸）的部队的行军目的地。（并且这场战役是以阿利亚河［Allia］命名的：战斗必然发生在阿利亚河汇入台伯河的一侧，即波河左岸。）

一种极端的解决办法不是修改塔西佗的文本，而是重构该地区的历史水文状况。古时的阿杜亚河可能是在克雷莫纳下游数罗马里处，而非城市上游7罗马里处与波河交汇的。这一解释不乏支持者。[2]但没有人能提供相关证据。因此谜团仍旧存在。

31. 集结于贝德里亚库姆的奥索兵力

阿尼乌斯·伽鲁斯（Annius Gallus）和元首都率领军队从罗马城赶到

---

[1] E.G. Hardy, o.c. 139.
[2] G. Niccolini, *Rend. Acc. Lincei* XV (1906), 278 ff.; A. Momigliano, o.c. 139 f. 反对意见如 A. Passerini, o.c. 220。

了北方（*Hist.* 2.11）。[1] 阿尼乌斯带着辅军第1军团、5个禁卫军卫队、2000角斗士；元首则带着"禁卫军精锐和剩下的卫队，以及已退伍的卫队士兵和大量海军（speculatorum lecta corpora cum ceteris praetoriis cohortibus, veterani e praetorio, classicorum ingens numerus）"。此时的禁卫军包含12个卫队，或许每个卫队理论上拥有1000人。此外还有4个罗马城内的卫队，另外1个驻守在奥斯提亚（1.80.1）。未知元素是海上远征军的规模——"他在舰队中补充了城市卫队和禁卫军中的许多兵力，他们是充满活力、健康强壮的士兵，能够为将领提供建议和约束（addidit classi urbanas cohortis et plerosque e praetorianis, viris et robur exercitus atque ipsis ducibus consilium et custodes）"（1.87.1）。如果根据实际军事行动或费边·瓦伦斯派来对付这支军队的兵力来看，禁卫军的贡献未必十分可观。

我们接下来再看海军。帕塞里尼对"大量（ingens numerus）"进行了解释[2]，认为他们主要构成了在提奇努姆和普拉森提亚之间被俘的1000人（2.17.2）。但这一插曲发生于战役前期，奥索北上之前。我们有理由认为，这批"海军（classici）"的人数至少达到了1个军团的规模。这个军团事实上正在组建，参见1.87.1："他将从穆尔维亚桥大屠杀中幸存下来、被残忍的伽尔巴关押的那些人组建成为一个军团，让他们有理由期望能在今后的军旅生涯中博取荣誉（reliquos caesorum ad pontem Mulvium et saevitia Galbae in custodia habitos in numeros legionis composuerat, facta et ceteris spe honoratae in posterum militiae）。"奥索阵营中这个草草组建的军团（现代学者们在统计时往往会忽略它）显然并非辅军第1军团（1.6.2; 31.3; 36.3; 2.11.2，等等）。

两支意大利舰队人手十分充裕（参见拉文纳舰队的情况，3.50），奥索也能够调动拉文纳或米塞努姆的舰队。最后，我们还注意到，之前被尼禄征

---

[1] 尽管遭到了许多学者的忽视，但A. Passerini, o.c. 200 ff. 和Ph. Fabia, *Rev. ét. anc.* XLIII (1941), 192 ff. 已较为详细地讨论了奥索兵力的问题。

[2] o.c. 192.

调的、属于多瑙河驻军的一个分队于1月出现在了罗马城（1.6.2; 26.1; 31）。禁卫军（或许包括10个卫队）、辅军第1军团、海军和偶然加入的部队总人数可能达到了20000人。

奥索之前已从默西亚、达尔马提亚和潘诺尼亚的驻军中抽调了兵力。在军团之前打头阵的辅军和若干部队有可能赶到了贝德里亚库姆。[1] 安东尼·普瑞姆斯日后发表的演说提到了一起其他史料都未记录的细节——"来自潘诺尼亚和默西亚的两支部队穿透了敌军阵线（duae tunc Pannonicae ac Moesicae alae perrupere hostem）"（3.2.4）。默西亚当时有3个军团：第3军团"高卢"、第7军团"克劳狄亚"和第8军团"奥古斯塔"。其中两个驻扎在后来的下默西亚行省，如调动需要行军很长的距离。[2] 事实上，默西亚的辅军在开战时还远在阿奎雷亚的另一侧（2.85.1，参见 Suetonius, *Divus Vesp.* 6.2）。[3]

奥索从潘诺尼亚和达尔马提亚调来了4个军团，每个军团前面有一支由2000辅军构成的先遣队。来自距离最近要塞（潘诺尼亚境内的波埃托维奥）的第13军团"双胞胎"在卡斯托尔门户投入了战斗，由副将维狄乌斯·阿奎拉（Vedius Aquila）率领的整个军团参加了贝德里亚库姆战役（2.24.3; 43 f.）。出现在贝德里亚库姆的还有第14军团"双胞胎"的部分兵力（2.43.2，参见66.1）——据说军团主力就在后方不远处（2.32.2，参见54.1）。现存史料没有记载它来自哪个行省——有可能是潘诺尼亚。[4] 它是被尼禄从不列颠抽调过来准备东征的，在尼禄覆灭之际同其他部队一道驻扎在意大利北部（2.27.2）。

至于伽尔巴不久以前在西班牙招募的第7军团，后来的信息表明，至少该军团的副将、令人生畏的安东尼·普瑞姆斯没有在战争中为奥索效劳

---

1 如 Passerini, o.c. 201 ff. 所恰如其分地强调的那样。
2 E. Ritterling, P-W XII, 1521; 1649（第3军团"高卢"和第8军团"奥古斯塔"）.
3 因此奥索于战后第二天在布瑞克塞鲁姆收到的、关于他们已抵达阿奎雷亚的报告是虚假的。
4 R. Syme, *AJP* LVIII (1937), 11（对尼禄集结兵力的讨论）. 大部分学者认为是达尔马提亚，参见 E. Ritterling, P-W XII, 1732。

（2.86.2）。该军团驻扎于潘诺尼亚行省境内的卡努图姆。最后是驻扎在达尔马提亚行省境内布尔努姆的第11军团"克劳狄亚"。

根据相关记载，这4个军团在战斗结束后都在意大利北部（2.66 f.）。或许第7军团和第11军团的一部分应当被计入奥索在贝德里亚库姆的总兵力中。事实上，有人认为它们全部投入了战斗——那意味着奥索一方的兵力需要加上3个完整的军团（第7、11、13军团）和另一军团（第14军团）的一个分队。[1]

对于默西亚的3个军团，塔西佗仅仅报道了相关传说或流言（2.32.2; 44.3; 46.3）。它们距离太远，无法影响战局。潘诺尼亚与达尔马提亚的4个军团则截然不同。为了理解奥索军队的战略和行动，我们有必要了解它们是否已经参战，或在几日内即可投入战斗。

32. 马略·塞尔苏斯

于公元69年被指定为执政官的马略·塞尔苏斯很早便进入了塔西佗的叙述体系。他出现在了伽尔巴的议事会中（1.14.1），曾前去劝说驻扎在波提库斯·维普萨尼亚（Porticus Vipsania）的一支多瑙河流域驻军分队，但未能收到成效（31; 39.1）。他在伽尔巴被杀后面对着士兵的威胁，但最终被保护下来做了俘虏（45.2）。他后来被奥索释放，得到其恩宠并成为后者最亲密的朋友之一——"他希望通过善待被自己党羽视为眼中钉的名人来沽名钓誉（clementiae titulus e viro claro et partibus inviso petebatur）"（71.1）。

塞尔苏斯被任命为诸将领之一（87.2; 90.2; 2.23.4）；他通过卡斯托尔隘口之战赢得了声誉（2.24 f.），并出现在军事议事会上，对苏维托尼乌斯·保利努斯的意见表示支持。但塔西佗的记载将这两个人归为已失宠的一派，同李锡尼乌斯·普罗库鲁斯和萨尔维乌斯·提提亚努斯构成了反差

---

[1] A. Passerini, o.c. 205 ff.; Ph. Fabia, *Rev. ét. anc.* XLIII (1941), 203，参见214。

（39.1: "inani nomine ducum alienae culpae praetendebantur [他们空有将领的名号，实际上的作用只是掩饰其他将领的失误].")；跟保利努斯一样，他在第二天行军前反对其他将领继续前进的主张（40）。塞尔苏斯在战败之后撤退至贝德里亚库姆（44.2），但在随后的讨论与投降中完全未被提及。此后，塞尔苏斯获准出任执政官，尽管有个名叫凯奇利乌斯·辛普莱克斯（Caecilius Simplex）的人从中作梗，事实上还闹到了元老院里——"但流言相信，这件事情后来导致了元老院里对凯奇利乌斯·辛普莱克斯的指控，后者企图用金钱收买荣誉，甚至想要置塞尔苏斯于死地（sed creditum fama obiectumque mox in senatu Caecilio Simplici, quod eum honorem pecunia mercari, nec sine exitio Celsi, voluisset）"（60.2：那不大可能是会得到元老院草案记载的内容）。

塔西佗对塞尔苏斯的评价始终是正面、友好的。那位正人君子在内战中的性格和角色（在有迹可考的情况下）是塔西佗极为关注的——"或许是命中注定的缘故，塞尔苏斯始终对奥索保持着牢不可破的并未给自己带来任何好处的忠诚（mansitque Celso velut fataliter etiam pro Othone fides integra et infelix）"（1.71.2）。

塞尔苏斯在普鲁塔克的叙述中同样占据着突出地位，尤其是在对奥索战败后贝德里亚库姆所发生事件的全面、清晰的叙述中。塔西佗简明扼要的叙述（2.45）介绍了阿尼乌斯·伽鲁斯安抚部队的讲话要点。但他没有提及马略·塞尔苏斯的任何言辞或行动。普鲁塔克记录了他对将领们的一篇演说词，其中回顾了之前的历次内战，敦促将领们停止敌对行动。将领们最后做出了决议：无论部队的态度怎样，塞尔苏斯和伽鲁斯都应当作为使节去会见维特利乌斯麾下的将领们。经过了若干戏剧性的转折（塞尔苏斯的性命受到了威胁，萨尔维乌斯·提提亚努斯一度改变了念头），投降协定最终得以达成。

塔西佗选择将注意力集中在奥索、他的演说词和自杀之上（2.46-9）。在普鲁塔克笔下，塞尔苏斯主张投降："倘若奥索是个好人的话，那么在目睹了如此惨祸和如此公民遇厄之后,他也不会再希望去碰运气了(ὡς ἐπὶ συμφορᾷ τηλικαύτῃ καὶ φόνῳ τοσούτῳ πολιτῶν μήδ' Ὄθωνος, εἴπερ ἀνὴρ ἀγαθός ἐστιν, ἐθελήσοντος ἔτι πειρᾶσθαι τῆς τύχης)。"(Plutarch, *Otho* 13)塔西佗则安排奥索亲口表达了这层意思(2.47)。

我们有理由认为,马略·塞尔苏斯是塔西佗与普鲁塔克共用史料的信息来源之一。与此相似,维斯特里奇乌斯·斯普利纳在普拉森提亚的表现也得到了两位作家的详尽记述。马略·塞尔苏斯可能留下过相关的文字材料:无论从政治还是军事角度看,他都与那次军事行动关系密切。

我们对此人(*PIR*[1], M 223)还能了解哪些内容呢?他于公元63年将第15军团"阿波罗"从潘诺尼亚行省带来同科布罗会师(*Ann.* 15.25.3)。因此,他应该就是建议过同帕提亚人打交道的最佳方式并提及了科布罗的那位"罗马将领塞尔苏斯(Κέλσος ὁ Ῥωμαῖος τακτικός)"(Lydus, *De mag.* 3.33)。从公元63年起,我们直到公元69年才获悉关于此人的消息——并且他在公元69年后便杳无音信。但他很有可能就是公元72/3年的叙利亚副将马略·塞尔苏斯(Marius Celsus)(*ILS* 8903: south of Samosata),尽管德扫认为后者其实是公元62年执政官、公元64—66年水利官普布利乌斯·马略·塞尔苏斯(P. Marius Celsus)(但我们或许应该忽略Dessau, P-W XIV, 1823 f. 的论断)。

这些人物可能是来自纳旁高卢的行省居民。值得注意的如元首制初期尼莫苏斯的一名意大利地区官吏盖约·马略·塞尔苏斯(*LS* 6977)。塞尔苏斯在公元69年的执政官同僚是阿里乌斯·安东尼(*Hist.* 1.77.2)。刚刚评价完卢奇乌斯·庞培·沃皮斯库斯(L. Pompeius Vopiscus)出任执政官表现("人们认为他是在讨好维也纳民众 [plerique Viennensium honori datum interpretabantur]")的塔西佗并未评论这一对执政官。并没有任何事实能够证实大部分学者的看法——阿里乌斯·安东尼出生于纳旁高卢,两度出任过执政官,并为塔西佗及其读者所熟知。他或许来自尼莫苏斯(见原书第605页)。至于塞尔苏斯,哈德良统治前期的一位著名元老提比略·尤利乌斯·坎狄杜斯·马略·塞尔苏斯（Ti. Julius Candidus Marius Celsus）（*PIR*[1]，J 164）是公元86年递补执政官，公元105年第2次出任执政官（名年）；或许如格罗亚格所说，出任过罗马市长（Groag, P-W X, 541），他的姓名证实了他同一个新罗马人家族的联系。

33. 科奈里乌斯·福斯库斯

在用鲜活、阴森的性格勾勒手法介绍了安东尼·普瑞姆斯，并简明扼要地交代了潘诺尼亚和达尔马提亚的前执政官级别副将（"富有的老人们 [divites senes]"）后，塔西佗提到了科奈里乌斯·福斯库斯（2.86.3）——"但跟他们一道前来的还有元首督办科奈里乌斯·福斯库斯，一个正当年且出身高贵的人物。他在年轻时曾因淡泊名利而放弃了元老身份。但此人为伽尔巴争取到了自己所在殖民地的支持，凭此功劳当上了元首督办。他如今充当着韦伯芗的党羽，精神抖擞地投入了战斗：此人喜爱冒险胜过冒险带来的回报；更向往全新的、悬而未决的体验而非确定无疑的、毫无风险的成功（sed procurator aderat Cornelius Fuscus, vigens aetate, claris natalibus. prima iuventa quietis cupidine senatorium ordinem exuerat; idem pro Galba dux coloniae suae, eaque opera procurationem adeptus, susceptis Vespasiani partibus acerrimam bello facem praetulit: non tam praemiis periculorum quam ipsis periculis laetus pro certis et olim partis nova ambigua ancipitia malebat）"[1]。

这段记述似乎是正面的，并且后文所记载的行动或动机都没有贬低科奈里乌斯·福斯库斯的用意。对于投入了那场仅有维普斯塔努斯·麦萨拉（塔西佗的朋友）展示了"出色能力（bonae artes）"（3.9.3）的内战的党羽，

---

[1] 一些学者对"quietis cupidine（淡泊名利）"有些大惊小怪。于是试图将之改为"quaestus（利益）"（Grotius，得到了A. Stein, *PIR*[2], C 1365的支持）或"inquires cupidine（对欲望的不安）"（Meiser）。但我们只需要提及Pliny, *Epp.* 1.14.5的证据（"honesta quies [光荣的缄默]"）。

"更向往全新的、悬而未决的体验"已是一种十分温和的批评。我们有理由认为，塔西佗认识此人，而且对他并不反感。

福斯库斯在《历史》的后文中也有自己的位置：他担任过禁卫军将领（早在公元83年已经走马上任，参见 Juvenal 4.111 f.），并作为一支罗马军队的统帅于公元86或87年牺牲于达契亚（特别参见 Orosius 7.10.4 对塔西佗作品的引用）。他的冒失毁了自己，参见 *Agr.* 41.2: "temeritate aut per ignaviam ducum（由于将领的轻率冒进或碌碌无为）。"

塔西佗知道科奈里乌斯·福斯库斯来自哪个"殖民地"，但并未明言。或许他是等着在讣告中交代此事——但他分配给此人的笔墨已足够充分，以至于再写一篇讣告会显得多余（参见卢奇乌斯·维特利乌斯的例子：此人并无讣告，因为 *Ann.* 6.32.4 已刻画了他的形象）。但还存在着一个棘手问题。罗马殖民地必须向新元首宣誓效忠，那对于刚被拥立的伽尔巴和他得到莱茵河流域驻军认可之前的、并不明朗的后续阶段而言是至关重要的。将福斯库斯指认为多布鲁德亚（Dobrudja）境内阿达姆克利希（Adamclisi）祭坛铭文（*ILS* 9107）中的不知名长官的齐赫里乌斯（Cichorius）认为他来自庞贝（Pompeii）；多玛泽夫斯基（Domaszewski）则认为他来自维也纳。[1] 如今庞贝的可能性已被排除。但当时已被文德克斯控制（至少他声称如此，见 1.65.2）的维也纳（区区"乌鲁布雷"）根本不需要被争取到他的盟友伽尔巴一边。西班牙、意大利北部和纳旁高卢则都符合相关条件——尤其是意大利北部，因为尼禄曾在那里为镇压伽尔巴的战争招募过部队。因此我们有理由认为，福斯库斯的殖民地家乡是交通要道上的某处殖民地——可能是阿奎雷亚。[2]

有人会猜想，那有可能是通往西班牙的要道上或纳旁高卢沿岸地区的

---

[1] C. Cichorius, *Die r. Denkmäler in der Dobrudscha* (1904), 21; A. v. Domaszewski, *Rh. Mus.* LX (1905), 158 f. 关于庞贝说，见 J. Colin, *Latomus* XV (1956), 57 ff.。

[2] R. Syme, *AJP* LVIII (1937), 13 f. 但其中并未力主阿奎雷亚说，主要论点是为了推翻齐赫里乌斯的假设。参见 ib. 18: "Vienna, Corduba or Aquileia; anywhere but Pompeii（也许是维也纳、科尔多瓦或阿奎雷亚，但绝不可能是庞贝）。"

某个据点，如贝特雷（Baeterrae）、纳旁或阿瑞拉特[1]——更合情合理的猜测是尤利乌斯广场镇。那里肯定是尼禄与伽尔巴的战争（即便它雷声大雨点小），以及下一年里奥索所组织战斗中的兵家必争之地（见附录30）。如果能够将福斯库斯确认为来自尤利乌斯广场镇的元老家族——科奈里乌斯家族成员的话，那将可以为我们提供不少宝贵线索（见第四十五章）。

34.《历史》中的李维式风格

李维对塔西佗语言风格的影响向来是细节文本研究的主题，相关成果迄今为止似乎还未广为人知。[2] 然而，一幕情节或一篇演说可能会比对任何字句证据的汇集更能说明问题。李维最精彩的文字之一是西庇阿对哗变士兵发表的演说（28.27-29）——事实上，一位青年军事将领安抚士卒的情节在一定意义上是具有现实影射意味的。[3]

塔西佗知道这篇演说词的存在，并不止一次利用过它。[4] 其中最醒目的是狄利乌斯·沃库拉在被部下抛弃时的呼吁（*Hist.* 4.58）。狄利乌斯的发言雄辩且热情洋溢，他大量运用了修辞性问句和堆砌辞藻的手法，经常并列名词和动词。他的结语值得在此转述："至高的朱庇特啊，我们曾在之前的820个年头中向您奉献了无数凯旋荣誉；罗马人的祖先奎里努斯啊，即便您无意保佑我指挥的这座要塞固若金汤、牢不可破，至少不要让它在图托尔与克拉

---

1 罗马殖民地贝特雷碰巧提供了关于一名"盖约·科奈里乌斯·福［斯库斯］"（C. Cor. Fu[scus]，*CIL* XII, 4267，被描述为"1世纪最重要的现存法令材料［optimis litteris saeculi primi］"）。但他并非什么重要人物。

2 G. Andresen, *Wochenschr. für cl. Phil.* 1916, 210 ff.; 401 ff.; 688 ff.; 758 ff. 其中第二篇和第三篇论文是专门讨论《历史》的。另见 G. B. A. Fletcher, *CR* LIX (1945), 45 ff.（关于《历史》，见47 ff.）。

3 *Ann.* 1.42.3: "divus Augustus vultu et aspectu Actiacas legiones exterruit（神圣的奥古斯都和亚克兴心怀恐惧的军团）。"

4 西庇阿演说词的开头——即武将选择放弃辞藻——被用在了佩提利乌斯·克瑞亚利斯身上（4.73.1）；西庇阿一上来对士兵们提出的责难也被日耳曼尼库斯对莱茵河畔哗变士兵们的讲话所借用（*Ann.* 1.42）。见附录54。

西库斯之流手里遭到玷污和蹂躏，以保全罗马军人的清白、无瑕与安然无恙（te, Iuppiter optime maxime, quem per octingentos viginti annos tot triumphis coluimus, te, Quirine Romanae parens urbis, precor veneroque ut, si vobis non fuit cordi me duce haec castra incorrupta et intemerata servari, at certe pollui foedarique a Tutore et Classico ne sinatis, militibus Romanis aut innocentiam detis aut maturam et sine noxa paenitentiam）。"

在塔西佗收录的其他演说词中，我们找不到这种向罗马诸神发出呼吁的例子，如李维笔下的西庇阿呼吁"愿至高的朱庇特不要放弃那座城市（ne istuc Iuppiter optimus maximus sirit）"（28.28.11）。塔西佗使用过"如果那不合你的心意（si vobis non fuit cordi）"的表述形式，那是化用了李维作品中罗马军队在考地安峡谷被俘后不久一篇演说词中的说法（9.8.8）。"心意（cordi）"一词的用法是不合常规的。因此，这个字眼在塔西佗作品中仅有的另外几次出现也是引人注目的，反映了一种暗含讽刺意味的矫揉造作。其中包括穆奇亚努斯的发言："愿他的心意是确保意大利的平安与稳定（sibi salutem securitatemque Italiae cordi fuisse）。"（3.53.3）以及亚历山大里亚医生们的表态"或许那符合神明的心意（id fortasse cordi deis）"（4.81.2）。

无独有偶，沃库拉曾质问："难道他们已经忘却了从前的记忆，不记得罗马军团曾有多少次宁肯牺牲也不愿放弃阵地吗（etiam vetera exempla deficiunt, quotiens Romanae legiones perire praeoptaverint ne loco pellerentur）？"（4.58.2）塔西佗在其他场合下从未使用过"宁肯（praeopto）"一词，但它在李维的作品中出现过若干次（它并不合乎西塞罗式风格）。

追求戏剧化或修辞学风格的风险是陷入某种陈词滥调。如狄利乌斯在演说词结语之前使用的"灵魂颤抖（horret animus）"的表述——我们也在西庇阿的演说词中看到了这个说法（28.29.4）。[1] 但在其他场合下，塔西佗会回避这种用法。值得注意的还有奥索矫揉造作的（同时也是虚伪的）表述：

---

[1] 相关套路参见 *TLL*, "horreo", II B, I b。参见 Livy 2.37.6; Seneca, *Ag.* 5; Quintus Curtius 9.6.12; Lactantius, *Div. Inst.* 7.15.11。

"战栗征服了灵魂（horror animum subit）。"（1.37.3）"战栗（horror）"一词不见于塔西佗的其他任何文本。

塔西佗对李维的化用是非常巧妙的。除了一些非常庄严的场合，这种化用几乎可被视为一种恶搞。狄利乌斯·沃库拉灭亡之后便是维特拉罗马要塞的投降（4.62），向所有罗马读者暗示着其不可避免的先例（Livy 9.5 ff.）。两段叙述在遣词造句和语调上存在着许多相似之处。两个例子或许足以说明问题。在经历了残酷的思想斗争后，士兵们遵照敌人的命令离开了营帐，4.62.2："规定离开的时刻在他们的冥想中到了，那比他们预想的更为悲哀（haec meditantibus advenit proficiscendi hora expectatione tristior）。"参见Livy 9.5.11："当他们这样抱怨着时，命中注定的耻辱时刻到了，现实比他们料想的一切都更为可悲（haec frementibus hora fatalis ignominiae advenit, omnia tristiora experiundo factura quam quae praeceperant animis）。"他们默默地离开："像一支送葬队伍那样沉默着离开（silens agmen et velut longae exsequiae）。"Livy 9.6.11："他们像一群哑巴一样默默地走了出去（adeo silens ac prope mutum agmen incessisse）。"最后，关于罗马军团战士日后在特瑞维利人城镇中蒙受的奇耻大辱（4.72），参见Livy 9.7.2 ff.。

35.《历史》的总卷数

根据记载，塔西佗撰写了30卷史书。[1] 具体的卷数应当如何分配呢？沃尔弗林（Wölfflin）坚持认为其中一部著作包含12卷，另一部著作为18卷。[2] 罗马史诗与历史叙事诗歌的类似现象支持每6卷构成一单元的结构分析，如恩尼乌斯的《年代记》或同塔西佗关系密切的《埃涅阿斯纪》。[3]

---

[1] Jerome, *Comm. ad Zach.* 3.14，见前引文，原书第211页。

[2] 见里特的《编年史》校勘本（H. Ritter, Cambridge, 1848），I, xxii ff.；E. Wölfflin, *Hermes* XXI (1886), 157 f.。

[3] 参见H. Oppermann, *Gymnasium* LXI (1954), 531 ff.。其中认为恩尼乌斯的最初计划是用12卷篇幅一直写到公元前197年。

如果事实的确如此的话，那么《历史》的12卷内容又该如何划分呢？沃尔弗林无法确定，前6卷的叙述究竟是到韦伯芗时代为止，还是包括了韦伯芗与提图斯的统治。因此，图密善一朝所占据的篇幅应该为6卷或5卷。一些学者倾向于第一种假设[1]，但他们提出的理由是含混的或不充分的。他们断言，现存证据很少涉及公元71—81年间的史事，因此关于这10年的历史有可能是被压缩成了1卷。[2]这种看法并不符合科奈里乌斯·塔西佗的作品结构和所掌握史料资源的丰富程度。第二种假说更为合理：第7卷讲述的是提图斯的统治，第8—12卷记载图密善一朝。

并非所有学者都毫无保留地接受6卷1组、共12卷的结构；一些权威参考书声称《历史》可能（或被普遍认为）包含14卷。[3]但我们基本可以对此置之不理。很少有人尝试利用这一假说。其中之一因其怪异的结构划分——公元71—79年3卷（第7—9卷）、提图斯统治时期1卷、图密善统治的15年只有4卷（第11—14卷）——而遭到了否定。[4]另一方面，如果我们接受总卷数为12卷的假说的话，那么图密善一朝占据5卷的说法则合乎全书的比例——以及该时期存在着不同阶段与危机的情况（见第十八章）。

此外，该假说还将带来一个棘手的推论，即《编年史》需要包含16卷。从公元66年特拉西亚·佩图斯自杀（*Ann.* 16.35）到尼禄统治结束期间的众多事件都必须压缩在第16卷中写完。从内容本身、塔西佗的态度和作品结构的需要看，这些事件都十分重要。除罗马城内发生的事情外，作者还需介绍犹太起义、希腊之行和帝国西部的暴乱：其中包括着庆典、动荡与无可挽回的劫数。[5]除非作者十分轻视公元66—68年的历史，否则这么多内容是无法

1　S. Hammer, *Eos* XXXII (1927), 545 ff.; W. Weber, *Princeps* I (1936), 20*.
2　W. Weber, o.c. 20*: "die erhaltene Überlieferung zeigt（反映了既有的传统）"，等等。
3　Schewabe, P-W IV, 1576; Schanz-Hosius, *Gesch. d. r. Lit.* II[4] (1935), 625. 另参见R. Reitzenstein, *Gött. gel. Nachr.* 1914, 250; O. Seel, *R. Denker u. r. Staat* (1937), 48 ff.; C. Marchesi, *Tacito*[3] (1944), 297; E. Paratore, *Tacito* (1951), 439 f.。
4　F. G. Moore, *TAPA* LIV (1923), 5 ff.
5　见原书第264页。参见Ph. Fabia, *Rev. ét. anc.* XXXIV (1932), 139。无论塔西佗选择的记述终点是尼禄之死、尼姆菲狄乌斯的拥立还是公元68年底，都跟我们这里讨论的问题无关。

在1卷篇幅内写完的。[1]一朝元首统治了多少年并不能告诉我们一部编年史的内容比例是如何划分的；假设塔西佗年事已高，急于草草收笔也说明不了问题[2]，因为我们从第16卷的现存文本中看不出任何赶工的痕迹。

塔西佗不可能打算在第16卷中完成对尼禄一朝的记述。更好的办法是设想去世或健康状况恶化使得他无法在设计好的第三组6卷单元完成这部作品（也就是说，《历史》包含的卷数是14卷，而非12卷）。人们可以提出各种能够自圆其说的解释。他的文风确实发生了变化——但我们也可以对此提出其他解释（见第二十七章）。不过，《编年史》靠近结尾处确实出现了风格纤弱的问题（见附录59）。我们还可以将此同一些反常现象联系起来：行文的语无伦次、未能呼应的伏笔、笨拙的过渡方式、不够成熟的文本结构，以及一篇内容几近完美但未能同背景很好地融合在一起的演说词。这些线索或许有不少文章可做（见附录60）——但恐怕尚不足以证明作者已在16.35处搁笔。

到目前为止，我们分析的论点都集中于作品的结构、比例和材料。但还存在着另一种研究视角。抄写 *Codex Mediceus (Ann. 1-6)* 的书吏认为，"自神圣的奥古斯都去世以来（ab excessu divi Augusti）"的表述是文本的一部分，而非作品标题。那是为什么呢？有人猜想，该表述乃是"大框架（hyparchetype）"下的一个子标题。[3]换言之，后人所说的《编年史》乃是一部作品（也就是Jerome, *Comm. ad Zach.* 3.14中提到的30卷书）的一部分。这种"合并出版"的假说还拥有更多证据，*Codex Mediceus II (Ann.* 11-12 and *Hist* 1-5)中的卷数编号是连续的，如《历史》卷2是"第18卷（liber octavus decim.）"。有人设想，这种结构设计可上溯到古典时代的版本，其中并未包含《编年史》第16卷以后的任何文字。按照这一说法，塔西佗没能

---

1 也就是说既然克劳狄乌斯一朝的篇幅为4卷，尼禄一朝的篇幅也应该是4卷，以便使两个时代的比重保持均衡（E. Paratore, o.c. 440）。
2 施瓦布认为那"在心理层面是存在可能的（psychologisch wahrscheinlicher）"（Schwabe, P-W IV, 1577）。
3 R. P. Oliver, *TAPA* LXXXII (1951), 232 ff., at 258.

完成他的最后一部作品。[1]

　　如果我们假设"自神圣的奥古斯都去世以来"确实是塔西佗作品某一部分的副标题的话,那么该版本的历史有多么悠久,人们又是怎样称呼它的呢?该假说的提出者认为它可能源自公元3世纪。[2]但此人接下来走了一步险棋:他引述了《奥古斯都后诸凯撒传》和元首克劳狄乌斯·塔西佗的文化扶植政策为依据。但那只是一个并不可信的传说而已。[3]

1　o.c. 259.
2　o.c. 260 f.
3　HA, *Tacitus* 10.3(相关解读见上文,原书第59页). 奥利弗(Oliver)反对霍尔(Hohl)对这段文本的解释(*Hermes* LV [1920], 300 f.),认为那是一种"相当无谓的怀疑主义(quite gratuitous scepticism)"。关于《奥古斯都后诸凯撒传》的价值,见附录88。

E.《编年史》的史料来源

36. 塔西佗与狄奥

塔西佗（*Ann.* 1.4-15）和卡西乌斯·狄奥（56.30.1-57.3.4，除一小段文字外，本节中此后一律称之为"狄奥"）都记载了奥古斯都的去世和提比略的登基。除这两位史学家外，可供参考的还有苏维托尼乌斯（*Tib.* 21-25）。这些证据十分宝贵。后人的相关讨论十分频繁且相当充分。[1]

首先映入我们眼帘的是这3位作家文本中的差异。其中每一位在史实择取或省略、布局谋篇和写作重点等方面都有自己的路数。因此，我们能够对他们的方法、目的和作品质量做出有把握的评价。塔西佗的记载是其中最优秀的。诚然，他的文本里遍布着含沙射影；并且其中的两段插话——奥古斯都对岛上阿格里帕·波斯图姆斯的探视（1.5.1 f.）和关于"理国之才（capaces imperii）"的逸事（1.13.2 f.）是应当受到严厉批判的（参见附录37）。尽管如此，塔西佗按照事件原本的次序交代了其来龙去脉。他明确区分了元老院的两次集会：其中一次确定了葬礼的相关仪式（1.8）；另一次投票将奥古斯都封神，并讨论了新元首的地位问题（1.10.8-15.3）。此外，他对历史人物进行了有名有姓的报道：3位著名元老在关于葬礼荣誉的讨论

---

[1] 如 Ph. Fabia, *Rev. phil.* XXXIII (1909), 28 ff.; F. B. Marsh, *The Reign of Tiberius* (1931), 272 ff.; W. Weber, *Princeps* I (1936), *passim*。

中出面发言；4位参与了第二次集会中的议事活动。最后，塔西佗的叙述让我们确信，新元首的地位在第二次会议中通过某种方式得到了确定（或认可），尽管他自己对此含糊其辞（或许是故意如此）。

苏维托尼乌斯在传记中的相关记述出人意料地杜绝了流言蜚语。他对普拉纳西亚之行只字未提；并且他确信提比略在收到紧急召令并赶到诺拉（Nola）时，奥古斯都仍在人世（21.1）。苏维托尼乌斯能够提供一些宝贵细节，如奥古斯都遗嘱的开场白（23）；他记载提比略在犹豫和辩论后终于"接受了元首权力（recepit imperium）"，却并未明言该权力的具体内容是什么。他随后引用了提比略的话——"但愿我能等到那一天，当时你们认为应当让我这样一个老人退下来休息（dum veniam ad id tempus, quo vobis aequum possit videri dare vos aliquam senectuti meae requiem）"。但苏维托尼乌斯最后却犯了虎头蛇尾的毛病。他列举了提比略犹豫不决的原因，即各式各样的危险：伪阿格里帕（一个名叫克莱门斯 [Clemens] 的奴隶）、利波·德鲁苏斯（Libo Drusus）的密谋、莱茵河畔与潘诺尼亚行省的暴乱（25.1）。[1]

狄奥则在大事和小事上都显得心不在焉。他将普拉纳西亚之行视为真实发生过的事情（56.30.1）。更严重的是，他相信奥古斯都留下过4份国书；提比略之子德鲁苏斯在葬礼之前的第一次元老院集会上便将它们全部当众宣读了（56.32.1 ff.）。但这类文件事实上只有3份，分别是《关于其葬礼的委托书》（"mandata da funere suo"）、《关于其功业的概述》（"index rerum a se gestarum"）和《帝国总体概况》（"breviarium totius imperii"）（Suetonius, *Divus Aug.* 101.4）。其中第三份文件是提比略在第二次会议的辩论过程中起草的（*Ann.* 1.11.3 f.）。与它联系在一起的还有奥古斯都的若干"倡议（consilia）"，它们被狄奥当成了第四份独立国书。[2]

---

[1] 值得注意的还有，在塔西佗的语境下（1.35.3），士兵们向日耳曼尼库斯建议起事的行为是后来偶然发生的。相反的记述见Suetonius, *Tib.* 25.1; *Cal.* 1.1; Dio 57.5.1。

[2] 韦伯认为它事实上就是一份独立文件（W. Weber, o.c. 67 ff.）。反对意见如E. Hohl, *Klio* XXX (1937), 323 ff.。

此外，狄奥还用数次暴乱来解释提比略的行为。他提出了一个无谓的命题——提比略指望自己能够在暴动成功的情况下幸存，如果他是个普通公民而不是元首的话（57.3.2）。此外，提比略在动乱平息前没有爽快、明确地接受权力。

跟苏维托尼乌斯一样，狄奥或许也受到了奥古斯都去世（8月19日）和他的封神（9月17日）之间必然存在的、得到了 *Fasti Amiternini*, CIL I^2, p. 244证实的间隔期的误导，从而夸大并拉长了提比略举棋不定的心理状态。他提供的版本让一些现代研究者们误入歧途，认为提比略迟至9月底或10月初才接受权力。[1]但明显的事实在于："政体"问题早在封神后的辩论中已经解决了——那次会议还将行省总督的治权授予了日耳曼尼库斯。德鲁苏斯参加了那次辩论（*Ann.* 1.14.3）。当他在日食（9月27日）的前一天赶到事发地时，潘诺尼亚夏季营帐里的军团哗变依旧甚嚣尘上。

我们已经梳理了一些显而易见或十分重要的分歧。接下来要讲的是他们的一致之处——后人对此的解释众说纷纭。这3位作家之间的关系是怎样的呢？

苏维托尼乌斯肯定会阅读前执政官级别历史学家塔西佗的作品——只要他能读到的话（见附录77）。[2]他在多大程度上使用了塔西佗的作品则是另外一回事。即便他用过的话，借鉴的地方似乎也并不多。他的写作目的是跟塔西佗大相径庭的——或不如是补充塔西佗的记述。就连他是否模仿过塔西佗的写法也是值得商榷的（参见原书第502页）。我们还可补充他对公元69年史事的记述为证：在伽尔巴、奥索与维特利乌斯的传记中能够找到的塔西佗《历史》文字痕迹几近于无，甚至可能完全付之阙如。至于上述《提比略传》各章节中的相关内容，我们似乎有理由认为（尤其是针对

---

[1] 如A. Lang, *Beiträge zur Geschichte des Kaisers Tiberius* (Diss. Jena, 1911), 11 ff.; M. Gelzer, P-W X 496; A. v. Premerstein, *Bayerische Abh., phil.-hist. Kl.* 1937, Heft 15, 58; J. Béranger, *Recherches sur l'aspect idéologique du Principat* (1953), 24; F. Klinger, *Bayerische S-B, phil.-hist. Kl.* 1953, Heft 7, 33。

[2] 事实也许并非如此。

其中一段文本），苏维托尼乌斯其实是在含蓄地批评那位伟人。塔西佗允许葬礼上的"聪明人们"去恶意揣测奥古斯都过继提比略的动机——"通过比自己更糟糕的继任者的反衬来凸显自己的荣耀（comparatione deterrima sibi gloriam quaesivisse）"（1.10.7）。苏维托尼乌斯注意到了这一点——"我并非不清楚，有些人是这样解读的（ne illud quidem ignoro aliquos tradidisse）"，等等（21.2）。他对此提出了明确抗议——"但我绝不能够相信，一位那么谨慎和思虑周全的元首会如此欠考虑，尤其是在这样关键的事务上（adduci tamen nequeo quin existimem, circumspectissimum et prudentissimum principem in tanto praesertim negotio nihil temere fecisse）"。他接下来大段引述了奥古斯都写给提比略的信件。苏维托尼乌斯作品中这种富于批判意味的大段插话是极不寻常的。但我们应当牢记的是，这种"反衬对比（comparatio deterrima）"并非塔西佗的发明。它也出现在狄奥的作品中（56.45.3），很可能其最初的史源并不是塔西佗。

狄奥承认自己在史料方面下过很大功夫（72.23.5）。历史学家们惯常的做法当然是优先参考同相关史事年代最近的作家们。但他或早或晚总会阅读塔西佗的作品——或许是在他写完了第56卷，开始准备下一卷以长篇性格刻画开始的提比略登基伊始部分的内容时。狄奥可能会觉得《编年史》的前几章过于简略与晦涩——他更感兴趣的是葬礼仪式等内容（不见于塔西佗的记载）。为了证明（不仅仅是想当然的猜测或设想）狄奥确实使用过塔西佗的作品，我们需要使用严格的研究方法。我们必须排除所有可能来自共同史源的相似之处，并找到狄奥作品中直接来自塔西佗插话或评论的内容。

塔西佗在记述提比略的敕令（1.7.3）和随后的元老院集会（1.8.1）之间加入了一段插话。这段文本记载了提比略是如何迅速接手元首的军事职权的——他只是在元老院里发言时才会表现得犹豫不决——并强调了他对日耳曼尼库斯的畏惧。这段插话以下面两个句子收尾："他塑造了自己是被共和国召唤、挑选的首脑，而非通过女性的阴谋和老人的过继上位的幸运儿的形象。人们后来意识到，他的扭捏作态也是为了观察那些可疑人物：他会歪曲那些人的言论并铭记在心（dabat et famae, ut vocatus electusque potius a re publica videretur quam per uxorium ambitum et senili adoptione inrepsisse. postea cognitum est ad introspiciendas etiam procerum voluntates indutam dubitationem: nam verba, vultus in crimen detorquens recondebat）。"（1.7.7）无论我们如何看待整段文本，最后两句看上去确实像是作者本人的现身说法——或许还是在写完初稿后补上去的。[1]我们再来看看狄奥笨拙、相形见绌的表述（57.3.3 f.）。他的叙述以"听说（ἤδη μὲν γὰρ ἤκουσα ὅτι）"起笔。那表明下面的内容来自一份相对次要的史料——参见他在介绍德鲁苏斯遗孀里维娅时使用的"相传（ἤδη δ' ἤκουσα）"。（58.11.7）

塔西佗最多也只是狄奥使用的次要史料。事实上，狄奥很少注意塔西佗的记载，更谈不上引述其文本。我们可以从反面举若干例子。狄奥对提比略建议分割元首的至高权力，以及阿西尼乌斯·伽鲁斯的插嘴的叙述显然迥异于塔西佗。[2]塔西佗补充了奥古斯都在弥留之际关于"理国之才"的谈话（1.13.2 f.；参见原书第380页和附录37）。那本是狄奥喜欢的体裁，因为他记载过图拉真对尤利乌斯·塞尔维亚努斯能力的评价（69.17.3，参见原书第486页）。但狄奥对此未置一词。

我们找不到狄奥曾利用过苏维托尼乌斯作品的证据。因此，这三位作家的文本可被视为事实上彼此独立的史料。这样一来，我们便可以借助比较的方法将相关传统梳理出一些头绪来。狄奥对奥古斯都的一段身后评语很能说明问题（56.44.2 ff.）。塔西佗使用了同样的史源，但将相关材料分散于3处，分别是1.9.5（"他极少使用暴力，除非是为了维系和平［pauca admodum

---

[1] 更多信息见附录37。
[2] 根据狄奥的说法，提比略提到了"三个部分（τρία μέρη）"的权力，"第一部分是罗马城和意大利其他地区，第二部分是有军团驻扎的地区，第三部分是其余臣民聚居的地区（ἥ τε Ῥώμη καὶ ἡ ἄλλη Ἰταλία, ἕτερον δὲ τὰ στρατόπεδα, καὶ ἕτερον οἱ λοιποὶ ὑπήκοοι）"。这一记述不同于塔西佗（后者强调的是合作，而非划分），并且似乎同时代背景并不符合。参见E. Hohl, Hermes LXVIII (1933), 113。但狄奥的"不将重担交给任何一个人（ἐς μηδένα ἕνα ἀναρτᾶν αὐτά）"是忠于塔西佗"不把全部重担压在一个人身上（non ad unum omnia deferrent）"（1.11.1）的记载的。参见F. Klingner, o.c. 28 f.。

vi tractata quo ceteris quies esset ］"）、2.1（"那些顽抗到底的贵族已经在战场上或公敌宣告运动中灭亡了［cum ferocissimi per acies aut proscriptione cecidissent, ceteri nobilium］"）和3.7（"活下来的人中还有几个见过共和国呢［quotus quisque reliquus qui rem publicam vidisset］?"）

爱德华·施瓦茨（Eduard Schwartz）以狄奥的"悼词"及其对提比略的性格勾勒（57.1）为依据，提出了自己的著名假说——一位不知名的编年史家构建并主导着关于提比略的史学叙事传统。一些学者对此予以积极支持，甚至提供了候选者的名字。但我们有充分理由反对这种简单化的观点（见原书第273页）。

并非所有学者都乐于同意，狄奥在此复述的是一些比塔西佗更早的作家们的观点。一些人执拗地认为，塔西佗创造了狄奥作品中的提比略形象。但该假说同样经不起推敲。它必然要牵强地夸大塔西佗与狄奥作品的相似程度；它忽视了二者使用了共同史源的明显证据；它也无法同苏维托尼乌斯所提供的证据兼容（后者并不依赖于塔西佗）。

在其他部分中，两位作者之间的差异性是显而易见的。塔西佗按时间顺序记录了公元15年罗马城中的事件（*Ann*. 1.72-81）。最后3节（79-81）讨论了台伯河的泛滥、安排波佩乌斯·萨比努斯治理的各行省（并进行了评论）和执政官的选举（同样附有评论）。狄奥则仅为这一年分配了1节笔墨（57.14）。初读这段内容的读者几乎无法意识到他跟塔西佗记载的是同一年。例如，狄奥对一些未能如愿以偿的大逆罪指控只字未提，塔西佗却对它们大书特书。除其他主要关于德鲁苏斯的材料外，狄奥处理了两个有关行省的题材（但它们不见于塔西佗的任何文本）。此外，一处显著差异或许很能说明问题。根据塔西佗的说法，披索的建议得到了采纳，于是人们没有对台伯河进行任何改造。狄奥却报道了由5位元老组成的台伯河治理委员会的设立。我们如何解释这一出入呢？塔西佗依据的是元老院草案。台伯河管理委员（*curatores*）的职务在公元15年还没有设立，但不久后就出现了。狄奥则遵循了一位记录过台伯河治理来龙去脉的历史学家，从而交代了后来发生的情况。

比较方法也可用于记载提比略统治末年的文本。塔西佗在对公元32年初事件的记载中关注并强调了托戈尼乌斯·伽鲁斯（Togonius Gallus）和尤尼乌斯·伽利奥（Junius Gallio）在元老院里提出的议案（6.2 f.）。狄奥也记录了这些事件（但漏掉了前者的名字）。他的记载（58.17.3-18.4）如同对塔西佗相关主题的一篇语焉不详的摘要。在后面不远处，塔西佗又收录了罗马骑士玛库斯·泰伦斯（M. Terentius）的演说词（6.8）。他似乎将之视为自己的研究成果（"对于我而言，很多事情是值得记述的 [nobis pleraque digna cognitu obvenere]"）（6.7.5），并且紧接着用"就在那个时候（nam ea tempestate）"的句式引出相关情节。狄奥提供了这篇演说词的一个简略版本（58.19.3 f.）。我们很难质疑狄奥读过塔西佗《编年史》卷6的结论。值得注意的还有，塔西佗（6.20.2）在叙述伽尔巴出任执政官时记载了提比略预言伽尔巴有朝一日将执掌大权的传说。狄奥也用相似的语言交代了此事，但把它放在提比略统治时期的另一阶段里（57.19.4）。该版本不可能出自在尼禄倒台前写作的历史学家之手；但它也无法充分证明，狄奥确实使用过塔西佗的作品。[1] 最后，狄奥的记载中包含着大量细节或逸事，那很可能来自他的主要史料（见上文，原书第318页）；他的一些年代记述也不同于塔西佗，如他认为伪德鲁苏斯出现于公元34年（58.25.1），凤凰出现于公元36年（58.27.1）。

现存狄奥记载卡里古拉一朝的那一卷（卷59）记载到公元40年初。对克劳狄乌斯一朝的记载（卷60）首尾部分残缺不全。但当塔西佗《编年史》的叙述从公元47年起重新变得完整时，狄奥的相应文本则是支离破碎的，以至于后人对其史源的研究充满了风险。[2] 除了其他问题外，我们还要考虑奥菲狄

---

[1] 如Fabia, *Les Sources de Tacite dans les* Histoires *et les* Annales（1893），388所指出的那样。

[2] 参见A. Momigliano, *Rendiconti dell' Accademia dei Lincei*[6] VIII（1932），293 ff.; J. Martin, *Würzburger Studien zur Altertumswissenschaft* IX（1936），21 ff.，其中列举了自公元14年以降两份文本内容相同或相似之处的清单列表（34 ff.）。

乌斯·巴苏斯作品的终点问题（见附录38）。在这样的状态下，我们很难指望能够取得多少有价值的发现。对于尼禄统治时期，塔西佗、苏维托尼乌斯以及狄奥的现存文本的记载总体上是相互吻合的，那显然是因为三个人使用了共同史源；但他们在大量细节上各有出入。[1] 而在弗拉维王朝历史的叙事中，塔西佗是最主要的权威，肯定会得到狄奥的引用（见原书第215页）——尽管相关证据十分薄弱。

37.《编年史》卷1—6的修订痕迹

无论在遣词造句还是情节设计方面，塔西佗都是运用过渡手法的高手。因此，当他的文本出现了次序混乱、衔接突兀、插话烦冗的问题时，研究者们便会对此予以密切关注。诸如此类的现象会引诱人们去猜测，作者可能从某份次要史源中增补了素材，或由于研究过程中发现的新事实甚至自己生活年代中的无关事件而改变了最初的想法。但此类研究必须是小心翼翼并把握好分寸的。

我们先来看看一些不大高明的插话。"奥古斯都的健康状况开始恶化（gravescere valetudo Augusti）。"（*Ann.* 1.5.1）为了陈述事实，文本的下一句本应是"提比略被母亲的紧急来信从伊吕利库姆召回（vixdum ingressus Illyricum Tiberius properis matris litteris accitur）"（3）。但作者用"人们怀疑他的妻子玩弄了阴谋诡计（et quidam scelus uxoris suspectabant）"引出了一段插话：里维娅发现奥古斯都前往普拉纳西亚探视了阿格里帕·波斯图姆斯；费边·马克西穆斯与他同行；费边将此事告诉了自己的妻子玛尔奇娅，后者将此事透露给了里维娅。玛尔奇娅在丈夫去世时曾表示自责，认为是自己害了他。塔西佗忍不住要收录的这一插曲有损于其作为历史学家的声誉。

---

[1] 我们可以认为三者是彼此独立的，参见 A. Gercke, *Jahrbücher für cl. Phil.*, Supp.-Band XXII (1896), 159 ff.; K. Heins, *Das Bild Kaiser Neros bei Seneca, Tacitus, Sueton und Cassius Dio* (Diss. Bern, 1948).

他本来明知那只是"谣言"。它不仅打乱了叙事线索,还由于导入了两个角色——费边夫妇,从而分散了读者的注意力:这两个人物在前文中未被提及,并且也没有出现在《编年史》的任何后续文本中。

该传闻中包含着一份次要(并且是谣言性质的)史源。狄奥(或他遵循的某位作家)也利用了该史源,但采用了另一种方式——强调了"妻子的阴谋诡计(scelus uxoris)",即投毒。[1]同样,在记述阿格里帕·波斯图姆斯被处决的下一章中,塔西佗认为提比略试图把责任推脱给奥古斯都。自然而然的下文交代理应是提比略对百夫长的答复——那道处决令并不是他下达的。但作者在此插入了自己的评论,为奥古斯都开脱了罪责,并谴责了"真正的元凶(propius vero)"——提比略和里维娅(1.6.2,从"multa sine dubio saevaque Augustus"到"caedem festinavisse")。

这两个例子说明了作者加工史料的方式。它们或许是塔西佗进行后续修改的案例(但我们无法完全确定),其创作时间甚至可能晚于里维娅的讣告(5.1)。但我们不可用这些文本去论证同时代事件对作者影响的花哨假说(里维娅是因为另一位女子普罗提娜的缘故才受到谴责的,参见原书第482页)。

第三个例子也很能说明问题。塔西佗在公元15年史事中记述了对一名行省总督的起诉——"比提尼亚的前大法官级别行省总督格拉尼乌斯·马塞卢斯遭到了自己麾下的财务官凯皮奥·克里斯皮努斯与罗马尼乌斯·希斯波的共同指控,凯皮奥可谓开风气之先者(Granium Marcellum, praetorem Bithyniae, quaestor ipsius Caepio Crispinus maiestatis postulavit, subscribente Roman<i>o Hispone: qui formam vitae iniit)"[2](1.74.1)。接下来是对一位"告密者"高度修辞化的素描。这个关系从句(引出了一大段插话)的所指对象

---

[1] 56.30.2 f.——关于有毒无花果的传闻紧承奥古斯都曾前往普拉纳西亚的简短叙述。
[2] 《迈狄凯乌斯手稿》中所写的"罗马努斯(Romanus)"被所有现代校勘者所承袭;但它应当被改为"罗马尼乌斯(Roman<i>us)"。关于那一姓名(nomen)的信息,参见JRS XXXIX (1949), 14 f.。

到底是谁呢？读者乍看上去会以为是罗马尼乌斯·希斯波。[1] 碰巧凯皮奥·克里斯皮努斯不见于其他任何记载，而罗马尼乌斯却作为一个臭名昭著的名人频繁被老塞涅卡提起。[2] 他是个粗鲁的演说家——"他的讲话走的是粗犷路线（erat natura qui asperiorem dicendi viam sequeretur）"（Controv. 9.3.11）。此外，凯皮奥·克里斯皮努斯是一名财务官，而塔西佗介绍的这个"告密者"被描述为"贪得无厌且不为人知（egens ignotus）"，而起诉中的"检举者（subscriptor）"通常是地位较低的人物——"你的那些花几个子儿就能收买的证人和检举者（venalis adscriptor et subscriptor tuus）"（Cicero, De domo 48）。最后，如果不是为了描述其性格的话，塔西佗为什么要耗费笔墨记录这个"检举者"的姓名呢？尽管如此，读者在阅读过程中会意识到，这段人物素描的主角必然是凯皮奥·克里斯皮努斯，而不可能是罗马尼乌斯·希斯波。因为塔西佗重回叙述主题后的第一句话是"但他指控马塞卢斯（sed Marcellum insimulabat）"（74.3），之后一句话则以"希斯波补充说（addidit Hispo）"开头。作者的意思是非常清晰的。塔西佗希望在《编年史》中尽早引入一名"告密者"的角色（而非等到福尔奇尼乌斯·特里奥出场）[3]，于是凯皮奥·克里斯皮努斯这个名字吸引了他的注意。[4] 但在处理相关史源的时候（1.72–81很可能来自元老院草案），他的裁剪拼接工作做得并不高明。[5]

另一处更长的插话具有多重特殊意义。在元老院的第二次集会上，阿西尼乌斯·伽鲁斯参与了讨论，结果触怒了本来就有理由痛恨他的提比略（1.12.4，参见Dio 57.2.5 ff.）。继他之后发言的是另一位前执政官——"随

---

[1] 如福尔诺；Ph. Fabia, *Onomasticon Taciteum* (1900); H. Gerth, P-W I A, 1063；不同观点如尼佩尔迪。
[2] 参见 *PIR*[1], R 57。
[3] 后者在下一年里出场时已经是一个臭名昭著的人物——"特里奥在指控者中已才华出众、恶名远扬（celebre inter accusatores Trionis ingenium erat avidumque famae malae）"（2.28.3）。他是第二十五章中的一个重要角色（后来出任了执政官）。
[4] 那无疑是因为塔西佗生活时代的两位前执政官的缘故（参见原书第326页）。
[5] 参见某些现代学者提出的修补方式——"insimulabant"（Nipperdey）; "insimulabat <Caepio>"（F. Ritter, *Rh. Mus.* XVII [1862], 103）。

后发言卢奇乌斯·阿伦提乌斯使用了近似高卢式演说的风格，结果同样触怒了提比略，尽管后者同阿伦提乌斯并无宿怨（post quae L. Arruntius haud multum discrepans a Galli oratione perinde offendit, quamquam Tiberio nulla vetus in Arruntium ira）"（13.1）。讨论的狭义环节又引出了两位元老——"昆图斯·哈特里乌斯和玛迈尔库斯·斯考鲁斯也刺痛了他多疑的神经（etiam Q. Haterius et Mamercus Scaurus suspicacem animum perstrinxere）"（13.4）。我们从中能够看出文本思路的连贯性，其主题是提比略的愤怒，并且"愤怒"肯定是同"多疑的神经"连在一起的。然而，那位历史学家在中间插入了一篇插话。同阿伦提乌斯的名字相连的是"但此人富有、活跃、天赋异禀，因而深孚众望并引起了猜疑。奥古斯都在临终遗嘱中（sed divitem, promptum, artibus egregiis et pari fama publice, suspectabat. quippe Augustus supremis sermonibus）……"（13.1 f.）接下来是关于奥古斯都的逸事，其中讨论了某些贵族的品质和他们对权力的要求——玛库斯·雷必达、阿西尼乌斯·伽鲁斯和卢奇乌斯·阿伦提乌斯；其中还提及了一个另类：不是阿伦提乌斯，而是格涅乌斯·披索。塔西佗又补充说，除雷必达外，所有这些人日后都受到了提比略专制的戕害。

有一点是很清楚的：这则逸事并非高质量的历史，并且它与《编年史》中那些人物的日后经历并不吻合（p. 381 f.）。我们对此应该作何解释呢？有人猜想，当塔西佗写下这些话时，他还没有研究过提比略统治的后期历史[1]；或者那位历史学家只是忘记了自己之前所写的东西，因此没有意识到自己行文的前后不一致。[2]

或许还有另一层原因——这段文字是由于哈德良的登基而草草插入的。已故元首对"理国之才"的看法——和被他青睐的人选——突然成了一个令人关注的、富于攻击性的话题（参见原书第486页）。但塔西佗所插入文本

---

[1] Ph. Fabia, *Les Sources de Tacite dans les* Histoires *et les* Annales (1893), 428; R. Reitzenstein, *Neue Wege zur Antike* IV (1926), 30.

[2] E. Löfstedt, *JRS* XXXVIII (1948), 6.

的问题还不仅仅是史料价值不高而已：它还十分蹩脚，因为它导入了两个新名字——玛库斯·雷必达和格涅乌斯·披索。两人都没有参与相关讨论；塔西佗也没有补充解释他们的地位与重要性。读者可能会了解披索，但几乎不知道雷必达。换言之，那是不符合科奈里乌斯·塔西佗水准的低劣写作技巧——但这一现象可以得到解释，如果这位历史学家在前面的某些卷里也大书特书过玛库斯·雷必达的话。他从哪里获得这个传说与我们的研究无关。苏维托尼乌斯和狄奥都不知道（或忽略了）这个版本。[1]

位置合适、不会打断叙述线索的插话可能会出现在塔西佗的卷4中。在介绍完德鲁苏斯的去世和葬礼后，历史学家塔西佗运用严谨的方法审视并驳斥了在他的时代仍旧流传着的流言（4.10 f.）。这一线索提醒研究者们去注意后面的一段并不高明的文本。提比略离开了罗马城——"与此同时，在经过了长期思考、多次改变计划后，元首动身前往坎佩尼亚。表面上看，他的此行目的是在卡普亚奉献一座朱庇特神庙，在诺拉奉献一座奥古斯都神庙；但他的真实动机则是要在远离罗马城的地方定居下来（inter quae diu meditato prolatoque saepius consilio tandem Caesar in Campaniam specie dedicandi templa apud Capuam Iovi, apud Nolam Augusto, sed certus procul urbe degere）"。关于他离开罗马城下一阶段的记载是"他在出行时带上的随员很少：其中有一位前执政官级别的元老、法学家科切乌斯·涅尔瓦（profectio arto comitatu fuit: unus senator consulatu functus, Cocceius Nerva, cui legum peritia）"（58.1）。但作者打断了这一线索。他将提比略的离开归因于塞亚努斯的影响力。那也是多数作者的观点：他随后思考了其他不那么显著的原因，如提比略本人的性格问题。于是他在中间添加了一段插话（4.57.2）。或许将它放在4.58.1之后是更妥善的做法。

这段插话多少反映了作者的创作手法：那并不一定意味着它属于第二稿或修订版本（尽管这种可能无法排除）。但这段文本中还有其他内容可

---

[1] 关于这一问题的详细讨论，见 *JRS* XLV (1955), 22 ff.。

挖。塔西佗提及了提比略的残忍与邪恶——"找到一个隐蔽场所来掩盖他的行为所暴露的凶恶与贪欲（saevitiam ac libidinem cum factis promeret, locis occultantem）"。他接下去讨论了元首的健康恶化或面目可憎——"他骨瘦如柴，并且驼背；头顶赤裸，遍布脓疮的脸上贴满了各种膏药（quippe illi praegracilis et incurva proceritas, nudus capillo vertex, ulcerosa facies ac plerumque medicaminibus interstincta）"。下一句是"他在隐居罗德岛期间形成了离群索居、偷偷纵欲的习惯（et Rhodi secreto vitare coetus, recondere voluptates insuerat）"。下一段文本提到了里维娅颐指气使的性格，其中包含着一些错误。对罗德岛和他秘密享乐的记述放错了地方。它本应紧承前面引文中的第一句，即"隐蔽场所（locis occultantem）"。[1] 究竟发生了什么事呢？或许（有人认为如此）文本在传抄过程中弄乱了作者的叙述次序。[2] 更可能发生的情况是，那是作者自己写的几句旁批，不小心混入了正文当中。

那么他为何要补充这段文字呢？我们或许可以猜出其中的原因。塔西佗在开始撰写《编年史》时还没有深入研究过奥古斯都的统治。最重要的是，他没有认真分析过提比略的早年生涯与仕途沉浮。随着其写作的推进，塔西佗逐渐意识到了该主题的重要性——尤其是他自我流放罗德岛的那段岁月，那是敌意与仇怨的真正起源。例如卡帕多西亚国王阿克拉奥斯的忘恩负义（2.42），或提比略恳请元老院投票通过为苏尔庇奇乌斯·奎里尼乌斯举行公共葬礼时玛库斯·洛里乌斯所暴露的无赖嘴脸（3.48）。或许还有一起不温不火的事件——卢奇利乌斯·隆古斯（Lucilius Longus）的葬礼，那是在岛上陪伴他的唯——位元老级别的朋友。

罪恶（特别是秘密罪恶）是塔西佗批判提比略的文本中较晚出现的主题（参见6.1，对卡普里埃岛上丑闻的记载）。或许这部分信息来自一份次要史

---

[1] 参见J. P. V. D. Baladon, *CR* LXI (1947), 44 f. ——作者注意到，同样的想法也分别由克罗昂（H. Cron）在1874年、扎克尔（K. Zacher）在1883年分别独立提出过。

[2] ib. 45: "a sentence which has slipped out of the place where Tacitus wrote it（塔西佗写作过程中脱漏的一个句子）."

料，那是史学家塔西佗在写完前6卷很多内容后才发现的。退隐卡普里埃岛事件促使史学家塔西佗回过头去审视退隐罗德岛事件。过去可以被用来解释现在。于是他在4.57中插入了关于罗德岛的那句话。

此外，在发现了这一主题后，塔西佗或许希望为了前后协调的缘故，在《编年史》靠前的章节里补充一些相应内容。当奥古斯都年老体衰、大限将至时，塔西佗对他的评判是跟同下一任元首的对比衔接在一起的。他注意到了提比略的傲慢与残忍。接下来的表述是"他从幼年时起便成长于王室之中，青年时代便已积累了大量执政官与凯旋式荣誉。即便是在罗德岛上名为退隐、实为流放的生涯中，他学到的也只有仇恨、矫饰和秘密纵欲。人们还会补充他母亲那些女性特有的反复无常表现（hunc et prima ab infantia eductum in domo regnatrice; congestos iuveni consulatus, triumphos; ne iis quidem annis quibus Rhodi specie secessus exul egerit aliud quam iram et simulationem et secretas lubidines meditatum. accedere matrem muliebri inpotentia）"（1.4.4）。我们从中也能看出自然叙事顺序的中断。罗德岛、仇恨和秘密纵欲承接的理应是"傲慢（superbia）"与"残忍（saevitia）"，而非执政官与凯旋式。因此，中间的内容很可能是后来补充以便完善4.57中的句子的。

另外一个类似主题反映了史学家塔西佗对提比略性格要素之一——其同母亲的分歧——看法的逐步形成。按照塔西佗的看法，这一矛盾迟至公元22年方才出现（或之前一直被掩饰着）——"母子间之前的和谐关系是真诚的，也可能是他们的彼此仇恨被掩盖了（sincera adhuc inter matrem filiumque concordia sive occultis odiis）"。但我们在公元15年对"大逆罪"的简短叙述后看到了这样一句话："一些出自匿名作家之手的，抨击其凶恶、高傲及与母亲不和的诗篇激怒了他（hunc quoque asperavere carmina incertis auctoribus vulgata in saevitiam superbiamque eius et discordem cum matre animum）。"（1.72.4）我们有理由怀疑，这些诽谤性诗篇的年代是否真的有那么早——参见Suetonius, *Tib.* 59中的相关样本。

我们至少有一定信心认为，关于罗德岛和秘密罪恶的两个句子是历史学家塔西佗后来插入到文本之中的。它们反映的是作者后来的想法，其目的是让他笔下的提比略形象更为协调。值得深究的另一段文本是关于"理国之才"的插话。它或许跟塔西佗写作《编年史》时的时政背景有关，但我们对此无法完全确定。

如果没有史学家的技巧或手腕的话，提比略与哈德良掌权后的相似程度是很高的，并且也是非常致命的。在公元117/18年创作卷1或对已写好的文本补充恰如其分的评论的塔西佗是否进一步深化了这种相似性呢？这个问题跟《编年史》的创作年代有关，但答案并非明确的或唯一的（见第三十六章）。我们很容易抓住某个似乎显然在影射哈德良统治初年的例子，但那说明不了任何问题，如对阿格里帕·波斯图姆斯的谋杀及相关责任讨论（参见原书第485页）。然而，读者必然会注意卡西乌斯·狄奥没有在其主要史料中找到，而是直接转述了塔西佗的那两个句子——由女性阴谋促成的"老来过继（senilis adoptio）"，以及"世人事后意识到的（postea cognitum est）"新任统治者为试探主要元老们心思而采取的伪装姿态（1.7.7，很可能就是Dio 57.3.3 f.，参见附录36）。[1] 它们看上去像是后来补充的评论。同一语境下的另一段文本或许也是如此："他从不吞吞吐吐，除非是在元老院里讲话时（nusquam cunctabundus nisi cum in senatu loqueretur）。"读者也会联想到哈德良的情况（见原书第484页）。

修订的痕迹涉及作品的写作年代与方式，以及出版问题（但后者并不能仅仅凭借这些修订的痕迹而被坐实）。卷1—6前半部分构成了一个单元，其标志是卷3浓墨重彩的结尾收束（卡西乌斯的遗孀和对共和国的记忆），以及卷4的另起炉灶（第九年的开始、转向独裁和塞亚努斯其人）。前后的交叉引用有时能够提供线索，说明作者将分散在一部作品中的若干部分视为一

---

[1] 尽管遭到了大部分（如果不是全部的话）学者们的忽视，P. L. Strack, *Untersuchungen zur r. Reichsprägung des zweiten Jahrhunderts* II (1933), 52却注意到了字句"老来过继"中的邪恶影射意味。

个单元。例如，4.21.2以全面、紧凑、提纲挈领的方式回顾了2.34中对卢奇乌斯·披索（格涅乌斯·披索的兄弟）性格与活动的记述。如果卷1—3确实是单独出版的话，那么后来的补充可能是塔西佗在写作卷4—6时或思考分卷问题时加入的。因此，对提比略和里维娅的一些评论可能写于关于他们的讣告之后（6.51; 5.1）——但事实上它们同上下文的衔接并不完全协调。

38. 史学家奥菲狄乌斯·巴苏斯

我们有理由认为，这位史家的专著《日耳曼战纪》（"libri belli Germanici"）（Quintilian 10.1.103）是率先问世的。[1]因此，它应当创作于提比略统治时期。那么它的叙述起止范围又是怎样的呢？可能被他记述的"日耳曼战争"最宽泛的界定可能始于公元前12年德鲁苏斯对日耳曼的入侵，随后由提比略接手（公元前8—前7年），结束于公元16年日耳曼尼库斯赢得的胜利。而狭义概念指的仅仅是日耳曼尼库斯的军事行动。[2]哪种看法更为合理呢？在李维著作关于奥古斯都时代的各卷中，德鲁苏斯组织的战役标志着日耳曼战争的高潮与终结。在李维身后不久重述那一场景是毫无必要或理由的。接下来的那部分内容也没有多少价值——在组织了两场战役之后，提比略迟至10年后才再度出现于莱茵河畔。

如果他试图同李维分庭抗礼的话，奥菲狄乌斯可以从日耳曼尼库斯的功业中挑选一个能够与日耳曼战争等量齐观的新题材。然而，赞美日耳曼尼库斯却把提比略抛在一边恐怕并不明智。历史学家们或许不得不将头功归于元首。更好的选择是从公元4年开始记述，将提比略组织的战役包括在内；这样一来，作者便可以赞美元首在战场上的表现，从而用一番赞美确保另外一番赞美的合理性。

---

[1] 参见Ph. Fabia, *Les Sources de Tacite dans les* Histoires *et les* Annales (1893), 358。
[2] 相关看法的梳理见Schanz-Hosius, *Gesch. der. r. Lit.* II^4 (1935), 645。

那样的话，奥菲狄乌斯·巴苏斯《日耳曼战纪》的起点和终点都是明确的。以公元11或12年提比略最后的军事行动结束是荒谬的，因为那样一来瓦鲁斯和几个罗马军团就没有得到复仇。[1] 罗马当局对日耳曼战争结束的庆祝是在公元16年底：当时元老院投票通过在罗马城建造一座凯旋门，"以纪念瓦鲁斯鹰帜的失而复得（ob recepta signa cum Varo amissa）"（*Ann.* 2.41.1）。

这部作品的语调、色彩和倾向性也不是无从猜测。威利乌斯·帕特库鲁斯赞美提比略将才的技巧可以提供某些暗示（见原书第274页）。塔西佗也记载过日耳曼尼库斯的功业。塔西佗很可能引用过奥菲狄乌斯的作品。研究者们也尝试过在其他地方如威利乌斯和狄奥的作品中寻找那位作家文本的线索——并且有人声称已发现了蛛丝马迹。[2] 但我们必须对此保持谨慎。

他的综合性史著充斥着各种问题。老塞涅卡列举过对西塞罗之死的各种"历史记载（historici）"——它们分别来自李维、波利奥、奥菲狄乌斯·巴苏斯、克瑞穆提乌斯·科尔杜斯和布鲁特狄乌斯·尼格尔（*Suas.* 6.18 ff.）。因此，后人通常认为奥菲狄乌斯的史书记述起点为公元前44或前43年。但我们有理由对此表示些许怀疑。老塞涅卡作品中的大量摘录表明，西塞罗的最后结局乃是修辞学家们中间流行的主题。奥菲狄乌斯可能从修辞学校里学到了如何以类似的但却是史学式的方法处理该主题的观念。西塞罗曾请卢凯乌斯记述他的执政官生涯，以及此后到从流放中返回为止的成败得失，并指出那样一部专题著作会拥有诸多亮点（*Ad fam.* 5.12.4）。而西塞罗人生中富于英雄色彩的最后一年还要更加精彩。

因此，奥菲狄乌斯有可能将其史著的记述起点设置得更晚，或许会像元首克劳狄乌斯那样"从和平确立之际讲起（a pace civili）"（Suetonius, *Divus Claudius* 41.2）。他甚至有可能直接从公元前8年讲起，也就是续写李维的作品。无论如何，奥菲狄乌斯必然讨论过奥古斯都统治时期的史源问题。我们有理由猜测，李维在其卷133里终结了其作品的一个单元，其中讲

---

1 如 B. R. Motzo, *Studi Cagliaritani* I (1927), 58 ff.。
2 F. A. Marx, *Klio* XXIX (1936), 202 ff. 他确认这一结论是"可靠（sicher）"的（ib. 208）。

述了公元前29年的三重凯旋式（见原书第366页）。从公元前30年起，我们就找不到狄奥利用李维著作的例子了。[1]因此，狄奥很可能在此后不久便采用了新的史料来源[2]：那或许就是奥菲狄乌斯·巴苏斯，但或许不是他——我们还需记得克瑞穆提乌斯·科尔杜斯的存在。

有人认为，奥菲狄乌斯是狄奥在记述整个奥古斯都统治时期时所依据的最重要史料来源。[3]我们需要对此进行全面、合理的研究；并且我们还需牢记，与对共和晚期或奥古斯都继任者的记载相比，狄奥处理奥古斯都统治时代的笔法是相对独具一格、富于个人特色的。相关线索仅仅出现在对奥古斯都统治后期的记载中，即狄奥对公元4—6年数次日耳曼战争的混乱记述：最合理的解释是奥菲狄乌斯的相关记载十分简略，因为他不想重复自己专著中的内容。与此相似，尽管狄奥的记载显然已延伸到公元17年（57.17.8），他却并未提及日耳曼尼库斯组织的历次战役。那些内容很可能会在对当年日耳曼尼库斯举行凯旋式的记载中得到交代与概括。

我们接下来要讨论的是奥菲狄乌斯综合性史著的记述下限问题，那也是小普林尼舅舅所著史书的起点："从奥菲狄乌斯·巴苏斯31卷作品的终点写起（a fine Aufidi Bassi triginta unus）。"（*Epp.* 3.5.6）大部分学者认为，这一表述方式意味着，奥菲狄乌斯没有选择以某一元首统治期的结束作为自己著作的终点。那么他选择的终点又是什么呢？或许是塞亚努斯的垮台。卡西奥多鲁斯（Cassiodorus）在其《编年史》（*Chronicle*）中先是利用了李维作品中的执政官年代信息，随后在记述公元前8年至公元31年的时间段里使用了奥菲狄乌斯的相关记载（*HRR* II [1906], 96）。按照蒙森的说法，公元31年便是奥菲狄乌斯的记述下限。[4]若干学者对这一说法表示赞同。[5]

---

1 参见E. Schwartz, P-W III, 1698 ff.。
2 列维认为这一切换点在公元前27年，即8.17（狄奥在其中讨论了对帝国历史基本性质的看法）之前（M. A. Levi, *Athenaeum* XXV [1937], 22 = *Il Tempo di Augusto* [1952], 433）。
3 F. A. Marx, *Klio* XXIX (1936), 217.
4 *Abh. der sächsischen Ges. der Wiss.* VIII (1861), 558 f. = *Ges. Schr.* VII (1909), 677 ff.
5 H. Peter, *HRR* II (1906), cxxvi; W. Pelka, *Rh. Mus.* LXI (1906), 620 ff.; C. Cichorius, *Römische Studien* (1922), 414.

但其他学者选择了克劳狄乌斯统治期间的某个时间点，也就是公元47—52年之间。这项研究需要锐利的眼力——也需要坚定的信念。研究者们找到了若干线索，认为塔西佗或狄奥（后者的相关文本支离破碎）在此切换了自己的主要史源。换言之，他们开始使用一种新史料，诸多迹象表明那就是老普林尼。公元47年的可能性似乎不大。塔西佗和狄奥对瓦勒里乌斯·阿西亚提库斯（Valerius Asiaticus）的叙述差异巨大（*Ann.* 11.1-3; Dio 60.29.4-6）。但他们此后不久便提及了科布罗。塔西佗引用了他的感慨："从前的罗马将领们是何等幸福啊（beatos quondam duces Romanos）！"（11.20.1）狄奥也是如此。[1] 莫米利亚诺以此为基础提出了假说。他认为，两位作家都从记述公元47年的史事时开始使用老普林尼的作品，于是二者此后便开始展示出文本上的对应关系。前者之前使用的是奥菲狄乌斯的作品，后者依赖的则是克鲁维乌斯·鲁孚斯。[2]

其他人倾向于选择略晚一点的年代。格里古尔（Grigull）主张公元48年，即麦萨利娜去世之后。[3] 法比亚认为奥菲狄乌斯一直记述到公元49年底（对应的文本是 *Ann.* 12.24.，塔西佗此后开始主要遵循克鲁维乌斯的记载）。[4] 闵采尔在公元52年史事中最早发现了老普林尼作品的若干痕迹。[5] 注意到塔西佗从公元51年起开始报道神迹的尼佩尔迪，猜想那是由于塔西佗使用了老普林尼作品的缘故。但他也能接受公元54年（克劳狄乌斯之死）的说法。[6] 最近的一位研究者马克思（F. A. Marx）提出的年代是公元50或54年。[7]

我们现在应当追问，其他的批判标准是否同样具有价值。倘若奥菲狄乌斯曾记载过克劳狄乌斯统治时期的任何一段内容的话（并且可以自由选择记

1　60.30.5: "ὦ μακάριοι οἱ πάλαι ποτὲ στρατηγήσαντες（昔日的将领们是幸运的）."
2　*Rendiconti della R. Accademia dei Lincei*[6] VIII (1932), 310.
3　*De auctoribus a Tacito in enarranda Divi Claudii vita adhibitis* (Diss. Münster, 1907), 8. 参见第30页。
4　o.c. 392 ff.
5　*Rh. Mus.* LXII (1907), 161 ff.
6　在其校勘本中（第2版，G. Andresen, 1915修订），第33页。
7　*Klio* XXIX (1936), 94，参见100。

述的终点），那么我们需要考虑两个问题（参见原书第288页）。首先，对于一部史学作品而言，合理的、合乎史学原则的结尾应该设计在哪里？对不列颠的征服以及此后（公元44年初）克劳狄乌斯的凯旋式是不错的选择。此外还有标志着罗马建城800周年的公元47年轮回庆典。其次，从同时代作家谨慎自保的角度看，在最多不过十来年后叙述麦萨利娜的垮台是否合适？

但我们完全无法断定，奥菲狄乌斯是否记述过克劳狄乌斯统治时期的任何阶段。他记载过那一时期的说法只是一种假设，其依据或许是老普林尼作品的题目：倘若奥菲狄乌斯的史著以某位元首的统治期终结的话，那么他就不会选择那样一个题目。但该假说的预设是，老普林尼的作品题目选择同奥菲狄乌斯的声誉和老普林尼自己的文学抱负有关。此外，老普林尼本人的作品延伸到了公元69年，并以（似乎如此）公元71年韦伯芗和提图斯征服犹太的凯旋式告终。无论他的作品是否以一位统治者的登基开篇，能够最好地反映其叙述范围的题目莫过于"从奥菲狄乌斯·巴苏斯作品的终点写起（a fine Aufidi Bassi［无论具体年代为何］）"。

为了详尽无余地讨论这一问题，我们还应指出，塔西佗在现存文本中第一次提及老普林尼的史著时对他的称呼是"普林尼（Plinius）"，而非"盖约·普林尼（C. Plinius）"（13.20.2）。那或许意味着，塔西佗之前便引用过这部作品，也就是早在完好保存下来的卷11开篇处瓦勒里乌斯·阿西亚提库斯的插曲之前。

奥菲狄乌斯·巴苏斯的名字已吸引了很多关注。奥菲狄乌斯合乎那些设想塔西佗通常仅满足于遵循一种史料的研究者的口味。但那一预设前提本身也是值得怀疑的。在法比亚眼中，塔西佗《编年史》中从提比略登基到公元49年底的记载都遵循着奥菲狄乌斯的叙述线索[1]；莫米利亚诺心目中的主

---

[1] o.c. 397: "les onze premiers livres des *Annales* tout entiers étaient donc une derivation d'une seule source principale（《编年史》的前11卷完全遵循着同一种主要史源）." 在他看来，之后的主要史源为克鲁维乌斯·鲁孚斯。相似观点如 O. Clason, *Tacitus und Sueton* (Breslau, 1870), 75 f.——他认为的节点是第12卷末。

要史源同样是奥菲狄乌斯（至少对于公元47年之前的克劳狄乌斯统治时期如此）。[1]研究者们必然会反复追问，与其他作家如前执政官级别的史家塞尔维利乌斯·诺尼亚努斯相比，奥菲狄乌斯对克劳狄乌斯的记载何以能够在塔西佗心目中占据更重要的地位呢？大名鼎鼎的塞尔维利乌斯·诺尼亚努斯卒于公元59年（*Ann.* 14.19）。奥菲狄乌斯（比前者年长几岁）之死是在公元60年左右，或许还要晚得多（Seneca, *Epp.* 30）。两人都有可能记述过元首克劳狄乌斯统治的某一阶段。最后，即便我们非要排除塞尔维利乌斯的话，剩下的选项还有克鲁维乌斯·鲁弗斯。

坚信"单一史源说"的学者们同时也支持另一观点（那是自然而然的事情）：塔西佗很少参考元老院的草案，或许从未那样做过。但来自前6卷的有力证据是与该观点相悖的（见第二十二章）；我们还可进一步证明，塔西佗在草案中查阅到了元首克劳狄乌斯的公告，并通过多种方式利用了它们（见附录40—41）。

39. 提比略的演说词

提比略以麦萨拉·科尔维努斯为榜样，但却未能学来后者的优雅与清晰——"但过分的矫揉造作与卖弄学问使得他的文风显得十分晦涩（sed adfectatione et morositate nimia obscurabat stilum）"。苏维托尼乌斯列举了几个例子（28 f.; 67）。其中最长的样本来自他谢绝"国父"称号的演说。尽管被一段插话所切断，这篇讲话却保持着平衡的结构。其中频繁使用了头韵；其语调是高贵、恭敬——并且富于讽刺意味的。[2]

麦萨拉的文风显然跟复古无关——"科尔维努斯的风格比西塞罗更柔和甜美，用词也更具匠心（Cicerone mitior Corvinus et dulcior et in verbis

---

[1] o.c. 310. 在他看来，之后的主要史源为老普林尼。
[2] 参见H. Bardon, *Les Empereurs et les lettres latines d'Auguste à Hadrien* (1940), 113。

magis elaboratus)"（*Dial.* 18.2）。但提比略会采用古旧、反常的表达方式。奥古斯都曾为此责备过他（Suetonius, *Divus Aug.* 86.2）。当历史学家塔西佗提供他论神圣荣誉演说词的版本时（*Ann.* 4.37 f.），他恰如其分地为提比略添上了两个复古的表述，分别是"duint（赐予）"和"fungi（满足）"加宾格的用法。[1]

当塔西佗虚构一篇演说词时，他会自然而然地运用若干修辞手法来制造口语表述的效果。那跟他的文本叙述在结构与风格上截然不同。我们从词汇上可以清晰地看到二者之间的差异。许多他在其他场合下会避免使用的字眼纷纷出现——它们是那个时代所通用的西塞罗式用语，尤其是复合动词和抽象名词（参见附录50）。我们由此发现了塔西佗以假乱真的技巧的线索，尤其是对不同雄辩技巧的运用。卢奇乌斯·维特利乌斯（12.5 f.）与小塞涅卡（14.53 f.）的演说词在用词方面很能说明这一问题（见第二十五章）。此外，跟叙述部分一样，某些用法的反复出现也是值得关注的（见原书第345—346页）。

倘若塔西佗起初参考元老院草案只是为了核查史实的话（如奥古斯都去世后的若干事项，还有对公元15年事务相当详尽的记载，即1.72—81），那么他很快就意识到了提比略那些演说词的可观价值。他直接收录的第一篇演说词是元首对玛库斯·霍腾修斯·霍塔鲁斯（M. Hortensius Hortalus）、伟大演说家霍腾修斯之孙恳请的答复（2.38）。它看上去很像是真实的。[2] 开头部分措辞严厉且残忍——"假如所有穷人都开始跑到这里为自己的子孙要钱的话，我们将永远满足不了每个人，还会让国家山穷水尽（si quantum pauperum est venire huc et liberis suis petere pecunias coeperint, singuli numquam exsatiabuntur, res publica deficiet）"。接下来还是生硬的语言。提

---

1 注意"fungi"在塔西佗笔下还出现过一次，也是在关于提比略的文本中（3.2.1）。与此相似，用"quis"取代"quibus"的做法（3.53.4）在演说词中并不常见。

2 不同观点如H. Bardon, o.c. 113: "un discours don't le style est, de toute evidence, dû à l'historien（种种证据表明，这篇演说词的风格是历史学家自己的）."

比略谴责了霍腾修斯的请求——"那不是什么请愿，而是敲诈勒索（non enim preces sunt istud, sed efflagitatio）"。那"等于是要洗劫国库（velut perfringere aerarium）"。

"exsatio（满足）"这个字眼本身并不罕见；但塔西佗仅在一段修辞性文本中再度运用了它（3.17.2——相传是对提比略的批评）。"efflagitatio（洗劫）"一词带有强烈的感情色彩，但属于口语化的表达方式。它在西塞罗的书信集中存在着3个例子，分别出自西塞罗本人、穆纳提乌斯·普兰库斯（Munatius Plancus）和玛库斯·布鲁图斯（M. Brutus）之手。[1]除此之外，只有年代很晚的作家们才使用过这个词。[2]至于"perfringo（穿透）"一词的比喻义"洗劫"，它在塔西佗的其他文本中再也没有出现过。

尽管元首提比略是个善于控制自己、举止圆滑之人，他有时也会怒不可遏、口无遮拦（参见4.71.3）。历史学家塔西佗甚至使用了"毫无仁慈之心（inclementia）"的说法（4.42.3）。元首写下的文本可能是骇人听闻的。因此，一位被"元首尖刻的信件（tristibus Caesaris litteris）"（6.40.2）剥夺了角逐行省总督资格的前执政官选择了自杀。它们令塔西佗印象深刻，以至于在原本不合时宜的地方提到了"那些血腥的书信（cruentae epistulae）"（3.44.3）。他在其他地方也很注意强调提比略的专横。例如，他在提比略写给塞亚努斯的信件（4.40.5）和同那位元首有关的文本（3.15.2）中两次使用了"perrumpo（闯入）"一词的比喻用法。另参见塔西佗对一道"禁止打扰他的清静（ne quis quietem eius inrumperet）"的敕令的提及（4.67.1）："inrumpo（打扰）"作为及物动词的用法出人意料且带有诗歌特征（参见Lucan 1.470）。

1　*Ad fam.* 5.19.2; 10.24.6; *Ad M. Brutum* 1.16.11.
2　它也许曾出现在提及了塞亚努斯拉票行为的引人注目但疑点颇多的铭文中："Seiani sce[lerata / .....]itatio et inprobae comitiae."（*ILS* 6044: Rome）参见穆纳提乌斯·普兰库斯对屋大维竞争执政官野心的评论——"这个愚蠢的家伙非要不可（insulsa cum efflagitatione）"（*Ad fam.* 10.24.6）。但"flagitatio（恳求）"更符合铭文缺失部分的长度，参见R. Syme, *Hermes* LXXXIV (1956), 259。

其他演说词呈现的则是提比略的另一形象——他的庄严（4.8）、公允（3.12）、理智（3.53 f.）和高贵（4.37 f.）；除高贵外，他还在答复塞亚努斯时展示了自己近乎完美的智慧（4.40）。

借助种种技巧，历史学家塔西佗不仅建构了演说词同历史叙述的对比，还通过人物的典型举止勾勒了其人格特征。值得注意的有头韵（3.53.4; 4.38.2）或明显的连词省略"foveret attolleret（宠爱、抚养）"和"suscipite regite（支持、教导）"（4.8.4 f.）。更引人注目的是以鲜活、直白的方式汇集复合动词的写法，如3.12.5: "sed neque reum prohibeo quo minus cuncta proferat, quibus innocentia eius sublevari aut, si qua fuit iniquitas Germanici, coargui possit, vosque oro ne, quia dolori meo causa conexa est, obiecta crimina pro adprobatis accipiatis（但我并不会阻止被告举出各种例子来证明自己的清白或日耳曼尼库斯的不公［如果他确有不公的话］。尽管自己承受了许多痛苦，我还是要恳请您，不要将声称被告有罪的言论等同于罪证）。"

《编年史》中的一些复合动词仅见于提比略的演说词（无论是直接引文还是间接转述），如"conformo（形成）"（4.8.4）、"denoto（记下）"（3.53.1）、"desidero（渴求）"（4.37.2）、"detego（揭示）"（3.12.2）、"exonerio（解脱）"（3.54.5）和"suscenseo（低估）"（3.12.4）。

认为历史学家塔西佗如实照录了那位元首演说家的真实表达方式的说法并非天方夜谭。上文提及的那些复古表达方式或许就是相应的例子，此外还有"peregrinato（旅居）"这个字眼（3.24.4; 47.4）——塔西佗自己在后文中也用过这个词，但仅有一次且用得恰如其分（6.14.2）。[1] 与此相似的还有提比略使用的头韵——"nam quae saxo struuntur, si iudicium posterorum in odium vertit, pro sepulchris spernuntur（至于那些用石头制造的纪念物，倘若后人转而痛恨它们所敬奉的人物的话，人们会将其诅咒为坟茔）"（4.38.2）。这种写作技巧一直沿用到了其评论"perstititque posthac secretis etiam sermonibus aspernari talem sui cultum（自此以后，即便在私下场合，他也坚

---

[1] 见原书第284页。

决反对接受这种神圣荣誉)"（ib. 3）。

我们或许能够从塔西佗的记述中辨别出他的意图。提比略在发表关于禁止奢侈立法的讲话前曾踌躇良久——"他一直在权衡，到底有无可能遏止那些根深蒂固的贪欲（saepe apud se pensitato an coerceri tam profusae cupidines possent）"（3.52.3）。塔西佗列举了相关理由，随后记述了元首的批示（以演说词的形式呈现）。"pensito(权衡)"一词或许来自原件的开头部分。[1] 无独有偶，在概述了提比略对弗拉明大祭司的评论后，下一句话便使用了"demuto (变更)"一词——那是一个复古且罕见的字眼。[2]

塔西佗的用词习惯很容易受到影响。某些演说词中的提比略用语又在前6卷中使用过1次，此后便再未出现。这样的例子有"compello（征召）"（2.38.3; 4.70.4）、"diiudico（裁决）"（3.12.1; 69.1）和"exsatio（满足）"（2.38.1; 3.17.2）。

为了还原提比略的文风，塔西佗在用词方面非常讲究。他不仅会使用一些罕见的、引人注目的字眼，还会添加一些并不显眼但同样不符合自己风格的词汇（有时还会加以重复，以便令人印象深刻，参见原书第345页）。《编年史》中专门用来描述提比略举动的动词如下："cohonesto（尊崇）"（3.76.2）、"commonefacio（警告）"（6.12.2）、"eloquor（声称）"（3.65.3; 4.31.2）和"eluctor（摆脱）"（4.31.2）。

写给塞亚努斯的信（4.40）经过了历史学家塔西佗的润色。但如果作者没有怀着赞赏之情研究过真实文献的话，它就不会成为名篇了。那些演说词的原本和摘要都保存在元老院草案中。

在佐证塔西佗转述的可靠性方面，有一个引人注目的事实值得一提：他提供的版本有时是跟自己对提比略意图、政策和性格的解读彼此矛盾的。

克劳狄乌斯的情况则截然不同。塔西佗对关于高卢贵族的演说（*ILS*

---

[1] 类似的例子可能还有3.12中演说词前面概述中的"diiudico（判断）"。3.52.3中的动词"adtrecto（攫取）"可能是提比略真实用过的：它在塔西佗文本中仅有的另一处例子出现在提比略对日耳曼尼库斯的责难中（1.62.2）。

[2] 普劳图斯和老伽图使用过它——但不见于后来的作家笔端（参见 *TLL*）。

212，参见 *Ann.* 11.24）进行了戏剧化的改写（见原书第318页）。然而，塔西佗关于克劳狄乌斯其他演说词的摘要还是反映了（我们有理由这样认为）这位元首的语言风格（参见附录40）。塔西佗似乎早在完成前6卷之前很久就已经摸熟了那些文件（见原书第286页）。档案向他呈现的提比略形象或许也激发了他研究其他元首心理的欲望。

我们目前的研究仅限于几点，并且主要反映在一篇演说词中。其他文本——从简短的摘要到关于反奢侈立法——也提供了关于提比略的某些信息（3.53 f.）。对那位统治者的重新评价最好还是从塔西佗记录的演说词和讲话开始。我们在进行这项工作时会遇到另一个问题：那位元首对历史学家塔西佗的影响有多大？

并非所有历史学家都会尝试借助文风与词汇来刻画演讲者的个性。李维创作了一篇讨论《奥皮乌斯法案》（*Lex Oppia*）的演说词，其中并无明显的复古或伽图风格（34.2 ff.）。撒路斯特也没有在凯撒的演说词（*Cat.* 51）中暴露自己的凯撒党羽身份。另一方面，正如细致分析所证明的那样[1]，我们却可以从前后语境中找到性格刻画的痕迹。撒路斯特笔下凯撒会讲到"温和与同情心（mansuetudo et misericordia）"，尽管他讲的本应是"仁慈"。但小伽图则在其演说词中使用了"仁慈"那个字眼（52.11；27）；并且它也出现在了撒路斯特对那两位政治家的比较之中（54.2）。[2]

正如我们在前面所指出的那样，塔西佗对提比略的刻画远远超越了罗马史家们的惯常套路。此外，作为一种补充证据，"提比略式"的用语也会出现在与提比略演说词距离不远的文本之中。

40. 克劳狄乌斯的若干演说词

关于高卢三行省要人的演说词被卢戈杜努姆铜板（Lugdunum tablet）

1　H. Schnorr von Carolsfeld, *Über die Reden und Briefe bei Sallust* (1888), 34 ff.; 79 f.
2　参见 Carolsfeld, o.c. 42 f. 所引述的沃尔弗林的评论。

（*ILS* 212，参见 *Ann.* 11.24）几乎完整地保存了下来。它广为人知，并且经常引起方方面面的讨论。[1] 其他一些文献也能反映这位乖僻元首的政策、法令、举止和语言特色。[2] 一些敕令表明，他有时会对前代元首品头论足，或指斥"人事之虚妄（nequitia hominum）"（*ILS* 214）。

我们也可以从元老院的法令中发现元首克劳狄乌斯的踪影。当元首提出一项举措时，元老院会进行讨论，并提出进一步的议案——如对皇家释奴帕拉斯的荣誉授予便是如此（*Ann.* 12.53，参见 Pliny, *Epp.* 8.6）。但或许并非如此，如高卢事务的例子——"元老们赞同元首的发言（orationem principis secuto patrum consulto）"（*Ann.* 11.25.1）。无论在哪种情况下，元首的讲话中总有些内容很可能会被保存在元老院草案里。一个明显的例子是旨在阻止投机商拆毁建筑的敕令（*ILS* 6043，公元45年前后）。序言以约定俗成的赞美言辞开篇——"由于至高元首的深谋远虑，罗马城和全意大利已遍布着永垂不朽的建筑（cum providentia optimi principis tectis quoque urbis nostrae et totius Italiae aeternitati prospexerit）"，等等。但特别刺耳的语句很快出现——"并且他们应当让自己远离一切极其血腥的事务（deberentque apstinere se omnes cruentissimo genere negotiationis）"。那无疑是元首克劳狄乌斯的用词和表述风格。[3]

在对元首克劳狄乌斯的研究中，当今学者们更重视出土文献证据（其

1　特别参见 Ph. Fabia, *La Table claudienne de Lyon* (1929); *Rev. ét. anc.* XXXIII (1931), 117 ff. and 225 ff.; J. Carcopino, *Journal des Savants* 1930, 69 ff. and 116 ff.，修正与扩充见 *Points de vue sur l'impérialsme romain* (1934), 159 ff.; A. Momgliano, *Claudius: the Emperor and his Achievement* (1934), 10 ff.; F. Vittinghoff, *Hermes* LXXXII (1954), 348 ff.。关于其中的制度问题（有些还不得要领），见 H. F. Pelham, *Essays on Roman History* (1911), 152 ff.。

2　值得注意的如 *ILS* 206 and 214; Josephus, *AJ* 19.280 ff., 286 ff. and 20.11 ff. 所载3篇敕令；*BGU* 611; *P. Lond.* 1912。参见 M. P. Charlesworth, *Documents illustrating the Reigns of Claudius and Nero* (1939) 中十分便于使用的汇编。

3　我们关注的这一措辞又被后来公元56年的元老院决议所沿用——"ut apstinerent se tam foedo genere negotiation(is)（以便他们自己能够远离一切缔结盟约的事务）"（*ILS* 6043, l. 41）。关于克劳狄乌斯的文风，见 J. Stroux, *Bayerische S-B, phil.-hist. Kl.* 1929, Heft 8, 82 ff.; H. Bardon, *Les Empereurs et les lettres latines d'Auguste à Hadrien* (1940), 138 ff.。

中一些是新发现的或晚近的）。塔西佗为此而蒙受了不公。他的一些原本很有价值的文本遭到了错误的轻视——或被完全无视。历史学家塔西佗除直接引述（*oratio recta*）了克劳狄乌斯的一篇演说词（11.24）外，还记录了3篇显然属于他在元老院内讲话内容的文字：它们可能是被十分妥当地大幅压缩了。

克劳狄乌斯表达了对占卜技术衰落的忧虑（11.15）。伊达拉里亚和罗马的证据表明，脏卜术传统是一项古老且必要的制度。虽说在神意的保佑下一切运转正常，各种外来宗教却构成了对它的威胁，因而有必要扶持那个"脏卜祭司团（collegium haruspicum）"。下一篇摘要跟东方政策有关（12.11）。克劳狄乌斯正在兴冲冲地为帕提亚指定君主。他赞美了自己的举动（将自身同奥古斯都相提并论）；他及时对王子麦赫达特斯进行了告诫，向他传授了内政治理的标准原则，敦促他尊奉"仁慈与公正"。他还向帕提亚使节们补充了建议——无论新君主的性格如何，他们都必须努力适应，因为频繁更换君王是一件坏事。第三篇是元首对一座希腊岛屿请愿活动的支持——"他建议免除科斯岛的赋税，就当地居民的悠久历史发表了长篇大论（rettulit dein de inmunitate Cois tribuenda, multaque super antiquitate eorum disseruit）"（12.61.1）。神话传说之后是一部科斯岛医学史，其名人上起埃斯库拉皮乌斯（Aesculapius，塔西佗略去了相应姓名），下迄宫廷医生色诺芬（克劳狄乌斯高度评价了此人的价值）。那位元首还不厌其烦地（塔西佗如是说）补充了科斯岛的其他成就（并不牵强）。

此外，从演说词中提炼的内容还有元首关于博斯普鲁斯君主米特拉达梯的指示（12.20.2），以及对洛里娅·波琳娜的评论——克劳狄乌斯讲了她的家世和生平，提及了她嫁给过迈乌斯·雷古卢斯的事实，但没有提到（塔西佗细心地注意到了那一点）她跟卡里古拉的婚姻（12.22.2）。

那位元首的简短评论也会在元老院事务中出人意料地闪现。例如，他建议对阿伦提乌斯·卡米卢斯之子宽大为怀——"元首建议对他宽大为怀，那是他第二次宽恕这个与自己为敌的家族（idque ad clementiam trahebat

Caesar, quod stirpem hostilem iterum conservaret）"（12.52.2）。更典型的例子是他代表一位被元老院投票通过赏赐一大笔钱的皇家释奴所发表的荒诞不经的致谢——"克劳狄乌斯表示帕拉斯对这一荣誉心满意足，但还要坚守自己从前的贫困生活状态（adseveravit Claudius contentum honore Pallantem intra priorem paupertatem subsistere）"（12.53.3）。[1]

以上便是塔西佗作品中克劳狄乌斯演说词的内容或明显痕迹。我们接下来要分析他的3段卖弄学问式的插话。第一段追溯了字母表的全部历史，并附带指出克劳狄乌斯在任监察官期间引入了3个新字母（11.14）。事实上，克劳狄乌斯早年还就该主题写过一篇论文（Suetonius, *Divus Claudius* 41）。

第二段讲述了财务官职位的历史（11.22）。其中展示的博古传统与众不同，如关于该职务起源的说法——"正如卢奇乌斯·布鲁图斯的《治权授予法》所反映的那样，财务官早在王政时代已经设立（sed quaestores regibus etiam tum imperantibus instituti sunt, quod lex curiata ostendit ab L. Bruto repetita）"。作者（我们不妨直呼他元首克劳狄乌斯）认为，最早确立共和国执政官制度的《治权授予法》（*lex curiata*）跟之前国王们使用的法律是同一部，因而国王们必然也享有任命财务官的特权。其次，他提供了罗马人民首次选举财务官的时间（公元前447年）——该年代不见于其他任何史料。此外，他还表达了一个有别于其他现存史料的观点——军事财务官的出现早于管理市政的财务官。李维的权威史著在这方面无法给我们提供任何帮助或指导：财务官于公元前485年出现在他的叙事中，未加任何铺垫与解释（2.41.11）。[2]

第三段插话的由头是罗马神圣疆界的拓展（12.23-24）。它紧承显然来自元老院草案的信息之后——如对洛里娅·波琳娜的指控（以及克劳狄乌斯的评论）、一名行省总督被定罪、纳旁高卢的特权、叙利亚行省版图的扩大

---

[1] 参见帕拉斯的葬礼纪念物，那促使小普林尼去检查并引述了元老院决议，*Epp.* 7.29; 8.6。
[2] 关于财务官制度的早期历史（那在罗马人中间是晦暗不明、充满争议的），见Mommsen, *R. Staatrecht* II^3 (1887), 523 ff., 或福尔诺对这段文本的注释。

以及平安占卜（*Augurium Salutis*）。其中声称，除苏拉和奥古斯都外，还没有人拓展过神圣疆界。那很可能是克劳狄乌斯的观点。诸多线索可以佐证这一看法，其中包括一位同时代作家的文本。[1] 克劳狄乌斯没有提及独裁官凯撒的贡献，尽管存在着支持该事实的著名证据。[2] 凯撒的疆界拓展也许不久后便被元首奥古斯都取消或废止——但后者在其《奥古斯都行述》中对此只字未提。[3] 克劳狄乌斯可能并不认为凯撒是一位伟大先驱。他曾忽略过凯撒将财务官数量翻倍的举措（11.22），以及后者在帮助意大利人进入罗马元老院的过程中发挥的作用——后者更为重要，因为其效果更为持久。[4]

我们有理由认为，这3段插话都是通过元老院草案保存下来的元首演说词。[5] 我们还可以补充第四项内容，即关于骑士阶层的插话（至少是其中一部分内容）。那位元首在公元53年多次表示，自己任命的行省督办需要拥有司法权力——"元首在那一年里一再重申（eodem anno saepius audita vox principis）"（12.60.1），等等。为了确保人们能够领会他的意思，"不会被视为仅仅是心血来潮而已（ne fortuito prolapsus videretur）"，元老院通过了一项决议。塔西佗记载的文字会令我们怀疑，他是在转述元首演说词的开头部分："元老们啊，我经常列数（saepe numero, patres conscripti）。"参见他

1　Seneca, *De brevitate vitae* 13.8: "Sullam ultimum Romanorum protulisse pomerium, quod numquam provinciali, sed Italico agro adquisito proferre moris apud antiquos fuit（苏拉是最后一个拓展神圣疆界的罗马人。按照古时的习惯，它只在兼并了意大利的土地时拓展，从不在获得行省领土时拓展）。"

2　Dio 43.50.1, 参见44.49.2——更不消说被盖利乌斯引述的麦萨拉（Messalla）（Gellius, 13.14.4）。

3　《韦伯芗大位继承法》（*Lex de imperio Vespasiani*）（*ILS* 244）也对此保持沉默（它只提到了克劳狄乌斯）。苏维托尼乌斯也是如此。但Dio, 65.6.6叙述了奥古斯都拓展神圣疆界的史实。J. H. Oliver, *Mem. Am. Ac. Rome* X (1932), 178认为那是奥古斯都的举措；但J. Guey, *Mélanges* LIV (1937), 165 ff. 认为那是凯撒的行为。

4　克劳狄乌斯省略了这一史实（*ILS* 212, col. ii, ll. 1 ff.），参见R. Syme, *BSR Papers* XIV (1938), 8。

5　列奥认为，塔西佗这些关于罗马古代掌故的插话内容全部来自阿泰乌斯·卡庇托（Ateius Capito）学派使用的一本手册（Leo, *Gött. gel. Nachr.* 1896, 191 ff.）。反对意见如Th. Grigull, *De auctoribus a Tacito in enarranda Divi Claudii vita adhibitis* (Diss. Münster, 1907), 31 ff.; E. Hahn, *Die Exkurse in den Annalen des Tacitus* (Diss. Munich, 1933), 90 ff.。但格里古尔倾向于认为关于字母表的插话来自克劳狄乌斯的专题论文（ib. 27 f.）。

在介绍提比略关于道德与风尚立法演说词时采用的技巧。他记录了那位元首的动机——"提比略一直在权衡（saepe apud se pensitato）"（3.52.3），等等。那显然来自提比略的开场白（参见附录39）。

我们还应该认真审视某些简短的博古式信息。克劳狄乌斯扩大了老牌贵族的范围（11.25.2）。他以独一无二的方式界定了"次要氏族"，认为那是共和元年补充的那批贵族家族。这或许代表着那位元首的独特观点。作为克劳狄乌斯氏族（gens Claudia）的首领，他总是乐意把自己的学问强加给别人。他还提到了在其他材料中无法证实但很容易确定年代的《卡西乌斯法案》（lex Cassia）和《塞尼乌斯法案》（lex Saenia）。[1] 结束语表明，克劳狄乌斯对自己正在做的事情感到心满意足——"这是一件于公有利的事情，监察官很乐意着手去做（laetaque haec in rem publicam munia multo gaudio censoris inibantur）"。下一项举措则令元首举棋不定——"他对如何从元老院里驱逐那些声名狼藉的成员感到犹豫不决（famosos probris quonam modo senatu depelleret anxius）"，等等。他不想照搬"古时的严厉手段（severitas prisca）"，而是建议采用仁慈的补救办法，公布一份同时包含被驱逐者和要求退休者在内的名单。他很可能也为此发表了演说。在后来的一个场合下，克劳狄乌斯曾游走于严厉的举措和对不满的元老们的好言相劝之间。[2] 正如一份敕令公开宣称的那样，他总是为自己勤勤恳恳寻找"补救办法"的态度感到骄傲。[3]

克劳狄乌斯的疑虑与动机也反映在另一段文本中（12.20.1）。尽管"对异族贵族向来仁慈（nobilitatibus externis mitis）"，他还是犹豫究竟是应当

---

[1] 分别颁布于凯撒独裁时代和公元前30年（卢奇乌斯·塞尼乌斯是那一年的递补执政官）。

[2] 12.52.3: "laudati dehinc oratione principis, qui ob angustias familiares ordine senatorio sponte cederent, motique, qui remanendo inpudentiam paupertati adicerent（元首发表演说赞扬了那项因经济情况欠佳而自愿放弃元老身份的人，随后清除了那些赖着不走、在贫困外又暴露了自己的无耻的人物）."

[3] ILS 214: "c[um sati]s multa remedia invenisse m[ihi viderer, p]out[it ta]men nequitiae hominum [non satis per ea occurri]（当所有人都认为已经无计可施的时候，我却看到还有足够多的补救办法）."

接受博斯普鲁斯的米特拉达梯的投降，还是坚持俘虏此人。恨意和复仇让他倾向于选择后者。但也有人"提出了相反意见（Disserebatur contra）"。我们无从得知，反对意见是被谁和在哪里提出的：元老院不会讨论对外事务。尽管如此，塔西佗还是提供了用撒路斯特式语言写就的观点——"他可能将不得不在没有道路的陆地上和没有港口的海洋上作战（suscipi bellum avio itinere, inportuoso mari）"，等等。[1] 这些看法说服了克劳狄乌斯。因此，他向奥尔西人（Aorsi）的统治者欧诺尼斯（Eunones）发布了一道手谕。那封信开头的措辞是语气坚定、近乎强硬的——"米特拉达梯最近的行为理应受到严惩，并且元首本人也不是做不到这一点（meritum quidem novissima exempla Mithridatem, nec sibi vim ad exsequendum deesse）"。第一句话等于称那位博斯普鲁斯君主为公敌，类似罗马平民对基督徒的评价——"值得严惩以儆效尤（sontis et novissima exempla meritos）"（15.44.5）。但最后决定则是放其一马——"对求饶者宽大为怀（beneficentia adversus supplices）"。

克劳狄乌斯咄咄逼人的姿态酷似他亲手写下的《致亚历山大里亚居民函》（*Letter to the Alexandrians*）。他对希腊人和犹太人发出了警告。如果这些人不肯改过自新，他将不得不展示一位仁慈统治者的另一面——正直的义愤。[2] 我们有理由认为，塔西佗关于米特拉达梯的整篇文本（不仅仅是情节末尾的手谕）都是以一篇元首演说词为基础的：元首一丝不苟地陈述了自己的理由，并告知元老院自己准备如何答复。历史学家塔西佗压缩了这些内容，不失时机地用撒路斯特式风格加以润色，将之运用到了自己对东方事务的叙述部分之中。[3]

---

1 参见附录53。
2 *P. Lond.* 1912, col. 4, ll. 79 ff.: "ἅπλως δὲ προσαγορεύω ὅτι, ἂν μὴ καταπαύσητε τὴν ὀλέθριον ὀργὴν ταύτην κατ' ἀλλήλων αὐθάδιον, ἐκβιασθήσομαι δεῖξαι οἷόν ἐστιν ἡγεμόνος φιλανθρώπου εἰς ὀργὴν δικαίαν μεταβεβλημένος（我坦率地讲，如果你们不肯停止这种一意孤行的、彼此毁灭的行为的话，那么元首的慈悲为怀将会变为正直的义愤）."那位元首还在一则敕令中区分了"ira（愤怒）"和"iracundia（易怒）"（Suetonius, *Divus Claudius* 38.1）。
3 如12.12.1（叙利亚副将卡西乌斯·隆吉努斯）; 14.3（麦赫达特斯的伤残）。

正如其关于高卢贵族的演说词版本所证明的那样，塔西佗的改动是非常大胆的（参见原书第318页）。他摒弃了关于伊达拉里亚人的博古知识（凯勒斯·维本纳 [Caeles Vibenna]，以及被认为就是塞尔维乌斯·图里乌斯的玛斯塔纳 [Mastarna]），并重新撰写了结语。在塔西佗笔下，这篇演说提及了"我的古老祖先、出身萨宾的克劳苏斯（maiores mei, quorum antiquissimus Clausus, origine Sabina）"。克劳狄乌斯很可能确实讲过那样的话，但或许并不是在这个场合下。塔西佗有可能是从元首克劳狄乌斯过继尼禄时的演说中抽取了关于阿图斯·克劳苏斯（Attus Clausus）的内容（12.25.2，参见下文）。此外还有在罗马元老院里关于释奴之子的说法："那并不是什么人们误以为的新鲜事，而是前人所确立的传统（non, ut plerique falluntur, repens, sed priori populo factitatum est）。"（11.24.4）克劳狄乌斯那篇演说中已佚失的部分里也许并没有能够与之对应的内容：它也许来自克劳狄乌斯为这些人说话时所发表的另一篇演讲（参见 Suetonius, *Divus Claudius* 24.1）。

我们有理由认为，历史学家塔西佗不声不响地从克劳狄乌斯的演说词中借用了数次材料。释奴帕拉斯敦促克劳狄乌斯为了"共和国"和保护年幼的布瑞塔尼库斯而过继尼禄，他还引述了本王朝历史中的先例（12.25.1）。克劳狄乌斯对此表示赞同，并引述了自己这位谋臣的说法——"向元老院复述了自己释奴的见解（habita apud senatum oratione eundem in quem a liberto acceperat modum）"。如果必要的话，塔西佗本可以轻而易举地虚构帕拉斯的观点及其列举的先例。但它们很可能就保存在克劳狄乌斯的演说词中。该插曲反映了另一种文本流传类型的存在。根据苏维托尼乌斯的记载，克劳狄乌斯本人反复强调，此前没有任何人以过继方式进入过克劳狄乌斯家族。而在塔西佗的文本中，那变成了听众们的评论——"有心人注意到，自阿图斯·克劳苏斯以降，从未有人通过过继方式进入老牌贵族克劳狄乌斯家族（adnotabant periti nullam antehac adoptionem inter patricios Claudios reperiri, eosque ab Atto Clauso continuos duravisse）"（12.25.2）。

卡拉塔库斯被带到罗马城时的情况也与此类似。克劳狄乌斯当然不会放过就这个富于历史意义的主题发表演说的机会。但在塔西佗的作品中，是元老们讨论了"许多宏大的主题（multa et magnifica）"，提到了叙法克斯（Syphax）和佩尔塞斯（Perses）等被俘王公（12.38.1）。

因此，研究者们也会留意寻找关于该手法的其他样本。当克劳狄乌斯授予科斯岛特权之后，下一批请愿者是历数了自己从前如何为罗马效劳的拜占庭人（12.62）。这一历史细节为塔西佗提供了加入一段地理插话（63）的机会。真正的史料依据可能是克劳狄乌斯的一篇演说词。他本来就有在元老院里发表一篇正规演说词（用希腊语）来答复使团的习惯（Suetonius, *Divus Claudius* 42.1）。既然如此，那么关于地理的部分（至少是其中的一部分）是否也同样如此呢？塔西佗确实将之改写成了一段撒路斯特式的插话，并引述了撒路斯特作品中的著名插话《本都之地貌》。[1]

在卷9—12中，元首应当会（并且不止一次）讨论一个令他称心如意的主题——罗马的食物供给（参见Suetonius, *Divus Claudius* 18中的一整章）。公元51年发生过饥馑和动乱。根据塔西佗的报道，当时储备的粮食已只够维持15天。但"神明的大慈大悲与温和的冬天（magnaque deum benignitate et modestia hiemis）"神奇地拯救了罗马（12.43.2）。"神明的慈悲（deum benignitas）"这个表述方式值得注意。它十分传统（有时带有伪善意味）。塔西佗在其他三处文本中使用过它[2]，但从未用于自己现身说法的场合。一个例子出现于对克劳狄乌斯关于脏卜术演说词的摘要中——"尽管目前一切顺利，但那多亏了神明的慈悲（et laeta quidem in praesens omnia, sed benignitati deum gratiam referendam）"（11.15.2）。那还不是全部。史学家塔西佗接下来总结道："怪异的是，意大利从前曾为远在行省的军团提供补给；地力贫瘠如今看来也不是问题。但我们宁愿去耕作阿非利加与埃及的土地，而听凭罗马人民的性命仰仗于船只和运气（at hercule

---

[1] Sallust, *Hist.* 3.66，参见附录53。
[2] *Hist.* 4.85.2; *Ann.* 11.15.2; 14.6.2.

olim Italia Italia legionibus longinquas in provincias commeatus portabat, nec nunc infecunditate laboratur, sed Africam potius et Aegyptum exercemus, navibusque et casibus vita populi Romani permissa cst）。"其中"怪异的是（at hercule）"的表述是直截了当的、个性化与修辞性的，并不属于正常的史学叙述。它在《编年史》中还出现了4次，1次为表达感情色彩强烈的反对意见（1.3.5: "at hercule Germanicum" 以下），2次为转述或虚构的讲话（1.17.4; 26.2），1次为元首发表的演说词。但那篇元首演说词不是克劳狄乌斯的，而是提比略的。元首提比略惊呼："怪异的是，没有一个人指出意大利已需仰仗外来的物资供给，罗马人民的性命已听凭每日海浪与风暴的不确定性摆布（at hercule nemo refert quod Italia externae opis indiget, quod vita populi Romani per incerta maris et tempestatum cotidie volvitur）。"（3.54.4）二者之间字句上的相似性是引人注目的——以至于有人会怀疑塔西佗在这里借用了克劳狄乌斯的言辞。

41. 关于克劳狄乌斯的更多线索

我们还能找到许多线索，如塔西佗叙事体系中若干插曲的位置和结构、反映特殊博古传统的插话、反映克劳狄乌斯气质（父辈式的慈爱、义愤、不耐烦与笨拙）的痕迹甚至具体用词。当塔西佗创作演说词时，他的文字风格明显有别于其历史叙事部分。此外，塔西佗也经常将这一点巧妙地暗示给读者——有时是直接引述别人的字句，有时是采取不属于自己的用词风格（尽管那些字眼在他的文本中并不罕见）；那类文本中包含着若干他通常会避免使用的常见西塞罗式词汇。[1]

在其关于高卢首领们的演说词中，克劳狄乌斯使用了动词"paenitet（引起不悦）"（ILS 212, col. ii, l. 23）。塔西佗在自己的版本中也使用了它

---

[1] 见附录42; 50。

(23.2)。我们还应注意不见于塔西佗其他文本的"inveterasco (变老)"一词(24.7)。与此相似,"beneficentia (宽大为怀)"出现在了对克劳狄乌斯指示的摘要中(22.20.2),却不见于塔西佗的任何其他文本。再者,动词"propago (拓展)"出现在了关于脏卜术的评论(11.15.1)和关于神圣疆界的插话(12.23.2)中;但它此前从未出现过,之后也仅仅出现了1次(15.59.5)。[1] 为了确认这种手法的存在,我们不妨注意塔西佗借卢奇乌斯·维特利乌斯之口恶搞克劳狄乌斯的手段(13.5 f.,参见原书第331页)。

如果上述观点能够成立的话,那么与许多学者所设想的相比,塔西佗肯定是更为深入地利用了元老院的档案材料。[2] 我们由此可以判断,元老院草案是塔西佗某些连贯的历史叙述部分的首要(如果不是唯一的)材料来源。这样的例子如11.22-25(从关于财务官的插话到克劳狄乌斯监察官任期内活动的结束)、11.22-24、11.52 f.;或许还有12.58-63:其中对公元53年事务的记载包含着关于骑士阶层的插话、科斯岛居民的请愿与拜占庭居民的请愿。我们也很难抵制对现已佚失的各卷内容进行猜测——其中可能包含着关于各种主题的演说词,从随军祭司团(*fetials*)的古老仪式到克劳狄乌斯统治前期罗马城的客栈和酒肆。[3]

此外还有别的东西。历史学家塔西佗在撰述关于提比略一朝事务时似乎已经熟知克劳狄乌斯演说词中的至少一篇。相关材料(伊达拉里亚的冒险

---

1 在跟克劳狄乌斯相关的文本中值得注意的还有"conservo (保全)"(12.52.2),塔西佗的全部文本中仅此一例;以及"impudentia (有失检点)"(ib. 3),《编年史》中仅此一例。

2 例如,莫米利亚诺拒绝承认塔西佗关于克劳狄乌斯博古传统材料中的任何内容来自元老院草案(Momigliano, *Rendiconti della R. Accademia dei Lincei*[6] VIII [1932], 319)。此外,他坚持认为15.74.3 ("reperio in commentariis senatus [元老院的文件证实]")这段文本是不可接受的,因为那只是一条孤证——塔西佗也许是从他的史源中抄来了这句话(ib. 320)。

3 Suetonius, *Divus Claudius* 25.5 (随军祭司团的规矩问题); 40.1: "cum de laniis ac vinariis ageretur, exclamavit in curia: *rogo vos, quis potest sine offula vivere?* descripsitque abundantiam veterum tabernarum, unde solitus esset vinum olim et ipse petere (当讨论到关于屠户和葡萄园种植者的议案时,他在元老院会议里大叫:"我问问你们,如果没有点心的话谁还能活下去?"他接下来历数了以前遍布各处的小酒店,他自己早年常去那些地方找酒喝)。"我们无法确定,塔西佗是不是将克劳狄乌斯作为插话缘起与素材的唯一作家。参见他解释公元45年日食的法令和狄奥添加的长篇评论(Dio 60.26.1 ff.)。

家凯勒斯·维本纳）显示，他在关于凯利乌斯山的插话中使用过它，以及字眼"appellitatus (名称取自于)"。[1] 学者们自然会联想到，塔西佗在记载卢奇乌斯·披索葬礼时所补充的、关于罗马市长官职的插话或许也属于此类性质（6.11）。其中包含了两个与众不同的说法。首先，罗马国王们任命过3位罗马市长，分别是丹特尔·罗慕里乌斯（Denter Romulius）、努玛·玛尔奇乌斯（Numa Marcius）和斯普利纳·卢克莱修（Sp. Lucretius）：李维及其所代表的标准传统则只知道卢克莱修（1.59.12，参见 Dion. Hal. 4.82）。其次，他将奇尔尼乌斯（Cilnius）作为盖约·梅塞纳斯（C. Maecenas）姓名中的一部分。[2] 在此发言的乃是一位对伊达拉里亚和罗马传统都拥有独到见解的学者，他相信塞尔维利乌斯·图里乌斯就是玛斯塔纳、凯勒斯·维本纳的同伴（ILS 212）。[3] 倘若克劳狄乌斯确实任命过一位罗马市长的话，他当然不会放过在元老院里发表一篇相关演说的机会。[4]

那还不是全部。关于立法的插话（3.26 ff.）自然带有浓厚的撒路斯特色彩（参见附录53）。我们有理由认为，其中包含着关于克劳狄乌斯的3条线索，分别是关于罗马诸王的独特知识、对克劳狄乌斯论高卢三行省内容的呼应以及对塔西佗文本的呼应。首先，他特别强调了塞尔维乌斯·图里乌斯的立法者地位（此人在一定程度上取代了罗慕路斯），并背离了标准的罗马

1　ILS 212, col. i, l. 22, 参见福尔诺对4.65.1的注释；J. Carcopino, *Journal des Savants* 1930, 118 f.; *Points de vue sur l'impérialisme romain* (1934), 183 f.; L. Pareti, *Studi etruschi* V (1931), 156。

2　他的官方姓名为"卢奇乌斯之子盖约·梅塞纳斯·庞培（C. Maecenas L.f. Pom.）"（ILS 7848）。塔西佗写成"奇尔尼乌斯·梅塞纳斯（Cilnium Maecenatem）"（倒置的姓名），暗示着梅塞纳斯还有一个家姓"奇尔尼乌斯"。那是阿雷提乌姆一个古老望族的姓名（*nomen*）（Livy 10.3.2），很可能是梅塞纳斯母系的祖先：奥古斯都曾称他的这位朋友为"奇尔尼乌斯家族的宝石（Cilniorum smaragdus）"（Macrobius 2.4.12）。克劳狄乌斯也许就是关于梅塞纳斯真正、完整姓名的这一看法的来源。我们也不应忘记生活于塔西佗时代的阿雷提乌姆奇尔尼乌斯家族成员盖约·奇尔尼乌斯·普罗库鲁斯（C. Cilnius Proculus, 公元87年递补执政官）。此人一直活到了哈德良时代（参见 PIR[2], C 732）。

3　关于他对伊达拉里亚的研究，参见 J. Heurgon, *Latomus* XII (1953), 402 ff.; *CRAI* 1953, 92 ff.。

4　卢奇乌斯·沃鲁修斯·萨图尔尼努斯（L. Volusius Saturninus，公元3年递补执政官）在去世时担任着罗马市长（Pliny, *NH* 7.62）。任命他的可能是克劳狄乌斯（而非卡里古拉）。塔西佗对沃鲁修斯家族很感兴趣（见原书第302页）。

传统——"塞尔维乌斯·图里乌斯首先是罗马的立法者,连国王们都要服从他的法律(sed praecipuus Servius Tullius sanctor legum fuit quis etiam reges obtemperarent)"(3.26.4)。[1]其次,"一些族群重视以法立国,或是自古而然,或是在厌倦了王政之后(quidam statim aut postquam regum pertaesum, leges maluerunt)"(ib. 3)。参见 *ILS* 212, col. i, l. 26:"国王们的意志自然总是不得人心的(nempe pertaesum est mentes regni)。"再次,"择善而从(accitis quae usquam egregia)"(27.1)的表达方式可参见11.24.1:"借鉴此前所有的长处(transferendo huc quod usquam egregium fuerit)。"[2]

青年时代的克劳狄乌斯曾在李维的激励下从事过史学创作(Suetonius, *Divus Claudius* 41.1);他的风格在一定程度上来自那位榜样[3];学者们也已指出并强调关于高卢贵族的演说词和李维笔下保民官卡努雷乌斯(Canuleius)的讲话(Livy 4.3 ff.)[4]所共享的历史进步观。如果塔西佗并不熟悉后一篇文献的话,他也能轻而易举地找到合适的用语。他在提及外来的罗马国王们时借克劳狄乌斯之口讲到了"那些外来者统治过我们(advenae in nos regnaverunt)"(11.24.4);参见 Livy 4.3.13:"当我们的祖先还没有对外来君主深恶痛绝之际(cum maiores nostri advenae reges non fastidierint)。""外来(advena)"一词在《编年史》的其他文本中仅出现过一次——那正是历史学家塔西佗从元首克劳狄乌斯那里借用过来的关于凯利乌斯山的插话(4.65)。

显而易见的是,元首喜欢讲述一些自己的老师所不了解的或跟民间传统不一致的历史信息。[5]来自塔西佗的新证据积累起来(如果前面的那些观点被

---

1 参见 F. Leo, *Gött. gel. Nachr.* 1896, 198 f.。事实上,关于罗慕路斯的传说并不像列奥设想得那样整齐划一,参见 E. Hahn, *Die Exkurse in den Annalen des Tacitus* (Diss. Munich, 1933), 17 ff.。
2 讨论 *Ann.* 11.24和卢戈杜努姆铜板的大部分学者(如果不是全部的话)都忽略了这些对应关系。
3 E. Norden, *Die antike Kunstprosa* I (1898), 236.
4 如 F. Leo, o.c. 193; A. Momigliano, o.c. 16 f.。
5 因此,科伦卡努斯家族(Coruncanii)的"起源地(origo)"为卡麦里乌姆(Camerium)的说法来自克劳狄乌斯的博古研究,而非塔西佗。共和末期流传的标准说法是图斯库鲁姆,而非卡麦里乌姆(Cicero, *Pro Plancio* 20)。

人接受的话），使得学者与元首克劳狄乌斯的形象变得日益丰满。[1] 与此同时，相关研究也揭示了塔西佗的史料来源、工作方法和修辞技巧（甚至细化至一个字眼的选择）。[2] 堆砌对克劳狄乌斯演说词摘要的概述未免显得笨拙——那将赋予元首克劳狄乌斯以历史上的突出地位，而塔西佗的原计划并无此意。与此相反，作者喜欢分割、挪用或掩饰这位元首的相关材料。他无法原原本本地复制克劳狄乌斯的风格，但他有时会留下那位元首手笔的痕迹或暗示。他还在克劳狄乌斯去世后表示了些许恭维："当克劳狄乌斯在深思熟虑后发言时，并不缺乏高雅风格（nec in Claudio, quotiens meditata dissereret, elegantiam requireres）。"塔西佗很好地利用了克劳狄乌斯提供的素材。

1　关于那位元首的博学（Suetonius, *Divus Claudius* 41 f.），参见 H. Bardon, o.c. 125 ff.; A. Momigliano, o.c. 6 ff.。后一位学者描述的图景并不完整，因为他关于塔西佗史源的预设让自己无法看到，历史学家塔西佗有多少材料是直接来自克劳狄乌斯的。在这些材料中，他讨论过关于字母表的插话（他认为那并非来自元老院草案），并关注了（但只是点到为止）关于科斯岛的演说词（o.c. 10，参见84）。

2　尽管如此，一些学者仍然不愿意承认，塔西佗使用过关于高卢元老们演说词的原始版本。例如，韦廷霍夫便提出，他也许从某位更早的历史学家那里找到了令人满意的版本（F. Vittinghoff, *Hermes* LXXXII [1954], 363）。

F. 风格和字句

42. 塔西佗回避使用的字眼

　　历史学家塔西佗高度成熟的风格令人惊异，以至于后人开始关注其作品中的常见选择与特例。此外还有另一种研究方法，借助的是那些被字典界定为"常见的古典用法"的通用词汇。这种研究一直是不无裨益的。它反映了塔西佗的文风从两部专题性著作发展到《历史》，再从《历史》发展到《编年史》的演进历程。而在《编年史》中，它也诠释了演说词与叙述之间的用词差异——并有始有终地展示了塔西佗的文风巨变。

　　《关于演说家的对话》并非塔西佗文风发展（或这项研究）的起点。但它属于一种有别于其他作品的文学体裁，对其进行这方面的细致研究并无意义。我们只需简明扼要地分析两个现象。首先，这篇文本包含着70个文学批评的专业词汇，其中只有5个出现在了塔西佗的其他文本中。[1] 其次，还有若干普通词汇也不见于塔西佗的其他作品，例如：

abundo	excogito	perturbo
adcumulo	importo	sordeo
admirabilis	improbus	studeo (3)

1　参见A. Gudeman (ed. 2, 1914), 21。

F. 风格和字句 / 1005

comprehendo	insanus	studiosus (3)
concludo	insulsus	subministro
delecto (4)	introduco	suspicor
dimico	iucunditas (5)	temerarius
elaboro (3)	perturbatio	vitupero

与此同时，我们还能顺便观察到另一个特征。尽管这篇文章的风格是西塞罗式的，我们却无法从中找到本应出现的一些常见西塞罗用词——如"declaro（澄清）""exhibeo（呈现）""intellegentia（认知）"，等等（参见附录43）。

尽管如此，作为跟塔西佗的史学作品年代重合（可能跟《历史》现存部分写作年代相近）的文本，《关于演说家的对话》的用词类型仍然值得研究——即便它们跟具体年代无关。这部作品跟塔西佗的其他著作共同使用了一些词汇。它们的使用很能说明问题。

《日耳曼尼亚志》使用的词汇也很独特。我们最好还是先把《日耳曼尼亚志》中的若干诗歌化的、罕见的、此后被作者弃用（可以说那颇为明智）的字眼放在一边。例如：

eduro	hortamen	obliquo
eiectamentum	ingemo	praetracto
excresco	inlaboro	raresco
hebeo	lentesco	velamen
hebeto	monstrator	

关于塔西佗从未使用过的和他在创作了《阿古利可拉传》和《日耳曼尼亚志》（附录43—44）后弃用的词汇包括以下几种类别：

（1）形态与结构。如复合动词，尤其是那些包含"cum"结构的例子。此外还有以"-osus"结尾的形容词。对它们使用情况的分析需要注意专门鉴别。[1]

（2）演说词和伦理学用语。如"humanitas（人性）"和"integritas（无可指摘）"遭到了弃用。

（3）典型的西塞罗式用语，如"singularis（单独）"。其中自然还包括其他许多复合动词与伦理学用语。

（4）常规的、无强调意味的散文词汇。如"exhibeo（呈现）"和"opinor（认为）"。我们注意到塔西佗在撰写《编年史》之前就弃用了"arbitror（判断）"一词，并且"aestimo（估计）""existimo（评估）"和"iudico（评判）"等字眼出现得也不多。[2]

（5）一些纤弱、粗糙或低俗的字眼。如"calvus（秃头）""ebrius（烂醉）"或"piger（慢吞吞）"。[3]

（6）在政治语境下被用滥了的字眼，如"pius（忠诚）"。[4] "Fidelis（忠心耿耿）"一词在《关于演说家的对话》中出现过一次，此外仅出现了一次（*Ann.* 15.67.2——出自一位禁卫军军官之口）。

这一趋势继续发展了下去。他在撰写《编年史》之前放弃了更多词汇（见附录45），以及若干最早出现于《历史》的字眼（附录46）。

避免使用"西塞罗式"的辞藻是罗马人创作历史散文的固有习惯，也是

---

[1] A. Ernout, *Les Adjectivs latins en -osus et en -ulentus* (1949). 但那位学者并未特别关注塔西佗（那种关注本应可以说明很多问题）。

[2] 阿克塞尔森指出，诗人们会避免使用"arbitror（判断）""existimo（估计）""iudico（判断）"等动词（B. Axelson, *Unpoetische Wörter*, Lund, 1945, 64）。那是自然而然的事情，何况其中大部分字眼也有音步排列方面的麻烦。值得注意的还有"puto（觉得）"一词同样不受欢迎——它在《编年史》中仅出现过7次。

[3] 见原书第342—343页。

[4] 见原书第415页。

传统意义上必不可少的选择。塔西佗不仅遵守了这一规范，还从一开始就做好了更进一步的准备。他很快就抛弃了一些曾被李维甚至是公开反对西塞罗并以此闻名于世的撒路斯特接受的词汇。[1]

塔西佗是一位果敢、执着的作家。他对一些词汇的反感（形态、表现力、感情色彩或含义）在多大程度上是自觉的，在多大程度上是无意识的呢？那是一个很宏大的问题。塔西佗的恨意使得其写作特色显得格外醒目。那或许可以提供关于其心理状态的线索。塔西佗显然非常厌恶那些温和、乐观、表达改善含义的词汇。他在创作《编年史》之前已放弃了"iucundus（幸福）"和"urbanitas（优雅）"；"benignus（温文尔雅）"和"blandus（绵软无力）"各自在《历史》中出现过1次，随后便再未出现。并且塔西佗所有现存文本中使用"tranquillus（安宁）"的例子只有一处（*Ann*. 1.3.7）。

我们在进行此类研究时必须面对各种风险和不确定性。[2] 现存材料是否已足够进行比较和提供结论呢？《历史》超过一半的文本业已散佚；《编年史》中也存在着许多空缺。现存文本的总页数如下[3]：

《关于演说家的对话》（43页）　　《编年史》1—6卷（199页）
《阿古利可拉传》（31页）　　　　　　　　11—12卷（56页）
《日耳曼尼亚志》（26页）　　　　　　　　13—16卷（127页）
《历史》（219页）

《历史》中每一卷的长度大于《编年史》。两部作品现存文本的比例约为11:19。

1　例如下面这些见于撒路斯特文本但塔西佗从写完3部短篇作品后就不再使用的词汇：concito（激起）、iniustus（不义的）、integritas（无可指摘）、vehemens（暴烈的）。更多信息参见附录53。
2　这里的列表是精选过且具有示例性的，并不完整。但我们还需补充的是，用词中的回避和弃用现象对于塔西佗研究和整体性的拉丁文学研究而言很能说明问题：其中一些现象的道理是显而易见的，但另外一些则令人惊讶（参见附录52）。
3　按照旧版的图伊布纳（Teubner）丛书页码。

43. 不见于塔西佗作品的一些词汇

abalieno	derelinquo	lasso
abstinentia	devinco	lassus
calamitosus	disiungo	loquax
calvus	disturbo	machinor
capto	ebrius	mendax
celo	elevo	mirabilis
celsus	exaequo	obsecro
coacervo	excludo	odiosus
commisceo	exhibeo	perspicuus
commoneo	exopto	pristinus
communitas	facetus	religiosus
condono	factiosus	repraesento
consolatio	fastidiosus	reprehendo
consolor	furiosus	sagacitas
conspicor	incommodus	sano
consuesco	indignitas	singularis
contemplor	indoctus	sollicito
contribuo	ineptus	spondeo
convoco	ingeniosus	suffragor
declaro	inlucesco	supervacaneus
decresco	insania	suscito
demens	insidiosus	suspiciosus
deperdo	intellegentia	timiditas
deploro	investigo	turpitudo
depravo	iracundus	verax
depugno	lassitudo	verecundus

44. 在创作短篇作品后弃用的词汇

	《阿古利可拉传》	《日耳曼尼亚志》	《关于演说家的对话》
accuratus	—	—	2
antecedo	—	1	3
astutus	—	1	—
augustus	—	—	2
bellicosus	—	1	—
cohaereo	—	1	—
commigro	—	2	—
communico	1	—	—
comploro	1	—	—
concito	1	—	2
definio	—	1	—
diligens	2	1	2
disputo	—	—	3
efficax	—	1	1
gratiosus	—	1	—
humanitas	1	1	—
iactatio	2	1	—
iniucundus	1	—	—
iniustus	1	—	1
inlacessitus	1	1	—
inritatio	—	1	—
integritas	1	—	—
laudator	—	1	—
lenocinor	—	1	1
lucrosus	1	—	1
numerosus	1	1	1
operosus	—	1	—

续表

	《阿古利可拉传》	《日耳曼尼亚志》	《关于演说家的对话》
opinor	—	1	5
percipio	—	—	2
piger	1	2	—
pius	2	—	—
prosperitas	1	—	—
recedo	1	2	4
robustus	—	2	1
sanus	—	—	1
temerarius	—	—	1
vario	—	2	1
vehemens	1	—	1

45. 创作《历史》后弃用的词汇

	《阿古利可拉传》	《日耳曼尼亚志》	《关于演说家的对话》	《历史》
adfectatio	—	1	—	1
adsuesco	2	—	2	2
amplitudo	—	1	1	1
arbitror	4	5	6	5
blandior	1	—	—	3
cautus	2	—	—	5
committo	—	1	1	1
consequor	1	—	6	2
cresco	—	—	1	3
cupiditas	1	2	1	6
depono	1	1	—	5
excusatio	2	—	1	1
exiguus	1	—	—	1

续表一

	《阿古利可拉传》	《日耳曼尼亚志》	《关于演说家的对话》	《历史》
extendo	—	2	—	1
faveo	—	—	1	2
feritas	—	2	—	1
gloriosus	—	—	1	2
horreo	—	2	—	4
incompositus	—	—	1	3
indignor	—	—	1	1
infirmus	3	1	1	2
inlustro	1	—	2	1
innotesco	—	—	1	1
inquietus	—	—	2	1
insequor	2	—	3	1
instigo	—	—	1	4
iucundus	—	1	2	1
marceo	—	1	—	1
mitesco	1	—	—	2
necesse	—	1	2	3
nobilito	—	1	1	1
obligo（韵文）	—	2	1	1
obtrectatio	1	—	1	2
offensa	—	—	3	10
opportunitas	2	—	—	1
oppugno	1	—	—	6
pasco	1	—	—	1
paucitas	1	1	—	2
permuto	—	1	—	1
perpetuitas	—	—	1	1
persevero	—	1	—	1

续表二

	《阿古利可拉传》	《日耳曼尼亚志》	《关于演说家的对话》	《历史》
persuadeo	—	1	3	1
petulantia	1	—	—	3
praecurro	—	—	2	2
quiesco	1	2	—	7
redundo	—	—	1	2
reformido	—	—	1	1
sono	—	1	—	1
splendeo	—	1	1	1
splendor	—	—	2	1
sublimis	2	—	1	1
torpor	1	1	—	2
tumeo	—	—	1	4
urbanitas	—	—	1	2
vitabundus	1	—	—	1
vocito	—	—	1	2

46. 仅在《历史》中出现过的词汇

abunde	frustratio	praeopto
adoro	grandaevus	praetextum (4)
adsertor	gratulatio	principalis (6)
aemulator	haesito	prodigiosus
antecapio	horror	rapax
aufugio	hortamentum	rapina
blandus	increbresco	reclamo
confodio (6)	indignatio (2)	recurso
confusio (3)	indigus (4)	redempto

F. 风格和字句 / 1013

conido (2)	indiligentia	relucesco
conlaucio	induresco	renascor
considero (2)	induro	reprehensio
consummo	inexplebilis (3)	reputatio
contemptim (3)	infesto	resipisco (2)
contumeliosus (4)	ingravesco	retento (4)
convalesco	inhumanus (2)	sagax
convecto	inquieto	sagina (4)
conveho	inscius	scriptito (2)
credulus (5)	instigator	sedo (3)
crudesco	instinctor (2)	separatio
culpo (4)	integro	serenus (2)
debilitas (2)	interimo	sollicitus (3)
deflagro	inutilis	sopio
delitesco	invalesco	sopor
deprecator (2)	langueo	spectator (3)
deses (4)	languor	stimulatio
desiderabilis	lenimentum	suasor
despectus	lenocinium	substituo (2)
destituo (2)	levamen	superiacio (2)
detrectatio	lucrum	supersto (3)
deverto (3)	luxuriosus (2)	supervenio
diffidentia	maculo (2)	superventus
diffugium	mulceo (4)	supervolito
dirumpo	nequitia	supprimo (4)
domitor (3)	noscito	taeter
ducto	obscuritas (2)	temno
eblandior	obsecratio	temptamentum

elanguesco (2)	observantia	tero (4)
enotesco	obstinatio (3)	timidus
evanesco	obtrunco (6)	torpedo
evilesco	oppugnator (4)	torpesco
exarmo (2)	ordino	torvitas
existimatio	pando (4)	transitio (3)
exoro	pauperies	turbamentum
expavesco	perrogo	turbulentus
exspiro (2)	pertinax (4)	turpo
firmamentum	petulans (2)	venditator
fraudator	praefinio	

47. 从《历史》到《编年史》

	《阿古利可拉传》	《日耳曼尼亚志》	《关于演说家的对话》	《历史》	《编年史》
ardesco	—	—	—	1	8
cerno	—	—	—	2	10
claritas	1	1	—	3	2
claritudo	—	—	—	3	31
cognomentum	—	—	—	1	17
cresco	—	—	1	3	—
glisco	—	—	—	4	19
cupiditas	1	2	1	6	—
cupido	1	—	—	30	47
dictito	—	—	—	3	21
fatisco	—	—	—	1	4
firmitudo	—	—	—	—	6
grator	—	—	—	1	6

续表

	《阿古利可拉传》	《日耳曼尼亚志》	《关于演说家的对话》	《历史》	《编年史》
imperito	—	1	—	6	20
incuria	1	—	—	1	7
invenio	8	2	7	9	10
reperio	1	1	—	7	80
memoro	4	4	—	20	74
mirus	1	2	4	8	36
modicus	3	1	—	20	40
patro	—	—	—	5	19
perimo	—	—	—	1	5
polliceor	—	—	—	2	10
praevaleo	—	—	1	2	12
priscus	—	1	1	1	18
properus	—	—	—	3	14
reor	1	—	—	21	50
sector	—	1	2	1	7
senecta	—	—	—	4	20
senectus	3	3	—	4	10
subdolus	—	—	—	1	7
suboles	—	—	1	1	7
suspecto	—	—	—	2	8
sustento	—	—	—	1	12
tracto	—	—	4	5	20
tutor	—	—	—	1	8
vanesco	—	—	1	1	4
vetustus	—	1	—	6	29
vigeo	—	—	—	4	13

48.《编年史》卷1—6之后弃用的词汇

	《阿古利可拉传》	《日耳曼尼亚志》	《关于演说家的对话》	《历史》	《编年史》卷1—6
adlicio	—	—	—	6	2
adpropinquo	1	—	—	1	1
aequalitas	1	—	—	1	4
ambitiosus	3	1	—	8	4
augesco	1	—	—	4	1
aviditas	1	—	—	5	1
calamitas	—	—	—	2	1
careo	—	—	3	2	2
castigo	1	—	—	2	2
circumspecto	1	—	—	5	1
comparo	3	—	6	2	2
congrego	—	—	—	8	4
contemptor	—	1	—	2	1
crebresco	—	—	—	4	2
custodio	1	1	—	1	1
decipio	—	—	—	4	2
dego	—	1	—	—	2
demo	—	1	—	5	3
deposco	1	—	—	3	1
desidero	1	—	3	4	1
diuturnus	—	—	—	1	4
excito	—	—	3	6	2
flagitiosus	—	—	—	1	4
fluito	—	1	—	4	1
honorificus	—	—	1	2	1
ignominiosus	—	2	—	1	1

续表一

	《阿古利可拉传》	《日耳曼尼亚志》	《关于演说家的对话》	《历史》	《编年史》卷1—6
ignorantia	2	1	—	1	1
incito	—	—	—	2	1
inclutus	—	1	—	6	2
incolo	1	1	—	1	1
inertia	4	3	—	3	1
insimulo	—	—	—	1	2
insolesco	—	—	—	1	2
instinguo	2	—	1	1	1
intermitto	—	—	1	2	3
intumesco	—	1	—	2	1
irascor	—	1	1	5	2
itero	1	—	—	2	2
levo	—	—	—	2	8
linquo	—	—	—	1	3
locuples	1	1	3	2	3
mediocris	—	—	1	—	2
meo	—	—	—	1	2
miseriae	1	—	—	4	4
nolo	—	—	4	5	4
notabilis	1	1	3	6	1
obsto	—	1	—	8	3
obturbo	—	—	—	2	3
occurso	—	—	—	3	5
operor	—	—	—	1	3
opto	—	—	2	2	1
palor	1	—	—	6	4
patesco	—	1	—	3	1

续表二

	《阿古利可拉传》	《日耳曼尼亚志》	《关于演说家的对话》	《历史》	《编年史》卷1—6
penso	1	—	1	3	1
perdomo	1	—	—	3	2
periclitor	—	1	4	1	6
periculosus	2	1	1	2	4
perimo	—	—	—	1	5
persuasio	1	1	1	2	1
pertempto	—	—	—	3	1
pono	—	—	—	4	2
praesto	1	3	3	2	2
precarius	1	1	—	1	1
prudentia	3	—	1	2	2
pulso	1	—	—	2	1
restituo	1	1	—	7	1
reveho	1	—	—	4	1
salvus	1	1	—	3	2
senesco	—	—	—	1	3
senium	—	—	—	3	3
sincerus	—	1	1	1	3
sollers	—	—	—	1	3
splendidus	2	1	2	6	2
stolidus	—	—	—	3	2
stultus	—	1	2	4	1
surgo	—	—	2	3	1
taceo	2	—	1	1	1
temero	—	—	—	3	2
transfugium	—	—	—	3	1
trudo	—	—	—	1	3

续表三

	《阿古利可拉传》	《日耳曼尼亚志》	《关于演说家的对话》	《历史》	《编年史》卷1—6
vanesco	—	—	1	1	4
vastus	2	—	—	5	5
velox	2	—	—	2	1
vereor	2	—	4	3	2
veritas	—	—	2	2	6
vexo	—	—	5	1	1
vigilantia	—	—	—	1	3
vigor	2	1	—	4	1
vindico	1	1	—	1	3

49. 仅出现于《编年史》卷1—6的词汇

adcumulator, 3.30.1

adrepo, 1.74.2; 3.50.3

advecto, 6.13.2

antehabeo, 1.58.3; 4.11.3

antevenio, 1.63.4; 4.18.3

auctito, 6.16.1

belligero, 2.5.2; 3.73.3; 4.46.1

comperior, 4.20.2

condemnator, 4.66.1

consultor, 4.24.3; 6.10.2

contionabundus, 1.17.1

dedeceo, 2.43.6

dehortor, 3.16.3

lucar, 1.77.4

ludificor, 1.46.1; 3.21.4

marcidus, 6.4.4

nanciscor, 3.32.2

oppeto, 2.24.2; 4.50.3

percutio, 4.24.2

perdisco, 4.33.2; 6.45.3

perstimulo, 4.12.4

pervigeo, 4.34.4

pessum, 1.9.4; 79.2; 3.66.4

plecto, 4.20.4

positus, 4.5.3; 6.21.2

postscribo, 3.64.2

demuto, 4.16.3

denseo, 2.14.3

deruptus, 2.80.3; 4.45.1; 6.21.1

exsors, 6.10.1

exspes, 6.24.2

fastus, 2.2.3; 4.74.4

firmator, 2.46.5

genticus, 3.43.2; 6.33.2

honorus, 1.10.7; 3.5.1; 4.68.3

incelebratus, 6.7.5

inclementia, 4.42.3

incultus, 4.46.1

indolesco, 2.72.2; 3.73.2; 4.17.2

innutrio, 6.48.2

insenesco, 4.6.3

instar, 1.20.1; 11.61.1; 3.36.2

libidinosus, 6.4.4

praedatorius, 4.24.3

praefestino, 5.10.3

praegracilis, 4.57.2

praelego, 2.79.1; 6.1.1

praeverto, 2.55.6; 4.19.4; 32.1

provivo, 6.25.1

recepto, 3.60.1; 4.41.1

receptor, 4.23.2

saltuosus, 4.45.1; 6.34.2

sanctor, 3.26.4

secundo, 2.24.3

subversor, 3.28.1

superbio, 1.19.5; 2.36.3

suspicax, 1.13.4; 3.11.2

truculentia, 2.24.1

turbator, I.30.1; 55.2; 3.27.2

vaniloquentia, 3.49.1; 6.31.1

50. 仅在演说词中出现过的词汇[1]

adminiculum, 12.5.3; 14.54.2

adnumero, 14. 53. 5

adsuefacio, 12.5.3; 10.2

aestimatio, 15.21.1

ignorantia, 1.59.5

inclaresco, 12.37.3

•insatiabiliter, 4.38.5

•inveterasco, 11.24.7

---

[1] 这份列表中包括间接引文，即便文中没有交代作者的名字。没有在塔西佗其他作品中出现过的词汇标注为"•"。

F. 风格和字句 / 1021

aeternitas, 11.7.1

compesco, 1.42.3

•conformo, 4.8.4

•conservo, 12.52.2

contemplatio, 15.63.1

•continentia, 14.56.2

•contradictio, 14.43.2

•contrecto, 3.12.4; 14.35.1

•dehortor, 3.16.3

•demereor, 15.21.3

denoto, 3.53.1

•derogo, 13.27.3; 15.20.4

desidero, 4.37.2

detego（韵文）, 3.12.2

detrudo（韵文）, 13.43.2; 14.54.3.

dilacero（韵文）, 11.71.1

•efflagitatio, 2.38.2

emendo, 15.20.3

eniteo, 14.53.5

excelsus, 3.53.3; 4.40.7

exonero（韵文）, 3.54.5

exsatio, 2.38.1

exubero, 14.53.5

felicitas, 13.42.4; 14.53.2

fulgor（韵文）, 4.39.2; 14.54.3

hebesco（韵文）, 3.69.2

•inausus, 1.42.2

•labefacto, 13.21.4

liveo, 13.42.3

marito, 12.6.1

•nefandus, 3.13.2

•nefarius, 3.50.1

nescio, 3.53.2; 16.31.2

oppleo（韵文）, 11.23.4

•perfringo（韵文）, 2.38.2

•pervigeo, 4.34.4

pio, 1.42.1

praeparo, 11.7.1; 13.21.3

praestringo（韵文）, 14.54.3

•recido, 3.53.4

•residuus, 11.23.3

restinguo（韵文）, 3.54.1

rudimentum, 14.53.4

•saepe numero, 14. 43.1

scelestus, 2.71.4; 3.50.2

•secessio, 16.22.2

splendidus（韵文）, 3.54.1

sublevo（韵文）, 3.12.5

submoveo, 1.42.1

•suppeto, 14.55.4

•suscenseo, 3.12.4

tranquillitas, 4.40.6

•transfundo, 4.52.2

51.《编年史》的词汇

从《历史》到《编年史》的发展变化显而易见，历史学家塔西佗的各种技巧亦是如此（见第二十六章）。二者在词汇上的差异性令人惊讶（特别是就《编年史》卷1—6而言）。相应的数据统计是有意义的，因为二者之间的比例几乎是相当的（10∶11）。

对相关用词的列举可以说明很多问题：

（1）在写完《历史》后放弃的词汇（附录45）。我们已经观察到的趋势（附录42）变得更加明显。如"arbitror（判断）"和"cupiditas（嗜好）"消失了。与此相似，一些词汇的使用程度也出现了直线下降："remaneo（照旧）"（《历史》中出现过12次）和"trepidatio（激动）"（《历史》中出现过13次）在《编年史》卷1—6中消失了；"resumo（恢复）"（《历史》中出现过9次）在那里出现了2次。

（2）首次出现在《历史》中，但再未使用过的词汇（附录46）。其中一些是乏味且无力的，如"confusio（困惑）""considero（审视）""existimatio（评估）""substituo（替代）"。相反，另外一些则是富于诗意的——"deses（安闲）""indigus（匮乏）""temno（轻视）""pauperies（贫苦）"。撒路斯特使用过的字眼，如"ducto（牵拉）""torpedo（怠惰）"和"turbamentum（骚动）"都因过于刺耳或富于修辞性而遭到了摒弃（附录53）。相似地，我们有理由猜想一些典型的李维式词汇的出现频率同样有所下降（参见附录54）。最后，变化的还有特定词汇的结构与形态。至少10个以"-atio"结尾的字眼仅见于《历史》；此外还有一些表示持续动作的动词（如"haesito[跨踏]""infesto[攻击]""noscito[审视]""retento[坚持]"与"scriptito[笔耕不辍]"），以及若干动词的名词化形式和始动性动词（见下文）。

（3）塔西佗越来越喜爱具有强调意味和复古色彩的词汇（附录47）。如他对"claritudo（卓越）""cupido（嗜好）""glisco（肿胀）""reperio（重获）"与"senecta（年迈）"的偏好，而这些字眼的近义词的出现频率则在急剧

F. 风格和字句 / 1023

下降。[1]

（4）首次出现在《编年史》中的词汇。与此相关的24个例子（其中13个是撒路斯特使用过的，形态各异），见附录53（关于塔西佗同撒路斯特的关系）。[2]

（5）塔西佗仅在卷1—6中使用过的一些字眼（附录49）。其中包含若干十分罕见的词汇。

（6）一些被认为仅在塔西佗作品中出现过的用词（见下文，原书第722页）。

从《历史》向《编年史》的发展并不是整齐划一的，或可以用词汇选择的类别来界定。作者本人的鉴别力促使他放弃了撒路斯特的若干用词（相关的9个例子见附录53）。塔西佗喜爱以"-tor"结尾的动词的名词化形式（见原书第342页）。但其中一些见于《历史》，随后却遭到抛弃，如"adsertor（辩护者）""aemulator（模仿者）""deprecator（贬低者）""domitor（驯服者）""instigator（调查者）""oppugnator（攻击者）""spectator（观察者）""suasor（建议者）"。这些字眼可能显得稀松平常。但"instinctor（审查者）"（出现了2次）则是个罕见的、值得注意的用词，更重要的则是"venditator（自荐者）"。[3]

我们再来看看始动性动词。其中一些词汇——如"ardesco（点燃）""fatisco（力竭）"和"vanesco（消逝）"——的出现频率在不断上升（见附录47）。但也存在着相反的趋势：至少有18个此类字眼仅见于《历史》，其中大多数只出现过1次（见附录46）。作者自己慢慢地对这类用法产生了怀疑。许多始动性动词太富于诗意或引人注目。塔西佗自始至终都在避免使用"defloresco（枯萎）""desuesco（弃用）"和"marcesco（萎缩）"等词汇（但

1　附录47中的比较列表基于Löfstedt, *Syntactica* II (1933), 276 ff., 但增补了很多内容。
2　其他一些词汇或许也是撒路斯特式的："aspicor（获得）"是李维偏爱的词汇（他使用过12次），但该词不见于撒路斯特的文本是一件很奇怪的事情。
3　前一个词在晚期作家笔下出现过6次，"venditator（自荐者）"（*Hist.* 1.49.3）则仅见于Gellius 5.14.3; 18.4.1（信息由*TLL*编委会提供）。

它们均见于李维的作品）。

最后还有一些常见的散文用词，它们是"古典的"和"西塞罗式的"。其中包含着两种现象。第一种符合塔西佗的选择性原则——其中一些仅见于《编年史》的演说词中，有20个不见于他的其他任何作品（见附录50）。另一种现象则截然相反——一些字眼首次出现便是在《编年史》中。下面的列表很能说明问题（同时也令人困惑）。具体内容如下：

•adseveratio (7)	devincio (10)	lamentor (6)
•aegritudo (3)	•diligentia (2)	•maleficium (3)
cesso (3)	discidium (7)	•maleficus (4)
•clandestinus (2)	•dubitatio (4)	•obitus
•commonefacio	•exagito	oboedio (5)
•conor (2)	exanimo (7)	offensio (29)
•consenesco (2)	•excrucio (2)	•peregrinatio (3)
damnatio (11)	firmitudo (6)	•persolvo (3)
defleo (7)	fluvius (4)	•pertimesco (2)
•dementia	•gratificor	reicio (4)
deporto (7)	inrogo (5)	•sempiternus (2)
detrimentum (3)	•insolentia (3)	vividus (4)

其中一些词汇标注了"·"，表明它们仅见于《编年史》卷1—6。

就词汇而言，我们有必要添加两条评论——一条是表示怀疑，另一条是表示警告。首先是文风和词汇选择上可辨识的变化。既然《历史》的很大一部分文本已经佚失，那么认定转折点出现在后一部作品的开头岂非过于武断随意？我们可以对此做出答复。如果现已佚失的各卷中确实包含着（那是很有可能的）若干没有出现在《编年史》之前的其他文本中的用词的话——如《编年史》卷1—6力图避免使用的那些稀松平常的字眼，或某些撒路斯特式的表达方式（其中很可能有一段关于达契亚人的插话）——我们也找不到什么证明《历史》的开头和结尾存在显著差异的证据。弗拉维王朝的历史是一个讲述从内战到暴政的现实题材。那是作者心中早已成型的观念,并且(根据我们的推断)在作品的结构中得到了清晰呈现:前3卷与后3卷构成了呼应关系(见原书第214页)。另一方面,提比略与"共和国"则已属于古史。

其次是用词的冷僻问题。下面这些从明显冷僻的(或只属于塔西佗的)样本精选出来的词汇反映了塔西佗喜欢的一些动词类型:

adcumulator	perstimulo	professorius
aemulatus	pervigeo	provisus (6)
antehabeo (2)	postscribo	provivo
infenso (3)	praegracilis	regnatrix
peramoenus	praeumbro	
persimplex	prodigentia (3)	

顺便说一句,这些词汇中的一些可能是撒路斯特使用过的;另外一些则是自然而然或一望即知的构词方式。评注者们经常会征引一些人云亦云的说法,声称塔西佗的文风比事实上或可能达到的效果更为独特。谨慎的研究则表明,这些五花八门的字眼与表达方式自有类似用法或先例。[1] 然而,截然相反的危险也同时存在,即毫无必要地认定塔西佗是在"回应"或"借用"之前的作家们。相关著述所征引的许多例子事实上都不值一提,因为它们只是些顺理成章的相似之处而已(其中一些或许还是不可避免的)。

对塔西佗作品中的罕见表述方式进行分类是有道理的、有用的和必要的。但我们必须把握适度原则——同时也要考虑到撒路斯特和李维现已佚失的文本,以及李维和塔西佗之间文本已佚失的历史学家们。一份很容易查到的清单列出了《编年史》中"似乎由塔西佗发明"的词汇,其数目竟达65个之多。[2]

---

1 大量相关例证见 G. B. A. Fletcher, *AJP* LXVI (1945), 13 ff.。
2 H. Furneaux (ed. 2, 1896) I, 63 f.

其中一些说法显然是错误的。例如，我们可以很有把握地指出，"incelebratus（默默无闻的）"（6.7.5）一词来自撒路斯特（*Hist.* 1.88）；而"appellito（名称取自于）"（4.6.5）则被李维和克劳狄乌斯·凯撒使用过（参见附录41）。而如果发明"gladiatura（角斗士职业）"（3.43.2）、"histrionalis（舞台演员）"（*Dial.* 26.2; 29.3; *Ann.* 1.16.3）或"professorius（教师）"（13.14.3）等字眼的荣誉居然会留给生活在罗马帝国建立1个世纪后的塔西佗的话，那实在是一件十分令人诧异的事情。[1]

另一方面，某些使用"per-"与"prae-"前缀的词汇显然是以作者的高超天才创造出来的，尤其是前者。来自不同拉丁作家们的零星证据表明，塔西佗不过是在遵循拉丁文写作的惯例。[2] 与此类似的还有以"-tor"结尾的、由动词转变而来的名词。这样的先例当然可以追溯到伟大的"词汇革新者（novator verborum）"撒路斯特。它也可追溯到其他富于创造力的作家们。西塞罗使用了独特的"adiunctor（联手者）"一词。类似的例子还有"delenitor（赢得支持者）"（其他文本中仅见于阿普列乌斯[Apuleius]）和"deliberator（深思熟虑者）"（仅见于玛提亚努斯·卡佩拉[Martianus Capella]）。[3] 可见，塔西佗本人在用词方面的特立独行并不是那么突出的。他使用过的"regnator（统治者）"、"domus regnatrix（皇室家族）"（1.4.4）等表述并不值得大惊小怪。此外，"repertor（发现者）"（在《编年史》中出现过4次）已见于撒路斯特的文本（*Hist.* 4.69.7）；"turbator（作乱者）"（出现过3次）也有可能是撒路斯特使用过的，并且在李维的文本中碰巧出现过。我们同样无须将"defector（叛变者）"（在《历史》中出现过4次）和"extimulator（激励者）"（出现过1次）的用法归因于《编年史》追求独特文风的执着努力。其他8个最早见于《编年史》的词汇也曾被晚期古代的作家

---

1 与此类似，Fletcher, o.c. 14也在晚期作家的文本中找到了之前认为仅见于塔西佗文本的"adulatorius（谄媚的）"的3个例子（6.32.4）。

2 如"perdives"（Cicero, *In Verrem* 2.4.59; *Ad Att.* 6.1.3）、"perincertus"（Sallust, *Hist.* 4.1）、"peringratus"（Seneca, *Epp.* 98.11）、"percopiosus"（Pliny, *Epp.* 9.31.1; Sidonius, *Epp.* 1.1.4）。

3 参见 *TLL*。

们使用过[1]：

concertator	detractor	sanctor
condemnator	patrator	subversor
cupitor	profligator	

但《编年史》还使用了一个在所有拉丁文本中独一无二的字眼——"adcumulator（积聚者）"（3.30.1）。

我们还应关注另外4种罕见的或与众不同的表达方式。塔西佗使用过"prodigentia（夸张）"[2] 3次；用过"provisus（预见）"（但塔西佗只用"provisu"的形式）至少6次（其中2次是在《历史》中）[3]。令人惊讶但千真万确的事实是，看似稀松平常的字眼"antehabeo（选择）"和"postscribo（附写上）"在其他文本中找不到出处。[4]

概言之，相关研究确实证实了《编年史》用词的选择性——该作品回避了大批常用词汇（见附录42—46）。另外两份列表（附录55和57）还能进一步凸显卷1—6的独特性。

在卷1—6中，塔西佗的文风达到了炉火纯青的水平。我们不能说他的水准在此后有所下降，但确实经历了后续变化。他继续摒弃着词汇，但并不仅限于常规的、不具强调意味的字眼（见附录48）。他持续进行着实验——一些最早出现于《编年史》卷1—6的新词也消失不见了（见附录48）。它们属于不同类型（其中包括若干撒路斯特的用词）。这些摒弃词汇的现象分属下面几种情况：

1　如"profligator（败家子）"（16.18.1）由于Ennodius, *Dictiones* 18.5的存在而未能成为塔西佗的专利；类似的例子还有"sanctor（颁布者）"——它见于学术性作品 *Synonyma Ciceronis* 413.13b.（信息由TLL编委会提供）。
2　6.14.1; 13.1.3; 15.37.1. 该词为塔西佗的专利（信息由*TLL*编委会提供）。
3　见附录53——它也许是撒路斯特的用语。参见"incultu（未开化的）"（4.46.1）。
4　他也使用过"posthabeo（轻视）"（*Hist.* 4.7.1; *Ann.* 2.86.2）——该字眼也见于凯撒和维吉尔的文本。

（1）无特别理由（跟之前一样）。如"diligentia（仔细）""inertia（怠惰）"和"persuasio（证实）"。[1]

（2）富于诗意的和过度修辞化的词汇："exsors（无分）""exspes（无望）""honorus（表彰）"和"marcidus（枯萎的）"。

（3）传统的修辞性用语，如"inclutus（光荣的）"。[2]

（4）过分古奥的字眼："belligero（战斗）""demuto（歪曲）""pessum（向下）"和"truculentia（残暴）"。

然而，这些条目并不能涵盖所有的现象，并且塔西佗不断变化的用词习惯中还包含着许多谜（见附录52）。总的来说，塔西佗用词习惯的发展包含着两方面的趋势，一方面日益偏好庄严崇高的字眼，另一方面则逐渐淘汰过分诗意化与古奥的词汇。然而，《编年史》卷13—16中的主导发展趋势却呈现出截然不同的性质（见附录58）。

52. 塔西佗用词的选择性

《关于演说家的对话》试图通过缜密逻辑、严肃语气和优雅风格说服读者。如果说他的文风有些平淡的话，那也远非束手束脚。而在文风及其他方面，库里亚提乌斯·玛特努斯反映了关于科奈里乌斯·塔西佗的一些情况。那位诗人用大胆的、修辞性的语言谴责了告密者们嗜血的演说术和罗马广场活动中的种种丑恶习惯。[3]

---

[1] 比"inertia（怠惰）"好得多的是撒路斯特的用词"ignavia（怯懦）"和"socordia（愚蠢）"——或者是"incuria（漫不经心）"（未见于撒路斯特的现存文本）。撒路斯特只在《喀提林阴谋》和《朱古达战争》中使用过"inertia（怠惰）"。

[2] 关于塔西佗作品中的"inclutus（光荣的）"及其跟李维的关系，见附录54。关于那个字眼的历史，见 O. Prinz, *Glotta* XXIX (1942), 138 ff.

[3] *Dial.* 12.2: "lucrosae huius et sanguinantis eloquentiae usus（贪婪嗜血的演说术）"; 13.5: "nec insanum ultra et lubricum forum famamque pallentem trepidus experiar（我将远离极度疯狂、变幻无常的广场和令我战栗、面色苍白的命运）."

玛特努斯会冒险使用一些非同寻常的字眼。一个这样的例子是"clientulus（小随从）"（*Dial.* 37.1）。它十分罕见——仅在《编年史》中出现过1次（12.36.3），并在晚期古代的作家笔下出现过3次。[1] 在宣布自己同公共演说术分道扬镳时，玛特努斯使用了"deiungo（摆脱）"一词（11.3）。这个动词乍看上去稀松平常；但在塔西佗之前，能够确认使用过这个字眼的只有瓦罗（3次）和斯塔提乌斯（1次）。[2] 在这种情况下，我们没有理由质疑或反对玛特努斯在描述元首奥古斯都建立的牢固和平征服、驯化罗马演说术时使用的独特字眼"depaco（抑制）"[3]——"伟大的帝国体系抑制了演说术，正如它限制了其他一切事物那样（et maxima principis disciplina ipsam quoque eloquentiam sicut omnia depacaverat）"（38.2）。[4]

在《编年史》中，塔西佗利用了一些非同寻常的表达方式，以便达到惊人的效果。他还运用了另外一些词汇；这些字眼本身并不罕见，但塔西佗很少在演说词之外使用过它们（附录50）。与此相似的还有对重复手法的使用。卢奇乌斯·维特利乌斯在演说词中呼应了瓦勒里乌斯·麦萨利努斯和元首克劳狄乌斯；而维特利乌斯又得到了埃普里乌斯·马塞卢斯的回应（见第二十五章）。

还有其他的例子；它们十分贴切，如果不是有意为之的话。日耳曼尼库斯在临终遗言中曾诉诸血统与亲戚的纽带——"如果我们血统相近的话（si quos propinquus sanguis）"（2.71.2）。同样的字眼不久后又挂在了元首提比略的嘴边（3.12.6）——那是他在向那些打算为日耳曼尼库斯的敌人辩护的人下达指令之时（他提到了格涅乌斯·披索的兄弟，即占卜官卢奇乌斯·披索，参见3.11.2）。

1　参见 *TLL*。
2　参见 *TLL*。
3　当代拉丁文研究者通常仍认为"depaco"一词产生于塔西佗文本的传抄错误。——译注
4　佩特森和古德曼接受了这个词汇（如前所述，后者略有保留）；科斯特尔曼（Teubner, 1949）继承了这一写法；但福尔诺（Oxford, 1899）表示反对，主张替换为"pacaverat（安抚）"（依据质量较差的手稿）。该词汇也没有被 *TLL* 或 Gerber and Greef, *Lexicon Taciteum* 所接受。

罗德岛提比略庄园旁边的荒野乱石群——"无路可通，地貌支离破碎（per avia ac derupta）"（6.21.1）——是组织谋杀的适宜场所：该短语（内容一模一样，只是次序不同）之前已出现在西班牙偏远地区的一处暴力场景之中（4.45.1）。瓦勒里乌斯·阿西亚提库斯在弥留之际也没有忘却自己的日常活动——"像往常一样进行了锻炼、沐浴净身，并兴致勃勃地吃完了晚饭（usurpatis quibus insueverat exercitationibus, lauto corpore, hilare epulatus）"（11.3.2）。塔西佗在描述元首克劳狄乌斯的享乐活动时则写道："他勾搭了两个情妇，他自己向来习惯于女人的怀抱（duas paelices quarum is corpori maxime insueverat）。"（11.29.3）博斯普鲁斯的米特拉达梯和基督徒们都值得特别对待——"十分特殊的例子（novissima exempla）"（12.20.2，参见15.44.5）。王公提瑞达特斯在从亚美尼亚动身前往意大利之前请求宽限若干时日："推迟动身日期（tantum itineris aditurus）。"（15.30.2）尼禄在考虑了巡视东方时不得不决定拖延，于是他的忠诚臣民因其"动身日期的拖延（quod tantum \<itineris\> aditurus esset）"（15.36.3）而感到悲伤。告密者苏伊利乌斯·鲁孚斯提及了那些"以口才为公民同胞辩护（qui ... eloquentiam tuendis civibus exercerent）"的人物（13.42.3）。他指的就是自己，其理由是虚伪和老掉牙的。塔西佗在评价盖约·披索（一个传统、空洞的人物形象）时则声称"他以辞令为公民同胞辩护（facundiam tuendis civibus exercebat）"（15.48.3）。

塔西佗所报道的、对特拉西亚·佩图斯倡议改革的批评意见利用了"改良（emendatio）"一词（13.49.3）。特拉西亚本人在演说词（15.20.3）中使用的"补救（emendo）"一词不见于塔西佗的其他任何文本（当然也不见于《编年史》的其他地方）。向尼禄指控特拉西亚的科苏提亚努斯·卡庇托利用了这一主题——"让他说明自己想要改正或变更的是什么（censeret quid corrigi aut mutari vellet）"（16.28.2）。特拉西亚面临着被视为道德"改良者"的危险，参见Suetonius, *Nero* 37.1："他过于古板，像一名教仆（tristior et paedagogi vultus）。"充当"元老院里的除旧布新者（emendator senatus）"

并不是什么好事（Pliny, *Epp.* 6.5.4）。

一个单字的重复会产生强烈效果。演说词提供了一些典型例子。我们在其他地方也能看到这种手法。苏伊利乌斯·鲁弗斯是"可怕且见利忘义的（terribilis ac venalis）"（13.42.1）；以趾高气扬的姿态出现在不列颠的皇家释奴波吕克利图斯被描述为"即便对我们自己的士兵来说也是一个可怕人物（militibus quoque nostris terribilia）"（14.39.2）。《编年史》中没有出现这个词的其他例子。尼禄畏惧懒散的贵族科奈里乌斯·苏拉，相信他是一个"伪装者（simulator）"（13.47.1）。提格利努斯不失时机地抓住了这一点，谴责苏拉是一个"假装懒散的家伙（simulatorem segnitiae）"（14.57.2）。

塔西佗对用词的精准把握十分清晰地展现在他对提比略的描述上。它集中体现于两个方面——一是带有提比略用词特色的演说词（附录39）；二是描述那名神秘统治者举止行为的叙述部分（见第二十六章）。

塔西佗自始至终展示了自己出色的鉴别力，如复古的表述"雷慕斯与罗慕路斯（Remus et Romulus）"（13.58）。[1] 他只用过"促使（percutio）"这个词1次："稳住了穆苏拉米亚的王公们（principes Musulamiorum ... securi percutit）。"（4.24.2）那是一个共和时代的、神圣性的字眼。[2] "毁灭（deleo）"在《编年史》中仅用于描述对阿塔克萨塔城的摧毁（13.41.2; 14.23.1）。"后裔（proles）"仅用来指代帕提亚的王公（2.1.2; 11.10.4; 12.18.2）。"海（aequor）"只用于对海洋的维吉尔式描写（2.23.2）。富于诗意的"妄自尊大（fastus）"一词仅被用于描述一名帕提亚人（2.2.3），以及门房的趾高气扬（4.74.4）。"诗人（vates）"一词仅见于作者转述的讲话。"颂扬（pango）"的使用仅限于尼禄的作品（13.3.4; 14.16.2）。安条克的日耳曼尼库斯歌颂者将这位死去的英雄赞美为"战士（proeliator）"（2.73.2）；诗人玛特努斯（再无第二个人物）享有使用"战士"这个字眼的权利（并且使用

---

[1] 参见 Naevius（引自 Donatus on Terence, *Ad.* 537）; Casius Hemina, fr. 11; Cicero, *De legibus* 1.8; Servius on *Aen.* 6.777; Varro in Festus 332 L.。

[2] 参见 Cicero, *In Pisonem* 84（巴尔干地区的首长们）。

得恰如其分)："战争造就了更多优秀战士（plures tamen bonos proeliatores bella quam pax ferunt）。"（*Dial.* 37.7）[1]

史学创作中是可以运用诗歌化的语言的，但历史学家必须小心行事。塔西佗没有重复自己曾在《日耳曼尼亚志》中冒险使用过的一些词汇（见附录42），以及他在《历史》中用过的若干字眼。我们可以列出诗歌化词汇的一长串名单，或简短的、选择性的列表。我们还可引述阿米安·马塞利努斯等其他作家为证。下面的简短列表证实了他对塔西佗风格的模仿：[2]

convecto, crudesco, denseo, grandaevus,
inaccessus, innumerus, inopinus, intemeratus,
lapso, oppeto, praescius.

塔西佗曾明智地避免使用的例子也能说明问题：

letalis, longaevus, praecelsus, molimen.

对于塔西佗的用词好恶，很多原因是一望即知的。还有一些不那么明显（但对于拉丁语研究很有启发价值），另外一些则令人费解。"fluvius（流水）"（出现过4次）和"oboedio（服从）"（出现过5次）都是首次出现在《编年史》中；并且也只有《编年史》用过"offensio（敌意）"（"offensa [恶感]"则是《历史》的专利）。"culpo（责难）"仅见于《历史》（4次），"celo（隐瞒）"则从未出现。我们似乎有理由猜测，一些简单动词是为了制造有力、简洁的表达效果而被使用的（如"rapio [掠夺]"与"traho [争抢]"）。另外一些现象则出人意料——"carpo（骚扰）"在塔西佗的全部文本中仅出现过1次（*Ann.* 12.32.1），"vado（前进）"仅用过2次（*Hist.* 3.41.2; *Ann.*

---

[1] 一个罕见的字眼，参见Justin 15.4.19: "proeliator insignis（显然更为骁勇）."
[2] H. Hagendahl, *Studia Ammianea* (Diss. Uppsala, 1921), 21.

14.8.1)。"tango（击中）"只以分词形式"tactus"出现，用来形容被雷电劈中的物体（13.24.2; 14.12.2）。"surgo（立起）"（*Hist.* 12）仅在《编年史》中出现过4次。另外一些字眼在《编年史》卷1—6之后便很少运用，或完全消失——如"levo（缓和）""surgo（立起）""vexo（破坏）"，以及"careo（缺少）""doleo（悲痛）"和"沉默（taceo）"（见附录48）。

还有其他可怪的现象——塔西佗很少使用"debeo（应当）"（*Dial.* 4; *Hist.* 4; *Ann.* 8）或"nolo（不愿）"（*Dial.* 4; *Hist.* 5; *Ann.* 4——也就是说在《编年史》中仅见于卷1—6）；"conor（试图）"（出现过2次）、"clandestinus（秘密的）"（出现过2次）和"sempiternus（永恒的）"（出现过2次）均仅见于《编年史》卷1—6。"cogito（认识）"（主要见于演说词）不见于12.11.2以后的文本；"temere（冒失）"不见于12.39.2以后的文本；"obviam（迎面）"不见于12.11.2以后的文本。"dives（富有的）"频繁出现，"divitiae（富裕的）"则用得很少（仅见于*Dial.* 8.4和*Ann.* 16.3.1），"locuples（有钱的）"不见于6.16.2以后的文本，"opulentus（阔绰的）"不见于12.63.3以后的文本。[1] "crudelis（冷酷的）"仅出现过1次（6.4.4），"tranquillus（宁静的）"出现过1次（1.3.7），"fidelis（忠诚）"出现2次（*Dial.* 34.5; *Ann.* 15.67.2）。直到很晚的时候，"lascivus（任性的）"（14.2.1）、"scurrilis（过火的玩笑）"（15.34.2）、"obscenus（下流的）"（15.37.3）和"aegrotus（患病的）"（15.60.3）才进入塔西佗的文本。而"fugo（追击）"（15.5.3）与"fraudo（欺骗）"（14.37.3）也仅在《编年史》卷13—16中分别露面了1次。

元首写给埃利乌斯·塞亚努斯的信件抑或卢奇乌斯·维特利乌斯和小塞涅卡的演说词等作品展示了塔西佗作为恶搞者和艺术家的素质。在利用撒路斯特作品的同时，塔西佗也完善、发展了撒路斯特的风格。他也会借鉴其他作家。在表达自己对哈特里乌斯昙花一现的演说术的反感时，他使用了西塞罗式的表述——"如歌声音和口若悬河（canorum illud et profluens）"

---

[1] "opes（财富）"内涵更为丰富且引人注目，在Gerber-Greef中占据了近5栏内容。丑陋的字眼"pecuniosus（富裕的）"最早出现在《编年史》中（3.55.3; 13.6.4; 52.2）；所有的案例都值得注意。

（4.61，参见原书第324页）。哈特里乌斯使用的是典型的西塞罗式风格。因此，他在第一次出场时用西塞罗式的开场白指责提比略是恰如其分的："元首啊，你还要让这个国家继续陷入群龙无首的状态多久（quo usque patieris, Caesar, non adesse caput rei publicae）？"（1.13.4）——倘若文本（此处有缺失）中原本包含着"tandem（究竟）"和"caput（首脑）"的话就更是如此了。[1]

塔西佗对李维作品的借用——其中包括"愚蠢的凶残（stolide ferox）"——在几个方面都是很能说明问题的（见附录54）。塔西佗的一段文本同奥维德对瓦勒里乌斯·麦萨利努斯演说术的描述非常近似（3.34.1，参见 *Tristia* 4.4.3 ff.）。但最好的例子莫过于描述不幸的尤利娅的维吉尔式措辞（1.53.2，借自 *Aen.* 6.442，参见原书第358页）。因此，我们几乎无须记录两人共同用词偏好的相似性。常用的例子是文本中"infensus（敌对的）"和"infestus（敌视的）"的使用比例——他们二人的习惯与所有其他拉丁作家都不尽相同。[2]

借批评提比略的那些人之口表达的关于名誉的观点（4.38.5）顺理成章地引出了奥古斯都时代诗人们的例子——也揭示了塔西佗在这件事情上的态度（参见原书第315页）。接下来的一句是"为了让自己不朽，一个人必须永无止境地努力下去（unum insatiabiliter parandum, prosperam sui memoriam）"。"insatiabiliter（永无止境）"这个字眼非常罕见，并且迥异于塔西佗通常喜好的其他冷僻用词。它的感情色彩浓烈，略显夸张（如果不是言不由衷的话）。参见卢克莱修笔下哀悼者们充满修辞性色彩的抗议："当你在可怕的柴堆上火化之际，我们永无休止地哭泣（at nos horrifico cinefactum te prope busto | insatiabiliter deflevimus）"，等等（3.906 f.）。[3] 我

---

[1] 《迈狄凯乌斯手稿》中写为"aput tē（在你周围）"。现代校勘本都删去了"tē"。勒查丁（Lenchantin de Gubernatis）在其校勘本（Rome, 1940）的校勘记中建议改为"tandem（究竟）"，理由如上所述，参见R. Syme, *JRS* XXXVIII (1948), 128. 反对意见如C. O. Brink, *JRS* XLI (1951), 40。
[2] *TLL*, s.v. "infestus"（有附表）。
[3] 在严肃语境下使用这个字眼是很困难的。小普林尼曾故意（事实上是用警句式的风格）使用过它1次，但其实是在一处无关紧要的文本中（*Epp.* 9.6.3）。

们需要注意这些近似西塞罗"永不磨灭的喜悦（immortabiliter gaudeo）"（*Ad Q. fr.* 3.1.9）的表述方式。

无论是散文还是诗歌，塔西佗都保持着对字句的敏锐辨别力和惊人记忆力。他在毫无违和感的情况下化用了不同作家的文本。日耳曼尼库斯对哗变士卒的讲话借用了李维与维吉尔（1.42）；克劳狄乌斯演说词的摘要与来自元老院草案的其他材料（如罗马将领们的报道）则展示出了明确无误的撒路斯特式风格（参见附录41和53）。

塔西佗本人的阅读范围必定极其广泛。《关于演说家的对话》表明，作者对于西塞罗许多作品的用词已经烂熟于心（见原书第116页）。《编年史》在对许多不为人知或已被人遗忘的人才的偶然提及（均与情节有关）中表明，作者对从西塞罗到塔西佗本人时代或相关记忆的罗马演说家均了如指掌（见第二十五章）。此外，当写到关于限制奢侈立法的话题在提比略统治时代兴起之时，历史学家塔西佗马上想起了（或查到了）公元前55年的一场著名辩论（2.32.2，参见 Dio 39.37.2）。

对词汇的关注并不一定意味着作者忽视了事实。精确已成为塔西佗的习惯。他勤勉地查阅了元老院的档案，他的写作风格则是钻研功夫和文风需要的共同产物。但有些人依旧相信，这样一位人物在创作历史时会满足于在大部分情况下仅仅转抄1种史料来源。

53. 撒路斯特式的语言

后人对撒路斯特文风的研究已经很多，尽管其评价并非总是合理。[1]我们很容易辨认出他对塔西佗的影响——如布局谋篇、词汇与措辞。这种影响在主题相对集中的两部专题性著作中体现得最为明显，尤其是《阿古利可拉传》的军事与地理部分。在《历史》中，模仿是直接与公开的（见第十七

---

[1] 正如 W. Kroll, *Glotta* XV (1927), 280所指出的那样。典型用词的列表见 ib. 301 ff.。

章）。因此，后人倾向于低估李维对塔西佗作品的影响——或将之视为理所当然之事，而不去进一步分析《编年史》。但我们有理由认为，《编年史》对撒路斯特的熟悉程度更为深入，展示了更精妙的化用技巧。就我们对塔西佗品味的深入理解来看，他会在借用撒路斯特的文本时对自己榜样的风格加以修订，用"无所用心（socordia）"取代了"碌碌无为（inertia）"。[1] 塔西佗证明了自己事实上是一名"撒路斯特独一无二的读者和诠释者（unicum lectorem esse enarratoremque Sallustii）"；他"不仅把握了其字句的外表与形式，还深入理解了那些字眼的血肉与精髓（neque primam tantum cutem ac speciem sententiarum, sed sanguinem quoque ipsum ac medullam verborum eius eruere atque introspicere penitus）"。[2]

单字或典型技巧为我们指出了道路。[3] 但那并不仅仅是借用的问题——塔西佗已用多种方式对撒路斯特的文本进行了改造与发展。我们可以在一些时机适合（往往也是可以预测）的文本——对外战争与异域地理、插话、性格刻画、演说词（尤其是受到崇拜的或具有复古倾向的元老们的演说词）——中观察到这些现象。事实上，很多情节之所以被塔西佗选取和利用，主要是因为它们马上会令人想到撒路斯特（第二十七章）。事实上，案例收集者们和评注者们忽视了一些"撒路斯特式"的段落，尽管它们的特征显而易见，如一名在西班牙被当地人暗杀的、名叫披索的罗马行省总督（4.45，参见 *Cat.* 19）。[4]

撒路斯特关于喀提林和朱古达的早期作品提供了许多线索。其结果令人惊讶——尤其是当我们想到撒路斯特的《历史》大部分内容业已佚失的时

1　1.9.4（论雷必达与安东尼）. 参见 *Jug.* 1.4. 撒路斯特《历史》（*Historiae*）的现存文本中没有使用过"碌碌无为（inertia）"：感情色彩更为强烈的"无所用心（socordia）"则在其作品中出现了16次。

2　Gellius 18.4.2—— 但提出那些说法的角色、一名"撒路斯特作品的吹捧者与兜售者（iactator et venditator Sallustianae lectionis）"，受到了无情嘲弄。"venditator（兜售者）"属于炼字，参见附录51。

3　细节见 E. Wölfflin, *Philologus* XXVI (1867), 122 ff.; G. Schönfeld, *De Taciti Studiis Sallustianis* (Diss. Leipzig, 1884). A. Draeger, *Über Syntax und Stil des Tacitus*[3] (1882), 125 ff.。所引述的类似案例来自沃尔弗林；福尔诺《编年史》校勘本中的说法（H. Furneaux, ed. 2, 1896）也由此衍生而来。

4　福尔诺对这一章的注释仅提到过撒路斯特一次，而且并未涉及其中的道德论元素。

候。那部作品的主题促使人们去对《编年史》进行更为广泛的研究。由于相关信息是如此丰富，我们需要在此先列举一些显而易见的借用，之后"循序渐进（per difficilius）"。这项研究或许甚至允许我们猜想，几个尚未被证实为撒路斯特用词的字眼也属于这样的学者。我们会采用不同的评判标准：插曲的类型或相关评论，相邻文本中毋庸置疑的撒路斯特用词，词句的形态（与作者的风格不协调或有意为之的平铺直叙），词法或句法的转变，撒路斯特喜爱的用语类型和色彩，复古的格调。我们将在这一指导下对6段叙述或插话（选自第二十八章开头处分析或引述过的段落）进行检验。[1]

（1）对伟人庞培的评价（3.28.1）。它出现于关于立法插话（3.26 f.）的结尾处：对卢奇乌斯·苏拉和"被雷必达的质询所阻挠（turbidae Lepidi rogationes）"的提及不可避免地令我们想起记述这些事件的编年史家。所有人也都会意识到那是一段"撒路斯特式的"插话，无论其终极史料来源为何（见附录41）。证明它同撒路斯特联系的不仅仅是具体用词，如"suopte ingenio（出自本能地追求）"（26.1），或"largitor（捐助者）"和"turbator（叛乱者）"（27.2）——前者已被证实见于撒路斯特的文本。[2]值得注意的还有"独裁制度在许多族裔中仍是亘古不变的（provenere dominationes multosque apud populos aeternum mansere）"所营造的氛围。[3]伟人庞培被评价为"自己法律的制订者与破坏者（suarumque legum auctor idem ac subversor）"，该评价故意地、带有讽刺意味地呼应了塞尔维乌斯·图里乌斯——"法律的制订者（sanctor legum）"（26.4）。"sanctor（制订者）"一词十分独特；"subversor（破坏者）"一词此外仅见于基督教拉丁文（见原书第723页）。二者之一（或全部）也许来自撒路斯特。

（2）近西班牙行省总督卢奇乌斯·披索（4.45），参见格涅乌斯·披

1　G. Schönfeld, o.c. 51 ff. 并未专门指出这6段文本。
2　关于"largitor（捐助者）"，见 *Jug.* 95.3。它在塔西佗的其余文本中仅见于 *Hist.* 2.86.2（安东尼·普瑞姆斯的性格）。李维使用过"turbator（叛乱者）"一词数次。
3　参见12.28.2: "Cherusci, cum quis aeternum discordant（跟他们永远不和的赫鲁斯奇人）"。那是塔西佗使用"aeternum（永恒的）"一词仅有的另一个例子。

索（*Cat.* 19）。暗杀者在遭受拷打时充分展示了西班牙人的反抗精神。[1] 他曾试图从犯罪现场逃跑——"他敏捷地骑马逃跑，在到达林地后便放弃马匹，钻进了崎岖难行、无路可通的地段（pernicitate equi profugus, postquam saltuosos locos attigerat, dimisso equo per derupta et avia）"。塔西佗在其他地方也使用过"敏捷（pernicitas）"一词（*Germ.* 46.2; *Hist.* 1.79.2; *Ann.* 2.68.1; 3.20.1; 12.51.1）；"林地（saltuosi loci）"还见于6.34.2（参见"林地"，*Jug.* 38.1; 54.3）；"穿过无路可通、崎岖难行的地段（per avia ac derupta）"见6.21.1；"陡峭崎岖的山岭（colle arduo et derupto）"见2.80.3。撒路斯特可能同时用过"敏捷（pernicitas）"和"崎岖难行（deruptus）"两个字眼。此外，两段情节的结构也是非常相似的。[2]

（3）波佩乌斯·萨比努斯在色雷斯组织的战役（4.46-51）。整个情节很能说明问题，在记述普布利乌斯·塞尔维利乌斯对伊苏里亚人（Issurians）的军事行动时留下了使用撒路斯特作品的痕迹。[3] 对于我们目前的研究需要而言，分析其中的第一节便已足够。它使用了罕见的撒路斯特表达方式，"住在山上，没有教养且十分凶恶（montium editis incultu atque eo ferocius agitabant）"。一些校勘者试图改动"没有教养（incultu）"一词，但参见 *Cat.* 55.4; *Jug.* 2.4。值得注意的还有措辞"与毗邻的居民为敌（adversum accolas belligerare）"（46.1）。其中的动词可能来自撒路斯特；名词则肯定如此。[4] 塔西佗另有2处使用"为敌（belligero）"一词的例子，它们均出现于《编年史》卷1—6中（2.5.2; 3.73.3）。

---

1 参见哈斯德鲁巴（Hasdrubal）的谋杀者（Livy 21.2.6）。
2 Sallust, *Cat.* 19.3: "sed is Piso（但那名披索）"，等等；4: "sunt qui ita dicant, imperia eius iniusta, suberba, crudelia barbaros nequivisse pati（有人说，蛮族无法忍受他的不公、傲慢和残忍）"，等等。参见 *Ann.* 4.45.3: "sed Piso Termestinorum dolo caesus habetur; quippe pecunias e publico interceptas acrius quam ut tolerarent barbari cogebat（但有人认为披索遭到了特尔麦斯提尼人的陷害；因为他过于强硬地想要恢复已被破坏的公共财政体系，超过了蛮族所能容忍的程度）."
3 Sallust, *Hist.* 2.87，参见 W. Heraeus, *Archiv für lat. Lex.* XIV (1906), 273 ff.
4 4.27；另见1.107，如果我们接受克里什（Kritsch）的增补的话。塔西佗偏爱这个字眼（《历史》中出现了4次，《编年史》使用了9次）。

（4）叙利亚行省总督盖约·卡西乌斯（12.12.1）。这段文本引起我们注意的原因包括一个最早见于撒路斯特的动词（"praemineo [鹤立鸡群]"），以及合乎那位大师风格的一句格言——"和平使得勤勉者与碌碌无为者一般无二（industriosque aut ignavos pax in aequo tenet）"。卡西乌斯对应的是《朱古达战争》（*Bellum Jugurthinum*, 45）中的麦特鲁斯。他十分重视纪律——"重视军事操练，仿佛敌人已近在眼前（cura provisu perinde agere, ac si hostis ingrueret）"。"操练（provisu）"的夺格用法不见于塔西佗的其他文本（该词在《历史》中出现过2次，在《编年史》中另有3个例子）。[1] 撒路斯特可能是这一用法的先驱，也是塔西佗的榜样。

（5）博斯普鲁斯的米特拉达梯（12.20.1）。有人指出了一旦爆发战争的危险——"但反对意见指出，他可能将不得不在没有道路的陆地上和没有港口的海洋上作战，去面对强悍的国王们、居无定所的族群、贫瘠的土地；旷日持久将会带来厌战情绪，速战速决则要身陷险境（sed disserebatur contra suscipi bellum avio itinere inportuoso mari; ad hoc reges feroces, vagos populos, solum frugum egenum; taedium ex mora, pericula ex properantia）"，等等。这段描写脱胎自关于阿非利加的印象，参见Sallust, *Jug.* 54.9："无路可通（aviis itineribus）"；17.5："港口条件恶劣的海洋（mare saevom importuosum）"。此外，除了来自晚期作家的两个例子外，"速战速决（properantia）"一词在所有拉丁语文本中仅见于*Jug.* 36.3。[2] 至于"没有港口的（importuosus）"，塔西佗仅在关于卡普里埃岛的十分简短、高度修辞化的插话中提供了另一个例子（4.67.2）；但他十分喜爱"没有道路的（avius）"这个字眼。[3] 那么我们应当如何理解"贫瘠的土地（solum frugum egenum）"呢？字眼"贫瘠的（egenus）"是古老的诗歌用语。它在李维的作品中出现过1次（9.6.4），但不见于塔西佗《编年史》之前的作品。相关

1　其中1个例子（对穆奇亚努斯的性格刻画）很能说明问题（*Hist.* 2.5.1）。
2　即Julius Valerius 1.43; Martianus Capella 6.607（信息由*TLL*编委会提供）。
3　《阿古利可拉传》使用了2次；《历史》使用了2次；《编年史》使用了8次。

例子都很醒目（1.53.2; 4.30.1; 12.46.1; 13.56.3; 15.3.2; 12.1）。如果撒路斯特没有使用过这个词的话，那会是非常令人惊讶的。

（6）关于拜占庭的插话（12.63）。作者塔西佗首先提到了鱼："人们看到大鱼跃出黑海海面（vis piscium inmensa Pontum erumpens）。"（63.2）参见 Sallust, *Hist.* 3.66："人们在暴风雨中看到有鱼跃出海面（qua tempestate vis piscium Ponto erupit）。"事实上，塔西佗改进了前辈的写法。因此，我们还可以做进一步的思考。拜占庭被形容为"土地肥沃，海洋资源丰富（fertili solo fecundo mari）"。地理描述语境下常见的"资源丰富（fecundus）"（*Agr.* 12.5; *Germ.* 5.1; *Hist.* 1.11.1; 4.50.4; *Ann.* 4.65; 13.57.1）应当来自撒路斯特。[1]此外，拜占庭人通过渔场获取了高额利润——"丰足并富有起来（quaestuosi et opulenti）"。形容词"丰足（quaestuosus）"在塔西佗的其他文本中仅出现过1次，即描述叙利亚驻军的物资充裕——"那支军队驻扎在城镇里，兵精粮足（nitidi et quaestuosi, militia per oppida expleta）"（13.35.1）。这还不是全部。借使节们之口叙述的拜占庭城邦简史引起了关于城址的一段地理插话——"他们占据的位置是将领们与军队海陆交通的要地，并且那里对于物资运输而言也同样重要（quando ea loca insiderent, quae transmeantibus terra marique ducibus exercitibusque, simul vehendo commeatu opportuna forent）"（12.62）。塔西佗的其他文本中没有使用"交通（transmeo）"一词。这段插话的开头为"在分隔欧洲与亚洲的最窄地段（namque artissimo inter Europam Asiamque divortio）"，等等。"分隔（divortium）"一词可能来自撒路斯特对黑海——或赫拉克勒斯石柱（Pillars of Hercules）——的记述。[2]

还有另一种研究思路。塔西佗从《历史》向《编年史》的文风转变之一便是增加了某些"撒路斯特式"词汇的使用频率，如"memoro（讲

---

[1] 他同时使用了"资源贫乏"（infecundus）和"资源匮乏"（infecunditas），它们比一些研究者的设想更为生僻（参见 *TLL*）："资源贫乏（infecundus）"见于对阿非利加行省的描述（*Jug.* 17.5）。参见塔西佗对伽拉曼特人（Garamantes）的描述，*Hist.* 4.50.4: "gentem indomitam et inter accolas latrociniis fecundam（一个桀骜不驯的部族，不断劫掠着他们的邻人）。"

[2] 参见 the *schol.* on Juvenal 10.1: "angustissimo divortio inter columnas Herculis（分隔赫拉克勒斯石柱的最狭窄处）。"

述)""patro(孕育)""polliceor(提供)"和"sustento(支持)"(参见附录47)。更值得注意的是他此前从未用过的一些词汇的出现。其中某些原本就很罕见与惊人的字眼只使用了1次(如前文提及过的"sanctor [制订者]"和"subversor [破坏者]")。另外一些例子更能说明问题:

antehabeo (2)	•gravesco (3)	•praeverto (3)
•antevenio (2)	imitamentum (3)	prodigentia (3)
apiscor (12)	infenso (3)	•prolato (韵文,4)
belligero (3)	•inquies (6)	•repertor (4)
•consultor (2)	•insuesco (7)	saltuosus (2)
dehonesto (5)	notesco (6)	•satias (4)
deruptus (3)	•pessum (3)	turbator (3)
egenus (7)	•praemineo (4)	•vecordia (6)

这份列表中标注"•"的是撒路斯特使用过的词汇。其他一些也可能是这个情况,如"egenus (匮乏)"[1]和"dehonesto (侮辱)"[2]。相关语境往往是值得玩味的。

我们也不能忽视一些消极证据。某些"常用且古典"的字眼在撒路斯特的作品中出现得也十分频繁。例如:

exaequo (3)	machinor (4)	saucio (6)
exopto (4)	pristinus (4)	vehementer (10)
factiosus (9)	remoror (4)	

---

1 但跟其他地方的情况相似,我们不能忽视李维和维吉尔影响的存在。注意维吉尔文本中的"egenus (匮乏)"(Virgil, *Aen.* 1.599; 6.91; 8.365)。关于撒路斯特和李维作品中的相似元素,见 E. Skard, "Sallust und seine Vorgänger", *Symbolae Osloenses*, Supp. XV (1956), 8 ff.。

2 塔西佗没有使用"dedecoro (侮辱)"(那是古典的用法),而运用了罕见的"dedecorus (侮辱性的)"(3.32.2; 12.47.2),后者在其他拉丁语文本中仅仅出现过2次(Plautus, *Bacch.* 1191,来自里策尔 [Ritschl] 的修补;Orosius 3.23.28)。

对于塔西佗而言，它们并非典型的"撒路斯特式"词汇——因此它们在塔西佗的全部作品中没有任何位置。与此相似的还有"rapina（劫掠）"（9）——塔西佗仅使用过它1次（在《历史》中）；此外还有"existimo（赞美）"（37）——它在塔西佗的作品中出现得很少（《关于演说家的对话》1次，《历史》1次，《编年史》3次）。

撒路斯特的效仿者们很容易由于他们过分明显的嗜好而遭受批评。小塞涅卡就是这样批评史学家阿伦提乌斯的，并举出了一些典型例子（*Epp.* 114.17 ff.）。一些撒路斯特使用过的词汇是复古或过分富于诗意的。塔西佗拒绝使用下面这些词汇：

dedecor	discordiosus	missito
defenso	festinus	musso
desenesco	gnaritas	negito

他的品味也变得日益挑剔。一些曾出现在《历史》中的词汇没有被《编年史》所采纳。撒路斯特的一个典型表述乃是"为避开敌军而带领军队穿行林地与小道（vitabundus per saltuosa loca et tramites exercitum ductare）"（*Jug.* 38.1）。在这段文字的3个典型的、令人惊异的用词中，塔西佗只采纳了一个——"saltuosus（林木茂盛的）"。[1] 塔西佗弃用词汇的精选列表如下：

abunde	hortamentum	torpesco
antecapio	indigus (4)	turbamentum
ducto	torpedo[2]	vitabundus

撒路斯特的影响与风格在《编年史》卷1—6中体现得最为普遍。在塔西

---

1 昆体良注意到，有人会认为"ducto（哄骗）"一词有些不雅（Quintilian, 8.3.44）。李维使用过"vitabundus（应避开的）"，塔西佗没有在 *Agr.* 37.5和 *Hist.* 3.37.2以后使用过该词。
2 值得注意的是，撒路斯特只在演说词里使用过"torpedo"一词——*Hist.* 1.77.19; 3.48.20; 26。类似的情况还有"musso"（1.77.3; 3.48.8）。

佗之前与之后的文本中均未出现过的字眼包括：

antevenio (2)	denseo	praedatorius
comperior	incelebratus	praeverto (3)
consultor (2)	pessum (3)	

有人还注意到了"cassus（徒劳）"一词（*Hist.* 3.55.2），它在孤零零的、具有强调意味的"in cassum（徒劳地）"（1.4.2）之后便再未出现。

在其他文本中，主题通常起到了决定性作用。如前所述，卷12是很能说明问题的（如12.12; 50; 63）。更多的例子出现在塔西佗对东方事务的叙述中。如戈塔泽斯（Gotarzes）的暴行——"此人在内政方面碌碌无为，在战争中却心狠手辣，用凶残掩饰着自己内心的懦弱（dum socors domi, bellis infaustus ignaviam saevitia tegat）"（10.1）。此外还有他对麦赫达特斯的残害——"戈塔泽斯在割掉此人的耳朵后让他活下去，以便显示自己的仁慈和我们的不义（auribus decisis vivere iubet, ostentui clementiae suae et in nos dehonestamento）"（14.3）。[1] 我们在不列颠战事相关文本中的搜索也并非一无所获。此处仅举1个例子就够了，"那些人……完成了许多著名业绩（atque illi ... multa et clara facinora fecere）"（31.4）。[2]

同卷13—16的比较可以说明很多方面的问题。对科布罗指挥的历次战役的记述似乎并不像研究者们所期望的那样，包含着大量撒路斯特式元素。鉴于塔西佗的文风和词汇发生了显而易见的变化（特别参见附录58），我们应当对后面几卷进行仔细分析。诚然，我们可以从中找到无可争议的样本。如"挫折被归咎于佩图斯的无能（adversa in inscitiam Paeti declinans）"（15.26.3，参见 Sallust, *Hist.* 2.15）或"迎合平民的口味（plebi volentia fuere）"（36.4，参见 *Hist.* 4.42）。紧接着便是"元老院和上流贵族们无法确定，远在天边

---

[1] 关于"dehonestamentum（不义）"一词，参见原书第341页。
[2] 撒路斯特使用过"facinus facere（完成业绩）"的表述数次。

和近在眼前的元首哪个才是更凶残的（senatus et primores in incerto erant procul an coram atrocior haberetur）"；参见 *Jug.* 46.8："不知道他的缺席和在场……哪个更具毁灭性（ut, absens an praesens ... perniciosior esset, in incerto haberetur）。"此外还有14.51.3（费尼乌斯和提格利努斯）："那些行为习惯无人不晓（atque illi pro cognitis moribus fuere）。"尽管如此，我们还是能够看出一些变化。

最后4段性格概述是与此相关的——分别是瓦提尼乌斯（15.34.2）、盖约·披索（48.3）、佩特罗尼乌斯（Petronius）（16.18.1 f.）和埃格纳修斯·凯勒尔（32.3）。它们展示了一种变化趋势：使用了更平衡、更流畅的风格，较少使用不和谐元素或省略动词的手法。但其中仍然存在着罕见或引人注目的词汇（那是相关体裁所要求的），如描述瓦提尼乌斯时使用的"praemineo（卓然不群）"和描述披索时使用的"perseverus（严苛）"。塔西佗也对佩特罗尼乌斯进行了恰如其分的介绍——"值得做一点回溯（pauca supra repetenda sunt）"（参见 *Jug.* 5.3），且被描述为"并非花花公子与废物（non ganeo et profligator）"（后一个名词几乎是独一无二的，参见附录51）。而"adfluentia（富足）"（参见3.30.2）一词虽然古典，却并不常见。至于埃格纳修斯，他被描述为"背信弃义的（perfidiosus）"（塔西佗笔下再无他人拥有这个丑恶的标签）；但"commaculatus（被污染的）"一词虽见于撒路斯特的文本，却是修辞性很强的和西塞罗式的，同塔西佗喜爱的风格并不一致。

54. 李维式风格

李维的词汇与表达方式在塔西佗的作品中频繁出现。[1]倘若不是如此的话，我们倒是要感到意外——它们已成为拉丁史学风格中的常见元素。谈论

---

1 参见 G. Andresen, *Wochenschr. für cl. Phil.* 1916, 210 ff.; 401 ff.; 688 ff.; 758 ff. 的出色研究（但并不完备）。那些论文中的第二篇比较了李维前十书和塔西佗《编年史》卷1—6中的用词。另参见 G. B. A. Fletcher, *CR* LIX (1945), 45 ff.。

对李维的"借用"其实没有多少意义。

但回应与化用的明确痕迹的确存在。古代的民族志作品经常会将描述性的术语从一个蛮族迁移到另一个蛮族身上。史学中的短小精悍、格言式的标签同样如此。如"日耳曼人当之无愧的解放者（liberator haud dubie Germaniae）"（*Ann.* 2.88.2，参见 Livy 3.53.2）和"智谋多于蛮力（plura consilio quam vi）"（2.26.3，参见 Livy 21.2.5）。[1]

一位历史学家会牢记早先作家笔下的整段情节与插曲。因此，为了记述日耳曼尼库斯对东方的巡视，塔西佗可以借用李维对埃米利乌斯·保卢斯在希腊世界著名景点巡游的记载（45.27.5 ff.），即便二者的主题或措辞并不十分近似。[2] 李维也可以帮助我们解读塔西佗文本中的关键段落。[3]

站在莱茵河畔或河流以北的日耳曼尼库斯形象展示了李维式的风格，此外还有更多的东西。[4] 西庇阿对西班牙哗变士兵们的演说（28.27–29）已被《历史》中的狄利乌斯·沃库拉借用（见附录34）。日耳曼尼库斯也在类似的紧要关头愤怒地质问部队自己应该如何称呼他们——他们究竟是"公民（cives）""军人（milites）"，还是"敌人（hostes）"？（1.42.2，参见 Livy 28.27.4）这篇演说的用词值得玩味——动词"compesco（抑制）"和"pio（妥协）"不见于《编年史》的其他任何文本。此外，我们在"inausum intemeratumve（未受冒犯与侵害）"（ib.2）中看到了维吉尔的影子：两个形容词最早都是被那位诗人使用的，并且其中前一个在塔西佗的文本中仅出现过这一次。此外还有"慷慨地回报你们的将领（egregiam duci vestro gratiam refertis）"（ib.3），那或许来自 *Aen.* 4.93："真正赞美与丰厚战利品的慷慨回报（egregiam vero laudem et spolia ampla refertis）。"相反，维吉尔式的、

---

1 第二个例子不见于福尔诺的前引注释，安德雷森和弗莱彻（Fletcher）似乎也没有注意到它。

2 Andresen, o.c. 691. 值得注意的是，《编年史》中使用过2次的"inclutus（光荣的）"有1处出现在日耳曼尼库斯的行程中（2.53.2）；李维的文本中则提供了相距很近的3个例子（45.27.6; 9; 28.3）。这个字眼被《历史》使用过6次。

3 如"rubrum ad mare patescit（直抵赤海）"(2.61.2，参见附录71)。

4 Andresen, o.c. 211; 759.

描绘海上风暴的宏伟笔触（见原书第357页）包含着李维式的主题——士兵干预了水手们的工作（2.23.2，参见 Livy 22.19.10），但使用了截然不同的语言。

塔西佗对其他作家（以及他自己）的回应往往是准确、精巧的。他记载被罢黜的阿格里帕·波斯图姆斯道："其强壮的体魄使他看上去十分凶恶（robore corporis stolide ferocem）。"（1.3.4）评注者们一丝不苟地记录并反复强调了塔西佗对 Livy 7.5.6 的借用——"因其气力而貌似凶恶（stolide ferocem viribus suis）"[1]。我们还可进一步指出这一文本类比的深层价值：与塔西佗近似，李维讲到的是一个老牌贵族家族里的某个性情凶猛的后裔——被其家族抛弃并驱逐的曼利乌斯（Manlius）。

另外一个可供比较的有用素材似乎一直没有得到注意。在复述关于罗慕路斯从凡人视野中消失升天的神圣传说时，李维注意到，其实还存在着另外一个不那么富于教谕意义的版本——"我相信，还有一些人私下里相信，那位国王的结局是被元老们撕成了碎片（fuisse credo tum quoque aliquos qui discerptum regem patrum manibus taciti arguerent）"（1.16.4）。当元首提比略要求元老院授予日耳曼尼库斯的长子一份年金，并征引了奥古斯都的先例时，历史学家塔西佗不失时机地插入了自己的评论——"但我怀疑，当时也有人在私下里嘲笑这种原本出自善意的做法（sed neque tum fuisse dubitaverim qui eius modi preces occulti inluderent）"（3.29.2）。

塔西佗的《历史》并不缺乏李维式的流畅风格，甚至有过之而无不及。《编年史》则展示出了背离修辞学的强烈倾向。[2] 我们完全可以通过梳理塔西佗逐步抛弃李维喜爱的词汇的过程来说明这种转变。其中一些是李维和西塞罗共同使用的"常规古典词汇"，如复合动词（见附录45—46）。下面是一些更富修辞色彩的罕见字眼——塔西佗仅在《历史》中使用过它们（见附录46）：

contemptim (3), deses (4), horror, hortamentum, levamen, noscito, sopio,

---

[1] Andresen, o.c. 210 ff. 蹊跷地忽略了这段材料。
[2] 从短篇作品到《历史》，从《历史》到《编年史》逐渐弃用同义词和近义词并列用法的趋势反映了这一点。参见 K. Jax, *Studi in Onore di U.E. Paoli* (1956), 431 中的列表。

sopor.[1]

可资比较的还有一些塔西佗从未用过的词汇:

confestim, defloresco, hisco, Ietum, marcesco, missito, molimen, mussito, musso, peregrinabundus, territo, vesanus.

55.《编年史》卷11—12中出现的新字眼

abiudico	dissuadeo (4)	nuncupatio
abutor	dito	obscuro (2)
adpropero	doctrina (2)	perorno
adsimulatio	effemino	praecaveo (2)
adtraho	emendatio	praemeditor
asporto	emptito	praeumbro
celeritas (3)	eneco	praevaricor
commaculo	exprobratio (2)	queritor
commuto (2)	expurgo	rebellatio
condemno (3)	fraudo	remuneror
confio	gratulor	restringo (4)
confuto	imaginatio	retego
coniveo	imaginor	reviso
conscelero	immortalitas	secessio
consono (2)	impertio (2)	subripio
conspiro	infirmo (2)	subvectio

---

[1] 关于十分诡异的、突然出现后旋即被放弃的 "contemptim" (Hist. 3.9.5; 47.3; 58.4),参见 TLL。关于 "horror" 和带有典型李维式风格的 "praeopto",见附录34。

constitutio	infitiae	subvecto
continentia	infrequentia (3)	subvectus
contradictio	intercido	succurro
deerro	intercurso	superpono
demereor	interiaceo	supersedeo
depopulor	intromitto	suppeto
derogo (2)	inverto	supplico
dissimilitudo (2)	malitia (2)	traditio
dissipo	mansito (2)	traiectus
dissociatio	merso	transmoveo
dissolutio (2)		

56.《编年史》卷13—16中词频的增加

	《阿古利可拉传》	《日耳曼尼亚志》	《关于演说家的对话》	《历史》	《编年史》卷1—6	《编年史》卷11—12	《编年史》卷13—16
accommodo	—	—	2	—	1	1	3
adduco	2	—	—	2	1	—	3
adfirmo	3	2	1	13	—	1	1
adnoto	1	—	—	1	—	1	5
adquiro	—	1	1	2	—	2	2
adsentior	—	—	—	1	1	—	2
amoenitas	—	—	—	2	1	—	5
celebritas	1	—	—	2	1	—	1
circumspicio	—	—	—	1	—	1	3
concupisco	2	2	3	7	—	1	2
conglobo	1	—	—	1	1	2	4
conitor	1	—	—	1	—	1	4

F. 风格和字句 / 1049

续表一

	《阿古利可拉传》	《日耳曼尼亚志》	《关于演说家的对话》	《历史》	《编年史》卷1—6	《编年史》卷11—12	《编年史》卷13—16
conqueror	—	—	—	3	2	—	4
consocio	—	—	—	—	1	—	4
criminatio	—	—	—	3	1	—	5
deceo	1	—	2	1	1	—	4
deprendo	4	—	6	4	1	—	3
destinatio	—	—	—	3	—	1	1
detego	—	1	2	3	1	—	2
deterreo	—	—	1	4	1	1	3
dissolvo	1	—	—	—	1	—	4
existimo	—	—	1	1	—	—	2
expendo	—	—	—	1	—	1	4
expono	—	1	1	8	2	—	6
expromo	—	—	1	1	—	2	2
exuro	1	—	—	—	1	—	4
facetiae	—	—	—	—	2	—	4
factito	—	—	—	1	3	—	5
familiaritas	—	—	—	1	1	—	4
grassor	—	—	—	4	2	—	4
impunitas	—	—	—	7	1	—	5
inrisus	—	—	—	2	2	—	3
inscitia	2	1	1	5	—	1	4
intellectus	—	1	2	—	1	—	2
interpretatio	1	1	1	3	1	—	3
nequeo	1	—	—	11	3	3	5
novitas	—	—	—	1	1	—	3
obnitor	—	—	—	1	1	—	4
obsidio	1	—	—	2	1	3	5

续表二

	《阿古利可拉传》	《日耳曼尼亚志》	《关于演说家的对话》	《历史》	《编年史》卷1—6	《编年史》卷11—12	《编年史》卷13—16
obsigno	—	—	—	—	1	1	5
obversor	—	—	—	2	—	2	4
occasio	2	3	—	7	2	4	7
occurro	2	1	—	18	3	—	8
oportet	—	1	—	5	—	1	2
perfungor	—	—	—	—	1	1	3
perpetro	—	—	—	2	1	3	6
proclamo	—	—	—	2	1	—	2
promitto	—	—	1	10	4	2	10
resumo	—	—	—	9	2	1	3
revoco	3	—	1	6	2	1	6
separo	2	6	1	3	2	1	4
suppedito	1	—	—	3	1	1	3
tarditas	—	—	—	1	1	—	2
testificor	—	—	—	—	—	2	5
timor	3	—	—	3	1	1	7
tractus	—	—	—	—	1	—	3
transeo	5	1	7	16	2	3	8
transmitto	—	—	—	10	2	—	11
vanitas	1	—	—	4	1	—	4
ventito	1	—	—	1	1	2	5

57. 重拾较早的用词

	《阿古利可拉传》	《日耳曼尼亚志》	《关于演说家的对话》	《历史》	《编年史》卷13—16
abscondo	—	1	—	1	1

续表一

	《阿古利可拉传》	《日耳曼尼亚志》	《关于演说家的对话》	《历史》	《编年史》卷13—16
adfingo	—	—	—	1	1
adgrego	—	1	1	9	2
adnumero	—	—	—	2	1
adquiesco	—	—	—	1	1
adsigno	—	2	3	4	1
advoco	—	—	1	4	1
aequitas	—	—	1	—	2
aestimatio	—	—	1	—	1
antecello	—	—	—	1	1
audentia	—	2	—	—	1
blanditiae	—	—	—	3	2
brevitas	—	—	1	2	1
commemoratio	—	—	1	—	1
commodo	2	—	1	—	1
comprobo	—	—	—	1	1
confirmo	—	1	2	—	1
confugio	—	—	1	2	1
coniectura	—	—	—	2	1
consuetudo	1	1	4	—	2
contemplatio	1	—	—	—	1
cruento	—	—	—	1	1
decerto	—	—	—	1	1
delego	1	2	2	2	1
denego	—	—	2	—	3
descendo	—	—	—	4	3
desperatio	—	—	—	8	1
distinctio	—	1	—	—	1
diversitas	—	2	1	6	1

续表二

	《阿古利可拉传》	《日耳曼尼亚志》	《关于演说家的对话》	《历史》	《编年史》卷13—16
divitiae	—	—	1	—	1
domo	4	—	—	1	1
emendo	—	—	1	1	1
eniteo	—	—	1	—	1
enumero	—	1	—	1	2
erudio	2	—	2	—	1
escendo	1	—	—	—	2
evalesco	—	2	—	1	1
everto(韵文)	—	—	—	2	4
evulgo	—	—	—	1	3
exhortatio	—	—	—	5	1
expello	3	3	1	1	2
expio	—	—	—	2	1
exspectatio	—	—	—	2	1
exubero	—	—	—	1	1
felicitas	3	—	—	5	2
fortitudo	1	1	—	2	2
frequentia	1	—	1	1	1
gesto	1	4	—	3	4
glorior	—	—	—	1	1
gratulor	—	—	—	1	1
imitatio	—	1	—	1	1
immanitas	—	—	—	1	3
imprudentia	—	—	—	2	2
indulgentia	1	—	1	2	1
infamo	—	—	—	2	1
inhibeo	—	—	—	1	1
iniungo	1	1	—	—	1

续表三

	《阿古利可拉传》	《日耳曼尼亚志》	《关于演说家的对话》	《历史》	《编年史》卷13—16
inscribo	—	1	3	—	2
inservio	—	—	1	1	1
inspicio	1	—	—	2	2
invito	—	1	1	1	2
iracundia	1	—	—	8	2
lenitas	—	—	—	1	4
lentitudo	—	—	1	—	3
luxuria	2	1	—	8	2
meditamentum	—	—	—	1	1
misereor	1	—	—	1	1
neglegentia	—	—	1	—	1
notitia	2	—	6	1	2
oblectamentum	—	—	1	—	4
observatio	—	1	—	1	1
obsido	—	—	—	1	2
parco	1	—	1	1	3
percontatio	—	—	1	—	1
pervulgo	—	—	1	—	2
placamentum	—	—	—	1	1
praeripio	—	—	—	1	4
probitas	—	1	2	2	1
proconsulatus	1	—	—	2	2
procuratio	—	—	—	3	1
pronuntio	—	—	—	1	3
propugno	1	—	1	—	—
providentia	—	—	—	2	1
querela	1	—	—	1	1
reconcilio	—	1	—	1	1

续表四

	《阿古利可拉传》	《日耳曼尼亚志》	《关于演说家的对话》	《历史》	《编年史》卷13—16
recordor	1	—	—	1	3
reservo	2	1	—	7	1
revalesco	—	—	—	1	1
rudimentum	1	—	—	—	1
satisfactio	—	1	—	—	1
scando	—	—	—	5	2
sciscitor	—	—	—	4	3
spolio	1	—	1	8	2
superfundo	1	—	—	4	1
supergredior	1	—	—	1	3
torqueo	—	—	—	2	2
tremo	—	—	—	1	2
vado	—	—	—	1	1
vastatio	—	—	—	1	1
vendito	—	—	—	1	1
verecundia	1	—	1	—	1
vociferor	—	—	—	2	1

58.《编年史》卷13—16 的风格

从短篇作品到《历史》，再从《历史》到《编年史》的文风发展是一望即知和显而易见的。[1] 其中不存在任何争议之处。然而，研究者们许久之后才开始注意《编年史》文本内部的变化与差异性。最早引起注意的是"forem"，以及发展趋势近似的"ni"。[2] 几乎仅见于塔西佗笔端的"quis"用

1　E. Wölfflin, *Philologus* XXV (1867), 92 ff.，等等。
2　H. C. Nutting, *Univ. of Cal. Pub. in Class. Phil.* VII (1923), 209 ff.

法（取代"quibus"）帮助我们进一步确认了这一点。[1] 下面的统计结果很能说明问题：

	《阿古利可拉传》	《日耳曼尼亚志》	《关于演说家的对话》	《历史》	《编年史》卷1—12	《编年史》卷13—16
essem	8	2	10	17	31	29
forem	4	—	—	51	62	1
quibus	随处可见	随处可见	随处可见	71	45	50
quis	1	—	—	23	54	7
ni	4	—	—	30	36	1

其他现象也符合这一规律。用"apud"表示"在内"的用法在《编年史》卷13—16中锐减（33:14），出现频率发生变化的还有"quamquam"（34:6）和"quamvis"（6:11）。此外，在《编年史》前文中从未出现过的形容词"grandis"在卷13—16中回归，并提供了5个例子。[2]

鲜明反差主要存在于卷1—6和卷13—16之间。卷11—12的现存文本过少，不足以帮助我们得出确定结论。但我们有理由认为，它在这一发展进程中占据着一个过渡阶段。[3] 跟在其他问题中遇到的情况一样，我们不可忽视不同部分的篇幅差异所带来的影响。[4]

对塔西佗使用近义词情况的仔细研究得出了一些令人吃惊的结论。[5] 显然，历史学家塔西佗由喜欢炼字和使用修饰性辞藻过渡到了更为平易、常规的用词方式："塔西佗式"的词汇减少了；"西塞罗式"的用词增加了。例如：[6]

1　E. Löfstedt, *Syntactica* II (1933), 285 f.
2　ib. 286; 292 f.
3　N. Eriksson, *Studien zu den Annalen des Tacitus* (Lund, 1934), 107.
4　按旧版图伊布纳丛书计算，其页数比为199:56:127。
5　N. Eriksson, o.c.
6　相关例子来自埃里克森（Eriksson）。我们还可以补充其他例子，如"polliceor"和"promitto"。

	《编年史》卷1—6	《编年史》卷11—12	《编年史》卷13—16
consulo	16	8	19
consulto	15	5	5
contemptio	—	1	1
contemptus	3	1	—
formido	14	2	2
pavor	8	2	11
timor	1	1	7
necessitas	17	5	13
necessitudo	5	1	—
transmitto	2	—	5
tramitto	11	1	6

令人遗憾的是，迄今为止，还没有人对《编年史》卷13—16的用词进行过系统、详尽的分析。与此同时，有3份名词与动词的列表可能会对说明这个问题有些帮助。它们分别是：

（1）《编年史》卷13—16中若干词汇出现频率的增加（附录56）。

（2）不见于《编年史》卷1—6，但随后重新出现的字眼（附录57）。

（3）新词（附录55）。

这些列表的内容是选择性的，并非详尽无余。我们特别关注了一些"常规的"或不算引人注目的词汇（它们经常可以提供有用的线索，参见附录42）。研究者们当然会注意到抽象名词与复合动词的大量存在——那是历史学家塔西佗此前有意回避使用的（或仅在演说词中运用，参见附录50）。

汇集起来的证据颇具说服力。诚然，这种风格转变并不是全方位的。作者仍在努力追求"多样性（variatio）"。[1] 他会突然使用普劳图斯的罕见字眼"mercimonium（货物）"（15.38.2），以及"deprecabundus（恳请）"（15.53.2）、"indutus（认定）"（16.4.3）、"concertator（对手）"（14.29.2）或"profligator

---

[1] 参见 R. H. Martin, *Eranos* LI (1953), 89 ff.。

(败家子)"（16.18.1）。[1] 他似乎还发明了一种新句法，用动名词的属格代替了不定式。[2]

此外还有其他现象。他使用过一次修辞学散文常用的、一唱三叹的表达方式，如"阿非利加、西西里与意大利的广大殖民地（per Afrcam etiam ac Siciliam et Italicas colonias）"（6.12.3）。这种写法在《编年史》卷1—6中十分普遍，但后来被弃用了。[3]

塔西佗越来越喜欢"dehinc（从此）"（12:4:19）一词，那是他在撰写《编年史》之前从未用过的。另外两个字眼"abusque（一路）"（2）和"adusque（一直）"（1）也是首次出现。并且他很奇怪地开始偏好在叙述性文本的句首使用"ergo（于是）"一词。在《编年史》中，这样的例子在13.51.1之前共有2处，卷14中有5处，卷15中有10处，卷16中有2处。用完成时的词尾"-ere"替代"-erunt"的做法赋予了文本庄严的色彩。那似乎是一条宝贵的线索。[4] 但它并未按照我们的预期发展。这种做法的出现频率在卷3、6、11和14中最高，卷15和16总体上次之。[5] 但我们应当注意的是，这样的例子在卷16的最后22章中仅仅出现过3次。

使用新词（但并非吸引眼球的炼字）的倾向似乎一直保持到了《编年史》现存文本的结尾处。孤立的证据说明不了什么问题。但这些迹象确实引起了我们的怀疑：作者是否对这几卷进行过修订，或是否活到了足够写完第13—18卷的时候？

---

1 "Deprecabundus（恳请）"不见于其他任何拉丁语文本；"indutus（认定）"之前仅见于瓦罗的作品，参见 *TLL*；"profligator（败家子）"见于一位后世作家（Ennodius）的笔端。

2 13.26.3: "nec grave ... retinendi libertatem"; 15.5.3: "Vologaesi vetus et penitus infixum era arma Romana vitandi"; 15.21.2: "decernaturque et maneat provincialibus potentiam suam tali modo ostentandi." 参见 E. Löfstedt, *Syntactica* I² (1942), 106: ΔΡΑΓΜΑ ... *M.P. Nilsson dedicatum* (1939), 297 ff.。有些学者怀疑这种结构的存在，认为文本可能有误。但这3个例子中有2个出现在演说词里（塔西佗通常会在演说词中避免使用不规范的用法），那是很难解释的。

3 E. Lindholm, *Stilistische Studien. Zur Erweiterung der Satzglieder im Lateinischen* (Lund, 1931), 196 ff.

4 E. Löfstedt, *Philologischer Kommentar zur Peregrinatio Aetheriae* (1911), 36 ff.

5 参见 R.H. Martin, *CR* LX (1946), 17 ff. 对洛夫斯泰德（Löfstedt）统计数据与观点的批评。

59. 文风缺陷

在暗示情节与人物的相似性时，塔西佗会十分含蓄地重复自己的某个用词或表达方式。例如，记述诸元首及其权臣的文本会彼此呼应——他使用的主要倒不是炼字或奇语，而是这位历史学家在其他文本中很少使用的、平易传统的词汇（见原书第345页，以及附录52中对用词选择的分析）。

但重复反映的有时并非技巧，而是词汇的贫乏。昆体良曾经指出，李维经常会犯表述啰唆的毛病；还有一位元首批评他"撰述历史时拖泥带水、心不在焉（verbosus in historia neglegensque）"。[1] 对他心不在焉的指责完全可以从历史记述延伸到文风之上。作家李维经常会重复一些常见字眼，如"satis（充足的）"在22.4.4-5.1中出现了5次，在23.17中出现了4次。此外还有其他一些现象。一些表达方式首次出现后很快又被重复，但随后即被放弃。[2]

塔西佗似乎是最后一个被人指责为表述拖沓或粗心大意的作家。他在《编年史》结尾处所使用的相对流畅的写作风格便给人留下了口实。研究者们在这部分文本中发现了一些重复使用动词的现象。如"coniuratio（共谋）"在卷15—16中出现了14次；而"coniuratus（共谋行为）"（在《历史》中仅出现过1次）在卷15中出现了5次。"carmina factitare（经常写诗）"在卷1—6中出现了1次（6.39.1），在卷13—16中重新出现过4次（14.48.1; 52.3; 16.14.1; 28.1）。之前在《编年史》中出现过1次的动词"conitor（努力）"于卷15中回归，在间隔很短的情况下连续出现了4次（42.2; 51.1; 57.2; 66.2）。与此类似的还有从未在前面的《编年史》现存文本中出现过的词汇——如"denego（否认）"（15.42.1; 57.1; 62.1）和"recordor（忆起）"（15.57.1; 70.1; 14.7.1）。

我们从这些重复中能够得出什么严肃结论呢？这很难说。但有谁会欣赏

---

[1] Quintilian 8.3.53; Suetonius, *Cal.* 34.3.
[2] K. Gries, *Class. Phil.* XLVI (1951), 36 ff.

或称许纤弱的表述"se ostendere（展示自己）"？这一表述在《历史》中出现过2次（4.49.2; 5.1.1），在卷16之前的《编年史》现存文本中从未出现过。

一些波澜不惊、并不引人注目的词汇似乎出现得日益频繁（见附录56）。尽管作者之前力图回避或改造技术性/行政性的术语，如今《编年史》中却首次使用了"procuratio（担任行省督办）"（16.17.3）和"proconsulatus（担任行省总督）"（16.23.1; 30.1）。我们还应注意他用"institutio（传统）"来形容一个哲学派别（16.34.1）。那并不合乎塔西佗的风格。与此相反，个别富于修辞性的新词，如"deprecabundus"和"profligator"在具体语境中未免显得过分扎眼。

将独立夺格用法中的主语设定为主句主语或宾语的做法是一种马虎大意。这样的例子在《编年史》卷13—16中至少出现过5次。我们不妨在此引述其中的最后一例："quo interfecto dum rem familiarem eius acriter requirit（他在儿子死后拼命想要讨回别人欠他儿子的债款）。"该章中并无强调意味的人称代词"is（他）"也用得过多（参见第14节中5次使用"eius ["他/她/它"的属格]"的现象）。

倒数第2节（16.34）使用了3个值得注意的字眼——"queritor（强烈抗议）"首次出现在塔西佗的文本中[1]；"facesso（离开）"也是如此[2]；还有一个在拉丁散文中几乎独一无二的希腊语式表述——"ut coniectare erat（猜想）"。[3]

尽管所记历史内容的变化可能会导致文字风格的转变，我们还是很难相信《编年史》卷13—16中的各部分均已修改完善。[4]并且这部分内容在主题与结构上也存在着各种缺陷（见附录60）。

---

1 一些校勘者（不是最近的一批）试图将之修改为"quiritantes"。
2 它在塔西佗的其余文本中出现时都搭配着宾语"periculum（危险）"（*Hist.* 4.43.1; *Ann.* 1.74.2; 6.30.2）。
3 有了上面这些例子，我们几乎无须补充"dissociatio（分离/反感）"——它仅见于这部分文本和老普林尼的著作（参见*TLL*）。
4 我们很难赞同克林格奈尔的观点：他坚持认为塔西佗在后几卷中一如既往地坚持了自己的风格（F. Klingner, *Hermes* LXXXIII [1955], 188）。

60. 文本未完成的痕迹

　　一些现象会让我们怀疑，塔西佗究竟是否最终写完了《编年史》第13—18卷。在卷13开头处介绍自己主要史料来源所提供的不同版本时，他曾许诺自己将来还会这么做（20.2）。但他未能兑现诺言。我们对此应当作何解释？是因为塔西佗忘记了自己的许诺，或后来觉得这种做法很无谓吗？另一种解释是，对克鲁维乌斯·鲁弗斯、费边·鲁斯提库斯和老普林尼的征引代表着塔西佗文风未尽完善的一个阶段；他后来必然要为了艺术效果的理由而放弃这种手段。诚然，塔西佗或许在《编年史》卷7—12中的某处提及了著名的克鲁维乌斯·鲁弗斯。但对史料来源的详尽梳理确实并不合乎我们能够预料到的塔西佗的常规做法。在《编年史》卷1—6中，塔西佗压根就没有提到记载那一时期最重要的两位史学家——塞尔维利乌斯和奥菲狄乌斯。塔西佗是有意要隐去相关史源作者的名字的。

　　此外还有文献征引方面的信息。《编年史》卷1—6中的大量材料来自罗马元老院的档案——但作者从未指出过这一点。而卷13—16对元老院草案的使用要少得多，却随手留下了引用草案的孤例（15.74.3）。塔西佗会在最后的版本中将它保留下来吗？[1]

　　不列颠暴乱的年代框架是难以解释的——公元61年的条目下插入了过多事件。我们不得不承认塔西佗在这里有些马虎大意：暴乱事实上从公元60年就开始了（见附录69）。

　　在公元62年底，塔西佗记载了3个编年史中的典型事件：尼禄的健身房遭到雷劈；坎佩尼亚境内发生地震；一名维斯塔贞女去世（15.22.2）。第一桩事件或许提醒了作者回过头去，在记述公元61年底事务的文字中插入了一句对这座健身房的交代（14.47.2）。否则的话，对著名前执政官迈米乌斯·雷古鲁斯之死的记述可能会收束得更加紧凑。至于那场地震，根据

---

[1] 它们可能已在第5卷中作为塞亚努斯阴谋系列证据中的一部分被提及过。

小塞涅卡提供的证据（*NQ* 6.1.2）来看，它应该是发生于公元63年。小塞涅卡给出了具体的月份和日期——"雷古鲁斯与维吉尼乌斯任执政官之年的2月5日发生过地震（nonis Februariis hic fuit motus, Regulo et Verginio consulibus）"。谁的记述才是准确的——历史学家塔西佗还是接下来描述（并评估）了地震损害的同时代亲历者呢？[1]

对公元63年的记载也以3桩事件作结：滨海阿尔卑斯山区聚落的拉丁公民权、关于罗马骑士们在竞技场中座位的决议以及关于角斗士竞技的报道（15.32）。对滨海阿尔卑斯山区的处置其实无关紧要：那个小地方一向与世无争。另一方面，作者遗漏了于公元64年前后获得拉丁公民权的两个地区——科提乌斯阿尔卑斯山区（Alpes Cottiae）和波勒莫的本都（Pontus Polemoniacus）。相关事实来自Suetonius, *Nero* 18，并被许多后世作家所引述。[2] 塔西佗的省略经常是有意为之。他会将一些史实留到后面，在合适的时机加以交代。我们根本无须对《编年史》现存文本中没有交代尼禄统治时期多瑙河畔及以北地区事务的现象大惊小怪。[3] 与此相似，波勒莫的去世及其领土的命运也可以放到对公元67或68年东方事务的叙述之中。但科提乌斯阿尔卑斯山区获得拉丁公民权的事件恐怕很难按照类似的方式处理。

对公元64年事务的记载以报道"异象"告终（15.47）。公元65年历史叙述的结尾引述了两份来自元老院草案的文告（16.13.3）。第一则的内容在塔西佗的文本中颇为独特——它点名要求一些元老院治理的行省为伊吕利库姆的军团们募兵。第二则提及了"卢戈杜努姆的一场灾难（clades Lugdunensis）"——一些批评家认为这段文字过于简略与含糊。那实际上是一场大火，必然发生在罗马火灾（公元64年7月）之后不久；因为小塞涅卡提到过它（Seneca, *Epp*. 91.1 ff.），而小塞涅卡死于公元65年4月。

---

1 这一记载矛盾引起过许多讨论。见R. Lecocq, *L'Antiquité Classique* XVIII (1949), 85 ff.。那位学者认为，小塞涅卡文本中的执政官年代（"Regulo et Verginio consulibus [雷古鲁斯和维吉尼乌斯出任执政官之年]"）是后人窜入的。

2 关于波勒莫的本都，见*PIR*[1], P 406; D. Magie, *Roman Rule in Asia Minor* (1950), 561; 1417。

3 Ph. Fabia, *Rev. ét. anc.* XXXIV (1932), 139 ff.

一些首次出现在《编年史》中的人物没有得到适宜的交代。伟大的维比乌斯·克里斯普斯在记述公元60年底的文本中被提及了，但只是作为自己在庭审中避免了最坏处置的兄弟的注脚——"仰仗的是他的兄弟维比乌斯·克里斯普斯的权势（Vibii Crispi fratris opibus enisus）"（14.28.2）。更值得注意的是两年后对科苏提亚努斯·卡庇托的记述——"此人最近凭借岳父提格利努斯的呼吁而恢复了元老地位（qui nuper senatorium ordinem precibus Tigellini soceri sui receperat）"（14.48.1）。对于历史学家塔西佗而言，提格利努斯是个熟悉的角色。但在初次提及（实在算不上正式介绍）时，他的恰当做法应该是交代其氏族名"奥佛尼乌斯（Ofonius）"。[1] 参见他在卷13前2节开启新的段落时介绍人物与姓名的不厌其烦（如"阿弗拉尼乌斯·布鲁斯和阿奈乌斯·塞涅卡 [Afranius Burrus et Annaeus Seneca]"，尽管两人都已在卷12中出现）。

如果塔西佗关注过这些年的执政官年表的话，他应当会注意到一长串新名字的出现，那可以帮助研究者判断取代小塞涅卡和布鲁斯担任尼禄谋臣的那些人物的身份（以及其他信息）。他会发现同维比乌斯·克里斯普斯（公元62年前后递补执政官）比肩而立的埃普里乌斯·马塞卢斯（公元62年递补执政官）——他未来的同僚、同党、分享韦伯芗恩宠和统治演说界的盟友。此外还有提图斯·佩特罗尼乌斯·尼格尔（公元62年递补执政官）——此人或许就是那位"品味高雅的评论者（elegantiae arbiter）"（16.18.2）。这一变化或许在公元61年的名年执政官凯森尼乌斯·佩图斯和佩特罗尼乌斯·图尔皮利亚努斯身上已经初见端倪——两人迅速执掌了卡帕多西亚和不列颠的军事指挥权。接替了苏维托尼乌斯·保利努斯的图尔皮利亚努斯（PIR^1, P 233）是对尼禄效忠到底的朋友与臣下之一。

塔西佗笔下公元61年的倒数第二桩事件是边米乌斯·雷古鲁斯（公元31年递补执政官）的去世，其中夹叙了尼禄患病时对雷古鲁斯的高度评价

---

[1] 当他不久后再度出现时（51.2），塔西佗省略了他出任过夜巡官的事实（Hist. 1.72.1），但他记录了其同僚费尼乌斯·鲁孚斯（Faenius Rufus）出任过账粮官的信息。

（14.47.1）。历史学家塔西佗记述道："但在此之后，雷古鲁斯还是活了下来，凭借淡泊名利保全了自己（vixit tamen post haec Regulus quiete defensus）。"如果尼禄的那次患病就是14.22.4中说的"健康欠佳（anceps valetudo）"的话，那么这件事情仅仅发生在一年之前，这则逸事也丧失了大部分说服力。从出任执政官的时间判断，这位新人肯定已经垂垂老矣了。值得注意的并不是他能在得到尼禄的恭维后继续活着，而是他居然能够活到尼禄统治时期。关于尼禄（哪怕是克劳狄乌斯）统治时期的各卷几乎没有提及雷古鲁斯，仅有的例外是关于洛里娅·波琳娜的一句评论（12.22.2），但这句话并不意味着他当时还在人世。因此，塔西佗引述这则逸事的做法是欠考虑的。那位史学家对迈米乌斯·雷古鲁斯的友善态度值得关注。[1]

那段文字也是塔西佗赞美著名幸存者的最后一篇讣告。他在公元56年底提供了卡尼尼乌斯·雷比鲁斯和卢奇乌斯·沃鲁修斯的讣告（13.30.2），在公元59年底提供了多米提乌斯·阿费尔和塞尔维利乌斯·诺尼亚努斯的讣告（14.19）。这些讣告都异常简短；尽管那4位前执政官均未在《编年史》卷13—16之前登场过，但塔西佗本应交代沃鲁修斯在去世之际还担任着罗马市长（Pliny, *NH* 7.62）。这些或许只是草稿，有待后续的加工完善。出于种种理由，这些其实都是塔西佗很感兴趣的人物。那么问题来了：难道在公元61年雷古鲁斯去世后就不再有值得报道的逝世名人了吗？抑或是他们的寿终正寝被尼禄的谋杀罪行盖过了风头？

塔西佗未能恰当地解释两项公共政策。释奴和奴隶是塔西佗与他的同时代人较为关注的话题。塔西佗在公元56年的史事中报道了（或不如说是虚构了）元首秘密会议中关于释奴问题的讨论：正反两方都提出了雄辩的观点（13.26 f.）。

但双方争论的核心问题——以及元老院里最初的议案究竟是什么内容——从未得到过清晰的阐释。[2] 历史学家塔西佗在对下一年的记述中又制造

1　见附录82。
2　关于塔西佗这段叙述的不到位，见A. M. Duff, *Freedmen in the Early Roman Empire* (1928), 41 f.。那位学者冒失地认为，当时围绕"若干议案（motives）"进行了"一次辩论（debate）"。

了新的麻烦，他记录了元老院颁布的一条法令，读者会认为那跟一位元老被他的奴隶们谋害的事件有关——"那是一条惩戒性的、防患于未然的法令：即便是曾被主人亲手释放的奴隶，只要他们还跟主人生活在同一屋檐下，就要在主人遇害时同其他奴隶一道接受惩罚（ultioni iuxta et securitati, ut ii quoque qui testamento manu missi sub eodem tecto mansissent, inter servos suplicia penderent）"（13.32.1）。罗马市长佩达尼乌斯·塞昆杜斯恰恰是在公元61年遭到谋杀。在复述元老院里的辩论时，塔西佗提供了法学家卡西乌斯·隆吉努斯的演说词（14.43 f.）——但他的论证依据并非元首制时代的立法，而是所谓的共和国先例，即"古风"。塔西佗并未交代当时的法律对此是怎么规定的；并且这次辩论完全没有提及公元57年的元老院法令（将惩罚范围扩大到了"曾被主人亲手释放的奴隶［testamento manu missi］"），尽管后来有人建议流放"当时跟主人生活在同一屋檐下的……释奴（liberti ... qui sub eodem tecto fuissent）"（45.2）。

此外还有急就章的痕迹。最令人瞠目的例子是塔西佗对公元59年除掉阿格里皮娜事件的记述——波佩娅执意要跟尼禄光明正大地结婚，阿格里皮娜对亲儿子的不伦勾引，并插入了一个根本不属于那个时代的角色被释女奴阿克忒（Acte）（14.1 f.，参见原书第377页）。作者还引述了若干史源来支持这个故事的可靠性，首当其冲的便是克鲁维乌斯·鲁孚斯。合理的修订完善可能会对此进行调整。

同样来自相关史源（"相传［ferebatur］"）的还有一则报道（公元64年大火后）：小塞涅卡试图离开罗马城退隐，因为他不想为尼禄的两名手下劫掠亚细亚和阿凯亚行省的圣所一事担责——"他要逃避亵渎神明所导致的愤慨（quo invidiam sacrilegii a semet averteret）"（15.45.3）。塔西佗接下来记述的事件是尼禄想要毒杀小塞涅卡，但后者逃过一劫：引起这段叙述的表达方式是"据说（tradidere quidam）"。而在后文讲到披索的阴谋败露时，这一传闻变成了事实。尼禄渴望在"下毒未果（quando venenum non processerat）"（60.2）的情况下杀死小塞涅卡。[1]

在卷与卷的衔接方面，有两个地方是不够令人满意的。在用莱茵河边境的一系列事件收束卷13时，塔西佗意识到，他选择的最后一桩事件（科洛尼亚·克劳狄亚境内的一场诡异火灾，塔西佗出于某些考虑将之保留了下来）无法构成一个合适的终点。于是他添加了一则对罗马灾异现象的报道——那段记载简略、突兀、毫无意义——之后便将这卷文字束之高阁（13.58）。

《编年史》卷14 的结尾则走向了另一个极端。它以一种阴郁的（同时也是漏洞百出的）方式预示了后面的情节发展。尼禄的一名释奴向主人告发了小塞涅卡，说他跟盖约·披索串通一气；小塞涅卡则对那名释奴提出了更严厉的指控，说他了解披索，知道后者正在策划阴谋——"那对披索起到了打草惊蛇的效果，促使后者策划了深思熟虑但未获成功的、针对尼禄的阴谋（unde Pisoni timor et orta insidiarum in Neronem magna moles et improspera）"（14.65.2）。

但该阴谋在将近3年后方才图穷匕见。最初的策划者也并非披索（塔西佗详细记述了主要的密谋者）。并且尼禄对披索并没有什么猜疑，否则他肯定不会在非仪式场合或没有卫队跟随的情况下定期拜访披索的宅邸，并在那里洗浴和宴饮（16.52.1）。

即便按照最保守的估计，这部分文本也存在着若干显而易见的前后矛盾之处。这几卷中有些部分的面貌已臻于完善，如对科布罗活动的叙述、布狄卡的反叛、特拉西亚与卡西乌斯·隆吉努斯的演说词、小塞涅卡与昔日弟子尼禄的会见。另外一些部分则未及得到作者的修订完善。

塔西佗似乎在临近结尾处堆砌了大量反常的表达方式或有待打磨的段落（见附录59）。最后一幕场景或许提供了线索。将致命的口谕带给特拉西亚·佩图斯的是一名"执政官麾下的财务官（quaestor consulis）"（16.34.1）。塔西佗在这段文字中记录了其他所有人的姓名（德米特里乌斯、

---

[1] 这些内容是否是草草地从小塞涅卡的朋友和辩护者费边·鲁斯提库斯的作品中抄录下来的呢？

多米提乌斯·凯奇利亚努斯 [Domitius Caecilianus]、阿里娅 [Arria]），但未记述这名财务官姓字名谁。他的身份或许值得一提，因为特拉西亚生前最后的信息传递给了此人。那也是一条跟个人有关的信息——"（他说）年轻人啊，我们正在向自由之神朱庇特奠洒，愿诸神禁止这样的预兆！但既然你生在这样的时代，那么坚韧不拔的榜样对于磨炼自己的意志是很有好处的（libamus [inquit] Iovi liberatori. specta, iuvenis; et omen quidem di prohibeant, ceterum in ea tempora natus es, quibus firmare animum expediat constantibus exemplis）"（35.1）。特拉西亚的吩咐或许并非跟那名年轻人后来的兴衰浮沉毫无关系。参见他对尤尼乌斯·鲁斯提库斯的警告——"他们刚刚步入仕途，一切都还没有开始。他应当提前做好考虑，自己要在这样一个时代里选择什么样的仕途之路（illi initium magistratuum et integra quae supersint. multum ante secum expenderet quod tali in tempore capessendae rei publicae iter ingrederetur）"（26.5）。多年以后的事实证明，特拉西亚·佩图斯留下的记忆和榜样对于鲁斯提库斯来说是致命的。

难道历史学家塔西佗不应在此记载那位财务官的名字吗？他的习惯本来就是让姓名本身说明问题，通过强烈暗示阐述自己的观点，省去那些长篇大论的解释说明。

G.《编年史》的主题

61.《编年史》中的错误

塔西佗的许多错误是细节方面的。历史学家很容易在年代上栽跟头。例如，他在记述公元20年史事时声称弗里乌斯·卡米卢斯的军事行动发生于"去年夏天（priore aestate）"（3.20.1）。但后者其实是公元17/18年的阿非利加行省总督（2.52）。作者搞错了屋大维娅的年龄（14.64.1，参见 PIR^2, C 1110），其记载同尼禄的年龄对不上（12.25.2; 58.1; 13.6.2）。更为诡异的是，塔西佗居然会将伟大演说家的孙子玛库斯·霍腾修斯·霍塔鲁斯称为一名"贵族青年（nobilis iuvenis）"（2.37.1）——他当时至少已经有56岁了。[1]

一些学者试图修改文本，慷慨地将他们自己的后见之明移植到塔西佗身上。塔西佗在叙述公元21年史事伊始将公元18年的执政官们称为"两年前（biennio ante）"在任的（3.31.1）。尼佩尔迪殷勤地将之改为"三年前（triennio ante）"。许多校勘者沿袭了这一做法。[2] 他们没有注意到，6.38.1中的"三年前"也遵循着同样的算法。塔西佗声称卡庇托林山的火灾发生于"同盟者战争（sociali bello）"期间（6.12.3）。但它其实发生于公元前83年

---

[1] 他的父亲在腓力比战役中阵亡（Livy, *Per.* 124）。

[2] 如 C. D. Fisher (Oxford, 1906), G. Andresen (Teubner, 1913), E. Koestermann (Teubner, 1952), H. Fuchs (*Ed. Helv.* 1946). 反例如 Lenchantin de Gubernatis (Rome, 1940)。

的内战期间。同样有一些校勘者试图对此进行修订。[1]但更好的选择其实还是承认历史学家塔西佗犯了错误。卢奇乌斯·披索被任命为罗马市长的年代是一个臭名昭著的漏洞,其中包含着种种疑点。[2]塔西佗说他在公元32年去世时已担任该职务"整整二十年(XX per annos)"(6.11.3)。一些校勘者信心满满地修改了那个数字[3]——但那是以某些预设为前提的,没有人确知其是否可靠。

《编年史》的前几章包含着种种未尽完善之处,其中一些源自文字压缩或文本征引。在1.3.3中,塔西佗在交代了王子盖约和卢奇乌斯去世后才讲到提比略的保民官特权。事实上,那只是一次权力期限延长而已;提比略的保民官特权最初是在公元前6年被授予的。无独有偶,我们在1.10.7中看到:"数年前,奥古斯都通过元老院延长了提比略的保民官特权期限(Augustus paucis ante annis, cum Tiberio tribuniciam potestatem a patribus rursum postularet)。"那是在公元4年吗?也许我们可以依据苏维托尼乌斯的证据(Suetonius, *Tib*. 16.1),认为那是在公元9年?同样值得注意的还有3.56.2中因过度追求简洁而导致的歧义:"随后他让玛库斯·阿格里帕分享自己的特权,并在后者去世后选择了提比略·尼禄,以便不让自己的继承人问题悬而未决(Marcum deinde Agrippam socium eius potestatis, quo defuncto Tiberium Neronem delegit ne successor in incerto foret)。"

我们再来看看一些显而易见的错误。历史学家塔西佗搞错了"来自毗邻的日耳曼的军团(adiectaque ex Germania legio)"(13.35.2):那不是第4军团"马其顿"(IV Macedonia,驻扎于莱茵河畔),而是第4军团"斯基泰"(驻扎于默西亚)。一个小小的疏忽使他误记克劳狄乌斯时代的禁卫

---

[1] 如"civili bello(内战)"(Lipsius)或被尼佩尔迪删去的"Sullano bello(苏拉战争)"(C. Heraeus)。与此相似,塔西佗也许搞错了科奈里乌斯·麦鲁拉(Cornelius Merula)去世后弗拉明祭司职务空缺的时间段(3.58.2):福克斯(Fuchs)和科斯特尔曼在晚近的校勘本中对此进行了修订。

[2] 参见E. Groag, *PIR*[2], C 289,其中认为历史学家塔西佗是正确的。

[3] 福克斯和科斯特尔曼都接受了尼佩尔迪的修订方式"XV per annos(整整15年)"。

军队长鲁弗里乌斯·克里斯皮努斯（Rufrius Crispinus）获得了执政官徽章（consularia insignia）（16.17.2），但后者实际上获得的是大法官徽章（praetoria insignia）（11.4.3）。

关于犹太史的两条记载令人费解。在公元49年的史事中，塔西佗简短地提到了"伊图雷亚和犹太地区在各自的君主索哈穆斯和阿格里帕去世后被并入了叙利亚行省版图（Ituraeique et Iudaei defunctis regibus, Sohaemo atque Agrippa, provinciae Suriae additi）"（12.23.1）。希律·阿格里帕（Herod Agrippa）曾在卡里古拉遇刺后至关重要的两天里为克劳狄乌斯效劳，因而在罗马已小有名气。他卒于公元44年，随后犹太被并入罗马帝国版图，由总督库斯皮乌斯·法杜斯（Cuspius Fadus）（PIR^2, C 1636）治理。那一史实几乎肯定会被记载在已佚失的各卷里。因此，读者不免要怀疑，历史学家塔西佗可能是把此人跟他的兄弟、卒于克劳狄乌斯统治第8年（Josephus, AJ 20.104）的查尔奇斯的希律（Herod of Chalcis）混为了一谈。事实上，一两年后，查尔奇斯又被交给了希律·阿格里帕的儿子治理（相关时间推断自 BJ 2.284）。而塔西佗则声称文提狄乌斯·库玛努斯（Ventidius Cumanus）和安东尼·斐利克斯（Antonius Felix）对犹太进行了分治（12.54）。这一说法是同约瑟福斯不兼容的。但塔西佗说得很清楚——特别值得注意的是叙利亚副将的干涉与库玛努斯的抗议。塔西佗的叙述或许是经得起推敲的（参见 PIR^2, A 828）。

更令人费解的是他关于克劳狄乌斯将财库管理权移交给财务官们的记载——"但初次担任官职的他们缺少成熟官吏的稳重（sed deerat robur aetatis eum primum magistratum capessentibus）"（13.29.2）。那两位财务官似乎被任命担任该职务3年（Dio 60.24.1 f.）。其中一位正是阿古利可拉的岳父多米提乌斯·德奇狄乌斯（ILS 966）。

元老在记述人物姓名与身份时应当是非常仔细的。[1]《编年史》中的一些

---

[1] 但他确有可能会混淆公元前4世纪弗里乌斯·卡米卢斯家族（Furii Camilli）中的成员（4.52.5）。

所谓"错误"可能是抄写文本的书吏造成的；另一些则来自对冷僻的罗马人物姓名研究不够的批评家们。[1] 但将同一个人时而叫作"拉提尼乌斯·拉提亚里斯（Latinius Latiaris）"（4.68.2）和"拉提尼乌斯（Latinius）"（71.1），时而又叫作"卢卡尼乌斯·拉提亚里斯（Lucanius Latiaris）"（6.4.1）则是另一回事。我们应该如何修补相关文本呢？也许"卢卡尼乌斯"是正确的写法。[2] 但我们不应凭空乱改前后不一致之处。[3] 也许历史学家塔西佗（而非抄写其文本的书吏）应对此负责；这些姓名可能根本上来自不同的史源。[4]

历史学家的错误有时能够说明很多问题。文本"ad amnem Visurgim"（1.70.5）中肯定包含着错误——那一点早被一位不知名的学者看出，并得到了约斯图斯·利普修斯的赞同。[5] 关于提格拉诺克尔塔的记述——它距尼西比斯37罗马里（15.5.2）——无法得到满意解释（见原书第396页）。[6] 但"它靠近'埃皮达弗尼'境内死者去世的地方（Epidaphnae quo in loco vitam finierat）"（2.83.2）提供了线索。安条克近郊的名字是达弗尼（Daphne）。[7] 有学者以为据认为，塔西佗从未去过叙利亚行省，甚至没有加入过派到图拉真那里去的使团。[8]

《编年史》中的疏漏并非全都得到了注意或恰当讨论。塔西佗记录的元

---

[1] 参见 R. Syme, *JRS* XXXIX (1949), 6 ff.。

[2] *CIL* XV, 1245证实存在过一位卢奇乌斯·卢卡尼乌斯·拉提亚里斯（L. Lucanius Latiaris）。

[3] 安德雷森、福克斯和科斯特尔曼将之改为"卢卡尼乌斯"；但费舍尔选择了"拉提尼乌斯"。勒查丁明智地搁置了这一争议。

[4] R. Syme, o.c. 13, 参见上文, 原书第277页。"卢卡尼乌斯"这个名字可能来自元老院草案。

[5] 费舍尔、福克斯和科斯特尔曼将这段文本加上了括号。具体理由见 F. Ritter, *Rh. Mus.* XVII (1862), 100; C. O. Brink, *JRS* XLII (1952), 39 ff.。也许 *Mediceus* I (*Ann.* 1-6) 提供了唯一明确的证据；但后人是否可以按照尼佩尔迪的方式删去"Amisiae"呢？

[6] 德扫认为该错误可上溯到"最古老的史源（Urbericht）"（Dessau, *Gesch. der r. Kaiserzeit* II [1926], 195）。无论如何，我们都不能据此认为提格拉诺克尔塔位于玛西乌斯山（Mons Masius）以南的美索不达米亚平原。

[7] 意即塔西佗将希腊文中的"Ἀντιόχεια ἡ ἐπὶ Δάφνῃ（达弗尼附近的安条克城）"误解成了"埃皮达弗尼境内的安条克"，这暴露了他对叙利亚行省中心城市周边地理环境的严重不熟悉。——译注

[8] 但他也有些微的可能加入过祝贺图拉真继任者的使团。参见关于拜占庭的插话（12.62 f., 参见原书第449页）。

首克劳狄乌斯演说词似乎包含了关于意大利北部居民获得罗马公民权的独特说法（11.23.3，参见附录93）。更值得注意的是，他认为布狄卡起义发生于公元61年的说法尽管得到了广泛接受，却很难自圆其说（见附录69）。事实上，我们应当认真研究《编年史》后几卷中的各种前后矛盾（见附录60）。作者没有修改其作品的这一部分，或许他未能活到写完《编年史》的那一天。

62. 家世记载中可能存在的错误

塔西佗有可能弄错了一些人物与家世的信息。洛里娅·波琳娜被称为"执政官玛库斯·洛里乌斯（M. Lollii consularis）"之女（12.1.2）。该女子几乎不可能是去世于公元1年或2年的玛库斯·洛里乌斯（M. Lollius，公元前21年执政官）之女（Velleius 2.102.1）；曾亲眼见过她的老普林尼提及过"她祖父的权势（avitae opes）"（NH 9.117），直截了当地指出了她祖父的贪得无厌。因此，学者们认为，塔西佗指的是同样担任过执政官的、那位玛库斯·洛里乌斯的同名儿子（PIR[1], L 227）。然而，元首提比略死敌的儿子怎么会有机会获得出任执政官的荣誉呢？这确实是个问题。[1]我们找不到关于这个洛里乌斯的其他任何信息[2]，并且塔西佗已提及过他的父亲（3.48.2）。对于研究帝国早期的历史学家（无论是古代的还是现代的）而言，"执政官玛库斯·洛里乌斯"肯定是指那个臭名昭著的玛库斯·洛里乌斯（在需要区分的场合下有别于另一名没有出任过执政官的同名者）。也许文本中包含着错误。[3]莫非塔西佗粗心大意地搞错了洛里娅·波琳娜的父系？那不失为一种解决办法。但我们还要看到，作者不久后又提供了关于她家族的精确细节——

---

[1] 德格拉西认为是在公元13年，见 Degrassi, *Epigraphica* VIII (1946), 36; *Fasti Consolari* (1952), 7。但提比略在那一年里并不缺乏影响力，而且奥古斯都也没有理由要留恋洛里乌斯。
[2] 除非他就是 Horace, *Epp.* 1.2.1; 18.1中提到的那位（关于此人的情况见 PIR[1], L 231）。
[3] 如里特的修补方案——"<neptem> M. Lollii consularis（执政官玛库斯·洛里乌斯的［侄子］）"。

科塔·麦萨利努斯（Cotta Messallinus）是她"最年长的叔父（patruus magnus）"，她的母亲是卢奇乌斯·沃鲁修斯的姐妹（12.22.2，信息来自元首克劳狄乌斯的一篇演说词）。[1] 塔西佗对沃鲁修斯家族十分关注（见原书第302页）。何况在他自己生活的时代里，洛里乌斯家族的名号还通过一位公元94年递补执政官——玛库斯·洛里乌斯·保利努斯·德奇姆斯·瓦勒里乌斯·阿西亚提库斯·萨图尔尼努斯（M. Lollius Paullinus D. Valerius Asiaticus Saturninus）（*PIR*[1], L 233）——而延续着。

塔西佗对一个著名希腊家族的叙述同样包含着疑点。公元33年，米提利尼的特奥法尼斯（Theophanes the Mytilenaean，伟人庞培的门客与历史学家）的后人遇祸。庞培娅·玛克里娜（Pompeia Macrina）遭到了放逐，她的兄弟（1名大法官级别的元老）和父亲（1名"地位显赫的罗马骑士[inlustris eques Romanus]"）双双自尽。特奥法尼斯在文本中被称作这对兄妹的"曾祖父（proavus）"（6.18.2）。问题在于，特奥法尼斯与公元15年大法官（*ILS* 9349）昆图斯·庞培·玛凯尔（Q. Pompeius Macer）（*PIR*[1], P 471）之间究竟隔了几代人？斯特拉波声称特奥法尼斯留下了一个儿子，后者被奥古斯都任命为亚细亚行省督办——他"如今（καὶ νῦν）"（显然是作者在后续修订中补充进去的）是元首提比略的心腹之一（13.618）。倘若那位亚细亚行省督办（*PIR*[1], P 472）就是塔西佗所说的"地位显赫的骑士"的话，那么恐怕就是塔西佗犯了错误。但大部分学者认为塔西佗是对的——也就是说历史学家特奥法尼斯和大法官昆图斯·庞培·玛凯尔之间隔着两代人。[2] 有人认为历史学家特奥法尼斯结婚很晚，他的儿子与元首提比略差不多同年（后者生于公元前42年）。[3] 但即便我们接受这个看法，可疑之处依然存在：因为那样一来，特奥法尼斯的曾孙（公元15年大法官）是不可能早于公

---

[1] 关于她同瓦勒里乌斯·麦萨拉家族之间的神秘联系，见 E. Groag, P-W XIII, 1378。
[2] 如 R. Hanslik, P-W XXI, 2276 ff.。
[3] R. Laqueur, P-W V A, 2099; R. Hanslik, o.c. 2276接受了这一观点。

元前15年出生的。[1]

有必要补充一句的是，该家族的后裔在塔西佗生活的时代仍旧活跃着，如玛库斯·庞培·玛克里努斯·尼奥斯·特奥法尼斯（M. Pompeius Macrinus Neos Theophanes）（*PIR*[1], P 475），公元100或101年的递补执政官、公元117年前后阿非利加行省总督（*AE* 1913, 168 = *IG* V, I, 151），他是塔西佗祭司团中的同事（附录22，参见附录25）。《波滕狄亚执政官年表》中记录的公元115年递补执政官可能是他的儿子：德格拉西（Degrassi, *FC* [1952], 34）记为"M. Pom["，但铭文证实了"M. Pomp["的写法。

63. 提比略统治时期的人物志

从奥古斯都统治时代活下来的著名人物的逝世为我们提供了一批宝贵的讣告。并非所有的执政官都能获得那样的待遇。塔西佗并不希望用过多的讣告拖累自己的叙事。与此同时，他对提比略统治时期贵族家族的知识掌握是不完整的。他不大可能会混淆公元6年和公元11年的两位执政官——玛库斯·雷必达和玛尼乌斯（见附录64）。但在其他段落里，他有时似乎（甚至确实）犯下了漫不经心的错误。他对人物身份与姓氏的记述存在着一些疑点。

瓦勒里乌斯·麦萨拉是就奥古斯都葬礼仪式发表意见的3位前执政官之一（1.8.4）。他是麦萨拉·科尔维努斯的长子、公元前3年执政官与公元6年伊吕利库姆副将（*PIR*[1], V 93）。他后来在《编年史》中被称作瓦勒里乌斯·麦萨利努斯（Valerius Messallinus）（3.18.2; 34.1）。事实上，他拥有两个家姓（*cognomina*）。尽管他的地位很高，《编年史》中却并无他的讣告。

玛库斯·奥勒留·科塔（M. Aurelius Cotta）是公元20年执政官（3.17.4,

---

[1] 有人提出了另外一个解决方案——将塔西佗笔下"大法官级别的人物（vir praetorius）"理解为晚于公元15年大法官一个世代的另一个人物；参见J. Schwartz, *Rev. phil.* LXXVII (1951), 185。

参见2.3)、科尔维努斯的小儿子（*PIR*², A 1488）。他也曾以科塔·麦萨利努斯（Cotta Messallinus）的名字出现，在元老院中提出了一些"建议（sententiae）"（2.32.1; 4.20.4; 5.3.2），并逃脱了一项指控（6.5）。[1]他在自己的哥哥死后继承了"麦萨利努斯（Messallinus）"这个家姓（Velleius 2.112.2）。关于他出任亚细亚行省总督（具体年代不详）的材料证实了这一点（*IGR* iv, 1508; *Forsch. in Ephesos* iii, p. 112, n. 22）。他也许活到了提比略驾崩之后——并在卷7—8的某个段落里出场过。

格涅乌斯·勒图鲁斯（Cn. Lentulus）在公元25年去世前被《编年史》提及了数次（1.27.1; 2.32.1; 3.68.2; 4.29.1），并在书中拥有讣告（4.44.1）。作者塔西佗或许认为那篇讣告可以诠释他首次介绍勒图鲁斯时的评论——"年龄与军功均超越他人（ante alios aetate et gloria belli）"（1.27.1）。曾在奥古斯都治下接受过多瑙河流域兵权并指挥过战事的勒图鲁斯肯定就是公元前14年的执政官（*PIR*², C 1379），而非在公元前18年担任着占卜官的那位同名者（*Res Gestae* 8; *SIG*³ 781）。因此前者才是 *Ann.* 3.59.1提到的"占卜官勒图鲁斯（augur Lentulus）"。种种困惑曾惹恼过许多现代学者[2]，但那些问题跟我们现在讨论的东西无关。塔西佗只提到过两位勒图鲁斯中的一位：另一位在他记述的年代里可能已经过世。

卡尔普尼乌斯·披索家族（Calpurnii Pisones）的情况要麻烦得多。读者在1.79.4中看到了"披索的提议（in sententiam Pisonis）"。他的首名可能是脱漏了。因此，一些编辑遵循了尼佩尔迪的做法，认为脱漏的是"格涅乌斯"，因为《编年史》之前提到过他（公元前7年执政官）。那样总比凭空猜想他的首名是"卢奇乌斯"要好。使用后一个名字的有两位前执政官。其中

---

1 波尔格西认为该身份是成立的，Degrassi, *Epigraphica* VIII (1946), 38也接受了这一观点。格罗亚格对此表示强烈质疑（但依据并不能站得住脚）（Groag, *PIR*², A 1488）。在成为前执政官之前，他已在公元16年的史事中被提及过（2.32.1）：当时他很可能是被指定的大法官（praetor designatus），参见R. Syme, *JRS* XLVI (1956), 18。

2 见Groag, *PIR*², C 1379中的详尽讨论，其中认为此人为公元前14年执政官。*Rom. Rev.* (1939), 381; 400 f.接受了这一观点。

一位确实非常有名——大祭司长卢奇乌斯·披索、公元前15年执政官（PIR^2, C 289），他是公元前58年执政官之子，在提比略治下担任着罗马市长，并在《编年史》的讣告中得到了文辞华丽的赞美（6.10.3）。我们据此推断，《编年史》卷5可能记述过他的某些事迹。他不大可能是在斯克里波尼乌斯·利波去世后跟其他前执政官们一道发表谢恩公告的那位"卢奇乌斯·披索（L. P<iso>）"（2.32.2）[1]；但他肯定是3.68.2中那项宽大为怀的"建议"的提出者。与他性格截然相反的则是占卜官卢奇乌斯·披索、公元前1年执政官（PIR^2, C 290）。此人是格涅乌斯·披索（公元前7年执政官）的兄弟，好勇斗狠的叙利亚行省总督（3.11.2）。由于他被描述为"地位高贵的凶恶之徒（nobilis ac ferox vir）"（4.21.1），2.34事件中提到的披索无疑就是此人。第三位披索的条目见于PIR^2, C 292，其中认为他是一名上任年代不详的执政官。此人是公元25年的近西班牙行省总督——塔西佗沿用古语称之为"行省大法官（praetorem provinciae）"（4.45.1）。我们很难在《执政官年表》中为他安排合适的位置。[2] 事实上，我们有理由猜想他只是大法官级别的人物，执政官副将（卢奇乌斯·阿伦提乌斯）当时被提比略羁留在罗马城内（见原书第442页）。这位披索的身份难以确定：或许他是大祭司长卢奇乌斯·披索的儿子。

马塞卢斯·埃塞尔尼努斯（Marcellus Aeserninus）是拒绝在公元20年为格涅乌斯·披索出庭辩护的"庇护人"之一（3.11.2）。他被归入（塔西佗转述的说法）"在生活和口才两方面无懈可击的前提下走上了巅峰的人物

---

[1] 这一修补方式已得到公认，被所有塔西佗的现代校勘本所采用。但从塔西佗对卢奇乌斯·披索的描述——"nullius servilis sententiae sponte auctor（他从未主动提出过任何谄媚的议案）"（6.10.3）——来看，我们有理由质疑，"L. P<lancus>（卢奇乌斯·普兰库斯）"的改法是否更好，也就是说此人为卢奇乌斯·穆纳提乌斯·普兰库斯（L. Munatius Plancus）、公元13年执政官：独立品质是跟那个家族格格不入的。关于这一修补方案，见 *JRS* XLVI (1956), 19。
[2] 德格拉西曾用三言两语质疑过他是否出任过执政官（Degrassi, *Epigraphica* VIII [1946], 37），但在其《执政官年表》（Degrassi, *Fasti Consolari* [1952], 8）中将之视为史实，并注释道"他于公元25年出任了近西班牙行省总督（se fu governatore della Spagna citeriore nel 25）"。参见 *JRS* XLVI (1956), 20 f.。

(ad summa provectos incorrupta vita et facundia)"（11.6.2）之列。波尔格西据此认为他曾出任过执政官（Groag, *PIR*², C 928接受了他的看法）。这一观点十分可疑。[1] 倘若果真如此的话，我们应当在《编年史》里听到关于他的更多消息。鉴于玛库斯·克劳狄乌斯·马塞卢斯·埃塞尔尼努斯（M. Claudius Marcellus Aeserninus）是波利奥的外孙，还是一位前途无量的演说家，塔西佗对他着墨不多是件很蹊跷的事情。埃塞尔尼努斯是公元19年的大法官（*CIL* I², p. 70）。他应该很快就能当上执政官，但也有可能不久之后便夭折了。如果（并且恰恰因为）他的逝世没有被元老院草案记载的话，塔西佗很可能会遗漏这一事件：毕竟他在那种情况下是没有举行公共葬礼的资格的。

64. 玛库斯·雷必达

哪个人物才是《编年史》1.13.2中提到的"理国之才"？是公元6年执政官玛库斯还是公元11年执政官玛尼乌斯？我们需要在何处并以何种频率修改塔西佗的文本？[2]

两个人都在公元21年史事中关于前执政官级别行省的分配问题中被提到了，至少有1—2处文本中的首名需要被改动。提比略在写给元老院的信中指出，阿非利加行省危机的死灰复燃需要帝国政府派出一位富于军事经验、身体健康的行省总督。于是一名前执政官以此为借口挑起了人身攻击——"绥克斯图·庞培以此为由头攻击了他的宿敌玛库斯·雷必达（quod initium Sex. Pompeius agitandi adversus Marcum Lepidum odii nanctus）"（3.32.2）。他将雷必达描述成一个懒散怠惰、一贫如洗的家伙，是其祖先的耻辱；此人配不上亚细亚行省总督一职，遑论阿非利加行省总督。但元老院袒护了雷必达，认为他是一个寡言少语但正直无害的人——"彬彬有礼，而非胆小怕事

---

[1] Degrassi, *Fasti Consolari* 拒绝接受这种说法，甚至未予考辨。
[2] 对该问题的详细陈述见R. Syme, *JRS* XLV (1955), 22 ff.。

（mitem magis quam ignavum）"。

如果他们讨论的对象确实是玛库斯·雷必达的话，那么这种攻击与回护都未免滑稽可笑。人们可以说此人腐败、咄咄逼人或生性邪恶——但他跟"胆小怕事（ignavus）"或"彬彬有礼（mitis）"都搭不上边。公元6年的那位执政官参与过伊吕利库姆的战事，并获得了"凯旋将军待遇"（Velleius 2.114.5; 115.2 f.; 125.5; Dio 66.12.2）。

这处文本显然应改为"玛尼乌斯（Manium）"。《编年史》中仅有另外一处无可争议地提到了那位公元11年执政官，并完整地写出了首名（*Praenomen*）——"为玛尼乌斯·雷必达的兄弟辩护（defendente ream Manio Lepido fratre）"（3.22.1）。[1]

尽管遭遇了上面那些不快，此人还是去了亚细亚行省（32.2）。我们手头的材料恰巧可以证明，一位玛尼乌斯·雷必达（M'. Lepidus）担任过亚细亚行省的总督（*CIL* III, 398 = 7089: Ephesus）——而出任执政官与担任行省总督相隔10年恰好是合乎惯例的。[2]

但总还需要一位总督去治理阿非利加行省，解决战事。于是元首又提出了两个人选——"他提名了玛库斯·雷必达和尤尼乌斯·布雷苏斯（M. Lepidum et Junium Blaesum nominavit）"（3.35.1）。提名玛库斯·雷必达是顺理成章的，因为此人曾在提比略麾下参加过伊吕利库姆的战事。历史学家塔西佗在现存文本中没有提到过雷必达的西庇阿家族祖先：他很可能在《编年史》卷5中记载雷必达之女和日耳曼尼库斯之子德鲁苏斯的订婚（或婚礼）时交代过此事（参见6.40.3）。

如果我们接受上文中的分析的话，那么《迈狄凯乌斯手稿》中关于雷必达首名的必要修改仅此1处。与此同时，1.13.2应改回"玛库斯·雷必达"——以及所有现行版本中不少于7处其他文本（始于利普修斯，继之以波尔格西和尼佩尔迪的校勘者们将一系列"玛库斯·雷必达"改成了"玛尼

---

1 o.c. 26.
2 o.c. 27.

乌斯·雷必达")。[1]这些改动造成了严重后果。事实上,作为一个并不引人注目的人物,公元11年执政官玛尼乌斯在《编年史》中只出现过2次(3.22.1; 33.2)。其他一切记载都属于"凯旋将军"玛库斯·雷必达。

我们手头碰巧还有些独立的外部证据。玛尼乌斯和玛库斯都出任过亚细亚行省总督。但玛库斯是不可能于公元21年走马上任的。一则铭文表明,玛库斯在那里的任期是2年(AE 1934, 87: Cos)。[2]如今公元21—23年的可能性已被排除:因为玛库斯在公元22年时肯定在罗马城内,他当时请求元老院修缮一座家族纪念性建筑——埃米利乌斯家族会堂(Basilica Aemilia)(3.72.1)。塔西佗在公元26年史事中记录了他被任命为亚细亚行省总督一事(4.56.3)。[3]这个时间点未免过晚,但并非无法解释:他可能是在应当被提名为亚细亚或阿非利加行省总督候选人之际被任命了其他职务。[4]

65. 塞亚努斯的阴谋

塔西佗清楚,塞亚努斯的权谋和影响力很容易被夸大(4.11.2; 57.1)。在记述王子德鲁苏斯之死时,他摒弃了一个骇人听闻的传说(4.10 f.)。但他并未尝试去颠覆关于塞亚努斯的全部传统记载。他直到8年后才提及关于此人通奸和投毒的那些传说。它们也许属实,也许并非如此。[5]至于公元31年的一系列事件,我们很难判断,历史学家塔西佗在多大程度上对它们表示质疑。他也许想到了自己青年时代目睹过的凯奇纳·阿利埃努斯和埃普里乌

---

1 分别为3.11.2; 35.1; 50.1; 4.20.2; 56.3; 6.5.1; 27.4。
2 记载于Goarg, PIR², A 369, addendum III, p. xi——但其中认为此人在公元21—23年间治理着亚细亚行省(那是不可能的)的看法有些冒失。
3 不幸的是,D. Magie, Roman Rule in Asia Minor (1950), 1362误译并误读了这段文本。整个问题因此陷入了无谓的误解之中(参见ib. 1363; 1581)。
4 仅存的另外一个解决办法是假设存在着另一位玛库斯·埃米利乌斯·雷必达(M. Aemilius Lepidus)——他是公元13年递补执政官、公元26年行省总督。
5 大部分学者接受这一说法,如M. P. Charlesworth, CAH X (1934), 638。强烈质疑该假说的有H. Dessau, Gesch. der r. Kaiserzeit II (1926), 32; E. Paratore, Maia II (1940), 113 f.。

斯·马塞卢斯的所谓阴谋；而另外4位前执政官的灭亡（公元118年）或许也恰恰发生在《编年史》卷5的创作或卷1—6出版之前。

诚然，根据卡西乌斯·狄奥的记载（Cassius Dio, 58.10.1 ff.），来自卡普里埃岛的信件并未明确指控塞亚努斯阴谋刺杀提比略并篡夺大位。但我们不可对这一显而易见的省略过度解读。[1] 它并不能证明，无人向卡普里埃岛上的提比略呈递过那样的指控——或在塞亚努斯作为"罗马人民最凶恶的敌人（perniciosissimus hostis p. R）"（ILS 157, Interamna一则表忠心的铭文中是这样称呼他的）而遭到处决后不久炮制过指名道姓、有鼻子有眼的类似言论。约瑟福斯声称，塞亚努斯策划过一场巨大阴谋，但提比略及时得到了弟弟遗孀安东尼娅（Antonia）的警告（AJ 18.181 f.）。[2] 苏维托尼乌斯称塞亚努斯为"犯上作乱者（res novas molientem）"，并使用了"镇压阴谋（oppressa coniuratione）"的表述（Tib. 65.2）。

卡西乌斯·狄奥似乎更为谨慎。他不仅曾笼统地对"阴谋（conspiracies）"的可信度提出过警告（54.15.1 ff.），还熟知塞维鲁（Severus）手下的禁卫军队长、伟大的福尔维乌斯·普劳提亚努斯（Fulvius Plautianus）是怎样于公元205年覆灭的。并且他还在叙述塞亚努斯事件的文本中提及过此人——尽管他通常很少引述自己生活时代的人物。但这种类比是不可避免的。它会决定并歪曲狄奥对塞亚努斯的形象刻画。普劳提亚努斯并未策划阴谋——一切只是"欲加之罪，何患无辞（σκευώρημα）"（76.3.3）。因此，狄奥摒弃了那些关于塞亚努斯曾在某个阶段策划过阴谋的罪状。[3]

塔西佗或许同样小心翼翼。我们无从判断，他在叙述塞亚努斯垮台事件时对传统有多么尊重，或表达过哪些疑虑。他在后面的文本中追述过该事件数次，那是值得我们密切关注的。他报道了对军需官普布利乌斯·维

---

[1] F. B. Marsh, *The Reign of Tiberius* (1931), 304夸大了其价值。值得注意的是，根据狄奥的说法，塞亚努斯曾懊悔自己没有在担任执政官期间发动政变（58.8.2）。

[2] 警告的内容和发出时间可能会说明一些问题。M. P. Charlesworth, o.c. 636认为是在当年年初。

[3] 参见E. Koestermann, *Hermes* LXXXIII (1955), 350 ff.。

特利乌斯计划提供资金帮助塞亚努斯"起事（res nova）"的指控。被激怒的执政官迈米乌斯·雷古鲁斯攻击他的同僚福尔奇尼乌斯·特里奥为"谋逆之徒（noxium coniurationis）"（5.11.1）——但并未使后者陷入危险。有3名罗马骑士因"谋逆罪名（coniurationis crimine）"而遇难（6.14.1）。骑士玛库斯·泰伦斯在演说词中声称自己和其他人"均未参与其阴谋（cunctos qui novissimi consilii expertes fuimus）"（6.8.3），并提到了"图谋叛国的、意在行刺元首的阴谋（insidiae in rem publicam consilia caedis adversum imperatorem）"（ib. 6）。最后，塔西佗也很注意记录相关人物的姓名。公元36年，一名妇女被以叛国罪的罪名起诉——"这个阿尔布奇拉因情人众多而臭名昭著，曾嫁给过告发阴谋的萨特里乌斯·塞昆杜斯（multorum amoribus famosa Albucilla, cui matrimonium cum Satrio Secundo coniurationis indice fuerat）"（6.47.2）。[1] 泰伦斯的演说（6.8.5）也提到了她的丈夫萨特里乌斯·塞昆杜斯："我们从前甚至也尊重萨特里乌斯和庞普尼乌斯（etiam Satrium atque Pomponium venerabamur）。"他提供的信息是否属实？他是否在其主子垮台后又活了许多年头？萨特里乌斯·塞昆杜斯是塞亚努斯的门客，曾在6年前起诉过历史学家克瑞穆提乌斯·科尔杜斯（4.34.1）。

塞亚努斯的阴谋是否存在？许多学者相信确有其事。[2] 有一些则表示怀疑。[3] 但人们从未追问过真正有价值的问题：这一阴谋具体策划于何时？目的是什么？塞亚努斯的同伙们究竟是谁（参见原书第405页）？

官方的法令和公告很容易在罗马城内引发毫无根据的猜测。历史学家塔西佗或许认为自己有必要驳斥那种认为从未有过任何阴谋的看法（参见他对披索阴谋的观点，15.73.2）。那名元首麾下的权臣在末日临头时或许已经开始策划应对不测的手段，无论玛库斯·泰伦斯所说的"谋逆（novissimum

---

[1] Marsh, o.c. 307 f. 严重曲解了这段文本。
[2] 尤其是尝试为提比略辩护的学者们。如 R. S. Rogers, *Criminal Trials and Criminal Legislation under Tiberius* (1935), 114 ff.; E. Ciaceri, *Tiberio*[2] (1944), 314 f.。
[3] 如福尔诺的《编年史》校勘本（H. Furneaux, Oxford 1896, I, 150 f.）; H. Dessau, o.c. 74 f.; F. B. Marsh, o.c. 304 ff.。

consilium）"究竟是指什么。[1]

埃利乌斯·塞亚努斯于公元31年10月18日大祸临头（*ILS* 157）。但元首的猜疑早在好几个月前就开始了：卡西乌斯·狄奥的记述清楚地表明了这一点（58.7.3 ff.）。在苏维托尼乌斯眼中，塞亚努斯确实是一个阴谋家。但他同时也是被提比略愚弄的牺牲品——"提比略先是用同元首联姻和获得保民官特权的希望欺骗了塞亚努斯，随后在一篇可耻的、假装可怜的演说词中出其不意地列数了塞亚努斯的罪状（spe affinitatis ac tribuniciae potestatis deceptum inopinantem criminatus est pudenda miserandaque oratione）"（*Tib.* 65.1）。按照塔西佗的记载，那位权臣是被元首道高一尺、魔高一丈的手腕毁掉的（4.1.2）。

66. 元首们的美德

这一主题的内容相当丰富。钱币铭文提供了关于罗马政府政策（或至少是其公开宣传）的直观线索；并且如今也已涌现出了一批讨论元首们发行的钱币上所宣扬的种种道德品质的宝贵成果。[2] 其中一些宣传似乎确实具备史料价值，另一些则很容易引起我们的怀疑。事实上，"维持了军队的和谐（CONCORDIA EXERCITVVM）"肯定也会引起同时代人的异议，因为事实恰恰相反。[3] "仁慈（CLEMENTIA）"的头衔有时不无反讽意味。[4] "富于远见（PROVIDENTIA）"也许证实了那位元首镇压过阴谋。[5] 其他头衔同样需要

1　这是显而易见的，参见 M. P. Charlesworth, o.c. 637。

2　尤其是 H. Mattingly, *BMC, R. Emp.* 导言中的前沿观点；另见 C. H. V. Sutherland, *Coinage in Roman Imperial Policy 31 B.C.–A.D. 68* (1951), *passim*。清晰明了的综述见 M. P. Charlesworth, *Proc. Brit. Ac.* XXIII (1937), 105 ff.；关于16种元首品质（后面紧接文本"Augusti [元首的]"）的列表，见 M. Grant, *Roman Imperial Money* (1954), 167。总体概述见 L. Wickert, P-W XXII, 2222 ff.; J. Beaujeu, *La Religion romaine à l'apogée de l'empire* I (1955)。

3　见原书第7页（涅尔瓦）。

4　M. P. Charlesworth, *Proc. Brit. Ac.* XXIII (1937), 112 f.

5　Id. *Harv. Th. Rev.* XXIX (1936), 111 f.; M. Grant, *Roman Anniversary Issues* (1950), 62 f. (论提比略发行的"PROVIDENTIA [富于远见]"系列钱币). 另见 *ILS* 157 f. (对塞亚努斯垮台的评论)。

同史实进行认真比对。并非所有头衔都经得起推敲，但其中一些是无可指摘的，如元首提比略的"节制（MODERATIO）"。[1]

我们对此似乎已没什么可讲的了，但还有两点需要注意。首先，这些名目繁多的统治美德直接来自共和国晚期的政治语言（它赋予了这些术语浓厚的色彩，甚至永远地玷污了它们）。[2] 其次，我们还要注意帝国时代文学的影响。小普林尼的《颂词》一下子就提供了这方面的丰富素材：那篇演说词的许多章节都可直接提炼为钱币铭文中的头衔。[3] 但更能说明问题的则是同政府站在对立面上的作家提供的反面证据。

塔西佗在这方面提供了令人惊讶的例子。他很少将一些"美德"赋予元首们。因此"虔诚"只属于尼禄——那带有讽刺意味（13.5.2; 14.3.3）；"富于远见"是克劳狄乌斯的专利——那是为了取笑此人（12.3.1）。[4] "富于远见"从未在《编年史》的其他文本中出现过。事实上，历史学家塔西佗似乎极其厌恶其中一些用词。除了在演说词中，这些字眼是很少出现的。出现的那些案例则反映了塔西佗的自觉选择和对语言的敏锐嗅觉。[5]

从很早的年代起，"aeternitas（永恒）"已被用来形容罗马的统治——并跟统治者联系在了一起。[6] 奥维德甚至称元首奥古斯都为"永恒的（aeternus）"（*Fasti* 3.421 f.; *Ex Ponto* 2.2.48）。塔西佗则仅仅允许"永恒"在《历史》中出现过1次（*Historiae*, 1.84.4：奥索论帝国，引文见原书第155页）。这个字眼在《编年史》中也只出现过1次（11.7.1："声望的永恒 [aeternitatem

---

1 C. H. V. Sutherland, *JRS* XXVIII (1938), 129 ff.; *Coinage in Roman Imperial Policy 37 B.C.–A.D. 68* (1951), 97 ff. 作者认为将"CLEMENTIAE（仁慈）"和"MODERATIONI（节制）"并列的钱币发行于公元22或23年——并且是在塞亚努斯力主下发行的（那实在令人难以置信）。认为它发行年代较晚的看法见 M. Grant, *Roman Anniversary Issues* (1950), 47. 关于"moderatio（节制）"美德，另见 R. S. Rogers, *Studies in the Reign of Tiberius* (1943), 60 ff.。
2 *Rom. Rev.* (1939), 154 ff.; 169 f.; 516 f.
3 见杜里校勘本（M. Durry [Paris, 1938], 35 ff.）中的"相通之处（lieux）"列表。
4 见原书第416页。
5 关于他避免使用的词汇类型，见附录42；关于演说词使用的词汇，见附录50。
6 M. P. Charlesworth, *Harv. Th. Rev.* XXIX (1936), 107 ff.; H. U. Instinsky, *Hermes* LXXVII (1942), 313 ff. 参见原书第208页。

famae］"，见于塔西佗转述的演说词）。跟它近似的表述是"perpetuitas（永久）"——后者从未在《编年史》中出现过，并且塔西佗也不喜欢使用"永久"这种表述。[1] 更引人注目的是关于"felicitas（幸福）"的证据，那是元首们从共和国时代的将领们那里继承下来的头衔。[2] 后人不失时机地利用它来祝福元首们的统治：奥维德使用过"felicia saecula（幸福年代）"的表述（*Tristia* 1.2.103）。[3] 塔西佗在其早期作品中并不回避使用"幸福"一词（《阿古利可拉传》中使用过3次，《历史》中使用过16次），并由衷赞美过图密善暴政结束后的"幸福时代（felicitas temporum）"（*Agr.* 3.1; *Hist.* 1.1.4）。但"幸福"在《编年史》中仅使用过2次，并且都是在演说词中——苏伊利乌斯·鲁孚斯（Suilius Rufus）对小塞涅卡的评价（3.42.4）和小塞涅卡的自我贬抑（14.53.2）。同源的形容词"felix（幸福的）"在《编年史》中仅出现过2次，"faustus（幸运的）"仅出现过4次——并且都是与官方的祈祷或公告有关。副词"feliciter（幸福地）"只出现过1次，并且极具讽刺意味。[4]

"iustitia（公正）"是奥古斯都金盾上镌刻的美德之一（*Res Gestae* 34，参见原书第414页），也出现在了提比略时代的罗马钱币上。[5] 塔西佗并不喜欢这个字眼。它在《编年史》中出现过3次，其中2次见于转述的演说词（12.11.2; 14.20.5），1次用于形容个人——不是元首，而是尼禄暴政的牺牲品、德行出众的巴里亚·索拉努斯（16.23.1）。同样，"aequitas（公平）"一词曾出现于韦伯芗统治时期的官方铭文[6]，一度被图密善取消，但很快又被涅尔瓦拾起。[7] 这个字眼在《编年史》中仅出现过2次（15.2.3; 16.33.1）。哈

---

[1] 他仅在 *Dial.* 5.4和 *Ann.* 14.21.2中使用过"永久的（perpetuus）"。关于这些用词在钱币铭文中的历史，见M. Grant, *Aspects of the Principate of Tiberius* (1950), 83 ff.。

[2] J. Gagé, *Rev. arch.* XXXII (1930), 1 ff.; M. Grant, o.c. 76 f.

[3] 参见 *ILS* 112 (Narbo): "saeculi felicitas（时代的幸福）."

[4] 3.17.2——其中提到了所谓的投毒。

[5] *BMC, R. Emp.* I (1923), 131. 那是一则极其罕见的铭文。正如A. Mattingly, ib. III (1936), XXXVIII在讨论涅尔瓦的相关铭文"IVSTITIA AVGVST.（元首的公正）"时所指出的那样，图拉真不再使用"IVSTITIA（公正）"一词，但哈德良又重拾了那一头衔。

[6] ib. II (1930), 112; 150 ff., 等等。

[7] ib. III (1936), I, 等等。与"IVSTITIA（公正）"一样，"AEQVITAS（公平）"也是先被图拉真弃用，随后被哈德良重新拾起的。

德良是第一位声称自己拥有"元首的仁爱（indulgentia Augusti）"[1]的罗马统治者——那是在彰显自己的仁慈，但却是一位主子的仁慈（参见"clementia [仁慈]"）。这个字眼在《编年史》中仅使用过1次（13.57.1，用以形容诸神的仁慈，出现在一段富于异域情调的文本中）。

并非所有元首们的"美德"都会被元老史学家塔西佗封杀。他并未禁用属于提比略的"moderatio（节制）"或属于克劳狄乌斯的"constantia（立场坚定）"。[2] 并且我们也不可走向极端，认为本节中列举的那些词汇之所以遭到塔西佗的嫌弃或完全禁用，仅仅是因为它们被视为元首们的品质。更深层次的理由也会导致同样的选择。那位罗马历史学家有意回避那些尊贵的、拔高的字眼——它们实在过于适合政治演说或政治欺骗的场合。撒路斯特如此（参见原书第135页），塔西佗亦然（见原书第344页）。这一现象合乎两位史学家风格与思想中的其他反西塞罗特征。塔西佗在怀疑的道路上走得更远。如果以用词的尺度衡量的话，那么塔西佗的悲观主义色彩要更为浓烈。在创作完3部篇幅较短的著作后，塔西佗就再也没有使用过"integritas（无可指摘）"与"humanitas（仁慈）"；而"prudentia（远见卓识）"和"veritas（真理）"也在《编年史》卷1—6写完后遭到弃用。塔西佗最终选择让自己生活在一个暗无天日的世界里（参见原书第545页）。

但在凡间，赋予元首种种美好人格品质的风气仍在继续。哈德良时代发行的钱币中至少出现了6个新样本："disciplina（纪律严明的）""hilaritas（快乐的）""indulgentia（宽大为怀的）""liberalitas（热爱自由的）""patientia（坚忍不拔的）"和"tranquillitas（沉静的）"。[3] 其中一些例子很能说明问题。如"disciplina"来自军事领域，但该字样并不见于任何钱币。至于"hilaritas"一词，威利乌斯·帕特库鲁斯（2.127.4）曾用它来赞美埃利乌

---

[1] ib. III, 305; 310 f., 等等。
[2] 关于后一项美德，参见 M. Grant, *Num. Chron.*[6] X (1950), 23 ff.。其中包含着宝贵的、斯多葛主义的观念。
[3] J. Beaujeu, o.c. 424.

斯·塞亚努斯的"prisca hilaritas（古人式的欢乐）"。塔西佗弃用了那一字眼；而"tranquillitas"在《编年史》中也仅仅出现过1次——那是在提比略写给廷臣塞亚努斯的信中（4.40.6）。

67.《赫巴文书》

在奥古斯都去世之际，公元15年的执政官已经选出，但大法官选举尚未完成。人选名单已经草拟完毕（12位候选人等额选举12个职位），正准备提交选举机构表决。提比略向元老院宣读了这份名单——"他提名了12位大法官候选人（candidatos praeturae duodecim nominavit）"（1.14.4）。

为了解释新元首这一举动的象征意义，历史学家塔西佗插入了一个注脚："那是此类选举第一次从广场上转移到元老们手里（tum primum e campo comitia ad patres translata sunt）"，等等（15.1）。无独有偶，在叙述下一年史事时，他指出罗马人第一次在新模式下组织了执政官选举，接下来承认自己并不清楚提比略介绍候选人的流程究竟是怎样的——"我并不敢断言，从提比略元首任期内的这第一次执政官选举开始到最后一次选举都是怎样进行的（de comitiis consularibus, quae tum primum illo principe ac deinceps fuere, vix quicquam firmare ausim）"，等等（81.1）。

罗马人民选举执政官假象的最后一层伪装就这样被撕掉了。我们有理由认为，这一变更来自已故元首的指令；因为他在《奥古斯都行述》中声称，他已将统治权力交还给元老院和罗马人民。事实上，公民大会（Comitia Centuriata）并未在公元14年被直接废除。执政官正式当选之前的许多传统仪式还要按部就班地举行。小普林尼曾赞美过图拉真在忍受"公民大会上的那些冗长歌唱（longum illud carmen comitiorum）"时的耐心（Pan. 63.2）；卡西乌斯·狄奥也在记述公元32年史事时提及过公民大会在他自己生活时代的象征性遗存（"ὥστε ἐν εἰκόνι δοκεῖν γίγνεσθαι [仿佛那是一场真正的选举]"）（58.20.4）。

我们关于这一制度变化就谈这么多。事实上，即便没有相关法律规定的话，对公民大会权力的限制也早在奥古斯都去世前许久就开始了；正如历史学家塔西佗小心翼翼地指出的那样："在此之前，尽管最重要的决策都是由元首负责的，公民大会还是管理着一些事务（nam ad eam diem, etsi potissima arbitrio principis, quaedam tamen studiis tribuum fiebant）。"（15.1）事实上，伊达拉里亚境内殖民地赫巴（Heba）出土的一块铜板为我们揭示了公元5年《瓦勒里乌斯·科奈里乌斯法》的内容，其中涉及执政官与大法官的"任命（destinatio）"。它包含在关于公元19年王子日耳曼尼库斯葬礼纪念仪式的请愿书（rogatio）里，其中的一条是要求将以王子盖约和卢奇乌斯命名的百人团数目由现有的10个增加到15个（"[utiq. ad X] / centur. Caesarum quae de cos. pr. destinandis suffragium ferre solent adiciantur V centur[iae]"）。[1]

《瓦勒里乌斯·科奈里乌斯法》规定，选举委员会中的元老与骑士共组成10个百人团，负责选举执政官与大法官的候选人，最终由公民大会投票通过。该法律的直接目的似乎非常明确——这一新机构行使同预审百人团（centuria praerogativa）十分近似的职能，以便影响选举（如果人选不是已经内定了的话）。

这篇新文献带来了许多问题，引起了广泛讨论——尽管其中关于该法令同奥古斯都元首制与公元5年特定历史背景关系的研究并不算多[2]——对这一问题进行猜想确实是很困难的。

关于在此之前的选举流程以及元首奥古斯都为公民大会保留的自由限度一直存在着探讨余地。[3] 从表面上看，《瓦勒里乌斯·科奈里乌斯法》似乎在

---

[1] 该文本最初公布于 *Not. Scavi* LXXII (1947), 49 ff.。文本修订版校勘记见 J. H. Oliver and R. E. A. Palmer, *AJP* LXXV (1954), 225 ff.，后刊载于 V. Ehrenberg and A. H. M. Jones, *Documents Illustrating the Reigns of Augustus and Tiberius*[2] (1955), no. 94 a。

[2] 参见 G. Tibiletti, *Principe e magistrate repubblicani* (1953), 283 ff. 中的长篇书目；另见 Oliver and Palmer, o.c. 225 ff.。

[3] A. H. M. Jones, *JRS* XLV (1955), 9 ff. 罗列了关于当时自由限度的大量假说。

降低公民大会地位方面迈出了决定性的一步。但事实或许并非如此。在此之前的10年是决定罗马政府生死存亡的一个关键阶段，严格管控势在必行。在这段时间里（如尤利娅遭到放逐和尤鲁斯·安东尼过世之后），围绕执政官头衔展开的竞争不可能是开放的或随随便便的。人们甚至有理由怀疑，当时主持选举的官员拿到的候选人名单上也许只有两个名字。

这条法令通过于提比略·克劳狄乌斯·尼禄（Ti. Claudius Nero，如今他已成为王子提比略，元首奥古斯都的继子）重获权力与影响力的第2年。改革后的措施或许要比之前的做法温和得多。如今已不再由"权威（auctoritas）"（事实上的"权势［potentia］"）决定一切，而是已经有法可依；更大的好处是负责组织的选举机构中既有元老，又有骑士，可被美称为建立了"各等级间的和谐（concordia ordinum）"。使用盖约和卢奇乌斯的名号也并非不妥。作为"青年王子（principes iuventutis）"，他们曾是"骑士阶层（ordo equester）"的领袖。并且奥古斯都执意要尊崇他们。

此外还有一个性质与此不同的问题，即塔西佗和他所报道的公元14年变革。他是否能够经受《赫巴文书》提供的新证据的检验呢？

断言塔西佗的记载完全错误未免操之过急。如果历史学家的记载能够跟《赫巴文书》兼容，或至少建立关联呢？一项扎实的研究试图挽回塔西佗的些许声誉。该观点认为，《瓦勒里乌斯·科奈里乌斯法》中提到的10个百人团（同时包括元老和骑士）在公元14年已成为主要的选举机构，取代了公民大会。也就是他所说的"从广场上转移到元老们手里"。但他在讲到"元老们手里"时的表述不太严密——因为该机构中既有元老，又有骑士。[1]

但该假设存在着难以自圆其说之处。那10个百人团（哪怕它们是在其他场所集会）是公民大会的有机组成部分，属于"广场"；而元老作家塔西佗笔下的"元老们手里"应该指的是（或毋宁说一定指的是）元老院（the

---

[1] G. Tibiletti, o.c. 169, 参见176. H. M. Last, *JRS* XLIV (1954), 121在讨论提比莱迪这本书时显然对此是赞成的，或至少没有提出批评。反对意见如A. H. M. Jones, *JRS* XLV (1955), 18。我们永远不可怀疑或否定塔西佗（1.15.1）提供的明确证据。

Senate, in the Curia），而非聚集在其他地方的一群元老——更不可能是一个成分混杂、其中只有少数人是元老的机构。其他证据表明，当时和此后主要的、具有决定性意义的选举环节都是由元老院组织、在元老院里进行的（见下文）。此外，如果公元5年设计好的"任命"程序一直沿用到了公元14年以后的话，塔西佗总该告诉我们该传统被废弃的具体时间。如果此事非同小可的话，那么仅仅记载"遭到废弃（desuetudine）"是远远不够的。[1]而塔西佗的记载直到公元29年初都是完好无损的。

就目前的情况而言，最佳的处理方式或许是将《赫巴文书》搁置在一边，避免整合那些彼此矛盾的证据。其中一则（《赫巴文书》）令人费解，或许并不重要。另一则却并非如此。我们可以通过对历史学家塔西佗的仔细研究取得不少收获。

作为生于尼禄统治时代开始后不久的人物，塔西佗在青年时代认识了一些至少能够为他讲述公元19—20年历史事件的人物（参见3.16.1）。因此，他是能够确定罗马人民直接选举权利废止的具体年代的。并且一位元老在记述奥古斯都的继承者们的时候理应会对此予以关注。

我们有理由认为，塔西佗查阅过元老院草案。其作品的结构揭示了这一点。在交代过选举场所的迁移（15.1）后，他以"在此期间平民保民官提出请求（inter quae tribuni plebei petivere）"的过渡句（15.2）回到了对元老院事务的叙述中。那是典型的编年史题材——纪念已故统治者的竞技仪式及经费来源。作者的记载从容不迫，甚至有些过于琐碎——我们不确定，史学家塔西佗的前辈们是否会去记录这些细节。此外，他在对公元15年史事的记载中提及了元首为指导执政官选举而发表的若干演说（1.81.1）。那是一系列事件记述（自1.72以降）中的最后一件。同卡西乌斯·狄奥文本（57.14）的比较表明，狄奥在记述公元15年历史时使用了另一位编年史家的作品，后者对元老院事务的择取迥异于塔西佗（参见附录36）。

---

[1] Tibiletti, o.c. 186认为"决定人选的集会（assemblea destinatrice）"可能会把骑士们排除在外。

那还不是全部。塔西佗在公元19年史事的记载中择要提及了授予日耳曼尼库斯的若干"荣誉头衔"(2.83)。这一叙述被元首带有嘲讽口吻的评论所打断——后者修改并取消了一项议案(见原书第279页)。塔西佗知道自己谈论的是什么。他并未提及那5个百人团(如《赫巴文书》所述),但他却总结道:"许多赞美延续了下来。一些立刻便被废止,另外一些则随着岁月流逝而被人遗忘(pleraque manent, quaedam statim omissa sunt aut vetustas oblitteravit)。"(83.4)

公元14年的变革并不引人注目(并且也没有引起多大变化)。不大细心的作家可能会忽略它。苏维托尼乌斯对此只字未提——狄奥也没有提及,尽管狄奥后来对提比略时期选举活动的评价暗示了这项改革的存在(58.20)。如果还有必要加以论证的话,那么一则铭文证据可以确认,在提比略治下确实是由元老院选举执政官的——"凭借元首提比略的推荐,他被元老院指定为执政官(per *commendation.* / Ti. Caesaris *Augusti* / ab senatu *cos. dest.* / patrono)"[1]。

即便同时代的作家也没有像我们所预料的那样对此大书特书。威利乌斯·帕特库鲁斯和他的兄弟被元首奥古斯都在生前列入了候选人名单,那份名单被交给了提比略。威利乌斯感兴趣的只是自己的好运气和其他候选人们崇高的社会地位。威利乌斯确实提及了"大会的任命(ordinatio comitiorum)";但如果不是先入为主地去寻找蛛丝马迹的话,我们确实无法看出,他的言辞是在记录一种全新的选举方式。[2]

---

1 ILS 944 (Allifae). 斜体部分来自安东尼·奥古斯提努斯(Antonius Augustinus)的抄本。受到褒奖之人(其姓名已经缺失)要么是在竖立铭文时尚未就任,要么就是在出任执政官之前过世了。

2 Velleius 2.124.3 f.: "primum principalium eius operum fuit ordinatio comitiorum, quam manu sua scriptam divus Augustus reliquerat. quo tempore mihi fratrique meo, candidatis Caesaris, proxime a nobilissimis ac sacerdotalibus viris destinari praetoribus contigit (他就任元首后的第一项任务是着手安排委员会人选,那是奥古斯都临终手谕中的指示。我和我的兄弟就是在这个时候以元首指定的候选人身份被指定为大法官,成为一些出身高贵、担任过祭司职务的要人的继任者)."关于"委员会人选(ordinatio comitiorum)"的说法,参见Pliny, *Pan.* 72.1. 随后不久,威利乌斯在对新元首的颂词中写道,"summota e foro seditio, ambitio campo, discordia curia(罗马广场上的矛盾、玛尔斯广场中的野心、元老院里的不和都被消灭了)"(2.126.2)。

《赫巴文书》这类新文献的价值很容易被高估。那么，《瓦勒里乌斯·科奈里乌斯法》的命运究竟是怎样的呢？

公元5年规定的选举模式可能没有沿用很久。根据狄奥的记载，公元7年发生了动乱，于是所有候选人均由奥古斯都亲自"指定（ἀπέδειξε）"（15.34.2）。那是自公元前19年以来第一次关于选举骚乱的记载。那么，《瓦勒里乌斯·科奈里乌斯法》还会沿用下去吗？[1]

细心、著名的历史学家塔西佗提供的证据表明，执政官选举过程中至关重要的舞台于公元14年被转移到了元老院。如果那10个百人团之后继续按照公元5年法令的规定存在下去的话，他们也只能构成选举仪式的一部分，混杂在"公民大会上的那些冗长歌唱（longum illud carmen comitiorum）"之中。那本身是一件无关痛痒的事情。

无论如何，最稳妥的假设应该是：负责选举的10个百人团的活动被公元14年的元老院决议废止了。那些百人团以王子盖约和卢奇乌斯命名。在日耳曼尼库斯去世之际，两位王子已通过元老院投票获得过相同的（或至少是相等的）荣誉。无独有偶，公元23年提比略之子德鲁苏斯去世后也发生过同样的事情。事实上，这些事件都是有据可考的。[2]下一个类似场合出现于公元37年王子小提比略去世之际——他是王子德鲁苏斯之子、卡里古拉的继承人和继子。

在被公元14年的元老院法令解散后（我们有理由认为如此），依照《瓦勒里乌斯·科奈里乌斯法》组建的、由元老和骑士共同组成的百人团随时可能为了组织选举而迅速重建。整个公民大会也是如此。倘若选择相信（并且我们看不出有什么对此表示质疑的理由）一则铭文的记载——"聚集在塞亚努斯被选举为执政官的阿文丁山上的、不知廉耻的公民集会（inprobae comitiae / [q]uae fuerunt in Aventino ubi / [Sei]anus cos. factus est）"[3]——的

1　M. Gelzer, *Festschrift für Rudolf Egger* I (Klagenfurt, 1952), 84 ff. 否认了这个说法。

2　*AE* 1952, 80 (Ilici in Tarraconensis).

3　*ILS* 6044，参见 R. Syme, *Hermes* LXXXIV (1956), 257 ff.。

话，那么我们很难解释，当埃利乌斯·塞亚努斯于公元30年在阿文丁山上（人们从四面八方赶来）被拥立为执政官时，人们采用的究竟是何种选举方式与庆典。根据记载，卡里古拉于公元38年一度恢复了自由选举的程序，但又在公元39年予以废止，恢复了提比略的老办法（Dio 59.9.6; 20.4 f.，参见 Suetonius, *Cal.* 16.2）。

卡里古拉希望复兴古制、推行"民主制下的仪式（τὸ σχῆμα τῆς δημοκρατίας）"的姿态是毫无意义的。只有异想天开的人才会设想，卡里古拉之所以打算重拾公民大会制度，是因为他不想为了纪念年轻王子提比略而新设5个百人团，从而使得世人永远记住被他谋杀的那个孩子。而无视一位前执政官级别历史学家的叙述，宁愿选择相信小城镇里忠诚、狂热的臣民对某些临时性安排的记录与尊奉同样是一种异想天开的做法。

68. 塔西佗与法学家们

在公元22年底的史事中记载阿泰乌斯·卡庇托之死时，塔西佗拿他跟奥古斯都时代的另一位名人——安提斯提乌斯·拉贝奥进行了不利于这位死者的对比（3.75）。后人声称，他们分别是两个彼此对立的法学派别的奠基人（*Dig.* 1.2.2.47 ff.）。但那一说法并不完全可信；而且无人能够证实所谓"彼此对立"的存在。[1]

一系列法学家之间的竞争关系当然是有的。研究这个问题的权宜之计是关注《学说汇纂》（*Digest*）中提及的名字。[2] 普罗库鲁斯学派始于安提斯提乌斯·拉贝奥，其传承人为玛库斯·科切乌斯·涅尔瓦（公元21或22年递补执政官）。接下来是姓名、社会地位与人品情况均不可考的普罗库鲁斯（Proculus）。他的继承者是韦伯芗时代的执政官、图密善统治初年的罗

---

[1] F. Schulz, *Roman Legal Science* (1946), 119 ff.
[2] 关于这些人物社会等级与出身的细节，见 W. Kunkel, *Herkunft u. soziale Stellung der r. Juristen* (1952)。

马市长佩伽苏斯（Pegasus）。在此之后是尤文提乌斯·塞尔苏斯（Juventius Celsus），随后为小尤文提乌斯（Juventius，公元106年大法官、公元117年前后递补执政官）和奈拉提乌斯·普利斯库斯（公元97年递补执政官）。

另一个学派名义上由阿泰乌斯·卡庇托创建，但真正成型于玛苏里乌斯·萨比努斯（Masurius Sabinus），或不如说是盖约·卡西乌斯·隆吉努斯（C. Cassius Longinus，公元30年递补执政官）之手。它的下一位代表人物是格涅乌斯·阿鲁勒努斯·凯利乌斯（Cn. Arulenus Caelius，公元69年递补执政官），接下来是雅沃勒努斯·普利斯库斯（Javolenus Priscus，公元86年递补执政官）——足够长寿的他是普布利乌斯·萨尔维乌斯·朱利安（P. Salvius Julianus，公元148年执政官）的老师。[1]

历史学家塔西佗从未表现出对法学的特别关注。但那些人物在许多方面都是值得注意的。塔西佗谴责了阿泰乌斯·卡庇托，将之树立为屈从于强权的法学家代表（*Ann.* 3.70.3），与在演说家群体中受到贬抑的昆图斯·哈特里乌斯相提并论（见原书第581页）。另外一个事实也会引起塔西佗对此人的关注：卡庇托是一位著名的拥有祭司身份的律师，也是十五人祭司团（*XV viri s.f.*）的成员。事实上，史学家塔西佗在其讣告（3.75）中的记述未免有些夸大其词——"奥古斯都让他更早地当上了执政官，那一官职让他的名声盖过了在同一门学问中首屈一指的安提斯提乌斯·拉贝奥（consulatum ei adceleraverat Augustus ut Labeonem Antistium isdem artibus praecellentem dignatione eius magistratus antiret）"。我们手头碰巧有史料可以表明，奥古斯都曾打算请拉贝奥出任执政官，但遭到了后者的拒绝（*Dig.* 1.2.2.47）。而卡庇托的升迁速度并非过快——他在公元前17年举办轮回庆典时已是一位著名法学家（参见Zosimus 2.4.2）。他迟至公元5年才当上递补执政官——并且难道那不是因为提比略（他于一年前重获权力与影响力）的恩宠吗？

元首提比略的亲密朋友科切乌斯·涅尔瓦是陪伴他前往卡普里埃岛的

---

[1] *Dig.* 40.2.5. 除朱利安外，雅沃勒努斯的传人还有阿布尔尼乌斯·瓦伦斯（Aburnius Valens）和图斯奇亚努斯（Tuscianus）（1.2.2.53），他们可能算不上什么重要人物。

唯一元老，并在那里去世（4.58.1; 6.26.1 f.）。由于玛苏里乌斯·萨比努斯社会等级低下的缘故，他不大可能会在《编年史》中抛头露面；普罗库鲁斯可能也是由于同样的原因而被《编年史》的视野排除在外的。[1] 卡西乌斯·隆吉努斯是一位家世古老的显贵；他治理过叙利亚行省，并由于坚持古时的军纪而赢得了赞誉（12.12.1）。对其严肃性格的刻画随后再度出现（13.48）；健全的理智促使他否定了尼禄获得的那些令人眼花缭乱的胜利荣誉（13.41.4）；他还在元老院里发表了一篇掷地有声的演说（14.43 f.）。尼禄怀疑此人并流放了他（16.7 ff.）。

出于种种理由，卡西乌斯·隆吉努斯得到了作者的关注。塔西佗还介绍了一位不见于《学说汇纂》记载的贵族法学家——"在法学成就与财富两方面鹤立鸡群的卡尼尼乌斯·雷比鲁斯（Caninius Rebilus, ex primoribus peritia legum et pecuniae magnitudine）"。塔西佗指责此人"因缺乏阳刚之气的不良欲望而声名狼藉（ob libidines muliebriter infamis）"，并拿他同杰出的卢奇乌斯·沃鲁修斯进行了对比。正是此人（公元37年递补执政官）准备带着资金驰援阿古利可拉之父尤利乌斯·格雷奇努斯，但被敌人击退（Seneca, *De ben.* 2.21.6）。没有其他作者提到过他。

塔西佗认识跟自己生活时代更近的几位伟大律师。他有可能见过返回罗马城并受人尊敬的卡西乌斯·隆吉努斯：此人去世于韦伯芗统治时期（*Dig.* 1.2.2.52）。年代更晚的法学大师中有格涅乌斯·阿鲁勒努斯·凯利乌斯·萨比努斯（Cn. Arulenus Caelius Sabinus）——他的罕见氏族名出现在了尤尼乌斯·鲁斯提库斯的官方姓名中。[2] 佩伽苏斯是个另类；那不仅是因为他的博学（人们说他"不是凡人，而是本活字典 [liber, non homo]"），同时也是由于他的低微出身——据说他是帝国海军舰队中一名船长的儿子（*Schol. on Juvenal* 4.76）。他担任过罗马市长，或许是被登基之初的图密善任命的，参见 Juvenal 4.77："最近当上了惊恐万分的罗马城的奴隶总管（attonitae

---

1 关于对普罗库鲁斯身份的探讨，见 W. Kunkel, o.c. 123 ff.。
2 后者（公元92年递补执政官）被称为"Q. Ar["（*FO XIId*）; "Q. Arulenus Rust["（*Fasti Potentini*）。

positus modo vilicus Urbi）。"他的氏族名已不可考，其家姓则极其罕见。[1]

《历史》中应该会写到佩伽苏斯，以及在作品出版时仍在世（参见原书第91页）的雅沃勒努斯·普利斯库斯（公元86年递补执政官）。此人的全名为"盖约·屋大维·提狄乌斯·托西亚努斯·卢奇乌斯·雅沃勒努斯·普利斯库斯（C. Octavius Tidius Tossianus L. Iavolenus Priscus）"，并担任过重要的行省职务（*ILS* 1015，参见附录14）：他很可能出身于非元老家族，被韦伯芗"拔擢为大法官（adlectus inter praetorios）"。他的家乡是翁布里亚境内的伊古维乌姆：那里出过一些姓氏为"雅沃勒努斯"（极其罕见）和"提狄乌斯"（不算常见）的人物。[2] 他的朋友、诗人帕塞努斯·保卢斯（Passennus Paullus）来自毗邻城市阿西修姆（见原书第91页）。

奈拉提乌斯家族来自萨姆尼乌姆境内的塞皮努姆，是当地的一个古老世家（*AE* 1927, 118）。它被韦伯芗拔擢为贵族，参见 *ILS* 1032。尽管该铭文残缺了开头部分，我们还是很有把握认为，它记述的是卢奇乌斯·奈拉提乌斯·马塞卢斯（L. Neratius Marcellus，公元95年递补执政官，接替元首就任）。法学家卢奇乌斯·奈拉提乌斯·普利斯库斯（L. Neratius Priscus）是马塞卢斯的兄弟（*Dig.* 33.7.12.43）。因此，他应当就是公元97年成为玛库斯·阿涅乌斯·维鲁斯同僚的那位递补执政官。他担任过潘诺尼亚行省副将（*ILS* 1033 f.）。[3] 当时流传着许多怀念奈拉提乌斯·普利斯库斯的传说——有

1　W. Kunkel, o.c. 133 f. 他可能是一位"科奈里乌斯"，见附录94。
2　W. Kunkel, o.c. 138 ff. 那位学者的评价本可以更积极些。有些学者依据 *ILS* 1015认为是达尔马提亚境内的尼狄努姆（Nedinum）；反对意见如 R. Syme, *Serta Hoffilleriana* (1940), 227。
3　这位法学家出任执政官的年代长期以来存在着争议，并且对这个问题的探讨有时并不十分充分（如 A. Berger, P-W XVI, 2549; A. Garzetti, *Nerva* [1952], 146）。首版于1948年的《波滕狄亚执政官年表》记录了一位卢奇乌斯·奈拉提乌斯·普利斯库斯（L. Neratius Priscus，公元87年递补执政官）；有人认为他就是那位法学家（W. Kunkel, o.c. 144; G. Barbieri, *Studi Romani* I [1953], 368）。但新出土的奥斯提亚铭文残篇（*AE* 1954, 220，参见附录10）意味着他更可能是另外一人，参见 A. Garzetti, *Aevum* XXVII (1953), 551; R. Syme, *JRS* XLIII (1953), 159. 此外还有第三个同名者（被Degrassi, *Fasti Consilari*所忽略），此人先后治理过下潘诺尼亚和上潘诺尼亚行省（其父亲的相关信息见 *ILS* 1034），可能是哈德良时代的递补执政官。

人声称图拉真考虑过让他继任元首（*HA, Hadr.* 4.8）。[1]

至于尤文提乌斯·塞尔苏斯两兄弟，哥哥只是《学说汇纂》中的一个名字；弟弟的全名为"普布利乌斯·尤文提乌斯·塞尔苏斯·提图斯·奥菲狄乌斯·霍伊尼乌斯·塞维里亚努斯（P. Iuventius Celsus T. Aufidius Hoenius Severianus）"，他拥有漫长的仕途生涯。他可能在公元117年前后出任了递补执政官，于公元129年第2次担任执政官（名年），跟卢奇乌斯·奈拉提乌斯·马塞卢斯（当时已近古稀之年）一道享受了束棒护身的荣誉。我们已无从考证他来自哪个城镇或地区。[2]他早年生涯的一些经历可能让自己进入了《历史》的视野：一位在图密善统治末期被指控参与阴谋的尤文提乌斯·塞尔苏斯通过答应告密而得到了豁免，从而活到了暴君遇刺之后（Dio 67.13.3 f.）。善恶混杂（或难以捉摸）的性格或许使他经历的这一插曲不会被人忘记。

69. 布狄卡的叛乱

出于种种考虑，塔西佗的相关叙述（14.29-39）省略了一些内容。首先是不列颠叛乱的原因。卡西乌斯·狄奥提供了不同的说法（62.2.1）：行省督办德奇亚努斯·卡图斯（Decianus Catus）侵吞了之前元首克劳狄乌斯馈赠给本地部族领袖们的款项；之前强迫他们签约贷款（总额高达一千万第纳尔）的小塞涅卡又专横地拒绝偿还那笔钱。狄奥接下来写道，一个名叫布狄卡的、拥有王室血统的女子挑起了民众的不满情绪，并领导了那次起义。

狄奥没有提供其他理由。小塞涅卡的高利贷盘剥是一个不会被学者们放过的绝佳素材。很少有人会忽略它。有人甚至断言，狄奥的叙述是清晰、准

---

[1] 可能性不大，参见原书第233—234页。
[2] 参见 W. Kunkel, o.c. 147，其中强调罕见的姓名"霍伊尼乌斯（Hoenius）"在法努姆·福尔图涅（Fanum Fortunae）有两个例子（*CIL* XI, 6263 f.）。值得注意的是，尤文提乌斯家族在布瑞克西亚是人数众多、举足轻重的（*PIR*[1], J 587; 595-8）。

确和宝贵的。[1] 它可以补充或纠正塔西佗的记述。[2] 史学家塔西佗则没有提及关于小塞涅卡的这件事。那是为什么？相关解释认为，那是因为塔西佗在此处转述的是费边·鲁斯提库斯的说法，后者本来就以小塞涅卡朋友和门客的身份而臭名昭著。[3] 狄奥则转述了老普林尼的说法。[4]

我们姑且把史源问题搁置不论。我们其实有充分理由相信，塔西佗对关于小塞涅卡的说法是耳熟能详的——但他没有予以采用。塔西佗之前曾提出过暗示——"他的横征暴敛榨干了意大利与诸行省（Italiam et provincias inmenso faenore hauriri）"（13.42.4）。它恰当地出现在塔西佗为苏伊利乌斯·鲁弗斯创作的谩骂言辞中——后者是小塞涅卡的死敌。在比较狄奥与塔西佗的相关记载之前，我们最好关注和评估一下那位作家（狄奥）在其他文本中为贬损小塞涅卡而使用的那些猛料（61.10.1 f.; 12.1），其中很多是骇人听闻的。狄奥在他找到的史料中发现了大量谣言，并且他自己也对小塞涅卡抱有偏见（见原书第551页）。

当塔西佗撰写关于阿古利可拉的传记时，他满足于使用十分笼统的表述来记述那次暴乱（Agr. 5.3 f.; 15-16.2）：他没有提及任何部落或城镇。此外，他还让卡勒多尼亚酋长卡尔伽库斯（Calgacus）在演说中出人意料地提及了此事：一场由一个女子领导的布里根特人起义，攻占了一个军团的驻地。[5] 他在《编年史》中的记载则是全面、准确的（14.31）。他写道，当

---

[1] G. Walser, *Rom, das Reich und die fremden Völker in der Geschichtsschreibung der frühen Kaiserzeit* (1951), 92; 130; 133.

[2] 如 C. E. Stevens, *CR* LXV (1951), 4 ff. 将此事同尼禄清空不列颠人口的打算（Suetonius, *Nero* 18）联系起来，认为它发生于公元58年。但这里存在着两方面的逻辑困境：关于苏维托尼乌斯所报道逸事的价值问题，见原书第490页。

[3] G. Walser, o.c. 131.

[4] ib. 130. 其列举的理由包括布狄卡的演说词对尼禄的抨击。

[5] *Agr.* 31.5: "Brigantes femina duce exurere coloniam, expugnare castra, ac nisi felicitas in socordiam vertisset, exuere iugum potuere（一名女子领导布里根特人焚毁了一个殖民地，洗劫了一个军营；若不是他们在一帆风顺之际不思进取的话，他们甚至真的可能挣脱桎梏）." 作者本人其实很清楚，起义者并未夺取任何营地（参见16.1）；"布里根特人"可能是有意为之——意在暴露那位夸夸其谈的卡勒多尼亚人的错误。

国王普拉苏塔古斯（Prasutagus）去世后，伊克尼人的附庸王国被并入不列颠行省版图。贪得无厌、强取豪夺的百夫长们和财务官吏们乘机恣意妄为，结果惹恼了寡妇布狄卡和她的女儿们。伊克尼人揭竿而起；特里诺万特人（Trinovantes）旋即加入——因为他们也有自己的不满（针对卡姆洛杜努姆和那里的老兵殖民者）。

狄奥完全没有记载这些事件，也没有提及任何部落或城镇的名字。[1]他的相关记载是拖沓与贫乏的。其中很大一部分篇幅被布狄卡激励不列颠人起义的演说词所占据。在他的整篇记载中，只有一条信息是我们可以放心使用的，即关于苏维托尼乌斯·保利努斯被迫投入阵地战的说法（62.8.1）。塔西佗（14.34.1）则将那位将领的决定归咎于他自己对战斗时间与地点的主动选择。两种记载之间的分歧或许并不十分严重。

我们有理由认为，真正记述了必要史实的人是塔西佗。但有学者声称，他的记载中充斥着被文学加工所渲染的传统主题（土著居民的自由与罗马的压迫之间的冲突）；他所报道的掠夺与压迫行为来自修辞学传统中的陈词滥调；我们没有理由相信，普拉苏塔古斯的王国被并入行省版图一事会导致帝国行政统治方式的恶化，或让卡姆洛杜努姆（建立于10年前）的罗马殖民者马上变得无恶不作。[2]

但这些反对意见已经误入歧途。塔西佗的批评者们自身也受到了另一种类传统主题的影响，即罗马统治的优越性或罗马史学家们的颠倒黑白。我们有必要回想起若干史实。领土兼并确实很容易让附庸王国马上发动叛乱，如公元6年的犹太、卡里古拉统治时期的毛里塔尼亚和克劳狄乌斯统治时期的色雷斯。即便对罗马即将采取这些措施的暗示也足以引起当地居民的骚乱。当听说他们的君主将实施罗马模式的人口普查时，奇里乞亚山区的齐耶提斯（Cietis）部族便躲进了山里（6.41.1）。

1　我们当然需要牢记，这里所说的"狄奥（Dio）"其实是克希菲利努斯提供的版本。但克希菲利努斯不应对布狄卡的演说词等古怪元素负责。
2　G. Walser, o.c. 135.

我们接下来讨论战争的进程。蒙森根据这一情节得出了塔西佗是一名不称职的军事史记述者的著名论断。[1] 许多学者附和了他的看法。于是有人声称，塔西佗"对地理或战略问题心不在焉、一无所知"[2]。但这些批评并非全都公平——甚至有些本身就建立在错误的认识之上。蒙森自己对历史的重构便错误地接受了一位卡勒多尼亚酋长的说法（*Agr.* 31.5），认为布里根特人洗劫了一个罗马军团（第9军团"西班牙"）的营地。他还质疑了塔西佗关于苏维托尼乌斯·保利努斯进军伦敦的记述。无独有偶，最近也有一位批评家认为保利努斯曾前往过卡姆洛杜努姆。[3] 然而，既然那位作家为了抨击《阿古利可拉传》而声称"其中的军事史与地形学知识逊色于老普林尼所提供的信息"[4]，他的这种偏激言论其实是不值一驳的。我们只要看一眼老普林尼对不列颠的描述就够了（4.102 f.）。那堆古怪的大杂烩中没有任何军事史细节，也没有关于任何城镇、河流或入海口的介绍。

相反，我们有理由认为，塔西佗对那场大规模叛乱的叙述是可圈可点的。我们应当信任他的记载。[5] 诚然，历史学家塔西佗省略了许多东西。他没有交代战役的具体地点（但他如何能够，又为什么要那样做？）。他提及了当时驻扎在不列颠的4个军团，但没有交代其营地的位置——它们可能分别驻扎在格勒伍姆（Glevum，第2军团"奥古斯塔"[II Augusta]）、维罗科尼乌姆（第14军团"双胞胎"和第20军团"胜利者瓦勒里乌斯"[Valeria Victrix]——如果后者不是驻扎在别处的话）与林杜姆（Lindum，第9军团"西班牙"）。塔西佗并不希望用不相干的信息烦扰读者，让他们摸不着头脑；而且在他自己的生活时代里，这些营帐的位置已经发生了变化（伊斯卡 [Isca]、德瓦 [Deva] 和埃波拉库姆 [Eboracum]）。另一方面，他

---

1 *The Provinces of the Roman Empire* I (1886), 181. 更多信息见原书第157页。
2 B. W. Henderson, *The Life and Principate of the Emperor Nero* (1903), 478.
3 M. L. W. Laistner, *The Greater Roman Historians* (1947), 130.
4 ib. 112.
5 R. G. Collingwood, *Roman Britain and the English Settlements* (1936), 98 ff. 似乎就是这样认为的。但那位学者过后仍然宣传着塔西佗"举世公认的、对战争实际情况的无知"（*The Idea of History* [1946], 39）。

也提及了3座城市，详细介绍了它们的地位——罗马殖民地卡姆洛杜努姆（14.31.3）、自治城镇维鲁拉米乌姆（Verulamium）（33.2，那是一则宝贵的史实）。此外还有伦狄尼乌姆（即伦敦）——"虽然不以殖民地的名号闻名于世，却因商家店铺云集而声名远扬（cognomento quidem coloniae non insigne, sed copia negotiatorum et commeatuum maxime celebre）"（33.1）。

塔西佗只提到过两位军官。因为在他眼里，只有这两人才是与历史有关的——他们分别是第9军团"西班牙"副将佩提利乌斯·克瑞亚利斯（32.3）和指挥第2军团"奥古斯塔"的、桀骜不驯的军营长（*praefectus castorum*）波埃尼乌斯·波斯图姆斯（Poenius Postumus）（37.3）。塔西佗接下来告诉我们，军团副将当时不在军中，可能是在起义爆发之际跟着保利努斯一道去了莫纳岛。身穿元老长袍的军团长也不在，那是军团副将缺席情况下的长官：此人可能是之前被保利努斯挑选出来作为"随员（contubernalis）"的格涅乌斯·尤利乌斯·阿古利可拉。[1] 不列颠事务记载中的其他部分也反映了历史学家塔西佗对人物与姓名的关注。他没有提供一个职务仅为军营长的人物的姓名：此人跟8名百夫长一道阵亡于希卢里人的领土上（12.38.3）。但他忠实记录了行省总督普布利乌斯·奥斯托里乌斯·斯卡普拉之子玛库斯·奥斯托里乌斯（M. Ostorius）（31.4），以及军团副将曼利乌斯·瓦伦斯（Manlius Valens）（40.1）：两人都是值得在历史上书写一笔的人物。前者（公元59年递补执政官）还将在《编年史》中出现（14.48.14 f.; 16.14 f.）[2]；后者则已被《历史》（1.64.4）所提及，并将在公元96年以高龄出任执政官。[3]

我们可以放弃科奈里乌斯·塔西佗关于不列颠暴乱事务的史料来自费边·鲁斯提库斯的说法：没有任何迹象表明，后者是元老或见识过军队是怎么一回事。老普林尼或许更有用些。[4] 苏维托尼乌斯·保利努斯也许撰写过回

---

[1] *Agr.* 5.1.
[2] 塔西佗肯定认识他的儿子、公元97年递补执政官（见附录10）。
[3] 因此，人们会对不见于其他史料记载的军团副将凯西乌斯·纳西卡（Caesius Nasica）（12.40.4）感到好奇。
[4] 其中的奇迹（14.32.1，参见Dio 62.1.2）显然最终来自相同的史源。但具体辨析却让我们一无所获。

忆录。[1]如果是那样的话，塔西佗就不太需要参考元老院草案了。塔西佗也可能了解某些人赞美他岳父的长官的葬礼颂词。

无论如何，塔西佗似乎在将这一情节（也许是提前写好的）嵌入其作品的编年史结构时有些不太细心。他显然认为叛乱爆发于凯森尼乌斯·佩图斯和佩特罗尼乌斯·图尔皮利亚努斯担任执政官的公元61年（14.29.1）。但保利努斯的接替者正是图尔皮利亚努斯——他是在卸任执政官的当年出现在不列颠的（39.3）。

我们应当注意，塔西佗显然在一年的叙事框架里塞入了太多的事件。保利努斯在打败布狄卡后继续指挥部队马不停蹄地剿灭叛乱。援军从莱茵河流域赶来；辅军队伍在新营地里过冬。此外，元首督办尤利乌斯·克拉西奇亚努斯（Julius Classicianus，德奇亚努斯·卡图斯的继任者）同副将发生了争吵，向罗马报告了不利的消息。于是罗马政府派出了元首的一名亲信——释奴波吕克利图斯。他的报告不偏不倚，保利努斯因此得以留任。但他后来由于舰队遭遇的事故而被解职。

塔西佗显然犯了年代编排漫不经心的错误。那次起义在公元60年必然已经爆发。我们由此看到了一个古怪的现象：从前的学者们绞尽脑汁想要质疑并挑战塔西佗的叙述体系；但几乎无人注意到他在年代编排方面犯下的错误。[2]

塔西佗记述的误差有多大呢？苏维托尼乌斯·保利努斯的前任昆图斯·维拉尼乌斯本应任职3年（14.29.1），却在上任一年后去世（*Agr.* 14.3）。他的行省总督任期应当始于公元57年，而非公元58年。[3]而保利努斯

---

1 如关于他的毛里塔尼亚战役的记述（Pliny, *NH* 5.14）。老普林尼在讨论不列颠与图勒（Thule）夏夜长度的时候写道："人们声称，同样的现象的确也出现在距不列颠的城镇卡姆洛杜努姆约200罗马里的莫纳岛上（quidam vero et in Mona, quae distat a Camaloduno Britanniae oppido circiter ducentis milibus, adfirmant）。"该信息或许来自保利努斯，但并不必然如此。两点之间的直线距离约为250罗马里；但据此指责老普林尼估算距离水平的人着实刻薄。

2 J. Asbach, *Analecta historica et epigraphica Latina* II (Bonn, 1878), 8 ff. 指出了这一点。参见 B. W. Henderson, o.c. 206; 477 f.。想找到另一个支持者着实不易。

3 正如通常所认为的那样，如 A. E. Gordon, *Univ. of Cal. Pub. in Class. Arch.* II, 5 (1952), 241 f.。值得注意的是 R. G. Collingwood, o.c. 98 和 C. E. Stevens, o.c. 4 ff. 对昆图斯·维拉尼乌斯情况的迥异分析。后者不得不"再次怀疑塔西佗在自身解释体系中的可靠性"（o.c. 242）。更多信息见 E. Birley, *Roman Britain and the Roman Army* (1953), 1 ff.。

在进攻莫纳岛之前"将当地治理得欣欣向荣的两年（biennio prosperas res habuit）"（*Agr.* 14.4）应该是公元58—59年。

就我们能够确定的情况而言，在这个新确定的时间点（公元60年）上，这次起义并未对罗马帝国在其他地区的政策产生过影响。但不列颠的灾难也许损害了小塞涅卡和布鲁斯的信誉和影响力。许多人无疑早已意识到，取代小塞涅卡作为元首心腹谋臣的机会来了（参见原书第387页）。公元60年不列颠事件的后果之一可能是佩特罗尼乌斯·图尔皮利亚努斯和凯森尼乌斯·佩图斯当上了下一年的执政官。恰巧两人都带着各自的军权离开罗马，去推行了新的政策。

70. 塔西佗与帝国

许多史学与文学的研究者们觉得《编年史》的主题有些狭窄，并表达了他们的失望之情。"我们其实可以说，这本书忽视了帝国的情况。"[1] 那已成为一种陈词滥调。后来者们经常会对历史学家塔西佗提出那样的批评：他关注的只有罗马城、元首和元老院。[2]

他的视野与同情对象也是狭隘的。有人声称，塔西佗对向罗马城提供了人才与文学的行省均漠不关心。[3] 他从不同情行省居民。[4] 他对请求元首克劳狄乌斯准许自己进入罗马元老院的高卢精英们毫无兴趣。[5]

1　J. B. Bury, *The Ancient Greek Historians* (1909), 231.
2　B. W. Henderson, *The Lfie and Principate of rhe Emperor Nero* (1903), 9 f.; A. Rosenberg, *Einleitung und Quellenkunde zur r. Geschichte* (1921), 255 f.; J. S. Reid, *JRS* XI (1921), 193; E. E. Sikes, *CAH* XI (1936), 739; V. Scramuzza, *The Emperor Claudius* (1940), 20; R. G. Collingwood, *The Idea of History* (1946), 38 f.; M. L.W. Laistner, *The Greater Roman Historians* (1947), 131.
3　拉姆塞（G. G. Ramsay）在其译本（I, 1904）中对3.55评论道："关于帝国建立后涌入罗马城的行省居民对罗马做出的贡献，塔西佗的记载仅此一处"，等等。
4　H. Willrich, *Hermes* LXII (1927), 64: "als Stockrömer hat Tacitus überhaupt wenig Herz für die Provinzialen（作为土生土长的罗马人，塔西佗总的来说对行省民缺乏同情心）."
5　K. Wellesley, *Greece and Rome*[2] I (1954), 32.

即便敏锐、睿智的博絮埃也会责备历史学家塔西佗。他指出,塔西佗应该游历得更广泛些。暂时离开首都的污浊空气会对他有好处。健康的道德品质只存在于意大利市镇与行省。[1]

塔西佗的个人阅历也过于单调。一位学者大胆宣称,除了意大利外,他也许只去过亚细亚行省。[2] 塔西佗担任过军团长一事也无从证实——尽管那确有可能,并且塔西佗在卸任大法官后曾离开罗马达"四年之久"(*Agr.* 45.4)。塔西佗一直因为对战争史实的无知而遭到粗暴谴责。[3] 但批评者们有时会在从塔西佗的叙述中挑刺时同样暴露自己关于战争与地理的错误认识。[4] 那些批评家中的一位居然声称李维才是罗马史学家中最出色的那个。[5]

罗马元老塔西佗诠释了什么才是波利比乌斯所说的"政治家撰写的历史(πραγματικός)"(12.27.10)。跟波利比乌斯一样,他近距离观察过重大事件,并曾进行过游历。塔西佗是一位关于政治生活的向导。例如,他最早记载了元首治下的元老生活是什么样子。但《阿古利可拉传》的作者也了解帝国政策的含义与方方面面。

《编年史》暴露了一些严重缺点。这部作品的开篇陷入了一个几乎无法解决的麻烦:作者为了节约笔墨或留待补叙(其手法有时非常高超)而遭遇了困境,并为了插入解释而破坏了作品结构(见附录37)。无论怎么说,他对日耳曼尼库斯的偏袒都过于明显;并且塔西佗也无法公正地评价提比略——那颇具讽刺意味,因为他使用了原始材料。

历史学家本身也没有得到公正的评价。造成这一点的原因有五。第一,人们过分关注那位作家的文风与作品的文学价值。第二,人们忽视了那位元

---

1 *Tacite* (1903), 184: "s'il avait fait un séjour plus long dans les provinces; s'il avait consenti à les étudier de plus près (倘若他在诸行省逗留的时间更长些的话,他也许会乐意对行省进行更充分的观察)",等等。
2 W. Kroll, *Studien zum Verständnis der r. Literatur* (1924), 379.
3 R. G. Collingwood, o.c. 39.
4 如 M. L. Laistner, o.c. 130。见附录69(关于布狄卡的叛乱)。
5 ib. 139.

老在罗马城内与行省的履历（第六章）。第三，他们拒绝分析那位罗马史学家身处的社会环境（第四十五章）。第四，关公战秦琼式的研究方法与评价方式。我们应当根据塔西佗的写作意图和那个时代在人类思想史中的局限性去评价他：古人书写的历史关注的是事实，而非思想；它是写实且富于个人色彩的；它会使用演说词。[1] 第五，现存《编年史》的文本存在着严重残缺。塞亚努斯插曲的高潮和最后灾难已经佚失。[2] 卷7—10应当会提供宝贵的行省与对外关系信息（见原书第449页）。最重要的是，卷17—18（如果作者活到了能够写完这两卷的时候的话）肯定会回答关于罗马帝国状况的许多问题——并平息后人的大部分质疑（见原书第463页）。[3]

---

[1] 参见 Nipperdey, *Opuscula* 1877, 411 ff. 对古代史学性质的明智评价。Collingwood, o.c. 38 ff. 则有些过于苛刻。

[2] A. Rosenberg, o.c. 257批评塔西佗忽略了塞亚努斯当选执政官的重要史实（如 *ILS* 6044所述）。

[3] E. Paratore, *Tacito* (1951), 707认为，《编年史》在这方面逊色于饱受赞誉（并且当之无愧）的《历史》。那是自然而然的事情——因为那正是现存《历史》文本的主题。

H. 创作年代

71. 赤海

塔西佗提及过罗马帝国的扩张——"如今已直抵赤海（nunc rubrum ad mare patescit）"（3.61.2）。他指的究竟是波斯湾还是红海呢？自约斯图斯·利普修斯以来的大部分学者都不假思索、理直气壮地认为是前者。但相反的观点也不时会有人提出。他们相信，那位历史学家指的是公元105或106年叙利亚行省副将对纳巴泰亚阿拉伯人附庸王国的兼并（见原书第222页）。[1] 但那其实不太可能——事实上那种可能性是微乎其微的，以至于我们根本无须指出，罗马设置的阿拉伯行省几乎不可能包括红海沿岸的任何纳巴泰亚滨海地区。[2]

最近还流传着一种更不可信的观点。[3] 它认为，塔西佗指的不是纳巴泰亚海岸。塔西佗心中想到的其实是毗邻贝利尼克（Berenice，与埃勒芬丁和赛伊尼地位相似）的红海西岸。那里曾是贝利尼克山区长官（*praefectus*

---

[1] J. Asbach, *Römisches Kaisertum und Verfassung bis auf Traian* (1896), 153. 另见R. Patibeni, *Optimus Princeps* II (1927), 14; C. Marchesi, *Tacito*[3] (1944), 78; E. Paratore, *Tacito* (1951), 623。帕拉托雷引述了一则路碑铭文为证——"a finibus Syriae / usque ad mare Rubrum（从叙利亚边界到赤海）"（*ILS* 5834，等等）。但那跟塔西佗的文风和用法相去甚远。

[2] 参见A. Grohmann, P-W XVI, 1464。

[3] K. Meister, *Eranos* XLVI (1948), 94 ff.，其观点沿袭自O. Clason, *De Taciti annalium aetate quaestiones geographicae ad mare Rubrum et Aegyptum maxime pertinentes* (Rostock, 1871)。

montis Berenicidis）辖区内的一个"军事区"（如果我们可以那样称呼它的话）。但情况后来发生了变化。该地区被"并入了埃及行省"[1]。相关看法认为，此事发生于公元100年之后，至迟不晚于公元115年。我们由此找到了关于《编年史》卷1—6的一个时间点：这部分完成（并出版）于公元105—114年之间。[2]

这种新解释得到了一些学者的认可[3]，但那或许是完全错误的。它似乎无视了塔西佗那句话的背景与色彩。

正如学者们公认的那样，"赤海（rubrum mare）"广义上指的是"印度洋"。波斯湾与红海是它两个最大的海湾，都可以被冠以"赤海"之名。[4]但塔西佗在这里指的并非其中任何一处海湾。他想到的是东方的大海、世界的尽头，正如另一侧的加的斯——"从加的斯到恒河与黎明诞生之处的一切土地（omnibus in terris quae sunt a Gadibus usque Auroram et Gangen）"（Juvenal 10.1 f.）。为了解释塔西佗，我们需要了解诗人、演说家和史学家们的语言，以及亚历山大的主题、征服世界的主题。

维吉尔对玛库斯·安东尼的评述（*Aen.* 8.686: "litore rubro [赤海沿岸]"，参见原书第470页）足以让我们放弃对红海沿岸小块地区的辨析——无论是埃及还是纳巴泰亚。塔西佗描述过古埃及的纪念性建筑；他讲述过一位法老在亚洲的广泛征服——"君主拉美西斯的权威覆盖了利比亚、埃塞俄比亚、米底、波斯、巴克特里亚和斯基泰（regem Rhamsen Libya Aethiopia Medisque et persis et Bactriano ac Scytha potitum）"，等等（2.60.3）；他还提到了罗马人和帕提亚人的帝国（ib. 4）。他不是那种会毫无目的地堆砌无用细节的作家。

---

1 K. Meister, o.c. 115. 他认为，人们讨论的这一区域之前不可能被视为罗马帝国的一部分。但他没有给出论据。
2 o.c. 121.
3 F. Altheim, *Die neue Rundschau* LXIV (1953), 192; P. Treves, *Il mito di Alessandro e la Roma d'Augusto* (1953), 167 f.; 186.
4 Mela 3.72; Pliny, *NH* 6.107，等等。

李维为我们理解"迫在眉睫的凶险命运（urgentibus imperii fatis）"（*Germ.* 33.2，参见原书第46页）提供了线索。李维在这里也能派得上用场。执政官阿奇利乌斯·格拉布里奥在激励麾下军团同安提柯（Antiochus）的军队交战时浮夸地赞美了胜利果实的可观："难道我们不应让帝国的疆域从加的斯直抵赤海（是大海环抱着四方之境）吗（quid deinde aberit quin ab Gadibus ad mare rubrum Oceano fines terminemus, qui orbem terrarum amplexu finit）？"（36.17.15）马其顿国王珀尔修斯（Perseus）也追忆过马其顿人的祖先所完成的征服事业——"他们坚持不懈地进行征服，直到赤海之内再无可征服的地方为止（nec ante vincere desierint quam Rubro mari inclusis quod vincerent defuerit）"（42.52.14）。史学家李维本人在后记中提到马其顿时也追忆了亚历山大的疆域："阿拉伯与印度，那是赤海环绕的最遥远地界（Arabas hinc Indiamque, qua terrarum ultimos finis rubrum mare amplectitur）。"（45.9.3）

那还不是全部。动词"patescit（直抵）"带有强调意味，代表着辽阔的领土范围。如辽阔、蛮荒的日耳曼境内各部族——"直抵日耳曼境内的某些城市（ceteras civitates in quas Germania patescit）"（*Germ.* 30.1）。或罗马帝国内部向韦伯芗宣誓效忠的广大亚洲地区——"直抵内陆的本都与亚美尼亚（quantumque introrsus in Pontum et Armenios patescit）"（*Hist.* 2.81.2）。此外还有李维描述罗马海外领土扩张的表述——"那一年破天荒地增派了6位大法官去治理行省，大大拓展了罗马的统治权力（sex praetores illo anno primum creati crescentibus iam provinciis et latius patescente imperio）"（32.27.6）。对这些新设罗马行省的提及是非常重要且宝贵的。

最后，我们简短地讨论一下这个句子同《编年史》创作年代的关系。它不可能写于图拉真在公元116年推翻帕提亚王权之前。[1]它是整体叙述中的一部分，还是后来插入的呢？乍看上去，前6卷中的若干段落似乎表明，帕提亚帝国仍然是举足轻重的一方势力。如对亚美尼亚人的描述——"他们

---

[1] 但该政权也许延续到了公元117年之后（参见原书第471页）。

偶尔介入两大政权之间，更多情况下则是抽身事外。因为他们痛恨罗马人并嫉妒帕提亚人（maximisque imperiis interiecti et saepius discordes sunt, adversus Romanos odio et in Parthum invidia）"（2.56.1）。还有附庸小国的君主们："伊贝里亚、阿尔巴尼亚和其他地区的王公们都仰仗着我们强大实力的保护而免遭外部强权的干涉（accolis Hibero Albanoque et aliis regibus, qui magnitudine nostra proteguntur adversum externa imperia）。"（4.5.2）此外还有距2.61.2不远的文本（其中也使用了"nunc [如今]"一词），它提到了埃及法老们的收入——"人们承认那比不上如今帕提亚人的武力或罗马人的权势（haud minus magnifica quam nunc vi Parthorum aut potentia Romana iubentur）"（2.60.4）。

那些拒绝承认历史学家塔西佗提到了图拉真征服的学者们引述了这些文本为证。[1] 如果他们的观点成立的话，那么我们有理由认为，至少《编年史》卷1—6中的一部分内容完成于公元116年之前。与此类似，那些声称塔西佗于公元116或117年完成了《编年史》的学者们肯定也是认为关于"赤海"的那一句话是在全文完成之后或接近搁笔的时候插入的。[2]

相关研究中存在着过分解读上述关于帕提亚文本的倾向（塔西佗是在结合当时的情境讲述比略统治时期的情况）。但即便抛开那些证据不谈，我们仍有理由声称，关于"赤海"的句子是后来插入的（可能是在作者写完卷1—3或卷1—6后加上去的）。倘若并非如此，它是原始文本的有机组成部分（作为关于古往今来世界帝国插话的总结）的话，那么我们是没有理由认为

1　C. Marchesi, o.c. 78; R. Meister, o.c. 119 ff. 与此相似的还有 H. Volkmann, *Gymnasium* LX (1953), 236 ff., 其中关于埃及的看法同梅斯特（Meister）相左；他无法确定2.61.2中的"赤海"所指究竟为何，却认定《编年史》的第1部分写于公元114年之前。持同样观点（但独立于前面那些学者）的还有 K. Wellesley, *Rh. Mus.* XCVIII (1955), 135 ff., 其中详细考辨了埃及的红海沿岸地区。他认为塔西佗指的是对阿拉伯地区的兼并，因而《编年史》的第2部分创作于公元108—114年之间（o.c. 149）。

2　如 K. Nipperdey (ed. II, by G. Andresen, 1915), 19; J. Wight Duff, *A Literary History of Rome in the Silver Age* (1927), 562; 582; P. L. Strack, *Untersuchungen zur r. Reichsprägung des zweiten Jahrhunderts* II (1933), 55。

作者的写作始于公元115年之前的。由此得出的推论将是《编年史》各卷几乎都创作于哈德良时代。

72. 图拉真与亚历山大

亚历山大在罗马人中的声望是一个引人关注的话题,当然不会被学术研究所忽视。[1] 亚历山大因军事荣誉和征服世界而闻名于世(参见关于"赤海"的论述,原书第470页和附录71)。在罗马将领中,伟人庞培以亚历山大自诩,利用了自己同那位马其顿君主身形的相似性,并受到了朋友们或吹捧者们的恣意。[2] 与此相反,尤利乌斯·凯撒在相关传说中占据着一个低调的位置。[3] 到了图拉真时代,那种比附之风死灰复燃。狄奥对帕提亚战争的叙述记录了他对印度的向往、在巴比伦的献祭和向罗马元老院派出的傲慢使节(68.29.1; 30.1)。[4]

历代诗人与史学家们对亚历山大的赞美在图拉真头脑中激发了危险的好胜心。它或许反过来又影响了史学家吉本。我们需要对此多加小心。东方在当时罗马帝国政策中的重要地位是一个明确事实,可以得到自在自为的解释。它跟马其顿君主的相关传说无关。[5] 如日中天、一意孤行的图拉真也根本不需要那一浪漫动机的刺激。

史学写作中的传统主题之一是亚历山大的"愿望(πόθος)"。[6] 塔西佗

---

[1] W. Hoffmann, *Das literärische Porträt Alexanders des Großen im griechischen und römischen Altertum* (Diss. Leipzig, 1907); F. Weber, *Alexander der Große im Urteil der Griechen und Römer bis in die konstantinische Zeit* (Diss. Leipzig, 1909); P. Treves, *Il mito di Alessandro e la Roma d'Augusto* (1953); A. Heuss, *Antike und Abendland* IV (1954), 65 ff.

[2] Sallust, *Hist.* 3.88; Plutarch, *Pompeius* 2.

[3] 现代学者们往往高估了Plutarch, *Caesar* 58对其世界征服者形象宏伟设计的记述的史料价值。

[4] 关于图拉真在这方面的地位,见W. Weber, *Untersuchungen zur Geschichte des Kaisers Hadrianus* (1907), 8 ff.; P. Treves, o.c. 159 ff.; A. Heuss, o.c. 89 ff.。

[5] M. I. Henderson, *JRS* XXXIX (1949), 129.

[6] V. Ehrenberg, *Alexander and the Greeks* (1938), 52 ff.

将之应用在了日耳曼尼库斯身上。如他对瓦鲁斯遇厄之地的拜访——"强烈的愿望驱使着王子前去凭吊罗马士兵们及其领袖（igitur cupido Caesarem invadit solvendi suprema militibus ducique）"（1.61.1）。此外还有东方之行——"渴望了解那些名胜古迹（cupidine veteres locos et fama celebrates noscendi）"（2.54.1）。这一点看似非常重要。塔西佗之前也用这种方式刻画过另一位光彩照人的英雄提图斯——"他渴望拜访并仔细观察帕菲乌斯的维纳斯神庙（atque illum cupido incessit adeundi visendique templum Paphiae Veneris）"（*Hist.* 2.2.2）。但只要我们指出，同样是这种"渴望（cupido）"驱使着韦伯芗在亚历山大里亚向神明塞拉皮斯问卜，并促使巴塔维亚人尤利乌斯·奇维利斯尝试在莱茵河上练习海战的话（*Hist.* 4.82.1; 5.23.1），那些例子的说服力就会大大减弱。

日耳曼尼库斯之死必然会被拿来同那位马其顿君主进行五花八门的比较（2.73，内容见上文，原书第492页）。"有些人（Erant qui）……"相关评价者被隐去了名字。塔西佗究竟是从一份史料中发现了这些材料，还是自己虚构了相关评价呢？[1]

两位英雄去世于同一地区（ob propinquitatem etiam locorum）。诚然，安条克距离巴比伦还很远——但图拉真驾崩之地塞利努斯到安条克海港塞琉西亚的海路只有200多罗马里。《编年史》的读者们肯定会想到图拉真。作者还预示了后事安排——对港口布伦狄西乌姆场景的不厌其烦、感人至深的描写：哭天抢地的遗孀带着死者的骨灰回到了意大利，以及从布伦狄西乌姆返回罗马城的路上迎接队伍举行的庄严仪式（3.1 f.）。

那里还有一处邪恶的暗示。一些版本宣称，毒药加速了亚历山大的死亡——"由于本族人的变节而死于异邦人中间（suorum insidiis externas inter gentis occidisse）"（2.73.2，参见 Justin 12.13.10）。根据狄奥（Dio 68.33.2）

---

[1] W. Hoffmann, o.c. 50认为这段文本来自转引。但我们无法相信这个说法。更多信息见P. Treves, o.c. 161; 166; 184 ff.。但那位作者（167 f.; 186）接受了梅斯特对《编年史》卷1—6的看法——这几卷内容创作并出版于公元114年之前。

的说法，图拉真相信自己已在叙利亚中毒。但我们必须补充一句，没有任何现存史料指控普罗提娜是那样一个"邪恶妻子（scelus uxoris）"（参见1.5.1对里维娅的评价）。

塔西佗在写作时是否受到了公元117年事件鲜明印象的影响？那本身并非不可能。但那意味着《编年史》开始动笔的时间肯定很晚——历史学家关于提比略登基记载中的各种线索也支持这种说法（见原书第三十六章）。

另一方面，对亚历山大的强调并不需要通过关于图拉真去世的假说来解释。后续历史的进程或许使得历史学家塔西佗的叙述看上去像是一种未卜先知。《编年史》前几卷中的许多要素很快同现实建立了明确的相关性。这部作品在问世后变得比作者的本意更加致命："岁月流逝带来了出乎意料的效果（volvenda dies, en, attulit ultro）！"

73. 凤凰出现之年

哈德良的"虔诚"或许足以解释纪念"神圣的图拉真"的钱币上为何会出现凤凰（见原书第471—472页）。尽管如此，那只鸟或许是不久之前相传在埃及被看到的。凤凰象征着变化、更新与不朽。[1] 有人相信，从前有一只凤凰预示了元首提比略之死（参见Dio 58.27.1）；克劳狄乌斯于公元47年提及凤凰的目的则是为了证明罗马已建城800个年头（Pliny, *NH* 10.7）。

人们在关注周年纪念时总会心怀畏惧，直到它们平安度过为止。其中一些的预兆是灾难异象。狄奥指出，公元前54年是罗马建城700周年（40.1.1）：当时暴发过洪灾，并引起过超自然的解释（39.61.1）。无独有偶，将周年纪念算在下一年的奥罗修斯（Orosius，似乎如此，因为他提及了克拉苏的灾难）记载了一场前所未见的火灾（6.14.5；参见7.2.11对李维

---

[1] 见 J. Hubaux and M. Leroy, *Le Mythe du phénix dans les littératures grecque et latine* (Liège, 1939). 该书作者们注意到了哈德良发行的钱币（248），但没有指出它跟*Ann.* 6.28之间的任何具体关联。

的引述）。

当时存在着五花八门的预言。其中既有《西比尔预言书》的官方汇编，也有私下流传着的耸人听闻传说。当公元15年台伯河发洪水时，阿西尼乌斯·伽鲁斯便建议去翻查《西比尔预言书》（*Ann.* 1.76.1）。那或许并非他个人的迷信。狄奥记载过公元19年的一则逸事（57.18.3 ff.）。执政官在上任第一天早上听到了号角声，那引起了普遍的恐慌。狄奥接下来又记录了一则异象（雅努斯神像的倒塌），并引述了关于3个300年间各有一次劫难的神谕。但他没有对此进一步解释。[1] 关于建城900年大劫的神谕在公元64年罗马城大火后再度浮现。根据狄奥的说法，它仍会令世人感到恐惧（62.18.3）。我们从塔西佗的记述（15.41.2）中得知，有人把那场灾难同之前的另一起祸事联系起来：他们注意到火灾同高卢人焚毁罗马城发生在同一天（7月19日）。塔西佗还补充说，另外一些人十分精确地、逐年逐月逐日地计算两起事件的间隔，结果得到了相同的3组数字（如418）。[2]

天才或恶意的力量或许也不难发现公元117年（图拉真驾崩之年）的预兆意味。乍看上去，那似乎跟罗马城的建立年代扯不上关系。但我们应当记住，最早的传说认为罗马城建立于特洛伊陷落后不久：建城者是埃涅阿斯，以及他的儿子、孙子或曾孙。[3] 阿尔巴·龙伽诸王统治300年的传说还没有被制造出来。恩尼乌斯的一句诗颇具价值——"将近700个年头（septingenti sunt paulo plus aut minus anni）"（转引自 Varro, *Res rusticae* 3.1.2）。谁于何时下了这一判断？我们很难拒绝这样的假设，即讲话者是劝说罗马人不要抛弃城池的卡米卢斯。在李维提供的版本中，卡米卢斯的演说词宣称罗马城已延续了365个年头（5.54.5，也就是按照已得到公认的瓦罗年代体系计算）。[4]

---

[1] 狄奥或许知道，号角声曾预示了公元前88年伊达拉里亚轮回（*saeculum*）的终结——那一场景是令罗马人记忆犹新、毛骨悚然的（Plutarch, *Sulla* 7）。

[2] 15.41.2: "alii eo usque cura progressi sunt（其他人甚至进行了如此精细的推算）"，等等。

[3] Dionysius, *Ant. Rom.* 1.72 f.; Festus, p. 326 L.

[4] L. Holzapfel, *Römische Chronologie* (1885), 243.

对于恩尼乌斯（以及奈维乌斯）而言，罗慕路斯是埃涅阿斯之孙。[1] 那么他眼中的罗马建城之年为何时呢？或许是在公元前1100年左右。[2] 我们或许可以更进一步。恩尼乌斯（或其他人）可能认为罗马建城于特洛伊陷落（按照埃拉托色尼[Eratosthenes]的计算是在公元前1184年）后3个世代或100年。[3]

倘若果真如此的话，我们可以得出一个值得注意的推论。罗慕路斯看见的预兆是12只秃鹰。有人在共和末年宣称，罗马城注定将延续12个世纪：精通预言术的维提乌斯（Vettius）将此事透露给了瓦罗。[4] 特洛伊陷落100年后，再加上罗马城延续的12个世纪，恰好就是公元117年。

当犹太人起兵反抗尼禄之时，他们发布过蛊惑人心的预言。而失败并不能扑灭信念。并且他们还有保持希望的新理由——尼禄从帕提亚返回后毁掉了罗马城（正如犹太人的西比尔预言所说的那样）。巨大的灾难预示着罗马的覆灭。于是维苏威火山的喷发同提图斯在位期间的伪尼禄建立了联系（*Or. Sib.* 4.130 ff.）。图拉真险些在安条克的地震中丧生[5]；并且图拉真又在美索不达米亚吃了败仗。犹太人到处蠢蠢欲动。公元116或117年甚至可能还出现过一名伪尼禄（见原书第518页）。

凤凰预示着世界历史的转折。晚出的一则预言认为尼禄回归于凤凰出现的年代：

ἔνθεν ὅταν φοίνικος ἐπέλθῃ τέρμα χρόνοιο

ἥξει <ὁ> πορθήσων λαῶν γένος, ἄκριτα φῦλα

Ἑβραίων ἔθνος, κτλ.

---

1 维吉尔保留了一条古老的说法——"quin et avo comitem sese Mavortius addet | Romulus（战神玛尔斯之子罗慕路斯与他的祖父同在）"（*Aen.* 6.777 f.）。
2 O. Skutsch, *The Annales of Quintus Ennius* (Inaugural Lecture, London, 1953), 14.
3 Virgil, *Aen.* 1.265 ff. 的计算方式中存在着无法解释的、多达一个世纪的误差——从埃涅阿斯在拉丁姆立足到罗慕路斯建造罗马城之间隔了333年。
4 Censorinus, *De die natali* 17.15.
5 Dio 68.25.5. 朱文纳尔提到了彗星、东方的大洪水和一场地震（6.409 ff., 参见附录75）。

(在凤凰现身的转折点上将出现一个攻城略地的人物，希伯来族群的永恒卫士……）[1]

预言接下来提到了罗马城的毁灭，并以罗马的命定劫数——948年（意即罗马将于公元195年灭亡）——收尾，其依据为"Ῥώμη（罗马）"一词中各字母的数字含义。相关文本的修复结果并不完全可信。第一行后可能存在着阙文[2]；值得注意的还有前一行中提到了哈德良。然而，我们并没有将这段文本中的任何内容同公元116—117年事件联系起来的铁证。

公元117年是特洛伊陷落（公元前1184年）的周年纪念时间点——如果罗马恰好建城于100年后的话，那么它对于这座新特洛伊而言也是具备预兆意义的。这一点或许值得研究，无论这种计算方式跟真实或幻想的任何罗马城灾难是否有关。公元前83年，卡庇托林山上的朱庇特神庙毁于火灾。那对于罗马城和罗马的统治而言无疑是严重的凶兆（Appian, *BG* 1.83）。同样的灾祸于公元69年的内战中重现，并让高卢人得意洋洋——"帝国的灭亡已近在眼前（finem imperio adesse）"（*Hist.* 4.54.2）。塔西佗只交代了这些预兆对罗马敌人们的影响，接下来谴责了德鲁伊特的"虚妄迷信（vana superstitio）"。

一则预言指出，公元前83年卡庇托林山大火后的第20个年头将是"罗马城和罗马人的统治走向覆灭的致命年头（fatalem hunc annum esse ad interitum huius urbis atque imperi）"（Cicero, *In Cat.* 3.9; Sallust, *Cat.* 47.2）。然而，没有任何说法能将公元前83年同公元前1184年（或公元前1084年）联系起来。

需要注意的是，无论是在古人还是今人的推算中，1—2年的出入都是可

---

[1] *Or. Sib.* 8.139 ff., 修补方式由 A. Kurfess, *Würzburger Jahrbücher* III (1948), 194提出。库尔菲斯插入了"ὁ"；用"τέρμα χρόνοιο"替代"πενταχρόνοιο"的意见来自门德尔松。

[2] 格弗肯的校勘本（J. Geffcken, 1902）认为如此。

以容许的（甚至更为可信）。[1] 公元前83年后的下一个危机时期应该是公元17或18年。在记录公元19年1月1日早上的恐慌时，狄奥碰巧提及了关于罗马劫数的预言，但未能建立任何具体的年代关联（57.18.3 ff.）。

接下来是公元117年。哈德良发行钱币上的凤凰或许意味着面对并克服了危机，从而令罗马的"永恒"得以更新。数年后（公元121年），"罗马城的生日（natalis urbis）"重新在钱币上得到了突出强调——这个年份是精确按照建城传说计算的（874）。[2] 我们似乎有理由将这次纪念活动与哈德良对罗马与维纳斯神庙（Templum Romae et Veneris）的设计（并非同"特洛伊起源 [Troiana origo]"无关）联系起来。[3]

作为十五人祭司团的成员之一，科奈里乌斯·塔西佗了解《西比尔预言书》，并且肯定精于年代计算。他对将罗马大火同高卢入侵的灾难联系起来的、异想天开的算法的介绍（*Ann.* 15.41.2）并不表明，他尊重或相信这种说法。他也许知道跟公元117年有关的千年预言——以及它们对罗马的敌人、犹太人（或许还有基督徒）的鼓舞。一位罗马元老是不会喜欢它们的。但反对者也有理由指出，塔西佗不仅仅是一位爱国者，还是一个怀疑派。

塔西佗令人惊讶地将提比略统治时期出现凤凰一事安排为罗马历法中一年开始之际的头一桩事件，并用罗马名年执政官们的姓名引出（6.28，参见原书第472页）。那也许是为了行文变化，也许是为了嘲弄——用一种委婉、狡黠的方式表明，预言和迹象其实是毫无意义的。

74. 朱文纳尔的生年与身世

夹在朱文纳尔作品手稿中的几份作者传记质量极差。它们的内容来自对诗篇文本的推断或凭空猜测，我们无法放心地引述它们为证（参见原书第

1　M. Grant, *Roman Anniversary Issues* (1950), 1 ff. 那位学者的作品同时反映了两方面的情况。
2　H. Mattingly, *BMC, R. Emp.* III (1936), cxxxii; 422.
3　参见 J. Beaujeu, *La Religion romaine à l'apogée de l'empire* I (1955), 128 ff.。

499页，关于诗人所谓的流放）。

朱文纳尔生于何时呢？有人估计是在公元55年前后。[1] 另一些人认为是在公元60年左右。[2] 或许他还要更年轻些。朱文纳尔向卡尔维努斯（Calvinus，我们不清楚那是否为一个真实存在过的人物）写道："难道那会让一个已经活了60年、出生于芬泰乌斯就任执政官之际的人感到惊讶吗（stupet haec qui iam post terga reliquit | sexaginta annos Fonteio consule natus）？"（13.16 f.）那是哪位芬泰乌斯？根据波尔格西的猜测，他不是公元59年的名年执政官，而是公元67年的芬泰乌斯·卡庇托（Fonteius Capito）（PIR^2, F 467）。我们需要追问的是，这个名字对于哈德良时代的哪些作者或读者而言才是具体可感和有意义的呢？公元68年则是另一回事。那是尼禄统治的最后一年；纪念那个年份的还有一位演说家和诗人的名字——希利乌斯·意大利库斯（参见 Pliny, *Epp.* 3.7.9 f.）。

朱文纳尔本人在公元127年时确实有可能已满60岁。那个年份此后不久再度出现。朱文纳尔描述了埃及两个村庄之间的一次流血冲突。他还提供了具体的时间——"尤库斯出任执政官后不久（nuper consule Iunco）"（15.27）。这位执政官卢奇乌斯·埃米利乌斯·尤库斯（L. Aemilius Iuncus）（PIR^2, A 355）在公元127年的最后3个月内与同僚绥克斯图·尤利乌斯·塞维鲁一道享受了束棒护身的荣誉。对于行政文书而言，用递补执政官纪年的做法自然很奇怪。但普通文人为什么要知道或在意这些事情呢？当然，即便该事件确实发生于尤库斯上任后不久，用递补执政官纪年的做法还是显得不同寻常。也许朱文纳尔知道规矩，并且是有意为之——如果他本人的生日恰好是在公元127年10—12月期间的话。他的诗篇中没有其他任何以执政官姓名显示的年代。

---

[1] J. Dürr, *Das Leben Juvenals* (Prog. Ulm, 1888), 9 f. 认为就是那个年份；另见 G. Highet, *TAPA* LXXIII (1937), 484。

[2] L. Friedländer（其校勘本，1895), 1.15; J. Wight Duff, *A Literary History of Rome in the Silver Age* (1927), 506; H. J. Rose, *A Handbook of Latin Literature* (1936), 406; G. Hignet, *Juvenal the Satirist* (1954), 5，参见40。但参见 F. Vollmer, P-W X, 1041 f. 的极度谨慎态度。

朱文纳尔在阿奎努姆境内拥有一处地产（3.319）；而进献过一则铭文（*ILS* 2926）的朱文纳尔（]nius Iuvenalis）很可能就是诗人本人，或他的某位家庭成员。进献铭文者是达尔马提亚人的卫队将领（具体番号付之阙如），本地官吏和"神圣的韦伯芗的弗拉明祭司团成员（flamen divi Vespasiani）"。人们通常认为，朱文纳尔"祖上（ultima ab origine）"来自意大利。他的诗篇中"对异邦人一以贯之的痛恨和对古老意大利的热爱"进一步证实了这一点。[1] 与此同时，这个"意大利人"又拥有"西部行省居民的世界观"。[2] 这不能不让人心生疑虑。

他的姓氏"德奇姆斯·尤尼乌斯·朱文纳尔（D. Iunius Iuvenalis）"也许能够帮得上忙。[3] 在西部诸行省中，西班牙孕育的、名叫尤尼乌斯的人物比例最高。从西班牙移居意大利的著名人物之一是加的斯人卢奇乌斯·尤尼乌斯·莫德拉图斯·科鲁美拉（L. Junius Moderatus Columella），此人在阿德亚、卡塞奥利、阿尔巴·龙伽和凯雷均拥有农场（*PIR*[1], J 511）。西班牙人的涌入在提布尔制造了一个"殖民地"（见原书第602页）。朱文纳尔在那里拥有地产（10.65）。但那并非可靠证据；他跟玛提阿尔的交情也说明不了问题。

家姓"朱文纳尔"表明，那位诗人要么社会地位低微，要么来自异邦。在《拉丁铭文集成》（*CIL*）中，这个家姓出现最频繁的地方是第10卷，其中提供了5个例子，有2人是距阿奎努姆不远的城镇里的释奴（4980: Venafrum; 5785a: Cereatae, 参见5686）。我们还会想到，在关于他的两篇传记里，朱文纳尔被描述成一位富有释奴的儿子或养子。那一说法本身并非全无可能。

在西部诸行省中，主要证据来自阿非利加和高卢。阿非利加行省提供了约10个例子（其中之一为卫队将领 [*praefectus cohortis*], *CIL* VIII, 4292:

1　G. Highet, *TAPA* LXVIII (1937), 484. 参见其专著（1954），233; 255。
2　E. Lepore, *Rivista storica italiana* LX (1948), 193 ff.
3　各份手稿提供了这个首名，关于他的一部传记也提及了这一点。

near Lambaesis)。而在全体军团成员家姓为"朱文纳尔"的4个例子中,有3个都属于驻扎在拉姆拜希斯的第3军团"奥古斯塔"。[1]纳旁高卢提供了4个名叫"朱文纳尔"的例子,高卢三行省(以及上下日耳曼行省)有6个;还应留意"图格里人的领袖朱文纳尔(Iuvenalis e primoribus Tungrorum)"(*Hist*. 4.66.3)。

使用家姓"朱文纳尔"的执政官有两位。一位是公元81年执政官尤利乌斯,另一位是安东尼·皮乌斯统治时期的执政官卡西乌斯。相关人物还有公元193年禁卫军队长弗拉维乌斯·朱文纳尔(Flavius Juvenalis)(*PIR*², F 300)。也许朱文纳尔的祖上是异邦血统,后来移民到了意大利。

75. 朱文纳尔和塔西佗

5卷《讽刺诗》(*Satires*)中共有16首诗(其中最后一首不全,可能从未完成)。朱文纳尔是何时写作并出版作品的呢?时代断限与各卷的间隔又是怎样的呢?对公元100年行省总督马略·普利斯库斯被定罪一事的提及让我们倾向于将卷1(前5首诗)的出版时间确定为那一年过后不久,如公元105年。[2]进一步思考后,学者们又把这个时间点推迟了5年。[3]或许那还是有些过早。需要注意的是,对马略·普利斯库斯的提及或许是一种文献引用,而非历史叙述:换言之,朱文纳尔转述的并非公元100年的事件,而是小普林尼的《书信集》(*Epp*. 2.11 f.)。

在引述元首奥索生活习惯的细节时,朱文纳尔暗示,参考塔西佗的作品也许是有价值的——"值得新出的编年史和晚近的历史作品记述的事件(res

---

[1] L. R. Dean, *A Study of the Cognomina of Soldiers in the Roman Legions* (Diss. Princeton, 1916), 210.
[2] G. Highet, *TAPA* LXVIII (1937), 484 ("公元100—105年期间,当时马略·普利斯库斯案还是热点");参见485。类似观点如 P. Ercole, *Studi giovenaliani* (1935), 61。
[3] G. Highet, *Juvenal the Satirist* (1954), 5:"公元110年或在此前后。"但Vollmer, P-W X, 1042认为是在公元115年之前不久;L. Friedländer, o.c. 14认为是在公元112—116年之间。

memoranda novis annalibus atque recenti | historia)"（2.102 f.）。[1] 但我们并不能够确信，朱文纳尔肯定是在《历史》（或其中一部分）问世后不久写作诗篇的。《历史》的统治力可能会维持数年之久，直到随着时光流逝或另一部史学巨著的出现而遭到遗忘为止。

我们关于卷1就谈这么多。在卷2中，那位散布谣言的女子提及了威胁亚美尼亚或帕提亚君主的彗星、美索不达米亚境内的大洪水，还有一场地震（6.407 ff.）。彗星出现的时间肯定是公元115年[2]；尽管我们找不到任何关于该时期洪水的记载，但公元115年在安条克确实发生了一场地震，图拉真从中死里逃生（Dio 68.24 f.）。那当然是些宝贵的线索——但还不足以说服我们将卷2的写作年代确定为公元116年。[3] 世人也许会在数年内对那些骇人事件保持着鲜活的印象；并且一位谨慎的作家也许根本不会记述哈德良时代的谣言或灾难。

有学者认为，《讽刺诗》的出版年代应该是在公元110—130年前后。[4] 尽管如此（并且无论其中较早的一些诗篇究竟写于何时），没有任何证据表明，朱文纳尔在公元115年（或许甚至是公元117年）之前发表过任何作品。

从卷3（《讽刺诗》第7—9首）开始，这个问题开始跟塔西佗的《编年史》相关了。诗中提到了尼禄时代的著名受害者"卡麦里努斯与巴里亚（Camerinos | Bareas）"（7.90 f.）；家姓"卡麦里努斯"又在8.38中再度出现。前执政官昆图斯·苏尔庇奇乌斯·卡麦里努斯（Q. Sulpicius Camerinus）（*PIR*[1], S 713）是一位家世古老的贵族；但我们有理由认为，他似乎不大可能在史学创作之外获得不朽的声名。塔西佗赋予了巴里亚·索拉努斯不朽的名望（*Ann.* 16.21 ff.）。卡麦里努斯去世于公元67年（Dio 63.17.2），因而没

---

[1] 参见 J. Dürr, *Die zeitgeschichtlichen Beziehungen in den Satiren Juvenals* (Prog. Cannstatt, 1902), 9。为了解释2.105中的"constantia（始终如一）"，他引用了 *Hist.* 2.47.3。
[2] 根据 L. Friedländer, o.c. 8 f. 的研究。
[3] 一些学者似乎相信如此，如 Schanz-Hosius, *Gesch. der r. Lit.* II[4] (1935), 572. P. Ercole, o.c. 76认为该诗的创作不晚于公元111年的看法不值一驳。
[4] G. Highet, o.c. (1954), 16.

有出现在《编年史》中（就现存部分而言）。[1]

正如学者们普遍意识到的那样，第8首讽刺诗（论家世）中堆砌了大量尼禄时代的材料。[2] 其中一些角色，如（普劳提乌斯·）拉特拉努斯（[Plautius] Lateranus）的出现或许表明，朱文纳尔使用了塔西佗的著作。[3] 或许那段记述直接来自一个场景，即尼禄在公共娱乐活动中邀请的、贵族家族贪赃枉法的后裔们（8.192 f.，参见 *Ann.* 14.14.3）。[4] 如果我们认可这一点的话，那么它可以反映两位作家的创作时间。公元120年对于《讽刺诗》卷3的出版来说有些过早。而塔西佗《编年史》卷13—18的发表时间或许（可能必然）晚于那个时间点（参见原书第473页）。

朱文纳尔《讽刺诗》中与《编年史》有关的线索从未得到过系统分析。事实上，由于人们普遍相信，塔西佗是在公元117或118年完成其作品的，这方面的学术研究一直非常薄弱。就目前的说明目的而言，我们只需交代其中一点（它对于年代问题而言倒并非至关重要）。在列举并嘲笑凡人愿望的虚妄时，朱文纳尔着重描写了塞亚努斯的野心和结局。他还介绍了一个次要人物布鲁提狄乌斯（Bruttidius）（10.83）。[5] 而塔西佗则特别强调了布鲁特狄乌斯·尼格尔（Bruttedius Niger）的告密者身份，并阴郁地暗示：为了短期回报而用演说天才作恶的人必将玩火自焚（3.66.4，参见原书第327页）。毋庸置疑，布鲁特狄乌斯还将在卷5记述塞亚努斯的文本中再度出现。

朱文纳尔写的是死人（1.170 f.）和虚构的人物。但散见各处的姓名（偶然出现的或有意安排的）也会牵涉到活人。希斯波（Hispo）（2.50）是

---

[1] 该证据的可靠程度还不足以说明，塔西佗活到了足以完成《编年史》的时候。
[2] 参见 J. Dürr, o.c. 21 f.。杜尔的论文只讨论到第9首讽刺诗。
[3] 8.146 ff.，参见 G. Highet, o.c. 273。相关细节最多只能证明他从塔西佗的作品中（*Ann.* 15.49.3，等等）找到了这个名字。关于神秘的鲁贝利乌斯·布兰杜斯（Rubellius Blandus），见附录1。
[4] 如马约尔的注疏所说（J. E. Mayor, II², 1878）。这些名字——（卡西乌斯·）隆吉努斯（[Cassius] Longinus）和（普劳提乌斯·）拉特拉努斯——反映了公元65—66年间的事件，可能来自塔西佗的作品。
[5] 关于罕见的姓名（*nomen*）"布鲁提狄乌斯（Bruttidius）"或"布鲁特狄乌斯（Bruttedius）"，见 R. Syme, *JRS* XXXIX (1949), 10。

一个龌龊货色，这个家姓的阴性形式希斯普拉（Hispulla）对应的是一个胖女人（6.74）和一个不贞洁的女子（12.11）。那个名字相当罕见，但可参见提比略·凯皮奥·希斯波（Ti. Caepio Hispo）（PIR^2, E 83，参见附录25），以及小普林尼亲戚中的两位贵妇卡尔普尼娅·希斯普拉（Calpurnia Hispulla）和科蕾莉娅·希斯普拉（Corellia Hispulla）（PIR^2, C 329; 1296）。[1] 朱文纳尔是否有意在影射自己那个时代的人物和集团呢？[2] 此外还有出现在姓名"昆图斯·福尔维乌斯·吉洛·比提乌斯·普罗库鲁斯（Q. Fulvius Gillo Bittius Proculus）"（PIR^2, F 544，他娶了小普林尼第2任妻子的母亲）中的"吉洛（Gillo）"。[3] "吉洛"这个姓名同样非常罕见。

我们有理由相信，朱文纳尔没有任何理由要恭维小普林尼、他的家族和某些朋友。[4]（事实上，小普林尼没有在《书信集》中提及朱文纳尔一事也说明不了任何问题。）那么，讽刺诗作家朱文纳尔是否是在抨击同样具有行为乖张特点的、身为前执政官的、尽人皆知的希斯波和吉洛呢？他之所以选择"希斯波"和"吉洛"这两个名字，至少有可能是因为他想到了那些人物或厌恶他们——如果他们表面上无可指摘或已经去世的话，朱文纳尔的做法就更加稳妥。

但朱文纳尔对姓名的择取是一个很难把握的问题。它值得我们进行方法论方面的探讨。如果方法运用不当的话，错误的观念便会大行其道。一项晚近研究成果中引述的两个名字或许足以说明问题。我们并不确定庞提库斯（Ponticus）确有其人。因此，认为他出身于老牌贵族的看法是毫无根据的[5]——没有哪个贵族用过那一家姓。"克瑞提库斯（Creticus）"（2.67 f.）这个名字也不大可能会被用来影射一个权势滔天、目中无人、仍然在世的人

1　R. Syme, o.c. 14 f.
2　G. Highet, o.c. 291 f. 认为如此。
3　G. Highet, o.c. 293. 福尔维乌斯·吉洛是公元115/16年的亚细亚行省总督，凯皮奥·希斯波是公元117/18年的亚细亚行省总督。相关证据见附录23。
4　G. Highet, o.c. 293 f.
5　113; 272.

物。[1]麦特鲁斯家族（Metelli）早已绝嗣。我们应当追问一个很基本的问题：共和时代的贵族家族中到底有多少幸存到了哈德良统治时期？总的来说（我们再重复一遍，参见原书第499页），朱文纳尔不曾攻击过任何在他自己的时代炙手可热的人物或群体。

76. 盖约·苏维托尼乌斯·特兰奎鲁斯

此人的父亲苏维托尼乌斯·雷图斯（Suetonius Laetus），是公元69年的一名军团长（*Otho* 10.1）。此人在一个伪尼禄于元首尼禄去世20年后冒出来时自称"青年"，其出生不大可能晚于公元72年：我们或许能把这个时间点推迟几年，但推迟不了太多。因为他在一则应当晚于公元88年才发生的逸事中已是"青年"（*Dom.* 12.2）。

他仕途生涯的最早线索是公元101年未能赴任的军团长（Pliny, *Epp.* 3.8.1）。随后是一段漫长的空白期，直到他获得了"元首代笔秘书"的美差，但在公元122年被迫去职（*HA, Hadr.* 11.3）。他的履历是很值得关注的。[2]

最近发现于阿非利加境内希波·雷吉乌斯的铭文残篇提供了有益的补充。[3]苏维托尼乌斯曾被图拉真任命为"陪审团（iudices selecti）"成员，并担任过两项次要的祭司职务。那些倒是无关痛痒。但他担任过哈德良的"图书馆研究代笔秘书（[a] studiis a byblio[thecis] [ab e]pistulis）"。"研究（a studiis）"秘书是元首文字工作中的专业参谋，很可能还掌管着他的私人图书馆。[4]他的下一项职务（负责罗马城的公共税收工作）也许是与此有联系的。[5]

1　293，参见63。
2　参见H.A. Sanders, *AJP* LXV (1944), 113 ff.，其中认为苏维托尼乌斯也许之前管理过罗马城内的各座图书馆。
3　公布于E. Marec and H. G. Pflaum, *CRAI* 1952, 79，后收入 *AE* 1953, 73。
4　B. Kübler, P-W IV A, 397 f.
5　如若干年后的卢奇乌斯·尤利乌斯·维斯提努斯（L. Julius Vestinus）（*IG* XIV, 1085）和卢奇乌斯·沃鲁修斯·麦奇亚努斯（L. Volusius Maecianus）（*CIL* XIV, 5347 f.）那样。

苏维托尼乌斯的庇护人是昆图斯·塞普提奇乌斯·克拉鲁斯（小普林尼《书信集》的题献对象），后者于公元119年与昆图斯·玛尔奇乌斯·图尔波一道被任命为禁卫军队长（*HA, Hadr.* 9.4）。我们有理由猜想，塞普提奇乌斯跟哈德良的其他朋友一样，在图拉真统治后期已经崛起——并且很可能是从赈粮官一类的职务被拔擢为禁卫军队长的。他的侄子盖约·埃鲁奇乌斯·克拉鲁斯在仕途升迁方面一度并不起眼，但随后在东方建立军功，于公元117年当上了执政官（见原书第242页）。

我们还能对其他情况做出猜想吗？小普林尼从比提尼亚写信给图拉真，请求后者授予苏维托尼乌斯"养育3个孩子者的权利（ius trium liberorum）"。他写道："陛下，我向来欣赏他的人品与学识。由于我们的深厚友谊，我现在已经对他知根知底（et mores eius secutus et studia iam pridem, domine, in contubernium adsumpsi, tantoque magis diligere coepi quanto nunc propius inspexi）。"（*Epp.* 10.94.1）其中的字眼"现在（nunc）"具有决定性意义，如果我们接受用它来替换手稿中的"这个（hunc）"的修补方式的话。[1]出于行文平衡的需要，这一修补似乎是势在必行的。此外，从语言风格的角度看，我们可参考小普林尼请求庞培·法尔考任命他的一位朋友为军团长时的措辞："当你深入了解了这个配得上各种荣誉的人物时，你会相信任命他将是你自己的偏得（accepisse te beneficium credes, cum propius inspexeris hominem omnibus honoribus ... parem）。"（7.22.3）也许苏维托尼乌斯当时就在比提尼亚行省，在小普林尼麾下效劳？[2]

接下来我们谈谈他不光彩的经历。根据《奥古斯都后诸凯撒传》的记载，元首撤了塞普提奇乌斯、苏维托尼乌斯和其他许多人的职务——"因为他们以过分随便的、不合宫廷规矩的方式同元首的妻子萨比娜交往（quod

---

[1] 凯尔（H. Keil）删除了手稿中的"hunc"；但温特菲尔德（P. v. Winterfeld）将之替换为"nunc"。晚近的校勘者们接受了这种处理方式，如R. Kukula (Teubner 1912), M. Schuster (1933 and 1952), 以及M. Durry (Budé, 1947)。然而，如果我们选择改为"tunc（立即）"的话，关于比提尼亚行省的猜想就变得无的放矢。

[2] 学者们似乎忽略了这种可能性。

apud Sabinam uxorem iniussu eius familiarius se tunc egerant quam reverentia domus aulicae postulabat）"（*Hadr.* 11.3）。接下来是一段冗长的插话，详细讲述了哈德良的多疑性格。整段文章附在哈德良对不列颠的视察（11.2）之后。重回史实叙述的过渡文字是"安排完不列颠的事务后，哈德良渡过海峡进入高卢（compositis in Britannia rebus transgressus in Galliam）"（12.1）。也就是说，苏维托尼乌斯被免职一事是被记录在公元122年的事务之中的。[1]

这则逸事的记载不能完全令人满意——并且我们很难理解哈德良为何要特立独行地强调宫廷规矩；那个句子接下来还声称，他其实也想摆脱萨比娜。

如果我们假定，这段文字就是安插在哈德良的旅途当中，放在了正确的时间点的话，那么我们还有更多的问题可以讨论。苏维托尼乌斯的不检点行为发生于何处？标准的、不容置疑的答案是在罗马城内和元首出行期间。但为何不能是在不列颠呢？元首前往行省时可能会带着妻子和两位禁卫军队长中的1人同行。图拉真在公元117年就是这么做的。首席元首代笔秘书当然也有机会享有那样的待遇。

罗马作家们有时候并不会展示他们原本拥有的、关于罗马诸行省的知识。例如，尤利乌斯·弗伦提努斯的《谋略》中就没有讲到不列颠（见原书第68页）。苏维托尼乌斯报道过提图斯早年生涯中的一个有趣细节——"他在日耳曼与不列颠担任军团长期间不仅极其勤勉，在廉洁的名声方面也毫不逊色，正如两个行省献给他的雕像、小像和铭文所呈现的那样（tribunus militum et in Germania et in Britannia meruit summa industriae nec minore modestiae fama, sicut apparet statuarum et imaginum eius multitudine ac titulis per utramque provinciam）"（*Divus Titus* 4.1）。苏维托尼乌斯使用的是强调语气——"正如……所呈现的那样（sicut apparet）"。他是如何得知的？苏维托尼乌斯或他的信息提供者肯定先后访问过下日耳曼（提图斯于公元57或

---

[1] 许多著作仍旧坚持已过时的年代——公元121年，并且这一说法最近又被E. Marec and H. G. Pflaum, o.c. 84重新提起。

58年在那里服役）[1]和不列颠行省。哈德良及其随从于公元121年到了高卢和日耳曼（*HA, Hadr.* 10.1 f.），于次年渡过海峡进入不列颠。

因此，认为苏维托尼乌斯去了不列颠的看法并非异想天开。但那如何跟《罗马十二帝王传》的写作联系起来呢？一位较晚的作家以不容置疑的口吻指出，那部作品是献给塞普提奇乌斯·克拉鲁斯、当时的禁卫军队长的（Lydus, *De mensibus* 2.6）。如果是那样的话，可供选择的时间段只有3年——公元119—122年。那部作品或许完成于公元119年，由苏维托尼乌斯在其秘书生涯的前期利用闲暇时间写成。

倘若果真如此的话，我们如何解释他对纪念提图斯铭文的提及呢？他最初的写作计划（以及首次出版的版本）可能只包含前6卷，即从凯撒写到尼禄；第7卷（伽尔巴、奥索、维特利乌斯）和第8卷（弗拉维王朝诸元首）是后来补充的（参见原书第501页）。

我们可以找到支持该猜想的一段文本。提图斯在弥留之际曾说，他一生中只有一件悔恨之事。那不免要令人浮想联翩。他指的可能是跟多米提娅·隆吉娜的通奸——"有人认为他忆起的是同弟媳的奸情。但多米提娅赌咒发誓说，两人之间什么事情都不曾有过。倘若真有过这样的勾当，她会将之视为一种荣耀加以宣扬，正如她愿意吹嘘自己的一切丑闻那样（quidam opinantur consuetudinem recordatum quam cum fratris uxore habuerit; sed nullam habuisse, persancte Domitia iurabat, haud negatura si qua omnino fuisset, immo gloriatura, quod illi promptissimum erat in omnibus probris）"（*Divus Titus* 10.2）。文本中提及多米提娅的方式（时态和语调）似乎可以让我们确信，她当时已不在人世。

图密善的遗孀是何时去世的呢？一些刻有她名字的瓦片上同时写有公元123年名年执政官的姓名（*CIL* XV, 548 f.; 553）。有些上面还有公元126年执

---

[1] 推断自他跟老普林尼"同住一个军营（castrense contubernium）"的经历（Pliny, *NH, praef.* 3），那是该军官戎马生涯的最后一站。参见 F. Münzer, *Bonner Jahrbücher* CIV (1899), 122 ff.。

政官们的名字（554）。我们据此可以认为，公元126年时她应当还在世。[1] 没有任何史料可以否认这位贵妇的长寿。另外一些刻有"Severo et Arrian. cos.（塞维鲁与阿里安任执政官之年）"的瓦片（552）可能意味着她活到了公元129—132年之间。伽比埃（Gabiae）一座纪念多米提娅·隆吉娜的神庙落成于公元140年（*ILS* 272）。

最后还有一个问题：那位元首秘书的"家乡"在哪里。它很可能是希波·雷吉乌斯，奥古斯都时代设立的自治市（*municipium*）（*ILS* 5976a），尽管所有阿非利加行省铭文中只出现过1次"苏维托尼乌斯"——指挥特维斯特（Theveste）附近一座岗哨的军官盖约·苏维托尼乌斯·雅努阿里乌斯（C. Suetonius Januarius）（*CIL* VIII, 17589）。根据他的家姓来看，此人很可能就是阿非利加行省本地居民。[2]

并非所有相关铭文都会在姓名苏维托尼乌斯·特兰奎鲁斯后面紧接弗拉明祭司团成员（*flamen*）的头衔。合乎常理的解释是，他担任的是地方性的祭司职务。那符合他"被选为（int[er selectos]）""火神祭司（pont. Volca[nal]i）"的说法——后一个职务或在罗马，或在拉丁姆境内的某个城镇（很可能是奥斯提亚港）；因为罗马城内并无火神祭司长（*pontifex Volcanalis*）这个职务。[3] 现存史料中没有能够否定希波为那位学者"家乡"的说法。而该城镇进献关于苏维托尼乌斯的铭文肯定是有原因的，具体情况就不得而知且无法证实了。[4]

一位作家和一位伟大将领（苏维托尼乌斯·保利努斯）提升了"苏维托尼乌斯"这个姓氏的知名度。它其实非常罕见，但在意大利境内拥有一

1　E. Groag, *PIR*[2], D 181: "in vivis etiam a. 126 *XV* 554（根据《拉丁铭文集成》15.554的记载，她甚至在公元126年仍在世）."
2　关于士兵们的统计数据很能说明问题，参见L. R. Dean, *A Study of the Cognomina of Soldiers in the Roman Legions* (Diss. Princeton, 1916), 202 ff.。
3　见L. R. Taylor, *The Cults of Ostia* (Bryn Mawr, 1912), 14 ff.。
4　哈德良也许在公元123年从西班牙前往东方时曾途经此地（*HA, Hadr.* 12.7）。但如果《奥古斯都后诸凯撒传》的记载准确的话，苏维托尼乌斯当时已经蒙羞。

个聚居点。所有线索都指向皮扫鲁姆地区，一个公元前184年建于高卢区的公民殖民地。可以充当氏族名的不只有"苏维托尼乌斯"，还有"苏维托（Sueto）"。相关证据有力且集中。[1]此外，还有一条被人忽视的暗示：当苏维托尼乌斯编纂诗人阿奇乌斯（Accius）的传记时，他能够提供一条地方性的细节信息——"他被皮扫鲁姆一带的人称呼为阿奇亚努斯（a quo et fundus Accianus iuxta Pisaurum dicitur）"[2]。那位学者和那位前执政官都来自"贫瘠的皮扫鲁姆（moribunda ab sede Pisauri）"（Catullus 81.3）的可能性是存在的。

77. 苏维托尼乌斯与《编年史》

苏维托尼乌斯从未提到过科奈里乌斯·塔西佗的名字。那是为什么？有人认为，那是因为当苏维托尼乌斯出版《罗马十二帝王传》时（很可能是在公元121年），尽管他读过了《编年史》的前几卷（甚至可能包括最后几卷），塔西佗毕竟还在人世：历史学家塔西佗在公元121或122年还未去世。[3]另一种观点认为，《编年史》在苏维托尼乌斯出版其作品时（公元120年）尚未完成。[4]

那些说法流传甚广，但它们的路子就是错的。我们有理由认为，苏维托尼乌斯应当认识塔西佗。但无论后者是否仍在世，他都没有义务要提及塔西佗。苏维托尼乌斯根本没有提到过在他的那些传记（自《奥古斯都传》以降）之前问世并被他利用过的任何编年史家作品。

还剩下什么值得讨论的呢？苏维托尼乌斯肯定读过塔西佗的《历史》。

---

1 W. Schulze, *LE* 300.
2 Suetonius (ed. Roth, 1890), p. 295.
3 A. Macé, *Essai sur Suétone* (1900), 206 ff. 那位作者认为《编年史》的前6卷问世于公元117年之前，最后一部分出版于公元117—120年之间（ib. 209）。
4 E. Groag, *Jahrbücher für Cl. Phil.*, Supp.-Band XXIII (1897), 768.

H. 创作年代 / 1127

有人试图在伽尔巴、奥索和维特利乌斯的传记中寻找蛛丝马迹。但他们的努力是徒劳的——除非我们认为两人对元首向禁卫军发表的讲话构成了鲜明对比（*Otho* 6.3和*Hist.* 1.37 f.中的演说词）。弗拉维王朝诸元首的传记也提供不了任何线索。我们无法追问，苏维托尼乌斯是否从塔西佗那里获得了12名前执政官牺牲品的姓名（*Dom.* 10 f.），或利用了那位史学家对宫廷刺杀的记载（ib. 16 f.）。

因此，找到《编年史》相关线索的希望也是极其渺茫的。苏维托尼乌斯坚定地摒弃了奥古斯都选择继承人的邪恶理由（*Tib.* 21.2 f.，参见附录36）。或许那是对前执政官史学家塔西佗的一种批评。与此类似的还有他对提比略赶回时奥古斯都仍然活着的记载。[1]事实上，发明奥古斯都与提比略之间"反衬效果（comparatio deterrima）"说法的并不是塔西佗（1.10.7，参见Dio 56.45.3）。无论如何，那或许可以被视为一种回应方式。但它并不涉及两位作家作品出版时间先后的关键线索。承认苏维托尼乌斯有可能读过《编年史》卷1—3或卷1—6并非难事——如果他迟至公元119或120年还在撰述其《提比略传》的话。[2]

《编年史》卷13—18则是另一回事。明确的证据将是极其宝贵的。乍看上去，苏维托尼乌斯的《尼禄传》似乎是传记对史学传统自觉的，甚至有意为之的挑战。其中几乎没有任何年代线索，对外事务的记载也非常粗略（如39.1和40.2中记述的不列颠与亚美尼亚事务）。苏维托尼乌斯还可以在记述尼禄的覆灭时不去提及尼姆菲狄乌斯·萨比努斯或维吉尼乌斯·鲁弗斯。特别值得注意的是他对用来衬托尼禄的、塔西佗笔下众多英雄角色的处理。他没有提到过多米提乌斯·科布罗或苏维托尼乌斯·保利努斯；他对小塞涅卡（7.1; 35.5; 52.1）和特拉西亚·佩图斯（37.1）的记述也是简短且无关痛痒的。

---

[1] 有人认为那是无可怀疑的事实，如W. Weber, *Princeps* I (1936), 12*: "sicher Polemik gegen Tacitus ann. I 5 (本身同塔西佗《编年史》第1卷第5节相矛盾)."

[2] 但苏维托尼乌斯也许动笔时间略早，在公元119年时已经写完（参见原书第780页）。

这些论据还不是决定性的。我们还需要更多证据。一则史料无疑会引起关注。塔西佗指出，尼禄的诗篇并非都出自他本人的手笔，并暗示自己曾检查过它们——"这些诗作本身便表明它们属于那类产品：它们缺乏活力、灵感或统一的风格（quod species ipsa carminum docet, non impetu et instinctu nec ore uno fluens）"（14.16.1）。但苏维托尼乌斯依据自己亲眼看到过的手稿对尼禄的著作权提出了相反的看法——"我手头拥有的笔记与文稿（venere in manus meas pugillares libellique）"，等等（52）。或许那反映了苏维托尼乌斯作为专家的自鸣得意——他用文献本身驳斥了以文风为依据的评判标准。[1]

　　此外，有人还试图指出二者用词的相似性。塔西佗记录过一颗"总会促使尼禄屠杀知名人物的彗星（sidus cometes, sanguine inlustri semper Neroni expiatum）"（15.47.1）。苏维托尼乌斯也注意到了同一颗彗星。他笔下的占星术士巴尔比鲁斯向尼禄解释道，"君王们应当通过处死一些知名人物来驱除此类预兆的晦气（solere reges talia ostenta caede aliqua illustri expiare）"（36.1）。但那说明不了什么问题。

　　就目前的研究状况而言，苏维托尼乌斯提及过塔西佗《编年史》卷13—18的证据是不足的。[2] 他或许还没看到那部分内容——也许卷13—18还没写完。朱文纳尔也许在第8首讽刺诗中使用过它；但我们没有理由认为，那首诗的写作时间可以提前到公元120年（参见附录75）。我们可以坚持如下的观点：《编年史》中关于尼禄统治时期的内容（无论是现存部分还是按照原计划将在卷18中记完的本朝史事）不可能完成于公元123年之前多久（参见第三十五章）。

1　Macé, o.c. 179认为那是对塔西佗的批评。
2　即认为苏维托尼乌斯创作于公元119—122年期间——特别是如果其出版年代更接近前一个年代的话。关于《罗马十二帝王传》最后2卷（记述了公元69—96年间的历史）为续作，其出版时间晚于公元122年的可能性，参见附录76。

I. 来自行省的罗马人

78. 行省人的姓名

取自 *CIL* II and XII 索引的、来自西班牙与纳旁行省的20个最常见的名字及其数目如下（我们省略了元首赏赐的氏族名，如"尤利乌斯[Julius]""弗拉维乌斯[Flavius]"，等等）：

西班牙		纳旁高卢	
Valerius	400	Valerius	400
Cornelius	350	Cornelius	290
Fabius	300	Pompeius	220
Aemilius	180	Licinius	100
Licinius	180	Attius	90
Caecilius	150	Domitius	80
Sempronius	150	Aemilius	70
Pompeius	130	Cassius	70
Junius	130	Caecilius	60
Antonius	120	Antonius	60
Baebius	90	Coelius	60
Terentius	90	Annius	60

Annius	80	Titius	60
Calpurnius	70	Fabius	50
Porcius	70	Junius	50
Sulpicius	70	Marius	50
Domitius	70	Terentius	50
Fulvius	60	Vibius	50
Marcius	60	Atilius	40
Marius	60	Octavius	40

79. 来自纳旁高卢的罗马人

附录78中的统计数据很能说明问题。其中的大部分氏族名（*gentilicia*）令人回想起那些在共和国终结前执掌着帝国西部治权的人物。我们并不需要想当然地认为，这些名字一定可以上溯到罗马公民权的授予。时髦风气与偏好也会对土著居民和获得拉丁公民权的人们产生影响。然而，行省名人最常见的3个氏族名在这份名单中得到了突出反映。[1] 多米提乌斯家族（Domitii）在纳旁高卢拥有自己的门客网络（参见 *In Verrem* 2.1.118）；公元前82年左右的行省总督盖约·瓦勒里乌斯·弗拉库斯（C. Valerius Flaccus）将公民权授予了赫尔维人（Helvii）的酋长、凯撒朋友盖约·瓦勒里乌斯·特罗奇鲁斯（C. Valerius Troucillus）之父卡布鲁斯（Caburus）（Caesar, *BG* 1.47.4）；庞培同样赏赐过历史学家特罗古斯（Trogus）的祖父（Justin 43.5.11 f.）。

来自尼莫苏斯境内的两则早期铭文中的姓名证实了这种情况的存在——一位官员名叫卢奇乌斯·多米提乌斯·阿克希奥努斯（L. Domitius Axiounus），另一位（盖约·马略·塞尔苏斯）迎娶了"图托狄维奇斯之女庞培娅（Pompeia Toutodivicis f.）"（*ILS* 6976 f.）。

作为"尤利乌斯（Julius）"和"瓦勒里乌斯（Valerius）"之后"行

---

[1] R. Syme, *CQ* XXXII (1938), 41; *Rom. Rev.* (1939), 44; 79 f.

省"中的第三大姓,"科奈里乌斯(Cornelius)"自然也不容忽视。令人信服的二重证据表明它早已出现。第一桩证据是来自尤利乌斯广场镇的诗人,即埃及省长格涅乌斯之子盖约·科奈里乌斯·伽鲁斯(C. Cornelius Cn. f. Gallus)(*ILS* 8995,见原书第587页)。其次则是铭文证据,最引人注目的是来自格拉努姆(Glanum,今圣雷米[St. Remy])的那份:该则用希腊字母撰写的凯尔特铭文中包含着一位科内莉娅(Cornelia)的名字。[1]

氏族名"多米提乌斯(Domitius)""瓦勒里乌斯(Valerius)"和"庞培(Pompeius)"在公元1世纪来自纳旁高卢行省的元老中拥有大量证据(见附录82)。土著姓名也可以被改写成拉丁文形式,使用拉丁语的词尾变化(如家姓"阿提库斯[Atticus]"[2]和姓名(*nomen*)"阿提乌斯[Attius]")。[3] 这种情况在有身份的人中间非常罕见。相关案例如卢奇乌斯·杜维乌斯·阿维图斯(L. Duvius Avitus,公元56年递补执政官)、可能来自意大利北部的托戈尼乌斯·伽鲁斯(Togonius Gallus)(*Ann.* 6.2.2),以及被钱币材料证实为克劳狄乌斯时期某东部行省总督的卢奇乌斯·杜尼乌斯·塞维鲁(L. Dunius Severus)(PIR^2, D 207)。

来自意大利的一些移民们保留着自己独特的地方性或区域性姓名。纳旁为我们提供了丰富多样的标本——如"阿佩乌斯(Appaeus)""拉弗瑞努斯(Lafrenus)""佩尔佩娜(Perperna)""托鲁姆尼乌斯(Tolumnius)""维菲狄乌斯(Vifidius)""沃提埃努斯(Votienus)",等等。[4] 但罗马殖民地对元老名单的贡献十分有限(参见原书第620页)。

---

1 H. Rolland, *CRAI* 1955, 92.
2 关于尤利乌斯·阿提库斯家族(Julii Attici),参见那位高级别行省督办(*CIL* XII, 1854: Vienna);曾让阿古利可拉的父亲获益良多的园圃种植者(Columella 1.1.14)——当然还有奥鲁斯·阿提库斯(A. Atticus)(*Agr.* 37.6)
3 参见附录78。我们由此获得了关于一个重要人物——绥克斯图·阿提乌斯·苏布拉努斯·埃米利亚努斯(Sex. Attius Suburanus Aemilianus)——的可靠证据:他属于"沃尔提尼乌斯(Voltinia)"部落(*AE* 1939, 60)。
4 O. Hirschfeld, *Kl. Schr.* (1913), 30 f. 出于同样的理由,新迦太基也值得(并且确实得到了)重视。

80. 罗马治下西班牙行省的人物姓名

共和时代对西班牙的移民可以通过多种方式留下线索。[1]元老们的姓名为我们向久远的年代追溯提供了有力证据。卢奇乌斯·德奇狄乌斯·撒克萨（L. Decidius Saxa，公元44年平民保民官）当然是萨谟奈特人和新来者[2]；但帝国时代来自南西班牙行省的一些家族似乎并非罗马公民兵或殖民者的后人，而是来自意大利辅军或商人——他们反映了意大利族群、语言混杂的多样性。

一个醒目的例子是姓名"乌尔皮乌斯（Ulpius）"（见附录81）。我们还可补充另外6个案例。舒尔泽（Schulze）认为，词尾不合乎拉丁文规则的姓名"阿奈乌斯（Annaeus）"来自伊达拉里亚。[3]但也有人认为（其实更有可能）它来自伊利里亚。[4]科尔多瓦的另一个世家是达苏米乌斯家族（Dasumii）。[5]毋庸置疑，这个名字来自意大利东南部。[6]因此阿尼乌斯·维鲁斯家族（Annii Veri，来自南西班牙行省的乌库比 [Uccubi]）必定有过名叫达苏米乌斯的祖先，否则我们便无法解释他们为何自称麦萨皮亚人君王达苏姆斯（Dasummus）的后裔（HA, Marcus 1.6）。狄利乌斯家族（Dillii，沃库拉 [Vocula] 和阿波尼亚努斯 [Aponianus]）也来自科尔多瓦：因为沃库拉属于当地的"塞尔吉乌斯氏族（Sergia）"（ILS 983），而阿波尼亚努斯也在那里受到尊崇（AE 1932, 78）。该姓名（nomen）异常罕见。仅有的另一处

1　E. Gabba, *Athenaeum* XXXII (1954), 297 ff.

2　R. Syme, *JRS* XXVII (1937), 127 ff.

3　*LE* 346.

4　*LE* 32，参见H. Krahe, *Lexikon altilyrischer Personennamen* (1929), 6 f.。其佩利格尼语拼写形式为"Annaus"或"Annavus"。

5　立遗嘱者卢奇乌斯·达苏米乌斯（L. Dasumius）为科尔多瓦提供过物资补给（*CIL* VI, 10229, l. 31）；达苏米乌斯家族分布于科尔多瓦（II, 2273）和南西班牙行省其他地方（1801; 1089; 1096; 5391 f.）。

6　值得注意的是，达苏米乌斯家族中有些成员担任着地方官员（IX, 415: Canusium; 689: Herdoniae）。伊利里亚的情况参见H. Krahe, o.c. 35 f.。

铭文证据（除那两位元老外）来自西班牙（*CIL* II, 287; Olisipo）。我们有理由猜想，玛库斯·阿波尼乌斯·萨图尔尼努斯（M. Aponius Saturninus，递补执政官，具体年代不详）跟狄利乌斯·阿波尼亚努斯（Dillius Aponianus）必然沾亲带故，后者在公元69年是前者麾下的军团副将（*Hist.* 3.10.1）。十来位阿波尼乌斯家族（Aponii）的人物出现在了西班牙地区的铭文中。我们在公元前46年史事中（Dio 43.29.3）见到的骑士卢奇乌斯·阿波尼乌斯（L. Aponius）很可能是南西班牙行省居民；情况类似的还有被《亚历山大里亚战纪》称为"极其高贵、深受行省人民爱戴（maximae dignitatis et gratiae provincialem hominem）"的阿尼乌斯·斯卡普拉（Annius Scapula）（*Bell. Al.* 55.2）。值得注意的还有哈德良朋友普拉托里乌斯·奈波斯（Platorius Nepos）全名中的"阿波尼乌斯·意大利库斯（Aponius Italicus）"——他从属的部落"塞尔吉乌斯（Sergia）"位于意大利或科尔多瓦。[1] 其氏族名"普拉托里乌斯（Platorius）"显然来自伊利里亚——参见当地的铭文写法"普拉托尔（Plator）"。[2]

最后，还有一位来自南西班牙行省的元老使用着纯正的伊达拉里亚名字——玛库斯·阿克纳·萨图尔尼努斯（M. Accenna Saturninus）（*CIL* XIV, 3585: Tibur）。此人的生活年代不详，玛库斯·阿克纳·赫尔维乌斯·阿格里帕（M. Accenna Helvius Agrippa）（*CIL* II, 1262: nr. Hispalis）则很可能是安东尼时期的人物。

同处伊比利亚半岛上的近西班牙行省情况则与此迥异（它本身也是光怪陆离的）。海岸一带建立过一些定居点；有些来自那里的元老出生于意大利，如来自巴尔奇诺的、大名鼎鼎的佩达尼乌斯家族（Pedanii）。[3] 那个姓

---

[1] 阿奎雷亚将他尊奉为庇护者（*patronus*）（*ILS* 1052）：但那里未必是他的家乡。值得注意的是（或许是非常宝贵的线索），意大利北部的铭文中没有记载过其他普拉托里乌斯家族成员（Platorii），而南西班牙行省则可以提供一个例子（II, 1861: Gades）。

[2] H. Krahe, o.c. 92 ff.

[3] 参见卢奇乌斯之子卢奇乌斯·佩达尼乌斯·塞昆杜斯·尤利乌斯·佩尔希库斯（L. Pedanius L. f. Secundus Julius Persicus）（II, 4513）和那里的若干释奴佩达尼乌斯（libertine Pedanii）（II, 4529; 4549; 4550 = *ILS* 5486）；这些信息被 Groag, P-W XIX, 23 f. 所引述。更多信息见 *Hisp. Ant. Epigr.* 4/5 (1953/4), 555; 559; *Archivo esp. de Arq.* XXVIII (1955), 207 ff.。

名（nomen）可能来自伊达拉里亚。[1]此外还有来自塔拉科（参见 AE 1932, 84 和其他铭文）的玛库斯·雷奇乌斯·陶鲁斯（M. Raecius Taurus）（PIR[1], R 9）。"雷奇乌斯（Raecius）"这个名字似乎在伊达拉里亚和伊利里亚都有人使用。[2]

我们上面挑选出的这些氏族名不可能来自公民权授予。没有任何已知的罗马共和国官吏使用这些名字。另一方面，来自这两个西班牙行省的众多元老中有许多人使用着无法辨别的氏族名，如"费边（Fabius）""尤尼乌斯（Junius）""李锡尼乌斯（Licinius）"，等等。他们的祖上很可能是本地人。此外，根据这条线索，我们可以对西班牙元老们的名单做出若干猜测性的补充，如"盖约·李锡尼乌斯·穆奇亚努斯（C. Licinius Mucianus）"（公元64年前后递补执政官）或"昆图斯·尤尼乌斯·玛鲁路斯（Q. Junius Marullus）"（公元62年递补执政官）。

81. 图拉真的祖先

卡西乌斯·狄奥对那位元首有一句令人惊讶的论断——"他是西班牙人，并非意大利人或意大利对外移民的后裔（Ἴβηρ ὁ Τραϊανὸς, ἀλλ' οὐκ Ἰταλὸς οὐδ' Ἰταλιώτης）"（68.4.1）。或许对那位假冒亚历山大的罗马人的偏见在从中作梗：来自比提尼亚的希腊作家卡西乌斯·狄奥也对小塞涅卡充满敌意（见原书第551页）。这其中还包含着对姓氏掌故的无知。无论从前曾经历过怎样的族群混杂，南西班牙行省的贵族们都不会使用本地的氏族名（nomen）或家姓（cognomen）。

正如雅各布·格林很久以前猜想的那样，"乌尔皮乌斯（Ulpius）"这个姓氏来自古代意大利的某种语言，与"lupus""wolf""vuk"[3]等词的词源相

---

[1] LE 365.
[2] LE 217，参见44；H. Krahe, o.c. 97 f.。
[3] 这三个词的含义均为"狼"——译注

近。舒尔泽认为那种看法有些异想天开。[1]事实上，伊利里亚地区提供了相当有力的证据。参见"Ulcinium""Ulcirus""Ulcisia"等地名。[2]

一位语无伦次的晚期节编者认为，那位元首来自翁布里亚境内的图德尔——"乌尔皮乌斯·图拉真来自图德尔城（Ulpius Traianus ex urbe Tudertina）"（Victor, *Epit.* 13.1）。至少在将图德尔视为乌尔皮乌斯家族"发源地（ultima origo）"这件事上，他或许说对了。[3]在寻找相关线索时，一些名叫"玛库斯·乌尔皮乌斯（M. Ulpius）"的人物算不上理想的证据。他们的名字可能来自元首图拉真或他的父亲。而首名非"玛库斯（Marcus）"的例子到处都非常稀少——并且也极其宝贵。[4]《拉丁铭文集成》第11卷中有两个这样的例子，其中之一在图德尔——"提图斯之女乌尔皮娅（Ulpia T. f.）"（4725）。

那还不是全部。氏族名"图拉真（Traius）"同样非常罕见。[5]它可能来自伊利里亚。[6]《拉丁铭文集成》第11卷中只有一处孤证，它恰恰来自图德尔（4686）。难道那座城市的古怪名字不是来自伊利里亚地区的语言吗？可参见达尔马提亚境内的雅德尔（Iader）和里德尔（Rider）。

82. 来自行省的执政官们，公元37—68年

以下12个名字可被认定为卡里古拉、克劳狄乌斯与尼禄统治时期来自西班牙与纳旁高卢家族的执政官。值得注意的还有维也纳的盖约·贝利奇乌

---

1 他称之为"一个美丽的但在语法上几乎无法站住脚的想法（ein hübscher aber grammatisch kaum haltbal Einfall）"（*LE* 234）。不幸的是，他未能举出任何当地的例子。

2 J. Bonfante, *Latomus* III (1939), 79 ff. 或许还存在着独立的日耳曼拼写方式，参见 *Bönner Jahrbücher* CL (1950), 190 f. 从 CIL XIII 中整理出的乌尔皮乌斯家族成员名单。无论如何，"乌尔皮乌斯·卢皮奥（Ulpius Lupio）"（XIII, 8705）是很能说明问题的。

3 鲍曼（Bormann）检查了维克托的说法——"nescio quo errore（我找不到其中的错误）"（*CIL* XI, p. 679, on Tuder）。

4 如卢奇乌斯的释奴卢奇乌斯·乌尔皮乌斯·鲁斯提库斯（L. Ulpius L. l. Rusticus）（II, 1158: Italica）。

5 我们可以找到两个名叫"图拉真"的西班牙人（II, 1065: Arva; 5389: Hispalis）。此外还有陶瓶上的印章（6257[199]: Ilici）。

6 舒尔泽只举出了"图拉真"的例子（*LE* 580），但他记载了"特拉维乌斯（Travius）"（245）。

斯·纳塔利斯（C. Bellicius Natalis）（*PIR*², B 101）——公元68年最后3个月的递补执政官：他有可能是由伽尔巴任命的。

卢奇乌斯·阿涅乌斯·塞涅卡（L. Annaeus Seneca，公元56年递补执政官），科尔多瓦

格涅乌斯·多米提乌斯·阿费尔（Cn. Domitius Afer，公元39年执政官），尼莫苏斯，Jerome, *Chron.* p. 179 H.

卢奇乌斯·杜维乌斯·阿维图斯（L. Duvius Avitus，公元56年执政官），瓦西奥，*ILS* 979，参见 *I.l. de Gaule* 206

玛库斯·（尤利乌斯·）维斯提努斯·阿提库斯（M. [Julius] Vestinus Atticus，公元65年执政官），维也纳，*ILS* 212, col. ii, ll. 10 ff.

卢奇乌斯·尤尼乌斯·阿涅乌斯·伽利奥（L. Junius Annaeus Gallio，公元55年前后执政官），科尔多瓦

玛库斯·玛尼利乌斯·沃皮斯库斯（M. Manilius Vopiscus，公元60年执政官［？］），来自西班牙，见上文第602页

普布利乌斯·马略·塞尔苏斯（P. Marius Celsus，公元62年执政官［？］），尼莫苏斯，附录32

卢奇乌斯·佩达尼乌斯·塞昆杜斯（L. Pedanius Secundus，公元43年执政官），巴尔奇诺，附录80

格涅乌斯·佩达尼乌斯·萨利纳托尔（Cn. Pedanius Salinator，公元60或61年执政官），巴尔奇诺

庞培·保利努斯（Pompeius Paullinus，公元53年前后执政官［？］），阿瑞拉特，Pliny, *NH* 33.143

德奇姆斯·瓦勒里乌斯·阿西亚提库斯（D. Valerius Asiaticus，公元35年执政官，公元46年第二次出任执政官［名年］），维也纳

瓦勒里乌斯·阿西亚提库斯（Valerius Asiaticus，公元39—45年期间出任过执政官，具体时间点不详），维也纳，*ILS* 212, col. ii, ll. 17 ff.。德奇姆

斯·瓦勒里乌斯·阿西亚提库斯的弟弟

此外，尽管无法得到证实，由于氏族名的缘故，下面这些人物中有些也很可能来自行省：

昆图斯·费边·巴尔巴鲁斯·安东尼·玛凯尔（Q. Fabius Barbarus Antonius Macer，公元64年前后执政官）
卢奇乌斯·尤利乌斯·鲁孚斯（L. Julius Rufus，公元67年执政官）
马略·科尔杜斯（Marius Cordus，克劳狄乌斯统治时期出任执政官）
盖约·庞培·隆吉努斯·伽鲁斯（C. Pompeius Longinus Gallus，公元49年执政官）
庞培·佩多（Pompeius Pedo，公元39—45年期间出任过执政官）
庞培·佩努斯（Pompeius Pennus，公元39或40年执政官）
玛库斯·庞培·希尔瓦努斯（M. Pompeius Silvanus，公元45年执政官）

另外5位执政官也值得仔细研究。公元68/69年默西亚行省总督玛库斯·阿波尼乌斯·萨图尔尼努斯（尼禄时代递补执政官）可能跟阿波尼乌斯家族的其他成员一样来自南西班牙行省。他的亲戚盖约·狄利乌斯·阿波尼亚努斯（C. Dillius Aponianus）是科尔多瓦人（见附录80）。该行省也可能是玛库斯·阿尼乌斯·阿弗里努斯（M. Annius Afrinus，公元67年前后递补执政官）的家乡。[1]

普布利乌斯·迈米乌斯·雷古鲁斯（P. Memmius Regulus，公元31年递补执政官，他的一个儿子成了公元63年名年执政官）是个神秘人物。前人曾想当然地（基于其生活时代）认为，这名新人是意大利人，或许拥有古老的罗马或拉丁血统。[2] 但一些事实让我们对此产生了怀疑。雷古鲁斯是纳旁高卢

---

[1] 关于来自南西班牙行省的阿尼乌斯家族（Annii），见附录86。
[2] E. Groag, P-W XV, 626: "sicherlich italischer, wahrscheinlich altrömischer oder lateinischer Abstammung."

境内殖民地鲁斯奇诺（Ruscino）的庇护人，那是他的已知生涯履历无法解释的现象（*I.l. de Gaule* 633）。此外，帝国早期曾有一位名叫迈米娅·伽拉（Memmia Galla）的人物，她是元老奥鲁斯·科提乌斯（A. Cottius）的母亲（*ILS* 8343: Rome）。[1] 姓名"科提乌斯（Cottius）"源自土著方言，参见维斯特里奇乌斯·斯普利纳（Vestricius Spurinna）之妻科提娅（Cottia）。最近发现的事实表明，有一位纳旁高卢居民（瓦勒里乌斯·阿西亚提库斯）于公元35年担任过递补执政官；那意味着他关于公元31年有一位先驱的猜想并非令人难以置信（但还未能得到证实）。历史学家塔西佗对雷古鲁斯抱有特别兴趣。我们不妨来看看他非同寻常的评论："他的权威与始终如一为自己赢得了元首光环阴影下所能取得的最辉煌名声（auctoritate constantia fama, in quantum praeumbrante imperatoris fastigio datur, clarus）。"（14.47.1）那是否有些言过其实呢？雷古鲁斯曾同意将洛里娅·波琳娜让给卡里古拉，护送她前往罗马城并主持了订婚仪式（Dio 59.12.1，参见 Suetonius, *Cal.* 25.2）。塔西佗或许在《编年史》卷12中为他的行为进行过辩护。相关讣告还补充了关于雷古鲁斯的一则逸事，以及有理由受到质疑的相关评论。[2]

最后，我们也必须追问多米提乌斯·科布罗（附录83）和李锡尼乌斯·苏尔拉（附录85）来自何方。

倘若雷古鲁斯、科布罗和穆奇亚努斯都是来自帝国西部诸行省的新罗马人的话，那么我们会对罗马史的许多方面和插曲形成全新的理解。即便没有他们，相关记录也已足够耐人寻味。这些记载表明，小塞涅卡、多米提乌斯·阿费尔和瓦勒里乌斯·阿西亚提库斯的出现并非孤立现象（就像较早的科奈里乌斯·巴尔布斯［Cornelii Balbi］两兄弟那样）。诚然，瓦勒里乌斯·阿西亚提库斯的第二任执政官履历并不顺利。但抛开他不谈，我们手头的名单中还是出现了2位出身行省的名年执政官（公元62和65年）——另外2

---

[1] Groag, o.c. 635 f. 引用了这条证据，并提到了马赛利亚的麦米乌斯家族（Memmii）（如 *ILS* 6761）。

[2] 见附录60。那则逸事并不高明（参见 Groag, o.c. 635）。但有些学者相信并利用了它，如 R. S. Rogers, *TAPA* LXXXVI (1955), 194。

位执政官（公元49和67年）的氏族名似乎暗示了其行省居民身份，但没有相关史料可以证明他们的祖上来自何方。

在这段时期里，纳旁高卢比西班牙发展得更快——到公元56年为止已培养了5位执政官。在各城市中，维也纳出了3位执政官，尼莫苏斯出了2位，瓦西奥出了1位；但各罗马殖民地统共只培养出了1位（阿瑞拉特）。下一个阶段成功确立了那些城市的主导地位——它们原本是阿隆布罗格人、伍尔西人和沃科提人等古老部落的统治中心（见原书第620页）。

83. 多米提乌斯·科布罗

科布罗的母亲是再醮过多次的维斯提莉娅（Vistilia），一位先后嫁给过6任丈夫的贵妇（*NH* 7.39）。[1] 历史学家塔西佗用将近一章的笔墨（3.31）介绍了科布罗的父亲，一个为自己谋得了意大利境内道路管理职务的、讨人嫌的家伙。狄奥提到过他，说他于公元39年当上了执政官（49.15.3 ff.）。那并不令人惊讶，因为卡里古拉的妻子米洛尼娅·凯索尼娅（Milonia Caesonia）是维斯提莉娅的子女之一。

如果狄奥关于这位道路管理官员的执政官任期的记载无误的话（*PIR*², D 141接受了这一说法），他的儿子肯定此后不久便当上了递补执政官，也许是在公元43年前后。狄奥从未指出过两位科布罗的同时存在，他有可能是把二人混为一谈了。

穆奇亚努斯在鼓励韦伯芗时提到了科布罗，声称"他的出身比我们更加辉煌，因而也就更为致命（splendidior origine quam nos sumus, fateor）"（*Hist.* 2.76.3）。他父亲的元老身份证实了这个说法（如果穆奇亚努斯跟韦伯芗一样，都缺少这个门第优势的话），即便他的父亲不曾出任过执政官。[2]

1　C. Cichorius, *Römische Studien* (1922), 429 ff.
2　参见Dio 62.19.2: "τῷ γένει λαμπρός（出身高贵）."那不一定能够说明太多问题。狄奥也赞美过特拉西亚·佩图斯（Thrasea Paetus）、该家族中第一位执政官的"出身（γένος）"。

没有任何材料暗示过科布罗的出身。他可能来自纳旁高卢。如果格涅乌斯·多米提乌斯·阿费尔（公元39年递补执政官，其出身只是通过晚出的、偶然的材料得到了证实）如此的话，格涅乌斯·多米提乌斯·科布罗为何不是这样呢？元首制早期多米提乌斯氏族中仅有的另一位执政官来自埃诺巴布斯家族：科布罗可能来自他们从前在纳旁高卢的门客家族（见附录79）。

他的家姓极其罕见。[1] 根据 CIL XII, 2414（Augustum，阿隆布罗格人领土境内）和 CIL XIII, 5178（Salodurum）来看，它可能来自凯尔特语。但它也有可能是意大利的姓名——对此进行区别往往十分困难（而且难免武断）。这些多米提乌斯氏族成员可能来自意大利亚平宁山区。他们在维斯提尼人（Vestini）领土内的佩尔图伊努姆（Peltuinum）拥有地产：参见 ILS 9518，其中证实了一个"由科布罗家族和隆吉努斯家族英雄人物（heroi Corbulonis et Longinae）"组成的团体（collegium）的存在。[2]

科布罗的女儿多米提娅·隆吉娜当上了王后。他的妻子则无从考证。她也许是来自卡西乌斯·隆吉努斯家族的名门贵妇（见原书第560页），也许不是。

84. 科布罗麾下副将们的角色

在公元54年底获得了卡帕多西亚-伽拉提亚地区的任命后，科布罗又兼任叙利亚行省总督近两年之久（公元60—62年，于乌米狄乌斯·夸德拉图斯去世后）。随后，他将职务移交给了凯森尼乌斯·佩图斯，但很快又重新走马上任，于公元63年带着特别任命和更大的权力指挥着叙利亚行省的兵力。他长期掌控着北方的军事指挥权，直到被召回并被迫于公元66/67年冬自尽

---

[1] Schulze, LE 314; 576没有引证任何案例。
[2] 参见 CIL IX, 3418 f.; 3432; 3438; 3469（多米提娅·隆吉娜的释奴或奴隶）。残缺不全、令人费解的铭文3426指的可能是科布罗，而非 Groag, Jahreshefte XXIX (1935), Beiblatt 193所认为的公元110年递补执政官奥鲁斯·拉尔奇乌斯·普利斯库斯。

为止。[1]

指挥东方军队的12年履历为这名将领提供了在部队与军官中间拓展自己的庇护关系网络的绝佳机会。[2]叙利亚驻扎着4个军团：第3军团"高卢"、第6军团"铁甲"、第10军团"海峡"和第12军团"闪电"（XII Fulminata）。科布罗将其中2个军团带到了卡帕多西亚（第3军团和第6军团），不久之后又带去了第3个（第10军团）。出于战事需要，又有3个军团——第4军团"斯基泰"（公元56或57年）、第5军团"马其顿"（公元61年［？］）和第15军团"阿波罗"（公元63年）——被从多瑙河流域调来。因此，从公元63年起，东方已集结了7个军团。公元67年，韦伯芗为了犹太战事的缘故抽调走了3个军团（第5军团、第10军团和第15军团），剩余4个军团留在叙利亚受李锡尼乌斯·穆奇亚努斯节制。尼禄去世前不久，李锡尼乌斯·穆奇亚努斯麾下的第3军团"高卢"又被调往默西亚行省。[3]

到公元68年为止，之前的副将们都已改任他职，并出任过执政官[4]；有些人还灰头土脸地返回了罗马。[5]但在公元69年7月拥立韦伯芗为元首的6个军团（犹太和叙利亚）的指挥官中，有些人很可能是跟那位伟大将领科布罗有交情的。他们并非都是在公元67年新任命的：参见公元64年之际身在亚美尼

---

[1] 关于其不同阶段，见 PIR², D 142。
[2] 《编年史》的叙述交代了各军团的分布情况。关于其中的不同内容（并不存在任何争议），见 E. Ritterling in P-W XII。
[3] Hist. 2.74.1. 参见 Suetonius, Divus Vesp. 6.3: "sub exitu Neronis（在尼禄去世之际）."
[4] 即玛库斯·维提乌斯·波拉努斯（M. Vettius Bolanus，公元66年递补执政官）、卢奇乌斯·维鲁拉努斯·塞维鲁（L. Verulanus Severus，公元66年前后执政官）和马略·塞尔苏斯（Marius Celsus，公元69年执政官）。或许还有科奈里乌斯·弗拉库斯（Cornelius Flaccus）（参见 PIR², C 1362）。
[5] 卡拉维乌斯·萨比努斯（Calavius Sabinus）和卢奇乌斯·福尼苏拉努斯·维托尼亚努斯（L. Funisulanus Vettonianus）都参加了凯森尼乌斯·佩图斯（Caesennius Paetus）被俘的战役。卢奇乌斯·福尼苏拉努斯·维托尼亚努斯似乎迟至公元78年才当上执政官。奥鲁斯·凯森尼乌斯·伽鲁斯（A. Caesennius Gallus）出任执政官的年代不详。他曾担任过第12军团"闪电"的副将，该军团在公元66年基本上被犹太人抵挡住了（Josephus, BJ 2.510，参见5.41; 7.18）。史料表明，凯森尼乌斯在较晚的年代（公元80年）里担任着卡帕多西亚–伽拉提亚行省的副将（ILS 263）。

亚的奥勒留·福尔伍斯（他如今在默西亚行省指挥着第3军团"高卢"）（*ILS* 232: nr. Harput）。在犹太行省，绥克斯图·维图勒努斯·克瑞亚利斯（Sex. Vettulenus Cerialis）指挥着第5军团"马其顿"，玛库斯·乌尔皮乌斯·图拉真指挥着第10军团"海峡"，而韦伯芗之子、财务官级别的提图斯指挥着第15军团"阿波罗"（Josephus, *BJ* 3.65, 等等）。至于公元69年驻扎在叙利亚的3个军团，我们只能确认其中的一位副将，即格涅乌斯·庞培·科雷伽（Cn. Pompeius Collega），公元70年叙利亚行省的执行总督（*BJ* 7.58）。他当时指挥着第4军团"斯基泰"——距离安条克最近的军团。

克瑞亚利斯、图拉真和科雷伽似乎都是资格较老的前大法官。韦伯芗与穆奇亚努斯曾发生过龃龉。提图斯为他们做了调解（*Hist.* 2.5.2）。提图斯或许还不是唯一的中间人。图拉真可能在韦伯芗的拥立过程中发挥过重要作用——我们有理由猜测，韦伯芗带着图拉真去了埃及。[1] 奥勒留·福尔伍斯可能在默西亚行省起到了破坏作用（见原书第166页）。埃及在7月的第一天把叙利亚远远地抛在了身后。当时的埃及省长是提比略·尤利乌斯·亚历山大，此人曾于公元63年在科布罗帐下担任过要职（*Ann.* 15.28.3）。

东部地区副将们的升迁与后续职务很能说明问题。其中5位提供了例证：

马略·塞尔苏斯（公元69年递补执政官）。公元72/3年担任着叙利亚行省总督，卢奇乌斯·凯森尼乌斯·佩图斯的继任者（*PIR*², C 173）。他在公元63年时是第15军团"阿波罗"的副将（*Ann.* 15.25.3）。更多信息见附录32

玛库斯·乌尔皮乌斯·图拉真（M. Ulpius Traianus, 公元70年前后执政官[？]），从公元74年起担任着叙利亚行省总督，之前可能治理过卡帕多西亚–伽拉提亚地区（参见原书第31页）

提图斯·奥勒留·福尔伍斯（T. Aurelius Fulvus, 公元70年执政官[？]），远西班牙行省总督（*AE* 1952, 121）

---

1 公元70年时第10军团"海峡"的副将是奥鲁斯·拉尔奇乌斯·雷必达（A. Larcius Lepidus）（Josephus, *BJ* 6.237；参见 *ILS* 987）。

格涅乌斯·庞培·科雷伽（Cn. Pompeius Collega，公元72年前后执政官［？］），公元76年上半年治理着卡帕多西亚－伽拉提亚地区（*ILS* 8904），可能上任于公元74年

绥克斯图·维图勒努斯·克瑞亚利斯（Sex. Vettulenus Cerialis，公元73年前后执政官［？］），公元78年2月担任着默西亚行省总督（*CIL* XVI, 22）

另外两个名字很可能也跟科布罗有关（其中之一来自推测）。第一位是盖约·鲁提利乌斯·伽利库斯（C. Rutilius Gallicus，公元71年前后递补执政官［？］）。他曾作为科布罗麾下副将治理过伽拉提亚9年之久，并担任过亚细亚行省总督的副将2年（公元68—70年，或公元69—71年）（Statius, *Silvae*, 1.4.74 ff.，参见 *ILS* 9499）。史料表明，他在公元78年5月担任着下日耳曼行省副将（*CIL* XVI, 23）。第二位是绥克斯图·尤利乌斯·弗伦提努斯（公元73年递补执政官［？］）。那位古怪地对同时代的战事寡言少语（他完全没有提到不列颠）的前执政官级别作家提及了科布罗（*Strat.* 4.1.21; 28; 2.3），还特别讲到了科布罗在提格拉诺克尔塔的逸事（2.9.5）。[1] 弗伦提努斯或许是以骑兵军官起家的。他在两年内便从公元70年时罗马城内的大法官一跃成为执政官的履历十分不同寻常。他可能很晚才当上大法官，也许是被伽尔巴拔擢进入元老院的（其他人物见原书第592页）。我们有理由认为，弗伦提努斯来自纳旁高卢。参见元老昆图斯·瓦勒里乌斯·鲁佩尔库斯·尤利乌斯·弗伦提努斯（Q. Valerius Lupercus Julius Frontinus）（*CIL* XII, 1859 f.: Vienna）的例子。

上述7人中有4人来自行省——或许还有第5位，即格涅乌斯·庞培·科雷伽（依据是他的氏族名）。《编年史》的作者没有提及科布罗的一名副将——盖约·李锡尼乌斯·穆奇亚努斯（公元64年前后递补执政官），那或许是为了在后文中隆重推出此人。穆奇亚努斯能够介绍幼发拉底河的源

---

[1] 该证据很宝贵，因为有人认为《谋略》卷4不是弗伦提努斯的作品。

头（Pliny, *NH* 5.83），可见他在公元58年还跟随着科布罗（或许之后也继续在其帐下效力）。他后来担任了吕奇亚-帕姆弗利亚行省总督（*ILS* 8816: Oenoanda; *AE* 1915, 48: Attaleia）。我们不应忽视穆奇亚努斯（附录85）或科布罗（附录83）的出身问题。无论出身如何，科布罗肯定在其副将群体中培养了一批有实力的追随者，并且很可能跟罗马城内的名人圈子建立了千丝万缕的联系。他无疑对尼禄构成了威胁。[1]

85. 苏尔拉和穆奇亚努斯

卢奇乌斯·李锡尼乌斯·苏尔拉在通往巴尔奇诺路上的塔拉科附近建造了一座凯旋门，并在巴尔奇诺城内修建了一座公共建筑（*CIL* II, 4282; 4508）。但即便他的父母曾在这两座城市（或其中一座）定居过的话，我们也无法确定那就是他的合法"家乡"。他们在氏族"伽勒里乌斯（Galeria）"中注册，而苏尔拉所属的部落是"塞尔吉乌斯"。[2]"塞尔吉乌斯"是远西班牙地区某个较早建立的定居点中的部落名。就现存证据来看，近西班牙地区中只有新迦太基拥有这个部落名。[3] 必须补充的是，相关证据是支离破碎、比例失衡的——埃布罗河（Ebro）谷地中某些城镇留下的铭文证据少得可怜。例如，奥斯卡（Osca）只有6条铭文，伊勒达（Ilerda）有7条，凯尔萨（Celsa）有9条。[4] 住在奥斯卡的部落也许正是"塞尔吉乌斯"。[5] 住在凯尔萨（或尤利乌斯·雷必达殖民地[Colonia Julia Lepida]）的部落情况不详。[6]

---

1 见原书第560页。值得注意的还有维鲁拉娜·格拉提拉（Verulana Gratilla，可能是尤尼乌斯·鲁斯提库斯的妻子，参见 *PIR*[1], V 289）——她可能是科布罗麾下副将卢奇乌斯·维鲁拉努斯·塞维鲁的亲戚。

2 参见 E. Groag, P-W XIII, 472。

3 W. Kubitschek, *Imperium Romanum Tributim Discriptum* (1889), 191. 关于部落"塞尔吉乌斯"在西班牙境内分布情况的前沿叙述应当是非常宝贵的。

4 *CIL* II, 3002-7 (Osca); 3009-14 and 5848 (Ilerda); 3015-20 and 5849-51 (Celsa)。

5 参见 II, 3003。

6 也许值得注意的是，凯尔萨出土的钱币上提到了两人委员会（*duumviri*）中的卢奇乌斯·苏尔拉（L. Sura）和卢奇乌斯·布科（L. Bucco）（G. F. Hill, *Notes on the Ancient Coinage of Hispania Citerior* [1933], 83）。但他们可能来自科奈里乌斯家族，而非李锡尼乌斯家族。

作为分别拥立过一位元首的人物，苏尔拉和穆奇亚努斯之间的相似性自然逃不过人们的眼睛。前者或许跟后者一样，"擅长展示自己所说的和所做的一切（omnium quae diceret atque ageret arte quadam ostentator）"（*Hist.* 2.80.2）。[1]但他们还有更糟糕的相似之处，如奢侈与邪恶（见原书第229页）。

苏尔拉是图密善时代罗马城中的一位著名人物（Martial 6.64.13）。我们没有听说过他的父亲或妻子——并且他也没有留下任何子孙后代。[2]我们至多只能找到他的一位亲戚——比尔比利斯的李锡尼亚努斯（Licinianus of Bilbilis）（*PIR*[1], L 113）。参见 Martial 1.4940: "dum Sura laudatur tuus（当你的苏尔拉受到赞美之时）。"

穆奇亚努斯在公元77年时已经去世（可推断自 Pliny, *NH* 32.62）。我们没有听说过他的家人和子嗣。这位伟大新人来自自哪里呢？一则我们偶然获悉的事实或许能够派上用场。他来自部落"塞尔吉乌斯"——因为某些在他担任尼禄治下的行省总督时从他那里获得公民权的吕奇亚家族使用了这个部落名（*IGR* III, 493 ff.; 633）。部落名"塞尔吉乌斯"可能意味着他来自意大利亚平宁山区，但也可能是西班牙。姓氏李锡尼乌斯（Licinii）在西班牙很常见，但那里的铭文中从未出现过穆奇乌斯（Mucii）一类的名字。然而，最近发现的、在塔拉科题献的一则铭文表明，一位普布利乌斯·穆奇乌斯·斯凯沃拉（P. Mucius Scaevola）曾于共和末年活跃于西班牙境内。[3]

86. 玛库斯·阿尼乌斯·维鲁斯

除了离谱的虚构（如一位罗马元首是努玛的后人）外，《奥古斯都后

1　Groag, o.c. 484认为如此。
2　跟伽维乌斯·普利斯库斯（Gavius Priscus）一道获得元首答复的奥鲁斯·李锡尼乌斯·穆奇亚努斯（A. Licinius Mucianus）（*AE* 1936, 128: Pergamum）在这里派不上用场，因为那些人物的地位和这份文件的时间尚无法确定（参见*PIR*[2], G 107）。
3　*Hisp. Ant. Epigr.* 4/5 (1953/54), 40. 石板另一侧刻有给伟人庞培的献辞。这位斯凯沃拉也许就是公元64年的大祭司长（Macrobius 3.13.11）。

诸凯撒传》（Marcus I）也提供了一些宝贵细节，以及一个有待修补的说法（见附录87，普布利乌斯·卡尔维修斯·图鲁斯·卢索［P. Calvisius Tullus Ruso］条目下）。该家族中的首位元老是"成为元老的、来自西班牙境内自治市乌库比塔努斯的大法官阿尼乌斯·维鲁斯（Annius Verus praetorius ex Uccubitano munucipio ex Hispania factus senator）"。这个伟大祖先便是"三度出任过执政官（cos. ter.）"的那位。他于公元73或74年被拔擢为老牌贵族，很可能是在披上少年长袍（toga virilis）之时：参见他的同龄人、公元95年递补执政官卢奇乌斯·奈拉提乌斯·马塞卢斯（L. Neratius Marcellus）（ILS 1032: Saepinum）的情况。

他第一次出任执政官——其同僚为（卢奇乌斯·）奈拉提乌斯·普利斯库斯（[L.] Neratius Priscus），其间通过了一条反对阉割行为的元老院决议（Dig. 48.8.6）——的年代长期以来存在争议（参见PIR^2, A 695）。但那些口舌其实是毫无必要的——并且最近发现的一则《奥斯提亚执政官年表》残篇（AE 1954, 220）也确认了那个年份：公元97年（见附录10）。

玛库斯·阿尼乌斯·维鲁斯迎娶了前执政官鲁皮利乌斯·波努斯（Rupilius Bonus，此人不见于其他记载）之女鲁皮莉娅·福斯提娜（Rupilia Faustina，见附录87）。他们的一个儿子是公元128年执政官玛库斯·阿尼乌斯·利波，另外一个儿子迎娶了普布利乌斯·卡尔维修斯·图鲁斯·卢索（公元109年执政官）之女多米提娅·卢奇拉（Domitia P. f. Lucilla），并在当上大法官后去世了。两人的儿子（未来的元首），生于公元121年（PIR^2, A 697）。

阿尼乌斯·维鲁斯家族（Annii Veri）跟哈德良的家族沾亲带故（Dio 69.21.2）。他们之间的纽带很可能是科尔多瓦的达苏米乌斯家族——留下过遗嘱的卢奇乌斯·达苏米乌斯使用的家姓可能就是"哈德良"（见附录87）；他的儿子普布利乌斯·达苏米乌斯·鲁斯提库斯（P. Dasumius Rusticus）于公元119年享受了作为哈德良同僚出任执政官的荣耀（见原书第600页）。但我们还应注意公元67年前后（盖约·帕奇乌斯·）阿非利加努斯（[C. Paccius] Africanus）的同僚、递补执政官玛库斯·阿尼乌斯·阿弗里努斯（*PIR*², A 630）。哈德良的父亲名叫普布利乌斯·埃利乌斯·哈德良·阿费尔。

根据《奥古斯都后诸凯撒传》的记载，元首玛库斯·奥勒留的祖上不仅来自罗玛，还来自"建立鲁皮埃的达苏米乌斯之子、国王萨勒提努斯·玛勒姆尼乌斯（item a rege Sallentino Malemnio, Dasummi filio, qui Lupias condidit）"（*Marcus* 1.6）。有人认为其中的纽带是卡尔维修斯家族（Calvisii），即普布利乌斯·卡尔维修斯·卢索·尤利乌斯·弗伦提努斯（P. Calvisius Ruso Julius Frontinus，公元79年递补执政官［？］）和他的儿子普布利乌斯·卡尔维修斯·图鲁斯·卢索（公元109年执政官），后者迎娶了格涅乌斯之女多米提娅·卢奇拉（Domitia Cn. f. Lucilla）（根据Groag, *PIR*², C 350的说法）。但没有什么线索能将这些卡尔维修斯家族成员同意大利南部联系起来（参见附录87）。所谓的麦萨皮亚人的祖先无疑来自达苏米乌斯家族。老卡尔维修斯也许娶了一位达苏米乌斯家族的女儿；但也可能存在着其他纽带。

阿尼乌斯家族中的其他分支或许也值得记述。有一位来自加的斯的人物名叫卢奇乌斯·科奈里乌斯·普希奥·阿尼乌斯·麦萨拉（L. Cornelius Pusio Annius Messalla）（*AE* 1915, 60: nr. Tibur），他是韦伯芗时代或公元90年的递补执政官（见附录94）。发现于同一地点的另一则铭文提到了一位军团长"]ius M. f. Faustus（玛库斯之子［……乌斯·］福斯图斯）"（*Not. Scav.* 1914, 102 = *Inscr. It.* I, I, 107）——有人认为它跟"在尼禄时代经常告密的（qui temporibus Neronis delationes factitaverat）"（*Hist.* 2.10.1）骑士阿尼乌斯·福斯图斯有关（参见Groag, *PIR*², A 645）。可以作为佐证的还有公元121年递补执政官"玛库斯·［……］·（福）斯图斯（M. [.... F]austus）"。

87. 安东尼王朝的若干祖先

1. 普布利乌斯·埃利乌斯·哈德良·阿费尔（P. Aelius Hadrianus Afer）

(PIR^2, A 185），图拉真的堂兄弟，迎娶了加的斯的多米提娅·波琳娜，以前大法官身份去世于公元86年。见上文，原书第603页。他来自意大利

2. 玛库斯·阿尼乌斯·维鲁斯（M. Annius Verus，公元97年递补执政官，公元121年第二次出任执政官［名年］，公元126年第三次出任执政官［名年］）（PIR^2, A 695）。见附录86。他来自南西班牙行省境内的乌库比

3. 阿里乌斯·安东尼（Arrius Antoninus，公元69年执政官，公元97年第二次出任执政官［?］）（PIR^2, A 1086）。波伊奥妮娅·普罗奇拉（Boionia Procilla）（B 142）的丈夫，他妻子的氏族名显然来自凯尔特语。他可能来自尼莫苏斯（见附录32）

4. 提图斯·奥勒留·福尔伍斯（T. Aurelius Fulvus，公元70年执政官［?］，公元85年［?］第二次出任执政官［名年］）（PIR^2, A 1510）。他两度出任过执政官并担任过罗马市长（HA, Pius 1.2）。关于他第二次出任执政官的问题，见附录8。他的妻子无史可考。他来自尼莫苏斯

5. 提图斯·奥勒留·福尔伍斯（T. Aurelius Fulvus，公元89年执政官）（PIR^2, A 1509）。他迎娶了阿里乌斯·安东尼（Arrius Antoninus）之女阿里娅·法狄拉（Arria Fadilla）。他肯定是在出任执政官后不久便去世了，因为他儿子（生于公元86年）"在孩提时代里先是跟着叔父生活，后来跟着母亲（pueritiam egit cum avo paterno, mox cum materno）"（HA, Pius 1.9）。这段文字表明，罗马市长提图斯·奥勒留·福尔伍斯让自己的儿子成了孤儿：他很可能在公元97年时仍在职，但在公元100年时已经去世

6. 普布利乌斯·卡尔维修斯·卢索·尤利乌斯·弗伦提努斯（P. Calvisius Ruso Julius Frontinus，公元79年执政官［?］）（PIR^2, C 350）。按照格罗亚格的复原结果（但未载于PIR^2, E），他在公元106年前后（参见 AE 1914, 267）的妻子为"盖约之女［埃吉娅（?）］·阿姆［? 比布拉］（[?Eggia] C. f. Am[?bibula]）"。那未必是他的第一任妻子——他的首任妻子可能是达苏米乌斯家族的一位女儿。所谓的罗马元首为麦萨皮亚的达苏姆斯后裔的说法（HA, Marcus 1.6），其中间纽带应该是达苏米乌斯家族（参见

附录86），而非卡尔维修斯家族（如格罗亚格设想的那样）。这些卡尔维修斯家族成员的出身已无从考证。[1] 他们可能来自意大利北部或行省地区。绥克斯图·尤利乌斯·弗伦提努斯（公元73年递补执政官［？］）应该是纳旁高卢的居民（见附录84）。

7. 普布利乌斯·卡尔维修斯·图鲁斯·卢索（P. Calvisius Tullus Ruso，公元109年执政官）（PIR^2, C 357）。他迎娶了格涅乌斯·多米提乌斯·图鲁斯（Cn. Domitius Tullus，公元79年前后递补执政官）的继女、格涅乌斯之女多米提娅·卢奇拉（Domitia Cn. f. Lucilla）（D 182）。他并非妻子的第一任丈夫（可推断自 Pliny, *Epp.* 8.18.2）。他们的女儿，即普布利乌斯之女多米提娅·卢奇拉（Domitia P. f. Lucilla）（D 183），是元首玛库斯·奥勒留的母亲。《奥古斯都后诸凯撒传》不仅写错了她的名字，称她为"多米提娅·卡尔维拉（Domitia Calvilla）"，还断言图鲁斯曾两度出任过执政官（但毫无依据）。我们可以这样修订那段文本（*HA, Marcus* 1.3）："mater Domitia Lucilla Calvisi Tulli <filia, avia materna Lucilla Domiti Tulli> bis consulis filia（他的母亲是卡尔维修斯·图鲁斯之女多米提娅·卢奇拉，他的外祖母是两度出任过执政官的多米提乌斯·图鲁斯之女卢奇拉）。"这一改动有两重好处：首先是否定了卡尔维修斯·图鲁斯两度出任过执政官的说法，代之以多米提乌斯·图鲁斯（公元98年执政官，参见附录11）；其次是让《奥古斯都后诸凯撒传》介绍元首的"外祖母（avia materna）"——因为文本接下来讲到了元首的"祖母（avia paterna）"，即鲁皮莉娅·福斯提娜（Rupilia Faustina）[2]。

8. 卢奇乌斯·卡提利乌斯·塞维鲁·朱利安·克劳狄乌斯·雷吉努斯（L. Catilius Severus Julianus Claudius Reginus，公元110年执政官，公元120

---

[1] 他们不可能跟盖约·卡尔维修斯·萨比努斯（C. Calvisius Sabinus，公元前39年执政官）的后裔沾亲带故：因为后者来自斯波勒提乌姆（Spoletium）（*ILS* 925，其中赞美了他的"忠诚"）。参见R. Syme, *Rom. Rev.* (1939), 221。

[2] 这一猜想由 *JRS* XLIII (1953), 156所提出。

年第二次出任执政官［名年］）（PIR^2, C 558）。他被称为玛库斯·奥勒留的"外曾祖父（proavus maternus）"（HA, Marcus 1.4; 9）。正如格罗亚格指出的那样，"那肯定是不可信的（prorsus incredibile）"（PIR^2, C 357）——因为卡提利乌斯不可能是普布利乌斯·卡尔维修斯·图鲁斯（P. Calvisius Tullus，公元109年执政官）的父亲。学者们迄今未能做出令人满意的解释。[1] 卡提利乌斯的父母身世、亲戚和出身也无法证实。其姓名似乎表明他来自行省——但不应该是"卡提利乌斯"或他的部落名"克劳狄乌斯"（ILS 1041，补充材料见 AE 1913, 229）

9. 卢奇乌斯·凯奥尼乌斯·康茂德（L. Ceionius Commodus，公元78年执政官）（PIR^2, C 603）。他迎娶了阿皮娅·塞维拉（Appia Severa）（ILS 1003 f.），后者父亲的部落名"沃尔提尼乌斯（Voltinia）"表明该家族来自纳旁高卢。相传凯奥尼乌斯家族（Ceionii）"来自伊达拉里亚（Ex Etruria）"（HA, Aelius 2.8; Verus 1.9）。他们的罕见（参见 TLL）姓名（nomen）见于 CIL XI——1次出现在伊达拉里亚，此外仅见于埃米利乌斯家族（Aemilia）的地界，其中包括波诺尼亚（参见 PIR^2, C 605）。波诺尼亚是一处古老的伊达拉里亚定居点（Pliny, NH 3.119）

10. 卢奇乌斯·凯奥尼乌斯·康茂德（L. Ceionius Commodus，公元106年执政官）（PIR^2, C 604）。如果格罗亚格的观点和谱系还原正确无误的话，那么他是后来嫁给盖约·阿维狄乌斯·尼格里努斯（C. Avidius Nigrinus，公元110年递补执政官）的女子的首任丈夫。他的儿子被哈德良过继，并迎娶了尼格里努斯的一名女儿（HA, Hadr. 23.10）

---

[1] 格罗亚格日后丧失了对自己提出的假说——卡提利乌斯·塞维鲁的一个儿子可能是格涅乌斯之女多米提娅·卢奇拉（Domitia Cn. f. Lucilla）首任丈夫——的兴趣（参见 PIR^2, C 357; Jahreshefte XXIX [1935], Beiblatt 181 f.）。他还提到（C 558），玛库斯·奥勒留充满感激地怀念（Ad se ipsum 1.4）的那位"πρόπαππος（外曾祖父）"乃是鲁皮利乌斯·波努斯（Rupilius Bonus）。玛库斯在孩提时代确实一度使用过"卡提利乌斯·塞维鲁（Catilius Severus）"这个名字（Dio 69.21.1, 参见 HA, Marcus 1.9），而卡提利乌斯在公元138年仍然在世。如果卡提利乌斯曾是卢奇拉的首任丈夫，或在卡尔维修斯·图鲁斯（Calvisius Tullus）去世后迎娶了卢奇拉，那么他有可能扮演着玛库斯·奥勒留"继祖父"的角色。

11. 立遗嘱者达苏米乌斯（Dasumius，公元93年执政官［？］）（PIR^2, D 13）。有人认为他就是CIG 2876中提到的图拉真时代亚细亚行省总督卢奇乌斯·达苏米乌斯（L. Dasumius）（D 14）。也有人认为他是特亚提拉（Thyatira）出土钱币上提到的行省总督哈德良（Hadrianus）（Groag, PIR^2 D, Addenda, p. xi即持这种看法）。[1]他的执政官任期可能是在公元93年，出任行省总督的时间点可能是公元106/107年（见附录23）。没有史料记载过他的妻子。他于公元108年夏季通过遗嘱收养的儿子显然是普布利乌斯·图里乌斯·瓦罗（P. Tullius Varo）（ILS 1002，立遗嘱者的挚友，很可能差不多与他同龄）之子普布利乌斯·达苏米乌斯·鲁斯提库斯（P. Dasumius Rusticus，公元119年执政官）。我们有理由猜想，达苏米乌斯应该跟尤利乌斯·塞尔维亚努斯沾亲带故（参见CIL VI, 10229, ll. 6 and 110）。另见关于普布利乌斯·卡尔维修斯·卢索·尤利乌斯·弗伦提努斯（P. Calvisius Ruso Julius Frontinus）的信息。他来自科尔多瓦（见附录80）

12. 格涅乌斯·多米提乌斯·图鲁斯（Cn. Domitius Tullus，公元79年前后执政官，公元98年第二次出任执政官［？］）（PIR^2, D 167）关于他有可能第二次出过执政官的情况，见关于普布利乌斯·卡尔维修斯·图鲁斯·卢索的信息和附录11。他是被尼莫苏斯的格涅乌斯·多米提乌斯·阿费尔过继的两兄弟中的弟弟，后来收养了卢坎（Lucanus，比格涅乌斯·多米提乌斯·图鲁斯早去世15年左右）（D 152）之女、他自己的侄女多米提娅·卢奇拉（Domitia Lucilla）（D 182）

13. 普布利乌斯·尤利乌斯·卢普斯（P. Julius Lupus，公元98年执政官［？］）（PIR^2, J 262）。这位"前执政官（consularis）"在公元89年执政官提图斯·奥勒留·福尔伍斯（T. Aurelius Fulvus）去世后娶了阿里乌斯·安东尼之女阿里娅·法狄拉（Arria Fadilla）（HA, Pius 1.5）。ILS 8430a同样证实了他的执政官身份，具体的上任时间也许是公元98年（见附录11）。此外

---

[1] 关于这些钱币（也许只是1枚钱币）的情况，见JRS XLIII (1953), 156。

再无其他证据可供参考

14. 塞尔维乌斯·尤利乌斯·塞尔维亚努斯（Ser. Julius Servianus，公元90年执政官），即卢奇乌斯·尤利乌斯·乌尔苏斯·塞尔维亚努斯（L. Julius Ursus Servianus，公元102年第二次出任执政官［名年］，公元134年第三次出任执政官［名年］）。参见附录7。他是哈德良姐姐多米提娅·波琳娜的丈夫（HA, Hadr. 2.5 f.）。但后者可能并非他的首任妻子。另见达苏米乌斯的情况

15. （格涅乌斯［？］·）佩达尼乌斯·福斯库斯·萨利纳托尔（［?Cn.］ Pedanius Fuscus Salinator，公元84年前后执政官）（PIR¹, P 143）。他于图拉真统治前期出任亚细亚行省总督（ILS 8822，以及P-W XVII, 20 f.中提到的钱币证据）的事实大致可以反映此人出任执政官的年份。他是格涅乌斯·佩达尼乌斯·萨利纳托尔（Cn. Pedanius Salinator，公元60或61年递补执政官）之子。他的妻子情况不详。他来自近西班牙行省境内的巴尔奇诺（见附录80）

16. 格涅乌斯·佩达尼乌斯·福斯库斯·萨利纳托尔（Cn. Pedanius Fuscus Salinator，公元118年执政官）（PIR¹, P 144）。他在公元107年前后迎娶了塞尔维亚努斯（Servianus）之女尤利娅（Julia）（Pliny, Epp. 6.26.1）

17. 卢奇乌斯·庞培（L. Pompeius）。他是庞培娅·普罗提娜（Pompeia Plotina）（只有维克托给出过她的全名，见Victor, Epit. 42.41）的父亲。相关信息推断自"奥古斯都释奴卢奇乌斯·庞培·福图纳图斯（L. Pompeius Aug. lib. Fortunatus）"（ILS 1912）的首名。名叫"卢奇乌斯·庞培（L. Pompeius）"的人物在纳旁高卢不算罕见，其中最著名的是来自维也纳的沃皮斯库斯（Vopiscus，公元69年递补执政官）。值得注意的（原书第32页注1）还有卢奇乌斯·庞培·沃皮斯库斯·卡特利乌斯·凯勒尔（L. Pompeius Vopiscus Catellius Celer，公元79年递补执政官［？］）。普罗提娜的家乡可能是尼莫苏斯（见原书第604页）

18. 鲁皮利乌斯·波努斯（Rupilius Bonus，出任执政官年代不详）

(PIR^1, R 150）。我们只是通过玛库斯·阿尼乌斯·维鲁斯（M. Annius Verus，公元97年递补执政官）之妻、"执政官鲁皮利乌斯·波努斯之女鲁皮莉娅·福斯提娜（Rupili Boni consularis filia）"（*HA, Marcus* 1.4）才得知此人的存在。他出任执政官的年代无从推断。他的妻子和亲戚关系也无法证实。[1] 值得注意的是罗马城内一根铅管上的铭文"利波·鲁皮利乌斯·弗鲁吉（Libonis Rupili Frugi）"（*AE* 1940, 39）和公元101年的前执政官级别元老利波·弗鲁吉（Libo Frugi）（Pliny, *Epp*. 3.9.33）。此外还有一位无法得到证实的公元118年递补执政官利波（Libo），以及拥有那个家姓的阿尼乌斯·维鲁斯（Annius Verus）之子（公元128年执政官）。他的具体出身无从验证。[2]

19. 盖约之子卢奇乌斯·维比乌斯·萨比努斯（L. Vibius C. f. Sabinus，公元97年执政官[？]），不见于PIR^1。支离破碎的铭文材料（*CIL* XI, 5383; 8020; Asisium）反映了他的姓名、前执政官级别和祭司头衔。他是元老盖约·萨罗尼乌斯·玛提狄乌斯·帕特鲁伊努斯（C. Salonius Matidius Patruinus）（PIR^1, S 81）和图拉真姐姐（乌尔皮娅·）玛尔奇娅娜（[Ulpia] Marciana）之女玛提狄娅的丈夫。他是维比娅·萨比娜和小玛提狄娅的父亲。根据哈德良在为他的遗孀玛提狄娅发表的葬礼演说词（*CIL* XIV, 3579）中的评论来看，假如维比乌斯·萨比努斯在公元97年就任了执政官的话，他肯定是此后不久便去世了。他的出身无从验证。玛提狄乌斯家族（Matidii）和萨罗尼乌斯家族（Salonii）的名字在维克提亚地区的铭文中出现得很频

---

1 最近有学者猜测，图拉真的侄女玛提狄娅结过两次婚，不仅嫁给过卢奇乌斯·维比乌斯·萨比努斯，还嫁给过鲁皮利乌斯·波努斯（J. Carcopino, *Rev. ét. anc.* LI [1949], 317）。那样的话，鲁皮莉娅·福斯提娜就是维比娅·萨比娜同母异父的姐妹；迎娶了她的阿尼乌斯·维鲁斯便同哈德良的家族建立了姻亲纽带。

2 女儿"福斯提娜"的名字可能继承了她的父亲"波努斯"。该家姓（cognomen）不见于其他任何元老或重要骑士的名字。那个名字是否可能为"波伊奥尼乌斯（Bo<io>n<i>us）"，就像阿里乌斯·安东尼的妻子波伊奥妮娅·普罗奇拉（Boionia Procilla）那样呢？然而，取名"福斯提娜"也可能是因为她是一位阿尼乌斯·福斯图斯（Annius Faustus）的女儿（参见原书第792页）。此外，正如伯利所指出的那样，《奥古斯都后诸凯撒传》中的"波努斯"可能为汇篡者对"弗鲁吉"的误写：参见上文中的"利波·弗鲁吉"和"利波·鲁皮利乌斯·弗鲁吉"。

繁，如 *CIL* V, 3117 = *ILS* 968 (一位元老的母亲萨罗尼娅 [Salonia]); 3111 (献给小玛提狄娅的铭文)

20. 玛库斯·乌尔皮乌斯·图拉真（M. Ulpius Traianus，公元70年执政官 [？]）(*PIR*[1], V 574)。他的妻子没有得到现存史料的记载；我们根据两人女儿（乌尔皮娅·）玛尔奇娅娜的姓名推断，他妻子的名字应该是玛尔奇娅（Marcia）。关于一位名叫"玛库斯之女乌尔皮娅·普罗提娜（Ulpia M. f. Plotina）"的贵妇，见原书第604页。他来自意大利

J. 塔西佗的出身与朋友们

88. 关于塔西佗后裔的传言

根据《奥古斯都后诸凯撒传》的记载,元首克劳狄乌斯·塔西佗宣称,历史学家塔西佗是自己的祖先(*Tacitus* 10.3)。那篇传记(*Vita*)中的大部分内容纯粹出自杜撰。[1]就连它关于下一任元首弗洛里亚努斯(Florianus)是克劳狄乌斯兄弟的说法也肯定是站不住脚的(参见 *PIR*^{2}, C 1036)。

英特拉姆纳(Interamna)建有两兄弟的纪念性建筑。那是"在他们自己的土地上(in solo proprio)",并附有9米多高的大理石雕像。两座雕像被天雷劈毁。人们询问了脏卜者并得到了一则预言:将来的某位统治者将推行一系列政策,其中包括在塔普罗巴尼(Taprobane)设立一位总督,并派遣一位罗马行省总督前往爱尔兰(*Tacitus* 15.1 f.)。在预言的鼓舞下,富于家乡荣誉感的特尔尼人(Terni)加上了历史学家塔西佗的雕像。

年代较晚、水平贫乏的作家们有时也能提供真正具备价值的信息。维克托认为提奥多西(Theodosius)的世系可上溯到塔西佗(Victor, *Epit.* 48.1)。那是一派胡言。但维克托在声称图拉真"来自图德尔城(ex urbe Tudertina)"(13.1)时,他确实对图拉真家族的起源问题做出了合理猜测

---

[1] E. Hohl, *Klio* XI (1911) 177 ff.; 284 ff.; *Hermes* LV (1920), 300. 不幸的是,F. Haverfield, *JRS* VI (1916), 198接受了关于该元首的这则逸事。

（参见附录81）。《奥古斯都后诸凯撒传》声称元首巴尔比努斯（Balbinus）是科奈里乌斯·巴尔布斯（Cornelius Balbus）的后人。那当然很荒唐。但在将后者称为"巴尔布斯·科奈里乌斯·特奥法尼斯（Balbus Cornelius Theophanes）"（*Maximus et Balbinus* 7.3）时，这份文本透露了一个只有认真研究过西塞罗文本的人才能发现的独特事实——"一个加的斯人被一个米提利尼人过继（adoptatum ... Gaditanum a Mytilenaeo）"（*Ad Att.* 7.7.6，参见 *Pro Balbo* 57）。那是一位细心的作者。也许（尽管概率极低）那位掉书袋式的学者确实了解罗马史学家塔西佗和英特拉姆纳之间的渊源。

另外一条线索指向高卢。根据希多尼乌斯·阿波利纳里斯（Sidonius Apollinaris）的说法，波勒米乌斯（Polemius，公元471年左右高卢省长 [*praefectus Galliarum*]）是塔西佗的后人（*Epp.* 4.14.1）。而波勒米乌斯是高卢人（参见 *Carm.* 14.22）。[1] 但我们还应注意，此人也声称纳旁的列奥（Leo of Narbo）的祖先是口才出众的科奈里乌斯·弗隆托（*Epp.* 8.3.3）——而弗隆托来自努米底亚境内的基尔塔。可见，那些高卢贵族们的族谱并不总是能够经受得起检验的。历史的延续性在公元3世纪发生过一次大的断裂。[2]

在长期被人遗忘后，历史学家塔西佗的作品又在公元4—5世纪被高卢人阅读起来。[3]

89. 关于塔西佗出身的种种观点

草率的做法是接受塔西佗"生来便是贵族"的看法，之后就不再追究这

---

1 根据 A. Loyen, *Sidoine et l'esprit précieux en Gaule aux derniers jours de l'empire* (1948), 85的说法，他出生于意大利。他的依据何在？那显然是因为他相信希多尼乌斯，也因为他认为塔西佗是意大利人。

2 C. Julian, *Histoire de la Gaule* VIII (1926), 128 ff.; K. F. Stroheker, *Der senatorische Adel im spätantiken Gallien* (1948), 10 f.

3 F. Haverfield, o.c. 199.

个问题。[1]更细致的（或更具钻研精神的）研究会更进一步，找到支持性的证据，如那位历史学家对暴发户和"外地人（homo municipalis）"的刻薄态度。塔西佗不仅是住在罗马城中的罗马人，还是老牌贵族科奈里乌斯家族的子嗣。[2]他继承了那个古老氏族的光荣传统。[3]于是修辞学与想象力交织形成了如下的观点——"他是真正的古罗马人，比他身处的那个时代还要古老。塔西佗拥有老牌贵族家族的血统和共和时代的情感（vero Romano antico, più antico ancora del suo tempo, era Tacito di famiglia patrizia et di sentimento repubblicano）"[4]。

即便人们无法确定他是那个古老贵族家族名正言顺的后裔，塔西佗还是会被称为"罗马人（Stadtrömer）"——更好的称呼应该是"骨子里的罗马人（Stockrömer）"。[5]因此，他当然对行省居民缺乏同情（那是臭名昭著的）。[6]而"外来的骑士（municipalis eques）"朱文纳尔则同这位大城市的儿子构成了鲜明对比。[7]

在坚称塔西佗为"具备伟大精神的罗马人（Romano fu di spirito e di grandezza）"时，一位学者忽视了他担任过贝尔吉卡行省元首督办的事实。他声称，塔西佗跟该职务之间的关系并不能得到充分证实。[8]但塔西佗身处的环境以及他同罗马帝国骑士、元老阶层的交情（无论多么流于表面）都是明确无疑的。

对于一个罗马人来说，最重要的因素是环境、教育和训练情况。他究

---

1 见拉姆塞的《编年史》译本（G. G. Ramsay, I, 1904, xviii）。
2 R. Reitzenstein, *Neue Wege zur Antike* IV (1926), 7.
3 J. Vogt, *Tacitus als Politiker* (Antrittsrede, Tübingen, 1924), 10, 参见1: "dessen Blut und Geist urtümlich römishch war（他的血统和精神天然就是罗马人的）."
4 E. Ciaceri, *Tacito* (1941), 47.
5 E. Kornemann, *Tacitus* (Wiesbaden, 1947), 17.
6 H. Willrich, *Hermes* LXII (1927), 64. 相反意见如I. A. Richmond, *JRS* XXXIV (1944), 43: "还没有哪位罗马作家如此生动地叙述了行省的苦难，或对行省人物性格做出过如此精确的剖析。"
7 G. Highet, *Juvenal the Satirist* (1954), 234.
8 C. Marchesi, *Tacito*[3] (1944), 9 f.

竟来自哪一地区（意大利还是帝国西部诸行省）并不重要。但这个问题也会引起拉丁文学与罗马历史研究者们的一些兴趣。有些人选择有意回避这个问题，或对此不置一词。[1]那十分令人惊讶，因为其中一位还专门探讨过罗马诗人们的"族群归属问题（Rassenzugehörigkeit）"。[2]

"您是意大利人还是行省人（Italicus es an provincialis）？"一派学者坚决赞同前一个选项。涅尔瓦与图拉真的时代见证了一场文学复兴运动，意大利在其中再度成为弄潮儿，而"塔西佗正是这场复兴运动中的天才（Tacito è il genio di questo risveglio）"[3]。塔西佗代表着对"西班牙文学风格（Iberici）"的反抗。[4]因此那位史学家很可能是一位"意大利青年（Italico giovenaliano）"[5]。倘若朱文纳尔的家族确实来自行省的话（参见附录74），那对他而言将是十分不幸的。

假如塔西佗确实是意大利人的话，那么他来自意大利的哪一部分？是古老的还是较新的领土呢？那个问题是值得提出的。之前关于某些拉丁作家拥有凯尔特血统的缺乏反思的武断言论造成了一些混乱（见原书第617页）。另一条歧途是在塔西佗的《关于演说家的对话》中发现了所谓的高卢风格（Gallicisms）。[6]但如果现在就断言历史学家塔西佗的凯尔特起源假说业已过时的话，我们也未免有些操之过急。[7]一位研究者曾那样说过，但下面这件事情暴露了他鉴别能力的低下：他对图拉真与哈德良的性格差异表示了不加掩饰的惊讶——"尽管他们两人都来自西班牙"[8]。

---

1 如J. Wight Duff, *A Literary History of Rome in the Silver Age* (1927), 559 ff.; E. E. Sikes, *CAH* XI (1936), 737 ff.; F. Klingner, *Die Antike* VIII (1932), 151 ff. = *R. Geisteswelt* (1943), 310 ff.; H. Howald, *Vom Geist antiker Geschichtsschreibung* (1944), 193 ff.。

2 E. Bickel, *Lehrbuch der Geschichte der r. Literatur* (1937), 55 ff.

3 G. Funaioli, *Studi di letteratura antica* II, ii (1947), 132.

4 E. Paratore, *Maia* II (1949), 116.

5 P. Treves, *Il mito di Alessandro e la Roma d'Augusto* (1953), 159. 根据A. Garzetti, *Nerva* (1950), 121的说法，他"毫无疑问（senza dubbio）"是意大利人。

6 见附录90。

7 E. Kornemann, o.c. 17; E. Koestermann, *Bursians Jahresberichte* CCLXXXII (1943), 189.

8 E. Kornemann, *Weltgeschichte des Mittelmerraumes* II (1949), 127.

对于科奈里乌斯·塔西佗而言,"凯尔特"这个字眼一方面过于宽泛,另一方面又太过狭窄。对其家姓(*cognomen*)地域分布的认真研究表明,他很可能出生于意大利北部或纳旁高卢。[1] 那项研究的结果正在逐渐明朗。[2] 事实上,至少从最近一位学者的立场转变来看,纳旁高卢说应该是合理的(阿古利可拉及其女儿的案例使之显得更为可信)。[3] 但迄今还没有人将全面、公允的相关论证付诸文字。[4]

90. 库里亚提乌斯·玛特努斯

阿佩尔和塞昆杜斯的高卢起源为我们提供了论证的前提。有人从《关于演说家的对话》中找到了高卢风格的存在。[5] 此外,4位对话人中的第三位库里亚提乌斯·玛特努斯(元老、演说家和诗人)据说也是高卢人。为了避免被视为草率武断,相关研究者还举出了事实——高卢地区的铭文中共有28个关于"玛特努斯"的例子。[6]

但我们也应当关注西班牙,因为这个家姓在那里更为常见(无论是从相对比例还是从绝对数量上统计)——共出现了60多个例子。氏族名提供了更加理想的线索。氏族名"库里亚提乌斯(Curiatius)"在罗马的历史非常悠久[7],可能源自伊达拉里亚。[8] 来自西班牙的一些罗马人会使用伊达拉里亚的名字(参见附录80)。但在此引证那位于公元88年前后蹊跷地去世于适合疗养的西班牙移民据点提布尔(Martial 4.60)的库里亚提乌斯似乎并不恰当

1　M. L. Gordon, *JRS* XXVI (1936), 145 ff.
2　P. Wuilleumier, *Tacite, l'homme et l'oeuvre* (1949), 8.
3　E. Paratore, *Tacito* (1951), 51 f.,参见726(他改变了自己两年前的明确观点)。
4　本书(完稿于1948年)第四十五章的部分内容构成了1951年6月在伦敦所做的一次报告的基础。
5　A. Gudeman (ed. 2, Berlin, 1914), 59; 235; 327. 他举出的例子有"substantia facultatum(能力本质)"(8.6)、"statio(地位)"(17.3)与"cortina(锅)"(19.8)。
6　A. Gudeman, o.c. 66.
7　F. Münzer, P-W IV, 1830 f.
8　关于以"-anius"和"-atius"结尾的伊达拉里亚人名,见Schulze, *LE* 343 ff.。

(见原书第602页)。

一位拥有多个名字的元老、公元114年递补执政官被称为"卢奇乌斯·斯特提尼乌斯·昆提利亚努斯·阿奇利乌斯·斯特拉波·盖约·库里亚提乌斯·玛特努斯·克罗狄乌斯·努姆斯(L. Stertinius Quintilianus Acilius Strabo C. Curiatius Maternus Clodius Nummus)"(PIR^2, A 83)。此人属于"麦奇乌斯(Maecia)"部落;根据姓名"克罗狄乌斯·努姆斯(Clodius Nummus)"来看,他应该来自那不勒斯(CIL X, 1486)。西班牙的一些著名人物使用过"阿奇乌斯(Acilii)"[1],此人的养子(C 1423)和亲戚们(C 1450 f.)的姓名中也包含着西班牙元素。

还有更理想的证据——神秘的前执政官玛库斯之子玛库斯·科奈里乌斯·伽鲁斯·尼格里努斯·库里亚提乌斯·玛特努斯(M. Cornelius M. f. Gal. Nigrinus Curiatius Maternus),他是"奥古斯都的副将、默西亚行省与叙利亚行省代理总督(leg. Aug. pro. pr. provinc. Moes., / provinc. Syriae)"(CIL II, 6013,参见3783: Liria)。十分令人遗憾的是,他的任职年代与活跃时间段均无法确定(参见Groag, PIR^2, C 1407)。[2] 帝国时期没有其他名叫库里亚提乌斯的元老的例子。[3]

公元91年,图密善处决了一个名叫玛特努斯的人物——"曾出言冒犯暴君的哲学家玛特努斯被杀死了(Μάτερνον δὲ σοφιστήν, ὅτι κατὰ τυράννων εἶπέ τι ἀσκῶν, ἀπέκτεινε)"(Dio 67.12.5)。这位就是诗人库里亚提乌斯·玛特努斯吗?有人是这样认为的[4],其他人则表示坚决反对[5],PIR^2 C 1604对此未置一词。对于库里亚提乌斯·玛特努斯活跃于演说界的时代而言,这个

---

1 PIR^2, A 45; 74; 79; 87. 另见Aciliani, F 27; P^1 658。
2 德格拉西认为他生活于公元1世纪后期或公元2世纪前期(Degrassi, FC 120)。
3 除公元114年凯雷长官库里亚提乌斯·科萨努斯(ILS 5918a,参见CIL XI, 4347: Ameria)外,库里亚提乌斯家族(Curiatii)中没有出过什么重要人物;库里亚提乌斯·科萨努斯的信息未被PIR^2收录。
4 如E. Norden, Die antike Kunstprosa I (1898), 324 (但在其Nachträge [1909], 18 f. 中收回了这一看法); R. Reitzenstein, Gött. Gel. Nachr. 1914, 231; E. Paratore, Tacito (1951), 193 f.。
5 A. Gudeman, o.c. 67; J. Stroux, Philologus LXXXVI (1931), 338.

时间点略有些晚。如果我们接受《关于演说家的对话》中相关暗示的话，那么最终厄运临头的不是这位诗人，而是埃普里乌斯·马塞卢斯（Eprius Marcellus，见原书第111页）。

91. 玛库斯·阿佩尔和尤利乌斯·塞昆杜斯

阿佩尔自称"一名来自不起眼城镇的新人（homo novus et in civitate minime favorabili natus）"（*Dial.* 7.1）。那并不能排除纳旁高卢境内的一些小地方，诸如卡潘托拉特（Carpentorate）或赫尔维人的阿尔巴（Alba Helvorum）。但阿佩尔又说"更不消说我们高卢诸行省那边（ne quid de Gall<i>s nostris loquar）"（10.2），可见他指的其实是高卢三行省。关于相关文本修复和"高卢诸行省（Galliae）"的含义，见上文，原书第456页。阿佩尔的氏族名也许是"尤利乌斯（Iulius）"，但也可能是"弗拉维乌斯（Flavius）"。公元105年曾有一位元老弗拉维乌斯·阿佩尔（Flavius Aper）（Pliny, *Epp.* 5.13.5）[1]，并且还有一位玛库斯·弗拉维乌斯·阿佩尔（M. Flavius Aper，公元130年执政官）[2]。但"尤利乌斯·阿佩尔（Iulius Aper）"又出现在了昆图斯·庞培·法尔考（Q. Pompeius Falco，公元108年递补执政官）之孙、公元169年执政官（*ILS* 1104）意味深长的姓名中。

阿佩尔曾到过不列颠。他在那里见到的一位老人"毫不讳言（qui se fateretur）"，自己曾为守卫该岛、抵御尤利乌斯·凯撒的入侵而战（17.4）。如果这一记述是为了增强戏剧化效果、嘲讽岛屿居民的虚荣心的话，那么阿

---

[1] 相关手稿的内容在"弗拉维乌斯"和"费边"这两个名字上存在分歧。我们找不到任何关于"费边·阿佩尔（Fabius Aper）"的记载。

[2] 此人（*PIR*[2], F 208）或他的儿子（209）继承了弗拉维娅·塞伊娅（塞维莉娅[？]）·伊扫里卡（Flavia Seia [? Servilia] Isaurica）（*PIR*[1], F 288）的砖厂，参见 A. Stein, P-W VI, 2737 f.; E. Groag in *PIR*[2], F 209。此外还有一位普罗提娅·塞维莉娅·伊扫里卡（Plotia Servilia Isaurica）（*PIR*[1], P 399）。值得注意的是，姓氏"塞尔维乌斯·瓦提亚（Servilius Vatia）"（冒充贵族的而非真实的世系）出现在了公元112年递补执政官尼莫苏斯的提图斯·尤利乌斯·马克西穆斯的姓名中（*ILS* 1016）。

佩尔应该是在公元43年跟着元首克劳狄乌斯的军队前往不列颠的。那次胜利的荣誉赏赐相当可观。即便在军功榜中靠后的位置上，某些骑兵军官也获得了紫色宽披风，并步入了元老生涯。我们可参见尼禄统治时代此类晋升的两个案例（*ILS* 978; 981）。在克劳狄乌斯统治时期，来自纳旁高卢的玛库斯·尤利乌斯·罗慕路斯（M. Julius Romulus）或许就是这样被提拔的——关于他的支离破碎的铭文最后一行或许可修补为"[praef. fabr]um, trib. [mil]itu[m]（工匠长与军团长）"（*Not. Scav.* 1924, 346 = *AE*, 1925, 85: Velitrae）。与此相似，卢奇乌斯·科伊狄乌斯·坎狄杜斯（L. Coiedius Candidus）（*ILS* 927: Suasa）或许也因自己公元42年在达尔马提亚的忠诚表现（当时阿伦提乌斯·卡米卢斯称帝未果）而获得了褒奖（参见 *PIR*^{2}, C 1257）。他获得的奖赏也许不是紫色宽披风，而是骑兵队长的职务：因为他在二十人委员会（vigintivirate）中担任着最不起眼的职务（三人委员会主席［*IIIvir capitalis*］），但曾在公元44年担任过财务官。与此相关的一条信息是绥克斯图·尤利乌斯·弗伦提努斯（公元70年大法官）很可能也是从骑兵军官起家的（见附录84）。

阿佩尔显然不属于被提拔的元老："即便我披上紫色宽披风的那一天也不曾如此快乐（non eum diem laetiorem egi quo mihi latus clavus oblatus est）。"（7.1）他或许在元首克劳狄乌斯担任监察官之前就当上了财务官。我们有理由怀疑他来自高卢三行省，而非纳旁高卢。

尤利乌斯·塞昆杜斯和尤利乌斯·阿非利加努斯均位居昆体良笔下的最优秀演说家短名单之列（10.1.118 ff.; 12.10.11）。阿非利加努斯被视为堪与多米提乌斯·阿费尔匹敌的人物。在后人心目中，他是那个向尼禄宣誓效忠的人物——"元首啊，您的高卢诸行省祝您万福金安（rogant te, Caesar, Galliae tuae ut felicitatem tuam fortiter feras）"（8.5.15）。

塞昆杜斯来自一个以雄辩术见长的家族，如他的叔父尤利乌斯·弗洛鲁斯"在高卢的演说界的确是首屈一指的人物（in eloquentia Galliarum, quoniam ibi demum exercuit eam, princeps）"（10.3.13）。他为阿非利加努斯写过一部传记（*Dial.* 14.4）。作为元首的秘书，他也出席过军事议事会（Plutarch, *Otho* 9）。

塔西佗肯定认识尤利乌斯·阿非利加努斯的后人，如他担任庭审律师的孙子（Pliny, *Epp.* 7.6.11 ff.）。因此，在提及一位年代较早的阿非利加努斯时，塔西佗能够指出"他来自高卢境内桑托尼人的城镇（e Santonis, Gallica civitate）"（*Ann.* 6.7.4）。现存史料中没有关于塞昆杜斯来自哪个"城镇"的证据。他可能来自比图里格人居住的地区。大法官盖约·尤利乌斯·塞昆杜斯（C. Julius Secundus）曾为布尔狄伽拉（Burdigala）的水渠或公共浴室建造工程提供过遗赠。[1]

92. 塔西佗的两位朋友

在为财务官阿西尼乌斯·巴苏斯（Asinius Bassus）向米尼奇乌斯·芬达努斯（公元107年递补执政官）写信时，小普林尼透露了这样一个事实：此人的父亲阿西尼乌斯·鲁弗斯（Asinius Rufus）、一位大法官级别的元老，是科奈里乌斯·塔西佗的朋友（*Epp.* 4.15.1）。那个家族的情况如何，又来自哪里呢？他们肯定不是波利奥的后裔。一位卢奇乌斯·阿西尼乌斯·鲁弗斯（L. Asinius Rufus）曾于公元109/110年在阿非利加行省担任过行省总督昆图斯·庞普尼乌斯·鲁弗斯的副将（*IRT* 537）。他们也许来自阿非利加行省境内的阿霍拉（Acholla，可能是凯撒或奥古斯都时代设置的罗马殖民地）。值得注意的还有公元184年前后递补执政官、玛库斯·阿西尼乌斯·萨比尼亚努斯（M. Asinius Sabinianus）（*PIR*[2], A 1251）之父、绥克斯图之子玛库斯·阿西尼乌斯·霍拉提乌斯·鲁菲努斯·瓦勒

---

[1] *CIL* XIII, 596（"litteris bonis saeculi primi incipientis [第一个百年开始之际的优秀文学家]"）. 他没有得到 *PIR*[1], J 363 的注意。史料提及了公元55年时的一位元老昆图斯之子昆图斯·尤利乌斯·奎里尼乌斯·塞昆杜斯（Q. Julius Q. f. Qui. Secundus）（*ILS* 6103）。部落"奎里尼乌斯（Quirina）"也许生活在高卢三行省——但那一姓名算不得十分独特。

里乌斯·维鲁斯·萨比尼亚努斯（M. Asinius Sex. f. Hor. Rufinus Valelius Verus Sabinianus）（*AE* 1954, 54）。[1]阿西尼乌斯·鲁弗斯迎娶过一位萨图里乌斯·菲尔姆斯（Saturius Firmus）的女儿——他的岳父可能就是行省督办"盖约·萨图里乌斯（C. Saturius [ ]）"、公元80年雷提亚行省总督，也许是来自阿斯库鲁姆（Asculum）的皮森提人（Picentine）。[2]

小普林尼向米尼奇乌斯·芬达努斯详细介绍了阿西尼乌斯·鲁弗斯的家世（但没有交代此人来自哪里）。那么，芬达努斯本人又来自何方呢？他不大可能来自芬迪（Fundi）[3]，而很可能来自意大利北部。他的姓名（*nomen*）在意大利北部频繁出现。值得注意的例子如渴望成为元老的玛库斯·米尼奇乌斯·阿尼亚努斯（M. Minicius Annianus）（*CIL* V, 6360: Laus Pompeia），前执政官鲁提利乌斯·伽利库斯（Rutilius Gallicus）（6990 = *ILS* 1008: Augusta Taurinorum）之妻、卢奇乌斯之女米妮奇娅·佩提娜（Minicia Paetina），布瑞克西亚的"一等骑士（equestris ordinis princeps）"（*Epp.* 1.13.5）米尼奇乌斯·玛克里努斯（Minicius Macrinus），迎娶了一位科蕾莉娅（Corellia）的米尼奇乌斯·约斯图斯（Minicius Justus）（7.11.4）。这一猜测如今已接近得到证实。一则铭文表明，米尼奇乌斯·芬达努斯所属的部落为"帕皮里乌斯（Papiria）"。[4]因此他应该来自提奇努姆（那可被视为"普林尼家族的故乡"）。

小普林尼向芬达努斯提起塔西佗时的语言缺乏热情和感染力。那仿佛是一种外交辞令——"他也是科奈里乌斯·塔西佗（您认识这个人）的亲密朋友。既然您对我们两人评价颇高，您一定也将对鲁弗斯持有同样的看

1　塞姆此处的文本"*AE* 1954, 54"存在笔误，据*AE*相关信息订正。——译注
2　Vollmer, *Inscr. Baiv. Rom.* 257b，参见196 (77/8)。在阿斯库鲁姆居住着一个属于皮森提人的萨图里乌斯家族（Saturii）（*CIL* IX, 5241，参见XI, 1437）。
3　但Groag, P-W XV, 1820认为芬迪的可能性是存在的。
4　"C. Minicio L. filio Pap. / Fundano, VII / vir epulonum, trib. / leg. VII Fulminatae / quaestori, tribune / [pl]ebis, praetori, leg. / [leg. XV A]pollinaris / ....] piae / .... ur. / ..."该铭文残篇发现于波斯尼亚境内亚伊采（Jajce）附近的希波沃（Šipovo），公布于D. Sergejevski, *Glasnik zemaljskog Muzeja* XXXVIII (1926), 155。第4行中有一处石匠的刻写错误，将"XII"写成了"VII"。

法（idem Cornelium Tacitum [scis quem virum] arta familiaritate complexus est. proinde, si utrumque nostrum probas, de Rufo quoque necesse est idem sentias）"（4.15.2）。它至少无法鼓励我们接受科奈里乌斯·塔西佗来自意大利北部的任何假说。

另一段提及第三方的文本也同这位米尼奇乌斯·芬达努斯有关（虽然是间接性地）。小普林尼渴望为尤利乌斯·纳索（Julius Naso）、一位刚刚步入元老生涯的年轻人提供帮助，并解释了详尽的细节（6.6）。纳索的父亲是一位著名人物，投身于演说术事业。但父亲很早就去世了，因此儿子还需要父亲荣誉光环之外的帮助。小普林尼本人并不是纳索父亲的朋友——他当时还太年轻。

姓名（nomen）"尤利乌斯（Iulius）"意味着此人来自纳旁高卢或高卢三行省。一个重要事实在于，帝国早期众多来自意大利北部的元老们都不曾使用过"尤利乌斯"这个名字。因此，小普林尼（至少在信件中）预设来自意大利北部的米尼奇乌斯·芬达努斯不认识尤利乌斯·纳索是情有可原的。这位纳索不久后又在《书信集》中出现。塔西佗向小普林尼推荐了此人。小普林尼在一封便笺中抗议说，自己早就认识那位年轻人——"您向我推荐纳索吗？那不就等于是向我推荐我自己吗？没关系，我会原谅您的。如果您身在罗马，我在外地的话，我也会向您推荐这个人的（Nasonem mihi? quid si me ipsum? Fero tamen et ignosco. Eundem enim commendassem tibi, si te Romae morante ipse afuissem）"（6.9.1）。塔西佗当时不在罗马（参见4.13.1）。他可能外出了一段时间，因而不清楚他那位来自意大利北部的朋友小普林尼早就认识（或最近认识了）年轻的纳索。[1]

在小普林尼的通信者中，能够被确认为纳旁高卢居民的人物并不多。老阿里乌斯·安东尼（Arrius Antoninus）收到过3封信（4.3; 18; 5.15）；小普林尼的亲密朋友瓦勒里乌斯·保利努斯（Valerius Paullinus）收到过5

---

[1] 小普林尼跟那个家族有些交情，并哀悼过纳索原本前途无量的兄弟阿维图斯（Avitus）之死（5.21.3 ff.）。

封（2.2; 4.16; 5.19; 9.3; 37）。9.19中的卢索应该不是克瑞穆提乌斯·卢索（Cremutius Ruso）（6.23.2），而是普布利乌斯·卡尔维修斯·卢索·尤利乌斯·弗伦提努斯（P. Calvisius Ruso Julius Frontinus，公元79年递补执政官[？]），或他的儿子公元109年执政官（关于这些人物的相关信息，见附录87）。此外只有一些次要人物，其中也许包括尤利乌斯·瓦勒里亚努斯（Julius Valerianus）[1]（2.15; 5.4; 13）或阿提乌斯·克莱门斯（Attius Clemens）[2]（1.10; 5.2）。

93. 塔西佗对意大利北部的记载

公元前49年，凯撒向波河以北的山南高卢拉丁人聚落授予了完全的罗马公民权（Dio 41.36.3，参见 *CIL* I², 600: Ateste）。但山南高卢仍维持着特殊的行省地位。到了公元前42年，在后三头组织的腓力比战役结束后，他们援引（也许是杜撰了）独裁官凯撒当年的设想，同意废除该行省（Appian, *BC* 5.3.12，参见 Dio 48.12.5）。

塔西佗在其提供的元首克劳狄乌斯演说词中有一段令人费解的叙述。在追述罗马如何通过招徕人才、接收外来人口而成长壮大时，那位身为元首的演说家先是扼要回顾了遥远的过去，随后跳到了伊达拉里亚、卢卡尼亚和全意大利的精英开始进入罗马元老院的共和末年。他最后指出，意大利的疆界推进到了阿尔卑斯山——"最终，意大利的疆界拓展到了阿尔卑斯山区，以至于不仅仅是个人，而是整块土地与整个族群都被归到了我们的名下（postremo ipsam ad Alpes promotam, ut non modo singuli viritim, sed terrae, gentes in nomen nostrum coalescerent）"（11.24.2）。下一句接着说道："随

---

1 *CIL* XII, 2608 (Genava)记录了使用该名的一位重要骑士（那个名字并不十分独特）。但他的"家乡"似乎是毗邻纳旁高卢边境的殖民地诺维奥杜努姆（Noviodunum）。

2 参见 *CIL* XIV, 2961 (Praeneste): "...]ttio Cn. f. Tro / [.....]ti Viennensi / [praef.] fabr. bis", 等等。"阿提乌斯（Attius）"在纳旁高卢最频繁出现的姓名（*nomina*）次序中排位第6。

着意大利北部获得了公民权，内部和平安宁、对外征战无往而不利的日子那时到来了。利用罗马军团遍布各地的契机，我们接纳了一个强健有力的行省，从而挽救了摇摇欲坠的帝国（tunc solida domi quies et adversus externa floruimus, cum Transpadani in civitatem recepti, cum specie deductarum per orbem terrae legionum additis provincialium validissimis fesso imperio subventum est）。"（ib.3）但问题随之而来："那时（tunc）"指的是之前还是之后？意大利的统一究竟发生于哪个时代和哪一年？[1]

这里说的无疑是元首奥古斯都开创的元首制时期，也就是内战过后的、秩序良好的和平时期。从行文语气来看，为了呼应内部的和平，演说家必然也要提到对外战争的胜利。但是，我们如何将授予意大利北部地区罗马公民权一事与之调和起来呢？相关研究者的论述是漏洞百出、不得要领的。[2] 我们也有理由认为，塔西佗本人或许犯了混淆是非的错误。[3]

我们在这里需要警惕两方面的危险。首先，这个错误可能来自演说词原文：元首克劳狄乌斯可能是打算蒙混过关，有意忽略了公元前49年与内战结束之间20余年的间隔。[4] 其次，在改写这段文本时，塔西佗的简洁凝练风格也许会给读者造成理解上的困难——他会省略原文中的论证环节，还会暗自构建隐含的对比关系。

也许塔西佗并非大错特错。后人添加的标点也许是错误的。如上所示，所有的现代校勘本都将"安宁（quies）"与"繁荣（floruimus）"连在一起，

---

[1] 关于"tunc（那时）"和"cum（当……时）"的搭配方式，*Lexicon* of Gerber-Greef 只引述了这段文本和 *Hist.* 5.25.3："tunc infensos Batavis deos cum obsiderentur legions（当他们的军团遭到围攻之际，诸神对巴塔维亚人抱有敌意）。" G. G. Ramsay (II, 1909), 31将这段文本翻译为："国内维持着和平局面，对外事务顺风顺水，意大利北部的居民获得了罗马公民权。"

[2] 如尼佩尔迪（Nipperdey, ed. II, G. Andresen, 1915修订）和福尔诺（Furneaux II[2], 1907）。G. G. Ramsay (o.c., note 3)把握住了原文论点的主线（即和平的转变，并非来自外部或内部的压力），但过大胆地声称"solida domi quies（内部和平安宁）"的说法适用于公元前49年的情况。

[3] G. E. F. Chilver, *Cisalpine Gaul* (1941), 10："斯特拉波与塔西佗都将罗马公民权的授予和意大利化混为一谈。"

[4] 克劳狄乌斯省略了凯撒从意大利各地提拔新元老的史实，参见 R. Syme, *BSR Papers* XIV (1938), 8。

在"繁荣"后面加了一个逗号。但此处的"和（et）"也许不仅起到连接作用，它也许具有更重要的功能，表示着论点或情节叙述的递进。前一节中便有一个很好的例子——"与此相关的谣言满天飞。并且元首议事会里也出现了针锋相对的意见（multus ea super re variusque rumor. et studiis diversis apud principem certabatur adseverantium）"，等等（23.1 f.）。在我们讨论的这段文本中，"et"之前是否也应当有处停顿呢？一个分号或许就可以解决问题。但为了让我们的观点更加明确，我们还是使用句号，修订为"tunc solida domi quies. et adversus externa floruimus cum Transpadani in civitatem recepti, cum ... subventum est（当时国内和平安定。并且当我们的对外征战无往而不利，将意大利北部接纳为罗马公民后……挽救了摇摇欲坠的帝国）"。

如果按照这种释读方式的话，那么演说者的论点究竟是什么呢？显然，意大利的统一不是出于内部或外部的形势所迫。值得注意的是，他在前文中完全没有提及同盟者战争及此后波河以南的意大利地区获得罗马公民权一事。他试图展示的是一种和平的演化进程。意大利的版图拓展到阿尔卑斯山的进程也是如此。这一历程完成于和平的岁月——"当时国内和平安定（tunc solida domi quies）"。如上所述，后面开启了一个新句子。演说家用"et"将论点推进了一步——但在时间上回溯到了过去。[1] "我们的对外征战无往而不利（adversus externa floruimus）"描述了意大利北部在公元49年接受罗马公民权时帝国的外部形势。此段文字与前文之间的逻辑联系是一种隐含的对比关系。演说家的意思是"那当然不是一段太平岁月（因为内战已经爆发），但罗马在外部族群面前是威风凛凛、强大有力的。[2] 对意大利北部地区公民权的授予并非外部威胁所迫"。

"我们的对外征战无往而不利"也涵盖了由"cum（当）"引出的两个从

---

[1] 如演说词在后文中说道："我们的士兵曾被高卢人俘虏过，但我们也曾向图斯坎人交出过人质（capti a Gallis sumus: sed et Tuscis obsides dedimus）。"（24.5）

[2] 尤其是在征服高卢之后，参见历史学家对公元前51年局势的评价：Sallust, *Hist.* 1.11: "res Romana plurimum imperio valuit（凭借其治权，罗马人的事业在许多地方一帆风顺）。"

句中的第二个（因为帕提亚人的入侵只是20年历史中的一个短暂插曲——文提狄乌斯很快便赶走了他们）。研究者们不应只想着奥古斯都时代的殖民地（到公元前13年为止），尽管文本的原意可能包含了靠后的时代，将它们囊括在内。这一进程开始得更早。凯撒与后三头时代已建立过众多殖民地——后一阶段事实上一直延续到了公元前28年，参见 *Ann.* 3.28.2。[1]

下一句话提供了佐证。演说家的思绪仍然停留在那个苦难岁月——"难道两位巴尔布斯从西班牙，或同样高贵的人物从纳旁高卢翻山越岭来到罗马是可悲的事情吗（num paenitet Balbos ex Hispania nec minus insignis viros e Gallia Narbonensi transivisse）？"关于巴尔布斯两兄弟最早的年代记载是弟弟巴尔布斯于公元前44年出任财务官，哥哥巴尔布斯则于公元前40年出任了执政官（他之前还不是元老）。那些杰出的纳旁高卢居民是被凯撒[2]（有些无疑是被后三头）[3]带到元老院里的。

到目前为止的解释还说得过去。但我们还需要指出，即便塔西佗没有混淆是非，他还是犯了些微小错误。他认为"意大利的疆界拓展到了阿尔卑斯山区（postremo ipsam ad Alpes promotam）"是在内战结束后，"国内和平安定（tunc solida domi quies）"之时。但山南高卢行省早在公元前42年已被废除。那是一个铁的事实，并被塔西佗的后世评论者们牢记于心。

后三头之所以做出那样的决定，并不是对山南高卢的居民大发慈悲。他们的目的是为了避免围绕该地区所展开的政治与军事争夺。[4]我们完全有理由指出，倘若行省地位和对军事政权的屈从曾是山南高卢罗马人的首要不幸根源的话，那么他们在后三头专制统治下的生活状态也好不到哪里去，因为意大利此时受到的对待跟一个行省别无二致。"此时已没有道德，没有法

---

1 这一进程的持久性，如后三头与元首制之间的延续性有时没有得到足够强调：一名来自纳旁高卢的元老有可能知道，尤利乌斯广场镇是后三头时代的一个罗马殖民地。我们还应注意，作者指出了当地居民的血统混杂。
2 R. Syme, o.c. 15; *JRS* XXVII (1937), 131.
3 Dio, 48.34.4所记行省居民进入元老院的最早案例是在公元前39年。
4 参见Dio 48.12.5。

律（Non mos, non ius）。"（*Ann.* 3.28.1）意大利的真正统一显然应从公元前28年的文治政府与正常秩序回归算起。从这个角度来看，塔西佗并未杜撰历史，而只是对它进行了简化。

塔西佗省略了后三头的举动（他认为那并不重要）。那可能也是元首克劳狄乌斯的看法。历史学家塔西佗的做法是可以理解的。但塔西佗关于意大利北部早期历史的任何严重错误都可以被用来驳斥其家族来自意大利北部的观点。

94. 科奈里乌斯家族的一些成员

4位来自老牌贵族科奈里乌斯家族的成员（无论他们真的具有该家族的血统，还是被过继乃至冒名顶替）出现在了从韦伯芗统治时期到哈德良登基之时的《执政官年表》中。他们分别是伽尔巴亲戚的儿子多拉贝拉·佩特罗尼亚努斯（Dolabella Petronianus，公元86年执政官）、多拉贝拉·麦提利亚努斯·庞培·马塞卢斯（Dolabella Metilianus Pompeius Marcellus，公元112年执政官）、西庇阿·萨尔维狄埃努斯·奥尔菲图斯（Scipio Salvidienus Orfitus，公元87年之前就任的递补执政官）和西庇阿·萨尔维狄埃努斯·奥尔菲图斯（Scipio Salvidienus Orfitus，公元110年执政官）。见 *PIR*[2], C 1351; 1350; 1445; 1446。

还有另外9位名叫科奈里乌斯的人物当上了执政官。他们构成了一个光怪陆离的群体——并且我们完全无法追问他们的祖先、家世与功业。[1] 其中最重要的人物是图拉真的麾下大将奥鲁斯·科奈里乌斯·帕尔玛·弗隆

1　仅有的两个例外是 "Q. Co<r>nelius Fa[（昆图斯·科奈里乌斯）"（*CIL* IV, 4748，参见 *PIR*[2], C 1354 and 1362），可能为活跃于尼禄统治后期的人物，以及公元116年递补执政官 "Q. Co[（昆图斯）"。后者也许并非科奈里乌斯家族成员，并且也不可能是昆图斯·科奈里乌斯·塞内奇奥·阿尼亚努斯（Q. Cornelius Senecio Annianus）（*CIL* II, 1929）。参见R. Syme, *JRS* XLIII (1953), 151 f.。

托尼亚努斯（A. Cornelius Palma Frontonianus，公元99年执政官，公元109年第二次出任执政官），伍尔西人（参见 PIR^2, C 1412）。位居其后的是卢奇乌斯之子格涅乌斯·皮纳里乌斯·科奈里乌斯·克莱门斯（Cn. Pinarius L. f. Cornelius Clemens，公元71年前后递补执政官），以及他的儿子格涅乌斯之子格涅乌斯·皮纳里乌斯·科奈里乌斯·塞维鲁（Cn. Pinarius Cn. f. Cornelius Severus，公元112年递补执政官）——后者所获荣誉（ILS 1043）表明他是一位老牌贵族（PIR^2, C 1341 and 1453）。这些人物都很神秘。[1] 同样如此的还有盖约·科奈里乌斯·拉鲁斯·绥克提乌斯·纳（索?）（C. Cornelius Rarus Sextius Na[?so]），公元93年递补执政官、阿非利加行省总督和塔西佗的祭司团同僚（IRT 523）。[2] 而格涅乌斯·科奈里乌斯·乌尔比库斯（Cn. Cornelius Urbicus，公元113年递补执政官）仅仅留下了名字。

有两位科奈里乌斯很可能来自北方，盖约·科奈里乌斯·伽利卡努斯（C. Cornelius Gallicanus，公元84年递补执政官）是因为其家姓（*cognomen*）；（卢奇乌斯[？]·）科奈里乌斯·普利斯库斯（[L. ?] Cornelius Priscus，公元104年递补执政官[？]）则是因为来自布瑞克西亚的一则铭文中提到了一位元老"]elius Q. f. Fab. ["及其妻子"塞昆达（Secunda Prisc[i]）"（CIL V, 4364，参见4363：未得到 PIR^2, C 1420的注意）。还有两位科奈里乌斯出生于加的斯，他们是卢奇乌斯·科奈里乌斯·普希奥（L. Cornelius Pusio），他在韦伯芗治下某个无法确定的年份里跟佩伽苏斯一道出任过执政官（Gaius. 1.31，等等），以及他的儿子卢奇乌斯·科奈里乌斯·普希奥（L. Cornelius Pusio，《波滕狄亚执政官年表》显示他为公元90年的递补执政官）。格罗亚格（Groag, PIR^2, C 1425）认为前者就是提布尔附近发现的一则铭文（AE 1915, 60）中提到的执政官与行省总督卢奇乌斯·科奈里乌斯·普希奥·阿尼乌斯·麦萨拉（L. Cornelius Pusio Annius

---

[1] 前者是公元73/74年上日耳曼行省副将，来自部落"帕皮里乌斯（Papiria）"（ILS 997: Hispellum，但居住在那座城镇的部落是"勒摩尼乌斯[Lemonia]"）。
[2] 有人认为他就是《波滕狄亚执政官年表》中的"Cori["，参见 R. Syme, o.c. 153。

Messalla）——但此人也许是后者。人们近期在勒普奇斯发现了关于一位阿非利加行省总督的副将玛库斯·阿尼乌斯·麦萨拉（M. Annius Messalla）的记载（*IRT* 516）。[1]

最后，西班牙人玛库斯·科奈里乌斯·尼格里努斯·库里亚提乌斯·玛特努斯（M. Cornelius Nigrinus Curiatius Maternus）（*PIR*[1], C 1407）也值得在此书上一笔。他治理过两个前执政官级别的行省。令人遗憾的是，他的生活年代无法确定（见附录90）。

上述材料均与科奈里乌斯·塔西佗的出身无关。不巧的是，伟大法学家佩伽苏斯的氏族名已不可考。事实上，他的家姓"佩伽苏斯"也并不常见。[2]因此来自纳旁高卢境内瓦西奥的一则铭文（*CIL* XII, 1297）是值得注意的："提图斯·科奈里乌斯·佩伽苏斯献给战神玛尔斯的祭品中（Marti / ex voto / T. Cornelius Pegasus）。"献给战神玛尔斯的另一则铭文石碑由一个名叫塔西佗的人竖立（1301 = *ILS* 4841），具体信息见原书第622页。姓名"提图斯·科奈里乌斯（T. Cornelius）"恰好十分罕见。它再次出现于公元170年元老之子提图斯·科奈里乌斯·阿涅乌斯·福斯库斯（T. Cornelius Anneus Fuscus）（*CIL* VI, 1978 = *ILS* 5024）的姓名中：可能正如格罗亚格所认为的那样（Groag, *PIR*[2], C 1321），他是科奈里乌斯·福斯库斯的后裔。但瓦西奥不可能是福斯库斯的"家乡"，因为此人来自一处罗马殖民地（*Hist.* 3.86.3），或许是尤利乌斯广场镇（参见附录33）。

根据《学说汇纂》（1.2.2.53）的记载，佩伽苏斯曾被韦伯芗任命为罗马市长。那个说法也许是错误的。朱文纳尔的措辞暗示，任命者乃是图密善——"佩伽苏斯最近当上了惊恐万分的罗马城的奴隶总管（Pegasus attonitae positus modo vilicus urbi）"（4.76），参见附录66。那首讽刺诗预

---

1 关于来自南西班牙行省的阿尼乌斯家族成员，见附录86。
2 W. Kunkel, *Herkunft u. soziale Stellung der r. Juristen* (1952, 133) 提供了以下例子——*CIL* III, 4150. col. i, 23 (Savaria); VIII, 128 (Capsa); XII, 1297 (Vasio)。我们还可补充 XII, 5686[682]（维也纳博物馆［Vienne Museum］里的陶瓶印章）——但应当忽略VIII, 14184 f. (来自迦太基的基督徒墓地)。《拉丁铭文集成》关于意大利的1卷里没有这方面的例子。

设的背景年代为公元83年。当时福斯库斯（他出身元老）担任着禁卫军队长（ib. 3 f.）；但此后便再无证据可循。佩伽苏斯（可能是一位科奈里乌斯）和科奈里乌斯·福斯库斯在图密善统治前期身居高位、深受恩宠，这一事实也许跟自身很可能来自纳旁高卢境内某城市的科奈里乌斯·塔西佗的官运亨通有关。来自瓦西奥（*ILS* 1321）的阿弗拉尼乌斯·布鲁斯可能帮助过他的父亲（见原书第623页）。

95. 塔西佗关于纳旁高卢的知识

塔西佗对费边·瓦伦斯穿越阿隆布罗格人和沃科提亚人聚居区的行军历程的叙述全面而准确（*Hist*. 1.65 f.）。那可以用史源优良来加以解释（见原书第171页）——就该主题而言，塔西佗对凯奇纳同阿文提库姆（Aventicum）一带赫尔维提人交往活动的叙述令人称道，其中交代了地理细节（间接提到了赫尔维提河 [Aquae Helveticae][67.2]与沃科提乌斯山[Vocetius][68.1]），还有一位口才出众的本地人名字——克劳狄乌斯·科苏斯（Claudius Cossus）（69）。

此外还有其他内容，如卢戈杜努姆同维也纳的宿怨——"一衣带水的两个聚落之间的仇恨（uno amne discretis conexum odium）"（1.65.1）。无知或粗心大意的作家也许不会注意到，尽管罗马与奥古斯都的祭坛（Altar of Rome and Augustus）位于罗达努斯河（Rhodanus）和阿拉尔河（Arar）的交汇处，罗马殖民地卢戈杜努姆（今天的福尔维耶勒斯 [Fourvières][1]）其实位于合流后的河道右岸，维也纳位于更靠下游的河流左岸。塔西佗以生动的笔触、故意夸张的手法描绘了殖民者对本地居民的怨怼——"希望他们以复仇者的姿态前进，捣毁高卢境内制造战争的大本营（维也纳），那里的一切都是野蛮的和对罗马人充满敌意的。他们自己作为罗马人的殖民地与罗马军

---

[1] 位于法国城市里昂附近。——译注

队的一部分，将与盟友同进退（irent ultores, excinderent sedem Gallici belli. cuncta illic externa et hostilia. se, coloniam Romanam et partem exercitus et prosperarum adversarumque rerum socios）"（65.2）。历史学家塔西佗心里应当清楚，如果维也纳帮助了文德克斯的话，那也不是代表高卢反抗罗马（见原书第463页）。

一些古怪的事实或许能够说明问题。塔西佗能够提供一则细节信息：提图斯·维尼乌斯（T. Vinius，公元69年执政官）曾出任过纳旁高卢行省总督，并且治理有方（1.48.4），那一记载不见于苏维托尼乌斯或普鲁塔克。另一个例子是公元69年纳旁高卢行省督办、尤利乌斯广场镇居民瓦勒里乌斯·保利努斯（Valerius Paullinus，他很可能是那位公元107年递补执政官的父亲）。塔西佗知道此人从前是韦伯芗的朋友和禁卫军军官（3.43.1）。

更值得注意的或许是一些因为作者本人过于熟悉而被省略的内容。在记录公元69年的递补执政官名单时，塔西佗注意到，卢奇乌斯·庞培·沃皮斯库斯（L. Pompeius Vopiscus）出任执政官一事被视为维也纳的荣誉（1.77.2）。但他没有交代阿里乌斯·安东尼和马略·塞尔苏斯的出身（两人或许都来自尼莫苏斯，参见附录32）。我们确实可以用一个直白的理由来解释那一省略——塔西佗讨厌添加过多的说明性文字。但科奈里乌斯·福斯库斯来自一处塔西佗并未交代名称的罗马殖民地（3.86.3），那很可能是尤利乌斯广场镇（见附录33）。此外，《编年史》的作者忘了交代一个值得注意的事实：绥克斯图·阿弗拉尼乌斯·布鲁斯（Sex. Afranius Burrus）是来自瓦西奥的纳旁高卢居民（*ILS* 1321）。那是符合我们的假说的（见原书第623页）。

塔西佗对某些来自纳旁高卢的元老们进行了非常正面的描述，如伟大的瓦勒里乌斯·阿西亚提库斯和玛库斯·尤利乌斯·维斯提努斯·阿提库斯（M. Julius Vestinus Atticus，公元65年执政官）。两人都是勇气、荣誉不及自己的元首们的牺牲品——因此不大适合作为支持假说的论据。

在历史学家塔西佗提供的克劳狄乌斯演说词版本中，最早的纳旁高卢行省元老们及其后裔受到了突出强调（11.24.3，相关介绍与分析见本书第四十五章结尾处）。这段强调完成了论证的一个环节，现代校订者们（自1607年以降）的合理做法本应是把那篇演说词拆开，以此处作为一节的终点：如今的11.24作为一节内容有些过长。

还有一条反面证据——塔西佗对意大利北部的无知并且缺乏特殊兴趣（见第四十五章）。塔西佗称维罗纳为"罗马殖民地"的事实（*Hist.* 3.8.1）倒是无关紧要（他的用语并非技术性的或法学式的）；但他确实在记述克雷莫纳附近的地点与相隔距离时陷入了混乱（见附录30）。

一位来自纳旁高卢的元老有可能很少或从未目睹过波河谷地的样子。前往该"行省"的最佳方案是从科萨（Cosa）或皮塞（Pisae）登船取道海路。阿古利可拉的母亲在离家很近的地方拥有意大利的地产（阿尔宾提米利乌姆［*Agr.* 7.2］），它位于利古里亚的远端，距尤利乌斯广场镇不过70罗马里远。我们有理由认为，塔西佗继承了那些产业。奥斯托里乌斯·斯卡普拉家族（Ostorii Scapulae）的产业肯定距那里很近——"靠近利古里亚边境（apud finem Liguriae）"（*Ann.* 16.15.1）。塔西佗关注过那个起源于意大利的家族（见原书第303页）。

缩略语

AE	*L' Année épigraphique*
AJP	*American Journal of Philology*
BGU	*Berliner griechische Urkunden*
BMC	*British Museum Catalogue*
BSR Papers	*Papers of the British School at Rome*
CAH	*Cambridge Ancient History*
CIG	*Corpus Inscriptionum Graecarum*
CIL	*Corpus Inscriptionum Latinarum*
CQ	*Classical Quarterly*
CR	*Classical Review*
CRAI	*Comptes rendus de l' Académie des Inscriptions et Belles-Lettres*
FC	*I Fasti Consolari* (ed. A. Degrassi, 1952)
FO	*Fasti Ostienses*
HRR	*Historicorum Romanorum Reliquiae* (ed. H. Peter, Vol. II, 1906)
IG	*Inscriptiones Graecae*
IGR	*Inscriptiones Graecae ad Res Romanas pertinentes*
ILS	*Inscriptiones Latinae Selectae* (ed. H. Dessau)
IRT	*The Inscriptions of Roman Tripolitania*
JRS	*Journal of Roman Studies*
LE	W. Schulze, *Zur Geschichte lateinischer Eigennamen*
MAMA	*Monumenta Asiae Minoris Antiqua*
OCD	*The Oxford Classical Dictionary*
OGIS	*Orientis Graecae Inscriptiones Selectae*

PIR	*Prosopographia Imperii Romani*
P-W	Pauly-Wissowa, *Real-Encyclopädie der Classischen Altertumswissenschaft*
S-B	*Sitzungsberichte*
SEG	*Supplementum Epigraphicum Graecum*
SIG	*Sylloge Inscriptionum Graecarum* (ed. H. Dittenberger)
TAPA	*Transactions of the American Philological Association*
TLL	*Thesaurus Linguae Latinae*

参考书目

以下内容并非关于本书主题（或毋宁说是各项主题）的书目，而仅限于脚注所引用文献的信息。其中包括期刊论文、学会通讯等文献，以及纪念文集与其他论文集。但专著在此一概从略。其他年代、出版地信息在脚注中已足够分明的出版物（如小册子和学位论文）同样不在本书目中收录。

Adams, F., "The Consular Brothers of Sejanus." *AJP* lxxvi (1955), 70.

Alexander, P. J. "Letters and Speeches of the Emperor Hadrian." *Harvard Studies* xlix (1938), 141.

Alexander, W. H. "Julius Caesar in the Pages of Seneca the Philosopher." *Transactions of the Royal Society of Canada* 3, Section II, xxxv (1941), 15.

——"The Tacitean 'non liquet' on Seneca." *Univ. of Cal. Pub. in Class. Phil,* xiv, 8 (1952), 269.

——"The Communiqué to the Senate on Agrippina's Death." *Class. Phil.* xlix (1954), 94.

Alfieri, N. "I fasti consulares di Potentia (Regio V),' *Athenaeum* xxvi (1948), 110.

Alfoeldi, A. "Insignien und Tracht der römischen Kaiser." *Röm. Mitt.* l (1935), 1.

Allen, W. "The Death of Agrippa Postumus." *TAPA* lxxviii (1947), 131.

——"Sallust's Political Career." *Studies in Philology* li (1954), 1.

Altheim, F. "Tacitus." *Die neue Rundschau* lxiv (1953), 175.

Amundsen, L. "Notes to the Preface of Livy." *Symbolae Osloenses* xxv (1947), 31.

Anderson, J. G. C. "Trajan on the Quinquennium Neronis." *JRS* l (1911), 173.

——Review of R. P. Robinson, *The Germania of Tacitus* (*Am. Phil. Ass.,* Phil. Monographs V). *JRS* xxvi (1936), 272.

Andresen, G. Review of R. Reitzenstein, "Bemerkungen zu den kleinen Schriften des Tacitus I–II" *(Gött. gel. Nachr.* 1914, 173 ff.). *Wochenschr. für cl. Phil.* 1915. 747.

——"Tacitus in Livius." *Wochenschr. für cl. Phil.* 1916, 210; 401; 688; 758.

Asbach, J. "Quo anno Britanni Boudicca duce a Nerone defecerint." *Analecta historica et epigraphica Latina* 11 (Bonn, 1878), 8.

Baehrens, W. A. "Zur Praetur des jüngeren Plinius." *Hermes* lviii (1923), 209.

——"Noch einmal zur Praetur des jüngeren Plinius." *Phil. Woch.* xlvii (1927), 171.

——"Sallust als Historiker, Politiker und Tendenzschriftsteller." *Neue Wege zur Antike* iv (1926), 35.

Balsdon, J. P. V. D. Review of D. M. Pippidi, *Autour de Tibère*. *JRS* xxxvi (1946), 168.

——"Tacitus, *Annals* IV. 57." *CR* lxi (1947), 44.

Barbieri, G. "Mario Massimo." *Riv. di fil.* lxxxi (1953). 36 ff.; 262 ff.

——"Nuovi frammenti di Fasti Ostiensi." *Studi Romani* 1 (1953), 365.

Bardon, H. "Dialogue des orateurs et Institution oratoire." *Rev. ét. lat.* xix (1941), 113.

——"Recherches sur la formation de Tacite." *Mélanges dc la Faculté des Lettres de Poitiers* 1946, 195.

——"Tacite et le 'Dialogue des Orateurs'." *Latomus* xii (1953), 166.

Bardon, H. "De nouveau sur Tacite et le Dialogue des Orateurs: lea critères grammaticaux et stylistiques." *Latomus* xii (1953), 485.

Barwick, K. "Der Dialogue de oratoribus des Tacitus." *Sächsische S-B, phil.-hist. Kl.* 1954. Heft 4.

Beguin, P. "Le *Fatum* dans l'oeuvre de Tacite." *L' Antiquité classique* xx (1951), 315.

——"La Personnalité de l'historien dans l'oeuvre de Tacite." Ib. xxii (1953), 352.

——"Le Positivisme de Tacite dans sa notion de *fors*." Ib. xxiv (1955), 352.

Béranger, J. "L'Hérédité du principat." *Rev. ét. lat.* xvii (1939), 171.

Berve, H. "Sertorius." *Hermes* lxiv (1929), 199.

Bickel, E. "Die politische und religiöse Bedeutung des Provinzialoberpriesters im römischen Westen." *Bonner Jahrbücher* cxxxiII (1928), 1.

Biraghi, G. "Il problema economico del regno di Nerva." *La Parola del Passato* vi (1951), 257.

Birley, E. "Senators in the Emperors' Service." *Proc. Brit. Ac.* xxxix (1953), 197.

——"Britain under Nero: the Significance of Q. Veraniua." *Roman Britain and the*

Roman Army: Collected Papers (1953), 1.

——"Britain and the Flavians: Agricola and his Predecessors." Ib. 10.

——"Britain after Agricola, and the End of the Ninth Legion." Ib. 20.

——"The Brigantian Problem, and the first Roman Contact with Scotland." Ib. 31.

Bömer, F. "Naevius und Fabius Pictor." *Symbolae Osloenses* xxix (1952), 34.

Boer, W. den. "Die gegenseitigen Verhältnisse der Personen im Dialogus de Oratoribus und die Anschauung des Tacitus." *Mnemosyne* viii (1939), 193.

Bogner, H. "Petronius bei Tacitus." *Hermes* lxxvi (1941), 223.

Boissier, G. "Les Prologues de Salluste." *Journal des Savants* 1903, 59.

Bonfante, J. "Le Latin *Ulpius* et le nom osco-ombrien du loup." *Latomus* iii (1939). 79.

Brassloff, S. "Patriciat und Quaestur in der romischen Kaiserzeit." *Hermes* xxxix (1904), 618.

Brink, C. O. "Tacitus and the Visurgis." *JRS* xlii (1952), 39.

——"Justus Lipsius and the Text of Tacitus." Ib. xli (1951), 32.

Bruére, R. T. "Tacitus and Pliny's *Panegyricus.*" *Class. Phil,* xi.ix (1954), 161.

Büchner, K. "Tacitus und Plinius über Adoption des römischen Kaisers." *Rh. Mus,* xcviii (1955), 289.

——"Das Proömium zum Agricola des Tacitus." *Wiener Studien* lxix (1956), 321.

Calder, W. M. "Silius Italicus in Asia." *CR* xlix (1935). 216.

Calza, G. "Due nuovi frammenti di Fasti Ostiensi." *Epigraphica* 1 (1939), 151.

Capelle, W. "Zu Tacitus' Archäologien." *Philologus* lxxxiv (1929), 201; 349; 464.

Carcopino, J. "La Table Claudienne de Lyon." *Journal des Savants* 1930, 69; 116.

——"La Table Claudienne de Lyon et l'impérialisme egalitaire." *Points de vue sur l'imperialisme romain* (1934), 159.

——"Les Richesses des Daces et le redressement de l'empire romain sous Trajan." *Dacia* 1 (1924), 28=*Points de vue sur l'impérialisme romain* (1934), 73.

——"L'Hérédité dynastique chez les Antonins." *Rev. ét. anc.* li (1949), 262.

Charlesworth, M. P. "The Banishment of the Elder Agrippina." *Class. Phil,* xvii (1922), 260.

——"The Tradition about Caligula." *The Cambridge Historical Journal* iv (1933), 105.

——"Providentia and Aeternitas." *Harvard Theological Review* xxix (1936), 107.

——"The Virtues of a Roman Emperor: Propaganda and the Creation of Belief." *Proc.*

Brit. Ac. xxiii (1937), 105.

Charlesworth, M. P. "Nero: Some Aspects." *JRS* xl (1950), 69.

Charneux, P. "M. Vettulenus Civica Barbarus." *Bull. corr. hell.* lxxxi (1957), 121.

Chilton, C. W. "The Roman Law of Treason under the Early Principate." *JRS* xlv (1955), 73.

Chilver, G. E. F. "Augustus and the Roman Constitution." *Historia* 1 (1950), 408.

Ciaceri, E. "L'Imperatore Tiberio e i processi di lesa maesta." *Processi politici e Relazioni internazionali* (1918), 249.

——"La Congiura Pisoniana contro Nerone." Ib. 363.

——"Claudio e Nerone nelle *Storie* di Plinio." Ib. 387.

Cichorius, C. "Zur Familiengeschichte Seians." *Hermes* xxxix (1904), 461.

——"Die ägyptischen Erlasse des Germanicus." *Römische Studien* (1922), 375.

——"Der Astrologe Thrasyllos und sein Haus." Ib. 390.

——"Untersuchungen zu Pomponius Secundus." Ib. 423.

Colin, J. "Sénateurs gaulois à Rome." *Latomus* xiii (1954), 218.

——"Le Préfet du Prétoire Cornelius Fuscus: un enfant de Pompei." Ib. xv (1956), 57.

Columba, G. M. "Il processo di Cremuzio Cordo." *Atene e Roma* iv (1901), 361.

Conway, R. S. "The Venetian Point of View in Roman History." *New Studies of a Great Inheritance* (1921), 190.

Cousin, J. "Rétorique et psychologie chez Tacite." *Rev. ét. lat.* xxix (1951), 228.

——"Suétone physiognomiste." Ib. xxxi (1953), 234.

Crook, J. A. "Titus and Berenice." *AJP* lxxii (1951), 162.

Cumont, F. "L'Eternité des empereurs romains." *Revue d'histoire et de littérature religieuses* 1 (1896), 435.

Cuntz, O. "Zum Briefwechsel des Plinius mtt Traian." *Hermes* lxi (1926), 192.

Degrassi, A. "Osservazioni su alcuni consoli suffetti dell' età di Augusto e Tiberio." *Epigraphica* VIII (1946), 34.

——"Sui Fasti Consolari dell' Impero." *Athenaeum* xxxiii (1955), 112.

De la Ville de Mirmont, H. "Afranius Burrhus." *Rev. phil.* xxxiv (1910), 73.

Dessau, H. "Die Vorgänge bei der Thronbesteigung Hadrians." *Festschrift für H. Kiepert* (1898), 85.

——"Die Herkunft der Offiziere und Beamten des römischen Kaiserreichs während der ersten zwei Jahrhunderte seines Bestehens." *Hermes* xlv (1910), 1.

De Witt, N. J. "The Druids and Romanization." *TAPA* lxix (1938), 319.

Dienel, R. "Quintilian und der Rednerdialog des Tacitus." *Wiener Studien* xxxvii (1915), 239.

Dirlmeier, F. "Die Germania des Tacitus. Versuch einer Deutung." *Die alten Sprachen* 11 (1937), 37.

Domaszewski, A. v. "Die Heimat des Cornelius Fuscus." *Rh. Mus.* lx (1905), 158.

Drexler, H. "Bericht Über Tacitus für dic Jahre 1915–1927." *Bursians Jahresberichte* ccxxiv (1929), 257.

Durry, M. "Le Bellum Suebicum de 97 et le Panégyrique de Pline." *Mémorial d'un voyage d'études en Rhénanie* (1933), 197.

Ehrenberg, V. "Pothos." *Festschr. für M. Winternitz* (1933), 296 = *Alexander and the Greeks* (1938), 52.

Evans, E. C. "Descriptions of Personal Appearance in Roman History and Biography." *Harvard Studies* xlvi (1935), 43.

Fabia, Ph. "Les Ouvrages de Tacite réussirent-ils auprès des contemporains?" *Rev. phil.* xix (1895), 1.

——"Le Troisième Mariage de Néron." Ib. 218.

——"Le Point finale des Annales de Tacite." *Journal des Savants* 1901, 423; 563.

——"La Préface des *Histoires* de Tacite," *Rev. ét. anc,* iii (1901), 41.

——"Tacite." *Journal des Savants* 1903, 452; 482.

——"L'Adhésion de l'Illyricum à la cause flavienne." *Rev. ét. anc.* v (1903), 329.

——"L'Avènement officiel de Tibère. Examen du récit de Tacite *(Ann.* 1, 11–13)." *Rev. phil.* xxxiii (1909), 28.

——"La Mère de Néron." *Rev. phil.* xxxv (1911), 144.

——"Officiers gaulois dans les légions romaines au Ier siècle de notre ère." *Rev. ét. anc.* xiv (1912), 285.

——"Dillius Vocula." *Studi Romani* 11 (1914), 153.

——"L'Irréligion de Tacite." *Journal des Savants* 1914, 250.

——"Les Histoires de Tacite." Ib. 1922, 49.

——"La Carrière de Tacite." Ib. 1926, 193.

——"A propos de la Table Claudienne." *Rev. ét. anc.* xxxiii (1931), 117; 225.

——"Sur une page perdue et sur les livres xvi, xvii, xviii des Annales de Tacite." Ib. xxxiv (1932), 139.

——"La Concentration des Othoniens sur le Pô." Ib. xliii (1941), 192.

Favez, Ch. "Les Opinions de Sénèque sur la femme." *Rev. ét. lat.* xvi (1938), 335.

Feger, R. "Virtus bei Tacitus." *Würzburger Jahrbücher* iii (1948), 301.

Ferrero, L. "La voce pubblica nel proemio degli Annali di Tacito." *Riv. di fil.* lxxiv (1946), 50.

Fink, R. O., Hoey, A. S., and Snyder, W. F. "The *Feriale Duranum*." *Yale Classical Studies* vii (1940), 7.

Fiske, G. C. "The Politics of the Patrician Claudii." *Harvard Studies* xiii (1902), 1.

Fletcher, G. B. A. "Notes on Tacitus." *AJP* lxvi (1945), 13.

——"Some Certain or Possible Examples of Literary Reminiscence in Tacitus." *CR* lix (1945), 45.

Fraenkel, E. "Tacitus." *Neue Jahrbücher* viii (1932), 218.

Frézouls, E. "Inscription de Cyrrhus relative à Q. Marcius Turbo." *Syria* xxx (1953), 247.

Fritz, K. v. "Aufbau und Absicht des Dialogus de Oratoribus." *Rh. Mus.* lxxxi (1932), 275.

—— "Sallust and the Attitude of the Roman Nobility at the Time of the Wars against Jugurtha." *TAPA* lxxiv (1943), 134.

——"Tacitus, Agricola, Domitian, and the Problem of the Principate." *Class. Phil.* lii (1957), 73.

Frot, J. "Tacite est-il l'auteur du 'Dialogue des orateurs'?" *Rev. ét. lat.* xxxiii (1955), 120.

Fuchs, H. "Tacitus über die Christen." *Vigiliae Christianae* iv (1950), 65.

Fuks, A. "The Jewish Revolt in Egypt (A. D. 115–117) in the light of the papyri." *Aegyptus* xxxiii (1953), 131.

Gabba, E. "Le origini della Guerra Sociale e la vita politica romana dopo l'89 a. C." *Athenaeum* xxxii (1954), 41; 293.

Gagé, J. "La Victoria Augusti et les Auspices de Tibère." *Rev. arch,* xxxii (1930), 1.

——"Hercule-Melqart, Alexandre et les Romains à Gadès." *Rev. ét. anc.* xlii (1940), 425.

Gagé, J. "Gadès, l'Inde et les navigations atlantiques dans l'antiquité." *Rev. hist.* ccv (1951), 189.

Gallavotti, C. "Pensiero e fonti dottrinarie nel 'Dialogo degli Oratori'." *Athenaeum* xix (1931), 35.

Garzetti, A. "Nerviana." *Aevum* xxvii (1953), 549.

———"Sul problema di Tacito e Tiberio." *Riv. stor. it.* lxvii (1955), 70.

Geer, R. M. "Second Thoughts on the Imperial Succession from Nerva to Commodus." *TAPA* lxvii (1936), 47.

Gelzer, M. "Die Nobilität der Kaiserzeit." *Hermes* l (1915), 395.

———"Zur neuen Germanicus-Inschrift." *Festschrift für Rudolf Egger* 1 (Klagenfurt, 1952), 84.

Gercke, A. "Senecastudien, II." *Jahrbücher für cl. Phil.,* Supp.-Band xxii (1896), 159.

Godolphin, F. R. B. "The Source of Plutarch's Thesis in the Lives of Galba and Otho." *AJP* lvi (1935), 324.

Götze, H. "Ein neues Bildnis des Nerva." *Mitt, des d. arch. Inst,* l (1948), 239.

Gordon, A. E. "Quintus Veranius Consul A.D. 49." *Univ. of Cal. Pub. in Class. Arch,* ii, 5 (1952), 231.

Gordon, M. L. "The Family of Virgil." *JRS* xxiv (1934), 1.

———"The *Patria* of Tacitus." Ib. xxvi (1936), 145.

Grant, M. "Constantiae Augusti." *Num. Chron.* x (1950), 23.

Grenade, P. "Le Mythe de Pompée et les Pompéiens sous les Césars." *Rev. ét. anc.* lii (1950), 28.

Gries, K. "Subconscious Repetition in Livy." *Class. Phil,* xlvi (1951), 36.

Grimal, P. "Deux figures de la *Correspondance* de Pline: le philosophe Euphratès et le rhéteur Isée." *Latomus* xiv (1955), 370.

Groag, E. "Zur Kritik von Tacitus' Quellen in den Historien." *Jahrbücher für cl. Phil.,* Supp.-Band xxiii (1897), 761.

———"Die Adoption Hadrians." *Röm. Mitt,* xiv (1899), 269.

———"Prosopographische Beiträge V. Sergius Octavius Laenas." *Jahreshefte* xxi/ xxii (1924), Beiblatt 425.

———Prosopographische Beiträge VI. Sex. Quinctilius Valerius Maximus." Ib. 435.

———"Zur Ämterlaufbahn der nobiles in der Kaiserzeit." *Strena Buliciana* (Zagreb, 1924), 253.

———"Zum Konsulast in der Kaiserzeit." *Wiener Studien* xlvii (1929), 143.

———"Zu neuen Inschriften." *Jahreshefte* xxix (1935), Beiblatt, 177.

Grosso, F. "Tendenziosità dell' *Agricola*." *In Memoriam Achillis Beltrami Miscellanea Philologica* (1954), 97.

——"Aspetti della politica orientale di Domiziano." *Epigraphica* xvi (1954), 117.

Guey, J. "Le *Pomerium* de la Rome impériale." *Mélanges de l'Ecole française de Rome* liv (1937), 165.

Güngerich, R. "Der Dialogus des Tacitus und Quintilians *Institutio Oratoria*." *Class. Phil,* xlvi (1951), 159.

——"Tacitus' Dialogus und der Panegyricus des Plinius." *Festschrift Bruno Snell* (1956), 145.

Haas, H. "Virtus Tacitea." *Gymnasium* xlix (1938), 163.

Haase, H. "Tacitea." *Philologus* iii (1848), 152.

Hammer, S. "Réflexions sur Tacite." *Eos* xxxii (1929), 545.

Hammond, M. "Corbulo and Nero's Eastern Policy." *Harvard Studies* xlv (1934), 81.

Hammond, M. "Pliny the Younger's Views on Government." *Harvard Studies* xlix. (1938), 115.

——"A Statue of Trajan Reproduced on the 'Anaglypha Trajani'." *Mem. Am. Ac. Rome* xxi (1953), 127.

Hanslik, R. "Der Prozess des Varenus Rufus." *Wiener Studien* l (1932), 194.

——"Plinius der jüngere. Bericht über das Schrifttum der Jahre 1933–1942." *Bursians Jahresberichte* cclxxxii (1943), 38.

Hardy, E. G. "Tacitus as a Military Historian in the 'Histories'." *Journ. Phil.* xxxi (1910), 123.

Harrrr, G. A. "Tacitus and Tiberius." *AJP* xli (1920), 57.

Harte, R. H. "The Praectorship of the Younger Pliny." *JRS* xxv (1935), 51.

Hatt, J. J. "L'Incendie d'Argentorate en 96–97 ap. J.-C." *CRAI* 1949, 132.

——"Le Passé romain de Strasbourg." *Gallia* vii (1949), 161.

——"Les Résultats historiques des fouilles de Strasbourg." *Historia* ii (1953), 234.

Haverfield, F. "Four notes on Tacitus." *JRS* ii (1912), 195.

——"Tacitus during the later Roman Empire and the Middle Ages." *Ib.* vi (1916), 196.

Heinze, R. "Urgentibus imperii fatis," *Vom Geist des Römertums* (1938), 255.

Helm, R. "Zwei Probleme des Taciteischen Dialogus." *Neue Jahrbücher* xxi (1908), 474.

Henderson, M. I. Review of F. A. Lepper, *Trajan's Parthian War. JRS* xxxix (1949), 121.

Heraeus, W. "Tacitus und Sallust." *Archiv für lat. Lex.* xiv (1906), 273.

Herrmann, L. "Quintilien et le Dialogue des Orateurs." *Latomus* xiv (1955), 349.

Heurcon, J. "La Vocation étruscologiquc de l'empereur Claude." *CRAI* 1953, 92.

———"Tarquitius Priscus et l'organisation du collège des haruspices sous l'empereur Claude." *Latomus* xii (1953), 402.

Heuss, A. "Alexander der grosse und die politische Ideologie des Altertums." *Antike und Abendland* iv (1954), 65.

Highet, G. "The Life of Juvenal." *TAPA* lxviii (1937), 480.

Hirschfeld, O. "Beiträge zur Geschichte der Narbonensischen Provinz." *West- deutsche Zeitschr.* viii (1889), 1= *Kl. Schr.* (1913), 19.

———"Das Neujahr des tribunizischen Kaiserjahres." *Wiener Studien* iii (1881), 97 = *Kl. Schr.* (1913), 438.

———"Zur annalistischen Anlage des Taciteischen Geschichtswerkes." *Hermes* xxv (1890), 363 = *Kl. Schr.* (1913), 855.

Hirst, G. M. "Note on the Date of Livy's Birth and on the Termination of his History." *Collected Classical Papers* (1938), 12.

Hohl, E. "Vopiscus und die Biographie des Kaisers Tacitus." *Klio* xi (1911), 177; 284.

———"Tacitus und der jüngere Plinius." *Rh. Mus.* lxviii (1913), 461.

———"Über den Ursprung der Historia Augusta." *Hermes* lv (1920), 296.

———"Wann hat Tiberius das Prinzipat übernommen?" Ib. l.xviii (1933), 106.

———"Primum facinus novi principatus." Ib. lxx (1935), 350.

———"Zu den Testamenten des Augustus." *Klio* xxx (1937), 323.

———"Der Prätorianeraufstand unter Otho." Ib. xxxii (1939), 307.

Instinsky, H. U. "Consensus universorum." *Hermes* lxxv (1940), 265.

———"Kaiser und Ewigkeit." Ib. lxxvii (1942), 313.

———"Salus generis humani." *Hamburger Beiträge zur Numismatik* 1 (1947), 5.

Jax, K. "In componendis synonymis quae ratio adhibita sit in Taciti *Germania* et *Agricola*." *Studi in Onore di U. E. Paoli* (1956), 423.

Jones, A. H. M. "The *Imperium of* Augustus." *JRS* xli (1951), 112.

———"The Elections under Augustus." Ib. xlv (1955), 9.

Kappelmacher, A. "Zur Abfassungszeit von Tacitus' *Dialogus de oratoribus.*" *Wiener Studien* l (1932), 121.

Keyssner, K. "Betrachtungen zum Dialogus als Kunstwerk und Bekenntnis." *Würzburger Studien* ix (1936), 94.

Klaffenbach, G. "Die Ausgrabungen in Klaros." *Das Altertum* 1 (1955), 214.

Klingner, F. "Über die Einleitung der Historien Sallusts." *Hermes* lxiii (1928), 165.

——"Tacitus." *Die Antike* viii (1932), 151 = *Römische Geisteswelt* (1943), 310.

——"Die Geschichte Kaiser Othos bei Tacitus." *Sächsische S-B, phil.-hist. Kl.* xcii (1940), Heft 1.

——"Tacitus über Augustus und Tiberius." *Bayerische S-B, phil.-hist. Kl.* 1933, Heft 7.

——"Beobachtungen über Sprache und Stil des Tacitus am Anfang des 13. Annalenbuches." *Hermes* lxxxiii (1955), 187.

Knoche, U. "Der römische Ruhmesgedanke." *Philologus* lxxxix (1934), 102.

——"Magnitudo Animi." Ib. Supp. xxvii (1935), Heft 3.

Koestermann, E. "Der taciteische Dialogus und Ciceros Schrift De re publica." *Hermes* lxv (1930), 396.

——"Statio Principis." *Philologus* lxxxvii (1932), 358; 430.

——Review of N. Eriksson, *Studien zu den Annalen des Tacitus. Gnomon* xi (1935), 319.

——"Tacitus. Bericht über das Schrifttum der Jahre 1931–38." *Bursians Jahres-berichte* cclxxxii (1943), 78.

——"Der pannonisch-dalmatinische Krieg 6–9 n. Chr." *Hermes* lxxxi (1953), 345.

——"Die Majestätsprozesse unter Tiberius." *Historia* iv (1955), 72.

——"Der Sturz Sejans." *Hermes* lxxxiii (1955), 350.

——"Das Charakterbild Galbas bei Tacitus." *Navicula Chiloniensis.* Festschrift F. Jacoby (1956), 191.

——"Der Rückblick Tacitus Hist. 14–11." *Historia* v (1956), 213.

Kornemann, E. "Die historische Schriftstellerei des C. Asinius Pollio.*" Jahrbücher für cl. Phil.,* Supp.-Band xxii (1896), 557.

——"Die unmittelbare Vorlage von Appians Emphylia." *Klio* xvii (1921), 33.

——"Hadrian und der Donauraum." *Gestalten und Reiche* (1943), 304.

——"Der Prinzipat des Tiberius und der 'Genius Senatus'." *Bayerische S-B, phil.-hist. Kl* 1947, Heft 1.

Kraay, C. M. "The Coinage of Vindex and Galba, A.D. 68, and the Continuity of the

Augustan Principate." *Num. Chron.* ix (1949), 129.

Kroll, W. "Die Sprache des Sallust." *Glotta* xv (1927), 280.

―― "Die Entwicklung der lateinischen Schriftsprache." *Glotta* xxii (1934), 1.

Kroymann, J. "*Fatum, fors, fortuna* und Verwandtes im Geschichtsdenken des Tacitus." *Satura* (Festschrift O. Weinreich, 1952), 71.

Kruuse, J. "L' Originalité artistique de Martial." *Classica et Mediaevalia* iv (1941), 248.

Kübler, B. Review of R. S. Rogers, *Criminal Trials and Criminal Legislation under Tiberius. Phil. Woch.* 1937, 380.

Kurfess, A. "Phoenix quintus? (Or. Sib. viii, 139 f.)." *Würzburger Jahrbücher* iii (1948), 194.

Lambrechts, P. "Trajan et le recrutement du sênat." *L' Antiquité classique* v (1936), 105.

Lämmli, P. "Sallusts Stellung zu Cato, Caesar, Cicero." *Museum Helveticum* iii (1946), 94.

Landi, C. "L' Autore del Dialogus de oratoribus." *Athenaeum* xvii (1929), 489.

Last, H. M. "Sallust and Caesar in the 'Bellum Catilinae'." *Mélanges de philologie, de littérature et d'histoire anciennes offerts à J. Marouzeau* (1948), 355.

―― "Rome and the Druids: A Note." *JRS* xxxix (1949), 1.

―― Review of A. Magdelain, *Auctoritas Principis.* Ib. xl (1950), 119.

―― Review of G. Tibiletti, *Principe e magistrati repubblicani.* Ib. xliv (1954), 119.

Lecocq, R. "Quelle date assigner à la première catastrophe de Campanie, 62 ou 63 p. C. ?" *L' Antiquité classique* xviii (1949), 85.

Leeman, A. D. "Sallusts Prologe und seine Auffassung von der Historiographie." *Mnemosyne,* vii (1954), 323; viii (19S5), 38.

Leo, F. "Die staatsrechtlichen Excurse in Tacitus' Annalen." *Göttingsche gelehrte Nachrichten* 1896, 191.

―― Review of A. Gudeman's edition of the *Dialogus. Göttingsche gelehrte Anzeigen* 1898, 169.

Lepore, E. "Un sintomo di coscienza occidentale all' apogeo dell' impero." *Rivista storica italiana* lx (1948), 193.

Leschi, L. "Inscriptions latines de Lambèse et de Zana." *Libyca* 1 (1953), 189.

Löfstedt, E. "Zum Stil des Tacitus." *APAFMA M. P. Nilsson... dedicatum* (Lund, 1939), 297.

——"On the Style of Tacitus." *JRS* xxxviii (1948), 1.

Longden, R. P. "Notes on the Parthian Campaigns of Trajan." Ib. xxi (1931), 1.

Lundström, V. "Nya Enniusfragment." *Eranos* xv (1915), 1 ff.

——"Det första kapitlet i Tacitus' Germania." Ib. xxv (1927), 249.

——"Kring Livius' liv och verk I." Ib. xxvii (1929), 1.

Lutz, C. E. "Musonius Rufus, the Roman Socrates." *Yale Classical Studies* x (1947), 3.

Macdonald, G. "Verbum non amplius addam." *JRS* xxix (1939), 5.

Mansei, A. Müfid. "Fouilles de Sidé et de Pergé." *Anadolu* ii (1955), 58.

Marec, E., and Pflaum, H. G. "Nouvelle inscription sur la carrière de Suétone, l'historien." *CRAI* 1952, 76.

Marsh, F. B. "Tacitus and Aristocratic Tradition." *Class. Phil,* xxi (1926), 291.

Martin, J. "Zur Quellenfrage in den Annalen und Historien." *Würzburger Studien zur Altertumswissenschaft* ix (1936), 21.

Martin, R. H. "*-ere* and *-erunt* in Tacitus." *CR* lx (1946), 17.

——"Variatio and the Development of Tacitus' Style." *Eranos* li (1953), 89.

——Tacitus and the Death of Augustus." *CQ* xlviii (1955), 123.

Marx, F. A. "Untersuchungen zur Komposition und zu den Quellen von Tacitus' Annalen." *Hermes* lx (1925), 74.

——"Aufidius Bassus." *Klio* xxix (1936), 94.

——"Die Überlieferung der Germanenkriege besonders der augusteichen Zeit." Ib. xxix (1936), 202.

——Tacitus und die Literatur der exitus illustrium virorum." *Philologus* xcii (1937), 83.

Mattingly, H. "The Restored Coins of Trajan." *Num. Chron.* vi (1926), 232.

——"The Imperial *Vota*." *Proc. Brit. Ac.* xxxvi (1950), 155.

Meister, K. "Zur Datierung der Annalen des Tacitus und zur Geschichte der Provinz Agypten." *Eranos* xlvi (1948), 94.

——"Der Bericht des Tacitus über die Landung des Germanicus in der Ems-mündung." *Hermes* lxxxiii (1955), 92.

Meister, R. "Die Tacitusinschrift von Mylasa." *Jahreshefte* xxvn (1932), Beiblatt 233.

Mendell, C. W. "Literary Reminiscences in the Agricola." *TAPA* lii (1921), 53.

——"Dramatic Construction in Tacitus' Annals." *Yale Classical Studies* v (1935), 7.

Meredith, D. "Inscriptions from the Berenice Road." *Chronique d' Égypte* xxix (1954),

281.

Merrill, E. T. "On the Date of Pliny's Prefecture of the Treasury of Saturn." *AJP* xxii (1902), 400.

Mesk, J. "Die Überbearbeitung des plinianischen Panegyricus auf Trajan." *Wiener Studien* xxxii (1910), 239.

——"Zur Quellenanalyse des plinianischen Panegyricus." Ib. xxxiii (1911), 71.

Meyer, E. "Apollonios von Tyana und Philostratos." *Hermes* lii (1917), 371 = *Kl. Schr.* 11 (1924), 133.

Miltner, F. "Der Tacitusbericht über Idistaviso." *Rh. Mus.* xcv (1952), 343.

Mogenet, J. "La Conjuration de Clemens." *L' Antiquité classique* xxiii (1954), 321.

Momigliano, A. "Corbulone e la politica romana verso i Parti." *Atti del II Congresso Nazionale di Studi Romani* 1 (1931), 368.

——"Vitellio." *Stud. it. fil. cl.,* n.s. ix (1931/2), 117.

——"Osservazioni sulle fonti per la storia di Caligola, Claudio, Nerone." *Rendiconti della R. Accademia dei Lincei* vii (1932), 293.

——"La Personalità di Caligola." *Annali della R. Scuola normale superiore di Pisa* ii ser., i (1932), 205.

Mommsen, Th. "Die Chronik des Cassiodorus Senator vom J. 519 n. Chr. II. Die Auszüge aus Aufidius Bassus." *Abh. der sächsischen Gesellschaft der Wissenschaften* viii (1861) 558 = *Ges. Schr.* vii (1909), 677.

——"Die patricischen Claudier." *Römische Porschungen* 1 (1864), 285.

——"Zur Lebensgeschichte des jüngeren Plinius." *Hermes* iii (1869), 31 = *Ges. Schr.* iv (1906), 366.

——"Edict des Kaisers Claudius über das römische Bürgerrecht der Anauner vom J. 46 n. Chr." *Hermes* iv (1870), 99 = *Ges. Schr.* iv (1906), 290.

——"Cornelius Tacitus und Cluvius Rufus." *Hermes* iv (1870), 295 = *Ges. Schr.* vii (1909), 224.

——"Die zwei Schlachten von Betriacum im Jahre 69 n. Chr." *Hermes* v (1871), 161 = *Ges. Schr.* iv (1906), 354.

——"Der letzte Kampf der römischen Republik." *Hermes* xiii (1878), 90 = *Ges. Schr.* iv (1906), 333.

——"Das Verhältniss des Tacitus zu den Acten des Senats." *Ges. Schr.* vii (1909), 253.

Moore, F. G. "Annalistic Method as Related to the Book Divisions in Tacitus." *TAPA* liv

(1923), 5.

Morris, J. "The Consulate of the Elder Trajan." *JRS* xliii (1953), 79.

Motta, L. "La tradizione sulla rivolta ebraica al tempo di Traiano." *Aegyptus* xxxii (1952). 474.

Motzo, B. R. "I commentari di Agrippina madre di Nerone." *Studi Cagliaritani* I (1927), 19.

——"I libri della guerra di Germania di Aufidio Basso." Ib. 58.

Münzer, F. "Die Quelle des Tacitus für die Germanenkriege." *Bonner Jahrbücher* civ (1899), 67.

——"Eine 'echt taciteische' Wendung." *Hermes* xxxiv (1899), 641.

——"Die Entstehung der Historien des Tacitus." *Klio* 1 (1901), 300.

——"Aufidius und Plinius." *Rh. Mus.* lxii (1907), 161.

——"Zu dem Nachruf des Tacitus auf Arminius." *Hermes* xlviii (1913), 617.

Nesselhauf, H. "Tacitus und Domitian." *Hermes* lxxx (1952), 122.

——Review of A. Degrassi, *I fasti consolari dell' Impero Romano*. *Gnomon* xxvi (1954), 265.

——"Die Adoption des römischen Kaisers." *Hermes* lxxxiii (1955), 477.

Niccolini, G. "La prima battaglia di Bedriaco e la foce dell' Adda." *Rend. Acc. Lincei* xv (1906), 278 ff.

Nipperdey, K. "Von der antiken Historiographie überhaupt und der römischen insbesondere." *Opuscula* (1877), 411.

——"Variarum Observationum Antiquitatis Romanae, Caput I." Ib. (1877), 511.

Nissen, H. "Die Historien des Plinius." *Rh. Mus.* xxvi (1871), 497.

Norden, E. "Josephus und Tacitus über Jesus Christus und eine messianische Prophetie." *Neue Jahrbücher* xxxi (1913), 637.

——"Dreieck." Ib. n.f.i. (1925), 35.

Nutting, H. C. "The Use of *forem* in Tacitus." *Univ. of Cal. Pub. in Class. Phil.* vii (1923), 209.

Oertel, F. "Zur politischen Haltung des jüngeren Plinius." *Rh. Mus.* lxxxviii (1939). 79.

Oliver, J. H. "The Augustan Pomerium." *Memoirs of the American Academy in Rome* x (1932), 143.

——"The Descendants of Asinius Pollio." *AJP* lxviii (1947), 147.

——"The Divi of the Hadrianic Period." *Harvard Theological Review* xlii (1949), 35.

——"The Ruling Power. A Study of the Roman Empire in the Second Century after Christ through the Roman Oration of Aelius Aristides." *Transactions of the American Philosophical Society,* n.s. xliii, 4 (1953), 871.

——and Palmer, R. E. "Text of the Tabula Hebana." *AJP* lxxv (1954), 225.

Oliver, R. P. "The First Medicean MS. of Tacitus and the Titulature of Ancient Books." *TAPA* lxxxii (1951), 232.

Oppermann, H. "Q. Ennius und die Entwicklung des römischen Epos." *Gymnasium* lxi (1954), 531.

Otto, W. "Die Nobilität der Kaiserzeit." *Hermes* li (1916), 73.

——"Zur Lebensgeschichte des jüngeren Plinius." *Bayerische S-B, phil.-hist. Kl.* 1919, Abh. 10.

——"Zur Prätur des jüngeren Plinius." *Ib.* 1923, Abh, 4.

——"Zur Praetur des jüngeren Plinius." *Phil. Woch.* xlvi (1926), 732.

——"Schlusswort." *Ib.* xlvii (1927), 511.

——"Zur Lebenszeit des P. Pomponius Secundus." *Philologus* xc (193s), 483.

Pappano, A. E. "Agrippa Postumus." *Class. Phil,* xxxvi (1941), 30.

Paratore, E. 'Tacito." *Maia* 11 (1949), 93.

——"La figura di Agrippina minore in Tacito." *Ib.* v (1952), 32.

Pareti, L. "Per la storia degli Etruschi." *Stud. Etruschi* v (1931), 147.

Passerini, A. "Le due battaglie presso Betriacum." *Studi di antichità classica offerti ... a Emanuele Ciaceri* (1940), 178.

——"Per la storia dell' imperatore Tiberio." *Studi giuridici in memoria di P. Ciapessoni* (Pavia, 1947), 195.

Pelham, H. F. "Two Notes on the Reign of Claudius. (1) Claudius and the Chiefs of the Aedui." *CR* ix (1895), 441 = *Essays on Roman History* (1911), 152.

Pelka, W. "Zu Aufidius Bassus." *Rh. Mus.* lxi (1906), 620.

Perret, J. "La Formation du style de Tacite." *Rev. ét. anc.* lvi (1954), 90.

Peter, H. "Der Brief in der römischen Literatur." *Sächsische S-B, phil.-hist. Kl.* 1901, Abh. 3.

Pflaum, H. G. Review of A. Stein, *Die Präfekten von Ägypten in römischer Zeit. Latomus* x (1951), 471.

Picard, G.-Ch. "Un homme de confiance d'Hadrien: Le Consulaire Bruttius Praesens." *Revue africaine* xciv (1950), 25.

——and Pflaum, H. G. "Notes d' épigraphie latine. I. Les Vicissitudes de Bruttius Praesens." *Karthago* 11 (1951), 91.

Pichon, R. "Les *Histoires* de Tacite." *Journal des Savants* 1919, 183.

Picaniol, A. "Le Codicille impérial du papyrus de Berlin 8334." *CRAI* 1947, 376.

Pippidi, D. M. "Tacite et Tibère." *Ephemeris Dacoromana* viii (1938), 233 = *Autour de Tibère* (Bucuresti, 1944), 11.

——"L'Avènement officiel de Tibire en Égypte." *Rev. hist, du Sud-Est européen* xviii (1941), 87 = *Autour de Tibère* (1944), 125.

Pöhlmann, R. v. "Die Weltanschauung des Tacitus." *Bayerische S-B, phil.-hut. Kl.* 1910, Abh. 1.

Pöschl, V. "Tacitus und der Untergang des römischen Reiches." *Wiener Studien* lxix (1956), 310.

Préaux, C. "Une source nouvelle sur l'annexion de l' Arabie par Trajan: les papyrus de Michigan 465 et 466." *Phoibos* v (1950/2), 123.

Premerstein, A. v. "Vom Werden und Wesen des Prinzipats." *Bayerische Abh., phil.-hist. Kl.* 1937, Heft 15.

——"C. Iulius Quadratus Bassus Klient des jüngeren Plinius und General Trajans." *Bayerische S-B, phil.-hist. Abt.* 1934, Heft 3.

——"Das Attentat der Konsulare auf Hadrian im Jahre 118 n. Chr." *Klio,* Beiheft viii (1908).

Pringsheim, F. "The Legal Policy and Reforms of Hadrian." *JRS* xxiv (1934), 141.

Prinz, O. "Inclutus." *Glotta* xxix (1942), 138.

Pryce, T. D., and Birley, E. "The Fate of Agricola's Northern Conquests." *JRS* xxviii (1938), 141.

Rambaud, M. "Les Prologues de Salluste et la démonstration morale dans son oeuvre." *Rev. ét. lat.* xxiv (1946), 115.

——"L'Apologie de Pompée par Lucain au livre VII de Ia Pharsale." *Rev. ét. lat.* xxxiii (1955), 258.

Reid, J. S. "Tacitus as a Historian." *JRS* xi (1921), 291.

Reitzenstein, R. "Bemerkungen zu den kleinen Schriften des Tacitus I, II." *Göttingsche gelehrte Nachrichten* 1914, 173.

——"Tacitus und sein Werk." *Neue Wege zur Antike* iv (1926), 3.

Richmond, I. A. "Trajan's Army on Trajan's Column." *Papers of the British School at Rome* xiii (1935), 1.

——"Gnaeus Julius Agricola." *JRS* xxxiv (1944), 34.

——"Hadrian's Wall, 1939–49." Ib. xl (1950), 43.

Richmond, I. A. "Queen Cartimandua." *JRS* xliv (1954), 43.

——"Roman Britain and Roman Military Antiquities." *Proc. Brit. Ac.* xli (1955), 297.

Ritter, F. "Bemerkungen zu Tacitus." *Rh. Mus.* xvii (1862), 99.

Robathan, D. M. "Domitian's 'Midas-touch'." *TAPA* lxxiii (1942), 130.

Robert, L. "Le Culte de Caligula à Milet et la province d'Asie." *Hellenica* vii (1949), 206.

Rogers, R. S. "Lucius Arruntius." *Class. Phil,* xxvi (1931), 31.

——"The Conspiracy of Agrippina." *TAPA* lxii (1931), 141.

——"Ignorance of the Law in Tacitus and Dio." Ib. lxiv (1933), 18.

——"A Tacitean Pattern in Narrating Treason-Trials." Ib. lxxxiii (1952), 279.

——"Heirs and Rivals to Nero." Ib. lxxxvi (1955), 190.

Rolland, H. "Deux nouvelles inscriptions celtiques." *CRAI* 1955, 91.

Roloff, K. H. "Caerimonia." *Glotta* xxxii (1952), 101.

Rostovtzeff, M. "Kaiser Traian und Dura." *Klio* xxxi (1938), 285.

Ryberg, I. S. "Tacitus' Art of Innuendo." *TAPA* lxxiii (1942), 383.

Sadée, E. "Die Örtlichkeit der Schlacht bei Trier im Bataverkriege 70 n. Chr." *Bonner Jahrbücher* cxxxii (1927), 165.

Sanders, H. A. "Suetonius in the Civil Service under Hadrian." *AJP* lxv (1944), 113.

Schlicher, J. J. "The Historical Infinitive II. Its Literary Elaboration." *Class. Phil.* ix (1914), 374.

Schmid, W. "The Christian re-interpretation of the rescript of Hadrian." *Maia* vii (1955), 7.

Schulten, A. "Martials spanische Gedichte." *Neue Jahrbücher* xxxi (1913), 462.

Schumacher, K. "Beiträge zur Topographie und Geschichte der Rheinlande II." *Mainzer Zeitschr.* vi (1911), 8.

Schur, W. "Die Orientpolitik des Kaisers Nero." *Klio,* Beiheft xv (1923).

——"Untersuchungen zur Geschichte der Kriege Corbulos." lb. xix (1925), 75.

Schuster, M. "Tacitus und der jüngere Plinius." *Wiener Studien* xlvi (1928), 234.

Schwartz, E. "Die Berichte über die catilinarische Verschwörung." *Hermes* xxxii (1897), 554 = *Ges. Schr.* 11 (1956), 275.

Schwartz, J. "Pompeius Macer et la jeunesse d'Ovide." *Rev. phil.* Lxxvii (1951), 182.

Scott, K. "The *Diritas* of Tiberius." *AJP* liii (1932), 139.

Seeck, O. "Der Anfang von Tacitus Historien." *Rh. Mus.* lvi (1901), 227.

——"Zur Quellenbenutzung des Tacitus." *Festschrift für Otto Hirschfeld* (1903), 45 ff.

Seston, W. "Le *Clipeus virtutis* d'Arles." *CRAI* 1954, 286.

Sherwin-White, A. N. "Procurator Augusti." *Papers of the British School at Rome* xv (1939), 11.

——"The Early Persecutions and Roman Law Again." *Journal of Theological Studies,* n. s. iii (1952), 199.

Skard. E. "Sallust als Politiker." *Symbolae Osloenses* ix (1930), 69.

——"Sallust und seine Vorgänger." lb. Supp. xv (1956).

Skutsch, O. "The Fall of the Capitol." *JRS* xliii (1953), 77.

Smallwood, E. M. "Domitian's Attitude toward Jews and Judaism." *Class. Phil.* li (1956), 1.

Soltau, W. "Einige nachträgliche Einschaltungen bei Livius." *Hermes* xxix (1894), 611.

——"Der geschichtliche Wert der Reden bei den alten Historikern." *Neue Jahrbücher* v (1902), 20.

Stacky, S. G. "Die Entwicklung des livianischen Stiles." *Archiv für lat. Lex.* x (1898), 17.

Stech, B. "Senatores Romani qui fuerint inde a Vespasiano usque ad Traiani exitum." *Klio,* Beiheft x (1912).

Stein, A. "Die Protokolle des römischen Senates und ihre Bedeutung als Geschichtsquelle für Tacitus." *Jahresberichte der I. deutschen Staats-Realschule in Prag* xliii (1904), 5.

——"Tacitus als Geschichtsquelle." *Neue Jahrbücher* xxxv (1915), 361.

——"Zu dem kaiserlichen Ernennungsschreiben in P. Berol. 8334." *Aegyptus* xx (1940), 51.

Stein, E. "Kleine Beiträge zur römischen Geschichte II. Zur Kontroverse über die römische Nobilität der Kaiserzeit." *Hermes* lii (1917), 564.

Stevens, C. E. "The Will of Q. Veranius." *CR* lxv (1951). 4.

Stevenson, G. H. "Ancient Historians and their Sources." *Journ. Phil.* xxxv (1920), 204.

Stewart, Z. "Sejanus, Gaetulicus and Seneca." *AJP* lxxiv (1953), 70.

Stout, S. E. "The Coalescence of the Two Plinies." *TAPA* lxxxvi (1955), 250.

Stroux, J. "Eine Gerichtsreform des Kaisers Claudius (BGU 611)." *Bayerische S-B, phil.-hist. Kl.* 1929, Heft 8.

——"Vier Zeugnisse zur römischen Literaturgeschichte der Kaiserzeit." *Philologus* lxxxvi (1931), 338.

Sutherland, C. H. V. "The State of the Imperial Treasury at the Death of Domitian." *JRS* xxv (1935), 150.

——Two "Virtues" of Tiberius: a Numismatic Contribution to the History of his Reign." Ib. xxviii (1938), 129.

Syme, R. "Rhine and Danube Legions under Domitian." *JRS* xviii (1928), 41.

——"The Imperial Finances under Domitian, Nerva and Trajan." Ib. xx (1930), 55.

——"M. Vinicius *(cos.* 19 B.C.)." *CQ* xxvii (1933), 142.

——"A Governor of Syria under Nerva." *Philologus* xci (1936), 238.

——"Notes sur la légion IIIe Augusta." *Rev. ét. anc.* xxxviii (1936), 182.

——"The Colony of Cornelius Fuscus: An Episode in the *Bellum Neronis*." *AJP* lviii (1937), 7.

——"Who was Decidius Saxa?" *JRS* xxvii (1937), 127.

——"Caesar, the Senate and Italy." *Papers of the British School at Rome* xiv (1938), 1.

——"The Origin of Cornelius Gallus." *CQ* xxxii (1938), 39.

——"The First Garrison of Trajan's Dacia." *Laureae Aquincenses* 1 (1938), 267.

——Review of M. Durry, *Pline le Jeune: Panégyrique de Trajan. JRS* xxviii (1938), 217.

——"Roman Senators from Dalmatia." *Serta Hoffilleriana* (Zagreb, 1940), 225.

——Review of A. Stein, *Die Reichsbeamten von Dazien. JRS* xxxvi (1946), 159.

——"Personal Names in *Annals* I–VI, *JRS* xxxix (1949), 6.

——"Tacfarinas, the Musulamii and Thubursicu." *Studies in Roman Economic and Social History in Honour of Allan Chester Johnson* (1951), 113.

——"Tacitus on Gaul." *Latomus* xii (1953), 25.

——Review of A. Degrassi, *I Fasti Consolari dell' Impero Romano dal 30 avanti Christo al 613 dopo Christo. JRS* xliii (1953), 148.

——"The Consuls of A.D. 97: Addendum." Ib. xliv (1954), 81.

——Review of A. Stein, *Die Präfekten von Ägypten in römischer Zeit.* Ib. 116.

——"Marcus Lepidus, *capax imperii*." Ib. xlv (1955), 22.

——"Seianus on the Aventine." *Hermes* lxxxiv (1956), 527.

Syme, R. "Some Pisones in Tacitus." *JRS* xlvi (1956), 17.

——"Deux proconsulats d'Afrique." *Rev. ét. anc.* lviii (1956), 236.

——"C. Vibius Maximus, Prefect of Egypt." *Historia* vi (1957), 480.

——"The Friend of Tacitus." *JRS* xlvii (1957), 131.

Taylor, M. V. "Roman Britain in 1954." Ib. xlv (1955), 120.

Terzaghi, N. "Tre fonti secondarie del Panegirico di Plinio." *Maia* ii (1949), 121.

Theiler, W. "Tacitus und die antike Schicksalslehre." *Phyllobolia für Peter von der Mühll zum 60. Geburtstag* (1945), 35.

Thiel, J. H. "Kaiser Tiberius. Ein Beitrag zum Verständnis seiner Persönlichkeit." *Mnemosyne* ii (1935), 245; iii (1935/6), 177; iv (1936/7), 7.

Tod, M. N. "The Corrector Maximus." *Anatolian Studies Presented to William Hepburn Buckler* (1939), 333.

Toynbee, J. M. C. "Some 'Programme' Coin-Types of Antoninus Pius." *CR* xxxix (1925), 170.

——"Ruler-Apotheosis in Ancient Rome." *Num. Chron.* vii (1947), 126.

Traub, H. W. "'Tacitus' use of Ferocia." *TAPA* lxxxiv (1953), 250.

——"Agricola's Refusal of a Governorship (Tac. *Agr.* 42. 3)." *Class. Phil.* xlix (1954), 255.

——"Pliny's Treatment of History in Epistolary Form." *TAPA* lxxxvi (1955), 213.

Treu, M. "Tacitus und der Anfang der Historien." *Atti Acc. Peloritana, Classe di Lettere* xlvii (1947–50), 1.

——"M. Antonius Primus in der taciteischen Darstellung." *Würzburger Jahrbücher* iii (1948), 241.

——"Zur clementia Caesars." *Museum Helveticum* v (1948), 197.

Turner, E. G. "Tiberius Julius Alexander." *JRS* xliv (1954), 54.

Ullman, B. L. "History and Tragedy." *TAPA* lxxiii (1942), 25.

Valmaggi, L. "L'imprecisione stilistica in Tacito." *Riv. di fil.* xxxvi (1908), 372.

——"Sulla campagna flavio-vitelliana del 69." *Klio* ix (1909), 252.

Vittinghoff, F. "Zur Rede des Kaisers Claudius über die Aufnahme von 'Galliern' in den römischen Senat." *Hermes* lxxxii (1954), 348.

——"Römische Kolonisation und Bürgerrechtspolitik unter Caesar und Augustus. " *Ak. der Wiss. u. der Lit.*, Abh. 14 (Mainz, 1951).

Vogt, J. "Tacitus und die Unparteilichkeit des Historikers." *Würzburger Studien zur Altertumswissenschaft* ix (1936), 1.

Volkmann, H. "Zur Datierung der Annalen des Tacitus." *Gymnasium* lx (1953), 236.

Wagenvoort, H. "Obiter tacta." I. *Mnemosyne* xlvii (1919), 359.

——"De Reguli in Taciti Dialogo Partibus." Ib. liv (1926), 416.

Walsh, P. G. "Livy's Preface and the Distortion of History." *AJP* lxxvi (1955), 369.

Walton, C. S. "Oriental Senators in the Service of Rome." *JRS* xix (1929), 38.

Waltz, R. "A propos d'Afranius Burrus." *Rev. phil.* xxxiv (1910), 244.

——"Le 'Rôle' de Secundus dans le *Dialogue des Orateurs*." *Rev. phil.* lxi (1935), 296.

Weber, W. "... nec nostri saeculi est." *Festgabe für K. Müller* (Tübingen, 1922), 24.

Wellesley, K. "Can you trust Tacitus?" *Greece and Rome* 1 (1954), 13.

——"The date of composition of Tacitus, *annals* II." *Rh. Mus.* xcviii (1955), 135.

Wellesley, K. "Three historical Puzzles in *Histories* 3." *CQ* xlix (1956), 207.

Wendland, P. "Das Gewand der Eitelkeit." *Hermes* li (1916), 481.

Wijkström, B. "Clarorum virorum facta moresque." *Apophoreta Gotoburgensia Vilelmo Lundström Oblata* (1936), 158.

Wilcken, U. "Plinius Reisen in Bithynien und Pontus." *Hermes* xlix (1914), 120.

Willrich, H. "Augustus bei Tacitus." Ib. lxii (1927), 54.

Windisch, H. "Die Orakel des Hystaspes." *Verhandelingen der kominklijke Akademie van Wetenschappen, Afdeeling Letterkunde*, n. r. xxviii, 3 (1929).

Wissowa, G. "Die germanische Urgeschichte in Tacitus' Germania." *Neue Jahrbücher* xlvii (1921), 14.

Wölfflin, E. "Jahresberichte. Tacitus." *Philologus* xxv (1867), 92; xxvi (1867), 92; xxvii (1868), 113 = *Ausgewählte Schriften* (1933), 22.

——"Die hexadische Composition des Tacitus." *Hermes* xxi (1886), 157.

——"Die Nachahmung in der lateinischen Prosa." *Archiv für lat. Lex.* xii (1900), 114.

——"Plinius und Cluvius Rufus." Ib. 345.

——"Zur Komposition der Historien des Tacitus." *Bayerische S-B, phil.-hist. Kl.* 1901. 3.

Wolff, E. "Das geschichtliche Verstehen in Tacitus' Germania." *Hermes* lxix (1934), 121.
Woodhead, A. G. "Tacitus and Agricola." *The Phoenix* ii (1948), 45.

Zechner, I. "Hat Tacitus seine politische Überzeugung geändert?" *Wiener Studien* liv (1936), 100.

索 引

索引中的元首与王室成员条目均采用常见的英文姓名。古典作家们也按同样的办法处理。元老条目附有他们的重要职务和首名。词条字头通常为他们的氏族名；但我们不得不保留4个例外，分别是"巴里亚·索拉努斯（Barea Soranus）""科努图斯·特尔图鲁斯（Cornutus Tertullus）""披索·李锡尼亚努斯（Piso Licinianus）"和"特拉西亚·佩图斯（Thrasea Paetus）"，几处一人多名（polynymi）的情况被整合到了一起。条目中孤立出现的城市名通常意味着该城是作为某人或某家族的发祥地而为人所知的。

本索引涵盖了正文和脚注中出现的姓名；但作者无法将95篇附录中的庞杂内容再囊括进来。想要查阅这些内容的读者可使用索引目录（原书第625—626页）和脚注中的引用信息。

Ab actis　来自草案　186

Ab epistulis　元首代笔秘书　38, 93, 501

Achaia　阿凯亚，并入默西亚行省　442; 伽利略担任该行省总督　467 n., 591; 派往那里的元首特使　80; 尼禄的视察　264–265, 516–517; 获得自由　265, 509

Acilius Attianus, P.　普布利乌斯·阿奇利乌斯·阿提亚努斯，公元117年禁卫军队长　240, 241; 被降职　246, 487–488

Acilius Glabrio, M' (*cos.* 91)　玛尼乌斯·阿奇利乌斯·格拉布里奥（公元91年执政官）　33

Acilius Rufus, L. (*suff.* 107)　卢奇乌斯·阿奇利乌斯·鲁弗斯（公元107年递补执政官）　103 n.

Acta diurna　日常公告　225, 226, 282, 292, 472

Acta publica　公共文书　120 n., 379

Acta senatus　元老院草案　120 n., 186–188, 278–285, 295–296, 331 n., 466

Acte, freedwomen　被释女奴阿克忒　377 n.

Actio gratiarum　礼赞　94, 129

Acutius Nerva, Q. (*suff.* 100)　昆图斯·阿库提乌斯·涅尔瓦（公元100年递补执政官）　72 n.

Adlections　拔擢　68 f., 225, 459 f., 590, 592, 595

Adoption　过继　11–12, 35–36, 130, 150–151, 206–207, 233–234, 240–241, 601

Adua, river　阿杜亚河　163–164

Adulatio 阿谀奉承 279, 428, 573-574, 580-581

Aedui 埃杜伊人 455, 458, 459, 460 n.

Aelius Caesar, L. 王子卢奇乌斯·埃利乌斯 601

Aelius Hadrianus, P. (*suff.* 108) 普布利乌斯·埃利乌斯·哈德良（公元108年递补执政官），另见条目"HADRIAN"

Aelius Hadrianus Afer, P., parent of the Emperor Hadrian 元首哈德良之父普布利乌斯·埃利乌斯·哈德良·阿费尔 479 n., 603

Aelius Lamia, L. (*cos.* 3) 卢奇乌斯·埃利乌斯·拉米亚（公元3年执政官）385 n., 442-443

Aelius Marullinus, ancestor of Hadrian 哈德良的祖先埃利乌斯·玛鲁利努斯 603

Aelius Seianus, L., (*cos.* 31), Guard Prefect 禁卫军队长卢奇乌斯·埃利乌斯·塞亚努斯（公元31年执政官）10, 254-255, 267, 286 n., 316, 348, 401-406, 413, 417, 420, 423, 429, 563; 他向提比略的请求 277, 320, 345-346; 担任执政官 405-406; 所谓阴谋与下场 255, 404-406, 423; 对其邪恶品质的夸大其词 402-403, 418; 同阿格里帕的比较 402-403; 他的出身与家族谱系 384; 联姻纽带 384; 他的党羽 302, 325-327, 368, 384-385, 405-406; 威利乌斯的描述 368, 571; 在提比略自传中的形象 277, 423-424; 塔西佗对其性格的概述 314, 353

Aemilia Lepida, wife of Sulpicius Quirinius 苏尔庇奇乌斯·奎里尼乌斯的妻子埃米莉娅·雷必达 371, 580 n.

Aemilia Lepida 奥古斯都的曾外孙女埃米莉娅·雷必达 385 n.

Aemilii 埃米利乌斯家族 379, 382-383, 385, 574

Aemilius Lepidus, M'. (*cos.* 11) 玛尼乌斯·埃米利乌斯·雷必达（公元11年执政官），非"理国之才"，382 n., 383 n.

Aemilius Lepidus, M. (*cos.* 78 B.C.) 玛库斯·埃米利乌斯·雷必达（公元前78年执政官），在撒路斯特笔下的形象 144, 149-150, 192, 568-569

Aemilius Lepidus, M. (*cos. II* 42 B.C.), the Triumvir 后三头之一玛库斯·埃米利乌斯·雷必达（公元前42年第2次出任执政官）150, 355, 569; 他的儿子 372 n.; 他的侄子 382

Aemilius Lepidus, M. 玛库斯·埃米利乌斯·雷必达，公元前30年被处决 372 n.

Aemilius Lepidus, M. (*cos.* 6) 玛库斯·埃米利乌斯·雷必达（公元6年执政官）28 n., 279-280, 574; 他的家族谱系与生涯 382; 作为"理国之才" 380; 他的子女 383; 塔西佗对他的描述 354, 382, 383, 526, 548

Aemilius Lepidus, M., husband of Drusilla 德鲁西拉的丈夫玛库斯·埃米利乌斯·雷必达 257, 383

Aemilius Lepidus, Paullus (*suff.* 34 B.C.) 保卢斯·埃米利乌斯·雷必达（公元前34年递补执政官） 379, 382

Aemilius Paullus, L. (*cos.* 1) 卢奇乌斯·埃米利乌斯·保卢斯（公元1年执政官），尤利娅的丈夫 258 n., 379 n., 382, 385 n., 404

Aemilius Scaurus, M. (*cos.* 115 B.C.), the *Princeps Senatus* 首席元老玛库斯·埃米利乌斯·斯考鲁斯（公元前115年执政官） 567, 568, 571

Aemilius Scaurus, Mam. (*suff.* 21) 玛迈尔库斯·埃米利乌斯·斯考鲁斯（公元21年递补执政官） 316, 323, 336–337, 410 n.; 他的悲剧 336–337, 362 n.; 他的罪恶 571; 他的死亡 574

Aequitas 公平 7

Aerarium militare 军需官 77, 82, 369 n.

Aerarium Saturni 萨图尔努斯财库 70, 78, 82

Aeternitas 永恒 47, 208, 217 n., 472

Afranius, L. (*cos.* 61 B.C.) 卢奇乌斯·阿弗拉尼乌斯（公元前61年执政官） 622

Afranius, Burrus, Sex., Guard Prefect 禁卫军队长绥克斯图·阿弗拉尼乌斯·布鲁斯 261, 262, 289, 343, 347, 590–591, 597; 他的出身 591, 622; 塔西佗的描述 314, 349, 610, 623

Afranius Dexter, Cn. (*suff.* 105) 格涅乌斯·阿弗拉尼乌斯·德克斯特（公元105年递补执政官），被谋杀 448

Africa 阿非利加，行省总督 43, 70, 81 n., 190 n., 270, 280, 441, 450 n., 593 n., 594; 战事 268, 280, 353, 371, 394, 449; 在那里的寻宝活动 310; 在图拉真治下的情况 222; 来自那里的执政官 597; 塔西佗对其地理状况的记述 394

Agricola 阿古利可拉，见条目"Julius Agricola"

AGRICOLA 《阿古利可拉传》 19–29; 写作目的 26, 29, 125, 129, 131; 其中的影射 67, 123; 小普林尼的回应 121; 主题 121–124; 真实性 122–124, 129; 真诚态度 540; 风格 125, 198, 340; 文学体裁 125

Agriculture 农业 20, 84, 448, 602

Agrippa 阿格里帕，见条目"Vipsanius Agrippa"

Agrippa Postumus 阿格里帕·波斯图姆斯 261, 426; 塔西佗笔下的形象 306–307, 399, 418, 482, 484–485; 威利乌斯笔下的形象 367; 伪阿格里帕 307, 399

Agripina, the Elder 大阿格里皮娜 254, 255, 417; 挑选丈夫 277–278, 381; 她的垮台 404–405; 去世 424; 老普林尼的提及 276

Agrippina, the Younger 小阿格里皮娜 258, 262, 299, 308, 343; 嫁给多米提乌斯·埃诺巴布斯 267; 嫁给帕西埃努斯·克里斯普斯 258, 328; 嫁给克劳狄乌斯 259, 330–331;

她对政府的影响力 439–440; 她在尼禄治下的地位 261, 262, 375, 482–

483; 被谋杀 262;
她的回忆录 271 n., 277–278; 她的性格 377, 437, 535; 塔西佗对她的描述 314, 316, 342, 343, 348, 375–377

Albinovanus Pedo, epic poet 史诗诗人埃尔比诺瓦努斯·佩多 277

Albiotimilium 阿尔宾提米利乌姆 534

Alexander, the Macedonian 马其顿的亚历山大,被希腊作家们称颂 512; 与图拉真的关系 234, 239, 470–471, 492

Alexander, Trajanic consular of regal stock 图拉真时代拥有王族血统的前执政官亚历山大 510 n.

Alexandria 亚历山大里亚,那里的奇迹 206, 310; 暴乱 264; 塔西佗《编年史》中的记述 449

Alexandria, in the Troad 特罗亚德的亚历山大里亚 84

Alfenus Varus, P. (*cos.* 2) 普布利乌斯·阿尔菲努斯·瓦鲁斯(公元2年执政官) 589 n.

Alimenta 慈善基金 51 n., 71, 224

Allobroges 阿隆布罗格人 455–456, 590

Alphabet, the 字母表,克劳狄乌斯的评论 515

Alps 阿尔卑斯山,翻越 157–159

Amisia, German river 日耳曼境内的阿米西亚河 393

Amiternum 阿米特努姆 136

AMMIANUS MARCELLINUS 阿米安·马塞利努斯,历史学家 315 n., 503 n.

Amyntas, ruler of Galatia 伽拉提亚的统治者阿明塔斯 507

Ancyra 安库拉 509 n., 510 n.

Anecdotes 趣闻逸事,塔西佗的剔除 189, 342; 受到狄奥的喜爱 388

Anicius Cerialis, C. (*suff.* 65) 盖约·阿尼奇乌斯·克瑞亚利斯(公元65年递补执政官) 407

"Annaeus" "阿奈乌斯" 590 n.

Annaeus Mela 阿奈乌斯·麦拉,塞涅卡的兄弟 448 n.

ANNALES 《编年史》,标题 253; 叙述起点 369, 427; 总卷数 211 n., 263, 361; 佚失各卷 256–259, 263–266, 449, 458; 末卷终点 265–266; 是否完成 361–362; 创作年代 360, 471–473; 叙述年代与写作时代的相关性 301–303, 447–448, 470–474, 478–480, 483–488, 495–498, 517–519, 524, 583–584;

序言 304, 364; 编年史写作技巧 266–270, 359; 风格 339, 340–363, 476; 风格转变 358–361; 错误内容 378–379; 被省略的主题 445; 缺陷 370–371, 374–377, 383–384, 387, 393, 395–396, 397, 411, 418–419, 424, 427; 偏见 306–308, 418–419, 421, 431–432, 434, 481–486, 498, 513–514, 553, 610, 623; 显而易见的道德用意 520–521

Annalistic structure 编年史结构 266–269, 295–296, 305

Annalists, Republican 共和时代的编年史家 132–133, 135

索 引 / 1205

Annia Faustina, wife of Antoninus Pius 安东尼·皮乌斯之妻阿尼娅·福斯提娜　605

Annius Bassus, L. (*suff.* 71)　卢奇乌斯·阿尼乌斯·巴苏斯（公元71年递补执政官）　178 n., 593 n.

Annius Gallus, Ap. (*suff.* c. 66)　阿皮乌斯·阿尼乌斯·伽鲁斯（公元66年前后递补执政官），作为将领　159, 161

Annius Pollio　阿尼乌斯·波利奥，公元65年被流放　65, 560 n.

Annius Verus, M. (*suff.* 97)　玛库斯·阿尼乌斯·维鲁斯（公元97年递补执政官）　72, 88 n., 246 n., 475 n., 595 n., 605; 他的性格　477; 多次担任执政官　600; 朋友与后裔　605; 出身　603

Annius Verus, M. (*pr.* c. 130)　玛库斯·阿尼乌斯·维鲁斯（公元130年前后大法官）　605

Annius Verus, M.　玛库斯·阿尼乌斯·维鲁斯，见条目"MARCUS AURELIUS"

Annius Vinicianus　阿尼乌斯·维尼奇亚努斯，科布罗的女婿　560

Annona　赈粮官　54, 369 n.

Anteia, wife of Helvidius Priscus　赫尔维狄乌斯·普利斯库斯之妻安泰娅　535 n., 561 n.

Anteius Rufus, P. (*suff. ann. inc.*)　普布利乌斯·安泰乌斯·鲁孚斯（递补执政官，具体年代不详）　559 n., 561 n.

Antioch, T.　提图斯·安条克，相关错误　465 n.

Antioch, Pisidian　皮西狄亚的安条克　597 n.

Antiquarianism　复古风气　502, 514

Antiquities, Roman, in T.　塔西佗笔下的罗马古史　311-312, 397-398

Antistius Labeo, M., Republican jurist 共和派法学家玛库斯·安提斯提乌斯·拉贝奥　313 n., 564

Antistius Rusticus, L. (*suff.* 90)　公元90年递补执政官卢奇乌斯·安提斯提乌斯·鲁斯提库斯　69 n., 596 n.

Antistius Sosianus (*pr.* 62)　安提斯提乌斯·索希亚努斯（公元62年大法官）　298

Antistius Vetus, L. (*cos.* 55)　卢奇乌斯·安提斯提乌斯·维图斯（公元55年执政官），在日耳曼　452 n.; 亚细亚行省总督　21 n., 298, 560; 被处决　559

Antonia, wife of Ahenobarbus　安东尼娅，埃诺巴布斯之妻　379, 380

Antonia, wife of Drusus　安东尼娅，德鲁苏斯之妻　282, 379, 406 n., 436, 508; 她的宫廷与盟友　607

Antonia, daughter of Claudius　克劳狄乌斯之女安东尼娅　290, 385, 417

ANTONINUS PIUS, the Emperor　元首安东尼·皮乌斯　88 n., 251 n.; 出任执政官　600; 被哈德良过继　601; 他的血统和亲属　605

Antonius, Iullus (*cos.* 10 B.C.)　尤鲁斯·安东尼（公元前10年执政官）　313, 368, 379, 382, 404

Antonius, L., son of Iullus　尤鲁斯之子卢奇乌斯·安东尼，死于马赛利亚

313

Antonius, M. (*cos*. 99 B.C.), the orator 演说家玛库斯·安东尼（公元前99年执政官） 109 n.

Antonius, M. (*cos. II* 34 B.C.), the Triumvir 玛库斯·安东尼（公元前34年第2次出任执政官），后三头之一 141, 150, 507, 508; 他的后裔 1, 258, 379; 声望 431, 433; 塔西佗的描述 355

Antonius Julianus, M., writer on Jews 玛库斯·安东尼·朱利安，记述犹太人的作家 178 n.

Antonius Primus, M. 玛库斯·安东尼·普瑞姆斯，伪造遗嘱 301, 479, 609; 恢复名誉 592; 在公元69年的活动 167-168, 172, 175; 被降职 593; 他的性格 169, 177, 195; 出身 177, 592; 塔西佗对其口才的描述 192, 193

Antonius Saturninus, L. (*suff., c.* 83) 卢奇乌斯·安东尼·萨图尔尼努斯（公元83年前后递补执政官），起兵反抗图密善 32, 75, 213; 他的出身 596

Aper, M., orator 演说家玛库斯·阿佩尔，在不列颠 108, 462 n.;《关于演说家的对话》中的形象 104-109; 他的性格 108, 109; 他的出身 107, 462 n., 615

Apicata, wife of Seianus 塞亚努斯之妻阿皮卡塔 402

Apollodorus, architect 建筑师阿波罗多鲁斯 249

Apollonius of Tyana 图亚纳的阿波罗尼乌斯 537 n.

Aponius Saturninus, M. (*suff. ann. inc.*) 玛库斯·阿波尼乌斯·萨图尔尼努斯（递补执政官，具体年代不详） 594

Apronius, L. (*suff.* 8) 卢奇乌斯·阿普洛尼乌斯（公元8年递补执政官） 405

Apronius Caesianus, L. (*cos.* 39) 卢奇乌斯·阿普罗尼乌斯·凯西亚努斯（公元39年执政官） 388 n.

Aquileia 阿奎雷亚，公元69年驻扎于此的部队 166-167

Aquillius Regulus, M. (*suff. ann. inc.*) 玛库斯·阿奎利乌斯·雷古鲁斯（递补执政官，年代不详） 100-102, 116 n., 176, 333; 他在公元69年的举动 119 n.; 公元70年遭到的攻击 101, 188[1], 209 n.; 他在公元97年的举动 77; 去世 97 n., 102;

作为演说家 102, 108; 他对演说术的看法 94, 102; 对小普林尼的评价 94, 113; 小普林尼对他的描述 97; 玛提阿尔对他的描述 97; 塔西佗可能对他做出的评价 109

Aquinum 阿奎努姆，朱文纳尔的家乡 610

Aquitania 阿奎塔尼 22, 54, 462

Arabia, annexed 阿拉伯，被并入罗马帝国版图 53, 222, 238

Arausio 阿劳西奥 621 n.

---

1 英文原著此处数字有笔误（页码188重复两次出现），中文译本据原文订正。——译注

Archaism 复古传统 135, 341, 350–351, 360, 502–503; 提比略的 284, 425; 哈德良的 502; 两安东尼统治时期 502

Archives, of the Senate 元老院档案库 120, 185–186, 278–285, 295–296

Arelate 阿瑞拉特 591, 603, 620

Ariminum 阿瑞米努姆 595, 609

Archelaus, ruler of Cappadocia 卡帕多西亚的统治者阿克拉奥斯 507, 508

Areus, philosopher 哲学家阿瑞乌斯 507 n.

Armenia 亚美尼亚, 在那里进行的战役 239, 241, 376, 391–392, 395–396; 罗马的相关政策 236–239, 241, 376, 390; 塔西佗对其地理面貌的记述 395–396

Arminius 阿尔米尼乌斯 393; 他的宦海浮沉和去世 496; 塔西佗作品中的讣告 266, 513, 531

Arrecinus Clemens, M. (*suff. II* ? 85) 玛库斯·阿雷奇努斯·克莱门斯（公元85年第2次出任递补执政官？） 595 n.

Arretium 阿雷提乌姆 599 n.

Arria, wife of Caecina Paetus 凯奇纳·佩图斯之妻阿里娅 298, 559

Arria, daughter of Caecina Paetus 凯奇纳·佩图斯之女阿里娅 535, 559

Arrius Antoninus (*suff. II* ? 97), friend of Nerva 涅尔瓦的朋友阿里乌斯·安东尼（公元97年第2次出任递补执政官？） 3, 7; 出任执政官 3, 72, 176; 诗歌创作 4 n., 90; 他的出身 592 n., 605; 亲戚与后裔 605

Arruntius, L. (*cos.* 22 B.C.), historian 历史学家卢奇乌斯·阿伦提乌斯（公元前22年执政官） 200, 382; 他的出身 620 n.

Arruntius, L. (*cos.* 6) 卢奇乌斯·阿伦提乌斯（公元6年执政官），在公元14年的活动 322–323, 380–381; 缺席担任近西班牙行省总督 381, 442–443; 在公元31年的活动 384, 388 n., 406 n.; 自杀 356;

他的家族谱系与后裔 382, 385; 出身 620 n.; 塔西佗的描述 386, 549

Arruntius Aquila, M. (*suff.* ? 77) 玛库斯·阿伦提乌斯·阿奎拉（公元77年递补执政官？） 619 n.

Arruntius Camillus Scribonianus, L. (*cos.* 32) 卢奇乌斯·阿伦提乌斯·卡米卢斯·斯克里波尼亚努斯 184, 257, 260, 385, 559, 560; 他的党羽 559–560; 他的家族谱系 382 n.

Arruntius Stella, L. (*suff.* ? 101), *quindecimvir* 十五人委员会成员卢奇乌斯·阿伦提乌斯·斯泰拉（公元101年递补执政官？） 66 n.; 他的生涯 83 n.; 作为诗人 88; 他的婚姻 97; 他的出身 88, 620 n.

Artabanus, Parthian ruler 帕提亚君主阿塔巴努斯 236–237

Artavasdes, Armenian ruler 亚美尼亚君主阿塔瓦斯德斯 390 n.

Artaxata, date of its capture by Corbulo 阿塔克萨塔，被科布罗占领的时间

391–392

Artemidorus, philosopher 哲学家阿尔特米多鲁斯 75, 76

Articuleius Paetus, Q. (*cos.* 101) 昆图斯·阿提库勒乌斯（公元101年执政官） 31 n.

Asciburgium 阿斯奇布吉乌姆 128 n.

ASCONIUS PEDIANUS, Q. 昆图斯·阿斯科尼乌斯·佩狄亚努斯 88 n., 186

Asia 亚细亚，历任行省总督 21, 24 n., 30, 33, 71 n., 81 n., 89, 230, 261, 439, 441, 466, 506, 594; 塔西佗担任该省省督 72, 466–470; 当地贵族 466–467, 505–511, 演说家 115, 466, 504–506; 来自那里的执政官 53 n., 510, 597; 财富 466, 506

Asinii 阿西尼乌斯家族 301 n., 302, 313, 322–325, 381, 477, 576 n., 582

Asinius Agrippa, M. (*cos.* 25) 玛库斯·阿西尼乌斯·阿格里帕（公元25年执政官） 302 n., 324

Asinius Gallus, alleged conspirator 所谓的谋反者阿西尼乌斯·伽鲁斯 259 n.

Asinius Gallus, C. (*cos.* 8 B.C.) 盖约·阿西尼乌斯·伽鲁斯（公元前8年执政官），在公元14年的活动 322–323, 380; 作为十五人委员会成员 281; 他的演说词 324; 他的最后命运 423, 563;
　他的政治重要性 381, 573; 他的儿子们和其他后人 301 n., 302 n., 381

Asinius Marcellus 阿西尼乌斯·马塞卢斯，同造伪者的牵连 302, 479

Asinius Marcellus, M. (*cos.* 104) 玛库斯·阿西尼乌斯·马塞卢斯（公元104年执政官） 302 n.

Asinius Marcellus, Q. (*suff. ann. inc.*) 昆图斯·阿西尼乌斯·马塞卢斯（递补执政官，具体年代不详） 302 n.

Asinius Pollio, C. (*cos.* 40 B.C.) 盖约·阿西尼乌斯·波利奥（公元前40年执政官） 131, 329, 582; 出身与生涯 136; 在意大利北部 137; 他的《历史》136, 140, 142, 146, 337, 474, 569; 作为演说家 322; 论李维 202 n.; 他的性格 138, 573; 他的后裔，见条目"Asinii"

Asinius Rufus, obscure friend of Tacitus 塔西佗的不知名朋友阿西尼乌斯·鲁孚斯 112 n., 542 n., 616

Asinius Saloninus 阿西尼乌斯·萨洛尼努斯 302 n.

Asisium 阿西修姆 91

Astrologers 占星术士 508, 523–525

Astrology 占星术 193, 285, 399–400, 437, 469, 487 n., 523–526

Ateius Capito, C. (*suff.* 5) 盖约·阿泰乌斯·卡庇托（公元5年递补执政官），律师 311 n., 313 n.; 他的讣告 337, 581; 他的性格 581

Ateste 阿泰斯特 86 n.

Athenodorus, philosopher 哲学家阿特诺多鲁斯 507 n.

Athens 雅典，受到图密善的尊崇 510; 受到哈德良的尊崇 519; 哈德良或许身在雅典 513; 那里产生的执

政官 505；罗马历史学家们的描述 512, 513

Atilius Rufus, T. (*suff.* c. 75) 提图斯·阿提利乌斯·鲁孚斯（公元75年前后递补执政官），叙利亚行省总督 69 n., 75 n.；他的出身 596 n.

Atticism 阿提卡风格 106, 114

Attius Suburanus Aemilianus, Sex. (*cos. II* 104), Guard Prefect 禁卫军队长绥克斯图·阿提乌斯·苏布拉努斯·埃米利亚努斯（公元104年第2次出任执政官），他的生涯 55 n., 56, 594 n.；升迁 56, 225 n.；出身 599 n.

Auctoritas 权威 336, 412-413

Aufidienus Rufus, officer 军官奥菲狄埃努斯·鲁弗斯 375 n., 543

Aufidius Bassus, historian 历史学家奥菲狄乌斯·巴苏斯 141, 274-276, 288-289, 291, 294 n., 337；论西塞罗之死 275

Augusta 奥古斯塔，作为头衔 233, 246, 482

Augusta Taurinorum 陶里尼人的奥古斯塔 8, 599 n.

Augusta Trevirorum 特瑞维利人的奥古斯塔 614

Augustodunum 奥古斯托杜努姆 454, 459

AUGUSTUS, the Emperor 元首奥古斯都，他的崛起 141, 150, 425, 431, 588-589；同凯撒的关系 432-433, 606；他对庞培和小伽图的看法 140；

他的政治地位 311, 365-366, 369, 372, 408-409, 412 f., 431, 432；他的权威（*auctoritas*）412-413；首要美德 414-416；道德立法 371-373, 432；对外政策 236, 370-371；对东方希腊世界的态度 507；罗马治下的西方 588-589；

他如何对待提比略 423-426, 483；他统治的最后十年 373, 427；传说曾去探望阿格里帕·波斯图姆斯 306, 418；去世 272, 307, 482-483；遗嘱 425 n., 482；《奥古斯都行述》（*Res Gestae*）272；葬礼与封神 278, 433；身后评价 272, 415, 431；

塔西佗的描述 409, 412, 431-432, 483-485

Aurelius Cotta Maximus Messallinus, M. (*cos.* 20), son of Corvinus 科尔维努斯之子玛库斯·奥勒留·科塔·马克西穆斯·麦萨利努斯（公元20年执政官）323, 405, 574

Aurelius Fulvus, T. (*cos. II* ? 85) 提图斯·奥勒留·福尔伍斯（公元85年第2次出任执政官？）605；作为军团副将 166, 593；作为罗马市长 4 n., 230 n., 609；第2次出任执政官 596 n.；出身与后裔 605

Aurelius, Fulvus, T. (*cos.* 89) 提图斯·奥勒留·福尔伍斯（公元89年执政官）69, 605

Aurelius Fulvus, T. (*cos.* 120) 提图斯·奥勒留·福尔伍斯（公元120年执政官），见条目"ANTONINUS PIUS"

Autobiographies 自传 98, 277, 296, 297, 423, 600

Aventine 阿文丁山，塞亚努斯在那里举行的盛大庆典 405-406；苏尔拉在山上的豪宅 602

Avidius Nigrinus, C. (*suff*. 110) 盖约·阿维狄乌斯·尼格里努斯（公元110年递补执政官）223 n., 225 n., 229 n., 233 n.；达契亚副将 243；所谓的阴谋 244, 485, 599；他的性格 245；他的出身 599 n.；同哈德良的关系 600-601

Avidius Quietus, T. (*suff*. 93) 提图斯·阿维狄乌斯·奎埃图斯（公元93年递补执政官），出任执政官 83 n.；担任不列颠行省总督 51-52；他的侄子 245 n.；他的兄弟 505 n.；同普鲁塔克的友谊 505 n.；同特拉西亚·佩图斯的友谊 52 n.

Auxilia, role of 辅军的角色 14

Baebius Macer, Q. (*suff*. 103) 昆图斯·贝比乌斯·玛凯尔（公元103年递补执政官），作为演说家 103 n.；作为罗马市长 230 n., 241, 475, 477

Baebius Massa 贝比乌斯·马萨，被处决 76, 120, 190 n.

Baetica 南西班牙行省 30, 587；历任行省总督 76, 78, 80；当地姓氏 590；涌现的元老 30, 587, 589-590, 602, 603-605, 609, 610

Balbillus, astrologer 占星术士巴尔比鲁斯 508-509, 525 n.

Bald men, as treated by historians 秃头者，历史学家们的处理方式 189, 343, 388

Barcino 巴尔奇诺 480 n., 591 n., 604

Barea Soranus (*suff*. 52) 巴里亚·索拉努斯（公元52年递补执政官），作为亚细亚行省总督 467 n., 560；被处决 187, 263, 332, 554, 557；他的朋友和亲戚 560；在塔西佗作品中首次出现 544. 他的全名为昆图斯·玛尔奇乌斯·巴里亚·索拉努斯（Q. Marcius Barea Soranus）

Batavi 巴塔维亚人，他们的地位 127 n.；公元69—70年间扮演的角色 172-175, 310, 461

Bathos, in T. 塔西佗作品中的先扬后抑 349-350

Bedriacum 贝德里亚库姆，位置 160, 162, 177 n.；战役 162-165, 192

Belgica 贝尔吉卡，行省督办 54-55, 56, 60, 61, 147, 452, 614；行省总督 70, 73

Bellicius Natalis, C. (*suff*. 68) 盖约·贝利奇乌斯·纳塔利斯（公元68年递补执政官）592 n.

Bellum Italicum 同盟者战争 134, 136, 139, 585, 586

Beneventum 贝内万图姆，所谓的阴谋 560

Berenice, Jewish princess 犹太公主贝利尼茜 110 n., 310, 509

Berytus 贝吕图斯 467 n.

Bias 偏见，历史学家们的 203-206；在塔西佗的作品中 204-211, 418-

419, 420, 429, 435, 610, 623

Bilbilis 比尔比利斯 446, 618 n.

Biography 传记 91-92, 121, 125, 177 n., 227, 270, 277, 501-503, 504

Bithynia 比提尼亚, 历任行省总督 79-80; 223; 小普林尼在比提尼亚 37, 81, 468; 科努图斯在比提尼亚 81

Bittius Proculus, Q. (suff. ? 98) 昆图斯·比提乌斯·普罗库鲁斯（公元98年递补执政官？）78

Bohemia 波西米亚, 当地的日耳曼人 32, 48, 127-128; 274; 它的战略价值 57

Boionia Procilla, wife of Arrius Antoninus 阿里乌斯·安东尼之妻波伊奥妮娅·普罗奇拉 604 n.

Bononia 波诺尼亚 601 n.

Boudicca 布狄卡 21, 317, 391, 395, 529

Brigantes 布里根特人 22, 122, 394

Britain 不列颠, 地理状况 122, 293, 394-395; 克劳狄乌斯的入侵 260, 386, 438; 岛上驻军 14-15, 124, 170 n.; 战事 20-23, 121-124, 247, 259, 260, 390-391, 394-395, 489-491; 历任行省总督 20-22, 51, 122-123, 230, 245 n., 247, 260, 300, 301, 386-387, 390-391; 审判官 68; 阿古利可拉担任不列颠行省总督 22-23, 122-124; 阿古利可拉离开后的不列颠 124-125, 489-490; 哈德良治下的不列颠 247, 490; 罗马统治的特征 123, 440; 塔西佗关于不列颠的知识 122, 395, 450

BRITANNIA, coin-type in 119 公元119年的不列颠铸币类型 490 n.

Britannicus 布瑞塔尼库斯 262, 540, 551

Bructeri, destruction of 布鲁克特里人的灭亡 46, 48 n., 128

Bruttedius Niger, delator 告密者布鲁特狄乌斯·尼格尔 326-327, 368 n.

Bruttius Praesens, C. (cos. II 139) 盖约·布鲁提乌斯·普雷森斯（公元139年第2次出任执政官）83 n., 225 n.; 公元117年在奇里乞亚的活动 240 n.; 他的生涯 242, 245 n., 477

Brutus 布鲁图斯, 见条目"Junius Brutus"

Buildings, of Trajan 图拉真的建筑 226

Bureaucracy 官僚机构 38, 54, 251

Byzantium 拜占庭 243; 相关插话 354, 449

Caecilii Metelli 凯奇利乌斯·麦特鲁斯家族 567, 570

Caecilius Classicus, proconsul of Baetica 南西班牙行省总督凯奇利乌斯·克拉西库斯 78, 103

Caecilius Metellus Numidicus, Q. (cos. 109 B.C.) 昆图斯·凯奇利乌斯·麦特鲁斯·努米狄库斯（公元前109年执政官），在撒路斯特笔下的形象 569

Caecilius Metellus Pius, Q. (cos. 80 B.C.) 昆图斯·凯奇利乌斯·麦特鲁斯·皮乌斯（公元前80年执政官），在撒路斯特笔下的形象 354 n., 569

Caecina Alienus, A. (suff. 69) 奥鲁斯·

凯奇纳·阿利埃努斯（公元69年递补执政官），维特利乌斯麾下将领 158—165；所谓的阴谋 101, 181, 213；塔西佗的描述 169—170, 180, 181

Caecina Paetus, A. (*suff.* 37) 奥鲁斯·凯奇纳·佩图斯（公元37年递补执政官）257 n., 298, 559

Caecina Severus, A. (*suff.* 1 B.C.) 奥鲁斯·凯奇纳·塞维鲁（公元前1年递补执政官）393, 534 n.

Caepio Crispinus, delator 告密者凯皮奥·克瑞斯皮努斯 302, 306, 307 n., 326 n.

Caepio Crispinus, A. (*suff. ann. inc.*) 奥鲁斯·凯皮奥·克瑞斯皮努斯（递补执政官，具体年代不详）326 n.

Caepio Hispo, Ti. (*suff.* c. 101) 提比略·凯皮奥·希斯波（公元101年前后递补执政官）77 n., 103 n., 326 n.

Caesar 凯撒，见条目"Julius Caesar"

Caesennius Paetus, L. (*cos.* 61) 卢奇乌斯·凯森尼乌斯·佩图斯（公元61年执政官），在亚美尼亚 392, 396, 493；恢复名誉 594；出身和亲戚 595 n.

Calagurris 卡拉古里斯 618 n.

Caledonians 卡勒多尼亚人 23, 123, 124

Calestrius Tiro, coeval of Pliny 小普林尼的同龄人卡勒斯特里乌斯·提罗，他的晋升缓慢 82；出任南西班牙行省总督 80；出身 82 n.

Calgacus, his oration in T. 卡尔伽库斯，塔西佗作品所载其演说词 528—529

CALIGULA, the Emperor 元首卡里古拉，他的出生地 379；同安东尼娅在一起的生活 607；公元31年受到的威胁 406；他的权力来源 287—288；塔西佗对其统治时代的记述 256—257；他的妻子 289 n., 386；同释奴的关系 508；同希腊人的关系 508；同异族王公的关系 508, 607；同阿古利可拉父亲的关系 20；

他的对外政策 438；同犹太人的矛盾 264；巡视高卢 590；在卢戈杜努姆 459；遇刺 257, 287, 385；性格 436

Calpurnia, third wife of Pliny 小普林尼的第3任妻子卡尔普尼娅 601 n.

Calpurnia Hispulla, related to Pliny 小普林尼的亲戚卡尔普尼娅·希斯普拉 86 n., 326 n.

Calpurnii Pisones 卡尔普尼乌斯·披索家族 9, 11, 354, 384 n., 385, 578

Calpurnius Crassus, C. (*suff.* 87) 盖约·卡尔普尼乌斯·克拉苏（公元87年递补执政官），反对涅尔瓦的阴谋 9；公元117年被处决 241, 245, 485；他的家族谱系 11, 477, 578

Calpurnius Fabatus, L., grandfather of Pliny's wife 小普林尼的岳祖卢奇乌斯·卡尔普尼乌斯·法巴图斯 86 n., 177 n., 302；来自科穆姆 601 n.

Calpurnius Piso, *nobilis* in Pliny 卡尔普尼乌斯·披索，小普林尼笔下的显贵 578

Calpurnius Piso, C. (*suff., ann. inc.*) 盖约·卡尔普尼乌斯·披索（递补执政官，具体年代不详），他的阴谋案

21, 61, 263, 290, 300–301, 361, 407, 417, 575; 性格勾勒 314, 574–575

Calpurnius Piso, C. (*cos*. 111) 盖约·卡尔普尼乌斯·披索（公元111年执政官） 577, 578 n.

Calpurnius Piso, Cn. (*q*. 65 B.C.) 格涅乌斯·卡尔普尼乌斯·披索（公元前65年财务官），在撒路斯特笔下的形象 354

Calpurnius Piso, Cn. (*cos*. 7 B.C.) 格涅乌斯·卡尔普尼乌斯·披索（公元前7年执政官），在公元14年的活动 380; 在雅典 513; 在叙利亚 252, 492; 对他的审判 401; 对他的支持与指控 325, 327; 传说中的重要材料 299, 401; 他的罪行 429;

 他的兄弟 325; 他的妻子 534; 他的性格 492, 544 n.

Calpurnius Piso, L. (*cos*. 15 B.C.) 卢奇乌斯·卡尔普尼乌斯·披索（公元前15年执政官），他的年龄 299; 祖先与仕途生涯 383; 接受"秘密指令", 401 n.; 作为提比略的朋友 385, 571 n.; 塔西佗的称许 549; 讣告 313 n., 349 n., 383

Calpurnius Piso, L. (*suff*. 1 B.C.) 卢奇乌斯·卡尔普尼乌斯·披索（公元前1年递补执政官） 325; 他的"凶恶", 544 n.

Calpurnius Piso, L., assassinated in Spain 卢奇乌斯·卡尔普尼乌斯·披索，在西班牙遇刺 354, 442 n., 443 n.

Calpurnius Piso, L. (*cos*. 27) 卢奇乌斯·卡尔普尼乌斯·披索（公元27年执政官） 300

Calpurnius Piso, L. (*cos*. 57) 卢奇乌斯·卡尔普尼乌斯·披索（公元57年执政官） 190 n.

Calpurnius Piso Frugi Licinianus, L. 卢奇乌斯·卡尔普尼乌斯·披索·弗鲁吉·李锡尼亚努斯，见条目"Piso Licinianus"

Calvisius Ruso Julius Frontinus, P. (*suff*. ? 79) 普布利乌斯·卡尔维修斯·卢索·尤利乌斯·弗伦提努斯（公元79年递补执政官？） 71 n., 99 n., 595 n.

Calvisius Ruso Tullus, P. (*cos*. 109) 普布利乌斯·卡尔维修斯·卢索·图鲁斯 99 n., 605

Campania, Hadrian's visit 坎佩尼亚，哈德良的视察 487, 523

Camulodunum 卡姆洛杜努姆，建城 394; 老兵们在当地的活动 529

Caninius Rebilus, C. (*suff*. 37) 盖约·卡尼尼乌斯·雷比鲁斯（公元37年递补执政官），邪恶的律师 20 n., 313 n., 571 n.

Capax imperii 统帅（理国）之才 58, 130, 380, 485–486, 579

Capitol 卡庇托林山，被焚 47, 173, 194, 201; 相关插话 310

Cappadocia 卡帕多西亚，战略地位 237; 历任行省总督 16, 31 n., 51, 69 n., 232 n., 243, 245 n., 510; 审判官 68

Capreae 卡普里埃岛，提比略居住于此 255, 423, 525; 搬到那里的原因 402;

其他随从人员 277 n., 299, 423, 525; 在那里受到的憎恨 422; 娱乐活动 514; 塔西佗对该岛的描述 349

Capua 卡普亚 101 n., 562

Caratacus 卡拉塔库斯 259, 391, 395, 529

Caristanius Fronto, C. (*suff.* 90) 盖约·卡瑞斯塔尼乌斯·弗隆托（公元90年递补执政官） 597 n.

Carneades 卡尼亚德斯, 令罗马人震惊 527

Carthago Nova 新迦太基 463

Casperius, centurion under Corbulo 科布罗麾下的百夫长卡斯佩里乌斯 35 n.

Casperius Aelianus, Guard Prefect in 97 公元97年禁卫军队长卡斯佩里乌斯·埃利安 10, 13; 他的最后命运 17; 生涯与出身 35 n.

CASSIUS DIO COCCEIANUS (*cos. II* 229) 卡西乌斯·狄奥·科切亚努斯（公元229年第2次出任执政官），他的生涯履历 271, 503 n.; 对奥古斯都所发动战争的记述 275; 对公元14年事务的记载 271-273, 304-305, 307 n., 411 n., 421, 482; 论提比略 421; 分配给卡里古拉与克劳狄乌斯统治时期的篇幅 256 n., 260 n., 262 n.; 论尼禄 437; 论披索的阴谋 407 n.; 论小塞涅卡 550-551; 论弗拉维王朝诸元首 211 n., 215 n.;

论帝国历史 365-366; 论阴谋 403-404; 论哲学家 551; 他的记载错误 388; 他的省略 388, 389 n., 485; 对《历史》的使用 215 n.; 记载公元14年史事的常规资料 271-274, 421; 可能使用过《编年史》, 482 n.

Cassius Longinus, C. (*pr.* 44 B.C.) 盖约·卡西乌斯·隆吉努斯（公元前44年大法官） 557; 他的遗孀 266, 300, 313

Cassius Longinus, C. (*suff.* 30), jurist 法学家盖约·卡西乌斯·隆吉努斯（公元30年递补执政官） 212 n., 300, 447-448, 475 n., 560-561; 在叙利亚 355, 491; 他的严厉 447-448, 564; 被流放 559; 塔西佗作品中所载其演说词 330, 355, 533; 他的妻子 301 n., 561; 亲戚 560-561; 塔西佗的描述 354-355, 563-564

Cassius Longinus, L. (*cos.* 30) 卢奇乌斯·卡西乌斯·隆吉努斯（公元30年执政官） 384 n., 576

Cassius Severus, great orator 伟大的演说家卡西乌斯·塞维鲁 106, 326, 570

Catilina 喀提林, 见条目"Sergius Catilina"

Catilius Severus, L. (*cos. II* 120) 卢奇乌斯·卡提利乌斯·塞维鲁（公元120年第2次出任执政官） 243, 245 n., 246, 477, 600, 605

Catius, Ti., Epicurean 伊壁鸠鲁派哲学家提比略·卡提乌斯 88 n.

Catius Asconius Silius Italicus, Ti. (*cos.* 68) 提比略·卡提乌斯·阿斯科尼乌斯·希利乌斯·意大利库斯（公元68年执政官），见条目"SILIUS ITALICUS"

索 引 / 1215

Catius Caesius Fronto, Ti. (*suff*. 96) 提比略·卡提乌斯·凯西乌斯·弗隆托（公元96年递补执政官） 7, 70 n., 597 n.; 或许是希利乌斯·意大利库斯的亲戚 88 n.

Cato 伽图，见条目"Porcius Cato"

CATULLUS 卡图卢斯，他的模仿者们 90; 他的特征与出身 617

Catullus Messallinus 卡图卢斯·麦萨利努斯，见条目"Valerius Catullus Messallinus"

Ceionius Commodus, L. (*cos*. 106) 卢奇乌斯·凯奥尼乌斯·康茂德（公元106年执政官） 88 n.

Ceionius Commodus, L. (*cos*. 136) 卢奇乌斯·凯奥尼乌斯·康茂德（公元136年执政官） 600 n., 601

Celtiberia 凯尔提贝里亚 618

Celtic names 凯尔特姓名 563, 617, 621-622

Celts 凯尔特人，他们的所谓特征 616-617

Census 人口普查，在高卢 71, 80, 81; 在西班牙 61 n., 594 n.

Chaeremon, tutor to Nero 尼禄的导师海勒蒙 387

Chaeronea 喀罗尼亚 504

Chancellery, imperial 元首敕令，其散文风格 37-38

Character-sketches, in T. 塔西佗作品中的性格勾勒 142-143, 182, 190, 195-196, 314, 338-339, 353-356, 574-575, 579, 580-581

Characterisation, indirect 间接性格刻画 314, 316; 在古代史家的作品中 421-422

Chatti 查提人 23, 48, 128 n., 214, 297, 450

Chosroes, Parthian monarch 波斯国王侯斯罗斯 239

Christiani 基督徒 467, 468-469, 532-533

Chronology in T. 塔西佗作品中的年表 390-392

CICERO 西塞罗，出任占卜官 78; 生涯 566-567; 政治角色 133, 430, 581-582; 小普林尼对其演说术的模仿 93; 被后人讨论 105-106, 116; 作为榜样 114; 他的风格 344;《马塞卢斯辩护词》, 95;《论共和国》, 132;《法律篇》, 132-133; 书信集 98; 诗歌 115;

　　论史学 132-133; 论罗马帝国主义 528; 论科奈里乌斯·巴尔布斯 587; 他的政治理论 549 n.;

　　撒路斯特的记述 202; 李维的记述 141; 塔西佗对西塞罗对话的研究 116, 198

Cilicia 奇里乞亚，历任总督 240 n., 242, 469

Cilnius Proculus, C. (*suff*. 87) 盖约·奇尔尼乌斯·普罗库鲁斯（公元87年递补执政官） 52, 230 n.; 他的出身 599 n.

Cingonius Varro (*des*. 68) 奇格尼乌斯·瓦罗（公元68年即将上任的执政官）

333 n.

Cinna Magnus 伟人秦那，见条目"Cornelius Cinna Magnus"

Cirta 基尔塔 505, 597 n.

Civica Cerialis 奇维卡·克瑞亚利斯，见条目"Vettulenus"

Civil Wars 内战，历史学家们的记述 134-143, 183-185, 205-206

Claros, oracle at 克拉罗斯的谕所 469-470

Claudia, wife of Sulpicius Quirinius 苏尔庇奇乌斯·奎里尼乌斯之妻克劳狄娅 580 n.

Claudia Pulchra, grandniece of Augustus 克劳狄娅·普尔克拉，奥古斯都的外甥孙女 327

Claudia Sacrata, mistress of Petillius Cenatis 克劳狄娅·萨克拉塔，佩提利乌斯·克瑞亚利斯的情妇 175, 190 n., 452

Claudii 克劳狄乌斯家族，他们的特征 424-425

CLAUDIUS, the Emperor 元首克劳狄乌斯，他的统治 257-260; 治国特点 438-440, 607; 对外政策 260, 438-439, 497; 在高卢 459; 出任监察官 259, 260, 317, 459, 590; 论高卢精英 317-319, 459-460, 623-624; 关照希腊人 508; 晚年 260, 439-440; 去世 259, 482; 葬礼 333, 416; 他的作品 296; 他的博学 514-515; 作为史学家 436; 他的演说词 295, 317-318, 460, 624; 其真实性 295; 作为塔西佗的史料来源之一 286, 295-296, 317-319, 378 n., 396 n. 他的性格 436-437; 塔西佗的描述 259, 295, 314, 319, 539

Claudius Aristion, of Ephesus 以弗所的克劳狄乌斯·阿瑞斯提昂 467 n.

Claudius Balbillus, Ti., Prefect of Egypt 埃及省长提比略·克劳狄乌斯·巴尔比鲁斯 509; 很可能就是占星术士巴尔比鲁斯 508 n.

Claudius Cossus, Helvetian orator 赫尔维提人的演说家克劳狄乌斯·科苏斯 171 n.

Claudius Etruscus, imperial freedman 元首释奴克劳狄乌斯·埃特鲁斯库斯 97

Claudius Herodes Atticus, Ti. (*cos.* 143) 提比略·克劳狄乌斯·赫罗德斯·阿提库斯（公元143年执政官） 505

Claudius Livianus, Ti., Guard Prefect under Trajan 图拉真时代的禁卫军队长提比略·克劳狄乌斯·里维亚努斯 56 n.

Claudius Marcellus Aeserninus, M. (*pr.* 19), orator 演说家玛库斯·克劳狄乌斯·马塞卢斯·埃塞尔尼努斯（公元19年大法官） 325

Claudius Nero, Ti. (*pr.* ? 42 B.C.), husband of Livia 里维娅的丈夫提比略·克劳狄乌斯·尼禄（公元前42年大法官?） 425

Claudius Pollio, Ti., biographer 传记作家提比略·克劳狄乌斯·波利奥 178 n.

CLAUDIUS TACITUS, Emperor 元首克劳狄乌斯·塔西佗 59

Claudius Timarchus, Cretan magnate 克里特权贵克劳狄乌斯·提玛库斯 467 n., 556

Clementia 仁慈 387, 414

Clientela 庇护网络, 在东方 507; 在西方 586–587, 588, 606, 614; 元首们的被保护人 607, 614

Cluvius, senator in Josephus 约瑟福斯笔下的元老克鲁维乌斯 286, 294

Cluvius Rufus (*suff. ann. inc.*), historian 历史学家克鲁维乌斯·鲁弗斯（递补执政官，具体年代不详） 145 n., 178–179, 181, 286, 289–294; 他的年龄和身份 294; 性格 178; 或许是约瑟福斯的史料来源之一 286, 293 n.; 塔西佗对他的重视 178, 294

Cocceii 科切乌斯家族 1, 576

Cocceius Nerva, M. (*cos.* 36 B.C.) 玛库斯·科切乌斯·涅尔瓦（公元前36年执政官） 577 n.

Cocceiua Nerva, M. (*suff.* 21 or 22), jurist 法学家玛库斯·科切乌斯·涅尔瓦（公元21或22年递补执政官） 1, 576, 577 n.; 在卡普里埃岛 299

Coelius Antipater, historian 历史学家科埃利乌斯·安提帕特 502

Coelius Rufus, L. (*suff.* 119) 卢奇乌斯·科埃利乌斯·鲁弗斯（公元119年递补执政官） 245 n.

Cognomina 家姓 612, 617, 621–622

Coin legends 货币图案与铭文, 提比略时期 387; 公元68年 7, 207; 涅尔瓦时期 7, 207; 图拉真时期 12, 49 n., 250; 与不列颠相关 490

Colonia Claudia 科洛尼亚·克劳狄亚 15, 452, 453; 图拉真在此 17; 塔西佗关于当地的知识 614

Coloniae 殖民地 447, 453, 597; 并入罗马帝国版图 447, 586, 620; 很少产生元老 620

COLUMELLA 科鲁美拉 602 n.

Commagene, dynasty of 科马根王朝 508 n., 510 n.

Commentarii 军事备忘录 157, 298 n.; 韦伯芗的 178, 297; 图拉真的 221

Commissioners, imperial 元首特使 80, 224, 252

Comum 科穆姆 60, 86, 615; 小普林尼的拜访 79; 对当地的资助 84; 图书馆 94; 来自那里的人物 60, 221, 601 n.

Concilia, provincial 行省议事会 445 n.

Concordia exercituum 军队的团结一心 7, 18

Congiaria 赏赐, 图拉真的 226; 哈德良的 245

Consensus 共识 207

Conservatism, Roman 罗马的保守传统 27, 39, 564

Consilium principis 内朝议事会 5, 11, 67, 151, 224, 387, 487 n., 537

Conspiracies 阴谋 3, 9, 35, 66 n., 101, 181, 244, 255, 257, 259, 366, 382, 403–407, 485, 560, 599

Constantia 不可动摇/从一而终 535, 544, 561

Consulate 执政官头衔，年龄要求 67, 82, 233；每年的数量 67, 69；被提拔为执政官 33, 69-70, 78, 251, 580；缺席 252

Consulates 执政官人选，公元37—68年期间 590-592；公元68年 592；公元69年 70, 593；韦伯芗时期 593, 595；图密善时期 69, 597；公元90年 596；公元97年 3, 8, 72-73；公元98年 3, 4, 8, 17；公元99年 18；图拉真时期 53-54, 228, 577；哈德良统治前期 600

Consulates, iterated 多次出任执政官 3, 4, 51, 53, 57, 73, 230, 231 n., 246, 477 n., 577, 590, 594-595, 599

Corduba 科尔多瓦 587, 590, 603, 610 n., 618, 623

Corellia, wife of Minicius Justus 米尼奇乌斯·约斯图斯之妻科蕾莉娅 177 n.

Corellius Rufus, Q. (*suff.* ? 78) 昆图斯·科雷利乌斯·鲁孚斯（公元78年递补执政官？），在弗拉维王朝时期 596, 597；担任小普林尼的参谋 77；从图密善时期幸存下来 3；
　他的出身 86, 616；妻子 326 n.；亲戚 86 n., 177 n.

Cornelia, wife of Paulius 保卢斯之妻科内莉娅 382

Cornelia, Vestal Virgin 维斯塔贞女科内莉娅 117 n.

Cornelii 科奈里乌斯家族 382, 587, 612, 621

Cornelii Balbi, of Gades 加的斯的科奈里乌斯·巴尔布斯家族 318 n., 587, 624

Cornelii Lentuli 科奈里乌斯·勒图鲁斯家族 380, 384, 567, 571, 587, 612

Cornelius Balbus, L. (*suff.* 40 B.C.) 卢奇乌斯·科奈里乌斯·巴尔布斯（公元前40年递补执政官） 587

Cornelius Balbus, L. (? *suff.*) 卢奇乌斯·科奈里乌斯·巴尔布斯（递补执政官？） 589

Cornelius Cinna Magnus, Cn. (*cos.* 5) 格涅乌斯·科奈里乌斯·秦那·玛格努斯，所谓的谋反者 382 n., 404, 425 n., 572 n.

Cornelius Dolabella, Cn., grandnephew of Galba 伽尔巴的侄孙格涅乌斯·科奈里乌斯·多拉贝拉 151, 576 n.

Cornelius Dolabella, P. (*cos.* 10) 普布利乌斯·科奈里乌斯·多拉贝拉（公元10年执政官） 574

Cornelius Fronto, M. (*suff.* 143) 玛库斯·科奈里乌斯·弗隆托（公元143年递补执政官），见条目 "FRONTO"

Cornelius Fuscus, Guard Prefect under Domitian 图密善时代的禁卫军队长科奈里乌斯·福斯库斯，公元68-69年的活动 167, 593；在图密善的内朝会议中 67；他在达契亚参与的战役 23, 119 n., 177, 215；他的出身 592 n., 623 n.；塔西佗的描述 177, 623 n.

Cornelius Gallicanus, C. (*suff.* 84) 盖

约·科奈里乌斯·伽利卡努斯（公元84年递补执政官） 71 n.

Cornelius Gallus, C., poet and Prefect of Egypt 诗人与埃及省长盖约·科奈里乌斯·伽鲁斯 587, 589, 620 n.

Cornelius Laco, Guard Prefect 禁卫军队长科奈里乌斯·拉科 151; 他的性格 195

Cornelius Lentulus, Cn. (*cos.* 14 B.C.) 格涅乌斯·科奈里乌斯·勒图鲁斯（公元前14年执政官） 313 n., 385 n., 571; 他的富有 448

Cornelius Lentulus, Cossus (*cos.* 1 B.C.) 科苏斯·科奈里乌斯·勒图鲁斯（公元前1年执政官） 371 n., 384, 385, 571 n.

Cornelius Lentulus Gaeticulicus, Cn. (*cos.* 26) 格涅乌斯·科奈里乌斯·勒图鲁斯·盖图里库斯（公元26年执政官） 257, 379 n., 384, 405, 441 n.

Cornelius Lentulus Maluginensis, Ser. (*suff.* 10) 弗拉明大祭司塞尔维乌斯·科奈里乌斯·勒图鲁斯·玛鲁吉嫩西斯（公元10年递补执政官） 280, 281.

CORNELIUS NEPOS 科奈里乌斯·奈波斯, 他的出身 88 n.

Cornelius Palma, A. (*cos. II* 109) 奥鲁斯·科奈里乌斯·帕尔玛（公元109年第2次出任执政官） 18 n., 53, 87 n., 228, 232; 近西班牙行省总督 53 n.; 征服阿拉伯 53, 222; 第2次担任执政官 230; 被处决 244; 他的出身 599

Cornelius Pegasus, T. 提图斯·科奈里乌斯·佩伽苏斯, 在瓦西奥 622 n.

Cornelius Priscus, ? L. (*suff.* ? 104) 卢奇乌斯（？）·科奈里乌斯·普利斯库斯（公元104年递补执政官？） 103 n.

Cornelius Pusio, L. (*suff.* under Vespasian) 卢奇乌斯·科奈里乌斯·普希奥（韦伯芗时期递补执政官） 602 n.

Cornelius Pusio, L. (*suff.* 90) 卢奇乌斯·科奈里乌斯·普希奥（公元90年递补执政官） 596 n.

Cornelius Sisenna, L. (*pr.* 78 B.C.), historian 历史学家卢奇乌斯·科奈里乌斯·希塞纳（公元前78年大法官） 133, 134, 142, 201

Cornelius Sulla, L. (*cos. II* 80 B.C.), the Dictator 独裁官卢奇乌斯·科奈里乌斯·苏拉（公元前80年第2次出任执政官）, 他的政策 566-567, 570; 撒路斯特的描述 144, 567; 李维的描述 140; 卢坎的描述 217; 他的后裔 382, 555, 573, 574

Cornelius Sulla Felix, L. (*cos.* 33) 卢奇乌斯·科奈里乌斯·苏拉·斐利克斯（公元33年执政官） 382 n.

Cornelius Sulla Felix, Faustus (*cos.* 52) 福斯图斯·科奈里乌斯·苏拉·斐利克斯（公元52年执政官）, 尼禄暴政的牺牲品 555, 573

Cornelius Tacitus, procurator of Belgica 贝尔吉卡行省督办科奈里乌斯·塔西佗 60, 63, 129 n., 452, 613-614, 623

Cornutus Tertullus (*suff.* 100) 科努图斯·

特尔图鲁斯（公元100年递补执政官）68 n.; 71 n, 78, 98; 在比提尼亚 81; 他的生涯与性格 82-83; 从暴政中幸存 476; 完整姓名和可能出身 82 n.

Cos, men from 来自科斯岛的人物 508; 克劳狄乌斯的评价 515

Cossutianus Capito, *delator* 告密者科苏提亚努斯·卡庇托 329, 331; 谴责特拉西亚 332-333, 539, 557

Cotta Messallinus 科塔·麦萨利努斯，见条目"Aurelius Cotta"

Crassus 克拉苏，见词条"Licinius"和"Calpurnius"

Cremona 克雷莫纳 158-165, 167-168, 589 n., 617 n.; 克雷莫纳战役 167-168, 172, 201; 被攻陷 201; 相关插话 310

Ctesiphon 泰西封 239

Cremutius Cordus, senatorial historian 元老史学家克瑞穆提乌斯·科尔杜斯 141 n., 309, 367 n., 501; 演说词 337-338, 517; 受到塔西佗的崇拜 546

Curatores, of *municipia* 意大利地方官 224

Curatores alvei Tiberis 台伯河管理委员会成员 71, 79

Curatores aquarum 水利官 3, 71, 593 n., 594

Curatores operum publicorum 公共事务管理官吏 71

Curiatius Maternus 库里亚提乌斯·玛特努斯，在《关于演说家的对话》中 104-111, 220; 他的《伽图》, 104,

110, 212 n., 363; 他的《图耶斯特斯》, 104, 110, 362 n.; 他的《多米提乌斯》, 110; 他的最后命运 111 早先活动 110; 他的出身 614

Cursus honorum 荣誉履历 22, 50-51, 63-74, 82-83, 233

Curtius Montanus 库尔提乌斯·蒙塔努斯，攻击雷古鲁斯 188, 209 n.

Curtius Rufus (*suff.* c. 43) 库尔提乌斯·鲁弗斯（公元43年前后递补执政官），在日耳曼 450; 他的性格 544, 563; 生涯和出身 563, 589, 621 n.

CURTIUS RUFUS, Q., historian 历史学家昆图斯·库尔提乌斯·鲁弗斯 218 n., 563 n.

Cyrene, a colony at 库勒尼的殖民地 447 n.

Dacia 达契亚 24, 32, 48-49, 214-215; 图拉真组织的战争 52-53, 71, 221; 并入罗马帝国版图 53; 要塞 53, 245, 489; 历任行省总督 53 n., 242 n., 243-245; 战略角色 57, 489; 地位 245; 哈德良的政策 489

Dalmatia 达尔马提亚，军队 14; 公元69年时的军团部署 162; 历任行省总督 52, 257, 405 n., 593

Danube 多瑙河，驻军 14-15, 57, 124, 238; 战争 11, 17, 23-24, 32, 34, 48-49, 52-53, 124, 214-215, 361, 596

Dasumii, of Corduba 科尔多瓦的达苏米乌斯家族 603-604

"Dasumius" "达苏米乌斯", 590 n.

Dasumius, L. (*suff.* ? 93) 卢奇乌斯·达

苏米乌斯（公元93年递补执政官？） 88 n., 600, 603-604, 609; 他的遗嘱 112 n., 177 n., 179 n., 293 n.

Dasumius Rusticus, P. (*cos.* 119) 普布利乌斯·达苏米乌斯·鲁斯提库斯（公元119年执政官） 600

Decebalus, Dacian king 达契亚国王德克巴鲁斯 33, 48-49, 52

Decumates agri 征收什一税的土地 48 n., 128

Deification 奉为神圣，被希腊人 514; 涅尔瓦 12; 图拉真的家族成员 233, 246

Delatores 告密者 39, 82, 100, 326-327, 355, 422

Demetrius, Cynic philosopher 犬儒派哲学家德米特里乌斯 187, 554

DIALOGUS 《关于演说家的对话》，概述 104-107; 题献对象 104, 112; 年代背景设置 63, 104; 作品中的角色 63-64, 104, 108, 614-615 对昆体良的回应 114; 西塞罗式风格 116, 198; 推崇晚近风格 116; 文风特征 198, 340; 创作时间 63, 112-113, 116, 541, 542; 史学解读 107-111, 220

Didius Gallus, A. (*suff.* 36) 奥鲁斯·狄迪乌斯·伽鲁斯（公元36年递补执政官） 386 n., 391, 594 n.

Dignitas 尊荣 27, 55, 423, 561, 566, 570, 572

Digressions 插话，在撒路斯特和李维的作品中 125; 在李维的作品中 309 n.; 在塔西佗的作品中 183-185,

215, 269, 295, 309-312, 353-354, 371, 374, 397, 432, 444, 449, 470, 472, 525

Dillius Aponianus, C. (*suff.* c. 73) 盖约·狄利乌斯·阿波尼亚努斯（公元73年前后递补执政官） 167 n., 593 n., 594 n., 610 n.

Dillius Vocula, C. 盖约·狄利乌斯·沃库拉，在莱茵河畔 173-175, 610; 他的演说词 201, 610

DIO, of Prusa 普鲁萨的狄奥，生平与作品 504; 与图拉真 40, 504; 论贫困 511; 论尼禄 518

Disillusion, alleged, of T. 塔西佗所谓的幻灭 219-221, 475-476

Dissimulatio 伪装 423, 429

Doctors 医生，拙劣模仿 206; 御医 508, 515

Domitia, aunt of Nero 尼禄的姑妈多米提娅，嫁给帕西埃努斯·克里斯普斯 258 n., 328 n.

Domitia, mother of Hadrian 哈德良之母多米提娅 603

Domitia Decidiana, wife of Agricola 阿古利可拉之妻多米提娅·德奇狄娅娜 21

Domitia Lepida, aunt of Nero 尼禄的姑妈多米提娅·雷必达 258 n., 437 n.

Domitia Longina, consort of Domitian 图密善之妻多米提娅·隆吉娜 3, 55, 214, 560 n.; 她的幸存 300

Domitia Cn. f. Lucilia 格涅乌斯之女多米提娅·卢奇莉娅 478, 605, 609

Domitia P. f. Lucilia 普布利乌斯之女多

米提娅·卢奇莉娅 605

Domitia Paullina, sister of Hadrian 哈德良的姐姐多米提娅·波琳娜 245-246, 600, 602

DOMITIAN, the Emperor 元首图密善，对其统治的概述 214-216; 他的朋友们 35; 心腹臣子 4-6, 67, 213, 537; 行省总督人选安排 51, 596; 与阿古利可拉 23-24, 122-123; 反对者 25, 76, 596-597; 同显贵的关系 577;

同军队的关系 13; 他组织的战争 23-24, 31, 32, 33, 48, 124, 214-215, 596; 边疆政策 48, 214, 238;

作为内政管理者 8; 元老院的角色 224; 统治特征 131, 210, 540, 595-597;

他的品味 40, 423 n.; 发型 38; 阅读范围 285; 亲希腊政策 509-510; 对宗教的兴趣 65; 对占星术的兴趣 524;

塔西佗的描述 210-211 同提比略的关系 422

Domitii 多米提乌斯家族 1, 110, 574

Domitius Afer, Cn. (suff. 39), great orator 伟大的演说家盖约·多米提乌斯·阿费尔（公元39年递补执政官） 100, 313 n., 327-328, 362, 581, 590, 608; 他的财富 449, 605; 去世 608; 出身 456, 589; 后裔 478, 595 n., 605; 塔西佗的评价 328, 338, 478

Domitius Ahenobarbus, Cn. (cos. 32 B.C.) 格涅乌斯·多米提乌斯·埃诺巴布斯（公元前32年执政官） 110, 379, 414

Domitius Ahenobarbus, Cn. (cos. 32) 格涅乌斯·多米提乌斯·埃诺巴布斯（公元32年执政官） 258, 267

Domitius Ahenobarbus, L. (cos. 16 B.C.) 卢奇乌斯·多米提乌斯·埃诺巴布斯（公元前16年执政官） 313 n., 379 n., 383

Domitius Balbus, his testament forged 多米提乌斯·巴尔布斯，他的伪造遗嘱 479

Domitius Corbulo, the elder 老多米提乌斯·科布罗 386, 544

Domitius Corbulo, Cn. (suff. ? 39) 格涅乌斯·多米提乌斯·科布罗（公元39年递补执政官？） 39 n., 43, 121, 262, 386-387; 在日耳曼 289, 451, 490; 他在东方组织的战役 376, 391-392, 395-396, 493-495; 他的副将们 297, 593; 他的最后命运 560;

他的重要性 579; 他的亲戚 373 n., 386, 560; 朋友和同盟 560, 593; 他的出身 591 n.

他的回忆录 98, 297; 塔西佗对其作品的引用 297; 在塔西佗笔下的形象 492-493, 579; 塔西佗的批评 407, 495, 544

Domitius Decidius, Narbonensian senator 纳旁元老多米提乌斯·德奇狄乌斯 21

Domitius Lucanus, Cn. (suff. c. 79) 格涅乌斯·多米提乌斯·卢坎（公元79年前后递补执政官） 69 n., 595 n., 605

Domitius Tullus, Cn. (? suff. II 98) 格

涅乌斯·多米提乌斯·图鲁斯（公元98年第2次出任执政官？） 4 n., 88 n., 478, 595 n., 605, 608-609

Dramatic technique 戏剧化技巧 306-308, 376-377

Drink 饮酒，图拉真的嗜好 41；提比略的嗜好 342；提比略朋友们的嗜好 385 n., 571

Druids 德鲁伊特 457-458

Drusilla, daughter of Germanicus 日耳曼尼库斯之女德鲁西拉 257, 258, 576

Drusus, brother of Tiberius 提比略之弟德鲁苏斯 367, 425

Drusus, son of Tiberius 提比略之子德鲁苏斯 254；他的去世 301, 401-402, 443；相关荣誉 279 n., 412

Drusus, son of Germanicus 日耳曼尼库斯之子德鲁苏斯 383, 385 n., 406, 424

Ducenius Geminus, A. (*suff, ann. inc.*) 奥鲁斯·杜克尼乌斯·格米努斯（递补执政官，具体年代不详） 130 n.

Ducenius Verus, P. (*suff.* 95) 普布利乌斯·杜克尼乌斯·维鲁斯（公元95年递补执政官） 597 n.

Dumnorix, Aeduan nobleman 埃杜伊人中的贵族杜姆诺克斯 455

Duvius Avitus, L. (*suff.* 56), governor of Lower Germany 下日耳曼行省总督卢奇乌斯·杜维乌斯·阿维图斯（公元56年递补执政官） 60 n., 452 n., 591, 623；他的出身 591

Economy commission 经济领域差事 7, 129

Edessa 埃德萨 239

Edicts, style of 敕令文字风格 1, 38, 436, 487 n

Education 教育 20, 26, 39-40, 62, 106；政治价值 608；元首们所受教育 607；行省地区的教育 608；女性教育 535

Egnatius, a "Celtiberian" "凯尔提贝里亚人"埃格纳修斯 587 n.

Egnatius Celer, P. 普布利乌斯·埃格纳修斯·凯勒尔，招摇撞骗的哲学家 187, 345, 356, 554；他的出身 467 n.

Egypt 埃及，战略角色 16；地位 54；宗教 65, 465, 468；日耳曼尼库斯的访问 470。更多信息见条目 "*Praefecti Aegypti*"

Elections, consular 执政官选举 256, 266, 279, 369, 389-390

Elegantia 高雅 338, 358

Elegeia 埃勒盖亚 395

Elephantine 埃勒芬丁，日耳曼尼库斯在此逗留 470

Emigration 对外移民，向东方 507；向西方 586

Ennia Thrasylla, wife of Naevius Macro 奈维乌斯·玛克罗之妻恩妮娅·特拉叙拉 508 n.

ENNIUS, Q. 昆图斯·恩尼乌斯 110, 502, 582 n.

Ephesus 以弗所 466, 467 n., 509

Epic, historical 史诗 110, 142-143, 363

Epicharis, freed woman 被释女奴埃皮查瑞丝 532

Epictetus, philosopher 哲学家爱比克泰德，作为哈德良的朋友 538；论苏尔拉 41 n.

Epicureans 伊壁鸠鲁派 276, 469, 525, 538, 557

Epigrams, in historians 史学家作品中的警句 143, 182, 196, 198–200, 417

Eprius Marcellus, T. (*suff. II* 74) 提图斯·埃普里乌斯·马塞卢斯（公元74年第2次出任递补执政官），他的早年生涯 594 n.；第1次出任执政官 387 n.；指控特拉西亚·佩图斯 333；在公元69—70年间的活动 101, 187–188；在韦伯芗统治时期 100–101, 105, 212, 594；同赫尔维狄乌斯·普利斯库斯的恩怨 101, 187, 212；大祸临头 4, 5, 101, 111, 181；他的出身 562；

他的口才 64, 111, 333, 348；昆体良对他的忽略 116 n.；塔西佗的作品所收录其演说词 26 n., 109, 192, 209, 545, 547；在《关于演说家的对话》中的形象 105

Erucius Clarus, Sex. (*cos. II* 146) 绥克斯图·埃鲁奇乌斯·克拉鲁斯（公元146年第2次出任执政官） 83 n., 87 n., 242, 477

Erudition 掉书袋传统，塔西佗的嘲讽 472；514–515；官员中的风气 607–608

Ethnography 民族志 125–126, 174, 310–311, 443

Euphrates, portent at 幼发拉底河，相关征兆 494

Euphrates, philosopher 哲学家欧弗拉特斯 75

Fabii 费边家族 318, 570, 571, 615

Fabius Justus, L. (*suff.* 102) 卢奇乌斯·费边·约斯图斯（公元102年递补执政官） 74, 232；他的执政官履历 53, 112；担任叙利亚行省总督 53, 74, 228；去世 476；出身 615；

作为小普林尼的朋友 87；同《关于演说家的对话》的关系 104, 112, 615

Fabius Maximus, Paullus (*cos.* 11 B.C.) 保卢斯·费边·马克西穆斯（公元前11年执政官） 418 n., 570

Fabius Persicus, Paullus (*cos.* 34) 保卢斯·费边·佩尔希库斯（公元34年执政官） 20 n.；他的法令 331 n.；臭名昭著的罪行 571

Fabius Rusticus, historian 历史学家费边·鲁斯提库斯 89, 141 n., 145 n., 179, 181 n.；身份 293 n.；出身 179 n., 293, 609；同小塞涅卡的关系 289, 293, 300；塔西佗对其作品的引用 389–390, 293；作为《编年史》的材料来源 289–294, 300；论不列颠 293

Fabius Valens (*suff.* 69) 维特利乌斯麾下将领费边·瓦伦斯（公元69年递补执政官） 157–162, 169–170, 171 n.

Fabricius Veiento, A. (*suff. III* c. 83) 奥鲁斯·法布里奇乌斯·维恩托（公元83年前后第3次出任递补执政官），他的生涯与性格 4–5, 594；同涅尔瓦的关系 4–6；在辩论中 8；在墨根提亚库姆　16 n.; 去世　17, 176; 作为十五人祭司团成员　66; 他的影响力　16–17, 67, 213 n.; 他写的小册子　5, 296, 301; 他的血统　594 n.

Fannia, daughter of Thrasea Paetus　特拉西亚·佩图斯之女法妮娅　92 n., 535 n., 559 n.

Fannius, C., author of biographies　传记作家盖约·法尼乌斯　92, 125 n., 298 n., 559 n.

Faustina, wife of M. Aurelius　玛库斯·奥勒留之妻福斯提娜　605 n.

Fasti Ostienses　《奥斯提亚执政官年表》　226

Fatum, in T.　塔西佗笔下的命运　46–47, 527 n.

Faventia　法万提亚　244, 599 n.

Favonius, M. (*pr.* ? 49 B.C.), Republican　共和派玛库斯·法沃尼乌斯（公元前49年大法官？）　205

Favorinus, sophist　智者法沃里努斯　249, 505, 511

Felicitas temporum, under Nerva　涅尔瓦治下的幸福时代　7, 19, 70, 220

Ferocia　凶恶　323, 544

Fetiales　随军祭司团　281

Fides　忠诚　535, 544, 561

Finances, governmental　政府财政　7, 150, 416–417

Flamen Dialis　弗拉明大祭司　65, 280

Flavia Domitilla, wife of Vespasian　韦伯芗之妻弗拉维娅·多米提拉　43 n.

Flavia Domitilla, wife of Clemens　克莱门斯之妻弗拉维娅·多米提拉　216, 532 n.

Flavii, their origin and kinsfolk　弗拉维家族，他们的起源和亲戚　43–44, 594

Flavius Clemens, T. (*cos.* 95)　提图斯·弗拉维乌斯·克莱门斯（公元95年执政官）　216, 532 n.

Flavius Sabinus, T. (*suff.* ? 45)　提图斯·弗拉维乌斯·萨比努斯（公元45年递补执政官？）　176, 184, 194, 387 n.; 塔西佗对他的性格勾勒　195

Flavius Sabinus, T. (*cos.* 82)　提图斯·弗拉维乌斯·萨比努斯（公元82年执政官）　214, 216 n., 504

FLORUS, historical epitomizer　史著节编者弗洛鲁斯　503; 论图拉真　218

Fortuna, worshipped by Seianus　塞亚努斯崇拜的幸运女神像　406

Forum Julii　尤利乌斯广场镇　20, 159, 171 n., 587, 592, 620, 623 n.

Franchise　公民权，范围拓展　461, 585–587; 对个人的赏赐　586–587, 613, 622

Fratres arvales, rank and occupations　丰产祭司团，成员的地位与职业　66

Freedmen　释奴　447, 532, 612–613; 皇家释奴　259, 261

Freedom of speech　言论自由　28, 90, 212, 517, 558

Frontinus　弗伦提努斯，见条目"Julius Frontinus"

FRONTO　弗隆托　502–503, 505; 论

文风 352; 论历史 503; 论罗马贵族 535

Frugality 节俭 20, 26-27, 40, 444

Fulcinius Trio, L. (*suff.* 31), *delator* 告密者卢奇乌斯·福尔奇尼乌斯·特里奥（公元31年递补执政官） 267, 327, 399

Funisulanus Vettonianus, L. (*suff.* ? 78) 卢奇乌斯·福尼苏拉努斯·维托尼亚努斯（公元78年递补执政官？） 24 n., 596 n.

Furius Camillus, M. (*cos.* 8), proconsul of Africa 阿非利加行省总督玛库斯·弗里乌斯·卡米卢斯（公元8年执政官） 449, 572

Gades 加的斯 318 n., 470-471, 587, 596 n., 602 n., 603

Gaius, mysterious philosopher 神秘主义哲学家盖约 525 n.

Gaius Caesar, grandson of Augustus 奥古斯都外孙、王子盖约 368, 425-426

Galatians 伽拉提亚人 510

GALBA, the Emperor 元首伽尔巴，他的家族谱系 151; 星象 525; 生涯履历 45, 386 n.; 在西班牙 308, 592; 被拥立为元首 265, 463;
  统治特征 208; 谋士 150-151; 过继披索 182, 207; 他的演说词 148, 182, 191; 概述 151-152; 批评 206-208, 220; 讣告 182;
  他的个性 42 n., 182; 同涅尔瓦的比较 130, 150; 未得到塔西佗的推崇 204-205, 575

Galerius Trachalus, P. (*cos.* 68) 普布利乌斯·伽勒里乌斯·特拉查鲁斯（公元68年执政官），声音洪亮的演说家 64, 184, 192, 333; 阿非利加行省总督 594; 他的出身 609

Galerius, C., Prefect of Egypt 埃及省长盖约·伽勒里乌斯 126 n., 536

Gallia Cisalpina, status of 山南高卢的地位 584

Gallia 高卢，见诸词条 "Gaul" "Gauls" "Aquitania" "Belgica" "Lugdunensis" "Narbonensis"

Galliae, meaning of 高卢三行省的指代对象 456 n.

Gaul 高卢，人口普查 71, 80, 81; 叛乱 268, 458-459, 461-463; 当地显要 317-318, 454-462, 623; 罗马统治的性质 453-458; 同纳旁高卢的对比 455-456, 614; 来自高卢的元老 462, 588; 塔西佗作品中的记述 451-464, 623 n.

Gauls 高卢人，过往的历史 46-47; 与日耳曼人的相似 126; 擅长演说 459, 615, 623 n.; 塔西佗的记述 531, 623

Geography 地理，历史学家们的处理方式 125-127, 310-311, 353, 392-396; 塔西佗作品中的异域风情 353, 494

GERMANIA 《日耳曼尼亚志》，创作年代和相关背景 46-48, 129; 特征 126-128; 目的 48 n., 129; 相关史料 127; 其中的年代错乱 127-128; 同《历史》的对比 174; 风格特征 198,

340, 351

Germania Inferior　下日耳曼行省，历任行省总督　15 n., 17, 32, 46 n., 60 n., 72, 127 n., 172. 175, 243 n., 245 n., 247, 289, 405, 451–452, 591

Germania Superior　上日耳曼行省，历任行省总督　11, 17, 32, 60, 72, 127 n., 130, 257, 405, 451

Germanicus　日耳曼尼库斯，塔西佗对其过继的记载　378 n.; 行省总督的治权　411; 参与的历次战役　275, 276, 357, 392–393, 492, 496;

　　在雅典　513; 在克拉罗斯　470; 在埃及　311, 470; 在那里颁布的法令　389; 在亚美尼亚　236; 在叙利亚　401, 492; 在安条克去世并受到赞美　315, 492;

　　葬礼荣誉　279, 412; 他的女儿们　258, 555, 576; 他的朋友们　325; 关于他的作品　277; 关于他的传说　418; 塔西佗的描述　254, 374, 418, 492, 548

Germanicus, as *cognomen*　家姓"日耳曼尼库斯"，13, 222

Germans　日耳曼人，罗马同他们的关系　47, 127–128; 作为威胁　46; 对他们的理想化　126, 530–531; 未理想化　174, 453; 塔西佗对日耳曼人的兴趣　129

Germany　日耳曼，当地驻军的角色　13, 440, 451, 454; 该地区的军事实力　14, 72, 162, 222; 声名远扬　13, 15, 370;

奥古斯都组织的战役　47, 127, 274–275, 369; 日耳曼尼库斯的军事行动　392–393, 496; 公元69年时的驻军　162, 169–170; 图密善组织的战争　48, 214; 边疆　47–48, 127–128, 222; 罗马的政策　46–48, 57, 222; 地理环境　126–128; 392–394

Gladiators　角斗士　226

Glitius Agricola, Q. (*suff. II* 103)　昆图斯·格利提乌斯·阿古利可拉（公元103年第2次递补执政官），他的生涯　73, 228; 在近西班牙行省　32 n.; 在贝尔吉卡行省　35 n., 70; 第1次出任执政官　70; 在潘诺尼亚行省　17 n., 52; 第2次出任执政官　53; 担任罗马市长　230 n., 475; 他的出身　87, 599

Gloria　光荣　99, 554, 561

Greeks　希腊人，被罗马人聘用　507–509; 在元老院里　506, 509–511; 另见诸词条 "Philhellenism" "Xenophobia"

Gytheum, edicts from　古特乌姆，在那里发现的敕令　389

Hadria, in Picenum　皮克努姆境内的哈德里亚　604

HADRIAN, the Emperor　元首哈德良，他的故乡　603, 614 n.; 家族与亲戚　88, 479–480, 600, 603–604; 担任军团长　31 n., 34, 247; 他的生涯　233; 出任执政官　232 n., 233; 同苏尔拉的关系　232 n., 233 n., 600; 担任雅典执政官　513; 公元116—117年时的影响力　242; 在叙利亚　240; 正式被图拉真过继　240;

他的登基 240-241, 481-485, 599; 统治前期 243-248, 599-600; 486-488; 内政治理与立法 447 n., 448 n., 487, 533 n.;

他的游历 251, 486-487; 对外政策 247, 488-491, 496-497; 东方政策 241, 247-248, 471, 488, 496-497; 与不列颠 247, 490; 作为"哈德良·奥古斯都", 248, 496; 晚年统治 600-601; 继承问题 601;

他的文学品味 249, 502, 505;《自传》, 232 n., 600-601; 亲希腊政策 506, 513; 一视同仁 249, 487; 占星术技艺 524; 性格 248-249, 472, 488

与图拉真的对比 248; 同提比略的比较 517; 同尼禄的比较 517, 519; 未被小普林尼提及 88; 塔西佗的可能看法 498, 517, 519

HADRIANUS AUGUSTUS 哈德良·奥古斯都 248, 496

Haruspices 脏卜者 532

Haterius, Q. (*suff.* 5 B.C.), exuberant orator 辞藻华丽的演说家昆图斯·哈特里乌斯（公元前5年递补执政官）116, 323-324, 338, 344, 580, 624 n.

Haterius Agrippa, Q. (*cos.* 22) 昆图斯·哈特里乌斯·阿格里帕（公元22年执政官）324, 327, 345, 580 n.

Haterius Antoninus, Q. (*cos.* 53) 昆图斯·哈特里乌斯·安东尼（公元53年执政官）324

Haterius Nepos, T., Prefect of Egypt 埃及省长提图斯·哈特里乌斯·奈波斯 246 n

Hatra 哈特拉, 图拉真兵临城下 240, 495

Heliopolis, oracle at 赫利奥波利斯的谕所 470

Helvetii 赫尔维提人, 凯撒《高卢战记》中的记述 455; 在公元69年 170, 171

Helvia, aunt of Seneca 小塞涅卡的姨妈赫尔维娅 126 n., 536

Helvia Procula, wife of Dillius Vocula 狄利乌斯·沃库拉之妻赫尔维娅·普罗库拉 175 n.

Helvidius Priscus (*suff. ann. inc.*) 赫尔维狄乌斯·普利斯库斯（递补执政官，具体年代不详）, 出任执政官 83; 被指控与处决 25, 76; 为他复仇 77, 120;

他的妻子 561 n.; 他的女儿 82 n.; 他的朋友和党羽 92, 120

Helvidius Priscus, C. (*pr.* 70) 盖约·赫尔维狄乌斯·普利斯库斯（公元70年大法官）, 青年时代的追求 63 n.; 在尼禄统治时期 544; 在公元69—70年 101, 187-188, 209; 同埃普里乌斯的恩怨 101, 109, 111, 187, 212; 他的最后命运 212; 党羽和亲戚 25, 76, 212 n., 559-561, 596-597; 出身 559;

他的沽名钓誉 99 n., 554; 塔西佗对他的描述 189, 554

Hercules 赫拉克勒斯, 图拉真被比作赫拉克勒斯 57-58; 加的斯对赫拉克勒斯的崇拜 58, 470-471

Herennius Senecio, victim of Domitian

索 引 / 1229

图密善统治时期的牺牲品赫雷尼乌斯·塞内奇奥　25, 76, 82 n., 83, 177 n., 190 n., 298 n.

Hermunduri　赫蒙杜里人　127 n.

Herod, king of Judaea　犹太的希律王　507

Hispania Citerior　近西班牙行省，见条目"Tarraconensis"

Hispulla, wife of Corellius Rufus　科奈里乌斯·鲁弗斯之妻希斯普拉　86 n., 326 n.

Historia Augusta　《奥古斯都后诸凯撒传》　59, 503

HISTORIAE　《历史》，塔西佗写作此书的最早线索　98, 117; 创作年代　118-119; 完成　120; 总卷数　211, 362 n.; 结构　118, 213-214; 已佚失各卷　211-216; 残篇　215 n., 489; 狄奥对其叙述传统的继承　215 n.;

　　序言　145-146; 叙述起点　145; 第1卷　150-156; 第2卷　156-167; 第5卷　211; 史料来源　171-190; 风格　197, 340-341, 350-352; 叙述感染力　193-194; 对撒路斯特的模仿　196-199; 对李维的模仿　200-201; 同小普林尼《颂词》的相合之处　207 n.; 《编年史》的纠正　290; 偏见　204-211;

　　同写作时代的相关性　120, 129-131, 150, 156, 206-209, 229; 在罗马的被接受　201-202, 229

Historians, Roman　罗马史学家　125, 130-131, 132-150, 178-181, 196-204, 222-227, 287-294, 312, 337-338, 358-359, 420-421, 433, 443-445, 474-475, 503, 520-522, 526-529, 540, 545-546, 566-569, 570-571

History　史学，在罗马的起源　132-133, 566; 同诗歌的关系　110, 142, 356-358, 362-363; 同演说术的区别　117, 202, 344; 西塞罗的看法　132-133; 小普林尼的看法　117; 弗隆托的看法　502-503; 帝国时期史学的特征　125, 145, 364-368, 398, 420, 435, 443-445, 499, 570-571; 它的终结　503

HORACE　贺拉斯，塔西佗的回应　357; 对其出身与等级的评论　570

Hordeonius Flaccus (*suff. ann. inc.*)　霍德奥尼乌斯·弗拉库斯（递补执政官，具体年代不详）　172

Horoscopes　占星术　524-525, 561

Hortensius Hortalus, M., grandson of the orator　演说家霍腾修斯之孙玛库斯·霍腾修斯·霍塔鲁斯，他的请愿和演说词　325, 426, 572

Hortensius Hortalus, Q. (*cos.* 69 B.C.)　昆图斯·霍腾修斯·霍塔鲁斯（公元前69年执政官），他的招摇过市　102, 109 n.; 他在公元前55年的演说　324

Human sacrifices　人祭，在高卢　457; 在罗马　458 n.

Humour, in T.　塔西佗作品中的幽默　206, 349-350, 472, 476, 539

Hypocrisy, official　官方的伪善　410, 411, 423, 427

Icelus, freedman of Galba　伽尔巴的释奴伊克鲁斯　150

Iceni　伊克尼人　394

Idealization　理想化，对共和国　27, 571; 对马略　40; 对庞培　433-434; 对小伽图　557; 对奥古斯都　373, 431; 对乡村生活　39, 446; 对罗马帝国主义　528-529; 对土著居民　126, 174, 530-531

Idistaviso, battle at　伊迪斯塔维索战役　393

Ignotus, historian of 69　记载公元69年史事的不知名历史学家　180-190, 199

Ignotus, consular from Nemausus　来自尼莫苏斯的不知名前执政官　53 n., 604 n.

Ilium　伊利昂，尼禄关于该城的演说　515

Illyricum, insurrection of　伊吕利库姆的叛乱　275, 369

Imitation, literary　文学模仿　198; 对老伽图的　121 n., 351, 356; 对撒路斯特的　196-200, 353-356, 545; 对李维的　200-201, 357; 对维吉尔　194 n., 357-358

Imperialism, Roman　罗马帝国主义　496-497, 506, 527-531

Imperium consulare　执政官权力　409, 411 n.

Imperium proconsulare　行省总督的治权　409, 410; 授予日耳曼尼库斯的行省总督治权　411; 授予塞亚努斯的行省总督治权　405; 授予尼禄的行省总督治权　409 n.

Impietas　渎神　415

Incest　乱伦　301, 315, 543; 关于小阿格里皮娜的负面传闻　290, 376-377

Inconcinnity　不协调　135, 347

Insubres　因苏布雷人　86, 624

Irony, in T.　塔西佗作品中的讽刺　206, 320, 349, 472, 494, 497, 515, 524, 539, 542, 623-624

Isis, cult of　伊西斯崇拜　65, 468

Isaeus, rhetorician　修辞学家伊塞乌斯　115 n., 504

Italia Transpadana　意大利北部，见条目"Transpadana"

Italica　意大利　30, 247, 603

Italy　意大利，统一　585; 与奥古斯都　589, 613; 姓名特征　613; 帝国时代　42, 445-446, 621; 来自那里的新人　589, 612-613, 620-621; 塔西佗的处理　616

Iuridici　审判官　32 n., 68, 73

Ius Latii　拉丁人的法律　586

Iustitia　公正　7, 415-416

Janus, Temple of　雅努斯神庙　211

Javolenus Priscus, L. (*suff.* 86), jurist　法学家卢奇乌斯·雅沃勒努斯·普利斯库斯（公元86年递补执政官），他的生涯　52, 69 n., 127 n.; 在一次作品朗诵场合　91, 97

Jews　犹太人，起义　239, 264, 467, 518; 同罗马政府　467-469; 在罗马城　468; 他们的西比尔预言　518; 记述犹太人的作家　178; 塔西佗的插话　310-311; 塔西佗的描述　468, 530

JOSEPHUS　约瑟福斯，论卡里古拉的

遇刺 287; 论克鲁维乌斯 287, 293-294; 论尼禄时代的历史学家们 294

Judaea 犹太行省, 驻军 16; 战事 30, 264; 历任行省总督 222 n., 242; 状况 449; 另见条目"Jews"

Julia, daughter of Augustus 奥古斯都之女尤利娅, 她的丑闻 368, 403-404; 去世 307, 423; 塔西佗的描述 358

Julia, granddaughter of Augustus 奥古斯都的外孙女尤利娅 258 n., 261 n., 336 n., 379, 385 n.; 她的丑闻 371, 403-404

Julia, daughter of Drusus Caesar 王子德鲁苏斯之女尤利娅 258, 405, 555, 576

Julia, daughter of Titus 提图斯之女尤利娅 55, 214

Julia, niece of Hadrian 哈德良的外甥女尤利娅 88 n., 247, 480, 600, 603-604

Julia Agrippina 尤利娅·阿格里皮娜, 见条目"Agrippina, the younger"

Julia Balbilla, poetess 女诗人尤利娅·巴尔比拉 508 n.

Julia Livilla, daughter of Germanicus 日耳曼尼库斯之女尤利娅·里维拉 258, 385 n., 356, 576

Julia Procilla, mother of Agricola 阿古利可拉之母尤利娅·普罗奇拉 20, 534, 535

Julius Africanus, Gallic orator 高卢演说家尤利乌斯·阿非利加努斯 282, 337 n., 609

Julius Agricola, Cn. (suff. ? 77) 格涅乌斯·尤利乌斯·阿古利可拉（公元77年递补执政官?）, 他的父母 20; 血统 620; 财富 26; 婚姻 21, 542 n.; 他的女儿 64, 614;

他的生涯 20-22; 出任执政官 22; 作为不列颠行省总督 22-23, 122-124, 214; 据说被许诺过叙利亚行省总督的职务 23, 123; 他跟图密善的关系 23-25, 67; 未能履职的行省总督任命 24, 67 n., 123 n.; 去世 24, 68;

他的性格 123-124; 他对塔西佗生涯的影响 67; 他预言图拉真将当上元首 29; 同维吉尼乌斯·鲁弗斯的比较 121

Julius Alexander, Ti., Prefect of Egypt 埃及省长提比略·尤利乌斯·亚历山大 509, 593

Julius Alexander Berenicianus, Ti. (suff. 116) 提比略·尤利乌斯·亚历山大·贝里尼奇亚努斯（公元116年递补执政官）510 n., 511

Julius Alexander Julianus, Ti. (suff. 117) 提比略·尤利乌斯·亚历山大·朱利安 511

Julius Aquila, C., Prefect of Egypt 埃及省长盖约·尤利乌斯·阿奎拉 509 n.

Julius Atticus, writer on viticulture 农业志作家尤利乌斯·阿提库斯 602 n.

Julius Bassus, C., proconsul of Bithynia 比提尼亚行省总督盖约·尤利乌斯·巴苏斯 79, 103

Julius Caesar, C., the Dictator 独裁官盖约·尤利乌斯·凯撒, 他的生涯 430;

门客与政策 588; 他的《战记》, 157; 论战争 268; 论高卢贵族 454-455; 作为军事史学家 393 n.;

 他的身后名誉 240, 430-434; 在撒路斯特笔下 203, 526, 568; 在奥古斯都时代的文学中 140, 433; 在卢坎笔下 142, 433; 在小塞涅卡笔下 433;

 同图拉真相提并论 235, 434; 塔西佗的描述 434; 现代史学家们的描述 430

Julius Candidus Manus Celsus, Ti. (*cos. II* 105) 提比略·尤利乌斯·坎狄杜斯·玛努斯·塞尔苏斯（公元105年第2次出任执政官） 230 n., 599 n.

Julius Celsus Polemaeanus, Ti. (*suff.* 92), eastern senator 来自东方的元老提比略·尤利乌斯·塞尔苏斯·波勒迈亚努斯 71 n., 467 n., 509-510, 597 n.

Julius Civilis, Batavian 巴塔维亚人尤利乌斯·奇维利斯, 他的叛乱 128, 172-175, 211; 他的最后命运 461; 令人回想起塞尔托里乌斯 199

Julius Classicianus, C., procurator of Britain 不列颠行省督办盖约·尤利乌斯·克拉西奇亚努斯 452 n., 456 n.

Julius Classicus, Treveran 特瑞维利人尤利乌斯·克拉西库斯 273, 456 n., 462

Julius Eurycles, C., dynast of Sparta 斯巴达权贵盖约·尤利乌斯·欧律克勒斯 507; 他的后裔 510 n.

Julius Ferox, Ti. (*suff.* ? 99) 提比略·尤利乌斯·菲罗克斯（公元99年递补执政官？） 71 n.

Julius Florus, Gallic rebel 高卢叛乱者尤利乌斯·弗洛鲁斯 268, 280, 459

Julius Frontinus, Sex. (*cos. III* 100) 绥克斯图·尤利乌斯·弗伦提努斯（公元100年第3次出任执政官）, 公元70年时的活动 176 n., 214 n.; 在不列颠 22, 68, 122, 124, 212; 在莱茵河畔 127 n., 214; 管理水渠 3, 79; 接受经济差事 7; 公元97年时可能扮演的角色 17, 35; 第3次出任执政官 17, 18; 幸存 176; 去世 78;

 他对小普林尼的支持 78; 他的《谋略》, 68; 对名誉的看法 99;

 他的庄园 176 n.; 亲戚们 99 n.; 女儿 35 n., 53; 对其出身的猜测 592 n.

Julius Graecinus, L., father of Agricola 阿古利可拉之父卢奇乌斯·尤利乌斯·格雷奇努斯 20, 571 n.

Julius Graecinus, M. 玛库斯·尤利乌斯·格雷奇努斯 20 n.

Julius Indus, Treveran 特瑞维利人尤利乌斯·因杜斯 456 n., 459

Julius Marinus, equestrian friend of Tiberius 提比略的骑士朋友尤利乌斯·玛里努斯 302

Julius Marinus, ? L. (*suff.* ? 93) 卢奇乌斯（？）·尤利乌斯·玛里努斯（公元93年递补执政官？） 51 n.

Julius Marinus, L. (*suff.* ? 101) 卢奇乌斯·尤利乌斯·玛里努斯（公元101年递补执政官？） 302 n.

Julius Maximus, T. (*suff.* 112) 提图斯·

索　引 / 1233

尤利乌斯·马克西穆斯（公元112年递补执政官） 239 n.

Julius Naso, young friend of Tacitus 塔西佗的年轻朋友尤利乌斯·纳索 63 n., 112 n., 542 n., 616 n.; 他的父亲 462 n.

Julius Pardalas, of Sardes 萨德斯的尤利乌斯·帕达拉斯 467 n.

Julius Philopappus, C. (*suff.* 109), eastern senator 来自东方的元老尤利乌斯·菲洛帕普斯（公元109年递补执政官） 510 n.

Julius Proculus, C. (*suff.* 110) 盖约·尤利乌斯·普罗库鲁斯（公元110年递补执政官） 71 n., 81 n., 224 n., 228 n.

Julius Quadratus, A. (*cos. II* 105), of Pergamum 帕伽马的奥鲁斯·尤利乌斯·夸德拉图斯（公元105年第2次出任执政官），他的生涯 68 n., 69 n., 509–510; 第1次出任执政官 510, 597; 在叙利亚 53, 72; 他的恩惠 466 n.

Julius Quadratus Bassus, C. (*suff.* 105), general of Trajan 图拉真麾下将领盖约·尤利乌斯·夸德拉图斯·巴苏斯（公元105年递补执政官） 54, 232 n., 243–244, 510

Julius Sabinus, Lingonian nobleman 林戈尼贵族尤利乌斯·萨比努斯 173, 461–462

Julius Sacrovir, Gallic rebel 高卢反叛者尤利乌斯·萨克罗维尔 268, 280, 459

Julius Secundus, Gallic orator 高卢演说家尤利乌斯·塞昆杜斯，与奥索的关系 164 n., 171 n., 177; 作为普鲁塔克的史料来源 181; 在《关于演说家的对话》中 104, 106, 107, 615; 他的出身 614

Julius Severus, C. (*suff. c.* 138), of Ancyra 安库拉的盖约·尤利乌斯·塞维鲁（公元138年前后递补执政官） 510 n., 511 n.

Julius Severus, Sex. (*suff.* 127) 绥克斯图·尤利乌斯·塞维鲁（公元127年递补执政官） 245 n.

Julius Servianus, Ser. (*suff.* 90) 塞尔维乌斯·尤利乌斯·塞尔维亚努斯（公元90年递补执政官），见条目"Julius Ursus Servianus"

Julius Ursus, L., Prefect of Egypt and of the Guard 埃及省长和禁卫军队长卢奇乌斯·尤利乌斯·乌尔苏斯 61 n., 67, 596; 他的生涯和影响力 55; 可能就是前执政官尤利乌斯·乌尔苏斯 55

Julius Ursus, L. (? *suff. II* 98) 卢奇乌斯·尤利乌斯·乌尔苏斯（公元98年第2次出任递补执政官？） 4 n., 35 n.; 可能就是埃及省长和禁卫军队长卢奇乌斯·尤利乌斯·乌尔苏斯 55

Julius Ursus Servianus, L. (*cos. III* 134) 卢奇乌斯·尤利乌斯·乌尔苏斯·塞尔维亚努斯（公元134年第3次出任执政官），第1次出任执政官 596 n.; 在上日耳曼行省 17, 34, 51; 在潘诺尼亚 18; 在达契亚战争中 52; 被苏尔拉留在后方 57, 231;

他的长寿 477; 被视为"理国之才" 486, 598; 他对哈德良的态度 232 n., 488, 600-601; 第3次出任执政官 246 n., 600; 他的去世 600;

他的年龄 50 n.; 他的妻子 604; 他的女儿 247; 他的亲戚们 34, 55 n., 604

Julius Vestinus, L., of Vienna 维也纳的卢奇乌斯·尤利乌斯·维斯提努斯, 被克劳狄乌斯提及 318, 602 n.

Julius Vestinus Atticus, M. (*cos.* 65) 玛库斯·尤利乌斯·维斯提努斯·阿提库斯(公元65年执政官), 相传为共和派 548; 他的最后命运 575; 他的妻子 357, 602; 塔西佗的描述 348, 610

Julius Vindex, C., governor of Lugdunensis 卢戈杜嫩西斯行省总督盖约·尤利乌斯·文德克斯, 他的反叛 170, 173, 179, 265, 461-463, 531, 592; 他的出身 462; 他的家姓 621

Junia, widow of Cassius 卡西乌斯的遗孀尤妮娅, 她的葬礼 266, 300, 313

Junia Calvina, descended from Augustus 奥古斯都的后裔尤妮娅·卡尔维娜 258, 315

Junia Lepida, wife of Cassius Longinus 卡西乌斯·隆吉努斯之妻尤妮娅·雷必达 258 n., 156

Junius Annaeus Gallio, L. (*suff.* c. 54), brother of Seneca 小塞涅卡的兄弟尤尼乌斯·阿奈乌斯·伽利奥(公元54年前后递补执政官) 467 n., 559 n., 591

Junius Blaesus, senator 元老尤尼乌斯·布雷苏斯, 塔西佗的赞美 190 n., 338 n.

Junius Blaesus, Q. (*suff.* 10), uncle of Seianus 塞亚努斯的舅舅昆图斯·尤尼乌斯·布雷苏斯 280-281, 406, 449

Junius Brutus, M. (*pr.* 44 B.C.) 玛库斯·尤尼乌斯·布鲁图斯(公元前44年大法官), 对其事迹的尊崇 137; 他的哲学 557; 对帝国主义的看法 530

Junius Brutus Albinus, D. (*pr.* ? 45 B.C.) 德奇姆斯·尤尼乌斯·布鲁图斯·阿尔比努斯(公元前45年大法官?) 558

Junius Gallio, senator from Spain 来自西班牙的元老尤尼乌斯·伽利奥 426 n., 589, 591

Junius Homullus, M. (*suff.* 102) 玛库斯·尤尼乌斯·霍穆鲁斯(公元102年递补执政官) 232 n.

Junius Mauricus, senator under Tiberius 提比略时代的元老尤尼乌斯·毛里库斯 186

Junius Mauricus 尤尼乌斯·毛里库斯, 在公元69年 176; 在公元70年 187-188; 被流放 25, 76, 77; 在涅尔瓦的晚宴上 6; 他的出身 559 n.

Junius Moderatus Columella, L. 卢奇乌斯·尤尼乌斯·莫德拉图斯·科鲁美拉, 他在意大利的地产 602 n.

Junius Otho, *delator* 告密者尤尼乌斯·奥索 326-327

Junius Rufus, M., Prefect of Egypt 埃及省长玛库斯·尤尼乌斯·鲁弗斯 16 n., 55

Junius Rusticus, Tiberian senator 提比略时代的元老尤尼乌斯·鲁斯提库斯 302

Junius Rusticus, Q. (*suff.* 92) 昆图斯·尤尼乌斯·鲁斯提库斯（公元92年递补执政官），担任保民官 21 n., 298; 担任大法官 206; 出任执政官 83, 559 n.; 被处决 25, 76; 他为特拉西亚写的传记 298; 攻击他的一本小册子 102; 他的全名 83 n.; 出身 559 n.

Junius Silanus, C. (*cos.* 10) 盖约·尤尼乌斯·希拉努斯（公元10年执政官） 466 n.

Junius Silanus, C. Appius (*cos.* 28) 盖约·阿皮乌斯·尤尼乌斯·希拉努斯（公元28年执政官） 258 n.

Junius Silanus, D., paramour of the younger Julia 小尤利娅的情夫德奇姆斯·尤尼乌斯·希拉努斯 284, 336 n., 371

Junius Silanus, L. (*pr.* 48) 卢奇乌斯·尤尼乌斯·希拉努斯（公元48年大法官），同屋大维娅订婚 315, 385

Junius Silanus, L. 卢奇乌斯·尤尼乌斯·希拉努斯，尼禄暴政的牺牲品 298 n., 301 n., 559 n., 561 n.

Junius Silanus, M. (*suff.* 15) 玛库斯·尤尼乌斯·希拉努斯（公元15年递补执政官） 20 n., 388 n.

Junius Silanus, M. (*cos.* 19), married to Aemilia Lepida 埃米莉娅·雷必达的丈夫玛库斯·尤尼乌斯·希拉努斯（公元19年执政官） 385 n.

Junius Silanus, M. (*cos.* 46), descendant of Augustus 奥古斯都的后裔玛库斯·尤尼乌斯·希拉努斯（公元46年执政官） 261, 388, 466

Jurists 法学家 1, 52, 73, 91, 337, 447–448, 563–564, 581

JUVENAL 朱文纳尔，年龄、社会地位与生平 499–500; 诗作的年代次序 500; 作为讽刺诗人 499, 511, 609–610; 论图密善的内朝 5, 67 n.; 论希腊人 511; 论家族谱系 576; 与提图斯的关系 500; 他的出身 610

Juventius Celsus, P. (*cos. II* 129), jurist 法学家普布利乌斯·尤文提乌斯·塞尔苏斯（公元129年第2次出任执政官） 225 n.

Kingdoms, vassal 附庸王国 236–239, 241, 496–497, 507, 508

Knights 骑士，其社会地位 55, 612; 作为军官 54–56, 61–62, 87; 他们的勤勉 62; 成就 93, 607–608; 他们的子孙 55, 63, 607, 613; 另见条目 "*Militia equestris*"、"*Praefecti*"、"*Procuratores*"

Laberius Maximus, L., Prefect of Egypt 埃及省长卢奇乌斯·拉贝里乌斯·马克西穆斯 55 n., 61 n., 67 n.

Laberius Maximus, M'. (*cos. II* 103) 玛尼乌斯·拉贝里乌斯·马克西穆斯（公元103年第2次出任执政官），他的成就 52-53；他的耻辱 57 n., 231, 241, 599；父母 63 n.；出身 599；小普林尼未给他写过信 87 n.

Labienus, T., historian 历史学家提图斯·拉比埃努斯 431 n., 570

LACTANTIUS 拉克坦提乌斯，论罗马的灭亡 518

Laelius, C. (*cos.* 140 B.C.) 盖约·雷利乌斯（公元前140年执政官） 567

Laelius Balbus, D., orator 演说家德奇姆斯·雷利乌斯·巴尔布斯 329 n.

Lambaesis 拉姆拜希斯 222 n.

Lanuvium 拉努维乌姆 580 n., 599

Laodicea 拉奥狄凯亚 505

Lappius Maximus, A. (*suff.* II 95), legate of Germania Inferior 下日耳曼行省副将奥鲁斯·拉皮乌斯·马克西穆斯（公元95年第2次出任递补执政官） 32, 51, 127 n., 228 n.

Larcius Licinus, *iuridicus* in Tarraconensis 近西班牙行省审判官拉尔奇乌斯·李奇努斯 68 n.

Larcius Priscus, A. (*suff.* 109) 奥鲁斯·拉尔奇乌斯·普利斯库斯（公元109年递补执政官），紧急任命的叙利亚行省总督 16；出任执政官 228 n.

Latus clavus 紫色宽披风/名爵 63, 344 n., 459, 590

Legati, consular 前执政官级别的副将 14-18, 35, 51-53, 67, 87, 96 n., 166, 228, 230-231, 242-243, 244-245, 381-387, 441-443, 451-452, 490-491, 544, 591, 593, 596, 598-599, 608

Legati legionum 军团副将 21-22, 33, 51, 53-54, 67-68, 77, 83, 166, 242-243, 453, 593

Legati, praetorian 大法官级别的副将 22, 33, 50-51, 67-68, 70

Leges Juliae 《尤利乌斯法案》 371

Legio IX Hispana 第9军团"西班牙"，它的最后命运 247, 490

Legions 军团，韦伯芗时代的总数 64 n.；图拉真时期 57, 238；公元69年的分布 159-167, 170 n.；图拉真时期[1] 238, 243；军团的覆灭 33, 215, 247, 490；创设 57 n., 238；招募 455-456

Legislation, social 社会立法 224, 371-373, 444, 487, 533 n.

Lepcis 勒普奇斯 602 n.

Lex Papia Poppaea 《帕皮乌斯·波佩乌斯法案》 268, 371-372

Libertas 自由 7, 12, 19, 24, 27, 110, 136, 151, 207-209, 223, 250, 415, 547-548, 558, 561, 570, 583

Libo Frugi (*suff.* before 103) 利波·弗鲁吉（公元103年之前已出任递补执政官） 103 n.

Licinii 李锡尼乌斯家族 9, 11, 380, 385, 578

Licinius Caecina, P., from Spain 来自西班牙的普布利乌斯·李锡尼乌斯·凯

---

1 此条目中两次出现"图拉真时期"，应为原作者或原书编辑笔误。——译注

奇纳　592 n.

Licinius Crassus, L. (*cos.* 95 B.C.), orator 演说家卢奇乌斯·李锡尼乌斯·克拉苏（公元前95年执政官）　198

Licinius Crassus, M. (*cos. II*, 55 B.C.)　玛库斯·李锡尼乌斯·克拉苏（公元前55年第2次出任执政官），他的后裔　9, 151, 366 n., 385, 575, 578

Licinius Crassus, M. (*cos.* 30 B.C.)　玛库斯·李锡尼乌斯·克拉苏（公元前30年执政官）　366 n.

Licinius Crassus Frugi, M. (*cos.* 14 B.C.)　玛库斯·李锡尼乌斯·克拉苏（公元前14年执政官）　85 n.

Licinius Crassus Frugi, M. (*cos.* 27)　玛库斯·李锡尼乌斯·克拉苏·弗鲁吉（公元27年执政官）　259, 385, 571 n.; 他的后裔　385

Licinius Lucullus, L. (*cos.* 74 B.C.)　卢奇乌斯·李锡尼乌斯·卢库鲁斯（公元74年执政官），在撒路斯特的作品中　569

Licinius Mucianus, C. (*suff. III* 72)　盖约·李锡尼乌斯·穆奇亚努斯（公元72年第3次出任递补执政官），在亚美尼亚　297, 308; 他在公元69年的角色　166-167, 264, 598; 他被派往元老院　187, 188; 在公元70年　209, 593, 594; 反对哲学家　212; 同韦伯芗和提图斯的关系　166, 195, 212, 231; 他的作品　178, 297; 他的出身　598

　　塔西佗作品所载其演说词　166, 192, 196, 199; 塔西佗作品中的性格特征　195-196, 229; 同苏尔拉的比较　229, 598

Licinius Nepos (*pr.* 105)　李锡尼乌斯·奈波斯（公元105年大法官）　225 n.

Licinius Proculus, Otho's Guard Prefect 奥索的禁卫军队长李锡尼乌斯·普罗库鲁斯　160, 161, 163, 172

Licinius Silvanus Granianus, Q., from Tarraconensis　来自近西班牙行省的昆图斯·李锡尼乌斯·希尔瓦努斯·格拉尼亚努斯　592 n.

Licinius Sura, L. (*cos. III* 107)　卢奇乌斯·李锡尼乌斯·苏尔拉（公元107年第3次出任执政官），生涯之谜　35, 73; 他在公元97年的角色　35, 598; 在下日耳曼行省　17 n.; 在达契亚战争中　52; 第2次出任执政官　53; 第3次出任执政官　53, 57; 图拉真的宠幸　45, 57, 231; 去世　231-232, 233 n.;

　　他的突出社会地位　598; 品味和道德水准　40, 41, 73, 230, 608, 609; 阿文丁山上的宅邸　602; 他的朋友们　243, 606; 亲戚情况不详　35, 606;

　　玛提阿尔的描述　73; 小普林尼的描述　73, 87; 同穆奇亚努斯的比较　229, 598

Lingones　林戈尼人，起义　173, 461

Livia　里维娅，她的祖先　424 n.; 婚姻　425; 与提比略　307-308, 483; 反感阿格里皮娜　417; 保护阿格里皮娜　405; 她的去世　254, 255; 塔西佗的描述　306-308, 418, 482-483

Livia Julia, wife of Drusus Caesar　王子

德鲁苏斯之妻里维娅・尤利娅 401, 404, 405, 536 n., 563

LIVY 李维，出身与生平 137, 337, 617; 撰述历史的目的 138-139, 202, 520; 个人动机 138, 475; 深受传统影响 546; 历史撰述的范围 139;《序言》, 148, 520; 插话 125, 309 n.; 讣告 312; 风格 137, 201-202, 359; 其他作品 148;

　　史著质量 139, 362, 398; 结构不够紧凑 148; 作为军事史家 156; 平衡性 139, 398; 真实性 529;

　　论马略与苏拉 140; 论庞培 140, 433; 论凯撒 140; 论小伽图 140; 论西塞罗 141; 论奥古斯都的统治 221, 366-367, 368, 569-570; 论希腊人 512; 论神兆 522; 论罗马帝国主义 528 n., 529; 论显贵们 569-570

　　塔西佗的提及 146; 受到塔西佗赞美 202, 372; 或许存在的妒意 474 n.;《历史》对李维的模仿 197 n., 200-201, 350;《编年史》对李维的模仿 357

Lollia Paullina 洛里娅・波琳娜 289, 579, 602

Lollia Saturnina 洛里娅・萨图尔尼娜 602 n.

Lollius, M. (*cos*. 21 B.C.) 玛库斯・洛里乌斯（公元前21年执政官），在东方 401, 427, 442 n.

Lollius Paullinus, M. (*cos. II* 125) 玛库斯・洛里乌斯・保利努斯（公元125年第2次出任执政官），他的全名 477 n.

Londinium 伦狄尼乌姆（伦敦） 395

LUCAN 卢坎，他的史诗 110, 142-143, 363; 论庞培 143, 433; 论凯撒 142, 526; 论小伽图 143; 他的警句 143; 塔西佗对卢坎的模仿 143, 146 n., 357;

　　他关于屋大维・萨吉塔的作品 296 n.; 作为阴谋参与者 21 n., 110; 在《编年史》中 337

Lucanius Latiaris 卢卡尼乌斯・拉提亚里斯，他的正确姓名拼写 277 n.

Lucceius Albinus, ? Cn. (*suff*, before 103) 格涅乌斯（？）・卢凯乌斯・阿尔比努斯（公元103年以前已出任递补执政官） 63 n., 113

Lucilius Bassus, Sex. 绥克斯图・卢奇利乌斯・巴苏斯，被韦伯芗提拔 69

Lucilius Junior, friend of Seneca 小塞涅卡的朋友小卢奇利乌斯 608 n.

Lucilius Longus (*suff*. 7) 卢奇利乌斯・隆古斯（公元7年递补执政官） 313 n.

Lucius Caesar, grandson of Augustus 奥古斯都的外孙、王子卢奇乌斯 368, 371, 425-426

Ludi Capitolini 卡庇托林山庆典 509

Ludi Saeculares 轮回庆典 65, 215, 217, 260, 472, 581 n.

Lugdunensis 卢戈杜嫩西斯 54, 461

Lugdunum 卢戈杜努姆，在公元68—69年 170, 463 n., 592; 卡里古拉在卢戈杜努姆 459; 克劳狄乌斯的提及 318, 460; 它的地位 460, 620 n.; 很少产生元老　620 n.

Lusitania　卢斯塔尼亚　308, 545

Lusius Quietus (*suff.* 117), Moorish chieftain　摩尔人的酋长卢西乌斯·奎埃图斯（公元117年递补执政官）　232 n., 239, 242, 243, 252 n., 475, 600; 被处决　244

Luxury, under the Empire　帝国时期的奢侈之风　373, 444, 573

Macedonia　马其顿　365, 442

Maecenas, C.　盖约·梅塞纳斯　372, 384, 413, 432

Magia, mother of Virgil　维吉尔之母玛吉娅　617 n.

Magic　魔法　457, 523, 537

Magnitudo animi　大度　27, 416, 417 n., 567

Maiestas　大逆罪　100, 187, 326, 419, 422, 432, 517; 对演说术的促进作用　100, 326

Manilius Vopiscus, patron of letters　文学赞助者玛尼利乌斯·沃皮斯库斯　92 n., 595 n.; 他的庄园　97, 602 n.

Manilius Vopiscus, P. (*cos.* 114)　普布利乌斯·玛尼利乌斯·沃皮斯库斯（公元114年执政官）　595 n., 602 n.

Mantua　曼图亚　617

Marcia, mother of Trajan　图拉真之母玛尔奇娅　603

Marciana, sister of Trajan　图拉真的姐姐玛尔奇娅娜　231, 233, 246 n., 603

Marcius Barea Soranus, Q. (*suff.* 52)　昆图斯·玛尔奇乌斯·巴里亚·索拉努斯（公元52年递补执政官），见条目"Barea Soranus"

Marcius Philippus, L. (*cos.* 91 B.C.)　卢奇乌斯·玛尔奇乌斯·菲利普斯（公元前91年执政官），在撒路斯特的作品中　150, 192, 569

Marcius Turbo, Q., Guard Prefect in 119　公元119年禁卫军队长昆图斯·玛尔奇乌斯·图尔波　244, 245, 246, 488

Marcomanni　玛柯曼尼人　32, 128, 215, 274

MARCUS AURELIUS, the Emperor　元首玛库斯·奥勒留，被引用　251 n., 498; 他的血统　601, 605 n.

Marius, C. (*cos. VII* 86 B.C.)　盖约·马略（公元前86年第7次出任执政官），他的教育和性格　40; 政治角色　566-567; 李维的评价　140; 撒路斯特的评价　568

Marius Celsus (*suff.* 69)　马略·塞尔苏斯（公元69年递补执政官）　130 n., 168 n., 200; 在公元69年的角色　159-163, 165 n., 171; 可能写过史学作品　297, 495 n; 他的出身　592 n.

Marius, Sex., mine-owner in Spain　西班牙矿主绥克斯图·马略　388, 609

Marius Maximus, biographer　传记作家马略·马克西穆斯　503

Marius Priscus (*suff. c.* 84), proconsul of Africa　阿非利加行省总督马略·普利斯库斯（公元84年前后递补执政官）　70-71, 78, 102-103, 112, 609; 在朱文纳尔的作品中　500

Maroboduus, ruler of the Marcomanni 玛柯曼尼人的统治者玛罗波杜乌斯 49 n., 274-275, 284, 369, 496

Marriage 婚姻, 结婚年龄 64; 社会功用 601-603

Marsi, the Octavii Laenates from 来自玛尔西人中间的屋大维·雷纳斯家族 576

MARTIAL 玛提阿尔 73[1], 88-89, 499, 618; 同小普林尼的比较 97; 论李锡尼乌斯·苏尔拉 73; 论撒路斯特 202; 论比尔比利斯 446; 提及小普林尼 97, 618; 提及一位科奈里乌斯 619 n.

Massilia 马赛利亚 20, 313, 587

Matidia, niece of Trajan 图拉真的侄女玛提狄娅 231, 233, 240, 246, 603

Matidia, grand-niece of Trajan 图拉真的侄孙女小玛提狄娅 231 n.

Mattiaci, position of 玛提亚奇人的地位 128

Mauretania 毛里塔尼亚 215 n., 222, 257, 386-387, 438

Mauricus 毛里库斯, 见条目"Junius Mauricus"

Maximus 被派往阿凯亚的马克西穆斯 80; 他的身份 84

Maximus, consular legate in 116 公元116年的前执政官级别副将马克西穆斯 239

Mediolanium 麦狄奥拉尼乌姆 86, 88 n., 137

Meherdates, ruler of Parthia 帕提亚统治者麦赫达特斯 497

Melitene 麦利特尼 395, 493

Memmius Regulus, P. (suff. 31) 普布利乌斯·迈米乌斯·雷古鲁斯（公元31年递补执政官） 267, 313 n., 327, 442 n., 549 n., 579; 相关逸事 387, 486, 579

Menemachus, of Sardes 萨德斯的麦尼玛库斯 467 n.

Mesene, region in Mesopotamia 美索不达米亚境内的迈赛尼 471

Mesopotamia 美索不达米亚, 并入罗马帝国版图 239, 241; 疆界 471; 当地犹太人的命运 242

Messallina 麦萨利娜, 她的罪行 258-259, 414, 439; 疯狂 375, 407; 花园聚会 348, 539; 年龄 437

Mestrius Florus, L. (suff. c. 73), friend of Plutarch 普鲁塔克的朋友卢奇乌斯·麦斯特里乌斯·弗洛鲁斯（公元73年前后递补执政官） 171 n., 504 n., 505 n., 596 n.

Metaphor 暗喻 348

Metellus 麦特鲁斯, 见条目"Caecilius Metellus"

Metrodorus, of Scepsis 斯克普西斯的麦特罗多鲁斯 527

Mettius Carus, delator 告密者麦提乌斯·卡鲁斯 82 n.

Miletus 米利都 509 n.

---

1 英文原著此处页码为"93", 中译本据正文内容订正。——译注

索引 / 1241

Military history, in T. 塔西佗作品中的军事史 157, 170-172, 390-396

Militia equestris 骑士军旅生涯 60, 456, 508-509, 607

Milonia Caesonia, consort of Caligula 卡里古拉的妻子米洛尼娅·凯索尼娅 289, 374 n.

Minicius Fundanus, C. (*suff.* 107) 盖约·米尼奇乌斯·芬达努斯（公元107年递补执政官） 114, 468, 477; 作为亚细亚行省总督 468; 他的演说风格 114; 作为普鲁塔克的朋友 505, 538 n.; 他的女儿 535 n.

Minicius Italus, C., Prefect of Egypt 埃及省长盖约·米尼奇乌斯·伊塔鲁斯 55-56

Minicius Justus, knight 骑士米尼奇乌斯·约斯图斯 74 n., 177 n.

Minicius Natalis, L. (*suff.* 106) 卢奇乌斯·米尼奇乌斯·纳塔利斯（公元106年递补执政官） 232 n., 243, 245 n., 246 n., 606 n.

Minicius Natalis, L. (*suff.* 139) 卢奇乌斯·米尼奇乌斯·纳塔利斯（公元139年递补执政官） 31 n., 602 n.

Ministers, imperial 帝国时期的权臣 4-6, 55, 67, 101, 105, 213, 230-232, 255, 259, 261-262, 330, 372, 387, 485, 550-552, 583, 591, 594

Misogyny 厌女癖 534

Mithridates, ruler of Bosporus 博斯普鲁斯的统治者米特拉达梯 354, 497

Moderatio 节制 387, 416

Moesia 默西亚，它的战略地位 14-15, 18; 在提比略治下 442; 公元69年时的驻军 162, 166-167; 副将 23 n., 280, 405 n., 442 n., 579, 593

Moesia Inferior 下默西亚，行省总督 51, 52, 243, 245 n.

Moesia Superior 上默西亚，行省总督 24 n., 52; 军团 34 n.

Moguntiacum 墨根提亚库姆 14, 16 n., 32, 34, 145

Mona 莫纳 458

Monarchy 君主制，其优点 549

Mons Graupius 格劳皮乌斯山 23, 124

Montanus, in Domitian's *consilium* 图密善内朝中的蒙塔努斯 537 n.

Morality, alleged decline of 道德，所谓的衰落 564-565

Mortality 终有一死/衰亡，元老们 69, 227-228, 476-477; 家族们 228

Municipales 意大利市镇 445-447, 563, 567, 612-613, 616

Municipia, life in 罗马之外意大利市镇与乡村的生活 19-20, 445-447

Musonius Rufus, C., philosopher 哲学家盖约·穆索尼乌斯·鲁孚斯 75, 187; 一次和平使命 206, 554, 563; 他的信条 535-536

Musulamii 穆苏拉米部落 222

Mutinies, in 14 公元14年的暴动 370, 375 n.

Naevius, Q., epic poet 史诗诗人昆图斯·奈维乌斯 110

Naevius Macro, Q., Guard Prefect 禁卫军队

长昆图斯·奈维乌斯·玛克罗　508 n.

Narbo　纳旁　329 n., 586, 620

Narbonensis　纳旁行省，它的起源 586；公元68与69年时的立场　159, 171, 463, 592；

　　它的各部族统治中心　604, 620, 622；罗马殖民地　620；文化　587；姓名特征　590, 619-620；同高卢三行省的对比　455-456, 460-461；同意大利北部的比较　619-620；

　　来自纳旁高卢的人物　20, 21, 318, 455-456, 587, 588, 589-593, 595-598, 602, 603-605, 610, 614, 620, 622-623；塔西佗对他们的描述　610, 623；塔西佗对该行省的了如指掌　623 n.

Narcissus, imperial freedman　皇家释奴纳尔奇苏斯　40 n., 261

Narnia　纳尼亚　576

Nasamones　纳萨摩尼人　215 n.

Nationalism, Roman　罗马民族主义　218-219, 500, 512

Neapolis　那不勒斯，尼禄在那不勒斯　516

Nemausus　尼莫苏斯　456, 589, 592, 604-605, 622 n.

Neologisms　新词　342

Neratius Marcellus, L. (*suff.* 95)　卢奇乌斯·奈拉提乌斯·马塞卢斯（公元95年递补执政官）　69, 71 n., 91 n., 230, 477, 599

Neratius Priscus, L. (*suff.* 97), the jurist　法学家卢奇乌斯·奈拉提乌斯·普利斯库斯（公元97年递补执政官）　69,

70 n., 73, 230, 246 n., 477, 599；相传为理国之才　233-234, 486

Nero, son of Germanicus　日耳曼尼库斯之子尼禄　404, 406

NERO, the Emperor　元首尼禄，他的登基　259；统治　261-265；统治特征　440, 549-550, 555-562, 591；他的心腹谋臣们　261-263, 387, 549-550, 555, 591；他的罪行　551, 558；关于税收的建议　416-417；同小塞涅卡的会晤　335；

　　他的乖张行为　515-516；作为一名"艺术家"，41；希腊之行　40, 178, 264-265, 294, 516-517；他的亲希腊政策　437, 509, 515-517；

　　轻视军队　440；被禁卫军抛弃　153, 155；垮台与死亡　265；伪尼禄们　516-517

　　他的品味　517；诗歌　296, 349, 515；性格　437；塔西佗的描述　342, 349；同哈德良的比较　517, 519

Neronia　尼禄赛会　516

NERVA, the Emperor　元首涅尔瓦　1-12；他的祖先和亲戚们　1, 576；年龄　2；生涯　2, 67 n., 301；公元65年时的活动　2, 575 n., 594；

　　朋友和同盟　3-4, 577；行政管理　7-8, 130-131, 577；他的晚宴　5；反对他的阴谋　9；同禁卫军的关系　10, 156；过继图拉真　11, 35-36；

　　他的早有预兆的死亡　12, 19；被封神　12；性格　1, 2, 6, 7, 577；他对小普林尼的看法　76, 78；同伽尔巴的比

较 130, 150, 576

Nestor, tutor of Marcellus 马塞卢斯的老师涅斯托尔 507 n.

Nicaea 尼西亚 271

Nicetes Sacerdos, of Smyrna 士麦那的尼克特斯·萨凯多斯 115, 466 n., 504

Nicomedia 尼科米底亚 243

Nigrinus (*tr. pl.* 105) 尼格里努斯（公元105年平民保民官），见条目"Avidius Nigrinus"

Nisibis 尼西比斯 239, 396

Nobiles 显贵 1, 7, 9, 11, 27-29, 565-583; 与奥古斯都 379-380, 570; 与提比略 428, 572; 衰落 562, 572-578, 612; 在图拉真时期 577-578; 特点 42, 535, 544, 571-572, 580; 撒路斯特的描写 567-569; 小塞涅卡的描写 571; 塔西佗的描写 562, 571-577

Nomenclature 姓名特征, 意大利的 613; 意大利北部的 619-620; 伊达拉里亚的 617, 621; 凯尔特的 563, 617, 621-622; 行省的 479 n., 586-587, 590, 613, 618 n.

Nomentum, vineyards at 诺曼图姆的果园 335 n., 448

Norbanus, Guard Prefect in 96 公元96年禁卫军队长诺巴努斯 10

Novi homines 新人 564, 578-584, 612-613, 620-621

Numidia 努米底亚, 见条目"Africa"

Nursia 努尔西亚 44, 569 n.

Nymphidius Sabinus, C., Guard Prefect in 65 公元65年禁卫军队长盖约·尼姆菲狄乌斯·萨比努斯 265; 他在公元68年的角色 10, 153, 265-266

Obituaries 讣告 266, 312-313, 543 n., 546, 580 f.

Obsequium 顺从 27, 28, 58, 227, 415 n., 547

Octavia, daughter of Claudius 克劳狄乌斯之女屋大维娅 262 n., 263, 290, 296, 376 n., 385, 542

Octavii Laenates 屋大维·雷纳斯家族 576

Octavius Sagitta (*tr. pl.* 58) 屋大维·萨吉塔（公元58年平民保民官） 296 n., 310, 543

Ofonius Tigellinus, Guard Prefect 禁卫军队长奥弗尼乌斯·提格利努斯, 他在塔西佗作品中的首次出现 263, 387; 公元65年接受的荣誉 2; 反对小塞涅卡 551; 他对尼禄的影响 555; 他的结局 101

Ollius, T., adherent of Seianus 塞亚努斯的党羽提图斯·奥利乌斯 405 n.

Onomatopoeia 拟声法 348-349

Oppius Sabinus, C. (*cos.* 84), legate of Moesia 默西亚行省副将盖约·奥皮乌斯·萨比努斯（公元84年执政官） 23 n.

Optimus 出类拔萃的 36

Oratio Claudi Caesaris 元首克劳狄乌斯演说词 317-319, 350, 623-624

Orators 演说家 63-64, 100-104, 112-114, 212 n., 229, 322-336, 580-581, 609

Oratory 演说术，共和国时期 105–107, 324; 奥古斯都时期 322–324; 帝国时期 100, 104–111, 323–333; 官方的 36–37, 330; 弗拉维王朝时期 64, 103–104; 图拉真时期 103, 229; 衰落与过时 103–104, 107, 115; 元首们的演说术 334; 小塞涅卡的演说术 334–336; 小普林尼的演说术 93–95, 102–103, 112–114; 塔西佗的演说术 102 n., 116, 319, 350

Ordovices 奥多维奇人 395

Orgetorix, in Caesar, *BG* 凯撒《高卢战记》中的奥格托里克斯 455

Ostorius Scapula, M. (*suff.* 59) 玛库斯·奥斯托里乌斯·斯卡普拉（公元59年递补执政官） 298, 301 n., 303, 560, 561, 562

Ostorius Scapula, M. (*suff.* ? 97) 玛库斯·奥斯托里乌斯·斯卡普拉（公元97年递补执政官？） 303

Ostorius Scapula, P. (*suff.* c. 44) 普布利乌斯·奥斯托里乌斯·斯卡普拉（公元44年前后递补执政官） 297, 301 n., 387 n., 391, 394–395

Otacilius Catulus, M. (*suff.* 88) 玛库斯·奥塔奇利乌斯·卡图卢斯（公元88年递补执政官） 69 n.

OTHO, the Emperor 元首奥索，同波佩娅·萨比娜 181, 290, 378; 作为卢斯塔尼亚行省总督 308, 545; 他的攫取权力 152–156; 对禁卫军的演说 154–155, 183, 192, 200, 350, 585; 离开罗马 184; 战略 159; 麾下将领 159, 160; 兵力 161–162; the Battle of Bedriacum 贝德里亚库姆战役 162–165; 他的自杀 164, 205; 他的性格 205

OVID 奥维德 336, 337, 574, 617

Paccius Africanus, C. (*suff.* c. 66) 盖约·帕奇乌斯·阿非利加努斯（公元66年前后递补执政官） 333 n., 594

Pactumeius, first consul from Africa 第一位来自阿非利加行省的执政官帕克图麦乌斯 597

Paeligni 佩利格尼，作为奥维德的出生地 617

Pageantry 节日庆典，重要性 41, 225–226

Pallas, imperial freedman 皇家释奴帕拉斯 259, 261, 440, 508, 539

Pannonia 潘诺尼亚，兵力 14; 战略地位 15; 驻军 162, 169; 历任行省总督 11, 15, 24 n., 52, 73, 75 n., 230 n., 243, 593

Pannonia Inferior 下潘诺尼亚行省 233

Paphos 帕福斯，提图斯的访问 310

Papinius Allenius, Sex. (*cos.* 36) 绥克斯图·帕皮尼乌斯·阿勒尼乌斯（公元36年执政官） 543 n.

Parthamasiris 帕塔玛斯里斯 239

Parthamaspates 帕塔玛斯帕特斯 239, 471

Parthenius, imperial chamberlain 宫廷内务总管帕特尼乌斯 13

Parthia 帕提亚，同罗马的关系 30, 236–238, 442, 471, 495–498, 518; 图拉

真对其发动的战争 238-240, 495; 同哈德良的关系 241, 247, 496-497; 不像日耳曼那样危险 47, 494; 塔西佗的描述 470, 530

Parthicus 帕提亚之王 239

Passennus Paullus, C., poet 诗人盖约·帕塞努斯·保卢斯 91

Passienus Crispus, C. (*cos. II* 44), orator and wit 演说家和才子盖约·帕西埃努斯·克里斯普斯（公元44年第2次出任执政官） 328; 他的历次婚姻 258, 328, 331 n.; 全名 328 n.

Patavinitas 帕塔维乌姆风格 202 n., 617

Patavium 帕塔维乌姆 88, 137, 139, 202 n., 543, 597, 617, 622 n.

Pater patriae 国父 387

Patria 故乡，这个字眼的含义 614

Patriciate 老牌贵族，其复兴 570; 历史角色和行为习惯 611-612

Patriciate (new) 新贵族 22, 30, 65, 67, 69, 225, 595

Patriotism 爱国主义，罗马的 26, 218-219, 500, 512; 地方的 86, 446, 615-616, 618

Pax 和平 218, 248

Pax Romana 罗马统治下的和平 529

Pedanius Fuscus Salinator, ? Cn. (*suff.* c. 84) 格涅乌斯（？）·佩达尼乌斯·福斯库斯·萨利纳托尔（公元84年前后递补执政官） 232 n., 595 n.

Pedanius Fuscus Salinator, Cn. (*cos.* 118), husband of Julia 尤利娅的丈夫格涅乌斯·佩达尼乌斯·福斯库斯·萨利纳托尔（公元118年执政官） 88 n., 229 n., 247, 480, 488, 600, 604; 他的儿子 600

Pedanius Secundus, L. (*suff.* 43), *praefectus urbi* 罗马市长卢奇乌斯·佩达尼乌斯·塞昆杜斯（公元43年递补执政官） 479, 564, 591, 602, 609; 他的出身 480 n.

Pegasus (*suff.* c. 73), *praefectus urbi* 罗马市长佩伽苏斯（公元73年前后递补执政官） 67, 230 n., 596 n.; 可能的全名与出身 621 n., 622 n.

Pergamum 帕伽马 53 n., 466, 509

Perge, in Pamphylia 帕姆弗利亚境内的佩格 82 n.

Periodic sentences 完句 135, 197, 347

Perusia 佩鲁西亚，被攻陷 201

Pessimism, in historians 历史学家作品中的悲观主义 136, 196, 206, 474, 498, 541, 545

Petillius Cerialis, Q. (*suff. II* 74) 昆图斯·佩提利乌斯·克瑞亚利斯（公元74年第2次出任递补执政官），作为军团副将 395; 在莱茵河畔 173, 175; 第1次出任执政官 252 n.; 在不列颠 22, 122, 124, 212; 他的出身 595 n.; 他的儿子 175 n.; 他的情妇 175, 190 n., 452;

塔西佗作品所载其演说词 441, 453, 529; 塔西佗对他的描述 175

Petillius Rufus, Q. (*cos. II* 83) 昆图斯·佩提利乌斯·鲁孚斯（公元83年第2次

出任执政官） 175 n.
PETRONIUS 佩特罗尼乌斯，他的身份 387 n., 538 n.; 在比提尼亚行省 545; 小说《萨蒂利孔》, 336 n.; 在塔西佗的作品中 338 n., 538
Petronius, P. (*suff.* 19) 普布利乌斯·佩特罗尼乌斯（公元19年递补执政官）331 n., 386, 449 n.; 他的姻缘纽带 386 n.
Petronius Niger, T. (*suff.* c. 62) 提图斯·佩特罗尼乌斯·尼格尔（公元62年前后递补执政官） 387 n.
Petronius Secundus, T., Guard Prefect in 96 公元96年禁卫军长提图斯·佩特罗尼乌斯·塞昆杜斯 10
Petronius Turpilianus, P. (*cos.* 61) 普布利乌斯·佩特罗尼乌斯·图尔皮利亚努斯（公元61年执政官） 122 n., 391
Philhellenism 亲希腊政策 80, 504–517, 530; 尼禄的 437, 515–517; 哈德良的 506, 519
Philosophers 哲学家，在叙利亚行省 75; 在亚细亚行省 467, 469, 507; 被政府起用 507, 533; 担任告密者 467, 554; 他们的罪恶与伪善 554–555; 论荣耀 99; 论命运与自由意志 525
Philosophy 哲学，被视为危险品的思想 20, 40, 63 n., 212, 552, 537–538; 对哲学的新兴趣 537; 罗马人的看法 552–553; 塔西佗的看法 553–554
Phoenix, the 凤凰 311, 471–472
Pietas 虔诚/忠诚 5 n., 12 n., 34, 101, 225, 256, 325, 415, 472
Pisaurum 皮扫鲁姆 595
Piso Licinianus 披索·李锡尼亚努斯，被伽尔巴过继 145, 151–152, 575; 他的世系 9 n., 151; 在塔西佗作品中的性格 195, 426 n.; 塔西佗作品所载其演说词 152, 192, 207. 他的全名为卢奇乌斯·卡尔普尼乌斯·披索·弗鲁吉·李锡尼亚努斯（L. Calpurnius Piso Frugi Licinianus）
Placentia 普拉森提亚 159–160, 171
Planasia 普拉纳西亚 306, 307, 482
Plancius Varus, M., senator 元老玛库斯·普兰奇乌斯·瓦鲁斯 509 n.
PLATO 柏拉图，塔西佗的引用 512
Platorius Nepos, A. (*suff.* 119) 奥鲁斯·普拉托里乌斯·奈波斯（公元119年递补执政官） 242 n., 245 n.; 在不列颠 247
Plautia, wife of P. Petronius 普布利乌斯·佩特罗尼乌斯之妻普劳提娅 386 n.
Plautius, A. (*suff.* 29) 奥鲁斯·普劳提乌斯（公元29年递补执政官） 260, 386, 390; 他的妻子 300, 532
Plautius Silvanus, M. (*cos.* 2 B.C.) 玛库斯·普劳提乌斯·希尔瓦努斯（公元前2年执政官） 312 n.
Plautius Silvanus Aelianus, Ti. (*cos. II*, 74) 提比略·普劳提乌斯·希尔瓦努斯·埃利安（公元74年第2次出任执政官） 594 n.
PLINY, THE ELDER 老普林尼，生平与生涯 60–61, 127, 178 n., 289, 292,

297 n., 452, 614; 在日耳曼 127; 赞助人 61 n., 63, 288, 292; 作品 61 f.; 风格 198 n.

《日耳曼战纪》, 60, 127, 174 n., 271 n., 288-289, 296;《历史》, 117, 172, 174, 179-180, 289-294, 296; 他们的偏见 180, 292; 塔西佗的引用 180, 289-290; 塔西佗的批评 290, 292, 543;

他的宗教信仰 62; 悲观主义 218; 民族志知识 174, 291; 论卡里古拉的出生地 379 n.[1]; 论德鲁伊特 457-458; 论希腊人 511

PLINY, THE YOUNGER 小普林尼, 出身与父母 60; 亲戚们 86 n., 78 n., 177 n., 302; 生涯 75-84; 并非军团副将 68 n.; 财务官职 77, 78; 攻击普布里奇斯·凯尔图斯 77-78; 出任执政官 31, 78; 在比提尼亚行省 37, 81; 同基督徒打交道 468-469;

庇护人 77, 78, 86; 朋友们 82-83, 86-88; 通信对象 73, 87-88; 财富 84; 慈善活动 84 性格 84, 542; 叙述真实性 33-34, 79, 95;

作为律师 70, 78-79, 102-103; 他的演说词 92, 94, 112, 120;《颂词》, 12 n., 31-34, 36-42, 49, 57-58, 94-95, 97, 103; 风格 114; 同塔西佗《历史》的对应关系 207 n.;

他的诗歌 93, 115;《书信集》, 创作年代 98; 内容与特征 95-98; 质量 542; 与图拉真的通信 37, 84 n., 468-

写给塔西佗的信 113, 542, 615-616; 对塔西佗的效仿 66 n., 114; 同塔西佗的关系 112-120, 542;

对图拉真的形象刻画 12, 31-34, 36-42, 57-58, 223-226; 对图拉真治下元老院的描述 223-227; 对史学的看法 117; 对显贵的评价 578

Plotina 普罗提娜, 成为"奥古斯塔", 233; 她对图拉真的影响 232 n.; 公元117年所扮演的角色 240, 482, 484; 同哈德良的关系 246, 249, 482, 484; 去世 246; 出身与父母 604-605;

她的文学品味 40, 90, 537 n.; 信奉伊壁鸠鲁主义 538

PLUTARCH 普鲁塔克, 生平与作品 504; 探访一处战场 171 n.; 他在罗马的朋友们 171 n., 505; 宗教与道德信仰 538; 他的《伽尔巴传》和《奥索传》, 180-190; 同塔西佗的分歧 182, 189; 他的全名 504 n.

Poetical language, in T. 塔西佗作品中充满诗意的语言 356-358

Poetry 诗歌, 弗拉维王朝时期 88-89; 图拉真时期 90; 前执政官级别人物的诗歌 1, 4, 90, 93; 一名青年显贵的诗歌 578; 小普林尼的诗歌 93, 115; 玛特努斯为诗歌创作所作辩护 105; 同史学的关系 110, 357-358, 362-363

Poets, Roman 罗马诗人, 他们的出身 609-610, 617-618

Polemo, ruler of Pontus 本都君主波勒

---

1 英文原著此处页码脱漏, 据正文内容补。——译注

莫　506, 507
Polemo, sophist　智者波勒莫　505, 511
Political language　政治语言　7, 196, 207-208, 217-218, 333, 412-416, 481, 547, 549
Political theory　政治理论　26-29, 151-152, 204, 206-209, 219-220, 234, 374, 429, 547-550, 557-558
Pollio　波利奥，见条目"Asinius Pollio"
Polyclitus, freedman of Nero　尼禄的释奴波吕克利图斯　413
Pomerium　神圣疆界　378, 514
Pompeia Celerina　庞培娅·克勒里娜　78 n., 84 n
Pompeia Paullina, wife of Seneca　小塞涅卡之妻庞培娅·波琳娜　536, 542
Pompeia Plotina　庞培娅·普罗提娜，见条目"Plotina"
Pompeiani　庞培党　140, 425, 433
Pompeius, L., parent of Plotina　普罗提娜的父亲卢奇乌斯·庞培　604
Pompeius Collega, Cn. (*suff.* c. 73)　格涅乌斯·庞培·科勒伽（公元73年前后递补执政官）　593 n.
Pompeius Falco, Q. (*suff.* 108)　昆图斯·庞培·法尔考（公元108年递补执政官），他的生涯　222 n., 228 n., 232 n., 243, 245, 246 n., 247；长寿　477；姓名　76 n., 510 n.
Pompeius Longinus, Guard tribune　禁卫军军官庞培·隆吉努斯　176 n., 592 n.
Pompeius Longinus, Cn. (*suff.* 90), governor of Pannonia　潘诺尼亚行省总督格涅乌斯·庞培·隆吉努斯（公元90年递补执政官）　17 n., 50 n., 51, 176 n.; 可能去过达契亚　52 n.
Pompeius Longinus Gallus, C. (*cos.* 49)　盖约·庞培·隆吉努斯·伽鲁斯（公元49年执政官）　560 n.
Pompeius Macrinus Theophanes, M. (*suff.* 100 or 101)　玛库斯·庞培·玛克里努斯·特奥法尼斯（公元100或101年递补执政官）　228 n., 510 n.
Pompeius Magnus, Cn. (*cos. III* 52 B.C.)　伟人格涅乌斯·庞培（公元前52年第3次出任执政官），他的生涯和重要性　430；第3次出任执政官　217, 434；在东方的门客　507；在西方的门客　587, 588, 622；后裔　9, 382, 385, 400 n., 404, 433, 559;
　　撒路斯特的描述　136, 150, 355, 568；李维的描述　140, 433；卢坎的描述　143, 433；小塞涅卡的描述　433；塔西佗的描述　219, 355, 371-372, 433-434
Pompeius Magnus, Cn., son of Crassus Frugi　克拉苏·弗鲁吉之子庞培·玛格努斯　259, 385
Pompeius Paullinus, *praefectus annonae*　赈粮官庞培·保利努斯　591, 603
Pompeius Paullinus (*suff.* ? c. 53)　庞培·保利努斯（公元53年前后递补执政官？）　603；下日耳曼行省总督　60 n., 452 n., 591；他的出身　620
Pompeius Planta, C., Prefect of Egypt　埃及省长盖约·庞培·普兰塔　55；在贝

德里亚库姆　177 n.

Pompeius Silvanus, M. (*suff. II*？75)　玛库斯·庞培·希尔瓦努斯（公元75年第2次出任递补执政官？），达尔马提亚行省副将　593；阿非利加行省总督　70 n., 448 n., 450 n.

Pompeius Trogus, Narbonensian historian　纳旁历史学家庞培·特罗古斯　528；他的祖先　622

Pomponia Graecina, wife of A. Plautius　奥鲁斯·普劳提乌斯之妻庞普尼娅·格雷奇娜　300, 532

Pomponius, Sex., dignitary in Tarraconensis　近西班牙行省权贵绥克斯图·庞普尼乌斯　592 n.

Pomponius Bassus, T. (*suff.* 94)　提图斯·庞普尼乌斯·巴苏斯（公元94年递补执政官）　16 n., 51, 71 n., 228 n., 475 n.

Pomponius Rufus, Q. (*suff.* 95)　昆图斯·庞普尼乌斯·鲁弗斯（公元95年递补执政官），他在公元68年的职务　176 n., 592 n.；后续生涯　51 n., 52, 69 n., 71 n.；他的出身　592 n.

Pomponius Secundus, P. (*suff.* 44), consular dramatist　身为前执政官的戏剧作家普布利乌斯·庞普尼乌斯·塞昆杜斯（公元44年递补执政官），在上日耳曼行省　60, 297 n., 337, 450；作为悲剧作家　362；老普林尼对其生平的介绍　297；塔西佗的崇拜　338-339, 538, 546；他的母亲和其他亲戚　289, 373 n.；他的全名　60 n.

Pontius Pilatus　庞提乌斯·彼拉多　441 n., 449, 469

Poppaea Sabina　波佩娅·萨比娜　290, 291, 308, 310, 349；她对尼禄的谴责　316-317；她的历史重要性　376；关于她婚姻的记载分歧　290, 379；塔西佗对其美貌的描写　343, 536；塔西佗对其性格的勾勒　314, 316-317, 353

Poppaeus Sabinus, C. (*cos.* 9), legate of Moesia　默西亚行省副将盖约·波佩乌斯·萨比努斯（公元9年执政官）　286, 405 n., 442；他参与的战役　280, 354, 394；他的性格　539

Porcius Cato, M. (*cos.* 195 B.C.)　老伽图（公元前195年执政官）　566；他的《起源》　121 n., 566；撒路斯特的利用　356；论希腊人　511；论罗马帝国主义　527；论哲学　553

Porcius Cato, M. (*pr.* 54 B.C.)　小伽图（公元前54年大法官），在撒路斯特的作品中　202, 526, 567-568；受到李维和奥古斯都的称赞　141；在卢坎的作品中　110, 143；库里亚提乌斯·玛特努斯对其形象的戏剧加工　104；他的真实政治角色　557

Porsenna　波塞纳　397-398

Potentia　权势　372, 384, 413, 417

Power, maxims about　关于权力的格言警句　417

Praefecti, of the Treasuries　财库管理官员　70, 77-78, 82

Praefecti Aegypti　埃及省长　16, 41 n., 55-56, 61, 87, 126 n., 246 n., 285, 509

Praefecti annonae 赈粮官 56 n., 61, 591 n.

Praefecti praetorio 禁卫军队长 2, 10, 55-56, 61, 67 n., 87, 151, 160, 240, 246, 254-255, 265, 285, 487-488, 508 n., 509, 590-591, 593

Praefecti urbi 罗马市长 4, 73, 130 n., 184, 230, 241, 382 n., 383, 385 n., 443 n., 475, 479, 591, 605

Praefecti vigilum 夜巡官 56 n., 61, 87 n., 93

Praefectura urbis, origin of 罗马市长职务的来历 432

Praetorians, Prefects of 禁卫军队长，见条目 "*Praefecti praetorio*"

Praetorians 禁卫军，地位 183；从公元20年起集中到1个营帐里 286 n., 公元41年时的状态 257；公元68年时的状态 265；反对伽尔巴 152-153, 155-156；与奥索的关系 152-155, 159, 164, 183；他们的军官 183

Praetorship 大法官职务 65, 67

Preciosity, of style 文风的过分考究 198 n., 340, 351

Priesthoods 祭司职务 2, 5, 22, 33, 65-66, 78, 186, 228, 280-281, 523

Prifernius Paetus Rosianus Geminus, T. (*suff.* c. 125) 提图斯·普瑞菲尔尼乌斯·佩图斯·罗西亚努斯·格米努斯（公元125年前后递补执政官）83 n.

Principate 元首制，制度 365 f., 369, 408-411；理论 28, 36, 151-152, 206-209, 219-220, 233-234, 369, 380, 408, 427, 547-550；塔西佗的评价 27-29, 409, 412, 434, 547-550

Principes, of Gaul 来自高卢的元首 317-318, 454-463, 623-624

Priscus, army commander solicited by Pliny 受到小普林尼庇护的将领普利斯库斯 97 n.

Priscus, commissioner in the Transpadana 被派往意大利北部的特使普利斯库斯 224

Proconsulates, consular 前执政官级别的行省总督 23, 24, 65, 67, 72, 230, 279-280, 441, 465-466, 594；另见诸词条 "Africa" "Asia"

Proconsulates, praetorian 前大法官级别的行省总督 65, 67, 68

Procuratores 行省督办 54-55, 61, 251, 440, 448, 455-456, 462, 509, 591, 607-608

Prodigia 神兆 312, 522-523

Propaganda, imperial 帝国的政治宣传 7, 208, 411-416, 549

Prophecies 预言 518, 522

Prologues, of historians 历史学家作品的序言 138, 144-148, 204, 338, 364, 520-521

PROPERTIUS 普罗佩提乌斯，他的一位后人 91；相传的族裔特征 617

Prosecutions 检举告发 25, 70, 79, 103-104, 268, 325-328, 331-333, 557, 559-560, 581

Providentia 深谋远虑 416

Provinces 行省，本地政府 37, 223,

439-450, 527-529; 塔西佗的描述 445-446, 449-450, 463

Provincialis 行省人 619

Provincials 行省居民, 西部的, 他们的多重起源 42, 586, 604-605, 618, 620, 624 财富 26-27, 602, 608-609; 教育 20, 587-588, 608; 道德品质 19-20, 26-27, 42-44, 446-447, 609-610; 理想 26-29; 爱国主义 511; 高傲 29, 42-43, 621, 624; 高贵的社会地位 43-44, 602-603, 620-621; 同化 446, 602; 在文学界所扮演的角色 587, 609-610, 617-618; 在政府中所扮演的角色 584-624

Prusa, in Bithynia 比提尼亚境内的普鲁萨 505, 511

Pseudo-Nerones 伪尼禄 33, 214, 518-519

Ptolemaeus, ruler of Mauretania 毛里塔尼亚君主托勒密 508 n.

Publicius Certus, praetorian senator 大法官级别的元老普布里奇乌斯·凯尔图斯, 公元97年遭到攻击 8, 77-78, 120; 小普林尼的抨击 92, 94, 112 n., 120

Publilia, once married to Cicero 曾嫁给西塞罗的普布里莉娅 388 n.

Publilius Celsus, L. (*cos. II* 113) 卢奇乌斯·普布利里乌斯·塞尔苏斯 (公元113年第2次出任执政官) 53, 87 n., 230, 232; 被处决 244; 他的出身 599

Puteoli, riot at 普特奥利的暴乱 447

Quadi 奎迪人 32, 128, 215

Quaestores Augusti 元首钦定财务官 65, 75

Quaestorship 财务官 65, 75-76

Quies 缄默 1, 2, 20, 27, 83, 579

Quinctilius Valerius Maximus, Sex., senator 元老绥克斯图·昆克提利乌斯·瓦勒里乌斯·马克西穆斯 84 n.

Quinctilius Varus, P. (*cos.* 13 B.C.) 普布利乌斯·昆克提利乌斯·瓦鲁斯 (公元前13年执政官), 他的惨遭不测 275, 357, 370, 393

Quindecimviri sacris faciundis 十五人祭司团 65-66, 228, 281, 456 n., 559 n.

Quinquennium Neronis 尼禄治下的5年 262, 376

QUINTILIAN 昆体良 89, 618; 他的学说 114; 论文风的没落 115; 他的学生们 83 n., 103, 114; 论伟大的演说家们 609; 论未来的演说家们 103; 论哲学家们 553; 论复古风格 351; 论史学家们 141, 201-202, 274-275; 论撒路斯特和李维 201-202; 论撒路斯特 356; 论多米提乌斯·阿费尔 100, 362; 论庞普尼乌斯·塞昆杜斯 362; 论小塞涅卡 115, 336; 塔西佗的间接批评 114, 542-543; 塔西佗的反驳 115; 他的年龄 108 n.; 他的生平 446 n., 592; 他的出身 618

Race 族裔, 所谓的影响力 617-618.

Rammius Martialis, Q., Prefect of Egypt from 117 to 119 公元117—119年埃及

省长昆图斯·拉米乌斯·玛提亚利斯 246 n., 487 n.

Reate 雷特 43

Recitations 朗诵作品 90-91, 94, 112, 118, 120, 150, 276, 578

Regulus 雷古鲁斯，见条目"Aquilius Regulus"

Religion, Roman 罗马宗教 65, 280-281, 523

Religions, foreign 外来宗教 467-469, 518, 532

Religiosity, growth of 信仰的滋长 537

Republicanism 共和主义 28, 140, 212, 250, 257, 547-548; 徒有其名的 92, 324, 548; 在意大利北部 137; 感情炽烈的 137, 433, 557

Res Gestae, known to T. 塔西佗有所了解的《奥古斯都行述》 272

Res publica, in T. 塔西佗笔下的共和国 27-29, 130, 412, 547-549

Rhandeia 兰德亚 396 n.

Rhineland 莱茵河畔，那里的战斗 172-175; 塔西佗作品中的相关地名 174; 塔西佗对当地风土人情的了如指掌 452-453, 614

Rhodes 罗德岛，提比略在此隐居 286, 422 n., 425, 426, 525; 地位 466 n.; 塔西佗可能到过那里 469

Rigodulum, battle at 瑞戈杜鲁姆战役 173, 175

Roads, administration of 道路管理 71, 242 n., 544

Romanius Hispo, delator 告密者罗马尼乌斯·希斯波 326 n.

Rosianus Geminus, friend of Pliny 小普林尼的朋友罗西亚努斯·格米努斯，见条目"Prifernius Paetus Rosianus Geminus"

Rubellia Bassa, great-granddaughter of Tiberius 鲁贝莉娅·巴莎，提比略的曾外孙女 576

Rubellius Blandus, Roman knight from Tibur 来自提布尔的罗马骑士鲁贝利乌斯·布兰杜斯 563, 577

Rubellius Blandus, in Juvenal 朱文纳尔作品中的鲁贝利乌斯·布兰杜斯 576

Rubellius Blandus, C. (*suff.* 18) 盖约·鲁贝利乌斯·布兰杜斯（公元18年递补执政官） 258 n., 555, 563, 576

Rubellius Plautus, great-grandson of Tiberius 提比略的曾外孙鲁贝利乌斯·普劳图斯 555, 563, 576

Rubrum mare 赤海 470

Rumores 谣言 315-316

Rusticus 鲁斯提库斯，见条目"Junius Rusticus"

Rutilius Gallicus, C. (*suff.* c. 71) 盖约·鲁提利乌斯·伽利库斯（公元71年前后递补执政官） 97, 230 n., 596

Sabine country 萨宾地区，其道德标准 616; 来自那里的人物 43-44, 595

Sabrata 萨布拉塔 43 n.

Sabrina, British river 不列颠岛上的萨布里纳河 394

Sacerdotia 圣职，见条目"Priesthoods"

Saeculum 时代 217, 472

Saguntum 萨古恩图姆 83 n.

SALLUST 撒路斯特，他的生涯 133-134, 149; 出身 136; 性格 135, 136, 520-521, 540; 专题性史著 128, 134, 353-354, 474, 567-568;《历史》, 135-138, 149-150, 354, 474, 568-569; 序言 144-145;

 其结构紧凑性 148; 插话 125, 126, 353-354; 性格概括 196, 353, 567-569; 文字风格 135, 197, 201, 340-342, 344, 347, 351 n., 352, 352-356, 545;

 作为军事史家 156; 他的偏见 203-204; 政治观点 145, 149, 204, 567-569; 政治语言的运用 413;

 论马略 568; 论塞尔托里乌斯 149, 569; 论庞培 134, 150, 355; 论凯撒和小伽图 203, 526, 568; 论西塞罗 203; 论喀提林 353, 526, 567; 论显贵 568, 572 n.; 论希腊人 512; 论罗马帝国主义 528; 论"美德/武德", 526;

 古人对他的评价 201-202; 他的影响力 200; 塔西佗对他的尊敬 196, 337; 塔西佗对他的模仿 146, 149, 196-199, 215 n., 283 n., 340-342, 347, 353-356; 同塔西佗的比较 545-546

Sallustius Crispus, C., imperial minister 帝国权臣盖约·撒路斯特·克里斯普斯 306-307, 312, 388 n., 399, 413, 485; 他的讣告 337, 372; 他的养子 328

Saltus Teutoburgiensis 条顿布根森林 393

Salvius Julianus, P. (cos. 148), jurist 法学家普布利乌斯·萨尔维乌斯·朱利安（公元148年执政官） 91 n.

Salvius Liberalis, C. (suff. c. 84), orator 演说家盖约·萨尔维乌斯·利贝拉里斯（公元84年前后递补执政官） 68 n., 70 n., 104 n.

Salvius Otho, M. 玛库斯·萨尔维乌斯·奥索，见条目"OTHO"

Salvius Otho Titianus, L. (cos. 52) 卢奇乌斯·萨尔维乌斯·奥索·提提亚努斯（公元52年执政官），作为亚细亚行省总督 21; 他在公元69年扮演的角色 160, 161, 163, 171

Santoni, Gallic tribe 高卢的桑托尼部落 282

Sarcasm, in T. 塔西佗作品中的讥讽 206, 539

Sardes 萨德斯 467 n., 509

Sarmatians 萨尔玛提亚人 33, 48, 215

Satire 讽刺诗 5, 499-500, 511

Satrius Secundus, informer 告密者萨特里乌斯·塞昆杜斯 406 n.

Scopelianus, Asiatic orator 来自亚细亚行省的演说家斯科佩里亚努斯 466

Scribonia, mother of Julia and of Cornelia 尤利娅与科内莉娅之母斯克里波尼娅 382, 400 n.

Scribonia, wife of Crassus Frugi 克拉苏·弗鲁吉之妻斯克里波尼娅 259, 385

Scribonius Libo, L. (cos. 16) 卢奇乌斯·斯克里波尼乌斯·利波 382 n., 400 n.

Scribonius Libo, M. (pr. 16) 玛库斯·斯

克里波尼乌斯·利波（公元16年大法官），他的遭到指控 279, 327, 399-400；同占星术士的关系 523；他的家族谱系 400 n.；性格 400, 572 n.；塔西佗的史料来源 301, 400

Secreta mandata 秘密指令 241, 401, 484

Securitas 安全 227, 583

Segestes, German chieftain 日耳曼酋长塞格斯特斯 531

Seianus 塞亚努斯，见条目 "Aelius Seianus"

Seius Quadratus, obscure person 神秘人物塞乌斯·夸德拉图斯 282

Seius Strabo, L., Guard Prefect in 14 公元14年禁卫军队长卢奇乌斯·塞乌斯·斯特拉波 285, 384

Seleucia, on the Tigris 底格里斯河畔的塞琉西亚 237, 239, 494

Selinus, in Cilicia 奇里乞亚境内的塞利努斯 240, 492

Sempronia, in Sallust 撒路斯特笔下的森普罗尼娅 353, 567

Sempronius Gracchus, lover of Julia 尤利娅的情夫森普罗尼乌斯·格拉古 423

Senate 元老院，进入资格 63, 75, 317, 459；规模 50；凯撒的扩充 588；奥古斯都的扩充 589；后继统治者们的扩充 509-510, 590-595；帝国时代的职能 100, 548, 558；提比略时代 268-269, 427；尼禄时代 552, 550；图密善时代 224；图拉真时代 37,

223-225；公元69—70年的表现 187-188, 195, 208-209；图密善时期的表现 25, 224, 540

SENECA, THE ELDER 老塞涅卡，他的作品 277, 327；论演说术的衰落 115；他的生活简朴 535, 553；出身与子嗣 590

SENECA 小塞涅卡，出身与家庭 590；他的姨妈赫尔维娅 126 n., 536；他的妻子 536, 542；在埃及 126；担任财务官 590；在上流社会中 536；关于其通奸的传闻 536；从流放中返回 590；

公元54年时的角色 261-262, 591；他的治国之道 417, 549-552, 591；他的盟友 387, 591；被指控为阴谋家 407, 575；最后时光与自杀 300, 336；他的遗嘱 543；财富 335；果园 448；

关于印度和埃及的著作 125；《我父亲的一生》, 277；《论人生之短暂》, 514, 591 n.；《论仁慈》, 95, 296, 336, 414, 551；《变瓜记》, 336, 539；悲剧 336, 362；《道德书简》, 95；演说词 333-334, 551；塔西佗作品所载其对尼禄的上奏 335, 346；

他对撒路斯特的看法 197 n.；他对庞培的看法 433；他对小伽图的看法 557 n.；论提比略之死 277 n.；论克劳狄乌斯 461；论奥菲狄乌斯·巴苏斯 274；文学风格 115；他的博学 514；他的财富 335；他的家族谱系 571；论衰落 565 n.；论妇女 536；他的乐

观主义 218 n.

他对历史散文的影响 141, 199–200; 他的警句 200; 对其风格的指责 115, 336; 没有被《关于演说家的对话》提及 116 n.;

批评其举止的说法 332, 334, 550–551; 身后声誉 550, 581–582; 老普林尼的评价 292, 551 n.; 昆体良的评价 552; 塔西佗的描述 538–539, 546, 551–552, 581–582, 610; 狄奥的贬抑 550–551

Senecio 塞内奇奥，见条目"Herennius Senecio"

Sententiae 警句，见条目"Epigrams"

Septicius Clarus, C., Guard Prefect in 119 公元119年禁卫军队长盖约·塞普提奇乌斯·克拉鲁斯 87, 246, 501

Septimius Severus, knight from Lepcis 来自勒普奇斯的骑士塞普提米乌斯·塞维鲁 602 n.

Serapis 塞拉皮斯 65, 178 n., 310, 465

Sergius Catilina, L. (*pr.* 68 B.C.) 卢奇乌斯·塞尔吉乌斯·喀提林（公元前68年大法官），撒路斯特的描述 353, 526, 567

Sertorius, Q. 昆图斯·塞尔托里乌斯，在撒路斯特的作品中 149, 283 n., 569; 与奇维利斯的类比 199

Servaeus, Q., legate of Germanicus 日耳曼尼库斯麾下副将昆图斯·塞尔万乌斯 302, 325

Servaeus Innocens, Q. (*suff.* 101) 昆图斯·塞尔万乌斯·因诺森斯（公元101年递补执政官） 302 n., 325 n.

Servenius Cornutus, L., senator from Phrygia 来自弗吕吉亚的元老卢奇乌斯·塞尔维尼乌斯·科努图斯 509 n.

Servilius, M. (*cos.* A.D. 3) 玛库斯·塞尔维利乌斯（公元3年执政官） 276 n.

Servilius Nonianus, M. (*cos.* 35), historian 历史学家玛库斯·塞尔维利乌斯·诺尼亚努斯（公元35年执政官） 141, 274–277, 287–288, 313 n., 338; 朗诵史作 118 n.; 论撒路斯特和李维 141; 他的"高雅生活", 338, 538

Servius Tullius, in T. 塔西佗作品中的塞尔维乌斯·图里乌斯 397; 同塞亚努斯的关系 406

Sex, in T. 塔西佗作品中的性元素 543

Sibylline Oracles 西比尔预言 65, 281, 518, 581 n.

SIDONIUS APOLLINARIS 希多尼乌斯·阿波利纳里斯，论塔西佗的首名 59 n.; 论小普林尼的一封信 117 n.

Silius, C. (*des.* 48) 盖约·希利乌斯（公元48年即将上任的执政官） 375, 407

Silius Decianus, L. (*suff.* 94) 卢奇乌斯·希利乌斯·德奇亚努斯（公元94年递补执政官） 69 n., 71 n., 597 n.

SILIUS ITALICUS, Ti. (*cos.* 68) 提比略·希利乌斯·意大利库斯（公元68年执政官） 88–89, 594, 597, 609 作为演说家 64, 333 n.; 作为诗人 89, 363; 公元69年时的角色 176; 担任亚细亚行省总督 89 n., 594; 他的长寿 176, 228 n.; 作为斯多葛派 538; 论汉尼拔

526; 他的儿子们 69, 88, 597 n.; 他的出身和全名 88 n.

Silures 希卢里人 394

Slavery 奴隶制 447–448, 532–533, 564, 612–613

Smyrna 士麦那, 那里的一场变故 565

Snobbery, ostensible 不加掩饰的势利举动 562–563, 612

Social distinctions 突出的社会地位 55, 80, 587, 612; 效仿 92, 563, 612, 621; 丧失 80, 96–97; 偏见 42–43, 612

Sophists 智者 467, 504–506

Sosius Senecio, Q. (*cos. II* 107) 昆图斯·索希乌斯·塞内奇奥（公元107年第2次出任执政官） 18 n., 228, 232, 476; 他的行省总督任期 53, 72 n.; 在征服达契亚期间 53;
    身为小普林尼的朋友 87; 身为普鲁塔克的朋友 505, 602; 他的亲戚们 35 n., 222 n., 243; 出身 599

Spain 西班牙, 在公元68年 463, 592; 那里的军队 14, 32;《编年史》的提及 450;
    向那里的移民 30, 586, 604; 姓名特征 590; 那里的诗人 587; 涌现的著名文人 589–590, 592, 609, 618; 所谓的西班牙特征 618;
    来自西班牙的元老 318, 588, 590–592, 595–597, 599, 602, 603–605, 608–610, 614–615, 623. 另见诸词条 "Baetica" "Lusitania" "Tarraconensis"

Sparta 斯巴达, 那里的权贵家族 507–508, 510 n.; 它的历史角色 512

Speeches, in historians 史学家作品中的演说词 144, 147, 150, 151–152, 154–155, 173 n., 182–184, 191–193, 316–320, 350, 613

Spurinna 斯普利纳, 见条目 "Vestricius Spurinna"

Statilia Messallina 斯塔提莉娅·麦萨利娜 537, 602–603

Statilius Taurus Corvinus, T. (*cos.* 45) 提图斯·斯塔提利乌斯·陶鲁斯·科尔维努斯（公元45年执政官） 259 n.

STATIUS 斯塔提乌斯 88, 89, 609; 他的《日耳曼战纪》 5; 同小普林尼的比较 97

Stertinius Avitus, L. (*suff.* 92) 卢奇乌斯·斯特提尼乌斯·阿维图斯（公元92年递补执政官），可能来自阿非利加行省 597

Stoics 斯多葛主义 523, 525, 555, 557

Stoicus 斯多葛派 554 n.

STRABO 斯特拉波, 论德鲁伊特 457

Style, of T. 塔西佗的风格 125, 191–201, 330–335, 340–363, 541, 545

Subrius Flavus, tribune in the Guard 禁卫军军官苏布里乌斯·弗拉乌斯 300–301

Suetonius Paullinus, C. (*suff.* c. 43) 盖约·苏维托尼乌斯·保利努斯（公元43年前后递补执政官），在毛里塔尼亚 297; 退隐 387; 在不列颠 20, 317, 395, 458; 作为奥索麾下的将领

159-163, 168, 171, 175; 作为史料来源 297.

SUETONIUS TRANQUILLUS, C. 盖约·苏维托尼乌斯·特兰奎鲁斯, 他的生平与仕途 91, 491, 501; 出身 610 n.; 作品 501-502; 对公元14年史事的记载 410 n., 411 n.; 论提比略 271, 421, 423 n., 424 n.; 对卡里古拉出生地的记载 379; 对麦萨利娜的记载 375 n.; 对克劳狄乌斯担任监察官的记载 461 n.; 对尼禄的记载 437, 463 n.; 对维特利乌斯的记载 189; 关于公元69年的史料 180 n., 181 n., 189 n.;

 他的方法 271, 501; 不足之处 463 n., 490; 错误 388, 399 n., 400; 省略 389 n., 485; 同塔西佗的关系 421, 502

Suillius Rufus, P. (*suff.* c. 44) 普布利乌斯·苏伊利乌斯·鲁孚斯 (公元44年前后递补执政官), 作为律师 329, 331-332, 581; 他对小塞涅卡的攻击 332, 346, 551; 他的亲戚们 373 n.

Sulla 苏拉, 见条目 "Cornelius Sulla"

Sulpicii 苏尔庇奇乌斯家族 575

Sulpicius Galba, C. (*cos.* 22) 盖约·苏尔庇奇乌斯·伽尔巴 (公元22年执政官) 426 n.

Sulpicius Galba, Ser. (*cos.* 33) 塞尔维乌斯·苏尔庇奇乌斯·伽尔巴 (公元33年执政官), 见条目 "GALBA"

Sulpicius Similis, Ser. 塞尔维乌斯·苏尔庇奇乌斯·希米利斯, 图拉真时期的埃及省长 56; 担任禁卫军队长 241 n., 246

Sulpicius Quirinius, P. (*cos.* 12 B.C.) 普布利乌斯·苏尔庇奇乌斯·奎里尼乌斯 (公元前12年执政官), 他的生涯 426, 580; 历次婚姻 371, 580; 讣告 371 n., 580

Superstition 迷信, 在罗马 523; 在高卢 458

Syene 赛伊尼, 日耳曼尼库斯访问此地 470

Syntax, of T. 塔西佗的布局谋篇 346-347, 358, 359

Syria 叙利亚, 那里的驻军 14, 15; 历任行省总督 8, 9, 15-16, 30, 51, 52, 53, 69 n., 72, 74, 75 n., 78, 166, 228, 243, 245 n., 264, 300, 355, 386, 442-443, 594;

 它在公元69年的地位 166, 170; 阿古利可拉获得担任其行省总督的许诺 23, 123; 在塔西佗的作品中 449; 小普林尼在那里 75; 塔西佗从未去过那里 465

Tabula Hebana 《赫巴文书》 279 n., 389-390

Tacfarinas 塔克法里纳斯, 努米底亚的暴乱 268, 369, 280, 353, 371, 394

"Tacitius" "塔西提乌斯" 622 n.

"Tacitus" distribution of 姓氏 "塔西佗" 的分布 622

TACITUS 塔西佗, 他的父亲 60, 63, 452, 613-614, 623; 社会地位 63, 582, 611-613; 出生时间 63; 可能

的出生地 614; 关于其家乡的疑问 614—624;

他的生涯 63—72; 庇护者 63—64, 67; 朋友们 73—74, 104, 112, 614—615; 熟人与同龄人 228, 302—303, 476—477;

他的婚姻 64, 542, 614; 出任大法官 65; 担任祭司 65—66; 出任执政官 19, 70, 129—130; 一度离开罗马城 71; 出任行省总督 72, 230, 466—470;

作为演说家 66, 103, 350; 赞美维吉尼乌斯 18, 129, 615; 攻击马略·普利斯库斯的演说词 70—71, 112, 465;

他在行省服役 66, 68, 443, 451; 游历 465; 在亚细亚行省 466—470; 他对高卢和莱茵河流域的熟悉 452, 623;

他在图密善治下的生活 25, 131, 540; 在图拉真治下 219, 226—229, 475; 他的老年 475—476, 537—538, 541; 同哈德良的关系 361, 471—474, 498, 517; 去世时间 360—361[1], 473; 身后名声 503;

塔西佗与小普林尼 59, 98, 104, 112—120, 542, 615—616;

另见诸条目 "AGRICOLA" "GERMANIA" "DIALOGUS" "HISTORIAE" "ANNALES", 等等

Tampius Flavianus, L. (*suff*. II ? 75) 卢奇乌斯·塔姆皮乌斯·弗拉维亚努斯 (公元75年第2次出任递补执政官?) 593

Tanaus 塔诺斯湾, 河口 122
Tapae, battle at 塔佩战役 24
Tarquinii 塔奎尼乌斯家族 595 n.
Tarraconensis 近西班牙行省, 重要性 442, 463; 历任行省总督 32 n., 53 n., 61 n., 88 n., 178, 294, 310, 354, 381, 382, 442—443, 594 n., 596 n.; 审判官 32 n., 68, 73;

对外移民 586; 名人 592; 来自该行省的人物 81, 480 n., 587 n., 604, 618

Tarsus 塔尔苏斯, 来自那里的哲学家们 507

Technical terms, avoided 避免使用专业术语 343—344, 460

Terentia, mother of Seius Strabo 塞乌斯·斯特拉波之母特兰提娅 384

Terentius, M. 玛库斯·泰伦斯, 塔西佗作品所收录其演说词 385 n., 406 n.

Terentius Gentianus, D., (*suff*. 116) 德奇姆斯·泰伦斯·根提雅努斯 (公元116年递补执政官) 242, 245 n., 252 n., 487 n.

Terentius Maximus, false Nero 伪尼禄泰伦斯·马克西穆斯 214 n.

Terentius Scaurianus, D. (*suff*. ? 102 or 104) 德奇姆斯·泰伦斯·斯考里亚努斯 (公元102或104年递补执政官?) 53 n., 87 n., 242 n.; 他的出身 604 n., 622 n.

Terentius Varro Murena, A. (*cos*. 23 B.C.)

---

[1] 英文版原文为 "366—361", 显然为笔误。中译本据正文内容订正。——译注

奥鲁斯·泰伦斯·瓦罗·穆雷纳（公元前23年执政官），所谓的阴谋家 366, 403；他的联姻纽带 384

Testaments 遗嘱 448, 490 n., 543；元首们的遗嘱 482, 483-484

Tettius Africanus, C., Prefect of Egypt 埃及省长盖约·特提乌斯·阿非利加努斯 24 n., 61 n.

Tettius Julianus, L. (*suff.* 83), general of Domitian 图密善麾下将领卢奇乌斯·特提乌斯·朱利安（公元83年递补执政官） 24 n., 32, 51, 222 n., 596 n.

Thebes 底比斯，日耳曼尼库斯访问此地 470

Theophanes of Mytilene 米提利尼的特奥法尼斯 507；他的后人 379 n., 508, 510, 514

Theopompus, historian 历史学家特奥庞普斯，与塔西佗的比较 541 n.

Thrace 色雷斯，当地暴乱 280, 310, 394；并入罗马帝国版图 439；塔西佗的描述 354, 394

Thrasea Paetus (*suff.* 56) 特拉西亚·佩图斯（公元56年递补执政官） 263, 298, 308, 552, 579 他在尼禄治下的活动 556-557；对他的批评言论 332, 557；被处决 333, 557；

他在塔西佗作品中的演说风格 330, 355；信条与性格 558, 561；他的《小伽图传》 298, 557；朋友与亲戚 52 n., 298, 558-561, 597；妻子 559；出身 558；姓名 559 n.；关于他的作品 298；塔西佗的评价 561

Thrasyllus, astrologer 占星术士特拉叙鲁斯 508, 525

Thubursicu 苏布尔斯库 394 n.

THUCYDIDES 修昔底德，效仿者们 135, 138；被引用 196 n.；撒路斯特同他的相似性 201；与塔西佗的比较 358

Tiber 台伯河，管理 71, 79

TIBERIUS, the Emperor 元首提比略，他的祖先 424；早年生涯 425；奥古斯都治下的履历 368-369, 425-427；历次战役 274-275, 369；在罗德岛 286, 425, 426, 525；被过继 425；他的登基 272, 322, 333, 369-370, 380, 389, 410-411；与阿格里帕·波斯图姆斯 307, 485；同日耳曼尼库斯的关系 254, 418, 493, 496；

他的统治 253-256, 266-269；427-428；在政体中的地位 410-411；共和主义特征 268, 269-270, 425, 427-428；大逆罪审判 418-419, 422；他的朋友们 385；

在卡普里埃岛 255, 402, 406, 422 n., 514, 524；同塞亚努斯的关系 254-255, 320, 401-406, 429；暮年岁月 423-424；去世 342, 429；

对外政策 388, 438, 494, 496；对行省的政策 439, 441-443；

文学品味 425, 514；复古主义 284；他的《自传》 277, 423；塔西佗作品所收录其演说词 283-285, 315, 319-320, 429；写给塞亚努斯的信 320；从卡普里埃岛寄出的信 255, 320,

423; 另一封信 283; 他的风格 284, 319; 讽刺 284, 319; 刻薄 428-429;

 他对道德立法的意见 373; 宗教 523; 元首崇拜 315; 占星术 523-526; 希腊人 507-508; 他对多米提乌斯·阿费尔的评价 328; 对库尔提乌斯·鲁弗斯的评价 589; 对显贵的态度 428; 对新人的态度 563, 589;

 他的性格 283-284, 320, 420-429, 544; 同里维娅的关系 307-308, 402 n., 425, 482-483; 同奥古斯都的关系 425, 427-428, 483; 与图密善的比较 422; 与哈德良的比较 488;

 恢复名誉 436; 他在塔西佗作品中的性格特征 420-430; 塔西佗对其描述文本中的用词特色 342, 343, 345-346, 355; 他对塔西佗的影响 319, 524, 526, 539; 塔西佗对他的敬佩 428, 429

TIBULLUS 提布鲁斯, 涅尔瓦被同他相提并论 1

Tibur 提布尔 577; 那里的西班牙人 602; 哈德良在那里的别墅 251

Tigellinus 提格利努斯, 见条目"Ofonius Tigellinus"

Tigranes (IV), Armenian ruler 亚美尼亚统治者提格拉尼斯四世 390 n.

Tigranes (V), Armenian ruler 亚美尼亚统治者提格拉尼斯五世 392

Tigranocerta 提格拉诺克尔塔, 夺取 392; 位置 396

Timagenes, historian 历史学家提玛格尼斯 527

Tiridates, ruler of Armenia 亚美尼亚统治者提瑞达特斯 264, 493

Titinius Capito, Cn., equestrian official 骑士军官格涅乌斯·提提尼乌斯·卡庇托 38 n., 82 n., 93, 548; 作为作家 92, 97 n., 120, 290; 作为文学赞助人 92; 致信小普林尼讨论史学问题 117

Titius Aristo, jurist 法学家提提乌斯·阿里斯托 448

Titius Sabinus, friend of Germanicus 日耳曼尼库斯的朋友提提乌斯·萨比努斯 277 n.

TITUS, the Emperor 元首提图斯, 作为军团长 63; 在公元69年 166; 在帕福斯 310; 与贝利尼茜 110 n., 509; 杀害凯奇纳·阿利埃努斯 101; 他的统治 214; 教育和品味 509; 身后名声 45

Togonius Gallus, obscure senator 不为人知的元老托戈尼乌斯·伽鲁斯 428 n., 563

Tolosa 托洛萨 177, 592

Tota Italia 全意大利团结起来 139, 585

Tradition 传统, 在罗马 27, 39, 311-312, 379, 564, 571; 被别有用心地利用 192, 623-624

Tragedy, Roman 罗马悲剧 104, 110, 336-337, 338, 362-363

Traianeum, at Pergamum 帕伽马的图拉真神庙 53 n.

TRAJAN, the Emperor 元首图拉真,

父母和出身 30; 家庭和亲戚 233, 603-604; 年龄 31 n.; 担任军团长 31; 生涯履历 31-34; 出任执政官 33; 对弗拉维王朝的忠诚 33-35, 58;

在上日耳曼行省 11, 14, 130; 过继 11, 35, 130; 他对涅尔瓦的忠诚 11; 在下日耳曼行省 17, 34; 公元98—99年的活动路线 17-18;《阿古利可拉传》中的提及 19, 29;

统治与政府 37, 223-226; 与元老院 37, 39, 49, 223-225, 227, 234; 朋友和同盟 17-18, 34-35, 41, 50-57, 228, 230-232, 598-599; 同苏尔拉的关系 231; 同哈德良的关系 233, 248-249; 继承问题 233-234, 240;

对外政策 48-49, 221-222, 238, 471, 490-491; 达契亚战争 52-53, 221; 东方战役 395-396, 495-497; 去世 240, 492, 495; 在帕提亚的胜利 484;

他的体魄与军事训练 37-38, 57; 他的教育 39-40; 给小普林尼的指示 37-38; 文学风格 38; 他的美德 36-39; 可疑的品味 41, 249; 他的自负 249, 341 n.; 身后声誉 36; 同士兵的关系 38; 同哲学家们的关系 40, 505; 亲希腊政策 510-511; 对基督徒的政策 468-469;

被比作赫拉克勒斯 57-58; 被比作亚历山大 234, 239, 470-471, 492; 塔西佗的评价 495

Trajan's Column 图拉真纪功柱 221, 226

Transpadana 意大利北部, 它的范围 86; 地位 586, 587; 那里的一位副将 224, 252; 那里的城镇 86, 88, 137, 619; 来自意大利北部的人物 60, 86-88, 558-559, 589 n., 596-597, 615-616;

该地区的效忠对象 137, 558; 特征 616; 族群混杂 617, 619-620; 高雅文化 587; 同纳旁高卢的比较 619-620; 不大可能是塔西佗的家乡 615-616, 619

Trebellius Maximus, M. (*suff.* 56), governor of Britain 不列颠行省总督玛库斯·特瑞贝利乌斯·马克西穆斯（公元56年递补执政官） 122 n., 123 n.

Tres Galliae 高卢三行省, 见条目 "Gaul"

Treveri 特瑞维利人 173-175, 452, 458-459

Tribunate, of plebs 平民保民官 65, 76

Tribuni, of the Guard 禁卫军军官 183 n.

Tribuni militum 军团长 20-21, 22, 31, 34, 64, 75, 177; 骑兵的 91, 456, 591

Tribunicia potestas 保民官特权, 奥古斯都的 409; 提比略的 378; 塞亚努斯的觊觎 406

Trisantona, British river 不列颠的特里桑托纳河 394

Tuder 图德尔城 604

Tullius Varro, P. (*suff.* 127) 普布利乌斯·图里乌斯·瓦罗（公元127年递补执政官） 237 n.

Turranius, conscientious official 勤恳的官吏图拉尼乌斯 60 n.

Tyrrhenus, magnate of Sardes 萨德斯权贵图赫努斯 467 n.

Uccubi, in Baetica 南西班牙行省的乌库布斯家族 603

Ulpia M. f. Plotina 玛库斯之女乌尔皮娅·普罗提娜 603 n.

Ulpii 乌尔皮乌斯家族 30, 42, 603–604

"Ulpius" "乌尔皮乌斯" 590 n.

Ulpius Traianus, M. (*suff.* ? 70) 玛库斯·乌尔皮乌斯·图拉真（公元70年递补执政官?），他的生涯 30–31；在犹太 30, 593；在叙利亚 30, 214, 238, 596；

　　十五人委员会成员 66 n.；后起新贵 33, 595；被封神 233；他的出身 30；家族和亲戚 603

Ulubrae 乌鲁布雷 446

Ummidia Quadratilla, notable matron 著名贵妇乌米狄娅·夸德拉提拉 300, 479

Ummidius Quadratus, C. (*suff.* c. 40) 盖约·乌米狄乌斯·夸德拉图斯（公元40年前后递补执政官） 300 n.；作为叙利亚副将 478–479, 497 n.；他的去世 69 n.

Ummidius Quadratus, C. (*suff.* 118) 盖约·乌米狄乌斯·夸德拉图斯（公元118年递补执政官） 229 n., 300, 479, 480 n.

Urgulania, friend of Livia 里维娅的朋友乌尔古拉尼娅 543 n.

Valeria Messallina 瓦勒里娅·麦萨利娜，见条目"Messallina"

Valerii 瓦勒里乌斯家族 101 n., 105, 322–323, 330

Valerius Asiaticus *(suff. ann. inc.)* 瓦勒里乌斯·阿西亚提库斯（递补执政官，具体年代不详） 460 n.

Valerius Asiaticus, ? D. (*cos. II* 46) 德奇姆斯（?）·瓦勒里乌斯·阿西亚提库斯，第1次出任执政官 455；第2次出任执政官 590；他的妻子 602；花园 602；他的最后命运 259, 414–415；他的出身 455；

　　克劳狄乌斯的提及 318, 460；他的性格与品质 579, 590；塔西佗的赞许 610

Valerius Catullus Messallinus, L, (*cos.* 73) 卢奇乌斯·瓦勒里乌斯·卡图卢斯·麦萨利努斯（公元73年执政官），在图密善的内朝中 5, 594；在涅尔瓦的晚宴上 6

VALERIUS FLACCUS, C., poet 诗人盖约·瓦勒里乌斯·弗拉库斯，十五人委员会成员 66 n.；去世 69 n.；他的诗歌 89；他的出身 609 n.

Valerius Messalla, M. (*cos.* 58) 玛库斯·瓦勒里乌斯·麦萨拉（公元58年执政官） 323

Valerius Messalla Corvinus (*cos.* 31 B.C.) 瓦勒里乌斯·麦萨拉·科尔维努斯（公元前31年执政官） 322, 338, 573；他的演说风格 107 n., 323；他的年龄 129 n.；他的儿子们 322–323, 573–574

Valerius Messalla Messallinus, M. (*cos.* 3 B.C.) 玛库斯·瓦勒里乌斯·麦萨拉·麦萨利努斯（公元前3年执政官） 278 n., 322, 329, 383 n., 573-574; 他的演说词 323, 331, 564

Valerius Messalla Volesus, L. (*cos.* 5) 卢奇乌斯·瓦勒里乌斯·麦萨拉·沃勒苏斯, 犯罪的行省总督 439

Valerius Paullinus, procurator of Narbonensis 纳旁行省督办瓦勒里乌斯·保利努斯 171 n., 534 n.

Valerius Paullinus, C. (*suff.* 107) 盖约·瓦勒里乌斯·保利努斯（公元107年递补执政官） 63 n.

Valerius Probus, M., scholar 学者玛库斯·瓦勒里乌斯·普罗布斯 91

Varenus Rufus, proconsul of Bithynia 比提尼亚行省总督瓦勒努斯·鲁弗斯 79, 103, 223

VARRO, his historical studies 瓦罗, 他的史学研究 444

Varro Murena 瓦罗·穆雷纳, 见条目 "Terentius Varro Murena"

Vasio 瓦西奥 591, 597, 622-623

Vatinius, creature of Nero 尼禄宠臣瓦提尼乌斯 110, 343, 356

Veiento 维恩托, 见条目 "Fabricius Veiento"

Veleda, German priestess 日耳曼女祭司维勒达 174

Velius Rufus, C., equestrian commander 骑兵指挥官盖约·维利乌斯·鲁弗斯 124 n.

VELLEIUS PATERCULUS, C. (*pr.* 15) 盖约·威利乌斯·帕特库鲁斯（公元15年大法官）, 他的《历史》 277; 他的方法 274 n., 366-367, 399 n., 400; 论提比略 366; 论塞亚努斯 367, 571; 论日耳曼人 531; 他对社会等级的看法 570-571

Veneti 维尼提人 617, 624

Veranius, Q., legate of Germanicus 日耳曼尼库斯的副将昆图斯·维拉尼乌斯 301 n., 325

Veranius, Q. (*cos.* 49) 昆图斯·维拉尼乌斯（公元49年执政官）, 军事活动 260 n., 386; 作为不列颠行省总督 391; 他的遗嘱 490 n.; 他的性格 544

Vercellae 维尔克雷 88 n., 562

Vergilius Capito, Cn., Prefect of Egypt under Claudius 克劳狄乌斯统治时期的埃及省长格涅乌斯·维吉利乌斯·卡庇托 509 n.

Verginius Rufus, L. (*cos. III* 97) 卢奇乌斯·维吉尼乌斯·鲁弗斯（公元97年第3次出任执政官）, 他在公元68年时的角色 130, 179, 462; 退隐 596; 他对小普林尼的支持 78; 他第3次出任执政官 3; 他的礼赞发言稿 95, 129; 去世与葬礼 19, 121, 129, 300, 615-616; 出身 86

　　对其墓志铭的引用 99; 缅怀他的纪念物 113 n.; 同阿古利可拉的类比 121, 123

Verona 维罗纳 86 n., 617, 622 n.

VESPASIAN, the Emperor　元首韦伯芗，家庭与出身　43-44；生涯　45, 387 n.；在希腊　40；在犹太　30, 264；被拥立为元首　166-167, 193；拥立韦伯芗的主要人物　593；在埃及　30, 310；在亚历山大里亚所行奇迹　176 n., 206；

　他的统治　211-213；扩充元老院　68, 511, 595；他的行省总督人选　594, 596；亲戚与政治盟友　594；他的东方政策　31, 238；对希腊人的政策　509；

　性格与习惯　40；他的军事备忘录　178, 297；对占星术的嗜好　193, 524；关于他的征兆和预言　193, 522；曾在《编年史》中被提及　301, 309

Vestal Virgins　维斯塔贞女　484；受到惩罚　65, 117 n.；挑选　280

Vestricius Spurinna, T. (? suff. III 100)　提图斯·维斯特里奇乌斯·斯普利纳（公元100年第3次递补执政官？），他在公元69年的角色　159-160, 169, 171-172, 176-177；在弗拉维王朝统治时期　596, 599；对布鲁克特里人组织的战役　46 n.；在涅尔瓦治下　3-4, 7, 77；他可能参与过的政治活动　17, 35, 50；

　他的个性与闲暇时光　3-4；诗歌　4, 90；出身　86, 599

Vesuvius　维苏威火山　61, 118, 214

Vetera　维特拉，在奇维利斯叛乱期间　173

Vettius Bolanus, M. (suff. c. 66), governor of Britain　不列颠行省总督玛库斯·维提乌斯·波拉努斯（公元66年前后递补执政官）　22, 122 n., 123；斯塔提乌斯的赞美　97 n., 123 n.

Vettius Valens, M., procurator　行省督办玛库斯·维提乌斯·瓦伦斯　183 n.

Vettulenus Cerialis, Sex. (suff. c. 73)　绥克斯图·维图勒努斯·克瑞亚利斯（公元73年前后递补执政官）　595 n.

Vettulenus Civica Cerialis, C. (suff. c. 76), proconsul of Asia　亚细亚行省总督盖约·维图勒努斯·奇维卡·克瑞亚利斯（公元76年前后递补执政官）　24 n., 33, 56 n., 595 n.

Via Aemilia　埃米利乌斯大道　71 n.

Via Latina　拉丁大道　242

Via Postumia　波斯图米亚大道　158, 160, 163

Vibia Sabina　维比娅·萨比娜，嫁给哈德良　45, 233；令哈德良生厌　246；她的父母　603

Vibius Crispus, Q. (suff. III c. 83)　昆图斯·维比乌斯·克里斯普斯（公元83年前后第3次递补执政官）　56, 64, 67, 213 n., 333；在尼禄时期　387 n.；在公元69—70年　187-188；后期生涯　61 n., 594, 597；

　他的性格、品质与成功　4-5, 100-101, 594；在《关于演说家的对话》中　105；朱文纳尔的描述　6；他的出身　88, 101, 562

Vibius Marsus, C. (suff. 17)　盖约·维比乌斯·玛尔苏斯（公元17年递补执政官）　329 n.

Vibius Maximus, C., Prefect of Egypt

under Trajan 图拉真时代埃及省长盖约·维比乌斯·马克西穆斯，他的生涯 56 n.；道德品质 41 n., 56；文学品味 56 n., 87；出身 87 n.；同庞培·普兰塔的关系 177 n.

Vibius Rufus, C. (*suff.* 16) 盖约·维比乌斯·鲁孚斯（公元16年递补执政官） 388 n.

Vibius Sabinus, L. (*suff. ann. inc.*) 卢奇乌斯·维比乌斯·萨比努斯（递补执政官，具体年代不详） 603

Vibius Secundus, Q. (*suff.* 36) 昆图斯·维比乌斯·塞昆杜斯（公元36年递补执政官） 232 n.

Vice 邪恶，与活力并不矛盾 41-42, 545；反自然的罪恶 41, 550；在罗德岛与卡普里埃岛 422

Vicetia 维克提亚 603

Vienna 维也纳 224, 318 n., 455, 460, 592；在公元68年 463；在公元69年 170；来自维也纳的人物 455, 590, 592

Vigiles 夜巡官 54

Vigintivirate 二十人委员会 63

Villas 庄园，小普林尼的 84；玛尼利乌斯·沃皮斯库斯的 97 n., 602 n.；希利乌斯·意大利库斯的 89, 176；弗伦提努斯的 176 n.；在提布尔的庄园 602

Vindex 文德克斯，见条目"Julius Vindex"

"Vindex" "文德克斯" 621

Vinicius, M, (*suff.* 19 B.C.) 玛库斯·维尼奇乌斯（公元前19年递补执政官） 312 n.

Vinicius, M. (*cos. II* 45) 玛库斯·维尼奇乌斯（公元45年第2次出任执政官） 258, 329 n., 384 n., 385 n., 386 n., 560 n., 576

Vinius, T. (*cos.* 69) 提图斯·维尼乌斯（公元69年执政官） 130 n., 150-151

Vipsania, daughter of Agrippa 阿格里帕之女维普萨尼娅 301 n., 380

Vipsanius Agrippa, M. (*cos. III* 27 B.C.) 玛库斯·维普萨尼乌斯·阿格里帕（公元前27年第3次出任执政官），与奥古斯都 366, 378 n., 403；同李锡尼乌斯·苏尔拉的比较 239；同塞亚努斯的比较 402-403

Vipstanus Messalla (*tr. mil.* 69) 维普斯塔努斯·麦萨拉（公元69年军团长），他在公元69年的角色 172, 177；在《关于演说家的对话》中 104-108；他的去世 108；祖先 101 n., 615；他的儿子 470；

作为塔西佗的史料来源之一 172, 177 n.；两次被塔西佗引用 180

Vipstanus Poplicola Messalla, L. (*cos.* 48) 卢奇乌斯·维普斯塔努斯·波普利可拉·麦萨拉（公元48年执政官） 101 n., 615 n.

VIRGIL 维吉尔，塔西佗的模仿 143, 194 n., 339 n., 346, 357-358；他的风格 351；论凯撒 433；全名与出身 617

Viri militares 武人，见诸条目"Legati" "consular"

Virtues, cardinal, of emperors 元首们的首要美德 414-416.

Virtus 美德 415, 526, 568, 572, 578, 587

Vistilia, profligate lady 行为放荡的贵妇维斯提莉娅 374 n.

Vistilia, much-married matron 多次再醮的贵妇维斯提莉娅 289 n., 297 n., 373 n.

Visurgis, German river 日耳曼境内的威悉河 393

VITELLIUS, the Emperor 元首维特利乌斯 122, 145, 155, 301, 309; 他在公元69年的麾下将领 159-170; 退位 193-194; 死亡 189;
　　苏维托尼乌斯的描述 189; 塔西佗的描述 189-190, 205

Vitellius, L. (*cos. III* 47) 卢奇乌斯·维特利乌斯（公元47年第3次出任执政官），在叙利亚 237, 449 n., 494; 他在公元43年的角色 386; 与克劳狄乌斯 259, 260, 313-314, 386; 除掉瓦勒里乌斯·阿西亚提库斯 414; 支持阿格里帕 259; 他的去世 313; 亲戚和盟友 386
　　对其"忠诚"的纪念 5, 415; 塔西佗作品所收录其演说词 330-331, 346, 539; 性格概述 313, 342, 356, 437, 545, 581

Vitellius, P. (*pr.* before 14) 普布利乌斯·维特利乌斯（公元14年以前已担任大法官），他的演说词 277 n., 325

Viticulture 园艺 20, 448, 602

Vitorius Marcellus, M. (*suff.* 105) 玛库斯·维托里乌斯·马塞卢斯（公元105年递补执政官） 83 n., 88 n.

Voconius Romanus, friend of Pliny 小普林尼的朋友沃科尼乌斯·罗马努斯 81, 88 n., 97 n.; 全名与出身 83 n., 592 n.; 作品 88, 91 n.

Vocontii 沃科提亚人 170, 455 n., 622

Volcacius Moschus, *rhetor* 修辞学家沃尔卡奇乌斯·莫斯库斯 330 n.

Volsinii 伍尔西人 599

Volusii 沃鲁修斯家族 228 n., 302-303, 303, 448, 477

Volusius Saturninus, L. (*suff.* 12 B.C.) 卢奇乌斯·沃鲁修斯·萨图尔尼努斯（公元前12年递补执政官），他的财富 302 n., 303, 342; 讣告 312, 372

Volusius Saturninus, L. (*suff.* 3) 卢奇乌斯·沃鲁修斯·萨图尔尼努斯（公元3年递补执政官） 448 n., 549; 担任达尔马提亚副将 405 n.; 担任罗马市长 302 n.; 他的长寿 300, 549

Volusius Saturninus, L. (*cos.* 87) 卢奇乌斯·沃鲁修斯·萨图尔尼努斯（公元87年执政官） 303

Volusius Saturninus, Q. (*cos.* 56) 昆图斯·沃鲁修斯·萨图尔尼努斯（公元56年执政官） 300 n.

Volusius Saturninus, Q. (*cos.* 92) 昆图斯·沃鲁修斯·萨图尔尼努斯（公元92年执政官） 303

Votienus Montanus, orator, from Narbo 来自纳旁的演说家沃提埃努斯·蒙塔

努斯 329 n.

Wealth 财富，元老们的 448; 行省居民们的 26, 602; 高卢行省的 459, 461, 624; 亚细亚行省的 466, 506; 来源 448-449, 613, 620; 塔西佗作品中的提及 448, 543

Women 妇女，她们在罗马城的地位 535-536; 在小塞涅卡笔下的形象 536; 塔西佗的描述 536-537, 541-542

Xenophobia 仇外情绪 46, 500, 511-519, 530. 另见诸条目"Greeks""Jews"

塔西佗作品段落索引

《阿古利可拉传》

1.1	121
3	19, 131, 540
4.1	20
5.1	20
6.2	21
7	534
9.1	22
9.6	22
10.3	179, 293
20.2	123
22.1	122
41.2	23 f.
42	24 f.
44.1	20
44.5	19, 29
45	68, 189

《日耳曼尼亚志》

1.1	127
29.2	127
29.4	128
33	46, 128
41	47, 127
42.2	128

《关于演说家的对话》

1.1	104, 112
1.2	63
2.1	104
8.1	101, 562
10.2	456
11.4	110 f.
15.3	115
17.3	63
21.6	115
41	107, 220

《历史》

第1卷

1 ff.	145 f.
1.3	63
1.4	219
2.1	124 f., 146
3.2	143
4 ff.	146 f.
10.1 f.	105
13.3	181, 290
15 f.	151 f, 206 f.
29 f.	152
40.2	238
41.3	189
49	182
50	183
50.3	200
70.2	158
74.1	199
80 ff.	153 ff.
81.1	199
84.2	201
84.3	183
84.4	155, 350
88	184

第2卷

20.1	181
32	161
37	185
38	185

40.1	163 f.	第5卷		第2卷	
46 ff.	205	22.3	175, 452	23	357
76 f.	196, 199			27 ff.	399 f.
80.1	154	*fr.* 4	489	32.2	279, 573
86.3	592, 623	6–8	215	33	324
90.2	184			38.4	355
101.1	108, 180			43.4	401
		《编年史》		52.2	394
第3卷		第1卷		54.4	470
9.1	168	1	304, 364	61.2	470 f.
20.2	200	1.1	353	73	492
34.1	201	1.3	420	83	279
38 f.	190	2	408 f.	88	266, 513, 531
67 f.	193 f.	3.3	378		
72.1	398	3.5	378	第3卷	
72.3	194	4.4	286, 482	3.2	282
81.1	206, 554, 563	5.1	307	18.4	2
83	194	5.4	307, 482	24.3	371
84 ff.	189 f.	6	261, 306, 399, 482, 484 f.	24.4	284
				28.1	355, 434
第4卷		7	482	29.2	372
5.2	554	9 f.	272 f.	30	372
6.1	99	11 ff.	380 ff., 411 f., 484	32.1	279
13	175	13.2 f.	380 ff., 485 f.	34	323, 535
13.2	199	15.1	278, 389	35	280
42.5	102	42	357	47.4	284, 574
48 ff.	190	53.2	358	48	426 f., 580
58	201	61.1	357	55	444
61.2	174	69.2	276	55.5	339, 565
62	201	74	326, 355	58	280
64	453	80	286, 441	66	326, 355
74.1	453	81	279, 390	71	280
81.2	206			75	581

第4卷		11.2	432	20	354
1	353, 384	12	281	23.2	378
3.4	384, 563	21 f.	525	28.2	338 f.
10 f.	401 f.	21.1	469	31.2	394
16	281	25.2	424	32.2	394
20.2	354	26.1	576	42.1	591
20.3	526	26.2	299	58.1	515
32.2	474	27.1	563	60.3	378
33	374	28	472	61	515
34 f.	337 f.	32.4	356	62 f.	354, 449
34.3	202	37.2	494	64.2	379
35.5	517	48.3	356	68.3	482
38	284	49	543		
38.4 f.	315, 514	50.5	342	第13卷	
39 f.	320	51.3	420	1	261
44.2	379			3.2	429
45	354	第11卷		18.1	551
53.2	277 f.	7	329	20.2	289
57	402	11.1	65	27.1	612 f.
57.1	487, 524	21	563	31.1	226, 292
57.2	286, 343, 524	22.4	397	42	332
61	324	23	623 f.	45	353
65	286	24	317 ff., 459 f., 624	50	416 f.
75	267	24.3	378	53 ff.	335, 346
		25.1	460	57	452
第5卷		25.2	397		
3	404 f.	27	407	第14卷	
5	255			19	338
11	267	第12卷		20 f.	516
		1 f.	539	27.3	447
第6卷		5 f.	330 f.	29.1	391
2.4	284, 563	11	497, 539	43 f.	533, 563 f.
7	282 f.	12.1	355	43.1	355

43.4	355	21.4	355	第16卷	
47	387	30.1	516	5.1	616
47.1	579	44	532 f.	16	562
57.3	555	44.4	530	18 f.	538
		48	574 f.	21 ff.	557 ff.
第15卷		60.4	300	22	322 f., 557
5.2	396	72.2	2, 265	25 f.	298
6.4	493	73.2	407	35	263
20 f.	556	74.3	282, 407		
20.4	223				

"二十世纪人文译丛"出版书目

《希腊精神:一部文明史》　　　　　〔英〕阿诺德·汤因比　著　乔　戈　译

《十字军史》　　　　　　　　　　　〔英〕乔纳森·赖利-史密斯　著　欧阳敏　译

《欧洲历史地理》　　　　　　　　　〔英〕诺曼·庞兹　著　王大学　秦瑞芳　屈伯文　译

《希腊艺术导论》　　　　　　　　　〔英〕简·爱伦·哈里森　著　马百亮　译

《国民经济、国民经济学及其方法》　〔德〕古斯塔夫·冯·施穆勒　著　黎　岗　译

《古希腊贸易与政治》　　　　　　　〔德〕约翰内斯·哈斯布鲁克　著　陈思伟　译

《欧洲思想的危机(1680—1715)》　〔法〕保罗·阿扎尔　著　方颂华　译

《犹太人与世界文明》　　　　　　　〔英〕塞西尔·罗斯　著　艾仁贵　译

《独立宣言:一种全球史》　　　　　〔美〕大卫·阿米蒂奇　著　孙　岳　译

《文明与气候》　　　　　　　　　　〔美〕埃尔斯沃思·亨廷顿　著　吴俊范　译

《亚述:从帝国的崛起到尼尼微的沦陷》　〔俄〕泽内达·A.拉戈津　著　吴晓真　译

《致命的伴侣:微生物如何塑造人类历史》　〔英〕多萝西·H.克劳福德　著　艾仁贵　译

《希腊前的哲学:古代巴比伦对真理的追求》　〔美〕马克·范·德·米罗普　著　刘昌玉　译

《欧洲城镇史:400—2000年》〔英〕彼得·克拉克　著　宋一然　郑　昱　李　陶　戴　梦　译

《欧洲现代史(1878—1919):欧洲各国在第一次世界大战前的交涉》
　　　　　　　　　　　　　　　　　〔英〕乔治·皮博迪·古奇　著　吴莉苇　译

《古代美索不达米亚城市》　　　　　〔美〕马克·范·德·米罗普　著　李红燕　译

《图像环球之旅》　　　　　　　　　〔德〕沃尔夫冈·乌尔里希　著　史　良　译

《古代波斯:阿契美尼德帝国简史(公元前550—前330年)》
　　　　　　　　　　　　　　　　　〔美〕马特·沃特斯　著　吴　玥　译

《古代埃及史》　　　　　　　　　　　　　　〔英〕乔治·罗林森 著　王炎强 译

《酒神颂、悲剧和喜剧》
　　　　〔英〕阿瑟·皮卡德-坎布里奇 著 〔英〕T. B. L. 韦伯斯特 修订　周靖波 译

《诗与人格：传统中国的阅读、注解与诠释》　〔美〕方泽林 著　赵四方 译

《商队城市》　　　　　　　　　　　　〔美〕M. 罗斯托夫采夫 著　马百亮 译

《希腊人的崛起》　　　　　　　　　　　〔英〕迈克尔·格兰特 著　刘峰 译

《历史著作史》　　　　　　　　　　〔美〕哈里·埃尔默·巴恩斯 著　魏凤莲 译

《贺拉斯及其影响》　　　　　　　　〔美〕格兰特·肖沃曼 著　陈红　郑昭梅 译

《人类思想发展史：关于古代近东思辨思想的讨论》
　　　　　　　　　　　〔荷兰〕亨利·法兰克弗特、H. A. 法兰克弗特 等 著　郭丹彤 译

《意大利文艺复兴简史》　　　　　　　　　〔英〕J. A. 西蒙兹 著　潘乐英 译

《人类史的三个轴心时代：道德、物质、精神》　〔美〕约翰·托尔佩 著　孙岳 译

《欧洲外交史：1451—1789》　　　　　　〔英〕R. B. 莫瓦特 著　陈克艰 译

《中世纪的思维：思想情感发展史》　〔美〕亨利·奥斯本·泰勒 著　赵立行　周光发 译

《西方古典历史地图集》　〔英〕理查德·J. A. 塔尔伯特 编　庞纬　王世明　张朵朵 译

《中世纪与文艺复兴时期的佛罗伦萨》　　〔美〕费迪南德·谢维尔 著　陈勇 译

《乌尔：月神之城》　　　　　　　　　〔英〕哈丽特·克劳福德 著　李雪晴 译

《塔西佗》　　　　　　　　　　　　　　〔英〕罗纳德·塞姆 著　吕厚量 译

《哲学的艺术：欧洲文艺复兴后期至启蒙运动早期的视觉思维》
　　　　　　　　　　　　　　　　　　　　〔美〕苏珊娜·伯杰 著　梅义征 译

《宗教与西方文化的兴起》　　　　　〔英〕克里斯托弗·道森 著　长川某 译

《永恒的当下：艺术的开端》　　〔瑞士〕西格弗里德·吉迪恩 著　金春岚 译

《罗马不列颠》　　　　　　　　　　　　　　〔英〕柯林武德　著　张作成　译
《历史哲学指南：关于历史与历史编纂学的哲学思考》〔美〕艾维尔泽·塔克　主编　余　伟　译
《罗马艺术史》　　　　　　　　　　　　　　　〔美〕斯蒂文·塔克　著　熊　莹　译
《中世纪的世界：公元1100—1350年的欧洲》〔奥〕费德里希·希尔　著　晏可佳　姚蓓琴　译
《人类的过去：世界史前史与人类社会的发展》
　　　　　　　　　〔英〕克里斯·斯卡瑞　主编　陈　淳　张　萌　赵　阳　王鉴兰　译
《意大利文学史》　　　　　　　　　　〔意〕弗朗切斯科·德·桑科蒂斯　著　魏　怡　译

"二十世纪人文译丛·文明史"系列出版书目

《大地与人：一部全球史》　〔美〕理查德·W.布利特　等　著　刘文明　邢　科　田汝英　译
《西方文明史》　　　　　　　　　　　　　　〔美〕朱迪斯·科芬　等　著　杨　军　译
《西方的形成：民族与文化》　　　　　　　　〔美〕林·亨特　等　著　陈　恒　等　译

图书在版编目（CIP）数据

塔西佗：全二册 /（英）罗纳德·塞姆著；吕厚量译. —
北京：商务印书馆，2024
（二十世纪人文译丛）
ISBN 978 – 7 – 100 – 22052 – 1

Ⅰ. ①塔⋯　Ⅱ. ①罗⋯ ②吕⋯　Ⅲ. ①古罗马 — 历史　Ⅳ. ①K126

中国国家版本馆 CIP 数据核字（2023）第036731号

权利保留，侵权必究。

塔 西 佗
（全二册）

〔英〕罗纳德·塞姆　著
吕厚量　译

商　务　印　书　馆　出　版
（北京王府井大街36号　邮政编码100710）
商　务　印　书　馆　发　行
山 东 临 沂 新 华 印 刷 物 流
集 团 有 限 责 任 公 司 印 刷
ISBN 978 – 7 – 100 – 22052 – 1

2024年7月第1版　　开本 640×960　1/16
2024年7月第1次印刷　印张 80½
定价：360.00元